8° G 7168 (3)

Paris
1860-68

Fétis, François-Joseph

Biographie universelle des musiciens et bibliographie générale de la musique

Tome 3

BIOGRAPHIE
UNIVERSELLE
DES MUSICIENS
ET
BIBLIOGRAPHIE GÉNÉRALE DE LA MUSIQUE

DEUXIÈME ÉDITION
ENTIÈREMENT REFONDUE ET AUGMENTÉE DE PLUS DE MOITIÉ

PAR F. J. FÉTIS
MAÎTRE DE CHAPELLE DU ROI DES BELGES
DIRECTEUR DU CONSERVATOIRE ROYAL DE MUSIQUE DE BRUXELLES, ETC.

TOME TROISIÈME

PARIS
LIBRAIRIE DE FIRMIN DIDOT FRÈRES, FILS ET C⁰
IMPRIMEURS DE L'INSTITUT, RUE JACOB, 56
1862

BIOGRAPHIE
UNIVERSELLE
DES MUSICIENS

TOME TROISIÈME

TYPOGRAPHIE DE H. FIRMIN DIDOT. — MESNIL. (EURE).

BIOGRAPHIE
UNIVERSELLE
DES MUSICIENS
ET
BIBLIOGRAPHIE GÉNÉRALE DE LA MUSIQUE

DEUXIÈME ÉDITION
ENTIÈREMENT REFONDUE ET AUGMENTÉE DE PLUS DE MOITIÉ

PAR F. J. FÉTIS
MAÎTRE DE CHAPELLE DU ROI DES BELGES
DIRECTEUR DU CONSERVATOIRE ROYAL DE MUSIQUE DE BRUXELLES, ETC.

TOME TROISIÈME

PARIS
LIBRAIRIE DE FIRMIN DIDOT FRÈRES, FILS ET Cⁱᵉ
IMPRIMEURS DE L'INSTITUT, RUE JACOB, 56
1866

Tous droits réservés.

BIOGRAPHIE
UNIVERSELLE
DES MUSICIENS

D

DÉSARGUS (Xavier), né à Amiens vers 1768, fut d'abord attaché à la cathédrale de cette ville en qualité de musicien de chœur; il avait alors une fort belle voix de haute-contre. Les églises ayant été fermées par suite de la révolution de 1789, Désargus vint à Paris et entra dans les chœurs de l'Opéra; mais, ne se sentant point de goût pour le théâtre, il quitta cette carrière et se livra à l'étude de la harpe. Il devint en peu de temps un habile professeur de cet instrument, et en donna des leçons jusque vers 1832, époque où il a cessé d'enseigner. Parmi plusieurs bons élèves qu'il a formés on remarque son fils, qui, après avoir été attaché comme harpiste à l'Opéra-Comique, a été à Berlin au service du roi de Prusse, puis est revenu à Paris en 1832, et s'est établi à Bruxelles vers la fin de la même année en qualité de harpiste du théâtre. Après seize années de séjour dans cette ville, Désargus fils a quitté la profession de musicien et s'est retiré à Paris.

Les compositions de Désargus (père), au nombre d'environ vingt-cinq œuvres, consistent en sonates pour la harpe, avec ou sans accompagnement; en pots-pourris, fantaisies et airs variés pour le même instrument; enfin en duos pour harpe et piano. En 1809 il publia une *Méthode de harpe*, à Paris, chez Naderman; il a refondu entièrement cet ouvrage, et l'a fait paraître, en 1816, sous le titre de *Cours complet de harpe, rédigé sur le plan de la méthode de piano du Conservatoire*; enfin une nouvelle édition de cet ouvrage, fort améliorée et considérablement augmentée, a été publiée à Paris en 1820, chez Laffille.

DESAUGES (Denis), prêtre du diocèse d'Évreux, né en 1598, a publié un livre intitulé : *l'Esclaircissement du plain-chant, ou le vray thrésor des choristes*; Paris, 1664, 30 pages in-8°.

DÉSAUGIERS (Marc-Antoine), né à Fréjus en 1742, apprit la musique sans maître. En 1774 il se rendit à Paris, où il se fit connaître d'abord par la traduction des *Réflexions sur l'art du chant figuré de J.-B. Mancini*; Paris, 1776, in-8°. Cet ouvrage fut suivi du *Petit Œdipe*, pièce en un acte, dont il fit la musique, et qui fut représenté aux Italiens en 1779. L'année suivante il donna à l'Opéra *Erixène, ou l'Amour enfant*, paroles de Voisenon, et par la suite il fit représenter au Théâtre-Italien *Florine*, en deux actes (1780), *les Deux Sylphides* (1781), toutes deux sur des paroles d'Imbert, et *les Jumeaux de Bergame*, paroles de Florian (1782). Cette dernière pièce eut un grand succès; on y trouve quelques petits airs qui firent longtemps les délices de Paris. Vers le même temps, Désaugiers donna au théâtre de Monsieur, alors à la foire Saint-Germain, *l'Amant travesti*, en un acte, imité du conte de La Fontaine intitulé *le Muletier*. En 1791 il fit représenter au théâtre Feydeau *le Médecin malgré lui*, dans lequel il introduisait d'une manière assez plaisante l'air révolutionnaire *Ça ira*. Outre ces ouvrages, il a composé la musique d'une multitude de petits opéras pour les théâtres secondaires qui existaient de son temps, entre autres *les Rendez-vous*, en un acte, pour les Beaujolais. Le chant de la musique de Désaugiers ne manque ni de naturel, ni de facilité; mais son harmonie, lâche et incorrecte, se sent de la faiblesse des études musicales en France à l'époque où il avait appris la composition. Ce musicien fut lié d'amitié avec Gluck et Sacchini, et composa à la mémoire de ce dernier une messe de *Requiem* qui fut estimée dans le temps de sa nouveauté. L'exaltation de ses idées lui avait fait embrasser avec ardeur les principes de la Révolution; dans une pièce de musique, composée de chœurs et d'instruments, qu'il avait intitulée *Hiérodrame*, et qu'il fit exécuter à Notre-Dame, il célébra la prise de la Bastille. Il a laissé en manuscrit un grand opéra sur le sujet de *Bélisaire*, dont les paroles sont de son fils aîné, lequel fut secrétaire de légation en Danemark. Désaugiers est mort à Paris le 10 septembre 1793.

DESAYVE. *Voy* SAYVE (D^r).

DESBOULMIERS (JEAN-AUGUSTIN-JULIEN), littérateur, né à Paris en 1731, entra fort jeune dans la carrière militaire, servit quelque temps en Allemagne, puis revint à Paris et renonça aux armes pour les lettres. Toutefois il y avait en lui plus de penchant pour la littérature que de talent véritable, et dans ses ouvrages il ne s'éleva point au-dessus du médiocre. Il mourut à Paris en 1771, à l'âge de quarante ans. Au nombre de ses productions on trouve quelques opéras-comiques, entre autres *Toinon et Toinette*, dont Gossec a composé la musique; mais ses ouvrages les plus importants sont : 1° *Histoire anecdotique et raisonnée du Théâtre-Italien, depuis son rétablissement* (en 1697) *jusqu'à l'année* 1769; Paris, 1769, 7 vol. in-12. Ce livre renferme l'analyse des pièces jouées au Théâtre-Italien, et des notices sur les auteurs et les acteurs de ce théâtre jusqu'en 1769. On y trouve aussi, à la fin, un catalogue raisonné, par ordre alphabétique, des pièces et des acteurs dont il n'est point parlé dans l'ouvrage. — 2° *Histoire du théâtre de l'Opéra-Comique*; Paris, 1769, 2 vol. in-12. Desboulmiers donne dans ce livre l'analyse des pièces qui ont été représentées sur le théâtre de l'Opéra-Comique depuis 1712 jusqu'en 1761, c'est-à-dire jusqu'à la naissance de l'Opéra-Comique véritable.

DESBOUT (LOUIS), chirurgien français, attaché au service des troupes italiennes dans la première partie du dix-huitième siècle. Il est auteur d'une dissertation sur l'usage de la musique dans les maladies nerveuses, qui a paru sous ce titre : *Ragionamento fisico-chirurgico sopra l'effetto della musica nelle malatie nervose*; Livourne, 1740, in-8°.

DESBROSSES (ROBERT), né à Bonn-sur-le-Rhin, en 1719, entra comme acteur pensionnaire à la Comédie-Italienne, en 1743, et se retira en 1764. Il a composé la musique d'un divertissement représenté en 1751, sous le titre du *Mai*, et des *Sœurs Rivales*, opéra-comique, représenté en 1762, du *Bon Seigneur*, et des *Deux Cousines*, en 1763. Desbrosses était mauvais acteur et compositeur médiocre. Il est mort à Paris, le 29 pluviôse an VII (1799), à l'âge de quatre-vingts ans.

DESBROSSES (MARIE), actrice de l'Opéra-Comique, fille du précédent, naquit à Paris en 1763. Elle n'avait que treize ans lorsqu'elle débuta à la Comédie-Italienne; elle y parut pour la première fois, le 29 avril 1776, dans le rôle de Justine, du *Sorcier*, opéra de Philidor, et dans Colombine, de *la Clochette*, opérette de Duni. Accueillie favorablement par le public, séduit par un talent si précoce, elle fut engagée immédiatement après comme pensionnaire. La suite de sa carrière dramatique ne répondit point à ce brillant début. Trop de charmes étaient attachés au talent et à la personne de Mme Dugazon, alors en possession des premiers rôles, pour que Mlle Desbrosses pût lutter avec elle. Toutefois, une maladie sérieuse de l'actrice célèbre s'étant déclarée après les premières représentations d'*Alexis et Justine*, opéra de Dezaide, Mlle Desbrosses consentit à la remplacer dans le rôle principal de cette pièce, le 4 juillet 1785. L'accueil que lui fit le public n'était point encourageant; la douleur qu'elle en ressentit donna à sa physionomie un caractère si touchant que le public consentit enfin à l'entendre, et cette disposition contribua à donner à son chant et à son jeu une expression vive qui enleva tous les suffrages et la fit rappeler à la fin de la pièce aux applaudissements de toute l'assemblée. Plus tard Mlle Desbrosses joua les rôles de la *Comtesse d'Albert*, de *Camille*, dans l'opéra de Dalayrac, et d'autres rôles du même genre; plus tard encore elle prit l'emploi des rôles qu'on appelait *les duègnes* dans l'ancien opéra-comique français, et remplaça l'excellente actrice madame Gonthier pendant une absence de celle-ci. Mécontente de se voir toujours repoussée par les préventions de ses camarades et de n'occuper qu'une position incertaine après de longs services, Mlle Desbrosses demanda sa retraite en 1796. Elle alla jouer quelque temps en province, revint à Paris en 1798, et entra au théâtre Feydeau, où elle fut traitée plus favorablement qu'à la Comédie-Italienne. A la réunion des deux théâtres, en 1801, elle reprit son rang d'ancienneté dans la nouvelle société des acteurs de l'Opéra-Comique. En 1812 la retraite de Mme Gonthier la rendit chef de l'emploi des duègnes. Elle n'eut jamais le jeu fin et spirituel de cette actrice inimitable; mais, ayant plus de voix et d'oreille, elle était moins antipathique à la musique. D'ailleurs elle ne manquait pas d'une certaine franchise de diction qui produisait de l'effet dans les rôles de son emploi.

Après cinquante-trois ans de service au théâtre, M⁽ˡˡᵉ⁾ Desbrosses s'est retirée au mois d'avril 1829. Elle est morte à Paris, le 20 février 1856, à l'âge de quatre-vingt-douze ans révolus.

DESBUISSONS (Michel-Charles), chantre et compositeur du seizième siècle, naquit à Lille, dans l'ancienne province de la Flandre française, vers 1520, car il est appelé *Flandrus insulanus* au titre d'un de ses ouvrages. Il fut attaché en qualité de chantre à la chapelle de l'empereur Ferdinand I. Il avait cessé de vivre avant 1573, car Jean Faber, qui a recueilli et publié quelques-uns de ses motets à quatre, cinq et six voix dans cette même année, dit, au titre de cette collection, qu'il l'a rassemblée après la mort de l'auteur. Ce recueil a pour titre : *Cantiones aliquot musicæ, quæ vulgo motela vocant, quatuor, quinque et sex vocum, authore M. Michaelis-Carol. Desbuissons, Flandro insulano, post obitum authoris collecta, et ædita per Johannem Fabrum; Monachii, per Adamum Berg*, 1573, in-4° obl. Pierre Joannelli a inséré bon nombre de motets de Desbuissons dans son *Novus Thesaurus musicus* (Venise, Ant. Gardane, 1568, in-4°). On en trouve treize, à 5, 6 et 7 voix, dans le premier livre ; cinq, à 5, 6 et 8 voix dans le deuxième ; trois, à 5 et à 6 voix dans le troisième ; un à 12 voix, un à 5, et un à 6 dans le quatrième ; enfin un à 6 voix dans le cinquième ; en tout vingt-cinq.

DESCARTES (René), philosophe célèbre et génie sublime, naquit à La Haye, en Touraine, le 31 mars 1596. L'histoire de ce grand homme se liant nécessairement à celle des travaux qui l'ont illustré, mais qui ne sont pas l'objet de ce livre, on se bornera ici à renvoyer aux dictionnaires historiques, dans lesquels on trouvera sa biographie, l'analyse de ses découvertes en mathématiques, et celle de ses systèmes en physique et en métaphysique, fruits d'une imagination brillante qui, souvent, aima mieux chercher à deviner la nature que de l'étudier. Je ne parlerai donc de Descartes qu'à l'occasion d'un *Compendium Musicæ* qu'il écrivit en 1618, à l'âge de vingt-deux ans, à la prière de son ami Isaac Beckmann, alors recteur à Dordrecht. Malheureusement cet ouvrage est peu digne du nom de son auteur : il parut le sentir, car il ne voulut jamais permettre qu'il fût imprimé ; aussi ne le fut-il qu'après sa mort, à Utrecht, en 1650, in-4°. Ce livre a été réimprimé depuis lors dans les deux éditions de ses Œuvres complètes, Amsterdam, 1690 à 1701, 9 vol. in-4°, et 1713, aussi en 9 vol. in-4°. Lord Bronneker, président de la Société royale de Londres, en publia une traduction anglaise, à Londres, en 1653, in-4°, et le P. Poisson, de l'Oratoire, en donna une en français, à la suite de sa Mécanique, et la fit paraître sous ce titre : *Abrégé de la musique de M. Descartes, avec les éclaircissements nécessaires*; Paris, 1668, in-4°. Cette traduction a été insérée dans la collection des œuvres de Descartes en français ; Amsterdam, 1724-1729, 13 vol. in-12. M. Cousin a placé la traduction française du traité de musique de Descartes dans le cinquième volume de son édition des œuvres complètes du célèbre philosophe (pages 445-503). En 1683 il a été publié une nouvelle édition de l'Abrégé de musique de Descartes, avec une traduction latine des éclaircissements du P. Poisson, sous ce titre : *Renati Des-Cartes Musicæ Compendium; accedunt N. Poisson elucidationes physicæ in Cartesii musicam; Amstelodami, ex typographia Blaviana*, in-4°.

Outre ce petit ouvrage, Descartes a aussi traité de divers objets relatifs à la musique dans ses épîtres, imprimées à Amsterdam, in-4°, en 1682. On y trouve : *Part. 1, Epist. 61, De Musica et celeritate motus; Part. 2, Ep. 23, De Musica; Ep. 24, De Nervorum Sono; Ep. 61, De Vibratione Chordarum, Ep. 66, Variæ animadversiones ad Musicam spectantes; Ep. 68, De Musica, et responsio ad quasdam quæstiones musicas; Ep. 72, Cur sonus facilius feratur secundum longitudinem trabis percussæ quam per aerem solum; de tremore æris; Ep. 73, De Reflexione soni ac luminis; de Consonantiis; de Refractione sonorum; Ep. 74, De Resonantia Chordarum; Ep. 76, Variæ quæstiones; Ep. 77, De Motu Chordarum; Ep. 103, De Motu Chordarum et de Musica; Ep. 104, De Sono, Ep. 105, De Motu Chordarum et de Musica; de Sonis et intensione Chordarum; Ep. 106, De Tonis musicis : de Tonis mixtis; Ep. 110, Ad quam distantiam sonus audiri possit; de Imaginatione ad judicandum de tonis, de sonis, de sono fistularum; Ep. 112, De Tonis musicalibus*. Les lettres de Descartes ont été traduites en français, et réunies en 6 vol. in-12, Amsterdam, 1724-1725. Ce grand homme mourut en Suède le 11 février 1650.

C'est Descartes qui, le premier, a placé le principe esthétique de la musique dans la simplicité des rapports des sons : erreur partagée par Euler (voy. ce nom) et par quelques autres géomètres.

DESCOUTEAUX (Philibert), très-bon joueur de musette, vers le milieu du dix-septième siècle, fut attaché à la musique du roi, au commencement du règne de Louis XIV. Il est cité avec éloges dans le *Traité de la musette*, de Borjon (1re partie, page 38).

DESENTIS (JEAN-PIERRE), professeur de clavecin, à Paris, vers 1780, a publié en 1787 : 1° *Trois sonates pour le clavecin avec accompagnement de violon*, op. 1. — 2° *Recueil d'airs connus, mis en variations pour le clavecin*.

DESESSARTS (NICOLAS-TOUSSAINT MOYNE, dit), né à Coutances le 1er novembre 1744, fut avocat à Paris, puis libraire et chargé d'affaires contentieuses, particulièrement près de la cour de cassation. Il mourut à Paris le 5 octobre 1810. Compilateur infatigable, il a publié un grand nombre d'ouvrages de tout genre, parmi lesquels on remarque celui-ci : *Les trois théâtres de Paris, ou abrégé historique de l'établissement de la Comédie-Française, de la Comédie-Italienne et de l'Opéra*; Paris, 1777, in-8°. On trouve quelques renseignements relatifs à des écrivains sur la musique dans son livre intitulé : *Siècles littéraires de la France, ou Nouveau Dictionnaire historique, critique et bibliographique de tous les écrivains français morts et vivants, jusqu'à la fin du dix-huitième siècle*; Paris, 1800-1801, six vol. in-8°, et supplément, 1803, 1 vol. in-8°.

DESESSARTZ (JEAN-CHARLES), médecin distingué, né à Bragelonne, près de Bar-sur-Seine, en 1730, fit ses premières études à Tonnerre, et les acheva à Paris, au collège de Beauvais. Quand elles furent terminées, il se livra à l'étude de la médecine, et, pendant qu'il suivait les cours de cette science, il donna des leçons de mathématiques pour exister. Après avoir été reçu docteur à Reims, il alla exercer la médecine à Villers-Coterets, puis à Noyon, et enfin à Paris, où il fut nommé, en 1770, professeur de chirurgie, et ensuite de pharmacie. A l'époque de la formation de l'Institut, Desessartz y fut admis dans la classe des sciences physiques et mathématiques. Dans une séance publique de ce corps savant il lut, le 20 vendémiaire an XI (octobre 1803), des *Réflexions sur la musique considérée comme moyen curatif*. Elles ont été imprimées, sous ce titre, chez Baudouin, à Paris, au mois de novembre de la même année, et forment une brochure de 20 pages in-8°.

DESÉTANGS (...), sous-chef du bureau des gravures au ministère de l'intérieur, à Paris, a publié, sous le voile de l'anonyme, un petit écrit intitulé : *Lettre sur la musique moderne à messieurs les rédacteurs du journal d'annonces de Musique, par D......gs*; Paris, Migneret, in-8° de 8 pages.

DESFORGES (Hus). Voy. HUS-DESFORGES.

DESHAYES (PROSPER-DIDIER), compositeur des divertissements et ballets de la Comédie-Française, depuis 1782, s'est fait connaître à Paris, en 1780, par son oratorio des *Machabées*, qui fut exécuté au Concert spirituel. Il a donné ensuite divers opéras-comiques, tels que : 1° *Le Faux Serment*, au théâtre des Beaujolais, en 1786. — 2° *L'Auteur à la mode*, 1786. — 3° *Le Paysan à prétention*, 1787. — 4° *Berthe et Pepin*, 1787. — 5° *Adèle et Didier*, 1790. — 6° *Zélia*, 1791. — 7° *La Suite de Zélia*, 1792. — 8° *Le Petit Orphée*, 1793. — 9° *Le Mariage patriotique*, 1793. — 10° *Bella*, en 1795. — 11° *Don Carlos*, en un acte, en 1799. Deshayes fut un des compositeurs qui écrivirent la musique du *Congrès des Rois*, opéra en trois actes, qui fut joué en 1793, au théâtre Favart. Les autres auteurs de la musique de cette pièce révolutionnaire furent Grétry, Méhul, Dalayrac, Devienne, Solié, Trial fils, Blasius, Kreutzer, Berton, Chérubini et Jadin. On a aussi de Deshayes des symphonies à grand orchestre en manuscrit, et un livre de pièces d'harmonie à six parties, gravé au magasin de musique du Conservatoire. On ignore l'époque de la mort de ce musicien.

DESHAYES (A.-J.-J.), ancien premier danseur de l'Opéra de Paris, professeur au Conservatoire de musique et auteur de plusieurs ballets, a publié un petit écrit qui a pour titre : *Idées générales sur l'Académie royale de musique, et plus spécialement sur la danse*; Paris, Mongie aîné, 1822, in-8°.

DÉSIDÉRI (JÉRÔME), docteur en droit, naquit à Bologne vers 1635. Ses connaissances profondes dans la philosophie, les mathématiques, les lettres et la musique, lui avaient ouvert les portes de plusieurs académies d'Italie ; il prit le nom d'*Indifferente* dans celle des *Gelati* de Bologne. On lui doit un petit traité des instruments de musique et de leurs inventeurs, intitulé *Discorso della musica*, qui a été inséré dans les *Prose degli Academici Gelati di Bologna* (p. 321-356), Bologne, 1671, in-4°.

DESLOUGES, musicien français du seizième siècle, n'est connu que par quelques motets qui ont été insérés dans un recueil intitulé : *XII motetz à quatre et cinq voix, composés par les autheurs cy-dessoubz escripts, naguères imprimés à Paris par Pierre Attaignant, demourant à la rue de la Harpe près de l'église Saint-Cosme*, 1529, petit in-4° obl.

DESMARETS (HENRI), l'un des plus habiles musiciens du règne de Louis XIV, naquit à Paris en 1662. Après avoir été page de la musique du roi, il concourut, en 1683, pour l'une des quatre places de maître de la chapelle du roi; mais Louis XIV le trouva trop jeune et lui donna une pension pour le dédommager. Desmarets, qui avait composé une grande quantité de motets, en fit paraître une partie sous son nom et quelques-uns sous celui de Goupillier, maître de la chapelle de Versailles. Le roi, en ayant été informé, dit à Goupillier: *Avez-vous au moins payé Desmarets? — Oui, Sire*, répondit le maître de chapelle. Louis XIV, indigné, fit défendre à Desmarets de paraître devant lui.

Les opéras dont ce compositeur a fait la musique sont: *Didon*, en 1693; *Circé*, en 1694; *Théagène et Chariclée*, en 1695; *les Amours de Momus*, dans la même année; *Vénus et Adonis*, en 1697; *les Fêtes galantes*, en 1698; *Iphigénie en Tauride*, avec un prologue par Campra, en 1704; *Renaud*, en 1722. Il avait fait, en 1682, la musique d'une idylle sur la naissance du duc de Bourgogne.

En 1700, Desmarets, ayant été passer quelque temps chez son ami Gervais, maître de la cathédrale de Senlis, fit la connaissance de la fille du présidial de l'élection, nommé de Saint-Gobert, et l'épousa secrètement. Le père rendit plainte en séduction et rapt, et Desmarets fut condamné à mort par arrêt du Châtelet. Il se sauva en Espagne, où il devint maître de la chapelle de Philippe V; mais, la chaleur du climat nuisant à la santé de sa femme, il quitta son poste et se rendit à Lunéville, où il fut nommé surintendant de la musique du duc de Lorraine.

Quelque bonté que Louis XIV eût pour lui et quelque estime qu'il eût pour ses talents, on ne put obtenir de lui la grâce de Desmarets; ce ne fut qu'en 1722, pendant la régence, que son procès fut revu: il le gagna, et son mariage fut déclaré valable. Il obtint aussi du duc d'Orléans une augmentation de pension, et il passa le reste de sa vie dans l'aisance. Il mourut à Lunéville, le 7 septembre 1741, âgé de près de quatre-vingts ans.

DESMASURES (Louis), né à Tournay, dans la première moitié du seizième siècle, a fait imprimer de sa composition: *Vingt-six cantiques chantés au Seigneur, à quatre parties*; Lyon, par Jean de Tournes, 1564, in-4° obl. L'auteur de cet ouvrage est qualifié de *Tournesien* (Tournaisien) au frontispice.

DESORMERY (Léopold-Bastien), né en 1740 à Bayon, en Lorraine, a fait ses études musicales à la Primatiale de Nancy. Venu à Paris vers 1765, il fit exécuter plusieurs motets au Concert spirituel. Son opéra d'*Euthym et Lyris* fut représenté à l'Académie royale, en 1776, et eut vingt-deux représentations. *Myrtil et Lycoris*, qui fut joué à la cour en 1777, passa ensuite au théâtre de l'Opéra, où il obtint assez de succès pour avoir soixante-trois représentations consécutives, ce qui était sans exemple jusqu'alors. Desormery avait composé la musique de plusieurs autres opéras, mais il ne put parvenir à les faire jouer, et, dégoûté par les obstacles qu'il rencontrait, il renonça à la carrière dramatique et se livra à l'enseignement. Cependant, à l'âge de soixante-huit ans, il reprit courage, et composa la musique d'un ouvrage qui avait pour titre: *les Montagnards*. Celui-là ne fut pas plus heureux que les autres et resta dans son portefeuille. Desormery s'est retiré dans les environs de Beauvais. Il est mort en 1810.

DESORMERY (Jean-Baptiste), fils du précédent, né à Nancy en 1772, fut un pianiste habile. Il était élève de son père pour le piano et de Hulmandel pour le piano. On a de lui: 1° Sonates pour piano seul, œuvres 1, 2, 7, 14, 16. — 2° Sonates avec accompagnement, œuvres 5, 6, 9 et 15. — 3° Sonate à quatre mains, op. 11. — 4° Airs variés et fantaisies. En 1831 il a publié son œuvre 19e, consistant en 24 études pour le piano, dans les 24 tons.

DESPÉRAMONS (François-Noël), né à Toulouse, le 26 novembre 1783, vint à Paris à l'âge de quatorze ans, et entra au Conservatoire de musique, en qualité d'élève violoniste. Il quitta ensuite l'instrument qu'il avait adopté pour se livrer à l'étude du chant, sous la direction de Persuis. A l'époque de la mue il fut obligé d'interrompre son travail; mais, ayant recouvré la voix, il continua ses études dans la classe de chant de Garat. En 1804 il débuta à l'Opéra, dans le rôle de *Panurge*, et renonça à ce théâtre après quelques représentations. Rentré au Conservatoire pour la troisième fois, il y remporta le premier prix de chant qui fut décerné en 1805. L'année suivante il débuta à l'Opéra-Comique dans l'emploi de Martin; mais nul ne pouvait alors soutenir la comparaison avec ce chanteur, dont la voix était dans toute sa beauté. Despéramons fut donc obligé de se borner à jouer dans les grandes villes de province. Il s'est fixé à Bordeaux comme professeur de chant. Il a chanté pendant plusieurs années dans les concerts publics et y a obtenu beaucoup de succès. Sa voix était mauvaise, mais il était doué d'une chaleur entraînante. Jamais le beau duo de *Don Juan*, *Fuggi, fuggi, crudel*, n'a été aussi bien chanté que par lui et par madame Barbier-Valbonne. Despéramons a publié plusieurs romances de sa composition, à Paris, chez les frères

Gaveaux. Cet artiste s'est retiré à Toulouse vers 1830, et y a été nommé professeur de chant du conservatoire.

DESPINEY (Félix), docteur en médecine de la faculté de Paris et professeur de l'École pratique, est né en 1797, dans le midi de la France. On a de lui des *Mélanges physiologiques* (Lyon, Manuel, 1822, in-8°), dans lesquels se trouve l'exposition d'un système particulier du mécanisme de la voix humaine. Il a aussi publié : *Physiologie de la voix et du chant*; Bourg, 1841, in-8°.

DESPLANES (Jean-Antoine PIANI, dit), habile violoniste, né à Naples vers la fin du dix-septième siècle, vint en France en 1704 et s'attacha au comte de Toulouse. Il fut le maître de Senaillé. On a de lui un œuvre de sonates pour le violon, qui a été gravé à Paris. J'ai lu quelque part que Desplanes, étant retourné en Italie et s'étant fixé à Venise, y fut accusé d'avoir fait de fausses signatures, et fut condamné à avoir le poing coupé.

DESPONS (Antoine), luthier de Paris, vivait au temps de Henri IV et de Louis XIII. Ses violons, qui sont devenus fort rares, ont été estimés et recherchés.

DESPRÉAUX (Claude-Jean-François), fils d'un hautboïste de l'Opéra, qui se retira en 1767, entra en qualité de violoniste au même spectacle en 1759, devint chef des premiers violons en 1771, et se retira en 1782. Ayant été juré du tribunal révolutionnaire, il se tua le 24 thermidor, après la révolution qui fit cesser le régime de la Terreur. Il a publié quelques œuvres de sonates pour le violon et le clavecin.

DESPRÉAUX (Louis-Félix), frère puîné de Claude-Jean-François, naquit à Paris le 17 avril 1746. Il se livra de bonne heure à l'étude de la musique, et fut placé par son père, en 1767, en qualité de quinte ou alto, à l'orchestre de l'Opéra. L'année suivante il entra au Concert spirituel. Nommé accompagnateur de l'École royale de chant, en 1771, il en remplit les fonctions jusqu'à la suppression de cette école. En 1775 il avait quitté l'Opéra. A la formation du Conservatoire de musique il fut un des professeurs de cette école; mais, à l'époque de la réforme qui fut faite en l'an x (1802) dans cet établissement, il perdit sa place comme beaucoup d'autres professeurs. Il est mort à Paris en 1813. Despréaux était claveciniste assez habile et surtout bon professeur. Il a publié plusieurs œuvres pour le piano, tels que des sonates, des préludes et exercices, trois pots-pourris, un recueil intitulé : *Les genres de musique des différens peuples*, la *Bataille de Fleurus*, des airs variés, et un *Cour d'édu-cation pour le piano*, en cinq parties : ce dernier ouvrage a eu du succès. On a aussi de lui des *Cartes musicales pour apprendre la musique aux enfants*, Paris, Janet et Cotelle.

Un frère cadet de Louis-Félix Despréaux, nommé *Jean-Etienne*, a publié, en 1817, un tableau des mouvements de la musique, sous le nom de *Chronomètre musical établi sur les bases du pendule astronomique*. Il était né le 31 août 1748, et était entré à l'Opéra, comme danseur, en 1760. Retiré en 1781, il ne rentra à ce spectacle qu'en 1792, en qualité de *Directeur de la scène*; mais, peu de temps après, les administrateurs Célérier et Francœur ayant été accusés de malversation et arrêtés, Despréaux cessa ses fonctions. En 1807 il fut nommé inspecteur du même théâtre et de ceux de la cour. A la même époque il était professeur de danse et de maintien théâtral au Conservatoire de musique. Il est mort le 26 mars 1820. Despréaux, homme d'esprit et de manières distinguées, cultivait la poésie et fit représenter beaucoup de parodies et de vaudevilles de sa composition. Il avait épousé la célèbre danseuse Guimard, qui était née le 27 décembre 1743, et qui mourut en 1816.

DESPRÉAUX (Guillaume ROSS), compositeur de musique, né à Clermont (Puy-de-Dôme) en 1803, fut admis comme élève au Conservatoire de Paris, et reçut des leçons de composition de l'auteur de cette notice et de Berton. Ayant été reçu comme acteur, en 1824, au Gymnase dramatique, il resta attaché à ce théâtre jusqu'en 1828. L'année précédente le second grand prix de composition musicale lui avait été décerné au concours de l'Institut. Le sujet du concours était la cantate d'*Orphée*. En 1828 M. Despréaux obtint le premier prix, et sa cantate fut exécutée à la séance publique de l'Institut. Peu de temps après il partit pour Rome, d'où il envoya en 1830 un *Requiem* et un *Dies iræ*. Dans la même année il écrivit de Naples une lettre spirituelle sur l'état de la musique dans cette ville, qui fut insérée dans le septième volume de la *Revue Musicale* (p. 109 et suiv.), et qui produisit une assez vive sensation. De retour à Paris, Despréaux y a fait représenter à l'Opéra-Comique, le 23 janvier 1833, un petit opéra intitulé *le Souper du Mari*. Il a écrit depuis lors plusieurs ouvrages qui n'ont point été joués.

DESPRÈS ou **DESPREZ** (Josquin). *Voy.* Deprès.

DESPREZ (Jean-Baptiste), violoniste, né à Versailles en 1771, eut pour maître de musique Richer, son concitoyen. Il a publié : *Six duo-dialogués pour deux violons*, op. 1, Paris, 1798

On a aussi de cet artiste des *Principes élémentaires de musique*; Paris (sans date), in-8°.

DESQUESNES (Jean), ou d'ESQUENES (1), musicien belge, vécut vers la fin du seizième siècle. Il naquit vraisemblablement à Mons ou à Saint-Ghilain, petite ville du Hainaut, où plusieurs familles de ce nom existaient. Cet artiste n'est connu que par un recueil de compositions intitulé: *Madrigali di Giov. Desquesnes, il primo libro a cinque voci*; Anversa, 1591, in-4° obl. Le prénom italianisé et le genre de la musique semblent indiquer que le compositeur a vécu en Italie. Cependant, si c'est de lui qu'il est question dans un compte de la maison de l'archiduc Ernest, gouverneur des Pays-Bas, en 1630, cité à l'article *Dequesne* (*Voy.* ce nom), il était revenu dans sa patrie à cette époque et devait être d'un âge avancé, puisqu'un de ses ouvrages avait été publié près de quarante ans auparavant.

DESQUESNES (Nicolas), vraisemblablement parent du précédent et son contemporain, fut bachelier en théologie et pasteur de Sebourcq (dép. du Nord), près de Valenciennes, pendant quarante ans. Il y mourut en 1633. Un historien contemporain (2) a dit de lui : « Ce dit « pasteur de Sebourcq a laissé grands volumes « musicales à ladite église, contenans diverses « messes, antiennes, hymnes et oraisons en mu- « sique, en ayant aussi laissé en plusieurs en- « droits de ces provinces. Entr'autres lorsqu'on « se mouroit de la peste à Valentiennes, qui fut « l'an 1627, il présenta un hymne ou oraison en « cinq parties à Messieurs du Magistrat dudit « Valentiennes.......... laquelle commençoit : « *Hoc est præclarum*, etc. » Le même écrivain dit que le roi d'Espagne, Philippe III, lui fit faire des propositions pour aller remplir la place de maître de chapelle à sa cour, mais que Desquesnes s'en *excusa prudemment au consentement de Sa Majesté*. On n'a rien retrouvé jusqu'à ce jour des ouvrages de ce prêtre.

DESSALLE-RÉGIS (...), littérateur et critique, né à Montpellier, au commencement de ce siècle, a publié une brochure qui a pour titre: *De la musique dans le midi de la France*; Montpellier, Castel, 1839, in-8° de 64 pages. On connaît aussi de lui : *Feuilles de province. Littérature, musique*; Paris, imprimerie de Gros, 1840, in-8° de 128 pages. Ce dernier ouvrage est composé d'articles fournis par l'auteur à divers journaux.

DESSANE (Louis), né à Paris vers 1802, a fait ses études élémentaires de musique au Conservatoire de cette ville. Son premier instrument fut le violon, mais plus tard il se livra à l'étude du *mélophone*, instrument à anches libres dans une forme assez analogue à celle de la guitare, avec un clavier mobile sur la touche. Le vent était fourni par un soufflet que la main droite faisait mouvoir, tandis que la gauche formait des chants, des harmonies et des arpèges sur le clavier du manche. Dessane acquit en peu de temps une grande habileté sur cet instrument, et le fit entendre avec beaucoup de succès à l'exposition de l'industrie en 1838. La sensation qu'il y produisit fit imaginer d'employer le mélophone pour des effets particuliers dans l'orchestre de l'Opéra. Dessane y fut attaché pendant deux ans; mais l'usage du mélophone y était trop borné ; il ne répondit pas à ce qu'on en attendait : l'administration du théâtre y renonça, et Dessane partit pour l'Allemagne, dans le dessein d'y donner des concerts pour son instrument. En 1844 il se fit entendre à Darmstadt, puis à Francfort, et dans la même année il établit à Nuremberg une fabrique de mélophones; mais cette entreprise ne réussit pas, parce que l'instrument est imparfait, ses soupapes fonctionnant mal, et parce que son doigté est difficile. Les renseignements manquent sur la suite de la carrière de Dessane.

DESSAÜER (Joseph), compositeur, né à Prague, le 28 mai 1794, de parents aisés qui lui firent donner une brillante éducation, fut destiné au commerce dès son enfance. Tomaschek en fit un pianiste habile, et Frédéric-Denis Weber, directeur du Conservatoire de Prague, lui donna des leçons d'harmonie. Quelques compositions estimables qu'il fit paraître dans sa jeunesse prouvèrent ses heureuses dispositions; mais, détourné de la pratique de la musique par les affaires, il négligea cet art pendant plusieurs années. Un voyage qu'il fit à Naples, en 1821, pour des spéculations de commerce, lui ayant fourni l'occasion de faire admirer ses talents de pianiste et de compositeur, lui fit comprendre qu'il n'avait pas suivi sa véritable vocation. De retour dans sa patrie, il prit la résolution de cultiver avec plus d'activité les heureux dons qu'il avait reçus de la nature pour la musique, et il écrivit beaucoup de chants à une ou plusieurs voix, des morceaux de piano, des quatuors et des ouvertures pour l'orchestre. Dans

---

(1) Suivant le catalogue de la librairie musicale de Balthazar Bellere, cité par M. E. de Coussemaker (*Notice sur les collections musicales de la bibliothèque de Cambrai*, p. 122).

(2) *Histoire de la terre et comté de Sebourcq*, par Pierre Leboucq (Valenciennes et Bruxelles, 1848, in-4°), ouvrage cité par M. E. de Coussemaker (*Notice sur les collections musicales de la bibliothèque de Cambrai*, pages 17 et 101).

un autre voyage qu'il fit à Milan, dix ans plus tard, il écrivit plusieurs ouvrages de musique instrumentale et vocale, et commença un opéra qui est resté inachevé jusqu'à ce jour. Dans les années 1832 et 1833 il a visité l'Angleterre et la France. Pendant un séjour de dix-huit mois à Paris, il y fit entendre souvent avec succès dans les salons ses chansons allemandes. Il avait le dessein d'écrire un opéra français; mais, après mille démarches inutiles pour obtenir un livret, il dut y renoncer, et, lorsqu'il s'éloigna de Paris, il était tombé dans le découragement. Il s'est ensuite fixé à Prague, y consacrant à la musique tous les moments qu'il pouvait dérober aux affaires. On a publié de M. Dessauer : 1° *Rimembranze di Napoli, composizione per il piano-forte sopra motivi originali napoletani*, op. 1 et 2 ; Vienne, Leidesdorf. — 2° *Capriccio sopra alcuni motivi dell' opera Norma*; Milan, Ricordi. — 3° Six *Canzoni* italiennes et allemandes, avec accompagnement de piano; Vienne, Mechetti. — 4° Six Chansons allemandes avec piano, op. 6; Vienne, Artaria. — 5° Trois *Lieder* avec piano, op. 6 ; Vienne, Diabelli; d'autres recueils de chants, œuvres 14, 45, 46, 47, et un nombre considérable de *Lieder* détachés. C'est dans ces *Lieder* qu'est le génie de Dessauer, génie original et aussi fin que passionné. *Le Wassermann* (l'Homme de l'eau), *le Flot et l'Enfant, les Deux Cercueils, la Marguerite, l'Asile*, tous les chants des œuvres 5, 6, 14, 45, *la Rêverie de nuit*, et tant d'autres qu'il faudrait citer, n'ont pas moins de poésie que les mélodies de Schubert. Dessauer a fait aussi représenter à Dresde l'opéra comique *Ein Besuch in Saint-Cyr* (une Visite à Saint-Cyr), en 1838, et *Lidwinna*, à Prague, deux ans auparavant.

DESSIRIER (HIPPOLYTE), né à Besançon, professeur de musique, a fait ses études musicales sous la direction de Travisini, maître de chapelle dans cette ville. Il est auteur d'une *Méthode élémentaire de musique*.

DESTOUCHES (ANDRÉ-CARDINAL), compositeur dramatique, né à Paris en 1672, fut d'abord mousquetaire et simple amateur de musique. Dans sa jeunesse il fit le voyage de Siam avec le P. Tachard, jésuite, à qui il promit d'entrer dans la compagnie de Jésus; mais de retour en Europe il oublia sa promesse et préféra la carrière des armes, que son humeur inconstante lui fit bientôt abandonner pour se livrer à l'étude de la musique. Lorsqu'il composa son premier opéra (*Issé*), son instruction dans cet art était si peu avancée qu'il fut obligé d'avoir recours à un autre musicien pour écrire sa partition.

Cependant il avait des idées naturelles qui firent le succès de cet ouvrage, dont la première représentation eut lieu à Trianon, le 17 décembre 1697. Plus tard Destouches comprit la nécessité d'apprendre ce qu'on appelait alors la *basse continue*; mais, devenu plus habile, il fut moins heureux dans ses inspirations. Il fut surintendant de la musique du roi et inspecteur général de l'Opéra, depuis 1713 jusqu'en 1751. Son opéra d'*Issé* fut suivi d'*Amadis de Grèce*, en 1699; de *Marthésia*, dans la même année; d'*Omphale*, en 1701; du *Carnaval et la Folie*, en 1704. En 1712 il donna *Callirhoé*, en 1714 *Télémaque*, en 1718 *Sémiramis*, en 1725 *les Éléments*, en société avec Lalande, et enfin, en 1726, *les Stratagèmes de l'Amour*. Louis XIV fut si satisfait d'*Issé* qu'il fit donner à l'auteur une gratification de deux cents louis, et déclara que *Destouches était le seul qui ne lui eût point fait regretter Lulli*. Toutefois il paraît que sa musique ne plut pas à tout le monde, car on fit contre son opéra de *Callirhoé* ce couplet satirique :

> Roy sifflé,
> Pour l'être encore
> Fait éclore
> Sa Callirhoé ;
> Et Destouches
> Met sur ses vers
> Une couche
> D'insipides airs.
> Sa musique
> Quelqu'étique
> Visite et pique
> Le goût des badauds.
> Heureux travaux !
> L'ignorance
> Récompense
> Deux nigauds.

Destouches est mort à Paris, en 1749, à l'âge de 77 ans.

DESTOUCHES (FRANÇOIS), compositeur, né à Munich le 14 octobre 1774, prit des leçons de musique et d'harmonie de Théodore Grünberger, moine augustin, et fit des progrès remarquables dans ces sciences. Son père, qui était conseiller de la chambre fiscale de la cour de l'électeur, l'envoya à Vienne, en 1787, pour y étudier la composition sous la direction de Joseph Haydn. Il resta dans cette ville jusqu'en 1791 et retourna ensuite dans sa patrie. Bientôt après il y mit en musique l'opéra-comique intitulé *Die Thomas Nacht* (la Nuit de Thomas), qui fut représenté sur le théâtre national et sur celui de la cour en 1792. Il partit ensuite pour la Suisse et l'Autriche, et donna des concerts dans plusieurs villes. Arrivé à Erlangen, il s'y arrêta et y exerça les fonctions de directeur de musique pendant deux ans. En 1799 il passa au service du duc de Saxe-Weimar, revint à Munich en 1810, et fut enfin placé comme professeur d'harmonie à l'université de Landshut, où il était encore en 1810. Outre plusieurs messes de sa composition, qui sont connues avantageusement en Allemagne, il a mis en musique, à Weimar, l'opéra intitulé *Missverstændniss* (la Rupture), qui eut beaucoup de succès dans la nouveauté. Il a composé pour le même théâtre les chœurs du drame *Die Hussiten von Naumburg* (les Hussites de Naumbourg), ainsi que les ouvertures des pièces de Schiller, *la Fiancée de Messine*, *la Pucelle d'Orléans*, *Guillaume Tell* et *Wallerstein*. Il est aussi l'auteur des chœurs de *Wanda*, tragédie de Werner. On a gravé à Augsbourg, chez Gombart, et à Offenbach, chez André, plusieurs de ses concertos pour divers instruments, des sonates de piano, des variations et autres compositions instrumentales. Parmi ces productions on remarque : 1° Trois Sonates pour le piano, op. 1; Offenbach, 1792. — 2° Fantaisie pour le piano, op. 10; Augsbourg, 1799. — 3° Marche avec 10 variations, op. 8. — 4° Ariette avec 9 variations, n° 2; Heilbronn, 1798. — 5° Ariette avec 9 variations, n° 3. — 6° Sonates pour piano, violon et violoncelle, op. 11; Augsbourg. — 7° Concerto (en *sol*) pour piano et orchestre; Augsbourg, Gombart. Destouches est mort à Munich au mois de décembre 1844.

DEURING (BENOIT), moine allemand, né en Bavière, vivait vers le milieu du dix-huitième siècle. Il a publié douze motets de sa composition, sous le titre de *Conceptus musici*; Augsbourg, 1730, in fol.

DEUZINGER (J.-F.-P.). On a sous ce nom un traité d'accompagnement de l'orgue et du clavecin intitulé : *Compendium musicum, oder Fundamenta partituræ, dass ist : Unterricht für die Orgel und das Klavier*, en deux parties; Augsbourg, Lotter, 1788.

DEUTSCHMANN (JACQUES), facteur d'orgues distingué, à Vienne, a eu une part considérable dans les perfectionnements des orgues à anches libres, appelés *Physarmonica* en Allemagne, et *Harmonium* en France. Dans une exposition publique d'instruments de musique qui fut faite dans la capitale de l'Autriche, en 1839, il plaça un grand instrument de ce genre, composé de trois registres. Le rapport des membres du Jury, MM. Bocklet, Antoine de Halm et Fischof, constata en particulier que le système du soufflet était nouveau, qu'il produisait sans secousse le son, et qu'il le prolongeait longtemps sans être renouvelé par le mouvement de la pédale. En 1845 une médaille d'or fut décernée à Deutschmann pour de nouveaux perfectionnements faits aux instruments de ce genre qu'il avait mis à l'exposition de cette année, à Vienne. Cet artiste est mort dans la même ville, en 1853.

DEVASINI (....), compositeur de l'époque actuelle, a fait ses études musicales au Conservatoire de Milan, où il se trouvait encore en 1842. Il y fit représenter par ses condisciples, en 1841, *Francesca di Rimini*, drame musical, et dans l'année suivante *Un Giorno di nozze*, opéra bouffe. Cet artiste a écrit aussi de la musique instrumentale, parmi laquelle on remarque un *Sestetto* pour flûte, hautbois, 2 clarinettes, cor et basson concertants.

DEVERGIE (L'abbé), ecclésiastique à Beauvais, est auteur d'une *Méthode de Plain-Chant*; Beauvais, Bocquillon-Porquier, 1840, in-8° de 168 pages.

DEVICQ (ÉLOY), d'une famille distinguée de l'ancien parlement de Flandres, naquit à Douai vers 1778. Dans les troubles révolutionnaires de 1792, ses parents sortirent de France et cherchèrent un asile à Hambourg. Privés de leur fortune par l'émigration, ils trouvèrent heureusement une ressource dans le talent musical de leur fils, qui, ayant étudié la musique et le violon avec ardeur, dès son enfance, put, à peine âgé de quinze ans, donner des leçons et entrer comme violoniste à l'orchestre du théâtre de Hambourg. Quelque temps après il partit pour la Russie, vécut plusieurs années à Saint-Pétersbourg et à Moscou, et perfectionna son talent par ses liaisons avec Rode, Baillot et le célèbre violoncelliste Lamare. De retour en France vers 1809, M. Éloy Devicq se maria à Abbeville et s'y établit, ne cultivant plus la musique que comme amateur, mais y puisant ses jouissances les plus vives. Sa manière grande et classique de jouer le violon, et le profond sentiment musical dont il était pénétré, ont fait longtemps le charme de ceux qui l'ont entendu. C'est à ce pur amour de l'art dont il était toujours animé qu'Abbeville doit l'institution d'une école publique de musique qui a formé de bons élèves et propagé le goût de cet art. M. Éloy Devicq a publié : *Air russe varié pour violon principal, avec violon, alto et violoncelle ou piano*; Paris, Pacini. Il est mort à Abbeville en 1847.

DEVIENNE (FRANÇOIS), né à Joinville (Haute-Marne) en 1759, fut élevé par son frère, musicien au service du prince de Deux-Ponts. Dès son enfance il annonça les plus heureuses dispositions pour la musique; à peine âgé de dix ans il composa une messe avec accompagnement d'instruments à vent, qui fut exécutée par les musiciens du régiment où il était déjà engagé comme flûte. Ses études musicales terminées, il s'attacha au cardinal de Rohan, et passa ensuite dans la musique des Gardes-Suisses, qu'il quitta pour entrer, en 1788, dans l'orchestre du *théâtre de Monsieur;* en qualité de bassoniste. Également distingué par son talent sur la flûte et sur le basson, Devienne avait une connaissance générale de tous les autres instruments, et savait en tirer des effets inconnus en France avant lui. Né avec du talent pour la composition, il créa un nouveau genre de musique pour les instruments à vent, encouragea les artistes à perfectionner leur exécution, et contribua par là à l'amélioration des orchestres français. Non moins recommandable comme compositeur dramatique, il a laissé quelques opéras qui pourraient être encore entendus avec plaisir, et qui se font remarquer par la fraîcheur des idées et l'élégance de l'instrumentation. L'un de ses ouvrages, connu sous le titre *les Visitandines*, fut joué longtemps avec succès.

Les productions de Devienne sont en si grand nombre qu'on ne comprendrait qu'à peine sa fécondité, si l'on ne savait que, nonobstant tous les devoirs que lui imposaient ses places et les leçons qu'il donnait, il travaillait ordinairement huit heures chaque jour. Cet excès de travail finit par altérer ses facultés; sa tête se dérangea, et l'on fut obligé de l'enfermer à *Charenton,* où il mourut le 5 septembre 1803. Il avait été professeur au Conservatoire de musique, et fut compris dans la réforme générale de 1802. Voici la liste de ses productions : I. OPÉRAS : 1° *Encore des Savoyards,* opéra-comique en un acte, au théâtre de Monsieur, en 1789. — 2° *Le Mariage clandestin,* en un acte, au théâtre Montansier, 1791. — 3° *Les Quiproquos espagnols,* au théâtre Feydeau, 1792. — 4° *Les Visitandines,* en deux actes, au théâtre Feydeau, 1792. Un troisième acte fut ajouté à cet opéra en 1793; puis la pièce fut remise en deux actes, en 1795. Refusée maladroitement au théâtre Favart, cette pièce fut jouée avec un succès d'enthousiasme au théâtre Feydeau, et continua de jouir de la faveur publique jusqu'à la Restauration. Plus tard elle fut arrangée sous le titre du *Pensionnat de Jeunes Demoiselles* pour être jouée à l'Opéra-Comique, et sous celui des *Français au Sérail,* au théâtre de l'Odéon. Depuis la révolution de juillet 1830 elle a repris son premier titre. — 5° *Rose et Aurèle,* en un acte, au théâtre Feydeau, 1793. — 6° *Agnès et Félix, ou les deux Espiègles,* en deux actes, 1794. — 7° *Valecour, ou un tour de page,* en un acte, 1797. — 8° *Les Comédiens Ambulants,* en trois actes, 1798. — 9° *Le Valet des deux maîtres,* en deux actes, 1799. Devienne a été collaborateur, pour la musique, du *Congrès des Rois,* opéra révolutionnaire joué au théâtre Favart en 1793. — II. PIÈCES DÉTACHÉES : 10° *Romances d'Estelle,* avec accompagnement de piano et flûte; Paris, Naderman. — 11° *Romances de Gonsalve de Cordoue,* avec accompagnement de piano et flûte ou violon, op. 53, Paris, 1795. — 12° *Romances patriotiques;* Paris, Ozy. — 13° *Chansons républicaines, à l'usage des fêtes nationales;* ibid. — 14° *Première livraison de six romances,* paroles de Lablée, avec accompagnement de piano et harpe. — III. OUVERTURES ET SYMPHONIES : 15° Symphonie concertante pour cor et basson, n° 1; Paris, 1792. — 16° Symphonie concertante pour hautbois ou clarinette et basson, n° 2; ibid., 1793. — 17° Symphonie concertante pour flûte, clarinette et basson; ibid. — 18° Symphonie concertante pour flûte, hautbois, cor et basson, avec orchestre, n° 4; ibid., 1794; production excellente en son genre, et qui a obtenu le plus grand succès. — 19° Symphonie concertante pour deux clarinettes et orchestre, op. 25; ibid. — 20° *La Bataille de Jemmapes, pour vingt instruments;* ibid., 1796. — 21° Ouvertures pour instruments à vent, à l'usage des fêtes nationales, n°° 1, 2, 3, 4, 5, 6 et 7; Paris, Ozy. — 22° Symphonie concertante pour deux flûtes et orchestre; ibid. — 23° Deuxième symphonie concertante pour flûte, hautbois, cor et basson; Paris, 1800. — IV. CONCERTOS : 24° Concertino d'airs variés pour la flûte, n° 1; ibid. — 25° Concertos pour flûte et orchestre, n°° 1, en *ré;* 2, en *ré;* 3, en *sol;* 4, en *sol;* 5, en *sol;* 6, en *ré;* 7, en *mi* mineur; 8, en *sol;* 9, en *mi* mineur; 10, en *ré;* 11, en *si* mineur; 12, en *la;* Paris, Imbault et Sieber; — n° 13, posthume, en *sol;* Orléans, Demar. — 26° Concertos pour basson et orchestre, n° 1, en *ut,* Imbault; n° 2, Naderman; n° 3, en *fa;* n° 4, en *ut;* Paris, Sieber. — V. QUATUORS : 27° Quatuors pour flûte, violon, alto et basse, op. 1, 3, Paris, Le Duc; op. 16, liv. 1 et 2, Paris, Sieber; op. 62, Offenbach, André; op. 66, liv. 1 et 2, Paris, Imbault; op. 67, ibid., formant ensemble trente-six quatuors. — 28° Trois quatuors pour clarinette, violon, alto et basse, op. 73; Paris, Érard. — 29° Trois quatuors pour basson, violon, alto et basse, op. 75; ibid. — VI. TRIOS : 30° Six trios pour flûte, alto et basse, liv. 1 et 2; Paris, Sieber. — 31° Six trios pour flûte, violon et basse; op. 18; Paris, Imbault. — 32° Six idem, op. 66; Paris, Gaveaux. — 33° Six trios pour deux flûtes et basse, op. 19; Paris, Sieber. — 34° Six trios pour deux flûtes et basson, op. 77; ibid. — 35° Six trios pour flûte, clarinette et basson, op. 61, liv. 1 et 2; Offenbach, André. — 36° Six trios pour trois flûtes, liv. 1 et 2; Paris, Imbault. — 37° Six trios pour deux clarinettes et basson, op. 27; Paris, Sieber. — 38° Trois trios pour deux clarinettes et basson, op. 75; ibid. — 39° Trois idem, livre troisième; Paris, Sieber. — 40° Six trios pour basson, violon et basse, op. 17; Paris, Imbault. — VII. Duos : 41° Cent cinquante-huit duos pour divers instruments, œuvres 2, 5, 6, 7, 8, 15, 20, 21, 53, 64, 65, 68, 69, 70, 78, 79, 81, 84; Paris, Londres, Offenbach, Berlin, 1788-1801. — VIII. Sonates : 42° Six sonates pour piano, flûte et basse, op. 22 et 23; Paris, Naderman. — 43° Six sonates pour basson, avec accompagnement de basse, op. 24; Paris, Sieber. — 44° Six sonates pour clarinette, avec accompagnement de basse, op. 28; ibid. — 45° Six sonates pour flûte, avec accompagnement de basse, op. 14; Orléans, Demar. — 46° Six *idem*, op. 58. — 47° Six idem, op. 68; Paris, Sieber. — 48° Six idem, liv. 4; Paris, Imbault. — 49° Six idem, cinquième livre; Paris, Pleyel. — 50° Six idem, liv. 6; Paris, Frey. — 51° Six idem, liv. 7; Paris, Sieber. — 52° Six idem, liv. 8; ibid. — 53° Douze sonates pour hautbois, avec accompagnement de basse, op. 70 et 71; Paris, Le Duc. — IX. Harmonie : 54° Douze suites d'harmonies à huit et douze parties; Paris, 1798-1801. — X. 55° *Méthode de flûte théorique et pratique, contenant tous les principes, des petits duos et sonates faciles*; Paris, Imbault, 1795. Cet ouvrage estimé a été reproduit dans plusieurs éditions.

DEVISME DU VALGAY (Anne-Pierre-Jacques), né à Paris en 1745, entra dans les fermes, où il parvint à l'emploi de sous-directeur. Dans sa jeunesse il se livra à l'étude de la musique, et publia un *Abrégé des règles de la composition et de l'accompagnement, dédié à la reine*; Paris, 1767, in-4°. La protection du valet de chambre de la reine lui fit obtenir, en 1777, l'entreprise de l'Opéra de Paris. Le privilége lui fut accordé pour douze ans, moyennant un cautionnement de cinq cent mille francs, dont la ville devait lui payer l'intérêt, outre un subside de quatre-vingt mille francs qu'il devait recevoir. Deux règlements du 27 février et du 22 mars 1778 établirent les droits de l'entrepreneur et de ses subordonnés; le premier avril suivant, Devisme prit possession de son entreprise. A cette époque les amateurs de l'Opéra étaient divisés en quatre partis, dont les goûts et les préventions étaient différents. Le premier de ces partis, composé des Lullistes ou amateurs de l'ancienne musique française, était le plus faible; le second, plus vigoureux, était formé par les défenseurs de Rameau; les troisième et quatrième, où étaient enrôlés les admirateurs enthousiastes de la musique nouvelle, dédaignaient de combattre les préjugés des partisans de Lulli ou l'entêtement des *Ramistes*, et, se plaçant les uns sous la bannière de Gluck, les autres sous celle de Piccinni, se faisaient une guerre aussi vive que s'il se fût agi des intérêts les plus graves. Ces circonstances étaient favorables au nouveau directeur : il sut en profiter et déploya une activité prodigieuse. Voulant que le public pût juger des diverses transformations qui s'étaient opérées en France dans la musique théâtrale, il donna dans une seule année *Thésée*, de Lulli; *Castor et Pollux*, *Pygmalion*, de Rameau; *Ernelinde*, de Philidor; *Armide*, *Iphigénie*, *Orphée* de Gluck; *Roland*, de Piccinni, et fit composer par Grétry une pièce intitulée *les Trois Ages de l'Opéra*. Outre cela il rappela les bouffons italiens, et leur fit jouer, alternativement avec l'Opéra français, les meilleurs ouvrages d'Anfossi, de Piccinni et de Paisiello. Mais tant de nouveautés avaient coûté des frais énormes, et, malgré l'affluence du public, la recette ne couvrait pas la dépense. Devisme recevait les félicitations de quelques amateurs zélés, mais il se ruinait. D'ailleurs ses réformes et sa manière nouvelle d'administrer l'Opéra avaient froissé des intérêts particuliers et lui avaient fait des ennemis : ils l'accablaient de sarcasmes et de dégoûts. Nonobstant ses talents et sa fermeté, il ne put parvenir à déraciner les abus d'une administration vicieuse. Malgré la protection de la reine, Devisme ne put résister aux haines, aux cabales et aux tracasseries de tout genre auxquelles il était en butte; il offrit la résiliation de son bail, et elle fut acceptée le 1er avril 1779; mais il conserva la direction jusqu'au mois de mars de l'année suivante, pour le compte de la ville. A la clôture de l'année théâtrale de 1780, Berton prit la direction de l'Opéra pour le compte du roi, et Devisme reçut le brevet d'une pension de neuf mille francs avec une indemnité de vingt-quatre mille francs, faible dédommagement des pertes qu'il avait essuyées.

Le 20 fructidor an VII (12 septembre 1799) Devisme fut nommé administrateur de l'Opéra, conjointement avec Bonnet de Treiches, ex-législateur, par un arrêté du Directoire. Le 13 mars 1800 le ministre de l'intérieur nomma Devisme directeur de ce spectacle, et Bonnet n'eut plus que le titre de conservateur du matériel; mais bientôt des soupçons circulèrent sur la gestion du directeur; ils parurent assez graves et assez fondés pour que l'autorité le privât de son emploi et le fît remplacer par Bonnet, qui eut le titre de commissaire du gouvernement, le 23 décembre 1800. Un procès fâcheux fut intenté à Devisme sur la partie contentieuse de son administration; mais il s'en tira avec habileté. Il publia à cette occasion un petit écrit de deux feuilles in-8° d'impression, sous ce titre: *Devisme du Valgay à ses concitoyens sur son administration du théâtre de la République et des Arts*. Il a aussi fait imprimer quelques autres petites brochures sur le même sujet, mais je n'en sais pas les titres.

Devisme résida encore quelque temps à Paris, et y fit représenter quelques ouvrages dramatiques au théâtre Montansier et à l'Opéra-Comique, entre autres *la Double Récompense*, et *Eugénie et Linval*. En 1806 il publia à Paris, en un volume in-8°, un livre intitulé: *Pasilogie, ou de la musique considérée comme langue universelle*. Retiré dans la Normandie en 1810, Devisme est mort à Candebec, vers le milieu du mois de mai 1819, à l'âge de soixante-quinze ans. Il avait annoncé des *Mémoires sur sa vie*, mais cet ouvrage n'a pas paru.

DEVISME (JEANNE-HIPPOLYTE MOY-ROUD), femme du précédent, née à Lyon en 1765, a composé la musique d'un opéra intitulé *Praxitèle*, représenté en 1802 sur le théâtre de l'Opéra. Cette dame avait reçu des leçons de Steibelt pour le piano, et jouait fort bien de cet instrument.

DEVOLDER (PIERRE-JEAN). *Voyez* VOLDER (*Pierre-Jean* DE).

DE VOS ou plutôt **DEVOS** (LAURENT), frère du célèbre peintre *Martin Devos*, naquit à Anvers, en 1533. Après avoir fait ses études musicales à l'église Notre-Dame de cette ville et avoir reçu les ordres de la prêtrise, il obtint la place de maître des enfants de chœur de la cathédrale de Cambrai. M. Léon de Burbure n'a pas trouvé dans les archives de l'église Notre-Dame d'Anvers des traces de l'existence de ce musicien dans le chœur de cette collégiale; il est donc vraisemblable que Laurent Devos a occupé quelque autre position dans une des églises de la Belgique avant d'être appelé à Cambrai. Dans les troubles de cette ville, l'archevêque ayant été obligé d'en sortir, et d'Inchy, gouverneur, ayant tyrannisé les habitants, Devos eut la hardiesse de composer un motet dont les paroles retraçaient ces malheurs, et de le faire chanter en présence de ce même gouverneur, ou prévôt. Cette imprudence fut cause de sa fin tragique. L'affaire est rapportée en ces termes dans la *Revue Cambrésienne* (année 1838, p. 81), d'après la *Chronique inédite de Jean Doudelet*, clerc de Notre-Dame-de-la-Chaussée, à Valenciennes: « Laurent Vos composa un motet à grands chœurs « de plusieurs versets de différents psaumes, qui « étaient si artistement arrangés que toute l'his- « toire des troubles de ce temps y était décrite: « l'usurpation tyrannique de d'Inchy, la perfidie « du prévôt et de sa cabale, l'ingratitude, la « révolte et la mort funeste de plusieurs bour- « geois, l'éloignement et les malheurs de l'ar- « chevêque, la vaine espérance des secours du « duc d'Alençon, et le peu de durée de la gloire « des méchants. Ce motet fut chanté après les « vêpres un jour de fête solennelle. D'Inchy « l'entendit: il entra dans une si terrible fureur « qu'il ordonna que l'on saisît incontinent le « maître de musique. On le conduisit en prison, « et, sans autre forme de procès, d'Inchy, de « son autorité privée, ordonna qu'on le pendît. « On lui représenta vainement que l'usage de- « mandait que l'on appelât le juge de l'Église, « qu'il fallait faire la cérémonie de la dégrada- « tion; rien ne put arrêter ni suspendre l'exé- « cution d'une sentence contraire à toutes les « règles (1). » Le chroniqueur ajoute que Devos (homme de grand renom au noble art de musique) *fut pendu et étranglé sur le marché dudit Cambray*. Le chroniqueur place cette catastrophe vers la fin de janvier 1580, époque où l'on attendait, en effet, le secours du duc d'Alençon, qui ne vint à la tête de ses troupes que dans l'année suivante. Lacroix du Maine (*Biblioth. française*) cite des motets et des chansons de Devos qui auraient été publiés, mais sans indication précise de titre, de lieu et de date. Dans le nombre immense de recueils du seizième siècle que j'ai vus, je n'ai rien trouvé de ce musicien.

DEVRÉ (MARC), ou **DE VRÉ**, musicien du seizième siècle, né à Dunkerque, fut nommé maître de chapelle à Audenarde en 1590, et en remplit les fonctions jusqu'à sa mort, en 1596. Dans le trajet de Dunkerque à Audenarde il fut fait prisonnier, avec sa femme et ses enfants, par des soldats espagnols de l'armée du duc de Parme. Les échevins d'Audenarde furent obligés d'intervenir pour lui faire obtenir sa liberté. Devré a laissé en manuscrit une messe à quatre voix et plusieurs motets.

DEVRIENT (ÉDOUARD-PHILIPPE), un des meilleurs chanteurs de l'Opéra allemand, est né à Berlin le 11 août 1801. Neveu du célèbre comédien Louis Devrient, il a hérité de ses talents comme acteur. Après avoir eu dans son enfance

(1) M. E. de Coussemaker, qui rapporte ce récit dans sa *Notice sur les collections musicales de la bibliothèque de Cambrai* (p. 19), a donné aussi, dans les pièces justificatives (p. 135), l'extrait de la Chronique originale.

une jolie voix de soprano, il acquit dans sa dix-septième année un baryton grave dont le caractère avait de l'analogie avec la véritable basse, mais dont la qualité était médiocre. Vers cet âge il entra dans l'école de Zelter et y apprit l'art du chant. Pour la première fois il chanta en public dans une exécution de la *Passion* de Graun, qui eut lieu à Berlin en 1819; peu de temps après il débuta au théâtre dans l'*Alceste* de Gluck, et le 25 avril de la même année il fit son second début dans *Masetto*, de *Don Juan*. Bien accueilli par le public, surtout à cause de son talent dramatique, il joua avec succès les principaux rôles de basse des opéras allemands ou traduits de l'italien et du français. En 1822 il voyagea et se fit entendre à Dresde, à Leipsick, à Cassel et à Francfort. Peu de temps après il fut engagé à Vienne, et depuis lors il n'a plus quitté cette ville. On dit qu'il a joué aussi bien l'*Oreste* de Gluck que le *Barbier* de Rossini; mais il ne faut pas avoir trop de confiance aux éloges de ce genre accordés en Allemagne, car on n'y a qu'une connaissance fort imparfaite de l'art du chant. En 1844 Devrient fut nommé régisseur du théâtre royal de Dresde, et depuis 1852 il est directeur du théâtre royal de Carlsruhe (1860).

DEVRIENT (WILHELMINE **SCHROEDER**). *Voyez* SCHROEDER.

DEWAR (DANIEL), professeur de morale et de philosophie au collège du Roi à l'université d'Aberdeen, au commencement du dix-neuvième siècle, a publié un livre qui a pour titre : *Observations on the Character, Custom, Superstitions, Music, Poetry and Language of the Irish*, etc. (Observations sur le caractère, les mœurs, les superstitions, la musique, la poésie et le langage des Irlandais); Londres, 1812, in-8°.

DEYCKS (FERDINAND), docteur en philosophie et professeur de langues anciennes et d'histoire au collège royal de Coblence, est né en 1802 à Burg, au duché de Berg. Il a fait ses études au gymnase de Dusseldorf et aux universités de Bonn et de Berlin. Après les avoir terminées, il a passé plusieurs années à Dusseldorf, ne s'occupant que des sciences et des arts; la musique surtout était l'objet de ses études, et il eut pour maîtres dans cet art Burgmuller, Ries, Salomon et Stegmann. Pour se distraire de ses recherches d'érudition et de ses travaux sur la littérature ancienne, il a écrit plusieurs articles de critique musicale qui ont paru dans le recueil *Cæcilia*. On y remarque particulièrement : 1° Sur l'oratorio de Spohr *Die letzten Dinge* (t. 5). — 2° Platon, sur la Musique (t. 8). — 3° Sur le *Jephté* de B. Klein (t. 8). — 4° Sur les derniers œuvres de piano de Ries (t. 11). — 5° Sur l'édition de la partition du *Requiem* de Mozart publiée par André (t. 14). — 6° Gœthe, *Sur la musique* (t. 11). — 7° Et en dernier lieu *Sur le chant de l'Église catholique* (1835).

DEYSINGER (JEAN-FRANÇOIS-PIERRE), musicien qui paraît avoir vécu en Bavière, vers le milieu du dix-huitième siècle, n'est connu que par un ouvrage qui a pour titre : *Compendium musicum, oder Fundamenta partituræ, dass ist : gründlicher Unterricht die Orgel und das Clavier wohl schlagen* (Abrégé de musique ou Méthode fondamentale pour apprendre à bien jouer de l'orgue et du piano); Augsbourg, 1763, in-4°, divisé en deux parties.

DEZÈDE ou **DEZAIDES** (N.), compositeur dramatique, paraît être né vers 1740. On ignore quelle fut sa patrie. Parmi les biographes, les uns ont cru qu'il était allemand; d'autres, qu'il était né à Lyon. Lui-même ne connut jamais sa famille. Son éducation fut celle d'un homme bien né. Après quelques études on le retira du collège, et il fut mis sous la direction d'un abbé, qui, entre autres connaissances, lui donna celle de la musique et lui apprit à jouer de la harpe. Venu de bonne heure à Paris, il y perfectionna son instruction et apprit la composition. Il jouissait alors d'une pension de vingt-cinq mille francs, qui fut doublée à sa majorité. Désirant connaître les auteurs de ses jours, il s'adressa à son notaire; mais celui-ci le prévint que ses démarches seraient inutiles, et qu'en les continuant il s'exposerait à perdre son revenu. Il ne tint compte de cet avis, continua ses recherches, ne découvrit rien, et fut privé de sa pension. Ce fut alors qu'il songea à tirer parti de ses talents pour assurer son existence. Il débuta aux Italiens, en 1772, par le petit opéra de *Julie*, et donna ensuite l'*Erreur d'un moment*; le *Stratagème découvert* (1773); les *Trois Fermiers* (1777); *Zulime*; le *Porteur de chaises* (1778); *A Trompeur trompeur et demi*; *Cécile* (1781); *Blaise et Babet* (1783); *Alexis et Justine* (1785); la *Cinquantaine*; les *Deux Pages*, et *Ferdinand, ou la suite des Deux Pages*. Ses productions à l'Opéra sont *Fatme, ou le Langage des Fleurs* (1777); *Péronne sauvée* (1783); et *Alcindor* (1787).

Le caractère du talent de Dezède est le genre pastoral; son style n'est imité d'aucun autre, et personne n'a songé à imiter le sien. Son opéra de *Blaise et Babet* a eu pendant deux ans un succès de vogue tel qu'on en voit fort peu au théâtre. On trouve aujourd'hui que les formes de la musique de Dezède ont vieilli, mais ses mélodies sont gracieuses et naïves. Son harmonio est d'ailleurs assez pure et son orchestre soigné, pour l'époque et le pays où il écrivait, ce qui pourrait faire croire qu'il a eu des leçons de Philidor, le seul maître qui sût alors en France écrire avec correction.

Dezède avait la taille, la tournure et l'accoutrement du peintre Greuze. Il était presque toujours vêtu d'un habit richement brodé et chaussé avec des bottes. Son caractère était aussi original que sa mise : il affectait de prendre des manières brusques et un ton grondeur que démentait sa bonté naturelle. En 1785, le duc Maximilien de Deux-Ponts, qui fut ensuite électeur et depuis lors roi de Bavière, et qui aimait beaucoup la musique de Dezède, fit venir à sa cour ce compositeur, lui donna un brevet de capitaine avec cent louis d'appointements, à la seule condition qu'il irait tous les ans passer un mois à Deux-Ponts. Cette faveur ne le rendit pas plus riche, car il était dissipateur et tranchait du grand seigneur. On dit que ses prodigalités ruinèrent sa maîtresse, Mme Bélcour, de la Comédie-Française, qui, beaucoup plus âgée, s'était éprise de lui lorsqu'il n'était déjà plus jeune. Il est mort à Paris en 1792.

DEZÈDE (FLORINE), fille du précédent, a donné à l'Opéra-Comique, en 1781, *Nanette et Lucas, ou la Paysanne curieuse*. La musique de cet ouvrage est une copie du style de Dezède.

D'HAUDIMONT (L'abbé ÉTIENNE-PIERRE MUNIER), né en Bourgogne en 1730, fut élevé à Dijon, et quitta cette ville vers 1754, pour aller occuper la place de maître de chapelle de Châlon-sur-Saône. Après en avoir rempli les fonctions pendant six ans, il vint à Paris et se livra à l'étude de la composition sous la direction de Rameau, son compatriote et son ami. En 1764 il succéda à Bordier dans la place de maître de chapelle des Saints-Innocents. Ce fut alors qu'il composa plusieurs motets que l'on entendit au Concert spirituel, chez le roi, et dans les fêtes publiques. Les plus connus sont le *Memento Domine David*, le *Deus noster*, le *Beatus vir*, le *Quare fremuerunt*, l'*Exurgat Deus*, etc. Il a écrit aussi une messe de *Requiem* et un *De profundis*, en 1772. Enfin il est auteur d'un grand nombre d'ariettes, qui ont été publiées sous le voile de l'anonyme. L'abbé d'Haudimont a formé beaucoup d'élèves, parmi lesquels on remarque Perne et Chénié.

D'HERBAIN (LE CHEVALIER). *Voyez* HERBAIN.

DIABELLI (ANTOINE), professeur et éditeur de musique à Vienne, est né le 6 septembre 1781 à Matsée, dans le pays de Salzbourg, où son père était musicien et sacristain. Celui-ci enseigna à son fils les éléments du chant, du piano et du violon. A l'âge de sept ans Antoine fut reçu comme enfant de chœur au couvent de Michaelbayern, et deux ans après il entra dans la chapelle de Salzbourg. En 1796 il alla continuer ses études au collège de Munich, et perfectionner son savoir dans la théorie et dans la pratique de la musique. Lorsqu'il eut atteint sa dix-neuvième année, il étudia la théologie au monastère de Daitenbosslach et commença à essayer ses facultés en différents genres de composition. Il soumettait ses ouvrages à la censure de Michel Haydn, qui lui avait enseigné l'art d'écrire, et qui lui témoigna toujours un intérêt paternel. Il se destinait à l'état monastique; mais la sécularisation des couvents en Bavière changea ses projets et le détermina à se rendre à Vienne. Là il se livra à l'exercice de son talent et se fit professeur de musique. En 1818 il s'associa avec l'éditeur de musique Cappi, et en 1824 il prit pour son compte la maison de commerce dont il n'était auparavant que l'associé. Comme compositeur, Diabelli s'est fait remarquer par sa fécondité, si ce n'est par le mérite de ses ouvrages. Il a écrit dans tous les genres et presque pour tous les instruments, pour le chant, pour la chambre, le concert, l'église et le théâtre. On a de lui plusieurs recueils de danses et de valses pour l'orchestre ou en quatuors, en trios, etc.; des duos pour violon et pour flûte, de la musique de guitare en tout genre, des sonates pour piano avec et sans accompagnement; des rondeaux, menuets, valses, cadences, études, pots-pourris, etc., pour le même instrument; dix messes, douze graduels, douze offertoires, sept *Tantum ergo* pour plusieurs voix, orchestre et orgue; des cantates, duos, chansons allemandes et romances avec accompagnement de piano; des opérettes ou vaudevilles, etc., etc. Enfin le nombre de ses productions de différents genres s'élève à cent quatre-vingts œuvres parmi lesquels on remarque plusieurs recueils de messes brèves avec orgue ou orchestre, des messes solennelles, des graduels, offertoires, *Tantum ergo*, et d'autres pièces de musique religieuse. Comme éditeur Diabelli montra beaucoup d'activité; mais il était avare et dur envers les jeunes artistes dont il publiait les ouvrages et qui contribuaient à sa fortune. C'est ainsi qu'il acquit à vil prix la plupart des compositions de François Schubert, lui reprochant même de trop écrire et de lui apporter trop souvent des manuscrits, afin de diminuer la somme qu'il lui payait. Diabelli est mort à Vienne, le 8 avril 1858.

DIAMANTI (Paolo), bouffe chantant et compositeur, né dans la Romagne vers 1805, a été attaché au théâtre communal de Bologne en 1838, et y a fait représenter deux opéras en un acte dans la même année. Le premier avait pour titre : *la Distruzione de' Masnadieri*, et l'autre, *la Turca fedele*. Deux ans après on le retrouve à l'île Maurice, comme basse comique; mais depuis lors on n'en a plus entendu parler.

DIBDIN (Charles), comédien, compositeur, poète et prosateur, était fils d'un orfèvre de Southampton. L'époque de sa naissance n'est pas exactement connue; mais, dans un de ses ouvrages, il dit qu'il était enfant de chœur en 1747; il ne naquit donc pas en 1748, comme on le voit dans le supplément de la Biographie universelle de Michaud. Quelque temps après il fut attaché au chœur de la cathédrale de Winchester, et y reçut des leçons de musique et de chant choral de Fussel, organiste de cette église; mais c'est, disait-il, à l'étude des ouvrages de Corelli et des écrits didactiques de Rameau qu'il devait ses connaissances en composition. Au commencement de sa carrière musicale il se présenta comme candidat pour la place d'organiste de Waltham, dans le Hamshpire; mais il fut écarté à cause de son extrême jeunesse. Bientôt après il se rendit à Londres; il y était depuis peu, et avait à peine seize ans, lorsqu'il fut engagé comme chanteur au théâtre de Covent-Garden. Les rôles qui lui furent confiés étaient peu importants et ne le firent point remarquer, jusqu'à ce que la manière dont il joua celui de Ralph dans *The Maid of the Mill* (la Fille du moulin) fixa sur lui l'attention du public. Dans la saison de 1762 à 1763 il fit représenter à Covent-Garden la pastorale intitulée *The Shepherd's Artifice* (la Ruse du Berger), dont il avait composé la musique, et qui fut accueillie favorablement. Environ cinq ans après il composa l'ouverture, le premier chœur, les *finali* du premier et du second acte, et trois airs de la farce intitulée *Love in a City* (l'Amour dans une ville), qui fut suivie de *Damon and Phillida* (Damon et Phillis), opéra-comique, *The Ephesian Matron* (la Matrone d'Éphèse), et de *Lionel and Clarissa* (Lionel et Clarisse), tous faits en collaboration avec d'autres musiciens.

Engagé comme compositeur au théâtre de Drury-Lane, sous la direction de Garrick, Dibdin donna une preuve de son talent musical dans l'intermède de *Padlock*, qui fut représenté pour la première fois en 1768, et où il joua le rôle de Mungo avec un grand succès. Il composa ensuite la musique de différentes pièces pour le même théâtre; mais les titres en sont presque entièrement oubliés. Celle du *Jubilé* est la plus connue, car elle fut représentée quatre-vingt-treize fois dans une saison, et elle a été reprise souvent. Les ouvrages que Dibdin fit ensuite furent écrits et composés par lui seul. Les plus célèbres furent *The Waterman* (le Batelier), *The Quaker* (le Quaker), *The Deserteur* (le Déserteur), traduit du français, et *Liberty-Hall* (le Palais de la liberté). Plusieurs airs de ses opéras, principalement de *Liberty-Hall*, ont été populaires. Le terme de l'engagement de Dibdin à Drury-Lane étant expiré, et quelques différends s'étant élevés entre lui et Garrick, il résolut de se rendre indépendant des directeurs de spectacles, et se hasarda à établir à Exeter-Exchange une nouvelle espèce d'amusement, qui consistait en marionnettes musicales; il annonça ce spectacle sous le nom de *The Comic Mirror* (le Miroir comique). Ces marionnettes représentaient des caractères connus, et quelquefois faisaient allusion à des personnages politiques. Il écrivit aussi pour le théâtre de Sadler's-Wells une grande quantité de bagatelles, et, à l'ouverture du théâtre appelé *le Cirque royal*, il eut un engagement comme directeur et comme compositeur. Cela ne dura toutefois qu'une saison; quelques difficultés étant survenues, la société fut dissoute, et Dibdin ne retira qu'une perte assez considérable de ses efforts.

Dans l'année 1788 il publia un livre intitulé *A musical Tour through England* (Voyage musical en Angleterre); Sheffield, 1788, un vol. in-4° de 443 pages, avec quelques morceaux de musique. Cet ouvrage contient quelques faits curieux dans une suite de lettres. Les lettres 60 à 74 renferment la liste des principaux ouvrages que Dibdin a écrits pour le théâtre. Le voyage musical de cet artiste avait été entrepris pour lui fournir les moyens de se rendre dans l'Inde; il s'embarqua en effet, mais, un temps peu favorable ayant obligé le vaisseau de jeter l'ancre à Torbay, Dibdin changea de résolution et retourna à Londres. Il composa alors pour une réunion, dans King-Street, l'intermède *The Whim of the moment* (le Caprice du moment), qu'il exécuta seul. Pour donner une idée du succès de cet intermède, il suffit de dire que, dans l'espace de quelques semaines, il a été vendu dix-sept mille exemplaires d'un de ses airs, *Poor Jack* (Pauvres Jacques), qu'on a aussi chanté en France à cette époque. En 1790 Dibdin prit à bail le local appartenant à la Société polygraphique, et y éleva un théâtre où il fit représenter plusieurs pièces de sa composition. Quelques années après il ouvrit un nouveau théâtre à Leycester-Place, qu'il nomma *Sans Souci*, et où il donna dix opéras-comiques

Directeur, compositeur de musique, auteur des canevas des pièces et seul acteur de ce petit théâtre, il y fit fortune par sa gaieté, par ses hymnes à l'honneur de la Grande-Bretagne, et surtout par ses sorties furibondes contre la France et la Révolution; mais le changement de système politique de l'Angleterre, après la mort de Pitt, ruina l'entreprise de Dibdin, qui, forcé d'y renoncer, se fit marchand de musique dans le Strand. Cette spéculation n'ayant pas été heureuse, Dibdin serait tombé dans la misère si quelques personnes de la haute société ne s'étaient intéressées à son sort, et ne lui avaient fait une rente viagère dont il jouit jusqu'en 1815, époque de sa mort. Après avoir travaillé quarante-deux ans pour les divers théâtres de Londres, il s'est retiré en 1804, et a publié dans cette année un poème didactique sur la musique, intitulé : *The harmonic preceptor, a didactic poem, in three parts;* Londres, 1804, in-4° de 150 pages, avec quatorze planches. On a aussi de lui un traité élémentaire de musique intitulé : *Music epitomised in which the whole Science of Music is clearly explained from the simplest rudiments to the principles of thorough bass and harmony* (Abrégé de musique dans lequel toute la science musicale est expliquée avec clarté, depuis les premiers principes jusqu'à la basse continue et l'harmonie); Londres, sans date, 1 vol. in-12. Cet ouvrage eut beaucoup de succès. La neuvième édition a été publiée par J. Jousse avec des additions et des changements; Londres, Goulding et Dalmaine (s. d.), in-12. Le nombre de pièces mises en musique par Dibdin s'élève à plus de cent vingt, et l'on y compte plus de neuf cents airs et beaucoup de morceaux d'ensemble. J'en possède une grande collection formant 6 volumes in-folio, et je n'ai pas tout. Dibdin a été lui-même l'éditeur de tous ces morceaux. Il a écrit aussi plusieurs œuvres de sonates pour le piano, et d'autre musique instrumentale. Comme prosateur il a publié plusieurs ouvrages, parmi lesquels on remarque une histoire de la scène anglaise (Londres, 1795), 5 volumes in-8°, et les Mémoires de sa vie (Londres, 1802), 4 volumes in-8°.

DIBDIN (Miss), née à Londres en 1787, a ou la réputation d'une harpiste habile. Elle commença à étudier la harpe en 1803, sous la direction de Challoner, et se fit entendre en public pour la première fois, en 1815, dans un concert de Covent-Garden. Depuis lors elle a reçu des leçons de Bochsa. Elle a été professeur adjoint à l'Académie royale de musique à Londres.

DICÉARQUE, philosophe péripatéticien, naquit en Sicile, trois cent quarante-sept ans avant l'ère chrétienne. Il avait écrit un traité de musique qui s'est perdu.

DICÉLIUS (JEAN-SÉBASTIEN), *cantor* à Tondern, dans le duché de Schleswig, en Danemark, naquit à Schmalkalden, dans la Hesse, vers 1618. Il étudiait la médecine à l'université d'Iéna en 1669, et vivait encore en 1693. On a de lui une cantate intitulée : *Nacht-Musik auf Schenckii Geburtstag, a canto solo con ritornello a 2 violini e continuo;* Jéna, 1669, une feuille in-fol.

DICKHUT (CHRÉTIEN), virtuose sur le cor, le violoncelle et la guitare, était attaché à la cour de Mannheim en 1812. Il s'est fait connaître par quelques compositions pour ces instruments. Parmi ces ouvrages on remarque : 1° Six pièces pour deux cors à clefs ou bugles, cornet de poste, cinq trompettes, quatre cors, trois trombones et deux trompettes basses; Mayence, Schott. — 2° Trois duos pour deux violoncelles, op. 2; ibid. — 3° Dix-huit trios pour trois cors; ibid. — 4° Marches et fanfares pour sept trompettes, quatre cors, deux cors de signal, et trois trombones; ibid. — 5° Trois sérénades et un trio pour guitare, flûte et cor, œuvres 1, 3, 4 et 6. — 6° Concertante pour deux cors, exécutée à la cour de Manheim en 1815; Mayence et Manheim. Dickhut a contribué au perfectionnement du cor, en 1811, par l'invention de la coulisse d'accord, qui, lorsque l'instrument élève ses intonations, par l'effet de la chaleur, allonge le tube et sert de compensateur.

DICKINSON (EDMOND), médecin anglais, né en 1624 à Appleton, dans le comté de Berks, fit ses études à Oxford et mourut en 1707, âgé de quatre-vingt-trois ans. Au nombre de ses ouvrages, remplis d'une érudition profonde, on en trouve un, publié après sa mort, sous le titre de *Periodica exegesis, sive celeberrimorum Græciæ ludorum declaratio;* Londres, 1739, in-8°. Il y traite de la musique dans les jeux publics de l'ancienne Grèce.

DICKONS (Madame), précédemment Miss POOLE, cantatrice, née à Londres vers 1780, cultiva la musique avec succès dès ses premières années. A l'âge de six ans elle jouait sur le piano les concertos et les fugues de Hændel avec beaucoup de précision. Quelques années plus tard, son père la confia aux soins de Rauzzini (*voy.* ce nom), alors fixé à Bath, pour la direction de ses études de chant. A treize ans elle chantait déjà dans les concerts du Vauxhall, et bientôt après elle eut un engagement pour le concert de la musique ancienne, à Hannover Square. Engagée au théâtre de Covent-Garden, elle y débuta avec succès dans des traductions d'opéras français, entre autres dans la *Nina* de Dalayrac. Sa réputation, qui commençait à s'étendre, la fit appeler en 1830 au théâtre du Roi, sous l'administration de Taylor. L'absence de Mme Billington lui fut favorable, et les applaudissements du public l'accueillirent dans plusieurs rôles, particulièrement dans celui de la Comtesse du *Mariage de Figaro*; mais, au retour de la célèbre cantatrice anglaise dans sa patrie, Miss Poole vit son étoile pâlir. Son engagement terminé, elle ne crut pas devoir soutenir une lutte inégale, et elle se retira du théâtre du Roi pour voyager en Écosse, en Irlande et dans quelques-uns des comtés d'Angleterre. Cette tournée fut aussi fructueuse pour sa renommée que pour sa fortune. De retour à Londres, elle s'y maria et entra au théâtre de Drury-Lane, sous le nom de Mme Dickons. Elle y resta jusqu'en 1816. Mme Catalani, qui venait de se charger de la direction du Théâtre-Italien de Paris, l'y appela pour y remplir à côté d'elle les seconds rôles; mais Mme Dickons n'y a pas eu la faveur du public parisien; elle se rendit en Italie à la fin de la saison, et y fut plus heureuse, particulièrement à Venise, où elle eut de beaux succès. Après cinq années de séjour dans ce pays, elle prit, en 1822, la résolution de quitter la scène, quoique sa voix fût encore belle et facile. Une maladie cruelle (le cancer du sein) commençait à lui rendre le repos absolument nécessaire. Elle se retira dans sa patrie, où ses vertus et l'agrément de sa conversation lui firent de nombreux amis. Une attaque de paralysie vint tout à coup aggraver ses maux, qu'elle supportait avec une pieuse résignation, et la conduisit au tombeau, le 4 mai 1833.

DIDAY (E.), médecin de la Faculté de Paris, a donné, avec son confrère Pétrequin, une bonne théorie physiologique de la *voix sombrée*, dans la *Gazette médicale* (Paris, 1840, t. VIII, p. 301 et suiv.). Les auteurs de cette dissertation établissent que, dans l'emploi de cette voix, le larynx ne change pas de place, quelle que soit l'intonation; que le cartilage thyroïde demeure immobile, dans une situation moyenne entre l'élévation et l'abaissement extrêmes; enfin, que le chanteur, au lieu de renverser la tête pour allonger le cou, conserve son attitude ordinaire. Les mêmes auteurs ont donné un article remarquable, dans la *Gazette médicale* (ann. 1846, t. XII, p. 222 et suiv.), sur le mécanisme de la voix de *fausset* (voir sur cet article une note de Jourdan, dans le *Manuel de Physiologie* de Müller, t. II, p. 192).

DIDEROT (Denis), fils d'un coutelier de Langres, naquit dans cette ville en 1712. Passionné pour les lettres, les sciences et les arts, il vint à Paris fort jeune, afin de suivre son penchant, se lia avec les hommes de lettres les plus célèbres, et, après avoir publié plusieurs ouvrages, conçut le projet de l'*Encyclopédie*, et l'exécuta avec d'Alembert. On trouve des détails sur la vie et les ouvrages de ce philosophe dans tous les Dictionnaires historiques; il n'est considéré ici que dans ce qu'il a fait relativement à la musique.

En 1748 il fit paraître à La Haye un recueil intitulé : *Mémoires sur différents sujets de mathématiques*, in-8°. On y trouve : 1° *Des Principes d'acoustique*, où la matière est traitée avec beaucoup de simplicité. — 2° *Projet d'un nouvel orgue*; il y propose une nouvelle construction de l'orgue à cylindre, où l'on pourrait varier les airs à volonté et à l'infini, sans changer de cylindre : c'était une idée inexécutable. — 3° *Observations sur le chronomètre*. Ces Mémoires se trouvent dans les diverses éditions des œuvres complètes de Diderot qui ont été publiées. Lichtenthal a cru que les *Principes d'acoustique* sont un ouvrage différent des *Mémoires de mathématiques* : c'est une erreur. Tous les articles relatifs à la construction des instruments qui se trouvent dans l'Encyclopédie sont de Diderot. C'est lui aussi qui a rédigé les Leçons de clavecin de Bemetzrieder; l'originalité de son style a procuré une sorte de célébrité à ce livre, qui, d'ailleurs, n'en méritait aucune. Diderot est mort à Paris, le 30 juillet 1784.

DIDIER LUPI SECOND. *Voyez* LUPI (*Didier*).

DIDYME, musicien grec et écrivain sur la musique, né à Alexandrie, était fils d'Héraclide, et, selon Suidas, vivait au temps de Néron. Porphyre dit, dans son commentaire sur Ptolémée, que Didyme a écrit un livre en faveur des proportions musicales de Pythagore contre le système égal d'Aristoxène, ce qui lui avait fait donner le nom de *Pythagoricien*. Cet ouvrage paraît être perdu, mais Porphyre nous a donné un abrégé de la doctrine qu'il renfermait (*Comment. in Harmon. Ptolem.*, p. 210, ed. *Wallis*.) Ptolémée a cité aussi Didyme en beaucoup d'endroits de son traité des harmoniques, mais il le critique avec amertume et souvent avec peu de justesse. En d'autres passages il adopte ses idées et s'en empare sans le citer; c'est du moins ce qui lui a été reproché par Porphyre (*voy. Comment. in Harmon. Ptolem.*, p. 190, ed. *Wallis*.) Le genre diatonique, ou plutôt *unitonique*, conforme à la tonalité du plain-chant, passe pour avoir été formulé d'une manière régulière par Didyme, sous le nom de *diatonique synton*, suivant la doctrine de Pythagore. Ce *synton diatonique* de Didyme est préférable à celui de Ptolémée, en ce qu'il offre l'octave divisée en deux tétracordes parfaitement réguliers, ce qui n'a lieu dans le synton de Ptoléméo qu'en altérant la tonalité. C'est ce qu'on peut voir dans les deux tableaux suivants, où l'on trouve pour chaque intervalle les nombres des proportions de Pythagore. Le synton de Didyme est conforme au quatrième ton du plain-chant ; celui de Ptolémée donne naissance au plagal du premier.

Synton diatonique de Didyme.

mi	fa		sol	la.
si	ut		ré	mi.
16		9		10
15		8		9

Synton de Ptolémée.

la	si b		ut	ré.
mi	fa		sol	la.
16		9		10
15		8		9

On trouve des détails étendus sur la question de ces deux syntons dans le traité de musique de Salinas (*De Musica*, lib. IV, cap. 25, 26), et dans un discours de Doni (adressé au P. Kircher), *Del Sintono di Didimo e di Tolomeo* (t. I *delle Opere*, p. 349-355).

DIEPPO (ANTOINE-GUILLAUME), virtuose tromboniste, est né le 28 novembre 1808 à Amersfoort, dans la province d'Utrecht, en Hollande. Dès sa jeunesse il entra dans la musique d'un régiment hollandais qu'il quitta plus tard pour se rendre à Paris; où il fit admirer son talent dans quelques concerts. En 1831 il fut attaché à l'orchestre de l'Opéra, et en 1836 une classe de trombone fut instituée pour lui au Conservatoire de Paris; il en est encore aujourd'hui le professeur (1860). M. Dieppo a publié, pour l'usage de ses élèves : *Méthode complète de Trombone adoptée par le Conservatoire, avec tablature et positions* ; Paris, Brandus, in-4°.

DIES (ALBERT C.), bon peintre paysagiste de Vienne né à Hanovre en 1755, mort à Vienne le 28 décembre 1822, a publié une notice biographique sur Haydn. Cette monographie a pour titre : *Haydn's Biographie, nach mundlichen Erzæhlungen*, Vienne, Camesina (Heubner), 1810, in-8° de 220 pages.

DIETERICH (SIXTE) ou **DIETRICH**, compositeur du seizième siècle, né à Augsbourg, vécut habituellement à Constance. Son nom latinisé, dans quelques anciens recueils de motets, est *Theodoricus*. Les circonstances de la vie de cet artiste sont ignorées jusqu'à ce jour ; mais quelques-unes de ses compositions mises en partition m'ont démontré que son mérite est égal à celui des meilleurs musiciens de son temps. Deux ouvrages importants de sa composition ont été imprimés ; malheureusement ils sont aujourd'hui d'une rareté excessive. Le premier a pour titre : *Magnificat octo tonorum, auctore Xisto Theodorico, Liber primus* ; *Argentorati, per Petrum Schœffer et Mathiam Apiarum*, 1535. *Sexta die Martii*. On en trouve un exemplaire à la bibliothèque royale de Munich, auquel manque la partie de basse. Le savant M. Antoine Schmid croit à l'existence d'une deuxième édition qui aurait été donnée par les mêmes imprimeurs (1), dans la même ville, parce qu'il se trouve aussi une partie de ténor séparée du même ouvrage, qui, à la fin de l'épître dédicatoire, porte la date de 1637, bien que celle de 1535 se lise après les noms des typographes. Pour moi, j'avoue qu'une deuxième édition si rapprochée de la première ne me paraît pas vraisemblable, et je crois que la date de l'épître dédicatoire est le résultat d'une faute typographique. Je possède les parties du dessus et de la basse de ces *Magnificat*, dans lesquelles on ne trouve ni le titre, ni le nom de l'auteur, et qui sont également dépourvues de nom d'imprimeur, de lieu et de date. Le dessus a seulement au milieu de la première page un grand D (*Discantus*), et la basse un grand B (*Bassus*), au-dessous duquel on lit : *Magnificat, Liber primus*. Le titre, le nom de l'auteur, celui de l'imprimeur, le lieu et la date ne se trouvent qu'à la partie de ténor, ainsi qu'on le voit dans l'exemplaire de Munich. L'autre ouvrage, non moins rare, de Sixte Dieterich, s'est trouvé complet chez M. Butsch, libraire à Augsbourg, au mois de mars 1846, sous ce titre : *Novum ac insigne opus musicum 36 Antiphonarum quatuor vocum* ; Vitebergæ, apud G. Rau (sic), 1541, 4 vol. in-4° obl. (V. *Catalog einer Sammlung seltener Notendrucke des XVI und XVII Jahrhunderts*, etc. *Zu haben in der Birett'schen Antiquariats-Buchhandlung F. Butsch*, in Augsburg, 1846, p. 6). On trouve des psaumes de Dieterich, à 4 et 5 voix, dans la collection intitulée : *Tomus primus Psalmorum selectorum a præstantissimis musicis in Harmonias quatuor aut quinque vocum redactorum* ; *Norimbergæ, apud Johan. Petreium*, 1538, in-4° obl. Des pièces du même artiste se trouvent dans les *Selectissimæ nec non familiarissimæ cantiones ultra centum*,

(1) *Ottaviano dei Petrucci de Fossombrone*, etc., p. 158.

publiées par Melchior Kriesstein, à Augsbourg, en 1540, petit in-8° obl. On en trouve aussi dans les collections suivantes : *Cantiones septem, sex et quinque vocum*; ibid., 1545, petit in-4° obl.; *Concentus octo, sex, quinque et quatuor vocum*, etc.; *Augusta Vindelicorum, Philippus Uhlhardus excudebat*, 1545, petit in-4° obl.; dans le recueil de 251 chansons allemandes publié en 2 parties, en 1539 et 1540, à Nuremberg, par J. Petrejus; dans les *Newe geistliche Gesange CXXIII mit 4 und 5 Stimmen*, etc.; *Wittenberg, G. Rhaw*, 1544; et enfin dans la *Bicinia Gallica, Latina et Germanica, et quædam fugæ, tomi duo*; ibid. 1545, petit in-4°. Glarean nous a conservé trois morceaux de ce compositeur, p. 276, 328 et 343 de son *Dodecachordon*. J.-G. Schielen attribue à Dieterich un *Compendium musicale*; mais il ne dit pas si cet ouvrage est imprimé.

DIETERICH (Conrad), né à Gemunda, dans la Hesse, le 9 janvier 1575, fut surintendant d'Ulm et directeur du Gymnase de cette ville, où il est mort le 22 mars 1639. On a de lui une dissertation allemande intitulée : *Ulmische Glockenpredigt, darinn von der Erfindung, Brauch und Missbrauch der Glocken in der Kirche Gottes gehandelt wird* (Sermon sur les cloches d'Ulm, dans lequel on traite de l'origine des cloches, de leur usage et de leur abus dans l'Église); Ulm, 1625, in-4°. C'est un écrit savant et l'un des meilleurs qu'on puisse consulter sur cette matière.

DIETERICH (Jean-Conrad), philologue et helléniste, né à Butzbach, en Wétravie, le 19 janvier 1612, étudia les belles-lettres et la théologie à Marbourg. En 1639 il fut nommé professeur de grec à l'université de cette ville, et passa ensuite à Giessen pour y exercer les mêmes fonctions. Il est mort dans cette dernière ville, le 24 juin 1669. Au nombre de ses ouvrages, on en trouve un intitulé *Antiquitates biblicæ*, publié après sa mort par Pistorius; Giessen, 1671, in-fol. Il traite au sixième chapitre, p. 349-353, *de Musica sacra*.

DIÉTERICH (Frédéric-Georges). *Voyez* Dieterick, ci-dessous.

DIETERICH (Frédéric-Georges), né à Halle en 1686, eut pour premier maître J. Samuel Welter, organiste de Saint-Michel de cette ville, et apprit la composition sous la direction de J.-G.-C. Stœrl, maître de chapelle à Stuttgard. Le roi de Danemark, devant qui il toucha du clavecin, en 1708, fut si satisfait de son jeu qu'il lui fit présent d'une médaille d'or. En 1710 il alla en Italie pour s'y perfectionner dans la composition et le jeu du clavecin, sous Vinaccesi; puis, en 1711, il revint à Halle occuper la place d'organiste de Sainte-Catherine, et en 1720 il succéda à Welter dans son emploi. Il mourut vers 1750. Plusieurs pièces d'orgue de sa composition se trouvent en manuscrit dans divers magasins de musique de l'Allemagne.

DIETRICH (Georges) est le nom véritable de l'auteur d'un petit ouvrage intitulé : *Quæstiones musicæ brevissimæ, variis auctoribus excerptæ, et illustratæ variis exemplis, ad usum puerorum scholæ Misniensis a Georgio Thedorico Miseno*; Gorlitz, Ambroise Fritsch, 1573, petit in-8° de 4 feuilles non paginées. C'est ce même auteur qui est appelé Thédoric par Lipénius (*Biblioth. philos*, p. 978), et par Draudius (*Biblioth. classica*, p. 1642); je les ai suivis dans l'article *Thédoric* de la première édition de cette Biographie des Musiciens. Gerber le cite sous le nom de *Misenus*, ayant pris l'indication de la patrie de ce musicien pour son nom propre. Lichtenthal et Becker ont changé, dans leurs Bibliographies musicales, *Thédoric* en Théodoric. Dietrich, né à Meissen dans la première moitié du seizième siècle, était *Cantor* dans cette ville. C'est le même auteur qui a publié à Nuremberg, en 1565, des *Cantiones funebres plurium vocum*, en latin et en allemand, in-4° obl.

DIETRICH. Plusieurs musiciens de l'époque actuelle se sont fait connaître comme compositeurs de bagatelles sous ce nom. F. Dietrich a publié des polkas pour le piano, à Prague; J. Dietrich, des polkas et des galops, à Leipsick; M. Dietrich, des polkas, des valses et des chants sans paroles, à Varsovie; G.-A. Dietrich, des chants des Alpes pour 4 et 5 voix d'hommes, à Stuttgard.

DIETRICHSTEIN (Maurice-Joseph, comte de), conseiller privé et chambellan de l'empereur d'Autriche, est né à Vienne, le 19 février 1775, d'une des familles les plus anciennes de la monarchie autrichienne. Dès son enfance il fit voir d'heureuses dispositions pour les sciences, les arts, et particulièrement la musique; on lui donna des maîtres pour les développer. En 1791 il entra dans la carrière militaire; il se rendit à l'armée en 1792 et s'y distingua dans le corps d'artillerie comme général-adjudant. Après la paix de 1800 il quitta le service, épousa la comtesse de Gilleis, et se livra à la pratique des arts. Lié d'amitié avec le poëte Collins et l'abbé Stadler, compositeur distingué, il se servit de tout son pouvoir, dans toutes les circonstances de leur vie. En 1815 l'empereur François II choisit le comte de Dietrichstein pour diriger l'éducation du duc de Reichsstadt. Quatre ans après, l'intendance de la chapelle de la cour lui fut confiée, et les soins qu'il y donna en améliorèrent beaucoup la musique. En 1821 l'empereur ajouta à ses fonctions la direction supérieure des théâtres de la cour ; et enfin, en 1826, le monarque le nomma conservateur en chef de la bibliothèque impériale, l'une des plus considérables et des plus précieuses de l'Europe. Le comte de Dietrichstein est mort à Vienne au mois de juillet 1854, à l'âge de près de quatre-vingts ans. On a de sa composition : 1° Cinq recueils de douze danses chacun, pour piano à quatre mains ; Vienne, Weigl, Haslinger, Mechetti et Diabelli. — 2° Douze valses de redoute avec trios pour piano à quatre mains ; Vienne, Diabelli. — 3° Douze menuets avec trios pour piano seul ; Vienne, Mechetti. — 4° Douze danses allemandes pour piano seul ; ibid. — 5° Huit recueils de chansons allemandes pour voix seule, avec accompagnement de piano ; Vienne, Artaria et Haslinger. — 6° Six romances françaises et allemandes ; Vienne, Diabelli.

DIETSCH (Pierre-Louis-Philippe), maître de chapelle de l'église de la Madeleine, à Paris, et chef d'orchestre à l'Opéra, est né à Dijon le 17 mars 1808, suivant les registres du Conservatoire et des concours de composition à l'Institut de France, ou le 18 du même mois d'après la brochure de M. Poisot (*les Musiciens bourguignons*, p. 49). D'abord enfant de chœur, il commença son éducation musicale dans la maîtrise de la cathédrale, dirigée par un musicien italien de mérite, nommé *Travisini*. En 1822 ses parents l'envoyèrent à Paris, et Choron l'admit au nombre de ses élèves, dans l'école de musique classique et religieuse. Après deux ans d'études dans cette institution, il y remplit les fonctions de professeur d'une classe élémentaire. En 1830 (4 janvier) il fut admis au Conservatoire pour y suivre le cours de contrepoint de Reicha, et il étudia la contrebasse sous la direction de Chenié ; mais il quitta cette école au mois de février 1831, sans avoir achevé ses études. Il entra à la même époque à l'orchestre du Théâtre-Italien en qualité de contrebassiste, puis à celui de l'Opéra, où il fut ensuite un des chefs du chant. Ayant obtenu en 1830 la place de maître de chapelle de l'église Saint-Eustache, il en dirigea le chœur pendant douze ans et y fit entendre ses premières compositions de musique religieuse. En 1834 il se présenta au concours de l'Institut pour le grand prix de composition ; mais, son essai n'ayant pas réussi, il ne fit plus de nouvelles tentatives. Le 9 novembre 1842 il a fait représenter à l'opéra de Paris *le Vaisseau fantôme*, ouvrage en deux actes de sa composition, sur le même sujet que *le Hollandais volant*, de Richard Wagner. Cet opéra n'a réussi pas et n'indiqua point chez son auteur les qualités nécessaires pour le style dramatique. M. Dietsch s'est particulièrement attaché à la musique d'église et a beaucoup écrit en ce genre. Ses messes, dont on n'a publié qu'une partie, sont au nombre de dix-sept, tant avec orchestre qu'avec accompagnement d'orgue. Les trois premières ont paru à Paris chez Mme Canaux. On a aussi de lui beaucoup de motets, hymnes, *Magnificat* et *Te Deum* ; ibid. Cet artiste a succédé à Girard (*voy.* ce nom) comme chef d'orchestre de l'Opéra de Paris, au mois de janvier 1860.

DIETTENHOFER (Joseph), professeur de musique à Londres, vers la fin du dix-huitième siècle, était né à Vienne en 1749. Il fit ses études musicales dans sa ville natale et vint à Paris en 1778. Deux ans après il partit pour Londres, où il vivait encore en 1799. Il y fit graver trois œuvres de trios pour le clavecin, avec violon, et y publia un ouvrage élémentaire sur l'accompagnement et l'harmonie, sous ce titre : *An Introduction to musical composition, or a preparation for the study of counterpoint, through an original treatise on Thorough Bass, which is the first step towards composition*, etc., 1799, in-fol.

DIETTER (Chrétien-Louis), né le 13 juin 1757 à Ludwigsbourg, dans le Wurtemberg, entra en 1770 au collège Carolinien et s'y consacra d'abord à l'étude de la peinture. Ses loisirs étaient employés à la musique, et ses progrès furent si rapides que le duc de Wurtemberg lui conseilla de se livrer exclusivement à cette carrière. L'instrument qu'il choisit fut le violon ; mais dans la suite il apprit aussi à jouer de plusieurs instruments à vent, et particulièrement du basson. Ses maîtres de musique furent Seuber et Celestini. Il prit aussi quelques leçons de composition de Baroni, maître de chapelle du prince ; mais ce fut surtout à l'étude des partitions de Jomelli et des grands maîtres italiens qu'il dut les connaissances qu'il acquit dans cet art. Dans les années 1776 et 1777 il obtint les médailles décernées au concours, et en 1778 il reçut la même distinction pour la composition. Il était encore à l'Académie lorsqu'il publia, en 1781, son premier ouvrage, qui consistait en un concerto pour le cor, et dans la suite il fit paraître quatre concertos pour la flûte, deux concertos pour le basson, une symphonie concertante pour deux flûtes, une *idem* pour deux bassons ; soixante-trois duos pour deux flûtes, œuvres 9, 10, 21, 22, 23, 24, 25 et 29 ; douze duos pour deux bassans; six sonates pour le basson, livres 1 et 2, Leipsick, 1803; six danses allemandes avec chant, pour le clavecin, Stuttgard, 1794; *Elisonda*, opéra en un acte, 1794; plusieurs recueils d'airs variés pour la flûte, le basson et la clarinette. Dietter est mort en 1822. Sa musique a joui de quelque réputation en Allemagne. En 1781 il avait été nommé premier violon de la chapelle du duc de Wurtemberg, à Stuttgard; il ne quitta cette place qu'en 1817, et il obtint une pension de retraite. Outre les ouvrages cités précédemment, il a écrit pour la cour de Stuttgard beaucoup d'opéras-comiques où règne une verve assez remarquable. Parmi ces productions on cite : 1° *Der Scholz im Dorfe* (l'Échevin au village). — 2° *Der Irwisch* (le Feu follet). — 3° *Der Rekruten aushub* (le Recrutement). — 4° *Laura Rosetti*. — 5° *Belmont et Constance*. — 6° *Glücklich zusammen Gelogen* (l'Heureux Mensonge mutuel). — 7° *Die Dorfdeputirten* (les Députés du village). — 8° *Der Luftballon* (le Ballon aérostatique). — 9° *Elisonda*, etc. Il a laissé en manuscrit : trois concertos pour violon, six solos pour le même instrument, quatre concertos de cor, huit concertos pour la flûte, quatre symphonies concertantes pour deux flûtes, sept concertos pour le basson, quatre concertos pour le hautbois, et une symphonie concertante pour deux hautbois.

DIETZ (Jean-Sébastien), né dans la Franconie vers 1720, fut maître du chœur de l'église paroissiale de Wasserburg sur l'Inn (cercle de l'Iser). Il a publié : *Alphabetarius Musicus, exhibens 7 missæ solemnes in claves ordinarias distributas, et secundum stylum modernum, at tamen ecclesiasticum, elaboratas*, op. 1; Augsbourg, 1753, in-fol.

DIETZ (Joseph), né en Prusse vers 1735, a publié à Nuremberg, en 1768, une sonate pour le clavecin, avec violon. Il a fait paraître aussi dans la suite, à Amsterdam et à Paris, trois œuvres de six trios pour le clavecin, avec violon et basse.

DIETZ (Jean-Chrétien), mécanicien distingué, né en 1778 à Darmstadt, puis établi à Emmerich, sur le Rhin, s'est fait connaître par l'invention de plusieurs instruments de musique, notamment par le *Mélodion* et le *Claviharpe*. Le premier de ces instruments, qui fut achevé en 1805, avait la forme d'un petit piano carré. Sa longueur était d'environ quatre pieds, sa hauteur et sa largeur de deux pieds. Les sons, assez semblables à ceux de l'harmonica, mais beaucoup plus forts, étaient produits par le frottement de tiges métalliques, et pouvaient être modifiés dans leur intensité par la pression plus ou moins forte des doigts sur les touches. Le Mélodion fut entendu en 1806 dans les voyages que fit alors Dietz en Westphalie et en Hollande. Vers le même temps cet artiste s'établit dans ce dernier pays et y fonda une fabrique d'instruments et de divers objets de mécanique; mais après quelques années il se transporta avec sa famille à Paris, et y fit connaître un nouvel instrument qu'il avait inventé et auquel il donna le nom de *Claviharpe*. Cet instrument ingénieux était composé d'un corps assez semblable pour la courbe de la tête à celui d'un grand piano renversé verticalement, avec un clavier placé en saillie, comme aux pianos droits. Les touches de ce clavier faisaient mouvoir de petits crochets garnis de peau, qui pinçaient des cordes de métal filées de soie. Quatre pédales servaient à modifier de diverses manières les sons de l'instrument, qui, bien que moins prolongés que ceux de la harpe, étaient néanmoins beaux et moelleux. La facilité du jeu du claviharpe aurait dû lui procurer plus de succès qu'il n'en obtint; mais on a eu lieu de remarquer que tout ce qui n'est pas d'un usage habituel et spécial dans la musique est accueilli avec indifférence, quel que soit d'ailleurs le mérite de l'invention. C'est ainsi qu'une multitude d'instruments ingénieux et d'un effet agréable ont été condamnés à l'oubli. Dietz avait obtenu un brevet d'invention pour son instrument le 18 février 1814; mais le *Claviharpe* construit par son fils ne parut en public qu'à l'exposition des produits de l'industrie, au Louvre, en 1819. En 1812 M. Dietz acheva le *Trochléon*, instrument composé d'un archet circulaire agissant sur des tiges métalliques, qu'on entendit jusqu'en 1819. A cette époque Dietz avait quitté Paris pour fonder un établissement de machines hydrauliques à Bruxelles. Cet habile mécanicien s'est, pendant quelques années, exclusivement occupé de la construction de *remorqueurs* à vapeur pour des voitures de tout genre sur les routes ordinaires. On a publié : *Description du Claviharpe, inventé par M. Dietz père et exécuté par M. Dietz fils*; Paris, 1821, 19 pages in-8°, avec une planche qui représente l'instrument sous ses différents aspects. Dietz est mort en Hollande, vers 1845.

DIETZ (Chrétien), fils du précédent, né à Emmerich vers 1801, s'est fait connaître comme inventeur de plusieurs instruments de musique et comme facteur de pianos distingué. Il n'avait que dix-huit ans lorsqu'il mit ses premiers instruments à l'exposition du Louvre, à Paris, en 1819. Quelques années après il produisit un grand piano dont il n'avait fixé la table que par les extrémités, laissant les côtés vibrer librement. Cet instrument excita l'étonnement et l'admiration par la puissance de ses sons. A l'exposition des produits de l'industrie de 1827 on vit de lui un grand piano à quatre cordes, un piano de nouvelle forme, dont les dimensions, sans être beaucoup plus considérables que celles d'un piano carré, offraient dans leur ensemble une régularité de dispositions qui n'existe pas dans ce dernier. La médaille d'argent fut décernée au jeune artiste. Peu de mois après il fit paraître un instrument à archet mécanique qui se jouait avec un clavier, et auquel il donna le nom de *Polyplectron*. On peut voir dans la *Revue musicale* (t. III, p. 593) une description de cet instrument, le meilleur de tous ceux du même genre qu'on a essayé de construire. On a aussi de M. Dietz un instrument à lames métalliques mises en vibration par l'action de l'air, du même genre que le *Physharmonica*, mais supérieur à celui-ci par la pureté, la douceur et l'égalité des sons. Comme facteur de pianos, ce jeune artiste s'est particulièrement distingué par ses petits pianos verticaux, auxquels il avait donné une plus grande puissance de son qu'aucun autre facteur de France, avant que les derniers progrès eussent été faits dans la fabrication de ces instruments.

DIEUPART (CHARLES), musicien français, également habile sur le violon et le clavecin, naquit vers la fin du dix-septième siècle. Il passa en Angleterre en 1707, et tint le clavecin aux opéras d'*Arsinoé*, *Camilla*, *Pyrrhus*, *Démétrius*, et au *Rinaldo* de Hændel. Il est mort à Londres, vers 1740, dans un état voisin de l'indigence. On a de ce musicien l'ouvrage suivant : *Six suites de clavecin, divisées en ouvertures, allemandes, courantes, sarabandes, etc., composées et mises en concert pour un violon et une flûte, avec basse de viole et un archiluth* ; Londres, sans date. Walther cite aussi *Six ouvertures pour clavecin, avec violon et basse continue*, de sa composition, gravées à Amsterdam, chez Roger.

DIEZ (FRÉDÉRIC-CHRÉTIEN), littérateur allemand, né le 15 mars 1794 à Giessen, dans le duché de Hesse-Darmstadt, a fait ses études dans cette ville et à l'université de Göttingue, puis à Utrecht ; il a été nommé en 1822 lecteur pour les langues de l'Europe méridionale à l'université de Bonn, et professeur de littérature moderne à la même université, en 1830. Grammairien, philologue et écrivain distingué, il s'est fait une réputation honorable par ses ouvrages sur les langues romanes, particulièrement sur les poésies chantées des troubadours provençaux. Un de ses livres sur cette matière a été publié à Zwickau, en 1827, sous le titre : *Die Poesie der Troubadours*, et traduit en français (Poésie des Troubadours) par Roisin ; Paris, 1845, in-8°. On y trouve des renseignements intéressants concernant la musique et les instruments en usage à l'époque de ces poètes chanteurs. On a aussi de M. Diez un livre intitulé : *Leben und Werken der Troubadours* (Vie et œuvres des Troubadours) ; Zwickau, Schumann, 1829.

DIEZELIUS (VALENTIN), musicien allemand qui vivait à Nuremberg au commencement du dix-septième siècle, a publié dans cette ville, en 1600, une collection de madrigaux de divers maîtres italiens, sous ce titre : *Erster Theil, welcher Madrigalien, auss den berühmtesten Musicis Italicis colligit, mit 3, 4, 5, 6, 7 und 8 Stimmen*.

DILETZKY (NICOLAS), compositeur et écrivain sur la musique, naquit en Lithuanie vers 1630. Il étudia la composition en Pologne, car il n'existait pas alors en Russie de maître capable de l'enseigner, quoique les chantres de chapelle eussent l'habitude d'improviser une sorte de contrepoint sur les chants grecs de leur Église. Fixé à Moscou, lorsqu'il eut acquis un certain degré d'habileté dans son art, Diletzky entreprit d'instruire ses compatriotes dans la théorie et la pratique de la musique. Dans ce dessein il publia en langue russe un livre dont le titre répond à celui de *Grammaire du chant musical* ; Moscou, 1677, in-4°. Cet ouvrage fut suivi d'un autre intitulé : *Idée de la grammaire musicale* ; Moscou, 1679, in-4°. Par une singularité remarquable, dans un pays dont les habitants sont naturellement sensibles à la musique, Diletzky n'a pas trouvé d'imitateurs, et la littérature musicale de sa patrie a été longtemps renfermée tout entière dans ses ouvrages, dont la rareté est maintenant excessive. Quelques Allemands fixés en Russie, parmi lesquels on remarque Fuchs et Müller, ont écrit des ouvrages concernant la science de l'harmonie et d'autres parties de l'art, qu'ils ont fait traduire en langue russe et qu'ils ont publiés à Saint-Pétersbourg ; de plus, M. Bélikoff, inspecteur de la chapelle impériale, a traduit en russe les livres de l'auteur de cette Biographie, *la Musique mise à la portée de tout le monde*, les *Curiosités historiques de la musique*, et le *Résumé philosophique de l'histoire de la musique*. Enfin, quelques livres élémentaires sur cet art, écrits en langue allemande ou française, ont aussi paru en Russie ; mais la plupart ont pour auteurs des artistes étrangers, à l'exception des ouvrages nouveaux de MM. Oulibischeff, de Lenz et du prince Youssoupow (*voy. ces noms*).

Diletzky s'est exercé comme compositeur et a laissé dans les églises des psaumes et des antiennes à 5, 6 et 8 voix, qui, nonobstant certaines incorrections, ne sont pas sans intérêt historique, parce que ce sont les premiers essais réguliers de l'art d'écrire chez la nation moscovite. Un de ces morceaux, dont les paroles: *Medo noemz*, etc., répondent au latin *Te cantamus, Te Benedicimus, Domine*, est écrit à 8 voix, c'est-à-dire 2 sopranos, 2 contraltos, 2 ténors et 2 basses. Quelques successions d'unissons, d'octaves, et un certain embarras dans le mouvement des parties, n'empêchent pas d'apercevoir, surtout dans la seconde moitié de la composition, un instinct heureux de l'harmonie, et même une sorte d'art dans l'agencement des imitations entre les voix.

DILLEN, (GUILLAUME), compositeur belge, était maître de chapelle à l'église cathédrale de Parme, au commencement du dix-septième siècle. Il a fait imprimer à Venise, en 1622, une collection de messes à cinq, à six et à douze voix.

DILLENIUS (F.-L.-J.), *cantor* à Tubingue, né dans le royaume de Würtemberg, a publié un écrit dans lequel on trouve de bonnes observations sur le chant en chœur. Cet ouvrage a pour titre : *Ueber die Schwierigkeiten bei einem methodischen Gesang-unterricht in den Schulen, bei Errichtung von Singchœren und bei Aufführung eines mehrstimmigen Gesanges von ganzes Gemeinden in den evangelischen Kirchen* (Sur les difficultés d'un enseignement méthodique du chant dans les écoles, l'organisation d'un chœur de chant et l'exécution du chant à plusieurs voix par un chœur nombreux dans les églises évangéliques); Tubingue, 1826, in-8°.

DILLHERR (JEAN-MICHEL), fameux théologien, né le 14 octobre 1604 à Thémar, dans la principauté de Henneberg, en Franconie, fut d'abord professeur à Iéna, ensuite pasteur à Saint-Sébald, inspecteur de l'école de Nuremberg et bibliothécaire de la même ville. Au nombre de ses ouvrages se trouve une dissertation intitulée : *De ortu et progressu, usu et abusu musicæ*; Nuremberg, 1643. Dillherr est mort le 8 avril 1669.

DILLIGER (JEAN), magister et ensuite diacre à Cobourg, né en 1590 à Eissfeld, en Franconie, étudia à Wittenberg, et fut d'abord *cantor* dans la grande église de cette ville. En 1623 on lui confia l'emploi de magister, qu'il quitta en 1625 pour la place de *cantor* à Cobourg. On voit par le titre d'un de ses ouvrages qu'il était pasteur à Gellershausen en 1633. Dans la suite il devint diacre à l'église Moritz de Cobourg, et conserva ce poste jusqu'en 1647, année de sa mort. Voici la liste de ses ouvrages : 1° *Prodromi Triciniorum sacrorum newer geistlicher Liedlein mit 3 Stimmen gesetzt*; Nuremberg, 1612. — 2° *Medulla ex Psalmo 68 deprompta et harmonice 6 voc. composita*; Magdebourg, 1614. — 3° *Exercitatio musica I, continens XIII selectissimos concentus musicos variorum autorum, cum basso generali, quibus accesserunt 8 cantilenæ 3 voc.*, Wittenberg, 1624. — 4° *Trauerlied auf den Tod eines Kindes, mit 4 Stimmen* (Chant funèbre sur la mort d'un enfant, à 4 voix); Cobourg, Berisch, 1626, in-4°. — 5° *Disce mori, oder ein Gebetlein zur Betrachtung der Sterblichkeit, mit 4 Stimmen ad Contrapunctum simplicem*; Cobourg, 1628, in-4°. — 6° *Gespræch D. Lutheri und eines kranken Studiosi, vordessen zu Wittenberg gehalten, jetzo aber in feine Reime gebracht, und mit 4 Stimmen gesetz* (Dialogue de Luther et d'un étudiant malade, etc., mis en musique à 4 voix); Cobourg, in-4°. — 7° *Musica votiva, Deo sacra, de Tempore, zum lieben neuen Jahre der ganzen werthen jetzo hoch-betruebten Christenheit, mit 2, 3, 4 und 5 Stimmen, Theils Concerts, Theils Contrapuncto-Weise verfertiget*, 1629. — 8° *Musica Christiana Cordialis Domestica, dass ist : Christliche Hauss-und Hertzens-Musica, aus 37 in Contrapuncto simplici gesetzen 2, 3 und 4 Stimmigen Arien bestehend*; Cobourg, 1630. — 9° Deux suppléments au même ouvrage, 1631. — 10° *Musica Concertativa, oder Schatz-Kæmmerlein, neuer geistlichen auserlesenen Concerte, von 1, 2, 3, 4, 5, 6-12 Stimmen, etc.*; Cobourg, 1632, in-4°. — 11° *Musica Oratoria ; Musica Thanatobuleutica ; Musica Castrensis ; Musica invitatoria ad Epulum Cœleste, in 48 Liedern für 2, 3 und 6 Stimmen*; Cobourg, 1633. — 12° *Jeremias pænitentiarius, in 52 teutschen Buss-Sprüchen, aus jedem Capitel des Propheten Jeremiæ genommen, für 2 Singstimmen*; 1re et 2e parties; Cobourg, 1640, in-4°. — 13° *Musica Christiana valedictoria, dass ist, geistliche valet-Musica, teutsch in Begrifft anmüthige und erbauliche Reim geletlein, etc. mit dreyen Stimmen* (Musique chrétienne d'adieux, qui renferme des prières rimées, agréables et édifiantes, à trois voix, lesquelles conviennent aux temps malheureux et misérables actuels); Cobourg, 1642, in-4°. Ce recueil contient vingt-sept pièces.

DILLSOUK, célèbre chanteur hindou, naquit dans le royaume de Cachemire en 1751. La plus brillante époque de son talent fut de 1775 à 1790. Sa voix était un ténor élevé. Il chantait avec une expression touchante les quatre genres d'airs connus dans l'Inde à cette époque sous les noms de *Rektahs, Tiranas, Touppahs* et *Raginies*. A la même époque vivait *Chanem*, cantatrice également célèbre, dont les accents mélancoliques faisaient verser des larmes ou prenaient un caractère voluptueux. Une ardente rivalité existait entre Dillsouk et cette bayadère; tous deux étaient recherchés dans les cours de l'Inde et comblés de riches présents.

DIMMLER (Antoine), compositeur et contrebassiste au service du roi de Bavière, naquit à Manheim le 14 octobre 1753. Le musicien de la cour Joseph Zwini lui enseigna la musique et le cor, et l'abbé G.-J. Vogler la composition. A l'âge de onze ans il entra dans la musique de la cour en qualité de corniste. En 1778 il se rendit à Munich, où il s'adonna à l'étude de la contrebasse, et devint très-fort sur cet instrument, pour lequel, à l'exception de Marconi et de Gaspard Bohrer, il ne se trouvait pas alors un homme de talent dans toute la Bavière. Dimmler a composé les petits opéras suivants : 1° *Der Guck-Kasten* (la Jalousie), représenté à Munich en 1794. — 2° *Die Schatz Greber* (les Chercheurs de trésors), représenté au château de Sufeld, près de Munich. — 3° *Zebel-Jæger* (les Chasseurs de Zibeline). Il a en outre composé la musique de cent quatre-vingt-cinq ballets, parmi lesquels on distingue : 1° *Der Erste Tod* (la Première Mort). — 2° *Des erste Schaefer* (le Premier Pâtre). — 3° *Medea* (Médée). — 4° *Die Grazien* (les Grâces). — 5° *Ritter Amadis* (le Chevalier Amadis), etc. On connaît aussi en manuscrit des symphonies, quatuors, concertos, etc., de sa composition, outre une grande quantité de musique de guitare, instrument dont il jouait très-bien. Il vivait encore à Munich en 1815. La bibliothèque du Conservatoire de Paris possède les partitions manuscrites de plusieurs concertos pour le hautbois, pour la flûte, le cor et le clavecin, de la composition de Dimmler.

Dimmler a eu un fils, nommé *Antoine* comme lui, né à Munich le 24 avril 1783, qui a reçu les premiers principes de musique de son père, et qui est entré au service de la cour, en qualité de clarinettiste, le 16 juin 1796, n'étant âgé que de treize ans.

DIOMÈDES (Caton), luthiste, né à Venise, vivait à la fin du seizième siècle et au commencement du dix-septième. Il passa fort jeune en Pologne, et entra au service de Stanislas Kostka, grand-trésorier de la Prusse polonaise. Son talent sur le luth était remarquable, et il chantait fort bien. Il a fait imprimer à Cracovie, en 1607, des mélodies qu'il avait composées en l'honneur de saint Stanislas, patron de la Pologne. C'est aussi ce musicien qui a composé la musique pour les poésies de Stanislas Grochowski, publiées à Cracovie en 1606. On trouve quelques pièces de luth composées par Diomèdes dans le *Thesaurus Harmonicus* de Besardus.

Un autre musicien du même nom vécut à la fin du quinzième siècle et naquit vraisemblablement dans l'État de Venise. On trouve de lui le chant *Sempro karo* (sic) *quel dolce foco*, dans le neuvième livre des *Frottole*, imprimé à Venise, en 1508, par Petrucci de Fossombrone.

DION, cytharistе, naquit à l'île de Chio. Ménechme, cité par Athénée (liv 34, c. 9), dit qu'il joua le premier, sur la cythare, les chants des libations qu'on faisait aux fêtes de Bacchus.

DIONIGI (Marc), docteur en droit, naquit à Poli, bourg de l'État Romain, au commencement du dix-septième siècle, et fut garde du chœur à la cathédrale de Parme. Il est auteur d'un traité de plain-chant intitulé : *Primi Tuoni, Introduttione nel canto fermo*, Parme, 1648. Il en a donné une deuxième édition en 1667, avec des augmentations.

DIRUTA (Girolamo), frère mineur conventuel, né à Pérouse, non vers 1580, comme je l'ai dit dans la première édition de cette Biographie, mais plus de vingt ans auparavant; car l'épître dédicatoire d'un livre important dont il est auteur est datée de Venise le 10 avril 1593. Il résulte d'un document authentique rapporté par Colleoni (1) que le P. Diruta était au couvent de Correggio en 1580 et qu'il y était l'ami du P. Baptiste Capuani (*Voy. Capuani*). En 1593 il était organiste de la cathédrale de Gubbio, dans l'État de l'Église. Il s'y trouvait encore en 1609, lorsque la deuxième partie du livre dont il vient d'être parlé fut publiée; mais peu de temps après il fut nommé organiste de la cathédrale de Chioggia, ville de l'État vénitien. L'époque de sa mort est ignorée. Diruta nous apprend, à la fin de l'ouvrage dont la description sera donnée tout à l'heure, qu'ayant reçu dans sa jeunesse de mauvais principes de doigter, et en ayant acquis la conviction, il se rendit à Venise, et, après avoir entendu André Gabrieli et Claude Mérulo sur l'orgue de l'église de Saint-Marc, il s'attacha à ce dernier et en reçut des leçons. Mérulo dit aussi, dans l'avis au lecteur placé en tête du premier livre de ses *Canzoni à la francese intavolatura* (publié en 1598), que Diruta a été son élève, et que, par son talent, il faisait honneur à son maître. Voici ses paroles :

(1) *Gli Scritt. di Correggio*, p. XII.

ed io infinitamente mi glorio, ch'egli (Diruta) sia stato mia creatura, perche in questa dottrina ha fatto a lui, et a me insieme, qual singolare honore, che da persona di molto ingegno si deve aspettare. L'ouvrage qui recommande Diruta à la postérité a pour titre : *Il Transilvano, o dialogo sopra il vero modo di sonar organi e stromenti da penna, Parte 1*; Venise, 1593, in-fol. Cet ouvrage est dédié à Sigismond Batori, prince de Transylvanie, célèbre par ses talents militaires et sa vie aventureuse. C'est à cause de cette circonstance que l'ouvrage est intitulé *Il Transilvano*. Outre la partie didactique, qui concerne le doigter des instruments à clavier, on y trouve des toccates et des pièces d'orgue de Diruta, Claude Merulo, André Gabrieli, Luzzasco-Luzzaschi, Paul Quagliati, Joseph Guami, et d'autres compositeurs célèbres. La seconde partie du *Transilvano* a été publiée à Venise, en 1609, in-fol. Elle est divisée en quatre livres. Le premier est intitulé : *Sopra il vero modo di intavolare ciaschedun canto*. Le deuxième contient les règles du contrepoint, avec des exemples de Luzzaschi, de Gabriel Fattorini et d'Adrien Banchieri. On trouve dans le troisième l'exposition des tons de l'Église et les règles de la transposition. Le quatrième contient les règles du mélange des registres de l'orgue. Les deux parties ont paru chez Giacomo Vincenti. Une deuxième édition de la première partie a été publiée chez le même Vincenti, en 1612, in-fol., et la deuxième partie a été réimprimée chez le même éditeur en 1622.

DIRUTA (Agostino), moine de l'ordre de Saint-Augustin, né à Pérouse vers la fin du seizième siècle, était vraisemblablement de la même famille que le précédent. Il fut d'abord maître de chapelle à Asolo, petite ville de la Lombardie, et s'y trouvait encore en 1622. Plus tard il se rendit à Rome au couvent de son ordre, dont il devint le maître de chapelle. En 1646 il était retourné dans sa ville natale, et remplissait dans le couvent de son ordre les fonctions de directeur du chœur. Oldoini dit que Diruta a publié environ vingt œuvres de ses compositions, dont la plus grande partie avait été imprimée à Rome, chez Grignani (*Voy.* Oldoini : *Athenæum Augustinum, in quo Perusinorum scripta publice exponuntur,* p. 33). Je ne connais de ces ouvrages que ceux dont voici les titres : 1° *Messe concertate a cinque voci*; Venise, 1622. — 2° *Litanie di Gloriosa Domina, a 4, 5 e 6 voci*; Rome, 1631. — 3° *Messe concertate a 5 voci, lib. 2, op. 13*; Roma, J.-B. Robletti, 1631. — 4° *Modulationes vesperini cum Litaniis B. V. M., 3 vocibus concin., op. 18*; Roma, Gia. Fei, 1668. C'est une réimpression. — 5° *Poesie heroiche, a 1, 2, 3, 4 et 5 voci*; Roma, Grignani, 1641. — 6° *Secondo libro de Salmi che si cantano ne' vespri in tutto l'anno, concertati a 4 voci, op. 21*; Roma, Luigi Grignani, 1647.

DISTLER (Jean-Georges), maître des concerts de la cour de Stuttgard, né dans un village du royaume de Wurtemberg, vers le milieu du dix-huitième siècle, s'est fait une réputation en Allemagne comme violoniste et comme compositeur. Pleyel, Neukomm et lui sont les seuls élèves que Haydn ait formés. En 1781 Distler se rendit à Stuttgard ; il y obtint la place de premier violon à l'orchestre de la cour; neuf ans après il fut fait maître des concerts. Une maladie mélancolique le conduisit à Vienne, en 1796, pour y voir ses parents; il y mourut en 1798 des suites de cette hypocondrie. Les compositions de Distler ont été publiées de 1791 à 1804; elles consistent en : 1° Six quatuors pour le violon, op. 1; Augsbourg, 1791. La deuxième édition a paru dans la même ville en 1795. On a gravé aussi cet ouvrage à Amsterdam, 1791; à Bâle, 1791 ; à Londres, 1797; à Paris, 1797. — 2° Six quatuors pour deux violons, alto et basse, op. 2. — 3° Concerto pour le violon ; Augsbourg, 1795. — 4° Six quintetti pour deux violons, deux altos et basse, en manuscrit ; à Vienne, chez Traeg. — 5° Six quatuors pour deux violons, alto et basse, op. 4; Augsbourg, 1798.

DITTERS DE DITTERSDORF (Charles), compositeur et violoniste allemand, dont le nom de famille était simplement *Ditters*, naquit à Vienne en 1739. Dès l'âge de sept ans il montra un goût décidé pour la musique ; ses parents lui firent cultiver cet art et lui donnèrent une éducation soignée. Il forma son talent pour le violon à l'école des plus habiles violonistes de l'Allemagne, et lui-même ne tarda pas à être compté au nombre des virtuoses sur cet instrument. Un solo qu'il joua dans une église excita l'admiration de tous les auditeurs et révéla son talent. Hubaczek, fameux corniste, qui était présent, prit Ditters en affection, et le recommanda si fortement au prince de Hildburghausen, auquel il était attaché, que le jeune artiste fut admis au nombre des pages de ce prince, quoiqu'il n'eût pas encore douze ans accomplis. Après avoir achevé son éducation musicale dans la petite cour de son bienfaiteur, il fut attaché à l'orchestre d'un théâtre de Vienne, se lia avec Métastase, et eut le bonheur de devenir l'ami de Gluck, qui l'emmena avec lui en Italie. Là, son jeu sur le violon fut admiré de tous les artistes ; lui-même rapporte qu'après avoir joué en public un concerto il reçut une lettre anonyme remplie d'éloges et accompagnée d'une montre fort riche. Il ne sut que longtemps après que ce présent lui venait du fameux Farinelli. De retour à Vienne Ditters mit à profit la bienveillance de Joseph Haydn et augmenta ses connaissances dans la composition. Lors du couronnement de l'empereur Joseph II, en 1765, Ditters suivit la cour à Francfort et s'y fit entendre avec succès. De là il passa au service de l'évêque de *Gross-Wardein*, en Hongrie. Il y écrivit quatre oratorios, *Isaac*, *David*, *Job* et *Esther*, qui furent exécutés à Vienne avec beaucoup de succès. Ce fut aussi vers le même temps qu'il commença à écrire pour le théâtre. En 1769 il quitta Gross-Wardein pour se rendre en Silésie, où il entra au service du prince-évêque de Breslau en qualité de maître de chapelle. Ce prélat aimait passionnément la musique, et il goûta si bien celle de son maître de chapelle qu'il voulut faire sa fortune. En 1770 il le fit nommer maître des forêts de la Silésie autrichienne, lui fit accorder des lettres de noblesse et la permission d'ajouter à son nom celui de *Dittersdorf*, qu'il porta toujours depuis lors. Le sort de cet artiste semblait assuré de la manière la plus heureuse ; il était recherché à Vienne et surtout à Berlin, où on l'appelait souvent ; mais le malheur qu'il eut de se brouiller avec l'évêque de Breslau, le succès de la musique de Mozart, qui changea la direction de l'art et fit paraître le style de Ditters vieux et mesquin, enfin les infirmités qui accablèrent celui-ci dans ses dernières années, tout cela, dis-je, empoisonna la fin de sa vie, et il aurait été réduit à la dernière misère sans les bienfaits du baron de Stillfried, qui le prit dans son château en Bohême et le mit ainsi que sa famille a l'abri du besoin. Il y est mort le 1er octobre 1799, deux jours après avoir achevé de dicter à son fils l'*histoire de sa vie*, ouvrage intéressant par le ton d'originalité naïve qui y règne, et dans lequel les jeunes musiciens peuvent trouver des instructions utiles. Il renferme aussi des anecdotes curieuses et peu connues sur Lolli et d'autres grands maîtres. On a de Ditters les ouvrages suivants : 1° *Brief ueber die Grenzen des Komischen und Heroischen in der Musik* (Lettre sur les bornes du comique et de l'héroïque en musique), dans la *Gazette musicale* de Leipsick, première année, p. 138. — 2° *Brief ueber die Behandlung Italiænischer Texte bey der Composition und ueber andere Gegenstaende* (Lettre sur l'expression des paroles italiennes dans la composition et sur d'autres objets relatifs à la musique) ; ibid., p. 201. — 3° *Carl von Dittersdorfs Lebensbeschreibung* (Histoire de la vie de Charles Dittersdorf), publiée par son fils, à Leipsick, 1801, 294 pages in-8°. — 4° *Isacco, figura del Redentore*, oratorio, composé à Gross-Wardein en 1767. — 5° *La liberatrice del Popolo Giudaico nella Persia, o sia l'Esther*, oratorio. Cet ouvrage, qu'on exécuta deux fois à Vienne, en 1785, au profit des veuves des musiciens, fut accueilli avec beaucoup d'applaudissements. — 6° *Job*, oratorio ; Vienne, 1786. — 7° Messe en *ut*, avec orchestre, en manuscrit, chez Breitkopf. — 8° Motets pour le jour de Saint-Népomucène, en Mss., chez Rellstab. — 9° *Amore in musica*, opéra-buffa, à Gross-Wardein, en 1767. — 10° *Lo Sposo burlato*, opéra buffa, à Johannisberg, en 1775. — 11° *Der Doktor und Apotheker* (le Médecin et l'Apothicaire), opéra en un acte, à Vienne, en 1786. Cet ouvrage fut accueilli avec tant de faveur, que l'empereur Joseph II, assistant à une de ses représentations, ne dédaigna pas de témoigner par ses applaudissements sa satisfaction, au moment où Ditters entra dans l'orchestre. A Londres cette pièce eut trente-six représentations de suite. Elle a été gravée en partition pour le piano à Vienne, à Berlin et à Mayence ; on l'a aussi arrangée pour tous les instruments. — 12° *Betrug durch Aberglauben* (la Fourberie par superstition), opéra en un acte, à Vienne, en 1786. — 13° *Die Liebe im Narrenhausen* (l'Amour aux petites maisons), en un acte, à Vienne, en 1786. Cet ouvrage a été gravé à Mayence en 1790 et à Berlin en 1792. — 14° *Il Democrito corretto*, opéra bouffe, à Vienne, en 1786. — 15° *Hieronymus Knicker* (Jérôme Knicker), opérette, à Vienne, en 1787, gravé en partition pour le piano à Leipsick, en 1792. — 16° *La Contadina fedele*, opéra bouffe, à Johannisberg, en 1785. — 17° *Orpheus der zweyte* (le Nouvel Orphée), en un acte, à Vienne, 1787. — 18° *Das rote Kæppchen* (le Chaperon rouge), à Vienne, en 1788, gravé à Leipsick en 1792. — 19° *Der Schiffspatron, oder neue Gutsherr* (le Patron de navire, ou le Nouveau Seigneur de village), à Vienne, en 1789 ; gravé en partition pour le piano, à Leipsick, en 1793. — 20° *Hokus Pokus*, en un acte, à Vienne, en 1790, et à Weimar, en 1792, avec des changements. — 21° *Das Gespenst mit der Trommel* (le Tambour nocturne), à Oels, en 1794. — 22° *Gott Mars, oder der eiserne Mann* (le Dieu Mars, ou l'homme insensible), en deux actes, à Oels, en 1795. — 23° *Der gefoppte Bræutigam*, ibid., 1795. — 24° Don Quichotte, en italien, ibid., 1795. — 25° *Die*

Guelfen (les Guelfes), prologue, ibid., 1795. — 26° *Der Schah von Schiras* (le Sultan de Schiras), ibid., 1795. — 27° *Ugolino*, en deux actes, ibid., 1796. — 28° *Die Lustigen Weiber von Windsor* (les Joyeuses Comères de Windsor), ibid., 1796. — 29° *Der Schœne Herbsttag* (le Beau Jour d'automne), ibid., 1796. — 30° *Der Ternengewinnst* (le Terne à la loterie), en un acte, ibid., 1797. — 31° *Der Mædchenmarckt* (le Marché de filles), en un acte, ibid., 1797. — 32° *Terno Secco*, opéra bouffe en deux actes, à Breslau, en 1797. — 33° L'opéra bouffe de Bretzner, en Mss., 1798. — 34° *Don Coribaldi, o sia l'usurpata Prepotenza*, en deux actes, 1798, en Mss. — 35° *Il Mercato delle Ragazze*, 1798, en Mss. Cet ouvrage paraît être une traduction du n° 31. — 36° *Il Tribunale di Giove*, en Mss. Ces quatre derniers ouvrages sont restés entre les mains de la famille de Ditters. — 37° Grande cantate latine, pour le jour de fête de l'évêque de Gross-Wardein, en 1765. — 38° *La Fille de Kola*, chant ossianique, avec piano; Leipsick, 1795. — 39° Grand concerto pour onze instruments concertants, avec orchestre, 1765. — 40° Quinze symphonies à grand orchestre, intitulées *les Métamorphoses d'Ovide*; Vienne, 1785. — 41° Trente-cinq symphonies, en manuscrit, chez Traeg, à Vienne. — 42° Six nouvelles symphonies en manuscrit, dans les mains des héritiers. — 43° *Concertino a 2 ob. fag. e 2 cor. concert., 2 viol., 2 alt. e b.*, en Mss., chez Traeg, à Vienne. — 44° Douze concertos pour violon, ibid. — 45° Deux nocturnes pour deux cors et violoncelle obligé, ibid. — 46° Six quatuors pour violon; Vienne, Artaria. — 47° Douze divertissements pour deux violons et violoncelle, en Mss., chez Traeg. — 48° Duos pour violon et basse, ibid. — 49° Douze sonates à quatre mains pour le piano, 1796-1797, en Mss. — 50° Soixante-douze préludes pour le piano, dans tous les tons. — 51° Douze chansons et romances variées pour le piano. On a appelé Ditters *le Grétry de l'Allemagne*; cet éloge est exagéré. Si ses compositions sont plus pures d'harmonie que celles du musicien belge, elles leur sont bien inférieures sous le rapport de l'invention. L'opéra *le Docteur et l'Apothicaire* est son ouvrage le plus populaire.

DITTMER (Mantey, baron de), maître de chapelle du duc de Mecklembourg-Strelitz, est né en Bavière, a eu pour maître Winter, et s'est fait son imitateur. On a de lui un petit opéra, *Die beide Galerensclaven* (les Deux Galériens), qui n'a rien de remarquable. Son meilleur ouvrage en ce genre est son opéra intitulé *Louis de Bavière*; on a gravé l'ouverture pour piano. Sa musique religieuse se distingue par un style assez pur et par son caractère pieux; elle est restée jusqu'à ce jour en manuscrit. Parmi ses œuvres de musique instrumentale on remarque : 1° Fantaisie sérieuse pour le piano; Berlin. — 2° Fantaisie en forme de variations sur l'air de Himmel : *An Alexis*; ibid. — 3° *Adagio et allegro agitato* pour piano, violon et flûte; ibid. — 4° Six danses populaires de la Bavière pour piano. op. 2; ibid. — 5° Six valses de Rossini, op. 7; ibid.

DIVISS ou **DIWISCH** (Procope), musicien, mécanicien et physicien, naquit le 1ᵉʳ août 1696 à Senftenberg, en Bohême. Après avoir fait ses études à Znaïm, il entra en 1719 dans l'ordre des Prémontrés, à Bruck. Il y enseigna la théologie et la philosophie avec éclat, jusqu'en 1733; à cette époque la cure de Prenditz, près de Znaïm, lui fut offerte, et il l'accepta. Ce fut dans cette retraite qu'il se livra avec ardeur à des recherches de physique et de mécanique, et qu'il imagina le paratonnerre, dont l'invention a été retrouvée depuis lors par Franklin, et une sorte d'*Orchestrion*, grand instrument de musique, auquel il donna le nom de *Denis d'or*, par analogie avec le sien, qui signifie Denis, en bohémien. En 1741 Diwisch accepta l'emploi de supérieur de l'abbaye des Prémontrés de Bruck, et son administration fut si sage que, pendant la guerre de l'Autriche contre la Prusse, le monastère fut toujours respecté, même par les ennemis. Après que la tranquillité eut été rétablie dans la Moravie, il retourna dans sa cure et reprit ses travaux scientifiques. Il mit alors la dernière main à ses inventions du paratonnerre et du *Denis d'or*. En 1754 il plaça un paratonnerre près de sa maison; mais cette nouveauté lui fit courir quelque danger, car le peuple, ayant considéré cet appareil comme un instrument de sorcellerie et lui attribuant la sécheresse qui se fit sentir alors pendant deux ans, renversa cette machine, qui fut transportée à l'abbaye de Bruck. Les savants de l'Autriche ne se montrèrent pas beaucoup plus raisonnables que le peuple, car ils s'opposèrent à l'établissement des paratonnerres sur les édifices publics, qui avait été proposé à l'empereur par Diwisch. A l'égard du *Denis d'or*, il paraît qu'il lui donna la dernière perfection en 1762. Cet instrument se jouait, comme l'orgue, avec les mains et les pieds; il imitait, dit-on, tous les instruments à cordes et à vent, et l'on assure qu'il pouvait produire cent variétés de qualités de sons. Le prince Henri de Prusse en offrit une somme considérable; mais, lorsqu'il l'entendit, Diwisch le croyait susceptible de plus de perfection : il ne consentit pas à le céder. En 1790 l'évêque de Bruck, Georges Lambeck, possédait le dernier instrument de ce genre exécuté par l'inventeur, et entretenait un musicien chargé spécialement de le jouer. On ignore ce qu'il est devenu depuis ce temps. Diwisch est mort à Prenditz le 21 décembre 1765. On a de lui un ouvrage posthume en allemand, qui a pour titre : *Theorie de l'electricité et application de ses principes à la Chimie;* Tubingue, 1768, in-8°. Le portrait de ce savant a été gravé par Balzer, avec ce distique :

Non laudate Jovem, gentes! Quid vester Apollo?
Iste magis Deus est fulminis atque soni.

DIVITIS (ANTOINE), musicien français, naquit dans la seconde moitié du quinzième siècle, car il était un des chantres de la chapelle de Louis XII, qui mourut en 1515. J'ai dit, dans la première édition de la *Biographie universelle des musiciens* (t. III, p. 316), qu'il est permis de croire que le nom réel de ce musicien est *Le Riche;* une découverte faite aux archives de l'État, à Paris, a justifié ma conjecture, car (sous la lettre K. n° 322) on trouve un compte de dépenses de la cour du roi de France, où est cet article : « La somme de 310 livres 10 s. tour« nois pour le payement de cent trois aulnes de « drap noir, livré aux chantres de la chapelle du « dict feu seigneur (Louis XII) qui s'ensuivent, « savoir : Le maistre de la chapelle Conrard, Mi« chau, Allard, Albi, Guill. Cousin, Claudin, « Mouton, maistre Jehan Thierry, Le Vigoureux, « Porchi, Carimont, Perroton de Mancourt, « George T. Reverdi, Jacques Baudet, Maupin, « Noel, Furbisseur, Noly, *maistre Antoine Le* « *Riche*, maistre Pierre Monton, maistre Jac« ques Favieres et maistre Pierre de Fray, qui « sont 23 personnes. » Il ne peut y avoir de doute sur l'identité d'*Antoine Divitis* et d'*Antoine Le Riche*, car le premier nom est celui de Le Riche latinisé et le prénom est le même. Le Riche était d'ailleurs compositeur comme Divitis, car on trouve deux chansons françaises à 5 voix sous son nom dans un recueil publié par Nicolas Duchemin, en 1551, sous ce titre : *le Premier livre des plus excellentes chansons de divers autheurs.* On connaît sous le nom de Divitis les ouvrages suivants : 1° Le motet *Desolatorum Consolator*, à 4 voix, dans le premier livre des *Motetti de la Corona*, imprimé en 1514, par Petrucci de Fossombrone, in-4° obl. — 2° *Gloria, laus*, à 4 voix, dans le dixième livre de la collection d'anciens motets, imprimée à Paris, par Pierre Attaingnant, 1530. — 3° Plusieurs motets à trois voix dans le recueil intitulé : *Trium Vocum Cantiones Centum*

D Georgio Forstero Selectore. Imprimebat Joannes Petreius, Norimbergæ, 1540, petit in-4° obl. — 4° Un *Magnificat* dans le sixième livre publié par Attaingnant, sous ce titre : *Liber sextus. XIII Quinque ultimorum tonorum Magnificat continens. Parisiis, apud Pet. Attaingnant*, 1534, petit in-4° obl. — 5° Plusieurs motets à quatre voix dans le dixième livre de la collection qui a pour titre : *Passiones Dominica (sic) in ramis Palmarum, Veneris sancta, nec non lectiones feriarum quinti, Sexti et Sabbati hebdomade Sancte*, etc.; ibid. 1534, petit in-4 obl. — 6° *Credo* à 6 voix, dans le mss. coté VI de la Bibliothèque royale de Munich — 7° Gerber dit qu'il y a plusieurs morceaux de la composition de Divitis dans un recueil de chansons, en diverses langues, imprimé depuis 1530 jusqu'en 1640, sous le titre de *Sammlung Von Gesangen in verschiedenen Spraechen*, dont il y a un exemplaire à la bibliothèque de Zwickau; mais il n'indique ni le lieu de l'impression, ni le nom de l'imprimeur. — 8° On trouve un morceau bien fait, à cinq voix, de Divitis, sur le texte : *Ista est speciosa inter filias Hierusalem*, dans le recueil intitulé : *Bicinia Gallica, Latina, Germanica*, etc., publié par Georges Rhaw, à Wittenberg, 1545. — 9° Deux chansons françaises à 4 voix, de *Le Riche*, sont dans un recueil publié par Nicolas Duchemin, à Paris, en 1551, sous ce titre : *le Premier livre des plus excellentes chansons de divers autheurs.* — 10° La messe à 4 voix, intitulée *Gaude Barbara*, par Divitis, se trouve dans un manuscrit de la bibliothèque de Cambrai, coté n° 4. C'est la douzième du recueil, qui en contient quinze de divers auteurs. (Voy. *Notice sur les collections musicales de la bibliothèque de Cambrai*, par M. E. de Coussemaker, p. 31.)

DIXON (WILLIAM), compositeur et organiste anglais, vécut à Londres depuis 1770 jusque vers 1800. Il a publié une collection de musique sacrée, choisie dans les œuvres des meilleurs maîtres anglais, sous ce titre : *Psalmodia Christiana, or Collection of sacred Music, in four parts, designed for public worship, containing 200 plain psalm-tunes, 50 fugues, and a few pieces in the Hymn style, for the tree great festivals, Christmas-Day, Easter Day and Whitsunday, with the bass-figured for the organ or harpsichord*, etc.; Londres, 1790. Cette collection est précédée d'un traité élémentaire du chant, intitulé : *An Essay and concise Introduction to singing, containing rules for singing at sight, formed by the author during many years study and prac-*

tice in teaching. On a aussi de Dixon un recueil de chansons anglaises, Londres, 1795, et un *Pocket companion or New Psalm Tunes, for the use of Choirs and congregational Singing* (sans date).

DIZI (François-Joseph), né à Namur le 14 janvier 1780, est fils d'un professeur de musique qui, de Dinant-sur-la-Meuse, alla s'établir dans cette ville. Le jeune Dizi fit voir dès son enfance les plus heureuses dispositions pour la musique, et la sévérité de son père développa ses facultés par des études laborieuses. La harpe était l'instrument pour lequel il avait le plus de penchant; malheureusement il n'y avait pas de maître à Namur qui pût lui enseigner à en jouer. Les leçons de son père, qui était violoniste, furent les seules qu'il reçut, et ce fut en lui-même qu'il dut chercher les moyens d'acquérir du talent. Il avait à peine atteint sa seizième année lorsqu'il conçut le projet de se rendre en Angleterre. Il voyageait alors en Hollande pour s'y faire entendre : il s'y embarqua. Arrivé dans un port où le vaisseau fut obligé de relâcher, il se promenait sur le pont du bâtiment; tout à coup il vit un matelot tomber à la mer, et, poussé par un mouvement d'humanité, il s'y précipita lui-même pour le sauver, oubliant qu'il ne savait pas nager. Il perdit bientôt connaissance, et, lorsqu'il revint à lui, il se trouva dans une maison sur le port, où on lui donnait des soins. Dès que ses habits furent séchés, il voulut retourner au vaisseau; mais ce bâtiment, dont il ne savait pas même le nom, avait continué sa route, parce qu'on ne s'était pas aperçu de l'accident de Dizi, qu'un ouvrier du port avait sauvé. La situation du jeune artiste était des plus pénibles, car sa harpe, et les malles qui contenaient ses habits, son linge, ses lettres de recommandation et son argent, étaient sur le vaisseau qui s'éloignait de lui. Sa bourse ne renfermait que quelques écus à peine suffisants pour le conduire à Londres, et il ne savait pas un mot d'anglais. Il se décida pourtant à sacrifier le peu qui lui restait pour arriver jusqu'à la capitale de l'Angleterre, dans l'espoir d'y retrouver le navire qui contenait toutes ses richesses et l'espoir de son avenir.

Arrivé à Londres, il ne put jamais découvrir ce bâtiment, n'ayant aucun renseignement qui pût l'aider dans ses recherches au milieu de l'immense quantité de vaisseaux qui stationnaient sur la Tamise; il se trouva donc dans cette grande ville sans ressources, et n'y connaissant personne. Après quelques semaines passées dans la situation la plus pénible, le hasard le conduisit près d'une maison où il entendit jouer de la harpe; il se décida à y entrer, exposa sa situation à ceux qui l'habitaient, et demanda qu'on l'entendît sur son instrument. Cette maison était celle de Sébastien Érard, célèbre facteur de harpes et de pianos. Le chef de cette maison apprécia le talent du jeune Dizi, comprit qu'il avait de l'avenir, et l'aida à se poser convenablement dans le monde en lui procurant des élèves. Clementi lui fut aussi utile par l'estime qu'il témoigna pour ses talents. Bientôt Dizi devint le harpiste le plus renommé de Londres, et pendant trente ans il jouit en Angleterre d'une brillante réputation comme virtuose et comme compositeur pour son instrument.

La nature l'avait doué de dispositions naturelles pour la mécanique et de beaucoup d'adresse. Il voulut appliquer ces facultés au perfectionnement de son instrument, et inventa, avec l'assistance d'un Polonais, une harpe à double action qu'il appela *Harpe perpendiculaire*, parce que les cordes, placées au centre de la console, étaient dans une position exactement verticale avec le centre de la table. L'élévation de ces cordes, à un demi-ton ou à un ton plus haut que l'accord naturel, se faisait par des bascules placées à l'intérieur de la console. La difficulté du placement des cordes et les dérangements fréquents du mécanisme ont déterminé plus tard Dizi à renoncer à ce système de construction pour se rapprocher de celui d'Érard, qu'il a seulement voulu simplifier en substituant aux mouvements particuliers de chaque note des mouvements généraux de communication d'octave en octave. Dizi est aussi le premier qui ait imaginé de doubler les tables d'harmonie des harpes, pour leur donner plus de résistance aux vibrations des cordes. Enfin il a disposé les pédales de l'instrument dans un ordre plus régulier que celui qui est généralement adopté; mais cette innovation a eu peu de succès, parce qu'elle contrariait les habitudes des harpistes.

En 1830 Dizi a quitté Londres pour s'établir à Paris, où il a formé une association avec la maison Pleyel, pour l'établissement d'une fabrique de harpes; mais cette entreprise n'a point eu de succès. Depuis son arrivée en France Dizi avait été nommé professeur de harpe des princesses de la famille royale. Il est mort à Paris.

Les compositions de Dizi pour la harpe sont : 1° Une grande sonate, publiée à Londres. — 2° Air Saxon, de Cramer, varié; Paris, Janet. — 3° Danse du Châle, variée; ibid. — 4° Trois thèmes originaux variés; ibid. — 5° Douze exercices ou fantaisies pour la harpe à deux rangs de pédales, première et deuxième suite; Paris, Pleyel. — 6° Une grande quantité de romances françaises, d'airs anglais et italiens variés pour la harpe; Londres, Paris, Erard, Pleyel et autres.

DLABACZ (Joseph-Benoit), virtuose sur le trombone, naquit à Podebradt le 2 juillet 1703. Après avoir fini ses études à Prague il voyagea, puis se fixa à Coblence, où son talent remarquable le fit engager dans la chapelle de l'électeur. Il mourut en cette ville vers 1769. On ignore s'il a écrit pour son instrument.

DLABACZ (Godefroi-Jean), né vers 1760 à Bœhmisch-Brod, en Bohême, entra dans l'ordre des Prémontrés à Prague, et devint directeur du chœur et bibliothécaire du chapitre de *Strahow*, dans la même ville. Il a donné l'*Essai d'un catalogue des meilleurs musiciens de la Bohême*, dans les septième et neuvième parties de la *Statistique de la Bohême*, qui a été publiée en 1788. Le troisième volume de la Société royale des Sciences de la Bohême (1798, in-4°, n° 2) renferme une dissertation sur l'état des arts dans ce pays, dont il est aussi l'auteur. On y trouve quelques détails curieux sur les orgues et sur plusieurs musiciens. L'ouvrage le plus important qu'il ait publié est le Dictionnaire historique des artistes de la Bohême, qui a paru sous ce ce titre : *Allgemeine-hist. Kunstler-Lexikon für Bœhmen*, 3 vol. in-4°, Prague, 1815-1818. On y trouve une multitude de notices intéressantes sur les musiciens de cette partie de l'Allemagne. Dlabacz est mort à Prague le 4 janvier 1820.

DLUGORAI (Albert), compositeur et luthiste distingué, né en Pologne, vécut vers la fin du seizième siècle. On trouve quelques-unes de ses pièces de luth dans le *Thesaurus Harmonicus* de Besard.

DOBBERT (Chrétien-Frédéric). *Voyez* Doerbert.

DOBLER (Joseph-Aloys), un des meilleurs chanteurs du dix-neuvième siècle en Allemagne, est né le 17 novembre 1796 à Gebratzhofen, dans le royaume de Würtemberg, où son père était maître d'école. Celui-ci lui donna les premières leçons de musique, de chant et de piano. A l'âge de dix ans Dobler fut admis comme enfant de chœur à l'église cathédrale de Constance. Il y fit ses études jusqu'en 1813; alors, pour se soustraire aux lois de la conscription, il se décida à aller faire un cours de théologie à l'université d'Ellwangen. Là il eut occasion d'exercer sa belle voix de basse dans les concerts d'amateurs que le recteur Spœgele avait institués. Encouragé par les succès qu'il obtint dans ces concerts, il résolut de ne point entrer au séminaire, et se rendit secrètement à Vienne, où il trouva un protecteur dans l'ambassadeur de Würtemberg. Weigl ayant entendu la belle voix de Dobler, l'encouragea à cultiver le chant, lui donna des conseils et lui procura un engagement au théâtre de la porte de Carinthie, avec deux mille florins d'appointements. Le jeune chanteur, âgé seulement de dix-neuf ans, se fit remarquer, et bientôt il fut engagé pour le théâtre de Linz, comme première basse. Il y débuta par le rôle d'Alcindor dans *Cendrillon*, et son succès fut complet. En 1820 il prit l'emploi de première basse au théâtre de Francfort-sur-le-Mein, resta dans cette ville jusqu'en 1825, et entreprit alors un grand voyage en Allemagne. Il chanta avec succès à Mayence, Stuttgard, Wiesbaden, Berlin, etc. Engagé pour l'Opéra-Allemand de Londres en 1833, il y chanta dans trente-deux représentations pendant la saison, et se lia d'amitié avec les célèbres chanteurs italiens Rubini, Tamburini et Madame Malibran, qui devinrent ses modèles. De retour à Francfort à la fin de cette année, Dobler y resta jusqu'au 15 septembre 1834, époque où il entra au service de la cour de Würtemberg, à Stuttgard. Cet artiste n'avait point étudié de méthode de chant proprement dite; ce qu'il savait dans cet art, il le devait à sa propre expérience, aux exemples qu'il avait recueillis des chanteurs habiles, et surtout à sa rare intelligence et au sentiment dramatique dont il était doué au plus haut degré. Sa voix était pure, égale, flexible, et d'une grande puissance. Dobler est mort à Stuttgard le 6 septembre 1841.

DOBLOF-DIER (Le baron Charles), amateur de musique à Vienne et compositeur de musique d'église au commencement du dix-neuvième siècle, a beaucoup écrit; mais ses ouvrages, restés en manuscrit, sont devenus la propriété du conseiller Georges Kiesewetter, qui les a légués à la bibliothèque impériale de Vienne avec toute sa collection de musique. Voici la liste de ses compositions religieuses : 1° Messe à 4 voix en contrepoint (ré mineur), écrite en 1820. — 2° *Te Deum* à 4 voix. — 3° Hymnes en allemand. — 4° *Inni sacri, a 2 3 e 4 voci*. — 5° *Invocavi Dom.*, à 4 voix. — 6° *Timete Dom.*, à 4 voix. — 7° Trois grands chœurs à 4 parties. — 8° Messe à voix seule, avec orgue. — 9° Messe en contrepoint à 4 voix. — 10° *Das Gebeth des Herrn*, à 4 voix. — 11° *Pater noster*, à 4 voix, avec un *Amen* à 10 voix. — 12° *Ego sum resurrectio*, à 4 voix. — 13° Hymnodie chrétienne à voix seule, avec piano. — 14° Hymne pour le temps de Pâques, à voix seule et piano.

DOBRZYNSKI (Jean-Félix), pianiste et compositeur polonais, est né en 1807 à Romanow, dans la Wolhynie, où son père, violoniste distingué, dirigeait l'orchestre des concerts et de l'Opéra chez le comte Ilinski. C'est sous sa direction que le jeune Dobrzynski étudia le piano et le violon. Ses progrès furent rapides dans tout ce qui concerne le mécanisme; mais ses facultés pour l'art ne se développèrent qu'après que sa famille se fut établie à Varsovie. Devenu alors élève d'Elsner pour l'harmonie et le contrepoint, il ne tarda point à faire reconnaître que la nature l'avait doué d'un heureux instinct pour la composition de la musique instrumentale. Vers 1828, ses études musicales étant achevées, il commença à se livrer à l'enseignement du piano, se fit entendre dans les concerts et publia ses premières compositions. On a de lui beaucoup de mazourkes, de nocturnes et de morceaux de salon pour le piano, publiés à Varsovie, à Posen, à Berlin et à Leipsick, ainsi que de jolies mélodies pour voix seule et piano; mais il s'est rendu recommandable par des œuvres instrumentales d'un ordre plus élevé, parmi lesquelles on remarque: 1° Une symphonie en *ut* mineur, qui obtint en 1838 le deuxième prix dans le concours ouvert à Vienne pour ce genre de composition, et qui fut exécutée à Leipsick avec succès dans l'année suivante. — 2° Trois quatuors pour 2 violons, alto et basse. — 3° Deux quintettes pour 2 violons, alto et deux violoncelles, œuvres 38 et 40, publiés à Leipsick, chez Hoffmeister. Ces compositions sont d'un ordre très-distingué. — 4° Un sextuor (en *mi* majeur) pour 2 violons, alto, 2 violoncelles et contrebasse, op. 39; ibid. — 5° Trio pour piano, violon et violoncelle, dédié à Hummel, op. 17 (en *la* mineur); Leipsick, Breitkopf et Hærtel. — 6° Sonate pour piano et violon. — 7° Nocturne pour piano et violoncelle, intitulé *les Larmes*. Dobrzynski s'est aussi essayé dans la musique dramatique par un opéra qui a pour titre *Monbar*, dont l'ouverture et quelques morceaux détachés ont été exécutés à Leipsick et à Dresde en 1845 et 1846; mais on n'y a pas remarqué l'originalité d'idées qui règne dans ses compositions instrumentales. Dans les mêmes années il donna des concerts à Berlin, à Leipsick et dans quelques autres villes du nord de l'Allemagne, et y produisit une vive impression par le mérite de quelques-unes de ses œuvres.

DOBYHALL (Joseph), et non DOBYHERLL, comme il est dit dans la première édition de cette Biographie, maître de musique du deuxième régiment d'artillerie en garnison à Vienne, est né le 13 juin 1779 à Krasowitz, en Bohême. Destiné à l'enseignement de la musique par son père, il étudia toutes les parties de cet art et apprit le chant, le piano, l'orgue, le violon et presque tous les instruments à vent, sous la direction de Nawratil, Doluzalek, Johanis, et surtout d'un organiste très-habile nommé Bubnik. Lorsqu'il eut atteint sa quinzième année, il fut envoyé à Enns, dans la Haute-Autriche, pour y apprendre, sous la direction du musicien de la ville, à jouer du cor, de la trompette et du trombone; puis il alla à Vienne faire un cours d'études littéraires. Admis dans cette ville au théâtre Léopold comme clarinettiste, il y resta pendant six ans. Pendant ce temps il apprit l'harmonie et la composition chez Heidenreich et Tayber. En 1808, Dobyhall fut nommé chef de la musique du prince Kourakin, ambassadeur de Russie à la cour de Vienne. Deux ans plus tard il entra au théâtre Hofburger, et peu de temps après il eut la direction de la chapelle du prince de Lobkowitz. Depuis lors il a été admis à l'orchestre du théâtre de la Cour comme seconde clarinette, et a été nommé maître de musique du deuxième régiment d'artillerie. Le talent de cet artiste pour la direction d'un orchestre d'instruments à vent et pour l'arrangement de la musique en harmonie militaire était très-remarquable. On a de lui plus de cent suites de morceaux extraits d'opéras italiens, allemands et français, arrangés avec beaucoup de goût et une rare intelligence. Dobyhall y a introduit une multitude de nouvelles combinaisons d'instruments, du plus grand effet. Lorsque Rossini alla à Vienne, il éprouva tant de plaisir, à l'exécution de quelques-unes de ses productions ainsi arrangées, qu'il désira avoir les partitions de ces morceaux, pour étudier le système et le mécanisme des combinaisons d'instruments à vent.

DOCHE (Joseph-Denis), né à Paris le 22 août 1766, entra comme enfant de chœur à la cathédrale de Meaux, à l'âge de huit ans, et y apprit la musique sous la direction de Guignet. Nommé maître de chapelle de la cathédrale de Constance, à dix-neuf ans, il y resta jusqu'à l'époque de la Révolution. Il entra alors à l'orchestre du théâtre du Vaudeville pour y jouer de l'alto, puis du violoncelle, et enfin de la contrebasse. Devenu chef d'orchestre du même théâtre, il composa, pour les pièces qu'on y représentait, une multitude d'airs qui se distinguent par un chant naturel et gracieux. Les plus connus sont ceux de *Fanchon la Vielleuse*, la romance de *Santeuil*, celle de *Gentil Bernard*, etc. Il en a publié le recueil, en 1822, sous le titre de *la Muselle du Vaudeville*, grand in-8° obl. Doche a fait aussi la musique d'un opéra-comique intitulé *les Trois Derville*, qui fut refusé au théâtre Feydeau en 1818, et de plusieurs *opérettes* jouées aux théâtres des Boulevards, entre autres *Point de bruit*, qui fut joué avec succès au théâtre de la Porte-Saint-Martin, en 1804. Il a fait entendre à Paris plusieurs messes à grand orchestre. La dernière a été exécutée à Saint-Eustache, le 22 novembre 1809, jour de Sainte-Cécile. Retiré du Vaudeville en 1824, Doche est mort à Soissons au mois de juillet 1825.

DOCHE (ALEXANDRE-PIERRE-JOSEPH), fils du précédent, né à Paris en 1799, fit ses études musicales au Conservatoire de Paris, et succéda à son père dans la place de compositeur et de chef d'orchestre du Vaudeville. Plus tard il est entré au théâtre du Gymnase comme chef d'orchestre. Il a écrit pour les pièces de ce théâtre beaucoup de morceaux de musique, dont quelques-uns ont été publiés à Paris, chez Petit, Savaresse et Lemoine. Au mois de mai 1846 Doche a fait représenter à l'Opéra-Comique un ouvrage en un acte, intitulé *le Veuf du Malabar*, dont la musique était assez médiocre, et au mois de mars de l'année suivante il a donné au même théâtre *Alix*, petit acte qui n'a inspiré également au musicien que des idées communes, écrites avec négligence. Doche est mort à Saint-Pétersbourg au mois d'août 1849.

DODART (DENIS), médecin, naquit à Paris en 1624. Après avoir été reçu docteur en 1660, il fut nommé, six ans après, professeur de pharmacie, et ensuite conseiller-médecin de Louis XIV. En 1673 l'Académie des Sciences l'admit au nombre de ses membres. Il fut chargé par ses confrères de rassembler les matériaux d'une histoire de la musique ; mais il s'est borné à publier plusieurs Mémoires sur la formation de la voix et sur la détermination du son fixe. Ces Mémoires ont été insérés parmi ceux de l'Académie des Sciences. Dodart est mort à Paris le 5 novembre 1707. Les Mémoires publiés par lui sur les objets relatifs à la musique sont les suivants : 1° *Mémoire sur les causes de la voix de l'homme et de ses différents tons* (Mém. de l'Académie des Sciences, ann. 1700, p. 238-268). — 2° *Notes sur le Mémoire précédent* (Idem, p. 268-287). — 3° *Supplément au Mémoire sur la voix et sur les tons, première partie* (ann. 1706, p. 136). — 4° *De la différence des tons, de la parole et de la voix du chant, par rapport au récitatif, et, par occasion, des expressions de la musique antique et de la musique moderne* (Id., p 388). — 5° *Supplément au Mémoire sur la voix et sur les tons, seconde partie* (ann. 1707, p. 66). Dodart cherche à établir dans ces Mémoires la similitude de l'organe vocal avec un instrument à vent, système adopté jusqu'en 1743, où Ferrein en proposa un autre, qui partagea les savants. On a aussi du même auteur : *Sur la détermination du son fixe* (Mém., ann. 1700, p. 131-140). Il y a quelques exemplaires du Mémoire de Dodart sur les causes de la voix de l'homme imprimés séparément avec les notes et les additions, lesquels portent la date de 1703, sans nom d'imprimeur. L'auteur les avait fait tirer pour ses amis ; la Bibliothèque impériale, à Paris, en possède un qui vient du cabinet de Brossard.

DODDRIDGE (PHILIPPE), ecclésiastique anglais, naquit à Londres le 26 juin 1702. Il commença ses études à l'école de Saint-Albain, et les acheva au collège des ministres non conformistes, à Kibworth, dans le comté de Leycester. En 1722 il fut nommé prédicateur à Kibworth, ensuite à Market-Harborough, et enfin professeur au collège de Northampton en 1730. Sa santé, qui avait toujours été très-faible, s'étant entièrement dérangée, les médecins lui conseillèrent de changer de climat ; il se rendit à Lisbonne ; mais à peine y fut-il arrivé que son mal empira, et il mourut dans cette ville, le 26 octobre 1750. Doddridge a donné dans les Transactions philosophiques, t. 44, p. 596, *Account of ones, who had no Ear to Music naturally, singing several tunes when in a delirium* (Notice sur un individu qui, n'ayant pas l'oreille musicale, chante plusieurs airs avec justesse, dans une accès de délire).

DODWELL (HENRI), philologue célèbre, naquit en 1641. Ayant perdu ses parents de bonne heure, il tomba dans l'indigence jusqu'à ce qu'un de ses oncles le recueillit et lui fournit les moyens de faire ses études, d'abord à Dublin, ensuite à Oxford. Ayant été nommé professeur d'histoire dans cette université en 1688, l'année même de la révolution anglaise, il ne tarda pas à perdre cette place, parce qu'il se refusa à prêter le serment d'allégeance. Après s'être engagé dans toutes les querelles religieuses de son temps et avoir écrit une immense quantité d'ouvrages de tout genre, il mourut le 7 juin 1711. Les travaux de ce savant homme sur les historiens et les géographes anciens, ainsi que sur les antiquités ecclésiastiques, n'étant point de l'objet de ce dictionnaire, je me contenterai de citer son livre intitulé *Treatise concerning the lawfulness of instrumental Music in holy offices, etc.* (Traité concernant l'admission de la musique instrumentale dans l'office divin); Londres, 1700, in-8°. C'est une seconde édition : j'ignore la date de la première. Ce traité est tout théologique. Dodwell y établit que la musique des instruments, particulièrement celle de l'orgue, ayant pour objet d'affecter la sensibilité, ne peut être admise dans l'office divin, où l'homme ne doit porter qu'un esprit dégagé de toute émotion sensuelle ; et il déclare que les exemples de l'usage des instruments dans le temple de Dieu, tirés de l'Ancien Testament, sont sans valeur, parce que les Juifs, comme les papistes, ne professent que de fausses religions. Une préface de 84 pages du ministre anglican John Newte, où la même doctrine est soutenue, précède l'ouvrage de Dodwell (*Voy.* NEWTE).

DOEBBERT (CHRÉTIEN-FRÉDÉRIC), habile flûtiste, naquit à Berlin, où il prit des leçons de hautbois et de flûte. Ayant acquis beaucoup de talent sur ces deux instruments, il passa au service du margrave Frédéric de Brandebourg Culmbach, auquel il donnait des leçons de flûte. A la mort de ce prince, en 1763, les virtuoses italiens, chanteurs et cantatrices, ayant été congédiés, Doebbert passa avec les musiciens allemands au service du margrave d'Anspach et de Bayreuth; il y mourut en 1770. Il a publié à Nuremberg, en 1759, six solos pour la flûte, avec accompagnement de basse.

DOEDERLIN (JEAN-ALEXANDRE), né le 11 février 1675 à Biswang, dans le comté de Pappenheim, fut magister et recteur de l'école de Weissenfels en Nordgau, où il mourut le 23 octobre 1745. On a de lui un écrit intitulé: *Ars canendi veterum, et veterum cantores Weissenburgenses*, 2 feuilles in-fol. sans date. Cet ouvrage, qui paraît devoir être intéressant par son titre, est de la plus grande rareté.

DOEHLER (THÉODORE), pianiste et compositeur pour son instrument, naquit le 20 avril 1814 à Naples, où son père était chef de musique d'un régiment. Il était âgé de sept ans lorsqu'il reçut les premières leçons de piano. Ses dispositions pour la musique et l'instrument étaient si heureuses qu'après six mois d'études il avait dépassé en habileté sa sœur aînée, qui jouait du piano depuis plusieurs années. Lorsque Benedict arriva à Naples, il accepta Dœhler comme élève. Celui-ci n'était âgé que de treize ans lorsque son maître le fit entendre au théâtre du *Fondo*, où il reçut des applaudissements. En 1829 Dœhler suivit sa famille à Lucques, où le père était engagé au service du prince; mais il n'y resta que peu de temps, parce que sa famille alla bientôt après s'établir à Vienne, où le jeune pianiste fut mis sous la direction de Czerny, pendant qu'il faisait des études de composition chez Sechter. Parvenu à l'âge de dix-sept ans, Dœhler obtint la position de virtuose de la musique particulière du duc de Lucques et eut l'honneur de l'accompagner dans quelques voyages. En 1836 il entreprit lui-même une grande tournée pour faire connaître son talent : il était alors âgé de vingt-deux ans. Il visita d'abord l'Allemagne, et les premières villes où il se fit entendre furent Leipsick et Berlin; il y obtint de brillants succès. Au commencement de 1837 son service le rappela à la cour de Lucques, mais il fit dans la même année une excursion à Florence et à Bologne, où il donna des concerts. Vers la fin de 1838 il arriva à Paris. Thalberg y causait alors une vive sensation par les effets nouveaux qu'il faisait produire au piano et par la sonorité puissante qu'il tirait de l'instrument. Le talent de Dœhler n'atteignait pas à cette hauteur; mais il se faisait remarquer par beaucoup de délicatesse dans le toucher, par l'élégance et la grâce. Il joua dans un des concerts de la société du Conservatoire et y obtint un brillant succès. C'est de cette époque que date sa réputation de virtuose. Au printemps de 1839 il se rendit à Londres, où ses manières gracieuses et polies préparèrent ses succès dans la haute société. Dans la même année il visita la Hollande, où l'enthousiasme pour son talent alla si loin que son buste fut inauguré solennellement à la Haye. De retour en Italie vers le mois d'août, il obtint de son prince un nouveau congé dans l'année suivante, pour retourner en Hollande, où il était appelé. Il donna alors des concerts à Amsterdam, à Rotterdam, à Utrecht; puis il se rendit en Belgique, et obtint à Bruxelles de brillants succès. Après un séjour d'environ deux ans à Lucques, Dœhler repartit en Allemagne, et donna des concerts à Francfort, Leipsick, Berlin et Hambourg; puis il se rendit à Copenhague, dans l'hiver de 1843, et enfin en Russie, où il s'arrêta pendant près de deux ans. A Saint-Pétersbourg il avait trouvé une protection très-active dans la princesse Tschermeteff; bientôt l'intérêt que prenait à lui cette dame devint un sentiment plus tendre, et elle prit la résolution de lui donner sa main; mais de grandes difficultés s'opposaient à cette union. La princesse mit à les surmonter l'énergie et la ténacité que donne la passion à une femme. Après bien des négociations délicates et de grands sacrifices, elle atteignit enfin son but, et Dœhler devint son époux en 1846. Tous deux se fixèrent dès lors en Italie, et l'artiste se transforma en amateur. Une seule fois il se fit encore entendre dans un concert public à Florence; mais ce fut pour une œuvre de bienfaisance. Tout semblait lui présager une existence heureuse; mais bientôt sa santé se dérangea. En vain il essaya de l'influence des changements de climat et des eaux les plus renommées; il ne fit plus que languir, et il mourut à Rome, le 21 février 1856, à l'âge de quarante-deux ans. Dœhler a publié beaucoup de compositions pour le piano, dont plusieurs ont eu de la vogue et sont encore dans le répertoire des pianistes; on y remarque un concerto, œuvre 7; douze fantaisies sur des thèmes de divers opéras de Rossini, Meyerbeer, Donizetti, Bellini, Hérold, Halévy, etc.; dix nocturnes détachés; beaucoup de thèmes variés, des études, des caprices, des rondos, des pièces détachées de tout genre, des valses et des polkas. Comme pianiste Dœhler manquait de puissance, et quelquefois de correction; mais il y avait beaucoup de charme dans son jeu.

DOELZSCH (Jean-Gottlieb), constructeur d'orgues, né à Dœbeln, en Saxe, vivait dans la première moitié du dix-huitième siècle. En 1729 il finit l'orgue de Grueneberg, composé de douze jeux. Il répara celui de l'église de Sainte-Cunégonde, à Rochlitz, en 1732.

DOEMENY (Alexandre de), pianiste et organiste à Pesth, est né en Hongrie vers 1801. Il s'est fait connaître par deux ouvrages, dont le premier est une instruction, en hongrois et en allemand, pour apprendre à jouer du piano, avec des exercices tirés des œuvres de Hændel, Clementi, Cramer, Steibelt, Kalkbrenner, etc.; Pesth, Charles Müller, 1828, in-fol. de 121 pages. L'autre a pour titre : *Kerénekeskœnya melyet d'Helvezini Vallaistétett Tartok Deos hasznokra nézy Enakozora*, etc. (Livre choral à 4 parties pour l'orgue, à l'usage des congrégations de la confession helvétique, etc.); Pesth, 1830, in-4°. Fink a fait une analyse de ce livre choral dans la *Gazette générale de musique* de Leipsick (ann. 1831, n° 22, p. 349 — 354).

DOERFFEL (Alfred), pianiste distingué, est né à Waldenbourg, en Saxe, le 24 janvier 1821. Ses parents l'envoyèrent fort jeune à Leipsick, où il reçut des leçons de piano de Günther. A l'âge de treize ans il débuta dans les concerts de la société d'*Euterpe* et y fit sensation par son talent précoce. Pendant les années 1837, 38 et 39, il joua souvent dans ces concerts et y fit remarquer ses progrès. Postérieurement il s'est fixé dans cette ville comme professeur de piano. M. Dœrffel a été pendant plusieurs années un des rédacteurs de la *Nouvelle Gazette de musique* de Leipsick. J'ignore s'il a publié quelques compositions pour son instrument.

DOERING (Jean-Frédéric-Samuel), né le 16 juillet 1766 à Gatterstædt, près de Querfurt, où son père était maître d'école. En 1776 il entra à l'école Saint-Thomas de Leipsick comme élève et comme sopraniste dans le chœur. Après y avoir fait ses études élémentaires, il suivit en 1788 les cours de l'université de Leipsick, comme étudiant en théologie; puis il se rendit à Dresde en 1791 et y remplit les fonctions de précepteur dans une famille pendant deux ans. En 1793 il obtint une place de *cantor* à Lucka, dans la Lusace inférieure; deux ans après il alla occuper une position semblable à Görlitz. Il y resta jusqu'en 1814, époque où il accepta le cantorat à Altenbourg. Il mourut dans cette ville le 27 août 1840, à l'âge de 74 ans. Doering fut également distingué comme basse chantante et comme professeur. Il jouait bien du violon, du piano et de l'orgue. Il s'est fait connaître dans le monde musical par les publications suivantes : *Die 3 Rosen des Lebens, Gesellschaftsbild für 4 Singstimmen*, etc. (les Trois Roses de la vie, chansons de société à quatre voix); Görlitz, 1799. — 2° *Vollständiges Görlitzer Choral-Melodien-Buch in Buchstaben, Vierstimmig gesetzt* (Livre complet de mélodies chorales, pour la ville de Görlitz, arrangé à 4 voix); Görlitz, 1802. — 3° *Anweisung zum Singen. Erster Kursus* (Instruction pour le chant : premier cours); ibid., 1805, in-8° de 80 pages. — 4° *Etwas zur Berichtigung des Urtheils über die musikalischen Singchore auf den gelehrten protestantischen Schulen Deutschlands* (Observations pour l'amélioration des jugements sur les chœurs musicaux des écoles supérieures protestantes de l'Allemagne); Görlitz, 1806, in-4° de 24 pages. — 5° Onze chœurs à 4 voix : 1re suite; Altenbourg, 1815. — 6° Livre choral complet, à l'usage de la ville d'Altenbourg; Altenbourg, 1817, in-4°. — 7° Vingt-quatre mélodies chorales à 4 voix; ibid., 1830.

DOERING (M.-L.-J.); on a sous ce nom une suite d'articles sur l'existence et la nature du rhythme, qui ont été insérés dans la vingt-septième année de la *Gazette musicale* de Leipsick, p. 3-9, 17-26, 37-41. Ces morceaux ne sont point sans intérêt et se font remarquer par des vues neuves.

DOERING (Le docteur Henri), littérateur allemand, né à Cassel, si je suis bien informé, s'est fait connaître avantageusement, dans ces derniers temps, par divers ouvrages, et par des morceaux détachés dans les revues littéraires, parmi lesquels on remarque un aperçu rapide de la vie de Mozart. Ce morceau a été traduit de l'allemand par M. C. Viel, sous le simple titre : *W.-A. Mozart*; Paris, A. Bohné, 1860, in-12 de 76 pages.

DOERNER (Jean-Georges), organiste à Bitterfeld, en Prusse, vers le milieu du dix-huitième siècle, a fait imprimer une *Épître au docteur Mitzler sur l'origine du son et des tons principaux* (en allemand); Bitterfeld, Mich. Heunigen, 1743, 3 feuilles in-8°.

DOISY-LINTANT (Charles), guitariste et marchand de musique à Paris, est mort dans cette ville en 1807. Il a publié un grand nombre de morceaux pour son instrument. Les plus connus sont : 1° Un concerto, avec accompagnement de deux violons, alto et basse. — 2° Dix trios pour guitare, violon et alto, op. 1 et 3. — 3° Trois trios pour trois guitares. — 4° Quarante-neuf duos pour deux guitares ou pour guitare et violon. — 5° Plusieurs sonates, rondos et solos. — 6° Principes généraux et raisonnés de la guitare ; Paris, Naderman, 1801. — 7° Petite Méthode pour le même instrument, avec des airs; ibid.

DOLÉ (L'abbé F.-C.), né en Normandie vers 1810, a fait ses études au petit séminaire de Rouen. Devenu directeur du pensionnat de Vire et aumônier de l'Hôtel-Dieu de cette ville, il occupait encore cette position en 1848. Il est auteur d'un livre très-estimable qui a pour titre : *Essai théorique, pratique et historique sur le plain-chant*; Paris, Lecoffre, 1847, 1 vol. in-8° de 204 pages.

DOLES (JEAN-FRÉDÉRIC), né à Steinbach, en Franconie, en 1715, commença ses études au gymnase de Schleusingen, et apprit la musique à l'école de Saint-Thomas de Leipsick. Son maître de composition fut Jean-Sébastien Bach. En 1744 il obtint la place de chantre à Freyberg, où il resta jusqu'en 1756, époque où il succéda à Harrer dans les fonctions de directeur de musique à l'église de Saint-Thomas de Leipsick. Il unissait le talent de bien enseigner à celui de bien écrire, et jouissait d'une grande considération parmi les musiciens de son temps. Il est mort le 8 février 1797. On a de lui les ouvrages suivants : 1° *Anfangsgründe zum Singen* (Introduction à l'art du chant), manuscrit in-8° de 158 pages. — 2° *Neue Lieder von Fuchs* (Nouvelles Chansons de Fuchs); Leipsick, 1750. — 3° Le quarante-sixième psaume mis en musique; ibid., 1758, in-fol. — 4° *Melodien zu Gellerts geistlichen Oden*, etc. (Mélodies pour les odes spirituelles de Gellert, à quatre voix, avec accompagnement de clavecin); ibid., 1762, in-fol. min. — 5° *Vierstimmiges Choralbuch, oder harmonische- Melodien Sammlung für Kirchen* (Livre choral à quatre voix, ou recueil de mélodies harmoniques pour l'église); ibid., 1785, in-4°. — 6° Cantate sur le chant de Gellert : *Ich Komme vor dein Angesicht*, etc., pour quatre voix et orchestre; Leipsick, 1790, petit in-fol. Cet ouvrage, dont une partie est dans le style fugué, fait voir que Doles était un digne élève de J.-S. Bach. On y trouve une préface excellente sur l'art de traiter la musique d'église. — 7° *Singbare und leichte Choralvorspiele für Lehrer und Organisten*, etc. (Préludes chantants et choisis pour des cho-

rals à l'usage des professeurs et des organistes, etc.), première suite, Leipsick, 1795, in-fol.; deuxième suite, ibid., 1795; troisième idem, ibid., 1796; quatrième idem, ibid., 1797. Cette collection présente des pièces d'un fort bon style. Doles a laissé en manuscrit : 1° Passion, d'après Saint-Marc. — 2° idem, d'après Saint-Luc. — 3° La Passion, oratorio. — 4° Les Psaumes quatre-vingt-cinq et cent. — 5° *Salvete vos*. — 6° Un cantique : *Jesus meine Zuversicht*. — 7° *Magnificat*, en allemand. — 8° Deux Messes. — 9° *Kyrie cum Gloria*, en *si* mineur. — 10° Les 2°, 16°, 25°, 33°, 81° et 111° psaumes.

DOLES (JEAN-FRÉDÉRIC) fils du précédent, naquit à Freyberg le 26 mai 1746. Son premier maître fut le recteur Funcke, de Freyberg. Il apprit ensuite la musique et le chant sous la direction de son père. En 1764 il entra à l'université de Leipsick et ensuite à l'académie d'Erlangen pour se livrer à l'étude de la jurisprudence. Il prit ses degrés de docteur en droit en 1776 et fut nommé subsitut dans la Faculté de droit. Il est mort à Leipsick le 16 avril 1796. Doles est compté parmi les amateurs de musique les plus distingués. Il a publié en 1775 six solos pour le piano, à Leipsick, chez Breitkopf. On connaît aussi en manuscrit un concerto pour le même instrument, qui a eu beaucoup de succès en Allemagne.

DOLEZALEK (JEAN-EMMANUEL), excellent pianiste, né à Chotiebarz, en Bohême, vers 1785, vécut à Vienne en 1815 et dans les années suivantes. En 1814 il s'était fait admirer à Prague par son habileté comme exécutant et par l'originalité de ses chansons bohémiennes, publiées en 1812 sous le titre de *Cziske Pjsné wkudbu vwedené*, etc. Parmi les autres compositions de Dolezalek on remarque : 1° Douze écossaises pour deux violons, deux clarinettes, deux cors, flûte, deux bassons et basse; Vienne, Artaria. — 2° Neuf variations sur un thème de *Sargines*, pour le piano; ibid. — 3° Variations sur un thème du ballet *Der Fassbinder*; ibid. — 4° Plusieurs recueils d'allemandes, écossaises et valses pour le piano; Vienne, Mechetti et Artaria. — 5° Deux marches russes pour le piano; Vienne, Artaria.

DOMART ou **DOMARTO**, musicien français, né vraisemblablement en Picardie, vécut dans la première moitié du quinzième siècle. Son nom figure parmi ceux des contrapuntistes les plus célèbres de son temps. Tinctoris le cite en plusieurs endroits de ses ouvrages, notamment dans son *Proportionale*, où il critique quelques erreurs de proportions dans la messe *Spiritus almus* de Domart. Dans les archives de la chapelle pontificale il y a un recueil de messes manuscrites, des maîtres les plus anciens (coté 14, in-fol.), parmi lesquelles on en trouve de ce musicien. Une chanson française à trois voix de ce même compositeur a été recueillie par M. Stéphen Morelot dans les manuscrits de la bibliothèque du Vatican.

DOMENJOUD (JEAN-BAPTISTE), avocat au parlement de Paris, présenta à l'Académie royale des Sciences, en 1757, un violon dont les cordes étaient tendues par des vis au lieu de chevilles, et dont la tête mobile permettait d'élever ou d'abaisser à la fois les quatre cordes de l'instrument. L'Académie jugea que la mécanique employée par Domenjoud pour hausser et baisser le ton de l'instrument n'était pas susceptible d'une grande précision, par l'impossibilité de connaître exactement les proportions de grosseur des cordes et les diverses circonstances qui exercent de l'influence sur leur tension réciproque; mais elle approuva la substitution des vis aux chevilles, par lesquelles il est difficile de bien régler l'accord et d'empêcher le relâchement accidentel. Satisfait de ce rapport, Domenjoud fit imprimer la discription de son double mécanisme sous ce titre : *De la préférence des vis aux chevilles pour les instruments de musique; et un essai sur la manière de changer l'A-mi-la, en tendant ou détendant toutes les cordes à la fois, sans détruire l'harmonie; ce qui donne lieu à des manches d'une forme nouvelle, beaucoup plus commodes que les anciens;* Paris, 1757, in-12 de 22 pages, avec une planche.

DOMINGOS DE S. JOSÉ-VERELLA (Le Père), moine bénédictin portugais, au couvent de Porto, vivait au commencement du dix-neuvième siècle. Il est auteur d'un ouvrage qui a pour titre : *Compendio de Musica, theorica et pratica, que contem breve instruccao para tirer musica; Lecones de accompanhamento em orgaõ, gravo* (clavecin), *guitarra*, etc.; Porto, 1806, 1 vol. petit in-4°.

DOMINICO (JEAN), musicien italien qui vivait vers le milieu du seizième siècle, a fait imprimer : *Cantiones sacræ quinque vocum*; Venise, 1566.

DOMNICH (HENRI), fils d'un musicien de l'électeur de Bavière, naquit à Würzbourg vers 1760. Dès son enfance il cultiva la musique et s'adonna particulièrement à l'étude du cor, sur lequel il fit de si rapides progrès, qu'à l'âge de douze ans il fut admis à la chapelle électorale. De là il passa à Mayence, au service du comte de Oelz, grand amateur de musique. Enfin il vint à Paris, où il fut assez heureux pour recevoir des leçons de Punto. A la formation du Conservatoire de musique, Domnich fut compris au nombre des professeurs, et il se montra digne de cette distinction par les excellents élèves qu'il forma, et dont il a peuplé les orchestres de Paris et de la France. On lui doit la *Méthode de premier et de second cor, à l'usage du Conservatoire* (Paris, 1805, in-fol.), qui fut longtemps la meilleure qu'on eût en France, et qui n'a été remplacée avantageusement que par celle de Dauprat. Il a aussi publié : 1° Trois concertos pour le cor, avec accompagnement d'orchestre; Paris, Ozi. — 2° Symphonie concertante pour deux cors; ibid. — 3° Deux recueils de romances, avec accompagnement de piano, op. 4 et 5. Quelques-unes de ces romances sont charmantes et ont eu un succès de vogue. Domnich a eu deux frères, Jacques et Arnold, tous deux virtuoses sur le cor. Le premier, qui était son aîné, est passé en Amérique et vivait à Philadelphie en 1806; le second, plus jeune que lui, était, en 1805, au service du duc de Saxe-Meiningen.

DOMONATUS (JEAN-HENRI-SAMUEL), organiste de l'église principale à Jéna, naquit en cette ville le 3 avril 1758. Fils d'un fabricant de soieries qui aimait beaucoup la musique, il reçut des leçons de clavecin et d'orgue dès ses premières années. A l'âge de treize ans il fut envoyé au gymnase (collége) de Weimar; le maître de chapelle Wolf, de cette ville, se chargea de le diriger dans la suite de ses études musicales. Plus tard il alla suivre les cours de l'université de Jéna et y fit des études de droit; mais, fidèle à la musique, il brilla dans les concerts comme claveciniste et se fit remarquer par son talent sur l'orgue. Ses études terminées, il entra comme secrétaire chez le comte de Solms, dont les propriétés étaient situées en Silésie. Après y être resté trois ans, il obtint du comte une pension de 50 écus pour le reste de ses jours, et retourna à Jéna, où il accepta la place de directeur de musique de l'Académie, en 1786. Neuf ans après il fut nommé premier organiste de l'église principale; mais ses emplois étaient si mal payés, que le pauvre artiste passa la plus grande partie de sa vie dans un état voisin de la misère. Cependant son mérite le plaçait au rang des musiciens les plus distingués de la Thuringe. Il avait composé des cantates d'église et des pièces d'orgue d'un très-bon style, lesquelles sont restées en manuscrit. Vers la fin de sa vie la goutte avait paralysé en partie ses doigts; cependant il jouait encore de l'orgue à l'âge de quatre-vingt-un ans, et l'on pouvait juger qu'il avait dû posséder autrefois un talent remarquable. Ce pauvre homme a cessé de vivre en 1841.

DONATI (IGNACE), compositeur, né à Casala Maggiore, près de Crémone, vers la fin du seizième siècle, fut d'abord, en 1019, maître de chapelle de l'académie du Saint-Esprit à Ferrare. En 1624 il passa en la même qualité dans le lieu de sa naissance, et enfin, en 1633, il fut appelé à la cathédrale de Milan. Ceux de ses ouvrages dont les titres sont connus sont : 1° *Sacri Concentus a 1, 2, 3, 4 e 5 vocum*; Venise, Alexandre Vincenti, 1612, in-4°. — 2° *Le Fanfalage, madrigali a 3, 4 e 5 voci*; ibid., 1615, in-4°. — 3° *Concerti ecclesiastici a 2, 3, 4 e 5 voci*, opera 2; ibid, 1617, in-4°. Il y a une deuxième édition de cet œuvre publiée chez le même, en 1626. 4° *Messe a 4, 5 e 6 voci piene e concertati; terza impressione*; ibid., 1626, in-4°. Ces messes avaient été déjà réimprimées avec le deuxième livre des messes, sous ce titre : *Libri I e II delle messe a 4, 5 e 6 voci*; ibid., 1618, in-4°. — 5° *Concerti ecclesiastici a 2, 3, 4 e 5 voci*, op. 4; ibid., 1619, in-4°. Il y a une deuxième édition de ces motets, imprimée chez le même éditeur, en 1626, in-4°, et une troisième datée de Venise, chez le même, en 1630. — 6° *Motetti a 5 voci concertati, con due Litanie della B. V. e nel fine alcuni canoni da cantarsi in 24 modi; terza impressione*; ibid, 1626. Je ne connais pas les dates des deux premières éditions. — 7° *Motetti concertati a 5 e 6 voci, con Dialoghi, Salmi e Litanie della B. V.*, op. 6; ibid., 1627, in-4°. — 8° *Motetti a voce sola co'l basso per l'organo*; ibid., 1628. — 9° *Salmi Boscarecci a sei*, op. 9; ibid., 1629.

Il y a eu un autre musicien plus ancien, du nom de *Donati (Giuseppe-Maria)*, qui a publié à Venise, en 1585, des *Madrigali a cinque voci*.

DONATO (Balthasar), ou DONATI, maître de chapelle de Saint-Marc de Venise, vivait dans la seconde moitié du seizième siècle. Il fut d'abord simple chantre de cette chapelle célèbre : son habileté, sa grande expérience dans l'art du chant et son mérite comme compositeur lui procurèrent l'honneur d'être mis, en 1562, à la tête de la *petite chapelle*, qui venait d'être instituée par les procurateurs de Saint-Marc pour suppléer la grande chapelle, pendant les dernières années de la vieillesse d'Adrien Willaert, et pour former des chanteurs destinés à cette même grande chapelle. Willaert étant mort presque subitement, le 7 décembre 1562, la petite chapelle fut maintenue sous la direction de Donato pendant que Cyprien Rore, successeur de Willaert, fut le maître qui dirigea la grande; mais, le célèbre musicien belge ayant abandonné cette position au mois de décembre 1564, Zarlino (*Voy.* ce nom) fut appelé à le remplacer, le 5 juillet 1565. Celui-ci demanda la suppression de la petite chapelle, qui n'avait plus de raison d'être, et Donato fut obligé de rentrer dans la position de simple chantre. Il paraît qu'il en eut un vif chagrin qui se traduisit un jour par des paroles insultantes contre Zarlino. Enfin, après une pénible attente de vingt-cinq années, Donato, grand artiste et homme de génie, fut appelé à succéder à Zarlino dans la place de premier maître de chapelle. Sa nomination est du 9 mars 1590, suivant les registres de la chapelle. Il mourut au mois de juin 1603. On connaît de lui les ouvrages dont les titres suivent : 1° *Il primo libro di canzonette villanesche alla Napoletana, a quattro voci*; Venise, Gardane, 1555, in-4°. Il y a une autre édition antérieure du même ouvrage, laquelle n'est pas la première, et qui a pour titre : *Canzon villanesche alla Napoletana, a quattro voci, insieme con alcuni madrigali novamente ristampati, aggiuntevi ancora alcune villote di Perizone a quattro, con la canzon della Gallina; libro 1°*; Venetiis, apud Hieronymum Scottum, 1551, in-4° obl. — 2° *Madrigali a 4 voci, libro 1° e 2°*; Venise, Ant. Gardane, 1568, in-4°. C'est une réimpression. — 3° *Madrigali a cinque voci, libro quarto*; ibid., 1567, in-4°. Je ne connais pas les dates des trois premiers livres. — 4° *Madrigali a cinque e sei voci, con tre dialoghi a 7; libro 1°*; ibid., 1560, in-4° obl. — 5° *Madrigali a cinque, a sei, a sette e otto voci, libro secondo*; Venise, Jérôme Scotto, 1559, in-4° obl. — 6° *Il primo libro de' Motetti, a 5, 6 e 8 voci*; Venise, 1599, in-4°. C'est une réimpression. On trouve quelques madrigaux à 4 voix de Donato dans la collection intitulée : *Eletta di tutta la Musica intitulata Corona di diversi, data in luce da Zuan Jacomo di Zorzi; libro 1°*; Venezia, alla insegna del Cagnolo, 1569, in-fol. La plupart de ces ouvrages brillent par l'originalité ; les villanelles sont particulièrement remarquables par les formes du rhythme.

DONE (Josué), professeur de musique et accordeur de pianos à Londres, est auteur d'un livre qui a pour titre : *The Tunner companion, being a treatise of the construction of piano forte, with rules for regulating and tuning them* (Manuel de l'accordeur, ou traité de la construction des pianos-fortés, avec des préceptes pour les régler et les accorder); Londres, 1827, in-4° de trente-trois pages. Cette édition est la deuxième; la première avait paru sans date (1816), à Londres. L'accord du piano n'occupe que deux pages dans l'ouvrage de Done;

tout le reste concerne les diverses parties dont se composent les pianos de différentes formes, les dérangements qu'elles éprouvent, et les réparations qu'y doivent faire les accordeurs expérimentés.

On a aussi sous le même nom un traité de la prononciation de l'italien, à l'usage des chanteurs anglais, sous ce titre : *Rules for Italian Pronunciation, particularly useful to singers and to musicians in general*; Londres un vol. in-12. Je crois que l'auteur de cet ouvrage était le frère aîné de celui qui est l'objet de cet article.

DONFRID (JEAN), directeur de musique à l'église Saint-Martin de Rothenbourg sur le Necker, et recteur de l'école de la même ville, naquit vers la fin du seizième siècle. On lui doit la publication de trois collections de motets et de messes de divers auteurs, des seizième et dix-septième siècles. Elles sont intitulées : 1° *Promptuarium musicum; welches Concentus ecclesiast. von verschiedenen Komponisten, für 2, 3 und 4 Stimmen enthalten*, première partie; Strasbourg, 1622; deuxième partie, ibid., 1623; troisième, idem, ibid., 1627. Ces trois parties contiennent six cent quatre-vingt-treize motets. — 2° *Viridarium Musico-Marianum, enthalten mehr als 200 Concentus ecclesiast. für 3 und 4 Stimmen von verschiedenen Komponisten*, op. 4; Strasbourg, 1627, in-4°. — 3° *Corolla musica*, contenant trente-sept messes à deux, trois, quatre et cinq voix, op. 5; Strasbourg, 1628. On a aussi de Donfrid un recueil de pièces d'orgue sous ce titre : *Der Tabulatur für Orgel*, première et deuxième parties; Hambourg, 1623. On y trouve des variations et des fugues sur le chant des psaumes et des cantiques; ces pièces sont d'un bon style.

DONI (ANTOINE-FRANÇOIS), prêtre et littérateur, naquit à Florence vers 1503. Il entra fort jeune dans l'ordre des *Frères Servites*; mais il fut sécularisé dans la suite et resta simple prêtre. Fort pauvre, et contraint souvent de vivre du seul produit de ses messes, il fut occupé sans cesse du soin d'améliorer sa fortune, mais ne put jamais y parvenir. Son humeur inconstante le portait à changer de lieu à chaque instant; c'est ainsi qu'il vit en peu de temps Gênes, Alexandrie, Pavie, Milan, Plaisance, Rome et Venise. Il eut pour amis les hommes les plus célèbres de son temps, tels que l'Arétin et le Dominichi; mais il finit par se brouiller avec eux, et mourut ignoré au village de Monselice, près de Padoue, au mois de septembre 1574. Parmi les nombreux ouvrages qu'il a publiés l'on remarque : *Dialogos tres : unum de fortuna et infelicitate Cæsaris; alterum de Delineatione (vulgo disegno); tertium de Musica;* Florence, 1534, in-8°. Les sujets de ces dialogues, plus développés et traduits en italien, ont paru à Gênes en 1541. Le dialogue sur la musique, séparé des autres, a été publié sous ce titre *Dialogo della Musica*, Venise, 1544. Dans sa *Libraria*, 1550, 1551 et 1560, in-12, Doni indique un assez grand nombre d'ouvrages relatifs à la musique qui sont devenus rares; mais la Bibliothèque italienne de Fontanini, avec les notes d'Apostolo Zeno, a rendu le catalogue de Doni à peu près inutile.

DONI (JEAN-BAPTISTE), noble Florentin, naquit en 1593. Après avoir fait ses études à Bologne, il alla les terminer à Rome sous les Jésuites. Ses progrès dans la langue grecque, la rhétorique, la poétique et la philosophie furent très rapides. Son père, qui le destinait au barreau, l'envoya à Bourges, en 1613, pour y étudier le droit dans l'école célèbre de Cujas : il y passa cinq ans. De retour en Italie en 1618, Doni reçut le bonnet de docteur dans l'université de Pise, et se livra ensuite à l'étude des langues orientales, des sciences naturelles et de toutes les parties de la philologie. Son père le pressait d'embrasser l'état auquel il l'avait destiné, mais le cardinal Octave Corsini, qui venait d'être nommé légat en France, lui proposa de l'accompagner à Paris, ce qu'il accepta avec joie. Il y passa plus d'un an, occupé sans cesse à étendre la sphère de ses connaissances par la fréquentation des bibliothèques et des savants. Ce fut à cette époque qu'il se lia d'une étroite amitié avec le P. Mersenne. La mort d'un frère et des affaires de famille l'ayant ramené à Florence en 1622, il fut appelé l'année suivante à Rome par le cardinal Barberini, neveu du pape Urbain VIII. Ce cardinal avait un goût passionné pour la musique; Doni, qui avait fait une étude approfondie de cet art, et surtout de ce qui concernait la musique des anciens, écrivit sur cette matière plusieurs dissertations, dans le dessein de se rendre agréable à son nouveau protecteur. Il en reçut la récompense par sa nomination à la place de secrétaire du sacré collège. Peu de temps après, le cardinal, étant venu en France avec le titre de légat, y amena plusieurs savants, parmi lesquels était Doni, qui revit avec plaisir les amis qu'il avait laissés dans ce pays. De là il suivit le cardinal en Espagne et revint ensuite à Rome. Ce fut alors qu'il imagina un instrument à cordes, qu'il appela *Lyra Barberina* ἀμφιχορδός, et qu'il dédia à Urbain VIII. Cet instrument était composé d'un corps sonore mobile, posé verticalement sur un socle, et sur lequel des cordes tendues dans divers systèmes permettaient de passer à volonté, et subitement, de l'un des modes grecs dans un autre. Il écrivit, à propos de cette invention, une dissertation intitulée *Commentarii de Lyra Barberina*, où il examine tout ce qui concerne les divers instruments à cordes des anciens : c'est ce qu'on a de plus savant sur cette matière. Cette dissertation ne fut imprimée que plus d'un siècle après sa mort. La perte de deux frères qui lui restaient, et le besoin de soigner ses affaires domestiques, l'obligèrent à retourner à Florence en 1640; il s'y maria l'année suivante, et accepta une chaire publique d'éloquence que lui offrait Ferdinand II de Médicis. Ses devoirs de professeur ne l'empêchèrent point de continuer ses recherches sur la musique des anciens, et particulièrement sur l'union de cet art avec la déclamation théâtrale. Ayant été nommé académicien de Florence et de la Crusca, il ne jouit pas longtemps de ces honneurs, car il mourut en 1647, âgé de cinquante-trois ans.

Les ouvrages de Doni, relatifs à la musique, qui ont été publiés de son vivant, sont les suivants : 1° *Compendio del trattato dei generi e modi della musica, con un discorso sopra la perfezzione de' concenti, e un saggio a due voci di mutazione di genere e di tuono, in tre maniere d'intavolatura*; Rome, 1635, in-4°. On voit, dans la dédicace au cardinal Barberini, que cet abrégé est celui d'un traité considérable, en cinq livres, que l'auteur avait écrit, mais qu'il n'a pas publié. — 2° *Annotazioni sopra il compendio de' generi de' modi della musica, etc., con due trattati, l'uno sopra i tuoni e modi veri, l'altro sopra i tuoni o Armonie degli antichi : e sette discorsi sopra le materie più principali della musica, e concernenti alcuni stromenti nuovi praticati dall' autore*; Rome, 1640, in-4°. — 3° *De Præstantia musicæ veteris libri tres, totidem dialogis comprehensi, in quibus vetus et recens musica cum singulis earum partibus accurate inter se conferuntur*; Florence, 1647, in-4°. Dans cet ouvrage, traité sous la forme du dialogue, Doni a répandu une érudition immense; mais il se trompe souvent sur le fond des choses. Il s'y prononce en faveur de la musique des anciens contre la moderne, et oppose, comme preuve de son opinion, l'anathème lancé par le concile de Trente sur la musique du seizième siècle, aux éloges donnés par tous les écrivains de l'antiquité à celle de leur temps; mais cette question, de peu d'intérêt, demeurera à jamais insoluble par le dénuement où nous sommes de monuments de cette musique antique; et, les eussions-nous en notre pouvoir, nous n'en serions guère plus avancés, n'étant point placés dans des circonstances favorables pour en juger. — 4° *Deux traictés de musique* : 1° *Nouvelle introduction de musique, qui monstre la réformation du système ou eschelle musicale, selon la méthode ancienne et meilleure; la facilité d'apprendre toute sorte de chants par le retranchement de deux syllabes ut et la ; une nouvelle manière, et plus aisée, de tablature harmonique; et un nouveau reiglement des avant-exercices de la musique;* 2° *Abrégé de la matière des tons, qui monstre en peu de mots tout ce que l'auteur a traicté plus amplement, en plusieurs discours italiens, touchant les tons et les harmonies des anciens, par lui heureusement renouvelées et remises en usage*. Ces deux traités sont indiqués par Gori, dans son catalogue des œuvres de Doni, comme étant imprimés; si cela est, ils ont dû l'être à Paris, vers 1639, car l'auteur dit, dans ses *Annotazioni sopra il Compendio, etc.*, qu'il en avait envoyé les manuscrits à l'impression dans cette ville. Toutefois, je présume qu'ils n'ont point vu le jour, car mes recherches, pour en découvrir des exemplaires dans les catalogues de bibliothèques et chez les bibliographes, ont été infructueuses, et je suis confirmé dans ma conjecture par une lettre de L.-Giac. Bucciardi, datée de 1641, et rapportée par Bandini (*de Vita et Scriptis Donii, part. II*, p. 149, *Epist.* 94), où il dit : *De' suoi trattati francesi non ho avuto fino adesso avviso veruno*. Mattheson semble cependant les avoir eus en sa possession, car il donne une petite notice de leur contenu dans sa *Critica musica*, part. VI, p. 102; mais peut-être n'en avait-il que des copies manuscrites. Quoi qu'il en soit, ces ouvrages paraissaient être perdus, lorsque le hasard m'en a fait découvrir les manuscrits autographes parmi ceux de la Bibliothèque impériale (n° 1689, fonds de l'abbaye Saint-Germain des Prés), dans une liasse de vieux écrits relatifs à des matières théologiques.

Ces manuscrits, qui forment un cahier de cent quarante-deux pages in-8°, sont d'une belle écriture italienne, et sont chargés de corrections de plusieurs mains; celles-ci sont généralement relatives au style et à des expressions impropres qui ont vieilli. On trouve en tête du premier ouvrage deux lettres de Doni, datées du 12 mai 1640; l'une est adressée à l'évêque de Riez, qu'il nomme son parent, et à qui il rappelle qu'ils ont fait ensemble leurs études à Bourges : cette lettre est une dédicace; l'autre, qui est adressée à *Messieurs les musiciens de France*, contient l'éloge des écrivains et des compositeurs français qui se sont distingués dans la musique, et parmi eux il place Aurélien de Reims, Jean de Muris (qu'il appelle de *Moiris*), Jacques Le Febvre (d'Étaples), Pierre Maillart, Josquin de Prés, Jean Mouton, Nicolas Gombert, qu'il appelle *Crombert*, Goudimel, Claude Le Jeune, Du Caurroy et Guesdron. Il y place son livre sous la protection des musiciens français, et leur adresse des observations sur la nécessité d'adopter la réformation des tons modernes qu'il propose.

Le premier traité (*Nouvelle introduction de musique, qui monstre la réformation du système ou eschelle musicale*, etc.) est complet; il contient quatre-vingt-quinze pages. Doni y critique avec sévérité l'hexacorde de Gui d'Arezzo (ou du moins celui qui lui est attribué), le déclare très-inférieur à la constitution des modes grecs, et ne le trouve bon que relativement à la tonalité barbare du moyen âge. Villoteau a émis une opinion à peu près semblable dans son ouvrage intitulé : *Recherches sur l'analogie de la musique avec les arts qui ont pour objet l'imitation du langage*. Les développements dans lesquels Doni entre sur cette matière me paraissent de peu d'utilité, comme tout ce qui a été écrit par lui et par ses contemporains sur le rapprochement de la tonalité moderne et des modes grecs; mais on y remarque un fait curieux et entièrement ignoré : c'est que Doni est le premier qui ait proposé de substituer la syllabe *do* à *ut* dans la solmisation. On ne trouve, en effet, cette syllabe dans aucun ouvrage italien antérieur à l'époque où celui de Doni a été écrit.

Le second traité contenu dans le manuscrit que j'examine est celui qui a pour titre : *Abrégé de la matière des tons*, etc. Il est incomplet, mais il m'a paru qu'il ne doit y manquer que quelques pages de la fin. Ce n'est, en quelque sorte, qu'un corollaire du premier, mais on y remarque (p. 111) un renseignement intéressant pour l'histoire de la musique. Il s'agit d'un *clavecin transpositeur*, qui avait été fait par un contemporain de Doni; sorte d'invention qu'on a renouvelée de nos jours, et dont l'existence antérieure avait été longtemps ignorée. Voici le passage dont il est question : « Enfin la diversité « des tons d'aujourd'hui n'est autre que celle « qu'on entend au clavecin fabriqué par Jacques « Ramerin, Florentin, auquel, par le change- « ment des ressorts, le même clavier sert à « divers tons différents par degrés semi-toni- « ques. » Ce passage, et quelques détails sur les ouvrages de Marenzio, de Cyprien Roze et du prince de Venouse, sont à peu près tout ce qu'il y a de remarquable dans ce traité.

Outre la description de sa *Lyra Barberina*, et le traité des instruments à cordes qui y est joint, Doni avait laissé plusieurs ouvrages remplis de recherches curieuses, et presque tous relatifs à la musique des anciens; tous ces travaux restèrent ensevelis dans l'oubli jusqu'à ce que le savant antiquaire Gori, les ayant rassemblés, en prépara une belle édition; à laquelle il joignit le traité *de Præstantia musicæ veteris*; mais il mourut avant qu'elle eût paru, et ce fut Passeri qui la publia à Florence en 1773, en deux volumes in-fol. Le premier, intitulé : *Joh. Baptistæ Doni Patricii Florentini Lyra Barberina* ἀμφίχορδος, *accedunt ejusdem Opera, pleraque nondum edita, ad veterem musicam illustrandam pertinentia*, contient : 1° *Commentarii de Lyra Barberina*, orné de gravures représentant les instruments à cordes antiques. — 2° Le traité *De Præstantia musicæ veteris*. — 3° *Progymnastica musicæ pars veterum restituta et ad hodiernam praxim redacta, libri II*. — 4° *Dissertatio de musica sacra, recitata in academia Basiliana; Romæ, anno* 1640. — 5° *Due Trattati di Giov. Batista Doni, l'uno sopra il genere enarmonico, l'altro sopra gl'instrumenti di tasti di diverse armonie, con cinque discorsi*: il primo, *del sintono di Didimo e di Tolomeo*; il secondo, *del Diatonico equabile di Tolomeo*; il terzo, *qual spezie del diatonico si usasse degli Antichi, e quale oggi si pratichi*; il quarto, *della disposizione e facilità delle viole diarmoniche*; il quinto, *in quanti modi si possa practicare l'accordo perfetto nelle viole diarmoniche*. — Le second volume, intitulé : *De' Trattati di Musica di Giov. Batista Doni*, contient : 1° *Trattato della musica scenica*, ouvrage rempli de recherches curieuses et fort important pour l'histoire de la musique théâtrale. — 2° Neuf discours sur le même objet. — 3° *Discorso della rithmopeia de' versi latini e della melodia de' cori tragichi*. — 4° *Dagli obblighi ed osservazione de modi musicali*. — 5° *Discorso sopra la musica antica e il cantar bene* : ce discours est de Giov. Bardi. — 6° *Della musica dell' età nostra, che non è punto inferiore, anzi è migliore, di quella dell' età passata*, par Pierre della Valle.

Doni avait aussi laissé beaucoup d'ouvrages commencés, et plus ou moins avancés dans leur rédaction; Gori n'a pas cru devoir insérer ces fragments dans son édition; mais il en a donné une liste complète que je transcris ici :

1° *Versio Latina Aristidis Quintiliani, Aristoxeni Fragmenti de Rhythmica, aliorumque similium, cum notis.* Les fragments des *Eléments rhythmiques* d'Aristoxène, dont il est ici question, furent découverts par Doni dans un manuscrit de la bibliothèque du Vatican, comme il le rapporte dans son traité *de Præstantia musicæ veteris* (lib. II, p. 136); le savant bibliothécaire Morelli les a publiés depuis, d'après un manuscrit de la bibliothèque de S. Marc de Venise, avec un opuscule inédit de Michel Psellus le Jeune, intitulé : Προλαμβανόμενα εἰς τὴν ῥυθμικὴν ἐπιστήμην, Venise, 1785, in-8°. 2° *De ratione modulandorum Carminum Latinorum lib. I.* — 3° *De Re musica libri duo.* — 4° *De Rhythmopæia lib. I. De Rhythmographia lib. I* — 5° *De Generibus et speciebus musicæ libri duo, etc.* — 6° *Pandectarum liber XI. Qui musices inscribitur, et vocabula, sive nomenclaturas rei Musicæ Græcas ac Latinas,* etc. Enfin, beaucoup de dissertations ébauchées sur divers sujets, telles que : *De Præstantia studiorum musicorum.* — *De Scriptoribus musicæ.* — *De Musicis intervallis.* — *De perfecta Harmonia.* — *De Vi harmonicæ conjugali.* — *De Efficacia musicæ.* — *De Phonascia veterum.* — *De variis semæographiæ speciebus,* etc.

DONIZETTI (GAÉTAN), compositeur dramatique, naquit à Bergame le 25 septembre 1798. Destiné à la profession d'avocat, il fit, pour s'y préparer, de bonnes études de collége; mais son goût le portait vers les arts du dessin. Il désirait être architecte : pourquoi ne le fut-il pas ? on l'ignore; lui-même n'a jamais expliqué cette circonstance. Son père, simple employé, dont les ressources se bornaient à de faibles émoluments, obtint de le faire entrer au lycée musical de Bergame, alors dirigé par Simon Mayr (*voy.* ce nom). Donizetti y reçut des leçons de chant de Salari, et Gonzalès lui donna des leçons de piano et d'accompagnement. En dépit de son penchant pour l'architecture, la nature l'avait fait musicien. Frappé de ses heureuses dispositions, Mayr lui enseigna les éléments de l'harmonie; mais, obligé de faire de fréquentes absences pour ses travaux de composition dramatique, et ne voulant pas abandonner son élève aux fantaisies de l'instinct, il le recommanda à Mattei, chef de l'école de Bologne, pour qu'il le fît admettre au lycée musical de cette ville. Donizetti, alors âgé de dix-sept ans et quelques mois, y arriva en 1815. Pilotti (*voy.* ce nom) et Mattei furent successivement ses maîtres de contrepoint et de composition. Pendant trois années le jeune musicien se livra à des études sérieuses sous leur direction. Dans le but d'acquérir la facilité pratique indispensable au compositeur, il écrivit dans cette période de sa vie des ouvertures pour l'orchestre, des quatuors de violon, des cantates et de la musique d'église. De retour à Bergame, après avoir terminé ses études, il avait pris la résolution de composer pour le théâtre; son père, qui le destinait à l'enseignement, pour augmenter les ressources de sa maison, ne goûta pas ce projet. Il en résulta des discussions orageuses qui déterminèrent Donizetti à s'engager comme soldat. Peu de temps après, son régiment fut envoyé en garnison à Venise. Le jeune musicien, parvenu à l'âge d'environ vingt ans, y fit représenter, en 1818, au théâtre San-Lucas, son premier ouvrage, dont le titre était *Enrico, conte di Borgogna*. Le succès de ce premier essai lui procura un engagement pour écrire *Il Falegname di Livonia*, représenté dans la même ville en 1819, et qui commença sa réputation. Quelques bons morceaux de cette partition eurent un moment de vogue parmi les amateurs, et procurèrent à Donizetti des protecteurs qui obtinrent son congé du service militaire. Cette époque était celle de la domination de Rossini sur tous les théâtres de l'Italie. Son génie avait créé des formes nouvelles et des effets auparavant inconnus qui jouissaient d'une immense popularité, et que la plupart des compositeurs s'efforçaient d'imiter, afin d'obtenir de faciles succès. Donizetti ne résista point à cet entraînement. Doué d'instinct mélodique et d'une rare facilité d'improvisation, il écrivait avec une rapidité peu ordinaire, et ne se préoccupait ni de l'originalité de la pensée, ni du soin de perfectionner le premier jet de son travail. C'est ainsi que chaque année était marquée, presque sans exception, par la composition de quatre opéras, et qu'en 1830 il donna à Naples *Il Diluvio universale*, *I Pazzi per progetto*, *Francesca di Foix*, *Imelda di Lambertazzi*, *la Romanziera*, et à Milan *Anna Bolena*. Cependant, au sein même de cette production trop hâtive, le talent du compositeur prenait çà et là un caractère plus sérieux, plus dramatique qu'on n'aurait pu l'espérer; ainsi *Elisabeth à Kenilworth*, représenté à Naples en 1828, *l'Esule di Roma*, écrit dans la même ville, l'année suivante, et *Anna Bolena* renferment de véritables beautés. L'engagement que Donizetti avait souscrit avec l'entrepreneur Barbaja lui imposait l'obligation d'un travail sans relâche qui semblait devoir épuiser bientôt ses forces; mais sa robuste constitution n'en paraissait pas ébranlée.

Il était dans sa destinée d'avoir à lutter dans sa carrière contre des talents aimés du public qui le reléguaient toujours au second rang; car, peu d'années après le départ de Rossini pour la France, les succès de Bellini à la scène préoccupèrent les dilettanti de l'Italie d'une manière presque exclusive. Donizetti était bien plus habile que son rival dans l'art d'écrire et d'instrumenter; mais Bellini avait sur lui l'avantage de l'originalité des idées. Son style était à lui, tandis que celui du compositeur bergamasque se ressentait souvent de l'imitation. Toutefois il n'est pas douteux que la rivalité nouvelle dans laquelle il se vit engagé ne lui ait été plus utile que nuisible, car elle l'obligea à mettre moins de précipitation dans la composition de ses ouvrages. Son *Anna Bolena*, qui obtint à Milan un brillant succès en concurrence avec *la Sonnanbula* de Bellini, nous fournit une démonstration de cette vérité. Cet ouvrage est en effet plus complet, mieux inspiré que les précédentes productions de son auteur; il fut le commencement d'une époque de transformation du talent de Donizetti, transformation qui aurait été bien plus satisfaisante s'il n'eût emprunté des formes mélodiques à Bellini, comme il en avait pris autrefois dans les partitions de Rossini.

En 1835 Donizetti se rendit à Paris; il y retrouva Bellini en possession de la faveur du public. Au succès des *Puritani* il voulut opposer *Marino Faliero*; mais la lutte n'eut pas cette fois l'heureux résultat qu'elle avait obtenu à Milan : son ouvrage ne réussit pas, bien qu'il s'y trouvât de belles choses. Il ne tarda point à retourner à Naples, où l'attendait une belle revanche dans l'éclatant succès de *Lucia di Lammermoor*, partition considérée à juste titre comme son œuvre capitale. Il dut à la vogue dont jouit cet ouvrage dans toute l'Italie sa nomination de professeur de contrepoint au collège royal de musique de Naples. La mort prématurée de Bellini laissa, dans le même temps, Donizetti sans rival sur la scène italienne; ce fut un malheur pour lui, car, n'étant plus stimulé par la lutte, il reprit ses habitudes de hâte et de négligence dans ses travaux, et écrivit pendant les années 1836, 1837 et 1838 plusieurs ouvrages médiocres, tels que *Belisario*, *il Campanello di notte*, *Betly*, *l'Assedio di Calais*, *Pio di Tolomei*, *Roberto d'Evereux* et *Maria di Rudens*. Ce fut à la même époque qu'il composa pour Adolphe Nourrit (*voy.* ce nom) la partition de *Poliuto*, ouvrage sérieux dont le chanteur français avait indiqué le sujet, d'après le *Polyeucte* de Corneille. La censure napolitaine n'ayant pas autorisé la représentation de cet opéra, auquel le compositeur attachait plus d'importance qu'il n'avait l'habitude d'en accorder à ses productions, il en éprouva une vive contrariété qui lui fit prendre la résolution de quitter Naples pour se rendre à Paris. Il y arriva dans les premiers jours de 1840. Des propositions lui avaient été faites par l'administration d'un nouveau théâtre d'opéra qui s'était établi dans la salle de la rue Ventadour, et auquel on avait donné le nom de *théâtre de la Renaissance*. Un livret d'opéra sérieux, intitulé *l'Ange de Nisida*, avait été envoyé à Donizetti par cette administration avant qu'il quittât Naples, et il avait écrit la plus grande partie de l'ouvrage lorsqu'il arriva à Paris. Il apportait aussi la partition de *la Fille du régiment*, que le directeur de l'Opéra-Comique lui avait demandée. Enfin, à la sollicitation de Duprez, la direction de l'Opéra avait proposé à Donizetti d'arranger son *Poliuto* pour la scène française, et la transformation avait été faite rapidement, sous le titre : *les Martyrs*. Pendant qu'il y travaillait, *la Fille du régiment* fut représentée à l'Opéra-Comique; médiocrement chantée par l'actrice chargée du rôle principal, l'ouvrage ne réussit pas : il fallut, pour le relever de cette quasi chûte, qu'il fût traduit en italien, en allemand, et qu'il obtînt partout des applaudissements. Des cantatrices françaises de talent en firent de nouveau l'essai à Paris et sur les principaux théâtres des départements; alors l'indifférence du public fit place à l'engouement. *Les Martyrs* ne furent pas plus heureux à l'Opéra que *la Fille du régiment* ne l'avait été à l'Opéra-Comique. Représenté dans la même année (1840), ce grand ouvrage n'occupa la scène que pendant un petit nombre de soirées. Le talent de Donizetti n'était pas en harmonie avec un sujet si sévère. La partition était bien écrite, mais l'inspiration avait manqué au compositeur. La mauvaise fortune semblait le poursuivre à Paris, car dans la même année le théâtre de la Renaissance, pour lequel *l'Ange de Nisida* avait été composé, fut fermé; toutefois l'événement fut heureux pour Donizetti, car, en ajoutant un quatrième acte à sa partition, il en fit *la Favorite*, l'une de ses meilleures productions : il en obtint la représentation à l'Opéra. Une prévention défavorable régnait alors parmi les artistes et dans le public contre Donizetti : elle exerça son influence sur cet opéra, qui, d'abord, fut froidement accueilli. Telle était l'incertitude sur le succès, après la représentation, que le compositeur eut beaucoup de peine à trouver un éditeur qui consentît à lui donner 3,000 francs pour prix de sa partition, devenue ensuite une source de fortune pour cet éditeur; car bientôt la sympathie du public s'éveilla pour cette *Favorite* si dédaignée à la première audition. Jouée partout avec un succès toujours croissant, elle est restée en possession de la scène, et quelquesons de ses plus beaux airs et duos sont entrés pour longtemps dans le répertoire des salons et des concerts. Peu de jours après les premières représentations de *la Favorite*, Donizetti se rendit à Rome et y fit représenter *Adelia, ossia la Figlia dell' arciero*, faible composition qui ne put se soutenir à la scène. Il fut plus heureux à Milan, où *Maria Padilla* obtint du succès. Arrivé à Vienne en 1842, il y écrivit *Linda di Chamounix*, partition remarquable par la couleur locale et le mérite d'une instrumentation élégante. L'ouvrage obtint dans cette ville un succès d'enthousiasme qui décida l'empereur d'Autriche à honorer l'auteur du titre de compositeur de la cour et de maître de la chapelle impériale.

De retour à Paris au commencement de 1843, Donizetti écrivit en huit jours la partition de *Don Pasquale*, charmant ouvrage bouffe, d'une inspiration libre et franche, qui rapelle le style des bons maîtres italiens de la seconde moitié du dix-huitième siècle. Bien chanté et joué avec un talent inimitable par Lablache, cet opéra produisit une vive sensation et rehaussa la renommée du compositeur. Peu de temps après avoir obtenu ce succès, Donizetti retourna à Vienne pour y faire jouer sa *Maria di Rohan*, faible production qui se ressentait des premières atteintes du mal incurable qui conduisit au tombeau l'artiste jeune encore. Le repos absolu aurait été nécessaire; mais il semblait que, présentant sa fin prochaine, Donizetti voulait se hâter de produire encore avant que son intelligence l'eût abandonné. Il revint à Paris pour y donner des soins aux répétitions de *Don Sébastien de Portugal*, ouvrage composé pour le théâtre de l'Opéra, et qui ne lui avait coûté que deux mois de travail, bien que la partition fût remplie de morceaux d'une étendue considérable. Déjà la robuste constitution du compositeur était ébranlée, et pour la première fois il avait éprouvé de la fatigue en écrivant cette composition. Pendant les répétitions on remarqua dans le troisième acte des défauts assez importants pour compromettre le succès de l'ouvrage, et l'auteur du livret dut le refaire en entier, ce qui exigea une musique nouvelle. Il en résulta un retard de près de deux mois pour la première représentation. Dans cet intervalle, Donizetti, tourmenté d'impatience, écrivit en huit jours un opéra comique dont la partition n'a été retrouvée que longtemps après son décès, et qui, jusqu'au moment où cette notice est écrite, n'a point été représenté. Enfin arriva le moment de la représentation de *Don Sébastien*, qui fut une amère déception pour le compositeur, car le résultat fut une chute complète. A la dernière répétition générale, Donizetti s'était trouvé mal et avait dit à un de ses amis : *Don Sébastien me tue*. A peine remis de cet échec et des émotions qu'il en avait ressenties, il partit pour Naples en 1844 et écrivit *Caterina Cornaro*, qui fut son dernier opéra ; puis il fit un voyage à Vienne, où l'appelaient ses fonctions à la cour ; mais des atteintes plus sensibles d'une affection des centres nerveux, qui le minait sourdement, le mirent hors d'état d'y satisfaire. De retour à Paris vers le milieu de l'année suivante, il n'était plus que l'ombre de lui-même ; cependant il essayait encore d'écrire et d'achever un opéra destiné au Théâtre-Italien, lorsqu'il eut une attaque de paralysie, le 17 août de la même année. A la suite de cet accident son intelligence disparut, et, de cet artiste naguère si plein de vie et d'une constitution si énergique, il ne resta plus qu'un corps débile, d'où avaient disparu toutes les facultés qui l'animaient autrefois. Transporté au mois de janvier 1846 dans une maison de santé située à Ivry, il n'y éprouva aucun soulagement du traitement auquel on le soumit. Il en fut de même des essais qui furent tentés dans la maison du docteur Blanche, à Paris. Ce fut alors que ses amis conçurent le dessein de le transporter en Italie et d'essayer l'influence de l'air natal comme dernière ressource. Il s'éloigna de Paris au mois d'octobre 1847. De nouvelles attaques frappèrent son cerveau pendant le voyage, et la dernière, arrivée à Bergame le 1er avril 1848, rendit la paralysie complète. Huit jours après, Donizetti expira, à l'âge d'environ cinquante ans. Telle fut la fin de cet artiste distingué, dont la vigoureuse constitution fut usée avant le temps par un travail sans repos et par l'excès des plaisirs sensuels. Ses funérailles furent célébrées avec pompe dans la cathédrale, où la messe de *Requiem* composée par Simon Mayr fut exécutée : toute la ville de Bergame y assista et fit un cortège immense aux dépouilles mortelles du compositeur jusqu'au champ de repos.

La carrière productive de Donizetti s'étend depuis 1818 jusqu'en 1844, et comprend conséquemment un espace de vingt-six ans, dans lequel il écrivit soixante-quatre opéras, plusieurs cantates, des messes et des psaumes, c'est-à-dire environ quatre grandes compositions chaque année. Pour apprécier le talent de l'artiste il est indispensable de prendre en considération cette rapidité excessive de travail. Engagé pendant plusieurs années aux gages de Barbaja, entrepreneur des théâtres de Naples, Donizetti devait écrire chaque année deux opéras sérieux et deux opéras bouffes ; le salaire qu'il recevait pour un si grand travail était à peine suffisant pour les premières nécessités de la vie. De là l'obligation de composer en même temps pour les autres théâtres principaux de l'Italie; de là de fréquents voyages qui absorbaient une partie du temps; de là, enfin, la production sans relâche et sans méditation. On a vu Donizetti instrumenter toute une partition d'opéra en *trente heures*, temps à peine suffisant pour le travail matériel, nonobstant les abréviations usitées en Italie. Si l'on a lieu de s'étonner, ce n'est pas que beaucoup d'ouvrages de peu de valeur ou médiocres aient été le résultat d'une telle hâte, mais bien que de véritables beautés en aient été le produit. D'un grand nombre de partitions improvisées par Donizetti il ne reste déjà plus, il est vrai, que les noms enregistrées dans les annales des théâtres; mais l'auteur d'*Anna Bolena*, de *Lucia di Lammermoor*, de *la Favorite*, de *Don Pasquale*, laissera un nom honoré dans l'histoire de l'art, et la postérité ne méconnaîtra pas les beautés réelles répandues dans *l'Esule di Roma*, *Isnelda de' Lambertazzi*, *l'Elisire d'amore*, *Lucrezia Borgia*, *Marino Faliero* et *Linda de Chamounix*. Riche d'inspirations mélodiques et de sentiment dramatique, l'auteur de ces ouvrages n'a malheureusement pas au même degré le don de l'originalité. Artiste éclectique, il use avec habileté des moyens et des formes imaginées par d'autres compositeurs; mais il n'invente ni dans le rhythme, ni dans l'harmonie, ni dans l'instrumentation, ni dans la contexture scénique; enfin son œuvre ne marque, à aucune époque de sa carrière, le point de départ d'une transformation de l'art. Aux qualités qui lui ont été reconnues dans ce qui précède il est juste d'ajouter que Donizetti et Mercadante ont été les derniers compositeurs dramatiques de l'école italienne qui ont écrit avec pureté.

Donizetti, qui avait fait de bonnes études dans sa jeunesse, avait de l'instruction, parlait bien plusieurs langues et avait acquis dans la fréquentation des hommes distingués de la politesse et de l'urbanité. Doué de bienveillance, il encourageait les jeunes artistes de ses conseils, et, bien qu'il attachât beaucoup de prix au succès de ses ouvrages, surtout vers la fin de sa carrière, il ne s'attristait pas de ceux de ses rivaux, faiblesse trop commune chez les artistes. S'il ressentit quelque atteinte de jalousie à l'époque de son premier voyage à Paris, ce ne fut que contre Bellini, dont il croyait que la renommée avait été acquise à trop bon marché; mais ce ne fut qu'un éclair. Plus tard il affecta de ne jamais contredire les éloges qu'on lui prodiguait.

Voici la liste chronologique des opéras composés par Donizetti : 1818, *Enrico di Borgogna*, à Venise. — 1819, *il Falegname di Livonia*, idem. — 1820, *le Nozze in villa*, à Mantoue. — 1822, *Zoraide di Granata*, à Rome; *la Zingara*, à Naples; *la Lettera anonima*, idem; *Chiara e Serafina*, à Milan. — 1823, *il Fortunato inganno*; *Alfredo il Grande*; *una Follia*, à Venise. — 1824, *l'Ajo nell' imbarazzo*, à Rome; *Emilia di Liverpool*, à Naples. — 1826, *Alahor in Granata*, à Palerme; *il Castello degli Invalidi*; *Elvida*, à Naples. — 1827, *il Giovedì grasso*, à Naples; *Olivo e Pasquale*, à Rome; *il Borgomastro di Saardam*, à Naples; *le Convenienze teatrali*, idem. — 1828, *Otto mese in due Ore*, à Palerme; *l'Esule di Roma*, à Naples; *la Regina di Golconda*, à Gênes; *Gianni di Calais*, à Naples. — 1829, *il Paria*, idem; *il Castello di Kenilworth*, idem; *il Diluvio universale*, idem. — 1830, *I Pazzi per progetto*, idem; *Francesca di Foix*, idem; *Isnelda de' Lambertazzi*, idem; *la Romanziera*, idem. — 1831, *Anna Bolena*, à Milan; *Fausta*, à Naples. — 1832, *l'Elisire d'amore*, à Naples; *Ugo, conte di Parigi*, à Milan; *Sancia di Castilla*, à Naples; *il Nuovo Pourceaugnac*, idem. — 1833, *il Furioso nell' isola di San-Domingo*, à Rome; *Parisina*, à Florence; *Torquato Tasso*, à Rome; *Lucrezia Borgia*, à Milan. — 1834, *Rosamunda d'Inghilterra*, à Florence, donné ensuite à Naples, avec quelques morceaux nouveaux, sous le titre d'*Eleonora di Guienna*; *Maria Stuarda*, à Naples, jouée ensuite à Rome, sous le titre de *Buondelmonte*; *Gemma di Vergi*, à Milan. — 1835, *Marino Faliero*, à Paris; *Lucia di Lammermoor*, à Naples. — 1836, *Belisario*, à Venise; *il Campanello di Notte*, à Naples; *Betly*, idem; *l'Assedio di Calais*, idem. — 1837, *Pio di Tolomei*, à Venise; *Roberto d'Evereux*, à Naples. — 1838, *Maria di Rudenz*, à Venise; *Poliuto*, à Naples, non représenté et refait à Paris, en 1840, pour l'Opéra, sous le titre *les Martyrs*. — 1839, *Gianni di Parigi*, à Milan. — 1840, *Gabriella di Vergi*, idem, non représenté et donné à Naples en 1844; *la Fille du régiment*, opéra-comique, à Paris; *les Martyrs*, grand opéra, à Paris; *la Favorite*, idem. — 1841, *Adelasia, ossia la Figlia dell' arciero*, à Rome; *Maria Padilla*, à Milan. — 1842, *Linda di Chamounix*, à Vienne. — 1843, *Don Pasquale*, à Paris; *Maria di Rohan*, à Vienne; *Don Sébastien*, grand opéra, à Paris; un opéra-comique inédit. — 1844, *Caterina Cornaro*, à Naples. — CANTATES DRAMATIQUES ET AUTRES : 1823, *l'Aristea*. — 1825, *I Voti*, de' suddili. — 1826, *Elvira*. — 1830, *il Fausto Ritorno*. — 1832, *Admete*. — 1835, *la Morte d'Ugolino*. On a aussi de Donizetti des recueils de chants et de duos publiés à Paris et à Milan, sous ces titres : 1° *Nuits d'été à Pausilippe*, album lyrique. — 2° *Soirées d'Automne à l'Infrascata*, recueil de six chants et duos. — 3° *Rêveries napolitaines*, six ballades à voix seule. — 4° *Ispirazioni Viennesi*, cinq ariettes et deux duos. — 5° *Les Soirées de Paris*, recueil de douze canzonnette et duos; des variations pour le piano sur le chant du Barde, dans l'*Alfred* de Mayr; Milan, Ricordi; sept messes, dont une de *Requiem*; des vêpres complètes; plusieurs psaumes, dont un *Miserere* avec orchestre et divers motets; des sonates de piano, douze quatuors pour instruments à cordes, et des ouvertures de concert.

DONIZETTI (Joseph), frère du précédent, naquit à Bergame vers 1797. Après avoir fait des études au lycée musical de cette ville, sous la direction de Mayr, il devint chef de musique dans un régiment d'infanterie italienne au service de l'Autriche. En 1831 il se rendit à Constantinople avec des lettres de recommandation, et y organisa la musique militaire de la garde du sultan à la manière européenne. Satisfait de son intelligence et de son activité, le grand-seigneur le décora de son ordre et l'éleva au rang de général de brigade. Joseph Donizetti est mort à Constantinople, le 10 février 1856, à l'âge d'environ soixante ans. Il a écrit beaucoup de musique en harmonie militaire. On a publié de sa composition la *Marche favorite du sultan Mahmoud*, et des marches algériennes, à Milan, chez Ricordi. On connaît aussi de cet artiste des *Canzoni* et quelques petites pièces pour le piano, chez le même éditeur.

D'ONSEMBRAY. *Voy.* ONSEMBRAY (M. D').

DONT (Jacques), bon violoniste, est fils de Joseph-Valentin DONT, violoncelliste distingué de quatuor et d'orchestre, né en Bohême, et mort à Vienne, en 1833, d'une attaque d'apoplexie. Jacques Dont est né dans cette ville, le 21 mars 1815. Après avoir étudié le violon sous la direction de Boehm et de Helmesberger, et s'être fait remarquer par la rapidité de ses progrès, il a été admis dans l'orchestre de Burgthéâtre, en 1831, et est entré dans celui de la chapelle impériale trois ans plus tard. Dont a publié des compositions pour son instrument, au nombre d'environ 50 œuvres, parmi lesquelles on remarque des variations brillantes avec piano, op. 21, et des études, op. 30.

DONZELLI (Dominique), chanteur distingué, est né à Bergame vers 1790. Après avoir terminé ses études de chant dans sa ville natale, il débuta sur quelques théâtres des villes de second ordre. En 1816 il était au théâtre *Valle*, à Rome, et sa réputation commençait à s'étendre lorsque Rossini écrivit pour lui, dans cette ville, le rôle de *Torvaldo*, où il se fit remarquer. Au carnaval de l'année suivante, il chanta à *la Scala*, de Milan, avec madame Festa-Maffei, Caroline Bassi et Philippe Galli. Son succès fut si décidé qu'il fut engagé pour les deux saisons suivantes. De Milan il alla à Venise, puis à Naples, d'où il revint à Milan, où Mercadante écrivit pour lui *Elisa e Claudio*. A Vienne Donizetti produisit un grand effet en 1822, et le succès qu'il y obtint porta sa réputation à Paris, où il fut engagé en 1824. Il resta attaché au Théâtre-Italien de cette ville jusqu'au printemps de 1831 ; il eut alors pour successeur Rubini. En 1828 il chanta au théâtre du Roi, à Londres, et le succès qu'il y obtint le fit engager au même théâtre les années suivantes, après la saison de Paris. De retour en Italie en 1832, Donzelli a chanté pendant plusieurs années sur quelques grands théâtres. En 1841 il se fit encore entendre à Vérone et à Vienne, quoiqu'il fût alors âgé d'environ cinquante et un ans. Vers la fin de la même année il se retira à Bologne, pour y jouir dans ses dernières années de l'indépendance acquise par ses travaux. Le caractère du talent de ce chanteur consistait dans une grande énergie dont il abusait quelquefois, mais qui produisait de l'effet dans quelques rôles, tels que celui d'*Otello*. Donzelli est membre associé de l'Académie des Philharmoniques de Bologne et de l'Académie de Sainte-Cécile de Rome. On a de cet artiste un recueil d'exercices de chant intitulé *Esercizi giornalieri, basati sull' esperienza di molti anni*; Milan, Ricordi.

DOPPERT (Jean), savant allemand, naquit à Francfort-sur-le-Mein en 1671, devint en 1703 recteur du collège de Schneeberg, en Saxe, et mourut le 18 décembre 1735. Au nombre de ses dissertations sur divers sujets d'érudition on en trouve une intitulée : *de Musices præstantia et antiquitate*; Schneeberg, 1708, et une autre : *Musices cum litteris copula descripta*; ibid., 1711.

DOPPLER. Trois artistes de ce nom se sont fait connaître avantageusement depuis 1840. Le premier, violoniste, né à Kiew, en Russie, de parents originaires de Pologne, et élève de Lipinski, a donné des concerts à Saint-Pétersbourg avec succès. Deux ans après il était à Varsovie, où il paraît s'être fixé. On a publié de sa composition quelques morceaux de concert et de salon pour son instrument.

DOPPLER (ALBERT-FRANÇOIS), flûtiste distingué et compositeur dramatique, est né à Lemberg, en Pologne, dans l'année 1822. Son père, premier hautbois du grand théâtre de Varsovie, lui donna des leçons de flûte, dans les années 1828 à 1831. Doué d'une heureuse organisation pour la musique, le jeune Doppler fit de rapides progrès sur son instrument. Lorsqu'il eut atteint un certain degré d'avancement, il se rendit à Vienne pour y compléter son éducation musicale; il y fit aussi quelques études de composition. Il était âgé d'environ vingt et un ans lorsqu'il entreprit avec son frère, flûtiste comme lui, un voyage en Allemagne pour donner des concerts. Ils visitèrent la Galicie, la Russie méridionale, Kiew, Bucharest, et finirent par se fixer à Pesth en Hongrie, où François fut attaché comme première flûte au théâtre. Ce fut alors qu'il commença à s'occuper de la composition d'ouvrages dramatiques. Son premier opéra, intitulé *le Comte Benjowski*, fut joué au théâtre de Pesth sur un texte polonais, en 1847; il obtint un succès d'enthousiasme et eut vingt-cinq représentations consécutives. Cet ouvrage fut suivi d'*Ilka*, drame musical en trois actes, en langue hongroise, qui eut quarante représentations en 1849. Repris en 1854, pendant le séjour de Mme Lagrange à Pesth, cette grande cantatrice chanta deux fois le rôle d'*Ilka* en hongrois et y produisit une vive sensation. Les autres opéras de M. Albert-François Doppler, joués jusqu'à ce jour sur le théâtre de la capitale de la Hongrie, sont *Vanda*, opéra en quatre actes, sur un sujet polonais écrit en hongrois, qui fut représenté en 1851, et *les Deux Housards*, opéra-comique en deux actes, joué en 1853. Les partitions de tous ces ouvrages, réduites pour le piano, ont paru à Pesth chez Treichlinger et Wagner. En 1856 les frères Doppler ont visité Bruxelles et Londres. Après avoir donné dans la première de ces villes un concert où ils ont fait entendre plusieurs concertantes pour deux flûtes avec orchestre, ils ont exécuté les mêmes morceaux dans un concert de l'association des Musiciens. Par la perfection d'ensemble de leur jeu dans les traits les plus rapides et les plus difficiles, ainsi que par la délicatesse et le fini des nuances, ces artistes ont obtenu le plus brillant succès et ont laissé de beaux souvenirs chez les artistes et les amateurs. Un compositeur distingué de Paris se plaignait un jour des ennuis que lui causait un voisin *flûteur*, et disait à Cherubini : *Connaissez-vous rien de pire qu'une flûte?* — *Oui.* — *Quoi donc?* — *Deux flûtes!* Si l'illustre maître eût entendu les frères Doppler, il n'eût pas dit ce mot plaisant. Outre ses opéras, M. François Doppler a composé plusieurs ballets, plus de dix ouvertures à grand orchestre, et beaucoup d'autre musique instrumentale. Une de ses ouvertures a été exécutée au concert de l'association des Artistes, à Bruxelles, mais elle n'a produit que peu d'effet. M. François Doppler a été nommé chef d'orchestre du théâtre de la cour, à Vienne, le 1er avril 1858.

DOPPLER (CHARLES), frère du précédent, virtuose sur la flûte, comme lui, et chef d'orchestre du théâtre de Pesth, est né à Lemberg en 1826. Élève de son père et de son frère, il fit avec celui-ci un voyage dans l'Allemagne du nord, en Pologne, en Russie et en Moldavie, puis se fixa dans la capitale de la Hongrie, où les fonctions de chef d'orchestre du théâtre lui furent confiées. En 1852 il a fait jouer à ce théâtre son premier opéra, en un acte, intitulé *le Camp des grenadiers*, sur un texte hongrois. Le bon accueil fait à ce petit ouvrage a décidé l'auteur à écrire un grand opéra en quatre actes, qui a pour titre hongrois *Wadou fia* (*le Fils du désert*), joué en 1854, et dont le succès a eu beaucoup d'éclat. M. Charles Doppler a écrit aussi plusieurs ballets et des concertantes pour deux flûtes, en société avec son frère.

Un quatrième artiste du même nom, et peut-être de la même famille, *Jean Doppler*, s'est fait connaître par une grande quantité de petites pièces pour le piano, telles que variations, petits rondeaux, danses, etc. Les renseignements manquent sur cet artiste; on sait seulement qu'il était à Hambourg vers 1840, qu'il alla ensuite s'établir à Prague, et que postérieurement il s'est fixé à Vienne. Ce que j'ai vu de lui est de peu de valeur.

DORAT (CLAUDE-JOSEPH), poëte français, né à Paris, le 31 décembre 1734, d'une famille ancienne dans la robe, s'attacha d'abord au barreau, puis se fit mousquetaire, et, enfin, quitta cette dernière carrière pour se livrer à son goût pour les lettres. Il est mort à Paris le 29 avril 1780. Dorat a consacré à l'Opéra un chant de son poëme de *la déclamation*. On a aussi de lui un petit poëme intitulé *le Pouvoir de l'harmonie*, *imité de Dryden et dédié à M. le Ch. Gluck* (voy. le Journ. encyclop., octobre 1779, p. 114). Dans ses *œuvres diverses*, publiées à Amsterdam et à Paris, on trouve des *Recherches sur l'usage et l'abus de la musique dans l'éducation moderne*, qui ont été traduites en anglais sous ce titre : *Euterpe, or remarks on the use and abuse of Music, as a part of modern education;* Londres, 1779, in-8°.

DORATIUS (JÉRÔME), ou plutôt *Dorati*, compositeur, né à Lucques vers 1580, a fait imprimer : *Psalmi vespertini quatuor vocum;* Venise, 1609.

DORATI (Nicolas), compositeur de l'école vénitienne dans le genre madrigalesque, vécut dans la seconde moitié du seizième siècle. Les ouvrages par lesquels il s'est fait connaître sont : 1° *Madrigali à cinque, sei e sette voci, lib.* 1° *et* 2°; *Venezia, appresso Girolamo Scotto,* 1559, in-4°. — 2° *Madrigali a cinque voci, lib.* 1, 2, 3, 4; *in Venezia, appr. Antonio Gardano,* 1567, in-4° obl.

DORELLI (Antoine), habile ténor, élève d'Aprile, entra en 1788 au service de l'électeur de Bavière, et chanta pendant plusieurs années sur le théâtre de Munich.

DORFSCHMID (Georges), musicien allemand qui vivait dans la seconde moitié du seizième siècle, a publié des vêpres à quatre voix sous ce titre : *Sacrificium vespertinum quatuor vocum;* Augsbourg, 1597.

DORION, célèbre joueur de flûte, fut contemporain de Philippe de Macédoine; on croit qu'il était né en Égypte. Plutarque (*de Musica*) dit qu'il fit, dans un mode de musique pour la flûte, des innovations qui prirent de son nom celui de *mode Dorionien*, et que ceux qui adoptèrent ce mode formèrent une sorte de secte, opposée à une autre qui avait pour chef Antigénide (*voy.* ce nom). Dorion était fertile en bons mots; Athénée en rapporte plusieurs (*lib.* 8, c. 4), parmi lesquels on remarque celui-ci : étant un jour dans une ville où il n'avait pu trouver de logement, il se reposait dans un bois sacré, près d'un petit temple ; il s'informa du nom de la divinité à qui il était consacré : *A Jupiter et à Neptune*, répondit le sacrificateur. *Comment*, s'écria Dorion, *pourrais-je trouver un gîte dans une ville où les dieux mêmes sont logés deux à deux?* Il passait pour un de ces gourmands si communs dans l'antiquité, car le poëte comique Mnésimaque faisait dire dans une de ses pièces : *Dorion passe chez nous la nuit à jouer, non de la flûte, mais de la casserole.*

DORIOT (L'abbé), né en Franche-Comté vers 1720, fut d'abord maître de chapelle à Besançon, et fut appelé à Paris vers 1758, pour y être attaché à la Sainte-Chapelle en cette qualité. Il y occupait encore le même poste en 1780. L'abbé Doriot a composé plusieurs motets qu'on entendait le samedi saint à la Sainte-Chapelle, et qui jouissaient de son temps de quelque réputation. On connaît aussi de lui un *Traité d'Harmonie selon les principes de Rameau*, dont une copie se trouve dans la bibliothèque du Conservatoire de Musique, à Paris.

DORLE, musicien français qui vécut au commencement du seizième siècle, n'est connu que par des motets imprimés dans les recueils d'Attaignant (*voy.* ce nom), particulièrement dans celui qui a pour titre : *XII Motets à quatre et cinq voix composés par les autheurs cy-dessoubz escripts, naguères imprimés à Paris par Pierre Attaignant, demourant à la rue de la Harpe près de l'église de Saint-Cosme*, 1529, petit in-4° obl.

DORN (Jean-Frédéric), professeur de musique à Kœnigsberg, s'est fait connaître par plusieurs recueils pour trois ou quatre voix d'hommes, à l'usage des écoles de chant, lesquels ont été publiés à Kœnigsberg, Leipsick et Berlin.

DORN (Henri-Louis-Edmond), compositeur, neveu du précédent, est né à Kœnigsberg le 4 novembre 1804. Les éléments de la musique lui furent enseignés par Sœmann, pour le chant, par Muthreich, puis C. Kloss, pour le piano, et par le compositeur Jules Müller, pour la théorie de l'art. Son oncle Jean-Frédéric Dorn lui donna ensuite des leçons, et exerça une active influence sur les commencements de sa carrière d'artiste. En 1823 Dorn suivit les cours de Kœnigsberg et s'y livra à l'étude du droit. Lorsqu'elle fut terminée, il entreprit un voyage à Leipsick, Dresde, Prague et Vienne; puis il se rendit à Berlin, où il devint élève de Bernard Klein pour la composition et de Louis Berger pour le piano. Il reçut aussi des leçons de plusieurs autres maîtres. Ce fut dans cette ville qu'il fit paraître ses premiers ouvrages pour le piano, le violon et le violoncelle. Il y composa aussi la musique d'un grand opéra en deux actes intitulé *Roland's Knappen* (les Écuyers de Roland), dont il avait fait le livret, et qui fut représenté au théâtre Kœnigstædt avec quelque succès. Il y donna aussi *le Magicien* (der Zauberer), mélodrame représenté en 1827. Rappelé à Kœnigsberg, à l'âge de vingt-quatre ans, pour y prendre possession de la place de directeur de musique, il fit représenter sur le théâtre de cette ville, en 1829, *la Mendiante* (die Bettlerin), opéra en deux actes. Vers la fin de la même année, la place de directeur de musique d'une des églises de Leipsick lui fut offerte et il l'accepta; mais il l'abandonna l'année suivante pour la direction de la musique de la cathédrale de Saint-Pierre, à Riga. Il y organisa et dirigea la grande fête musicale en 1836. Après douze années de séjour et d'activité artistique dans cette ville, Dorn donna sa démission de ses emplois pour aller à Cologne, où l'attendaient de plus grands avantages ; il y arriva en 1843; et enfin, après la mort de

Nicolaï, en 1849, il lui succéda dans la place de chef d'orchestre du théâtre de Berlin. Au moment où cette notice est écrite (1859), il occupe encore cette position. Les opéras que Dorn a écrits après ceux qui ont été mentionnés précédemment, sont : *Abu-Kara*, représenté à Leipsick en 1831 ; *das Schwærmenmædchen* (les Filles volages), idem, 1832; *les Échevins de Paris* (der Schöffe von Paris), à Riga, en 1838; *les Bannerets d'Angleterre*, 1843 ; *les Musiciens d'Aix-la-Chapelle*, à Cologne, 1848 ; *Artaxercès*, à Berlin ; *die Niebelungen*, grand opéra en cinq actes, joué à Weimar le 22 juin 1854. M. Dorn a composé des symphonies qui ont été exécutées à Cologne ; une grande ouverture pour la cinquième fête séculaire de la cathédrale de cette ville, en 1848 ; un *Te Deum* ; le 21ᵉ psaume ; une messe de *Requiem*, et plusieurs autres compositions religieuses ; enfin, environ soixante-dix œuvres de musique instrumentale et vocale, particulièrement pour le piano, des recueils de chants pour voix d'hommes et un grand nombre de Lieder.

DORN (ALEXANDRE-JULES-PAUL), fils du précédent, est né à Riga le 9 juin 1833. Élève de son père, il l'a suivi à Berlin, en 1849, et y a publié un recueil de 4 *Lieder*, chez Bote et Bock, deux duos pour soprano et ténor, et un chant de Nymphes, pour 3 voix de femmes. En 1855 il s'est fixé au Caire, en Égypte, et y a fait exécuter une messe de sa composition, le 15 août 1858.

DORN (JACQUES), virtuose sur le cor et membre de la chapelle du grand-duc de Bade, est né à Lichtenau le 7 janvier 1809. Élève de Schunke pour son instrument, il entra, en 1825, dans la musique militaire d'un régiment badois. En 1832 il fit un voyage en Angleterre et s'y fit remarquer par son talent. De retour à Karlsruhe, il y a été attaché à la musique de la cour. Dorn est aussi très-habile guitariste et a publié plusieurs compositions pour le cor et pour la guitare.

DORNAUS (PHILIPPE), virtuose sur le cor et musicien de la chambre de l'électeur de Trèves, naquit vers 1769. On dit qu'il jouait déjà les concertos de Punto à l'âge de huit ans. A quatorze, il se mit à voyager avec son frère, et vint à Paris en 1783. Les connaisseurs admirèrent l'habileté de ces deux enfants, qui retournèrent ensuite en Allemagne. En 1769 ils entrèrent tous deux au service du comte de Bentheim-Steinfurth, d'où ils passèrent ensuite à la chapelle électorale de Coblence. Philippe Dornaus a publié à Offenbach, en 1802, un concerto pour deux cors, avec accompagnement d'orchestre arrangé par André. Il a fait aussi insérer dans la troisième année de la Gazette musicale de Leipsick (p. 308) des remarques sur l'usage utile qu'on peut tirer du cor.

DORNAUS (LUCAS), frère cadet du précédent, a toujours accompagné son frère, et se trouvait avec lui, en 1800, à la chapelle électorale de Coblence. Il a publié : 1° *Six petites pièces pour flûte et deux cors*, op. 1; Offenbach. — 2° *Six petites pièces pour deux clarinettes, deux cors et basson*, op. 2; ibid.

DORNEL (ANTOINE), né en 1695, fut d'abord organiste de la Madeleine en la Cité, et ensuite de l'église de Sainte-Geneviève. Il est mort à Paris en 1765. C'était un organiste médiocre et un mauvais compositeur, mais il passait pour être bon maître d'accompagnement. Il a publié, en 1727, des cantates intitulées : *les Caractères de la musique*, et *le Tombeau de Clorinde*. Il a fait imprimer aussi trois livres de trios pour le violon.

DORRINGTON (THÉOPHILE), né à Wittnesham, dans le duché de Kent, fut recteur dans ce lieu depuis 1686 jusqu'en 1712. On a de lui : *Discourse on singing in the worship of God*; Londres, 1714, in-8°.

DORSTIN (JEAN DE), de l'ordre des Ermites de Saint-Augustin, né à Recklinghauser (Westphalie), vécut au couvent d'Erfurt vers 1475, au temps de l'empereur Frédéric III et du pape Sixte IV. Au nombre de ses ouvrages, qui n'ont pas été imprimés, on remarque : 1° *De Monocordo liber unus*. — 2° *De modo bene cantandi liber unus*. (*Voy.* Hartzheim, *Biblioth. Colon.*, fol. 167.)

DORUS (VINCENT-JOSEPH VAN STEENKISTE, dit), virtuose sur la flûte, est né à Valenciennes le 1ᵉʳ mars 1812. Admis comme élève au Conservatoire de Paris le 31 janvier 1812, il reçut des leçons de Guillou (*voy.* ce nom) pour la flûte. En 1826 il obtint le second prix de cet instrument au concours, et le premier lui fut décerné en 1828. Jusqu'en 1833 son instrument fut l'ancienne flûte ; mais, convaincu alors de la supériorité de la flûte réformée par Boehm, dans les sons graves, dans la justesse, pour la facilité de jouer dans tous les tons, et par la possibilité d'exécuter beaucoup de trilles auparavant à peu près impossibles, M. Dorus n'hésita pas à se remettre à l'étude, et sa persévérance le conduisit à la possession d'un des plus beaux talents de flûtistes qu'on puisse entendre. Dans les années 1828, 1829 et 1830, il était attaché à l'orchestre du théâtre des Variétés ; en 1834 il est entré à celui de l'Opéra, où il est encore (1861), en qualité de première flûte solo. M. Dorus est aussi membre de la société des Concerts du Conservatoire et de la musique de l'empereur. En 1838 il a succédé à Tulou comme professeur de flûte au Conservatoire de Paris. On a de cet artiste: 1° *Échos des Lagunes*, solos pour flûte. — 2° 10 airs variés, idem. — 3° Fantaisies et Mélanges sur des mélodies de Donizetti; Mayence, Schott. — 4° Variations sur une tyrolienne de Weber. — 5° *Cretly*, grande valse suisse; 3 marches des chasseurs de *Lutzow*, en collaboration avec Herz, et d'autres productions pour son instrument.

DORUS-GRAS (Mme JULIE-AIMÉE). *Voy.* GRAS (Mme DORUS).

DORVAL (P.), professeur de chant à Versailles, s'est fait connaître par un petit ouvrage estimable qui a pour titre: *l'Art de la prononciation appliquée au chant, et manière facile d'augmenter les ressources de la voix par le secours de l'articulation*; Versailles, l'auteur, 1850, gr. in-8° de 30 pages.

DOTHEL (NICOLAS), flûtiste, né en Allemagne vers le commencement du dix-huitième siècle, était fils d'un artiste habile sur le même instrument. Vers 1750 il était attaché à la chapelle du grand-duc de Toscane. Le jeu de Dothel, différent de celui de Quantz, était lié et dépourvu de coups de langue. Les compositions de ce virtuose étaient estimées de son temps en Allemagne. Il a fait graver à Amsterdam, en 1763, six duos pour la flûte, et en-suite à Paris, *Studi per il flauto, in tutti i tuoni e modi*, avec la basse. Outre cela, on connaît encore en manuscrit neuf concertos pour flûte et sept quatuors de sa composition.

DOTZAUER (JUSTE-JEAN-FRÉDÉRIC), célèbre violoncelliste, né à Hasselrieth, près de Hildburghausen, le 20 janvier 1783, se livra de bonne heure à l'étude de la musique. Son père, pasteur du lieu de sa naissance, lui procura une éducation soignée, et lui fit apprendre à jouer du piano, du violon, du violoncelle, et les éléments de la composition. Le goût passionné qu'il montrait particulièrement pour le violoncelle, et les progrès remarquables qu'il faisait sur cet instrument, déterminèrent son père à le mener à Meiningen, en 1799, pour le confier aux soins de Kriegek, maître des concerts. Deux ans après, Dotzauer obtint une place de musicien de la chambre à Cobourg, ou, suivant d'autres versions, à la chapelle du duc de Saxe-Meiningen. Il la conserva jusqu'en 1805, époque où il entra à l'orchestre de Leipsick. Un voyage qu'il fit à Berlin, en 1806, lui procura l'occasion d'entendre Bernard Romberg, et de perfectionner son talent sous la direction de cet habile artiste. En 1811 il a quitté Leipsick pour entrer à la chapelle royale de Dresde. Voici la liste de ses compositions: 1° *Deux quatuors pour violon*, op. 12. — 2° Trois idem, op. 19. — 3° Un idem, op. 29. — 4° Trois idem, op. 30. — 5° *Trois duos faciles pour violon et basse*, op. 4. — 6° Trois idem, op. 8. — 7° Trois idem, pour deux violons, op. 14. — 8° Trois idem, op. 16, liv. 1 et 2. — 9° Six idem, op. 23. — 10° *Variations pour violoncelle, avec deux violons, alto et basse*, op. 7. — 11° *Concertos pour violoncelle et orchestre*: 1er, op. 27, Mayence, Schott; 2° en *ut*, op. 68, Offenbach, André; 3° en *mi*, op. 72, Bonn, Simrock; 4° en *ré*, op. 81, ibid; 5° en *mi bémol*, op. 82, ibid; 6° en *mi mineur*, op. 84, ibid; 7° en *fa*, op. 93, ibid.; 8° en *ré mineur*, op. 100, ibid; 9° en *fa*, op. 101, ibid. *Concertinos*: 1er en *la mineur*, op. 67, Offenbach, André; 2° en *la*, op. 89, Bonn, Simrock; 3° en *la*, op. 150, Berlin, Challier et Cie. — 12° *Potpourri pour violoncelle, avec deux violons, alto et basse*, op. 33. — 13° *Quatuor pour violoncelle, deux violons et alto*, op. 13. — 14° *Six duos faciles pour deux violoncelles*, op. 9. — 15° Trois idem, pour deux bassons ou deux violoncelles, op. 10. — 16° Trois idem, op. 15. — 17° *Huit variations pour violoncelle, avec accompagnement de basse*, op. 1. — 18° *Deux sonates pour violoncelle, avec basse*, op. 2. — 19° *Dix variations pour violoncelle, avec basse*, op. 11. — 20° *Plusieurs divertissements pour violoncelle et piano, ou avec orchestre*, op. 73, 105, 126, 143. — 21° *Dix-huit valses à quatre mains pour le piano*, op. 5, 17 et 20. — 22° *Exercices pour le violoncelle*, op. 47. — 23° Douze idem, op. 54. — 24° Beaucoup de pièces détachées, de pots-pourris, etc., pour le violoncelle. — 25° Symphonie à grand orchestre, op. 40; idem, op. 85. — 26° Plusieurs ouvertures, idem. — 27° Messe en *fa*, exécutée à Dresde, en 1837. On a aussi représenté dans la même ville, en 1841, l'opéra de cet artiste intitulé *Graziosa*.

DOTZAUER (JUSTE-BERNARD-FRÉDÉRIC), fils du précédent, est né à Leipsick le 12 mai 1808. Il s'est fait connaître comme pianiste et a publié quelques morceaux pour son instrument, entre lesquels on remarque des variations pour piano et violoncelle sur l'air allemand *An Alexis*.

DOTZAUER (CHARLES-LOUIS), deuxième fils de Juste-Jean-Frédéric, est né à Dresde le 7 décembre 1811. Élève de son père pour le violoncelle, il a fait avec lui et son frère aîné quelques voyages et s'est fait applaudir à Berlin. Depuis 1830 il est attaché à la musique du prince de Hesse-Cassel. Il a écrit quelques morceaux pour son instrument.

DOUAI ou **DOUAY** (ÉMILE), compositeur, est né à Paris vers 1802. On ignore quelle fut la première direction de ses études musicales, car il ne fut point élève du Conservatoire ; mais on sait que Reicha lui enseigna l'harmonie et le contrepoint. Le théâtre du *Gymnase dramatique* ayant été ouvert en 1822, M. Douay y eut une place de premier violon dans l'orchestre ; il en fut nommé deuxième chef en 1823, et dans la même année il y fit représenter le petit opéra *une Aventure de Faublas*, qui fit une lourde chute et ne fut pas achevé. En 1827 il donna sa démission de sa place de second chef d'orchestre et prit celle de violon solo au même théâtre ; mais il ne la garda que jusqu'en 1831, époque de sa retraite. Alors il disparut de la vie active des artistes, se bornant à former quelques élèves, cachant son existence, vivant de peu, et méditant en silence sur certaines innovations qu'il entrevoyait dans son art. Esprit sérieux, homme d'étude, et possédant une instruction solide qu'il est rare de rencontrer chez les artistes, il préparait de grandes compositions dont il ne parlait à personne. Enfin il était complétement oublié lorsqu'en 1843, douze ans après sa retraite, et parvenu à l'âge de près de quarante-deux ans, il annonça un concert à la salle de la rue Neuve-Vivienne, où l'on devait exécuter deux grandes œuvres de sa composition. De ses économies il avait fait la dépense d'un orchestre complet, et, ne comptant pas sur une recette productive, il avait invité les artistes à venir l'entendre et le juger. Ses œuvres avaient pour titres *Geneviève des Bois*, ouverture, et *la Création, la Vie et la Destruction*, symphonie poétique. Dès les premières mesures l'auditoire reconnut un musicien habile dans l'art d'écrire, ainsi qu'un esprit indépendant qui cherche des voies nouvelles. Il y avait là de la hardiesse, de la grandeur, des effets inconnus, mais du charme, point. L'auditoire, appréciant le mérite de ces ouvrages, applaudit avec chaleur ce qu'il venait d'entendre, mais il sortit plus étonné que séduit. Toutefois, les journaux ayant appelé l'attention publique sur les œuvres de M. Douay, les amateurs se portèrent en foule à deux autres concerts où les mêmes compositions furent exécutées. Après cet essai de son talent, le compositeur partit pour l'Allemagne, la parcourut sans dire son nom, sans se faire connaître comme artiste, écoutant, comparant et méditant.

Rentré à Paris, il se remit à l'œuvre, et, après trois années de silence, il reparut de nouveau dans des concerts donnés à la salle Ventadour, où il fit entendre deux grandes compositions d'orchestre, avec chœurs et solos, lesquelles avaient pour titres *Cristophe Colomb*, et *la Mer, ou une voix dans l'orage*. L'impression produite par ces œuvres fut moins favorable que celle des premiers ouvrages. Enfin, dans l'année suivante, il donna de nouveaux concerts au Théâtre-Italien, dans lesquels on entendit deux œuvres nouvelles, intitulées *Jeanne* (d'Arc), *trilogie musicale à grand orchestre, avec chœurs et voix principale*, et *la Chasse royale (vision de Henri IV)*, *légende de la forêt de Fontainebleau, en 2 parties, pour orchestre, chœur et voix principale*.

L'effet de ces compositions ne répondit pas à l'attente de l'auteur : la trilogie de *Jeanne* parut d'une longueur excessive, et les fanfares de la *Chasse royale*, pour quatre cors à sons bouchés, furent fort mal exécutées, et ne firent entendre que des sons étranges et faux.

Ainsi qu'on le voit, M. Douay est un de ces musiciens qui veulent faire de la musique descriptive, imitative, et transporter dans le genre instrumental le sujet du drame. Son entreprise en ce genre n'a pas été plus heureuse que celle de ses prédécesseurs, et de ceux qui, en dépit de tant d'essais peu satisfaisants, se sont obstinés à suivre les mêmes voies. Ainsi que nous l'avons écrit souvent, nous répétons ici que ces innovations, loin d'être un progrès de l'art, en marquent la décadence, parce qu'on veut lui donner une mission qui n'est pas dans sa nature.

Après que M. Douay fut revenu de son voyage en Allemagne, il entra à l'orchestre du Théâtre Italien comme violoniste et y fut attaché pendant plusieurs années ; mais, jaloux de son indépendance, il s'est retiré de nouveau, et n'a reparu dans le monde musical que pour faire entendre aux concerts des Jeunes Artistes du Conservatoire, dirigés par M. Pasdeloup, une ouverture et une symphonie qui, après avoir été applaudies avec enthousiasme par l'orchestre aux répétitions, n'ont pas eu de succès près du public. On connaît aussi de M. Douay une héroïde musicale pour voix seule et orchestre, intitulée *Homère*.

DOUET (ALEXANDRE), prêtre et maître de chapelle de l'église Saint-Hilaire de Poitiers, dans la seconde moitié du dix-septième siècle, a publié : *Missa sex vocum ad imitationem moduli Consolamini* ; Paris, Cristophe Ballard, 1676, in-fol.

DOURLEN (VICTOR), né à Dunkerque en 1779, entra au Conservatoire, dans la classe de piano de Mozin, en 1797, reçut des leçons d'harmonie de Catel, et apprit ensuite le contrepoint sous la direction de Gossec. En 1806 il concourut pour le grand prix de composition musicale, qui lui fut décerné par la classe des beaux-arts de l'Institut. Ce prix lui procurait l'avantage d'aller en Italie, aux frais du gouvernement, étudier l'art de chanter avec facilité dans la composition ; mais avant son départ il fit représenter au théâtre Feydeau *Philoclès*, opéra en deux actes, dont il avait fait la musique. Pendant son séjour à l'école des Beaux-Arts, à Rome, Dourlen envoya à l'Institut un *Dies iræ* dont il était l'auteur, et sur lequel le Breton, secrétaire de la quatrième classe de cette compagnie, fit un rapport favorable, au mois d'octobre 1808. De retour à Paris, Dourlen a donné au théâtre Feydeau les opéras suivants : 1° *Linnée*, en trois actes, 1808. — 2° *La Dupe de son art*, en un acte, 1809. — 3° *Cagliostro*, en trois actes, en société avec Reicha, 1811. — 4° *Plus heureux que sage*, en un acte, 1816. — 5° *Le Frère Philippe*, en un acte, 1818. — 6° *Marini*, en trois actes, 1819. — 7° *Le petit Souper*, en un acte, 1822. Outre ces ouvrages, M. Dourlen a publié plusieurs compositions instrumentales, parmi lesquelles on remarque : 1° Sonates pour le piano, op. 1. — 2° Fantaisie sur la romance de *Bélisaire*. — 3° Premier concerto pour le piano, op. 3. — 4° Trio pour piano, violon et basse, op. 4. — 5° Trois sonates avec accompagnement de violon, op. 5. — 6° Fantaisie en trio, avec F. Kreubé. — 7° Pot-pourri sur les airs de *Jean de Paris*. — 8° Sonates faciles pour le piano, op. 6. — 9° Sonate avec accompagnement de flûte, op. 9. — 10° Sonate à quatre mains, op. 10. Dourlen a été professeur d'harmonie et d'accompagnement au Conservatoire de Musique de Paris, depuis 1816 jusqu'en 1846, époque où il a pris sa retraite. Il a publié, pour l'usage de ses élèves, un *Tableau synoptique des Accords*; Paris, Pacini, et un *Traité d'Harmonie*, contenant un cours complet, tel qu'il est enseigné au *Conservatoire de Paris*; Paris, Prilipp, 1834, 1 vol. gr. in-4°. Cet ouvrage, dédié à Cherubini, a été approuvé par la classe des beaux-arts de l'Institut de France sur le rapport de Berton. La doctrine qui en est la base est celle de Catel, et ses développements y sont enrichis d'un grand nombre d'exemples bien écrits, à quatre parties.

DOUTH (PHILIPPE), écrivain anglais du dix-septième siècle, a publié un poëme sur la musique sous ce titre : *Musica incantans, seu Poema exprimens vires musices, juvenem in insaniam adigentis, et musici inde periculum*; Londres, 1674, in-4°. Cet ouvrage est fort rare.

DOUWES (NICOLAS, en hollandais *Klaas*), organiste et maître d'école à Tzum, dans la Frise, naquit à Leeuwarden en 1668. Il fit imprimer à Franeker, en 1699, in-12 de cent trente-deux pages, un traité de la musique et des instruments, dont il avait préparé une deuxième édition améliorée, qui ne parut qu'après sa mort, en 1722, et qui fut reproduit plusieurs fois sous le titre suivant : *Grondig ondersoek van de Toonen der Muzijk; waarin van de wijdte of grootheid van Octaven, Quinten, Quarten en Tertien, gheele en halve Toone onvolmakte en valsche spelien geoorloofde t' zamenvoeging van Octaven*, etc. (Recherches fondamentales sur les tons de la musique, etc.). La dernière édition a paru à Amsterdam, en 1773, in-4°. Dans la deuxième partie on trouve la description de l'orgue, du clavicorde, du clavecin, du flageolet, des flûtes (à bec), du chalumeau, du hautbois, des cornets, des trompettes, de la trompette marine, des violes, et des instruments à cordes pincées, avec les systèmes de leur accord.

DOWLAND (JEAN), célèbre joueur de luth anglais, né dans la cité de Westminster, en 1562, fut admis à l'âge de vingt-six ans à prendre le grade de bachelier en musique, à l'université d'Oxford. Dans un sonnet attribué à Shakspeare on trouve ce passage relatif à Dowland :

If musicke and sweet poetry agree,
As they must needs (the sister and the brother)
Then must the love be great twixt thee and me,
Because thou lov'st the one and I the other,
Dowland to thee is dear, whose heavenly touch
Upon the lute doth ravisch human sense;
Spencer to me, etc., etc. (1).

En 1584 Dowland voyagea en France, et de là passa en Allemagne, où il fut reçu de la manière la plus flatteuse par le duc de Brunswick et par le prince Maurice, landgrave de Hesse-Cassel. Après avoir passé quelques mois à la cour de ces princes, il traversa les Alpes, et visita Venise, Padoue, Gênes, Ferrare et Florence. A Venise il se lia d'amitié avec le célèbre compositeur Jean Croce. De retour en Angleterre il y publia ses premières compositions en 1595, sous ce titre : *The first Booke of songs or ayres of foure parts, with tablature for the lute* (Premier livre de chansons ou d'airs à quatre parties, avec tablature de luth). Peu de temps après il partit pour le Danemark et devint premier luthiste du roi de ce pays. Le deuxième livre de ses chansons (*The second Book of song or airs for the lute or Orpharion, with the viol de Gamba*) est datée de Helsingörs

---

(1) Si la musique et la douce poésie se plaisent comme le doivent une sœur et un frère, l'amour entre vous et moi doit être grand, car vous aimez l'une et moi l'autre. Dowland vous est cher par sa touche divine sur le luth, qui ravit les sens; Spencer me plaît, etc.

en Danemark, le 1er juin 1600. En 1603 il était de retour à Londres, et y publia : *The third Book of songs or airs to sing to the lute, Orpharion, or violls.* Cet ouvrage fut suivi de celui qui a pour titre : *Lachrimæ, or seaven teares figured in seaven passionate pavans, with divers others pavans, gagliards and almands, set forth for the lute, viols, or violins, in five parts* (les Larmes, figurées par sept pavanes passionnées, avec d'autres pavanes, gaillardes et allemandes, arrangées pour le luth, les violes ou violons, à cinq parties). Cet ouvrage paraît avoir joui d'une assez grande célébrité, car il en est fait mention dans une comédie de Midleton intitulée : *No wit like a Woman's* (Nul esprit n'est semblable à celui d'une femme), dans laquelle une servante annonce une fâcheuse nouvelle à sa maîtresse, et en reçoit la réponse suivante :

No, Thou playest Dowland's Lachrimæ to thy master.

Dans la dédicace de cette œuvre à la reine Anne, qui était sœur de Christian IV, roi de Danemark, Dowland dit que, voulant retourner près de ce prince, son maître, il s'était embarqué, mais que les vents contraires l'ont obligé à passer l'hiver en Angleterre.

En 1609 Dowland publia à Londres sa traduction anglaise du traité de musique d'Ornitoparcus. Cette traduction est plus rare que l'ouvrage original, parce qu'il n'en a été fait qu'une édition. Dans la préface il dit que, étant résolu de rester désormais chez lui, il publiera d'autres ouvrages, particulièrement ses observations et instructions concernant l'art de jouer du luth (*My observations and directions concerning the art of Lute playing*). Ces instructions et observations parurent en effet dans l'année suivante, en tête d'une collection de leçons pour le luth, éditée par le frère de Dowland, sous ce titre : *Varietie of Lessons : viz. Fantasies, Pavins, Galliards, Almaines, Corantoes and Volts. Selected out of the best approved authors as well beyond the seas as of our owne country; by Robert Dowland. Where unto is annexed certaine observations belonging to Luteplaying, by John-Baptisto Besardo of Visconti; Also a short treatise thereunto appertayning by John Dowland, batchelor of musicke; London, printed for Thomas Adams*, 1610. Un exemplaire de ce recueil, considéré comme unique par M. Chappell, existe à la bibliothèque bodléienne. En 1612, Dowland fit paraître une collection de pièces sous ce titre : *A Pilgrim's solace, wherein is contained musical harmony of three, four and five parts, to be sung and p.laid with lute and viols* (la Consolation d'un pèlerin, où est contenue une harmonie musicale à trois, quatre et cinq parties, pour être chantée ou jouée sur le luth ou les violes). Quelques madrigaux de Dowland ont été insérés dans la *Musica antiqua* de Smith et dans la collection du docteur Crotch. Ces spécimens de sa musique ne donnent pas une idée favorable de son génie ni de son savoir. Nonobstant la médiocrité de leur mérite au point de vue de l'art, les livres de chansons ou madrigaux de Dowland sont si rares aujourd'hui qu'un exemplaire des trois livres réunis (1595-1603) a été vendu en 1840, chez MM. Kalkin et Budd, à Londres, la somme énorme de 12 livres 15 schellings (318 fr. 75 c.). M. W. Chappell a publié le premier livre des Airs de Dowland, en partition, dans la collection de la Société des Antiquaires de musique, à Londres, in-fol. Il y a lieu de croire que Dowland était meilleur instrumentiste que compositeur. Hawkins indique l'année 1615 comme la date de la mort de ce musicien (*Hist. of the Science and practice of Music*, t. III, p. 326); mais deux documents authentiques découverts par M. le docteur Rimbault, et publiés par M. Chappell, prouvent que Dowland était encore attaché à la musique de la cour, à Londres, en 1625, et qu'il était alors âgé de soixante-trois ans; enfin, qu'il était décédé au mois d'avril 1626 (1).

DOWLAND (ROBERT), frère du précédent, a publié un recueil de chansons à plusieurs voix, de sa composition, sous le titre de *A musical Banquet*; Londres 1610, in-fol.

DOYAGÜE (D. MANUEL-JOSÉ), compositeur espagnol, naquit à Salamanque, le 17 février 1755. Fils d'un artisan de cette ville, il semblait destiné à la modeste condition de son père; mais ses heureuses facultés en décidèrent autrement. Trop pauvres pour lui faire suivre le cours d'études de l'université, ses parents eurent la bonne pensée de le faire admettre parmi les enfants de chœur de la cathédrale, et le jeune Doyagüe apprit au collège de la maîtrise la musique théorique et pratique, ainsi que les lettres latines. Il était âgé de vingt-six ans lorsque son maître de musique et de composition, D. Juan Martin, maître de chapelle de la cathédrale, se retira en 1781; Doyagüe fut désigné pour lui succéder, et dans le même temps on lui confia la chaire de musique de l'université. Il était ecclésiastique et chanoine de la cathédrale; mais, d'un caractère peu sociable, il ne voyait personne, et sa longue

(1) Voyez l'introduction placée par M. Chappell dans *The first set of songs in four parts composed by John Dowland*, etc., p. 4.)

vie s'écoula dans une retraite absolue. Passionné pour l'art, il était incessamment occupé de la composition de ses ouvrages; mais, sans ambition de renommée, il ne cherchait point à les répandre, se contentant de les faire exécuter dans son église. De là vient qu'il était à peine connu de ses compatriotes, lorsqu'en 1813 il consentit à se rendre à Madrid pour diriger l'exécution d'un *Te Deum* de la plus grande beauté qu'il avait composé à l'occasion de l'heureux accouchement de la reine. En 1830 on chanta dans la même chapelle une messe de Doyagüe, à 8 voix réelles avec orchestre, dont la beauté excita l'enthousiasme des artistes. L'effet de cette composition fit décerner à son auteur le titre de maître honoraire du Conservatoire de Madrid, en 1831. Le chef-d'œuvre de cet artiste remarquable est, dit-on, un *Magnificat* à 8 voix, avec orchestre et orgue obligé. En 1829 un de ses *Miserere* fut envoyé à Rossini, qui, frappé de l'originalité des idées et de l'élévation du style, écrivit à Doyagüe une lettre flatteuse de remercîments et d'éloges. Ce maître, décédé le 18 décembre 1842, à l'âge de 87 ans, a été enterré avec pompe au cimetière de Salamanque; un tombeau en marbre lui a été élevé, et l'on y a déposé, à côté de ses restes mortels, l'original de son célèbre *Magnificat*, dans une cassette recouverte en plomb. Parmi les productions de Doyagüe on remarque : 1° Le grand *Magnificat* dont il vient d'être parlé. — 2° Un autre *Magnificat* à 4 voix et orchestre. — 3° Un troisième idem à 8 voix avec instruments, en *ré*. — 4° Des *Lamentations* pour la semaine sainte. — 5° Trois *Miserere*, en *mi* bémol, parmi lesquels se trouve celui qui fut envoyé à Rossini. — 6° D'autres *Miserere* en style plus léger, à 4 voix, en *fa*. — 7° Une messe solennelle à 8 voix, orchestre et orgue obligé, en *sol*. — 8° *Messe* à 4 voix, en *fa*. — 9° Deux autres idem, en *la*. — 10° Une autre idem, en *si* bémol. — 11° Les psaumes des vêpres pour toutes les fêtes. — 12° Office des Morts à 4 voix, chœur et orchestre. — 13° *Motet* funèbre à 4 voix, avec accompagnement de deux violons, alto et basse, en *fa*. — 14° Plusieurs *Genitori*. — 15° Un grand *Te Deum* à 8 voix et orchestre. — 16° Un nombre immense de psaumes, motets, *villancicos*, airs, duos et quatuors d'église, en toute sorte de combinaisons de voix et d'instrumentation. Le style de Doyagüe est une alliance des formes sévères avec les tendances harmoniques de la musique moderne.

DOZON (Mlle). *Voyez* Cuéron (Mme).

DRAGHETTI (André), jésuite italien, professeur de métaphysique à l'université de Bréra, dans la seconde moitié du dix-huitième siècle, a publié un petit traité de Psychologie sous le titre de *Psychologix specimen*; Milan, 1771, in-8°. Il y traite (p. 45-53) des lois des séries arithmétiques et géométriques appliquées à l'échelle musicale. Le P. Sacchi (*voy*. ce nom attaqua les idées du P. Draghetti, relatives à ce sujet, dans un petit écrit qui a pour titre : *Riposta al P. Andrea Draghetti, della compagnia di Giesù, sulle legge di continuità nella scala musicale*, Milan, 1771, et ce morceau donna lieu à une autre publication du P. Draghetti, intitulée: *Della legge di continuità nella scala musicale, replica alla riposta del Padre D. Giovenale Sacchi*; Milan, 1772, 97 pages in-8°, avec une planche. Il a été rendu compte de la discussion de ces deux savants dans la *Gazette littéraire de Milan* (1772, n° 26), et dans le *Journal des Savants* (1773, janvier, p. 131, février, p. 375.)

DRAGHI (Balthasar), compositeur italien qui vivait vers la fin du seizième siècle, a publié des *Canzonnette e villanelle alla Napoletana*; Venise, 1581.

DRAGHI (Antoine), compositeur dramatique, né à Ferrare en 1642, commença à écrire fort jeune, et, après avoir fait des messes et des motets à l'âge de vingt et un ans, composa son premier opéra en 1663. Peu de musiciens ont eu une fécondité égale à la sienne. Après avoir passé plus de vingt-cinq ans au service de la cour de Vienne, il retourna vers la fin de sa vie à Ferrare, et y mourut en 1707. On peut juger de sa facilité par la liste suivante de ses opéras : 1° *Aronisba*, en 1663. — 2° *Alcindo*. — 3° *Cloriclea*, 1665. — 4° *Muzio Scevola*, 1666. — 5° *Ercole acquisitator della immortalità*, 1667. — 6° *Atalante*, 1669. — 7° *Leonida in Tegea*, 1670 — 8° *Iside*, 1670. — 9° *Peneloppe*, 1670. — 10° *La Prosperità d'Elio Sejano*, 1670. — 11° *Cidippe*, 1671. — 12° *Avidità di Midà*, 1671. — 13° *Gara de Genni*, 1671. — 14° *Gundelberga*, 1672. — 15° *La Sulpizia*, 1672. — 16° *Atomi d'Epicure*, 1672. — 17° *Provare per non recitare* (divertissement), 1673. — 18° *La Tessalonica*, 1673. — 19° *La Lanterna di Diogene*, 1674. — 20° *Il Ratto delle Sabine*, 1674. — 21° *Il Fuoco eterno custodito dalle vestali*, 1674. — 22° *Pirro*, 1675. — 23° *I Pazzi Abderiti*, 1675. — 24° *Lucrezia*, 1676. — 25° *Seleuco*, 1676. — 26° *Il Silenzio d'Arpocrate*, 1677. — 27° *Adriano su'l monte Casio*, 1677. — 28° *Chelonida*, 1677. — 29° *Rodogone*, 1677. — 30° *La Conquista del velo d'Oro*, 1678. — 31° *Creso*, 1678. — 32° *Enea in Italia*, 1678. — 33°

Leucippe, 1678. — 34° *La Monarchia latina trionfante*, 1678. — 35° *Il Tempio di Diana in Taurica*, 1678. — 36° *Il Vincitor magnanimo in Tito Quinto*, 1678. — 37° *Flaminio*, 1679 — 38° *Baldracca*, 1679. — 39° *La Pazienza di Socrate con due mogli*, 1680. — 40° *Il Temistocle*, en 1681. — 41° *Achille in Tessalia*, 1681. — 32° *La Forza dell'amicizia*, 1681. — 43° *Gli Stratagemi di Bionte*, 1682. — 44° *La Chimera*, 1682. — 45° *La Lira d'Orfeo*, 1683. — 46° *Il Palladio in Roma*, 1683. — 47° *La più generosa Spartana*, 1685. — 48° *Le nere Azioni di Tempe*, 1685. — 49° *Il Risorcimento della ruota della Fortuna*, 1685. — 50° *Le Scioccagini degli Psilli*, 1086. — 51° *Lo Studio d'amore*, 1086. — 52° *La Vendetta dell'onestà*, 1687. — 53° *La Vittoria della fortezza*, 1687. — 54° *Il Marito ama più, la moglie ama meglio*, 1688. — 55° *Tanasio*, 1088. — 56° *I Pianeti benigni*, 1689. — 57° *Pimmalione in Cipro*, 1689. — 58° *Rosaura*, 1689. — 59° *La Regina de Volsci*, 1090. — 60° *Il Ringiovenito*, 1691. — 61° *Il Tributo de' Sari*, 1691. — 62° *La Varietà di fortuna in Lucio Giunio Bruto*, 1691. — 63° *Il Merito uniforma i Geni*, 1691. — 64° *Fedeltà e Generosità*, en 1692. — 65° *Amore in Sogno*, 1693. — 66° *Le Piante della virtù e della fortuna*, 1693. — 67° *Le più ricche Gemme*, 1693. — 68° *Pelopida Tebano in Tessaglia*, 1694. — 69° *L'Ossequio della poesia e della storia*, 1694. — 70° *Le Sere dell' Aventino*, 1694. — 71° *La Chioma di Berenice*, 1695. — 72° *La Finta cecità d'Antioco Grande*, 1695. — 73° *Industrie amorose de' ragazze di Tracia*, 1695. — 74° *Magnanimità di Fabrizio*, 1696. — 75° *La Tirannide abbatuta delle virtù*, 1697. — 76° *Adalberto, ovvero la forza dell'astuzie feminile*, 1697. — 77° *Amor per virtù*, 1697. — 78° *Le Piramide d'Egitto*, 1697. — 79° *Arbace, fondatore dell' impero de Parti*, 1698. — 80° *Delizioso Ritiro di Lucullo*, 1698. — 81° *Idea del felice governo*, 1698. — 82° *Le Finezze dell'amicizia e dell' onore*, 1699. — 83° *L'Alceste*, 1799. On connaît aussi quelques oratorios d'Antoine Draghi, parmi lesquels on remarque *le Cinque Piaghe di Cristo*, écrit en 1677.

DRAGHI (Jean-Baptiste), claveciniste et compositeur né en Italie, accompagna en Angleterre Marie d'Este, princesse de Modène et épouse du roi Jacques II. Pendant toute la durée de ce règne il fut le musicien favori de la cour. On croit aussi qu'il donna des leçons de musique à la reine Anne. L'année de sa mort est ignorée. Les ouvrages qu'il publia en Angleterre consistent en suite des pièces de clavecin. Il fit aussi la musique de deux opéras, l'un, intitulé *Psyché*, en société avec Lock ; l'autre, sous le titre de *the Wonders in the Sun, or the kingdom of birds* (les Merveilles dans le soleil, ou le royaume des oiseaux), représenté au théâtre de la Reine, dans Haymarket, en 1706. On croit que plusieurs anciennes insérées dans les collections de la fin du dix-septième siècle, et indiquées sous le nom de *Baptiste*, sont de Draghi.

DRAGONETTI (Dominique), virtuose sur la contre-basse, est né à Venise le 7 avril 1763. Son père, simple ménétrier, jouait aussi de cet instrument. Dragonetti n'eut point d'autre maître que lui-même; un pauvre cordonnier, nommé Schiamadori, lui enseigna les premiers principes de la musique. Seul il apprit à jouer de la contre-basse, et ses progrès furent si rapides qu'à l'âge de onze ans il était capable de faire sa partie dans un orchestre. Un musicien, nommé Doretti, ayant eu occasion de l'entendre, fut si étonné de ses rares dispositions qu'il pria son père de lui donner un maître. Celui-ci confia son fils aux soins de Berini, contre-bassiste de l'église de Saint-Marc et le meilleur maître de Venise. Après avoir donné onze leçons au jeune Dragonetti, ce vieux musicien n'eut plus rien à lui apprendre, car son élève était arrivé à un degré de talent supérieur au sien. A l'âge de treize ans Dragonetti occupait la place de premier contre-bassiste à l'Opéra-Bouffe ; à quatorze on lui confia la même place à l'Opéra-Sérieux de San-Benedetto ; enfin, à dix-neuf, il succéda à son maître Berini au chœur de l'église de Saint-Marc. Son talent extraordinaire le faisait souvent choisir pour jouer sur la contre-basse la partie de violoncelle dans les quatuors de violon. Les concertos les plus difficiles de basson ou de violoncelle n'étaient qu'un jeu pour lui. Il avait composé pour son usage des concertos, des solos, des sonates, dans lesquels il avait introduit des passages d'une si grande difficulté, que lui seul pouvait les jouer. Dans un voyage qu'il fit à Vicence, il eut le bonheur d'acquérir une contre-basse excellente qui avait été construite par Gaspard de Salò, maître d'André Amati : c'est cette même contre-basse dont il s'est toujours servi depuis lors. De retour à Venise il reçut l'invitation de se rendre à Londres ; Bertoni, maître de chapelle de Saint-Marc, et le célèbre chanteur Pacchierotti, qui arrivait d'Angleterre, l'engagèrent à accepter cette invitation. Il avait alors trente-huit ans et était dans la force de son talent. Il arriva à Londres en 1794 et y excita le plus grand étonnement. Non seulument il exécutait avec une admirable précision les passages les plus difficiles en sons harmoniques; mais à l'orchestre, où il était placé près du piano, lorsque les musiciens hésitaient dans la mesure, Dragonetti les raffermissait aussitôt en attaquant avec énergie les notes essentielles. On rapporte que Viotti, ayant un jour engagé cet artiste à jouer la seconde partie d'un de ses duos de violon les plus difficiles, et remarquant sa facilité à remplir cette tâche, lui proposa de jouer le premier violon; Dragonetti mit tant d'habileté dans ce tour de force que Viotti s'écria qu'il n'avait point d'égal. Bien qu'âgé de soixante-cinq ans, Dragonetti tenait encore, au théâtre du Roi et aux concerts de la Société philharmonique, la place de première contre-basse, et, quoiqu'il eût perdu quelque chose de son agilité, il remplissait ses fonctions de manière à exciter l'étonnement de ceux qui l'entendaient. Pendant son long séjour à Londres, il avait rassemblé une collection nombreuse d'objets de curiosité et d'antiquité de tout genre, parmi lesquels on remarquait beaucoup d'instruments de musique. Dragonetti est mort à Londres, au mois de mai 1846. De ses deux contre-basses, l'une de Gaspard de Salò, comme il a été dit ci-dessus, l'autre de Stradivari, il légua la première à la ville de Venise, sa patrie. M. François Caffi a publié : *Biografia di D. Dragonetti, Veneziano*; Venezia, 1846.

DRAGONI (JEAN-ANDRÉ), maître de chapelle à Saint-Jean-de-Latran, dans la seconde moitié du seizième siècle, naquit à Meldola, bourg des États de l'Église, vers 1540, et fut élève de Jean Pierluigi de Palestrina. Ayant été nommé maître de chapelle de Saint-Jean-de-Latran au mois de juin 1576, il conserva cette place jusqu'à sa mort, arrivée en 1598. On connaît de lui : 1° *Madrigali a cinque voci*, lib. 1°, Venise, Girolamo Scotto, 1575, in-4°; 2me édition, Venise, 1594; libro 2°, Venise, Scotto, 1575, libro 3°, ibid., 1579; libro 4°, Vicenti, 1594. — 2° *Madrigali a 6 voci*, libro 1°; Venise, Scotto, 1583. — 3° *Villanelle a 5 voci*; ibid., 1588. — 4° *Motetti per tutti i santi dell' anno, a 5 voci*; Venise, 1578. — 5° *Motetti a tre voci*, Venise, 1580. Après la mort de Dragoni, le chapitre de Saint-Jean-de-Latran a fait imprimer de ce compositeur un livre de madrigaux à six voix et un livre de motets à cinq, en trois parties; Rome, Mutio, 1600. Le catalogue de la collection de M. l'abbé Santini, de Rome, indique aussi, sous le nom de cet auteur, trois *Benedictus* à huit voix, une messe à quatre en canon, et un *Dixit* à huit. On trouve un madrigal de Dragoni dans la collection publiée par Simon Verovio, sous ce titre : *Canzonette a quattro voci composte da diversi eccmi musici, con l'intavolatura del cimbalo et del liuto; in Roma*, 1591, petit in-fol.

DRAUD ou DRAUDIUS (GEORGES), pasteur à Gross-Carben, dans le duché de Hesse-Darmstadt, ensuite à Ortenberg, et enfin à Daverheim, naquit dans ce dernier lieu le 9 janvier 1573, et mourut à Butzbach en 1635. Tout le monde connaît ses Bibliothèques classique et exotique, Francfort, 1611 et 1625, in-4°. On y trouve les titres d'environ douze cents ouvrages de musique théorique et pratique, publiés dans les seizième et dix-septième siècles; mais la plupart des titres et des noms sont changés par une traduction latine.

DREBENSTADIUS (PAULUS), magister à Helmstædt, vers la fin du seizième siècle, a publié un épithalame à six voix sous ce titre : *Hochzeitlicher Gesang von 6 Stimmen, Andrex Hartmann Fürst. Braunschw. Amt-Schreiber des Hauses Ertzen, als Bräutigam, v. Jungfrau Hedwigen Margareth, Antonii Amerbachs, fürst. Braunschw. gewesenen Organistens (seel.) nachgelassener Tochter zu Ehren*, Helmstædt, 1591, in-4°.

DRECHSLER (JEAN-GABRIEL), bachelier en théologie et professeur au collège de Halle, naquit à Wolkenstein en 1634, et mourut à Halle le 22 octobre 1677. Il est auteur d'une dissertation de *Cythara Davidica*, qui a paru à Leipsick, en 1670, in-4°. Il en a été fait une deuxième édition remaniée, à Leipsick, en 1712, in-4° de 33 pages. Georges Serpilius l'a insérée dans ses *Vitis Scriptorum sacrorum germanice editis*, part. 9, p. 34, et Ugolini, dans son *Trésor des Antiquités sacrées*, t. 32, p. 171.

DRECHSLER (JOSEPH), professeur d'harmonie à l'école Sainte-Anne de Vienne, est né le 26 mars 1782 à Wœllischburchen, en Bohême. Son père lui donna les premières leçons de musique, puis il fut envoyé au couvent des franciscains de Passau, pour y être enfant de chœur; de là il alla à Jorenbach faire un cours d'études littéraires; il y apprit aussi le contrepoint sous la direction d'un moine. Destiné par son père à l'état ecclésiastique, il alla étudier la théologie à Prague; mais, ayant terminé son cours de cette science avant d'avoir atteint l'âge requis pour recevoir les Ordres, il se rendit à Vienne pour y apprendre la jurisprudence, changea encore de résolution et accepta, en 1810, une place de corépétiteur au théâtre de l'Opéra de la cour. Plus tard il fut nommé vice-maître de chapelle, et en 1815 il obtint la place d'organiste chez les PP. Servites. Quatre ans après, l'orgue de Sainte-Anne lui fut confié; en 1821 il reçut sa nomination de maître de chapelle de l'église de l'Université et de la paroisse de la cour, et presque dans le même temps il fut chargé de former des élèves candidats pour la théorie musicale et pour l'orgue. Depuis lors il a été nommé directeur de musique au théâtre de Josephstadt, et en 1821 les mêmes fonctions lui ont été confiées au théâtre de Léopoldstadt. Appelé à celles de maître de chapelle de l'église Saint-Étienne, il les a remplies jusqu'à sa mort, arrivée au mois de mars 1852. Il était âgé de soixante-dix ans. Les compositions de Drechsler sont en grand nombre; on y remarque : 1° Dix messes solennelles. — 2° Un *Requiem*. — 3° Un *Veni, Sancte Spiritus*, à quatre voix et orchestre. — 4° Plusieurs offertoires et graduels. — 5° *L'Enfant prodigue*, mélodrame. — 6° Six opéras, dont *Claudine de Villa-Bella*, *le Panier enchanté*, *Pauline*, etc. — 7° Dix-huit vaudevilles ou opérettes, notamment : *Ydor, le Diamant du roi des Esprits*, *la Fille du monde des Fées*, *l'Esprit des Montagnes*, *Capricciosa*, *la Girafe*, *le Petit Homme vert*, *Oscar et Tina*, *la Reine des Serpents*, *la Sylphide*, *les Viennois à Bagdad*, etc. — 8° Beaucoup de pantomimes. — 9° Trois grandes cantates, dont une pour l'inauguration de la nouvelle synagogue. — 10° Des quatuors pour violon. — 11° Des sonates pour piano, avec et sans accompagnement. — 12° Des airs variés, rondos, marches et danses, pour le même instrument. — 13° Des fugues pour l'orgue. — 14° Des chansons à voix seule, avec accompagnement de piano. — 15° Une petite méthode d'orgue; Vienne, Haslinger. — 16° La méthode de piano de Pleyel, traduite et modifiée; ibid. — 17° Un traité d'harmonie et d'accompagnement, avec une introduction au contrepoint, sous ce titre : *Harmonie und Generalbasslehre, nebst einem Anhange vom Contrapuncte*, édition améliorée, grand in-8°, 1828; Vienne, Haslinger. La première édition avait été publiée à Vienne, chez Steiner, sans date. La méthode didactique de cet ouvrage est de peu de valeur, mais les exemples sont écrits avec assez de pureté. — 18° Une collection d'exercices pour l'accompagnement de la basse chiffrée, avec une introduction sur l'art de préluder, sous ce titre : *Generalbass Uebungen mit Ziffer-Bezeichnung, nebst einer Anleitung mit Beispielen zum praeludiren*; Vienne, 1824, à l'Institut lithographique. — 19° Une suite de formules pour apprendre à préluder et improviser sans avoir la connaissance des règles du contrepoint; cet ouvrage est intitulé : *Theoretisch-praktischer Leitfaden, ohne Kenntniss des Contrapunctes phantasiren oder præludiren zu Koennen*, Vienne, Tendler (1834), in-8° de 76 pages.

DRECHSLER (FRANÇOIS), compositeur, né en Bohême, et peut-être parent du précédent, vit à Prague. Il s'est fait connaître, vers 1838, par plusieurs œuvres de musique d'église, particulièrement par une messe solennelle en *ut* pour un chœur à 4 parties, 2 violons, violoncelle et orgue obligés, avec les instruments à vent *ad libitum*; Prague, Berra.

DREI (FRANÇOIS), violoniste et compositeur, né à Sienne en 1737, fut élève de Nardini, qui lui apprit à jouer l'adagio supérieurement. Ses compositions, consistant en sonates pour violon, quatuors, et quelques morceaux de musique vocale, ont été imprimées de 1760 à 1785. Il est mort dans sa patrie, le 1er janvier 1801.

DREIST (K.-A.), né à Reigenwald, en Poméranie, étudia les nouvelles méthodes d'enseignement à Yverdun, vers 1810, quitta la Suisse au mois de septembre 1812, et se rendit à Bunzlau, où il fut chargé, en 1816, conjointement avec le pasteur Hoffman et M. Hennig, de faire le plan d'une école publique, pour la basse Silésie, d'après la méthode de Pestalozzi. Dreist a publié des observations concernant une méthode de chant basée sur celles de Pestalozzi et de Nægeli, sous ce titre : *Aufsatz ueber die Gesangbildungs-Lehre nach Pestalozzischen und Nægelischen Grundsætzen*, etc.; Zurich, 1819, in-8°.

DRESCHKE (GEORGES-AUGUSTE), professeur de piano à l'Institut royal de musique d'église de Berlin, est né en 1798. En 1839 il s'est fixé à Magdebourg. Le premier ouvrage qui l'a fait connaître est un traité du haut tons du chant des églises protestantes, intitulé : *System der acht Kirchen Tonarten nach P. Mortimer*; Berlin, 1834 in-8°. Ainsi que l'indique le titre, ce n'est qu'un extrait du *Traité des Tons* de Mortimer. En 1835 cet artiste donna comme sa propre invention un clavier de piano où les touches de l'échelle chromatique sont sur le même plan et se suivent alternativement; mais cette invention prétendue n'était que celle du facteur de pianos Lemme (voy. ce nom), qui n'était elle-même que le renouvellement de l'idée de Rohleder (voy. ce nom). Comme Lemme, Dreschke prétendait que par ce clavier les difficultés du doigter étaient réduites à un douzième (1). Pour donner la preuve de son assertion à cet égard, il exécuta dans un concert le premier morceau d'une sonate de Hummel, en *fa* dièse mineur, et les

---

(1) Voyez l'analyse de ce système dans le 8e volume de ma *Revue musicale*, pages 19 et suivantes.

variations de H. Herz sur les thêmes de *Guillaume Tell*. Il fit applaudir son talent de pianiste dans ces deux épreuves, mais il ne persuada personne à l'égard de la nécessité prétendue de changer la disposition des notes du clavier. Dans le même concert Dreschke s'est produit comme compositeur par une ouverture à grand orchestre.

DRESE (ADAM), compositeur allemand, né sujet du duc de Weimar, Guillaume IV, fut envoyé à Varsovie par ce prince, pour y apprendre la science de la composition sous la direction de Marc Scacchi. Ses études finies, il revint à Weimar, où il obtint la place de maître de chapelle. Après la mort du prince qui avait été son protecteur, il se rendit à Jéna, et y fut nommé maître de chapelle et secrétaire de la chambre du duc de Saxe-Weimar, en 1672. Ce prince étant mort aussi, Drese perdit ses emplois et tomba dans l'indigence. L'ennui et le chagrin le portèrent alors (vers 1680) à lire les ouvrages du visionnaire Spener, qui firent une impression si forte sur son esprit qu'il brûla tous les opéras qu'il avait composés jusqu'alors et qu'il se fit piétiste. Il vécut encore à Jéna jusqu'à ce que le prince de Schwarzbourg l'appelât à Arnstadt, en qualité de maître de chapelle, place qu'il occupa jusqu'à sa mort, arrivée en 1718. On lui attribue la gloire d'avoir perfectionné le récitatif des opéras allemands. Outre une grande quantité de musique d'église, il a écrit aussi beaucoup de musique instrumentale et un nombre considérable d'opéras dont les titres sont inconnus maintenant. Mattheson cite aussi un traité de composition manuscrit, dont il était l'auteur (*voy. Ehrenpforte*, p. 108). On n'a imprimé de sa composition qu'un œuvre de musique instrumentale qui a pour titre : *Erster Theil etlicher Allemanden, Couranten, Sarabanden, Balletten, Intraden und Arien*; Jéna, 1672, in-fol.

DRESE (JEAN-SAMUEL), parent du précédent, prit de lui des leçons de composition, fut ensuite organiste de la cour à Jéna, et quitta cette place pour celle de maître de chapelle à Weimar, qu'il obtint en 1683. Il est mort dans cette ville le 1er décembre 1716, à l'âge de soixante-douze ans. Il a laissé en manuscrit des sonates pour le clavecin, des motets et quelques opéras.

DRESEL (H.-E.), professeur de chant au séminaire de Detmold, et inspecteur des écoles de chant de la principauté de la Lippe, depuis 1818 jusqu'en 1845, fit ses études musicales sous la direction de Frédéric Schneider. Il a publié divers ouvrages parmi lesquels on remarque : 1° Un livre choral pour le service évangélique des temples de la principauté de la Lippe ; Hanovre, Ad. Nagel, in-4°. — 2° Un recueil de chants pour les écoles des petites villes et de la campagne ; ibid.

Un autre musicien du nom de DRESEL (*Otto*), sur qui je n'ai pas trouvé de renseignements, est auteur de trois recueils de *Lieder* à voix seule avec accompagnement de piano, dont le troisième a paru en 1848. Ces Lieder ont de la distinction et du charme. Les trois recueils ont été publiés à Leipsick, chez Breitkopf et Hærtel.

DRESIG (SIGISMOND-FRÉDÉRIC), né le 1er octobre 1700 à Volberg, village de la basse Lusace, devint corecteur à l'école de Saint-Thomas, à Leipsick. Dans un accès de mélancolie il s'étrangla, le 11 janvier 1742. Il a publié une dissertation sur les chantres de l'antiquité appelés rapsodes, sous le titre de *Commentatio critica de Rhapsodis, quorum vera origo, antiquitas ac ratio ex auctoribus et scholasticis Græcis traditur*; Leipsick, 1734, in-4°. On y trouve des recherches sur la manière de chanter la poésie des anciens.

DRESLER (GALLUS), né à Nebra, dans la Thuringe, au commencement du seizième siècle, fut d'abord *cantor* à Magdebourg, et devint, en 1566, diacre à l'église de Saint-Nicolas, à Zerbst. Il a publié les ouvrages suivants : 1° *XVII Cantiones sacræ quatuor et quinque vocum*; Magdebourg, 1569, in-4°. — 2° *XIX Cantiones sacræ quatuor et quinque vocum, II. III aliæ*; Wittemberg, en 1568, in-4°. — 3° *XC Cantiones sacræ quatuor et plur. voc.*; Magdebourg, 1570. — 4° *Elementa Musicæ practicæ in usum scholæ Magdeburgensis*; Magdebourg, 1571, huit feuilles in-8°. Une deuxième édition de ce livre a été publiée en 1584, in-8°. — 5° *Ausserlesene teutsche Lieder mit 4 und 5 Stimmen*; Magdebourg, 1575, in-4°, et Nuremberg, 1580, in-4° obl. — 6° *Cantiones quatuor et plur. voc.*; Magdebourg, 1577, in-4°. — 7° *Sacræ Cantiones quatuor, quinque et plurimum vocum in gratiam musicorum compositæ*; Noribergæ, Theod. Gerlachius, 1574, in-4°.

DRESLER (ERNEST-CHRISTOPHE), chanteur allemand qui a joui d'une grande réputation. Il naquit en 1734 à Greussen, petite ville de la principauté de Schwarzbourg-Sondershausen, et y apprit les premiers éléments de la musique. Dans la suite il visita les universités de Halle, de Jéna et de Leipsick ; ce fut dans ce dernier lieu qu'il apprit à jouer du violon et qu'il se forma dans l'art du chant. Il y demeura depuis 1753 jusqu'en 1756. Quelque temps après il alla à Bayreuth, et, après y avoir pris des leçons de la célèbre cantatrice Turcotti, il entra dans la chapelle du margrave, et fut nommé peu après secrétaire des finances. Lors de la mort du margrave, en 1763, le duc de Gotha engagea Dresler à son service en qualité de secrétaire et de musicien de sa chambre. Il n'y resta que peu de temps et donna sa démission en 1766. L'année suivante le prince de Furstemberg lui confia les fonctions de secrétaire et de directeur de sa chapelle à Wetzlar; mais, ce prince étant retourné en Bohême en 1771, Dresler ne voulut pas l'y suivre et demanda sa retraite. En 1773 il fut admis à chanter devant l'empereur à Vienne, puis se rendit à Cassel. Il s'y engagea comme chanteur à l'Opéra, et y resta jusqu'à sa mort, arrivée le 5 avril 1779. Dresler s'est fait connaître par ses écrits sur la musique : en voici les titres : 1° *Fragmente einiger Gedanken des musikalischen Zuschauers, die bessere Aufnahme der Musik in Deutschland betreffend* (Fragments d'idées d'un amateur sur les progrès de la musique en Allemagne); Gotha, 1707, six feuilles in-4°. — 2° *Gedanken über die Vorstellung der Alcest* (Réflexions sur la représentation d'*Alceste*); Francfort et Leipsick, 1774, deux feuilles in-8°. — 3° *Theaterschule für die Deutschen das ernsthafte Singschauspiel betreffend* (École du théâtre pour les Allemands, concernant l'Opéra sérieux); Hanovre et Cassel, 1777, quatorze feuilles in-8°. Dresler a aussi publié des chansons détachées et en recueils.

DRESSLER (Jean-Frédéric), littérateur à Magdebourg, est né à Halle, en Saxe, vers 1760. Il a publié un opuscule intitulé : *Beytræge zu Fischer's Versuchen in der Ton und Dichtkunst* (Additions aux Essais de Fischer sur la musique et la poésie); Magdebourg, 1791, in-8°.

DRESSLER (Raphael), flûtiste et compositeur pour son instrument, naquit à Grætz, en Styrie, vers 1784. En 1809 il se fit connaître en Allemagne par un concert qu'il donna avec succès à Leipsick, le 19 janvier. Dans la même année il s'établit à Vienne, et y fut attaché comme première flûte au théâtre de la porte de Carinthie. En 1817 il accepta une place dans la chapelle de la cour de Hanovre; puis il vécut en Angleterre pendant environ quatorze ans. De retour sur le continent, il mourut à Mayence le 12 février 1835. On a de cet artiste environ cent œuvres de différents genres pour la flûte, parmi lesquels on remarque trois concertos, œuvres 4, 27 et 40; des quatuors pour flûte, violon, alto et basse, œuvres 10, 30 et 37; des trios pour flûte, violon et violoncelle, op. 39, et pour trois flûtes, op. 64; dix œuvres de duos pour deux flûtes; des études, caprices, et un grand nombre de thèmes variés.

DRETZEL (Valentin), organiste à l'église Saint-Laurent de Nuremberg, vers le commencement du dix-septième siècle, a publié une collection de motets à trois voix, sous le titre de *Sertulum musicale ex sacris flosculis contentum*; Nuremberg, 1621. Son fils, Wolfgang Dretzel, habile luthiste, naquit à Nuremberg en 1630, et mourut dans la même ville en 1660.

DRETZEL (Corneille-Henri), organiste habile, né à Nuremberg, au commencement du dix-huitième siècle, fut d'abord attaché à l'église de Saint-Égide, puis à celle de Saint-Laurent, et enfin à celle de Saint-Sébald. Il joua l'orgue de cette dernière jusqu'en 1773, époque de sa mort. On a de lui les ouvrages suivants : 1° Livre de musique chorale à quatre parties; Nuremberg, 1731, in-fol. de 880 pages. — 2° Divertissement harmonique, consistant en un concerto pour le clavecin.

DREUILH (Jean-Jacques), violoniste attaché au théâtre de Brest en 1812, se noya dans la même année, en se baignant dans la mer. On a gravé de sa composition : Tro¹ˢ trios pour deux violons et basse, 1ᵉʳ livre; Paris, Aug. Le Duc.

DREUX (Jacques-Philippe), joueur de flûte traversière à Paris, dans la première moitié du dix-huitième siècle, a fait imprimer, vers 1730, *Trois livres de Fanfares pour deux chalumeaux ou deux trompettes*, et des *Airs pour chalumeau*.

Le fils de ce musicien, professeur de piano à Paris, a publié quatre pots-pourris pour cet instrument ; *la Bataille de Marengo*, pièce caractéristique; Paris, Imbault; et une petite méthode de piano; Paris, Frère. Il est mort en 1805.

DREWIS (F.-G.), amateur de musique, né en Saxe, et vivant encore en 1812, a publié des lettres sur la théorie de la musique et de la composition sous ce titre : *Briefe ueber die Theorie der Tonkunst und Composition*; Halle, 1796, six feuilles in-8°. Cet ouvrage ne contient rien de remarquable; il est divisé en huit lettres.

DREYER (Jean-Melchior), organiste et directeur de musique à Ellwangen, petite ville du royaume de Wurtemberg, est né vers 1765. Il a beaucoup écrit pour l'église, principalement dans le style bref. Voici la liste de ses ouvrages imprimés : 1° *Missæ breves et rurales ad modernum genium*, 4 voc., 2 viol., org. oblig., 2 clar., 2 c. et violonc. *ad libit.*; Augsbourg, 1790, op. 1.—2° idem, op. 2; ibid., 1790.— 3° *VI Solemnes Miserere* 4 voc. ord., 2 viol., viola, organ. oblig., 2 *fl.*, 2 c. et violonc., op. 3; ibid., 1791. — 4° *XXVIII Psalmi vespertini pro Dominica de Beata, Apostolis, Confessori et residuis*, 4 voc., 2 viol., organ. oblig., viola, 2 c., *tympanis et violone. ad libit.*, op. 4; 1791. — 5° *XXIV Hymni brevissimi ad Vesperas*, op. 5; ibid., 1791. — 6° *VI Missæ, quarum prima solemnis, reliquæ vero breves et rurales sunt*, 4 voc., 2 viol., viola., 2 cor., organ. et violonc. partim obligatis, partim ad libit., op. 6; ibid., 1792. — 7° *VIII Tantum ergo*, 4 voc. ord., 2 viol., organ. obl., 2 c. et violonc., op. 7; ibid., 1792. — 8° *VIII Sehr kurze und leichte Landmessen, wovon die 2 letzten für die abgestorbenen, sammt 8 kurzen offertoriis für 1 Singstimme und Orgel, mit willkürlichen 3 andern Singstimmen und einer violino*, op. 8; ibid., 1793. — 9° *VI kurze und leichte Orgel-sonaten, 1 und 2 Theile*, op. 9; ibid., 1793. — 10° *VI idem, dritter und vierter Theile*, op. 10; ibid., 1793. — 11° *V Vesperæ cum IV psalmis* 4 voc., cum organ. obl., 2 viol., viola, 2 c. et violonc., op. 2; ibid. — 12° *Deutsche Messe, oder der heilige Gesang zum Gottesdienste in der romisch-katolischen Kirche unter der heiligen Messen zum Gebrauch der Schulen und Land-Chorregenten, mit neuen Melodien Versehen*, in-4°; ibid. — 13° *XII Offertoria brevissima de Beata*, 4 voc., org. et symph., op. 14; ibid. — 14° *Te Deum Laudamus*, 4 voc., org. et symph., op. 16; ibid. — 15° *VI Missæ breves rurales*, 4 voc., org. et symph., op. 17; ibid. — 16° *XII Tantum ergo*, 4 voc., org. et symph., op. 18; ibid. — 17° *VI kurze und leichte Land-Messen, etc., sammt 6 kurzen Offertorien für 1 oder 4 Singstimmen mit Orgel und 1 oder 2 Violinen ad libit.*, op. 19; ibid. — 18° *VI breves ac rurales Missæ pro defunctis, cum 3 Libera*, 4 voc., org. et symph., op. 20; ibid. — 19° *VI Symphoniæ cum violin., viol. et b. obligat., clarin., fl., c. vel clar. et tymp. ad libitum*, op. 21; Augsbourg, in-fol. Dreyer est mort à Elwangen au commencement du dix-neuvième siècle.

DREYSCHOCK (ALEXANDRE), pianiste distingué, est né le 15 octobre 1818 à Zack, en Bohême. Dès son enfance il montra d'heureuses dispositions pour la musique, dont il apprit les premiers éléments chez le maître d'école du lieu de sa naissance. A l'âge de treize ans il fut envoyé à Prague et placé sous la direction du maître de chapelle Tomascheck. Après avoir reçu des leçons de ce maître pendant quatre ans, pour le piano et la composition, il se livra seul à l'étude des plus grandes difficultés de l'instrument et acquit une grande habileté de la main gauche, particulièrement dans l'exécution rapide des tierces, des sixtes et des octaves, qui forme le caractère distinctif de son talent. En 1838 il fit son premier voyage d'artiste en Allemagne, et visita Leipsick, Dessau, puis Breslau, Schwerin et Weimar. En 1840 il se fit entendre à Berlin et ne quitta cette capitale que pour se rendre à Saint-Pétersbourg, d'où il revint l'année suivante par Breslau, pour aller à Vienne et parcourir la Hongrie. Arrivé à Paris au printemps de 1843, il y obtint de brillants succès par l'énergie de son exécution et par ses variations pour la main gauche seule. Quelques mois après il se rendit à Londres; puis il donna des concerts à Bruxelles et dans plusieurs autres villes de la Belgique. En Hollande il visita Amsterdam, Rotterdam et La Haye. Charmé de son talent, le roi des Pays-Bas le décora de l'ordre de la Couronne de chêne. Dreyschock retourna en Allemagne par Cologne, Francfort et Darmstadt, donnant partout des concerts et se faisant applaudir. En 1845 on le trouve à Dantzick, l'année suivante à Dresde, et en 1847 de nouveau à Berlin. Postérieurement il a continué ses pérégrinations en Danemark, en Suède et en Norwége. Les compositions de cet artiste pour le piano sont au nombre d'environ cent œuvres, jusqu'à ce jour (1860); on y trouve des rondeaux militaires avec orchestre, des sonates, études, fantaisies, nocturnes, romances sans paroles, thèmes variés et pièces de tout genre, sous des titres très-divers. Il a publié aussi une ouverture de concert à grand orchestre (en *ré*); Prague, Hoffmann. Au moment où cette notice est écrite, Dreyschock vit à Prague, où il se livre à l'enseignement du piano.

DREYSCHOCK (RAIMOND), frère du précédent, est né le 20 août 1824 à Zack, près de Prague. Après avoir obtenu son admission au Conservatoire de cette ville, il y reçut des leçons de M. Mildner pour le violon. Ses études musicales terminées, il a fait avec son frère plusieurs voyages et s'est fait remarquer par son talent de violoniste. En 1850 il s'est fixé à Leipsick, en qualité de second maître des concerts du *Gewandhaus* et comme professeur au Conservatoire. Il a publié plusieurs compositions pour son instrument.

DREYSIG (ANTOINE), organiste du roi de Saxe, naquit en 1775 à Oberleutensdorf, en Bohême. Il n'avait que dix ans quand son père l'envoya à Dresde pour y faire ses études : son premier maître de musique fut François Hurka; puis il prit des leçons de chant de Mariottini, chanteur de la cour. Après avoir achevé ces études préparatoires, il devint élève de Arnest pour l'orgue, et fut nommé son adjoint, pour jouer les messes du matin; puis il succéda à son maître comme organiste de la cour. On a de Dreysig des préludes pour l'orgue qui sont restés en manuscrit.

DRIEBERG (Frédéric De), chambellan du roi de Prusse, né à Charlottenbourg le 10 décembre 1780, s'est livré fort jeune à l'étude de la musique, et s'est particulièrement attaché à l'examen de la musique des Grecs, sur laquelle il a publié des opinions fort singulières. Ce fut vers 1816 que M. de Drieberg commença à s'occuper de cet objet, et que, sur quelques aperçus saisis à la légère, il se donna la mission de réformer les connaissances qu'on croyait avoir sur la musique des anciens. Ses vues se portèrent d'abord sur la construction de l'échelle musicale des Grecs et sur la nature des intervalles de cette échelle. L'ouvrage spécial dans lequel il avait exposé ses idées sur cet objet fut annoncé dans la *Gazette musicale* de Leipsick (ann. 1817, n° 51), et parut sous ce titre : *Die mathematische Intervallenlehre der Griechen* (la Doctrine mathématique des intervalles musicaux des Grecs); Leipsick, 1818, in-4°. M. de Drieberg établit dans ce livre que le système musical des Grecs ressemblait parfaitement au nôtre, que le tempérament est une invention misérable et fausse, que les proportions de la tierce majeure ou mineure sont purement arbitraires, et que le comma est une quantité illusoire, n'y ayant d'autre moyen de mesurer les intervalles des sons, pour notre oreille et pour notre intelligence, que le demi-ton. Il n'y avait rien de nouveau dans ces propositions, car depuis Aristoxène le système de la division de l'échelle en parties égales a eu beaucoup de partisans, et M. de Momigny s'est efforcé de le faire prévaloir pendant plus de trente ans. En 1825 M. de Drieberg a développé les conséquences de ce système dans deux articles qu'il avait écrits pour le Dictionnaire de Musique annoncé par Godfried Weber, et qui furent insérés dans le deuxième volume de l'écrit périodique intitulé *Cæcilia*. Le premier de ces articles concerne l'accord des instruments de musique grecs, l'autre, le monocorde. M. de Drieberg y soutient la nécessité d'accorder par quintes et par quartes justes, et l'inutilité des résultats de la division du monocorde. Chladni saisit cette occasion pour mettre en évidence une multitude d'erreurs de M. de Drieberg, et l'attaqua avec vivacité dans des observations sur la musique ancienne et moderne, insérées au cinquième volume de *Cæcilia* (p. 279 et suiv.). L'autorité du nom de Chladni dissipa les illusions que beaucoup de personnes s'étaient faites sur la valeur des prétendues découvertes de M. de Drieberg, et depuis lors les opinions de celui-ci ont perdu beaucoup de leur valeur en Allemagne.

En 1819 M. de Drieberg fit paraître des Éclaircissements sur la musique des Grecs (*Aufschlüsse ueber die Musik der Griechen*; Leipsick, 1819, in-4°), dans lesquels il exposa l'ensemble de son système; il acheva de le développer dans deux ouvrages qui ont pour titres : *Die musikalischen Wissenschaften der Griechen* (les Connaissances musicales des Grecs), Berlin, T. Trautwein, 1821, in-4°, et *Die praktische Musik der Griechen* (la Musique pratique des Grecs); Berlin, T. Trautwein, 1821, in-4°. C'est dans ces ouvrages que les idées les plus bizarres et les plus fausses furent émises par l'auteur de ce système sur la musique des anciens. Il y reproduisit comme base de sa théorie l'assertion de Pepusch, depuis longtemps oubliée (et sans citer cet ancien musicien), que le système tonal des Grecs se prenait en descendant, en sorte que toutes les cordes de l'échelle étaient placées au rebours de la disposition que les autres auteurs leur avaient donnée; absurdité qui ne soutient pas un examen sérieux et qui aurait mis au néant l'utilité qu'on aurait pu retirer des ouvrages de M. de Drieberg, lors même qu'il ne se serait pas trompé sur les autres points de la musique des Grecs. La manière dogmatique et absolue de cet écrivain lorsqu'il présente ses idées, et l'absence de toute citation, si ce n'est celle de quelques auteurs de l'antiquité et de ses propres ouvrages, ne permettent pas de savoir ce qui l'a déterminé à adopter son singulier système; il ne discute jamais, et avance les faits qu'il imagine comme s'ils étaient incontestables. Au reste, il ne paraît pas avoir eu des opinions bien arrêtées ni formulées en un tout homogène dont on ne peut rien changer sans qu'il s'écroule; car, vraisemblablement, ébranlé par les objections qui lui ont été faites et par les travaux consciencieux de Perne, publiés dans la *Revue musicale*, il a renversé de nouveau l'échelle musicale des Grecs dans le Dictionnaire de la Musique grecque, son dernier ouvrage, et s'est conformé au système réel de cette musique, en replaçant la *proslambanomène*, ou corde ajoutée, au grave, et les autres cordes dans leur ordre naturel, en partant de ce point, au lieu de les mettre à l'aigu, comme il l'avait fait d'abord.

En 1822 M. de Drieberg a publié un traité des inventions pneumatiques des Grecs sous ce titre : *Die pneumatischen Erfindungen der Griechen*; Berlin, in-4° avec planches. Il y traite de l'orgue hydraulique et de l'orgue pneumatique, mais arrangeant les documents qui lui étaient fournis par Vitruve et Héron d'Alexandrie suivant ses idées particulières, de telle sorte qu'on ne peut pas plus se former une idée de ce qu'étaient ces instruments chez les anciens, d'après l'ouvrage de M. de Drieberg, qu'on ne le peut dans ce que Perrault en a écrit.

Il me reste à parler du dernier ouvrage de M. de Drieberg, c'est-à-dire du Dictionnaire de la Musique des Grecs (*Wærterbuch der Griechischen Musik*, etc.; Berlin, Schlesinger, 1835, in-4° de deux cent dix-neuf pages, avec sept planches). Les assertions les plus bizarres, les suppositions les plus gratuites, particulièrement en ce qui concerne les instruments de musique des anciens, abondent dans cet ouvrage, et l'on y trouve encore une preuve du défaut de fixité des idées de l'auteur; car, après avoir nié autrefois la réalité des proportions musicales, il en expose le système dans plusieurs articles, d'après Euclide et Ptolémée. Au résumé, il est permis de dire que M. de Drieberg n'a point fait l'histoire, mais bien le roman de la musique grecque, et qu'aucune utilité ne peut être tirée de ses ouvrages sur ce sujet. Piqué des critiques dont ses livres avaient été l'objet, M. de Drieberg a cru devoir y faire une réponse dans laquelle son amour-propre blessé n'est pas toujours resté dans les limites de la politesse; elle a pour titre : *Die griechische Musik auf ihre Grundgesetze zurückgeführt. Eine Antikritique*, etc. (la Musique grecque ramenée à ses lois fondamentales. Anticritique); Berlin, Trautwein, 1841, in-4° de 195 pages.

Ce n'est pas seulement comme écrivain sur la musique que M. de Drieberg s'est fait connaître; élève de plusieurs musiciens distingués, particulièrement de Spontini, il a écrit deux opéras (*Don Cocogno*, et *le Chanteur et le Tailleur*) qui ont été joués avec quelque succès à Berlin et dans d'autres villes; l'ouverture et quelques morceaux du premier de ces ouvrages ont été publiés à Mayence, chez Schott. D'autres opéras de M. de Drieberg sont restés en manuscrit; en voici les titres : 1° *L'Intrigo della lettera*, farce en un acte. — 2° *La Fata*, opéra comique en deux actes. — 3° *Der Hechelkræmer* (le Marchand de peignes à carder), opéra comique en trois actes. — 4° *Alfonso de Castille*, opéra romantique en deux actes. M. de Drieberg habitait ordinairement en Poméranie; il est mort à Charlottenbourg le 21 mai 1856.

DRIEBERG (Mme Louise De), femme du précédent, s'est fait connaître comme compositeur par plusieurs recueils de *Lieder* à voix seule avec accompagnement de piano.

DROBISCH (Charles-Louis), né à Leipsick le 24 décembre 1803, montra peu de goût pour la musique dans son enfance, et rien ne faisait présumer qu'il aurait un jour quelque talent; ce ne fut qu'au collége de Grimma, où il fit ses études, qu'un penchant chaque jour plus prononcé se manifesta pour cet art, et qu'il s'en occupa dans tous ses moments de loisir. Sans autres moyens d'instruction que ses propres études, il parvint à composer quelques bagatelles, des cantates et un petit opéra. A Leipsick, où il fut envoyé pour faire ses humanités, Drœbs, organiste de Saint-Pierre, lui donna des leçons d'harmonie et de contrepoint. Dans le même temps il écrivit plusieurs motets et des cantates qui furent exécutés dans les églises de Leipsick, et en 1826 il fit entendre, dans un grand concert, son premier oratorio, intitulé *Boniface*. Cette production eut peu de succès; les critiques signalèrent alors la sécheresse des mélodies, la divagation des idées et la longueur excessive des fugues. Ces critiques sévères furent un utile avertissement pour Drobisch, qui, depuis lors, donna plus d'attention aux leçons d'esthétique du professeur Weinlig : cette époque fut celle d'une réaction dans ses vues et dans ses études. Après avoir visité Dresde, Prague, Vienne et l'Italie supérieure, pour augmenter ses connaissances musicales, il s'établit à Munich. En 1837 Drobisch entreprit de nouveaux voyages, visita la Hongrie, et définitivement accepta la place de directeur de musique à l'église évangélique d'Augsbourg. Il est mort dans cette ville le 20 août 1854. Drobisch s'est spécialement occupé de compositions pour l'église et s'est distingué dans ce genre. Sa fécondité était telle, que, dans l'espace de dix ans, il a écrit cent ouvrages, grands et petits, pour l'église, dont on a publié chez Falter, à Munich, une messe solennelle en *mi* majeur, six messes plus petites pour les campagnes, trois litanies, six offertoires et six graduels; et plus tard un *Te Deum* à quatre voix et orchestre, des psaumes pour toutes les fêtes de l'année, et des chants pour les chœurs de voix d'hommes, publiés à Augsbourg; *Moïse au Sinaï*, oratorio exécuté à Augsbourg en 1839; Messe en *mi* pour 4 voix et orgue; op. 17; idem en *ré* mineur, ibid.; idem en *mi* bémol, ibid., op. 40; idem en *ré*, ibid., op. 31; idem en *mi*, op. 37; deux messes allemandes à 4 voix et orgue; des litanies à 4 voix et orchestre; six offertoires à 4 voix et orchestre; une symphonie en *sol* mineur, exécutée à Leipsick en 1843 Drobisch a laissé en manuscrit une messe solennelle en *ré* majeur, six autres messes, deux *Requiem*, plusieurs litanies, un *Te*

Deum, et plus de quarante graduels, offertoires et psaumes.

DROBISCH (THÉODORE), littérateur allemand sur qui l'on n'a pas de renseignements, a publié chaque année, depuis 1853, un almanach intitulé : *Humoristicher Musik und Theater-Kalender* (Calendrier humoristique de musique et de théâtre); Leipsick, Wegeler. Cet annuaire, mêlé de prose et de vers, est une fantaisie spirituelle illustrée de figures grotesques.

DROBISCH (MAURICE-GUILLAUME), professeur de mathématiques et de philosophie, membre de la Société royale des Sciences de Saxe, est né à Leipsick, le 16 août 1802. Après avoir commencé ses études au gymnase Nicolay, dans sa ville natale, il alla les continuer au collège des Princes, à Grimma. De retour à Leipsick il suivit les cours de l'université en 1820. D'abord attaché à la faculté de philosophie comme professeur particulier, en 1824, il fut agrégé deux ans après et devint professeur titulaire de mathématiques en 1842. Élève d'Herbart (*voy.* ce nom), il a suivi la doctrine de ce philosophe dans ses divers écrits concernant les sciences philosophiques. Comme mathématicien il est cité ici pour une dissertation, dans le tome quatrième des Mémoires de la Société royale des Sciences de Saxe, sous ce titre : *Ueber musikalische Tonbestimmung und Temperatur* (sur l'Accord des sons et le tempérament musical). Entièrement analytique, sa méthode, basée sur une courbe décrite sur un cylindre, le conduit à un tempérament proportionnel, au lieu du tempérament égal. C'est un système faux, inapplicable à la vraie théorie de l'accord des instruments à sons fixes.

DROEBS (JEAN-ANDRÉ), organiste de l'église de Saint-Pierre à Leipsick, est né en 1784 à Erfurt, où son père était organiste et professeur de piano. Après avoir fini ses cours au gymnase de cette ville, il se livra presque seul à des études de composition et d'orgue. En 1808 il se rendit à Leipsick, y vécut d'abord comme professeur de musique, puis fut nommé organiste de Saint-Pierre en 1810. Il est mort dans cette ville le 4 mai 1825. C'était un homme de peu de génie, mais un musicien instruit, dont les compositions pour l'église ne manquent pas d'un certain mérite de facture. On a de Drœbs plusieurs œuvres de sonates pour le piano, publiés à Leipsick chez Breitkopf et chez Hofmeister, des thèmes variés pour le même instrument, des préludes, des petites pièces et des fugues pour l'orgue, œuvres 4, 10, 12, 14, etc.; Leipsick, Breitkopf, et Bonn, Simrock.

DROLLING (JEAN-MICHEL), pianiste et compositeur, est né à Turckeim (Haut-Rhin) en 1790. Ayant été admis comme élève au Conservatoire de Musique de Paris, il a reçu des leçons d'Adam pour le piano et de Méhul pour la composition. Il a publié un grand nombre d'ouvrages pour le piano, parmi lesquels on remarque : 1° Des thèmes variés ; op. 1 et 2, Paris, P. Petit ; op. 10, Paris, Meissonnier ; op. 16, Paris, Richault ; op. 18, Hanry. — 2° *Di tanti palpiti*, varié pour piano et violon, op. 3 ; Paris, P. Petit. — 3° Des caprices pour piano seul, op. 4 et 14 ; Paris, P. Petit et Meissonnier. — 4° Des fantaisies idem, op. 15 et 20 ; Paris, P. Petit et Meissonnier. — 5° Un rondeau pastoral, op. 19 ; Paris, Hanry. — 6° Des duos pour piano à quatre mains, op. 5 et 17 ; Paris, Janet et Richault. — 7° Des duos pour piano et violon, op. 11, 12 et 22 ; Paris, Petit et Schœnenberg. Drolling a laissé en manuscrit un *Traité élémentaire d'Harmonie et de Composition*. Il est mort à Paris en 1839.

DROMAL (JEAN), chantre de l'église de Sainte-Croix, à Liège, vivait dans le dix-septième siècle. On connaît l'ouvrage suivant de sa composition : *Convivium musicum, in quo binis, ternis, quaternis, quinis et senis vocibus, necnon et instrumentis recolitur, cum basso continuo* ; Anvers, 1641, in-4°, opus 2.

DROPA (MATTHIAS), bon constructeur d'orgues, vivait au commencement du dix-huitième siècle à Lunebourg. On vante l'orgue qu'il a construit dans l'église de Saint-Jean de cette ville, ouvrage de quarante-sept jeux, trois claviers et pédale, qu'il a fini en 1705. Celui de l'église de Saint-Michel, composé de quarante-trois jeux, trois claviers, pédale et dix soufflets, est son meilleur ouvrage.

DROSTE-HULSHOFF (MAXIMILIEN, chevalier DE). *Voy.* HULSNOFF.

DROUAUX (HENRI-BLAISE), maître de musique, à Paris, dans la seconde moitié du dix-septième siècle, a publié un livre intitulé : *Nouvelle Méthode pour apprendre le plain-chant et la musique, divisée en quatre parties*; Paris, Gilles Blaisot, 1674, in-8°. La troisième édition de ce livre, divisée en deux parties, est datée de Paris, Christophe Ballard, 1687, in-8°. Il y en a une édition de 1690.

DROUET (LOUIS), flûtiste distingué et compositeur pour son instrument, né à Amsterdam en 1792, est fils d'un barbier français établi en cette ville. Un musicien, qui allait se faire raser chez son père, lui ayant donné une petite flûte, lorsqu'il n'était âgé que de quatre ans, s'aperçut, à la manière dont il en jouait, qu'il était doué des plus heureuses dispositions pour cet instrument; il le prit en affection et se chargea de son éducation musicale. Drouet avait déjà acquis quelque habileté quand il fut conduit à Paris par ses parents ; il entra comme élève au Conservatoire de Musique et y fit de rapides progrès sur son instrument. Sa réputation commença à s'étendre en 1813, lorsqu'il se fit entendre dans les concerts; ses succès furent brillants. Il fut attaché à cette époque à la musique de Louis XVIII, en qualité de première flûte. En 1815 il se rendit à Londres, où il fut fort applaudi. La confiance dont il ne tarda point à jouir en ce pays le détermina à y établir une fabrique de flûtes de nouveau modèle; mais cette entreprise ne réussit point, et M. Drouet fut forcé de quitter l'Angleterre en 1819. Depuis lors il a parcouru toute l'Europe, a visité la Russie, toutes les parties de l'Allemagne, la Suisse, l'Italie, est retourné à Paris en 1828, et a fait un court séjour à Londres en 1829; puis il est retourné en Allemagne par la Belgique et la Hollande, est revenu une troisième fois à Paris en 1832, y est resté plusieurs mois, s'est marié, et a vécu quelque temps en Suisse. En 1840 il est entré comme maître de chapelle à la cour de Saxe Cobourg, où il est resté environ quinze ans. Il était à Francfort en 1860. M. Drouet excellait dans les difficultés et dans les traits rapides; son double coup de langue était d'une admirable volubilité ; mais son intonation manquait de justesse, et son style était dépourvu d'expression et de grandiose. Partout où cet artiste s'est fait entendre, il a obtenu des succès. Il a fait graver un très-grand nombre d'œuvres de sa composition pour la flûte, parmi lesquels on remarque dix concertos publiés à Paris et en Allemagne, des fantaisies et thèmes variés avec orchestre, quatuor ou piano, des trios pour trois flûtes, dix œuvres de duos pour le même instrument, et un très-grand nombre de morceaux détachés de tout genre.

DROUET DE MAUPERTUY (JEAN-BAPTISTE), né à Paris en 1650, se livra dans sa jeunesse, à l'étude de la jurisprudence, et l'abandonna ensuite pour cultiver les lettres. Un oncle, fermier général, lui procura un emploi considérable dans la Provence; mais Drouet, en laissant tout le travail à ses commis, vit le désordre se mettre dans ses affaires et dissipa son riche patrimoine. Revenu à Paris à l'âge de quarante ans, il se dégoûta du monde, prit l'habit ecclésiastique en 1692, fit un séminaire de cinq ans, puis se retira dans l'abbaye de Sept-Fonts. En 1702 il obtint un canonicat à Bourges, le quitta, voyagea, revint à Paris, et se fixa enfin à Saint-Germain en Laye où il est mort en 1730, âgé de quatre-vingts ans. Les Mémoires de l'Académie royale des Sciences (ann. 1724, p. 215-226) contiennent l'analyse d'un *Mémoire sur la forme des instruments de musique*, qu'il avait adressé à cette société savante. Ce morceau est de peu de valeur et renferme beaucoup d'inexactitudes dans les faits.

DRUELE, en latin **DRUELÆUS** (CHRÉTIEN), pasteur à Kellinghausen, dans le Holstein, vers le milieu du dix-septième siècle, fut aussi compositeur de musique religieuse. Il a fait imprimer un recueil de vingt-neuf concerts à plusieurs voix sur les dix premiers psaumes de David, sous ce titre : *Psalmodia Davidica*, Hambourg, 1650.

DRUCKENMÜLLER (CHR.-WOLFGANG), musicien allemand, compositeur et vraisemblablement violoniste, paraît avoir vécu dans la seconde moitié du dix-septième siècle à *Hall-de-Souabe* (Schwæbisch-Hall), aujourd'hui ville du royaume de Wurtemberg. Il s'est fait connaître par un recueil de pièces instrumentales publié sous le titre bizarre : *Musikalisches Tafelconfect*, etc. (Confitures musicales detable, lesquelles consistent en sept parties, etc.); Hall-de-Souabe, 1638, in-8° oblong. Cette musique est écrite pour des violons, violes et basse de viole.

DRUZECHY ou **DRUSCHETZKY** (GEORGES), musicien hongrois, né vers le milieu du dix-huitième siècle, était, en 1787, attaché au service du comte de Grassalkovicz. Il a composé beaucoup de pièces d'harmonie pour deux clarinettes, deux hautbois, deux cors, deux bassons et trompette, ainsi que des concertos pour le hautbois et d'autres instruments à vent. Enfin on a de lui l'opéra de *Persée et Andromède*, le ballet de *Inkle et Yariko*, et une symphonie de bataille pour *Adèle de Ponthieu*. Druschetzky fut d'abord timbalier des états de la haute Autriche, à Lintz, et y publia, en 1783, six solos pour le violon.

DUBOIS (AMÉDÉE), violoniste et directeur de l'école communale de musique, à Tournay, est né dans cette ville le 17 juillet 1818. Après avoir appris les éléments de la musique et du violon par les soins d'un musicien nommé Moreau, il fut admis comme élève au Conservatoire de Bruxelles, en 1836, où M. Wéry fut son professeur. En 1838 le second prix de cet instrument lui fut décerné au concours, et il obtint le premier l'année suivante. Peu de temps après il partit pour Paris, s'y fit entendre avec succès dans quelques concerts, et fut engagé pour l'orchestre du *Casino Paganini*. Recherché dans les salons de cette capitale pour son talent gracieux, il ne s'éloignait de temps en temps de Paris que pour donner des concerts dans les départements, particulièrement dans le nord de la France. En 1851 il visita la Hollande, s'y fit entendre avec succès dans plusieurs villes, et fut décoré par le roi de l'ordre de la Couronne de chêne. Dans la même année il reparut à Paris et y donna un concert brillant. Rappelé dans sa ville natale pour y prendre la direction de l'école communale de musique, il s'y est marié, et s'y est livré avec ardeur aux soins que réclamait l'établissement qui lui était confié. Quelques morceaux pour le violon, de la composition de cet artiste, ont été publiés à Paris.

DUBOIS (CHARLES-VICTOR), organiste et professeur d'*harmonium* au Conservatoire de Bruxelles, est né à Lessines (Hainaut) le 11 décembre 1832. Une ophthalmie mal traitée dans son enfance le priva de la vue. Entré à l'institution des sourds-muets et aveugles de Bruxelles le 16 mai 1842, il y reçut son éducation musicale de l'organiste de cette maison religieuse, nommé *Frère Julien*. Après huit années d'études, M. Dubois sortit de l'institution, le 23 décembre 1850. Doué d'une rare intelligence et d'un sentiment musical distingué, il se fit bientôt remarquer par son talent sur l'*harmonium*, et fut attaché à la grande fabrique d'orgues et d'*harmoniums* de MM. Merklin et Schütz, à Bruxelles. Ses progrès étaient remarquables chaque année dans l'art de jouer de ces instruments. Son talent consiste particulièrement dans l'art d'en varier les effets de la manière la plus heureuse, et d'improviser des pièces très-développées, où toutes les richesses des sonorités sont employées avec beaucoup de tact. Un cours d'*harmonium* a été établi comme essai au Conservatoire de Bruxelles, et M. Dubois en a été nommé professeur. Ce jeune artiste, digne de beaucoup d'intérêt, s'est fait entendre avec succès dans les villes les plus importantes de la Belgique, à Paris, et dans plusieurs grandes villes de France. On a imprimé jusqu'à ce jour (1860) de sa composition : 1° Trois mélodies pour *harmonium*; Bruxelles, Katto, 1857. — 2° Pastorale idem, ibid., 1858. — 3° Caprice idem, ibid., 1858. — 4° Méthode pour harmonium, ibid., 1859.

DUBOS (JEAN-BAPTISTE), né à Beauvais en 1670, se livra d'abord à l'étude de la théologie, mais y renonça bientôt pour celle du droit public. Successivement employé par M. de Torcy, ministre des affaires étrangères, par le régent et par le cardinal Dubois, dans plusieurs négociations secrètes, il réussit et reçut en récompense des pensions et des bénéfices. Il quitta les affaires publiques pour se livrer à la culture des lettres, et ses ouvrages lui valurent l'entrée de l'Académie, en 1720. Il est mort à Paris le 23 mars 1742, âgé de soixante-douze ans. Parmi les ouvrages qu'il a publiés on remarque ses *Réflexions critiques sur la Poésie et sur la Peinture*, qui parurent en 1719 pour la première fois, 2 vol. in-12, et qui ont été souvent réimprimées en 3 vol. On trouve au premier vol. Sect. 45 : *De la musique proprement dite*. Sect. 46 : *Quelques réflexions sur la musique des Italiens; que les Italiens n'ont cultivé cet art qu'après les Français et les Flamands*. Sect. 47 : *Quels vers sont les plus propres à être mis en musique*. L'abbé Dubos manquait des connaissances nécessaires pour traiter de tout cela d'une manière utile.

DUBOURG (MATTHIEU), l'un des meilleurs violonistes que l'Angleterre ait produits, naquit, en 1703, d'un maître de danse nommé *Isaac*. Lorsqu'il eut atteint sa onzième année, il fut placé sous la direction de Geminiani, qui lui communiqua son excellente méthode. En 1728 il fut appelé à Dublin pour y remplir la place de premier violon et de compositeur des concerts de cette ville. Après un séjour de quelques années en Irlande, il passa au service du prince de Galles, et à la mort de Festing, en 1752, il devint directeur de la troupe du roi, place qu'il occupa jusqu'à sa mort, arrivée en 1767. Burney rapporte sur lui l'anecdote suivante : Accompagnant un jour, au théâtre, un air avec violon obligé, il s'égara si bien dans un point d'orgue que Hændel, qui conduisait l'orchestre, lui cria, lorsqu'il revint dans le ton : *Grâces au ciel, monsieur Dubourg, vous voilà enfin rentré chez vous!* exclamation qui valut au violoniste les applaudissements de toute la salle. Dubourg est connu comme compositeur par quelques morceaux de musique vocale qu'il écrivit en Irlande, et par un grand nombre de solos et de concertos de violon; aucun de ces ouvrages n'a été publié.

DUBOURG (GEORGES). Sous ce nom, qui n'est peut-être qu'un pseudonyme, on a publié en Angleterre un livre qui a pour titre: *the Violin and its professors, from the earliest period to the present time, with originals Memoirs and Anecdotes of Paganini's*, etc.; Londres, 1836, in-8°. La troisième édition a paru en 1850 à Londres, chez M. Rob. Cocks, 1 vol. in-12. Ce volume renferme des choses curieuses et de bons renseignements sur quelques violonistes.

DUBREUIL (JEAN), maître de clavecin, né à Paris vers 1710, est mort dans la même ville en 1775. Il a donné un *Manuel harmonique, ou Tableau des accords pratiques*; Paris, 1767.

in-8°, qui n'est qu'une rapsodie dénuée de tout mérite, et un recueil d'airs, sous le nom de *Dictionnaire lyrique*; Paris, 1769, 2 vol. in-8°, avec un supplément en deux volumes, publié en 1771.

DUBUGRARRE (....), organiste de Saint-Sauveur de Paris, fut au nombre des professeurs de musique qui plaidèrent contre Guignon, roi des violons, vers le milieu du dix-huitième siècle, comme on le voit par l'arrêt du parlement du 30 mai 1750. Dubugrarre a publié, en 1754, un ouvrage élémentaire qui a pour titre : *Méthode plus courte et plus facile que l'ancienne pour l'accompagnement du clavecin*; Paris, in-fol. obl. En 1760 ce musicien a donné aussi des principes élémentaires de musique en un petit volume in-24, sous le titre d'*Étrennes à la jeunesse, où l'on détaille les principes de la musique*.

DUC (Philippe De), compositeur belge, vivait dans la seconde moitié du seizième siècle et paraît s'être fixé en Italie. On connaît sous son nom : 1° *Madrigali a quattro voci, con una serenata e un dialogo a otto*; Venise, G. Scotto, 1570. — 2° *Madrigali a cinque et sei voci*; Venise, Giac. Vincenti e Ricciardo Amadino, in-4° obl., 1586. — 3° *Il primo libro de Madrigali a 4, 5 e 6 voci*; Venise, 1591, in-4°. — 4° *Le Virgine, a sei voci, con un dialogo a otto nel fine, novamente composti, libro primo. In Venezia, app. li figliuoli d'Antonio Gardano*, 1574, in-4° obl.

DUCA (Jean), professeur de chant, né en Italie, s'est fixé à Paris vers 1848, et y a publié un livre intitulé : *Conseils sur l'étude du chant*, traduits de l'italien par M. J. Boyer; Paris, Bonoldi frères, 1851, 1 vol. in-8° de 214 pages. Cet ouvrage, bien écrit, renferme une exposition simple et claire des éléments de l'art du chant.

DUCANCEL (Charles-Pierre), fils d'un chirurgien de Beauvais, naquit dans cette ville et exerça, pendant la révolution française, la profession de *défenseur officieux*, à Paris, puis celle d'avoué, jusqu'en 1810. Il avait embrassé les principes de la Révolution avec ardeur; mais, après l'arrestation de Louis XVI à Varennes et les événements du 10 août, il revint avec enthousiasme aux sentiments monarchiques et écrivit des brochures hardies contre les terroristes. Plus tard il fit représenter quelques comédies au théâtre Louvois et au théâtre Montansier. Estimé pour sa probité, mais homme passionné, d'une instruction médiocre, et esprit de peu de portée, il écrivait fort mal, et pas un bon ouvrage n'est sorti de sa plume. Il s'est retiré dans une propriété qu'il avait à Clermont, département de l'Oise. En 1815 il fut nommé sous-préfet de ce lieu ; mais le ministère, mécontent des élections de son arrondissement en 1816, le priva de son emploi, et depuis lors il vécut dans la retraite. Il est mort à Clermont en 1835. Ducancel a publié une brochure de plus de 200 pages ayant pour titre : *Mémoire pour J.-F. Lesueur, un des inspecteurs de l'enseignement au Conservatoire de Musique, en réponse à la partie d'un prétendu recueil de pièces imprimé, soi-disant, au Conservatoire, et aux calomnies dirigées contre le cit. Lesueur par le cit. Sarrette, directeur de cet établissement; contenant en outre quelques vues d'amélioration et d'affermissement dont le Conservatoire paraît susceptible*; Paris, 1802, in-8°. On a aussi de Ducancel : *Mémoire au roi, pour : 1° Colombe Rigiery, dite Colombe aînée; 2° Marie-Madeleine Rigiery cadette, dite Adeline; 3° Pierre-Joseph Narbonne; 4° Joseph Dorsonville; 5° Charlotte-Rosalie Pitrot; 6° Jeanne-Louise-Élisabeth Verteuil; 7° Paul-Marie Langlois, dit Courcelles; 8° Pierre-Philibert Granger; 9° Jean-Pierre Valroy; tous anciens comédiens italiens ordinaires du roi et pensionnaires de Sa Majesté, contre les comédiens ordinaires du roi, sociétaires actuels de l'Opéra-Comique*; Paris, Le Normant, 1815, in-4° de 44 pag. L'objet de ce Mémoire était de faire admettre comme pensionnaires de l'Opéra-Comique les anciens acteurs du théâtre qui avaient été réunis aux acteurs du théâtre Feydeau.

DUCANGE (Charles **DUFRESNE**). Voy. Cange (du).

DUCAURROY (François-Eustache). Voy. Caurroy (du).

DUCCI (Les frères Antoine et Michel-Ange), facteurs d'orgues à Florence, ont placé à l'exposition universelle de l'industrie, à Londres, en 1851, un orgue ingénieusement conçu. Cet instrument renferme un principal ou montre de 8 pieds, divisé en deux demi-registres ; une flûte de 4, également divisée par moitié, une doublette, un flageolet, un *larigot*, et une trompette de 8 divisée en deux demi-registres, le tout contenu dans une caisse étroite dont la hauteur n'est que de 1 mètre 46 centimètres, la largeur 96 centimètres, et la profondeur 52. Tout le mécanisme et le placement des tuyaux dans un espace si restreint indiquent une grande intelligence dans les dispositions. Mais la partie essentiellement remarquable de ce singulier instrument consiste dans le jeu de la pédale, dont le clavier, d'*ut* à *ut*, a l'étendue d'une octave divisée en douze demi-tons. Cette pédale est un bourdon de 16 pieds dans la note la plus grave. Les douze demi-tons sont produits par le même tuyau en bois de 4 pieds, placé dans la caisse qui sert de siége à l'organiste. Ce tuyau, étant bouché, ne pourrait produire que l'intonation d'un tuyau ouvert de 8 pieds pour la note la plus grave, répondant à l'*ut* de la quatrième corde du violoncelle; mais, par les circuits que l'air est contraint de faire dans la capacité du tuyau, le son est baissé d'une octave et sonne le 16 pieds. Des ouvertures pratiquées dans la paroi supérieure du tuyau, et fermées par des espèces de soupapes à ressort, servent à produire les douze demi-tons chromatiques, qui répondent aux marches du clavier de pédales et fonctionnent avec beaucoup de régularité. De cette combinaison résulte une puissance de sonorité qui paraît incompatible avec les proportions d'un si petit instrument. Le jury de l'exposition a décerné une médaille de prix aux inventeurs de cet orgue ingénieux.

Les mêmes industriels ont voulu appliquer leur principe à un instrument, basse d'orchestre, auquel ils ont donné le nom de *baristate*; mais les résultats qu'ils ont obtenus n'étaient pas satisfaisants.

DUCERCEAU (Jean-Antoine), né à Paris le 12 novembre 1670, entra chez les jésuites le 12 janvier 1688. Ayant été nommé précepteur du prince de Conti, il l'accompagna à Véret, château du duc d'Aiguillon, près de Tours. Le jeune prince, en maniant un fusil qui avait été chargé à balle, sans qu'il le sût, eut le malheur de tuer son précepteur, le 4 juillet 1730. P. Ducerceau fut l'un des rédacteurs du Journal de Trévoux, où il a inséré : *Dissertation adressée au père Sanadon, où l'on examine la traduction et les remarques de M. Dacier sur un endroit d'Horace, et où l'on explique par occasion ce qui regarde le tétracorde des Grecs*; Mém. de Trévoux, t. LII, pag. 100-141 et 284-310. Le passage d'Horace qui donna lieu à cette dissertation est celui-ci (Ode 9ᵉ du 5ᵉ livre) :

Sonante mistum tibiis carmen lyra,
Hac Dorium, illis barbarum.

S'appuyant sur l'autorité de l'ancien scoliaste d'Horace, le P. Ducerceau voulait que le mode appelé *barbare* par ce poëte fût, non le lydien, mais le phrygien, dans lequel les flûtes auraient accompagné la lyre, qui jouait dans le mode dorien. Pour faire coïncider ces modes, il imaginait, d'après les notes de Wallis sur Ptolémée, de transporter le mode dorien dans notre ton de *la* mineur et le mode phrygien dans celui de *la* majeur, prétendant que la lyre, et les flûtes jouaient, non pas ensemble, mais alternativement dans ces deux modes. Dans une analyse de la traduction d'Horace par le P. Sanadon, qui fut insérée au *Journal des Savants* du mois de mai 1728, se trouve une critique de ces idées du P. Ducerceau, dont on fait voir le faux et l'arbitraire. Une réponse fort longue et peu polie fut faite à cette critique par Ducerceau ; elle parut dans les *Mémoires de Trévoux* (novembre et décembre 1728, janvier et février 1729). Une réplique modérée et fort bien faite, quoiqu'elle avance peu l'état de la question, fut publiée dans le *Journal des Savants* du mois de mai 1729. Elle porte particulièrement sur l'impossibilité d'entendre les vers d'Horace dans le sens que lui donne le P. Ducerceau, c'est-à-dire par la supposition que la lyre et les flûtes ne se faisaient entendre qu'alternativement. On y discute aussi la question de la transposition des modes, et l'on fait voir que les opinions du jésuite sont complétement erronées sur ce sujet. Cette réplique termina la dispute. Le passage qui y donna lieu avait déjà été examiné dans un Mémoire des Transactions philosophiques de 1702 (voyez Molineux), et a été reproduit depuis dans les Mémoires de l'Académie des Inscriptions, tome 35, pages 360-363. (*Voy.* Chabanon.)

DUCHAMBGE (Mᵐᵉ Pauline), ou **DU CHAMBGE**, née à la Martinique, en 1778, d'une famille noble et riche, fut amenée très-jeune à Paris, et reçut sa première éducation dans un couvent, où elle eut Desormery pour premier maître de piano. Après les événements du mois d'août 1792 elle fut tirée de cette retraite et rentra chez ses parents. A vingt ans elle perdit son père, sa mère et sa fortune. Ce fut vers cette époque qu'elle épousa le baron Duchambge, qui ne la rendit point heureuse; un divorce s'en suivit, et une modique pension fut la seule ressource qui lui resta pour vivre. La simplicité de ses goûts, l'ordre et l'économie la rendirent suffisante. C'est vers cette époque (1860) que Mᵐᵉ Duchambge se livra avec ardeur à son penchant pour les arts, particulièrement pour la musique, et qu'elle y fit des progrès remarquables. Liée avec plusieurs artistes de grand mérite, parmi lesquels on remarquait Dussek, dont les leçons perfectionnèrent son talent de pianiste, Cherubini, qui écrivit pour elle quelques compositions restées inédites, Auber, pour qui elle eut un sentiment plus tendre que l'amitié, Rode, Lamare, Girodet, Legouvé, elle puisait dans leur conversation des notions du beau qui répondaient à son propre sentiment. Son entretien, où régnait toujours une certaine mélancolie, était plein de douceur et de charme. Son double talent de pianiste et de cantatrice se ressentait de cette disposition de son âme. En 1814, Mme Duchambge, victime des événements politiques, perdit la pension qui jusqu'alors avait suffi à ses besoins; elle dut chercher dans ses talents d'autres ressources. Quelques morceaux de piano, et plusieurs romances où l'on trouvait de la distinction, l'avaient fait connaître des amateurs; elle eut bientôt des élèves et se consacra à l'enseignement autant que le lui permettait sa constitution délicate. C'est dans cette carrière pénible et dans la composition d'une multitude de romances charmantes qu'elle parvint à la vieillesse. Lorsque les forces lui manquèrent, elle se confina chez elle, ne conservant de relations qu'avec un très-petit nombre d'amis intimes. Elle finit par être oubliée. Mme Duchambge s'est éteinte à l'âge de quatre-vingts ans, le 23 avril 1858. On a gravé de sa composition : 1° Trois études et un caprice pour le piano; Paris, Pleyel. — 2° Deux thèmes variés pour le piano; Paris, Le Duc. Mais c'est surtout par le charme de ses romances que Mme Duchambge a conquis une place parmi les artistes distingués; elle en a composé plus de trois cents. Quelques-unes sont comptées parmi les meilleures productions de ce genre; pour n'en citer que les plus célèbres, je mentionnerai *l'Ange gardien*, *la Brigantine*, *la Séparation*, *le Bouquet de bal*, *le Matelot*, *le Rêve du Mousse*, *le Couvre Feu*, *Angèle*, etc. Les mélodies de Mme Duchambge se font remarquer par une sensibilité douce et l'élégance de la forme.

DUCHAMP (Marie-Catherine-Césarine), née à Paris le 14 mai 1789, entra d'abord dans la classe de chant de Plantade, au Conservatoire de Musique, le 15 pluviôse an XIII (31 janvier 1805), et devint ensuite élève de Garat, le 9 mars 1807. Mademoiselle Duchamp possédait une très-belle voix de contralto et avait acquis par les leçons de Garat un fort beau talent qu'elle fit admirer dans les concerts depuis 1813 jusqu'en 1817; mais une surdité dont elle fut atteinte, et qui augmenta progressivement, ne lui permit plus de se faire entendre; cependant elle a continué d'enseigner le chant pendant plusieurs années. Elle a publié à Paris quelques romances avec accompagnement de piano.

DUCHARGER (...), professeur de musique, suivant ce qu'il nous apprend dans un de ses écrits, était né à Dijon dans la première moitié du dix-huitième siècle. Il est très-vraisemblable qu'il y a identité entre cet artiste et un musicien nommé *Charger* dans la première édition de cette Biographie, qui fut attaché au service du prince de Conti entre 1745 et 1749, ainsi qu'avec un académicien de Dijon indiqué sous le nom de *Chargey (De)*, dans *la France littéraire* de M. Quérard, et simplement *Chargey* dans notre première édition. Par une lettre que Ducharger écrivit à Rameau en 1753, on voit qu'il était alors à Saint-Malo. En 1761, époque où il publia un de ses ouvrages, il demeurait à Rennes; et, enfin, si, comme je le crois, il est le même que *De Chargey*, cité par Quérard comme l'auteur d'un autre opuscule concernant la musique, il retourna ensuite à Dijon, où il était en 1773. Quoi qu'il en soit, il parut sous le nom de *Charger* ou *Ducharger*, à Paris, en 1745, une cantatille intitulée : *le Pouvoir de l'amour*, et quatre ans plus tard, dans la même ville, un livre de sonates en trios pour le violon. Sous le nom de *Ducharger, de Dijon*, fut publié ensuite un écrit qui a pour titre : *Réflexions sur divers ouvrages de M. Rameau*; Rennes, 1761, in-12 de 47 pages. L'auteur établit très-bien dans cet écrit que le système de la basse fondamentale repose sur une base fausse, Rameau n'ayant pu trouver dans le principe du corps sonore l'accord de la sous-dominante, indispensable à ce système, si ce n'est par la supposition gratuite d'une résonnance appelée *sous-multiple* par Rameau ; supposition suivant laquelle la corde mise en vibration ferait entendre un accord parfait dont le son de la corde serait la quinte. Il ne faut pas confondre cette prétendue résonnance avec le phénomène du *troisième son*, sur lequel Tartini (*voy.* ce nom) a bâti son système. Le dernier écrit qui paraît appartenir à Ducharger, et non à *De Chargey*, est intitulé : *Entretiens d'un musicien français avec un gentilhomme russe sur les effets de la musique moderne, ou tableau des concerts de province, avec des lettres à l'Académie de Dijon, à d'Alembert, Marmontel et J.-J. Rousseau*; Dijon, 1773, in-8°.

DUCHEMIN (Nicolas), graveur, fondeur de caractères typographiques et imprimeur de musique à Paris, naquit à Provins vers 1510. Un très-grand nombre d'œuvres de musique est sorti de ses presses, depuis 1550 jusqu'en 1571. Ses éditions sont nettes, ses caractères élégants et d'une bonne dimension. Duchemin a aussi fait usage des caractères gravés par Nicolas Devilliers et Philippe Danfrie. Peignot dit (*Dictionn. raisonné de Bibliologie*, t. III, p. 111) que Duchemin a imprimé depuis 1541 jusqu'en 1544; il ne s'est pas souvenu qu'il avait cité dans le premier volume du même ouvrage (page 470) le recueil de messes de divers auteurs, avec un titre-général qui porte la date de 1568, in-fol. max. C'est pour ces messes, publiées séparément depuis 1556, que Duchemin fit graver, en 1555, les grands caractères de

Devilliers et de Danfrie. Les exemplaires de recueils de compositions publiés par Duchemin sont aujourd'hui d'une grande rareté. Il a imprimé aussi quelques traités de musique dont le moins connu, sans nom d'auteur, est intitulé : *L'Art, science et pratique de Plaine Musique, et de l'institution musicale, très-utile, profitable et familière;* Paris, Nic. Duchemin, 1556, in-12. Après la mort de Duchemin, ses poinçons et matrices ont passé chez Guillaume Le Bé.

DUCIS (BENOIT), compositeur du seizième siècle, naquit vraisemblablement à Bruges vers 1480, suivant quelques indications qu'on trouvera plus loin. Ce musicien est désigné souvent sous le nom de *Benedictus* par les auteurs anciens qui en ont parlé, ainsi que dans les recueils où l'on trouve quelqu'une de ses compositions. Celles-ci portent tantôt le nom de *Benedictus* simplement, tantôt celui de *Benedictus Ducis*, et même quelquefois celui de *Ducis* seul. C'est le même musicien que Gesner (*Biblioth. univers.*), et, d'après lui, Walther et Gerber ont appelé *Dux*, quoique, suivant l'usage parmi les auteurs anciens des Pays-Bas, les noms latinisés soient en général placés au génitif; il est vrai que le nom de *Dux* se trouve sur un recueil d'Odes d'Horace mises en musique à trois et à quatre voix, lequel a été publié à Ulm en 1539, ainsi que sur quelques mélodies placées par Hans Walter dans son *Cantionale*. Ce nom latin a fait croire à Kiesewetter que le nom véritable de Ducis est Herzog, et qu'il était Allemand de naissance (*voy.* le supplément du Mémoire de Kiesewetter sur les musiciens néerlandais, art. 3, p. 86, et *Geschichte der europæisch-Abendlændischen oder unsrer heutigen Musik,* page 61). D'autres en ont fait un Suisse, en le confondant avec *Benoît d'Appenzell* (*voy.* ce nom). J'ai démontré dans la notice sur celui-ci, par un monument authentique, qu'il n'y a pas d'identité entre ces deux artistes, et que Ducis est plus ancien que Benoît d'Appenzell. Dans la première édition de cette Biographie j'ai émis l'opinion que Ducis était Belge de naissance, et que son nom flamand était *Hertoghs* (Duc), latinisé dans celui de Ducis ; des documents récemment découverts, dans les archives d'Anvers, par M. Léon de Burbure (*voy.* ce nom), démontrent que j'étais dans le vrai. On voit, dans les registres de la confrérie de Saint-Luc d'Anvers, que Ducis ou Hertoghs fut *prince de la Gilde,* c'est-à-dire chef de cette confrérie, ce qui était alors la plus haute dignité qu'un artiste pût obtenir dans les Pays-Bas. On voit aussi, dans les registres de l'église Notre-Dame de cette ville, qu'il était, dans le même temps, organiste spécial de la chapelle de la Vierge, dans cette collégiale. Des offres avantageuses lui ayant été faites pour qu'il s'établît en Angleterre, il les accepta et partit d'Anvers en 1515. Après cette date on n'a plus de renseignements sur lui. Henri VIII régnait alors, et, sans doute, amateur passionné de musique et compositeur, ce fut lui qui attira à sa cour le musicien belge, le plus célèbre alors de ceux qui habitaient les Pays-Bas. J'ai fait de vaines recherches chez les historiens anglais du même temps pour découvrir quelque indication relative à Ducis. Cependant il est hors de doute qu'il vivait encore en 1531, et même après, car il a composé une Monodie sur la mort de Josquin Deprés, qui avait été son maître de composition, et qui, comme je l'ai fait voir dans la notice de cet illustre musicien, ne mourut que dans cette même année. De tout ce qui précède il résulte que la carrière d'artiste de Ducis appartient à la première moitié du seizième siècle, ou, plus exactement, aux quarante premières années.

Benoît Ducis est à juste titre placé au rang des maîtres les plus distingués de son temps. Son style a de la clarté, de l'élégance dans les mouvements des voix ; son harmonie a de la plénitude et de la pureté ; ses thèmes d'imitation sont ingénieux et riches de développements ; enfin il a toutes les qualités qu'on recherchait à une époque où le sentiment esthétique n'avait pas encore placé l'art dans le domaine de l'imagination libre. La Monodie à quatre voix qu'il a écrite à l'occasion de la mort de Josquin Deprés est jusqu'à ce jour le seul morceau de Ducis qui ait été publié en partition. Burney (1) et Forkel (2) l'ont insérée dans leurs Histoires de la Musique ; mais il existe dans plusieurs recueils manuscrits et imprimés au seizième siècle un grand nombre de motets et de chansons de cet artiste. La Bibliothèque royale de Munich en possède quelques morceaux ; un précieux manuscrit daté de 1542, lequel a appartenu à Zéghère de Male et se trouve aujourd'hui dans la bibliothèque publique de Cambrai (n° 124, 4 vol. in-4° obl.), ce manuscrit, dis-je, dont M. de Coussemaker a donné la description (3), renferme douze chansons françaises à 4 parties, le motet *Da pacem, Domine,* le chant funèbre sur la mort de Josquin Deprés, et une pavane pour quatre instruments, tous de Ducis. Les Odes d'Horace, mises en musique à quatre voix par le même, ont été publiées sous ce titre : *Harmonien über alle Oden des Horaz, für 3 und 4 Stimmen, der Ulmer Ju-*

---

(1) *A General History of Music,* t. II, p. 513.
(2) *Allgem. Geschichte der Musik,* t. II, p. 601.
(3) *Notice des collections musicales de la Bibliothèque de Cambrai,* p. 68-91.

gend zu Gefallen in Druck gegeben, etc. (Harmonies sur toutes les Odes d'Horace pour 3 et 4 voix, etc.); Ulm, 1539. Quoique le titre de ce recueil soit en allemand, la musique est écrite sur le texte du poète latin. Ce titre a fait croire à Gerber (1) que Ducis était professeur de musique à Ulm à l'époque de cette publication, parce que l'ouvrage était destiné à la jeunesse de cette ville; le fait en lui-même n'a rien d'invraisemblable, car, Henri VIII ayant séparé son royaume de la communion romaine en 1534, Benoît Ducis, catholique fervent, comme on l'était alors en Belgique, n'aura pas voulu rester au service d'un prince schismatique, ni écrire de la musique pour le nouveau culte. Il est donc moins étonnant qu'il ait accepté une position dans une ville impériale qu'il ne le serait qu'il eût destiné un de ses ouvrages à la jeunesse d'une ville éloignée, où il n'aurait pas été lui-même. Une messe à quatre parties se trouve dans deux manuscrits de la bibliothèque de Cambrai, cotés n°s 4 et 24; dans le premier elle porte le titre d'une chanson flamande *Myn Hert* (Mon Cœur); dans l'autre l'inscription est *Myn Hertequin heeft altyd verlangen* (Mon petit cœur désire toujours). J'ai dit, dans la première édition de cette Biographie, que cette messe est de Ducis, et je crois être certain que mon opinion à cet égard est fondée; mais je n'ai point conservé le souvenir de la source où j'ai trouvé ce renseignement. Depuis 1822 je n'ai point revu les manuscrits de Cambrai, dont la valeur est très-considérable, et dont j'ai signalé l'existence avant tout autre; depuis lors M. de Coussemaker s'est livré à l'examen de ces manuscrits et en a publié la description : il n'a pas trouvé, dit-il, d'indication de l'auteur de la messe *Myn Hert*; ce n'est donc pas là que j'ai pris mes renseignements, mais j'en ai eu certainement d'autre part.

Les recueils qui contiennent des compositions religieuses ou des chansons françaises à trois et quatre parties, sous le nom de *Benedictus*, et sans autre indication, sont en assez grand nombre; il est difficile de décider quelles sont celles qui appartiennent à Benoît Ducis ou à Benoît d'Appenzell; cependant il est vraisemblable que c'est dans les recueils dont les dates sont les plus anciennes, et dans ceux qui ont été imprimés à Augsbourg et à Nuremberg, que se trouvent les ouvrages de Ducis (s'il est vrai toutefois qu'il s'soit retiré à Ulm), et que les autres, publiés à Anvers et à Louvain, depuis 1544 jusqu'en 1560, contiennent les productions de Benoît d'Appenzell.

(1) *Neues Lexikon der Tonkünstler*, tome I, col. 972

Quoi qu'il en soit, voici les titres de ces collections : 1° *Novum et insigne opus musicum, sex, quinque et quatuor vocum, cujus in Germania hactenus nihil simile usquam est editum*; Noribergæ, arte Hieronymi Graphæi, 1573, petit in-4° obl. Les pièces de *Benedictus* se trouvent dans le deuxième volume de cette collection. — 2° *Psalmorum selectorum quatuor et quinque vocum a præstantissimis musicis in harmonias redactorum*; Norimbergæ; apud Jo. Petreium, 1539, petit in-4° obl. Les psaumes de Benedictus sont dans les deuxième et troisième volumes. — 3° *Selectæ Harmoniæ quatuor vocum de Passione Domini*; *Vittebergæ*, apud Georg. Rhau, 1538, petit in-4° obl. — 4° *Tertius liber Mottetorum ad quinque et sex voces. Opera et solertia Jacobi Moderni, alias dicti* GRAND JACQUES; Lugduni, 1538, in-4°. — 5° Collection de petites chansons allemandes pour divers instruments, publiée par Fœrster sous ce titre : *Ein Auszug guter alter und newer Teutschen-Liedlein, einer rechten teutsche-Art, auff allerley Instrumenten zu gebrauchen, ausserlesen*; Nuremberg, J. Pétréjus, 1re et 2e parties, 1539-1540. — 6° *Selectissimæ nec non familiarissimæ Cantiones ultra centum, variis idiomatæ vocum, etc., a sex usque ad duas voces*; *Augustæ Vindelicorum, Melchior Kriesstein excudebat*, 1540, petit in-4° obl. — 7° *Trium vocum Cantiones centum*; Norimbergæ, J. Petrejus, 1541, in-4°. — 8° *Quintus liber Mottetorum quinque et sex vocum*, etc.; Lugduni, Jac. Moderni, 1543, in-4°. — 9° *Le quatrième livre des Chansons à quatre parties, auquel sont contenues 34 chansons nouvelles, etc.*; imprimées à Anvers, chez Tylman Susato, 1544, in-4° obl. On trouve aussi trois chansons à 4 et 5 voix de Benedictus dans le 5e livre, *ibid.*, 1544; à 4, 5 et 6 voix dans le 6e livre, *ibid.*, 1545, et enfin, c'est dans le septième qu'a été publiée la Monodie de Ducis sur la mort de Josquin Deprès, *ibid.*, 1545. — 10° *Cantiones octo, sex, quinque et quatuor vocum, omnium jucundissimi nuspiam antea* (sic) *æditi. Augustæ Vindelicorum, Philippus Uhlardus excudebat*, 1545, petit in-4° obl. — 11° *Cantiones sex et quinque vocum longe gravissimæ, juxta ac amenissimæ, in Germania maxime hactenus typis non excusæ*; Augustæ Vindelicorum, Melchior Kriestein, 1545, petit in-4° obl. Salblinger (voy. ce nom) fut l'éditeur de ces recueils. — 12° *Cantiones sacræ, quas vulgo Motteta vocant, ex optimis quibusque hujus ætatis musicis selectæ libri quatuor*;

Antverpiæ, apud *Tylmanum Susato*, 1546-1647, in-4° obl. — 13° *Cantionum sacrarum, quas vulgo Motetta vocant, 5 et 6 vocum, ex optimis quibusque musicis selectarum, Libri I-VIII*; Lovanii, apud Petrum Phalesium, 1554-1558, in 4° obl. Je crois que les pièces contenues dans ces derniers recueils appartiennent à Benoît d'Appenzell.

DUCLOS (Charles Pineau), né à Dinan, en Bretagne, en 1704, fut envoyé fort jeune à Paris pour y faire ses études. En 1739 il fut reçu à l'Académie des Inscriptions et Belles-Lettres, et en 1747 à l'Académie Française, dont il devint le secrétaire perpétuel en 1755. Il est mort à Paris le 26 mars 1772, dans sa soixante-neuvième année. Parmi ses ouvrages on remarque : *Mémoire sur l'art de partager l'action théâtrale, et sur celui de noter la déclamation qu'on prétend avoir été en usage chez les Romains*, dans les Mémoires de l'Académie des Inscriptions, t. XXI, p. 191-208. Il est aussi l'auteur de l'article *Déclamation*, dans l'Encyclopédie méthodique, où il est question de la musique théâtrale. On trouve ces deux morceaux dans la collection de ses Œuvres donnée par Desessarts, en dix volumes in-8°; Paris, 1806.

DUCLOS (. . .), horloger de Paris, inventa, en 1782, une machine destinée à indiquer la division des temps de la mesure en musique. Il appela cette machine *rhythmomètre*. Elle fut approuvée par les professeurs de l'École royale de Chant, et Gossec, l'un d'eux, fit sur cet instrument un rapport favorable qui a été imprimé dans la même année, en un quart de feuille in-8°.

DUCRAY-DUMINIL (François-Guillaume), né à Paris en 1761, succéda en 1790 à l'abbé Aubert dans la rédaction des Petites-Affiches de Paris. Il est mort à Ville-d'Avray le 29 octobre 1819, à l'âge de cinquante-huit ans. Auteur de beaucoup de romans mal écrits, mais où l'on trouve de l'intérêt. Ducray-Duminil a fait aussi des pièces de théâtre, des vaudevilles dont il a composé les airs pour les théâtres des boulevards de Paris, et s'est fait connaître, comme musicien, par *Six Romances tirées du roman de Lolotte et Fanfan, avec accompagnement de harpe ou de clavecin*; Paris, Boyer, 1788. — 2° *Six Romances tirées d'Alexis, ou la Maisonnette dans les bois*; ibid., 1789. — 3° *Six Romances tirées des lettres à Émilie*, ibid.

DUCREUX (Emmanuel), fils d'un peintre de portraits au pastel, naquit à Paris en 1765. Destiné par son père à la peinture, il fit d'abord des études pour se livrer à l'exercice de cet art; mais son goût pour la musique le lui fit abandonner. Il apprit à jouer de plusieurs instruments à vent, particulièrement de la flûte et du basson, et entra à l'orchestre du Théâtre-Français, en 1789, pour ce dernier instrument. Il est mort à Paris vers 1812. On a de sa composition : 1° Symphonie concertante pour deux flûtes principales; Paris, 1795, Sieber. — 2° Symphonie idem, n° 2; ibid. — 3° Six Duos non difficiles pour deux flûtes, œuvre 3; ibid. — 4° Duos pour flûtes et basson, extraits des œuvres de J. Haydn et Mozart, liv. 1, 2; ibid. — 5° Des airs variés pour flûte seule; Paris, Corbaux. — 6° Les Folies d'Espagne, variées pour basson; ibid. Ducreux a eu un fils qui, après avoir été quelque temps musicien dans un régiment, a été souffleur de musique à l'Opéra-Comique, en 1818. Il a arrangé des airs d'opéras pour deux violons.

DUERNER (J.), violoniste et compositeur, est né en Bavière vers 1812. Il fut d'abord employé à la cour de Dessau comme violoniste, et reçut du maître de chapelle Frédéric Schneider des leçons de composition. En 1838 il était directeur de musique à Anspach et s'y distingua par la composition de plusieurs recueils de chants pour des chœurs de voix d'hommes. En 1844 il obtint la place de professeur de musique à l'Université. Une symphonie à grand orchestre composée par cet artiste a été exécutée à Dessau en 1838 et à Leipsick en 1844. Il a publié à Leipsick, chez Peters, une bonne sonate pour piano et violon, œuvre 15. Duerner est connu particulièrement en Allemagne par un grand nombre de recueils de *Lieder* à une voix seule avec accompagnement de piano, œuvres 5, 6, 8, 9, 10, 11, 12, 13, 14, etc.

DUFAUR (Pierre), ou **DUFAUR DE SAINT-JORY**, fut un des plus savants hommes du seizième siècle. Après avoir été conseiller au grand conseil, puis maître des requêtes, il fut élevé à la dignité de premier président du parlement de Toulouse, le 8 juillet 1597, et mourut d'apoplexie, le 18 mai 1600, en prononçant un arrêt. Parmi ses ouvrages on en remarque un qui a pour titre : *Agonisticon, sive de re athletica, ludisque veterum gymnicis, musicis atque circensibus, spicilegiorum tractatus, tribus libris comprehensi, opus tessellatum*, etc.; Toulouse, 1595, in-4°. Cet ouvrage a eu plusieurs éditions.

DUFAY ou **DU FAY** (Guillaume), célèbre compositeur de la fin du quatorzième siècle, partage avec Égide Binchois et Jean Dunstaple la gloire d'avoir épuré l'harmonie, de l'avoir affranchie des formes grossières et des successions de quintes, d'octaves et d'unissons qui entachent les productions des plus habiles musiciens du milieu du quatorzième siècle, tels que François Landino de Florence, Jacques de Bologne, Guillaume de Machault et autres; enfin, de lui avoir imprimé un caractère de suavité qui a été se perfectionnant jusqu'à la fin du seizième siècle, dans la tonalité du plain-chant. Tinctor ou Tinctoris a fait de Dufay un Français; il se pourrait toutefois qu'il eût été mal informé, car j'ai trouvé, dans un traité manuscrit de musique du commencement du seizième siècle, cette phrase : *Secundum doctrinam Wilhelmi Dufais, Cimacensis Hann.* (selon la doctrine de Guillaume Dufay, de Chimay en Hainaut) (1). Mon savant ami et parent Henri Delmotte, trop tôt enlevé aux lettres et à l'histoire des arts, m'a objecté contre ce fait qu'il y avait peu de noms propres au quatorzième siècle qui ne fussent des indications de lieux de naissance, de profession ou de sobriquets; qu'il était vraisemblable que le nom de Dufay était *Guillaume*, et que *Dufay* indiquait qu'il était né dans un lieu appelé *le Fay*. S'il en était ainsi, Guillaume Dufay serait encore né dans le Hainaut, car on trouvait dans l'ancienne province de ce nom, intendance de Maubeuge, gouvernement de Landrecies, les communes de *Fay-la-Ville* et *Fay-le-Château*. Mais, jusqu'à preuve du contraire, je m'en tiens à l'indication du manuscrit.

Il y a beaucoup d'incertitude à l'égard de l'école où ce musicien célèbre a pu s'instruire dans son art. Le conseiller Kiesewetter pense que ce dut être en Belgique, et fonde son opinion sur ce que les compositions de Dufay indiquent un état de l'art beaucoup plus avancé, sous le rapport de l'harmonie, qu'on ne le trouve dans les ouvrages des musiciens florentins du quatorzième siècle et de Guillaume de Machault, auteur d'une messe à quatre voix écrite en 1367 ; ce qui lui fait croire qu'il existait en Belgique une connaissance plus étendue de l'art d'écrire en musique qu'ailleurs, et que Dufay y a puisé son instruction. D'autre part, Kiesewetter remarque qu'antérieurement à ce musicien toute la notation était noire et dans le système exposé par Francon, tandis que la notation blanche apparaît pour la première fois dans les compositions de Dufay, de Binchois

(1) Voyez à ce sujet mon *Mémoire sur cette question : Quels ont été les mérites des Néerlandais dans la musique*, etc., pages 12 et 13 ; Amsterdam, 1829, in-4°.

et de Dunstaple, particulièrement du premier. (Voy. l'ouvrage de Kiesewetter intitulé : *Geschichte der europæisch-abenlændischen oder unsrer heutigen Musik. Darstellung ihres Ursprunges*, etc., p. 42-49.) M. de Coussemaker suppose que la maîtrise de la cathédrale de Cambrai est l'école où l'éducation musicale de Dufay s'est faite; il est conduit à cette conjecture parce qu'un manuscrit du commencement du quinzième siècle renferme une messe qui porte le nom de cet homme célèbre (1). Le fait n'est pas impossible; mais il faut avouer que la raison sur laquelle se fonde la conjecture est assez faible. Si l'artiste que cette notice concerne était né à l'une des deux communes *du Fay*, dont il vient d'être parlé, la conjecture de M. de Coussemaker serait vraisemblable, car toutes deux appartenaient au diocèse de Cambrai. L'influence de Dufay sur les perfectionnements de l'art ne peut être mise en doute, car Tinctoris, Adam de Fulde, Spataro, Gafori, ont signalé précisément ce maître comme ayant eu la plus grande part aux perfectionnements de la musique de son temps. Adam de Fulde (*voy.* ce nom), auteur d'un traité de musique écrit en 1490, dit que Guillaume Dufay fut l'auteur d'une multitude d'innovations dans la notation et dans l'emploi des dissonances par prolongation (2). D'ailleurs, Martin Le Franc, poète français qui écrivait de 1436 à 1439 et que j'ai cité à l'article *Binchois*, ne nous laisse pas de doute sur l'opinion répandue parmi les contemporains de Dufay concernant les perfectionnements introduits par lui dans la musique. Je rapporterai de nouveau ici les vers de ce poète, à cause de leur importance pour le sujet dont il s'agit :

> Tapissier, Carmen, Cesaris
> N'a pas long-temps si bien chantèrent
> Qu'ils esbahirent tout Paris
> Et tous ceux qui les frequentèrent
> Mais onequex jour ne deschantèrent
> En mélodie de tels choix
> (Ce m'ont dit ceux qui les hantèrent),
> Que Guillaume *Dufay* et *Binchois*
> Car ils ont *nouvelle pratique*
> De faire *frisque concordance*
> En haute et en basse musique,
> *En feinte, en pause et en muance.*
> Etc., etc.

Voilà bien les inventions, la *nouvelle pra-*

(1) *Notices sur les collections musicales de la bibliothèque de Cambrai*, p. 40.
(2) *Cujus rei venerabilem Guilhelmum Dufay inventorem extitisse credo, quem a modernioribus musici omnes imitantur*, etc. (Vide Scrip. ecclesiast. de Music. coll. M. Gerberto, t. III, p. 350.)

tique de Dufay et de Binchois constatée dans l'harmonie (*la frisque concordance* et *la feinte*, ou retard de consonnance) et dans la notation (*la pause*). Cependant l'art existait déjà avant eux en France, bien que moins avancé, puisque trois musiciens, *Tapissier, Carmen* et *Cesaris*, pouvaient *esbahir* tout Paris.

A l'égard de l'argument tiré par Kiesewetter du peu de vraisemblance qu'on ait passé subitement de la notation noire à la notation blanche de Dufay, et de la probabilité que cette dernière notation était en usage dans les Pays-Bas lorsqu'elle était encore inconnue en France et en Italie, je ferai voir, dans mon Histoire générale de la Musique, que la notation blanche était déjà connue en France avant Guillaume Dufay, ou du moins dans sa jeunesse, bien que d'un usage peu répandu et bien qu'elle fût peu perfectionnée. Je ferai voir aussi, par la publication de morceaux de musique composés dans la première moitié du quinzième siècle, que l'usage de la notation blanche ne s'était pas tellement répandu qu'on ne se servît encore de la noire à cette époque; enfin je démontrerai, par deux chansons à trois voix composées aussi au temps de Dufay dans les Pays-Bas, et tirées d'un manuscrit des archives de Gand, que la notation noire était encore celle dont on se servait alors dans ce pays, et que l'art d'écrire en harmonie y était inférieur à celui dont ce musicien a fait preuve dans ses ouvrages. D'où il suit qu'on ne peut contester à Dufay l'importance de ses travaux par des suppositions gratuites d'un avancement antérieur de l'art dans les Pays-Bas, et que sa gloire reste entière. (*Voy.* le *Résumé philos. de l'hist. de la musique*, p. CXCIX.) Que Dufay ait commencé l'étude de la musique dans la Belgique, cela est vraisemblable puisqu'il y était né; mais il a pu la continuer en France, et y prendre les premières notions de la notation blanche, dont il a ensuite propagé l'usage et perfectionné le système.

L'abbé Baini a trouvé dans les archives de la chapelle pontificale de Rome la preuve que Dufay était attaché à cette chapelle, en qualité de ténor, dans l'année 1380. Il ne devait pas être alors âgé de moins de vingt-cinq ans, en sorte qu'il a dû naître vers 1350 ou 1355 au plus tard. Il demeura attaché à cette chapelle tout le reste de sa vie et mourut en 1432, dans un âge avancé; circonstance qui prouve que l'époque de sa naissance doit être placée vers 1350. Pendant le temps où il fut au service de la chapelle pontificale, il paraît qu'il visita la France et les Pays-Bas, car quelques vers de Martin Le Franc semblent indiquer que ce poète l'a vu à la cour des ducs de Bourgogne.

Les archives de la chapelle pontificale renferment quelques messes composées par Guillaume Dufay, et dont les titres sont : *Ecce ancilla Domini; Omme* (Homme), *l'Omme armé; Se la face ay pale; Tant me deduis*. Tinctoris cite aussi la messe de ce compositeur intitulée *de Saint Antoino*. Kiesewetter a publié le *Kyrie* (à quatre voix) de la messe *Se la face ay pale*, le *Benedictus* de la messe *Ecce ancilla Domini* (à deux voix), le *Kyrie* (à quatre voix) de la messe de *l'Homme armé*. La précieuse section des manuscrits de la Bibliothèque royale de Belgique renferme un volume qui provient de la chapelle des ducs de Bourgogne, et qui contient beaucoup de messes et de motets des musiciens belges les plus célèbres au quinzième siècle. On y trouve trois messes à trois voix et trois autres à quatre voix de Dufay. Le volume est coté 1555, in-fol. Un volume manuscrit du quinzième siècle, qui est à la bibliothèque de Cambrai sous le n° 6, in-fol., contient des *Kyrie*, *Gloria* et *Credo* de différentes messes, à trois et à quatre parties, au nombre desquels est un *Gloria* à 4 parties qui porte le nom de Dufay. Les autres pièces du volume sont sans nom d'auteur, d'où M. de Coussemaker croit pouvoir conjecturer qu'elles appartiennent toutes au même auteur. Un manuscrit intéressant qui appartenait à Guilbert de Pixérécourt contient des motets et des chansons françaises de Dufay, entre autres la chanson à trois voix, *Cent mille escus quant je voeldroie*, morceau très-remarquable par les imitations bien faites qu'il contient et par la pureté de son harmonie.

Plusieurs auteurs ont dit que Dufay a ajouté deux octaves au système complet de Gui d'Arezzo; cette assertion ne se soutient pas à l'examen des monuments historiques de l'art, comme je le prouverai dans mon Histoire de la Musique. Il est plus raisonnable de s'en tenir à cet égard au texte d'*Adam de Fulde*, qui dit que Dufay ajouta quelques notes au-dessous du *gamma-ut* grave du système de Gui, et quelques autres notes au-dessus de *cc-fa*.

DUFORT (Charles de), compositeur et maître de chapelle à Paris, est né à Sens le 21 novembre 1803. Après avoir fait ses premières études de musique dans sa ville natale, il devint élève du célèbre hautboïste Brod, pour la composition. En 1831 il s'est présenté au concours de l'Institut; mais, n'ayant pas réussi, il n'a plus tenté de nouvel essai. Il a publié beaucoup de musique d'église de laquelle nous connaissons : 1° Messe semi-solennelle pour solos et chœurs, avec orgue; Paris, V° Canaux. —

2° Psaume *Dextera Domini* pour soprano et basse, chœur et orgue; ibid. — 3° Motets, *Veni, Creator*, à voix seule et orgue; ibid. — 4° *Ave verum*, pour ténor solo, chœur et orgue; ibid. — 5° *O salutaris Hostia*, à 3 voix et orgue; ibid. — 6° *Adoremus*, à 2 voix de soprano, chœur et orgue; ibid. — 7° *Ave, maris Stella*, à 3 voix et orgue; ibid. — 8° *Sub tuum præsidium*, chœur à 2 voix de femme et orgue; ibid. — 9° Hymne *Veni, Sancte Spiritus*, pour voix solo et chœur; ibid. — 10° *Sombre nuit, aveugles ténèbres*, quatuor religieux pour soprano, contralto, ténor et basse, avec accomp. de piano; ibid. On a aussi de M. de Dufort des romances et des morceaux détachés de différents genres.

DUFOUR (Le P. J.), jésuite de la maison de Vaugirard-lez-Paris, a donné des soins à l'impression du *Graduale Romanum* de son confrère le R. P. Lambillotte (*voy.* ce nom), après la mort de celui-ci, et a été l'éditeur de son livre intitulé: *Esthétique, théorie et pratique du Chant grégorien*. Une dissertation du R. P. Schubiger, moine bénédictin et maître de chapelle au couvent d'Einsiedeln (Suisse, canton de Schwitz), ayant été insérée dans le numéro de décembre 1856 de la *Revue de Musique ancienne et moderne* publiée par M. Th. Nisard, on y lut une appréciation sérieuse des travaux du P. Lambillotte sur le chant grégorien, dans laquelle ses erreurs fondamentales étaient démontrées (*voy.* Schubiger). Le P. Dufour crut devoir publier à cette occasion, dans le journal intitulé *l'Ami de la Religion* (12 mars 1857), une *Réponse à quelques attaques dirigées contre l'œuvre du P. Lambillotte*. Elle fut réfutée dans un écrit de M. Nisard qui a pour titre: *le P. Lambillotte et dom Anselme Schubiger; notes pour servir à l'histoire de la question du chant liturgique au commencement de l'année 1857*; Paris, 1857, in-8° de 46 pages. Cet écrit fut suivi d'une *Réponse de Dom Anselme Schubiger au P. Dufour, précédée de quelques réflexions faisant suite aux notes pour servir à l'histoire de la question du chant liturgique au commencement de l'année 1857, par Théodore Nisard*; Paris, 1857, in-8° de 30 pages. D'autre part M. l'abbé Cloet (*voy.* ce nom) avait publié des *Remarques critiques sur le Graduale Romanum* du P. Lambillotte; le P. Dufour y répondit par un *Mémoire sur les chants liturgiques restaurés par le P. Lambillotte, de la Compagnie de Jésus, et publié par le P. D... de la même Compagnie. Examen des principales difficultés proposées par divers auteurs, et en particulier par l'abbé Cloet dans les Remarques critiques sur le Graduale Romanum*, etc.; Paris, Adrien Le-Clerc et Cⁱᵉ, in-4° de VI et 64 pages (*voy.* Cloet au sujet de ce Mémoire).

DUFRESNE (Ferdinand), fils d'un violoniste de l'orchestre de la Comédie-Française, naquit à Paris en 1783. Élève de son père, il fut admis au Conservatoire en 1797, et reçut des leçons de Gaviniès pour le violon. Sorti de cette institution en 1800, il fut attaché à l'orchestre de l'Opéra-Comique jusqu'en 1806, puis fut chef d'orchestre du théâtre de Nantes pendant deux ou trois ans. De retour à Paris vers 1809, il se livra à l'enseignement dans les collèges et dans les pensionnats. Il vivait encore à Paris en 1825. Dufresne a publié environ vingt-cinq œuvres de duos, trios, airs variés, pots-pourris, et quatre concertos pour le violon. Son œuvre 20 est un quatuor brillant pour deux violons, alto et basse; Paris, Boieldieu.

Le père de Dufresne, qui était attaché à l'orchestre de la Comédie-Française dès 1752, a fait graver à Paris, en 1780, six solos pour flûte avec variations, œuvre 1.

DUGAZON (Louise-Rosalie **LEFÈVRE**), femme d'un acteur renommé de la Comédie-Française, naquit à Berlin en 1753, et vint à Paris à l'âge de huit ans. En 1767 on la fit débuter comme danseuse au théâtre d'opéra-comique qu'on appelait alors la Comédie-Italienne. Sa grâce, sa gentillesse, l'intelligence dont elle faisait preuve, et le succès qu'elle obtint dans quelques petits airs qu'on lui fit chanter, déterminèrent sa vocation pour le genre des comédies à ariettes. Le premier rôle qu'on lui confia fut celui de *Pauline*, dans le *Sylvain* de Grétry. Elle y fut applaudie avec transports dès son début, qui eut lieu le 30 juillet 1774. Sans posséder une belle voix, et sans instruction dans l'art du chant, elle savait exciter l'enthousiasme des habitués de la *Comédie-Italienne* par les accents d'un organe plein de charme. D'ailleurs, actrice douée d'instinct, de finesse et de sensibilité, elle savait émouvoir, faisait verser des larmes ou provoquait à son gré la gaieté. Les personnes qui l'ont entendue dans sa jeunesse parlent encore avec admiration de son jeu et même de son chant dans les rôles de Babet (de *Blaise et Babet*), de Justine (dans *Alexis et Justine*), et surtout de Nina. Lorsque l'âge ne lui permit plus de jouer ces rôles, elle prit ceux de mères; mais, quoiqu'elle y fût encore bonne actrice, elle n'y produisit plus autant d'effet que dans ceux de sa jeunesse. En 1792 cette excellente actrice se retira de la scène; elle y reparut en

1795, et sembla au public n'avoir rien perdu de son talent. Dans *le Prisonnier*, dans *le Calife de Bagdad*, et dans beaucoup d'autres pièces, elle mit à ses rôles un cachet particulier de gaieté et de finesse que n'ont pu retrouver toutes les actrices qui lui ont succédé. Madame Dugazon a donné son nom aux rôles de sa jeunesse et de son âge mûr; on les distingue encore au théâtre en *Jeunes Dugazon* et *Mères Dugazon*. Retirée du théâtre en 1806, cette actrice est morte le 22 septembre 1821, à l'âge de soixante-huit ans.

DUGAZON (Gustave), fils de la précédente, naquit à Paris en 1782. Admis au Conservatoire de Musique de cette ville, il y devint élève de Berton pour l'harmonie, et, après avoir interrompu plusieurs fois ses études, passa sous la direction de Gossec pour la composition. En 1806 il concourut à l'Institut de France et obtint le deuxième grand prix; puis il se livra à l'enseignement du piano et publia plusieurs morceaux détachés pour cet instrument. Son premier ouvrage pour la scène fut un ballet intitulé *Noémi*; il l'écrivit pour le théâtre de la Porte-Saint-Martin. En 1812 il fit représenter au théâtre Feydeau *Marguerite de Waldemar*, opéra en trois actes, qui fut suivi de *la Noce écossaise*, en un acte (1814), et du *Chevalier d'industrie*, en un acte (1818), composé en société avec Pradher. Aucun de ces ouvrages ne réussit. Pour l'Opéra Dugazon a écrit : 1° *les Fiancés de Caserte*, ballet en un acte (1817); *Alfred le Grand*, ballet en trois actes, arrangé avec la musique du comte de Gallenberg (1822); *Aline*, ballet en trois actes, en société avec Berton (1823). Parmi les compositions instrumentales de Dugazon on remarque cinq mélanges d'airs variés en trios, pour piano, violon et violoncelle, Paris, Dufaut et Dubois, et Janet et Cotelle; cinq mélanges d'airs et nocturnes pour piano et cor, Paris, Gaveaux, Petit, Janet, Pacini; fantaisies, mélanges d'airs, préludes et toccates pour piano seul, Paris, Dufaut et Dubois, Le Duc, Petit, Janet, Schlesinger; airs variés pour piano seul, Paris, Petit, Janet, Dufaut et Dubois; quadrilles de contredanses pour piano; duos pour harpe et piano, Paris, Le Duc. On a aussi de ce musicien plusieurs recueils de romances et de nocturnes à deux voix. Dugazon est mort à Paris vers la fin de l'année 1826.

DUGUET (L'abbé), maître de musique à l'église Saint-Germain l'Auxerrois en 1767, passa en la même qualité à Notre-Dame en 1780. Il a composé beaucoup de messes et de motets qu'on conserve en manuscrit dans la bibliothèque de la cathédrale de Paris. En 1767 il fit exécuter avec succès un motet de sa composition au Concert spirituel.

DUHAMEL (J.-M.), ancien élève de l'École polytechnique, puis directeur des études dans cet établissement et membre de l'Académie des Sciences de l'Institut de France, est connu par divers ouvrages de hautes mathématiques, au nombre desquels on remarque celui qui a pour titre : *Mémoire sur l'action de l'archet sur les cordes* (dans les *Mémoires présentés par divers savants à l'Académie des Sciences* tome VIII).

DUHEM (Hippolyte-Jean), professeur de trompette au Conservatoire royal de Bruxelles, est né à Paris, le 1er décembre 1828, d'un père belge. Admis au Conservatoire de Bruxelles comme élève au mois d'avril 1845, il y reçut des leçons de M. Zeiss, pour la trompette, et ses progrès furent si rapides, que le premier prix de cet instrument lui fut décerné au concours dans l'année suivante. Il entra bientôt après dans la musique des Guides et au Théâtre royal, en qualité de trompette solo. Pendant les trois années qu'il occupa ces positions, il perfectionna son talent par des études constantes. Engagé ensuite pour les concerts et festivals de l'Angleterre, il y obtint de brillants succès; puis il parcourut l'Écosse, l'Irlande, l'Amérique du Nord et du Sud, la Hollande et l'Allemagne, recueillant partout des applaudissements par son talent remarquable. De retour à Bruxelles dans les premiers jours de 1860, M. Duhem a été nommé professeur de son instrument au Conservatoire. On a de lui plusieurs compositions pour la trompette et le cornet à pistons, qui ont été publiées à Londres.

DUIFFOPRUGCAR (Gaspard), célèbre luthier, né dans le Tyrol italien vers la fin du quinzième siècle, voyagea d'abord en Allemagne, et s'établit ensuite à Bologne, vers 1510. François Ier, roi de France, étant allé dans cette ville en 1515 pour y établir un concordat avec Léon X, entendit parler des talents de Duiffoprugcar, et lui fit faire des offres si avantageuses qu'il le détermina à venir à Paris. Il paraît que, le climat nébuleux de la capitale ne convenant point à la santé de cet artiste, il obtint la permission de se retirer à Lyon. Plusieurs instruments sortis de ses mains sont datés de cette ville. On a gravé son portrait en médaillon, où il est représenté entouré d'instruments, tenant un compas d'une main et un manche de l'autre; ce portrait est daté de 1562, ce qui pourrait faire croire qu'il vivait encore alors. M. Cartier a possédé une belle basse de viole et un ténor de viole de cet artiste célèbre, et M. Raoul, amateur distingué comme violoncelliste, a eu aussi une basse de viole de Duiffoprugcar, qui est devenue ensuite la propriété de l'excellent luthier M. Vuillaume. Cet instrument, dont le dos représente l'ancien plan de Paris en marquetterie, est remarquable par sa beauté et la belle qualité de ses sons. L'instrument le plus intéressant peut-être qui existe aujourd'hui de ce luthier célèbre est un violon grand patron, le seul connu jusqu'à ce jour, et qui porte son nom, avec la date de 1539. La qualité des sons de cet instrument est puissante, pénétrante, et porte au loin dans une grande salle. La tête représente une figure de fou de roi, avec une fraise plissée. Ce violon a appartenu à M. Merts, professeur au Conservatoire de Bruxelles.

DUJARDIN (DOMINIQUE), prêtre et compositeur, fut nommé maître de chapelle de la cathédrale de Rouen en 1636. Il quitta cette position en 1648 et y fut rappelé en 1659. Il la conserva jusqu'à sa mort, arrivée en 1665. Dans la collection de Messes publiée par Ballard, avec les quatres parties en regard, il en existe une de Dujardin, *ad imitationem moduli* Tu es Petrus; Paris, 1643, in-fol. max.

DUJARDIN, ou DE HORTO. *Voy.* ce nom.

DULCINO (JEAN-BAPTISTE), compositeur italien, vivait au commencement du dix-septième siècle. Il a publié un recueil de motets de sa composition sous ce titre : *Cantiones sacræ octo vocibus, una cum Litaniis B. M. Virginis et Magnificat cum B. C.*; Venise, 1609, in-4°.

DULICH (PHILIPPE), né à Chemnitz en 1563, fut professeur de musique à l'ancienne école normale de Stettin, et mourut dans cette ville en 1631, à l'âge de soixante-huit ans. On a imprimé de sa composition : 1° *Harmoniæ aliquot septenis vocibus compositæ*; Stettin, 1593. — 2° *Centuriæ 6 octonum et septennum vocum harmonias sacras laudibus Sanctæ triados consecratas continentis*; Stettin, 1607, in-4°. La seconde partie de cet ouvrage a paru en 1610, et la troisième en 1612. — 3° *Novum opus musicum duarum partium, continens dicta insigniora ex evangeliis dierum domin. et festorum totius anni desumpta et quinarum vocum concentu exornata*, etc.; Leipsick, 1609, in-4°.

DULING (ANTOINE), né à Magdebourg vers la fin du seizième siècle, fut *cantor* à Cobourg. Il a publié : *Cythara melica, oder XXXII lateinische Motetten für 8 bis 12 Stimmen, auf die Fest-Tage gerichtet* (Trente-deux Motets latins, depuis huit voix jusqu'à douze, etc.), Magdebourg, 1620.

DULKEN (JEAN-LOUIS), né à Amsterdam le 5 août 1761, apprit dans sa ville natale, et ensuite à Paris, sous la direction de son père, l'art de confectionner des clavecins, forté-pianos et autres instruments. En 1781 l'électeur de Bavière le fit venir à Munich, où il épousa la célèbre pianiste Sophie Lebrun, et où il se trouvait encore en 1812. Les pianos qu'il y a fabriqués étaient si estimés pour la qualité du son et le fini du mécanisme, qu'ils se sont répandus non-seulement dans toute l'Allemagne, mais même en Suisse et en Italie, et qu'ils y ont été fort recherchés.

DULKEN (LOUISE), dont le nom de famille était *David*, naquit à Hambourg le 20 mars 1811. Élève du directeur de musique C.-F.-G. Schwencke, elle prit ensuite des leçons de Wilhelm Grund et devint une pianiste distinguée. Dès l'âge de onze ans elle se fit entendre avec succès dans les concerts, et brilla dans les villes principales de l'Allemagne. En 1828 elle se rendit à Londres et s'y fixa. Son talent la fit rechercher par la haute société comme professeur de son instrument, et elle se fit une très-bonne position dans la capitale de l'Angleterre. Mme Dulken est morte à Londres le 12 avril 1850.

DULON (LOUIS) (1), flûtiste distingué, naquit à Orianenbourg sur le Havel, en Prusse, le 14 août 1769, d'une famille originaire de France, exilée par suite de la révocation de l'Édit de Nantes. Une ophthalmie dont il fut atteint à l'âge de huit ans, et qui lui fut mal traitée par un oculiste ignorant, le priva pour toujours de l'usage de la vue. Son père, qui était inspecteur de l'accise, jouait fort bien de la flûte et était élève de Quantz. Il lui enseigna à jouer de cet instrument, et Angerstein, organiste de la ville, lui donna des leçons d'orgue. Ses progrès sur ces deux instruments furent rapides. A l'âge de treize ans il fit un voyage dans les principales villes de l'Europe, accompagné de sa sœur, et partout il excita l'admiration générale par la manière brillante dont il jouait les pièces les plus difficiles. Il composait aussi et dictait ses ouvrages avec facilité. En 1796 il alla à Saint-Pétersbourg, où il obtint le titre de musicien de l'empereur de Russie. Deux ans après il revint dans son pays et s'y fixa. La cour de Russie lui avait fait une pension qui lui a été payée régulièrement. De retour en Allemagne vers 1800,

---

(1) Dans la notice de la première édition j'avais suivi les indications du nouveau Lexique d'Ernest L. Gerber ; mais, ayant acquis postérieurement l'autobiographie de Dulon c'est elle qui m'a servi de guide pour celle-ci.

il se fixa à Stendal, dans la régence de Marienbourg. Ce fut là qu'il écrivit sa propre biographie, à l'aide d'un alphabet en relief et mobile que M. Wolke, directeur d'une école primaire à Dresde, avait inventé pour lui, en 1796. C.-M. Wieland a publié cet ouvrage sous ce titre : *la Vie et les Opinions de Dulon, joueur de flûte aveugle, dictées par lui-même* (*Dulons des blinden Flœtenspielers Leben und Meynungen, von ihm selbst bearbeitet*); Zurich, 1807-1808, deux vol. in-8°. En 1823, Dulon s'établit à Würzbourg, où il est mort le 7 juillet 1826. On a de ce musicien les compositions dont les titres suivent : 1° *Trois Duos pour flûte et violon*, op. 1; Leipsick, 1800. — 2° *Douze Variations pour flûte et violon*, op. 2; ibid., 1800. — 3° *Trois Duos pour flûte et violon*, op. 3; ibid., 1801. — 4° *Caprices pour une et deux flûtes*, op. 4; ibid. — 5° *Trois Duos pour deux flûtes*, op. 5; ibid. — 6° *Trois Duos pour flûte et violon*, op. 6; ibid. — 7° *Premier Concerto pour la flûte*, en sol, op. 8; ibid.

DUMANOIR (GUILLAUME), fils d'un ménétrier de Paris, succéda en 1659 à Constantin dans la charge grotesque de *roi des violons et maître des ménétriers*, de la confrérie de Saint-Julien; charge qui avait été établie à Paris en 1331, et que Charles VI avait confirmée par une ordonnance datée du 24 avril 1407. Les prétentions du roi des violons, qui voulait asservir tous les musiciens, et même les organistes, à se faire recevoir maîtres de danse, occasionnèrent souvent des procès qui furent toujours jugés en faveur des musiciens. Dumanoir fut le premier qui établit cette prétention dans une brochure de cent vingt pages in-12, écrite d'un style bas et grossier, et intitulée : *Le Mariage de la musique avec la danse*, Paris, 1664. Une ordonnance de police rendue contre Dumanoir en faveur des joueurs de hautbois, le 29 avril 1689, nous apprend qu'il exerçait encore sa charge à cette époque. Son fils, nommé *Guillaume* comme lui, et qu'on appelait *Dumanoir second*, lui succéda en 1690 ; mais il se démit de son emploi, par acte passé devant notaire, le 1er décembre 1695.

DUMAS (LOUIS), fils naturel de Montcalm, seigneur de Saint-Véran et de Candiac, naquit à Nîmes en 1676. Il étudia la jurisprudence, la philosophie, et se lia avec le P. Malebranche, qui le fortifia dans son goût pour la dernière de ces sciences. Il finit par se livrer à la culture des lettres et des arts : la musique devint particulièrement l'objet de ses études. Il passa les dernières années de sa vie au château de Vauxjours, à quelques lieues de Paris, et y mourut le 19 janvier 1744. On a de cet amateur des arts : *l'Art de composer toutes sortes de musique sans être obligé de connaître le ton ni le mode*; Paris, 1711, in-4°.

DUMAS (ANTOINE-JOSEPH), né à Béthune en 1705, fit ses études à Arras, et se rendit à Paris, après les avoir terminées, pour y faire connaître une méthode d'enseignement pour les enfants qu'il avait inventée, et qu'il appelait la *Méthode du bureau typographique*. Ce bureau était une imitation des procédés de composition de l'imprimerie, et par son moyen les enfants apprenaient à assembler les lettres dont les mots sont formés, et à décomposer ceux-ci, pour parvenir à lire avec promptitude. Dumas appliqua ses procédés à la musique, et publia sur ce sujet un livre intitulé : *l'Art de la Musique enseigné et pratiqué par la méthode du bureau typographique, établi sur une seule clef, sur un seul ton, sur un seul temps et sur un seul signe de mesure*; Paris, sans date (1753), in-4° obl. d'environ 450 pages, tout gravé. Un abrégé de cet ouvrage a paru sous ce titre : *l'Art de la Musique enseigné et pratiqué sans transposer, joint à une introduction à la connaissance des clefs pour la démonstration des voix relatives*; Paris, sans date (1758), in-4°, gravé. La méthode de Dumas, en ce qui concerne l'unité de clef, a beaucoup d'analogie avec les principes qui servent de base à la méthode plus moderne du méloplaste. L'auteur de l'article *Dumas (Louis)* de la *Biographie universelle* de Michaud confond cet auteur avec Dumas (Antoine-Joseph), et lui attribue les deux ouvrages de celui-ci ; il oublie que Louis Dumas était mort en 1744, et que ces deux ouvrages n'ont paru qu'en 1753 et 1758.

DUMAS (LE P. D. HENRI-BONAVENTURE), cordelier du couvent de Lyon, naquit en cette ville le 31 décembre 1698. Après avoir fait ses études au collège des jésuites, il entra au couvent des cordeliers et y prononça ses vœux en 1715. Une bibliothèque ayant été fondée en 1735 par les religieux de son ordre, le P. Dumas en fut nommé directeur et ne négligea rien pour son accroissement. Le catalogue de cette bibliothèque, telle qu'elle existait encore en 1790, se trouve parmi les manuscrits de la bibliothèque publique de Lyon. Le P. Dumas mourut en 1773 ou 1774. Il avait étudié la musique dans sa jeunesse; plus tard il s'occupa de sa théorie avec beaucoup de soin. Les ouvrages qu'il a laissés sur cette matière se trouvent en manuscrit dans la bibliothèque publique de Lyon, sous le n° 964. Ils se composent de divers *Mémoires*, dont voici les titres : 1° *Du tempérament de l'orgue et du clavecin*, daté de 1755. — 2° *Principes de l'Harmonie*, 1756. Ce morceau est divisé en trois parties, dont la première renferme la théorie; dans les deux autres sont les applications à la pratique. — 3° *Éclaircissements sur l'harmonie tempérée.* — 4° *Observations sur le jeu de des harmoniques.* Le petit ouvrage intitulé *Ludus melotheticus*, publié en 1758, a été l'occasion du Mémoire du P. Dumas; il s'y proposa la solution du secret de ce jeu assez futile. — 5° *Traité de l'Harmonie théorique et pratique*, 1759. La première partie de cet écrit concerne la pratique de l'art; la seconde, la théorie. Delandine, dans son catalogue des manuscrits de la bibliothèque de Lyon, attribue ces ouvrages à un P. Dumas, jésuite de la maison de Lyon; je crois que c'est une erreur.

DUMAS (. . .), facteur d'instruments, à Paris, né à Sommières, inventa en 1810 une *basse guerrière*, instrument du genre de la clarinette, qu'il destinait à jouer les parties de basse dans la musique militaire. Cet instrument fut soumis à l'examen d'une commission qui l'éprouva, et il fut décidé qu'il serait employé dans la musique de la garde impériale; toutefois cette clarinette basse ne fut pas alors introduite dans la musique d'instruments à vent; ce n'est qu'environ vingt ans plus tard qu'on a reconnu l'utilité de ce genre d'instrument, et que l'usage a commencé à s'en établir. Dumas est mort à Versailles en 1828.

DUMENIL ou **DUMENI**, acteur de l'Opéra, du temps de Lulli, avait une haute-contre de la plus belle qualité; il chanta longtemps les premiers rôles avec le plus grand succès. Son début eut lieu, en 1677, dans l'opéra d'*Isis*; il mourut en 1715, fort âgé. Il avait été cuisinier de M. de Foucault, intendant de Montauban, ce qui fit qu'un plaisant du parterre s'écria, un jour qu'il jouait le rôle de *Phaéton* :

« Ah! Phaéton! est-il possible
« Que vous ayez fait du bouillon ? »

Ce fut lui qui joua le premier le rôle de *Renaud*, dans *Armide*. Mattheson, qui l'avait entendu, dit qu'il chantait comme un cuistre. C'était un homme abject, vivant aux dépens des filles de l'Opéra, se laissait battre par elles, et ne paraissait sur la scène que dans un état d'ivresse habituelle. (*Voyez* MAUPIN.) La Viéville de Freneuse, son contemporain, dit de lui : « Il est in« digne qu'un maraud ose paraître sur le théâtre « ne pouvant se soutenir, en changeant la di« gnité du spectacle en farce ou bouffonnerie, par « des postures, un badinage ridicules, comme fai-« sait tous les jours Duménil (*Comparaison de « la musique italienne et de la musique fran-« çoise*, 2° partie). »

DU MOLIN, ou **DUMOLIN** (JEAN-REMI), musicien belge, né dans les dernières années du quinzième siècle, fut organiste de l'église Saint-Jean, à Malines. Il occupait encore cette place en 1528, suivant la note d'un payement qui lui fut fait en cette année, lequel est mentionné au registre 1804 de la chambre des comptes (Archives du royaume de Belgique). Le nom de cet artiste est écrit *du Moulin* (J.) dans plusieurs recueils de compositions des musiciens du seizième siècle, mais il est bien orthographié dans les *Motetti del Fiore a quattro voci, libri 1, 2, 3, 4*, publié à Lyon par Jacques Moderne de Pinguento, en 1532-1539, in-4°. Le troisième livre de cette collection renferme le motet à 4 voix *In Domino confido* de Du Molin, page 25. Une autre collection intitulée : *Motettorum a Jacobo Moderno, alias Grand-Jacques, in unum coactorum et ab eodem impressorum liber primus cum quinque vocibus; liber secundus cum quinque vocibus; liber tertius cum quinque et sex voc.; liber quartus ad quinque et sex voces; liber quintus ad quinque, sex et septem voces; Lugduni per Jacobum Modernum*, 1532-1542, in-4° obl., renferme les motets à 5 voix de Du Molin : *Adonay Domine :* et *Pater, peccavi*. Le deuxième livre des *Missarum dominicalium quatuor vocum*, publié par Pierre Attaingnant, en 1534, contient deux messes de cet artiste.

DUMONCHAU (CHARLES-FRANÇOIS), naquit à Strasbourg le 11 avril 1775, et non le 15 février 1778, comme on le dit dans le *Dictionnaire historique des Musiciens* de Choron et Fayolle. Son père lui enseigna les principes de la musique et lui donna des leçons de violoncelle; Berg lui donna ensuite des leçons d'harmonie, et Baumayr lui enseigna à jouer du piano. Cet instrument lui fit négliger l'étude du violoncelle; il y fit de rapides progrès et acquit une habileté peu commune, particulièrement dans l'exécution de la musique fuguée. La guerre vint interrompre ses études. Il fut employé dans l'administration des vivres de l'armée, et les événements militaires le conduisirent à Paris, où il se lia d'amitié avec Kreutzer, à qui il dédia son premier œuvre, qui consistait en sonates de piano. Admis au Conservatoire de Musique, il y reprit ses études de piano et de composition; mais quelque temps après il sortit de cette école pour prendre des leçons de Wœfft. En 1805 il donna au théâtre de la Porte-Saint-Martin un opéra-comique intitulé *l'Officier cosaque*; cet ouvrage eut quelque succès ; les morceaux détachés ont été gravés, avec accompagnement de piano, chez Le Duc. Peu de temps après, Dumonchau retourna à Strasbourg, y vécut comme professeur de piano, et alla s'etablir à Lyon en 1809. Il mourut dans cette ville le 21 décembre 1820. Comme compositeur, Dumonchau se distingue par un style élégant et pur ; mais il manquait d'invention : de là vient que sa musique est déjà oubliée depuis longtemps. Il a fait graver à Paris : 1° Trente-trois sonates pour piano seul, œuvres 1, 3, 5, 19, 21, 26, 28 , 30 et 32. — 2° Vingt-quatre sonates pour piano, avec violon ou flûte, œuvres 4, 13, 15, 20, 23 et 24. — 3° Deux trios pour piano, violon et basse, op. 29 et 34. — 4° Deux concertos de piano, œuvres 12 et 33. — 5° Des bagatelles, des airs variés, des mélanges et des pots-pourris. Il a laissé en manuscrit quelques compositions, entre autres une symphonie concertante pour flûte, hautbois et basson, et un concerto pour cor.

DUMONT (Henri), né près de Liége en 1610, apprit dans cette ville la musique et à jouer de l'orgue. Étonnés de la rapidité de ses progrès, ses parents l'envoyèrent à Paris, pour qu'il y perfectionnât ses talents. En 1639 il obtint l'orgue de Saint-Paul, et peu de temps après le roi, ayant entendu quelques morceaux de sa composition, en fut si satisfait qu'il nomma Dumont l'un des maîtres de sa musique, où il remplaça Spirli et Gobert. Il remplit les fonctions de cette place pendant trente ans, conjointement avec son confrère l'abbé Robert. La reine, qui aimait la musique de Dumont, donna à ce musicien le même emploi dans sa maison et le fit nommer à l'abbaye de Silly. La musique qui se chantait à la chapelle du roi avait été, jusque vers 1670, composée seulement pour les voix, selon l'ancien système, avec une partie de basse instrumentale, qu'on appelait *basse continue*. Louis XIV, porté vers tout ce qui avait un air de grandeur, désira qu'à l'exemple de Carissimi et de ses imitateurs les maîtres de sa musique joignissent à leurs motets dés accompagnements d'orchestre ; il en parla à Dumont, qui, religieux observateur des décisions du concile de Trente, répondit au roi qu'il ne pouvait se prêter à ce qui lui était demandé. Louis XIV, curieux d'examiner d'où pouvait naître ce scrupule, consulta l'archevêque de Paris (de Harlay), qui affirma que le concile avait proscrit les abus de la symphonie, mais non la symphonie elle-même. Dumont ne se rendit qu'avec peine à cette décision. Il se pourrait que le concile eût été d'un grand secours au maître de chapelle, pour cacher son inhabileté à se servir d'un orchestre. Quoi qu'il en soit, peu de temps après (en 1674) il demanda et obtint sa retraite de vétérance. Il mourut en 1684 et fut inhumé dans l'église de Saint-Paul, dont il avait été organiste pendant quarante-cinq ans.

On a de Dumont cinq messes en plain-chant, connues sous le nom de *messes royales*, qu'on chante aux fêtes solennelles dans plusieurs églises de France : ce sont ses meilleurs ouvrages ; leur caractère est noble et solennel. Ses autres ouvrages sont : 1° *Mélanges à 2, 3, 4 et 5 parties avec la basse continue, contenant plusieurs chansons, motets, Magnificat, préludes et allemandes pour l'orgue et pour les violes, livre Ier*; Paris, Robert Ballard, 1649, in-4°. — 2° *Mélanges à 2, 3, 4 et 5 parties, etc, IIe Livre*; ibid., 1657, in-4°. — 3° *Cantica sacra, 2, 3, 4 voc. et instrumentis modulata, adjectæ itidem litaniæ 2 vocibus, ad libitum 3 et 4, cum basso continuo, liber primus*; Paris, R. Ballard, 1662, in-4°. — 4° *Motets à deux voix avec la basse continue*; ibid., 1668, in-4°. — 5° *Motets à 2, 3 et 4 parties pour voix et instruments, avec la basse continue*; Paris, Christophe Ballard, 1681, in-4°. Il est vraisemblable que ceux qui ont été publiés chez le même imprimeur, en 1686, sous le titre de *Motets pour la chapelle du Roi, mis en musique par M. Dumont, etc.*, sont la seconde édition de ceux-ci.

DUN, famille de musiciens qui fut attachée à l'Opéra de Paris et à la musique du roi, de génération en génération, pendant plus d'un siècle. Dans la *Pastorale comique*, ballet de Molière, chanté et dansé, on trouve un chanteur de ce nom. *Jean*, son fils, remplissait le rôle d'*Hidraot* dans l'*Armide* de Lulli, en 1688, et remplaça Beaumavielle dans les barytons. Deux filles et un fils de celui-ci, nommé *Jean* comme lui, furent attachés à l'Opéra jusqu'en 1742, en qualité de chanteurs. Ce dernier Jean Dun vivait encore en 1772 et recevait une pension de *mille livres*; mais il disparaît de la liste des pensionnaires de l'Académie royale de Musique dans le Calendrier des Théâtres de 1773, ce qui indique qu'il a cessé de vivre dans cette même année 1772.

DUNI (Égide-Romuald), compositeur dramatique, naquit à Matera, dans le royaume de Naples, le 9 février 1709, d'un maître de chapelle, dont il était le dixième enfant. Lorsqu'il eut atteint l'âge de neuf ans, on l'envoya au Conservatoire *dei Poveri di Gesù Cristo*, à Naples, dirigé alors par Durante. Ses études étant terminées, il se rendit à Rome, où il fut chargé d'écrire l'opéra de *Nerone*, en concurrence avec

Pergolèse, qui travaillait alors à son *Olimpiade*, et, ce qu'on aurait peine à comprendre en comparant les deux partitions, l'ouvrage de Pergolèse tomba, et celui de Duni eut le plus grand succès. On doit rendre justice à celui-ci; il ne s'enorgueillit point de son triomphe, et proclama hautement la supériorité de son rival. Chargé d'une mission secrète pour Vienne, par la cour de Rome, il profita de cette occasion pour faire entendre sa musique dans la capitale de l'Autriche. Il revint ensuite dans sa patrie, où il fut nommé maître de chapelle de Saint-Nicolas de Bari. Quelques années après il écrivit pour le théâtre Saint-Charles, de Naples, l'opéra d'*Artaxercès*, qui eut du succès; après quoi il se rendit à Venise, et de là à Paris et à Londres, où il composa la musique de plusieurs ouvrages. Une maladie chronique, dont il ressentait les effets, l'inquiétait beaucoup; les médecins anglais lui conseillèrent de passer en Hollande, pour y consulter Boërhaave, qui le guérit en effet; mais, comme il revenait dans sa patrie, il fut attaqué par des voleurs, près de Milan, et le trouble que lui causa cet événement détruisit sa santé pour toujours. Après avoir visité Gênes, il fut chargé d'enseigner la musique à la fille de l'infant de Parme. La cour de ce prince étant presque toute française, Duni se hasarda à écrire quelques petits opéras dans cette langue. Son coup d'essai fut la *Ninette à la cour* de Favart; le succès fut si grand qu'on lui envoya *la Chercheuse d'esprit* et *le Peintre amoureux de son modèle*. En 1757 il revint à Paris, où il se fixa, et, après y avoir fait la musique de dix-huit opéras, dans l'espace de treize ans, il y mourut le 11 juin 1775. Presque tous les opéras français de Duni ont eu du succès. Pour juger du mérite de sa musique il ne faut point y chercher des formes développées auxquelles on est maintenant accoutumé, mais qui étaient inconnues de son temps; son instrumentation est nulle, et même, sous ce rapport, il est très inférieur à Pergolèse et à tous les compositeurs sortis comme lui de la première école de Durante; son expression dramatique manque souvent de force, mais ses mélodies sont naturelles et gracieuses; il a de la gaieté, et même quelquefois de la verve comique. Ses opéras italiens sont *Nerone*, *Artaserce*, *Bajazet*, *Ciro*, *Ipermnestra*, *Demofoonte*, *Alessandro*, *Adriano*, *Catone*, *Didone*, *Demetrio*, *l'Olimpiade*. Voici la liste de ses opéras français : *Ninette à la cour* (1755); *le Peintre amoureux de son modèle* (1757); *le Docteur Sangrado*; *la Veuve indécise* (1758); *la Fille mal gardée* (1759); *Nina et Lindor*; *l'Ile des Fous*; *Mazet* (1761); *la Bonne Fille*; *le Retour au village* (1762); *la Plaideuse et le Procès*; *le Milicien*; *les Chasseurs et la Laitière*; *le Rendez-vous* (1763); *l'Ecole de la jeunesse*; *la Fee Urgele* (1765); *la Clochette* (1766); *les Moissonneurs*; *les Sabots* (1768); *Thémire* (1770).

Duni avait un frère aîné, nommé *Antoine*, lequel, après avoir étudié la musique sous la direction de son père, s'éloigna de sa patrie pour aller chercher fortune ailleurs. Arrivé à la cour de l'électeur de Trèves, il y écrivit plusieurs ouvrages pour la chapelle de ce prince, qui, charmé de son talent, le récompensa magnifiquement. Toutefois Antoine Duni, ayant formé le projet de se rendre en Espagne, ne s'arrêta pas à Trèves. Son compatriote Farinelli, qu'il trouva à Madrid, lui fit obtenir la place de maître de la chapelle royale, et le fit choisir pour maître de musique du fils du duc d'Ossuna. Mais l'inconstance de son caractère le poussa à quitter encore cette position avantageuse et à se rendre en Russie, où il se maria et eut plusieurs fils. Devenu maître de la chapelle impériale, il écrivit, pour le service de l'impératrice Catherine, plusieurs morceaux de musique religieuse qui furent estimés à cette époque.

DUNKEL (FRANÇOIS), né à Dresde en 1769, commença l'étude de la musique à l'âge de six ans, sous la direction de son père, musicien de la chapelle de l'électeur de Saxe, et apprit ensuite le contrepoint par les leçons de Weinling. En 1788 il entra comme violoniste dans la chapelle de son souverain. Il a composé : 1° *les Anges près de la Croix*, oratorio. — 2° *Trois cantates*. — 3° *Recueil de Chansons avec acc. de piano*; Dresde, 1790. — 4° *Duos pour flûte et violon*, ibid., 1792. — 5° *L'ouverture et les chœurs d'un drame intitulé : Kein Faustrecht mehr*, qui fut représenté à Weimar en 1797. Dunkel a laissé aussi en manuscrit des symphonies, des concertos pour le violon et le violoncelle, des quintettes, des quatuors, des trios et des duos.

DUNKELFEIND (GASPARD), pseudonyme sous lequel a été publiée une critique du traité de Nichelmann (*voy.* ce nom) sur la mélodie. Cette critique a pour titre : *Gedanken eines Liebhabers der Tonkünst über Herrn Nichelmann's Tractat von der Melodie* (Idées d'un amateur de musique sur le traité de la Mélodie de M. Nichelmann); Nordhausen, 1755, in-4° de deux feuilles. Nichelmann répondit à cette critique par le petit écrit intitulé : *Die Vortrefflichkeit des Gedanken des Herrn Gaspar Dunkelfeindes über die Abhandlung von der Melodie*, etc. (l'Excellence des idées de M. Gaspard

Dunkelfeind sur la dissertation concernant la mélodie, etc.), in-4° de 16 pages, sans date et sans nom de lieu.

DUNSTABLE (Jean), ou **DUNSTAPLE**, né vers 1400 dans un bourg d'Écosse dont il prit le nom, est cité par les écrivains sur la musique des quinzième et seizième siècles, avec Dufay et Binchois, comme auteur de plusieurs perfectionnements importants dans l'harmonie et dans la notation. Tinctor ou Tinctoris (*voy.* ce nom), qui écrivait en 1476, dit à propos de la transformation de l'art d'écrire appelé *contrepoint* : « La source et « l'origine de cet art nouveau, s'il est permis de « s'exprimer ainsi, paraît avoir été chez les An-« glais, dont le chef fut Dunstaple. Ses contem-« porains en France ont été Dufay et Binchois, sui-« vis immédiatement par les modernes Okeghem, « Busnois, Régis et Caron, tous excellents dans « la composition, suivant ce que j'ai appris (1). » Burney, appuyant son opinion de ce passage, n'hésite pas à attribuer à ses compatriotes les perfectionnements de l'harmonie figurée et en fait particulièrement honneur à Dunstable, ajoutant qu'il a fait de vaines recherches dans les Pays-Bas pour y trouver la confirmation de ce qu'ont avancé Guichardin et l'abbé Dubos concernant l'invention du contrepoint par les Flamands. Mais il ne s'agit pas ici de cette invention : Burney le reconnaît lui-même, puisqu'il avoue qu'il existait des traités de contrepoint avant que Dunstable fût né (2). Au reste, sans entrer au fond du sujet, et sans avoir besoin de démontrer par des documents certains qu'il y avait en Belgique une école de musique d'où sont sortis les perfectionnements de l'art au quinzième siècle, et qui existait deux cents ans avant Dunstable, il suffit d'une simple observation pour démontrer l'erreur de Tinctoris, à savoir que Dufay était ténor de la chapelle pontificale en 1380, comme e prouvent les registres de cette chapelle cités par Baini (3); d'où il suit que sa naissance a précédé celle de Dunstaple de plus de quarante ans, et que, parvenu à cette époque de sa vie, il avait déjà trouvé les perfectionnements qui donnent à ses ouvrages une supériorité incontestable sur ceux de ses prédécesseurs. Dunstable partage avec ce même Dufay et Binchois la gloire d'avoir fait disparaître de l'harmonie les successions grossières de quintes, d'octaves et d'unissons, qui abondent dans les productions musicales des treizième et quatorzième siècles ; d'avoir diminué la fréquence des croisements de voix, et d'avoir rendu les mouvements de celles-ci plus simples et plus naturels ; d'avoir donné plus de plénitude aux accords ; enfin d'avoir donné à l'harmonie plus de variété par l'artifice des prolongations ou retards. C'est par là qu'il est à citer dans ce que Tinctoris appelle *l'art nouveau*, et c'est ce qui lui assure une place honorable dans l'histoire des transformations de la musique. Dunstable mourut en 1458 et fut inhumé dans l'église de Saint-Étienne, à Walbroeck. Dans son épitaphe il est qualifié de *mathématicien, maître d'astronomie et musicien*. (*Voy.* Weaver, *Funeral Monuments*, p. 577.)

Gafori (1), Morley (2), Ravenscroft (3), et d'après eux Burney (4) et Hawkins (5), attribuent à Dunstable un traité de la musique mesurée (*de Mensurabili Musica*), qu'on n'a pas retrouvé jusqu'à ce jour. Cependant un manuscrit du Muséum britannique, petit in-4°, coté 10,336, renferme un traité sur la même matière, au bas duquel on lit *Qd. Dunstable*. Ce traité, dit le rédacteur du catalogue des manuscrits de musique qui se trouvent au Muséum, commence au feuillet 6 et finit au feuillet 18 du volume, lequel contient divers autres ouvrages de musique transcrits dans l'année 1500 par Jean Tucke, bachelier ès arts du collège de Sainte-Marie à Oxford. L'auteur du catalogue pense que ce petit ouvrage est celui de Dunstable, qu'on croyait perdu, et il en cite le commencement que voici : *Quilibet in arte practica mensurabili cantus* ; mais il ne s'est pas souvenu que ce commencement est celui du traité du chant mesuré de Jean de Muris.

Gafori a rapporté un *Veni, Sancte Spiritus*, à trois voix écrit par Dunstable. Ce morceau, le seul de ce maître qui ait été connu jusqu'à ce jour, est de peu d'importance ; mais M. Danjou (*voy.* ce nom) a trouvé, au mois de juin 1847, à la bibliothèque du Vatican, un volume manuscrit qui renferme un grand nombre de chansons françaises à trois voix, de Dunstable, Dufay et Binchois.

DUPAR (Élisabeth), cantatrice française, chanta pendant longtemps en Italie, où elle était connue sous le nom de *la Francesina*. En

---

(1) Cajus, ut ita dicam, novæ artis fons et origo apud Anglicos, quorum caput Dunstaple exstitit, fuisse exhibetur, et hujo contemporanei fuerunt in Gallia Dufai et Binchois, quibus immediate successerunt moderni Okeghem, Busnois, Regis et Caron, omnium quos audiverim in compositione præstantissimi. » Voy. Proportionale, Prohemium.

(2) *A General History of Music*, tome II. p. 400.

(3) *Memorie storico-critiche della vita e delle opere di Gios. Pierl. da Palestrina*, t. I, n. 688.

(1) *Pract. Mus.*, l. 2, c. 7.
(2) *Introd.*, p. 178.
(3) *Briefe Disc.*, p. 1 et suiv.
(4) *Loc. cit.* p. 399.
(5) *A General Hist. of the science and pract. of Music*, t. II, p. 298.

1736, elle se rendit à Londres, où elle chanta deux ans après dans l'opéra de *Pharamond* de Hændel. En 1745 elle remplit l'emploi de *prima donna* dans les oratorios du même compositeur. Son portrait a été gravé.

DUPHLY (...), bon claveciniste et professeur distingué, est né à Dieppe, en 1716. Il avait eu pour maître de clavecin Dagincourt, organiste à Rouen. Vers 1750, il vint s'établir à Paris, où son talent le fit rechercher avec empressement. Il y publia quatre livres de pièces de clavecin. Il est mort en 1788.

DUPIERGE (FÉLIX-TIBURCE-AUGUSTE), né à Courbevoye, près de Paris, le 11 avril 1784, est élève de son père pour le violon et pour la composition. Il est entré comme violoniste à l'orchestre de l'Opéra-Comique. On a gravé à Paris les ouvrages suivants de sa composition : 1° *Duos pour deux violons*, œuvres 1, 5, 6 et 7; — 2° *Deux concertos pour le violon*, œuvres 2 et 4 ; 3° *Grandes sonates pour le piano avec accomp. de violon*, liv. 1, 2 et 3 ; — 4° *Méthode de violon* ; Paris, Frère. La musique de violon de cet artiste a eu du succès et est estimée. Vers 1815, M. Dupierge a quitté l'orchestre de l'Opéra-Comique pour se fixer à Rouen.

DUPIN (PHILIPPE-SIMON), connu sous le nom de *Dupin jeune*, avocat à la cour royale de Paris, né à Varzy (Nièvre), le 7 octobre 1795, est mort à Nice, le 14 février 1846. Au nombre des écrits qu'il a publiés, on remarque celui qui a pour titre : *Mémoire pour MM. les sociétaires de l'Opéra-Comique contre M. le directeur de l'administration* ; Paris, 1827, in-8°.

DUPLESSIS (LE JEUNE), violon de l'Opéra, entra à l'orchestre de ce théâtre, aux appointements de 450 livres, fut nommé maître de musique de l'école de *magasin de l'Opéra* en 1748, et mis à la retraite au mois de décembre 1749. Il a écrit la musique d'un opéra-ballet joué en 1734, sous ce titre : *Les Fêtes nouvelles*.

Le frère de cet artiste, connu sous le nom de *Duplessis l'aîné*, était entré comme violoniste à l'Opéra en 1704, et se retira après quarante-quatre ans de service en 1748. On a de lui deux livres de sonates de violon, gravés à Paris.

DUPLESSIS (LE CHEVALIER LENOIR), né à Paris, en 1754, a donné, sur le petit théâtre des élèves de l'Opéra de Paris, *l'Amour enchaîné par Diane* (en 1779), opéra en un acte, composé en société avec Edelmann, et *Don Carlos, ou la Belle invisible* (1780). Cette dernière pièce est un pastiche arrangé avec de la musique de plusieurs auteurs italiens.

DUPONCHEL (LE P. JACQUES), né à Douai, dans la première moitié du dix-septième siècle, fut moine de l'ordre des Cordeliers, et organiste attaché au cardinal Bichi, à Rome. Il s'est fait connaître comme compositeur par les ouvrages suivants : 1° *Psalmi vespertini cum litaniis B. M. V. 3 vocum* ; Rome, 1665. — 2° *Sacræ cantiones 2, 3 et 4 vocibus cum litaniis B. M. V.* op. 2; Bologne, Jacques Monti, 1671. — 3° *Messe a 3, 4, 5 voci concertati con violini e ripieni a bene placito*, op. 3; Rome, J.-A. Muzio, 1676.

DUPONT (HENRI-BONAVENTURE), musicien à Paris, au commencement du dix-huitième siècle, a publié dans cette ville des *Principes de musique, par demandes et par réponses* ; Paris, 1713, in-4°. La deuxième édition a paru dans la même ville, en 1718, in-4°. C'est à tort qu'on a attribué cet ouvrage à Jean-Baptiste Dupont, qui se rapporte à l'article suivant, dans le *Dictionnaire des Musiciens* (Paris, 1810).

DUPONT (JEAN-BAPTISTE), violoniste à l'orchestre de l'Opéra de Paris, depuis 1750, retiré avec pension en 1773, a fait graver deux concertos pour le violon, arrangés sur les airs de *Lucile* et du *Déserteur*.

DUPONT (PIERRE) littérateur, vivant à Paris vers 1800, est l'auteur d'un écrit publié sous le voile de l'anonyme, et qui est intitulé *Réflexions sur la décadence du théâtre de l'Opéra, ou Aperçu des moyens capables de le relever* ; Paris, 1799, in-12.

DUPONT (....), facteur d'orgues à Nancy, naquit dans les premières années du dix-huitième siècle, et mourut en 1757. Il apprit les éléments de son art dans les ateliers de Nicolay, facteur de la même ville, devint un habile ouvrier, et fit les plus grands travaux de la facture d'orgues dans la Lorraine. Ses principaux ouvrages sont : 1° Le grand orgue de 16 pieds à l'église cathédrale de Toul, qui a coûté plus de 45,000 francs; 2° l'orgue de Verdun ; 3° celui de Saint-Jacques à Lunéville, en 1749; 4° celui de Saint-Michel, dans la même ville, en 1753; 5° l'orgue des Carmélites, à Ormes ; 6° l'orgue de l'abbaye de Moyenmoutier ; 7° Le grand orgue de la cathédrale de Nancy, 1757. Dupont mourut pendant la construction de cet instrument, qui fut terminé par son élève Vautrin, en 1758.

DUPONT (AUGUSTE), pianiste, compositeur et professeur au Conservatoire royal de musique de Bruxelles, est né à Ensival (province de Liége), le 9 février 1828. Son père, musicien de mérite, qui a laissé en manuscrit beaucoup de compositions pour l'église, fut son premier maître de musique et de piano. En 1840, M. Dupont est entré comme élève au Conservatoire de

Liége, et y a étudié le piano pendant quatre ans, sous la direction de M. Jalheau, élève de Jacques Herz et de Kalkbrenner. Des revers de fortune ayant causé la mort de son père, en 1844, Dupont sortit du Conservatoire et se retira à Ensival, où pendant six ans il s'est livré à un travail assidu, donnant des leçons dans les châteaux voisins pendant le jour, et consacrant toutes les soirées à l'étude du mécanisme du piano et de la musique classique. C'est ainsi qu'il parvint à placer dans sa mémoire les 48 préludes et fugues que renferme le clavecin bien tempéré de J.-S. Bach. Ses premiers essais de composition appartiennent aussi à cette époque : ses ouvrages furent publiés à Liége, pendant les années 1846, 47 et 48. En 1850, M. Dupont prit la résolution de voyager pour se faire entendre et former son style : dans ce but, il écrivit un concerto pour piano et orchestre, une sérénade, un duo pour piano et violon, une sonate pour piano seul, et divers autres morceaux de différents caractères. Sa première excursion fut à Bruxelles, en 1851 : il se fit entendre au cercle artistique, puis au théâtre de La Monnaye. Peu de mois après il accepta les propositions qui lui étaient faites par un Anglais, entrepreneur de concerts, et partit avec lui pour Londres, où il joua ainsi que dans plusieurs grandes villes de l'Angleterre. De retour sur le continent, il partit pour l'Allemagne, et arriva à Berlin au commencement de l'année 1852. Il y donna quatre concerts avec succès, et la protection de la princesse de Prusse et de Meyerbeer lui procura l'honneur de jouer deux fois à la cour, devant la famille royale. Après avoir obtenu des succès dans plusieurs villes importantes de la Prusse et de la Saxe, M. Dupont revint en Belgique, et dans la même année une place de professeur de piano étant devenue vacante au Conservatoire de Bruxelles, il fut appelé à la remplir. Placé dans cette situation nouvelle, M. Dupont n'a pas tardé à éprouver les effets de l'influence d'une école, foyer ardent d'amour et de dévouement pour l'art. Recherchant les conseils du directeur de cette institution, il réforma son style d'exécution, le rendit plus pur et plus classique, perfectionna son mécanisme, fit des études plus sévères dans l'art d'écrire, et par ces modifications de son talent, en fit une transformation complète. Dans un voyage qu'il a fait en Hollande, pendant l'année 1856, il a recueilli les fruits de ses études consciencieuses, et a obtenu les succès les plus brillants et les plus honorables. Ses compositions ont acquis aussi plus de vigueur de pensée, un meilleur ordre logique et plus d'expérience de la gradation des effets. Dans un second voyage en Allemagne, que l'artiste a fait en 1859, il a donné des concerts avec de brillants succès à Brunswick et à Leipsick, ville dans laquelle ses dernières compositions ont été publiées chez Breitkopf et Hœrtel, et chez Hofmeister. Au nombre de celles-ci, on remarque : Grand trio (en *sol* mineur) pour piano, violon et violoncelle, op. 34 ; — 2me concerto pour piano et orchestre, op. 31 ; — Fugue et bourrée (en *si* mineur), pour piano seul, op. 32. — Variations de concert, dans le style sévère, op. 36. — Quatuor (en *mi* bémol) pour 2 violons, alto et basse, op. 37. — Trois impromptus de concert pour piano et violon, op. 38. — Deux valses (en *si* bémol et *ré* bémol), op. 39. — Trois morceaux impromptus pour piano et violon, op. 40 ; Mayence, Schott. Les ouvrages publiés par M. Dupont jusqu'au moment où cette notice est écrite (1860) sont : 1° Variations sur un air populaire liégeois ; Liége, Goret, 1846. — 2° Étude (*la Pluie de mai*) ; Liége, Binck, 1847. — 3° Étude de trilles ; Liége, Muraille, 1848. — 4° *La Pensée*, morceau détaché ; ibid. — 5° *La Sérénade*; Mayence, Schott. — 6° Concerto en *fa* mineur pour piano et orchestre ; ibid., 1850. — 7° *Six contes du foyer*, en morceaux séparés pour piano ; ibid., 1852. — 8° Trois cahiers de réminiscences pastorales ; ibid., 1853. — 9° Barcarole ; ibid. — 10° Nouvelles réminiscences pastorales ; ibid. — 11° *Rêverie* ; ibid. — 12° *Chanson de jeunes filles* ; ibid. — 13° Étude fantastique à 5 temps ; ibid., 1854. — 14° Toccate, ibid. — 15° Chanson hongroise, *ibid.* — 16° Sonate pour piano et violon ; Leipsick, Breitkopf et Hœrtel. — 17° *Lamento*, poésie élégiaque pour piano ; ibid. — 18° *Mazurka et Ballade*; ibid. — 19° Plusieurs airs de danse ; Londres, Distin. — 20° Le *tremolo staccato* ; Bonn, Simrock. — 21° Grand Galop fantastique, dédié à Meyerbeer ; ibid. — 22° Fantaisie pour piano et orchestre, op. 21 ; Paris, Richault. — 23° Sonate pour piano seul en *sol* mineur, op. 22 ; ibid. — 24° Variations classiques en *fa* mineur, op. 23, ibid. — 25° Le *Mouvement perpétuel*, op. 24 ; ibid. — 26° Grand trio pour piano, violon et violoncelle, op. 29 ; ibid. — 27° *Marche et scène druidique*, op. 30 ; ibid. M. Dupont a écrit un grand *Concerto-symphonie* pour piano et orchestre qui a été exécuté dans un concert donné par lui au printemps de 1857, et au concert du conservatoire dans l'année suivante.

DUPORT (Jean-Pierre), connu sous le nom de *Duport l'aîné*, habile violoncelliste, est né à Paris, le 27 novembre 1741. Il reçut des leçons de Berthaut, et devint bientôt le meilleur élève de ce virtuose. En 1761, il se fit entendre au Concert spirituel pour la première fois, et réunit tous les suffrages. Le prince de Conti se l'attacha, et le garda dans sa musique jusqu'en 1769, époque où Duport fit un voyage en Angleterre. Deux ans après il alla en Espagne, et enfin, en 1773, il se rendit à l'invitation de Frédéric II, roi de Prusse, et alla à Berlin occuper la place de premier violoncelliste de la chapelle de ce prince, qui lui donna pour élève le prince royal son neveu (depuis Frédéric-Guillaume II). Depuis 1787 jusqu'en 1806 il remplit les fonctions de surintendant des concerts de la cour; mais l'état déplorable où la Prusse se trouva réduite après la perte de la bataille de Jéna obligea le roi à réformer sa musique. Duport continua cependant à demeurer en Prusse jusqu'à sa mort, qui eut lieu à Berlin, le 31 décembre 1818. Cet artiste tirait un beau son du violoncelle et jouait sans peine les passages les plus difficiles; mais il n'avait pas le style large et expressif de son frère, objet de l'article suivant. Il a écrit et fait graver : 1° *Trois duos pour deux violoncelles*, œuvre 1er; Paris, Sieber. — 2° *Six sonates pour violoncelle et basse*; Amsterdam et Berlin, 1788. E.-L. Gerber lui attribue aussi plusieurs autres œuvres de sonates et des concertos; mais ces ouvrages appartiennent à son frère.

DUPORT (Jean-Louis), célèbre violoncelliste, frère du précédent, naquit, à Paris, le 4 octobre 1749. Fils d'un maître de danse, il était destiné, comme Duport l'aîné, à suivre la profession de son père; mais, comme lui, il préféra se livrer à l'étude de la musique. L'instrument qu'il choisit d'abord était le violon; mais séduit par les succès de son frère, il quitta cet instrument pour le violoncelle, et devint l'élève de Duport l'aîné. Doué des plus heureuses dispositions, il fit de rapides progrès, et surpassa bientôt son maître en habileté. Il n'avait pas encore atteint sa vingtième année, et déjà il avait de la célébrité. Le Concert spirituel, celui des amateurs, connu depuis sous le nom de *Société Olympique*, et les réunions musicales du baron de Bagge, offraient alors aux artistes les moyens de se faire connaître. Ce fut là que Duport jeta les fondements de sa réputation, augmentant chaque jour son talent par les conseils et les encouragements qu'il recevait de ses amis. L'arrivée de Viotti à Paris fut l'événement le plus heureux pour Duport, qui comprit qu'en appliquant au violoncelle la manière large et brillante de ce grand artiste il obtiendrait des effets inconnus auparavant. Il travailla donc à se former un style nouveau, et le succès couronna ses efforts. Lié d'amitié avec le violoncelliste anglais Crosdill, il le suivit à Londres, et y fut accueilli avec enthousiasme; mais il ne resta que six mois dans la capitale du royaume britannique.

Les premiers troubles de la révolution française ayant éclaté en 1789, Duport se rendit en Prusse, près de son frère, et fut placé dans la musique de la cour. Il y jouit de la réputation de premier violoncelliste de son temps, et fut recherché avec empressement, non-seulement par les artistes, mais par les étrangers qui visitaient Berlin. Après un séjour de dix-sept ans dans cette ville, Duport, ruiné par la guerre de Prusse, revint en France en 1806. Le long intervalle écoulé depuis son départ de Paris y avait affaibli le souvenir de son talent; il fallait refaire sa réputation, et il avait cinquante-huit ans. Le sentiment de sa force le soutint dans cette entreprise difficile. Il se fit entendre, en 1807, dans un concert qu'il donna à la salle de la rue Chantereine, conjointement avec mademoiselle Colbran (plus tard madame Rossini), et y excita le plus vif enthousiasme. On admira la pureté du son qu'il tirait du violoncelle, son style jeune encore, suave et large à la fois, et, ce qui était plus étonnant à son âge, la vigueur de son coup d'archet. Toutefois, soit indifférence de la part de l'autorité qui était alors chargée de l'administration des arts, soit par l'effet d'intrigues sourdes, Duport se vit délaissé. Le Conservatoire, l'Opéra, la chapelle du prince, tout se fermait à son approche; il n'y avait de place nulle part, et l'intéressant artiste, ruiné par les événements politiques et par des faillites particulières, allait être forcé de quitter de nouveau sa patrie pour chercher ailleurs du pain, lorsque le roi d'Espagne (Charle IV), dont le séjour était fixé à Marseille, l'attacha à son service. En 1812, ce prince obtint du gouvernement français l'autorisation de se transporter à Rome, et Duport fut encore obligé de revenir à Paris. Dans l'hiver de 1812 à 1813, il parut trois fois aux concerts de l'Odéon, et, quoique âgé de soixante-cinq ans, il étonna par la jeunesse de son talent. Ce fut alors qu'une justice tardive lui fut enfin rendue. Admis d'abord dans la musique de l'impératrice Marie-Louise, il entra ensuite à la chapelle de l'Empereur comme violoncelliste solo, et enfin au Conservatoire comme professeur.

Dégagé des soucis qui l'avaient accablé pendant plusieurs années, Duport sembla tout-a-coup rajeunir. Point de concert où il ne brillât, point de soirée musicale dont il ne fût; à peine pouvait-il suffire à l'empressement des amateurs. Dans les courts intervalles que lui laissaient ses engagements de société, il composait des duos, des trios et des nocturnes, dans lesquels il mariait les accents de son violoncelle aux sons de la harpe de Bochsa, du cor de Duvernoy, ou du violon de Lafont. Tout le monde connaît les jolis nocturnes qu'il a écrits en société avec Bochsa. En 1815, le Conservatoire fut supprimé; Duport, qui n'avait point été compris dans la nouvelle organisation de l'école royale de musique en 1816, resta attaché à la musique du roi. Enfin, à soixante-dix ans, il fut attaqué d'une maladie bilieuse, considérée d'abord comme peu dangereuse, mais qui, s'étant jetée sur le foie, ne tarda point à prendre un caractère plus sérieux, et finit par le conduire au tombeau, le 7 septembre 1819. Il laissa en mourant trois enfants : deux filles et un fils; celui-ci, après avoir été quelque temps attaché au théâtre de Lyon comme violoncelliste, a établi à Paris une fabrique de pianos. Il possédait la basse de son père, admirable instrument de Stradivari, dont l'excellent violoncelliste Franchomme a fait l'acquisition, au prix énorme de *vingt-cinq mille francs*. Duport a composé pour son instrument : 1° Six concertos, gravés à Paris, chez Janet et Cotelle. — 2° Quatre œuvres de sonates, avec accompagnement de basse; Paris, Janet, Sieber. — 3° Trois duos pour deux violoncelles; Paris, Sieber. — 4° Huit airs variés, avec orchestre ou quatuor; Paris, Pleyel. — 5° Deux airs variés pour violon et violoncelle, en société avec Jarnowick; Paris, Sieber. — 6° Romance avec accompagnement de piano; Paris, Janet et Cotelle. — 7° Neuf nocturnes pour harpe et violoncelle, en société avec Bochsa; Paris, Pacini, Dufaut et Dubois. — 8° Fantaisie pour violoncelle et piano, en société avec Rigel; Paris, Janet; 9° *Essai sur le doigter du violoncelle et la conduite de l'archet, avec une suite d'exercices*; Paris, Pleyel; ouvrage fondamental pour l'étude de l'instrument.

DUPOTY (Denis-Simon), professeur de chant et compositeur de romances, né à Versailles, le 8 novembre 1787, était fils d'un menuisier et exerça d'abord la profession de son père; mais son goût pour la musique le lui fit abandonner. Il se livra à l'étude du chant et de l'harmonie, sous la direction de Matthieu, maître de chapelle de la cathédrale. En 1815, il servit comme volontaire pendant les *cent jours*, et après la bataille de Waterloo il s'arrêta à Douai pendant quelques mois pour continuer ses études de composition chez l'auteur de cette notice. De retour à Paris, il s'y livra à l'enseignement du chant et publia quelques romances ainsi que des chansons de Béranger, parmi lesquelles on a remarqué celles qui ont pour titres : *le Chant patriotique*, *le Cinq mai*, *le Vieil Invalide*, *le Temps*, *l'Ombre d'Anacréon*, et *le Vieux Drapeau*. Une fièvre cérébrale a conduit au tombeau Dupoty, jeune encore, le 3 juillet 1824. Il avait remis en musique *le Faux Lord*, opéra comique traité autrefois par Piccinni; mais cet ouvrage n'a point été représenté.

DUPRATO (Jules-Laurent), compositeur dramatique, est né à Nîmes, le 20 août 1827. Arrivé à Paris à l'âge de dix-sept ans, il entra au Conservatoire et suivit le cours de composition de M. Leborne. En 1848, il obtint, au concours de l'Institut de France, le premier grand prix de composition pour la cantate intitulée *Damoclès*. Devenu pensionnaire du gouvernement, il alla passer deux ans à Rome, puis visita les autres villes importantes de l'Italie, et voyagea en Allemagne. De retour à Paris, il a fait jouer au théâtre de l'Opéra-Comique, le 28 juin 1854, *les Trovatelles*, joli ouvrage en un acte, où se font remarquer des idées fraîches, élégantes, une bonne harmonie et une instrumentation intelligente. Le 2 juin 1856, il a donné au même théâtre *Paquerette*, en un acte, où le compositeur a été moins bien inspiré. Dans l'hiver de 1856 à 1857, M. Duprato a fait jouer au théâtre des *Bouffes Parisiens* un petit ouvrage en un acte intitulé *Mosieu Landry*, qui a eu du succès.

DUPRÉ (Enéas), musicien du seizième siècle sur qui l'on n'a pas de renseignements. Son nom indique qu'il était d'origine française; mais il vécut vraisemblablement à Venise, ou du moins dans l'État vénitien, car on a de lui des *Frottole*, sorte de chants populaires qui n'ont été en usage que dans cette partie de la haute Italie. Les Frottoles de Dupré se trouvent dans les 7me et 9me livres de la grande collection publiée par Petrucci de Fossombrone, en 1507 et 1508.

DUPREZ (Gilbert-Louis), chanteur et grand musicien, qui jouit à juste titre en Italie et en France d'une brillante réputation, est né à Paris, le 6 décembre 1806. Son père avait eu dix-huit enfants, et il en était le douzième fils. Dès son enfance il commença l'étude de la musique, et y fit de rapides progrès. Séduit par sa précieuse organisation musicale, Choron, qui eut occasion d'entendre chanter cet enfant, le fit entrer à l'école de musique qu'il dirigeait, et donna à son éducation les soins les plus assidus. Une connaissance solide et étendue de toutes les parties de la musique fut donnée au jeune Duprez, qui justifia les espérances qu'il avait inspirées. Le premier essai qu'il fit en public de son talent eut lieu dans des représentations de l'*Athalie* de Racine (en 1820), au Théâtre-Français, où l'on avait introduit des chœurs et des solos. Duprez y chanta une partie de soprano dans un trio composé pour lui et deux autres élèves de Choron par l'auteur de cette notice, et l'accent expressif qu'il mit dans l'exécution de ce morceau fit éclater les applaudissements dans toutes les parties de la salle. Bientôt après vint la mue de sa voix, qui l'obligea de suspendre les études de chant. Pendant cette crise de l'organe vocal, il apprit l'harmonie et le contrepoint, et ses essais en composition prouvèrent qu'il pouvait obtenir des succès en ce genre. Cependant une voix de ténor avait succédé à sa voix enfantine; d'abord faible et sourde de timbre, elle ne laissa que peu d'espoir pour l'avenir; mais le sentiment musical de Duprez était si beau, si actif, si puissant, qu'il triomphait des défauts de son organe. Au mois de décembre 1825 il débuta au théâtre de l'Odéon, dans le rôle d'*Almaviva*, de la traduction française du *Barbier de Séville* de Rossini. Il lui manquait l'assurance en lui-même, et l'expérience dans l'art du chant scénique; toutefois on put comprendre dès lors que, malgré la faiblesse de sa voix, Duprez serait un chanteur distingué. Il resta au théâtre de l'Odéon jusqu'en 1828, époque où l'opéra cessa d'être joué à ce théâtre. Il partit alors pour l'Italie, et y obtint des engagements qui ne le firent pas remarquer d'abord, mais qui furent utiles à son talent et au développement de sa voix, dont le timbre acquit plus de puissance. De retour à Paris en 1830, il joua quelques représentations à l'Opéra-Comique, notamment dans *La Dame Blanche*, où les connaisseurs l'applaudirent et remarquèrent ses progrès; mais n'ayant pu contracter d'engagement à ce théâtre, il retourna en Italie. C'est alors que Duprez prit la résolution de donner à son organe l'intensité qui lui manquait par le travail de la voix sombrée. Il y réussit au delà de ses espérances. Ses succès datent de cette époque. Bientôt sa réputation s'étendit : il chanta dans toutes les grandes villes, et en dernier lieu à Naples, où il fut en possession de la faveur du public pendant plusieurs années. Cependant, quels que fussent les avantages qu'il trouvait en Italie, il désirait ardemment se retrouver à Paris, et entrer à l'Opéra. Ses vœux se réalisèrent en 1836; son engagement comme premier ténor y fut signé par la direction de ce théâtre : il y succéda à Adolphe Nourrit, et débuta avec un succès d'enthousiasme dans *Guillaume Tell*. L'élévation de son style dans l'art de phraser, la puissance de son organe dans tout ce qui exigeait de l'énergie, et sa manière admirable de dire le récitatif, firent naître des transports frénétiques dans toute la salle. Pendant plusieurs années Duprez conserva toute la puissance de ses facultés chantantes; mais il est dans la nature de l'organe factice appelé *voix sombrée* de se fatiguer rapidement : ce fut ce qui se produisit dans la voix de Duprez. Par des efforts inouïs d'art et de volonté il prolongea sa carrière dramatique; mais ces mêmes efforts rendaient souvent le chant pénible et se faisaient apercevoir. L'artiste, comprenant enfin qu'il compromettait son beau talent, demanda sa retraite et l'obtint. Il prit alors la résolution de se livrer exclusivement à l'enseignement du chant, et fonda une école où se sont formés plusieurs chanteurs distingués, et qui est encore (1860) en activité. Il fut aussi professeur de déclamation lyrique au Conservatoire de Paris pendant plusieurs années; mais il donna sa démission de cette position lorsqu'il eut conçu le projet de son école de chant. Duprez a publié une méthode dans laquelle il a exposé les principes de son école, sous le titre de l'*Art du chant*; Paris, 1846, g^r. in-4°. Il s'est fait connaître comme compositeur dramatique par un opéra en trois actes, intitulé *Joanita*, qui fut représenté au théâtre royal de Bruxelles en 1851, et dont la partition pour le piano a été publiée à Paris, chez Meissonnier. Le 28 avril 1853 il a fait jouer au théâtre de l'Opéra-Comique de Paris *La Lettre au bon Dieu*, ouvrage en deux actes, qui eut peu de succès.

Au nombre des meilleurs élèves formés par Duprez, on distingue sa fille, *Caroline*, devenue la femme de *Vanden Heuvel*, bon pianiste accompagnateur et compositeur. Elle a brillé au premier rang sur les scènes de l'Opéra-Comique et du théâtre Lyrique par un talent fin, élégant, et par une rare intelligence. Sa vocalisation est brillante et correcte.

DUPUIS (Thomas SAUNDERS), docteur en musique, naquit en Angleterre, de parents français, en 1733. Son père occupait quelque emploi à la cour de Georges II, et ce fut probablement par cette raison que le jeune Dupuis fut placé à la chapelle royale. Il reçut les premières leçons de musique de Gates, et devint ensuite élève de Travers, qui était dans ce temps organiste de la chapelle du roi. A la mort du docteur Boyce, en 1779, Dupuis fut nommé organiste et compositeur de la chapelle. Lors de l'exécution de la grande musique funèbre en l'honneur de Hændel, en 1784, il fut l'un des aides directeurs. Comme compositeur, il est connu par plusieurs œuvres de sonates pour le piano, et deux concertos pour le même instrument, qui ont été gravés. On a aussi de lui des pièces d'orgue, deux recueils d'hymnes à l'usage de la chapelle royale, et quelques antiennes. Il avait reçu le grade de docteur en musique, à l'université d'Oxford, en 1790. Dupuis est mort le 17 juin 1796, et a été remplacé, comme organiste de la chapelle royale par le docteur Arnold, et comme compositeur du roi par Atwood, organiste de Saint-Paul. Après sa mort, on a publié de sa composition quatre services complets pour l'Église anglicane et quatorze antiennes, en 2 volumes in-fol.

DUPUY (HENRI). *Voy.* PUTTE (VAN DE).

DUPUY (ALBERT-CHARLES), maître de chapelle du chapitre abbatial de Saint-Saturnin, à Toulouse, naquit dans cette ville. Dans sa jeunesse, il avait fait un voyage en Italie, et en avait rapporté le goût de la musique d'église qu'il avait entendue à Milan, à Venise, à Bologne et à Rome. De retour dans sa ville natale, il essaya d'y opérer une réforme dans la maîtrise, où il fut admis, et y fit entendre quelques bons ouvrages de l'école italienne. Lui-même essaya de former son style sur ce modèle. Une messe, quelques motets et un oratorio de sa composition ont été entendus avec plaisir à l'église de Saint-Saturnin, et y sont encore exécutés de temps en temps. On connaît aussi une *Ode sur la naissance de Jésus-Christ*, composée par le bénédictin d'Olive, et mise en musique par Dupuy. Ce musicien est mort en 1789, âgé d'environ cinquante ans.

DUPUY (JEAN-BAPTISTE-ÉDOUARD-LOUIS-CAMILLE), né en 1775, au village de Corselles, près de Neufchâtel, fut envoyé à l'âge de quatre ans chez un oncle qu'il avait à Genève, pour y faire son éducation. Il y resta jusqu'à sa treizième année, et se rendit ensuite à Paris, où Chabran lui donna des leçons de violon, et Dussek lui enseigna à jouer du piano. Ses progrès furent si rapides, qu'à l'âge de seize ans il put remplir les fonctions de maître de concerts du prince Henri de Prusse, à Rheinsberg. Il resta au service de ce prince pendant quatre ans, et le suivit à Berlin, où il étudia l'harmonie sous la direction de Fasch. Il fit ensuite plusieurs voyages, parcourut l'Allemagne et une partie de la Pologne, donnant des concerts dans toutes les grandes villes. Vers la fin de 1793 il arriva à Stockholm, et y fut engagé comme chanteur au théâtre de l'Opéra, et comme second maître des concerts de la cour. En 1799 il s'éloigna de la capitale de la Suède pour aller à Copenhague, où on lui avait offert un engagement comme maître des concerts et comme chanteur de l'Opéra. A l'époque de l'expédition des Anglais, sous le commandement de Nelson, contre Copenhague, Dupuy entra en 1801 dans le corps de volontaires organisé pour la défense de la ville; il y était encore en 1807, lorsque cette ville fut bombardée, et s'y distingua si bien par son courage, qu'il fut élevé au grade de lieutenant; néanmoins ses travaux militaires ne l'empêchèrent pas de cultiver la musique avec succès. En 1809 il s'éloigna de Copenhague, et se rendit à Paris, où il resta jusqu'à l'automne de 1810. A cette époque il retourna en Suède, et vécut d'abord à Schoenen, puis à Stockholm. En 1812 il fut nommé chanteur, professeur et maître de chapelle de la cour. Une apoplexie foudroyante l'enleva à sa famille et à ses amis, le 3 avril 1822, et ne lui permit pas de voir la première représentation de son opéra suédois *Bjorn Jarnsida*.

Comme compositeur, Dupuy s'est fait applaudir dans les opéras intitulés : *Une Folle*, *Félicie*, et *Bjorn Jarnsida*. Son style est vif et animé dans les deux premiers, sentimental dans le dernier. Ses musiques funèbres pour le service du roi Charles XIII et de la reine sont aussi estimées. Parmi ses compositions instrumentales on distingue : 1° Des duos pour deux violons concertants, gravés à Copenhague, chez Lose. — 2° Un concerto pour flûte (en *ré* mineur); Leipsick, Breitkopf et Hærtel. — 3° Une polonaise pour violon principal, un second violon, guitare et basse; Prague, Kronberger. — 4° Des quadrilles de contre-danses, valses et écossaises pour piano ; Stockholm, Græf. — 5° Des marches en harmonie militaire, Copenhague. On a aussi de lui pour le chant une romance à trois voix intitulée *l'Amour*, Copenhague, Lose, et six quatuors pour deux ténors et deux basses ; ibid.

DUPUY (N.), littérateur français, réfugié en Hollande vers le milieu du dix-huitième siècle, est auteur d'un livre intitulé : *Amusements du cœur et de l'esprit* (La Haye, 1741, in-12), où l'on trouve des *lettres sur l'origine et les progrès de l'opéra en France*.

DURAN (DOMINIQUE-MARC), né à Alconeta, dans l'Estramadure, vers le milieu du seizième siècle, est auteur de deux traités sur le plain-chant, intitulés : 1° *Lux bella de canto llano*; Toledo, 1590, in-4°. — 2° *Comento sobre la Lux bella*; ibid., in-4°. Blankenberg (Nouvelle édition de la *Théorie des beaux-arts* de Sulzer) assure qu'il y a une deuxième édition de ces livres, sous la date de Salamanque, 1598.

DURAN (JUAN), maître de chapelle de la cathédrale de Santiago (en français *Saint-Jacques de Compostelle*), occupait cette place en 1525. Il a laissé en manuscrit de bonnes compositions religieuses qui se trouvent dans les archives de cette église, et dans plusieurs autres en Espagne.

DURAND ou **DURANOWSKY** (Au-
guste-Frédéric), virtuose sur le violon, qui n'a
point joui de la réputation qu'il méritait par son
talent, est né vers 1770 à Varsovie, où son père
était musicien au service du dernier roi de Pologne. Il apprit de lui les principes de la musique, et reçut les premières leçons de violon.
Conduit à Paris, en 1787, par un seigneur polonais
qui s'intéressait à son sort, il fut dirigé dans
l'étude de son instrument par Viotti, qui trouvait en lui le génie de l'art et une admirable
facilité à jouer les choses les plus difficiles. Durand vécut quelque temps à Paris, puis voyagea
en Allemagne et en Italie, pendant les années
1794 et 1795. Partout il fit admirer sa prodigieuse habileté ; mais tout à coup il sembla renoncer à l'usage de son talent, entra dans l'armée
française, et devint aide de camp d'un général.
Une fâcheuse affaire, dans laquelle il fut compromis, le fit mettre en prison à Milan ; la protection du général Menou le sauva des suites de
cette affaire, et le rendit à la liberté ; mais il fut
obligé de donner sa démission d'officier, et de se
rendre en Allemagne, où sa vie fut agitée. Dans
l'intervalle de 1810 à 1814 il séjourna plus ou
moins longtemps à Leipsick, Prague, Dresde,
Cassel, Varsovie, Francfort-sur-le-Mein, Mayence,
et quelques autres villes. Vers la fin de 1811 il
joua deux fois avec le plus grand succès à la cour
de Cassel, et l'année suivante il se fit entendre
chez le grand-duc de Darmstadt et à Aschaffenbourg. Enfin, le besoin du repos lui fit accepter
en 1814 les places de premier violon du concert
et du théâtre qui lui étaient offertes à Strasbourg, et depuis ce temps jusqu'à l'époque actuelle, il ne s'est éloigné de cette ville que pour
faire de petits voyages en France et en Allemagne.
Il y était encore à la fin de 1834. Dans ses *Lettres
sur la musique*, adressées à un de ses amis de
Florence, en 1828, le comte Michel Oginski parle
en ces termes de l'artiste dont il s'agit : « Le
« nom de Durand ne doit pas vous être inconnu.
« Originaire d'une famille française, mais natif
« de Pologne, il avait pris le nom de Dura-
« nowski, qu'on lui donnait généralement par-
« tout. On m'a assuré que c'était un des artistes
« les plus distingués pour le violon ; mais
« comme sa conduite ne répondait pas à son
« talent, il se trouvait très-souvent dépourvu
« de tout moyen de subsistance, et pour ainsi
« dire dans la misère. Il n'avait pas même de
« violon à lui ; et comme l'usage de cet instru-
« ment était la seule ressource qui lui restait
« pour vivre, il s'arrêtait dans toutes les villes
« un peu marquantes qu'il rencontrait en route,
« y annonçait un concert, et, se servant du

« premier mauvais violon qu'il trouvait dans
« l'auberge, il en jouait de manière à enchanter
« le public et à subvenir à ses besoins. Je ne
« l'ai jamais entendu ; mais son talent, tout aussi
« bien que ses aventures, ont fait beaucoup
« parler de lui dans toutes les capitales où je me
« suis trouvé. »
Si Durand eût pu se défendre de l'agitation de
sa vie et se fût livré sans réserve au développement de ses facultés, il eût été le plus étonnant des violonistes. Sa manière était originale
et toute de création. Son adresse dans l'exécution des difficultés était prodigieuse, et il avait
inventé une multitude de traits inexécutables
pour tout autre que lui. *Il tirait un grand son
de l'instrument, avait une puissance irrésistible
d'archet, et mettait dans son jeu une inépuisable
variété d'effets.* Paganini, qui avait entendu Durand dans sa jeunesse, m'a dit que ce virtuose
lui avait révélé le secret de tout ce qu'on pouvait faire sur le violon, et que c'est aux lumières
qui lui ont été fournies par cet artiste qu'il dut
son talent.
Comme compositeur pour son instrument,
Durand ne s'est pas élevé au-dessus du médiocre ; autant il y avait de génie dans son jeu,
autant cette qualité est négative dans sa musique. Il a publié : 1° Concerto pour violon et
orchestre, œuvre 8, en *la*; Leipsick, Peters. —
2° Pot-pourri, idem, œuvre 10, en *ré*; ibid. —
3° Idem, op. 11 ; Offenbach, André. — 4° Deux
airs variés pour violon et orchestre ; Bonn, Simrock. — 5° Fantaisie suivie de deux airs variés
pour violon et quatuor ; Leipsick, Hofmeister. —
6° Duos pour deux violons, œuvres 1, 2, 3, 4
et 6 ; Leipsick, Breitkopf et Hærtel, et Paris,
Sieber. — 7° Des airs variés pour le violon seul ;
Vienne, Cappi, et Leipsick, Br. et H. — 8° Six
caprices ou études, op. 15 ; Mayence, Schott. —
9° Six chansons allemandes pour voix seule,
Offenbach, André.

DURAND (F.-L.), professeur de musique à
Paris, ancien élève du Conservatoire de cette
ville, est connu par un ouvrage qui a pour titre :
*Petite grammaire musicale, ou Principes
élémentaires de la musique exposés par demandes et par réponses, à l'usage des élèves
du collége Rollin*; Paris, Meissonnier, 1837,
in-8°. La troisième édition de ce petit ouvrage a
paru chez le même éditeur, en 1846.

DURANTE (Angelo), né à Bologne, vers
le milieu du seizième siècle, a publié : 1°*Messa
a cinque voci*; Venise, 1578. — 2° *Madrigali
a cinque*; Venise, 1585.

DURANTE (Octave), compositeur et
maître de chapelle à Viterbe, au commence-

ment du dix-septième siècle, naquit à Rome. Il y vivait encore en 1614, suivant ce que rapporte Mandosio, dans sa *Bibliotheca Romana*, tome 2, septième centurie, n° 83. Il a fait imprimer un ouvrage de sa composition sous ce titre : *Arie de cola, le quali contengono in se la maniera di cantar con grazia l'imitazione delle parole, e il modo di scriver passagi ed altri affetti, novamente composte*; Roma, appresso Simone Verovio, 1608, in-fol. Il y a une deuxième édition gravée sur cuivre, publiée sous le même titre, à Rome, 1624, in-fol. Les mots *novamente composte*, placés au frontispice de cette édition pourraient faire douter de l'existence de l'édition de 1608, citée par Walther (*Musikal. Lexicon*, p. 220); mais j'ai vu cette même édition dans la bibliothèque de l'abbé Santini, à Rome.

DURANTE (SILVESTRE), maître de chapelle à Sainte-Marie *in Transtevere*, vers le milieu du dix-septième siècle, a fait imprimer de sa composition : 1° *Messe a 5 e 9 ad libitum*; Rome, 1651. — 2° *Motetti a tre*; ibid., 1664.

DURANTE (FRANÇOIS) (1), chef d'une école fameuse qui a produit quelques-uns des compositeurs les plus renommés du dix-huitième siècle, est né le 15 mars 1684, à Frattamaggiore, au diocèse d'Aversa, dans le royaume de Naples. Ses parents, peu fortunés, ayant obtenu son admission au Conservatoire *Dei poveri di Giesù Cristo*, il devint élève de Gaetano Greco, alors premier maître de ce Conservatoire. Durante acquit sous sa direction de l'habileté dans le jeu du clavecin, dans l'accompagnement des *partimenti*, et dans l'art de jouer de l'orgue. Le Conservatoire ayant été supprimé, et les élèves ayant été répartis dans les autres écoles du même genre, Durante et son condisciple Cotumacci furent envoyés au Conservatoire de S. Onofrio, où ils trouvèrent Alexandre Scarlatti, dont les leçons perfectionnèrent leur goût et leurs connaissances musicales (2). M. Le marquis de Villarosa, auteur de Mémoires sur les musiciens napolitains, révoque en doute le voyage qu'aurait fait à Rome Durante dans sa jeunesse, suivant certaine tradition répandue en Italie, dans le but de se perfectionner dans l'art

(1) La notice de ce musicien célèbre qui a paru dans la première édition de cette Biographie est refaite d'après le livre de M. de Villarosa sur les musiciens napolitains.
(2) Suivant Burney, le Conservatoire n'aurait été détruit par le cardinal Spinelli, archevêque de Naples, qu'en 1740, et Durante aurait été premier maître de cette école; mais le marquis de Villarosa, que j'ai pris pour guide, parait mieux instruit de l'histoire des Conservatoires de cette ville.

du chant, par les leçons de Pitoni, et dans le contrepoint par celles de Bernard Pasquini. Il dit que Durante vécut dans une situation si peu fortunée, qu'il ne posséda jamais de ressources suffisantes pour aller à Rome et pour y demeurer. Il demande aussi quel besoin pouvait avoir Durante des leçons des maîtres romains, ayant été instruit par Gaetano Greco et par Scarlatti? La réponse à cette question est facile. L'école napolitaine se distinguait dès le seizième siècle par un sentiment de mélodie supérieur à celui des autres écoles de l'Italie, et par une certaine clarté d'harmonie d'où les recherches scolastiques étaient bannies. Scarlatti, le plus grand des maîtres de cette école; Scarlatti, homme de génie, et de plus doué d'une organisation forte, qui le rendait capable d'entrer dans la conception des combinaisons harmoniques de l'école romaine, avait introduit ces combinaisons dans quelques-uns de ses ouvrages pour l'église ; mais, dominé par son penchant pour l'expression dramatique, il modifiait les formes d'école en ce qu'elles avaient de trop régulier et de trop raide, pour laisser toujours aux idées originales et mélodiques, ainsi qu'à l'expression variée des sentiments passionnés, leur prééminence dans l'art. L'organisation de Durante était très-différente de celle de son maître; peu riche d'idées, froid par tempérament; timide par caractère et par position sociale; enfin, complètement étranger aux hardiesses du génie dramatique, Durante portait dans la musique la dévotion de ses sentiments religieux, la lucidité de conception, le goût pur et le respect des traditions d'école qui caractérisent son talent. S'il n'alla pas à Rome, il fit évidemment une étude sérieuse des maîtres de l'école romaine, et ses travaux eurent pour objet d'introduire dans l'école napolitaine des formes plus sévères. C'est là son rôle dans la direction que l'art prit à Naples au dix-huitième siècle. On voit donc qu'il n'avait pas tout appris de Gaetano Greco et de Scarlatti : la lecture de ses partitions démontre qu'il s'était modifié sous l'influence du génie de Rome. Ce maître est considéré comme le plus habile professeur qu'ait eu l'école Napolitaine; toutefois, on serait dans l'erreur si l'on croyait que son habileté consistait dans une doctrine lumineuse, où tous les faits auraient été ramenés à des principes généraux tirés de la nature des choses. Il n'y a jamais eu rien de pareil dans les écoles d'Italie. La méthode d'enseignement n'y avait d'autre base qu'une tradition d'école émanée d'un sentiment très-délicat; elle procédait de ce sentiment bien plus que du raisonnement. Sous ce rapport, Durante paraît avoir eu plus qu'aucun autre le talent de communiquer cette tradition, et le sentiment le plus perfectionné de la tonalité. Le grand nombre d'élèves excellents qu'il a formés en est une preuve irrécusable. On distingue deux époques dans son professorat. La première a produit Traetta, Vinci, Terradeglias et Jomelli; la seconde, qui commence à la mort de Leo et qui finit à la sienne, a fait éclore des talents de premier ordre, tels que ceux de Piccinni, Sacchini, Guglielmi et Paisiello.

Dans le mois de janvier de l'année 1742, Durante fut nommé maître du Conservatoire de Loreto, après le départ de Porpora pour l'Allemagne. Son traitement fut fixé à 10 ducats (40 francs) par mois; car c'est ainsi qu'étaient alors rétribués ces grands artistes dont les ouvrages excitaient l'admiration de toute l'Europe. C'est dans ce même Conservatoire qu'il a formé quelques-uns de ses meilleurs élèves. Durante avait été marié trois fois; mais aucune de ses femmes ne put en faire un homme aimable et poli. Dans la conversation, il était souvent bourru; quelquefois cependant il s'efforçait de se corriger de ce défaut et de paraître agréable, ce qu'il faisait du reste d'une manière assez gauche. Il s'habillait avec une simplicité qui tenait de la négligence, n'ayant aucun penchant non-seulement pour l'élégance, mais même pour la propreté. Il mourut le 13 août 1755, à l'âge de soixante et onze ans. Bien qu'il eût tiré peu de profit de ses ouvrages, il avait vécu avec tant d'économie, qu'il put faire construire dans l'église de Saint-Antoine, à Frattamagiore, une chapelle dédiée à l'archange Gabriel, avec la statue du saint dans une niche et sur un autel de marbre : on y lit cette inscription : *Franciscus Durante cappellæ magister musicæ fecit.*

Durante est compté parmi les compositeurs les plus célèbres de l'Italie. Il s'est livré surtout à la culture de la musique d'église, et n'a rien produit pour le théâtre. Il a peu d'invention dans les idées ; ses *motifs* sont même souvent communs ou surannés ; mais nul n'a connu mieux que lui l'art de les développer et de les enrichir d'une harmonie vigoureuse et piquante. Son style est religieux, solennel, et généralement brillant, quoique dépouillé de ces effets d'orchestre qui font le charme de la musique de nos jours, mais qui étaient inconnus de son temps. Il a aussi le grand mérite de donner à toutes les parties vocales des formes chantantes et faciles; sous ce rapport, ses compositions ont servi de modèles, tant qu'il y a eu des écoles en Italie. La bibliothèque du Conservatoire de musique de Paris possède une collection complète des œuvres de Durante, qui a été apportée en France par Selvaggi, Napolitain et musicien distingué. En voici le catalogue. Messes : 1° *Missa alla Palestrina*, en *ré* mineur : ouvrage médiocre et fort inférieur au modèle que Durante voulait imiter. — 2° *Missa a 9 voci*, en *la* majeur. — 3° Messe des morts à quatre voix, en *sol* mineur. — 4° Messe des morts à huit voix, en *ut* mineur. — 5° *Missa a 4, Kyrie, gloria*, en *si* b. — 6° Idem, en *la* majeur. — 7° Idem, à cinq voix, en *ut* mineur. — 8° Idem, à cinq voix, en *ut* majeur. — 9° Idem, à cinq voix, en *sol* majeur. — 10° Idem, à quatre voix, en *ré* majeur. — 11° Autre, à quatre voix, en *ré* majeur. — 12° *Credo* à quatre voix, en *sol* majeur. — 13° *Credo* à cinq voix, en *sol* majeur. — Psaumes : 14° *Dixit a 8 voci con stromenti*, en *ré* majeur. — 15° Idem, à huit voix, en *ré* majeur. — 16° Idem, à cinq voix, en *ré* majeur (brillant). — 17° Idem, style *breve*. — 18° Idem, à quatre voix, *ré* majeur. — 19° *Confitebor a voce sola*, en *ré* majeur. — 20° Idem, style bref. — 21° *Laudate, pueri, a voce sola*, en *la* mineur. — 22° Idem, à quatre voix, en *sol* majeur. — 23° Idem, à huit voix, en *sol* majeur. — 24° *Beatus vir* à quatre voix, en *fa* majeur. — 25° Idem, style bref. — 26° *Lætatus sum*, à quatre voix, en *la* majeur. — 27° *Misericordias Domini, a 8 senza stromenti*. — 28° *Magnificat* à quatre voix en *si* b. — 29° Idem, *a 8 voci*, en *la* mineur. — Antiennes : 30° *Alma, a voce sola*. — 31° Idem, *a voce sola di basso*. — 32° *Salve, Regina, a voce sola*. — 33° Idem, *a 2 voci*. — 34° *Veni, Sponsa, a 5 voci*. — 35° Idem, *a 4 voci*. — Hymnes : 36° *Iste confessor, a 4 voci* — 37° *Pange lingua, a 3 voci*. — 38° *Vexilla regis, à quatre voix*. — Motets : 39° *O gloriosa Domina, a 5 voci*. — 40° *O divi amoris victima*. — 41° *Si quæris miracula, a voce sola* — 42° *Surge, a 5 voci*, *ré* majeur. — 43° *Jam si redit, a 8 voci*. — 44° *Cito Pastores, a voce sola*, en *la* majeur. — 45° *Ad præsepe, a 4 voci*, en *sol* majeur. — 46° *Toccate, sonate, a 4 voci*, en *sol* majeur. — 47° *Ave, Virgo, a voce sola*, en *ré* majeur. — 48° *Surge, aurora*, à trois voix, en *sol* majeur. — 49° *Inter choros*, à cinq voix, en *sol* majeur. — 50° *Cessent corda* (chœur). — 51° *Videtur*, à quatre voix, en *ré* majeur. — 52° *Te Deum, a 5 voci, ut* majeur. — 53° *Litanies de la Vierge*, à quatre voix, en *mi* mineur. — 54° Idem, à quatre voix, en *sol* mineur. — 55° Idem, à quatre voix, en *fa* mineur. — 56° Idem, à deux voix, *mi* mineur. — 57° *Incipit oratio*, à quatre voix. — Musique de chambre : 58° Cantate : *Dopo sentirò, a voce di contr'alto*. — 59° *XII madrigali col basso continuo estratti dalle cantate del Scarlatti*. — 61° *XI solfeggi a 2 voci, col. b. c.* — 61° *Parlimenti per cembalo*. — 62° *6 sonale*.

DURELL (Jean), né à Jersey, en 1625, mourut le 8 juin 1683. Le vingt-septième chapitre de son *Historia rituum* (p. 314 à 323) contient une défense de l'orgue contre les Presbytériens.

DURET (Anne-Cécile **DORLISE**), fille de madame Saint-Aubin, actrice de l'Opéra-Comique, est née à Paris, en 1785. Admise au Conservatoire comme élève de Garat, le 15 germinal an xi, elle en sortit l'année suivante, et débuta à l'Opéra-Comique au mois de juin 1805, dans *le Concert interrompu*. Sa voix était belle, mais son éducation musicale n'était pas terminée et elle manquait absolument d'habitude de la scène. Peu de mois après, elle rentra au Conservatoire, y reprit ses études de chant, développa son talent par les leçons de Garat, et fut en état de reparaître avec éclat à l'Opéra-Comique le 2 avril 1808, dans le rôle de son premier début. Une voix de la plus belle qualité, une excellente vocalisation et une manière large de phraser lui assurèrent dès lors la réputation d'habile cantatrice, et la plaça au premier rang à l'Opéra-Comique, bien qu'elle n'ait jamais été qu'actrice médiocre. Nicolo Isouard écrivit pour elle des rôles importants qui firent briller son talent, et qui furent longtemps difficiles à chanter pour les actrices qui lui succédèrent. Tels furent ceux qu'elle joua dans *Jeannot et Colin*, et surtout dans le *Billet de Loterie*. Jeune encore, Madame Duret fut obligée de quitter le théâtre, parce que sa respiration était devenue laborieuse, d'où résultait pour elle l'obligation de couper les phrases de son chant : elle se retira au renouvellement de l'année théâtrale, en 1820.

DUREY DE NOINVILLE (Jacques-Bernard), né à Dijon, le 3 décembre 1683, fut conseiller au parlement de Metz en 1726, et président au grand conseil en 1731. Il est mort le 20 juillet 1768. On a de lui : *Histoire du théâtre de l'Académie royale de musique en France, depuis son établissement jusqu'à présent*; Paris, 1758, in-8°. La seconde édition, augmentée, a été publiée à Paris en 1757, deux parties in-8°. Dans quelques exemplaires on trouve à la fin du volume un *Catalogue de quelques ouvrages qui traitent de l'Opéra, etc., et qui ont rapport à l'histoire de ce théâtre*. Le président de Noinville tenait de Travenol, violoniste de l'Opéra (*voy.* ce nom) une partie des renseignements qu'il donne. Son livre est au reste, fort mal fait et rempli d'inexactitudes.

DURIEU (. . .), professeur de musique à Paris, vers la fin du dix-huitième siècle, a publié : 1° *Nouvelle méthode de musique vocale*, Paris, 1793, in-fol. — 2° *Méthode de violon*; ibid., 1796.

DÜRINGER (Philippe Jean), auteur d'une notice intéressante et bien écrite, sur la vie et les ouvrages du compositeur Albert Lortzing, dont il était l'ami : il vivait à Mannheim en 1851. C'est le seul renseignement que j'aie sur sa personne. Sa notice a pour titre : *Albert Lortzing, sein Leben und Wirken* (Albert Lortzing, sa vie et ses travaux). Leipsick, O. Wigand, 1851, in-12 de 126 pages, avec le portrait de Lortzing. L'ouvrage est précédé d'une appréciation du talent de Lortzing par le maître de chapelle Vincent Lachner.

DURON (Don Sébastien), maître de chapelle du roi d'Espagne, eut une brillante réputation dans sa patrie; néanmoins on ne sait presque rien des circonstances de sa vie, et le seul renseignement positif qu'on ait sur lui se tire du livre des *Reglas de acompañar*, publié par José Torres, en 1702, où l'on voit, dans l'approbation donnée par Duron, qu'il était alors maître de la chapelle royale. La plupart des compositions de ce maître ont été détruites par l'incendie de la chapelle, en 1734. Ce qui en a été sauvé consiste en une messe de *requiem*, à 8 voix, un motet (*Tædet*) à 10, un autre motet (*Perime Consumptis*) à 8, et des Litanies des saints à 8. M. Eslava a publié un motet à 4 voix de Duron (*O vos omnes*) dans sa collection intitulée : *Lira sacro-hispana*. Duron fut le premier qui introduisit en Espagne l'usage des violons dans la musique d'église.

DURUTTE (Le comte François-Camille-Antoine), né à Ypres (Flandre occidentale), le 22 vendémiaire en xii (15 octobre 1803), cultiva dès sa jeunesse la musique et les mathématiques. Admis à l'École polytechnique, il y termina ses études, fut nommé officier et envoyé à l'École d'application à Metz; mais, dominé par son penchant pour la musique, il donna sa démission, se maria et s'établit dans cette ville. M. Barbereau a été son maître de composition. Les amis de M. Durutte, qui ont entendu ses ouvrages, en parlent avec beaucoup d'estime. M. Durutte s'est aussi livré à de longues études et à de grands travaux concernant la théorie de la musique et de l'harmonie; mais comme la plupart des mathématiciens qui ont appliqué les chiffres et les formules à cette théorie, il s'est égaré en cherchant son principe ailleurs que dans ce qui constitue l'art immédiatement, à savoir le sentiment intime des rapports des sons et de la tonalité. L'erreur des géomètres a toujours été et sera toujours de se persuader que l'art peut s'assimiler à la science et avoir d'autres lois que celles de la nature humaine ; ils ne comprennent pas que hors de l'homme il n'y a point d'art possible. Au reste, cette erreur est ancienne comme le monde, et les hypothèses pour la formation d'une science abstraite de la musique ont revêtu toutes les formes. M. Durutte a fait l'exposé de sa doctrine dans un gros livre intitulé : *Esthétique musicale. Technie ou lois générales du système harmonique ;* Paris, Mallet-Bachelier, 1855, 1 vol. in-4° de xxxiv et 556 pages. A la lecture de ce titre, une contradiction manifeste se présente tout d'abord ; car l'esthétique est la doctrine de la science qui a pour objet *le beau* ; et la technie est la doctrine de la science qui a pour objet *le vrai* : or le beau est le but de l'art, comme le vrai est celui de la science ; la technie est le domaine de la connaissance ; l'esthétique est celui de la création de l'idée. Les voies que l'une et l'autre suivent sont aussi différentes que leur objet. Ici donc l'absence de justesse dans les aperçus est la première impression qui nous saisit à l'aspect du livre de M. Durutte. Pour apprécier la justesse de la critique de la doctrine qu'il renferme, il est nécessaire de se rappeler certaines propositions dont nous avons fait la base de la musique et de la théorie de l'harmonie ; les voici :

« La nature ne fournit pour éléments de la « musique qu'une multitude de sons qui diffèrent entre eux d'intonation, de durée et d'intensité, par des nuances ou plus grandes ou « plus petites. »

« Parmi ces sons, ceux dont les différences « sont assez sensibles pour affecter l'organe de « l'ouïe d'une manière déterminée deviennent « l'objet de notre attention ; l'idée de rapports « existant entre eux s'éveille dans l'intelligence « et sous l'action de la sensibilité d'une part, « et de la volonté de l'autre ; l'esprit les coordonne en séries différentes, dont chacune correspond à un ordre particulier d'émotions, de « sentiments et d'idées.

« Ces séries deviennent donc des types de tonalité et de rhythmes qui ont des conséquences « nécessaires, sous l'influence desquelles l'imagination entre en exercice pour la création du « beau (1). C'est ainsi que par l'élimination des sons irrationnels l'esprit arrive progressivement à la formation de l'échelle chromatique, et en définitive à la gamme diatonique ; ces opérations, résultats de la synthèse du sentiment et de l'intelligence, peuvent être démontrées avec facilité par les principes de la psychologie, et sont d'accord avec l'enseignement de l'histoire de l'art. Les transformations de la tonalité de la musique chez les Grecs, depuis le temps où vécut Olympe jusqu'à l'époque de Pythagore, nous en offrent des exemples frappants.

Mais toutes les intonations des sons étant représentées par des longueurs de cordes tendues, lesquelles deviennent plus courtes en raison de l'élévation des intonations, les rapports de ces longueurs s'expriment par des nombres, considérés comme identiques aux rapports des intervalles des sons. De là l'opinion émise dès la plus haute antiquité que la loi suprême de la musique consiste dans certaines relations de nombres ; de là enfin l'idée de l'harmonie universelle, dont les lois analogues à celles des rapports des sons régiraient les mouvements des astres, qui dans leurs révolutions produiraient un concert sublime. Il est évident qu'une telle doctrine anéantit l'action de l'humanité dans la création de la musique, et que les conditions essentielles de cet art lui sont imposées fatalement.

Abandonnée dans les temps modernes, la théorie de l'harmonie universelle a laissé subsister l'opinion que la loi de la tonalité harmonique réside dans des rapports de nombres ; mais ce principe supposé a donné lieu à des systèmes divers. Au nombre de ces systèmes, il en est un qui consiste à former une série de quintes laquelle a été déduite par l'abbé Roussier (*voy.* ce nom) d'une très-ancienne formule de quatre sons connue dans l'antiquité sous le nom de *lyre de Mercure*, et que Boèce nous a conservée (1). Commençant arbitrairement sa progression par le son *si*, et la poussant à douze termes pour en former l'échelle chromatique, Roussier en trouve l'expression numérique dans la progression triple 1, 3, 9, 27, 81, 243, etc., parce que la quinte est représentée par le tiers de la corde, et qu'elle continue dans cette proportion jusqu'au dernier terme : mais il renversa la série en la prenant en descendant de cette manière : *si, mi, la, ré, sol, ut, fa, si* ♭, *mi* ♭, *la* ♭, *ré* ♭, *sol* ♭. Pour compléter la série, il faudrait un treizième terme ; mais il donnerait pour douzième quinte *sol* ♭, *ut* ♭ ; or *ut* ♭ n'est point identique avec *si* : la différence d'intonation de ces deux sons est représentée par la proportion numérique 80 : 81, et cette différence est la cause du tempérament dont on fait usage dans l'accord des instruments

---

(1) *Traité complet de la théorie et de la pratique de l'harmonie*, Préface de la 3e édition, page xii.

(1) *De Musica*, lib. I, c. 20.

à claviers. Le système de l'abbé Roussier fut publié en 1770.

Repris environ quatre-vingts ans plus tard par M. Barbereau, dont M. Durutte est élève, ce système s'est modifié entre ses mains par le changement de la note initiale de la série des quintes, dans le but de parvenir à la formation de la gamme diatonique, de cette manière : *fa, ut, sol, ré, la, mi, si* (1); mais, ainsi qu'il a été démontré dans l'analyse du travail de M. Barbereau (2), cette constitution est illusoire, d'une part par le choix arbitraire du son initial de la série; de l'autre, parce que la gamme est incomplète, attendu qu'il y manque le deuxième demi-ton, lequel ne peut se trouver sans l'octave du son primitif. Or cette octave ne peut être donnée par la série des quintes, puisque le huitième terme donnerait *fa* dièse, quinte de *si*, lequel n'appartient pas à la gamme qu'on a voulu former.

C'est ici que commence la théorie de M. Durutte. La gamme de M. Barbereau et l'échelle chromatique de l'abbé Roussier ne lui suffisent pas; car il ne se propose pas moins que d'arriver à la loi génératrice de tous les accords, consonnants, dissonants et altérés, ainsi qu'à la loi de leur enchaînement, et, enfin, à la loi tonale; ce qui, par parenthèse, est un non sens; car il est évident que la loi de l'enchaînement des accords ne peut être autre chose que la loi tonale. Or, pour parvenir à ces immenses résultats, il ne faut à M. Durutte que la progression des quintes; mais il la lui faut poussée jusqu'au trente et unième terme, afin qu'elle contienne tous les éléments diatoniques, chromatiques, enharmoniques.

Quelle est donc cette loi de laquelle doivent sortir toutes les merveilles promises par M. Durutte? C'est une gamme, ou plutôt une échelle chromatique fausse que lui a fournie son maître Hoëné Wronski (*voy.* WRONSKI); échelle qui n'a aucun rapport avec la gamme de Ptolémée, de la plupart des géomètres, du plain-chant, et qui n'est que le résultat d'un mauvais tempérament inégal; échelle, enfin, qui n'est pas moins étrangère à la gamme harmonique et attractive qui constitue la musique moderne. Voici ce criterium prétendu de l'art absolu, dont le genre humain n'aura vraisemblablement jamais connaissance :

$$ut^1 \ ut \ \sharp \tfrac{17}{16} \ ré \ \flat \tfrac{17}{16} \ ré \ \tfrac{9}{9} \ ré \ \sharp \tfrac{85}{72} \ mi \ \flat \tfrac{85}{72} \ mi \ \tfrac{5}{4}$$
$$fa \ \tfrac{4}{3} \ fa \ \sharp \tfrac{17}{12} \ sol \ \flat \tfrac{17}{12} \ sol \ \tfrac{3}{2} \ sol \ \sharp \tfrac{51}{32} \ la \ \flat \tfrac{51}{32}$$

$$la \ \tfrac{19}{27} \ la \ \sharp \tfrac{85}{48} \ si \ \flat \tfrac{85}{48} \ si \ \tfrac{17}{9} \ ut^2 \ (1).$$ On voit que la formule de Wronski a pour objet de rendre identiques les intonations de *ré* $\sharp$ et *mi* $\flat$, *fa* $\sharp$ et *sol* $\flat$, *sol* $\sharp$ et *la* $\flat$, etc.

M. Delezenne (*voy.* ce nom) a fait de cette formule l'analyse suivante, dont l'évidence n'a pas besoin de commentaire : « Cette gamme est « fort irrégulière. On y remarque trois tons ma- « jeurs $\tfrac{9}{8}$, de 9 c (commas), 4811, savoir *ut ré*, « *fa sol, sol la*. Il y a un quatrième ton majeur, « *la si* de 9 c, 0755, dont le rapport synchronique « à $\tfrac{2:2}{2 \cdot 4 \cdot 3}$ est fort compliqué.

« Il n'y a qu'un seul ton mineur : c'est celui « $\tfrac{10}{9}$ de *ré* à *mi*. Le demi-ton majeur $\tfrac{18}{16}$ du « *mi* au *fa* n'est pas égal à celui $\tfrac{17}{9}$ de *si* à *ut* 2; « ils diffèrent de 0°,5941; par suite, les trois « tierces majeures sont inégales. Il en est de « même des tierces mineures, des quartes, des « quintes, etc. Cette gamme est tempérée puis- « qu'entre les notes qui diffèrent d'un ton le « dièse se confond avec le bémol ». *Voy.* Table des Logarithmes acoustiques, etc , dans les *Mémoires de la Société Impériale des sciences, de l'agriculture et des arts de Lille*, 1857).

Les mêmes causes qui rendent illusoire la formation complète de la gamme et de l'échelle chromatique par la série de quintes appelée *progression triple* existent dans le système, beaucoup plus étendu, de M. Durutte; car elles sont inséparables de ce mode de génération. Ce n'est pas ici le lieu d'en donner une démonstration, qui entraînerait trop loin; mais ces causes de défectuosité n'existassent-elles pas, la théorie qui en est le produit ne serait pas plus admissible comme loi de la tonalité et de l'harmonie. La loi d'une chose est ce qui lui donne l'être, ce qui en est le principe et en maintient l'existence. Or, comment des combinaisons mécaniques et des relations de nombres, dont on n'a point conscience en musique, seraient-elles le principe et la loi de cet art? M. Durutte partage à cet égard l'erreur de beaucoup de théoriciens auteurs de systèmes divers. Toutes les écoles de philosophie admettent l'origine psychologique que nous avons donnée à la formation des tonalités, c'est-à-dire la musique dans son principe: cette origine a pour elle l'évidence, parce qu'il s'agit d'un art qui repose sur la sensibilité; art idéal, qui ne prend pour base dans le monde réel que le phénomène du son. Les sons, comme

---

(1) *Études sur l'origine du système musical.* Premier mémoire; Metz, 1852, in-8°.

(2) *Revue et Gazette musicale de Paris* (n. 4, 23 janvier 1853, pages 28 et suivantes).

(1) Cette forme est la traduction saisissable par tous les musiciens de la formule donnée dans la lettre de Wronski à M. Durutte. *Esthétique musicale*. *Voy.* pag. 52.

les nombres, ont la propriété de se grouper diversement deux par deux, trois par trois, quatre par quatre, et on en forme des séries de tierces, de quintes; enfin, on les coordonne en raison du système qu'on adopte, et chacun de ces systèmes correspond à des formules de nombres. De même, certains phénomènes de résonnance font entendre d'une manière *plus ou moins* distincte des harmoniques du son principal mêlés à beaucoup d'autres sons moins perceptibles; ces harmoniques sont exprimés par des nombres de vibrations dont on peut également former des séries. Mais est-ce par des choses de cette nature que la musique se forme et devient un art? Non, certes. C'est par sentiment que toutes les tonalités se sont constituées; c'est par sentiment que toute la musique est restée pendant deux siècles dans le domaine de l'harmonie consonnante représentée par l'accord de trois sons; c'est par sentiment qu'elle est entrée immédiatement dans l'harmonie dissonante naturelle, par la découverte fortuite de l'accord dissonant de quatre sons; c'est, enfin, par sentiment que, tour à tour, les modifications des deux accords consonnant et dissonant, par le renversement des intervalles, par les prolongations, par les altérations ascendantes et descendantes, par la substitution du sixième degré de la gamme, et par les combinaisons de ces modifications, c'est dis-je, par sentiment que toutes ces choses ont été trouvées. On en déduit une théorie conforme aux impressions que produit la musique, conforme à l'art d'écrire ainsi qu'à l'histoire de cet art; théorie simple comme tout ce qui est vrai, et qui saisit l'esprit par son évidence. Elle peut se formuler par les nombres; mais elle ne se crée point par eux.

Que par la propriété qu'ont les sons de se grouper systématiquement, dont il vient d'être parlé, et par les rapports de ces groupes avec les nombres, on puisse représenter tous les faits harmoniques, comme le fait M. Durutte, en choisissant dans la série des quintes le terme dont il a besoin pour former chaque accord pris isolément, cela se peut sans doute; mais qu'en résulte-t-il? Une effroyable multiplicité de faits particuliers, sans connexion au point de vue de l'art; un dédale abrutissant, fait pour inspirer le dégoût de l'étude de cet art, et sans utilité dans la pratique. Au lieu des deux harmonies consonnante et dissonante, origine et base de toute musique, M. Durutte présente des milliers d'accords constitués géométriquement : c'est entre ces choses qu'il faut choisir; mais le choix ne sera jamais douteux pour qui aura le sentiment de la musique. Que le système présenté dans la *Technie* de l'ancien élève de l'École polytechnique, en le supposant aussi juste qu'il est faux, puisse être considéré comme un produit curieux de la propriété qu'ont les sons de se grouper par séries, soit; mais qu'on ose dire que cette propriété est la loi de la musique et de toute l'harmonie, cela est simplement ridicule. De même on peut s'amuser, comme l'a fait M. Durutte, au passetemps innocent de la classification mathématique des accords; mais cette fadaise est parfaitement inutile; car la notation musicale est pour cette chose infiniment plus simple que la notation algébrique.

Confondant la science de l'acoustique avec la musique, M. Durutte accorde aux chiffres et aux propriétés des séries un avantage immense sur les phénomènes de l'ouïe et sur le sentiment de l'art. Pour voir à quelles extravagances ses idées le conduisent à cet égard, il faut lire ce curieux passage de son livre : « Afin de préciser, nous « dirons que les accords dont l'étendue sur l'é- « chelle des quintes ne s'étend pas au delà de « 11 termes = 10 quintes (par exemple du *ré* ♭ « au *si*), ce qui forme l'intervalle de *sixte* « *augmentée* ou de *tierce diminuée*, appar- « tiennent à l'*harmonie immanente*, c'est-à- « dire à l'harmonie que l'oreille perçoit immé- « diatement, conformément aux lois de l'*orga-* « *nisation* de l'homme; et nous ajouterons qu'au « delà du 11ᵉ terme commence le domaine de « l'*harmonie transcendante*, c'est-à-dire le do- « maine de l'harmonie qui dépasse les conditions « de l'existence terrestre; harmonie qui ne peut « être saisie que par l'esprit de l'homme, et nul- « lement perçue par le sens auditif...... L'expé- « rience, du reste, prouve la vérité de cette asser- « tion, et c'est là, c'est dans l'intervention de « l'*esprit* (*Geist*), que réside la grande différence « qui existe entre les modulations ordinaires et « celles dites *enharmoniques*. Peu importe, « d'ailleurs, l'instrument dont on se sert, car un « piano accordé selon le *tempérament égal* « nous donne, aussi bien que les instruments non « tempérés, l'*idée* d'une modulation enharmo- « *nique*; parce qu'il y a quelque chose de plus « que la sensation, *quelque chose de plus que* « *le sentiment*, savoir : intervention de l'*esprit*, « pressentiment d'un ordre plus élevé, auquel « l'organisation ne peut atteindre, ce qui est la « vraie source du sublime. »

Certes il y a intervention de l'esprit dans la conception du beau musical; mais elle se fait dans l'ordre des idées de création de l'œuvre et non dans l'ordre de faits harmoniques qui seraient hors du domaine de l'organisation sentimentale. Où le sentiment est inerte, il n'y a plus d'art. Remarquons que M. Durutte est en opposition avec son principe lorsqu'il parle de l'usage d'un piano accordé par le tempérament égal, puisque sa loi de tonalité de la musique, qui ne peut être saisie que par l'esprit, est le plus inégal et le plus irrégulier de tous les tempéraments.

Je ne me suis autant étendu sur le faux système dont il vient d'être parlé, que parce qu'il a eu du retentissement en France à la suite de séances publiques où l'auteur l'a exposé à Paris en 1855, sans être compris de son auditoire : il suffit de l'expliquer pour le réduire au néant. Pour l'origine de toutes les aberrations où M. Durutte s'est laissé entraîner dans son livre, voyez l'article WRONSKI de ce dictionnaire. Quant au langage ambitieux dont se sert habituellement M. Durutte, on y reconnaît aussi l'école dont il sort : c'est celui de l'auteur de la *Réforme des mathématiques*, copié jusqu'à l'affectation la plus puérile.

DURYER (AMAND-CHARLES) ou plutôt *Durier*, suivant son acte de naissance, né à Paris, le 3 mai 1808, fut admis au Conservatoire de cette ville à l'âge de dix-neuf ans, le 1er mars 1827, et y devint élève de Chénié pour la contrebasse. Il y reçut aussi des leçons de contrepoint de Seuriot et de Jelensperger, répétiteurs du cours de Reicha. Sorti du Conservatoire, il entra à l'orchestre de l'Opéra-Comique en 1829, et passa à celui de l'Opéra en 1831, en qualité de contrebassiste. Dans le même temps il était attaché au chœur de l'église Saint-Roch. On a de cet artiste : *Méthode complète de contrebasse*; Paris, 1836, in-fol. M. Duryer a été considéré à juste titre comme un des meilleurs contrebassistes de Paris.

DUSCHECK ou **DUSSEK** (FRANÇOIS), né à Chotiborck, en Bohême, le 8 décembre 1736, trouva dans le comte de Spork un protecteur qui lui fit faire d'abord ses études chez les jésuites de Kœnigratz, et qui l'envoya à Vienne, pour y apprendre à jouer du piano et les règles de la composition, sous la direction de Wagenseil. De retour à Prague, il s'y fit remarquer comme virtuose sur le piano, comme professeur, et forma plusieurs élèves distingués, parmi lesquels on remarque Vincent Mascheck et Jean Wittasseck. Duscheck est mort dans cette ville le 12 février 1799. On a de lui : 1° *Vingt-cinq chansons de Spielmann pour les enfants*; Prague, 1792, in-4°. — 2° *Sonate à quatre mains*; n° 1; Vienne, 1792. — 3° *Deux sonates à quatre mains*; Leipsick, 1797. — 4° *Sonate pour le piano*; ibid. — 5° *Le combat naval et la défaite complète de la grande flotte hollandaise, par l'amiral Duncan, le 2 octobre 1797, sonate caractéristique pour le piano*; Vienne, 1799. — 6° *Andante avec variations pour le piano*; Leipsick, Kühnel. Duscheck a laissé en manuscrit beaucoup de concertos, de symphonies, de quatuors et de trios.

DUSCHECK (JOSÉPHINE), femme du précédent, naquit à Prague vers 1756. Élève de son mari pour le piano et pour le chant, elle brillait à Prague, en 1790, comme cantatrice et comme virtuose sur le piano. Elle joignait à son talent sur cet instrument une grande habileté sur la harpe. En 1794, elle se fit entendre avec succès dans les concerts de Vienne. Après la mort de son mari, elle partit pour Londres, où elle s'est fixée vers 1800. Elle y est morte en 1823.

DUSSAULX, ou **DU SAULE** (GÉRARD), en latin *Gerardus a Salice*, prêtre et compositeur belge, a vécu au commencement du seizième siècle. Il n'est connu que par ce qu'en dit Glaréan (*Dodecach.*, fol. 280), ainsi que par le motet *Os justi meditabitur sapientiam*, et par le psaume *Laudate Dominum, omnes gentes*, tous deux à quatre voix, rapportés par cet auteur (fol. 284-287). Ces morceaux, bien écrits, sont du onzième mode, appelé hypolydien par Glaréan, bien qu'il ne soit pas l'hypolydien des didactiques grecs, et qu'il corresponde au *tastien* d'Aristoxène et au *ionien* d'Alypius.

DUSSEK (JEAN-JOSEPH), excellent organiste et directeur du chœur de l'église collégiale de Czaslau, naquit en 1739, à Wlazowicz, en Bohême, où son père était charron. Lorsqu'il eut atteint l'âge de dix ans, sa mère le mit à l'école de son beau-frère Jean Wlachs, instituteur et bon maître de musique à Wlazowicz. Après quelques années d'étude, Dussek fut en état d'enseigner lui-même dans l'école de son oncle. A l'âge de seize ans il se rendit à Langenau, comme instituteur primaire agrégé; il demeura en ce lieu pendant trois ans, et employa une partie de ce temps à l'étude de l'harmonie. Appelé ensuite à Chumecz pour y enseigner la musique dans l'école publique, il alla prendre possession de l'emploi qui lui était offert, et ne tarda point à se faire remarquer par son talent sur l'orgue. Sa réputation fut bientôt si bien établie que le magistrat de Czaslau lui offrit la place d'organiste et de premier instituteur de la ville; avec un traitement considérable. Il accepta cette position et entra en fonctions en 1759, n'étant âgé que de vingt ans. L'année suivante il épousa Véronique Stebeta, fille d'un juge de la ville, et de cette union naquirent trois enfants, dont il sera parlé dans les articles suivants, et qui furent tous des artistes distingués. L'étude des œuvres des grands organistes et compositeurs occupa la plus grande partie de la vie de J.-J. Dussek ; et les plus habiles furent ceux qu'il se proposa pour modèles. Depuis longtemps ses enfants étaient séparés de lui, lorsqu'en 1802 il eut le bonheur d'embrasser son fils, pianiste célèbre, dont le nom était devenu européen, et sa fille, Madame Cianchettini. Le plaisir d'entendre des artistes semblables fut pour sa vieillesse une source de pures jouissances. J.-J. Dussek cessa de vivre en 1811. Trois années auparavant, il remplissait encore ses doubles fonctions d'organiste et d'instituteur primaire. Parmi les meilleurs ouvrages de J.-J. Dussek, qui sont tous restés en manuscrit, on distingue : 1° Une messe pastorale à quatre voix et orchestre.— 2° Deux litanies. — 3° 1 *Salve, Regina*. — 4° Des sonates pour le piano. — 5° Des fugues et des toccates pour l'orgue.

DUSSEK (JEAN-LOUIS ou LADISLAS), fils du précédent, artiste illustre comme virtuose sur le piano et comme compositeur, est né à Czaslau, en Bohême, le 9 février 1761. A l'âge de cinq ans il jouait déjà du piano, et, suivant le témoignage de son père, il accompagnait sur l'orgue dans sa neuvième année. Il fut ensuite envoyé comme sopraniste au couvent d'Iglau, où il continua d'étudier la musique sous la direction du P. Ladislas Spenar, maître du chœur de l'église des Minorites. Dussek étudia les langues anciennes au collège des Jésuites, et alla achever ses études à Kuttenberg, où il avait été appelé comme organiste. Après avoir passé deux années et demie en ce lieu, il alla suivre un cours de philosophie à Prague, et ses progrès furent tels, qu'il put soutenir avec honneur sa thèse de bachelier en cette science. Ce fut alors que le comte de Mænner, capitaine impérial d'artillerie, et protecteur de Dussek, l'emmena avec lui en Belgique et le fit entrer comme organiste à l'église Saint-Rombaut de Malines. Après avoir passé quelque temps dans cette situation, Dussek alla à Berg-op-Zoom, où il remplit aussi les fonctions d'organiste, et se rendit ensuite à Amsterdam. Arrivé dans cette ville, il y fit admirer son habileté sur le piano. Sa renommée le fit bientôt appeler à La Haye par le Stathouder, et il passa près d'un an dans cette résidence, pour y donner des leçons de piano aux enfants du prince. Ce fut là qu'il publia ses trois premiers ouvrages, qui consistaient en *trois concerts pour le piano, deux violons, alto et basse*, œuvres 1er; six sonates pour piano et violon, œuvre 2; et six autres sonates du même genre, œuv. 3. Ces productions sont comptées parmi ses meilleures. En 1783 Dussek avait atteint sa vingt-deuxième année, et déjà son talent excitait la plus vive admiration; cependant il était encore en doute sur lui-même, et ce doute lui fit prendre la résolution de se rendre à Hambourg pour consulter Charles-Philippe-Emmanuel Bach. Il en reçut d'utiles conseils et des éloges. L'année suivante, le jeune virtuose était à Berlin, où des applaudissements lui étaient prodigués pour son habileté sur le piano et sur l'harmonica à clavier, instrument nouvellement inventé par Hessel. De Berlin, Dussek alla à Pétersbourg, où il avait le dessein de résider quelque temps; mais le prince Charles de Radziwill lui proposa un engagement si avantageux, qu'il crut devoir l'accepter, et il demeura deux ans avec ce seigneur dans le fond de la Lithuanie. Vers la fin de 1786, il vint à Paris, y joua devant la reine (Marie-Antoinette), et reçut de la part de cette princesse des offres avantageuses, qui ne purent le décider à se fixer en France, parce qu'il avait le désir de visiter son frère en Italie. Arrivé à Milan, il y donna des concerts, où il se fit entendre sur le piano et sur l'harmonica, et son talent produisit une vive sensation, bien que les Italiens fussent peu sensibles aux beautés de la musique instrumentale, surtout à cette époque. De retour à Paris, en 1788, il y resta peu de temps; les premiers troubles de la révolution française le décidèrent à passer en Angleterre; il s'y maria en 1792, et se fixa à Londres, où il établit un commerce de musique. Dussek, enthousiaste de son art et aimant le plaisir, était peu propre à diriger des spéculations commerciales : de là vint que son établissement ne prospéra point. Poursuivi par ses créanciers, ce grand artiste fut obligé de quitter l'Angleterre et de se réfugier à Hambourg, en 1800. Là, une princesse du Nord se passionna pour lui, l'enleva et vécut avec lui dans une retraite située vers la frontière de Danemark. Cette liaison dura près de deux ans. En 1802, Dussek fit un voyage en Bohême pour y revoir son père, dont il était séparé depuis vingt-cinq ans. A son retour, il passa par Magdebourg, fut présenté à l'infortuné prince Louis-Ferdinand de Prusse, et s'attacha à sa personne. Ce prince ayant perdu la vie au combat de Saalfeld, en 1806, Dussek passa d'abord au service du prince d'Ysenbourg, puis, en 1808, il se rendit à Paris et prit un engagement avec le prince de Talleyrand, dont il devint le maître de concerts. Fatigué de la vie agitée qu'il avait eue jusqu'alors, il ne songea plus qu'à jouir en paix du repos qui lui était offert.

Doué du caractère le plus aimable, de bonté et d'obligeance pour les artistes, d'un esprit naturel orné d'une instruction variée, de beaucoup de gaieté, et de manières nobles qu'il avait puisées dans la haute société où il avait vécu, Dussek avait pour amis tous ceux qui le connaissaient. On ne lui reprochait qu'un défaut, qui nuisait plus à lui-même qu'aux autres : c'était une insouciance incurable, qui lui faisait négliger le soin de ses affaires, et qui le mit souvent dans de grands embarras. Dans les dernières années de sa vie, son embonpoint était devenu excessif, ce qui ne lui avait rien ôté de son agilité sur le piano ; mais la difficulté de se mouvoir, qui en était la suite, lui avait fait contracter l'habitude de passer au lit la plus grande partie du jour. Pour sortir de l'espèce d'apathie qui résultait de ce genre de vie, il était obligé de faire un usage immodéré de vin et de liqueurs fermentées, comme de stimulants, qui finirent par altérer sa constitution, et par lui donner la mort. Il cessa de vivre, à Paris, le 20 mars 1812.

Également célèbre comme exécutant et comme compositeur pour son instrument, Dussek a mérité sa double réputation par de rares talents. On se souvient encore de l'effet prodigieux qu'il fit en 1808, aux concerts qui furent donnés à l'Odéon par Rode, Baillot et Lamare. Jusque-là, le piano n'avait paru qu'avec désavantage dans les concerts ; mais sous les mains de Dussek il éclipsa tout ce qui l'entourait. Le style large et sage de cet artiste, sa manière de chanter sur un instrument privé de sons soutenus, enfin la netteté et la délicatesse de son jeu, lui procurèrent un triomphe dont il n'y avait point eu d'exemple auparavant. Ses compositions se distinguent par des formes qui lui sont propres, par des motifs brillants, par des mélodies heureuses, et par une harmonie riche, bien que parfois incorrecte.

Dussek a publié soixante-seize œuvres pour le piano, qui consistent en douze concertos, une symphonie concertante pour deux pianos, un quintette pour piano, violon, alto, violoncelle et contrebasse, un quatuor pour les mêmes instruments sans contrebasse, dix œuvres de trios ou sonates accompagnées ; quatre-vingts sonates avec accompagnement de violon, neuf sonates à quatre mains, trois fugues idem, cinquante-trois sonates pour piano seul, et un grand nombre de rondeaux, fantaisies, airs variés, et valses pour piano seul. Une collection complète de ses œuvres a été publiée à Leipsick, chez Breitkopf et Hærtel. Parmi ses ouvrages, ceux que Dussek estimait le plus sont les œuvres 9, 10, 14, 35, la sonate intitulée *les Adieux à Clementi*, et celle qui a pour titre *le Retour à Paris*. Il avait publié à Londres une méthode pour le piano, en anglais, qu'il a traduite en allemand, pour la faire paraître à Leipsick, et dont une traduction française a été publiée à Paris, chez Érard. Il a donné aussi à Londres deux opéras anglais, qui ont eu peu de succès ; enfin, on connaît de lui en Allemagne une messe solennelle qu'il a composée à l'âge de treize ans, plusieurs oratorios allemands, entre autres celui de la *Résurrection*, sur la poésie de Klopstock. Il y a aussi beaucoup d'autre musique d'église de sa composition qui est conservée à l'église de Sainte-Barbe, à Kuttenberg, ainsi que dans l'église collégiale de Czaslau.

Un beau portrait de Dussek a été peint à Londres par Cosway, et gravé en 1800 par P. Condé.

DUSSEK (François-Benoît), second fils de Jean-Joseph, naquit à Czaslau, le 13 mars 1766. Après avoir fait ses premières études de musique sous la direction de son père, il fut envoyé à Prague en qualité d'organiste du couvent d'Emaüs, où il apprit l'harmonie et le contrepoint par les leçons d'un bon organiste et compositeur nommé le P. Augustin Ssenkyrz. Ce fut aussi dans ce couvent qu'il apprit à jouer du violoncelle et du violon, instruments sur lesquels il parvint à une grande habileté. Lorsque ses études furent entièrement terminées, il entra comme maître de chapelle au service de la comtesse de Lützow, ancienne élève de son père et protectrice de sa famille. Cette dame ayant résolu de faire un voyage en Italie, prit avec elle son maître de chapelle, qui s'arrêta d'abord à Mortara, dans le Piémont, en qualité d'organiste et de maître de musique, et qui fut ensuite accompagnateur au théâtre S. Benedetto, à Venise, puis au théâtre de *la Scala*, à Milan. Pendant qu'il était employé à ces théâtres, il écrivit les opéras intitulés : 1° *La Caffetiera di Spirito*. — 2° *Il fortunato successo*. — 3° *La Feudataria*. — 4° *L'Impostore*. — 5° *Voglia di dote e non di moglie*. — 6° *Matrimonio e divorzio in un sol giorno*. — 7° *L'Incantesimo*. — 8° *La Ferita mortale*. Tous ces ouvrages furent accueillis favorablement ; cependant ils ont le défaut de manquer d'originalité dans les mélodies, quoiqu'ils soient assez riches d'harmonie. Vers 1790, Dussek s'établit à Laybach, comme organiste de la cathédrale et professeur de violon. Il y vivait encore en 1800 ; on ignore ce qu'il est devenu depuis ce temps. On connaît de cet artiste de jolis *canzoni* pour le chant, avec accompagnement de piano, un trio ou nocturne pour trois flûtes, n° 1, Leipsick, Peters, et une sonate pour piano et violon, ibid. Il a laissé en manuscrit des concertos pour piano et pour violon, des sonates, solos, trios, etc.

DUSSEK (Véronique-Rosalie). *Voy*. Cianchettini (Mme).

DUSSEK (Mme), femme de Louis Dussek, plus tard Madame Moralt, née fille de Dominique Corri, vit le jour à Édimbourg, en 1775. Ses grandes dispositions pour la musique se manifestèrent dès sa plus tendre enfance. Elle joua même du piano en public à l'âge de quatre ans. En 1788 sa famille quitta l'Écosse, et alla s'établir à Londres. Miss Corri, âgée alors de quatorze ans, chanta avec succès aux concerts du roi et aux soirées publiques. Son premier maître de chant avait été son père, mais elle profita beaucoup ensuite des conseils de Marchesi, de Viganoni et de Cimador. En 1792, elle épousa J.-L. Dussek, et, par ses leçons, devint bientôt aussi célèbre comme pianiste et comme virtuose sur la harpe que comme cantatrice, en jouant à tous les oratorios et aux concerts de Salomon avec son mari. Elle chanta à Cambridge, à Oxford, à Liverpool, à Manchester, Dublin et Édimbourg avec un égal succès. Elle fut ensuite engagée à l'Opéra, pendant une saison; mais dégoûtée des tracasseries et des intrigues de théâtre, elle quitta la scène, et se livra à l'enseignement. Devenue veuve en 1812, Madame Dussek épousa en secondes noces M. Moralt. Depuis lors elle a toujours résidé à Paddington, où elle a établi une académie de musique. Elle a publié les ouvrages suivants, de sa composition: 1° *Trois sonates pour le piano*, op. 1; Londres. — 2° *Trois idem pour la harpe*, op. 2; ibid. — 3° *Trois idem*, op. 3; ibid. — 4° *Trois idem pour le piano*, n° 1, 2, 3; ibid. — 5° *Walse de la duchesse d'York pour le piano*. — 6° *Walse allemande pour la harpe*. — 7° *Rondo pour le même instrument*. — 8° *Rondo du Déserteur pour le piano*.

DUSSEK (OLIVIA), fille des précédents, est née à Londres, en 1799. Héritière des talents de ses parents, elle excellait sur le piano et sur la harpe. Sa mère, qui fut son institutrice, la mit en état de se faire entendre sur le piano à l'âge de huit ans, à la salle d'Argyle. Elle demeurait avec sa mère à Paddington et exerçait la même profession. Elle a composé quelques jolies ballades et un duo pour harpe et piano qui a été gravé à Londres.

DUTARTRE (JEAN-BAPTISTE), professeur de musique et de chant, mort à Paris, en 1749, a donné à la Comédie-Italienne *l'Amour mutuel*, comédie à ariettes, en 1729, et le *Divertissement de la paix*. On trouve dans un recueil d'airs sérieux et à boire, publié par Ballard, en 1710, in-4° obl., un air pour voix de dessus, avec accompagnement de flûte et de basse continue par Dutartre.

DUTILLIEU (PIERRE), né à Lyon, vers 1765, voyagea d'abord en Italie, où il écrivit la musique de plusieurs ballets, et fut ensuite attaché comme compositeur à la cour impériale de Vienne, vers 1791. Ses compositions les plus connues sont: 1° *Antigona ed Enone*, à Naples, 1788. — 2° *I Curlandesi*, ballet, ib d., 1791. — 3° *Maggia contra Maggia*, ballet, ibid., 1791. — 4° *Il Trionfo d'amore*, opera buffa, à Vienne, en 1791. — 5° *Nannerina e Pandolfino, o sia gli sposi in cimento*, opera buffa, ibid., 1792. — 6° *Die Freywilligen*, ballet, à Vienne, 1793. — 7° *Gli Accidenti della Villa*, opera buffa, ibid., 1794. — 8° *La Superba corretta*, opera buffa, ibid., 1795. — 9° *Der Jarhmarkt*, ballet, ibid. — 10° *Arminio*, ballet, ibid. — 11° *Die Macht des schœnen Geschlechts* (la Puissance du beau sexe), ballet. — 12° *Six duos pour deux violons*, op. 1; Vienne, Artaria, 1800. — 13° Concerto pour le violon, en manuscrit, chez Traeg, à Vienne.

DUTROCHET (RENÉ-HENRI-JOACHIM), né en 1776, au château de Néon, département de l'Indre, était destiné par sa naissance à jouir d'une fortune considérable; mais il en fut privé par la révolution de 1789. Son père ayant émigré, ses biens furent confisqués et vendus. Ces circonstances obligèrent Dutrochet à faire choix d'un état; il se livra à l'étude de la médecine. Le 26 juin 1806 il soutint une thèse remarquable, qui a paru la même année chez Firmin Didot (in-4°), sous ce titre: *Mémoire sur une nouvelle théorie de la voix, avec l'exposé de divers systèmes qui ont paru jusqu'à ce jour sur cet objet*. C'est un fort bon ouvrage et qui contient des vues neuves. Nommé dans le même temps médecin des armées, Dutrochet fit en cette qualité les campagnes d'Espagne pendant les années 1808 et 1809. Depuis lors, retiré dans les environs de Château-Regnault, il s'est livré exclusivement à l'étude de la nature. Outre ses ouvrages spéciaux sur la physiologie, l'histoire naturelle et la médecine, on a de ce savant: *Mémoire sur une nouvelle théorie de l'harmonie, dans lequel on démontre l'existence de trois modes nouveaux qui faisaient partie du système musical des Grecs*; Paris, Allut, 1810, in-8° de 90 pages. Il a aussi traité de la théorie de la voix dans ses *Mémoires pour servir à l'histoire anatomique et physique des animaux et des végétaux*; Paris, 1837 (t. II. p. 519 et suiv.) Dutrochet fut d'abord correspondant, puis membre titulaire de l'Académie des sciences, de l'Institut de France. Il est mort le 4 février 1847.

DUTTENHOFER (F.-M.), docteur en médecine et en chirurgie à Stuttgard, précédemment professeur à l'école vétérinaire de cette ville, est auteur d'un opuscule intitulé : *Untersuchungen ubor die menschlich Stimme in hinsicht auf Physiologie, Physik und Musik* (Recherches sur la voix humaine dans ses rapports avec la physiologie, la physique et la musique); Stuttgard, 1839, in-8° de 47 pages. L'auteur s'y prononce contre la théorie de la voix de fausset exposée par Jean Müller (*voy.* ce nom). Il examine aussi la nature des sons de gorge des Tyroliens, appelés *johllen*; mais ce qu'il en dit manque de développements et de clarté.

DUVAL (FRANÇOIS), violoniste de la chapelle du roi depuis 1704, est mort à Paris, en 1738. C'est le premier Français qui ait composé des sonates de violon, à l'imitation des Italiens. On a de lui sept livres de sonates qui ont été publiées à Paris.

DUVAL (Mademoiselle), actrice de l'Opéra de Paris, y jouissait d'une grande réputation en 1720. Elle a composé la musique du ballet *les Génies*, qui a été représenté en 1736, et a publié aussi un ouvrage élémentaire qui a pour titre : *Méthode agréable et utile pour apprendre facilement à chanter juste et avec goût*, etc.; Paris, 1741, in-fol. obl. Mlle Duval est morte à Paris en 1769.

DUVAL (L'abbé), musicien de la Sainte-chapelle du palais, vers le milieu du dix-huitième siècle, est mort à Paris, en 1781. On a de lui : *Principes de la musique pratique, par demandes et par réponses*; Paris, 1764, in-8°.

DUVAL (CHARLES), avocat, né en 1753, fut membre de la convention nationale. Il est mort à Paris, au mois d'avril 1825. On a de lui un pamphlet sous ce titre : *Instruction du procès entre les premiers sujets de l'Académie royale de musique et de danse, et le sieur De Vismes, entrepreneur, jadis public, aujourd'hui clandestin, et directeur de ce spectacle.* Sans date ni nom de lieu (Paris, 1779), in-8°.

DUVAL (EDMOND), né à Enghien (Hainaut), le 22 août 1809, apprit en Belgique la musique vocale et les éléments du violoncelle. En 1828 il se rendit à Paris, et le 31 janvier de cette année il obtint son admission au Conservatoire, comme élève de violoncelle, dans le cours de M. Vaslin. Le premier avril suivant il entra dans le cours préparatoire de contrepoint et fugue tenu par Boilly, puis par M. Millault, tous deux élèves de l'auteur de cette notice. Dans le même temps M. Duval fut compris dans la composition de l'orchestre du théâtre de l'Odéon en qualité de violoncelliste. N'ayant pas mis d'exactitude à suivre les leçons de ses professeurs du Conservatoire, il fit peu de progrès sur l'instrument qu'il avait adopté, et ne se trouva pas en état de prendre part au concours de 1831; ce qui lui fit prendre la résolution de se retirer du cours de M. Vaslin. Cependant il continua ses études de composition, et obtint, le 17 décembre de la même année, son admission parmi les élèves de M. Fétis; mais la même inexactitude s'étant fait remarquer dans sa présence aux leçons, M. Duval fut rayé des contrôles de l'école, par décision du comité d'enseignement, en date du 15 juin 1832. Il quitta Paris peu de temps après pour retourner dans sa ville natale, où il vécut sans occupation déterminée pendant quelques années.

Pendant ce temps de repos, l'attention de M. Duval fut fixée d'une manière fortuite sur le plain-chant, dont il ne s'était jamais occupé auparavant. M. l'abbé Janssen, alors professeur de chant au séminaire de Malines, devint son guide dans cette étude, nouvelle pour lui, et malheureusement les prétendus *Vrais principes du chant grégorien*, enseignés par le professeur, égarèrent M. Duval, comme ils ont égaré tous ceux qui les ont adoptés; car ils sont fort erronés et contraires aux bonnes traditions des anciennes écoles. Le zèle que montrait M. Duval dans sa nouvelle étude lui fit obtenir la protection de Mgr le cardinal archevêque de Malines. Après l'adoption des principes de M. Janssen dans le diocèse, une réforme des livres de chant devenait nécessaire pour les mettre en harmonie avec ces mêmes principes : les yeux se fixèrent sur M. Duval, pour en faire le promoteur de cette réforme, et il reçut la mission d'aller à Rome à la découverte d'un guide pour le travail qui devait lui être confié : rien ne fut négligé dans les précautions prises pour lui aplanir les difficultés. Il ne s'agissait pas pour M. Duval d'aller faire un long travail de comparaison des leçons de manuscrits de diverses époques pour choisir les meilleures : on voulait un travail plus expéditif, et l'on se borna à chercher une édition publiée à Rome, avec l'approbation du souverain pontife, qui pût devenir la base d'un travail, sauf à lui faire subir les altérations qui seraient rendues nécessaires par l'application des *Vrais principes* de M. Janssen. La grande difficulté, pour tout éditeur de livres de chant, est dans le graduel, car l'origine des répons, graduels, des traits et leurs versets, des offertoires et des communions, est orientale; ces chants sont surchargés de notes dont la valeur primitive n'était que celle de simples ornements du chant. C'est là que la fantaisie des réformateurs s'est donné libre carrière; c'est là que les altérations les plus fantasques ont été accumulées par les réformateurs. Les manuscrits qui auraient dû les guider, s'ils en avaient eu l'intelligence, furent négligés; chacun suivit son système et y mit du sien. De là vient que les éditions du Graduel sont toutes dissemblables, et toutes sans autre valeur que celle d'un usage plus ou moins long dans les divers pays et diocèses. Le graduel imprimé par ordre du pape Paul V dans l'imprimerie Médicis, en deux grands volumes in-folio (1614 et 1615), le premier pour le propre du temps, l'autre pour les saints, n'est ni meilleur ni plus mauvais que les autres; mais c'est un livre magnifique d'exécution typographique. Ce fut celui-là que choisit M. Duval. Quant au Vespéral, où les altérations sont moins multipliées, parce que les antiennes, dont le chant est beaucoup plus simple que celui des pièces du Graduel, n'ont pas fourni l'occasion d'autant de variantes capricieuses, il est dit dans la préface de l'édition donnée par M. Duval, que l'antiphonaire imprimé par Pierre Lichtenstein, à Venise (1579-1580), celui de l'imprimerie des Juntes (Venise, 1615), celui qui est sorti des presses de Paul Ballioni (Venise, 1701), et enfin l'antiphonaire imprimé par Plantin, à Anvers, en 1672, ont été mis à contribution pour la formation de celui de Malines, qui conséquemment est une sorte de travail centonien. M. Duval n'était pas assez lettré pour les parties de l'œuvre qui concernent les textes et la liturgie : M. l'abbé De Voght, professeur au séminaire de Malines, lui fut adjoint, pour l'aider de ses conseils et de sa plume; enfin, en 1848 parurent les deux volumes intitulés : 1° *Graduale romanum juxta ritum sacrosanctæ romanæ Ecclesiæ, cum cantu Pauli V. Pont. Max. jussu reformato. Editio emendata;* Mechliniæ, P.-J. Hanicq, 1848, in-8°. — 2° *Vesperale romanum, cum Psalterio ex antiphonali romano fideliter extractum, cum cantu emendato;* ibid., in-8°. L'édition corrigée du Graduel de Paul V et le chant corrigé du Vespéral, extrait des antiphonaires cités précédemment, étaient un aveu forcé de ce qu'on avait fait dans ces livres pour les mettre en harmonie avec le système de M. Janssen, c'est-à-dire des altérations de formes et des corruptions de tous genres qui s'y étaient glissées. A leur apparition, ils firent éclater une multitude de réclamations, qui toutes n'osèrent pas se produire au grand jour, particulièrement dans le diocèse; mais dans d'autres diocèses on fut moins retenu. Un ecclésiastique de Liége, dont je tairai le nom, puisqu'il n'a pas cru devoir le révéler, mais homme de grand savoir en ces matières, signala quelques-unes des altérations des nouveaux livres dans le *Journal historique de Liége*, et fit remarquer qu'il les prenait au hasard, parce qu'il s'en trouvait à chaque page et qu'on ne pouvait tout discuter. Une *Réponse aux observations du Journal historique de Liége, sur le Graduel et le Vespéral, édition de Malines*, 1848, parut sous les noms de MM. Edmond Duval et P.-F. De Voght, à Malines, chez Hanicq, avril, 1849, 70 pages in-12. Cette réponse ne touchait point au fond des choses : elle épiloguait sur les mots; mais l'embarras était évident.

Les choses en étaient là quand une note de l'auteur de cette notice tomba entre les mains de M. l'abbé De Voght, et fit jaillir la lumière à ses yeux sur l'œuvre d'égarement à laquelle il avait pris part. Sa conscience en fut si troublée, qu'il en fit une maladie sérieuse. De retour à la santé, il ne voulut plus continuer le travail nécessaire pour compléter les livres de chant du diocèse dans le même système (*voy.* JANSSEN), et il sortit du séminaire. D'autres collaborateurs furent donnés à M. Duval, et successivement parurent : 3° *Manuale chori ad decantandas parvas horas;* Mechliniæ, 1850, in-8°. — 4° *Processionale ritibus romanæ Ecclesiæ accomodatum, etc; cum cantu emendato;* ibid.; 1851, in-8°. — 5° *Rituale romanum Pauli V, Pontificis Maximi, etc., cum cantu emendato,* ibid., 1854, in-16. — 6° *Pastorale Mechliniense Rituali rom. accom. etc., cum cantu emendato;* ibid., 1852, in-8°. De nouvelles éditions du Graduel et du Vespéral ont été publiées chez le même, dans les formats in-folio et in-octavo, en 1854. — On a publié aussi, sous le nom de M. Duval, et avec la coopération de M. Bogaerts, prêtre et professeur au grand séminaire de Malines, les écrits polémiques dont les titres suivent : 1° *Études sur le* Graduale Romanum, *publié à Paris, chez M. Lecoffre;* Malines, 1851. — 2° *Nouvelles études sur le* Graduale Romanum, *publié à Paris, etc.;* Réponse à M. Céleste Alix; Malines, Hanicq, 1852, in-8°. — 3° *Études sur les livres choraux qui ont servi de base dans la publication des livres de chant grégorien édités à Malines,* etc.; Malines, 1855, in-8°; — 4° *Quelques remarques à propos des Études sur la restauration du chant grégorien par M. Th. Nisard, et du Précis historique sur la restauration des livres de chant grégorien par Mgr Alfieri;* Malines, 1856, in-8°. M. Duval a donné aussi : *Traité d'accompagnement du plain-chant par l'orgue, d'après les règles des théoriciens du treizième et du quatorzième siècle.* Ce titre manque d'exactitude;

7.

jusqu'à la fin du douzième siècle l'accompagnement du plain-chant par l'orgue ne fut que la diaphonie, et rien n'indique qu'il n'en fut pas de même dans le treizième; c'est pour cela que les jeux de *mixture* étaient le fondement de toutes les anciennes orgues, qui n'avaient pas, comme les modernes, de puissants jeux de fonds graves pour en absorber les quartes et les quintes; enfin, il n'existe pas dans les traités de musique des treizième et quatorzième siècles, de règles pour l'accompagnement du plain-chant par l'orgue, et ce serait une grave erreur de croire que les règles de la *res facta* lui fussent applicables; car ces règles ne concernaient que la musique écrite (*chose faite*). Quand l'accompagnement du plain-chant cessa d'être la diaphonie, il ne fut pendant longtemps qu'à deux parties, et les successions de quintes s'y firent encore entendre fréquemment.

DUVE (Jordan), écrivain cité par Walther, comme auteur d'une dissertation intitulée *Programma quo nimiam artis affectationem in musica sacra theologis magni nominis improbari ostendit*; Neu-Ruppin, 1729.

DUVERGER (Eugène), imprimeur à Paris, né à Lille, au commencement du dix-neuvième siècle, commença ses études au lycée de cette ville, puis vint les achever au collège Sainte-Barbe, à Paris. Après avoir appris tout ce qui concerne la typographie chez Firmin Didot, il établit une imprimerie à Paris. Après la révolution de 1830, il fut chargé par interim de la direction de l'Imprimerie royale. On lui est redevable de l'invention d'un système de typographie de la musique qui a donné les plus beaux résultats jusqu'à ce jour. Il consiste en une série complète de types sans portée. La composition de la forme ou du fragment étant faite, on la cliche avec du plâtre fin, et avec une sorte de rabot on trace dans le cliché les portées sur les types des notes. Après cette opération, on coule dans le cliché en creux un cliché métallique qui, après qu'il a été réparé, sert à l'impression. Il a publié un *Specimen des caractères de musique gravés, fondus, composés et stéréotypés par les procédés de E. Duverger, précédé d'une notice sur la typographie musicale, par M. Fétis*; Paris, de l'imprimerie de E. Duverger, 1834, gr. in-4°, avec des tableaux en grands et petits caractères de musique, d'une exécution parfaite. Duverger a imprimé par ses procédés un grand nombre de traités élémentaires de musique, de manuels, de tableaux pour les écoles, de recueils de cantiques, de chansons, de solfèges, etc.

DUVERNOY (Frédéric), ou plutôt **DUVERNOIS**, né à Montbéliard (Haut-Rhin), le 15 octobre 1771, suivant le Dictionnaire historique de Choron et Fayolle, mais suivant les registres de l'Opéra, le 16 octobre 1765, ce qui est plus vraisemblable, car Duvernoy exécuta un concerto de cor au Concert spirituel, le 6 août 1788. Il se livra sans maître à l'étude du cor et à celle de la composition. En 1788 il entra à l'orchestre de la Comédie-Italienne. Neuf ans après, il fut admis à l'orchestre de l'Opéra, et en 1801, on le choisit pour jouer les *solos*. En 1816, il en sortit avec la pension de retraite. Nommé professeur au Conservatoire de musique, lors de sa formation, il en remplit les fonctions jusqu'à la suppression de cette école en 1815. Duvernoy fut aussi attaché à la chapelle et à la musique particulière de l'empereur Napoléon Bonaparte, qui aimait son talent. Ce talent était d'une nature particulière. Satisfait d'acquérir un beau son et une exécution parfaite, Duvernoy borna l'étendue de son instrument à un petit nombre de notes qui participaient du premier et du second cor, appelés par Dauprat *cor alto* et *cor basse*. Il résulta de ce mélange ce que Duvernoy appela *cor mixte*; c'est cette classification particulière qu'il enseignait au Conservatoire. Quelle que fût la perfection de son jeu, il résultait du peu de notes qu'il employait une sorte de monotonie qui nuisit beaucoup à l'effet qu'il voulait produire. Quant à ses compositions, le chant en est commun, les traits peu élégants et les accompagnements mal écrits : elles sont déjà tombées dans un profond oubli. Ces compositions consistent en douze concertos, trois quintetti pour cor, deux violons, alto et basse, des trios pour cor, violon et violoncelle, trois œuvres de duos pour deux cors, plusieurs livres de sonates et d'études, des solos, des duos pour piano et cor, enfin une *Méthode de cor mixte*. Tous ces ouvrages ont été gravés à Paris et en Allemagne. Duvernoy est mort à Paris, le 19 juillet 1838.

DUVERNOY (Charles), frère puîné du précédent, est né Montbéliard (Haut-Rhin) en 1766. Le maître de musique d'un régiment en garnison à Strasbourg lui donna des leçons de clarinette, et les progrès du jeune artiste furent rapides. Après avoir été attaché pendant quelque temps à un corps de musique militaire, Duvernoy se rendit à Paris, en 1790, entra dans la même année au théâtre de Monsieur, comme première clarinette, et passa ensuite de la foire Saint-Germain au théâtre Feydeau. Pendant vingt-cinq ans il a rempli ses fonctions avec talent, et s'est retiré en 1824, avec la pension de vétérance. Admis comme professeur, lors de l'organisation du Conservatoire, il fut compris dans les réformes qui furent faites en 1802. Un beau son et beaucoup de netteté dans l'exécution des traits rapides composaient le caractère particulier du talent de cet artiste; mais son style laissait souvent désirer plus d'élégance. Duvernoy a publié deux œuvres de sonates pour la clarinette, avec accompagnement de basse, et des airs variés en duos pour deux clarinettes. Il est mort à Paris, le 28 février 1845.

DUVERNOY (HENRI-LOUIS-CHARLES), pianiste et compositeur, fils du précédent, est né à Paris, le 16 novembre 1820. Admis comme élève au Conservatoire de cette ville, le 22 décembre 1829, à l'âge de neuf ans, il reçut toute son éducation musicale dans cette école, dont il suivit les cours pendant près de seize ans. Toutes les distinctions des diverses branches de l'art lui furent tour à tour décernées. Après avoir obtenu le deuxième prix de solfége en 1831, il eut le premier en 1833. Devenu élève de Zimmerman pour le piano, il conquit le deuxième prix de cet instrument en 1837, et le premier au concours de l'année suivante. Le premier prix d'harmonie et d'accompagnement pratique lui fut décerné en 1839, et il obtint celui de contrepoint et de fugue, comme élève d'Halevy, en 1841. Le second prix d'orgue lui avait été décerné en 1840; il obtint le premier en 1842. Enfin, ayant pris part au grand concours de composition musicale de l'Institut de France, en 1843, il obtint le second prix. Dès 1839 il avait été appelé aux fonctions de professeur adjoint de solfége : il en fut nommé professeur titulaire le 1er octobre 1848. Dans cette position, il a eu pour élèves un grand nombre d'artistes qui depuis lors se sont distingués comme chanteurs et comme instrumentistes. Après avoir rempli pendant quelques années les fonctions d'organiste aux temples protestants de la rue des Billettes et de la Rédemption, il a été nommé organiste titulaire du temple de Panthemont (culte réformé), à la suite d'un concours qui eut lieu en 1858. Artiste instruit et laborieux, M. Duvernoy a produit quelques ouvrages sérieux, qui lui font honneur. En 1846 il fut chargé, conjointement avec son oncle Georges Kuhn (*voy.* ce nom), par le consistoire de Montbéliard (Doubs), de la réforme du chant des psaumes et cantiques, pour l'usage des temples du culte évangélique de France. Ce travail a été publié sous ce titre : *Nouveau choix de psaumes et de cantiques harmonisés à quatre voix, et composés en partie par MM. Kuhn et Henri Duvernoy.* Paris, 1848, 2 vol. in-12. Un des volumes de cette collection appartient à M. Duvernoy. Une suite de ce travail a été demandée par les pasteurs des églises reformées de France, et exécutée, en 1859, par le même artiste, en collaboration de M. Duprato (*voy.* ce nom). M. Duvernoy a pris part aussi à la rédaction de l'ouvrage de Georges Kuhn, intitulé *Solfége des chanteurs;* Paris, 1855. Enfin, il est auteur du *Solfége à changements de clefs* (Paris, 1857), ouvrage adopté pour l'instruction par le Conservatoire de Paris et par ses succursales de Toulouse, Marseille, Metz et Lille, ainsi que par les conservatoires de Bruxelles et de Liége. Enfin, on a de cet estimable artiste un *Solfége artistique*, divisé en deux parties et dédié à l'auteur de cette notice; Paris, 1860, gr. in-4°. Comme pianiste et compositeur pour son instrument, M. Duvernoy a publié environ cent œuvres de musique légère qui ont paru chez la plupart des éditeurs de Paris.

Deux autres fils de Charles Duvernoy se sont fait connaître comme artistes musiciens. L'aîné (Charles), ténor de l'Opéra-Comique pendant plusieurs années, a été professeur de déclamation lyrique au Conservatoire de Paris, et a succédé à Moreau-Sainti, comme chef du pensionnat, dans la même institution; le second, élève de Dauprat pour le cor, est entré à l'orchestre de l'Opéra, en 1830.

DUVERNOY (JEAN-BAPTISTE), professeur de piano à Paris, et compositeur fécond de fantaisies et de bagatelles faciles pour le piano. Depuis 1825, environ, il a produit quelques centaines d'œuvres de cette espèce, la plupart sur des thèmes d'opéras. On ne trouve pas de renseignements sur cet artiste dans les registres du Conservatoire de Paris, d'où il résulte qu'il n'y a pas reçu son éducation musicale. Il n'appartient pas à la famille des précédents.

DUYSCHOT (JEAN), constructeur d'orgues hollandais, vivait au commencement du dix-huitième siècle. Ses principaux ouvrages sont : 1° Un orgue de huit pieds, composé de dix-huit jeux, deux claviers et pédale, dans l'église française de Delft, en 1696. — 2° Un idem, de seize pieds, à trente-cinq jeux, trois claviers et pédale, dans l'église neuve de La Haye, en 1702. — 3° Dans l'église française du même lieu, un positif de onze jeux, en 1711. — 4° Un ouvrage de treize jeux, deux claviers et pédale, en 1712, à Zaandam.

DUYTSCHOT (R.-B), autre constructeur d'orgues, et peut-être le père du précédent, s'est fait connaître par les ouvrages suivants : 1° Des améliorations au grand orgue de l'église neuve d'Amsterdam, avec addition de treize jeux et d'un clavier, en 1666. — 2° Un orgue de trente-huit jeux, trois claviers, pédale et huit soufflets, commencé en 1683, et fini en 1686, dans l'église de l'Ouest, à Amsterdam.

DYGON (Jean), bachelier en musique, né en Angleterre, vers le milieu du quinzième siècle, fut élu prieur du couvent de Saint-Augustin, à Cantorbery, en 1497. Il est mort dans le même lieu, en 1509. Hawkins a inséré un motet à trois voix de sa composition, dans son histoire de la musique (t. II, p. 519).

DZONDY (Charles-Henri), docteur et professeur de médecine à l'université de Halle, dont le nom véritable était *Schundemius*, naquit à Oberwinkel, en Saxe, le 25 septembre 1770. Il fit ses études à Altenbourg, et les termina à l'université de Wittenberg; puis il s'établit à Halle, où il exerça la médecine; il y est mort, le 1er juin 1835, des suites d'une atteinte d'apoplexie. Il a publié un grand nombre d'ouvrages relatifs à la médecine, mais qui n'ont point de rapports avec l'objet de cette Biographie. Il n'est cité ici que pour ses discussions avec Nauenburg sur l'organisation de l'appareil vocal, dont on peut voir les détails dans la *Gazette musicale* de Leipsick (ann. 1831 et 1832). Ces discussions déterminèrent Dzondy à publier un ouvrage spécial sur les fonctions du voile du palais dans la respiration, la parole, le chant, etc.; cet ouvrage a paru sous le titre suivant: *Die Functionem des weichen Gaumens beim Athmen, Sprechen, Singen, Schlingen, Erbrechen*, etc. (Halle, Schwetschke, 1831, in-4° de 74 pages et onze planches).

E

EAGER (Jean), né à Norwich, en 1782, eut pour père un ancien militaire qui avait embrassé la profession de luthier et de constructeur d'orgues. L'éducation d'Eager fut fort négligée : quelques notions de musique furent tout ce que son père lui enseigna. Lorsqu'il eut atteint l'âge de douze ans, le duc de Dorset le prit sous sa protection et l'emmena dans sa maison à Kent. Il y jouissait d'un sort agréable, lorsqu'il eut le malheur de perdre subitement son protecteur, qu'une maladie aiguë enleva en peu de jours. Il sentit bientôt la nécessité d'user de ses talents pour assurer son existence. A dix-huit ans il épousa une jeune personne de Yarmouth, qui lui apporta en dot une somme considérable, qu'il dissipa en peu d'années. Vers 1820 il a ouvert une école de musique basée sur la méthode de Logier. Cet artiste a composé et publié un concerto pour le piano et une collection de chansons. Il jouait de presque tous les instruments et en donnait des leçons.

EASTCOTT (Richard), ecclésiastique et littérateur anglais, né à Exeter, vers 1740, a vécu quelque temps à Londres, où il fut lié avec les principaux artistes et amateurs de musique ; puis il retourna à Exeter pour y remplir les fonctions de doyen. On a de lui un livre qui a pour titre : *Sketches of the origin, progress and effects of music, with an account of the ancient bards and minstrels* (Esquisse de l'origine, des progrès et des effets de la musique, avec une notice sur les anciens bardes et ménestrels) ; Bath, 1793, in-8°. Cet ouvrage n'est qu'une compilation des histoires de la musique de Burney, de Hawkins, et du livre de Walker sur les bardes et les ménestrels de l'Irlande ; mais cette compilation est faite avec goût, et renferme des faits intéressants. Le livre est divisé en treize chapitres suivis de quatre chapitres de supplément. Eastcott a publié aussi un recueil de morceaux choisis sous le titre de *The Harmony of the Muses*, six sonates pour le piano, dont il a été fait deux éditions qui ont paru à Londres, et des *Essais poétiques*, en deux feuilles in-8°.

EBDON (Thomas), professeur de musique à Durham, vers la fin du siècle dernier, a publié, en 1780, un œuvre de deux sonates pour le clavecin, un recueil de *Glees*, et, en 1790, une collection de musique sacrée intitulée *Sacred Music, containing complete services for cathedrals*.

EBELING (Jean-Georges), directeur de musique à Berlin vers le milieu du dix-septième siècle, a mis en musique les cantiques allemands de Paul Gérard pour 4 voix, 2 violons et basse continue. Cet ouvrage est intitulé : *Geistliche Andachten in 120 Liedern, mit 4 Singstimmen, 2 violinen und den Generalbassen*; Berlin, 1666, in-fol. Postérieurement Ebeling est devenu professeur de musique du collège *Carolinum* à Nuremberg : il occupait encore cette position en 1683. Les cantiques de Paul Gérard, pour tous les dimanches de l'année, ont été réimprimés avec le chant et la basse seulement de la musique d'Ebeling, en format portatif. La troisième édition de ce recueil a été publiée, avec une préface de Conrard Feuerlein, prédicateur de l'église *Notre-Dame*, à Nuremberg, sous ce titre : *Pauli Gerhardi Geistliche Andachten bestehend in 120 Liedern. Auf alle Sonntage, und gewisse Zeiten im Jahr gerichtet. Vor diesem mit sechs Stimmen in-folio gedruckt, und mit zwei Stimmen, von J. G. Ebeling, des Gymn. Carolini profess. Music.* Nuremberg, Christoff Riegel, 1682, 1 vol. in-8° de 723 pages.

EBELING (Jean-Georges), né à Lunebourg, fut d'abord, en 1662, directeur de musique à l'église principale de Berlin et au collège de Saint-Nicolas de la même ville. En 1668 il passa à Stettin en qualité de professeur de musique du collège Saint-Charles, et il mourut dans ce poste, en 1676. On a de lui un livre intitulé *Archæologiæ orphicæ sive antiquitates musicæ*; Stettin, 1657, in-4°. Il n'a poussé ses recherches sur cette matière que jusqu'à l'an du monde 3920. Cet ouvrage, d'ailleurs, selon Fabricius (Bibl. Græc. lib 3, c. 10), ne contient que des choses insignifiantes. Les autres productions d'Ebeling sont : 1° *Un concert pour plusieurs instruments*; Berlin, 1662, in-fol. — 2° *Cantiques spirituels à quatre voix, deux violons et basse continue*; Berlin, 1666, et la suite en 1667, in-fol. Ebeling a donné aussi le même ouvrage arrangé pour une voix avec accompagnement de clavecin; Stettin, 1809, in-8°. Pierre Stamm a fait imprimer un éloge d'Ebeling, sous ce titre : *Programma funebre in obitum J. G. Ebelingii*; Stettin, 1676, in-4°.

EBELING (Christophe-Daniel), savant littérateur et musicien instruit, naquit au village de Garmissen, près de Hildesheim, en 1741, et devint en 1784 professeur d'histoire et de langue grecque au collège de Saint-Jean, à Hambourg. Le docteur Burney, qui le vit dans cette ville en 1772, vante son amabilité et son obligeance. Il était alors l'un des directeurs de l'académie de commerce établie à Hambourg. Sa bibliothèque musicale était nombreuse et renfermait les meilleurs ouvrages sur la pratique, la théorie et l'histoire de cet art. On a de lui les ouvrages suivants : 1° *Versuch einer auserlesenen musikalischen Bibliothek* (Essai d'une bibliothèque musicale choisie); Hambourg, 1770. — 2° Une traduction allemande du voyage musical de Burney en France et en Italie, sous le titre de *Tagebuch einer musikalischen Reise durch Frankreich und Italien*, etc.; Hambourg, 1772, in-8°. Les voyages en Allemagne et dans les Pays-Bas ont été traduits par Bode (*voy.* ce nom). — 3° *Ueber die Oper* (Sur l'Opéra), dans le journal intitulé *Magasin de Hanovre*, de 1767. — 4° *Geschichte der Oper* (Histoire de l'Opéra), ibid. — 5° Une traduction de l'*Essai sur l'union de la poésie et de la musique* par le chevalier de Chastellux, dans les *Entretiens de Hambourg*, tome VIII. Hiller a rendu compte de cette traduction dans ses *Notices musicales*, (Musik. Nachrichten, tome IV.

EBELL (Henri-Charles), amateur de musique, compositeur, et conseiller du gouvernement prussien, a Oppeln, est né à Neu-Ruppin, le 30 décembre 1775. Ayant été placé dès son enfance au gymnase de cette ville, il y apprit la musique en même temps que les éléments de la littérature. Ses heureuses dispositions pour cet art lui firent faire de rapides progrès; il s'essaya de bonne heure dans la composition, et écrivit avant d'avoir atteint sa dix-neuvième année une symphonie remarquable par la pureté de son style. En 1795 il quitta le gymnase de Neu-Ruppin, et se rendit à l'université de Halle. Türk, qui habitait cette ville, prit le jeune Ebell sous sa direction, et lui fit achever ses études de composition et d'harmonie dans les partitions de Jean-Sébastien Bach, de Hændel et de Mozart. Il lui faisait lire en même temps les traités didactiques de Kirnberger et de Marpurg.

En 1797, Ebell partit pour Berlin, où il passa son examen de référendaire. Là, il se lia avec le maître de chapelle Reichardt, et prit quelque chose de son style, dont il est resté des traces dans tout ce qu'il a écrit depuis lors. Dans l'année suivante il écrivit son premier opéra, intitulé *L'Ange gardien* (Der Schützgeist). Cet ouvrage fut suivi de *Selico et Berisa*, opéra en quatre actes, poème de Kinderling, du *Déserteur*, opéra en deux actes, du *Melida*, opéra, de l'*Immortalité*, oratorio dédié à la reine de Prusse. Ebell écrivit aussi dans le même temps une symphonie en *mi* bémol, deux concertos pour cor, dédiés à l'empereur de Russie, des *Consolations musicales*, pour le piano, des suites de pièces pour des instrumens à vent, en 14 cahiers, des chansons avec accompagnement de piano, une symphonie en *ut*, et le monologue de *Thekla*, pour voix seule et piano, tiré de *La mort de Wallenstein*, de Schiller. Les succès obtenus par ces premiers ouvrages décidèrent Ebell à suivre la carrière d'artiste. Tuscheck, premier directeur de musique du théâtre de Breslau, ayant quitté cette place en 1801, Ebell l'obtint, à la recommandation de Reichardt. Avant de s'éloigner de Berlin, il avait envoyé à Breslau la partition d'un nouvel opéra intitulé *Der Bræutigamspiegel* (le Miroir du fiancé). Son engagement, moyennant 400 écus de Prusse, fut signé au mois de juin 1801, et il prit possession de sa place le 28 septembre de la même année, par la première représentation de son opéra. Depuis 1801 jusqu'en 1803 Ebell composa plusieurs mélanges tirés d'un poème de Kinderling, les cantates funèbres de Heidemann, *la Fête de l'amour* (Das Fest der Liebe), opéra, la musique de la tragédie de *Lanassa* (en mai 1802), une cantate pour un jour de naissance, un chœur, trois quatuors pour des instruments à vent, une musique pour les funérailles de la cantatrice Distel, *les Dons du génie*, (Die Gaben des Genius), opéra dont le livret, trop faible, causa la chute, *le Retour*, cantate, des romances et des chansons avec accompagnement de piano; enfin une cantate exécutée au bénéfice de son auteur, le 20 octobre 1802.

Streit ayant quitté la direction du théâtre en 1802, Ebell donna sa démission, et demanda à entrer au service du gouvernement; au printemps de 1804 il fut nommé secrétaire au département de la guerre et des domaines. Quoiqu'il eût quitté la profession d'artiste, il conserva un vif amour pour l'art. Dans la même année, il conçut le plan d'une société pour les progrès de la musique; elle fut installée le 30 août 1804, sous le nom de société philomatique. Parmi ses membres on comptait Ebell, le maître de chapelle Schnabel, l'organiste Berner, et le directeur de musique Foerster. Ebell écrivit pour cette société des dissertations intitulées : 1° *Remarques sur* la terminologie adoptée par l'abbé Vogler dans son traité d'harmonie et de basse générale, d'apres les principes de l'école de Mannheim ; 2° Que peut faire le gouvernement en faveur des progrès de la musique, et quels seraient les moyens les plus efficaces pour atteindre à ce but? 3° Remarques sur l'Opéra de Breslau. La Société philomatique, dont l'existence était due à Ebell, ne se soutint pas, et fut dissoute en 1806, après les événements de la guerre de Prusse.

Depuis que Ebell avait quitté le théâtre, sa position était pénible, car il n'avait aucun revenu et il ne recevait pas d'appointements du gouvernement. Enfin, il fut attaché au commissariat de l'armée de la haute Silésie. Son zèle fut remarqué par le ministre comte de Hoym, qui le fit son secrétaire particulier, au mois d'avril 1806, et qui lui fit obtenir, en 1807, la place de secrétaire de la régence de Breslau, avec un traitement de 300 thalers. Il est mort dans cette ville, le 12 mars 1824.

Les ouvrages qu'Ebell a publiés depuis 1807 lui assurent une place distinguée parmi les compositeurs allemands du dix-neuvième siècle. En 1807 il a fait représenter à Breslau la Fête d'Eichlale, opéra en trois actes, qui fut joué ensuite avec succès à Dresde, en 1812. Le Garde de nuit (Der Nachwæchter) est un petit ouvrage plein de verve comique, qui fut aussi bien accueilli à Cassel et à Leipsick. Un de ses meilleurs ouvrages est son Anacréon en Ionie, opéra en trois actes, qui fut joué à Breslau, en 1810. On a aussi de lui cinq symphonies (en ré mineur, la majeur, mi ♭, si majeur, et ré mineur); trois quatuors pour violons, alto et basse, op. 2, Leipsick, Breitkopf et Hærtel; un idem, ibid.; des variations pour le piano sur un thème de Himmel; des cantates; une polonaise pour violon, avec accompagnement d'orchestre; des chansons à plusieurs voix, etc. Dans l'hiver de 1812, Ebell fut attaché à la rédaction de la Gazette musicale de Leipsick; il publia plusieurs analyses de compositions dans ce journal. On a aussi plusieurs morceaux de critique musicale qu'il a fait insérer dans divers journaux, particulièrement dans ceux de la Silésie.

Un compositeur du même nom, directeur de musique à Magdebourg, y a fait représenter, en 1847, un opéra dont le sujet était les Flibustiers.

EBERHARD, surnommé de Frisange (EBERHARDUS FRISENGENSIS), parce qu'il était moine dans une abbaye de bénédictins située au bourg de Frisange, dans le comté de Luxembourg, a écrit dans le onzième siècle deux petits traités relatifs à la musique, dont l'un a pour titre : De Mensura fistularum, et l'autre : Regulæ ad fundendas notas , id est organica tintinnabula. L'abbé Gerbert les a insérés dans sa collection des écrivains ecclésiastiques sur la musique (t. 2, p. 279).

EBERHARD (. . . . . . .), hautboïste au deuxième bataillon de Hesse-Hanau, à Hanau, a composé la musique d'un opéra allemand intitulé La loi tartare, en 1780. Cet ouvrage a obtenu quelque succès.

EBERHARD (JEAN-AUGUSTE), professeur ordinaire de philosophie à l'université de Halle, depuis 1778, est né à Halberstadt, le 31 août 1738. Il a fait insérer dans la feuille hebdomadaire musicale de Berlin (Berl. mus. Wochenblatt), publiée par Reichardt (1805, p. 97), quelques idées en réponse à une question sur les instruments à vent (Fragmente einiger Gedanken zur Beantwortung einer Frage über die Blasinstrumente). Il est aussi l'auteur d'une théorie des beaux-arts et des sciences (Theorie des schœnen Kunste und Wissenschaften), où l'on trouve une dissertation sur le mélodrame. La troisième édition de ce livre a paru à Halle, en 1790. Son ouvrage le plus important est son Manuel d'Esthétique (Handbuch der Æsthetik); Halle, 1803-1805, 4 parties in-8°. La deuxième édition a été publiée dans la même ville, en 1807, et la troisième, en 1814. Kant avait réduit les impressions produites par la musique à un jeu de pures sensations : Eberhard fut un de ses adversaires à ce sujet. Le premier entre les philosophes modernes, il traita de la musique avec un développement scientifique dans l'ouvrage qui vient d'être cité : le troisième volume renferme un morceau étendu sur la théorie du beau dans cet art (pages 66 à 123). Son principe fondamental est que l'homme a conscience d'une combinaison complète des éléments de la musique dont il détermine les rapports bons ou mauvais par un sentiment que l'expérience développe. Suivant sa classification, ces éléments sont rangés dans cet ordre : rhythme , mouvement, ton (qualité du son), mélodie et harmonie. Cette classification suffit pour faire voir qu'Eberhard a plus appliqué ses recherches à la manière dont les diverses parties de l'art agissent sur les hommes dépourvus de connaissances, qu'à la découverte du principe absolu de l'art en lui-même, et à la conception idéale que nous pouvons avoir de son unité. Eberhard a vu, en effet, que les parties de la musique qui agissent avec force sur les hommes les moins initiés à cet art sont le rhythme et le mouvement, puis la sonorité, puis enfin la mélodie, et en dernier lieu l'harmonie ; mais ces considérations, bien que fondées en réalité, ne peuvent conduire à une doctrine fondamentale du beau, et n'ont de valeur dans la science que comme des renseignements d'expérience, quelque soin qu'ait pris leur auteur de les rattacher au sentiment général que nous avons de la beauté. Une des meilleures idées d'Eberhard est d'avoir considéré l'histoire de la musique comme inséparable de sa théorie esthétique. Ce professeur distingué est mort à Halle, le 6 janvier 1809. Frédéric Nicolaï a publié une notice étendue sur Eberhard avec son portrait, sous ce titre : *Gedachtnissschrift auf Joh. Aug. Eberard*; Berlin et Stettin, 1810, in-8°.

EBERHARD (VILHELMINE) née *Kœhler*, femme d'un procureur à Marbourg, a publié dans le magasin des dames (*Frauen Zimmer Mag.*), de 1783, une dissertation sur la musique.

EBERHARDT (FRANÇOIS-JOSEPH), constructeur d'orgues estimé, établi à Breslau, naquit à Sprottau. Outre les réparations faites par lui aux orgues de Breslau, il a construit : 1° L'orgue du temple de Sprottau, en 1750, composé de 40 jeux, 3 claviers et pédale, avec quatre soufflets. — 2° Celui des Franciscains de Breslau, en 1752, composé de 15 jeux, 2 claviers et pédale. — 3° Celui des Franciscains à Neys, en 1754, de 18 jeux, 2 claviers, pédale, et 3 soufflets.

EBERHARDT (...), organiste du château à Schleitz, a donné en 1824 une bonne édition du livre choral d'Altemhourg; Altembourg, in-4°.

EBERL (ANTOINE), habile pianiste et compositeur, naquit à Vienne en Autriche, le 13 juin 1765. Dès sa plus tendre enfance il annonça des dispositions si heureuses pour la musique, qu'à l'âge de huit ans il jouait des concertos de piano, avec le plus grand succès. Cependant son père, l'un des premiers officiers de la cour de l'empereur, le destinait au barreau, et lui donna une éducation soignée. Le jeune Eberl fit de rapides progrès dans ses études, sans négliger néanmoins celles qui avaient la musique pour objet. A l'âge de seize ans, il composa la musique de deux opéras comiques intitulés : *les Bohémiens*, et *la Marchande de modes*, quoiqu'il n'eût point encore appris les règles de l'harmonie. Gluck, ayant assisté à la représentation d'un de ces ouvrages, reconnut dans l'auteur du génie, et engagea sa famille à lui faire faire des études sérieuses, afin de développer son talent naturel. Ce fut en vain : on le contraignit à suivre ses travaux dans la jurisprudence et à se préparer à un examen pour le doctorat. Vers ce temps il se lia d'amitié avec Mozart, et cette circonstance fortifia en lui le goût de la musique. Il se mit à étudier avec assiduité le contrepoint et la théorie de l'art. Sa première composition régulière fut le mélodrame de *Pyrame et Thisbé*, qu'on représenta au théâtre impérial de Vienne, en 1796. Dans la même année il accompagna la veuve de Mozart et madame Lange dans un voyage où elles visitèrent les principales villes de l'Allemagne, telles que Berlin, Hambourg, Leipsick, et il donna des concerts où il fit entendre ses compositions instrumentales. De retour à Vienne, il y reçut un engagement comme maître de chapelle à Pétersbourg, et partit bientôt après pour cette ville. Il écrivit un opéra allégorique pour le théâtre allemand, une cantate, des symphonies pour les concerts de la cour, et beaucoup de pièces détachées pour le piano. En 1801, il revint à Vienne et y fit représenter un grand opéra intitulé : *Die Kœnigin der Schwarzen Inseln* (la Reine des îles noires). L'année suivante il fit un deuxième voyage en Russie, mais qui fut de courte durée. Depuis lors il n'a cessé de résider à Vienne, où il est mort le 11 mars 1807, à l'âge de quarante et un ans. Voici la liste de ses compositions : 1° Une sonate en *ut* mineur, qui a été gravée à Vienne, et à Offenbach, sous le nom de Mozart, op. 47, et que Pleyel a publiée avec le titre de *Dernière grande sonate de Mozart*. Artaria en a donné une édition, à Vienne, en 1798, sous le nom de l'auteur véritable. — 2° *Petite sonate pour le piano*, à l'usage des commençants, op. 2 ; Vienne. — 3° XII Variations sur le duo : *bey Mœnnern, welche liebe fuehlen*, gravées sous le nom de Mozart à Vienne, en 1792. — 4° *Six chansons allemandes avec clavecin*, première partie, op. 4 ; Hambourg, 1796. — 5° XII Variations pour le piano sur l'air : *Zu Steffen sprach im Traume*, gravées sous le nom de Mozart, à Hambourg, et rétablies depuis sous celui d'Eberl, op. 5. — 6° Variations pour le piano sur le thème : *Freundin sanfter herzenstriebet*, op. 6 ; Vienne. — 7° *Variations pour le piano*, op. 7 ; ibid. — 8° *Deux Sonates à quatre mains pour le piano*; Pétersbourg, 1798. — 9° *Trois Trios pour piano, violon et violoncelle*, op. 8; Pétersbourg. — 10° *Variations sur l'air* : *Escouto, Janette*, op. 9 ; ibid. — 11° *Deux grandes Sonates pour le piano*, op. 10 ; ibid., 1800: — 12° *La gloria d'Imeneo*, cantate à grand orchestre ; Vienne, Artaria, op. 11. — 13° *Grande Sonate caractéristique pour le piano*, dédiée à Haydn, op. 12 ; Leipsick. — 14° *Trois Quatuors pour deux violons, alto et basse*, op. 13, 1801. — 15° *Grande Sonate pour le piano avec violon obligé*, op. 14 ; Leipsick.

— 16° *Fantaisie et rondo pour le piano*, op. 16; Vienne. — 17° *Grande Sonate pour le piano*, op. 16; ibid. — 18° *Variations sur un thême russe avec violoncelle obligé*, op. 17 ; ibid. — 19° *Grand Quatuor pour piano, violon, alto et basse*, op. 18; ibid. — 20° *Polonaise à quatre mains pour le piano*, op. 19 ; ibid. — 21° *Grande Sonate avec violon obligé*, op. 20, ibid ; 1803. — 22° *Grand Concerto pour piano avec orchestre*, op. 32. — 23° *Symphonie à grand orchestre*, op. 35. — 24° *Grand Trio pour piano, clarinette et violoncelle*, op. 36. — 25° *Sérénade pour deux ténors et deux basses, avec clarinette, alto et violoncelle*, op. 37. — 27° *Grand Concerto pour piano*, op. 40. Ceux de ses ouvrages qui sont restés en manuscrit sont : 1° *Les Bohémiens*, opéra. — 2° *La Marchande de modes*; idem. — 3° *La Sorcière*, id. — 4° *Baudouin, comte de Flandres*, idem. — 5° *La Reine des îles noires*, idem. — 6° Six concertos pour piano. — 7° Trois symphonies à grand orchestre. — 8° Deux sérénades. — 9° Un sextuor. — 10° Un quintetto. — 11° Un quatuor. — 12° Concertos pour deux pianos, œuvre 45.

EBERLE (JEAN-JOSEPH), virtuose sur la viole d'amour et compositeur, naquit en Bohême, vers 1735. Il eut pour maître de musique Ganswind, artiste dont le talent sur la viole d'amour était célèbre à cette époque. Eberle cultiva aussi la poésie avec succès. Il mourut à Prague, au mois d'août 1772. On ne connaît des compositions de cet artiste qu'un recueil d'odes et de chansons allemandes pour voix seule, avec accompagnement de piano, publié à Leipsick, en 1765, chez Breitkopf.

EBERLE (JEAN-ULRIC), excellent luthier de la Bohême, demeurait à Prague en 1749, ainsi que le prouve une viole d'amour que Dlabacz vit en 1800, et qui porte intérieurement ces mots : *Joannes Ulricus Eberle me reparavit Pragæ anno* 1749. Les violons de cet artiste ne le cèdent pas aux meilleurs instruments de Crémone ; ils ont ordinairement pour inscription : *Joannes Ulricus me fecit Pragæ*, sans date.

EBERLIN (DANIEL), excellent musicien, naquit à Nuremberg, vers 1630. Doué de rares facultés et de vastes connaissances, mais d'un caractère inconstant, il changea souvent de profession, et sa vie fut celle d'un aventurier. Dans sa jeunesse, il était capitaine dans les troupes du Pape qui combattaient les Turcs en Morée. De retour dans sa patrie, il y fut nommé bibliothécaire; mais il ne garda pas longtemps ce poste. En 1673, il obtint la place de maître de chapelle à Cassel, et la quitta ensuite pour aller à Eisenach occuper successivement celle de gouverneur des pages, de maître de chapelle, de secrétaire intime du Prince, d'inspecteur des monnaies et de régent du Weterwald. De là il se rendit à Hambourg, où il exerça pendant quelque temps la profession de banquier, jusqu'à ce qu'il retourna à Cassel, en 1678, où il mourut en 1685, avec le grade de capitaine de la milice. Il fut le beau-père de Telemann, qui le cite comme un savant compositeur et un fort bon violoniste. Il a publié des Trios de violon sous ce titre : *Trium variantium fidium concordia, hoc est Moduli musici, quos sonatas vocant, ternis partibus conflati* ; Nuremberg, 1675, in-fol. Eberlin a calculé qu'il y a deux mille manières de désaccorder le violon.

EBERLIN (JEAN), célèbre organiste et compositeur, naquit à Jettenbach, en Souabe, dans la première partie du dix-huitième siècle, et vraisemblablement dans les premières années. La date de 1757 indiquée par Lipowsky, dans son dictionnaire des musiciens bavarois, et par Silwein, dans son lexique des artistes Salzbourgeois (Salzbourg, 1821, in-8°, p. 36), date que j'ai reproduite dans la première édition de cette *Biographie universelle des musiciens*, est erronée, car il existe dans la bibliothèque impériale de Vienne des ouvrages d'Eberlin écrits en 1730 et 1731. Il est bien extraordinaire que ce qui concerne la vie d'un si grand musicien soit entièrement ignoré. Walther et Mattheson, ses contemporains, ne le mentionnent pas ; Gerber nous apprend, dans son premier lexique, qu'il naquit à Jettenbach et qu'il était porte-plat et maître de chapelle de l'archevêque de Salzbourg, vers 1757 : il n'ajoute rien à ces renseignements dans le second lexique. Suivant le Dictionnaire universel de musique de Schilling, Eberlin serait né en 1716, et serait mort en 1776 ; s'il en est ainsi, ce compositeur n'était âgé que de quatorze ans quand il écrivit ses premières compositions qui ont été conservées. Au surplus, l'auteur de l'article en quelques lignes qui se trouve dans l'ouvrage de Schilling n'indique pas les sources où il a puisé ces dates. Eberlin prend simplement le titre d'organiste de la cour de l'archevêque de Salzbourg au titre de son recueil de *IX Toccate e fughe per l'organo*, publié à Augsbourg, en 1747, in-fol. obl. (voy. *Verzeichniss musical. Bücher*, etc. de J.-G.-J. Breitkopf, Leipsick, 1761, p. 71.) Parmi les compositions de ce maître, on remarque une suite de drames latins écrits pour être représentés par les étudiants du couvent de bénédictins à Salzbourg. On n'a pas retrouvé les partitions de ces ouvrages ; mais on en connaît les titres par les livrets, ainsi que les dates des représentations. En voici la liste : 1° *Ophelerima Fausto Politissæ connubio recreata*, etc.; à l'occasion de l'installation du nouveau prince archevêque, 1er décembre 1745. — 2° *Numitor Albæ regnator a nepotibus contra Amulii tyrannidem defensus, et avito solio restitutus*; exécuté le 5 septembre 1746. — 3° *Componimento Sagro a 4 voci da cantare in corte nel giorno dell' Elezione del Arcivescovo Giacobbe Ernesto de' conti di Lichtenstein*; 1747. Une autre exécution de cet ouvrage fut faite en 1754, pour la fête du jour de naissance de l'archevêque Sigismond Christophe, comte de Schrattenbach — 4° *Octavus Augustus in Perduelles mitis, sui victor gloriosus*; représenté par les étudiants, en 1747. — 5° *Jugurtha a Mario triomphatus*; idem, le 6 septembre 1748. — 6° *Catilina ambitionis victima*; idem, le 3 septembre 1749. — 7° *Richardus impius, Angliæ rex, ab Henrico Richmondiæ comite vita simul, et regno excitus*; idem, 4 septembre 1750. — 8° *Randrusia Justiæ Urbs insignis eximia virtute pii Herois Nicolai Ebboniæ liberata* (ce titre renferme un chronograme); idem, 3 septembre 1751. — 9° *Lucas Notaras cum filiis perfidi Mahometi victima*; idem, 3 septembre 1753. — 10° *Abdalasius Maurorum in Hispania rex*; idem, 2 et 4 septembre 1754. — 11° *Demetrius Moscoviæ solio restitutus*; idem, 3 et 5 septembre 1755. — 12° *La Passion de N. S. Jésus-Christ* (en allemand), d'après Métastase; dans l'année 1755. — 13° *Augustinus Tzucamidonus fidei in Christum et principem victima*; idem, 1er et 3 septembre 1756. — 14° *Crispus, Constantini Magni filius*; idem, 31 août et 2 septembre 1757. — 15° *Sethos, Ægypti rex*; idem, 30 août et 1er septembre 1758. — 16° *Osama, in Indiis rex*; le 29 et le 31 août. — 17° *Sedecias, roi de Judée*, etc.; représenté en 1755. — 18° *Le Crucifiement de Jésus* (pour l'Église).— 19° *La Résurrection de Jésus* (idem, en allemand). — 20° *Nachmetkirgus, Chersonesi Tauricæ rex, cum filiis proditus*. Ces trois derniers ouvrages ne portent point de date. La bibliothèque impériale de Vienne possède en manuscrit : 1° *Introitus pro Missa votiva B. M. V. in adventu* (*Rorate cœli*), à 5 voix et orgue; 1769. — 2° *Offertorium pro tempore adventus* (*Canite in Sion*), à 4 voix et orgue; 1770. — 3° *Improperia, seu Responsoria ad adorationem S. Crucis in die Parasceves cantari solita*, à 4 voix et orgue; 1771. — 4° *Sequentia pro festo Pentecostes* (*Veni, Sancte Spiritus*), pour 2 chœurs et orgue; 1731. — 5° *Quatuor Responsoria pro festo SS. Corporis Christi*, à 4 voix et orgue; 1773. — 6° *Sequentia in festum S. Benedicti* (*Læta quies magni ducis*), pour deux chœurs et orgue; 1730. — 7° *IX Responsoria pro feria V. in Cœna Domini, in I, II et III nocturno*, à 4 voix et orgue. — 8° *IX Responsoria pro feria VI* (*Parasceve*), *in I, II et III noct.*, à 4 voix et orgue. — 9° *IX Responsoria in Sabbato sancto, in I, II et III noct.*, à 4 voix et orgue. — 10° *Graduale* (*Christus factus est*), à 4 voix et orgue. — 11° *Offertorium* (*Dextera Domini*), à 4 voix et orgue. — 12° *Domine, ad adjuvandum me festina*, à 5 voix. — 13° *Sabbato in quadragesima ad completorium* (Hymnes et motets à 4 et 5 voix avec orgue). — 14° *Sabbato sancto ad completorium* (*Nunc dimittis servum tuum*), à 4 voix et orgue. — 15° *Hymnus* (*Vexilla regis prodeunt*), à 4 voix. — 16° *Pro Dominica II Adventus* (*Deus, tu convertens*), à 4 voix avec instruments. — 17° *Pro Dominica Quinquagesima* (*Benedictus es, Domine*), idem. — 18° *Pro Dominica III Adventus* (*Benedixisti, Domine*), idem. — 19° *Pro Dominica XI post Pentec.* (*Exaltabo te, Domine*), idem. La Société des amis de la musique de l'empire d'Autriche possède : — 20° Messe à 4 voix, 2 violons, alto, basse, 2 trompettes et orgue; partition manuscrite (en *ut*).— 21° *Cum Sancto Spiritu* (en *ut*), fugue pour 2 chœurs et 2 orchestres, chacun de 4 voix, 2 violons, alto, basse pour l'orgue, 2 trompettes et timbales. — 22° Dans la collection d'Aloys Fuchs, à Vienne, se trouvait le manuscrit original de Litanies (en *ré*) à 4 voix et instruments, du même maître. La bibliothèque royale de Berlin possède du même : — 23° Offertoire (*Misericordias*) à 4 voix et orchestre. — 24° *Miserere*, idem. Un catalogue manuscrit d'œuvres de divers maîtres, qui s'est trouvé dans les papiers de Mozart et qui a appartenu à Tobie Haslinger, de Vienne, indique sous le nom d'Eberlin : —25° Messe canonique à 4 voix et orgue, n° 1.— 26° Idem, n° 2. — 27° Idem, n° 3. — 28° Hymne (*Pater noster*); à 4 voix. — 29° Antienne (*Tenebræ factæ sunt*), à 4 voix et orgue. — 30° Graduel pour le dimanche des Rameaux (*Tenuisti*), à 4 voix sans orgue. — 31° Offertoire (*Improperiam*), idem. — 32° Communion (*Pater, si potes*), idem. — 33° Les motets : (*in nomine Domini, Christus factus est*, et *Domine Jesu*, idem. — 34° Fugue (*Kyrie*), idem. — 35° Fugue (*cum Sancto Spiritu*), idem. — 36° Fugue (*cum Sancto Spiritu*, n° 2), idem. — 37° *Miserere* sur le plain-chant, à 4 voix et instruments. Enfin les frères Schott, de Mayence, ont publié dans la 5ᵐᵉ livraison de leur collection de musique religieuse avec orchestre : — 38° Motet (*qui confidunt in Domino*), à 3 voix et instruments. — 39° Idem (*Sicut Mater consolatur*), idem. — 40° Idem (*Jerusalem quæ edificatur*), idem. Clementi a inséré les neuf toccates et fugues pour l'orgue d'Eberlin dans sa collection de musique d'orgue et de clavecin ; Nægeli en a donné une autre édition à Zurich, et elles ont été aussi reproduites avec des préludes du même pour orgue dans le deuxième volume du *Museum für Orgelspieler*, Prague (sans date), in-4° obl. Le style de ces morceaux est à la fois noble, grandiose et riche en effets et modulations imprévues.

EBERS (Charles-Frédéric), compositeur de la chambre du prince de Meklembourg-Schwerin, naquit à Cassel, dans la Hesse, le 25 mars 1770. Son père, qui était professeur de langue anglaise, et non inspecteur des mines, comme il a été dit dans la première édition de cette biographie, d'après Gerber, le conduisit à Berlin dans sa jeunesse, et le fit entrer dans l'artillerie ; mais, passionné pour la musique, Ebers abandonna l'étude des mathématiques pour se vouer à cet art. Il s'engagea d'abord comme maître de musique dans une troupe de comédiens ambulants, et en remplit les fonctions pendant plusieurs années, étudiant son art dans les partitions des grands maîtres, dont il faisait exécuter les ouvrages. Enfin, en 1797, il prit possession de la place mentionnée ci-dessus ; il se maria à Schwerin, puis divorça, perdit son emploi, et reprit sa vie nomade avec les compagnies de comédiens. Tour à tour directeur de musique aux théâtres de Pesth et de Bude, il se brouilla avec les directions de ces théâtres, quitta ses places, et s'attacha en 1814 au service de Joseph, qu'il seconda dans la direction de l'orchestre de sa troupe d'opéra. Après que cette société eut été dissoute, Ebers se rendit à Magdebourg pour y remplir des fonctions semblables ; mais les mauvaises affaires de la direction ayant fait fermer le théâtre, il alla à Leipsick, où il eut une existence misérable. En 1822 il s'éloigna de cette ville pour aller à Berlin, où sa position ne fut pas meilleure et où il mourut, le 7 septembre 1836. Depuis 1796 il a écrit les ouvrages dont les titres suivent : 1° *Bella et Fernando*, opéra, 1796. — 2° *L'Hermite de Formentera*, idem. — 3° *Die Blumeninsel* (l'Ile Fleurie), idem, gravé en partition pour le piano; Brunswick, 1797. — 4° *Der Liebescompass* (la Boussole de l'amour); idem. — 5° XII Chansons avec accompagnement de piano; Hambourg, 1796. — 6° Deux trios pour piano et flûte, op. 4; Berlin, Hummel. — 7° Six rondeaux pour le piano, op. 5; Brunswick, 1796. — 8° *Douze petites pièces à quatre mains*, op. 6; ibid., 1796. — 9° Six thèmes variés pour le piano. — 10° Variations sur la chanson populaire : *Heil dir in Siegerkranz* pour le piano; ibid. — 11° Trois sonates pour le piano; Neu-Strelitz, 1798. — 12° Douze chansons allemandes avec accompagnement de piano; Berlin, 1799. — 13° Symphonie à grand orchestre, liv. 1 ; ibid., 1799. — 14° Douze écossaises et douze walses pour le piano; Leipsick. — 15° Six marches pour deux clarinettes, deux hautbois, deux cors et deux bassons, op. 18 ; ibid. — 16° Douze écossaises, six walses, etc., pour le piano, op. 19; ibid. — 17° Douze écossaises et douze walses à grand orchestre, op. 17; Leipsick. — 18° Douze petites pièces pour deux cors de bassette, deux cors et deux bassons ; Amsterdam, Hummel. — 19° Variations pour le violon sur l'air de *la pipe de tabac* ; ibid. — 20° Neuf variations pour le piano avec deux clarinettes, deux cors, et deux bassons obligés; Offenbach, André. — 21° Ouverture pour piano; Leipsick. — 22° Des solos, des duos et des airs variés pour la flûte. — 23° Trois grandes sonates pour le piano, avec flûte, op. 30. — 24° idem, op. 31. — 25° Une très-grande quantité de danses, de polonaises, et de walses pour le piano.

EBERS (Jean), libraire à Londres et ancien directeur de l'Opéra-Italien de cette ville, est né en Angleterre, de parents allemands, vers 1785. L'Opéra-Italien (*King's Theatre*) ayant été fermé en 1820, par suite du dérangement des affaires de l'entrepreneur, M. Ebers fut engagé à en prendre la direction par quelques lords avec qui il était en relation, quoiqu'il n'entendît rien à la musique. Il se laissa séduire par les promesses de protection qui lui furent données, et il se chargea de cette lourde entreprise en 1821. Il confia la direction de la musique à M. Ayrton, et pendant sept années ce fut lui qui administra la partie matérielle et contentieuse, à ses risques et périls. Garcia, Mᵐᵉ Camporesi, Mᵐᵉ Pasta, Rossini, Galli, furent appelés à Londres par lui, et les dépenses furent si considérables, pour donner de l'éclat à son entreprise, qu'après la septième année, sa fortune fut complétement anéantie. Il a publié une histoire de l'Opéra-Italien pendant sa direction, sous ce titre : *Seven years of the King's Theatre* (Sept années du Théâtre royal), Londres, Harrison-Ainsworth, 1828, 1 vol. in-8° de trois cent quatre-vingt-quinze pages, orné des portraits de Mesdames Pasta, Camporesi, Ronzi de Begnis, Caradori-Allan, et Brambilla. Cet ouvrage, imprimé avec luxe, renferme des notices intéressantes sur l'opéra italien de Londres.

EBERS (JEAN-JACQUES-HENRI), né à Breslau, dans les premières années du dix-neuvième siècle, fut un des fondateurs de la société de chant d'église de cette ville. Il s'est fait connaître par une brochure intitulée : *Spohr und Halevy und die neueste Kirchen und Opernmusik* (Spohr et Halévy, ou la nouvelle musique d'église et d'opéra). Breslau, Jos, Max et Cie, 1837, petit in-8° de XII et quatre-vingt-six pages. L'auteur de cet écrit analyse *la Passion de Spohr* et *la Juive* d'Halévy; il tire de ses observations des conclusions qui ne sont pas favorables à la musique moderne.

EBERT (JEAN), compositeur et ténor à la cour d'Eisenach, naquit à Naundorff, dans la Misnie, le 27 septembre 1693, fut élevé à l'école de la Croix à Dresde, où il resta douze ans, finit ses études en 1718, à l'université de Leipsick, passa en 1720 à Weissenfels en qualité de chantre, et se fixa enfin, en 1726, à Eisenach. Il n'a fait imprimer de sa composition que *Six sonates pour la flûte avec clavecin*, 1729.

EBERWEIN (TRAUGOTT-MAXIMILIEN), naquit le 27 octobre 1775, à Weimar, où son père était musicien de la ville. Ses progrès dans l'étude de la musique furent si rapides, qu'à l'âge de sept ans il était déjà employé comme violoniste dans la chapelle du prince. Son père, qui fut son instituteur, lui enseigna à jouer de tous les instruments alors en usage. Eberwein fit aussi, fort jeune, quelques essais de composition dans des airs de danse et de ballet. En 1791, il obtint de son père la permission d'aller à Francfort pour étudier la théorie de la musique sous la direction de Kunze, et quelque temps après Schick, de Mayence, lui donna des leçons de violon. S'étant fait entendre avec succès à Hambourg, en 1796, il fut engagé par le prince de Schwartzbourg-Rudolstadt comme musicien de sa chapelle. Quelques désagréments qu'il avait essuyés à Weimar, par la jalousie des autres artistes, le déterminèrent à accepter cette place en 1797. Ayant obtenu un congé du prince en 1803, Eberwein commença son premier voyage, et, prenant sa route par la Franconie, la Bavière et le Tyrol, il se rendit en Italie. A Rome il écrivit ses premiers quatuors de violon. Arrivé à Naples, il recommença ses études d'harmonie, sous la direction de Fenaroli. De retour à Rudolstadt dans l'automne de 1804, il reprit ses fonctions à la cour. En 1809 on le chargea de la direction de la chapelle de cette ville; mais il n'eut sa nomination définitive de musicien de la chambre qu'en 1810, et celle de maître de chapelle du prince ne lui fut accordée qu'au mois de septembre 1817. Dans l'intervalle, il avait fait quelques petits voyages en Allemagne, particulièrement à Berlin, où il se lia avec Himmel et Zelter. En 1817 il retourna à Vienne, où il avait connu précédemment Beethoven et Salieri; de là il alla en Hongrie, en Bohême, etc.; et enfin il retourna à Rudolstadt, où il passa le reste de sa vie. Il est mort en cette ville, le 2 décembre 1831.

Eberwein était plein d'enthousiasme pour son art, et l'activité de son esprit le portait incessamment à faire des efforts pour en développer les progrès et pour améliorer la condition des artistes. C'est ainsi qu'on le vit prendre une part considérable dans l'institution des fêtes musicales de l'Allemagne, et qu'il fonda à Rudolstadt une caisse pour les veuves et les orphelins des membres de la chapelle. Ses vues étaient élevées, philosophiques; il s'occupait de plusieurs sciences; de politique, de médecine, et la bienveillance de son caractère lui faisait rechercher avec avidité tout ce qui pouvait contribuer à l'amélioration de l'humanité.

Comme compositeur, il s'est fait plus remarquer par sa fécondité que par l'originalité de ses productions. La liste de ses ouvrages est fort étendue. On y remarque : 1° Cantate de la Pentecôte (1821). — 2° Hymne pour la Trinité, op. 81 (1823). — 3° *Te Deum* en *ut* majeur, op. 86 (1824). — 4° *idem*, en *ré* majeur. — 5° Messe solennelle en *la* bémol majeur, op. 87. Cet ouvrage était considéré par Eberwein comme une de ses meilleures productions. — 6° Cantate pour la fête de la moisson, op. 89. — 7° Cantate pour la fête de la réformation, op. 90. — 8° Les psaumes 1er, 67e, 9e et 100e, sur le texte allemand de Wette. — 9° *Pedro et Elvira*, opéra (en 1805). — 10° *Claudine de Villabella*, idem (1815). — 11° *La Foire annuelle de Plaudersweiler*, id. (1818). — 12° *Jérusalem délivrée*, id. (1819). — 13° *Ferdusi*, id. (1821). — 14° *Le Réseau d'or*, id. (1827). — 15° *Le Tournoi* (Schlachtturnier); vaudeville (Singspiele), 1809. — 16° *La Prêteuse*, id., op. 95 (1826) —17°. *La Lune*, idem. — 18° *Le Nid de Cigognes*, id. (1827). — 19° *Le Chêne creux*, id. (1829). — 20° Grande ouverture caractéristique de *Macbeth*. op. 105 (1828). — 21° Une très-grande quantité d'entr'actes pour des drames, comédies ou tragédies. — 22° Symphonie concertante pour hautbois, cor et basson, op. 47; Leipsick, Breitkopf et Haertel. — 23° Trois Quatuors pour 2 violons, alto et basse, op. 1; ibid. — 24° Variations en *sol*, pour la flûte, op. 2; ibid. — 25° 1er Concerto pour la flûte, op 5; ibid. 26° Quatuors pour la flûte, œuvres 71, 74 et 79; Leipsick, Hofmeister. — 27° Concerto pour la clarinette, op. 56; Leipsick, Breitkopf et Hærtel. — 28° Concertino idem, op. 61; Bonn, Simrock. — 29° Airs variés, polonaises et fantaisies pour le même instrument, op. 63, 64, 65; Leipsick, Mayence et Bonn. — 30° Canons et chants à plusieurs voix (plusieurs recueils); Leipsick, Breitkopf et Hærtel. — 31° Chansons à voix seule, avec accompagnement de piano, op. 13, 18, 53, 91, 94.

Eberwein a eu deux fils; le plus jeune (Louis Eberwein) est musicien de la cour à Rudolstadt.

EBERWEIN (CHARLES), deuxième frère de Traugott Maximilien, a été directeur de musique à Weimar, où il est né, en 1784. Comme son frère, il apprit la musique sous la direction de son père, et il fit ses études littéraires et scientifiques au gymnase de sa ville natale. Plus tard il reçut des leçons d'harmonie et de composition de son frère aîné. La nature lui avait donné plus d'originalité dans les idées que celui-ci n'en avait reçu; Charles Eberwein développa ces dons heureux par les méditations de son esprit sérieux. Toutefois, malgré cette qualité naturelle d'invention qu'on remarquait en lui dans ses premiers ouvrages, son admiration pour les œuvres de Mozart lui a fait imiter le style de ce grand maître dans quelques-unes de ses productions. On connaît de Charles Eberwein : 1° *Die Heerschau* (l'Inspection de l'armée), opéra. — 2° *Graf von Gleichen* (Le comte de Gleichen), idem. — 3° *Léonore de Holtée*, idem. — 4° *Le Fils du riche, ou le Manteau rouge*, idem, représenté à Weimar, en 1845. — 5° *Le marchand d'Orviétan*, idem. — 6° Ouverture et musique mélodramatique pour le *Faust* de Gœthe. Ces ouvrages ont été joués avec succès à Weimar. — 7° Des entr'actes pour plusieurs drames, et l'ouverture pour le monodrame de Gœthe, *Proserpine*. — 8° Cantique du dimanche à 4 voix, avec accompagnement d'instruments à vent et d'orgue, sur des paroles de Niemeyer. — 9° *L'adoration*, cantate de Kœhler, pour 4 voix, solos, chœur et orchestre, Bonn, Simrock. — 10° Cantate pour le Jubilé de cinquante ans des prince et princesse de Weimar et d'Eisenach, à 4 voix et orchestre; Weimar, Wentzel. — 11° *Le Jour de mort du Sauveur*, cantate à 4 voix, avec accompagnement d'instruments à vent et orgue, op. 17; Leipsick, Hofmeister. — 12° *Élévation vers Dieu*, à 4 voix et orgue, op. 20; ibid. — 13° *Le Jeune Homme à Naïn*, oratorio, exécuté à Erfurt, en 1835. — 14° Concert d'amateurs pour violon et orchestre, op. 15; ibid. — 15° Quatuor brillant pour violon, op. 4; Leipsick, Breitkopf et Hærtel. — 16° Trois œuvres de duos pour deux violons; Leipsick, Breitkopf, Hofmeister. — 17° Concerto pour la flûte (en *mi* bémol), ibid. — Quelques recueils de chants pour une et plusieurs voix; Leipsick, Hambourg et Berlin.

Mme Eberwein, cantatrice qui a eu longtemps de la réputation au théâtre pour les premiers rôles, tels que ceux de Donna Anna dans *Don Juan*, et de Léonore dans *Fidelio*, fut attachée à l'Opéra de Weimar jusqu'en 1837.

EBERWEIN (MAXIMILIEN-CHARLES), de la famille des précédents, est né à Weimar. Il s'est fait connaître comme pianiste, dès 1831, à Weimar, puis à Leipsick, Dresde, Berlin et Paris. On a de lui quelques compositions légères pour son instrument.

EBHARDT (GOTTHILF-FRÉDÉRIC), organiste et maître d'école à Greitz, est né à Hohenstein, en 1771, dans la principauté de Schœnbourg. Son premier instituteur pour le chant, l'orgue et la composition, fut un musicien habile nommé *Tag*; mais il se perfectionna dans la suite par la lecture des ouvrages de Kirnberger, de Wolf et de Marpurg. Il était âgé de vingt-deux ans lorsqu'il fut appelé à Greitz, pour y remplir les places dont il a été parlé ci-dessus. Il a beaucoup écrit; mais on n'a imprimé de ses compositions qu'une suite de Préludes pour l'orgue; Leipsick, Breitkopf. Ses autres ouvrages sont : 1° *Trois Chorals variés pour l'orgue*. — 2° *Cantate funèbre avec orchestre*. — 3° *Messe à 4 voix*. — 4° *Chant funèbre à 2 voix sur la mort du prince Henri XI de Schœnbourg*. — 5° *Deux Cantates*. — 6° *Musique pour la fête de l'Ascension*. — 7° *Cantates de louanges et d'actions de grâces à 4 et 8 voix*. — 8° *Motet à 4 voix avec accompagnement d'instruments à vent*. — 9° *Concerto d'orgue pour un jeu de flûte*, et plusieurs suites de préludes. Vers 1807, Ebhardt a été nommé organiste de ville et de cour à Schleitz, petite ville de la principauté de Reuss-Schlutz. Son ouvrage le plus considérable est un traité général de musique en forme de dialogue entre un maître et un élève, qui a été publié sous ce titre : *Schule der Tonsetzkunst in systematischer Form mit deutlichen Definitionen, und den Hauptartikeln beigefügten katechetischen Unterredungen zwischen Lehrer und Schüler*; Leipsick, Cnobloch, 1824, in-8°, avec 50 planches. Il a aussi publié un traité de théorie transcendante de la musique sous ce titre : *Die hoehern Lehrzweige der Tonkunst* (les hautes branches de la science de la musique); Leipsick, 1830, in-8°, avec un livre d'exemples notés, in-fol.

obl. Cet ouvrage est la suite du précédent. On connaît enfin de lui : *Gründlicher Anleitung zur Erfindung harmonisch-melodischer Choralzwischen spiele* (Introduction fondamentale à l'art d'improviser des versets harmonieux et mélodieux pour les chorals, etc.); Neustadt-sur-l'Oder, Wayner, 1828, in-8°. Il a fait insérer dans le n° 16 (année 1833) de la *Gazette générale de musique* de Leipsick une réponse à des questions proposées dans le n° 40 (ann. 1832) du même journal, sur l'emploi des accords de sixte et de seconde dans l'harmonie.

Ebhardt a un fils qui s'est fait connaître par des danses pour le piano lesquelles ont paru à Leipsick.

EBIO (MATTHIEU), chantre et maître d'école à Husum, dans le duché de Holstein, naquit dans le même endroit, en 1591. Après avoir terminé ses études à l'université de Jéna, il obtint la place dont il vient d'être parlé. Il est mort à Husum, à l'âge de quatre-vingt-six ans, le 20 décembre 1676. Ce musicien est auteur d'un livre élémentaire intitulé : *Isagoge musica, das ist : Kurzer, jedoch gründlicher Unterricht, wie ein Knabe in kurzer Zeit, mit geringer Mühe musicam lernen kœnne* (Instruction courte, mais complète, avec laquelle un jeune élève peut apprendre la musique sans peine et en peu de temps, etc.); Hambourg, 1651, 8 feuilles in-8°. Ebio se montre dans cet ouvrage grand partisan de la méthode de l'hexacorde, attribuée à Gui d'Arezzo, et antagoniste de la réforme de l'échelle musicale. On a aussi de lui une collection de motets sous ce titre : *Prodromus cantionum ecclesiasticarum, mit 2 Stimmen concertsweise und dem Basso-continuo*; Hambourg, 1651, in-4°.

EBNER (WOLFGANG), organiste de l'empereur Ferdinand III, vers 1655, était né à Augsbourg. Il écrivit une instruction latine sur la basse continue, qui ne fut point imprimée, et que Jean André Herbst a traduite en allemand. La traduction est restée aussi en manuscrit. (*Voy.* Herbst, *Arte pratica et poetica*, p. 43.)

ECCARD (JEAN), né à Mulhausen en Thuringe, vers 1545, eut pour maître de composition le fameux Roland de Lassus. En 1583 il fut nommé vice-maître de chapelle de Georges-Frédéric, margrave de Brandebourg et duc de Prusse, à Kœnigsberg, et fut adjoint à Théodore Rieclus, maître de chapelle titulaire, auquel il succéda en 1599. En 1608 il suivit la cour à Berlin. Son portrait a été gravé avec une inscription à sa louange, en six vers latins de Georges Frœlich, professeur de musique. Il s'est fait connaître par la publication des ouvrages suivants : 1° *XX Cantiones sacræ Helmoldi quinque et plur. vocum*; Mulhausen, 1574. — 2° *Newe teutsche Lieder mit 4 und 5 Stimmen gantz lieblich zu singen, und auff allerley musikalischen Instrumenten zu gebrauchen* (Nouvelles Chansons allemandes à 4 et 5 voix, etc.); Mulhausen, 1578, in-4°. — 3° *Crepundia sacra Helmoldi*, Mulhausen, 1590, in-4°. La deuxième édition de cette collection a paru à Erfurt, en 1608, in-8°. — 4° *Zwey-Theils 5 Stimmige geistliche Lieder auf den Choral gerichtet* (Deux livres de chants religieux à 5 voix sur des chorals, etc.), Kœnigsberg, 1597, 5 volumes in-4°. On chante encore à Mulhausen les cantiques d'Eccard, au commencement et à la fin du service.

ECCLES (SALOMON), violoniste et compositeur anglais, vécut vers la fin du dix-septième siècle. Il était estimé pour son talent; mais séduit par la doctrine des quakers, il entra dans cette secte, brûla tous ses instruments, et publia, en 1697, un *Dialogue sur la vanité de la musique*, devenu d'une rareté excessive. Il est auteur de principes de l'art de jouer du violon, qui ont été insérés dans l'ouvrage intitulé : *The division violin*, imprimé à Londres, en 1693. Eccles se mit à faire publiquement des predications, et se fit enfermer plusieurs fois. Il s'enfuit, dit-on, en Irlande, d'où il paraît qu'il fut déporté dans la Nouvelle-Angleterre. Il finit par se faire athée. On ignore l'époque de sa mort.

ECCLES (JEAN), fils de Salomon, naquit à Londres. Son père lui enseigna la musique. Eccles a composé plusieurs airs détachés, qui ont été insérés dans les collections de son temps, des airs de danse et des entr'actes pour plusieurs tragédies ou drames. Parmi ses compositions, on cite particulièrement *Rinaldo e Armida*, et le *Jugement de Pâris*. Ce fut aussi lui qui le premier mit en musique l'Ode de Congrève pour le jour de Sainte-Cécile. Outre les airs d'Eccles publiés dans diverses collections, et notamment dans celle qui a pour titre : *The pills to purge melancoly* (Pilules pour chasser la mélancolie), on a aussi imprimé à Londres : *New Musick for opening of the theatre*, etc., etc. (Nouvelle musique pour l'ouverture du théâtre). Vers 1698, Eccles fut nommé maître de l'orchestre de la reine, place devenue vacante par la mort de *Staggins*. Il passa la dernière partie de sa vie à *Kingston*, dans Surry.

ECCLES (HENRY), frère du précédent, fut un violoniste d'une force peu ordinaire pour son temps. Mécontent de ce que son talent n'était pas récompensé dans sa patrie, comme il devait l'être, il se rendit à Paris, et y fut admis dans la musique du roi. Eccles a composé *douze solos* pour le violon, qui ont été publiés à Paris, en 1720. Cet ouvrage a paru en deux livres. Eccles imite dans sa composition le style de Corelli.

ÉCHION, musicien grec, qui vivait à Rome du temps de Juvénal, était un fameux joueur de cithare. Il paraît qu'il partageait avec les joueurs de flûte Glaphire et Ambrosius les faveurs de beaucoup de dames romaines, car Juvénal en parle en ces vers :

Accipis uxorem, de qua citharædus Echion,
Aut Glaphyrus flat pater, Ambrosiusque choraules.
(Sat. VI, v. 76.)

« Tu te maries; les pères de tes enfants se-
« ront ou le citharède Echion, ou les joueurs de
« flûte Glaphyre et Ambrosius. »

Laborde a fait sur ces vers une singulière méprise : il a cru que *choraules* signifie *employés dans les chœurs*, tandis que le sens est *joueurs de flûte*.

ECK (Jean-Frédéric), né à Mannheim, en 1766, passe pour avoir été un des violonistes les plus distingués de l'Allemagne. Son père, né en Bohême, et qui était premier cor au service de l'électeur Palatin, mit le jeune Eck sous la direction de Chrétien Danner, pour apprendre à jouer du violon. Il acquit sous cet habile maître un beau son, une intonation juste et beaucoup de légèreté. En 1778 il suivit l'orchestre de la cour à Munich ; le maître de chapelle Winter lui donna des leçons de composition. Nommé directeur des concerts de la cour, en 1788, il ne tarda pas à prendre aussi la direction du théâtre national. En 1801 il se maria pour la seconde fois, demanda sa retraite, et l'obtint. Ce fut vers cette époque qu'il fit un voyage en France et qu'il visita Paris. Il a publié six concertos de violon qui ont été gravés à Offenbach et à Paris, et une symphonie concertante pour deux violons, publiée à Leipsick, chez Breitkopf.

ECK (François), frère du précédent, et comme lui violoniste fort habile, naquit à Manheim, en 1774, et reçut des leçons de son frère. Admis dans la chapelle de l'électeur de Bavière, il paraissait devoir finir ses jours à Munich ; mais une aventure galante qu'il eut avec une dame de haute naissance, et qui eut de l'éclat, l'obligea à quitter cette ville, en 1801. Sa situation était d'autant plus fâcheuse en cette circonstance, qu'un vol venait de le priver de tout ce qu'il possédait. Il se rendit d'abord à Riga, puis à Pétersbourg, où il se livra à un travail constant et bien dirigé pour augmenter son talent. L'empereur Alexandre, l'ayant entendu, fut si satisfait de son jeu, qu'il le nomma directeur et violon solo des concerts de la cour ; mais bientôt Eck tomba dans un bigotisme excessif, et les remords dont il fut tourmenté, au souvenir des erreurs de sa jeunesse, troublèrent sa raison. L'empereur de Russie le renvoya à son frère, sous escorte, et celui-ci le plaça dans une maison de santé à Strasbourg. Il y mourut, en 1804. Je possède en manuscrit un concerto de violon de cet artiste.

ECKARD (Jean-Godefroi) naquit à Augsbourg, en 1734. Issu de parents pauvres, il ne put se procurer de maître pour apprendre la musique, quoiqu'il se sentît un goût passionné pour cet art. Il se mit donc à étudier seul sur un mauvais clavecin qu'il s'était procuré, et par une persévérance sans bornes et l'étude du *Clavecin tempéré* de Bach, il parvint à un haut degré de force sur le piano. Son ami, Georges-André Stein, célèbre facteur d'orgues, l'engagea à l'accompagner à Paris, en 1758 ; les succès qu'il y obtint le décidèrent à s'y fixer. Vers le même temps, il se livra à l'étude de la miniature, et il acquit assez d'habileté en ce genre pour assurer son existence. Ayant le désir de perfectionner son talent pour le clavecin, il peignait le jour pour vivre, et étudiait la musique la nuit. C'est par ce moyen qu'il a obtenu la réputation d'un des plus habiles clavecinistes de son temps. Il est mort à Paris, vers la fin du mois d'août 1809, âgé de soixante-quinze ans. On a gravé de lui : 1° 6 sonates pour le piano ; Paris, 1765. Elles ont été publiées aussi à Londres et à Leipsick, avec un titre italien. — 2° Deux sonates de clavecin, œuvre 2°. — 3° *Le Menuet d'Exaudet*, varié pour le clavecin ; Paris, chez l'auteur.

ECKEL (Matias), compositeur allemand, vécut dans la première moitié du seizième siècle. Il a mis en musique un recueil de chansons en diverses langues, qui a paru en plusieurs suites, depuis 1530 jusqu'en 1540, in-8° obl. On trouve ce recueil dans la bibliothèque publique de Zwickau. Il y a des ouvrages de ce musicien dans les recueils très-rares dont voici les titres : 1° *Novum et insigne Opus musicum sex, quinque et quatuor vocum, cujus in Germania hactenus nihil simile unquam est editum, etc. Noribergæ, Hier. Graphæi*, 1537, petit in-4° obl. — 2° *Selectæ Harmoniæ quatuor vocum de Passione Domini ; Vittebergæ, apud Georg. Rhauum*, 1538. — 3° *Sacrorum Hymnorum liber primus centum et triginta Hymnos continens, etc.; Vitteberge, apud Georg. Rhau.*, 1542, petit in-4° obl. — 4° *Bicinia gallica, latina et germanica, et quædam fugæ, tomi duo; ibid.*, 1545, petit in-4° obl.

ECKELT (Jean-Valentin), né à Werningshausen, près d'Erfurt, vers 1690, fit ses études à l'école de Gotha, et y apprit la musique. Lorsqu'il crut avoir acquis assez de connaissances dans son art, il entreprit de voyager pour se faire connaître. Il ne tarda pas à être nommé organiste à Wernigerode, en Prusse. La manière distinguée dont il remplit ses fonctions lui procura l'avantage d'être appelé en qualité d'organiste à l'église de la Trinité à Sondershausen, place qu'il occupa jusqu'à sa mort, arrivée en 1734. Ce musicien a laissé en manuscrit plusieurs recueils de pièces et de préludes pour l'orgue, une *Passion* à grand orchestre, et une collection de cantiques. Mais c'est surtout comme écrivain didactique qu'il s'est rendu recommandable, par la composition des ouvrages suivants : 1° *Experimenta musicæ geometrica*; Erfurt, 1715. — 2° *Instruction pour former une fugue*, 1722. — 3° *Abrégé de ce qu'il est nécessaire à un musicien de savoir*, in-4°. — 4° Enfin un ouvrage dont il s'est occupé dans les dernières années de sa vie, et dont il y avait déjà beaucoup de cahiers achevés en 1724, mais qui s'est égaré depuis la mort de l'auteur. C'était plutôt un commentaire mathématico-musico-mystique sur la Bible entière qu'un traité de musique. La bibliothèque musicale d'Eckelt, qui pouvait passer pour complète de son temps, contenait tous les ouvrages de Werkmeister, de Prinz, de Mattheson et d'autres, publiés jusqu'alors. Les notes qu'il avait ajoutées à la plupart de ses livres prouvaient l'étendue de son instruction.

ECKERSBERG (JEAN-GUILLAUME), organiste et habile violoniste, naquit à Dresde, le 20 août 1762. Nommé organiste de l'église Sainte-Sophie de cette ville, en 1783, à l'âge de vingt et un ans, il le fut ensuite de l'église de la garnison. Plus tard il fut appelé comme organiste à l'église de Neustadt; il est mort dans ce lieu, le 21 août 1821. Eckersberg s'est fait connaître comme compositeur par la cantate de Schiller intitulée *la Cloche*, qu'il a écrite à grand orchestre, en 1804. On a aussi de lui un air varié pour le piano, Dresde, Hilscher; des polonaises, des danses pour le piano, et des chansons allemandes avec accompagnement.

ECKERSBERG (ÉDOUARD), fils du précédent et son élève, est né à Neustadt-Dresde, en 1797. Il a succédé à son père comme organiste. Cet artiste n'a publié jusqu'à ce jour que des danses pour le piano.

ECKERT (CHARLES-ANTOINE-FLORIAN), violoniste, pianiste et compositeur, est né à Potsdam, le 7 décembre 1820. Son père, Polonais de naissance, servit sous le prince Poniatowski, dans les guerres de l'empire français, et entra au service de la Prusse après la bataille de Leipsick. Il était en garnison à Potsdam, résidence du roi de Prusse, lorsque Charles Eckert naquit. Peu de temps après il fut envoyé à Berlin et impliqué dans un procès politique, à la suite duquel il fut placé dans un poste de douaniers, avec le titre de brigadier, à la frontière du royaume. Il fut tué dans une rencontre avec des contrebandiers. Dénuée de toute ressource après la mort de son mari, la mère de Charles Eckert se vit obligée de retourner en Pologne, et d'abandonner, dans sa détresse, son enfant, à peine âgé de deux ans. Touchés de compassion, les anciens camarades du père recueillirent son enfant orphelin, qui vécut ainsi dans une caserne pendant sa première enfance. Il n'avait pas encore accompli sa troisième année quand Mme de Fœrster, femme d'un littérateur distingué, et connue par son talent pour la musique, l'adopta, et, remarquant ses heureuses dispositions pour cet art, lui fit donner une éducation toute musicale. Ses premiers maîtres furent Grenlach et Rechenberg. Plus tard il trouva une protectrice non moins dévouée dans la célèbre cantatrice Henriette Sontag (Mme de Rossi). Devenu élève de Zelter en 1830, et plus tard de Rungenhagen, il fit de rapides progrès sous ces maîtres, particulièrement dans la science de l'harmonie, et composa des psaumes et d'autres morceaux de musique d'église. Encouragé par le suffrage de Spontini, il s'essaya aussi dans le style dramatique, et donna à l'âge de dix-sept ans *Catherine de Nuremberg*, et en 1840 *le Charlatan*, tous deux au théâtre de Kœnigstadt. Lorsque Mendelssohn retourna à Berlin, avec le projet de s'y fixer, Eckert devint son élève, et écrivit son oratorio de *Judith*, qui fut exécuté à l'Académie royale de chant, en 1841. Dans l'année suivante il obtint une pension du roi de Prusse pour voyager en Italie, et séjourna à Milan, Venise, Florence, Rome et Naples. De retour dans sa patrie, après deux ans d'absence, il écrivit la partition de son opéra *Guillaume d'Orange*, dont la représentation eut lieu le 12 novembre 1846, avec un brillant succès. Les événements politiques qui agitèrent l'Allemagne en 1848 décidèrent Eckert à voyager en Hollande et dans la Belgique. Arrivé à La Haye, il y fit représenter *Guillaume d'Orange*, traduit en français, et l'ouvrage y fut chaleureusement applaudi. A cette occasion le roi lui accorda la décoration de la couronne de Chêne. Eckert donna à la même époque plusieurs concerts en Hollande et en Belgique, puis il se rendit à Paris. L'espoir qu'il avait conçu d'écrire pour les théâtres de cette capitale, et de se créer une renommée, ne se réalisa pas plus pour lui que pour beaucoup de jeunes artistes. Fatigué d'une vaine attente, et poussé par la nécessité, il se vit contraint d'accepter, en 1851, une place d'accompagnateur au Théâtre-Italien : l'année suivante il y fut chargé de la direction de l'orchestre. En 1853, ayant perdu l'espoir de se faire une réputation de compositeur à Paris, il s'éloigna de cette ville, et se rendit à Vienne, où la place de chef d'orchestre du Théâtre-Italien lui fut confiée. Il a conservé cette position jusqu'en 1860. Mais alors une opposition qui s'était formée contre lui l'a obligé de s'éloigner de la capitale de l'Autriche. Outre les ouvrages de sa composition cités précédemment, on connaît aussi de lui une symphonie à grand orchestre, exécutée à Berlin, en 1836, une ouverture de fête, écrite pour Munich en 1841, un trio pour piano, violon et violoncelle, op. 18; Leipsick, Breitkopf et Hœrtel, des recueils de Lieder, op. 12, 13, 15, et quelques autres compositions légères.

ECKHARD (Charles-Frédéric), chancelier de la régence de Donaueschingen, dans le grand-duché de Bade, s'est fait connaître, vers la fin du siècle dernier, par les ouvrages suivants : 1° *Trois Sonates pour le piano*, op. 1 ; Offenbach, 1793. — 2° Variations pour le piano sur l'air : *Freut euch des Lebens*, op. 2; ibid. — 3° *Mélanges pour le piano et le chant*; ibid., 1801. — 4° *Six Sonates faciles*; Dresde.

EDEL (Georges), musicien de la cour de Vienne en 1800, a publié : 1° Huit Variations sur un thème allemand; Vienne, 1798. — 2° Huit Airs allemands pour le clavecin, op. 5. — 3° Trois Duos pour deux violons, op. 6. — 4° Sérénade pour violon, violoncelle et guitare, op. 7 ; Vienne. — 5° *Idem* pour violon, alto et guitare; Hambourg.

EDELE (...), violoniste et compositeur, né à Stuttgard, dans les premières années du dix-neuvième siècle, s'est fixé à Zurich, en 1833, et y a été pendant plusieurs années l'âme du monde musical. En 1838 il y a fait représenter *Rübezahl*, opéra de sa composition.

EDELMANN (Jean-Frédéric), né à Strasbourg, le 6 mai 1749, fut un pianiste distingué. En 1782 il donna à l'Opéra l'acte du *feu*, dans le ballet des Éléments, et *Ariane dans l'île de Naxos*, qui obtinrent du succès. A l'aurore de la révolution, Edelmann en embrassa les principes avec fureur, et après avoir envoyé à l'échafaud un grand nombre de victimes, et notamment le baron de Dietrich, son bienfaiteur, il y périt lui-même, avec son frère, en 1794. Ses compositions, qui sont toutes pour le piano, consistent en *Trois Concertos*, neuf œuvres de sonates avec violon obligé, et des caprices, gravés à Offenbach, Worms, Mannheim et Paris. On connaît aussi de ce musicien des quatuors pour clavecin, op. 15, Amsterdam ; et une scène lyrique intitulée *la Bergère des Alpes*, pour soprano et basse, gravée à Paris en partition. Il y a du talent dans tous ces ouvrages, et l'on ne peut douter qu'Edelmann ne se fût fait une brillante réputation si la révolution ne l'eût détourné de sa carrière.

EDER (Philippe), pianiste à Vienne, au commencement de ce siècle, a publié pour son instrument les ouvrages suivants : 1° *Variations très-faciles pour le clavecin*, op. 1 ; Vienne, 1803. — 2° *Idem*, op. 2. — 3° *Sonates très-faciles pour le clavecin avec violon*, op. 3. — 4° *Rondo très-facile pour le clavecin*, op. 4. — 5° *Valses pour le clavecin*, op. 5. — 6° *Allemandes pour le clavecin*, op. 6. Ce musicien disparut du monde musical actif vers 1807. Sa fille, pianiste distinguée, née à Vienne, a reçu des leçons de Charles Czerny, et s'est fait connaître par son talent dès 1829. Après avoir donné pendant plusieurs années des concerts dans les villes principales de l'Allemagne, elle s'est fixée à Cassei, en 1843.

EDER (Charles-Gaspard), violoncelliste, né en Bavière, en 1751, apprit la composition sous la direction de Lang et de Kœlher, et fut appelé, jeune encore, à la cour de l'électeur de Trèves, où il obtint la place de premier violoncelliste de la musique particulière. Il a parcouru depuis ce temps les principales villes de l'Allemagne, et s'est fait entendre partout avec succès. Il a composé pour le violoncelle vingt solos, trois duos, trois trios et quatorze concertos; mais il n'a fait graver que deux symphonies à grand orchestre, et deux quintettes.

EDLEN DE MOSEL (J.-F.). *Voyez* Mosel.

EDGECUMBE (Le Comte Mount-), amateur de musique, d'une haute naissance, né à Londres, vers 1752, mort en 1828, a publié un livre intitulé : *Musical reminiscences of an old amateur, chiefly respecting the italian Opera in England, for fifty years, from 1773 to 1823* (Réminiscences musicales d'un vieil amateur, principalement en ce qui concerne l'Opéra-Italien en Angleterre, pendant cinquante ans, depuis 1773 jusqu'en 1823, seconde édition, continuée jusqu'à ce jour); Londres, W. Clarke, 1827, in-8°. Dans ce résumé de ses souvenirs, le comte Mount-Edgecumbe laisse partout percer ses regrets sur la décadence de la musique et particulièrement de l'art du chant. Ses héros en ce genre sont Pacchierotti, Marchesi et la Banti, qu'il considère comme fort supérieurs à tous les

8.

chanteurs de l'époque actuelle. Son livre est rempli de curieuses anecdotes sur ces artistes et sur Mmes Billington, Grassini et Catalani. Bien que le titre de l'ouvrage du comte Edgecumbe indique une deuxième édition, il n'y en a point eu d'autre que celle-là; mais l'ouvrage était imprimé depuis plusieurs années avant qu'il parût, et quelques exemplaires seulement avaient été donnés par l'auteur à ses amis. On y a fait ensuite quelques additions, et dans cet état le livre a été mis en vente, avec un nouveau frontispice. Il y a des exemplaires qui ont la date de 1828, et qui sont indiqués comme une troisième édition.

EDLING (Jean), virtuose sur la clarinette, né à Falker, près d'Eisenach, entra fort jeune dans la musique du duc de Saxe-Weimar. Son jeu était d'une perfection peu commune, et il promettait à l'Allemagne un artiste du premier ordre, lorsqu'il mourut, en 1786, à l'âge de vingt-deux ans. Il a laissé en manuscrit beaucoup de concertos pour son instrument, et quelques symphonies pour l'orchestre. Il a aussi composé la musique d'un mélodrame intitulé *Elfride* : elle a été gravée pour le piano, à Berlin, en 1790.

EDLINGER (Thomas), célèbre luthier, né en Bohême, vivait à Prague en 1715. Baron, dans ses Recherches sur le luth, lui accorde beaucoup d'éloges pour la bonté de ses instruments. Les luths de Thomas Edlinger soutiennent en effet la comparaison avec les anciens instruments de Gaspard de Salo, qui furent longtemps considérés comme les meilleurs.

EDLINGER (Joseph-Joachim), fils du précédent, fut aussi excellent fabricant de luths. Après avoir fait son apprentissage chez son père, il fit un voyage en Italie pour se perfectionner dans son art. Il y vécut quelques années, et visita Crémone, Rome, Naples, Bologne, Ferrare et Venise, puis retourna dans sa patrie. Il est mort à Prague, le 30 mai 1748. Ses instruments sont recherchés.

EEKMANS (Lavinus), constructeur d'orgues hollandais, vivait dans la première moitié du dix-septième siècle, et paraît être mort en 1645. Il est auteur du grand orgue d'Alkmar, achevé en 1639. Cet orgue est composé de cinquante-six jeux : l'harmonie en est excellente.

EFFREM (Mutio ou Muzio), maître de chapelle du duc de Mantoue en 1622, avait été précédemment, pendant vingt-deux ans, au service de Gesualdo, prince de Venouse, connu par ses madrigaux, ainsi qu'il nous l'apprend par une lettre placée au commencement d'un ouvrage dont il sera parlé tout-à-l'heure. Il était né à Bari, dans le royaume de Naples, vers le milieu du seizième siècle; car on trouve une villanelle à trois voix de sa composition (*Perche non m'ami, ô vita?*) dans le recueil publié par De Antiquis sous ce titre : *Villanelle alla napolitana a tre voci da diversi autori di Bari, libri I, II* (*in Venezia, app. li figli d'Ant. Gardano*, 1574, in-8°). Un ouvrage de ce musicien, dont la rareté est excessive et qui a été inconnu à tous les bibliographes, fournit les renseignements qu'on vient de lire sur la position de Muzio Effrem. Cet ouvrage est intitulé : *Censure di Mutio Effrem sopra il sesto libro de Madrigali di M. Marco da Gagliano, maestro di cappella della cattedrale di Fiorenza*, sans date et sans nom de lieu ni d'imprimeur; mais au verso du dernier feuillet on lit : 1622, 15 januarii, pro impressione, Augustinus Dulcius secratarius, 58 pages in-fol. non chiffrées. Au premier feuillet l'on trouve une épître de Marco de Gagliano au lecteur de son sixième livre de madrigaux, dans laquelle il se plaint des attaques sourdes d'Effrem contre ses ouvrages, disant que son critique n'ose rendre publiques ses censures. Cette épître est suivie d'une réponse assez dure, dans laquelle Effrem annonce au maître de chapelle de la cathédrale de Florence qu'il va le satisfaire et démontrer son ignorance au public. Après cette lettre il réimprime en partition tous les madrigaux du sixième livre de Marco de Gagliano, et les accompagne de notes sévères dans lesquelles il analyse toutes les fautes de tonalité, de rhythme et d'harmonie qui s'y trouvent. Il s'y montre musicien beaucoup plus habile que son adversaire. Effrem publie aussi dans ce volume un de ses madrigaux à cinq voix, très-supérieur à ceux de Marco. Il dit, dans sa lettre, qu'un grand nombre de ses ouvrages, consistant en motets et messes, se trouvent chez le grand-duc de Toscane, en manuscrit.

EFFREM (Alexandre), de la même famille, né à Bari, dans la seconde moitié du seizième siècle, fut aussi compositeur de madrigaux et de chansons à la napolitaine. Quelques villanelles à trois voix se trouvent sous son nom dans la collection d'Antiquis.

EFFTERDINGEN ou AFTERDINGEN (Henri d'), maître chanteur (trouvère allemand), vécut au commencement du treizième siècle. Il fut d'abord attaché à la cour de Léopold d'Autriche, qu'il quitta pour se rendre à celle du landgrave Herrmann de Thuringe. Plus tard il obtint le titre de *bourgeois* d'Eisenach. Effterdingen est le compilateur de l'*Heldenbuch* (le Livre des héros), où les plus anciennes chansons allemandes sont recueillies.

EGARD (Paul), prédicateur à Norttorp, dans le Holstein, naquit à Kellinghausen, dans la même province, vers 1598. Il a publié une dissertation sur le cornet d'or qui fut trouvé en Danemark dans le seizième siècle, sous ce titre : *Schriftmæssige Gedanken über das Goldenhorn* ; Lunebourg, 1644.

EGENDACKER (Jean-Christophe), facteur d'orgues, né dans le Palatinat, vers la fin du dix-septième siècle, a construit, en 1706, l'orgue de la cathédrale de Salzbourg, à trois claviers et quarante-quatre registres. Son fils, Roch Egendacker, l'a augmenté de plusieurs registres en 1782.

EGENDACKER (Roch), fils du précédent, facteur d'orgues, né à Passau, a construit en 1735 le petit orgue, à douze registres, du couvent de San-Salvador en Bavière, et en 1754 celui du couvent de *Benedict Baiern*, à trente-cinq registres.

EGENOLF (Chrétien), imprimeur-libraire à Francfort-sur-le-Mein, naquit vers 1485, à Hadamar, petite ville du duché de Nassau. Ce fut lui qui introduisit l'imprimerie à Francfort, en 1513. Par une singularité bien remarquable, cette ville, si voisine de Mayence, n'a pas connu l'art typographique avant cette date. Egenolf nous apprend, dans l'épître dédicatoire d'un ouvrage dont il sera parlé tout à l'heure, qu'il passa sa jeunesse à Strasbourg. Ce fut sans doute dans cette ville, où se trouvaient les imprimeries de Schœffer et de Prys, qu'il eut connaissance de l'art, encore nouveau, d'imprimer les livres. Il se distingua dans sa profession, et eut la gloire d'avoir fait graver en bois les premières figures pour des ouvrages d'histoire naturelle. Egenolf était musicien. On lui doit la publication d'un recueil d'odes d'Horace et d'autres poésies d'Ovide mises en musique, à quatre voix ; ce recueil a pour titre : *Melodiæ in Odas Horatii et quædam alia carminum genera. Earumdem argumenta, genus, ac ratio*, etc. Ce titre ne se trouve qu'au frontispice de la partie de ténor ; à ceux du *discantus* et du *bassus*, il y a simplement : *Odarum Horatii concentus*, et à l'*altus* on lit : *Carminum Horatii*. Au bas du dernier feuillet on trouve : *Francofordiæ, apud Christianum Egenolphum*. Mense januario 1532 ; petit in-8°, dont les feuillets ne sont pas chiffrés. Au frontispice de la partie de ténor on voit la figure gravée en bois d'un homme qui joue de la basse de viole. La publication d'Egenolf a précédé de sept années celle des *Harmoniæ poeticæ* de Hofhaimer, et de vingt-trois ans les odes d'Horace mises en musique par Goudimel (voyez ce nom et *Hofhaimer*). Ce recueil est si rare, que je ne l'ai trouvé dans aucune grande bibliothèque de l'Europe, qu'aucun catalogue ne le mentionne, et qu'il a été inconnu à tous les bibliographes. Mon exemplaire a appartenu à l'abbé Mercier de Saint-Léger, qui y a joint une note ; puis il est passé en la possession de Roquefort. La musique du recueil d'Egenolf n'est qu'un simple contrepoint de note contre note ; mais elle a de l'intérêt, parce que tous les chants de la partie de ténor sont, de toute évidence, des airs populaires de l'époque, et parce que l'auteur de ce contrepoint a rhythmé toutes les voix d'après le mètre de la poésie latine.

EGGERS (Nicolas), né à Lunebourg, étudia à Jena vers 1684, et fut ensuite pasteur à Brême et prédicateur du ministre de Suède résidant dans cette ville. Il vivait encore en 1713. On a de lui deux dissertations curieuses sur les cloches ; elles sont intitulées : 1° *Dissertatio philologico-historica Campanarum nomen et originem complectens* ; Jena ; 1684, 7 feuilles in-4°. — 2° *Dissertatio de Campanarum materia et forma* ; ibid., 1685, in-4°.

ÉGIDE (Jean), en latin *Ægidius Zamorensis*, fut moine de l'ordre des Frères mineurs de Saint-François, au treizième siècle, et naquit à Zamora, dans l'ancien royaume de Léon, en Espagne. Il était docteur et lecteur de théologie dans le couvent de cette ville. On a de lui un petit traité de musique intitulé *Ars musica*, publié par l'abbé Gerbert, dans sa Collection des écrivains ecclésiastiques sur la musique (t. II, fol. 369-393), d'après un manuscrit de la bibliothèque du Vatican. Cet ouvrage, en partie historique et en partie technique, est divisé en quinze chapitres : il offre peu d'intérêt. Après avoir traité de l'invention, de l'utilité et de la division de la musique d'après des auteurs plus anciens, Égide emploie plusieurs chapitres à l'explication du nom des notes et de la représentation de celles-ci par les lettres romaines ; de la solmisation par la méthode des muances, et de la constitution des tons du plain-chant. Le dernier chapitre renferme une description insuffisante et peu exacte d'un certain nombre d'instruments de musique. Une de ses explications les plus singulières est celle qu'il donne de l'instrument appelé *symphonie* dans le moyen âge. On sait que les figures de cet instrument, que nous offrent quelques manuscrits, sont semblables à la vielle de nos jours ; mais l'instrument, dont parle Égide de Zamora est très-différent : c'est, dit-il, un instrument fait d'un bois concave, avec une peau tendue sur chacun de ses côtés, dont les Musiciens jouent avec de petites baguettes et dont le mélange des sons graves et aigus produit des chants agréables (1). Cette description semble être celle du tympanon ou canon arabe, dont les tables n'auraient pas été faites de sapin, mais de peaux parcheminées, comme cela se voit dans plusieurs instruments de l'Orient.

ÉGIDE (Ægidius), de Murino, auteur d'un traité de la musique mesurée, dont on trouve une copie manuscrite, du quinzième siècle, dans la bibliothèque du Vatican (n° 5321), sous ce titre : *Tractatus cantus mensurabilis secundum magistrum Ægidium de Murino.* La bibliothèque du Muséum britannique en possède une copie moderne, faite pour Pepusch, d'après un manuscrit de la bibliothèque Cottonienne, qui a été détruit par l'incendie. Cette copie a pour intitulé : *Incipit tractatus diversarum figurarum per quas dulces modi discantantur, et ideo sequendo ordinum tenoris, scilicet alterius temporis, secundum Ægidium de Murino.* (Voy. *Catal. of the manuscript Music in British Museum*, p. 50, n° 141.) Cet Égide de Murino vécut dans le quinzième siècle : il ne doit pas être confondu avec Jean de Muris, comme l'a fait le rédacteur des manuscrits de musique du Muséum britannique. Son ouvrage renferme des choses curieuses et pleines d'intérêt, particulièrement sur les modifications de la valeur des notes par les ligatures. Spataro avait lu ce traité, et le cite dans son *Tractato de musica, nel quale si tracta de la perfection (sic) de la sesquialtera producta in la musica mensurata.* Il qualifie l'auteur de *claro musico.* On ne sait rien sur la personne d'Égide de Murino, ni sur le lieu où il a vu le jour. Il est vraisemblable que *De Murino* équivaut à *Murinensis*, ce qui indique qu'Égide était né ou à *Muri*, dans le canton suisse de l'Argovie, ou dans quelqu'une des communes du midi de la France appelées *La Mure* et *Mure.* La qualification de *magister*, qui lui est donnée fait connaître qu'il était ecclésiastique et maître ès arts ; car à l'époque où il vécut les laïques ne pouvaient être que clercs.

EGLI (JEAN-HENRI), né à Seegreben, dans le canton de Zurich, le 4 mars 1742, est considéré comme un des meilleurs compositeurs nés en Suisse, particulièrement pour les cantiques religieux. Il était déjà âgé de quinze ans quand il commença à s'occuper de musique ; le pasteur Schmiedli, de Wetzikon, fut son maître, et lui fit faire de si rapides progrès, qu'après trois années d'études il put être employé comme musicien dans les églises. Il y passa toute sa vie, livré à la composition d'une multitude de chants religieux qui devinrent populaires dans toute la Suisse, et à l'amélioration de l'art dans sa patrie. Il mourut à Zurich, vers 1807, laissant comme monuments de son activité artistique environ trente œuvres, parmi lesquels on remarque : 1° Cantiques avec des mélodies chorales sur des textes de Lavater; Zurich, 1775. La 2me édition de ce recueil a paru en 1786. Vingt mélodies de ces cantiques ont été composées par Egli; les autres sont de Walder. — 2° Chants religieux de Klopstock, Cramer, Lavater, et autres poëtes célèbres, mis en musique pour une, deux, trois et quatre voix ; Zurick, 1775 : la 2me édition est de 1788. Vingt-cinq morceaux de ce recueil ont été composés par Walder. — 3° Collection de Chansons morales, avec accompagnement de clavecin ; ibid., 1776. Il y a aussi des morceaux composés par Walder dans ce recueil. — 4° Cantiques spirituels à 4 voix avec la basse chiffrée ; ibid., 1777 ; 2e édition, 1793. — 5° Ode de Cramer : *Bald schwingt mein Geist sich auf vom Staube*; ibid., 1778. La même ode a été réimprimée avec deux autres en 1786. — 6° Douze Cantates de nouvel an, mises en musique. — 7° Soixante cantiques avec mélodies ; Zurich, 1779 ; 2me édition, améliorée, 1791. — 8° Suite des Cantiques spirituels de Klopstock, etc.; ibid., 1780. — 9° Suite des Chansons morales, etc. ; ibid., 1780. — 10° Six chants religieux à 1, 2, 3, et 4 voix ; ibid., 1781. — 11° Compositions vocales, en 2 parties; Zurich, 1785. Ce recueil contient 51 morceaux, grands et petits. — 12° Chansons suisses avec mélodies; Zurich, 1787 ; 2e édition, 1796. — 13° Livre de Chant choral ; ibid., 1787. La septième édition de ce livre a été publiée en 1807. — 14° Chansons populaires de la Suisse avec mélodies ; ibid. — 15° Les Odes sacrées de Gellert, avec les mélodies chorales ; ibid., 1789 ; 2° édition, en 1801. — 16° Les Odes sacrées et les Chansons de Gellert, avec des mélodies faciles, suivies de six autres, entremêlées de solos et de duos ; ibid., 1791. — 17° Marche des troupes suisses et allemandes, arrangées pour le clavecin ; ibid., 1796.

EGRESSY (B), pianiste et compositeur hongrois de l'époque actuelle, vit à Pesth. Il y a publié, chez Wagner, environ cinquante de ses compositions légères pour le piano et le chant, en partie sur des chants populaires magyares.

EHLERS (FRANÇOIS), en latin *Elerus*, né à Uelzen, dans le duché de Lunebourg, vers 1650, fut directeur de musique à Hambourg. Il a publié une collection de motets de sa composition, sous

---

(1) Symphonia est instrumentum musicum, quod fit ex ligno concavo, pelle extenta in utraque parte sua, quam musici hinc inde virgulis feriunt, itque in ea est concordia gravis et acuti suavissimus cantus. (Ap. Gerb., II. p. 130.)

le titre de *Cantica sacra*, etc.; Hambourg, 1688. David Chytræe y a ajouté une préface musico-historique.

EHLERS (MARTIN), professeur de philosophie à Kiel depuis 1779, et précédemment recteur à Segeberg, naquit en 1732, au territoire de Wilster, dans le Holstein. Il est auteur d'un livre qui a pour titre *Betrachtungen über die Sittlichkeit der Vergnügungen* (Considérations morales sur les divertissements); Flensbourg, 1779, 2 parties in-8°. Une deuxième édition de ce livre a été publiée à Flensbourg et Leipsick, en 1790, in-8°. Il y traite de l'effet de la musique et de la danse sur la morale.

EHLERS (GUILLAUME), professeur de chant et de déclamation, co-directeur des théâtres de Mayence et de Wieshaden, avec Clément de Remie, est né à Weimar, en 1774. Après avoir fait de bonnes études littéraires et musicales, il débuta sur le théâtre de sa ville natale, et se fit bientôt la réputation d'un des chanteurs d'opéra les plus habiles de l'Allemagne. En 1809 il brillait sur les théâtres de Vienne; cinq ans après il était premier ténor au théâtre de Breslau. Il fut ensuite attaché aux scènes principales de l'Allemagne jusqu'en 1824, époque où l'affaiblissement de sa voix l'obligea à prendre sa retraite. En 1829 il se fixa à Francfort et y établit une école de musique; deux ans après il devint régisseur de l'Opéra de cette ville, puis il s'associa à la direction du théâtre de Mayence, et prit la régie de l'Opéra. Ehlers est mort à Mayence, au mois de décembre 1845. Comme compositeur, il a publié : 1° Chants à voix seule avec accompagnement de piano; Hambourg, Bœhme. — 2° Quatre chansons *idem*; Leipsick, Hoffmeister. — 3° Chansons avec accompagnement de guitare; Stuttgard, Cotta.

EHLERS (JOACHIM), facteur d'intruments à Vienne (Autriche), a pris, en 1825, un brevet d'invention pour un *Capotasto*, ou sillet mobile en métal appliqué aux pianos pour les mettre immédiatement au ton d'orchestre, et même pour en suivre les variations, lorsque la chaleur élève l'intonation des instruments à vent. Cette invention, comme beaucoup d'autres par lesquelles on a voulu modifier la facture ordinaire des pianos, est tombée dans l'oubli.

EHLERT (LOUIS), pianiste et compositeur de l'école romantique nouvelle, est né à Kœnigsberg, en 1825, et vit à Berlin. On a gravé de sa composition : 1° Sonate pour piano, op. 1; Berlin, Guttentag. — 2° Caprice pour piano, op. 3 ; Leipsick, Peters. — 3° Sonate romantique, *idem*, op. 5; *ibid*. — 4° Allegro concertant pour piano, violon et violoncelle, op. 7; *ibid*. — 5° Des recueils de Lieder, avec accompagnement de piano,

op. 2, 4, et 6; *ibid*. Il a fait entendre à Berlin et à Leipsick des ouvertures et des symphonies qui ont trouvé des partisans chaleureux. Les premières compositions de cet artiste ont paru en 1847. Ehlert s'est fait connaître aussi comme écrivain par un petit volume qui a pour titre : *Briefe über Musik an eine Freundin* (Lettres sur la musique à une amie); Berlin, Guttentag, 1859, petit in-8° de 166 pages. Ces lettres renferment des appréciations critiques du talent de quelques-uns des compositeurs les plus renommés de l'époque actuelle. Les dernières œuvres de Beethoven sont le point de départ de l'auteur, et tour à tour Mendelssohn, Schumann, Richard Wagner, Weber, François Schubert, Chopin, Berlioz et Meyerbeer sont analysés par lui. Chose remarquable : Liszt est le seul dont il ne parle pas. On comprend à quels points de vues sont formulés les jugements d'Ehlert.

EHMANN (CONRAD), cantor à Reutlingen, dans le royaume de Wurtemberg, s'est fait connaître par un petit ouvrage qui a pour titre : *Die Reform des allgemeinen Kirchengesang in Würtemberg* (La réforme générale du chant d'église dans le Wurtemberg); Reutlingen, Macken, 1837, in-8°.

EHRENBERG (...), musicien allemand, mort fort jeune, en 1790, à Dessau, où il était employé à la musique de la cour, a publié plusieurs recueils de chansons avec accompagnement de piano. Rellstab, marchand de musique à Berlin, a acquis ses manuscrits, dans lesquels se trouvent les ouvrages suivants : 1° *Geistliche Oden*, 5 parties. — 2° *Psalmen und geistliche Lieder*. — 3° La troisième partie de ses chansons. — 4° Cantique sur *le Messie*, avec acc. de piano. — 5° *Le Soir*, chanson de Matthison. — 6° *Azakia*, op. de Schwan. — 7° Élégie pour voix de soprano. — 8° *Hymne au mois de mai*, duo pour soprano et ténor. — 9° *Idylle*, duo pour les mêmes voix. — 10° Chœur avec acc. de deux clarinettes, deux cors et harpe.

EHRENHAUS (CHRÉTIEN), né en Thuringe, fut nommé diacre à Pulnitz, dans la Lusace supérieure, en 1659, et pasteur au même lieu, en 1670. Il est mort en 1703, à l'âge de soixante-quinze ans. On a de lui un sermon sur l'usage de l'orgue, en forme de commentaire sur le Psaume 150 : Il est intitulé : *Organographia, das ist Orgelpredigt über den 150 Psalm*; Erfurt, 1669, 6 feuilles in-fol. Cet ouvrage est fort rare.

EHRENSTEIN (WOLF DE), compositeur distingué de *Lieder*, aveugle de naissance, vit à Dresde. Ses chants avec accompagnement de piano ont de la popularité dans toute la Saxe.

EHRLICH (C.-F.), pianiste et compositeur,

élève de Hummel, né à Magdebourg, en 1812, est fixé dans cette ville, comme professeur de son instrument, depuis 1830. Il y dirige la société de chant. On a publié de sa composition quelques œuvres légères pour le piano, et environ trente recueils de chants à voix seule avec accompagnement de piano, de duos pour soprano et contralto, de quatuors pour soprano, alto, ténor et basse, et pour quatre voix d'homme.

EHRNSTEIN (JEAN-JACQUES STUPAN DE), compositeur allemand qui florissait au commencement du siècle dernier, a publié des trios pour deux violons et basse, sous le titre de *Rosetum musicum, oder VI Parthien für 2 Violinen und Generalbass*, 1702, et douze symphonies pour violon seul et basse.

EICHBERG (JULES), violoniste et compositeur, est né à Dusseldorf, vers 1820. Fils d'un professeur de musique de cette ville, il y fit ses premières études de violon ; puis il se rendit à Bruxelles, et y devint élève de M. Meerts pour cet instrument. De retour à Francfort en 1844, il y fut attaché au théâtre, en qualité de violon solo ; puis il fut appelé à Genève pour y remplir les fonctions de professeur de violon au Conservatoire. Après plusieurs années de séjour en cette ville, il est parti pour l'Amérique en 1857. Ses principaux ouvrages sont : 1° Études contenant les principaux coups d'archet et autres difficultés, d'après la méthode du Conservatoire royal de Bruxelles, etc., op. 7 ; Leipsick, Stoll. — 2° Trois duos concertants pour 2 violons, op. 11 ; Leipsick, Peters. — 3° Trois idem, op. 12 ; ibid. — 4° Huit Études renfermant des difficultés de doigts et d'archet, avec un second violon non obligé, op. 16 ; ibid. — 5° Duo brillant et facile pour violon et piano sur des motifs de Stradella, op. 6 ; Francfort, Hedler. — 6° Quatre mélodies caractéristiques pour violon et piano, op. 8 ; ibid. — 7° Grand duo brillant pour violon et violoncelle sur les chants nationaux de la Russie et du Wurtemberg, en collaboration avec M. Bockmühl ; Leipsick, Seigel.

EICHBERGER (JOSEPH), ténor dramatique allemand, qui a eu de la réputation pour la beauté de sa voix et son talent scénique, a brillé longtemps sur les théâtres de Vienne et de Leipsick, et a chanté avec succès à Cassel, à Berlin, à Mayence et à Londres. Il commença sa carrière en 1823, et s'est retiré de la scène en 1848, pour prendre possession de la place de régisseur du théâtre de Kœnigsberg.

EICHHORN (ADELAIRE), musicien allemand, vivait au commencement du dix-septième siècle. Il a publié des pièces instrumentales à quatre parties, sous ce titre : *Schœne ausserlesene gantze newe Intraden, Gagliarden und Couranten, ohne Text, mit 4 Stimmen*; Nuremberg, 1616, in-4°.

EICHHORN (JEAN), violoniste et compositeur allemand, né vers 1766, vécut d'abord à Berlin, s'établit ensuite à Bruchsal, dans le grand-duché de Bade, et enfin s'engagea, en 1807, à l'orchestre de Mannheim, où il se trouvait encore en 1815. Il a fait graver à Berlin, en 1791, plusieurs solos et un concerto pour le violon. On connaît aussi de lui *trois quatuors pour deux violons, alto et basse*, Darmstadt, 1791 ; *trois duos pour deux violons*, op. 9, Leipsick, Kühnel, et un *grand quintetto pour 2 violons, deux altos et basse*, op. 11 ; ibid.

EICHHORN (JEAN-PAUL), et ses fils (JEAN-GODEFROI-ERNEST, et JEAN-CHARLES-ÉDOUARD), connus sous le nom des *frères Eichhorn*. J'emprunte à l'*Universal Lexikon der Tonkunst*, publié par M. G. Schilling, cette notice où le père des jeunes virtuoses est traité avec beaucoup de sévérité. Je crois devoir faire cette déclaration, parce qu'il m'a semblé que je ne pouvais rapporter des faits tels que ceux qu'on va lire, sans indiquer la source où je les ai puisés. J'ai souvent regretté que d'aussi belles facultés que celles de ces deux enfants, et surtout de l'aîné, fussent exploitées au détriment de leur avenir d'artiste ; j'ignorais qu'il y eût des reproches plus graves à adresser à leur père. J'abrège seulement les détails donnés par l'*Universal Lexikon*.

Eichhorn (Jean-Paul) est né le 22 février 1787, au village de Neuses, près de Cobourg, et y a reçu une éducation de paysan. Ayant appris le métier de tisserand, il l'exerça jusqu'à l'âge de vingt ans. Son goût pour la musique s'était manifesté de bonne heure ; il fréquentait avec assiduité les leçons de chant de l'école du village, si mauvaises qu'elles fussent, et retenait avec facilité les mélodies qu'il entendait. Il apprit d'oreille à jouer du violon, et se fit recevoir parmi les musiciens du village qui jouaient le dimanche des danses dans les cabarets. A l'âge de vingt ans il fut appelé au service militaire, et dut partir, malgré sa répugnance pour la vie de soldat. Son séjour à la ville lui fournit l'occasion de prendre des leçons de musique ; le cor, le trombone et le cor de bassette furent les instruments qu'il apprit à jouer : plus tard il exécuta des solos sur ce dernier instrument, dans les concerts de ses fils. De retour à Cobourg, il fut admis dans la musique de cette petite cour ; sa position s'étant améliorée, il put se marier en 1821, et sa femme (Marguerite-Élisabeth-Maun) donna le jour à Ernest Eichhorn, le 30 avril 1822. Huit jours après la jeune mère mourut, des suites de l'enfantement. Les soins que réclamait l'enfant obligèrent Jean-Paul à se remarier bientôt après, et sa nouvelle épouse lui donna un second fils (Edouard Eichhorn), le 17 octobre 1823.

Dès l'âge le plus tendre, les deux enfants, et surtout l'aîné, firent voir les plus heureuses dispositions pour la musique. Une circonstance singulière fixa l'attention du père sur ces artistes nés. On leur avait donné de petits violons achetés à la foire, et sur lesquels ils s'amusaient. Jean-Paul Eichhorn rentrant chez lui fut étonné d'entendre jouer par ses enfants la marche de la retraite, à deux violons, avec une justesse remarquable; mais sa surprise devint plus grande lorsqu'il eut examiné les instruments. Chacun de ces petits violons était accordé par quintes justes, mais ils n'étaient point d'accord ensemble; en sorte que les enfants avaient dû éviter de faire usage des cordes à vide et avaient corrigé d'instinct, par le doigter, les différences d'accord de leurs instruments. Dès ce moment le père donna tous ses soins à l'éducation musicale de son fils aîné, et pendant un certain temps celle du plus jeune fut négligée; mais la mère d'Édouard fit tant d'instances auprès de son mari, que celui-ci consentit enfin à donner des leçons à ses deux enfants. Leurs progrès tinrent du prodige. Ernest n'avait point encore six ans quand il joua à la cour un concerto de Kreutzer, au mois de mars 1828. Édouard, qui l'accompagnait, fit aussi preuve d'une habileté étonnante pour son âge. Deux mois après, un concert fut organisé chez le prince, et les deux enfants y produisirent une vive impression. Ils reçurent du duc de Cobourg quelques pièces d'or. La vue de ce métal et la faveur du prince firent comprendre à Jean-Paul Eichhorn le parti qu'il pouvait tirer de ses enfants pour sa fortune. Dès ce moment ils furent contraints de se livrer à l'étude de leur instrument nuit et jour; toute instruction littéraire, morale et religieuse leur fut refusée; ils avaient en eux des sources de richesses que leur père voulait exploiter à tout prix. Le 15 mai, un premier voyage fut entrepris, et la famille Eichhorn visita Bamberg, Nuremberg, Anspach, Munich, Tegernsée et Augsbourg. Partout les enfants excitèrent l'admiration; partout ils firent une riche moisson de l'or dont leur père était avide. De retour à Cobourg, celui-ci voulut préparer ses fils à des voyages plus étendus dans les grandes villes de l'Europe, et ne leur laissa plus mêmes quelques moments de repos ou de délassement. Si la fatigue les accablait, et l'archet échappait à leurs mains débiles, il n'y avait point d'excès auxquels leur père ne se livrât contre eux; jusque-là qu'on le vit, malgré les cris de désespoir de la mère, les traîner par les cheveux en les accablant de coups. C'est ainsi que fut formé ce talent précoce de deux infortunés que Paris, Londres, Vienne, Berlin ont admirés. En vain des richesses inespérées, et cent fois au-dessus de ce qu'il pouvait attendre de ses propres travaux, ont-elles été recueillies par Jean-Paul Eichhorn; sa soif de l'or était insatiable. Dans l'été de 1835, ces intéressants artistes visitaient les cours du Nord. Ernest était parvenu à un degré d'habileté qui pouvait soutenir la comparaison avec le talent des plus grands violonistes pour les difficultés. Son frère et lui ont été plus tard attachés à la chapelle du prince de Cobourg, mais, épuisé sans doute par la fatigue et par les mauvais traitements, Ernest est mort à Cobourg, le 16 juin 1844, à l'âge de vingt-deux ans.

EICHHORST (C.), clarinettiste distingué, est né à Berlin, en 1808. Élève de Tausch, il a comme lui un beau son et beaucoup de netteté dans l'exécution des traits. On a gravé de sa composition, à Berlin, un thème original varié pour la clarinette avec orchestre.

EICHLER (HENRI), habile mécanicien, naquit à Liebstadt, près de Pirna, en 1637, et exerça son art à Augsbourg, où il est mort, en 1719. On lui doit plusieurs perfectionnements importants dans le mécanisme de l'orgue, et l'on cite avec éloge plusieurs de ses ouvrages en ce genre, et particulièrement des orgues de chambre remarquables par la beauté des jeux de flûte.

EICHLER (ERNEST), musicien allemand, vint à Paris, vers 1770, et y enseigna la musique jusqu'à sa mort, arrivée en 1794. Il a publié de 1783 à 1790 deux œuvres de quatuors pour deux violons, alto et basse, chez Sieber, à Paris.

EICHLER (FRÉDÉRIC-GUILLAUME), premier violon du théâtre de Kœnigsberg, est né à Leipsick, en 1809. Élève de Spohr, il a acquis par les leçons de cet habile maître un talent remarquable par la justesse, la beauté du son, le maniement de l'archet dans les plus grandes difficultés, et le goût dans les détails. En 1832 il a été appelé à Kœnigsberg pour y prendre la position de premier violon solo du théâtre. On connaît de lui des variations sur un thème suisse, avec accompagnement d'orchestre ou de piano (œuvre 2e; Leipsick, Breitkopf et Hærtel), qui ont obtenu en Allemagne beaucoup de succès; son œuvre 4e est composé de romances sans paroles pour violon seul.

EICHMANN (PIERRE), cantor et maître d'école à Stargard, dans la Poméranie, naquit en

1561, et mourut en 1623, avec le titre de professeur émérite. Il a fait imprimer un opuscule qui a pour titre : *Oratio de divina atque utilitate multiplici præstantissimæ ac nobilissimæ artis musicæ, habita pro more antiquitus recepto in Schola Stargardiensi*; Stettin, 1600, in-4°.

EICHMANN (Bernard), compositeur, né en Prusse, vers 1755, a publié à Berlin, en 1784, trois symphonies à neuf parties, op. 1.

EICHNER (Ernest), virtuose de premier ordre sur le basson, naquit à Mannheim, le 9 février 1740. A une habileté rare sur son instrument, il joignait le talent du compositeur, et se fit autant remarquer par la fécondité de sa plume que par l'élégance de ses compositions. Nommé maître de concerts au service du prince de Deux-Ponts, à l'âge de vingt-six ans, il écrivit pour cette cour un grand nombre de symphonies à grand orchestre, dont il publia le premier œuvre en 1770. Ayant demandé sa démission plusieurs fois sans pouvoir l'obtenir, il s'éloigna clandestinement. On courut après lui, mais il eut le bonheur de n'être pas rencontré, et se rendit en Angleterre, où il excita l'admiration. Après deux ans de séjour dans ce pays, il entra au service du prince royal de Prusse, à Potsdam, et y passa le reste de ses jours, se livrant à la composition et à l'instruction de ses élèves. Parmi ceux-ci, les plus remarquables ont été Knoblauch et Mast. Eichner est mort à Potsdam, au commencement de 1777, à l'âge de trente-sept ans. Ses principaux ouvrages sont : 1° *six Symphonies à grand orchestre*, op. 1. — 2° *Deux concertos pour le basson*, op. 5 et 6. — 3° *Trois Symphonies*, op. 4. — 4° *Trois idem*, op. 5. — 5° *Trois idem*, op. 6. — 6° *Trois idem*, op. 7. — 7° *Trois idem*, op. 8. —8° *Deux concertos pour le basson*, op. 9 et 10. — 9° *Six concertos*, idem, op. 11. Il a publié en outre quelques œuvres de quatuors et de trios pour violon.

EICHNER (Adélaïde), fille du précédent, née à Mannheim, en 1762, fut cantatrice excellente et pianiste habile. Sa voix s'étendait depuis l'*ut* grave du soprano jusqu'au *fa* aigu des pianos à cinq octaves. Elle joignait à ce don fort rare celui d'une grande légèreté et beaucoup d'expression dans l'adagio. En 1775, elle entra au service du prince de Prusse ; de là elle passa, en 1784, à la chapelle royale, puis au grand théâtre de Berlin. Elle est morte dans cette ville, en 1787.

EICHNER (Ernest), claveciniste allemand, s'est fait connaître par huit œuvres de sonates pour le piano, qui ont été gravés à Amsterdam et à Paris. On n'a point de renseignements sur la vie de cet artiste.

EIDENBENZ (Chrétien-Théophile), musicien de la chambre du duc de Wurtemberg, et altiste dans la chapelle de Stuttgard, est mort dans cette ville, le 20 août 1799, à l'âge de trente-sept ans. Il a composé pour le théâtre de la cour la musique du ballet intitulé : *Der Schæferlauf*. On a aussi sous son nom : 1° *XXIV Divertissements pour le piano* ; Stuttgard, 1793, in-4°. — 2° *Trois duos pour deux flûtes*, op. 6 ; Heilbronn, 1794. — 3° *Pièces choisies pour le piano*, Leipsick, 1796. — 4° *Douze chansons allemandes avec acc. de piano* ; 1798.

EIDOUS (Marc-Antoine), né à Marseille, vers 1724, servit quelque temps en Espagne comme ingénieur, et se livra à des travaux littéraires après qu'il fut rentré en France. C'est surtout par de nombreuses traductions qu'il s'est fait connaître ; ces traductions sont en général peu exactes et peu élégantes. Il changeait même souvent en partie la forme des ouvrages qu'il traduisait, ou les abrégeait sans goût et sans discernement. C'est ainsi qu'il a défiguré le livre de John Brown (*A dissertation on the rise, union, and power, the progressions, separations and corruptions of poetry and music*) dans la traduction qu'il a publiée sous ce titre : *De l'origine et des progrès de la poésie, dans les différents genres, traduit de l'Anglais par M. E., et augmenté de notes historiques et critiques* ; Paris, 1768, in-8°.

EIGENDORFER (Georges-Joseph), né en Bavière, en 1745, se livra dans sa jeunesse à l'étude des sciences et de la musique, et embrassa ensuite l'état ecclésiastique. Son jeu parfait sur l'orgue le fit placer d'abord comme organiste à la cathédrale de Saint-Martin, à Landshut. Ayant obtenu depuis lors un bénéfice à Seligenthal, près de cette ville, il s'y retira et y vivait encore en 1812 ; on a de lui plusieurs concertos et des sonates de piano.

EILSCHOW (Matthieu), écrivain danois qui vivait dans la première partie du siècle dernier, a publié une petite dissertation intitulée *De choro antiquo, a Davide instituto ut templo inserviret* ; Copenhague, 1732, in-4° d'une feuille. Il promettait dans la préface de donner une suite dans laquelle il aurait traité des instruments, de la manière de chanter, et de plusieurs autres objets relatifs à la musique du Temple ; mais il ne paraît pas qu'il ait tenu sa promesse.

EINERT (Charles-Frédéric), organiste à Varsovie ; est né à Lommatsch, en Saxe. Lorsqu'il eut atteint sa douzième année, il entra à l'école Saint-Thomas de Leipsick, et y devint élève de Schicht. Après avoir passé plusieurs années dans cette école, il alla apprendre l'art de jouer de l'orgue chez Frédéric Schneider. Il avait reçu aussi des leçons de contrebasse chez Wach, contrebassiste de l'orchestre de Leipsick. En 1820 il fut attaché à une famille princière en Pologne, en qualité de professeur de musique; mais il y resta peu de temps, étant allé, en 1821, à Varsovie, où Kurpinski lui procura une place de contrebassiste au théâtre. Il obtint aussi la position d'organiste au temple protestant. Einert est mort dans cette ville, le 25 décembre 1836. On a gravé de sa composition à Varsovie un recueil de préludes pour l'orgue fort bien écrits.

EINIKE (Georges-Frédéric), fils d'un *cantor* et organiste de Hochstedt, en Thuringe, naquit le 16 avril 1710, et reçut de son père les premières instructions sur les sciences et sur la musique. Il fréquenta ensuite pendant sept ans les écoles de Closterdondorf et de Sangerhausen, et se rendit, en 1732, à l'université de Leipsick, où il étudia la composition sous la direction de Bach et de Scheibel, qui y étaient maîtres de chapelle. En 1746 il succéda à son père dans ses places à Hochstedt, passa ensuite à Frankenhausen, en qualité de chantre et de directeur de musique; enfin, en 1756, il fut appelé aux mêmes fonctions à Nordhausen, où il mourut, le 20 février 1770. On a de sa composition plusieurs années complètes de musique d'église, beaucoup de pièces et de cantates de circonstance, des concertos, des symphonies, etc.; mais tous ces ouvrages sont restés en manuscrit.

EISEL (Jean-Philippe), jurisconsulte et compositeur à Erfurt, né dans cette ville, en 1698, est auteur d'un livre curieux, où l'on trouve la description de la plupart des instruments en usage dans la première moitié du dix-huitième siècle, précédée de quelques principes de musique. Ce livre a pour titre : *Musicus αὐτοδίδακτος, oder der sich selbst informirende Musicus, bestehend sowohl in vocal-als üblicher instrumental-Musick, welche über 24 Sorten sowohl mit Saiten bezogener als blasender und schalgender Instrumente beschreibet*, etc. (Le Musicien instruit par lui-même, tant dans la musique vocale qu'instrumentale, où sont décrites vingt-quatre espèces d'instruments, tant à cordes qu'à vent et de percussion, etc.); Erfurt, Joh.-Mich. Funck, 1738, 1 vol. in-4° de cent neuf pages, avec treize planches gravées en bois. Eisel n'a pas mis son nom à ce livre, mais seulement la souscription *Von einem der in praxi erfahren* (Par quelqu'un instruit par la pratique). Il y a une deuxième édition de cet ouvrage, avec quelques changements; elle a pour titre : *Der sich selbst informirende Musicus, oder gründliche Anweisung zu der vocal-und instrumental-Musick, welcher über 24 sorten, sowohl mit saiten bezugener, als blasend-und schlagender Instrumenten*; Augsbourg, 1762, 1 vol. in-4°.

EISELT (Jean-Henri), violoniste à la chapelle de Dresde, depuis 1756, étudia le contrepoint pendant trois ans, sous la direction de Tartini. Il s'est fait connaître en Allemagne par plusieurs compositions pour son instrument; mais elles sont restées en manuscrit.

EISENMENGER (Michel), ingénieur et musicien, né d'une famille originaire du Palatinat, a présenté à l'Académie des sciences de l'Institut de France, le 8 avril 1838, un projet de notation de la musique par un système de signes sténographiques de son invention, et par le moyen d'un appareil mécanique composé d'un clavier semblable à celui du piano ou de l'orgue, et de deux cylindres, l'un de presse, pour la formation des signes, l'autre servant de rapporteur pour la traduction, et tous deux agissant par un mécanisme d'engrenage sous l'impulsion d'une manivelle et d'une vis sans fin. L'auteur avait pris brevet d'invention en France et patente en Angleterre : il espérait un rapport de l'Académie des sciences; mais, ne l'ayant pas obtenu, il fit imprimer une longue dissertation suivie d'une description de son système et de son mécanisme mélographe. Cet ouvrage a paru sous ce titre : *Traité de l'art graphique et de la mécanique appliqués à la musique*; Paris, Gosselin, 1838, 1 vol. in-8° de 182 pages avec 4 planches. Cette invention, comme toutes celles qui ont eu pour objet de noter la musique par la mécanique, n'a point eu de succès : l'ouvrage d'Eisenmenger n'a même pas trouvé de lecteurs. Sous le nom *de piano incliné* M. Eisenmenger a construit une variété du piano vertical, dont la hauteur n'est à peu près que la moitié du piano droit ordinaire. La table d'harmonie, au lieu d'être horizontale, comme dans le piano à queue et le piano carré, ou verticale, comme dans le piano droit, est inclinée. Le clavier est placé au sommet de l'instrument, et le mécanisme a une disposition telle, que le marteau n'a que le tiers de la longueur de celui du piano et fonctionne sous la main de l'exécutant. Sa répétition est vive et nette. M. Eisenmenger a établi à Paris une manufacture de cet instrument, en 1855.

EISENMOEER (François-Xavier), connu particulièrement comme compositeur de *Lieder*, est né le 28 novembre 1783, à Ilmünster, dans la Haute-Bavière. Après avoir suivi les cours de l'école primaire du lieu de sa naissance, et fait les premières études de musique et de violon, il entra, à l'âge de onze ans, au séminaire de l'abbaye des bénédictins, à Scheiern, où il apprit les éléments de l'harmonie et de la composition par les leçons d'un moine nommé le P. Marianus. Plus tard il étudia au séminaire de Neubourg sur le Danube, et ensuite à celui de Munich. Ses relations avec Winter, Danzi, Cannabich, Maurer, et plus tard avec Michel Haydn, augmentèrent ses connaissances musicales. Après avoir terminé ses études universitaires et avoir reçu le brevet de candidat (bachelier) en sciences, il fut employé comme professeur à l'institut royal de Landshut, en 1810, puis au gymnase (collège) de Passau, en 1817, puis encore au gymnase de Neubourg, et enfin comme directeur des études et professeur à Würzbourg, en 1823. On a de lui un grand nombre de pièces de circonstance et autres, dont il a aussi écrit la poésie; mais il doit principalement sa réputation à ses chants pour trois et quatre voix d'homme, qui sont devenus populaires en Allemagnes et dont il a publié plusieurs recueils. Ses ouvrages les plus connus sont ceux-ci : 1° *La Fete du roi*, ode saphique en latin et en allemand, pour chœur et orchestre; Munich, Falter. — 2° Huit recueils de chants pour quatre voix d'homme; ibid. — 3° Un recueil de chansons pour trois voix, op. 6; ibid. — 4° Six chants pour voix de soprano et de ténor, avec acc. de piano, op. 8; ibid. — 5° Trois recueils de chants à voix seule, avec acc. de piano, op. 5, 9, 13; ibid. — 6° *Bavière, ô ma patrie!* Trois chants avec acc. de piano; ibid.

EISENUTH (Thomas), chanoine régulier du couvent de Saint-Georges, à Augsbourg, naquit en Bavière, vers le milieu du dix-septième siècle, et fut d'abord organiste et maître de chapelle du prince abbé de Kempten. On a de lui : *Harmonia sacra, per 30 Concentus musicos, 2, 3, 4, 5, 6,7 vocibus distributa*; Augsbourg, 1675, in-4°. — 2° *Antiphonarium Marianum, continens quatuor Antiphonas B. V. Mariæ, Alma Redemptoris, Ave, Regina cælorum, Regina cæli, Salve, Regina 1, 2, 3, 4 voc. et 2 vel 3 violin. ad libit*; Kempten, 1676, in-4°. — 3° *Offertoria de Festis, Tempore, et Communi, novis textibus, Ariis, Fugis et stylo recitativo animata 5 voc. concert. 5 instrum. et 4 ripien*. Augsbourg, 1694, in-4°. — 4° *Musikalisches Fundament* (Fondement musical), 2 parties; Kempten, 1702, in-4°. Cette édition est la deuxième; on ignore la date de la première. Ce dernier ouvrage est un traité de musique, didactique et pratique. La première partie traite des principes de la musique et du plain-chant; la seconde renferme les exemples.

EISER (Antoine), professeur de flûte au conservatoire de Prague, est né dans cette ville, en 1800. Admis comme élève dans ce même conservatoire où il enseigna lui-même plus tard, il y étudia pendant six ans, et en sortit bon musicien et flûtiste habile. Il obtint son premier engagement en 1832, à l'orchestre de Grætz en Styrie, comme première flûte. Peu de temps après il abandonna cette position pour revenir dans sa ville natale, et entra au théâtre national ainsi qu'au conservatoire. Il a publié quelques compositions pour son instrument.

EISERT (Jean), musicien de la chambre et violoniste à Dresde, est né à Georgenthal, près de Rumburg, le 4 février 1775. Sans être placé parmi les virtuoses de l'Allemagne, il possédait un talent estimable. J'ignore si l'on a de lui quelque composition.

EISERT (Jean), fils du précédent, est un organiste distingué. Il est né à Dresde, en 1810, et s'est fixé à Vienne, où il a publié des pièces d'orgue, notamment de bonnes fugues.

Un frère de celui-ci, connu sous le nom de *Eisert jeune*, s'est fixé à Dresde, et s'y est fait remarquer comme organiste et pianiste distingué.

EISNER (Charles), un des virtuoses les plus remarquables du milieu du dix-neuvième siècle sur le cor, est né en Saxe, dans l'année 1796. Après avoir été attaché pendant dix ans à la chapelle impériale de Saint-Pétersbourg, il a obtenu une pension de cette cour, et, de retour en Allemagne, est entré dans la musique de la chapelle royale à Dresde, en 1836. Postérieurement il a fait un voyage et s'est fait entendre avec succès à Berlin, Vienne, Prague, et à Paris, en 1840. On a gravé quelques compositions de cet artiste pour son instrument, parmi lesquelles on remarque : 1° Introduction et polonaise pour cor et orchestre, op. 9; Leipsick, Breitkopf et Hærtel. — 2° Scène et air pour cor chromatique, op. 10; Leipsick, Kistner.

EISRICH (Charles-Traugott), directeur de musique à Riga, est né à Baireuth, vers 1776. Il possédait un talent assez distingué comme pianiste et comme violoniste; mais c'est surtout comme compositeur de chansons qu'il s'est fait de la réputation en Allemagne. Son mérite en ce genre consiste surtout dans l'expression spirituelle des paroles. On a de lui des chansonnettes pour soprano et ténor, avec acc. de piano, Leipsick, Hofmeister, et sept recueils de chansons à voix seule, avec acc. de piano, Leipsick, Hofmeister, Fleischer, etc.

EKHART (François-Joseph), né à Tœplitz, en Bohême, vers 1735, était déjà assez habile sur le piano à l'âge de six ans. Élève de son père pour l'orgue, il fut admiré pour son talent sur cet instrument, et passa pour un organiste distingué, même dans la Bohême, où les bons organistes ne sont point rares. Il voyagea beaucoup, particulièrement en Italie, et vécut à Rome pendant plusieurs années. Le pape (Clément XIV), qui était connaisseur dans les arts, admira son talent sur l'orgue et sur la harpe. Nommé organiste de la basilique de Saint-Pierre, par ce pontife, il charma souvent sa retraite par les accents de sa harpe. En 1780, Ekhart jouissait en Italie de beaucoup de célébrité comme organiste et comme compositeur. La plupart de ses ouvrages ont été dédiés à son père, qui vécut fort vieux, et se trouvent encore en Bohême, dans quelques bibliothèques d'amateurs.

ELER (André), né en Alsace, vers 1764, vint fort jeune à Paris, et s'y fit connaître par quelques bonnes compositions pour les instruments à vent. Plus occupé du soin de s'instruire que du désir de se faire valoir dans le monde, il ne jouit pas de la réputation qu'il méritait : il resta presque toujours dans un état voisin de la misère. Lors de la réorganisation de l'école royale de musique en 1816, il fut nommé professeur de contrepoint; mais il ne profita pas longtemps de cette amélioration dans sa fortune, car il mourut le 21 avril 1821. Le gouvernement a voulu réparer l'injustice du sort envers lui, en accordant une pension à sa veuve. Eler a composé la musique d'*Apelle et Campaspe*, qui fut joué à l'Opéra en 1798, et celle de *l'Habit du chevalier de Grammont*, qu'on a représenté au théâtre de l'Opéra-Comique, en 1800; et qui est resté au répertoire. Plus de vingt ans avant sa mort il avait écrit un opéra intitulé : *la Forêt de Brama*, dont le poëme était reçu depuis longtemps; et, comme beaucoup d'autres victimes de l'incurie de l'administration de l'Académie royale de musique, il a attendu vainement qu'on représentât son ouvrage. Les élèves d'Eler trouvèrent un jour leur maître occupé à fendre du bois dans la cour de la maison où il demeurait; ils voulurent l'aider à porter ce bois jusqu'à son cinquième étage : *Laissez, messieurs*, leur dit-il; *je suis fait à cette besogne, et je m'accoutume à tout, excepté à la musique de Catel*. Eler n'avait jamais pardonné à ce maître d'avoir fait préférer autrefois Berton à lui pour une des places de professeur d'harmonie au Conservatoire. Les compositions instrumentales d'Eler sont : 1° *Ouverture en harmonie*; Paris, Ozi. — 2° *Six Walses et une Anglaise pour 2 clarinettes, 2 cors et 2 bassons*. — 3° *Symphonie concertante pour flûte, cor et basson*; ibid. — 4° *Trois quatuors pour deux violons, alto et basse*, op. 2; ibid. — 5° *Trois trios pour deux violons et basse*; Paris, Pleyel. — 6° *Trois quatuors pour flûte, clarinette, cor et basson*, op. 6; ibid. — 7° *Trois quatuors pour flûte, violon, alto et basse*, op. 7. — 8° *Six sonates pour piano, violon et v^lle*, op. 8; 1801. — 9° *Concerto pour cor en fa, avec orchestre*; ibid. — 10° *Trois trios pour flûte, clarinette et basson*, op. 9; ibid. — 11° *Trois quatuors pour deux clarinettes, cor et basson*, op. 10; ibid. — 12° *Trois quatuors pour flûte, clarinette, cor et basson*, op. 11; ibid. Dans les dernières années de sa vie, Eler fut presque constamment occupé à mettre en partition ou à extraire d'anciens recueils les compositions des maîtres les plus célèbres du seizième siècle. Il en avait formé une collection d'environ sept volumes in-fol. d'une écriture serrée. Ce précieux recueil a été acquis après sa mort par le gouvernement français, pour la bibliothèque du Conservatoire : il y est connu sous le nom de *Collection Eler*.

ELEUTHÈRE, musicien grec, dont parle Athénée, inventa l'espèce de chanson qu'on appelait *anope*. Il gagna un prix aux jeux Pythiques par la beauté de sa voix, quoiqu'il n'eût pas composé l'hymne qu'il chantait.

ELFORT (RICHARD), musicien anglais, fut d'abord attaché au chœur de l'église de Lincoln, et ensuite à celui de Durham. La beauté de sa voix de ténor le détermina plus tard à débuter sur le théâtre de Londres, mais sa petite taille son embonpoint, et son peu de talent comme acteur, le firent bientôt renoncer à cette carrière. En 1706, il entra à la chapelle du roi, avec cent livres sterling d'appointements. On a de lui *Six antiennes à voix seule*, que Weldon a insérées dans sa collection intitulée *Divine Harmony*, avec une préface d'Elfort.

ELIE DE SALOMON, en latin ELIAS SALOMONIS, clerc de Sainte-Astère, dans le Périgord, vivait dans la seconde moitié du treizième siècle, et a écrit, en 1274, un traité de musique qu'il a dédié au pape Grégoire X, et qui a pour titre : *Scientia artis musicæ*. L'abbé Gerbert a publié cet ouvrage dans le troisième volume de sa collection des écrivains ecclésiastiques sur la musique (p. 16 — 64), d'après un manuscrit de la bibliothèque ambrosienne de Milan. L'ouvrage d'Élie de Salomon renferme un traité du plain-chant où l'on trouve de bonnes observations, qui ne sont point ailleurs; mais ce qui lui donne une importance assez grande pour l'art, c'est qu'on trouve au trentième chapitre les règles les plus anciennes qui soient parvenues jusqu'à nous pour faire le contrepoint improvisé appelé en France *Chant sur le livre*, et en Italie *Contrapunto da mente* (1). Ce chapitre a pour titre : *Rubrica de notitia cantandi in quatuor voces, et de quibusdam notabilibus debilis et honestis.*

ELKAMP (Henri), compositeur et pianiste, né à Itzehoe, dans le Holstein, en 1812, fit son éducation musicale à Hambourg, sous la direction de Clasing. Ses premières compositions furent une sonate de piano, et de bons quatuors de violon (œuvres 2 et 3), qui furent publiés en 1834. Fixé à Hambourg, il y fit exécuter, en 1835, un oratorio de *Paulus*, qui obtint beaucoup de succès, et que l'Académie de chant de Berlin a fait entendre en 1838. La partition de cet ouvrage, réduite pour le piano, a été publiée à Leipsick, chez Breitkopf et Hœrtel. On sait que Mendelssohn a traité le même sujet après Elkamp : il y a plus d'art dans son ouvrage, mais moins d'originalité dans les idées. Au mois de novembre 1838, Elkamp fit exécuter dans l'église Saint-Pierre, à Hambourg, un autre oratorio, intitulé *Die Heilige Zeit* (le Saint-Temps) qui renfermait des beautés signalées par les journaux du temps ; mais immédiatement après cette production l'auteur disparaît du monde musical, et aucun ouvrage depuis lors n'a fait connaître son existence. En 1836 il avait publié un recueil de chants spirituels et une fantaisie avec variations pour le piano, qui était son œuvre 15e.

ELLA (John), fondateur de la société de musique instrumentale établie à Londres, sous le nom de *the Musical Union*, est né dans le nord de l'Angleterre, vers 1798. Destiné à la profession d'avocat dès l'âge de dix-sept ans, par ses parents, il trompa leur attente en se vouant à la musique par amour pour cet art. Jemy, musicien peu connu, fut son maître de violon, et il reçut des leçons d'harmonie de Atwood. Dans un voyage qu'il fit à Paris, en 1826, il fit aussi quelques études de contrepoint sous ma direction. Pendant vingt-cinq ans environ, Ella fut membre de l'orchestre de l'Opéra et de celui de la Société philharmonique en qualité de violoniste ; mais ayant conçu le plan d'organisation d'une société pour l'exécution de la musique instrumentale de chambre, qu'il réalisa en 1845, il se retira de ces emplois, afin de donner à la nouvelle institution tous les soins qu'elle réclamait. Bien accueilli par la haute aristocratie anglaise, il parvint à l'intéresser à son entreprise, obtint son patronage, et, grâce à ce puissant appui, le maintint dans une prospérité croissante. C'est ainsi qu'il a exercé une salutaire influence sur le goût de la nation anglaise pour la musique classique. Chaque année, pendant la saison, les artistes les plus célèbres et les plus distingués dans l'exécution de cette musique, Vieuxtemps, Sivori, Joachim, Molique, Piatti, Hallé, font entendre dans des matinées périodiques, en présence d'un auditoire d'élite, des compositions instrumentales, telles que quatuors, quintettes, sextuors, etc., de Haydn, Mozart, Beethoven, Mendelssohn, avec une perfection d'ensemble qu'on entend rarement ailleurs. Ella publie également chaque année un bulletin analytique, avec les thèmes notés, des compositions exécutées dans chaque séance de la saison. Ce bulletin a pour titre : *The annual Record of the Musical Union*. Les bulletins réunis de chaque année forment un cahier d'environ 45 pages in-8°, imprimés avec luxe. La collection forme jusqu'à ce jour (1860) seize années.

ELLER (Louis), violoniste remarquable et compositeur pour son instrument, est né à Grætz (Styrie), en 1819, et y a reçu sa première instruction musicale du maître de chapelle Hysel. Ses progrès sur le violon furent si rapides, qu'à l'âge de neuf ans il put se faire entendre avec succès, dans un concert donné par la société musicale de la Styrie. Il donna ensuite plus de solidité à son éducation de musicien, en chantant comme enfant de chœur dans les églises. Après avoir étudié le chant pendant plusieurs années, il se rendit à Vienne, à l'âge de dix-sept ans, et s'y fit entendre, pour la première fois, en 1836, dans un concert donné par Dœhler. La justesse de son intonation et l'habileté de son mécanisme d'archet y furent déjà remarquées. Eller ne resta pas longtemps à Vienne, parce que l'éclat de son succès dans cette ville le fit bientôt après appeler

---

(1) On trouve, il est vrai, dans les écrits d'Hucbaud ou d'Hucbald de Saint-Amand et de ses successeurs des indications précises d'un genre de chant organisé et improvisé appelé *diaphonie*; mais c'est d'une sorte de contrepoint régulier qu'il est question dans le livre d'Élie de Salomon, et non de cette barbare invention.

Il est vrai encore que dans le manuscrit 812 du fonds de Saint-Victor, de la bibliothèque impériale de Paris, lequel contient un traité de musique du commencement du treizième siècle, on trouve des règles de *déchant* ou contrepoint improvisé qui commencent par ces mots : *Quisquis vault deschanter, il doit premiers savoir quest quins et doubles; ejus est li quinte et doubles est la voillesme; et doit regarder se li chans monte ou avale; se il monte nous devons prendre la double note; se il avale, nous devons prendre la quinte note,* etc.; mais ces règles ne s'appliquent qu'au contrepoint à deux parties, tandis que celles qui sont données par Élie de Salomon ont pour objet le contrepoint à quatre.

Vers le temps où vivait Élie de Salomon, Marchetto de Padoue écrivait aussi des règles de contrepoint improvisé ; mais ses ouvrages n'ont été rendus publics qu'au commencement du quatorzième siècle.

à Salzbourg, en qualité de maître de concerts et de professeur de son instrument. Ce fut de cette ville qu'il partit pour faire son premier voyage d'artiste en Hongrie et en Croatie, à la suite duquel il retourna, pour la première fois, à Grætz, en 1842. Il parcourut ensuite la Suisse, la France méridionale, et visita Paris en 1844. La *Gazette musicale* en parla alors (t. XI, p. 86) comme d'un talent de premier ordre. Dans l'année suivante, l'artiste retourna à Grætz, et y donna quelques concerts, ainsi qu'à Trieste; puis il visita le nord de l'Italie, et retourna dans le midi de la France, s'arrêtant quelques mois à Toulouse, dont le climat était favorable à sa santé. Son état habituel de souffrance l'a décidé à se fixer dans cette région, plus douce et d'une température plus égale que celle des autres pays qu'il avait visités : c'est à Pau, dans le département des Basses-Pyrénées, qu'il a pris son séjour habituel. Après avoir parcouru l'Espagne et le Portugal et avoir joué dans les cours de Madrid et de Lisbonne avec son ami Gottschalk, M. Eller donna son premier concert à Paris en 1850, puis il y donna des séances de quatuors avec Franchomme, MM. Sauzay et Seghers. Il y conquit l'estime des artistes par les grandes qualités de son mécanisme et par l'élévation de son style dans la musique classique. Postérieurement, il a fait plusieurs voyages en Allemagne, et a eu des succès d'enthousiasme à Dresde, à Dantzick, à Stettin, en 1854, à Francfort et à Wiesbade, en 1855, de nouveau à Dresde, à Dantzick et Hanovre, en 1858. En 1855 il était retourné à Paris, et y avait donné un concert le 11 juin, dans lequel il joua le concerto de Mendelssohn, une *Corrente* de sa composition, la *Chacone* de Bach, une *Valse diabolique* écrite par lui et des airs styriens variés. Les journaux de cette capitale le placèrent, après cette audition, au rang des virtuoses les plus remarquables de l'époque. Le 17 juillet de la même année, il joua à Londres, dans un concert de bienfaisance donné par la princesse Czartoryska, et le *Times*, le *Morning-Herald* et plusieurs autres journaux donnèrent les plus grands éloges au talent du violoniste. M. Eller a fondé à Pau des séances de musique classique qui excitent l'enthousiasme des amateurs. Un beau son, une grande justesse, beaucoup d'habileté de la main gauche, particulièrement dans la double corde, composent les qualités principales de cet artiste; mais on lui reproche de manquer de charme. Parmi ses compositions, on distingue : 1° *Corrente* pour violon et piano, op. 1; Paris, Richault. — 2° *Valse diabolique*, idem, op. 10; ibid. — 3° *Menuet sentimental*, idem. op. 12; ibid. — 4° Deux études de concert pour violon seul, op. 7; ibid. — 5° Improvisation sur un chant d'église de Haydn; ibid. — 6° *Rhapsodie hongroise* pour violon et piano, op. 9; ibid. — 7° *Adagio et rondo* pour violon, avec piano, op. 17; Leipsick, Schuberth. — 8° *Capricci*, idem, op. 20; ibid. — 9° deux impromptus, idem, op. 21; ibid. — 10° *Fantaisie originale*, idem, op. 24; ibid. — 11° Menuets, contredanses et sérénades de *Don Juan*, de Mozart, arrangés pour violon seul, op. 22; ibid. — 12° Fantaisie sur des thèmes espagnols pour violon et piano, op. 22; Mayence, Schott.

ELLERTON (JOHN LODGE), compositeur, est né le 11 janvier 1807, dans le comté de Chester, en Angleterre. Ses parents descendent d'une ancienne famille irlandaise, originaire de la Normandie. Dès son enfance on reconnut en lui un goût passionné pour la musique; à l'âge de sept ans il s'essayait déjà dans de petites compositions qui indiquaient un heureux instinct; mais son père ne cessa de combattre ce penchant et lui refusa toujours un maître de musique. M. Ellerton fut obligé de se livrer seul à l'étude du piano. Ayant été envoyé à l'université d'Oxford pour y faire ses études, il y obtint, en 1828, le grade de A. M. (maître ès sciences). Il n'avait pas cessé de cultiver la musique pendant son séjour dans cette ville, continuant toujours de se livrer à la composition, sans autre guide que des traités d'harmonie. Il y avait même écrit un opérette en langue anglaise et un opéra sur un texte italien. Sorti de l'université, il se rendit à Rome, et y fit des études sérieuses de contrepoint pendant deux ans, sous la direction d'un maître de chapelle nommé *Terriani*. Ce fut à Rome qu'il écrivit la plupart de ses opéras. M. Ellerton s'est exercé également dans la musique instrumentale, particulièrement dans le genre des quatuors pour les instruments à cordes, et dans celui de la symphonie. L'ardeur qu'il mettait dans son travail a souvent altéré sa santé, et l'a obligé de se rendre à Aix-la-Chapelle pendant plusieurs saisons, pour y retrouver, par l'usage des bains, ses forces épuisées. Le climat de l'Angleterre lui est défavorable, tandis que celui de l'Allemagne lui est salutaire. C'est aussi dans les provinces rhénanes, dans le duché de Bade et en Prusse que ses ouvrages ont obtenu le succès le plus décidé. M. Ellerton a épousé, en 1837, la fille du comte de Scarborough, pair d'Angleterre. Le catalogue des ouvrages de cet amateur distingué est composé de la manière suivante : 1° *Issipilo*, opéra en trois actes. — 2° *Berenice in Armenia*, idem. — 3° *Annibale in Capua*, idem. — 4° *Il Sacrifizio d'Epito*, idem. — 5° *Andromacca*, idem. - 6° *Il Carnovale di Venezia*, en deux actes. — 7° *Il Marito a vista*, idem. — 8°*Carlo Rosa*, opéra allemand, en trois actes. — 9° *Lucinda*, opéra anglais, en trois actes. — 10° *Domenica*, idem, en deux actes. — 11° *The Bridal of Greermain* (les Noces de Greermain), idem, en cinq actes. — 12° *Paradise lost* (le Paradis perdu), oratorio en quatre parties. — 13° Six messes. — 14° six antiennes. — 15° Dix-sept motets. — 16° Soixante et un *glees* à 4, 5 et 6 voix. — 17° Quatre-vingt-trois duos à différentes voix. — 18° Cinq symphonies à grand orchestre. — 19° Quatre ouvertures de concert. — 20° Trois quintettes pour 2 violons, alto et 2 violoncelles. — 21° Quarante-quatre quatuors pour 2 violons, alto et violoncelle. — 22° Trois trios pour violon, alto et violoncelle. — 23° Huit trios pour piano, violon et violoncelle. — 24° Deux sonates pour piano et violon. — 25° Une idem pour piano et alto. — 26° Une idem pour piano et violoncelle. — 27° Neuf idem pour piano et flûte.

ELLEVIOU (Jean), acteur célèbre de l'Opéra-Comique, naquit à Rennes, le 14 juin 1769. Son père, chirurgien en chef de l'hôpital de cette ville, le destinait à suivre sa profession, et ses études furent dirigées vers ce but ; mais la répugnance que la dissection des cadavres inspirait au jeune Elleviou était invincible. Un goût passionné pour la comédie lui faisait chercher les occasions de la jouer en société, bientôt il ne lui suffit plus d'en faire un délassement à ses travaux, et le désir de se faire comédien lui fit abandonner clandestinement la maison paternelle. Arrivé à Paris, il y fut engagé par le directeur du théâtre de la Rochelle, qui l'emmena et qui se disposait à le faire paraître en public, quand l'intendant de la province fit arrêter le débutant, qui ne recouvra sa liberté qu'à l'arrivée de son père. Après de vives altercations, Elleviou promit de renoncer à la comédie, et consentit à retourner à Rennes. Il y reprit le cours de ses études, et quelque temps après il fut envoyé à Paris pour y terminer ses cours. Mais à peine y fut-il arrivé, qu'il prit la résolution de secouer le joug paternel et de s'abandonner à sa vocation pour le théâtre. Le 1er avril 1790 il débuta à la Comédie italienne par le rôle du *Déserteur*. Sa voix alors était une basse-taille dont le timbre était sourd et dont l'étendue n'était pas développée. Ses succès ne répondirent point d'abord aux espérances que son goût pour la scène avait fait naître ; cependant il fut reçu dans la même année comme acteur aux appointements. Le premier rôle nouveau qui lui fut confié est celui du nègre, dans *Paul et Virginie*, de Kreutzer ; bientôt après, le travail qu'il fit pour développer les sons élevés de sa voix en changèrent le caractère ; il perdit successivement plusieurs notes graves, et de basse qu'elle était d'abord, sa voix se transforma en ténor, qui s'étendit chaque jour vers le haut par l'étude qu'il fit des sons de tête. La métamorphose était déjà opérée en 1792, car Elleviou put chanter alors le rôle de *Philippe*, dans l'opéra de Dalayrac intitulé *Philippe et Georgette*. Ce rôle commença sa réputation. Chanteur agréable, et doué de tous les avantages de la taille et de la figure, il plaisait aux femmes, mais les hommes le jugeaient plus sévèrement, et le plaçaient fort au-dessous de Michu, comme acteur.

Enlevé par la loi sur la réquisition à ses études dramatiques, Elleviou dut se rendre à l'armée ; mais il y resta peu de temps ; une commission fictive qu'il se fit donner le ramena à Paris, où il prit parti dans les sociétés de jeunes gens appelés *Sociétés de muscadins*, qui entreprirent d'opérer une réaction complète après le 9 thermidor. Poursuivi par la police, Elleviou se réfugia à Strasbourg, en 1795, et ce fut là qu'il commença à prendre cette aisance de la scène, cette diction élégante, et ce jeu fin et spirituel qui l'ont ensuite rendu célèbre. Rappelé à la Comédie-Italienne de Paris, il y joua d'origine et avec de brillants succès les principaux rôles dans *Gulnare*, *Zoraime et Zulnare*, *Trente et quarante*, *le Prisonnier*, *Adolphe et Clara*, *Maison à vendre*, *le Calife de Bagdad*. Sa voix était devenue plus belle, plus sonore, plus flexible, et, bien qu'il fût inférieur à Martin comme musicien, il se soutenait à côté de lui comme chanteur. Il y avait d'ailleurs plus d'expression naturelle et plus de charme dans son organe et dans ses accents. Les rôles de petits maîtres et de jeunes militaires étaient ceux où il brillait alors, quoiqu'il pût jouer avec succès les caricatures, ainsi qu'il le fit voir dans *le Cabriolet jaune*, *l'Irato* et *Picaros et Diego*. Piqué du reproche que lui adressaient quelques journaux de n'être bon acteur que sous le costume de houzard, et peut-être persuadé que dix années de vogue avaient usé les succès de ce genre, Elleviou songea à s'essayer dans des rôles qui exigeaient plus de sensibilité, un talent plus flexible. A la réunion des acteurs des théâtres Favart et Feydeau, qui s'était opérée en 1801, il était devenu un des cinq administrateurs de la nouvelle société ; il profita des avantages de sa position pour faire remettre à la scène les anciens opéras qui lui offraient des chances de succès dans la nouvelle direction qu'il voulait prendre. C'est ainsi qu'on vit reparaître tour à tour *l'Ami de la maison*, *Zémire et Azor*, *Richard Cœur de Lion*, *le Roi et le Fermier*,

Félix, etc. Dans tous ces ouvrages, Elleviou fit preuve de sensibilité, de goût et d'intelligence; il leur rendit toute la fraîcheur de la nouveauté, et leur procura des succès plus brillants que ceux qu'ils avaient eus dans leur origine. Tout Paris voulut le voir et l'entendre dans les rôles de *Blondel*, d'*Azor* et de *Félix*; il y était à la fois chanteur plein de goût et d'expression, acteur remarquable par la noblesse et la sensibilité. Des rôles nouveaux écrits pour lui prouvèrent qu'il n'avait pas besoin de la tradition pour se diriger dans la carrière nouvelle où il s'était engagé. Celui de *Joseph* lui fit particulièrement beaucoup d'honneur. Dans *Jean de Paris* il retrouva toute son ancienne légèreté, mais avec plus d'aplomb et de fini dans les détails.

Cet acteur, adoré du public, jouissait d'avantages très-considérables au théâtre, car dans les dernières années, ses appointements s'élevaient à 84,000 francs de traitement annuel ou de gratifications. Ses prétentions grandirent avec ses succès, et ses exigences allèrent en 1812 jusqu'à demander *cent vingt mille francs* par an. L'empereur Napoléon s'opposa à cette concession de la part des sociétaires de l'Opéra-Comique, et voulut même que le traitement de 84,000 francs fût diminué. Elleviou, qui ne cherchait peut être qu'un prétexte pour se retirer pendant qu'il jouissait encore de toute la faveur du public, saisit cette circonstance, et quitta la scène au mois de mars 1813. Le 10 de ce mois il donna sa représentation de retraite, et joua dans *Adolphe et Clara* et dans *Félix* pour la dernière fois. Malgré la gravité des événements politiques, à cette époque, le public se porta en foule au théâtre, et donna, pendant tout le cours de la représentation, des témoignages d'intérêt et de regret à l'acteur de sa prédilection. Depuis ce temps, Elleviou a vécu dans la retraite à sa terre de Roncières, près de Tarare, dans le département du Rhône. Ses économies et un mariage avantageux lui avaient fourni les moyens de faire l'acquisition de cette propriété considérable. Là, il se livrait à son goût pour l'agriculture, et les bonnes études de sa jeunesse lui faisaient trouver dans la littérature et dans les arts d'agréables délassements de ses travaux. On a de lui les livrets de trois opéras : *le Vaisseau amiral*, *Delia et Werdikan*, et *l'Auberge de Bagnères*, qui ont été joués au théâtre Feydeau. Elleviou est mort subitement à Paris, d'une apoplexie foudroyante, le 5 mai 1842, à l'âge de soixante-treize ans.

ELLIOTT (...), facteur d'orgues distingué, né à Londres en 1782, a contribué aux perfectionnements de la partie mécanique des instruments de cette espèce. Ses orgues se font aussi remarquer par la bonne qualité des jeux de fonds. Dans ses derniers travaux, les plus considérables, il a eu le bon esprit de s'associer Hill, homme de génie, fécond en expédients pour vaincre les difficultés que présente quelquefois l'emplacement des orgues. Elliott avait été élève de Hill, père de celui qui vient d'être nommé. Un de ses premiers ouvrages fut la reconstruction, en 1814, de l'orgue de la chapelle royale de Whitehall, construit originairement sous le règne de Charles II, vers 1680, par le vieux Schmidt, facteur allemand. Ses instruments les plus considérables sont : 1° le grand orgue de la cathédrale d'York, en société avec Hill, composé de trois claviers à la main, clavier de pédale, et qui contient environ 8,000 tuyaux, dont 3 jeux de 32 pieds ouverts, un bourdon et une bombarde de 32 pieds. Cet instrument a coûté 125,000 francs, non compris la dépense du buffet, qui a été de mille livres sterling. — 2° L'orgue à trois claviers manuels et clavier de pédales, dans Christ-Church, Newgate Street, à Londres. — 3° l'orgue à trois claviers manuels et clavier de pédale, à l'église de Creyditon. Elliott a cessé de travailler vers 1840.

ELLYS (RICHARD), littérateur anglais, et sénateur du tribunal suprême, au commencement du dix-huitième siècle, est auteur d'un livre cité par quelques biographes sous ce titre : *Observationes philolog. ad loca Nov. Testam.*, Rotterdam 1727, in-8°; mais le titre véritable est *Fortuita sacra*. On y trouve une dissertation sur les cymbales antiques, intitulée *Commentarius de cymbalis*. Très-supérieure à l'ouvrage de Lampe (voy. ce nom) sur le même sujet, la dissertation d'Ellys commence à la page 263 du volume, et finit page 378. Elle est divisée en 32 chapitres, où il est traité de l'origine des cymbales ; de l'analogie de leur forme avec la plante du genre *cotylédone* ; des coquillages qui servirent de cymbales ou de crotales dans les premiers temps ; de l'usage des cymbales dans les fêtes de Bacchus, de Cybèle, de Cérès et d'Isis ; de l'union constante, chez les anciens, des cymbales et des timbales et tambours ; de la matière des cymbales ; de la qualité des sons qu'elles produisaient ; de la variété de leurs formes ; de l'usage des cymbales en particulier chez les Hébreux, etc. Le livre de Richard Ellys est malheureusement très rare.

ELLMENREICH (JEAN-BAPTISTE), acteur et chanteur allemand, né à Neubrisach en 1770, parut sur le théâtre de Francfort pour la première fois au mois de mars 1792, et joua pendant plusieurs années sur celui de Hambourg. Sa voix était une basse très-grave et d'un beau volume de son. En 1802, on essaya d'établir à Paris, au théâtre de la porte Saint-Martin, un Opéra allemand, auquel on donna le nom de *Théâtre Mozart*. Ellmenreich y chanta dans *l'Enlèvement du sérail* et dans plusieurs autres ouvrages; mais cette entreprise n'ayant point eu de succès, les acteurs furent congédiés, et ce chanteur se borna à se faire entendre dans quelques concerts. En 1804, il entreprit de voyager avec le pianiste Woelfl, pour donner des concerts, et l'année suivante il se fixa à Londres. On a sous son nom quelques pièces pour le chant, parmi lesquelles on remarque : 1° *Der Rechenmeister Amor* (l'Amour arithméticien) pour piano et chant, avec accomp. de deux violons, alto et basse; Hambourg, 1798. — 2° Air favori : *Schœne Mædchen* (Belle Fille). — 3° *Das Leben ist ein Wuerfelspiel* (la Vie est un coup de dé), ariette; Leipsick, Kühnel. — 4° *Amusements des soirées*, trios pour soprano, ténor et basse, avec acc. de guitare et piano, Paris, 1803.

Un compositeur du même nom, attaché à la petite cour de Schwerin, a donné dans cette ville, en 1848, un opéra intitulé *Der beide Kaiser* (les Deux Empereurs).

ELMENHORST (Henri), né à Parchim, dans le Mecklembourg, le 19 octobre 1632, fit ses études à Leipsick, où il fut nommé magister en 1653. De là il alla à Wittenberg et ensuite à Hambourg, où il fut fait diacre de l'église Sainte Catherine, en 1660, et enfin pasteur de l'hôpital de Saint-Job, en 1697. Il est mort dans cette ville, le 21 mai 1704. On a de lui un livre de cantiques sous le titre de *Geistliches Gesængbuch mit Franckens musikalischer Composition*, et un traité historique sur l'opéra, intitulé *Dramatologia antiquo-hodierna, das ist Bericht von den Opernspielen*, etc. Hambourg, 1688, in-4° de 186 pages. Cet ouvrage contient de savantes recherches sur ce sujet.

ELOUIS (Joseph), professeur de harpe, né à Genève en 1752, vécut à Londres pendant plusieurs années, et se fixa ensuite à Paris, en 1787. Il a publié plusieurs ouvrages pour son instrument; les plus connus sont : 1° *Air du pays de Galles*, varié. — 2° *Romances d'Estelle*, suivies d'un air varié pour harpe et piano. — 3° *Selection of favorite Scotts songs, with accompaniment for the piano-forte* ; 2 vol. in-fol.

ELOY, musicien savant, vécut au quinzième siècle, antérieurement à Tinctoris, qui le cite avec éloge dans le cinquième chapitre du troisième livre de son *Proportionnaire de musique*. Il fut un peu postérieur à Dufay, Dunstable et Binchois, car les contemporains de ceux-ci ne citent pas son nom conjointement à ceux de ces hommes célèbres; mais il vécut dans la première partie et vers le milieu du quinzième siècle, dans le même temps que Barbireau, Fauques, Dornart, Brassart, Le Rouge, et Puylois. On n'a rien trouvé jusqu'à ce jour (1860) pour établir les éléments d'une biographie d'Eloy, car on ignore également quelle fut sa patrie, le nom du maître qui dirigea ses études, et la position qu'il occupa. Plusieurs familles anciennes du nom d'*Eloy* existent dans la Flandre française et dans le Hainaut; peut-être est-il permis de croire que le musicien dont il s'agit a vu le jour dans une de ces provinces. Il avait cessé de vivre longtemps avant l'époque où Petrucci de Fossombrone inventa la typographie de la musique, et ses ouvrages étaient sans doute oubliés dès lors, car on n'en trouve aucun fragment parmi ceux que ce typographe a publiés, ni dans aucune autre collection postérieure. Tinctoris (*loc. cit.*) dit, en parlant de la manière d'indiquer le mode mineur dans la notation proportionelle : *C'est ainsi qu'a écrit Eloy, très-savant en ce qui concerne les modes, dans sa messe intitulée* : Dixerunt discipuli (1). Gafori accorde des éloges semblables à ce maître à propos des mêmes choses, et cite la même messe (2). Cette messe se trouve en manuscrit à Rome, dans les archives de la chapelle pontificale. L'abbé Baini en avait fourni au conseiller Kiesewetter le *Kyrie* et l'*Agnus* : celui-ci les a publiés en partition dans son histoire de la musique européenne occidentale (3) ; ce sont des morceaux de grand mérite pour le temps où ils ont été écrits.

ELOY ou **ELOI** (Casimir), né à Amiens, le 18 février 1778, entra comme élève dans les classes de chant du Conservatoire, au mois de floréal an VII (1799), et débuta à l'Opéra en 1804, dans les rôles de ténors. Cet acteur s'est retiré à la fin de 1823, après vingt ans de service.

ELSBETH (Thomas), compositeur, né à Neustadt en Franconie, s'établit à Francfort-sur-l'Oder, vers 1600, puis se fixa vraisemblablement à Jauer, petite ville de la Silésie, d'où l'épître dédicatoire d'un de ses ouvrages, imprimé en 1624, est datée. Il est d'ailleurs remarquable que la plupart de ses compositions ont été imprimées à Liegnitz, autre ville de la Silésie,

(1) Sicut Eloy quem in modis doctissimum accepi in missa *Dixerunt discipuli* fecit.
(2) Eloy igitur in modis doctissimus in missa sua *Dixerunt discipuli* duabus ipsis longarum perfectarum pausis modum majorem perfectum declaravit atque insuper trium temporum pausa minoris modi perfectionem ostendit. (*Musicæ utriusque cantus practica*, lib. II, c. 5.)
(3) *Geschichte der Europ. Abendlænd. Musik*, pl. XIV-XV.

et se trouvent dans la bibliothèque du Gymnase de cette ville, où M. Dehn, conservateur de la Bibliothèque royale de Berlin, pour la partie musicale, les a découvertes. On a de lui *Vingt-quatre motets à six voix*, Francfort-sur-l'Oder, 1600. Quatre de ces motets sont sur des paroles allemandes, et les autres sur des textes latins. Le titre de cet ouvrage est : *Selectissimæ et novæ cantiones sacræ, vulgo motecta appellatæ, nec unquam antehac in lucem emissæ, sex vocum, cum ad vivam vocem, tum ad omnis generis instrumenta accommodatæ*; in-4° obl. Les titres des autres productions de ce musicien sont : 1° *Selectissimæ et novæ cantiones sacræ vulgo motecta appellatæ, nec unquam antehac in lucem emissæ, quinque vocum, in publicum ecclesiarum et scholarum piarum usum typis divulgatæ per Thomam Elsbethum neapolitan. Franc. Lignicii typis Nicolai Sartorii*, 1590, in-4° obl. avec un index de XII n°s. — 2° *Neue ausserlesene weltliche Lieder zuvor niemals in Druck ausgangen, mit 5 Stimmen* (Nouvelles chansons mondaines choisies à cinq parties); Francfort-sur-l'Oder, 1599, in-4° obl. Ce recueil contient 36 morceaux. — 3° *Selectissimæ et novæ cantiones sacræ vulgo motecta appellatæ nec unquam antehac in lucem emissæ, quatuor vocum*; Lignicii, excudebat Sartorius, 1606, in-4° obl. Ce recueil contient 20 morceaux, dont onze en latin et huit en allemand. — 4° *Neue ausserlesene Lieder, zu Gottes Lob gerichtet dann auch von der edlen und lieblichen Musica, mit 5 Stimmen* (Nouvelles chansons choisies à la louange de Dieu et aussi de la noble et aimable musique, à 5 voix); Liegnitz, Nic. Schneider, 1607, in-4° obl. Ce recueil contient 20 morceaux. — 5° *Erster Theil Sontaglicher Evangelien, etc., mit 3 Stimmen* (Première partie des évangiles pour les dimanches, à 3 voix); Liegnitz, Nic. Sartorius, sans date, avec une dédicace datée du 1er mars 1616. *Ander Theil*, etc. (seconde partie du même ouvrage), sans date, avec une dédicace du 12 mai 1621, in-4°. La première partie contient 30 morceaux, la deuxième 24 n°s. — 6° *Melpomene sacra, festis fidelium nuncupata, das ist ausserlesene geistliche Gesænge auff alle vornehme Fest durchs ganze Jahr, mit 6 Stimmen* (Cantiques choisis pour toutes les grandes fêtes de l'année, à 6 parties); Breslau (sans date), avec une dédicace datée de Jauer, 1624, in-4°.

ELSNER (Joseph), compositeur, né à Grottkau, ville des États prussiens, le 1er juin 1769, était fils d'un menuisier qui, doué d'un esprit ingénieux et de connaissances musicales, construisait des clavecins, des harpes et d'autres instruments de musique. En 1781, Elsner fut envoyé à Breslau, pour y faire ses études au collège, et entra, comme enfant de chœur, à l'église des Dominicains. Plus tard, il fut employé au théâtre comme violoniste et comme chanteur; là, les occasions fréquentes qu'il eut d'entendre de bonne musique développèrent en lui le goût de la composition dramatique. Destiné par son père à l'étude de la médecine, il ne se rendit point à ses vœux, et sa résolution fut prise de se livrer à l'étude de l'art sous la direction de bons maîtres. Fœrster, directeur de musique à Breslau, lui donna des leçons d'harmonie. Ses premières productions furent des romances, parce que ce genre exige peu de connaissances dans l'art de la composition. Quoique peu avancé dans cet art, il essaya pourtant ses forces dans des airs de danse, des duos, trios, et même dans un concerto de violon avec accompagnement d'orchestre. L'habileté venant avec l'expérience, il écrivit des morceaux de musique religieuse, un oratorio, un morceau de musique pour des instruments à vent, destiné à la procession de la Fête-Dieu, une symphonie (en ré) et quelques autres morceaux de différents genres. Arrivé à Vienne, pour y continuer ses études, il abandonna complétement celle de la médecine, et ne s'occupa plus que de la musique. Lié avec les artistes les plus recommandables, il puisait dans leur entretien et dans la lecture des meilleures partitions l'instruction qui lui était nécessaire pour parcourir la carrière d'artiste avec honneur. En 1791, il s'établit à Brünn, où la place de premier violon du théâtre lui fut confiée. Il y écrivit, jusqu'à Pâques de 1792, quatre quatuors pour des instruments à cordes, un concerto pour la flûte, et une cantate dont le mérite fit obtenir à Elsner la place de directeur de musique à Lemberg. Depuis 1792 jusqu'en 1799, époque de son séjour en cette ville, il écrivit des entr'actes pour la tragédie de *Marie-Stuart* de Schiller, toutes les danses de la saison du carnaval pendant plusieurs années, quatre symphonies, huit quatuors pour des instruments à cordes (publiés à Vienne, Offenbach et Varsovie), un concerto facile pour le violon, trois sonates pour violon et violoncelle, des sonates pour piano, violon et violoncelle, plusieurs grandes et petites cantates, des chœurs et des entr'actes pour le drame intitulé *Lanassa*, une messe de *requiem* brève, et les opéras dont les titres suivent : 1° *Die seltenen Brüder oder die vier Zauberkugeln* (les Frères bizarres ou les quatre balles enchantées), imitation de *la Flûte enchantée* de Mozart. — 2° *Der verkleidete Sultan* (le Sultan travesti). — 3° *Iskahar*, pièce polonaise avec chant. — 4° *Sydney e Tamma*, mélodrame polonais. — 5° *Les Amazones* (opéra polonais en deux actes).

En 1799 Elsner fut appelé comme directeur de musique au théâtre de Varsovie. Arrivé en cette ville, il y fit représenter les pièces qui viennent d'être citées; l'année suivante il y écrivit *le Sultan Wampou*, opéra, et dans l'espace de vingt années il composa vingt-deux ouvrages dramatiques, tous en langue polonaise. Dans cet intervalle, il avait fait un voyage à Paris, et y avait fait entendre quelques-unes de ses compositions dans des concerts donnés à Saint-Cloud et aux Tuileries. Après l'institution du grand-duché de Varsovie, Elsner, de concert avec la comtesse Zamoïska, fonda en 1815 une société pour les progrès de la musique en Pologne qui fut le commencement du Conservatoire de Varsovie, établi en 1821, après que Elsner eut quitté la direction de la musique du théâtre. Elsner fut nommé directeur de ce Conservatoire et professeur de composition. Par ses soins, l'établissement était déjà parvenu à un état satisfaisant de prospérité; mais les événements politiques qui ont suivi la révolution de 1830 en ont fait fermer les portes. Cette école a été rétablie postérieurement, mais avec une organisation moins importante. En 1834, Charles Soliva, compositeur italien, en avait la direction. Retiré dès lors dans sa maison du faubourg de Praga, Elsner continua d'écrire un grand nombre de compositions religieuses, particulièrement plusieurs belles messes, son oratorio *la Passion de Notre-Seigneur Jésus-Christ*, qui fut exécuté solennellement en 1844, dans l'église évangélique de Varsovie, par trois cents musiciens, sous la direction de T. Niducki et de Billing, et enfin son *Stabat Mater*, composé en 1844, et que l'auteur écrivit de la main gauche, parce que la droite avait été frappée de paralysie. Cet excellent artiste est mort dans l'été de 1854, entouré de l'estime de toute la Pologne, et en particulier de ses élèves. Sa femme l'avait précédé de deux ans dans la tombe. Son cabinet de travail et sa bibliothèque ont été laissés intacts par sa famille : on y voit encore sur sa table de travail les plumes avec lesquelles il écrivit ses derniers ouvrages. Les connaissances solides que Elsner avait déployées dans la direction et dans l'enseignement du Conservatoire de Varsovie lui firent obtenir en 1825 le titre de chevalier de Saint-Stanislas.

En 1818, cet artiste recommandable visita la Silésie, son pays natal, et passa une saison aux eaux de Reinerz, pour y rétablir sa santé : il s'y lia d'une étroite amitié avec Ebell. La loge maçonnique de Varsovie, qu'il avait présidée pendant plusieurs années, a fait lithographier son portrait, et Buyuskawskin a publié sa biographie détaillée, en langue polonaise. Ce compositeur laborieux a produit, outre les ouvrages qui ont été cités précédemment : I. POUR LE THÉÂTRE. 1° *Mieszkancy Kamzatka* (les Habitants du Kamschatka), opéra en un acte. — 2° *Siedem razy ieden* (Sept fois le même), en un acte. — 3° *Stary trzpiat* (le Vieux Petit-Maître), en deux actes, 1805. — 4° *Nurzahad*, mélodrame, avec danses et chants, en trois actes, 1805. — 5° *Wieszczka Ursella* (la Vieille Ursule), opéra en trois actes, 1806. — 6° *Sond Salomona* (le Jugement de Salomon), tragédie avec danses et chants, en trois actes, 1806. — 7° *Andromède*, opéra sérieux en un acte, 1807. — 8° *Trybunal niewidzialny* (le Tribunal secret), en quatre actes, 1807. — 9° *Mieczyslaw Slepy* (Mieczyslas l'aveugle), opéra en trois actes, 1807. — 10° *Karol Wietki i Witykind* (Charlemagne et Witikind), drame lyrique en deux actes, 1807. — 11° *Szewc i Kraucowna* (le Cordonnier et la Tailleuse), duodrame en un acte, 1808. — 12° *Urojenie i Rzeczywistosi* (Chimère et réalité), opéra en un acte, 1808. — 13° *Écho*, drame en un acte, 1808. — 14° *Sniadanie Trzpiotow* (le Déjeuner des petits-maîtres), en deux actes, 1808. — 15° *Zonapo drodze* (la Femme en voyage), en trois actes, 1809. — 16° *Rzymos wobodzony* (Rome délivrée), drame avec chœurs, trois actes, 1809. — 17° *Benefis* (le Bénéfice), duodrame en un acte, 1810. — 18° *Sierra-Morena* (la Sierra Morena), opéra en trois actes, 1811. — 19° *Kabalista* (le Devin) en deux actes, 1813. — 20° *Krol Lokietek* (le roi Lokietek), opéra en deux actes, 1818. — 21° *Jagiello Wietki* (Jagellon le Grand), en trois actes, 1820. — 22° *Le Sacrifice d'Abraham*, en quatre actes, 1827. — 23° Cantate pour le jour de naissance de l'empereur de Russie, Alexandre Ier. — 24° Deux scènes pour l'opéra d'*Achille*, de Paër. — 25° Trois scènes pour *Ida*, de Gyrowetz. — 26° Trois scènes pour *Elisa*, de Mayer. — 27° *Les deux statues*, ballet. — 28° *Chimère et réalité*, opéra français. — 29° *La ritrosia disarmata*, duodrame italien, de Métastase. — II. POUR L'ÉGLISE : 30° Trois messes à quatre voix et petit orchestre; Posen, Simon. — 31° *Missa quatuor vocibus comitante orchestra*; n°° 1, 2; ibid. — 32° Messe en *fa*, à quatre voix et orchestre; ibid. — 33° Messe en *ut*, pour le couronnement de l'empereur de Russie; Varsovie, 1829. — 34° Messe pour quatre voix seules; Varsovie, Brzezina. — 35° Messe pour trois voix d'hommes et orgue; ibid. — 36° Messe pour quatre voix d'hommes sans accompagnement; ibid. — 37° *Requiem* dédi-

catum manibus Alexandri I, quatuor voc. cum instrum.; ibid. — 38° Graduels pour quatre voix seules, ibid. — 39° Graduels pour trois voix d'homme et orgue, ibid. — 40° *Hymnus Ambrosianus pro vocibus quatuor cum instrum.*; Leipsick, Breitkopf et Hærtel. — 41° Messe à quatre voix et orchestre; Varsovie, Plachelzki. — 42° Messe en *sol* à 2 et 4 voix, sur le texte polonais; ibid. — 43° Motet (*Gloria et honore*) pour deux chœurs; œuvre 28 de musique d'église; Leipsick, Hofmeister. — 44° Vêpres à 4 voix et orchestre; Posen, Simon. — 45° *In te Domine speravi*, motet à 4 voix. — 46° *Veni sancte Spiritus*, hymne de Saint-Joseph et hymne pour la fête de Noël, avec acc. de 2 violons, alto, flûte obligée et orgue. — 47° Hymne de Sainte-Cécile, en *ut*. — 48° *De profundis* pour trois voix d'homme, et quelques instruments à vent; Varsovie, Brzezina. — 49° Offertoires pour quatre voix seules; ibid. — 50° idem, pour 3 voix d'hommes et orgue; ibid. — 51° Deux offertoires pour 4 voix, 3 violons, alto, cor et basson solo; Posen, Simon. — 52° *Veni creator* à 8 voix ibid. — 53° *Veni creator* à 4 voix; ibid. — 54° *Te Deum* pour 4 voix, trompette et timbales. — 55° *Ave Maria* à 4 voix et orchestre. — 56° Messe de Sainte-Cécile, en *ré* mineur, œuvre 87. — 57° Messe solennelle en *la*, op. 88. — 58° *Stabat Mater* pour 4 voix solo, un et deux chœurs, altos, violoncelles, contrebasse et instruments à vent, op. 93. — 59° *La Passion de Notre-Seigneur Jésus-Christ*, oratorio. — 60° *Le Triomphe de la foi*, oratorio exécuté à Pétersbourg, en 1840. — 61° *Le Cantique de Siméon*, à 3 voix. — 62° Messe pour 4 voix d'hommes avec orchestre. — 63° Deuxième Messe idem. — 64° Messe à 4 voix d'hommes, solos avec chœur. — III. MUSIQUE INSTRUMENTALE : 65° Symphonie à grand orchestre en *ré*. — 66° Idem, en *ut*, œuvre 11°; Offenbach, André. — 67° Idem, en *si* bémol, op. 17; Leipsick, Breitkopf et Hærtel. — 68° Deux Polonaises pour l'orchestre; Offenbach, André. — 69° Thème avec variations; idem. — 70° Variations ; idem, avec écho nocturne. — 71° 27 Suites de contredanses; idem — 72° Six quatuors pour deux violons, alto et basse. — 73° Quatuor en *fa* pour piano; violon, alto et basse. — 74° Grand quatuor en *mi* bémol; idem, œuvre 14; Paris, Henlz-Jouve. — 75° Sonate à quatre mains pour piano, Paris, Érard. — 76° Trois Polonaises pour le piano; Leipsick, Peters. — 77° Trois rondeaux à la *mazureck* pour piano; ibid. — 78° Marche militaire pour piano, arrangée par Riem; Leipsick, Hofmeister. — 79° Polonaise pour piano et orchestre; Varsovie, Klukowski. — 80° Des concertos pour divers instruments, en manuscrit. — IV. MUSIQUE DE CHANT : 81° Morceaux de chant et chansons à voix seule, avec acc. de piano, 24 cahiers. — 82° Six airs italiens et un duo; Varsovie. — 83° Plusieurs morceaux pour les francs-maçons. — 84° Morceaux pour 4, 5, 6, 7, 8, 9 et 10 voix avec texte polonais, à l'usage du Conservatoire de Varsovie. — 85° Canons à 3, 4 et 5 voix.

Les productions d'Elsner sont dans le style de la musique de Paër et de Mayer. Dans sa musique d'église il y a un peu trop de formes modernes et dramatiques; on y trouve de la facilité, une manière naturelle de faire chanter les voix, mais peu d'originalité et de variété dans les idées. Elsner écrit avec assez de pureté, bien qu'il laisse voir dans ses fugues que ses études n'ont pas été fortes.

Elsner est aussi l'auteur d'un petit mémoire intéressant qui a pour titre : *In wie Weit ist die polnische Sprache zur Musik geeignet* (Jusqu'à quel point la langue polonaise est favorable à la musique). Cet écrit a été publié dans le journal de Kotzbue intitulé *Freymüthigen*, ann. 1803, n° 122, et 487. Il fut composé originairement en langue polonaise. On connaît aussi un autre ouvrage de lui, pour l'usage des élèves du Conservatoire de Varsovie, intitulé *O Ritmicznosci i metryeznosci iensyka Polsiego* (Du rhythme et de la prosodie de la langue polonaise).

Mme Elsner a été longtemps cantatrice à l'opéra de Varsovie.

ELSPERGER (JEAN-CHRISTOPHE-ZACHARIE) ou *Elsberger*, né à Ratisbonne, en 1736, fut d'abord chantre et magister à l'école latine de Sulzbach, dans le haut Palatinat, et ensuite premier secrétaire particulier de la comtesse Palatine; il est mort à Sulzbach, le 1er février 1790. Il a composé plusieurs morceaux pour l'église, et beaucoup de symphonies et de sonates de clavecin. En 1783, il composa l'opéra du *Barbier de Séville*, qui fut représenté pour célébrer la cinquantième année du règne de Charles-Théodore, duc de Sulzbach. Il écrivit aussi pour la même circonstance une cantate intitulée *das Glückliche Sulzbach* (l'Heureuse Sulzbach).

ELST (JEAN VAN DER), moine augustin du couvent de Gand, issu d'une famille noble, naquit au château de Meulenakers, dans le Brabant, au commencement du dix-septième siècle. Dans sa jeunesse, il visita la France, et reçut des leçons d'orgue et de composition de Titelouse, organiste de la chapelle du roi. De retour dans sa patrie, il cultiva la théorie de la musique, et inventa un nouveau système de notation dans lequel il avait supprimé les queues et les liaisons des notes, et leur avait substitué les ligatures de l'ancienne notation noire du quatorzième siècle. Il adopta aussi une nouvelle nomenclature de solmisation dans laquelle il n'avait conservé les anciens noms *ut, ré, mi, fa, sol, la*, que pour les notes appelées vulgairement *naturelles*, et où il nommoit *tl, ri, fi, sil, li*, les notes diésées, et *ra, ma, sal, le, sa*, les notes bémolisées. Les principes de sa nouvelle méthode furent développés dans l'ouvrage qu'il publia sous ce titre: *Notæ augustinianæ sive musices figuræ seu notæ novæ concinnendis modulis faciliores, tabulatis organicis exhibendis apliores*; Gandavi, typis Maximiliani Groet, 1657, 3 feuilles in-4°, avec 10 planches d'exemples. Une partie de cet opuscule est en langue française; la seconde partie est en latin. On a aussi de Van der Elst un traité de musique, d'accompagnement et de composition, écrit en langue flamande et intitulé : *Den ouden en de nieuwen Grondt van de Musicke*; Gand, Max. Groet, 1662, in-4° de 76 pages et 10 planches. L'auteur y a reproduit son système de notation.

ELSTER (Le D^r. DANIEL), compositeur de chants, particulièrement pour des voix d'hommes, né dans la Thuringe, vivait en 1835 à Schleusingen, et s'est établi postérieurement à Bâle dans l'Argovie, canton suisse, comme professeur de musique et de chant, et comme directeur d'une société chorale. Son premier ouvrage est un recueil de mélodies avec accompagnement de piano sur des poésies de Hoffmann de Fallersleben; puis il fut l'éditeur d'une Bibliothèque de chants à plusieurs voix d'hommes par divers auteurs et par lui-même, publiée à Schleusingen, en 2 volumes (1835-1838). Parmi ses dernières productions, on remarque le 100me psaume pour 4 voix d'hommes, une collection de 93 chants à 2, 3 et 4 voix, et une méthode élémentaire de musique, à l'usage des écoles du peuple, sous ce titre : *Vollstændige Volksgesangschule*, en 3 parties; Baden, Zehnder. Elster est mort à Wittingen, près de Bade, le 19 décembre 1857.

ELTERLEIN (ERNEST D'), amateur de musique allemand demeurant à Waldheim, en Saxe, n'est connu jusqu'à ce jour que par deux petits écrits, dont le premier a pour titre : *Beethoven's Symphonien nach ihren ideale Gehafte* (les Symphonies de Beethoven considérées dans leurs combinaisons idéales, etc), l'autre : *Beethoven's Clavier-Sonaten. Für Freunde der Tonkunst* (les Sonates de piano de Beethoven. Pour les amis de la musique); Leipsick, Henri Matthes, 1856, petit in-8°. Une deuxième édition de ces opuscules a paru à Dresde, en 1858. M. d'Elterlein appartient au parti qui considère la musique comme en progrès, et montre un penchant sincère pour les compositions de Beethoven qui caractérisent sa troisième manière; car ainsi que M. de Lenz et Oulibicheff, il adopte cette division des trois styles dont nous avons signalé la réalité dans la notice de l'illustre compositeur que nous avons donnée dans la première édition de la *Biographie universelle des Musiciens*. Toutefois M. d'Elterlein est raisonnable dans ses appréciations; il reconnaît que l'époque des productions de Haydn et de Mozart fut grande, belle, et que ses monuments sont impérissables. Élève du professeur de philosophie de Zurich, M. le docteur Frédéric-Théodore Vischer, il a puisé dans ses leçons le penchant à un idéalisme vague et rêveur, dont le très-remarquable traité d'Esthétique de ce penseur distingué porte l'empreinte; mais il se trompe parfois dans les applications qu'il en fait. Ainsi, lorsqu'il dit que Beethoven est l'expression la plus élevée (dans ses symphonies) de *l'idéal de la musique pure*, il oublie évidemment que cet homme illustre s'est donné, pour quelques-unes de ses plus grandes compositions, un programme qui les met en dehors du domaine de la musique pure, c'est-à-dire, de la musique en elle-même; car il a fait la *Symphonie héroïque, la Symphonie pastorale*, la *Symphonie avec chœurs*. Il parle aussi un peu au hasard lorsqu'il dit qu'avec Gade un nouvel élément est venu faire son apparition dans la symphonie (*Mit Gade kommt ein neues Element in der Symphonie zur Erscheinung*, p. 109). Quel est cet élément, peut-on demander à M. d'Elterlein? Il répond : C'est le caractère de la nationalité du Nord (*Es ist dies des Character specifischer nordischer Nationalität*). Mais d'abord il serait assez difficile d'expliquer comment le caractère spécifique de la nationalité septentrionale pourrait se manifester dans la symphonie, à moins que celle-ci n'eût pour thèmes des mélodies de la Suède, de la Norvège ou du Danemark; or, rien de semblable ne se trouve dans les symphonies de Gade.

ELWART (ANTOINE-ÉLIE), compositeur et littérateur musicien, né à Paris, le 18 novembre 1808, entra à la maîtrise de l'église Saint-Eustache, comme enfant de chœur, à l'âge de dix ans, et y fit ses premières études musicales. Lorsqu'il eut atteint l'âge de treize ans, son père le plaça comme apprenti chez un layetier emballeur; mais sa répugnance invincible pour cet état le détermina à sortir de chez son maître, en dépit de la volonté de ses parents. Obligé de pourvoir dès lors à son existence, il entra dans l'orchestre d'un petit théâtre des boulevards en qualité de second violon. Il était alors dans sa seizième année. Admis vers le même temps au nombre des élèves du Conservatoire, il y reçut des leçons d'harmonie d'un élève de Reicha, puis il suivit le Cours de composition de l'auteur de cette Biographie. Devenu élève de Lesueur, en 1828, il fonda dans la même année, avec le concours de plusieurs autres élèves, les *Concerts d'Émulation*, qui, pendant six ans, furent donnés dans la petite salle du Conservatoire, et devinrent l'école pratique des jeunes compositeurs et des solistes. En 1831 Elwart obtint au concours de l'Institut de France le deuxième prix de composition; le premier grand prix lui fut décerné en 1834. Déjà depuis deux ans il remplissait les fonctions de professeur adjoint du Cours de composition de Reicha. Devenu pensionnaire du gouvernement comme lauréat de l'Institut, il partit pour l'Italie, et pendant son séjour il écrivit une Messe solennelle, la plus grande partie d'un opéra italien, et une scène funèbre intitulée *Omaggio alla memoria di Vincenzo Bellini*, qui fut exécutée au théâtre *Valle*, au mois de novembre 1835. De retour à Paris dans l'année suivante, il y reprit possession de sa place de professeur adjoint du Cours de Reicha. Pendant quelque temps il a dirigé les concerts de la rue Vivienne, puis ceux de la Société de Sainte-Cécile. Il est aujourd'hui (1860) professeur titulaire d'harmonie au Conservatoire. Artiste laborieux et instruit, M. Elwart s'est livré à des travaux de tout genre: composition vocale et instrumentale, méthodes d'enseignement, critique, et même poésie, tout a été de son ressort. Ses principaux ouvrages sont ceux-ci: 1° Cinq Messes dont une à quatre voix et orgue, et une à cinq voix, chœur et orchestre, en action de grâces, à l'occasion de la naissance du comte de Paris; Paris, Catelin, 1840, gr. in-4°. — 2° Plusieurs messes à 2 et à 3 voix avec orgue et deux messes à 4 voix sans accompagnement. — 3° *Noé, ou le Déluge universel*, oratorio-symphonie en quatre parties, exécuté à Paris, le vendredi saint de l'année 1845. — 4° *La Naissance d'Ève*, oratorio exécuté au Conservatoire en 1846. — 5° *Les Noces de Cana*, mystère avec solos de chant, chœur et orchestre. — 6° *Miserere* à 8 voix seules. — 7° *Ruth et Booz*, symphonie vocale. — 8° Un grand nombre de motets, dont plusieurs *O Salutaris* et *Ave Maria*, publiés à Paris, chez la Veuve Canaux. — 9° *Les Catalans*, opéra représenté avec succès au théâtre des Arts, à Rouen. — 10° Chœurs et musique instrumentale pour l'*Alceste* d'Euripide, traduite par M. Hippolyte Lucas, et représentée à l'Odéon. — 11° *La Reine de Saba*, opéra non représenté. — 12° *Les Chercheurs d'or*, opéra en trois actes. — 13° Plusieurs cantates de circonstance. — 14° *Te Deum* exécuté dans les fêtes nationales de 1848 et 1849. — 15° Des symphonies inédites, ouvertures, quintettes, quatuors et trios pour des instruments à cordes. Comme littérateur musicien, M. Elwart s'est fait connaître par les productions dont voici les titres: — 16° *Petit Manuel d'harmonie, d'accompagnement de la basse chiffrée, de réduction de la partition au piano, et de transposition musicale*; Paris, 1839, in-8°. D'autres éditions de ce petit ouvrage ont été publiées en 1841 et 1844, et il a été traduit en espagnol par M. Valdemosa, pour le Conservatoire de Madrid. — 17° *Duprez* (chanteur de l'Opéra de Paris), *sa vie artistique, avec une Biographie authentique de son maître Alexandre Choron*; Paris, 1838, un vol. in-8°, avec le portrait de Duprez. — 18° *Théorie musicale. Solfége progressif rédigé d'après un plan qui réunit l'exposé des règles à leur application immédiate*, etc.; Paris, Colombier, 1830, in-8°. — 19° *Feuille harmonique, contenant la théorie et la pratique de tous les accords du système moderne*; Paris, 1841. — 20° *Le Chanteur accompagnateur, ou Traité du clavier, de la basse chiffrée, de l'harmonie simple et composée; suivi de la manière de faire les notes d'agrément, points d'orgue, etc., toujours soumis aux règles de la plus pure harmonie et de l'expression la plus caractéristique, suivant le genre de chaque voix*; Paris, 1844, in-8° de 96 pages. — 21° *Traité du contre-point et de la fugue*; Paris (sans date). — 22° *Essai sur la transposition*, ibid. — 23° l'*Harmonie musicale, poëme en quatre chants*; Paris, 1853, in-8°. M. Elwart a complété l'ouvrage publié sous les noms de MM. Burnett et Damour (*voy*. ces noms), avec le titre suivant: *Études élémentaires de musique, depuis les premières règles jusqu'à celles de la composition*. Douze livraisons seulement de cet ouvrage avaient paru quand M. Elwart fut chargé de le terminer: il en publia les 37 dernières; Paris, 1845, in-8°. — 24° *L'Art de chanter en chœur, suivi des Heures de l'enfance*; Paris, chez Canaux. — 25° *L'Art de jouer impromptu de l'alto-viola*; Paris, Colombier. Il a fourni aussi de nombreux articles de musique à l'*Encyclopédie du dix-neuvième siècle*, à la *Revue et Gazette musicale de Paris*, et à d'autres journaux. M. Elwart est membre de plusieurs académies, et décoré des ordres de Charles III, d'Espagne, et de l'Aigle rouge de Prusse.

EMBACH (Charles), facteur d'instruments de cuivre, né en Allemagne, où il avait travaillé longtemps comme ouvrier, s'établit à Amsterdam vers 1815, et obtint du roi des Pays-Bas, en 1824, un brevet d'invention pour la fabrication des cors et des trompettes chromatiques; mais il n'aurait dû demander qu'un brevet d'importation; car son système n'était que celui des pistons, récemment découvert dans sa patrie. Le fils de cet industriel (L. A. Embach), compositeur de musique, s'est fait connaître en 1840 par une Ouverture à grand orchestre, qui a été publiée à Leipsick. Aucune autre production n'a signalé son existence depuis cette date.

EMERSON (Guillaume), mathématicien anglais, né en 1701 à Hartworth, dans le comté de Durham, reçut de son père, qui était maître d'école, et du pasteur de son village, toute l'instruction qu'il ne dut pas à lui seul. Il vécut d'abord en enseignant les mathématiques; mais un petit héritage qui lui échut le mit en état de vivre dans l'indépendance, et de se livrer à son goût pour l'étude. Il mourut de la pierre, le 20 mai 1782, âgé de quatre-vingt-un ans. On a d'Emerson beaucoup d'ouvrages sur diverses parties des mathématiques; dans celui qui a pour titre *Cyclomathesis, ou Introduction aux diverses branches des mathématiques* (Londres, 1770, 10 vol. in-8°) on trouve un travail étendu sur l'acoustique et la théorie mathématique de la musique. Emerson avait un goût passionné pour cet art, dont il avait étudié la théorie avec persévérance; on peut dire que cette passion était malheureuse, car il avait si peu d'oreille qu'il lui était impossible d'accorder son violon, instrument auquel il avait fait subir quelques changements de forme, d'après ses idées sur l'acoustique.

EMERSON (S.), ministre anglican à Portland, ville des États-Unis d'Amérique, vécut dans la seconde moitié du dix-huitième siècle et au commencement du dix-neuvième. Il a fait imprimer de sa composition un discours à la louange de la musique, sous ce titre : *Oration on Music*. Portland, 1800, in-8°.

EMERY ou **MÉDERIC** (...), facteur de clavecins et d'épinettes, travailla à Paris, vers la fin du seizième siècle, et se distingua par l'excellence de ses instruments. Le P. Mersenne dit de lui et d'Antoine Patin, son compatriote et contemporain, *qu'on les recognoist avoir esté les meilleurs facteurs de France* (voy. *Harmonie universelle; Traité des instruments à cordes*, liv. III, p. 159).

EMMERIG (Joseph), né à Kemnath, en Bavière, en 1772, reçut des leçons de musique théorique et pratique de P. Sébastien Pirner, préfet de Saint-Emeran, de Ratisbonne. Lorsque ses études furent terminées, on le nomma préfet du séminaire et régent du chœur de cette prébende. Il remplissait encore ces fonctions en 1811. Emmerig a beaucoup écrit pour l'église; parmi ses compositions les plus remarquables, on distingue trois messes, quatre vêpres, dont une à deux chœurs, et un *Stabat*. Il a publié à Ratisbonne et à Augsbourg l'*esperæ solemnes* à quatre voix, avec orgue et orchestre.

EMMERT (Joseph), né le 27 novembre 1732, à Kitzingen, en Franconie, fit ses études à Schillingsfürst, en Bavière, et y apprit la musique et la composition. En 1773 il fut appelé à Würtzbourg, en qualité de recteur de l'école latine de Saint-Burkard, et de directeur du chœur de l'université. Il est mort dans cette ville, le 20 février 1809. On a de sa composition les ouvrages suivants : 1° *Choralbuch zu dem 1800 erschienenen neuen Würzburgischen Gesangbuche* (Livre de musique simple, etc.); Würtzbourg, in-4° de 112 pages. — 2° *Psalmodia vesperlina methodo figurato-chorali cum 4 antiphonis*; Augsbourg, 1766. — 3° *Te Deum*; Salzbourg, 1797. Il a laissé en manuscrit les oratorios d'*Esther* et de *Judith*; les opéras de *Semiramis*, *Tamyris*, et *Eberhardt*; des messes latines et allemandes, des vêpres, *Miserere*, *Te Deum*, et plusieurs cantates et pièces d'église.

EMMERT (Adam-Joseph), fils du précédent, né à Wurzbourg, le 24 décembre 1765, fut d'abord conseiller des archives à Salzbourg, et ensuite premier official du dépôt des archives à Vienne. Il s'est fait connaître avantageusement comme compositeur de musique dramatique, instrumentale et sacrée. Ses principaux ouvrages sont : 1° *Te Deum* pour les églises allemandes, avec orchestre; Salzbourg, 1797, in-fol. — 2° *Seize danses allemandes pour clavecin*; ibid., 1798, in-4°. — 3° *Cantate pour l'installation de l'archevêque de Salzbourg, à 4 voix et orchestre*, exécutée à Salzbourg en 1799. — 4° *Harmonie pour deux cors et basson*, 1ᵉʳ recueil; Salzbourg, 1799. — 5° *Harmonie pour deux clarinettes, deux cors et deux bassons*, 1ᵉʳ recueil; ibid. 1799. — 6° *Don Silvio de Rosalba*, opéra représenté à Anspach, en 1801. — 7° *Der Sturm* (l'Orage), opéra, joué à Salzbourg en 1806.

EMPSER (Jérôme), théologien catholique allemand, né à Ulm, en 1477, mort le 8 novembre 1527, fut un des antagonistes les plus ardents de Luther. S. Fontaine (*Hist. catholique de nostre temps touchant l'estat de la religion* enrestienne; Anvers, Steelsius, 1558, p. 105), dit, à l'occasion du mariage de Luther avec Catherine de Buren, religieuse du couvent de Grimma : « En dérision de quoi Gérome Empser « feit une belle rithme latine qu'il meit en quatre « parties de musique, et la feit publiquement « chanter. »

EMY-DE-LYLETTE (ANTOINE-FERDINAND), amateur de musique à Paris, au commencement de ce siècle, a fait graver un ouvrage de sa composition, sous ce titre : *Théorie musicale, contenant la démonstration méthodique de la musique, a partir des premiers éléments de cet art jusques et compris la science de l'harmonie*; Paris, 1810, in-fol. Ce livre ne mérite aucune estime, soit sous le rapport de la rédaction, soit sous celui des exemples, qui sont écrits d'une manière fort incorrecte.

ENCKE (HENRI), pianiste et compositeur, naquit à Neustadt (Bavière), en 1811, et vécut quelque temps à Jéna; il s'y faisait entendre dans des concerts en 1836. Plus tard, il se fixa à Leipsick et s'y livra à l'enseignement du piano. Il est mort dans cette ville, le 31 décembre 1859. Son premier ouvrage est une *grande valse de fête* pour piano, publiée à Leipsick, chez Hofmeister. Ses autres productions consistent particulièrement en petites pièces pour le même instrument.

ENCKHAUSEN (HENRI-FRÉDÉRIC), organiste de la cour, à Hanovre, né à Celle, le 28 avril 1799, reçut les premières leçons de musique de son père, instrumentiste de quelque mérite. Le petit nombre de musiciens qui se trouvait alors à Celle laissait souvent des vides dans les concerts. Cette circonstance fut cause que le jeune Enckhausen apprit à jouer de plusieurs instruments, tels que le violon, la flûte, la clarinette, le violoncelle, etc., afin de suppléer aux parties qui n'étaient point remplies. Ces connaissances pratiques lui furent ensuite fort utiles dans ses compositions. En 1816 il entra dans le corps de musique des cuirassiers de la garde, en garnison à Celle. C'est aussi vers cette époque qu'il essaya d'écrire des danses, des marches, des ouvertures et des solos pour divers instruments. Tout cela était assez faible et n'eut que peu de succès. Enckhausen comprit alors la nécessité de faire des études sérieuses dans l'art d'écrire. En 1826, il se rendit à Berlin dans le but d'y perfectionner son talent sur le piano, sous la direction d'Aloïs Schmitt, et d'y étendre ses connaissances dans l'harmonie et dans la composition. Schmitt ayant été nommé organiste de la cour à Hanovre, Enckhausen le suivit dans cette ville. Ses études de composition et de piano, et quelques leçons qu'il donnait en ville étaient les seules occupations auxquelles il consacrait son temps. Après que Schmitt eut quitté Hanovre, son élève lui succéda dans la place d'organiste de la cour et dans celle de directeur de l'école de chant fondée par le maître. Enckhausen eut aussi le titre de pianiste du duc de Cambridge, vice-roi du Hanovre. Les compositions de cet artiste sont au nombre d'environ soixante-dix œuvres; elles consistent en suites d'harmonie militaire (Hanovre, Bachmann), solos et duos pour flûte, et beaucoup de morceaux de différents genres pour le piano, parmi lesquels on cite des sonates pour piano seul ou piano à quatre mains (œuvres 11, 13, 32, 35, 59, 71, 76), un grand rondo avec orchestre, œuvre 10e, les variations sur l'air allemand *an Alexis*, op. 21, et beaucoup d'autres. Enckhausen a écrit aussi 130 chants pour quatre voix d'hommes, ainsi que beaucoup de chansons allemandes et le psaume 100 à plusieurs voix. Quelquefois ce compositeur abuse de l'usage des modulations, défaut assez général dans l'école allemande de l'époque actuelle. Il a fait représenter à Hanovre, en 1832, l'opéra intitulé *le Savoyard*. Enfin, on a de lui un livre de mélodies chorales, pour les églises du royaume de Hanovre.

ENDERLE (GUILLAUME-GODEFROI), l'un des plus habiles violonistes de l'Allemagne, dans le siècle dernier, né à Bayreuth, le 21 mai 1722, apprit la musique à Nuremberg jusqu'à l'âge de quatorze ans, et passa ensuite un an à Berlin, pour y perfectionner son talent. En 1748 il entra au service de l'évêque de Wurzbourg, et en 1753 il fut appelé à Darmstadt comme maître des concerts de la cour. Il est mort dans cette ville, en 1793. Quoiqu'il ait beaucoup écrit pour son instrument et pour le clavecin, il n'a rien fait imprimer de ses ouvrages. Ses solos de violon sont la seule production qui soit connue aujourd'hui.

ENDIG (CHARLES), organiste à Leipsick, en 1834, n'est connu que par six fugues pour l'orgue, publiées dans cette ville, en 1831.

ENDRES (S. J.), professeur de piano à Mayence, dans la seconde moitié du dix-huitième siècle, s'est fait connaître par la publication des ouvrages suivants : 1° *Quarante variations caractéristiques pour le clavecin*. — 2° *Vingt-quatre variations pour le clavecin, sur un menuet de Dietz*.

ENDTER (CHRÉTIEN-FRÉDÉRIC), né en 1728, apprit les règles de la musique et l'art de toucher de l'orgue à Hambourg, sous la direction d'un savant organiste de l'église Saint-Pierre, nommé Pfeiffer, et forma son talent en partie d'après les conseils de cet habile artiste, et en partie d'après ceux de Charles-Adolphe Kunzen. Lorsqu'il eut atteint l'âge de dix-huit ans (en 1746), il obtint la place d'organiste à Buxtehude, dans le Hanovre, et, dix ans après, il alla en la même qualité à l'église luthérienne d'Altona. Après y avoir passé plus de trente ans, constamment livré à l'étude des meilleurs théoriciens sur son art, il est mort, le 26 mai 1793. Il a fait imprimer à Hambourg, en 1757, un recueil de chansons sous ce titre : *Lieder zum Scherz und Zeit vertrieb* (Chansons pour rire et passer le temps). Il a composé aussi une cantate sur des paroles latines, qui fut exécutée à Altona, à l'occasion du couronnement du roi de Danemark, en 1767.

ENDTER (J. N.), compositeur, pianiste et organiste à Cassel, a commencé à se faire connaître par ses ouvrages en 1837. En 1848, il a été appelé à la direction de la société de chant d'ensemble ou *Leidertafel* de cette ville. On a de lui quelques morceaux de piano publiés à Cassel, des motets pour des voix d'hommes, et l'oratorio intitulé : *Der verlorene Sohn* (le Fils perdu).

ENGEL (Jean-Jacques) né le 11 septembre 1741, à Parchim, petite ville du duché de Meklembourg-Schwerin, où son père était pasteur, fit ses études à l'université de Rostock, et se rendit à Leipsick, vers 1765, pour suivre les cours de philosophie. Les ouvrages qu'il publia l'ayant fait connaître avantageusement du public, on lui offrit une chaire à l'université de Gœttingue et la direction de la bibliothèque de Gotha; mais le désir de se rapprocher de sa mère lui fit préférer l'emploi de professeur de morale et de belles-lettres dans un gymnase de Berlin. Dans les dernières années du règne de Frédéric-le-Grand, il fut choisi pour enseigner les belles-lettres aux enfants du prince royal de Prusse, et, à l'avénement de ce prince au trône, on le chargea de la direction du théâtre de Berlin ; mais, bientôt dégoûté des tracasseries du théâtre, il se retira à Schwerin. Il est mort à Parchim, le 22 juin 1802. Parmi ses ouvrages, on remarque celui-ci : *Ueber die musikalische Mahlerey, an den kœnigl. Kapellmeister Herrn Reichardt* (Sur la peinture en musique, adressé au maître de chapelle Reichardt); Berlin, 1780, in-8° de 48 pages. On trouve aussi des observations sur la musique dans sa *Théorie du beau*; Berlin, 1785, 2 vol. in-8°. Jansen a donné une traduction française fort médiocre d'une première dissertation de Engel sur ce sujet, sous le titre de : *Idées sur le geste*, dans son *Recueil de pièces intéressantes concernant les beaux-arts, les belles-lettres et la philosophie ; traduites de différentes langues ;* Paris, 1781, 5 vol. in-8°.

ENGEL (Charles-Emmanuel), né à Technitz près de Dœbeln, en Saxe, fut d'abord organiste de la chapelle de l'électeur de Saxe à Leipsick, et ensuite directeur de musique de l'Opéra dirigé par Guardassoni. Il est mort dans le lieu de sa naissance, le 7 septembre 1795. On croit que ce musicien est le même que celui qui fut maître de chapelle de Varsovie vers 1772, et qui a publié six symphonies à huit parties. Engel a donné aussi au public : 1° Douze chansons avec acc. de clavecin ; Leipsick, 1790, in-4°. — 2° Trois petites sonates pour le clavecin; ibid. Il a laissé en manuscrit plusieurs morceaux de musique d'église, et des pièces d'orgue.

ENGEL (David-Hermann), directeur de musique et organiste de l'église principale de Mersebourg, en Prusse, est né à Neu-Ruppin, le 22 janvier 1816. Il reçut son éducation musicale à Berlin, et fut d'abord professeur de piano dans cette ville. Le roi de Prusse lui a décerné une médaille d'or pour son livre choral et de pièces d'orgue à l'usage des dimanches et fêtes. On a de lui quelques petites pièces pour le piano, un recueil de pièces d'orgue, op. 2, des chants à voix seule avec acc. de piano, œuvres 7, 8 et 11, le 81° psaume à 4 voix et piano, etc. Son œuvre treizième, contenant huit pièces d'orgue pour l'usage des fêtes solennelles, a été publié à Erfürt, chez Kœrner.

ENGEL (Charles), compositeur de lieder à Berlin, dans les années 1842 à 1850, n'est connu que par des recueils de chants à voix seule avec acc. de piano.

ENGELBERT, abbé d'Aimont, ordre de Saint-Benoît, dans la haute Styrie, mourut en 1331, après avoir administré son monastère pendant trente-quatre ans. Il a laissé un grand nombre d'ouvrages parmi lesquels se trouve un traité *De Musica*, publié par l'abbé Gerbert, dans sa collection des écrivains ecclésiastiques sur la musique, tom. 2, pag. 287-369, d'après un manuscrit de l'abbaye d'Aimont. L'ouvrage d'Engelbert est divisé en quatre petits traités ; le premier concerne la gamme et les signes de la musique, le second les intervalles et les proportions ; le troisième et le quatrième, le chant et les tons de l'église. L'auteur se borne à développer la doctrine de Gui d'Arrezzo.

ENGELBERT (Charles-Marie) savant hollandais qui vivait dans la seconde moitié du siècle dernier, est cité par Forkel comme auteur d'un livre intitulé : *Verdediging van de eer der hollandsche Natie en wel ten aanzien van de Musijk, en toneel Poezy*, etc. 1777. (Défense de la gloire de la nation hollandaise, en ce qui concerne la musique et la poésie lyrique, etc.). Forkel n'indique ni le lieu de l'impression, ni le format du volume. Cet ouvrage a donné lieu à un petit écrit qui a pour titre : *Anmerkingen op C. M. Engelberts verdediging van de eer der hollandsche Natie*, etc. (Remarques sur la défense de la gloire de la nation hollandaise, etc., par C. M. Engelbert), grand in-8° de 40 pages. Voyez le journal hollandais intitulé *Nederland Bibl.*, t. 8, n° 3.

ENGELBERTH (...). On a sous ce nom quelques morceaux de musique instrumentale, dont voici les titres : 1° Polonaise pour violon principal et orchestre, op. 3; Leipsick, Breitkopf et Hærtel. — 2° Variations pour violon ; ibid. — 3° Variations pour le basson, avec acc. de quatuor, op. 4; ibid. — 4° Variations pour le basson avec acc. de deux violons et basse, ibid. Aucun renseignement n'est fourni sur cet artiste dans les journaux de musique de l'Allemagne, ni dans les encyclopédies musicales.

ENGELBRECHT (CHARLES-FRÉDÉRIC), organiste de l'église principale de Havelberg, est né le premier septembre 1817, à Kyritz, dans le Brandebourg. On ne connaît de lui que quelques bonnes fugues pour l'orgue, publiées à Erfurt, chez Kœrner.

ENGELBRONNER (D'). *Voy.* AUBIGNY (D').

ENGELHARD (SALOMON) chantre et professeur au collège d'Eisleben, au commencement du dix-septième siècle, a publié un recueil de morceaux à six voix des meilleurs compositeurs de son temps, sous ce titre : *Musikalisches Streit-Kræntzlein, hiebevor von den besten Componisten in welscher Sprach pro certamine, mit 6 Stimmen componirt, nunmehr verteutscht;* Nuremberg, Kauffman, 1613, in-4°.

ENGELMANN (GEORGES), musicien allemand, né à Mansfeld, en Saxe, dans la deuxième moitié du seizième siècle, obtint le droit de bourgeoisie à Leipsick vers 1620, et eut le titre de musicien de l'université de cette ville. Ces circonstances sont indiquées par un de ses ouvrages qui a pour titre : *Fasciculus sive Missus secundus quinque vocum cujusmodi Paduanas et Galliardas vulgo vocant, in lucem editus per Georgium Engelmanum Mansfeldensem Lipsiensis Academiæ civem ac musicum. Lipsiæ, imp. per Laurent. Cober, sumptibus hæredum Thomæ Schuri*, 1621, in-4°. Ce recueil contient 22 numéros; c'est le second livre de l'ouvrage indiqué ci-après au n° 2. Engelmann a laissé en manuscrit des discours sur la musique ancienne et moderne. Outre cela, on a de lui : 1° *Quod libitum latinum*, à 6 voix, Leipsick, 1620. — 2° *Paduanen und Gagliarden*, à 5 voix, trois volumes; dont le dernier a paru à Leipsick en 1622.

ENGELMANN (...); on a sous ce nom un article sur la musique considérée comme moyen d'éducation (*Musik als Erziehungs Mittel*), dans la septième année de la *Gazette musicale* de Leipsick, pag. 633.

ENGLER (MICHEL), chef d'une famille de facteurs d'orgues distingués, naquit à Brieg en Silésie, le 6 septembre 1688, et s'établit à Breslau, en 1722. Il mourut, en cette dernière ville, le 15 janvier 1760. C'était un homme fort habile, à qui la facture de l'orgue est redevable de plusieurs perfectionnements considérables. Ses meilleurs instruments se trouvent à Olmütz, à Saint-Nicolas de Brieg, dans les églises du couvent de Grüssau. On trouve aussi des orgues de sa construction à Oels, Trebnitz, Schwanewetz, Posen et Kosten. Le nombre de celles qu'il a faites s'élève à vingt-cinq grandes et petites ; il commença la construction de l'orgue de Brieg au mois de juin 1724, et ne la termina que le 31 décembre 1730.

ENGLER (THÉOPHILE-BENJAMIN), fils du précédent, et comme lui facteur d'orgues et de clavecins, naquit à Breslau vers 1725. Quoiqu'il eût moins de génie que son père, il est compté parmi les bons artistes de l'Allemagne, et l'on a de lui de beaux instruments de grande dimension, parmi lesquels on remarque les orgues de Glogau, de Wohlau, de Fribourg et de Weigelsdorf. Il a fait aussi des réparations importantes à plusieurs grandes orgues, et c'est lui qui a terminé le bel orgue de Sainte-Élisabeth de Breslau, qui était resté inachevé à la mort de son père. Engler a cessé de vivre le 4 février 1793.

ENGLER (JEAN-THÉOPHILE-BENJAMIN), petit-fils de Michel et fils du précédent, est né à Breslau, le 28 septembre 1775. Il n'était âgé que de dix-sept ans quand il perdit son père, et malheureusement son instruction dans la facture de l'orgue était alors peu avancée. Il manquait d'ailleurs de connaissances dans les mathématiques, le dessin et la musique, connaissances indispensables à l'homme qui veut inventer ou perfectionner dans la fabrication des instruments; mais il était doué d'une patience à toute épreuve, et avait pour la perfection des détails un goût si décidé, que tout ce qui est sorti de ses mains porte le cachet d'un fini supérieur aux ouvrages de son père et même de son aïeul, bien qu'il n'eût pas le génie inventif de celui-ci. La soufflerie de l'orgue, l'harmonie des jeux, lui doivent beaucoup d'améliorations en pratique. Presque toutes les orgues qu'il a restaurées se sont trouvées meilleures et plus finies, quand il les eut réparées, que dans leur origine. Cependant il était si lent dans son travail, si minutieux, et en même temps si entêté à travailler seul et sans aide, qu'il ne livrait presque jamais ses ouvrages aux époques déterminées par ses engagements. Cette lenteur dans ses travaux lui attira quelquefois d'assez grands désagréments, et l'empêcha de sortir de l'état d'indigence où il a passé toute sa vie. Il est mort à Breslau, le 15 avril 1829. Ses principaux ouvrages sont : 1° Un beau positif de huit jeux, fait en 1795 pour le salon de musique de M. Krieger de Breslau. — 2° Un orgue de neuf jeux pour l'église de Schweitsch (en 1797). — 3° Un orgue de onze jeux pour l'église de Schwartzau, près de Loben (1797). — 4° L'orgue de l'église de Herrenprotsch, à dix registres (1799.) — 5° L'orgue de vingt jeux et deux claviers de l'église de Peterswitz près de Schweidnitz (1800). Depuis cette époque jusqu'en 1811, il fit presque toujours des réparations d'orgues anciennes. — 6° Un orgue à douze jeux et deux claviers dans l'église du faubourg Nicolaï de Breslau. — 7° En 1813 il entreprit la restauration du grand orgue de Sainte-Marie-Madeleine à Breslau. Cet orgue avait été achevé par Michel Rœder en 1724 : Engler y employa neuf années de travail, et fit monter la dépense à 9 mille thalers (environ 37,500 francs). Bien des réclamations s'élevèrent contre lui à cette occasion; mais, quand il eut livré l'ouvrage en 1822, on avoua qu'il y avait mis une rare perfection. Beaucoup d'autres réparations importantes furent faites par lui. Au moment où il est mort, il était en marché avec le magistrat de Francfort pour la construction d'un grand orgue de cinquante jeux.

ENGLER (PHILIPPE), recteur de l'école catholique de Bunzlau, et professeur d'harmonie au séminaire évangélique, est né le 14 avril 1780 à Seftendorf. Bon harmoniste et organiste de quelque mérite, il a publié : 1° Douze morceaux pour l'orgue, op. 1; Berlin, 1822. — 2° Quatorze pièces d'orgue de différents caractères, 2ᵉ recueil; ibid. — 3° Morceaux faciles pour l'orgue, 3ᵉ recueil; ibid. — 4° *Handbuch der Harmonie, oder theoretisch-praktische Præludir-Schule für alle, die sich oder anders in der Tonsetzkunst unterrichten oder zu Organisten bilden wollen* (Manuel d'harmonie ou École théorique et pratique de l'art de préluder, etc.); Berlin, 1825, Trautwein, in-4°, en deux parties. Engler a laissé en manuscrit une petite méthode d'accompagnement, des recueils de pièces d'orgue, quelques morceaux de piano, des airs, des pièces de chant à l'usage des écoles et des cantates.

ENGLERT (ANTOINE), né le 4 novembre 1674 à Schweinfurt, où son père était musicien de la ville, se rendit, en 1693, à l'université de Leipsick, pour y étudier les sciences, particulièrement la théologie. Il y apprit aussi la musique et la composition sous la direction de Strunck, de Schade et de Kuhnau. En 1697, il retourna dans sa ville natale pour y occuper la place de *cantor*. Vingt ans après il fut nommé co-recteur, et, en 1729, recteur et organiste. Il a écrit plusieurs années complètes de musique d'église qui annoncent du savoir.

ENGRAMELLE (MARIE-DOMINIQUE-JOSEPH) moine de l'ordre de Saint-Augustin, au monastère de la reine Marguerite, à Paris, naquit à Nédonchal, en Artois, le 24 mars 1727. Il se livra de bonne heure à l'étude des sciences, et surtout de la mécanique. Le résultat de ses recherches fut un ouvrage qu'il publia sous le titre de : *La Tonotechnie, ou l'art de noter les cylindres, et tout ce qui est susceptible de notage dans les instruments de concerts mécaniques*; Paris, 1775, in-8°. La matière était neuve, car ce livre est le premier où l'on ait révélé les secrets d'un art dont les luthiers faisaient un mystère (1). C'est aussi au P. Engramelle qu'appartient tout ce qui a rapport au notage dans l'*Art du facteur d'orgues*, de D. Bédos. La Borde rapporte (*Essai sur la musique*, t. 2, pag. 622), l'anecdote suivante sur cet habile mécanicien. « Un virtuose italien se trouvait en
« Lorraine, à la cour du roi Stanislas; il avait
« exécuté des pièces de clavecin fort admirées,
« mais qu'il n'avait voulu donner à personne.
« Baptiste, musicien du roi de Pologne, en parla
« au père Engramelle, qui crut entrevoir le moyen
« d'avoir ces pièces et qui engagea Baptiste à lui
« amener son claveciniste quelques jours après.
« Pendant cet intervalle, le P. Engramelle plaça
« sous son clavecin un grand cylindre couvert
« de papier blanc, et recouvert de papier noirci à
« l'huile. Il fit un clavier de rapport, dont les
« touches répondaient à celle du clavecin, en
« sorte que tout ce qu'on exécutait sur le clavecin, se trouvait marqué sur le cylindre à
« l'aide du papier noirci. Ce cylindre était mis
« en mouvement par une manivelle placée à la
« pointe du clavecin, et porté sur des bois à vis,
« en sorte qu'il avançait un peu de côté à chaque
« tour, afin que les différentes marques ne pussent se confondre. Sa révolution totale était
« de quinze tours, et durait environ trois quarts
« d'heure. Tout ce mécanisme fut masqué de la
« manière la plus adroite. Le claveciniste se
« rendit chez le père Engramelle au jour con-

(1) Ce que Salomon de Caus et d'autres avaient donné auparavant sur ce sujet était de peu d'importance.

« venu, et il exécuta ses pièces. Dès qu'il fut
« sorti, le père Engramelle découvrit son
« cylindre, où il ne manquait pas une note. L'I-
« talien étant revenu quelques jours après, on
« lui fit entendre une serinette qui répétait ses
« pièces et imitait jusqu'aux agréments de son
« jeu. Sa surprise ne saurait se peindre, et il ne
« put s'empêcher d'applaudir lui-même à un lar-
« cin fait d'une façon si ingénieuse. »

Toute cette histoire est peu vraisemblable. Le clavier ajouté aurait rendu celui du clavecin si lourd, qu'on n'aurait pu le jouer que difficilement et toute cette mécanique aurait fait assez de bruit pour avertir l'artiste de ce qui se passait : mais une difficulté bien plus grande est celle de la mesure, car la valeur des notes ne pouvait être représentée que par la distance verticale qui se trouvait entre les points, et cette distance était le résultat de la rotation du cylindre ; or comment supposer que la main qui imprimait le mouvement à la manivelle ait agi assez régulièrement et dans un rapport assez exact avec la mesure des pièces exécutées, pour que ces valeurs aient été fidèlement représentées ? Au reste, le père Engramelle n'est pas le seul qui ait essayé de noter par une mécanique les improvisations faites au clavecin ; de pareils essais ont été faits en Allemagne et en Angleterre (*Voy.* FRECKE et UNGER) ; mais le résultat a toujours été nul. Dans une assemblée sur les beaux-arts, tenue chez M. de la Blancherie, le 21 avril 1779 , le père Engramelle a lu un mémoire sur un instrument de son invention, propre à donner, selon lui, la division géométrique des sons, d'où résulterait l'accord le plus parfait des instruments à clavier. C'était une idée fausse, sans application possible : l'auteur est mort en 1781.

ENGSTFELD (PIERRE-FRÉDÉRIC), professeur de musique au gymnase de Duisbourg, est né le 6 juin 1793 à Heiligenhaus (dans l'arrondissement de Dusseldorf). En 1820, il a été appelé à Duisbourg, pour y remplir les fonctions de professeur. Tous les travaux de cet artiste ont eu pour objet l'enseignement dans les écoles. Les ouvrages qu'il a publiés dans ce but sont : 1° *Description abrégée du système tonal représenté par des chiffres* (Kurze Beschreibung des Tonziffern-System), avec une défense de ce système : ouvrage rédigé pour favoriser l'enseignement du chant dans les campagnes ; Essen, Bædeker, 1825, in-8°. — 2° *Kleine practische Gesangschule* (Petite école pratique du chant, à l'usage des commençants); ibid., 1828, in-8°. — 3° Plusieurs morceaux de musique chorale notée en chiffres, d'après la méthode de Natorp. — 4° Petit Guide du chant pour les écoles élémentaires (*Gesangfibel fur Elementarschule*), ou trois cents petites phrases musicales méthodiquement disposées, selon le système de la musique chiffrée ; ibid., 1831, in-8°. — 5° *Principes de la basse continue*, suivis de questions pour les commençants dans l'art de jouer les chorals (*Grundzuge des Generalbasses, nebst Angabe fur angehende Choralspieler*); ibid., 1828, in-4° de 77 pages.

ENICCELIUS (TOBIE), compositeur, né à Leskow en Bohême, *cantor* à Flensbourg, vers 1655, passa dix ans après à Tonningen, pour y remplir les mêmes fonctions. Il a fait imprimer : *Die Friedensfreude, bey angestelltem œffentlichen Dankfeste, in einer musikalischen Harmonie, als funf Vocalstimmen, zwey Clarinen und zwey Violinen zu musiciren*; Hambourg, 1660. Outre cela, il a mis aussi en musique les épîtres d'Opitz, pour les dimanches et les jours de fêtes.

ENNELIN (SÉBASTIEN), né vers 1650 ou 1655, fut d'abord enfant de chœur de la maîtrise de Saint-Quentin, et, après le décès d'Antoine Gras, maître de chant du chœur de la chapelle Saint-Louis, il lui succéda dans cette charge, le 3 juillet 1680. Il vivait encore en 1719, car une de ses compositions porte cette date. Ennelin fut un laborieux compositeur pour l'église. La bibliothèque de la collégiale de Saint Quentin possède encore aujourd'hui trois gros recueils manuscrits des œuvres de ce musicien, parmi lesquelles on remarque sept messes, les antiennes de la Vierge traitées de diverses manières, quinze *O Salutaris*, les hymnes du Carême, des motets, etc. Ces volumes, grand in-folio, offrent toutes les parties de chaque composition en regard, pour être lues au lutrin. Le premier volume, relié en parchemin, est le plus ancien des trois : il est daté de 1709; tous les morceaux qu'il renferme sont dédiés à la Vierge. On y trouve 8 *Salve Regina*, à 4 et à 6 voix, 4 *Alma Redemptoris*, 4 *Ave Regina*, 2 *Inviolata* et 3 *Regina Cœli*, le tout à quatre parties, un *Pie Jesu*, une Messe à quatre voix en *fa majeur*, laquelle a pour titre : *Maria mater gratiæ*, et enfin le motet à quatre, sur le texte : *Domine, quinque talenta*. Le second volume, également in-folio, porte à la première page une dédicace à messieurs les chanoines du chapitre de Saint-Quentin. Le premier ouvrage qu'il contient est une messe des morts qui a été célébré dans le pays, et pour laquelle on voit qu'Ennelin a reçu, en 1714, *soixante livres de gratification*. Cette messe, à cinq parties, renferme l'introït *Requiem æternam*, le graduel *Si ambulabam*, suivant l'usage de Paris, et un autre graduel sur le chant romain *Requiem*, etc., la prose *Dies iræ*, l'offertoire *Domine Jesu Christe*, le *Sanctus* et l'*Agnus*. La première strophe du *Dies iræ* est établie sur le plain-chant autrefois en usage dans l'église de Noyon. Cette messe est suivie des hymnes du Carême : *Audi benigne* ; — *Christe qui lux es et dies* ; — *Vexilla regis* ; — et *Da pacem*. Le troisième volume, manuscrit in-fol. relié en veau, avec des fermoirs, porte la date de 1718 : il contient 15 *O Salutaris*, en différents tons, et tous à cinq parties, et cinq messes. La première (*Exaltabo te Domine*) est en *ut* majeur : la seconde (*Gallo canente*), est en ré mineur ; la troisième (*Hæc est vera fraternitas*), en *la* mineur. Ces trois messes sont écrites à quatre voix (soprano, alto, ténor et basse). La quatrième messe, écrite en 1719, est à trois voix d'enfants de chœur, à savoir deux soprani et contralto ; elle a pour titre : *Ore infantium*. La cinquième messe, intitulée : *Senes cum junioribus*, en *fa*, est écrite pour deux soprani, ténor et basse (1).

ENNO (Sébastien), compositeur italien, qui vivait vers le milieu du dix-septième siècle, a publié un ouvrage de sa composition intitulé : *Arioso e cantate, libro primo e secondo*; Venise, 1655, in-8° obl.

ENSCHEDÉ (Jean), habile imprimeur hollandais, avait établi sa typographie à Harlem, vers le milieu du dix-huitième siècle. Il se distingua par la netteté et la correction de ses éditions. Un graveur de caractères allemand, nommé Fleischmann, qui avait eu connaissance des procédés de Breitkopf, pour l'impression de la musique par les caractères mobiles, proposa à Enschedé une association pour l'exploitation de ce genre d'industrie : sa proposition fut acceptée. Les caractères de musique d'Enschedé sont beaux, bien proportionnés et d'une lecture plus facile que ceux de Breitkopf.

ENSLIN (Philippe), maître de chapelle à Wetzlar, vers la fin du siècle dernier, a fait graver les ouvrages suivants : 1° *Trois quatuors pour clavecin avec deux violons et basse*; Francfort, 1786. — 2° *Le Franc-maçon*, chanson ; ibid. — 3° *Andante avec variations pour clavecin, deux violons, deux flûtes, deux cors et basse*; Offenbach, 1787. Il a publié aussi quelques pièces détachées dans les journaux de musique du temps.

ENT (Georges), médecin anglais, né en 1603 à Sandwich, fit ses études à Cambridge, et alla prendre ses degrés de docteur en médecine à Padoue. De retour à Londres, il fut un des premiers membres de la Société royale de médecine. Charles II le créa chevalier à l'issue d'une de ses leçons publiques, à laquelle ce prince avait assisté. Il est mort le 13 octobre 1688, âgé de quatre-vingt-six ans. Ent a publié, dans le 22me volume des *Transactions philosophiques* (pag. 1010), une dissertation intitulée : *An essay tending to make a probable conjecture of temper, by the modulation of the voice in ordinary discourse*.

ENVALSON (Charles), notaire public à Stockholm, et membre de l'Académie royale de musique de la même ville, au commencement de ce siècle, fut attaché pendant plus de vingt ans au théâtre de l'Opéra de cette capitale. Il est le premier auteur de sa nation qui ait publié un dictionnaire de musique. Ce livre a pour titre : *Svenskt musikaliskt Lexikon, efter Grekiska, Latinska, Italienska och Franska spräken* (Dictionnaire suédois de musique, d'après la nomenclature des langues grecque, latine, italienne et française); Stockholm, 1802, 346 p. in 8°, avec 14 planches. Les *Dictionnaires* de Brossard et de Rousseau, ainsi que la *Théorie des beaux-arts* de Sulzer, ont été les sources principales où a puisé l'auteur de cet ouvrage.

ÉPIGONE, citharède, originaire d'Ambracie, fut fait citoyen de Sicyone, où il passa la plus grande partie de sa vie. Il inventa un instrument monté de quarante cordes, qui fut appelé *Épigonion* ou *Épigone*, de son nom. Athénée (lib. 4, c. 24) dit que cet instrument changea de forme par la suite, mais qu'il conserva toujours le nom de son inventeur. Il y a vraisemblablement quelque erreur dans le nombre des cordes de l'*Épigonion*, à moins que les éléments des trois genres, pour tous les modes, n'y eussent leurs cordes spéciales ; car le système général des Grecs, y compris toutes les cordes des genres chromatique et enharmonique, ne renferme que trente-neuf sons.

EPISCOPUS (Melchior), nom latin d'un musicien appelé *Bischoff*, qui, au commencement du dix-septième siècle, fut pasteur à Cobourg et surintendant de la province. On a de lui une Passion à six voix qui a pour titre : *Christi agonizantis precatio ardentissima, numeris musicis VI vocum ornata*; Cobourg, Justus Hauck, 1608, in-4°.

EPP (Frédéric), naquit à Neuenheim, près de Heidelberg. Son père, qui était instituteur dans cette ville, lui donna des leçons de musique. Vers 1770, il entra dans l'artillerie de l'électeur Palatin. Sa belle voix ayant été remarquée à Mannheim, où il chantait souvent dans la musique du

---

(1) Les renseignements pour cette notice m'ont été fournis par M. Charles Gomart (voy. ce nom).

chœur, à l'église de la garnison, le chanteur de la cour Hartig entreprit de lui donner des leçons de chant, et, au bout de trois ans, Epp, devenu un chanteur habile, fut placé (en 1779) au théâtre de la cour comme premier ténor. Son chant et son jeu lui procurèrent des succès sur les théâtres de Munich et de Stuttgard, où il débuta; mais une mélancolie noire s'étant emparée de lui, il fut perdu pour la musique, le théâtre et ses amis. Il mourut à Manheim en 1802.

EPPINGER (Henri), amateur de musique, demeurant à Vienne en 1790, était à cette époque un des plus habiles violonistes de la capitale de l'Autriche. Il était élève de Zissler, virtuose hongrois. Parmi ses compositions, on remarque celles dont les titres suivent : 1° *Danse russe variée pour deux violons et basse*; Vienne, Artaria. — 2° Six variations sur : *Nel cor più non mi sento*, avec violoncelle; ibid. — 3° Six variations sur l'air : *A Reinderl anda Schisserl*, op. 3; ibid. — 4° *Douze variations pour violon*; Paris, Pleyel, 1799.

ÉRARD (Sébastien), un des plus célèbres facteurs d'instruments de musique, et celui dont les découvertes ont été les plus utiles aux progrès de son art, naquit à Strasbourg, le 5 avril 1752, et fut le quatrième enfant de Louis-Antoine Érard, fabricant de meubles, qui ne s'était marié qu'à l'âge de soixante-quatre ans. Il tenait de son père une constitution robuste qui n'a pas peu contribué à ses succès; car elle lui a permis de se livrer à ses travaux avec une assiduité qui aurait altéré la santé d'un homme moins heureusement organisé. A cet avantage, il joignait un esprit hardi, entreprenant, et, ce qui est plus rare, une persévérance sans bornes dans ses projets ou dans les inventions qu'il voulait exécuter. Son caractère décidé se manifesta dès son enfance. A l'âge de treize ans, il monta au plus haut point du clocher de la cathédrale de Strasbourg, et s'assit en dehors sur le sommet de la croix : trait de courage et d'adresse qui ne s'est peut-être pas répété depuis.

Vers l'âge de huit ans, Sébastien Érard fut envoyé dans les écoles de Strasbourg pour y étudier l'architecture, la perspective et le dessin linéaire, genre de connaissance indispensable à qui veut se livrer à l'art des constructions et aux arts mécaniques. Il y joignit un cours de géométrie pratique; mais son esprit inventif ne tarda pas à lui suggérer des méthodes particulières pour la résolution des problèmes qu'il se proposait à lui-même. Cette première éducation, qui répondait aux besoins de son imagination, lui fut dans la suite d'un grand secours pour tous ses travaux.

Continuellement occupé d'inventions nouvelles, son esprit était sans cesse en méditation, et son crayon lui fournissait les moyens de résoudre toutes les difficultés avant qu'il se livrât à la construction. Dans la dernière moitié de sa vie, il dormait peu. Son lit était couvert de papiers sur lesquels il traçait des plans d'amélioration d'instruments ou d'inventions nouvelles. Ses livres même, à défaut de papier, étaient couverts de tracés de pièces mécaniques. Cette facilité d'exprimer ses idées par le dessin lui a épargné bien des essais superflus et bien des dépenses inutiles. Au moyen de ses connaissances positives en mécanique, Érard voyait avec netteté les objets dont il s'occupait et évitait les tâtonnements, qui font le désespoir des hommes d'invention dont l'éducation élémentaire a été négligée. Lui-même avouait dans sa vieillesse les avantages qu'il avait retirés de cette éducation, et disait souvent qu'il devait ses succès au dessin, à la géométrie et à la mécanique. Les moyens d'exécution ne lui manquaient jamais : dès qu'il tenait le principe de ce qu'il voulait faire, il improvisait quelquefois trois ou quatre modèles fonctionnant dans des systèmes différents, et choisissait ensuite celui qui remplissait le mieux son but, abandonnant les autres, et mettant au rebut des choses que d'autres ont cru trouver ensuite comme des perfectionnements de ce qu'il avait fait. De cette facilité d'invention et d'exécution résulte cette multitude de modèles de tout genre qui se trouvent aujourd'hui dans les ateliers et dans les magasins de Londres et de Paris.

Ses heureuses dispositions et son aptitude au travail lui avaient assuré de bonne heure une grande supériorité sur ses condisciples; aussi était-il toujours décoré de la croix de mérite que l'on accordait au plus habile dans les écoles de Strasbourg. Travaillant dans les ateliers de son père, il avait acquis de bonne heure ce qu'on nomme *la main*, c'est-à-dire l'habileté dans le maniement des outils, genre de mérite indispensable à qui est destiné à diriger des ouvriers et à les former. Un professeur de l'école du génie de Strasbourg, qui connaissait l'aptitude du jeune Érard pour l'exécution, s'adressait à lui pour faire construire les modèles dont il se servait pour les démonstrations de son cours, et lui disait souvent, admirant la perfection de son travail et ses idées ingénieuses : *Jeune homme, vous devrez entrer dans le génie, votre place y est marquée*.

Il était encore enfant lorsqu'il perdit son père, dont la mort laissait sans fortune une veuve et plusieurs enfants. Sébastien prit la résolution de se rendre à Paris pour y chercher de l'emploi, et partit de Strasbourg à l'âge de seize ans, ayant à peine l'argent nécessaire pour le voyage. Son parrain, homme riche, auquel il alla faire ses adieux, ne lui donna que sa bénédiction, et la seule chose dont il ne se montra point avare fut l'eau bénite qu'il lui jeta sur la tête. Ce fut vers 1768 que le jeune Érard arriva à Paris; il s'y plaça chez un facteur de clavecins dont il devint bientôt le premier ouvrier, et dont il excita la jalousie par sa supériorité. Ce facteur, importuné des questions que lui faisait Érard sur les principes qui le dirigeaient dans ses constructions, et ne sachant comment y répondre, finit par le congédier en lui reprochant de vouloir tout savoir. Un autre facteur renommé du même instrument, encore en vogue à cette époque, ayant été invité à construire un instrument qui exigeait d'autres connaissances que celles qu'il avait acquises par ses habitudes routinières, se trouvait fort embarrassé pour satisfaire à cette demande : sur la réputation naissante du jeune Érard, il alla le trouver et lui proposa d'exécuter l'instrument moyennant un prix convenu, mais sous la condition que le facteur y mettrait son nom. Érard y consentit; mais, lorsque l'instrument fut livré à la personne qui l'avait commandé, et qui sans doute avait peu de confiance dans l'habileté du facteur, cette personne, étonnée de la perfection du travail, demanda au maître facteur s'il en était réellement l'auteur; celui-ci, pris au dépourvu, avoua que l'instrument avait été construit pour lui par un jeune homme nommé *Érard*. Cette aventure se répandit dans le monde musical et commença à fixer l'attention sur le jeune artiste : celui-ci acheva de se faire connaître avantageusement par son *clavecin mécanique*, chef-d'œuvre d'invention et de facture qui causa la plus vive sensation parmi les artistes et les amateurs de Paris. Ce morceau remarquable avait été construit pour le cabinet de curiosités de M. de la Blancherie (1). L'abbé Roussier en fit une description détaillée qui fut insérée dans le *Journal de Paris*, et qui fut ensuite reproduite dans l'*Almanach musical* de Luneau-de-Bois-Germain, en 1780.

Sébastien Érard n'avait pas vingt-cinq ans, et déjà sa réputation était si bien établie que c'était toujours à lui qu'on s'adressait pour toutes les choses nouvelles qu'on voulait faire exécuter. Il était recherché par les hommes les plus distingués : l'un d'eux l'introduisit chez la duchesse de Villeroy, qui aimait les arts, protégeait les artistes, et qui avait surtout un goût passionné pour la musique. Elle voulait qu'Érard demeurât chez elle, et lui offrait un engagement avantageux; mais le désir de conserver son indépendance lui fit refuser ces propositions. D'ailleurs, il avait déjà conçu le projet d'un voyage en Angleterre, et brûlait du désir de le réaliser. Il fut seulement convenu qu'il resterait chez la duchesse le temps nécessaire pour exécuter plusieurs idées de cette dame, qu'il aurait dans l'hôtel de Villeroy un appartement convenable à ses travaux, et qu'il jouirait de la liberté la plus entière. Dans sa vieillesse, Érard se plaisait encore à rendre hommage à la bonté de Mme de Villeroy, et à parler de la reconnaissance qu'elle lui avait inspirée.

Ce fut dans l'hôtel de Villeroy qu'il construisit son premier piano. Cet instrument, connu en Allemagne et en Angleterre depuis plusieurs années, était peu répandu en France, et le petit nombre de pianos qui se trouvait à Paris y avait été importé de Ratisbonne, d'Augsbourg ou de Londres. Il était de bon ton dans quelques grandes maisons d'avoir de ces instruments étrangers. Mme de Villeroy demanda un jour à Érard s'il ferait bien un piano; sa réponse fut affirmative et prompte comme sa pensée : déjà le piano était dans sa tête. Il se mit aussitôt au travail. Comme tous ses ouvrages, ce premier piano sorti de ses mains portait le cachet de l'homme d'invention et de goût : il fut entendu dans le salon de Mme de Villeroy par tout ce que Paris renfermait alors d'amateurs et d'artistes distingués, et produisit la plus vive impression. Beaucoup de grands seigneurs s'empressèrent de lui demander des instruments du même genre; mais ils ne furent pas si prompts à s'acquitter de ce qu'ils lui devaient : la plupart ne le payèrent point.

Ce fut vers cette époque que son frère, Jean-Baptiste Érard, vint le joindre. Travailleur infatigable, homme intègre et loyal, Jean-Baptiste a

---

(1) Ce clavecin était remarquable par plusieurs inventions dont on n'avait pas l'idée auparavant. On y trouvait trois registres de plume et un de buffle; une pédale y faisait jouer un chevalet mobile qui, s'interposant sous les cordes à la moitié de leur longueur, les faisait monter tout à coup d'une octave; invention qu'un facteur de Paris, nommé Schmidt, a renouvelée dans le piano à l'exposition des produits de l'industrie de 1806, c'est-à-dire trente ans après qu'Érard l'eut trouvée. En appuyant par degrés le pied sur une pédale attachée au pied gauche du clavecin, on retirait le registre de l'octave aiguë, celui du petit clavier, celui du grand clavier, et l'on faisait avancer le registre de buffle. En diminuant la pression du pied sur la pédale, on avançait le registre de l'octave aiguë, celui du petit clavier, celui du grand clavier, et l'on retirait le jeu de buffle. Enfin, lorsqu'on voulait faire parler à la fois tous les jeux, on se servait d'une pédale attachée au pied droit du clavecin, sans être obligé d'attirer le petit clavier au-dessus du grand, et conséquemment sans interrompre l'exécution, comme cela se faisait aux autres clavecins.

partagé depuis lors les travaux, les succès et les revers de Sébastien. L'accueil favorable que le public faisait aux instruments sortis de leur fabrique les obligea bientôt à quitter l'hôtel de Villeroy pour un établissement plus vaste qu'ils fondèrent dans la rue de Bourbon (faubourg Saint-Germain) : insensiblement et par les efforts des deux frères, cet établissement finit par devenir le plus beau de l'Europe.

Les succès toujours croissants de Sébastien Érard excitant la jalousie des luthiers de Paris qui faisaient le commerce des pianos étrangers, l'un d'eux, dont il est inutile de tirer le nom de l'oubli où il est tombé, fit pratiquer une saisie chez Érard, sous prétexte que cet artiste *ne s'était pas rangé sous les lois de la communauté des éventaillistes*, dont l'état de luthier faisait partie. Érard trouva facilement parmi ses protecteurs des personnes en crédit à la cour, et, sur le rapport favorable qui fut fait au roi de son mérite et de ses mœurs, il obtint de Louis XVI un brevet flatteur qui constatait les services qu'il avait rendus à l'industrie française. Par l'effet de cette protection, l'établissement des deux frères prit chaque jour de nouveaux développements, et le débit de leurs pianos à deux cordes et à cinq octaves, tels qu'on les faisait alors, devint immense.

Continuellement occupé d'inventions et de perfectionnements, le génie de Sébastien Érard s'exerçait sur une multitude d'objets. Ce fut ainsi qu'il imagina le piano organisé avec deux claviers, l'un pour le piano, l'autre pour l'orgue. Le succès de cet instrument fut prodigieux dans la haute société. Il lui en fut commandé un pour la reine Marie-Antoinette, et ce fut pour ce piano qu'il inventa plusieurs choses d'un haut intérêt, surtout à l'époque où elles furent faites. La voix de la reine avait peu d'étendue, et tous les morceaux lui semblaient écrits trop haut. Érard imagina de rendre mobile le clavier de son instrument, au moyen d'une clef qui le faisait monter ou descendre à volonté d'un demi-ton, d'un ton ou d'un ton et demi ; et de cette manière la transposition s'opérait sans travail de la part de l'accompagnateur. Ce fut aussi dans le même instrument qu'il fit le premier essai de l'orgue expressif par la seule pression du doigt, essai qu'il a exécuté depuis lors en grand dans l'orgue qu'il a construit pour la chapelle du roi. Grétry, dans ses *Essais sur la musique*, qui furent imprimés en 1797, a signalé cette invention à l'admiration des musiciens et à l'attention du gouvernement.

Un autre instrument, la harpe, commençait à se répandre en France. Krumpholtz, par la beauté de ses compositions et par son style plein de goût, l'avait mis à la mode. Les harpes dont Krumpholtz se servait alors, et qu'on désignait sous le nom de *harpes à crochets*, étaient fort imparfaites sous le rapport du mécanisme, bien qu'on eût fait beaucoup d'efforts pour les rendre aussi bonnes que le permettait le mauvais principe sur lequel elles étaient établies. Les défauts de cette construction inspiraient souvent à Krumpholtz du dégoût pour son instrument. Lié d'amitié avec Érard, et témoin de la facilité avec laquelle il perfectionnait tous les objets dont il s'occupait, il le pria d'abord de lui faire une contrebasse à clavier, pour la mettre sous la harpe comme un tremplin, et pour s'accompagner avec ses pieds ; Érard satisfit à cette demande (1). Alors Krumpholtz pria Érard de s'occuper de la harpe elle-même, et de chercher des moyens efficaces pour corriger ses défauts. Érard y pensa ; des idées nouvelles lui vinrent, et il s'occupa de les mettre sur le papier et de tracer le plan d'une harpe conçue sur un principe absolument nouveau. Pendant qu'il était occupé de ce travail, Beaumarchais vint le voir. Cet homme célèbre jouait de la harpe et connaissait la mécanique, étant fils d'un horloger et ayant lui-même exercé cet état. Il voulut persuader à Érard de renoncer à son projet, et lui dit qu'il n'y avait rien à faire à la harpe, qu'il s'en était occupé et n'avait pu rien trouver de mieux que ce qui existait. Heureusement Érard ne se laissa point persuader ; il était sûr de ce qu'il faisait, et bientôt il fut en état de montrer à Krumpholtz le résultat de ses travaux, qui répondait parfaitement à ses vues.

Les plus graves inconvénients de la harpe à crochets consistaient dans le peu de solidité de son mécanisme, le faux principe de son mouvement, qui ne s'opérait qu'en forçant vers un point la flexion d'une branche conductrice des crochets, et dans le mouvement même de ces crochets, lesquels tiraient les cordes hors de la verticale pour les élever d'un demi-ton. Les recherches de Sébastien Érard le conduisirent à la découverte d'un mécanisme dont le principe, nouveau et rationnel, faisait disparaître tous ces défauts. Ce mécanisme, qui a été adopté par tous les facteurs de harpes, après l'expiration du brevet pris par Érard, est celui auquel on a donné le nom de *fourchette*. Au lieu de tirer les cordes hors de la verticale, il fonctionne au moyen d'un disque armé de deux boutons qui, par un mouvement de rotation, saisit la corde dans sa position naturelle, et la raccourcit de la

(1) Cette contrebasse existe encore dans les magasins de la maison Érard.

quantité nécessaire pour l'élever d'un demi-ton, et cela avec une solidité, une fermeté à toute épreuve. Ceci se passait vers 1786. Mais dans l'intervalle des recherches d'Érard, Krumpholtz s'était lié d'intérêt avec le facteur qui était alors en réputation pour la harpe à crochets. Celui-ci fit comprendre à l'artiste que ce genre de harpes serait bientôt oublié si Érard réussissait, et que la ruine de leur établissement en serait la suite. Krumpholtz, le même Krumpholtz qui avait entraîné Érard dans des travaux immenses et dans des dépenses considérables, vint le trouver et le pria de renoncer à son nouvel instrument. La situation fâcheuse des affaires de cet artiste, la crainte de mettre le comble à son infortune, et la conviction que la nouvelle harpe ne réussirait qu'avec peine ayant Krumpholtz pour adversaire, déterminèrent Sébastien Érard à renoncer à la faire connaître en France dans ce moment. Près de quatre-vingts corps d'instruments qui étaient déjà construits, ainsi que leurs mécaniques, furent mis à l'écart, et le travail des harpes fut abandonné.

Vers cette époque, les troubles de la révolution éclatèrent en France et portèrent un notable dommage à l'industrie. Sébastien Érard prit le parti de passer en Angleterre, non pour abandonner la France, mais pour y ouvrir de nouveaux écoulements aux produits de sa fabrication. Il y resta plusieurs années ; mais, lorsqu'il voulut revenir, le régime de la terreur était établi en France. Déjà Érard était à Bruxelles, lorsqu'il reçut de son frère une lettre dans laquelle celui-ci lui peignait les dangers qui l'attendaient à Paris. Il prit le parti de retourner à Londres et d'y fonder un établissement du même genre que celui de Paris.

A Londres, comme dans cette ville, il remplit ses magasins d'instruments et de produits qui étaient tous de son invention. En 1794, il prit son premier brevet pour le perfectionnement des pianos et de la harpe, et sa fabrique de ces instruments ne tarda pas à obtenir la vogue. Cependant il n'oublia pas son pays, et le désir de revoir la France l'occupait sans cesse ; il profita du changement qui s'était opéré dans le gouvernement après le 9 thermidor, et arriva à Paris en 1796. Ce fut alors qu'il fit fabriquer les premiers grands pianos en forme de clavecins, dans le système anglais, dont il avait perfectionné le mécanisme, et qu'il fit paraître les harpes à simple mouvement, de son invention. Ces pianos sont les premiers instruments à échappement qu'on ait fabriqués à Paris. Ils avaient dans le clavier le défaut de tous les instruments de ce genre, c'est-à-dire la lenteur dans l'action des leviers et du marteau. Les artistes et amateurs de Paris, accoutumés au jeu facile des petits pianos sans échappement, éprouvaient de la gêne sur ceux-ci. Ce fut par ce motif qu'après de nombreux essais et des recherches de tout genre, Sébastien Érard fit connaître, en 1808, un nouveau genre de piano à queue, dont le mécanisme répondait avec plus de promptitude et dont les dimensions, plus petites, étaient plus en rapport avec la grandeur des salons de Paris. Dussek joua sur un de ces pianos avec un succès éclatant, dans les concerts qui furent donnés à l'Odéon par Rode, Baillot et Lamarre, à leur retour de Russie. Les amateurs et les artistes donnèrent beaucoup d'éloges à ces pianos et s'en montrèrent satisfaits : Érard ne l'était pas. Il savait qu'il restait encore à perfectionner, les claviers étant faciles, mais le coup de marteau manquant de précision. Nous le verrons plus tard, de retour d'Angleterre, exposer le modèle d'un nouveau grand piano qui réunit tout ce qu'on peut désirer de perfection dans le mécanisme de cet instrument.

Vers 1808, il était retourné à Londres ; il allait y mettre le sceau à sa réputation de facteur d'instruments, et plus encore à celle de grand mécanicien, par l'invention de la *harpe à double mouvement*, dont il avait déjà jeté autrefois le plan, et qui suffirait pour immortaliser son nom. Quelle que fût l'importance des améliorations qu'il avait introduites dans la construction de la harpe, il savait que tout n'était pas fait, et que cet instrument était resté fort inférieur au piano sous le rapport des ressources harmoniques. Des difficultés insurmontables se rencontraient lorsqu'on voulait moduler dans certains tons, et le seul expédient qu'on connût était de s'interdire l'usage de ces tons. Ceci demande une explication.

On sait que la harpe s'accordait en *mi* bémol, en sorte qu'on obtenait le *si*, le *mi* et le *la* par les pédales qui élevaient d'un demi-ton les mêmes notes affectées d'un bémol. Mais le *ré* bémol ne pouvait se faire qu'en élevant l'*ut* à l'état d'*ut* dièse, le *sol* bémol, que par le *fa* dièse, et ainsi des autres notes ; il en résultait que dans le ton de *la* bémol, par exemple, on ne pouvait faire une gamme, parce que la même corde devait servir pour *ut* et pour *ré* bémol. Cependant on sait que les deux systèmes de modulation les plus usités et les meilleurs sont ceux par lesquels on passe à la dominante et au quatrième degré d'un ton quelconque. Dans le ton de *mi* bémol, par exemple, il faut pouvoir passer en *si* bémol ou en *la* bémol, sans compter le mode mineur d'*ut*. On voit par là que la harpe était privée de l'une des modulations naturelles du ton qui lui était le plus favorable. La musique qu'on écrivait pour cet instrument était donc bornée, et, en quelque sorte, hors du domaine de l'art.

Plusieurs facteurs, frappés de ces considérations, avaient essayé de porter remède aux défauts de la harpe, mais n'avaient pu y réussir. Sébastien Érard, que la nature semblait avoir destiné à perfectionner tous les instruments à mécanisme, fit encore pour celui-ci ce que les autres n'avaient pu faire. Il imagina de faire remplir à chaque pédale une double fonction qui pût élever à volonté chaque corde d'un demi-ton ou d'un ton. La combinaison d'un semblable mécanisme offrait des difficultés considérables, à cause de la courbe de la console et de plusieurs autres problèmes non moins embarrassants qu'il fallait résoudre; Érard fut obligé d'y employer plusieurs années d'un travail constant, et des sommes considérables en essais. Enfin la réussite la plus complète couronna ses travaux, et sa *harpe à double mouvement* vit le jour.

Le succès de cette harpe fut immense; elle parut à Londres en 1811, au moment où la circulation du papier-monnaie était abondante. Érard vendit pour 25,000 liv. sterl. (environ 625,000 fr.) de son nouvel instrument dans le cours de la première année. Le travail que cette invention avait coûté à Érard est à peine croyable; on le vit pendant trois mois ne pas se déshabiller et ne dormir que quelques heures sur un sopha. Il fit plusieurs modèles avant d'arriver à la perfection qu'il désirait, et les difficultés à vaincre étaient telles qu'il était presque décidé à renoncer à l'entreprise, lorsque l'idée du mécanisme qu'il a définitivement adopté vint le tirer d'embarras. Pendant un court séjour qu'il avait fait à Londres en 1800, il avait déjà construit une harpe à double mouvement sur un principe curieux de mécanisme, mais qui offrait des inconvénients sous plusieurs rapports. Le 16 juin 1801, il avait pris un brevet pour cette nouvelle invention. Le principe du mécanisme une fois adopté et les modèles construits, il restait un travail immense à faire pour en établir la fabrication. C'est dans l'invention des outils de tout genre et dans l'ordonnance et la distribution du travail que le génie d'Érard se fait apercevoir. Sa manufacture de Londres, que j'ai visitée, ne le cède à aucune autre, de quelque genre que ce soit, pour les moyens ingénieux de fabrication, la précision des outils et des machines, enfin pour la perfection du travail. De retour en France, Érard établit le même genre de fabrication dans ses ateliers de Paris, et eut à former de nouveaux ouvriers et à construire de nouvelles machines et de nouveaux outils.

Les fréquents voyages qu'il faisait en France lui avaient fait négliger la fabrication des pianos à Londres, et la harpe seule se construisait dans ses ateliers. Cependant, dans tous les brevets qu'Érard prit en Angleterre, et qui sont au nombre de quinze ou vingt, de nouvelles idées pour le perfectionnement du piano aussi bien que de la harpe y sont exposées. Il se proposait de les exécuter en France. A chaque exposition des produits de l'industrie, ses ouvrages ont été couronnés. Trois fois il reçut la médaille d'or, et la croix de la Légion d'honneur lui fut décernée à l'une des dernières expositions; enfin, aucun des témoignages honorables qui peuvent être donnés à un manufacturier du premier ordre ne lui a manqué. Le modèle de son grand piano à double échappement fut exposé en 1823. Ce mécanisme, chef-d'œuvre de combinaison, est la solution d'un problème qu'aucun facteur n'avait pu résoudre. Il s'agissait de réunir dans un même clavier toutes les nuances du toucher qu'offre le mécanisme simple sans échappement et la précision du coup de marteau du mécanisme à échappement. Il est facile de comprendre quelles étaient les difficultés immenses de ce problème : Érard les a résolues de la manière la plus heureuse. Ces nouveaux instruments ont été établis depuis lors dans la fabrique de Londres par Pierre Érard, neveu de Sébastien. Le roi d'Angleterre, Georges IV, grand amateur et connaisseur en musique, fut frappé de la beauté de ces instruments et en acquit un pour son château de Windsor; la reine actuelle, non moins satisfaite de leur supériorité, a donné à Pierre Érard le titre de son facteur de pianos. Quoiqu'il fût constitué de la manière la plus robuste, Sébastien Érard pouvait difficilement résister à tant de travaux. Les contrariétés inséparables d'une vie si active sur le vaste théâtre de deux capitales telles que Paris et Londres, devaient aussi exercer leur influence sur sa santé. Depuis dix ans environ, des maladies douloureuses venaient souvent interrompre le cours de ses travaux. Vers la fin de 1824, la pierre se déclara; heureusement Érard fut opéré avec le plus grand succès, au moyen du procédé de la lithotritie, par le docteur Civiale. A peine rétabli, il s'occupa du perfectionnement de l'orgue, et parvint à finir le grand instrument expressif où tous les genres d'effets sont réunis, et qu'il a construit pour la chapelle des Tuileries. Déjà, à l'exposition de 1827, Érard avait livré à l'admiration des connaisseurs un grand orgue dont la construction pouvait passer pour un chef d'œu-

10.

vre de précision et de fini. Toutefois il n'y avait point encore fait entrer le développement de sa belle invention de l'expression par le toucher plus ou moins léger, plus ou moins appuyé du clavier. Cet orgue était expressif, mais autant que le peut être le grand jeu de cet instrument. Son expression était obtenue par le moyen de pédales qui faisaient ouvrir ou fermer des jalousies pour laisser le son se propager au dehors, ou pour le renfermer dans le corps de l'instrument, et par celui de l'élargissement ou rétrécissement progressif des conduits du vent sur les jeux d'anches. Ces moyens étaient connus depuis plusieurs années; Érard n'en réclamait pas l'invention; mais une multitude de perfectionnements se faisaient apercevoir dans son instrument, où les registres étaient ouverts ou fermés par des pédales qui permettaient de ne point lever les mains du clavier pour modifier à l'infini les effets de l'orgue. Depuis lors, Érard a ajouté à cet instrument un clavier de récit expressif par le toucher, tel qu'il l'a exécuté dans le bel orgue construit pour la chapelle des Tuileries; dans cet état, cet instrument offre un modèle de perfection, sous le rapport de l'invention et de la facture.

Érard était occupé à faire poser l'orgue de la chapelle du roi, lorsque les événements de juillet 1830 arrivèrent, et causèrent la perte d'une partie des tuyaux; heureusement le mécanisme du grand orgue et le jeu expressif par la main ont été sauvés. Sébastien Érard, à cette époque, était déjà atteint de la maladie à laquelle il a succombé. Le mal calculaire dont il avait été déjà opéré avait reparu, et il s'y était joint une inflammation des reins. Ni la science, ni les soins assidus du docteur Fouquier, son médecin, ne purent le soustraire à la gravité de ces accidents; ils triomphèrent de l'excellente constitution qui lui promettait de prolonger son existence dix ou quinze années de plus, et il cessa de vivre, le 5 août 1831, à son château de *la Muette*, où il avait fixé sa résidence depuis plusieurs années.

ÉRARD (PIERRE), neveu du précédent, est né à Paris vers 1796. Ses études furent dirigées dès son enfance dans le but de lui faire continuer la fabrication des instruments inventés ou perfectionnés par ses parents; on lui fit apprendre la musique, les mathématiques et le dessin linéaire. Envoyé jeune à Londres pour y diriger la fabrique de harpes que Sébastien Érard y avait fondée, il a passé la plus grande partie de sa vie en Angleterre. En 1821, il publia une description de la harpe à double mouvement inventée par son oncle, et des progrès de la construction de cet instrument, sous ce titre: *The Harp in its present improved state compared with the original pedal Harp*, in-fol., orné de 10 planches lithographiées et gravées, d'après les dessins de l'auteur. Cet ouvrage, imprimé avec luxe, n'a point été mis dans le commerce, et a été donné en cadeau par P. Érard. Après la mort de Sébastien, Pierre Érard, institué son héritier, s'établit à Paris, pour donner une activité nouvelle à la fabrique de pianos, et, en 1834, il mit à l'exposition des produits de l'industrie plusieurs instruments nouveaux pour lesquels la décoration de la Légion d'honneur lui fut accordée. Il publia à cette époque une description historique de tous les pianos qui avaient été inventés ou perfectionnés et fabriqués par son oncle et par son père. Cet ouvrage a paru sous ce titre: *Perfectionnements apportés dans le mécanisme du piano par les Érard, depuis l'origine de cet instrument jusqu'à l'exposition de 1834*; Paris, 1834, in-fol. avec huit planches lithographiées. Pierre Érard habitait alternativement à Londres et à Paris, dirigeant à la fois les deux grands établissements dont il avait hérité. Dans les derniers temps de sa vie, sa raison se dérangea. Il mourut au château de *la Muette*, le 18 août 1855. Il était officier de la Légion d'honneur.

ÉRATOSTHÈNE, célèbre géographe grec, naquit à Cyrène; la première année de la 126e olympiade (194 ans avant l'ère chrétienne). Il eut pour maîtres Ariston, philosophe de Chio, le grammairien Lysanias et Callimaque le poëte. Ptolémée Évergète lui confia la direction de la bibliothèque d'Alexandrie; il mourut en cette ville, dans la première année de la 146e olympiade (114 ans avant J.-C.), à l'âge de quatre-vingts ans. Ptolémée et Porphyre parlent d'un livre qu'il avait écrit sur les proportions musicales, et dans lequel il divisait les quatre cordes du tétracorde dans les trois genres *diatonique*, *chromatique* et *enharmonique*, selon une doctrine qui lui était particulière. Cet ouvrage est perdu. (*Vid. Fabr. Bibl. græc.*, *lib. III*, c. 18). Le *genre diatonique* d'Ératosthène est conforme à celui de Pythagore : il fait les tons égaux à $\frac{9}{8}$ et les demi-tons mineurs ou limma dans le rapport de $\frac{256}{243}$. Il constitue le *genre chromatique* par 1, $\frac{28}{27}$, $\frac{9}{8}$, $\frac{4}{3}$, $\frac{3}{2}$, $\frac{80}{81}$, $\frac{80}{81}$, $\frac{16}{9}$, $\frac{2}{1}$; le genre enharmonique a pour expression : 1, $\frac{40}{39}$, $\frac{9}{8}$, $\frac{20}{19}$, $\frac{3}{2}$, etc.

ERBA (GEORGES), violoniste milanais, qui demeurait à Rome, vers 1730, a fait graver 10 *Sonate da camera a violino solo e basso*, op. 1; Amsterdam 1736.

ERBACH (Chrétien), l'un des plus grands musiciens de l'Allemagne, dans le seizième siècle, naquit vers 1560, à Algesheim, dans le Palatinat. Vers 1600, il était organiste de la ville et de l'illustre famille des Fugger, à Augsbourg : il devint membre du grand conseil de cette ville en 1628. Il a publié : 1° *Cantus musicus ad ecclesiæ catholicæ usum*, à 4 et 8 voix; Augsbourg, 1600. — 2° *Cantionum sacrarum 4, 5, 6, 7, 8 vocum, liber secundus*; Augsbourg, 1603. — 3° *Mele sive cantiones sacræ ad modum canzonette ut vocant, quaternis vocibus factæ*. Augustæ Vindelicorum, Joh. Praetorius, 1603, in-4°. — 4° *Modorum sacrorum sive cantionum 4-8 et plurimis compositarum, lib.* 2; Augsbourg, 1604, in-4°. — 5° *Sacrarum cantionum 4 et 5 vocibus, liber* 3; Augsbourg, 1611, in-4°. — 6° *Acht geistl. deutsche Lieder, mit 4 Stimmen*; Augsbourg, Schultes (sans date), in-4°. On conserve encore toutes ses compositions à la cathédrale d'Augsbourg. Dans le *Florilegium Portense*, d'Ehrard Bodenschatz, et dans les *Promptuarii musici* d'Abraham Schad, on trouve plusieurs motets à 4, 6 et 8 voix, de la composition de Chrétien Erbach. La bibliothèque royale de Berlin possède en partition manuscrite tous les motets du premier livre publié à Augsbourg, en 1600. Je les ai examinés et j'y ai vu que ce compositeur peut être considéré, ainsi que Adam Gumpeltzhaimer, comme un des fondateurs de cette harmonie allemande dont le caractère particulier s'est conservé jusqu'à nos jours. Le style est pur comme celui des compositeurs italiens de la même époque, mais la modulation est toute différente : le caractère de la tonalité moderne y domine.

ERCOLEO (D. Manzio), ou ERCULEI, musicien de la chapelle du duc de Modène, dans la seconde moitié du dix-septième siècle, naquit en 1623 à Otricoli, bourg des États de l'Église. Il commença son éducation musicale à Rome; puis il se rendit à Modène dans sa première jeunesse, et entra dans la chapelle du duc François 1er, en qualité de soprano. Par un document des archives ducales cité par Tiraboschi (*Bibliot. Modenese*, t. VI. p. 584), on voit qu'Ercoleo avait présenté requête au duc François II, en 1672, pour obtenir une place vacante parmi les mansionnaires (bénéficiés) de la cathédrale; ce qui prouve qu'à cette époque il était ecclésiastique. N'ayant pas obtenu l'objet de ses désirs, il se retira à Cherici, dans la maison des prêtres de la congrégation de Saint-Charles, et y ouvrit une école de plain-chant. Il y mourut le 5 août 1706, à l'âge de quatre-vingt-trois ans. Ercoleo a fait imprimer un traité de plain-chant sous le titre de *Il Musico ecclesiastico*, Modène, 1686, in-fol.; un traité intitulé : *Primi Elementi di musica*, ibid., 1689; et un livre d'offices pour la semaine sainte, intitulé *Cantus omnes ecclesiastic. Hebdom. major*. Modène, 1688. Ercoleo s'est aussi fait connaître comme compositeur par l'oratorio qui a pour titre : *Il Battesimo di S. Valeriano*, dont le poème a été publié à Modène, chez Casciani, en 1682, in-4°.

ERDMANN (Ph.), nom sous lequel a été publié un livre concernant la méthode de Logier, sous ce titre : *Die hohe Wichtigkeit von J. B. Logier's erfundenen Musikunterricht Systems* (La haute importance du système d'enseignement de la musique inventé par Jean-Baptiste Logier); Hambourg, 1830, in-8° de 221 pages. Le véritable auteur de ce écrit est Élie Hæseler, fils d'un professeur de musique à Moscou.

EREDI (François), maître de chapelle à Ravenne, dans la première moitié du dix-septième siècle, s'est fait connaître par un recueil de compositions pour l'église intitulé : *Salmi e vespri a 5 voci*; Venise, 1632, in-4°.

EREMITA (Jules), compositeur du seizième siècle, dont le nom véritable était *Giulio Giusberti* (1), naquit à Ferrare vers 1550. Le nom de l'*Eremita* lui fut donné parce qu'il était moine de l'ordre des Ermites camaldules. Il n'est connu que sous cette dénomination. Cet artiste fut organiste à Ferrare, où il s'était fait une grande réputation par son talent d'exécution, et par la publication de trois livres de madrigaux. Il mourut à l'âge de cinquante ans, mais on ignore en quelle année. On connaît de lui : 1° *Il primo libro de madrigali a 6 voci*, à Ferrare, par Vittorio Baldini, 1584, in-4°; réimprimé à Anvers, en 1600, in-4° obl. — 2° *Madrigali a cinque voci*, lib. 1; Venise, 1597. — 3° *Il secondo libro de madrigali a cinque*; ibid., 1599. Les compositions d'Eremita ont été souvent mises à contribution par les faiseurs de recueils de madrigaux italiens et flamands. On trouve de ses pièces dans le recueil publié par Pierre Phillips à Anvers (en 1594), sous le titre de *Melodia olympica di diversi eccellentissimi musici a 4, 5, 6 et 8 voci*; dans les éditions de Venise (1596) et d'Anvers (1596, 1601 et 1614) du recueil intitulé : *Il Trionfo di Dori descritto da diversi e posto in musica da altrettanti musici*; dans *Il Paradiso musicale di madrigali e canzoni a cinque voci di diversi eccellentissimi autori* (Venise, Gardane, 1595; et Anvers, Pierre Phalèse, 1596); enfin, dans les *Madrigali a otto voci*

(1) Voy. Frizzi, *Memorie per la storia di Ferrara*, t. IV, p. 114.

di diversi eccellenti e famosi autori, con alcuni dialoghi ed echo, per cantare e sonar a due chori; Anvers, Phalèse, 1593, in-4° obl. Il y a aussi plusieurs morceaux d'Eremita dans les collections de Schad, de Bodenschatz et de Donfrid.

ERFURT (CHARLES), professeur de piano à Magdebourg, est né en 1807. Placé sous la direction de Mühling, il a acquis par ses leçons des connaissances étendues dans la pratique et la théorie de la musique. Cet art est devenu d'un intérêt plus général dans la ville de Magdebourg depuis que le jeune artiste a communiqué son enthousiasme à ses compatriotes. Ses compositions, qui consistent jusqu'à ce moment en cinquante œuvres de sonates, variations, rondeaux, et chansons allemandes, avec acc. de piano, annoncent du goût et de l'élégance dans les idées.

ERHARD (D.-J.-B.), fabricant de cordes de clavecin et de piano à Nuremberg, vers la fin du siècle dernier, a fait imprimer un opuscule sous ce titre : *Kurze Anweisung zum Gebrauche eines zweckmæssigen Bezugs für Klavierinstrumente* (Courte instruction sur l'usage d'un nouveau calibre pour les instruments à clavier); Nuremberg, 1795. Il y décrit la nouvelle proportion établie par son père, Jacques Reinhard Erhard, qui avait substitué, à l'ancienne série de cordes de clavecin n° 000 à 10, celle qui a été connue depuis lors en Allemagne sous les n° 1-24. On a rendu compte de cet ouvrage dans l'*Allgemeine Litter. Zeitung* de 1795, juin , n° 59.

ERHARD (LAURENT), né à Hanau en Alsace, le 5 avril 1598, fut d'abord magister à Sarbrück, vers 1618, passa ensuite à Strasbourg et à Hanau, pour y remplir les mêmes fonctions, et finit par se rendre à Francfort-sur-le-Mein, comme *cantor* au gymnase. Ce fut vers 1640 qu'il prit possession de cette dernière place, qu'il a occupée jusqu'à sa mort. Il a fait imprimer les ouvrages suivants : 1° *Compendium musices latino-germanicum, cui recens nunc accedunt* : 1° *Tricinia*, 2° *Fugæ*, 3° *Discursus musicalis*, 4° *Index terminorum musicalium*, 5° *Rudimenta arithmetica*, 6° *Appendix nova ad arithmetica pertinens*; Francfort-sur-le-Mein, 1660, in-8°. La première édition de cet ouvrage est de 1640. — 2° *Harmonisches Choral und figural Gesangbuch*, Francfort, 1659, in-8°.— 3° *Compendium musices auctius editum, das ist kurzer, jedoch recht Bericht von der Sing-kunst, der Musik liebhabenden Jungend zum besten in dieser zweyten Edition vermehrter vorgestellet*; Francfort, 1669, in-8°. J'ignore si ce livre, qui est annoncé dans le catalogue de Francfort de 1669, est la seconde édition de l'ouvrage précédent, ou s'il est différent.

ERICH (DANIEL), organiste à Custrow, vers 1730, fut élève de Buxtehude. Il a composé plusieurs suites de pièces de clavecin, qui n'ont point été imprimées.

ERICHIUS (NICOLAS), chantre à Jéna, au commencement du dix-septième siècle, y a composé le premier psaume à six voix, et l'a publié dans cette ville, en 1622.

ERIERS (THOMAS), poète et musicien du treizième siècle, dont on a douze chansons notées. Les manuscrits de la bibliothèque royale de Paris en contiennent cinq.

ERK (ADAM-WILHELM), né à Herff, dans la principauté de Saxe-Meiningen, le 10 mars 1779, mort le 31 janvier 1820 à Dreisichenhain, près de Darmstadt, fut d'abord, depuis 1804 jusqu'en 1811, instituteur et organiste de l'église de Wetzlar; ensuite il occupa les mêmes positions à Worms pendant les années 1812 et 1813, et en dernier lieu fut organiste, instituteur et secrétaire de la commune à Dreisichenhain. On a de sa composition huit pièces d'orgue faciles, publiées à Worms, en 1812. Le fils de Erk a publié une deuxième édition de ce recueil, à Mühlheim, en 1832, in-4°.

ERK (LOUIS-CHRISTIAN), fils du précédent, est né à Wetzlar, le 6 janvier 1807. J.-B. Spiess, mort en 1841, dans la position de pasteur évangélique et de doyen à Sprendlingen, près de Darmstadt, dirigea ses études littéraires. Antoine André, d'Offenbach, a été son maître d'harmonie et de composition, et son éducation musicale s'est complétée chez le célèbre organiste Rinck, à Darmstadt. Depuis le mois de mai 1826 jusqu'en octobre 1835, Erk fut troisième professeur pour les études musicales du séminaire royal des instituteurs, à Meurs, dans la province du Rhin inférieur, puis professeur de musique au séminaire royal des instituteurs pour les écoles de la ville de Berlin, où il est encore (1860). Déterminé par un goût particulier à se livrer à l'étude du chant choral et des mélodies populaires, M. Erk s'y adonna dès sa jeunesse avec une persévérance et avec un esprit d'observation qui, seuls, peuvent conduire au but dans des recherches de ce genre. Ses goûts simples et modestes, et la sérénité de son âme, s'accordaient d'ailleurs avec sa vocation. S'entourant de tous les recueils et de tous les monuments qu'il put rencontrer de chant choral et d'airs nationaux et populaires, il en compara toutes les versions, remonta aux sources, distingua les bonnes leçons de celles qui étaient altérées, et couvrit tous ses livres d'annotations dans lesquelles il établissait les formes primitives, les origines d'altérations, et déterminait l'âge et la source de chaque mélodie. Le nombre de ses publications en ce genre est très considérable. Tous ses recueils ont eu des succès populaires si prodigieux, qu'on a fait jusqu'à vingt-cinq éditions de quelques-uns, tirés à grand nombre, et qu'on en a vendu plusieurs centaines de milliers d'exemplaires. La première publication de M. Erk fut un recueil de chants pour une, deux, trois et quatre voix à l'usage des écoles, par divers compositeurs. Les trois livraisons de cette collection ont paru à Essen, en 1828 et 1829. En 1836 et 1837 on en avait déjà publié la troisième édition. Depuis cette époque jusqu'à ce jour (1860), l'activité de M. Erk ne s'est pas ralentie. Parmi ses nombreux travaux on remarque : 1° *Drei- und vierstimmige Gesange für Schule und Haus* (Chants à 3 et 4 voix pour les écoles et la maison); Bonn, 1830, in-4°. — 2° *Methodischer Leitfaden für den Gesang Unterricht in Volksschulen* (Guide méthodique pour l'enseignement du chant dans les écoles du peuple); Crefeld, 1834, in-8°. Une deuxième édition améliorée a paru en 1849. — 3° Recueil de chants à plusieurs parties pour des voix d'hommes, par divers compositeurs, à l'usage des séminaires, gymnases et petites sociétés de chant; Essen, 1833. La quatrième édition a paru en 1847. — 4° Livre choral pour les écoles et la maison, suivi d'un supplément contenant la liturgie pour un chœur à 4 voix; Berlin, 1836, in-8°. — 5° *Liederkranz*, etc. (Couronne de chants, etc.), en collaboration avec M. Greef (*voy.* ce nom); Essen, 1839. La dixième édition a paru en 1849. — 6° *Singvögelein* (Chant du petit oiseau), recueil de chansons à une, deux, trois et quatre voix pour les écoles, la maison et la vie; 4 livraisons; Essen, 1842-1848. La quinzième édition a été publiée en 1849. — 7° *Kindergärtchen* (le Petit Jardin des enfants), recueil de chants à 2 voix, en collaboration avec M. Greef; Essen, 1843. — 8° *Die deutschen Volkslieder*, etc. (Les Chansons populaires allemandes, etc.), en collaboration avec M. W. Irmer. Le premier volume, composé de six livraisons, a été publié à Crefeld, de 1838 à 1841, in-12. Le deuxième et le troisième volumes, publiés par M. Erk seul, ont paru à Berlin, en plusieurs livraisons, 1841-1850, sous le titre de *Neue Sammlung deutscher Volkslieder*. — 9° Chansons populaires, anciennes et nouvelles, arrangées pour quatre voix d'homme; Essen, 1845-1847 in-4°. — 10° *Deutscher Liedergarten* (Jardin de chansons allemandes) pour une, deux, trois et quatre voix, pour les écoles de jeunes filles; en collaboration avec Auguste Jacob; Essen, 1846-1847. — 11° Recueil de chorals des maîtres les plus célèbres des seizième et dix-septième siècles, en collaboration avec le docteur Fielitz.

M. Erk a fondé en 1841, en collaboration avec M. Hentschel (*voy.* ce nom) et quelques autres professeurs zélés, un journal de littérature musicale, dont il paraît un numéro chaque mois, à l'usage des instituteurs des écoles populaires, sous le titre : *Euterpe : Ein musikal. Monatsblatt*, etc.; Erfurt, 1841-1858. Cet écrit est parvenu à sa dix-huitième année. M. Erk a fourni aussi des articles à divers journaux de musique de l'Allemagne, particulièrement au recueil publié à Mayence sous le titre de *Cæcilia*.

ERKEL ou **ERKL** (FRANÇOIS), maître de chapelle à Pesth, s'est fait connaître comme compositeur par un opéra en langue hongroise représenté en 1844 sous le titre de *Stanislas Hunyady*. Il a publié des mélodies hongroises à Pesth et à Vienne, chez Müller.

ERLACH (FRÉDÉRIC D'), fils d'un capitaine de la garde suisse du roi de Prusse Frédéric Ier, naquit à Berlin, le 2 août 1708. Atteint de cécité dès son enfance, il ne trouva de consolation que dans la musique. Il apprit à jouer du violon, du clavecin et de la flûte à bec, instrument négligé, dont il sut tirer des effets inconnus avant lui. Il avait fait faire un instrument de cette espèce composé de deux tuyaux accordés à la tierce, et, par un artifice qui lui était propre, il jouait alternativement l'un ou l'autre, puis les réunissait à volonté. Il était parvenu aussi à donner beaucoup d'intensité aux sons de cette flûte, sans en altérer la qualité, et à former d'heureuses oppositions avec leur douceur ordinaire. Walther, qui parle de cet amateur distingué dans son Lexique de musique, dit qu'il imitait à merveille les sons du cor et de la trompette avec la bouche; mais Nicolaï, qui a fourni quelques détails sur d'Erlach, dans le *Berlinisch Monatschrift* (ann. 1807, cahier de février, p. 98-102), ne parle pas de cette circonstance. En 1732 d'Erlach vivait à Eisenach; plus tard il se rendit à Berlin et s'y fixa. Nicolaï le connut en cette ville vers 1755. Il se faisait alors entendre avec succès dans les concerts qui se donnaient chaque semaine chez l'organiste Sack; il avait, dit-on, fort bien chanté dans sa jeunesse, mais alors, parvenu à sa quarante-septième année, il ne faisait plus entendre sa voix. D'Erlach est mort à Berlin en 1757.

ERLANGER (MAX ou MAXIMILIEN), violoniste qui a eu quelque réputation, né à Francfort-sur-le-Mein, vers 1810, fit ses études musicales dans cette ville et reçut des leçons de

Guhr pour son instrument. Il fut d'abord attaché comme violoniste au théâtre de Francfort, puis fut directeur de musique d'une institution vocale : plus tard il voyagea avec sa femme, pianiste qui brillait avec lui dans les concerts. En 1838 ils étaient à Berlin ; deux ans après ils se firent entendre à Prague, puis à Vienne. En 1842, Erlanger accepta une place de directeur de musique à Halle ; mais il n'occupa pas longtemps cette position. En 1844 il était de retour à Francfort. On a publié quelques bagatelles de sa composition.

ERLEBACH (PHILIPPE-HENRI), né à Essen, le 25 juillet 1657, vint à Paris dans sa jeunesse, et y demeura pendant plusieurs années. En 1683 il entra au service du prince de Schwartzbourg Rudolstadt, en qualité de maître de chapelle, et y resta jusqu'à sa mort, qui eut lieu le 17 avril 1714. On a de sa composition : 1° *Ouvertures à 5 parties* ; Nuremberg, 1693, in-fol. — 2° *VI Sonate a violino, viola da gamba e continuo* ; ibid., 1694. — 3° *Gott-geheiligte-singstunde, in XII kurz gefassten Arien mit einer oder 2 obligaten Singstimmen, mit Begleitung zweyer Violinen, nebst Schluss Capella zu jeder Arie a 4 voci und 2 Violinen* ; Rudolstadt, 1704, in-4°. — 4° *Erster Theil harmonischer Freude musikalischer Freunde in 50 moralisench und politischen deutschen Arien von 1 Singstimme und 2 Violinen nebst einem General-bass* ; Nuremberg, 1697, pet. in-fol. — 5° *Streit der Fama und verschwiegenheit über die Liebe*, etc., Rudolstadt, 1696, 3 feuilles in-fol. — 6° Cantate : *Das ist meine Freude*, pour soprano, viole et orgue, en manuscrit. Erlebach a aussi composé quelques pièces pour l'orgue, qui ont été insérées par Eckold dans son *Tabulaturbuch*, en 1692.

ERMEL (LOUIS-CONSTANT), pianiste et compositeur, né à Gand, le 27 décembre 1798, apprit dans cette ville les premiers principes de la musique et l'art de jouer du piano. Ses progrès furent rapides, et bientôt il se fit assez remarquer pour qu'on songeât à l'envoyer à Paris, afin qu'il y complétât son instruction par les leçons de bons maîtres. Admis au Conservatoire comme élève, il entra dans la classe de Zimmerman pour le piano, et dans celle d'Eler pour le contrepoint ; puis il devint élève de Lesueur pour la composition. En 1823, il concourut à l'Académie des Beaux-Arts de l'Institut de France, pour le grand prix : le sujet du concours était la cantate de *Thisbé*, avec orchestre. M. Ermel obtint le premier prix, qui lui donnait le titre et les avantages de pensionnaire du gouvernement, et il voyagea plusieurs années en Italie et en Allemagne. Une ouverture de sa composition fut exécutée à Vienne, dans un concert, en 1826. De retour à Paris, il espéra pouvoir justifier son premier succès par ceux qu'il obtiendrait au théâtre ; mais, ainsi que beaucoup d'élèves couronnés par l'Institut, il a fait de vains efforts pour obtenir des livrets d'opéras, ou pour faire recevoir par les administrateurs de spectacles ceux qu'on lui confiait. Jusqu'à ce jour, aucun ouvrage dramatique de sa composition n'a été entendu. En 1834, le gouvernement belge ayant mis au concours la composition d'une cantate intitulée *Le Drapeau belge*, pour l'anniversaire de la révolution de 1830, M. Ermel s'est mis au nombre des candidats ; et le second prix lui a été décerné. Cet artiste est depuis plusieurs années professeur de piano à Paris.

ERMENGARD ou **ERMENGAUD**, écrivain du douzième ou du treizième siècle, sur lequel on ne sait rien, si ce n'est qu'il écrivit contre les Vaudois. Son ouvrage, intitulé : *Contra hæreticos qui credunt mundum istum a diabolo et non a Deo esse factum*, a été publié à Ingolstadt, en 1614, in-4°, par J. Greiser ; ensuite dans la Bibliothèque des Pères, édition de 1644 (Paris), tom. IV, et, en dernier lieu, dans la grande Bibliothèque des Pères, tom. 24, p. 1607. Le chapitre 10e traite *de cantu ecclesiastico*.

ERNEMANN (MAURICE), virtuose sur le piano et compositeur pour cet instrument, né à Eisleben, en 1810, fut envoyé par ses parents à Berlin, pour y suivre la carrière du commerce ; mais son penchant décidé pour la musique donna une autre direction à son existence. Devenu élève de Louis Berger pour le piano, il fit de rapides progrès et devint habile sur cet instrument. En 1820, il suivit le prince Radziwill en Pologne et vécut pendant quelques années chez le prince Zamoiski, à Varsovie ; puis il fut attaché comme professeur au Conservatoire de cette ville. La révolution de 1830 lui fit perdre cette position, et l'obligea à se retirer en Silésie. Après avoir passé plusieurs années à Breslau, il est retourné à Varsovie, et y a donné un concert en 1836, dans lequel son talent fit sensation. Il vivait encore dans cette ville en 1845. Il a publié : 1° Dix variations pour le piano (en *mi bémol*), op. 1 ; Hambourg, Christiani. — 2° Dix variations sur le thème *Là ci darem la mano*, op. 2 ; ibid. — 3° Thème original varié, op. 3 ; ibid. — 4° *Les Charmes de Varsovie*, divertissement ; Varsovie, Brzezina. — 5° Cotillon pour le piano ; ibid. — 6° Marche triomphale ; idem. — 7° Divertissement pour le piano, op. 6 ; Leipsick, Breitkopf et Hærtel. — 8° Introduction, variations et finale sur le thème *Schœne Minka*, op. 7 ; Leipsick, Hofmeister. — 9° Huit chansons allemandes à voix seule avec acc. de piano, op. 4 ; Hambourg, Christiani. Pendant son séjour à Breslau, Ernemann se livra à la composition de chants à voix seule et à 4 voix pour les sociétés et les écoles. Parmi ses œuvres de ce genre on remarque ; 6 Lieder pour 4 voix d'hommes, op. 17 ; Breslau, Leuckart. — Des Lieder pour soprano, alto, ténor et basse à l'usage des écoles, op. 18 ; ibid. — Un recueil de chansons faciles à une et 2 voix, pour les enfants, op. 19 ; ibid. — 5 Lieder à voix seule avec piano, op. 22. — 6 Lieder pour un chœur d'hommes, op. 26.

ERNEST II (AUGUSTE-CHARLES-JEAN-LÉOPOLD-ALEXANDRE-ÉDOUARD), duc de Saxe-Cobourg-Gotha, né le 21 juin 1818, a succédé à son père, comme duc régnant, le 29 janvier 1844. Cultivant la musique dès son enfance, ce prince s'est livré à l'étude de la composition, et a écrit plusieurs opéras qui ont été représentés avec succès, non-seulement à Gotha, mais dans plusieurs villes de l'Allemagne. Traduit en français, *Casilda*, un de ses ouvrages, a été représenté au théâtre royal de Bruxelles, en 1855, et y a été bien accueilli. Un autre opéra, intitulé *Sainte-Claire*, a été joué au grand opéra de Paris, le 27 septembre 1855. Les journaux de Paris ont donné des éloges à cet ouvrage, et en ont vanté les mélodies. Au nombre des productions de S. A. R. le prince de Saxe-Cobourg, on remarque *Zaïre*, son premier opéra, et *Toni*, son quatrième ouvrage dramatique. On cite aussi la cantate pour soprano et baryton avec chœur et orchestre, intitulée *Immer Liebe*, poésie de Arndt, dont ce prince a écrit la musique.

ERNST (FRANÇOIS-ANTOINE), violoniste distingué, naquit le 3 décembre 1745, à Georgenthal, petite ville de la Bohême. Les premières leçons de violon lui furent données par son grand-père. Après la mort de celui-ci, il alla à Kreibitz, où il fit de bonnes études littéraires et musicales ; puis il se rendit à Warndorf, où il prit des leçons d'orgue chez l'organiste de la ville. Vers ce temps, ayant été visiter un de ses parents au couvent de Neuzell, il y fut engagé comme chantre du chœur. Il y resta pendant six mois ; ensuite il entra chez les jésuites de Sagan, pour y terminer ses études, et, pendant les quatre années qu'il passa chez eux, il fut employé comme violoniste dans toutes les solennités musicales. Arrivé à Prague en 1763, il y fit un cours de philosophie et se livra à l'étude du droit, puis il retourna dans sa ville natale, et y fut nommé syndic ; mais il n'y resta pas longtemps, car le comte de Salm, l'ayant entendu jouer du violon, fut si charmé de son talent, qu'il l'engagea à son service comme secrétaire. Ce seigneur résidait la plus grande partie de l'année à Prague, en sorte que Ernst eut l'occasion d'y entendre le fameux violoniste Lolli, lors de son passage dans cette ville, et d'y prendre de ses leçons. Il profita si bien sous cet habile maître, qu'en peu de temps il put jouer avec facilité les traits les plus difficiles de ses études et de ses concertos. Il se mit ensuite à voyager et passa par Strasbourg, où il apprit d'un bon violoniste, nommé *Stadn*, à jouer l'adagio avec expression. En 1778, il fut appelé à Gotha, comme violon-solo de la cour. Il y mourut à l'âge de soixante ans, le 16 janvier 1805. Ernst a composé plusieurs concertos et des solos pour le violon, mais il n'a fait graver qu'un concerto en *mi* majeur. Il y proposa une souscription, en 1798, pour la publication d'un traité sur le violon, qui aurait été divisé en deux parties, dont l'une aurait traité de la construction du violon, et la seconde de l'art de jouer de cet instrument. Il ne paraît pas que cet ouvrage ait été imprimé. On doit encore à Ernst un petit mémoire sur la construction du violon, inséré dans la *Gazette musicale* de Leipsick (7e année, n° 4). Ses connaissances dans les principes de la construction des instruments à archet étaient étendues ; il a fait plusieurs violons qui, dit-on, ne sont point inférieurs à ceux des meilleurs maîtres.

ERNST (....), musicien qui joua l'alto à l'Opéra depuis 1786 jusqu'en 1800, a fait graver à Paris, en 1792, une collection de pièces pour deux clarinettes, deux cors et deux bassons, dont plusieurs sont de sa composition, et les autres tirées de divers opéras ou de symphonies.

ERNST (CHRÉTIEN-GOTTLOB), organiste de l'Église évangélique d'Ohlau, est né le 2 février 1778 à Silberberg, en Silésie, où son père était huissier. La pauvreté de celui-ci ne lui permit pas de donner à son fils d'autre instruction que celle de l'école publique de sa petite ville ; bientôt même l'enfant fut privé de ce secours, et dut aller chercher son existence dans les campagnes comme musicien ambulant. Lorsqu'il eut enfin atteint l'âge de dix-huit ans, il entra à l'école dirigée par le cantor Bürgel, à Landshut. Là il commença à étudier la théorie de l'harmonie, et plus tard, lorsqu'il eut été admis au séminaire de Breslau, il acheva de s'instruire par les leçons de Neugebauer et de Berner. En 1798, Ernst fut nommé organiste à Ohlau, et professeur de l'école de musique de la ville. Son zèle y développa le goût de l'art ; il y établit une société d'artistes à laquelle vinrent se joindre ensuite plusieurs amateurs ; son école s'agrandit progressivement, et depuis que la direction lui en a été confiée, elle a fourni des artistes à toute la Silésie. Comme compositeur, Ernst s'est fait connaître par deux œuvres de sonates qui ont été publiés à Breslau, chez Gross et Barth. Il a écrit aussi la musique des psaumes 96 et 100.

ERNST (F.-A.). On a sous ce nom des variations pour le piano sur le thème allemand *Gesternabend war Vetter Michel da*, Hambourg, Christiani; des thèmes de Weber variés pour la flûte, liv. 1 et 2, Mayence, Schott; et des airs d'opéras modernes variés pour flûte et guitare, ibid.

ERNST (HENRI-VILHELM), violoniste distingué, est né en 1814 à Brünn, en Moravie. Admis au Conservatoire de Vienne comme élève, il y reçut des leçons de Bœhm, et le maître de chapelle Seyfried lui enseigna l'harmonie; puis il reçut des conseils de Mayseder, qui lui fit acquérir de la justesse et du brillant dans les traits. Ernst n'était âgé que de seize ans, lorsqu'il fit un premier voyage à Munich, Stuttgard et Francfort, où il inspira de l'intérêt par son talent précoce. Arrivé à Paris, à la fin de 1832, il s'y fit entendre d'abord dans des représentations du Théâtre-Italien. Il fit un assez long séjour dans cette ville, et y étudia la manière des violonistes français, et surtout celle du célèbre de Bériot, qui était alors le héros du violon de concert. En 1838, il parcourut la Hollande, et y eut des succès d'éclat partout où il se fit entendre. De retour à Paris, au commencement de 1839, il y donna plusieurs concerts, puis il visita l'Allemagne méridionale et se fit applaudir à Vienne, en 1840. Poursuivant le cours de ses voyages, il visita toutes les villes principales de l'Allemagne à diverses époques, la Silésie, la Pologne, la Russie, la Suède, le Danemark, se fit entendre à plusieurs reprises à Berlin, Leipsick et Dresde, et eut partout des succès. Depuis 1844 il a passé aussi plusieurs saisons à Londres, où son talent trouvait de la sympathie. Le caractère de ce talent était particulièrement le brillant dans des traits que Ernst s'était rendus familiers, mais qui n'offraient pas les difficultés que l'école plus moderne, et surtout la musique de Vieuxtemps, ont mis en vogue. Ernst avait aussi dans sa manière de chanter sur le violon une certaine poésie qui avait du charme, bien qu'un peu maniérée. Dans ces dernières années, sa mauvaise santé et des affections nerveuses ont porté atteinte à la justesse de ses intonations, et ont rendu son jeu inégal. Parmi ses compositions pour son instrument on remarque celles-ci : 1° Deux nocturnes pour violon et orchestre, œuvre 8, dont le n° 2 est un *andante cantabile* qui a eu beaucoup de succès; Paris et Berlin, Schlesinger. — 2° Élégie pour violon et piano, œuvre 10; morceau charmant qui a été joué partout et dont on a fait une multitude d'éditions en France, en Allemagne, en Danemark et en Russie. Spohr y a ajouté une introduction avec laquelle l'œuvre de Ernst a été gravée à Hambourg. — 3° Fantaisie brillante sur la marche et la romance d'*Otello*, avec orchestre ou quatuor, op. 11; Mayence, Schott. — 4° Concertino avec orchestre ou quatuor, op. 12; Brunswick, Meyer. — 5° Polonaise de concert avec orchestre, op. 17; à Vienne chez Mechetti. — 6° Variations de bravoure sur un air national hollandais, op. 18; ibid. — 7° Introduction, caprice et finale sur un thème de l'opéra *il Pirata*, op. 19; Hanovre, Bachmann. — 8° Rondo *Papageno*, sur un thème de la *Flûte enchantée*, op. 20; Vienne, Müller. — 9° Concerto (allegro pathétique), op. 23; Leipsick, Breitkopf et Hærtel. On a publié aussi une imitation que Ernst a faite du *Carnaval de Venise* de Paganini, et qu'il a jouée partout.

ERRARS (JEAN), poëte et musicien, paraît avoir été le père de Jean Errars, sieur de Valery, chambrier de *Philippe le Hardi*, qui mourut en 1372, et qui comme lui composa les paroles et la musique de plusieurs chansons. Il nous en reste trente, sous le nom de Jean Errars; les manuscrits de la Bibliothèque impériale de Paris en contiennent vingt-quatre.

ERSCH (JEAN-SAMUEL), laborieux bibliographe, naquit le 23 juin 1766, à Gross-Glogau (basse Silésie), et mourut à Jéna, le 16 janvier 1828. Après avoir reçu sa première instruction au gymnase de sa ville natale, il alla étudier la théologie à l'université de Halle. Ce fut dans cette ville qu'il commença ses premiers travaux littéraires : puis il alla vivre quelque temps à Hambourg et enfin se fixa à Jéna, où il obtint la place de bibliothécaire de l'université. La plupart des ouvrages de cet infatigable écrivain étant étrangers à l'objet de ce dictionnaire, on n'en parlera pas, et l'on se contentera de renvoyer aux biographies générales. Nous nous bornerons ici à citer son manuel de la littérature allemande (*Handbuch der deutschen literatur*); Amsterdam et Leipsick, 1812-1814, 2 vol. in-8°. On trouve dans cet ouvrage une liste d'ouvrages de littérature musicale, tome Ier, section 3, p. 1023, section 4, p. 1437, et tome II, sect. 7, page 2493. Ersch et J. G. Gruber furent les fondateurs de la grande Encyclopédie allemande des sciences et des arts (*Allgemeine Encyclopædie der Wissenschaften und Künste in alphabetischer Folge*, etc.); Leipsick, Gleditch et Brockhaus. On trouve dans ce volumineux ouvrage une série de longs articles relatifs à la musique, qui ont été rédigés par Rochlitz, Gottfried, Weber, Fr. W. Fink et plusieurs autres savants et artistes.

ERTELIUS (Sébastien), moine bénédictin à l'abbaye de Weichenstephan, dans le dix-septième siècle, a fait imprimer les ouvrages suivants de sa composition : 1° *Symphoniæ sacræ 6 et 8 vocibus*; Munich, 1611. — 2° *Magnificat 8 vocibus*; Munich, 1615.

ERYTHRÆUS (Gotthard), né à Strasbourg, vers 1550, se rendit à Altdorf en 1587, pour y exercer les fonctions de magister. En 1595 il fut nommé cantor et chargé d'enseigner la musique au gymnase de la même ville; enfin en 1609 il devint recteur de ce gymnase, et conserva cette place jusqu'à sa mort, qui eut lieu vers 1617. On a de lui : 1° *Psalmi et Cantica varia, ad notas seu tonum musicum adstricta*; Nuremberg, 1608, in-4°. — 2° *D. M. Lutheri und anderer Gottsfuerchtiger Manner Psalmen, und geistliche Lieder in 4 Stimmen gebracht durch, etc.* (Psaumes de Luther, etc., à quatre voix); Nuremberg, 1608, in-4°.

Il est vraisemblable que le nom de ce musicien indique une origine grecque, et qu'un de ses ancêtres était d'*Érythrée*, aujourd'hui *Gesme*, dans l'Asie Mineure, car il n'y a point de nom allemand qui corresponde au latin *Erythræus*.

ESCHBORN (...), maître de concert à Mannheim, en 1830, fut appelé à Cologne, en 1842, comme directeur de musique. En 1845, il prit la direction du théâtre d'Aix-la-Chapelle, et dans l'année suivante il alla donner des représentations à Amsterdam avec sa troupe d'opéra. Il a fait représenter à Aix-la-Chapelle, en 1847, l'opéra de sa composition intitulé *Bastards oder das Stiergefecht* (le Bâtard, ou le combat de Taureaux). La femme d'Eschborn est cantatrice et a chanté à Mannheim en 1830 et 31, à Amsterdam en 1836, à Cologne, en 1838 et à Strasbourg dans l'année suivante.

ESCHELBACH ou **ESCHENBACH** (Wolfram de), célèbre maître chanteur (trouvère) né en Suisse, brilla vers la fin du douzième siècle et au commencement du treizième. Il eut pour maître un autre trouvère allemand, nommé *Friedebrandt*. Après avoir longtemps parcouru les différentes provinces de la Germanie, il se fixa, vers l'an 1200, au château de Wartbourg, près d'Eisenach, où il fut reçu au service du landgraf Hermann de Thuringe, grand protecteur des arts et des artistes. C'est là qu'eut lieu une lutte célèbre entre Eschelbach et le maître chanteur Klingsohr, pour le prix du chant institué par Hermann. Eschelbach se montra plus habile dans le chant religieux, mais Klingsohr eut l'avantage dans les autres genres. Eschelbach n'est pas seulement un des poëtes-musiciens les plus féconds de son époque, mais, par la richesse de son imagination, l'élévation de ses idées, l'expression et l'élégance de son style, il est considéré comme un véritable poëte épique. Cet artiste ayant été fait chevalier à Henneberg, passa plusieurs années en voyages chevaleresques. Dans les dernières années de sa vie, il se retira dans la demeure de ses ancêtres. Son tombeau fut placé dans l'église Notre-Dame, à Eschenbach.

ESCHENBACH (Jean-Tobie), garde de la tour de l'église Saint-Michel, à Hambourg, inventa en 1800 un instrument à clavier et à anches libres mises en vibration par l'action d'un soufflet simple, auquel il donna le nom d'*Ælodion*. J'ignore s'il y a identité de personne entre lui et *Eschenbach* (...), receveur des finances à Kœnigshoven, dans le duché de Cleves, qui, en 1814, imagina un instrument du même genre, lequel fut connu sous le nom d'*Organo-violine*. Celui-ci, modifié par Schlimbach, facteur d'orgues à Ohrdruff, fut appelé *Æoline*, et Sturm (F.), organiste à Suhl, dans la Thuringe, donna en 1832, de l'extension à ce genre d'instrument dans l'*Ælodicon*, dont le clavier avait une étendue de six octaves, tandis que Häkel, de Vienne, le réduisait dans le petit instrument appelé *Physharmonica*; mais le point de départ de toutes ces combinaisons de l'anche-libre fut évidemment le *Cheng*, des Chinois, et les premières applications qui en furent faites aux instruments à claviers appartiennent à Jean-Tobie Eschenbach et à Grénié, auteur de *l'orgue expressif*. (*Voy.* mon *Rapport sur la fabrication des instruments de musique dans l'exposition universelle de Paris, en 1855*, Tome II, p. 181 de la grande édition officielle, et p. 27 et suivantes du tiré-à-part).

ESCHENBURG (Jean-Joachim), conseiller de cour et professeur de belles-lettres au collège de Saint-Charles à Brunswick, naquit à Hambourg, le 1ᵉʳ décembre 1743. Il fit ses études à l'université de Leipsick, et ensuite à celle de Gœttingue. Jeune encore, il fut nommé gouverneur des élèves du collège de Saint-Charles, à Brunswick, au mois de septembre 1767. Après six années d'exercice, il occupa la chaire de philosophie et de belles-lettres dans le même collège. Il mourut âgé de soixante-quinze ans, le 29 février 1820. Eschenburg fut un amateur de musique fort zélé, et qui contribua à ses progrès en Allemagne par les ouvrages qu'il publia sur cet art, et par des traductions de bons ouvrages étrangers. En voici la liste : 1° Une traduction allemande de la dissertation de Jean Brown sur l'origine et les progrès de la musique et de la poésie, sous ce titre : *Dr Brown's Betrachtungen uber die Poesie und Musik nach* ihrem *Ursprunge*, etc.; Leipsick, 1769, in-8° de 495 pages. — 2° Une traduction des réflexions de Webb sur l'affinité de la poésie et de la musique, intitulée *Betrachtungen über die Verwandschaft der Poesie und Musik*, etc.; Leipsick, 1771, in-8° de 169 pages. Il y a joint des notes intéressantes. — 3° Une autre traduction de la dissertation sur la musique des anciens que Burney a mise au commencement de son histoire de la musique, sous le titre de *Abhandlung über die Musik der Alten*; Leipsick, 1781, in-4°, 216 pag. — 4° Une notice sur la vie de Hændel et sur la pompe de son anniversaire à Londres, traduite de l'anglais de Burney sous ce titre : *Nachricht von Georg. Friedrich Hændel's Lebens umstanden und der ihm zu London im Mai und Jun. 1784 angestellten Gedachtnissfeyer*; Berlin, 1785, gr. in-4°. — 5° Enfin quelques autres ouvrages moins importants, tels qu'une dissertation sur sainte Cécile, dans le Magasin d'Hanovre de 1786, pag. 94-98, une lettre sur la pompe funèbre de Jomelli, traduite de l'italien, et insérée dans le journal intitulé *Musée allemand*, tom. 1, pag. 464 et une dissertation intitulée *Ueber die kürzere Dauer des wohlgefallens an dem Spiel der Blasinstrumente* (Sur la courte durée du plaisir causé par le jeu des instruments à vent), dans le même journal, pages 155 et 162. Eschenburg est aussi auteur d'une théorie esthétique et générale de la littérature, intitulée : *Entwurf einer Theorie und litteratur der schönen Redekünste*, dont il a paru cinq éditions à Berlin en 1783, 1789, 1805, 1817 et 1836; 1 vol. in-8°. Il y traite de l'Opéra, mais seulement sous le rapport littéraire.

ESCHERNY (François-Louis comte d'), ancien chambellan du roi de Würtemberg, né le 23 novembre 1733, à Neufchâtel (Suisse), est mort à Paris, le 15 juillet 1815. Parmi divers ouvrages qu'il a publiés, on remarque des *Mélanges de littérature, d'histoire, de philosophie*, Paris, 1809, 3 vol. in-12. dont plusieurs exemplaires portent le titre de 2° édition, avec la date de 1815. Il y traite plusieurs points relatifs à la musique, qui en ont été extraits et imprimés séparément sous le titre de *Fragments sur la musique*; Paris, 1809, 1 vol. in-12. Les vues du comte d'Escherny sont superficielles et de peu d'utilité pour le musicien. Il était bon musicien, chantait d'une manière agréable et jouait de l'alto dans les parties de quatuors et de quintettes.

ESCHSTRUTH (Jean-Adolphe baron d'), conseiller de régence à Cassel, naquit à Hambourg, dans la Hesse, le 28 janvier 1756. Il fut d'abord conseiller de justice à Marbourg, où il étudia la composition, sous la direction de Hapfeld, maître de concert. Dans la suite, il se lia avec Vierling, organiste à Marbourg, et élève de Kirnberger, qui lui communiqua l'excellente tradition de l'école de Bach. Il s'est rendu également recommandable comme compositeur et comme écrivain didactique. Outre les articles qu'il a fournis aux divers journaux d'Erfurt et de Hambourg, il a écrit : 1° *Musikalische Bibliothek für Künstler und Liebhaber* (Bibliothèque musicale pour le musicien et l'amateur), premier cahier; Marbourg, 1784, in 8° de 152 pages, deuxième cahier, 1785; troisième idem, 1789. — 2° Instruction pour écrire la musique, par Jean-Jacques Rousseau, traduite du français avec beaucoup d'augmentations, préparée pour l'impression en 1786. — 3° Principes de la musique transcendante, où l'on traite principalement de la littérature de la musique, également achevés depuis 1786. — 4° Biographie de Ch.-Ph.-Em. Bach, achevée depuis 1789. Ces trois derniers ouvrages n'ont point été publiés. Les compositions du baron d'Eschstruth consistent en un *Essai de composition pour le chant, avec accompagnement de clavecin*; Cassel, 1781. — Un *Chant pour soprano et ténor, avec accompagnement de deux violons, alto et basse*, op. 2; Marbourg, 1781. — *Chansons, odes et chœur pour le clavecin, première partie*, op. 3; ibid., 1783. — *Soixante-dix chansons mises en musique*, avec une préface; Cassel, 1788. — *Douze marches avec la théorie, l'histoire et la littérature de ce genre de musique.* — *Six sonatines pour le clavecin.* — *Recueil de cantiques religieux.* Eschstruth est mort le 30 avril 1792, à l'âge de trente-sept ans. Sa biographie a été insérée dans le Nécrologe de la même année. Charles Justi a aussi publié un petit écrit qui a pour titre : *Den Andenken Hans Ad. Freiherrn von Eschstruth gewidmet*; Marbourg, 1792 in-8°.

ESCOBEDO ou **ESCOVEDO** (Barthélemy), né en Espagne vers 1510, étudia à Salamanque, et fut d'abord chantre de la cathédrale de cette ville. Il se rendit ensuite à Rome, où il entra dans la chapelle pontificale, en qualité de chantre, le 23 août 1536. Il obtint ensuite un bénéfice à Ségovie, et partit de Rome le 25 octobre 1554, pour aller en prendre possession. On ignore la date de sa mort. Escobedo fut, en 1551, l'un des juges dans la dispute musicale de Vicentino et de Vincenzio Lusitano. (*Voy.* ces noms). Salinas dit qu'il était instruit dans toutes les parties de la musique : *Cum Bartholomæo Escobedo viro in utraque musices parte exercitatissimo* (De musica, lib. 4, c. 32, p. 228). Il ne paraît pas qu'on ait conservé beaucoup de ses ouvrages. Cependant Nebra, cité par M. Mariano Soriano Fuertes (*Historia de la musica española*, t. II, p. 120), dit qu'on conservait dans la chapelle royale de Madrid deux *Miserere* et un *Magnificat* remarquables de ce musicien. M. Eslava a publié trois de ses motets à quatre voix, dans la collection intitulée *Lira sacro-hispana* (T. Ier des Maîtres du seizième siècle, p. 143-156).

ESCOVAR (ANDRÉ DE), musicien espagnol, vivait dans le dix-septième siècle. Dans sa jeunesse il fit un voyage aux Indes, et se fixa ensuite en Portugal, où il fut musicien de la cathédrale de Coïmbre. Il a écrit un traité de musique intitulé *Arte musica para tanger o instrumento da charamelinha*, qui est resté en manuscrit. L'instrument dont il s'agit dans cet ouvrage était la flûte à bec.

ESCOVAR (JEAN DE), musicien et poëte portugais, vivait au commencement du dix-septième siècle. Il a publié une collection de motets à Lisbonne en 1620, in-4°. Le catalogue de la bibliothèque musicale du roi de Portugal indique aussi sous son nom un traité de musique intitulé *Arte de musica theorica y pratica;* mais il ne fait pas connaître s'il est imprimé ou manuscrit.

ESCUDIER (MARIE et LÉON). Si ces noms ne sont point ici séparés, c'est qu'ils sont inséparables en réalité; car il serait à peu près impossible de distinguer la part de chacun dans les actes et les travaux faits en association permanente par ces deux frères. Si nos renseignements sont exacts, et nous avons lieu de nous croire bien informé, l'aîné, *Marie Escudier*, est né le 29 juin 1819; le second, *Léon*, le 17 septembre 1821. Tous deux ont vu le jour à Castelnaudary (Aude). Leurs études classiques furent faites au collège de Toulouse. Par un rare exemple de précocité, l'aîné fut reçu avocat à l'âge de dix-huit ans. Devenus orphelins peu de temps après avoir quitté les bancs de l'école, et sans fortune, les deux frères cherchèrent des moyens d'existence dans la presse. Ils fondèrent, à Toulouse, un recueil littéraire intitulé *Le Gascon*, et *La Patrie*, journal politique qui eut du retentissement dans le midi de la France. Possesseurs d'une imprimerie typographique, ils écrivaient, composaient et imprimaient eux-mêmes ces journaux. Après deux ou trois années de travaux incessants qui n'avaient point augmenté leur bien-être, MM. Marie et Léon Escudier prirent la résolution d'aller, comme tant d'autres, sans protection, sans appui, chercher fortune à Paris. Arrivé dans cette ville, Léon put compléter son instruction classique dans les cours publics de la Sorbonne, et commença en même temps l'étude de la musique sous la direction de M. F. Bazin, alors élève de composition au Conservatoire, aujourd'hui professeur d'harmonie dans la même école. Son frère avait appris les éléments de cet art dès l'enfance et jouait du violon à l'âge de huit ans. Plus tard, il reçut des conseils, pour cet instrument, de M. Michel, élève de Baillot, qui s'est fixé à Toulouse.

A l'époque où MM. Escudier arrivèrent à Paris, la presse offrait des ressources faciles à qui savait écrire : ce fut à elle qu'ils eurent d'abord recours pour assurer leur existence : ils prirent part à la rédaction du *Bon Sens*, de la *Revue du dix-neuvième siècle*, de la *Revue du Nord*, qu'ils dirigèrent, et du *Monde*, journal politique quotidien fondé par l'abbé de Lamennais et par Mme George Sand. Longtemps après (1850 à 1858) ils ont été chargés de la rédaction du feuilleton musical du *Pays, journal de l'Empire*. Mais c'est surtout à cause des publications qui vont être énumérées, que MM. Escudier doivent trouver place dans ce dictionnaire. La première en date est *la France musicale*, journal hebdomadaire qu'ils fondèrent en 1838, et par lequel ils se sont fait leur spécialité. Nonobstant les perturbations politiques de tout genre et de pénibles vicissitudes, ils ont pu maintenir l'existence de cette publication parvenue aujourd'hui (1860) à sa vingt-deuxième année. Peu de temps après la fondation de la *France musicale*, les deux frères établirent une maison de commerce de musique, dont les œuvres de Verdi ont fait la prospérité. Dans le courant de la même année, les deux frères Escudier, s'étant mariés, ont séparé leurs intérêts : le magasin de musique est échu en partage à Léon, et Marie a eu pour sa part la *France musicale*, dont il continue la rédaction.

Les titres des ouvrages de littérature musicale écrits et publiés par MM. Escudier sont : 1° *Études biographiques sur les chanteurs contemporains, précédées d'une Esquisse sur l'art du chant*; Paris, Juste Tessier, 1840, 1 vol. in-18. — 2° *Dictionnaire de musique d'après les théoriciens, historiens et critiques les plus célèbres*, 2 vol. in-18. Paris, au bureau central de musique, 1844. — 3° *Dictionnaire de musique théorique et historique*, avec une préface de M. F. Halévy; Paris, Michel Lévy frères, 1854, 2 vol. in-18. Dans ce deuxième dictionnaire, le premier a été refondu, développé et complété. — 4° *Rossini, sa vie et ses œuvres*, avec une introduction par Méry; Paris, Dentu, 1854, 1 vol. in-18. — 5° *Vie et aventures des cantatrices célèbres, précédées des musiciens de l'Empire, et suivies de la vie anecdotique de Paganini*, Paris, Dentu, 1856, 1 vol. in-18. M. Marie Escudier est chevalier de la Légion d'honneur.

ESCRIBANO (Jean), musicien espagnol, fit ses études musicales à l'université de Salamanque, puis se rendit à Rome, et fut admis dans la chapelle pontificale, en qualité de chapelain-chantre, à la fin du quinzième siècle. Quelques-unes de ses compositions pour l'église sont conservées dans les archives de la chapelle Sixtine.

ESENSA (Salvador), né à Modène, dans la première moitié du seizième siècle, a publié de sa composition : *Il primo libro de' Madrigali à 4 voci*; Venezia, pel Gardano, 1566, in-4°.

ESLAVA (Don Miguel-Hilarion), maître de chapelle de la reine d'Espagne Isabelle II, est né le 21 octobre 1807, à Benlada, petit village près de Pampelune, dans la Navarre. En 1816, il entra comme enfant de chœur à la cathédrale de cette ville, et y reçut son instruction dans le solfége et le chant; puis il se livra à l'étude du piano et de l'orgue, sous la direction de D. Julien Prieto. Pendant ce temps il étudiait la langue latine et faisait son cours d'humanités au séminaire de cette ville. A la même époque il apprit aussi à jouer du violon, et en 1824 il fut employé à la cathédrale de Pampelune en qualité de violoniste. Dans les années suivantes il compléta ses connaissances dans l'art de la composition, par les leçons d'un bon maître nommé D. Francisco Secanilla. En 1828, M. Eslava obtint, par un concours public, la place de maître de chapelle de la cathédrale d'Ossuna. Il suivit dans cette ville les cours de littérature et de philosophie de l'université, entra dans les ordres et fut fait diacre. La place importante de maître de chapelle de l'église métropolitaine de Séville étant devenue vacante en 1832, M. Eslava l'obtint au concours. Ce fut dans cette église qu'il reçut la prêtrise. Quelques années plus tard, les événements de la révolution espagnole l'obligèrent à chercher des ressources dans la composition dramatique. En 1841 il fit représenter au théâtre de Cadix l'opéra italien *il Solitario*, et dans les années suivantes les opéras *la Tregua di Ptolemaide*, et *Pietro el Crudele*. Ces ouvrages furent accueillis avec beaucoup d'applaudissements, et dans plusieurs villes de l'Espagne ils eurent le même sort qu'au théâtre de la cour. En 1844, M. Eslava reçut sa nomination de maître de la chapelle royale de Madrid : quatre ans après, la reine l'a décoré de l'ordre de Charles III.

Le nombre des compositions religieuses produites par M. Eslava, jusqu'en 1853, s'élève à cent quarante-trois, parmi lesquelles se trouvent des messes, psaumes, hymnes, lamentations, motets, villancicos, etc. Quelques-unes de ces œuvres ont été publiées dans une collection intéressante de musique d'église composée par les meilleurs artistes espagnols depuis le seizième siècle jusqu'au dix-neuvième; collection formée par M. Eslava même et qui a pour titre : *Lira sacro-hispana : gran coleccion de obras de musica religiosa, compuesta por los mas acreditados maestros españoles, tanto antiguos como modernos : publicacion que se hace bajo la proteccion de S. M. la Reina Doña Isabel II, y dirigida par D. Hilarion Eslava, maestro de su Real Capilla* (Lyre sacrée de l'Espagne ; grande collection d'œuvres de musique religieuse, composée par les plus célèbres maîtres espagnols, tant anciens que modernes, etc.); Madrid, Martin Salazar. De courtes notices biographiques sur les auteurs dont les ouvrages sont dans la collection se trouvent au commencement de chaque volume. Sept volumes in-folio de cette collection ont paru jusqu'à ce jour. Le style de M. Eslava est dans le caractère de la tonalité moderne et de son harmonie appliquée à la musique d'église; mais il a beaucoup d'intérêt. On y trouve du nerf dans le rhythme, de l'effet dans l'instrumentation, et une certaine alliance heureuse des formes anciennes avec celles de son temps. Qu'on examine, par exemple, son *Te Deum*, placé au commencement de la section du dix-neuvième siècle, dans la collection qui vient d'être citée; on y reconnaîtra ces qualités et l'on aura la conviction que cette composition est digne d'une haute estime. M. Eslava a commencé aussi la publication d'une collection d'œuvres des meilleurs organistes espagnols, sous le titre de *Museo organico español*, avec des notices biographiques; Madrid, Martin Salazar, in-fol. On y trouve aussi des pièces d'orgue de la composition de l'éditeur. J'ignore si cette entreprise a été continuée. En 1846, M. Eslava a fait paraître un solfége méthodique (*Metodo de solfeo*) qui a obtenu un très-grand succès et a été adopté dans toute l'Espagne. Il prépare depuis plusieurs années pour l'impression un traité d'harmonie, de contrepoint et de composition, d'après les traditions de l'ancienne école des maîtres espagnols.

Plein de zèle pour la restauration de l'art dans sa patrie, ce musicien, aussi distingué comme savant et critique que comme compositeur, a entrepris la publication d'un journal intitulé *Gaceta musical de Madrid*, dont il a paru deux années (1855 et 1856; 2 vol. in-4°). Il s'y trouve de fort bonnes choses, dues en grande partie à la plume de M. Eslava; mais, découragé par l'indifférence de ses compatriotes, il a dû renoncer à continuer cette publication.

ESPINAIS (GAUTIER D'), que Fauchet appelle d'*Espinois*, fut poete et musicien vers 1200. On a neuf chansons notées de sa composition. Les manuscrits de la Bibliothèque Impériale, cotés 66 (fonds de Cangé) et 7222 (ancien fonds), en contiennent huit.

ESPINOSA (JEAN DE), né à Tolède vers la fin du quinzième siècle, est indiqué par le catalogue de la bibliothèque du roi de Portugal, comme auteur de deux ouvrages, dont l'un est intitulé : *Tractado de principios de musica pratica y theorica*, et l'autre : *Retractationes de los errores, y falsedades, que escrivó Gonçalo Martinez de Biscargui en el arte de canto llano*. Ce dernier n'a pas dû être écrit avant 1512, car le traité de solmisation de Biscargui, ou Visargui, n'a été imprimé qu'en 1511, à Burgos.

ESSENGA (SALVATOR), frère servite du couvent de Modène, dans la seconde moitié du seizième siècle, naquit dans cette ville. Il occupa d'abord la position de maître de chapelle de la cathédrale de Modène, puis fut appelé à Sienne en la même qualité, suivant les renseignements fournis par le P. Giani, dans les Annales des frères servites (1). Essenga fut le maître de chant et de contrepoint du P. Archangelo Gherardini, frère servite de Sienne, et d'Horace Vecchi (*Voy.* ces noms). On connaît sous le nom du P. Essenga un œuvre qui a pour titre : *Di Salvator Essenga Il primo libro di Madrigali a quatre voci. Novamente da lui composti e per Antonio Gardano stampati in Venetia*, 1566, in-4°.

ESSER (CHARLES-MICHEL, Chevalier D'), violoniste et compositeur, naquit à Aix-la-Chapelle, vers le milieu du siècle dernier. Il fut d'abord attaché à la chapelle de l'électeur de Hesse-Cassel, et voyagea ensuite en Allemagne, en France et en Italie. Le pape le fit chevalier de l'Éperon d'or. Vers 1786, il se rendit en Espagne et y fut bien accueilli. En 1791, il a écrit pour le théâtre de Gotha un opéra en trois actes intitulé : *Die drey Pachter* (les Trois Fermiers). Il a composé en outre six symphonies, six quatuors, des trios et solos pour le violon, qui se trouvent dans les archives de la chapelle à Cassel.

ESSER (HENRI), compositeur, est né à Mannheim, le 15 juillet 1818, et y a fait ses études musicales. Ayant acquis du talent sur le violon, il fut nommé maître de concert de la cour, à l'âge de vingt ans. En 1842 il remplit les fonctions de maître de chapelle par intérim, et comme tel dirigea la fête musicale de Mayence dans la même année. La manière dont il s'acquitta de cette mission lui fit obtenir la place de directeur de musique dans cette ville. En 1847, il fut appelé à Vienne en qualité de chef d'orchestre du théâtre Kärnthnerthor. Son premier ouvrage de quelque importance fut une grande cantate qu'on exécuta à Mannheim en 1837. Deux ans après, il donna au théâtre de cette ville un opéra intitulé *Silas*, qui eut quelque succès. En 1843 il fit représenter à Aix-la-Chapelle *Riquiqui*, opéra comique que le public a accueilli avec faveur, et qui fut joué dans la même année au théâtre de Francfort. La partition de cet ouvrage a été gravée pour le piano ; mais la réputation d'Esser s'est faite surtout en Allemagne par l'opéra intitulé *les deux Princes*, qu'il écrivit, en 1844, pour le théâtre royal de Munich, et dont le succès eut assez d'éclat pour que l'ouvrage fût joué à Berlin, à Francfort et à Cassel. La partition, réduite pour le piano, a été gravée en 1846, à Mayence, chez Schott. Les autres compositions d'Esser consistent en un psaume (le 23°) à 4 voix, un quatuor pour des instruments à cordes œuvre 5, un trio pour piano, violon et violoncelle, op. 6, une symphonie (en *mi* bémol), exécutée à Francfort, en 1844, et un grand nombre de *Lieder* très-jolis, qui ont eu beaucoup de vogue.

ESSEX (le docteur), né à Coventry, dans le comté de Warwick, en 1779, prit ses degrés de bachelier en musique en 1800, à l'université d'Oxford, et ceux de docteur six ans après. Il s'est fixé ensuite à Londres. Il a fait graver dans cette ville : 1° *Recueil de six duos pour deux flûtes*. — 2° *Recueil de marches pour le piano*. — 3° *Duos pour le piano avec accompagnement de deux flûtes*. — 4° *Rondo militaire en duo pour piano et harpe*. — 5° *The Britannia, rondo pour le piano, avec accompagnement de violon, dans le style anglais*. — 6° *The Hibernia, rondo dans le style irlandais, pour piano et violon*. — 7° *The Caledonian, rondo dans le style écossais pour piano et violon*. — 8° *The Guaracha, rondo pour piano et flûte*. — 9° *Introduction et fugue pour l'orgue*.

ESSIGER (....), directeur de musique à Luebben, vers la fin du siècle dernier, a composé en 1797 un opéra en trois actes intitulé *Sultan Wampum oder die Wuensche*; l'année suivante, *Der Barbier und Schornsteinfeyer* (le Barbier et le Ramoneur), en un acte.

EST ou **ESTE** (MICHEL), bachelier en musique, et maître des enfants de chœur de la

(1) T. II, page 252.

cathédrale de Lichtfield, vécut dans la seconde moitié du seizième siècle. Il a publié plusieurs collections de madrigaux et de psaumes à plusieurs voix. La plus connue de ses compositions est intitulée : *The sixt set of Bookes, wherein are anthemes for verses, and six parts ; apt fort violls and voices* (Sixième suite de livres contenant des antiennes à cinq et six parties, etc). On trouve aussi plusieurs pièces de Est dans la célèbre collection publiée par Thomas Morley sous le titre de *The triumphs of Oriana, to five and six voices* (le Triomphe d'Oriane, à cinq et six voix); Londres, 1601. On croit que Michel Est fut le fils de Thomas Est, musicien et marchand de musique à Londres, qui a publié une collection de psaumes de divers auteurs, sous ce titre : *The whole Book of psalmes, wanted tunes as they are song in Churches, composed into foure parts by nine sundry authors,* etc.; Londres, 1594. Les auteurs dont on trouve les ouvrages dans cette collection, sont : Jean Dowland, E. Blancks, E. Hooper, J. Farmer, R. Allison, G. Kirby, W. Cobbold, E. Johnson et G. Farnaby. Thomas Est fut le successeur de Byrd et de Tallys pour le privilége d'imprimer la musique, et publia quelques-uns de leurs ouvrages (*Voyez* BYRD).

EST (L.-B.), musicien bavarois de l'époque actuelle, est maître de chapelle d'une des églises d'Augsbourg. Il s'est fait connaître par de petites compositions pour l'église dont on a publié : 1° Litanies courtes et faciles pour soprano, contralto, et basse, avec accompagnement d'orgue; Augsbourg, Böhm. — 2° Quatre messes courtes et faites pour une ou deux voix avec orgue; ibid. — 3° Messes courtes et faciles pour soprano, contralto et basse avec orgue, n°⁸ 1 à 6; ibid. — 4° Six Offertoires faciles à 3 voix et orgue pour les six messes précédentes; ibid. — 5° Messe pastorale courte et facile à 3 voix et orgue; ibid. — 6° Messes de *Requiem* courtes et faciles à 2 ou 3 voix avec orgue. n°⁸ 1 à 4.

ESTEVE (PIERRE), membre de l'Académie de Montpellier, naquit dans cette ville au commencement du dix-huitième siècle. Ses écrits, sur plusieurs questions de sciences, d'arts ou de littérature, sont empreints d'une telle médiocrité, qu'ils sont tombés dans l'oubli, et que lui-même a eu le chagrin de leur survivre. Ce qu'il a publié sur les arts en général, et sur la musique en particulier, est ce qu'il a fait de meilleur. En 1750, il fit paraître un opuscule intitulé *Problème, si l'expression que donne l'harmonie est préférable à celle que fournit la mélodie*. Il se prononce en faveur de l'harmonie, *parce que*, dit-il, *le plaisir qui résulte de l'accord des sons est dans la nature, au lieu que celui qui nous vient de la mélodie n'est que le fruit d'une convention humaine*. Voilà une plaisante raison pour donner à l'une la préférence sur l'autre! Au reste, ces questions oiseuses ne peuvent être élevées que par ceux qui sont à peu près étrangers à la musique : la mélodie et l'harmonie, séparées l'une de l'autre, ne se peuvent concevoir dans la musique moderne de l'Europe. Estève reproduisit la même doctrine dans sa *Nouvelle découverte du principe de l'harmonie, avec un examen de ce que M. Rameau a publié sous le titre de démonstration de ce principe*. Paris, 1751, in-8°, 54 pages. On a aussi de cet écrivain *l'Esprit des beaux-arts;* Paris, 1753, 2 vol. in-12. La seconde partie contient onze chapitres sur les effets attribués à la musique des Grecs, et sur la comparaison de cette musique avec celle des modernes. Estève vivait encore en 1780.

ESTOCART (PASCAL DE L'). *Voy.* LESTOCART.

ESTRÉE (JEAN D'), musicien du seizième siècle, auquel Duverdier donne la qualité de *joueur de hautbois du Roi*. Il a publié *quatre livres de danseries, contenant le chant des bransles communs, gays, de Champagne, de Bourgogne, de Poictou, de Malte, des sabots, de la guerre et autres ; gaillardes, pavanes, ballets, voltes, basses-danses, hauberrois et allemandes ;* Paris, Nicolas du Chemin, 1564, in-4°.

ESTWICK (SAMUEL), écrivain anglais, vivait vers la fin du dix-septième siècle, et avait le titre de docteur en droit canonique. Il a publié un discours pour l'anniversaire de l'institution de la Société des amateurs de musique de Londres, sous ce titre : *A Sermon upon occasion of the anniversary meeting of the lovers of Music;* Londres, 1696, in-4°.

ÉTIENNE (DENIS-GERMAIN), né à Paris en 1781, élève du Conservatoire de musique de Paris, reçut d'abord des leçons de piano de Gobert, puis de Boieldieu, et apprit l'harmonie sous la direction de Catel. Le premier prix d'harmonie et d'accompagnement lui fut décerné en l'an VIII de la république (1800). Après avoir enseigné le piano à Paris pendant plusieurs années, il partit pour l'Amérique en 1814, et se fixa à New-York, où il est mort en 1859. Il a publié : 1° Potpourri pour le piano, œuvre 1ᵉʳ; Paris, Le Duc. — 2° Thème varié, op. 2°; Paris, Frey. — 3° Trois romances avec acc. de piano; Paris, Le Duc. Étienne fut pendant longtemps accompagnateur au piano du théâtre italien de New-York, et voyagea en Amérique avec Garcia et avec M*ᵐᵉ*

Malibran, dans les premières années de sa carrière.

ETT (GASPARD), organiste de l'église Saint-Michel à Munich, également distingué comme virtuose sur son instrument, comme compositeur et comme érudit en musique, est né le 5 janvier 1788 à Eresing, arrondissement de Handsberg, en Bavière. Dès son enfance il montra un goût prononcé pour les études sérieuses et pour la musique ; il avait à peine atteint sa neuvième année quand il entra comme enfant de chœur à l'abbaye des bénédictins d'Andech. Il y reçut une instruction préparatoire pour entrer ensuite au gymnase, et apprit les éléments du chant, du piano et de l'harmonie. A l'âge de douze ans il entra au séminaire de l'électeur, à Munich, alors une des meilleures écoles de musique de la Bavière, si riche d'ailleurs en institutions de ce genre. Ett y apprit à jouer de l'orgue, sous la direction de l'excellent professeur Schlet, et Joseph Grütz lui enseigna le contrepoint. Après avoir achevé ses études littéraires au gymnase et au lycée, il se livra sans réserve à ses travaux sur la musique, et, en 1816, il obtint la place d'organiste, qu'il a occupée pendant trente et un ans. Il est mort à Munich, le 16 mai 1847. Comme professeur de chant choral, il a formé de très-bons élèves et a porté l'exécution à un point de perfection très-satisfaisant, dans le chœur de l'église de Saint-Michel. Comme compositeur, il a produit : 1° Huit messes avec ou sans accompagnement d'orchestre à 4 et à 8 voix ; ses trois messes à 8 voix ont été composées en 1821, 1822 et 1847. — 2° Deux *Requiem*. — 3° Deux *Miserere* qui passent pour excellents. — 4° Un *Stabat Mater*. — 5° Un *Te Deum*. — 6° Plusieurs litanies. — 7° Des Vêpres. — 8° Des Graduels. — 9° Des Offertoires. Toute cette musique jouit en Allemagne de beaucoup d'estime. Ett a écrit aussi des chœurs et des chansons à plusieurs voix. Il s'est livré pendant longtemps à des recherches sur l'ancienne musique d'église des quinzième et seizième siècles, pour laquelle la riche bibliothèque de Munich lui a fourni de précieux documents.

ETTMULLER (MICHEL - ERNEST), docteur et professeur de médecine à Leipsick, naquit dans cette ville, le 26 août 1673. Après avoir fait de bonnes humanités à Zittau et à Altenbourg, il se rendit, en 1692, à l'université de Wittemberg pour y faire son cours de philosophie. De retour à Leipsick, en 1694, il se consacra entièrement à la médecine jusqu'à sa mort, arrivée le 25 septembre 1732. Il a publié une dissertation intitulée : *De Effectibus musicæ in hominem*; Leipsick, 1714, in-4°.

ETTORI (GUILLAUME), célèbre ténor, né en Italie vers 1740, fut d'abord au service de l'électeur Palatin. En 1770, il chanta à Padoue avec un succès prodigieux. L'année suivante, il se rendit à Stuttgard pour y entrer au service du duc de Würtemberg, mais il mourut dans la même année.

EUCHERO, de l'Académie des pasteurs arcadiens. On a publié sous ce nom, à Venise, en 1746, un opuscule qui a pour titre : *Rifflessioni sopra la maggior facilità che trovasi nell'apprendere il canto con l'uso di un solfeggio di dodici monosillabi, atteso il frequente uso degli accidenti*: in Venezia, de Pecora, 1746, in-8°. L'abbé Gianelli prétend, au mot *sistema* de la deuxième édition de son *Dizionario della musica*, que le véritable auteur de cet opuscule fut le marquis *Fabio Chigi*, de la noble famille de Sienne. On trouve dans cet écrit l'exposé d'un système de solmisation au moyen d'une syllabe pour chacun des douze degrés de l'échelle chromatique, dans le but d'éviter la dénomination des notes accidentées et l'usage des muances, encore en vigueur à cette époque en Italie.

EUCLIDE, célèbre auteur des plus anciens éléments de géométrie connus, a été confondu souvent avec Euclide de Mégare, chef d'une secte de philosophes dialecticiens. On ignore le lieu de sa naissance : on sait seulement qu'il vécut sous le règne de Ptolémée, fils de Lagus, plus de trois cents ans avant l'ère chrétienne, et qu'il ouvrit une école de mathématiques à Alexandrie. Pappus vante sa douceur et sa bienveillance pour tous ceux qui travaillaient aux progrès de la géométrie. Outre les *Éléments* et les *Données*, qui sont les ouvrages les plus importants d'Euclide, Proclus Diadochus, l'un de ses commentateurs, et Pappus d'Alexandrie, indiquent ceux dont les titres suivent : *Introduction harmonique* (Εἰσαγωγὴ ἁρμονική), et *Section du canon musical*. Un assez grand nombre de manuscrits, contenant ces deux ouvrages, les attribuent, en effet, à cet auteur ; mais il en est d'autres où ils sont indiqués sous le nom de *Cléonides*; tels sont ceux dont s'est servi Georges Valla pour sa version latine, celui de la bibliothèque de S. Salvador à Bologne, et deux autres manuscrits de la Bibliothèque impériale, à Paris. Les savants ont été partagés d'opinion sur celui de ces deux auteurs auquel ces ouvrages appartiennent : outre Georges Valla, H. Grotius (*in Annot. ad Mart. Capellæ*, p. 316), Gesner (*Biblioth. in Epit. red.*, p. 158), et Glaréan (*Dodecach.*) se sont prononcés pour Cléonides ; mais Meybom, Mersenne, D. Gregorius et Fabricius ont rejeté cette opinion.

Wallis est le premier qui a remarqué (dans la

préface de sa version latine des *Harmoniques* de Ptolémée) que l'*Introduction harmonique* et la section du *Canon* ne peuvent être du même auteur, puisque le premier de ces ouvrages est conforme à la doctrine d'Aristoxène, et le second à celle de Ptolémée. En effet, l'*Introduction harmonique* n'admet que trois *modes*, divise le *ton* en deux *demi-tons diatoniques*, fait du *dièse chromatique* le tiers de l'intervalle du ton majeur, et du *dièse enharmonique* le quart, tandis que l'auteur du *Canon* établit le ton dans la proportion de 9 : 8, et le *limma* dans celle de 256 : 243. Plusieurs éditeurs et commentateurs d'Euclide ont douté que ces opuscules fussent de lui. M. Peyrard, qui a donné une belle édition des œuvres de ce géomètre, d'après un manuscrit du neuvième siècle (appartenant à la Bibliothèque Saint-Marc de Venise), les rejette même positivement, et dit, dans sa préface, p. XIII : « Étant
« dépositaire de ce précieux manuscrit, je me déterminai, sans balancer, à donner une édition
« grecque, latine et française des Éléments et
« des Données d'Euclide, *qui sont certainement*
« *les seuls ouvrages qui nous restent de ce*
« *géomètre à jamais célèbre.* »

Quoi qu'il en soit, voici l'indication des éditions diverses qui ont été données de ces opuscules : 1° *Cleonidæ harmonicum introductorium, interprete Georgio Valla Placentino, impressum Venetiis per Simonem Papiensem,* anno 1497. Une deuxième édition de cette version fut publiée l'année suivante à Venise, avec quelques autres ouvrages de Valla ; enfin la Bibliothèque impériale, à Paris, en possède un exemplaire, in-f°, qui porte la date de Venise, 1504. — 2° Une autre traduction latine, donnée par Jean Pena, professeur de mathématiques à Paris, sous le titre : *Euclidis Rudimenta musices, ejusdem Sectio regulæ harmonicæ e regia Bibliotheca desumpta, ac nunc græce et latine excussa;* Paris, 1557, in-4°. Meibomius (*in Præfat. ad Eucl.*) a reconnu beaucoup d'erreurs dans cette traduction de Pena ; elles ont été reproduites dans l'édition complète, grecque et latine, des œuvres d'Euclide, donnée par Conrad Dasipodius, à Strasbourg, en 1571, in-8°, dans celle du Jésuite Possevin (Rome, 1593, et Venise, 1603), et enfin dans le *Cours de mathématiques* de Herigoni (Paris, 1644, in-8°). — 3° Meibomius ayant mis Euclide au nombre des auteurs grecs sur la musique dont il a donné une édition sous le titre : *Antiquæ musicæ auctores septem,* Amsterdam, 1652, in-4°, y a joint une version nouvelle très-correcte, que Gregorius a insérée dans son édition complète intitulée: *Euclidis quæ supersunt omnia, græce et latine;* Oxford, 1703, in-fol. — 4° Une traduction française, par Pierre Forcadel, professeur de mathématiques à Paris, a été publiée sous le titre de *la Musique d'Euclide;* Paris, 1566, in-8°. Le P. Mersenne en a donné une autre, dans son premier *Traité de l'harmonie universelle* (Paris, 1627, in-8°), pag. 107-141. — 5° C. Davy a inséré une traduction anglaise des traités de musique d'Euclide, dans ses *Letters upon subjects of literature; including a translation of Euclid's section of the canon, and his treatise on harmonic with an explanation of the greek musical modes.* Londres, 1787, 2 vol. in-8°.

EUGÈNE (CHARLES-PAUL-LOUIS), duc de Wurtemberg, né à Oels le 8 janvier 1788, était cousin du roi de Wurtemberg, et fut général d'infanterie au service de la Russie. Retiré dans sa terre de *Carlsruhe*, en Silésie, il cultiva la musique avec amour, et se distingua autant par son goût éclairé pour les arts, que par sa générosité envers les artistes. Il n'était âgé que de dix-sept ans lorsqu'il se livra à la composition, non pour y chercher des jouissances de vanité, mais à cause du plaisir pur qu'il y trouvait ; car le prince était âgé de cinquante ans lorsqu'il fit imprimer ses ouvrages. Ses premières productions furent des *Lieder* avec accompagnement de piano, composés depuis 1800 jusqu'en 1820 : ces chants furent publiés à Breslau, en 1837. L'opéra *Die Geisterbraut* (la Fiancée des Esprits), que le prince avait terminé en 1811, fut représenté plusieurs fois avec succès au théâtre de Breslau, et la partition, réduite pour le piano, par le directeur de musique Muscker, fut publiée dans la même ville, en 1838. Fink a rendu compte de cet ouvrage dans la 40me année de la *Gazette générale* de Leipsick, p. 417 et suivantes. Un autre opéra intitulé *la Forêt de l'Elbe supérieur*, fut terminé par le duc de Wurtemberg en 1815 ; mais il n'a pas été publié. On connaît aussi de ce prince quelques symphonies et ouvertures, qui ont été souvent exécutées par les musiciens de sa chapelle, au château de Carlsruhe. Le duc de Wurtemberg est mort dans cette résidence, le 16 septembre 1857, à l'âge de soixante-neuf ans.

EUGENIUS (TRAUGOTT), *cantor* à Thorn, vers 1490, est l'un des plus anciens contrepointistes allemands dont les noms sont parvenus jusqu'à nous. Gerber dit, d'après un journal littéraire, qu'on trouve quelques-unes de ses compositions dans un recueil de cinquante chansons qui a été publié par *Colhenius*, surnommé *le Botteleur*, en 1502; mais il n'indique pas le lieu de l'impression. Il y a sans doute une erreur dans cette indication, car il n'existait pas d'imprime-

…ie de musique en Allemagne dans l'année 1502.

EULE (C.-D.), né à Hambourg, en 1776, était fils d'un acteur qui était directeur du théâtre de cette ville. Son père le destinait à suivre la même carrière que lui, mais il ne se sentait point de goût pour cette profession, et la musique fut l'unique objet de ses études. En 1796, il commença à se faire connaître comme compositeur, par la publication de quelques morceaux de piano; l'année suivante, il donna au théâtre de Hambourg l'opérette intitulée *Die verliebten Werber* (Les Recruteurs amoureux), qui reçut un accueil favorable. Plus tard il donna avec succès les opéras: *Der Unsichtbare* (l'Invisible), *Giaffar et Zaïde*, et *Das Amt und Wirthshaus* (le Bailliage et l'Auberge). Beaucoup de compositions instrumentales et autres suivirent ces premiers essais. Ayant été nommé directeur de musique au théâtre de Hambourg, il conserva cette place toute sa vie, et il en remplissait encore les fonctions, lorsqu'il mourut en 1827. Parmi les compositions de Eule, on remarque: 1° Concertino pour le piano mêlé de thèmes favoris, op. 7; Hambourg, Cranz. — 2° Quatuor pour piano, violon, alto et basse; Hambourg, Bœhme. — 3° Sonate pour piano et violon, op. 10; Hambourg, Cranz. — 4° Trois sonates pour piano seul; Hambourg, Bœhme. — 5° Grande polonaise pour le piano, op. 4; ibid. — 6° Deuxième idem, op. 9; Hambourg, Cranz. — 7° Introduction avec thème varié, op. 5; Hambourg, Bœhme. — 8° Variations brillantes sur le thème: *Guter Mond*, op. 8; Hambourg, Cranz. — 9° Huit variations sur le thème: *Je suis encor dans mon printemps*; Hambourg, Bœhme. — 10° Dix Variations sur le thème: *Enfants de la Provence*; ibid. — 11° Variations sur le thème: *Robert disait à Claire*; Hambourg, Cranz. — 12° 6 Lieder à 3 et 4 voix, avec accompagnement de piano; Hambourg, Bœhme. — 13° Chants à voix seule; ibid.

EULENSTEIN (ANTOINE-HENRI SIGORADE), né à Vienne en 1772, mourut dans la même ville, le 14 novembre 1821. Appelé par sa naissance à servir l'État, il donna à la musique tous les moments de loisir dont il pouvait disposer. Ayant reçu quelques leçons de piano et de composition de Mozart, il a écrit des sonates, des quatuors, des chansons avec accompagnement de piano, et a composé pour les théâtres des faubourgs de Vienne la musique de quelques petits opéras comiques, qui ont été joués sous les titres de *Die Wanderschaft* (la Promenade); *Vetter Damien* (le Cousin Damien); *Der Perückenmacher* (le Perruquier); *Der gebesserte Lorentz* (Laurent corrigé), etc., etc. M. de Eu-

lenstein dirigeait bien un orchestre et était fort recherché pour cet emploi dans les sociétés d'amateurs.

EULER (LÉONARD), illustre géomètre, naquit à Bâle, le 15 avril 1707. Son père, Paul Euler, qui avait étudié les mathématiques sous Jacques Bernouilli, fut son premier instituteur dans cette science; Euler termina ses études à l'université de Bâle, où il reçut des leçons de Jean Bernouilli et se lia d'amitié avec ses deux fils, Daniel et Nicolas. Ceux-ci, ayant été appelés à Saint-Pétersbourg par Catherine Ire, pour faire partie de l'Académie des sciences établie par Pierre le Grand, s'empressèrent de procurer à leur jeune ami une place d'adjoint dans la même académie. Bientôt, resté seul par la mort de Nicolas et la retraite de Daniel, il multiplia ses travaux au point de remplir, à lui seul, la tâche de toute une académie. Cette fécondité prodigieuse n'est pas une des moindres qualités d'Euler. On peut dire sans exagération qu'il a composé plus de la moitié des mémoires de mathématiques contenus dans les quarante-six volumes publiés par l'Académie de Pétersbourg, depuis 1727 jusqu'en 1783; il a laissé en outre plus de cent mémoires inédits, que l'Académie insère dans ses volumes à mesure qu'ils paraissent; de plus il enrichit beaucoup le recueil de l'Académie de Berlin, pendant les vingt-cinq ans qu'il passa dans cette ville; envoya des mémoires à l'Académie des sciences de Paris, dont il obtint ou partagea dix prix, et publia une multitude d'ouvrages séparés fort importants. Toutes les sociétés savantes de l'Europe s'étaient empressées de se l'attacher. Euler est mort le 7 septembre 1783. Ce grand géomètre s'est beaucoup occupé de la théorie mathématique de la musique, et a consigné le résultat de ses recherches dans les ouvrages suivants: 1° *Dissertatio de sono*; Bâle, in-4°. — 2° *Tentamen novæ theoriæ musicæ ex certissimis harmoniæ principiis dilucide exposita*; Pétersbourg, 1729, in-4°. Forkel cite deux autres éditions de ce livre (*Allgem. Litter. der Musik*. p. 247), l'une de 1734, in-4°, l'autre de 1739, également in-4°; Mitzler en a donné une analyse très-étendue dans le troisième volume de sa Bibliothèque (p. 61-136). — 3° *Conjectura physica circa propagationem soni ac luminis*; Berlin, 1750, in-4°. — 4° *Mémoire sur les vibrations des cordes*, dans les Mémoires de l'Académie de Berlin, 1748 et 1753. — 5° *De la propagation du son*; ibid., 1759. — 6° *Conjectures sur la raison de quelques dissonances généralement reçues dans la musique*; ibid. — 7° *Du véritable caractère de la musique moderne*, ibid. 1764. — 8° *Sur le mouvement*

11.

d'une corde qui, au commencement, n'a été ébranlée que dans une partie; ibid., 1765. — 9° *Éclaircissements plus détaillés sur la génération et la propagation du son, et sur la formation de l'écho*; ibid., 1765, p. 335. — 10° *De minimis oscillationibus corporum tam rigidorum quam flexibilium*, dans les Mémoires de l'Académie de Petersbourg, tom. 7. — 11° *De motu oscillatorio corporum flexibilium*, ibid., t. 13. — 12° *De motu vibratorio fili flexibilis corporibus quotcunque onusti*, dans les Nouveaux Mémoires de la même académie, t. 1. — 13° *De motu chordarum inæqualiter crassarum*; ibid. t. 9. — 14° *De sono tympanorum*; ibid. — 15° *De sono campanarum*; ibid., tom. 10. — 16° *De motu aeris in tubis*; ibid., tom. 16. Ce dernier mémoire est fort intéressant. — 17° Quatre dissertations sur les vibrations des cordes, et une autre sur les mouvements vibratoires des verges flexibles, ibid., tom. 17. — 18° *De harmoniæ veris principiis per speculum musicum repræsentatis*; ibid., t. 18. — 19° *De motu turbinatorio chordarum musicarum*; ibid., t. 19. — 20° *Investigatio motuum, quibus laminæ et virgæ elasticæ contremiscunt*, ibid. 1779. — 21° *Determinatio omnium motuum, quos chorda tensa et uniformiter crassa recipere potest*; ibid., 1779, partie 2. — 22° *Delucidationes de motu chordarum inæqualiter crassarum*; ibid., 1780, t. II. — 23° *De perturbatione motus chordarum ab eorum pondere oriunda*; ibid., 1781, t. I. — 24° Deux dissertations sur les vibrations des cordes dans les Mémoires de l'Académie de Turin. — 25° Enfin, dans ses *Lettres à une princesse d'Allemagne sur divers sujets de physique et de philosophie* (Pétersbourg, 1768-1774, 3 vol. in-8°), Euler traite de la physique musicale dans les lettres 134, 135 et 136. Ce savant homme a prouvé dans son *Tentamen novæ theoriæ musicæ* qu'un profond savoir en mathématiques n'empêche pas d'errer, quand la donnée qui sert de base aux calculs manque de solidité. Partant de ce principe adopté par les géomètres, depuis Pythagore, que la suavité des rapports des sons est en raison de la simplicité des accords des nombres qui les représentent, il a voulu fonder une théorie de l'harmonie sur cette considération, et a, d'après cela, établi une échelle de suavité sur laquelle il a placé tous les accords ; or, les résultats de ses calculs l'ont conduit à placer l'accord parfait majeur au neuvième degré de suavité, tandis qu'il place la dissonance de seconde (dissonance fort dure, comme on sait) au huitième degré, et cela parce que les rapports combinés de la tierce et de la quinte sont moins simples que ceux de la seconde ! Ainsi, d'après cette théorie, l'intervalle de seconde doit plaire à l'oreille plus que l'accord qu'on a nommé parfait pour indiquer les qualités de son harmonie. Bien d'autres erreurs singulières sont répandues dans cet essai d'une nouvelle théorie de la musique, tiré de *principes très-certains de l'harmonie*; et pourtant Euler était un savant homme qui avait le génie des mathématiques !

EUNICKE (FRÉDÉRIC), premier ténor au théâtre national de Berlin, né à Sachshausen, près d'Oranienbourg, en 1764, débuta au théâtre en 1788, et se fit ensuite remarquer à Manheim. En 1794, il chantait au théâtre allemand d'Amsterdam; l'année d'après il passa à celui de Francfort-sur-le-Mein, et enfin, en 1797, il alla à Berlin. Il a publié quelques petites pièces pour le chant. C'est aussi lui qui a arrangé pour le piano *la Flûte enchantée*, de Mozart, pour l'édition qui a été publiée à Darmstadt chez Bossler, en 1792.

EUNICKE (THÉRÈSE), née à Mayence de parents nommés *Schwachhœfer*, épousa Frédéric Eunicke, et brilla longtemps comme cantatrice au théâtre de Berlin. Elle est morte dans cette ville, en 1844. Elle a eu deux filles; l'aînée (Jeanne), née à Berlin vers 1800, était une cantatrice fort habile; mais elle perdit la voix fort jeune, quitta le théâtre, et devint la femme du pianiste Krüger; la plus jeune (Catherine) a épousé le violoniste Müllenbrauch.

EUPHRANOR, joueur de flûte et philosophe pythagoricien, fut contemporain de Platon. Athénée (lib. 4, c. 24.) dit qu'il avait composé un traité sur les flûtes : cet ouvrage est perdu.

EUSEBII SIPONTINI. Sous ce nom, on trouve dans la bibliothèque du Vatican un traité manuscrit *De octo Tonis*, coté 378 du fonds de la reine Christine de Suède. Eusèbe est le prénom de l'auteur de cet ouvrage; *Sipontinus* nous apprend qu'il était né à Manfredonia, ville du royaume de Naples, dans la Pouille, bâtie sur l'emplacement de la *Siponte* des Romains, et dont le nom latin est *Sipontum*. L'ouvrage d'Eusèbe ne contient rien de remarquable.

EUSTACHE-LE-PEINTRE, poëte et musicien, est quelquefois désigné dans les manuscrits sous le nom d'*Eustache de Reims*, parce qu'il était né dans cette ville. Il mourut vers 1240. On a de lui sept chansons notées : les manuscrits de la Bibliothèque impériale n'en contiennent que deux.

EUSTACHE DE SAINT-HUBALDE est cité par Cyprianus (*in Dissert. de propag.*

kar. por cant. p. 19) comme auteur d'un livre intitulé : *Disquisitio de cantu a D. Ambrosio in Mediolanensem ecclesiam introducto ;* Milan, 1695.

EUTITIUS (Augustin), frère mineur, était, en 1643, chanteur et compositeur du roi de Pologne Ladislas IV. Marc Scacchi a rapporté un canon singulier d'Eutitius dans son *Cribrum musicum*, p. 209.

EVANS (James), né à New-York, vers 1770, fut chantre de l'église épiscopale de la secte des méthodistes de cette ville. Il employa plusieurs années à réunir les chants en usage dans cette religion en Amérique, les coordonna et les arrangea à deux, trois et quatre voix, avec une basse chiffrée pour l'accompagnement de l'orgue. Ce travail a été publié sous ce titre : *David's Companion, or the Methodist Standard; being a Choice Selection of tunes adapted to the words and measures in the large Hymn Book, and designed for the use to the Methodists throuhg out the United States* (Le Compagnon de David, ou le Drapeau méthodiste, contenant une collection choisie de mélodies adaptées aux paroles et aux rhythmes du grand livre d'hymnes, et adopté pour l'usage des méthodistes dans tous les États-Unis); New-York, 1808, 1 vol. petit in-4° obl. de 162 pages, entièrement gravé.

EVANS (Robert-Harding), écrivain anglais, a publié une dissertation sur la musique et la notation musicale des Hébreux sous ce titre : *Essay on y Hebrew Music*, Londres, 1816, in-8° de 24 pages. Le fond de cette dissertation est emprunté au travail de Villoteau publié dans la Description de l'Égypte.

ÈVE (Alphonse d'), né près de Courtrai, vers le milieu du dix-septième siècle, fit ses études musicales dans cette ville, puis entra au séminaire, et fut ordonné prêtre. Après avoir dirigé longtemps le chœur de l'église Saint-Martin à Courtrai, il obtint au concours la place de maître de chapelle de l'église Notre-Dame d'Anvers, le 5 novembre 1718. Dans l'année suivante il écrivit une messe solennelle à 9 voix en deux chœurs, 2 violons, viole-alto, viole-ténor, basse de viole, violoncelle obligé, 2 hautbois, basson et basse continue pour l'orgue. D'Ève dédia cette messe au chapitre de l'église ; on la trouve en manuscrit dans les archives de l'église Notre-Dame ; l'épître dédicatoire est en latin. En 1725, d'Ève fut invité par le chapitre à prendre sa retraite, à cause de son grand âge : Guillaume de Fesch lui succéda dans la place de maître de chapelle (*voy.* Fesch). Les archives musicales de l'église Sainte-Walburge, à Audenarde, contiennent les compositions de d'Ève dont voici les titres : 1° Trois motets à voix seule, 2 violons, basse de viole et orgue. — 2° Motets à 2 voix et orgue. — 3° Un motet à 4 voix, 2 violons, viole et orgue. — 4° Motets à 5 voix, 2 violons, viole-alto, viole ténor, basse de viole et orgue. — 5° *Dies iræ* à 4 voix, sans instruments — 6° Motet pour voix de contralto, avec 5 instruments. Tous ces ouvrages sont en manuscrit.

ÉVEILLON (Jacques), né à Angers, en 1572, fut choisi au sortir de ses études pour enseigner la rhétorique à Nantes, quoiqu'il fût encore fort jeune. Il remplit ensuite successivement les fonctions de curé de Soulerre, de co-recteur de la Trinité d'Angers, et de curé de Saint-Michel-du-Tertre. En 1620, Guillaume Fouquet, évêque d'Angers, le nomma chanoine de la cathédrale et son grand vicaire. Il est mort au mois de décembre 1651, âgé de soixante-dix-neuf ans. Au nombre de ses écrits se trouve un bon ouvrage intitulé *De recta psallendi ratione* ; La Flèche, 1646, in-4°.

EVERS (Charles), pianiste et compositeur, est né à Hambourg, le 8 avril 1819. Fils d'un mécanicien habile, qui jouissait d'une certaine aisance, il reçut une bonne éducation. A l'âge de six ans il commença l'étude du piano. Jacques Schmitt (frère d'Aloys) fut son instituteur et lui fit faire de rapides progrès. Il n'était âgé que de douze ans lorsqu'il se fit entendre pour la première fois dans un concert à Hambourg : son talent précoce y produisit une vive impression. Peu de temps après, il fit son premier voyage comme artiste, visita les duchés de Holstein et de Schleswig, Copenhague, Stockholm, et partout eut de brillants succès. Dans les années 1834 et 1835 il parcourut de nouveau le Danemark, la Suède, et se fit entendre à Saint-Pétersbourg. De retour à Hambourg, il s'en éloigna une troisième fois, en 1837, pour se rendre à Hanovre, où Marschner, l'accueillit avec bienveillance et lui donna le conseil de se livrer à l'étude de l'harmonie sous l'organiste Zieger ; plus tard il prit des leçons de composition du maître de chapelle Charles Krebs. Ce fut dans cette école qu'il puisa le goût des formes pures et classiques qu'il a développées dans ses ouvrages. Arrivé à Leipsick vers la fin de 1838, il y perfectionna son talent par les conseils de Mendelsohn, avec qui il se lia d'amitié. Ses rapports avec un artiste de si grande distinction exercèrent aussi une puissante influence sur la direction de ses idées et de son sentiment de l'art. En 1839, Evers fit un voyage à Paris, où Chopin et Auber lui firent un accueil sympathique. Ce fut dans cette ville qu'il termina ses premières compositions. En 1841, il se rendit à Vienne, et s'y fit connaître avantageusement, comme virtuose et comme compositeur. Ce fut à cette époque que des propositions lui furent faites pour qu'il se fixât à Grætz en Styrie: il ne s'est éloigné de cette ville que pour revoir Hambourg, en passant par Prague et Francfort. Comme compositeur, Evers se distingue par le sentiment du beau, des choses sérieuses, et par la pureté du style, bien qu'il ait employé les formes modernes en plusieurs de ses ouvrages. La plupart de ses productions sont pour le piano et pour le chant. Sa sonate en *mi* mineur, œuvre 12, et ses grandes sonates en *mi* bémol, œuvre 20, et en *ré* mineur, 22, sont très-estimées des connaisseurs en Allemagne. Il y a aussi de lui une œuvre charmante composée de douzes pièces qui ont pour titre général : *Chansons d'amour pour piano*, op. 13, et dont les titres particuliers sont : 1° Provence. — 2° Allemagne. — 3° Italie. — 4° Arabie. — 5° Suède. — 6° Russie. — 7° Mauresque. — 8° Écosse. — 9° Languedoc. — 10° Espagne. — 11° Styrie. — 12° Hongrie. Evers a écrit aussi des fugues dans les styles de Bach et de Scarlatti. Parmi ses autres ouvrages, les plus importants sont la 4me grande sonate, op. 27, la Fantaisie héroïque, op. 28, *Jours sereins et jours d'orages*, inspirations fantastiques au nombre de sept pièces, op. 24; chant de chasseurs pour chœur d'hommes et 4 cors, op. 26; 6 chants pour soprano avec piano, op. 25; duos pour soprano et contralto, avec piano, op. 30; romances et ballades pour contralto, op. 36; chants pour 4 voix d'hommes, op. 38; *Melopoëmes* pour voix seule et piano, op. 39; 6 poëmes pour contralto et piano, op. 41, etc. Les ouvrages d'Evers sont publiés à Vienne, chez Haslinger, et à Mayence, chez Schott.

EVERS (CATINKA), cantatrice, sœur du précédent, est née à Hambourg, le 1er juillet 1822. Ses dispositions pour le chant s'étant développées lorsque sa voix n'était pas encore formée, on lui donna un maître pour la diriger dans cet art. A l'âge de quinze ans elle se rendit à Hanovre chez le compositeur Marschner, qui la guida dans ses études du chant dramatique. Ses progrès furent si rapides, que dès 1838 elle reçut un engagement pour le théâtre de Leipsick. Deux ans après elle accepta une position semblable au théâtre de Wiesbaden, avec le titre de première cantatrice de la cour. Pendant la durée de cet engagement, elle chanta avec de brillants succès à Mayence et à Francfort. L'effet qu'elle produisit à Stuttgard dans les rôles de *Norma* et de *Roméo*, lui fit obtenir un bel engagement pour le théâtre de la cour, le 2 octobre 1846. Elle y joua tous les rôles de son emploi, tant dans le répertoire allemand, que dans les opéras traduits de l'italien et du français. Pendant la durée de ses congés elle fit plusieurs voyages et chanta dans quelques-unes des grandes villes de l'Allemagne, avec de beaux succès. En 1847, elle chanta au théâtre italien de Bruxelles, et y produisit une vive impression dans quelques ouvrages de Bellini et de Donizetti, particulièrement dans *Lucrèce Borgia*, *Roméo*, et *Ernani* de Verdi. Dans la même année, elle chanta à Hambourg, puis alla en Italie. Je la rencontrai à Milan en 1850; sa voix était déjà fatiguée par le répertoire de Verdi; bientôt après, elle dut renoncer à la scène.

EWALD (SCHACK HERMANN), né à Gotha le 11 février 1754 fut d'abord avocat dans sa ville natale, et ensuite (en 1784) secrétaire de la surintendance de la cour. Il a fait insérer une dissertation sur la musique dans le journal allemand intitulé : *Olla podrida*, année 1779.

EXAUDÉ ou **EXAUDET** (JOSEPH), né à Rouen, vers 1710, fut d'abord premier violon du concert de cette ville, et vint ensuite à Paris, où il entra à l'Opéra comme violoniste, en 1749. Il est mort en 1763. Dans un temps où il fallait peu de chose pour acquérir de la célébrité en France, il s'est fait une réputation de compositeur par le menuet qui porte son nom.

EXIMENO (D. ANTOINE), jésuite espagnol, et mathématicien, naquit en 1732 à Balbastro, dans l'Aragon. Les études qu'il fit à Salamanque, chez les jésuites, furent si brillantes, que ses maîtres ne négligèrent rien pour le fixer dans leur société. Il y fut chargé d'enseigner les mathématiques. Lors de l'établissement de l'école militaire de Ségovie, le P. Eximeno en fut nommé professeur. Il remplit ses fonctions jusqu'à l'époque de la suppression des jésuites : alors il passa en Italie, et s'établit à Rome. La variété de ses connaissances ne tarda point à le lier avec tous les savants italiens, et plusieurs sociétés littéraires de l'Italie s'empressèrent de l'admettre dans leur sein. Il était connu dans celle des *Arcadiens* sous le nom d'*Aristodemo Megareo*. Il est mort à Rome, en 1798, à l'âge de soixante-six ans. Les ouvrages relatifs à la musique qu'il a publiés sont : 1° *Dell'origine della musica, colla storia del suo progresso, decadenza, e rinovazione*. Rome, 1774, in-4°. Il y attaque, avec raison, Rameau et tous ceux qui cherchent dans de prétendus calculs mathématiques les bases d'un art dont le but est d'émouvoir. Jusque-là, tout est bien; mais il pousse son système jusqu'à proscrire la science des combinaisons harmoniques, du contrepoint, et veut y substituer la prosodie exacte dans le chant, comme un moyen d'effet plus certain et plus universci : erreur commune à presque tous les gens de lettres. Les Italiens ont dit du livre d'Eximeno : *Bizzarro romanzo di musica, con cui vuol distruggere senza poter poi rifabbricare* (voy. *Elogi Italiani*, t. VIII). — 2° *Dubbio di D. Antonio Eximeno sopra il Saggio fondamentale pratico di contrappunto del. R. Padre Martini.* Rome, 1775, in-4°. Le P. Martini avait attaqué le système d'Eximeno dans son Essai sur le contrepoint fugué; mais en prenant pour base de son ouvrage la tonalité du plain-chant, dont l'analogie avec la musique moderne n'est pas facile à saisir, pour quiconque n'est point initié dans l'art, ce savant musicien prêtait des armes à son adversaire, qui sut s'en servir habilement. Le doute qu'il se propose de résoudre (dit-il, dans sa préface) est de savoir si le P. Martini a publié son ouvrage comme un contre-poison du sien, ou comme un témoignage en sa faveur. C'est sous cette forme piquante qu'il combat en faveur de son opinion. On peut voir une analyse sévère de cet ouvrage dans les *Efemeridi di Roma*, vol. IV. p. 321. Le même journal avait rendu compte du premier livre de D. Eximeno, et lui avait été peu favorable, dans ses numéros des 19 et 26 mars, 2 et 9 avril 1774; Eximeno publia, en réponse à ces articles, quatre opuscules qui forment 42 pages in-4°. sans nom de lieu ni d'imprimeur, et qui ont pour titres : *Risposte al giudizio delle Efemeridi letterarie di Roma sopra l'opera di D. Antonio Eximeno circa l'origine e le regole della musica*. Ces pièces sont devenues fort rares. Les contemporains d'Eximeno n'ont pas rendu justice au mérite de cet écrivain; s'il est vrai que ses connaissances dans la théorie et dans l'histoire de la musique manquent de profondeur, il n'est pas moins certain qu'il se montre partout homme de sens, et que ses aperçus sont souvent lumineux. François-Antoine Gutierez, chapelain du roi d'Espagne Charles IV, et maître de chapelle des religieuses de l'Incarnation à Madrid, a traduit en espagnol les traités de musique d'Eximeno, sous les titres suivants : 1° *Del origen y reglas de la musica, con la historia de su progresso, decadencia y restauracion*, Madrid, 1796, 3 vol. in-8°. — 2° *Duda de D. Antonio Eximeno sobre el ensayo fundamental practico del M. R. P. M. Fr. Juan-Bautista Martini*, ibid., 1797, in-8°.

EXNER (GUSTAVE-HERMANN), né le 28 octobre 1815, à Berbisdorf, près de Hirschberg, en Silésie, commença ses études musicales sous la direction de son père, qui était *cantor* dans ce lieu. Ses progrès furent si rapides, qu'à l'âge de sept ans il accompagnait déjà sur l'orgue les chants du livre choral dont l'usage était habituel dans le service. Plus tard il apprit le chant, l'orgue, le piano et l'harmonie à Jauer, Hirschberg et Bunzlau. En 1841, il fut nommé organiste de l'église paroissiale de Goldberg : il occupa cette position jusqu'en 1845. Dans cet intervalle, il eut la direction de l'Union musicale et de l'Union chorale de cette ville, qui donnèrent neuf concerts publics dans un but de bienfaisance. En 1845, Exner quitta sa place de Goldberg pour celle d'organiste de l'église évangélique de la Trinité à Sagan, à laquelle fut réunie celle de professeur de l'école de la ville et de la principauté, en 1846. A la même époque il y fonda la société philharmonique de chant, dont il eut la direction. Il fut aussi chargé de diriger l'Union chorale de la même ville. Exner a fait connaître son talent d'organiste au grand festival de Liegnitz en 1840, par l'exécution d'un prélude et d'une fugue de Bach. Exner a composé beaucoup de chants pour un chœur d'hommes à quatre voix, avec et sans accompagnement d'orchestre, de différents genres, des motets, et des chœurs faciles pour l'église avec un petit orchestre, à l'usage des fêtes principales de l'année. On a aussi de lui un livre choral pour la ville et la principauté de Sagan.

EYBLER (JOSEPH D'), maître de chapelle de l'empereur d'Autriche, est né le 8 février 1764, dans le petit bourg de Schwochat, à quelques lieues de Vienne. Son père, instituteur et régent du chœur, lui donna les premières leçons de musique. Un amateur instruit, nommé Seitzer, ayant eu l'occasion d'entendre Eybler exécuter un concerto de piano à l'âge de dix ans, devina l'avenir de cet enfant et le prit sous sa protection. Il le fit entrer d'abord au séminaire de musique, à Vienne, où il fit un cours d'études littéraires et reçut des leçons de chant, de violon et d'harmonie; puis il le plaça sous la direction d'Albrechtsberger, pour apprendre la composition. Eybler reçut les leçons de ce maître pendant trois ans (1777 à 1779), et fit de grands progrès dans l'art d'écrire. Le séminaire de musique ayant été supprimé en 1782, Eybler se trouva, ainsi que ses condisciples, abandonné à lui-même, et obligé de pourvoir à ses besoins. D'abord il reçut de son père quelques secours pour suivre les cours de droit; mais un incendie ayant anéanti les ressources de sa famille, il dut renoncer à l'espoir de continuer ses études pour obtenir un emploi civil, et n'eut plus de ressource que la musique. Il se mit à donner des leçons pour vivre, et commença ses premiers essais de composition, heureux de recevoir les conseils de Joseph Haydn, qui était lié d'une ancienne amitié avec son père. Ce fut aussi vers ce temps qu'il fit la connaissance de Mozart, qui était alors occupé des répétitions de son opéra de *Cosi fan tutte*. Ce grand artiste se servit d'Eybler pour diriger au piano ses répétitions pendant qu'il achevait d'écrire sa partition. L'amitié qui les unit dès lors ne se démentit jamais, et Eybler reçut les derniers soupirs de l'illustre compositeur.

En 1792, Eybler concourut pour la place de directeur du chœur à l'église des Carmélites et l'obtint; l'année suivante il eut aussi celle du couvent écossais. Ses messes ne tardèrent pas à fixer sur lui l'attention publique; elles lui procurèrent la protection de l'impératrice, qui, frappée du mérite de leur auteur, l'attacha à la famille impériale, et l'employa dans les concerts et dans les représentations dramatiques qui étaient donnés aux châteaux de Laxenbourg et de Hezzendorf. Ce fut à la demande de cette princesse qu'il écrivit sa messe de *Requiem*, considérée en Allemagne comme un œuvre de premier ordre. En 1801, Eybler fut choisi comme professeur de musique des archiducs et archiduchesses. En 1804, on lui confia la place de vice-maître de chapelle de la cour. Sur l'invitation de l'empereur, il écrivit le grand oratorio « *Die vier letzten Dinge*, » qui fut exécuté en 1810, dans une fête de la cour, et qui valut à son auteur les félicitations du monarque, devant toute la noblesse invitée à cette solennité. Après la mort de Salieri, Eybler lui succéda dans la place de maître de la chapelle impériale, et depuis cette époque jusqu'en 1833, il en remplit les fonctions; mais le 23 février de cette année il fut frappé d'une atteinte d'apoplexie en dirigeant l'exécution du *Requiem* de Mozart. Cet accident n'eut pas de suites fâcheuses; cependant l'empereur l'a dispensé depuis ce temps de son service à la cour, et son médecin lui a interdit le travail de cabinet. L'empereur régnant lui a donné une résidence d'été au château de Schoenbrun, et, par son testament, l'empereur François lui a accordé des lettres de noblesse héréditaire. Eybler a cessé de vivre le 24 juillet 1846, à l'âge de quatre-vingt-un ans et cinq mois.

Parmi les compositions d'Eybler, on compte trente-deux messes, presque toutes solennelles, avec orchestre : la première a été écrite en 1781, la seconde, seize ans plus tard ; la dernière, en 1837. De ces messes, on a publié celles dont voici les titres : 1° Messe n° 1, en *mi* bémol, pour le couronnement de l'impératrice Caroline, comme reine de Hongrie, à quatre voix, orchestre et orgue; Vienne, Haslinger. — 2° Messe n° 2 (en *ut*), de *Sancto Mauritio*, à 4 voix, orchestre et orgue, ibid. — 3° Messe n° 3 (en *ré*), de *Sancto Leopoldo*, à 4 voix, orchestre et orgue; ibid. — 4° Messe n° 4 (en *ut*), de *Sancto Ludovico*, idem; ibid. — 5° Messe n° 5 (en *fa*), de *Sancto Rudolpho*, idem; ibid. — 6° Messe n° 6 (en *fa*), de *Sancto Rainero*, à 4 voix et orchestre; ibid. — 7° Messe n° 7 (en *ut*), pour le couronnement de l'empereur Ferdinand comme roi de Hongrie ; ibid. — 8° Messe de *Requiem* (en *ut* mineur), à 4 voix, orchestre et orgue; ibid. — 9° Sept *Te Deum* avec orchestre; j'ignore s'il en a été publié quelques-uns. Trois de ces *Te Deum* sont écrites à 8 voix en deux chœurs. — 10° Trente offertoires; on a publié les suivants : *Domine, si observaveris*, pour soprano solo, chœur, orchestre et orgue ; ibid. — 11° *Si consistant adversum me*, à 4 voix et orchestre; ibid. — 12° *Reges Tharsis*, a quatre voix, orchestre et orgue, n° 3 ; ibid. — 13° *Tui sunt cœli et tua est terra*, à 4 voix et orchestre, n° 4 ; ibid. — 14° *Jubilate Deo*, à 4 voix et orchestre n° 5, ibid. — 15° *Timebunt gentes* (en *ut*), idem; n° 6, ibid. — 16° *Magna et mirabilia*, idem ; n° 7 ibid. Trente-quatre graduels pour chœur de quatre voix, orchestre et orgue; on n'en a publié que ceux-ci. — 17° *Tua est potentia*, n° 1; Vienne, Haslinger. — 18° *Sperate in Deo*, n° 2; ibid. — 19° *Omnes de Saba venient*, n° 3; ibid. — 20° *Dies sanctificatus illuxit nobis*, n° 4 ; ibid. — 21° *Benedicam Dominum*, n° 5 ; ibid. — 22° *Non in multitudine*, n° 6; ibid. — 23° *Domine Deus*, n° 7; ibid. Les autres compositions d'Eybler pour l'église sont : — 24° Un *Tantum ergo* à quatre voix et orchestre. — 25° Une messe à 8 voix en deux chœurs, avec graduel et offertoire. — 26° Une Litanie à quatre voix et orgue. — 27° Un *Dies iræ* à 8 voix. — 28° Un *Libera* à 4 voix et orgue. — 29° Deux *Veni Sancte Spiritus*. — 30° Trois hymnes de vêpres à 4 voix et orchestre. — 31° Deux *Salve Regina*. — 32° Un *Alma Redemptoris*. — 33° Un *Ave regina cœlorum*. — 34° *Les quatre fins de l'homme*, grand oratorio. — 35° *Les Bergers à la crèche de l'Enfant Jésus*, idem (composé en 1794). Parmi les autres compositions vocales du même artiste on remarque : — 36° Un opéra (*l'Épée enchantée*) représenté au théâtre de Leopoldstadt. — 37° *La Mère des Gracques*, pantomime sérieuse. — 38° Deux cantates avec orchestre. — 39° Quatre scènes italiennes. — 40° Plusieurs recueils de chansons à voix seule avec acc. de piano ; Augsbourg, Gombart, et Leipsick. — 41° Beaucoup d'autres chants et canons à plusieurs voix. Les ouvrages de musique instrumentale d'Eybler se composent de deux symphonies pour l'orchestre; six quatuors pour deux violons, alto et violoncelle; trois duos pour violon et violoncelle, op. 4° (Vienne, Diabelli); deux concertos; sept sonates pour piano; et beaucoup de danses de tout genre.

EYKEN (JEAN-ALBERT VAN), né le 29 avril 1823 à Amersfoort, en Hollande, reçut les premières instructions dans la musique de son père Gérard Van Eyken, organiste dans cette ville. Dans les années 1845 et 1846 il alla continuer ses études au Conservatoire de Leipsick; puis, d'après le conseil de Mendelsohn, il alla compléter son éducation d'organiste chez Jean Schneider, à Dresde. De retour dans sa patrie, il donna, en 1847, des concerts d'orgue dans les villes les plus importantes. En 1848 il obtint la place d'organiste de l'église des *Remontrants*, à Amsterdam, et en 1853 il accepta la place de professeur d'orgue à l'école de musique de Rotterdam. Il n'occupa cette position que pendant une année, car il se rendit à Elberfeld, en 1854, en qualité d'organiste de l'église réformée. Il vit en ce moment (1860) dans cette ville. Van Eyken s'est fait connaître comme compositeur, par des sonates pour l'orgue, des préludes de chorals, des chorals variés pour l'orgue, les 150 psaumes de la congrégation réformée pour chœur et orgue, avec des préludes, des versets et des finals, des *Lieder* avec piano, des pièces pour cet instrument, des hymnes pour un chœur d'hommes avec des instruments de cuivre, etc. Il a écrit aussi, pour la société néerlandaise instituée pour l'encouragement de la musique, un quatuor pour piano, violon, alto et violoncelle, deux belles sonates d'orgue, la musique du drame hollandais intitulé *Lucifer*, des chants pour quatre voix d'hommes, et une sonate pour piano et violon, auxquels des prix ont été décernés.

EYKEN (GÉRARD-ISAAC VAN), frère du précédent, est né à Amersfoort, le 5 mai 1832. Il a reçu de son père les premières leçons de musique, puis est allé continuer ses études au Conservatoire de Leipsick, pendant les années 1851 à 1853, et a reçu, comme son frère, les leçons d'orgue de Schneider, à Dresde. Il est maintenant (1860) fixé à Utrecht, comme professeur de piano. On a publié de sa composition des chants hollandais pour voix seule et piano, deux sonatines pour cet instrument, et une sonate pour piano et violon.

EYKENS (JEAN-SIMON), compositeur et professeur de musique à Anvers, est né dans cette ville, le 13 octobre 1812. Ravets, organiste de l'église des Augustins, fut son premier maître de musique et de piano. Après la mort de ce professeur, Eykens se rendit à Liége et entra comme élève au Conservatoire, où il reçut des leçons de piano de M. Jalheau et suivit le cours d'harmonie de M. Daussoigne-Méhul. Il n'était âgé que de dix-sept ans lorsqu'il fit son premier essai de musique dramatique dans une opérette en un acte, intitulée *le Départ de Grétry*, qui fut représentée sur le théâtre de Liége, en 1829. De retour à Anvers, en 1831, il s'y livra à l'enseignement du solfége et du piano. Quelques romances, et de légères compositions pour le piano, le firent bientôt connaître. En 1836, il fit représenter au théâtre de cette ville *le Bandit*, opéra en deux actes, qui obtint du succès, et dans l'année suivante il y donna *la Clé du jardin*, en un acte. Une cantate, avec orchestre, qu'il écrivit sur un poëme de Bogaerts, pour l'inauguration de la statue de Rubens, fut exécutée au festival donné à cette occasion, le 16 août 1840. En 1843, il devint directeur de la *Réunion lyrique anversoise*, et cinq ans plus tard il fut nommé président de la réunion des sociétés lyriques et en fut un des chefs-d'orchestre. Il est aussi membre de la Société royale des sciences d'Anvers, et de la *Société d'émulation* de Liége. M. Eykens est auteur de plusieurs messes et d'autres compositions de musique religieuse qui ont été exécutées dans les églises d'Anvers et sont restées en manuscrit. On lui doit aussi un grand nombre de chants en chœur, pour des voix d'hommes, avec ou sans orchestre, parmi lesquels on remarque *Flandre-au-Lion*, *le Vallon*, *le Départ du pêcheur*, *les Napolitains*, *le Retour de mai*, et *la Madone des champs* (ces deux derniers morceaux ont été publiés à Anvers, chez Possoz frères). Quelques livraisons d'un *Répertoire de musique religieuse* ont été publiés par le même artiste, à Bruxelles, chez Schott, en 1848. On a aussi de lui pour le piano des fantaisies sur *Robert-le-Diable*, *Lucia di Lammermoor*, *les Martyrs*, la romance de *Guido e Ginevra*, *l'Ambassadrice*, etc.: des thèmes variés pour le même instrument; des albums de romances et des romances détachées, etc.: tous ces ouvrages ont été publiés à Paris, à Bruxelles chez Schott, et à Anvers.

EYMAR (ANGE-MARIE, comte d'), né en 1740 à Forcalquier (Basses-Alpes), fut député de la noblesse aux états-généraux pour le bailliage de cette ville, en 1789, adopta les principes de la première révolution française, fut nommé ambassadeur en Piémont, puis préfet du département du Léman, et mourut dans ce poste, le 11 janvier 1803. Il était associé honoraire de l'Athénée de Lyon, et de la Société des sciences et arts de Grenoble. Enthousiaste amateur des sciences et des arts, il s'était lié d'une vive amilié avec Viotti, et avait recueilli sur le talent, les opinions et la vie de ce grand artiste, des anecdotes qu'il publia en l'an VI (1798) dans la *Décade philosophique*. Ces mêmes anecdotes, augmentées de quelques aperçus assez superficiels d'Eymar, furent réimprimées sous ce titre : *Anecdotes sur Viotti, précédées de quelques réflexions sur l'expression de la musique;* Milan, sans date (1801), in-8°, et non in-12, comme on le dit dans la plupart des recueils biographiques et bibliographiques.

EYTELWEIN (Henri), compositeur allemand, vécut au commencement du seizième siècle. On trouve quelques pièces de sa composition dans un recueil de chansons mondaines à 4 voix imprimé en 1548, sans nom de lieu, et dont un exemplaire existe dans la bibliothèque de Zwickau.

F

FAA (Horace), gentilhomme né à *Casale di Monferrato*, dans la première moitié du seizième siècle, est connu par les ouvrages de sa composition intitulés : 1° *Salmi di David profeta, con tre Magnificat ed altri componimenti a 5, 6 e 8 voci, dal signor, etc.; dati in luce da M. Gio. Andrea Bolta, canonico e Maestro di Capella di detta città.* Venise, chez les fils de Gardano, 1573, in-4°; 2° *Salmi di David profeta con 5 Magnificat a 5 voci.* Brescia, Tom. Bozzola, 1587, in-4°.

FABER (Nicol ou Nicolas), le plus ancien facteur d'orgues allemand dont le nom est connu aujourd'hui, était prêtre. En 1359, il construisit un grand orgue dans la cathédrale d'Halberstadt, et le termina en 1361. Prætorius en a donné la description dans la troisième partie du tome second de son *Syntagma musicum*, et a rapporté l'inscription qui s'y trouvait encore de son temps ; en voici la traduction : « L'an du Seigneur 1361, la veille de « Saint-Mathieu, cet ouvrage a été achevé par « les mains de Nicolas Faber, prêtre. L'an « 1495, il a été restauré par les mains de Gré-« goire Kleng. » Cet orgue avait deux claviers à la main, de l'étendue de trois octaves et demie, appelés claviers de *discant* (déchant), un clavier destiné à être joué avec les genoux, et un clavier de pédales. Il était alimenté par vingt soufflets. L'effet de sa sonorité était excessivement dur, parce que les mixtures (appelées en français *fourniture* et *cymbale*) y dominaient, pour faire entendre la *diaphonie*, c'est-à-dire les harmonies complètes et redoublées de quintes et d'octaves sur chaque note, suivant le système barbare encore en usage vers le milieu du quatorzième siècle, dans les églises, et parce que l'étrange harmonie de ces jeux n'était pas adoucie en et en quelque sorte absorbée par un nombre suffisant de prestants, de flûtes, de bourdons et de *principal* ou *montre*. Toutefois, l'orgue d'Halberstadt est un monument historique de grand intérêt, parce qu'il nous fournit des renseignements certains sur le système de construction des grands instruments de cette espèce, tel qu'il était cinq cents ans avant l'époque actuelle.

FABER (Jacques), surnommé **STAPULENSIS**. *Voy.* Febvre (Jacques le) d'Étaples.

FABER (Pierre), dont le nom français doit être *Dufour*, naquit au bourg de Sanjore vers 1540. Il fut conseiller du roi, puis président du parlement de Toulouse, et mourut le 20 mai 1600. On a de lui un ouvrage intitulé : *Agonosticon, sive de re athletica, ludisque veterum gymnicis, musicis, atque circensibus*, Lyon, 1592, in-4°. Gronovius a inséré ce traité dans son Trésor des Antiquités, t. VIII, n° III.

FABER (Nicolas), né vers la fin du quinzième siècle à Botzen, d'où lui est venu le nom de *Bolzanus*, a écrit un petit traité de musique à l'usage des écoles publiques, sous le titre de *Rudimenta Musicæ*, Augsbourg, 1516, in-8°.

FABER (Grégoire), né à Lutzen, fut professeur ordinaire de musique à l'Académie de Tubinge, vers le milieu du seizième siècle. Il a fait imprimer un traité élémentaire de musique, sous ce titre : *Institutiones musicæ, sive musices practicæ Erotematum Lib. II*, Bâle, 1552 et 1553, in-8°, 230 pages. Ce qui rend cet ouvrage intéressant, ce sont quelques morceaux composés par Josquin Deprès, Antoine Brumel et Okeghem, que Faber donne pour exemples. Je connais plusieurs exemplaires de l'ouvrage de Grégoire Faber ; ils sont tous de l'édition de 1553, et le titre n'indique point une réimpression ; cependant l'épître dédicatoire est datée du mois de juillet 1552 ; il se peut donc que l'édition de 1552, indiquée par Forkel, Gerber et Lichtenthal, soit réelle.

FABER (Henri), né à Lichtenfels, dans le Voigtland, fut, à ce qu'il paraît, maître d'école à Naumbourg, vers le milieu du seizième siècle ; il occupait cette place lorsqu'il publia l'ouvrage suivant : *Ad Musicam praticam introductio, non modo præcepta, sed exempla quoque ad usum puerorum accommodata, quam brevissime continens*, Nuremberg, 1550, Jean Montanus et Ulrich Neuber, in-4°. Le volume contient 95 feuillets chiffrés d'un seul côté. L'épître dédicatoire, au magistrat de Naumbourg, est datée de l'année 1549. Il y a des éditions de cet ouvrage datées de Leipsick, 1558, et de Tubingo, 1571, in-4°. Il y a aussi une édition de Mulhausen, 1571, in-4°, dont un exemplaire est à la bibliothèque royale de Berlin. La dernière porte la date de Mulhausen, 1608, in 4°. Gesner (*In Epitom. Biblioth.*, p. 327) cite une édition du même ouvrage, avec l'indication de Mulhausen, 1508 ; mais c'est évidemment une faute typographique. Il ne faut pas confondre cet auteur avec le suivant.

FABER (Henri) fut d'abord magister et recteur à Brunswick vers 1548. En 1551, on le trouve à Wittenberg, exerçant la profession de maître de musique ; enfin il passa à Quedlinbourg, en qualité de recteur du collége, et mourut de la peste dans cette ville, le 27 août 1598. Walther (*Musik. Lex.*), Forkel (*Allgem. Litter. der Musik*), et Gerber (*Neues Biogr. Lex. der Tonkunst*.) disent que Faber n'était âgé que de 55 ans lorsqu'il mourut ; mais cela ne se peut, car il n'aurait eu que cinq ans à l'époque de la publication de son *Compendiolum*, dont voici le titre : *Compendiolum Musicæ pro incipientibus, conscriptum ac nunc denuo, cum additione alterius compendioli, recognitum*, Brunswick, 1548, in-8°. Dans une note intéressante, fournie par M. Antoine Schmid (voy. *Schmid*) à M. Charles-Ferdinand Becker, pour le supplément de son Tableau systématique et chronologique de la littérature musicale (*Systematisch-chronologische Darstellung*, etc.), p. 68, ce savant a entrepris de démontrer l'identité des deux Henri Faber auxquels se rapportent l'article précédent et celui-ci, contre l'opinion de tous les biographes. D'une part, il trouve, dans la description du monastère des Bénédictins de Saint-Georges, près de Naumbourg sur la Saale, par Schamelius, et dans le *Numburgum literatum* du même, qu'un Henri Faber existait dans cette ville en 1558 ; puis, c'est là son argument principal, M. Schmid dit que la souscription de la première édition du *Compendiolum*, imprimée à Brunswick, est ainsi conçue : *Henricus Faber, magister et maître d'école, auparavant attaché au chapitre de Naumbourg*. Le savant bibliothécaire pense que le monastère de Saint-Georges ayant été dévasté par les Espagnols, après la bataille de Mulhausen, en 1547, Faber s'est retiré pendant un temps assez court à Brunswick, et qu'il y a publié le *Compendiolum* en 1548 ; puis que, de retour à Naumbourg, en 1549, il y a composé l'autre ouvrage, objet de l'article précédent. Quelque vraisemblance qu'il y ait dans ces conjectures, on ne peut expliquer ce qui aurait porté Henri Faber à faire, à une année de distance, deux ouvrages élémentaires, différents de forme, sur les principes de la musique. Quoi qu'il en soit, les éditions du *Compendiolum* se sont multipliées et ont été publiées à Leipsick, 1552, in-8° ; Leipsick, 1556, in-8° ; Nuremberg, 1561, in-8° ; Nuremberg, 1564, in-8° ; Francfort-sur-l'Oder, 1585, in-8° ; Nuremberg, 1604, in-8° ; Francfort, 1617, in-8°. Il y a deux traductions allemandes de l'ouvrage de Faber ; la première par Christophe Rid (*voyez* ce nom), dont la première édition a paru sous le titre de *Musica, kurtzer inhalt der Singkunst, auss M. Henri Fabri lateinischen Compendio Musices von Wort zu Wort für angehende Lehrjungen, in gering verstændig Teutsch gebracht*, Nuremberg, 1572, in-4°. Les éditions suivantes de cette traduction sont de Nuremberg, 1591, in-8° ; Magdebourg, 1595 ; Nuremberg, 1604 ; et Strasbourg, 1596. La seconde traduction, qui est de Jean Gothart, a été publiée sous ce titre : *Musica, kurtze Anleitung der Singkunst M. Heinrici Fabri, durch Johann Gothart verteuscht, und erclært*, Leipsick, 1605, in-8° ; ibid., 1608, in-8° ; Erfurt, 1609, in-8°. Melchior *Vulpius*, cantor à Weimar (*voyez Vulpius*), a donné à Jena, en 1610, une édition du même ouvrage en latin et en allemand, à laquelle il a ajouté un petit traité des modes, le tout sous le titre de *Musicæ compendium latino germanicum M. Heinrici Fabri : pro tyronibus hujus artis ad majorem discentium commoditatem aliquantulum variatum ac dispositum, cum facili breviqve de modis tractatu. Septimæ huic editioni correctiori accessit doctrina 1° de intervallis ; 2° de terminis italicis, apud musicos recentiores usitatissimis, ex syntagmate Musico Michaele Prætorii excerptis*. Il y en a aussi des éditions de Leipsick, 1614, in-8° ; de Halle, 1620 ; de Leipsick, 1624, in-8° ; de Jena, 1650, in-8°, et d'Erfurt, 1665, in-8°. Enfin, Adam Gumpeltzhaimer a publié à Augsbourg, en 1618, une édition de la traduction de Rid, enrichie d'exemples et de préceptes, sous ce titre : *Compendium Henr. Fabri in vernaculum sermonem conversum à M. Christ. Rhid, et præceptis ac exemplis auctum, studio Adami Gumpeltzhaimer*. On a copié cette édition dans une autre datée de Jena, 1653, in-8°. L'ouvrage de Faber, si souvent réimprimé, n'a d'autre mérite que celui de la brièveté et de la clarté.

FABER (Benoit), compositeur, né à Hildburghausen vers la fin du seizième siècle, fut attaché au service du prince de Saxe-Cobourg. Il a publié les ouvrages suivants : 1° *Der 148 Psalm, lateinisch, für 8 Stimmen* (Le 148e Psaume à 8 voix); Cobourg, 1602, in-folio ; 2° *Sacræ cantiones 4, 5, 6, 7 et 8 vocibus* *concinendæ*, Cobourg, Henri Birnstill, 1605, in-4°; 3° *Gratulatio musica ex primo capite cant. canticorum quinis vocibus composita*, ibid., 1607, 4°; 4° *Canticum sex vocibus in festivitatem nuptiarum*, ibid., 1607, in-4°; 5° *Der 51 Psalm : Miserere mei Deus*, 8 voc., Cobourg, 1608, in-folio; 6° *Adhortatio prima Christi ad genus humanum directa, musicis numeris quintarum vocum condecorata*, Cobourg, 1609, in-4°; 7° *Cantio nuptialis ex psalmo Davidis 32 desumpta, sex vocum*, ibid., 1609, in-4°; 8° *Cantiones sacræ*, 4-8 voc., Cobourg, 1610; 9° *Triumphus Musicalis in victoriam resurrectionis Christi*, 7 vocibus compositus, Cobourg, 1611, in-4°; 10 *Zwei newe Hochzeit Gesänge mit 5 stimmen* (Deux nouveaux chants de noces à 5 voix), Cobourg, Hauck (s. d.), in-4°; 11° *Gratulatorium musicale 6 vocum*, Cobourg, 1631, in-4°.

FABER (JEAN-ADAM-JOSEPH), musicien de l'église Notre-Dame d'Anvers, était fort jeune quand il composa, en 1720, une messe à huit voix, deux violons, un hautbois, un violoncelle et deux basses continues, la première pour orgue, l'autre pour contrebasse. Il dit, dans la dédicace de son œuvre aux chanoines de la collégiale, qu'il n'avait pas de barbe quand il la composa. Plus tard, Faber fut ordonné prêtre et fait chanoine de la même église. Il y chantait encore au chœur en 1759. Il est aussi l'auteur d'une messe à cinq voix avec deux violons, alto, deux violoncelles, un hautbois, deux flûtes, une clarinette, contrebasse, clavecin et orgue, pour l'Assomption : elle est datée du mois de juillet 1726. Ces deux ouvrages sont en manuscrit dans les archives de l'église Notre-Dame d'Anvers.

FABRE (ANDRÉ), né à Riez, petite ville du département des Basses-Alpes, vers 1765, fut un bon professeur de piano et d'accompagnement, à Paris. Il a fait graver dans cette ville deux recueils de romances avec accompagnement de piano ou harpe; c'est aussi lui qui est l'auteur de l'air si connu : *Ce mouchoir, belle Raimonde*. On ignore l'époque de sa mort.

FABRE-D'OLIVET (ANTOINE), littérateur et amateur de musique, naquit le 8 décembre 1768, à Ganges, petite ville du département de l'Hérault. A l'âge de douze ans, il vint à Paris pour s'y instruire dans le commerce de soieries; mais, entraîné par son goût pour les lettres et les arts, il quitta cette carrière. Il fut longtemps employé au ministère de la guerre, puis à celui de l'intérieur, et donna sa démission de cette dernière place pour ne pas être obligé de rédiger une pièce contraire à ses opinions. Comme musicien, Fabre-d'Olivet s'est fait connaître par beaucoup de romances et un œuvre de quatuors pour deux flûtes, alto et basse, gravé à Paris, en 1800. Précédemment, il avait composé : 1° *Toulon soumis*, fait historique, opéra en un acte et en vers, joué à Paris en 1794; 2° *Le Sage de l'Indostan*, drame philosophique en un acte et en vers, avec des chœurs en musique, représenté à Paris, en 1796. Il a essayé de reproduire, en 1804, sous le nom de *Mode hellénique*, le prétendu *Mode mixte* de Blainville. Il fit exécuter, à l'occasion du sacre de Napoléon Bonaparte, un oratorio entièrement écrit dans ce mode; les journaux de cette époque en ont rendu un compte avantageux, mais sans savoir de quoi il s'agissait. Fabre-d'Olivet est mort à Paris au mois d'avril 1825. Ce littérateur-musicien s'est particulièrement occupé de la langue hébraïque. Pour ses travaux littéraires, on doit consulter les biographies générales.

FABRI (ÉTIENNE), surnommé L'ANCIEN, devint maître de chapelle du Vatican le 26 avril 1599, et occupa cette place jusqu'à la fin de septembre 1601. Il paraît qu'il se rendit en Allemagne vers ce temps et qu'il ne retourna à Rome que vers la fin de 1602. L'année suivante, il obtint la place de maître de chapelle de Saint-Jean de Latran et la conserva jusqu'en 1607, où il eut pour successeur Curzio Mancini. On ignore s'il se retira, ou s'il mourut à cette époque. Les compositions connues de cet artiste ont pour titre : 1° *Duodecim modi musicales, tricinis sub duplici texte lat. german. concinne expressi*, Nuremberg, 1602, in-4°; 2° *Tricinia sacra justa duodecim modorum seriem concinnata*, Nuremberg, 1607, in-4°.

FABRI (ÉTIENNE), surnommé LE JEUNE, maître de l'école romaine, né à Rome en 1606, fut élève de Bernard Nanini. Kircher, son contemporain, nous apprend (*Musurg. Lib.* 7, p. 614) qu'il était maître de chapelle à l'église *Saint-Louis-des-Français*, à Rome, en 1648. Le 25 février 1657, il obtint la place de maître de chapelle de Sainte-Marie-Majeure; mais il ne la conserva pas longtemps, car il mourut le 27 août 1658, à l'âge de cinquante-deux ans. On a de ce compositeur des motets à 2, 3, 4 et 5 voix, publiés à Rome chez Fei, en 1650. Après la mort de Fabri, son beau-frère, Jean-Baptiste Sani, fit imprimer un œuvre posthume de ce maître, sous le titre de : *Salmi concertati a cinque vori*, Roma, Fei, 1660.

Une messe à 8 voix, composée pour la chapelle de Sainte-Marie-Majeure, et qui n'a point été publiée, se trouve en manuscrit dans la collection de l'abbé Santini, à Rome.

FABRI (HONORÉ), jésuite, né vers 1607, dans le Bugey, au diocèse de Belley, professa la philosophie à Lyon, dans le collége de la Trinité, et fut ensuite appelé à Rome, pour y remplir les fonctions de grand pénitentier. Il mourut dans cette ville le 9 mars 1688. Dans le cinquième volume de sa *Physica, seu rerum corporearum scientia* (Paris et Lyon, 6 vol.), on trouve un chapitre où il est traité *De vibrationes Chordarum*.

FABRI (ANNIBAL-PIO), surnommé **BA-LINO**, naquit à Bologne en 1697. Il fut élève de Pistocchi, et l'un des meilleurs ténors de son temps. Plusieurs princes d'Italie et d'Allemagne lui firent des offres avantageuses pour l'attacher à leur service. L'empereur Charles VI, grand connaisseur en musique, avait beaucoup d'estime pour son talent. Appelé à Lisbonne pour y être attaché à la chapelle royale, il y mourut le 12 août 1760. Il était aussi compositeur, et fut reçu en cette qualité à l'Académie philharmonique de Bologne, en 1719. Il fut président ou prince de cette société en 1725, 1729, 1745, 1747 et 1750.

FABRIANO (SÉBASTIEN), moine camaldule, né en Italie vers le milieu du seizième siècle, a publié *Librum missarum quinis et senis vocibus*, Venise, 1595.

FABRICE ou **FABRIZIO** (JÉROME), célèbre anatomiste, est surnommé **D'AQUAPENDENTE**, parce qu'il naquit dans cette ville d'Italie, en 1537. Après avoir fait de brillantes études à Padoue, sous la direction de l'illustre Fallope, il succéda à son maître comme professeur d'anatomie, après la mort de celui-ci, en 1565. En récompense de ses profondes connaissances et des services qu'il rendait à la science, le sénat de Venise lui accorda un traitement considérable, des dignités et des priviléges, la préséance sur les professeurs de philosophie, le nomma citoyen de Padoue, lui érigea une statue, le décora du titre de chevalier de Saint-Marc, et, enfin, lui accorda le droit de désigner son successeur. Tant d'honneurs et de biens semblaient devoir assurer à Fabrice une heureuse vieillesse, mais l'envie lui suscita d'amers chagrins dans ses derniers jours, et l'on croit qu'il périt par le poison. Il mourut au milieu de violents vomissements, le 21 mai 1619, à l'âge de quatre vingt-deux ans, laissant à sa nièce une fortune de deux cent mille ducats. Parmi les savants écrits de Fabrice, on remarque celui qui a pour titre : *De visione, voce, auditique*, dont la première édition parut à Venise, in-fol., avec figures, en 1600. On en fit ensuite des éditions à Padoue, 1603, et à Francfort, en 1605 et 1613. Cet ouvrage a été réimprimé dans les *Opera omnia anatomica et physiologica* de Fabrice, imprimés à Leipsick, in-fol., avec figures, 1687, et dont il y a une fort belle et bonne édition publiée à Leyde, en 1738, in-fol. Ce livre est le premier où il a été traité *ex professo* de l'appareil vocal et de son mécanisme : bien qu'il ait été fait postérieurement d'intéressantes découvertes concernant cet appareil, le travail du célèbre anatomiste jouit encore de l'estime de tous les physiologistes.

FABRICI (PIERRE), prêtre florentin du seizième siècle, est auteur d'un traité du plain-chant intitulé *Regole generali di canto fermo*, Rome, 1678, in-4°. C'est la troisième édition. Je n'ai pu découvrir les dates des deux autres.

FABRICI (GAÉTAN), maître de chapelle du duc de Guise, né en Italie vers 1530, obtint au concours du Puy de musique, à Évreux, en 1577, le prix du cornet d'argent, pour la chanson française à plusieurs voix : *C'est mourir mille fois le jour*.

FABRICIUS (GEORGES), né à Chemnitz, le 24 avril 1516, commença ses études dans sa ville natale, et les termina à Freyberg et à Leipsick. Après avoir fait un voyage en Italie, il revint en Allemagne, où il fut nommé directeur du collége de Meissen. Il mourut dans cette ville, le 13 juillet 1571. On a de lui un *Commentaire sur les anciennes poésies chrétiennes*, imprimé à Bâle, en 1564, in-4°, dans lequel il donne l'explication de quelques termes de musique. Gesner (*Biblioth. in Epit. red.*) indique un ouvrage de sa composition intitulé : *Disticha de quibusdam musicis, et septem sapientibus*, Strasbourg, 1546.

FABRICIUS (ALBIN), né en Styrie, dans le seizième siècle, a composé des motets qu'il a publiés sous le titre de *Cantiones sacræ sex vocum*, Grætz, 1595.

FABRICIUS (BERNARD), organiste à Strasbourg, dans la seconde moitié du seizième siècle, a fait imprimer un recueil d'excellentes compositions pour l'orgue et autres instruments, sous ce titre : *Tabulaturæ organis et instrumentis inservientes*, Strasbourg, 1577. Ce recueil est devenu fort rare. Le style de Fabricius est très-orné et a beaucoup d'analogie avec celui de Claude Merulo.

FABRICIUS (Werner), habile organiste et directeur de musique à l'église Saint-Paul de Leipsick, naquit à Itzehoe, dans le Holstein, le 10 avril 1633. Son père, bon organiste à Itzehoe, et ensuite, à Flensbourg, lui enseigna les éléments de la musique, et il acheva ses études dans cette science sous la direction du cantor Paul Mohtz. Ayant été envoyé au gymnase de Hambourg pour y faire des études littéraires, il profita de son séjour en cette ville pour prendre des leçons de composition de Thomas Sellius, directeur du chœur de l'église Sainte-Catherine, et pour perfectionner son talent dans l'art de jouer de l'orgue, sous la direction du célèbre organiste Henri Scheidmann. En 1650, il partit de Hambourg pour se rendre à Leipsick, où il termina ses études en philosophie, théologie et jurisprudence. Son grand talent, comme compositeur et comme exécutant, le fit choisir, en 1656, pour remplir la place d'organiste à l'église de Saint-Thomas. Outre ses fonctions de musicien, il exerçait aussi celles de notaire. On a de lui les ouvrages suivants : 1° *Deliciæ harmonicæ*, consistant en soixante-cinq pavanes, allemandes, courantes, etc., à cinq parties. Leipsick, 1657, in-4°; 2° *Geistliche Arien, Dialogen und Concerten, so zu heiligung hoher Fest-Tage mit 4-8 vocalstimmen, nebst allerhand Instrumenten* (Airs spirituels, dialogues et concerts, pour les fêtes solennelles, à quatre et huit voix, avec divers instruments); 3° *Unterricht, wie men ein neu Orgelwerk, obs gut und bestwndig sey, nach allen Stücken in- und auswendig examiniren, und so viel mæglich, probiren soll* (Instruction sur la manière d'examiner un nouvel orgue, etc.), Francfort et Leipsick, 1756, in-8° de 87 pages. Walther cite aussi de cet auteur un *Manuductio zum general-bass* (Manuel de basse continue), consistant en exemples bien écrits, publié en 1675. Fabricius est mort à Leipsick, le 9 janvier 1679. Jean Thilo a fait imprimer dans la même année l'éloge de ce savant musicien, sous ce titre : *Musica Davidica, Leichenrede auf Wern. Fabricius, chori musici Director, nebst dessen Lebenslauff*, Leipsick, 1679, in-4°.

FABRICIUS (Jean-Albert), fils du précédent, un des bibliographes les plus savants et les plus féconds, naquit à Leipsick, le 11 novembre 1668. Après avoir commencé ses études sous son père, il les continua sous Wenceslas Buhl, sous J.-S. Herrichten, à Quedlimbourg, et enfin, à l'université de Leipsick. En 1686, il fut reçu bachelier en philosophie, et le 25 janvier 1688, maître en la même faculté. Il se rendit à Hambourg en 1693, où il devint bibliothécaire de J.-F. Mayer, avec qui il alla en Suède en 1696. De retour à Hambourg, il succéda en 1699 à Vincent Placcius, dans la chaire d'éloquence et de philosophie, et prit ensuite à Kiel le bonnet de docteur en théologie. Il mourut à Hambourg, le 30 avril 1736. Les ouvrages dans lesquels il a traité d'objets relatifs à la musique sont : 1° *Pietas hamburgensis in celebratione solemni jubilæi bis secularis Augustanæ confessionis publicite stata*, Hambourg, 1730, in-4°. On y trouve, sous le n° 5 : *Hamburgisches Denkmal der Poesie zur Musik u. s. w. aufgefuhrt von G.-P. Telemann* (Monument hambourgeois de la poésie et de la musique, etc., etc.); écrit relatif à la musique que Telemann avait composée pour ce jubilé, et dans lequel Fabricius cite les noms de plus de cent musiciens de son temps; 2° *Thesaurus antiquitatum Hebraicarum*, Hambourg, 1713, 7 vol. in-4°. On y trouve (tome VI, n° 50) la dissertation de Salomon van Till *De musica Hebræorum*, traduite du hollandais en latin; le n° 51 contient la dissertation de Zoega de *Buccina Hebræorum*; 3° *Bibliotheca latina mediæ et infimæ ætatis*, Hambourg, 1734-1744, 6 vol. in-8°, dont on a donné une seconde édition, à Padoue, 1754, 6 vol. in-4°, avec les suppléments de Christ. Schoettgenius. On y remarque (lib. 11, p. 644) *Elenchus brevis scriptorum medii ævi latinorum de musica, cantuque ecclesiastico*. Cette table contient les noms et l'indication des ouvrages de beaucoup d'auteurs du moyen âge, qui ont écrit sur la musique : il en est plusieurs dont les manuscrits existent dans les principales bibliothèques de l'Europe, qui n'ont point été insérés dans la collection de l'abbé Gerbert, et qui auraient dû l'être; 4° *Bibliotheca græca sive notitia scriptorum veterum græcorum*, etc., Hambourg, 1705-1728, 14 vol. in-4°. Harlès en a donné une nouvelle édition, avec des corrections et des additions considérables (Hambourg, 1790-1812, 12 vol. in-4°); mais ce travail n'a point été achevé. On y trouve (t. III, c. XII, p. 632) une indication analytique des auteurs qui ont écrit sur la musique des Grecs, suivie du catalogue des auteurs grecs sur cet art, avec la notice des manuscrits de ces auteurs existants dans les principales bibliothèques, et des éditions ou traductions qui en ont été publiées. Bien qu'incomplet et souvent inexact, ce travail est utile.

FABRICIUS (M.-C.-F.), avocat, a fait insérer dans le n° 9 de la *Gazette générale de musique de Leipsick* (ann. 1832), comme supplément, un écrit qui a pour titre : *Ueber die Töne und Tonarten unserer Musik* (Sur les tons et la tonalité de notre musique). Son principe de la formation de la gamme est la succession de quintes qui avait servi de base au système de l'abbé Roussier, et, postérieurement, à ceux de MM. Barbereau et comte Durutte. (*Voyez* ces noms.)

FABRIZI (Vincent), compositeur dramatique, né à Naples vers 1765, a donné, sur divers théâtres de l'Italie, un assez grand nombre d'opéras, parmi lesquels on remarque : 1° *I Due Castellani burlati*, en 1785, à Bologne ; 2° *La Sposa invisibile*, en 1786, à Rome ; 3° *La Necessità non ha legge*, en 1786, à Dresde ; 4° *La Contessa di nova luna*, en 1786, à Bologne ; 5° *I Puntigli di gelosia*, en 1786, à Florence ; 6° *Chi la fà l'aspetta*, 1787, à Bologne ; 7° *La Nobiltà villana*, 1787 ; 8° *Gli Amanti trappolieri*, 1787, à Naples ; 9° *Il caffè di Barcelonna*, 1788, pour Barcelonne ; 10° *Il don Giovanni ossia il Convitato di pietra*, 1788, à Fano ; 11° *L'incontro per accidente*, 1788, à Naples ; 12° *La Tempesta, ossia Da un disordine ne nasce un ordine*, 1788, à Rome ; 13° *Il Colombo*, 1789 ; 14° *La Mogliecappriciosa*, Milan, 1797.

FABRIZZI ou **FABRIZIO** (Paul), de Nola, né vers 1812, fut élève du Conservatoire de Naples (collège musical de Saint-Sébastien), et en particulier de Zingarelli pour la composition. En 1831, il fit jouer son premier opéra au théâtre Nuovo, sous le titre de *Il Giorno degli equivoci*. Deux ans après, il donna, au petit théâtre de la *Fenice*, l'opéra-bouffe *la Vedova d'un vivo*, dont la musique élégante et légère fut remarquée. Ses autres ouvrages joués à Naples sont : *la Caravana del Cairo*, en 1835 ; *Il Conte di Saverna*, en 1837, plusieurs morceaux de cet opéra ont été publiés chez Ricordi, à Milan, avec accompagnement de piano ; on y remarque un bon duo (*Quale ardir*) pour soprano et basse ; *Il Portatore d'acqua*, en 1841. M. Fabrizzi a fait aussi représenter à Spolette, en 1844, *Lara o il Cavaliere verde*.

FABRONI (Ange), célèbre biographe, naquit le 7 septembre 1732, à Marradi, dans la partie de la Romagne qui appartenait à la Toscane. Au nombre de ses ouvrages est une collection d'éloges intitulée : *Vitæ Italorum doctrina excellentium qui sæculis XVII et XVIII floruerunt*, Pise 1778-1805, 20 vol. in-8°. Dans le neuvième volume de cette édition (p. 272 à 378), se trouve la vie de *Benedetto Marcello*. Cette vie a été traduite en italien et publiée sous le titre de *Vita di Benedetto Marcello, patrizio, con l'aggiunta delle risposte alle censure del sig. Saverio Mattei, con l'indice delle opere stampate e manoscritte, e alquante testimonianze intorno all' insigne suo merito nella facoltà musicale*. Venise, 1788, in-8°. On a placé la traduction en tête de l'édition des psaumes de ce célèbre compositeur, publiée à Venise, en 1803, sous le titre de *Estro poetico-armonico, parafrasi sopra i 50 primi salmi, poesia di Girolamo Ascanio Giustiniani, musica di B. Marcello*, etc. Quoique cette biographie porte le nom de Fontana, elle n'est que la traduction de celle de Fabroni ; ce dernier est mort le 22 septembre 1803.

FABRY (Michel), chantre de la chapelle particulière de Catherine de Médicis, né en Provence vers l'an 1540, fut compositeur et obtint au concours du *Puy de musique*, à Évreux, en 1577, le premier prix de l'orgue d'argent pour le motet *Aspice, Domine*, et au même concours, en 1581, le prix de la lyre d'argent pour la chanson française à plusieurs voix : *O beau Laurier*.

FACCHO (le P. Augustin), moine de l'ordre des Mineurs conventuels, et organiste de l'église *delle Grazie*, à Bologne, dans la seconde moitié du dix-septième siècle, est auteur de *Motetti a due e tre voci*. Bologne, J. Monti, 1674, in-4°.

FACCINI (Jean-Baptiste), compositeur italien qui vivait vers le milieu du dix-septième siècle, a fait imprimer un ouvrage intitulé : *Salmi concertati a 3 e 4 voci, cum basso continuo*, Venise, Bart. Magni, 1634, in-4°.

FACCINI (Jean-Baptiste). *Voyez* Fazzini.

FACCO (Jacques), compositeur de musique instrumentale, vivait en 1720. Il a publié à Amsterdam *Douze concertos pour trois violons, alto, violoncelle et basse*. On n'a aucun renseignement sur la vie de ce musicien.

FACIO (Anselme), ou plutôt **FASIO**, en latin *Fatius*, moine augustin, né à Enna, en Sicile, était compositeur, et vécut dans la seconde moitié du seizième siècle et au commencement du dix-septième. On connaît de lui : 1° *Motetti a cinque voci*. Messine, 1589, in-4° ; 2° *Madrigali a cinque voci*, ibid., 1589, in-4°.

FACIUS (J.-H.), violoncelliste fixé à Vienne, vers 1810, s'est fait connaître par la publication des ouvrages dont les titres suivent : 1° Trois duos pour deux violoncelles, œuvre 1er, Vienne, Artaria, et Paris, Pleyel ; 2° Trois sonates pour violoncelle, avec accompagnement de basse, op. 2, livres I et II, Vienne, Cappi; 3° Concerto pour violoncelle et orchestre (en *ré mineur*), op. 3 *ibid*.

FADINI (André), compositeur de musique instrumentale, vivait en 1710. Il est connu par l'ouvrage suivant : *XII Sonate a due violini, violoncello ed organo*, Amsterdam.

FAGNANI (François-Marie), né à Milan, vers le milieu du dix-septième siècle, fut célèbre, comme chanteur, en Italie, depuis 1660 jusqu'en 1680.

FAGO (Nicolas), compositeur, surnommé **IL TARENTINO**, parce qu'il était né à Tarente, entra, en 1691, au Conservatoire de la *Pietà de' Turchini*, où il fit ses études musicales sous la direction de Provenzale. Ses progrès furent rapides, car son instruction dans l'art d'écrire était complète en 1697. Déjà il s'apprêtait à sortir de l'école dont il avait suivi les cours, lorsque son maître (Provenzale) le pria de rester au Conservatoire pour lui venir en aide; car il était fort âgé. Fago y consentit et partagea, avec son condisciple Orsini, les fonctions de second maître; mais Orsini s'étant retiré peu de temps après, Fago succéda à Provenzale en qualité de premier maître. Ce musicien distingué s'est fait connaître par la composition de plusieurs opéras, parmi lesquels on remarque surtout l'*Eustachio*. Sa musique d'église est d'un bon style. La bibliothèque du Conservatoire de musique de Paris possède de cet auteur, les manuscrits autographes d'une messe à cinq voix obligées et cinq voix *ripieni*, deux violons et orgue, le motet *Credidi* à neuf voix obligées, deux violons, alto et basse, et un *Benedictus* à huit avec orchestre, et, en outre, une messe à cinq *con ripieni e stromenti*, une messe de morts *idem*, un *Credo idem*, deux autres *Credo* à cinq voix, deux violons, alto et basse, un *Credo* à quatre, deux *Magnificat* à cinq voix réelles, cinq voix de ripieno et orchestre, et enfin des litanies à cinq voix avec accompagnement de deux violons, deux cors et orgue. On trouve aussi sous le nom de Fago, dans quelques bibliothèques d'Italie, un *Magnificat* à dix voix, un *Stabat Mater* à quatre voix, un *Te Deum* à dix voix, deux violons et basse, le psaume *Lactatus sum* à quatre voix, des *Répons* pour la semaine sainte, deux *Dixit* à cinq voix, *Tu es sacerdos* à quatre avec instruments, *Tecum principium* idem, le psaume *Confitebor* pour soprano solo, deux violons, viole et basse, autre *Confitebor* pour soprano et chœur, autre *idem* pour contralto et chœur, autre *Beatus vir* à quatre voix, et des cantates à voix seule avec accompagnement de clavecin. Le style de Fago

est élégant et pur, mais ses idées manquent d'originalité.

FAGO (Laurent), compositeur italien du dix-septième siècle, a écrit beaucoup de musique d'église qui est restée en manuscrit. Le catalogue de la collection de l'abbé Santini indique un *Kyrie cum gloria* à quatre voix et orchestre, et un *Credo* à cinq voix, de ce compositeur. Les circonstances de sa vie sont ignorées.

FAHRBACH (Joseph), flûtiste et compositeur pour son instrument, est né à Vienne, le 25 août 1804. Dans sa jeunesse, il apprit seul à jouer de plusieurs instruments, à l'aide desquels il secourait sa pauvre famille; mais il parvint sur la flûte à une remarquable habileté et se fit applaudir dans plusieurs concerts. Il fut attaché pendant plusieurs années au théâtre de la cour impériale comme première flûte. Au nombre des ouvrages qu'il a publiés, on remarque : Trente préludes pour la flûte dans tous les tons, op. 6, Vienne, Diabelli; Exercices pour le même instrument, op. 9, *ibid.*; Modulations pour le même instrument, op. 11, *ibid.*; Trente leçons pour les commençants, op. 15, *ibid.*; des Fantaisies sur des motifs d'opéra, *ibid*.

FAHRBACH (Philippe), fils du précédent, né à Vienne, s'est fait connaître comme compositeur de danses, au nombre de plus de cent œuvres, qui ont eu du succès et qui ont été publiés, à Vienne, chez Haslinger. Cet artiste, sur qui je n'ai pu obtenir de renseignements, a fait représenter, à Vienne, en 1845, un opéra intitulé : *Das Schwert der Kœnige*.

FAIDIT. *Voyez* FAYDIT.

FAIGNIENT (Noé), compositeur belge, vécut à Anvers vers 1570. Imitateur du style de Roland de Lassus, il a presque égalé ce maître pour la douceur de son harmonie. On connaît de lui les ouvrages suivants : 1° Airs, motets et madrigales à trois parties, Paris, 1567; 2° *Motetti e Madrigali a 4, 5 e 6 voci*, Anvers, 1569; 3° *Madrigali a 5-8 voci*, ibid., 1595; 4° Chansons, madrigales et motets à quatre, cinq et six parties, Anvers, chez la veuve de Jean Laet, 1568, in-4°. Il y a des morceaux de Faignient dans la collection intitulée : *Musica divina di XIX autori illustri a 4, 5, 6 et 8 voci*, Anvers, P. Phalèse, 1595, in-4° obl., dans le recueil publié par André Pevernage, sous le titre de : *Harmonia celeste di diversi eccellentissimi musici a 4, 5, 6, 7, 8 voci*, Anvers, P. Phalèse, 1593, in-4° obl., et dans la *Melodia Olimpica*, collection de madrigaux recueillis par Pierre Phillips, compositeur anglais et organiste de l'archiduc Albert, gouverneur des Pays-Bas, Anvers, P. Phalèse, 1504, in-4° obl.

FAIRFAX (ROBERT) ou **FAYRFAX**, organiste ou chantre de l'église de l'abbaye de Saint-Alban, naquit dans la seconde moitié du quinzième siècle à Bayford, dans le comté de Hertford, en Angleterre. Il obtint le grade de docteur en musique à l'université de Cambridge et fut confirmé dans cette dignité à l'université d'Oxford en 1511. Il mourut à Saint-Alban et fut enterré dans l'église de ce lieu. Fairfax a écrit des chansons anglaises à deux et trois parties, qui se trouvent dans quelques manuscrits du Muséum britannique (n°° 62, 174, 203, 225 et 226 du catalogue de la musique manuscrite), notamment dans une collection de chants à plusieurs voix des musiciens anglais qui vivaient au commencement du seizième siècle et qui a été formée par Fairfax lui-même. Après avoir été sa propriété, le manuscrit a passé en diverses mains : il appartenait à un certain M. Thoresby, à l'époque où Hawkins et Burney écrivaient leurs Histoires de la musique. Après lui, le manuscrit a été acquis par la bibliothèque du Muséum britannique. Burney en a tiré une chanson à deux voix, de Fairfax, et Hawkins un motet à trois. Burney présume (a Gus-History of Musée, t. II, p. 547), d'après les paroles de cette chanson, qu'elle a été adressée à Henri VII, en 1485, après la bataille de Bosworth. Si l'on juge du talent de ce musicien d'après ces échantillons, il était très-inférieur aux musiciens belges et français de la même époque : rien de plus lourd et de plus gauche que le style harmonique de ces morceaux.

FALAISE (l'abbé), organiste à Coutances (Manche), est auteur d'un livre intitulé : *Méthode de plain-chant romain comparé avec le plain-chant moderne, suivie des principes de la musique*, Coutances, Salettes, 1857, petit in-4° de VI et 106 pages.

FALANDRY (ALEXIS-GERMAIN), compositeur de musique d'église et de chambre, né le 28 avril 1798, à Lavalette (départ. de l'Aude), fut admis, le 6 février 1824, au Conservatoire de musique de Paris, comme élève de l'auteur de cette notice pour la composition, et remplit pendant quelque temps les fonctions de répétiteur du cours de son maître. Sorti du Conservatoire en 1827, il alla occuper une place de maître de chapelle dans une ville de la France méridionale. Il a cessé de vivre en 1853. Falandry a publié de sa composition : 1° Messe à trois voix avec deux violons, alto et basse ; 2° *Domine non secundum*, motet à trois voix et orgue ; 3° *O sacrum convivium*, à trois voix et orgue ; 4° *Ave verum*, à deux voix égales et orgue ; 5° *Ecce panis Angelorum*, à trois voix et orgue ; 6° *Memorare*, motet à quatre voix et orgue ; 7° *Attende Domine*, à trois voix et orgue ; 8° Hymne à saint Vincent de Paule, à deux voix ; 9° *L'Angelus*, chant religieux en l'honneur de la Sainte-Vierge, à voix seule avec piano ; 10° *Marie, ton nom seul est un chant*, à voix seule et piano ; 11° Des pièces d'orgue ; 12° Beaucoup de romances. Tous ces ouvrages ont été édités à Paris, chez Canaux.

FALB (F.-REMI), moine de l'ordre de Citeaux à Furstenfeldbruck, cercle de l'Isère, est auteur d'un ouvrage intitulé : *Sutor non ultra crepidam, seu Symphoniæ sex*, pour deux violons et basse, Augsbourg, 1747, in-fol.

FALCK (GEORGES), surnommé L'AINÉ, fut premier chantre et organiste de l'église Saint-Jacques, à Rotenbourg, sur la Tauber. Il a publié un ouvrage intitulé : *Idea boni cantoris, das ist Getreu und gründliche Anleitung, wie ein Musikscholar, sowohl im Singen, als auch auf andern Instrumentis musicalibus in kurtzer Zeit so weit gebracht werden kann*, etc. (Idée du bon musicien, contenant une instruction sûre et fidèle, où l'écolier en musique acquerra en peu de temps l'usage du chant et des instruments), Nuremberg, 1688, in-4° obl. La préface a été écrite par le surintendant Sébastien Kirchmayr ; il y est dit que l'auteur avait aussi le dessein de publier un livre intitulé : *Idea boni organœdi*, ou l'art d'accompagner la basse continue, et l'*Idea boni melothetæ*, ou la science du compositeur : il ne paraît pas que ces ouvrages aient été imprimés.

FALCKENHAGEN (ADAM), joueur de luth, et secrétaire de la chambre du margrave de Brandebourg-Culmbach, naquit le 17 avril 1697 à *Gross-Daltzig*, village situé entre Leipsick et Pigau. Son père, qui était maître d'école, lui enseigna les premiers principes de la musique. Lorsqu'il eut atteint sa dixième année, il fut envoyé chez un prêtre à Knauthayn, près de Leipsick. Il y employa huit années à l'étude des lettres et de la musique, notamment à celle du clavecin et du luth. De là il alla à Mersebourg, à Leipsick, à Weissenfels, à Dresde, à Jena, et enfin, au mois de mai 1720, il entra au service du margrave de Brandebourg. Falckenhagen est mort en 1761. Il a publié à Nuremberg, en 1758, *Douze cantiques édifiants, avec variations pour le luth*. Cet ouvrage fut suivi de quatre autres, contenant douze solos, et autant de concertos pour le même instrument. Enfin on a de lui *1 1 Sonatine da camera a liuto solo*, op. 5. Nuremberg, in-fol.

FALCO (François), violoniste italien, né vers le milieu du siècle dernier, vint en France en 1773, et fut attaché à la chapelle du Roi. Il a fait graver à Paris : 1° *Solfeggi di Scuola italiana con i principii della musica vocale*, Paris, sans date, in-fol.; 2° *6 Soli da violino*, op. 2. Ces ouvrages ont été réimprimés à Londres en 1776. Le frère de cet artiste, *Charles Falco*, professeur de clavecin à Londres, a publié dans cette ville, en 1763, *Six sonates for the harpsichord*. La bibliothèque du Conservatoire de Paris possède un *Oratorio di Santo Antonio* d'un autre musicien nommé *Michele Falco*; le style de cet ouvrage indique une composition d'un contemporain d'Alexandre Scarlatti.

FALCON (Marie-Cornélie), cantatrice dramatique, née à Paris, le 28 janvier 1812, fut admise, comme élève, au Conservatoire de cette ville, le 6 février 1827. Elle y reçut d'abord des leçons de Henri pour la vocalisation, puis devint élève de Pellegrini et de Bordogni pour le chant. Le premier prix de vocalisation lui fut décerné en 1830, et elle obtint le premier prix de chant au concours de l'année suivante. Après avoir reçu des leçons d'Adolphe Nourrit, pour le chant dramatique, elle eut aussi le premier prix de déclamation lyrique, d'une manière brillante, en 1831. Le 20 juillet 1832, elle débuta à l'Opéra par le rôle d'*Alice*, dans *Robert le Diable*, et y produisit une vive impression sur le public. Douée richement par la nature, belle, possédant une voix magnifique, une grande intelligence et un profond sentiment dramatique, elle marqua chaque année par des progrès et par le développement de son talent. En 1833, *Gustave III*, d'Auber, *la Juive*, dans l'année suivante, le rôle de *Valentine* dans *les Huguenots*, en 1836, *Stradella*, en 1837, furent autant de créations de ce beau talent; dans *les Huguenots*, particulièrement, Mlle Falcon s'élevait jusqu'au plus haut degré de l'art par son chant et par son jeu. Un dérangement grave de sa santé interrompit cette série de succès qui ne fut en quelque sorte qu'une apparition à l'Opéra, et borna la carrière dramatique de la jeune cantatrice à une durée de cinq ans. Dès les derniers mois de 1837, son organe vocal subit une altération si intense, que Mlle Falcon fut obligée d'interrompre son service à l'Opéra, et d'aller en Italie essayer l'influence d'un climat plus doux; mais l'espoir qu'elle conserva, pendant quelque temps, de retrouver la beauté de sa voix, ne se réalisa pas.

Après une absence de plus de dix-huit mois, elle essaya de se faire entendre de nouveau dans une représentation à son bénéfice, donnée au mois de mars 1840; mais il fut constaté dans cette circonstance que l'organe était perdu sans ressource, et Mlle Falcon dut se résigner à prendre sa retraite définitive. Aucun autre talent de la même portée ne lui a succédé depuis lors à l'Opéra de Paris.

FALCONE (Achille), maître de chapelle à Calatagirone, avec quatre cents écus d'appointements annuels, et membre de l'Académie de Cosenza, dans le royaume de Naples, eut une vive discussion musicale avec Sébastien Raval (voyez ce nom), maître de chapelle du duc de Maqueda, vice-roi de Sicile, et compositeur espagnol rempli d'orgueil, qui avait affiché la prétention d'être le plus habile musicien de son temps. D'un commun accord, les champions s'en étaient rapportés au jugement du P. Niccolò, dominicain toscan, et savant musicien, qui prononça en faveur de Falcone. Indigné de cette sentence, Raval fit publier dans toutes les rues de Palerme un cartel où il défiait Falcone de composer à l'improviste sur un sujet donné en présence du vice-roi. Falcone accepta le défi, et devant ses parrains et ceux de Raval, il écrivit le morceau qui lui était demandé; mais quoiqu'il y eût fait preuve de beaucoup d'habileté, le crédit de Raval et les préventions du vice-roi firent rendre un jugement défavorable à sa composition, et ce jugement fut déclaré sans appel dans tout le royaume de Sicile. Profondément affligé de cette injustice, Falcone se résolut à porter la cause à Rome, prenant pour juges Jean-Marie Nanini et Soriano, et il envoya son défi à Raval par Antoine Verso, compositeur sicilien, élève de Pierre Vinci; mais à peine les lettres d'appel furent-elles parvenues à Rome, que Falcone mourut à Cosenza, le 9 novembre 1600, à la fleur de la jeunesse. L'abbé Baini, qui rapporte cette histoire d'après les notices manuscrites de Pitoni sur les contrapuntistes italiens, accorde des éloges au talent de Falcone. Après la mort prématurée de ce compositeur, son père (Antoine Falcone) publia un livre de ses madrigaux à cinq voix sous ce titre : *Con alcune opere fatte all' improviso, a competenza con Sebast. Ravalle, capellano di Malta, e maestro della cappella reale di Palermo, con una narrazione come veramente il fatto seguisse, Madrigali a cinque voci, da Achille Falcone, etc.*, in *Venezia, appresso Giacomo Vincenti*, 1603, in-4°. On trouve dans la préface de ce recueil les détails de la dispute de

Falcone et de Raval ces détails sont aussi dans le *Libro de Mottetti* a 3, 4, 5, 6, 8 voci di Sebastiano Raval, maestro della regia cappella di Palermo. Palermo, Franceschi, 1601.

FALCONI (GIACOMO), graveur et fondeur de caractères à Venise, vers le milieu du dix-huitième siècle, a gravé et fondu un caractère pour l'impression de la musique par les procédés typographiques qui a servi à l'impression de l'*Arte pratica di contrapunto* du P. Paolucci (*voyez* ce nom). Falconi en a publié la description avec des spécimens, sous ce titre : *Manifesto d'una nuova impresa di stampare la Musica in caratteri gettati nel modo stesso come si scrive*. Venise, 1767, in-4°.

FALCONIERI (. . . .), compositeur napolitain qui vivait au commencement du dix-septième siècle, a fait imprimer deux livres de *Villanelle* à une, deux et trois voix, Naples, 1616, in-4°.

FALCONIUS (PLACIDE), ou plutôt FALCONIO, moine bénédictin, né à Asola, entra au couvent de son ordre à Brescia, en 1549, et mourut dans les premières années du dix-septième siècle. Il s'est fait connaître par les ouvrages suivants : 1° *Missæ introitus per totum annum*, Venise, 1575, in-folio; 2° *Passio, S. Voces hebdomadæ sanctæ*, ibid., 1580, in-4°; 3° *Responsoria hebdomadæ sanctæ tam pleni quam æquali voc. prout cuique visum fuerit 4 vocibus decantanda*, Brescia, V. Sabio, 1580, in-4°; 4° *Turbarum vocis cum palm., Benedictus et Miserere*, ibid., 1580, in-4°; 5° *Magnificat octo tonorum*, ibid., 1588, in-4°.

FALKNER (RODOLPHE), professeur de musique, né en Allemagne, se fixa à Londres vers le mileu du siècle dernier. Il y fit imprimer, en 1762, un traité élémentaire sur l'art de toucher le clavecin, sur l'accompagnement de la basse continue, etc., sous ce titre : *Instructions for playing the Harpsichord, Thorough Bass, fully explained, and exact rules for tuning the Harpsichord*, in-4°. Il en a été fait une deuxième édition qui a pour titre : *Instruction for playing the Harpsichord, wherein is fully explained the Mystery of Thorough Bass; with many other Material Thing very rarely given to Scholars, by the Teachers of Music*. Londres, 1774, in-folio.

FALLANI (DOMINIQUE), compositeur napolitain, fut maître de chapelle à Pouzzoles (Pozzuoli), dans la seconde moitié du dix-huitième siècle. Il a écrit des messes, vêpres et psaumes à trois et à quatre voix avec deux violons, viole et basse, et mérite particulièrement d'être mentionné pour un ouvrage plein d'expression intitulé : *Orazione di Geremia a canto solo con stromenti* (deux violons, viole et orgue). Cette production, dont le style tient de Pergolèse et de Leo, est très-distinguée et n'est pas assez connue.

FALLER (CHARLOTTE), dont le nom de famille était *Thiele*, naquit à Habertsbourg, en Saxe, le 14 octobre 1758. Elle se distingua comme cantatrice, et parut avec succès sur la scène à Sondershausen. Les rôles qui lui firent le plus d'honneur furent ceux de *Louise*, dans le *Déserteur*, et de *Franciska*, dans l'opéra intitulé : *Minna de Barnheim*, etc. En 1782, elle se rendit à Anspach, où elle se maria : depuis lors, elle a quitté le théâtre.

FALLOUARD (PIERRE-JEAN-MICHEL), organiste de l'église de Sainte-Catherine et de la chapelle de l'hospice civil, à Honfleur, est né dans cette ville, le 11 juillet 1805. Dès l'âge de dix ans il commença l'étude de la musique ; en 1821, il devint élève de Delaporte, organiste de Sainte-Catherine, qui lui enseigna le mécanisme de l'orgue et l'harmonie. Après la mort de ce professeur, M. Fallouard lui succéda en 1825. Il reçut aussi des leçons de Godefroi père, organiste de la cathédrale de Rouen, et compléta son instruction musicale par l'étude des œuvres de Haydn, de Mozart et de Beethoven. Comme professeur, il a formé beaucoup d'élèves, au nombre desquels se trouve M. l'abbé Capard, maître de chapelle de la cathédrale de Bayeux. M. Fallouard a publié de sa composition : 1° Six suites de marches, pas-redoublés et valses pour musique militaire; 2° Six grandes valses brillantes pour le piano ; 3° Deux quadrilles à 4 mains, sur des thèmes originaux; 4° Variations pour clarinette (en *si*) avec accompagnement de quatuor ou de piano, Paris, Marescot ; 5° Trois duos concertants pour deux clarinettes, Paris, Aulagnier ; 6° Pièces pour l'orgue ou *harmonium*, Paris, Lebeau aîné ; 7° Romances avec accompagnement de piano, dont *les Hirondelles*, Paris, Petit ; 8° Beaucoup d'arrangements pour divers instruments, Paris, Aulagnier. Le même artiste a en manuscrit des compositions pour l'orgue, le piano et le chant. M. Fallouard s'est aussi fait connaître dans la littérature de la musique, par les ouvrages dont voici les titres : 1° *Notices, biographies et variétés musicales*, Honfleur, 1855, 1 vol. in-18, format anglais ; 2° *Les Musiciens Normands ; esquisse biographique comprenant les noms des musiciens les plus célèbres, nés en Normandie, du onzième au dix-neuvième* siècle, Honfleur, 1859, in-18, format anglais. Il est un des rédacteurs de l'*Écho Honfleurois*, auquel il a fourni des articles de critique sur la musique, le théâtre, etc.

FANART (L.-S.), né à Reims, vers 1810, a été d'abord organiste de la cathédrale de cette ville, puis a été nommé maître de chapelle de la même église et directeur du conservatoire de Reims. Il a été membre de l'ancienne commission des arts et monuments religieux au ministère de l'instruction publique, et secrétaire du congrès scientifique de France. M. Fanart est membre de l'académie impériale de Reims et du comité d'archéologie de la même ville. On a de cet artiste-littérateur : 1° *Discours sur la nécessité d'étudier la musique dans son histoire*. Reims, imprimerie de Machet, 1844, in-8° de 20 pages. Cet opuscule a eu deux éditions : celle-ci est la deuxième; 2° *École pratique du doigter de l'orgue et de l'harmonium, ou recueil de morceaux propres au service divin et soigneusement doigtés, sans emploi de la pédale, avec l'indication exacte des mouvements et des mélanges de jeux à employer. Ouvrage divisé en deux parties*, op. 3, Paris, Regnier-Canaux, Reims, chez l'auteur; 3° *Livre choral d'une exécution facile et adapté aux moyens les plus restreints comme aux chœurs les mieux organisés, contenant les parties les plus usuelles de l'office divin mises en faux-bourdon ou contrepoint simple de note contre note*, etc., ibid.

FANNA (Antoine), compositeur et pianiste, né à Venise en 1793, fit de bonnes études musicales dans sa jeunesse, et se livra à l'enseignement dans sa ville natale, où il jouissait de la réputation de professeur distingué. Il est mort à Venise, le 15 mars 1845, à l'âge de quarante et un ans et quelques mois. On a de cet artiste un grand nombre de morceaux pour le piano, variations sur des thèmes d'opéras, fantaisies, rondos, etc., op. 8, 9, 10, 11, 15, 16, 17, 18, 19, 21, 23, 24, 31, 36, 38, 43, etc., Milan, Ricordi; une grande sonate à quatre mains, op. 14, *ibid.*; des caprices, divertissements et variations à quatre mains, *ib.*; un grand duo pour deux pianos sur une mélodie italienne, op. 35, *ibid.*; deux trios pour deux harpes et un piano sur un air tyrolien, op. 25, *ibid.*; beaucoup de romances et de canzonette, *ibid*. Pasquale Negri a publié sur cet artiste : *Cenni Biografici sopra Antonio Fanna, nato in Venezia*, Venise, 1845, in-8°.

FANTE (Antonio del), maître de la chapelle de Sainte-Marie-Majeure, à Rome, fut appelé à remplir ces fonctions le 2 janvier 1817, et mourut dans ce poste, au mois de mars 1822. Kandler dit, dans sa Notice sur l'état de la musique à Rome (voyez la *Revue Musicale* t. III, p. 77), que Del Fante avait de profondes connaissances en musique, mais qu'il était malheureusement trop homme du monde. Le désir d'obtenir la faveur publique lui fit introduire dans sa musique d'église des choses d'un goût peu sévère, surtout vers la fin de sa vie. Il disait souvent qu'au dix-neuvième siècle il faut unir au style rigoureux de l'ancienne école l'élégance de la musique moderne; alliance fort difficile, et dont les résultats ne seraient vraisemblablement pas ceux que Del Fante se promettait. Il a laissé en manuscrit une très-grande quantité de musique d'église et de chambre.

FANTINI (Jérôme), né à Spolette, dans les dernières années du seizième siècle, ou dans les premières années du dix-septième, fut trompette-major au service du grand-duc de Toscane Ferdinand II, qui gouverna ses États depuis 1621 jusqu'en 1670. Il est vraisemblable que Fantini visita l'Allemagne et s'arrêta quelque temps à Francfort, où un ouvrage de sa composition fut imprimé en 1638. Le P. Mersenne, d'après une lettre du médecin Bourdelot, écrite de Rome (antérieurement à l'année 1636), dit que Fantini était le premier trompette de guerre de toute l'Italie, et que son habileté était si grande, que ce médecin l'entendit un jour donner en sons purs sur son instrument toutes les notes chromatiques que le célèbre organiste Frescobaldi exécutait sur un orgue appartenant au cardinal Borghèse, tandis que les trompettes attachés au duc de Créqui, ambassadeur de Louis XIII à Rome, voulant l'imiter, ne faisaient entendre que des sons rauques et confus (*Harmonicorum*, Lib. 2. *De instrumentis*, p. 109). Fantini a publié sur son instrument un ouvrage de haut intérêt historique, qui a pour titre : *Modo per imparare a sonare di tromba di guerra musicalmente in organo con tromba sordina, col cimbalo, e ogn' altro istrumento. Aggiuntovi molte sonate come balletti, Brandi, Capricci, Sarabande, Correnti, passagi, et sonate con la tromba et organo insieme*, Francfort, 1638, in-fol. de 80 p. On trouve dans cet ouvrage, orné du portrait de l'auteur, cent pièces qui portent pour titres les noms de cent familles illustres de l'Italie et de l'Allemagne.

FANTON (Nicolas), maître de musique de la Sainte-Chapelle, mort en 1757, fut d'abord maître de musique à la cathédrale de Blois. L a écrit beaucoup de motets, qui n'ont point été imprimés, mais qu'on a exécutés avec succès au concert spirituel, depuis 1754. Ses meilleures compositions sont le *Cantate Domino canticum; Deus venerunt; Dominus regnavit; Exultate justi;* et *Jubilate Deo omnis terra*. Le chant de ces ouvrages est dans le style de Lalande, mais l'instrumentation est d'un meilleur goût.

FANTOZZI (ANGE), né en Italie vers 1760, fut un bon chanteur (*tenore*) du siècle dernier. Il chanta d'abord à Venise en 1783. En 1789, il était à Gênes; l'année suivante, à Brescia, et, en 1791, à Milan. Il passa à Berlin en 1792 pour y être attaché au grand théâtre de l'Opéra, et s'y fit entendre dans l'*Enea* de Righini. Le rôle d'*Admète*, dans l'*Alceste* de Gluck, lui fit beaucoup d'honneur, en 1795 et 1796. Enfin il se distingua dans le rôle d'*Assur*, de la *Semiramis* de Himmel.

FANTOZZI (MARIE), née *Marchetti*, femme du précédent, vit le jour en Italie, dans l'année 1767. Vers 1788, elle brillait sur les théâtres de Milan, de Brescia et de Padoue. En 1792, elle accompagna son mari à Berlin et chanta avec succès dans l'*Enea* de Righini, dans l'*Alceste* de Gluck, dans la *Semiramis* de Himmel, et dans l'*Atalante* de Righini. Elle était encore dans cette ville en 1802, et remplissait les rôles de *prima donna*. Sa voix était pure, d'un beau volume de son et fort étendue.

FANTUZZI (LE COMTE JEAN), d'une noble et illustre famille de Bologne, naquit en cette ville vers 1740, et consacra sa vie entière à des recherches sur l'histoire littéraire et artistique de sa patrie. Le résultat de ses travaux a été consigné dans le livre qu'il a publié sous ce titre : *Notizie degli Scrittori Bolognesi*, Bologne, 1781-1794, 9 vol. petit in-fol. Cet ouvrage contient d'utiles renseignements pour l'histoire de la musique : on y trouve des notices biographiques et littéraires sur Jean-Marie Artusi (t. I, p. 297), sur Adrien Banchieri (t. I, pp. 358-341), sur Hercule Bottrigari (t. II, pp. 520-529), sur le P. Martini (t. V, pp. 342-353), sur Laurent Penna (t. VI, p. 343), sur Jean Spataro (t. VIII, p. 29 et 30), et sur beaucoup d'autres artistes distingués de Bologne. Le neuvième volume, qui renferme des additions et des corrections, contient (pp. 2-9) un article historique sur l'Académie philharmonique de Bologne.

FANZAGO (l'abbé FRANÇOIS), recteur du collège de Padoue, né en cette ville vers 1750, y a fait imprimer, en 1770, un éloge de Tartini, intitulé . *Orazione delle Lodi di Giuseppe Tartini, recitata nella Chiesa de RR. PP. Serviti in Padova, li 31 di marzo l'anno 1770; in Padova*, 1770, nella stamperia Conzatti, pet. in-4° de 48 pages. On a aussi de lui : *Orazione ne' funerali del R. P. Francesco Antonio Valotti, recitata nella chiesa del Santo in Padova*, 1780, in-4°. Enfin l'abbé Fanzago a publié les éloges réunis de Tartini et de Valotti, dans une brochure qui a pour titre : *Elogj di Giuseppe Tartini primo violinista nella cappella del Santo di Padova, e del P. Francesco Valotti, maestro della medesima. In Padova*, 1793, in-8°.

FARABI (ABOU-NASSER-MOHAMED-BEN-MOHAMED AL), célèbre philosophe arabe, naquit à Fârâb, aujourd'hui Otrhâr, ville de la Transoxiane. Le désir de s'instruire le porta à s'éloigner de sa patrie pour aller à Bagdad étudier la philosophie, sous un docteur nommé *Abou Bekker Mattey*, qui expliquait Aristote. Il alla ensuite à Harran, où il apprit la logique d'un médecin chrétien nommé *Jean;* de là, il alla à Damas, puis en Égypte; enfin il revint à Damas, où les bienfaits de Séif-ed-Daulah le fixèrent. Il mourut dans cette ville l'an 339 de l'hégire (950 de Jésus-Christ). Au nombre des ouvrages d'Al-Farabi, on en trouve deux qui sont relatifs à la musique : l'un est un traité célèbre dans tout l'Orient, dont le manuscrit existe à la bibliothèque de l'Escurial, cod. 911, et que Casiri (*Bibl. Arabico-Hisp. Escurial.*, t. I, p. 347) indique sous ce titre : *Musices Elementa, adjectis notis et instrumentorum figuris plus triginta*. L'auteur y explique les divers systèmes de musique imaginés jusqu'à son temps, en discute les avantages ou les défauts, et donne des règles pour la forme et la construction des instruments. L'ouvrage est divisé en deux livres : le premier livre est subdivisé en deux parties, dont la première renferme une préface (prologue) où les préliminaires de la musique sont expliqués, et la seconde les principes mêmes de la musique. La seconde partie contient trois divisions, dont la première traite des modes, la seconde de quelques instruments des Arabes, et la troisième de la composition des genres, en huit chapitres. Dans le deuxième livre, le Farabi résume les opinions des auteurs les plus célèbres sur les diverses parties de la musique, les explique et corrige leurs erreurs. Malheureusement tous les feuillets dont se compose le manuscrit ont été mêlés et reliés dans un grand désordre qui rend souvent l'ouvrage inintelligible. Le célèbre orientaliste don Joseph-Antoine Conde en a fait une traduction en langue espagnole, qui est restée longtemps inédite. Le peu de connaissance qu'il avait de la matière du livre, jointe au désordre dont il vient d'être parlé, ont rendu cette traduction souvent obscure ou erronée. Dans ces derniers temps, elle est tombée entre les mains de M. Mariano-Soriano Fuertes (*voyez* SORIANO), de Barcelone, qui en a publié le prologue, l'explication des intervalles et de la solmisation, ainsi que des extraits intéressants des autres parties de l'ouvrage, dans son livre intitulé : *Musica arabo-espanola*, Barcelone, 1853. L'autre ouvrage de Farabi est une espèce d'encyclopédie (*Ihsâ-el-'loûm*), où il donne une définition précise et une notice de toutes les sciences, de tous les arts, et particulièrement de la musique. Cet ouvrage se trouve aussi à la bibliothèque de l'Escurial. Le catalogue des manuscrits orientaux de la bibliothèque de l'université de Leyde indique (sous le n° 1080, p. 454) un traité de musique de Farabi, sous ce titre de : *De proportione harmonica Musicæ*. J'ignore si cet ouvrage est le même que celui de la bibliothèque de l'Escurial dont Casiri a donné la notice; mais il est vraisemblable que ce n'en est qu'une partie.

FARADAY (MICHEL), chimiste anglais qui, jeune encore, s'est rendu célèbre. Il est né vers 1790. Sa carrière scientifique commença dans le laboratoire de sir Humphrey Davy, dont il était le préparateur. Ses recherches sur la liquéfaction des gaz commencèrent sa réputation qu'il a étendue par beaucoup de mémoires presque tous remplis d'intérêt. Ce n'est point ici le lieu d'analyser les travaux scientifiques de M. Faraday; il n'est cité dans cette biographie que pour deux mémoires; le premier, *Sur les sons produits par la flamme dans les tubes*, a paru dans le deuxième volume du *Journal of Sciences*; il a été traduit dans les *Annales de Chimie* publiées par Arago; le second mémoire, sur le même sujet, a été inséré dans les *Transactions philosophiques* de la Société royale de Londres. M. Faraday est membre de cette société et correspondant de l'Académie royale des Sciences, de l'Institut.

FARCIEN. Par une ordonnance de l'hôtel de Charles VI, roi de France, datée du mois de septembre 1418, on voit que parmi les ménestrels de ce roi il y avait deux frères dont l'un s'appelait *Farcien l'aîné*, et l'autre, *Farcien le jeune*. En 1422, la France, partagée entre Charles VI et le roi d'Angleterre, le parti de la reine, celui du dauphin (Charles VII), et ceux des Armagnacs et des Bourguignons, cette pauvre France, dis-je, était plongée dans la misère, et le roi, retiré à Senlis, avait été obligé de diminuer de plus de moitié les dépenses de sa maison. C'est ainsi que le nombre des ménestrels ou ménétriers fut fixé à cinq par une ordonnance du 1er juillet 1422, au lieu de onze qu'il y avait auparavant. Parmi ces musiciens, on retrouve Farcien l'aîné et Farcien le jeune. Leurs avantages avaient été diminués; ils ne mangeaient plus à la cour, n'avaient qu'un cheval, cinq sous par jour, et en hiver *un quart de molle de buches*. Le rôle des *pauvres officiers et serviteurs du feu roi Charles VI*, faict le 21 octobre 1422, fait voir qu'à cette époque Farcien l'aîné était devenu *roi des ménétriers*, ce qui prouve qu'il jouait de la *vielle* ou *viole*, car ceux qui jouaient de cet instrument pouvaient seuls acquérir cette dignité; c'est à cause de cela qu'on leur a donné plus tard le nom de *roi des violons*.

Un extrait des comptes de François de Nerly, receveur et trésorier de la maison du dauphin de France, fait voir qu'en 1415 il y avait parmi les musiciens de ce prince un nommé *Simon Balin*, dit *Fassien*. Les noms sont écrits avec si peu d'exactitude dans les manuscrits de cette époque, qu'il serait possible que ce *Fassien* ne fût autre que *Farcien*, qui serait ensuite passé dans la maison du roi, et dont le nom véritable serait *Simon Balin*.

Les comptes et ordonnances qui fournissent des renseignements sur ces musiciens se trouvent dans une collection de documents contenus en trois volumes manuscrits de la bibliothèque royale de Paris, cotés F. 540 du supplément.

FARIA (HENRIQUE DE), né à Lisbonne dans le dix-septième siècle, fut élève d'un musicien portugais fort habile, nommé *Duarte Lobo*. Ayant été nommé maître de chapelle à Erato, il composa pour l'exercice de ses fonctions plusieurs services complets qu'on conserve en manuscrit dans divers convents du Portugal.

FARINA (CHARLES), violoniste, né à Mantoue dans le seizième siècle, passa en 1026 au service de l'électeur de Saxe, et publia à Dresde, en 1628, un recueil de sonates et de pavanes pour son instrument.

FARINA (le docteur JOSEPH LA), médecin sicilien et amateur de musique, a publié un éloge du compositeur Bellini qu'il avait prononcé dans l'Académie *Palermitana*, à Messine. Cet écrit a pour titre : *Elogio del cavaliere Vincenzo Bellini, letto all' Academia paler-*

mitana, etc., dal socio, etc. *Messina, presso Fiumara*, 1836, in-8° de 10 pages.

FARINELLI (Carlo **BROSCHI**). *Voyez* Broschi.

FARINELLI (Joseph), compositeur dramatique, maître de chapelle à Turin, né à Este, dans le Padouan, le 7 mai 1769, commença ses études musicales sous la direction d'un maître nommé *Lionelli*, puis les continua à Venise chez Martinelli. Admis à l'âge de seize ans au Conservatoire de la *Pietà de' Turchini*, à Naples, il y eut pour maître, Barbiella, qui lui enseigna le chant, reçut des leçons de Fago pour l'accompagnement, et de Sala, puis de Tritto pour la composition. Sorti jeune de cette école, il se livra à la carrière théâtrale, et, bien qu'il se bornât à imiter le style de Cimarosa, il obtint des succès dans presque toutes les villes d'Italie où il écrivit. Les opéras de sa composition qui ont réussi, sont : *I Riti d'Efeso; Il Trionfo d'Emilio; la Locandiera; l'Amor sincero; Bandiera d'ogni vento; Il finto Sordo; La Pamela maritata; Oro senza oro; la Giulietta; La finta Sposa; Teresa e Claudio; L'Amico dell' uomo; Un effetto naturale; Odoardo e Carlotta; Il Colpevole salvato della colpa; l'Annetta, ossia Virtù trionfa; L'Indolente; L'Incognita; La terza Lettera, ed Il terzo Martinello; Il Duello per complimento; Idomeneo; Attila; Il Cid delle Spagne; La Ginevra degli Almieri; Lauso e Lidia; Il Matrimonio per concorso; La Climene; La Caritea*, opéra seria en deux actes; *Il Dottorato di Pulcinella*, farce; *La Contadina di spirito; Il nuovo Savio della Grecia; Raggiri a sorpresa*, opéra bouffe; *L'Inganno non dura* (Naples, 1806); *Adriano in Siria* (Milan, 1815); *Scipio in Cartago* (Turin, 1815); *Zoraide* (Venise, 1816); *La Chiarina* (Milan, 1816); *Il Testamento a sei cento mille franchi* (Turin, 1816); *La Donna di Bessarabia* (Venise, 1819). En 1808, Farinelli a donné à Venise une cantate intitulée : *Il Nuovo Destino*. Il avait adopté Turin pour son séjour habituel vers 1810; il y resta jusqu'en 1817. Il vécut ensuite, pendant quelque temps, à Venise. Après 1819, il cessa d'écrire pour le théâtre, et vers le même temps il fut nommé maître de chapelle à Trieste, où il mourut, le 12 décembre 1836. Comme Nicolini, Nazzolini et la plupart des compositeurs qui ont succédé à Paisiello, à Cimarosa et à Gugglielmi, Farinelli manque d'originalité; ses succès sont dus principalement à la bonne disposition des airs et des morceaux d'ensemble, et à cette cantilène naturelle qui, pendant longtemps, a été le goût dominant des Italiens. Presque toujours il est imitateur; mais il faut avouer que son imitation est quelquefois très-heureuse : je citerai pour exemple le duo qu'on a placé dans *Il Matrimonio segreto*, et qui a passé pour être de Cimarosa. Farinelli a écrit aussi pour l'église : on trouve de lui, en manuscrits, la plupart originaux, dans la bibliothèque du Conservatoire de Naples, les ouvrages suivants de ce genre : 1° Messe en *ré*, à quatre voix; 2° *Idem*, à cinq voix; 3° Messe à deux et trois voix; 4° Messe pastorale, à quatre voix; 5° Messe *idem*, en *sol*, à deux voix; 6° *Dixit* en *ut*, à cinq voix; 7° *Idem* en *ré*, à quatre voix; 8° Autre *idem* en *ré*, à quatre voix; 9° *Te Deum* en *la*, à quatre voix; 10° Autre en *ré*, à deux voix; 11° *Responsori di S. Antonio*, à quatre voix; 12° *Laudate pueri*, à quatre voix; 13° *Credo*, à deux voix; 14° *Miserere*, à quatre voix; 15° *Improperia* pour le vendredi saint, à quatre voix; 16° *Stabat Mater*, à deux voix. Tous ces ouvrages sont écrits avec accompagnement d'orchestre.

FARINI (Monsignor Pellegrino), abbé camerlingue du pape, attaché à la nonciature de Bologne, est auteur d'une *Lettera sopra la musica*, dont la deuxième édition a été publiée à Bologne, chez Sasi, en 1844, in-8°.

FARMER (Jean), compositeur de musique anglais, vécut sous le règne d'Élisabeth. On a de lui une suite de madrigaux, sous le titre de *The first set of english Madrigals to four voices*, Londres, 1599. Il assure, dans la préface, qu'il s'est attaché à exprimer le sens des paroles, ce qui, dit-il, est fort rare parmi les Italiens. Cette assertion est fort éloignée de la vérité, car on trouve, dit le docteur Burney, dans la musique de Farmer plus de contresens que dans celle de ses contemporains. Morley a cependant inséré quelques pièces de la composition de Farmer dans sa collection du *Triomphe d'Oriane*. Farmer est aussi auteur d'un petit livre, intitulé : *Divers and saundrie waies of two parts in one, to the number of fourth, upon one playn song* (Diverses manières de faire les canons à deux parties sur le plain-chant), Londres, 1691.

FARMER (Thomas), hautboïste à Londres, fut admis au degré de bachelier en musique, à l'université de Cambridge, en 1684. Il a composé des chansons à plusieurs voix, qui ont été imprimées dans les collections de son temps, notamment dans le *Theater of Musick*, et dans le *Treasury of Musick*. Il a aussi publié deux collections d'airs à quatre parties, dont l'une est intitulée : *A Consort of Musick in four parts, containing thirty-three lessons, beginning with an Overture*, Londres, 1686, et l'autre : *A second Consort of Musick in four parts, containing eleven lessons, beginning with a ground*, ibid., 1690. On a une élégie sur la mort de Farmer, écrite par *Tate*, et mise en musique par Purcell, de laquelle on doit conclure qu'il est mort jeune.

FARNABY (Giles), né à Trury, en Cornouailles, fut reçu bachelier en musique, à l'université d'Oxford, en 1592. On a de sa composition des *Canzonets to four voices, with a song of eight parts* (Chansonnettes à quatre voix, avec un air à huit parties), Londres, 1598, in-4°. Ravenscroft a aussi inséré quelques mélodies de psaumes, de la composition de Farnaby, dans sa collection intitulée : *Harmonia perfecta : a compleat collection of Psalm-tunes in four parts, etc.*, dont la première édition a paru à Londres, en 1621, petit in-8°. Farnaby était habile dans l'art de jouer de l'épinette ou virginale et autres instruments à clavier de son temps, et il composait bien pour ces instruments. Le *Virginal-Book* de la reine Élisabeth contient vingt pièces de la composition de Farnaby. Les écrivains anglais Hawkins et Burney ne nous apprennent rien concernant la vie de cet artiste, et gardent le silence sur l'époque de sa mort.

FARRANT (Richard), compositeur de musique sacrée, né en Angleterre, en 1530, était l'un des musiciens de la chapelle royale, sous le règne d'Édouard VI, de la reine Marie et de la reine Élisabeth. En 1564, il fut nommé maître des enfants de chœur et organiste de la chapelle de Saint-Georges à Windsor. Il résigna alors sa place de la chapelle royale; mais, y ayant été rappelé, il continua à en exercer les fonctions jusqu'en 1580. Il mourut à l'âge de cinquante et un ans, le 30 novembre 1581. On croit qu'il a eu un fils, nommé Daniel, dont Tudway a publié, dans le quatrième volume de sa *Collection of Church Music*, une antienne à quatre voix sur le texte : *O Lord Almighty*; mais M. Warren, éditeur de la belle et dernière édition de la *Cathedral Music* de Boyce, imprimée chez MM. Robert Cocks et Cie, à Londres, pense que ce morceau est de Richard Farrant. Les écrivains anglais disent que ses compositions sont d'un style noble et sévère : on en trouve plusieurs dans la collection de musique sacrée de Barnard, et dans le *Cathedral music* du docteur Boyce. Son antienne « *Lord, for thy tender mercies' sake* » est encore chantée de nos jours, et le docteur Crotch, qui l'a insérée dans son Traité de composition, fait observer qu'elle est remarquable par ses effets, qui sont aussi beaux que le permet un contrepoint rigoureux. Burney dit (*History of Music*, vol. III, p. 74) qu'il y a en manuscrit, dans la collection de l'église du Christ, à Oxford, plusieurs antiennes en partition de Richard Farrant.

FARREN (Georges), auteur inconnu d'un livre qui a pour titre : *The Mortalities of celebrated musicians*, Londres, 1834, in-8°. On y trouve des essais sur la vie de Lully, Rameau, Grétry, Hændel, Cimarosa, et quelques autres musiciens célèbres, avec l'histoire de leurs ouvrages. C'est une compilation de peu de valeur.

FARRENC (Jacques-Hippolyte-Aristide), né à Marseille, le 9 avril 1794, commença l'étude de la musique à l'âge de treize ans. Un de ses jeunes amis lui donna quelques leçons de solfége; il apprit en même temps à jouer de la flûte, et se livra avec passion et presque sans maître à l'étude de cet instrument. Ses parents le destinaient au commerce, et la musique n'était pour lui qu'un délassement, après les heures de travail. Tourmenté cependant par le désir de se rendre à Paris, et d'y entendre les artistes les plus renommés, principalement Tulou, alors dans toute la puissance de son talent, il se décida à faire ce voyage, et arriva dans la grande ville au mois d'octobre 1815. A la fin de la même année, la place de seconde flûte de l'orchestre du Théâtre-Italien (alors sous la direction de Mme Catalani) lui fut offerte; il l'accepta et la conserva pendant deux années. Ce fut là qu'il forma son goût, par les occasions fréquentes qu'il eut d'entendre le *Matrimonio segreto*, de Cimarosa; la *Nina*, de Paisiello; les *Noces de Figaro*, *Don Juan*, la *Clemenza di Tito* et *Cosi fan tutte*, de Mozart. Le Conservatoire de Paris, qui avait été fermé après la seconde restauration des Bourbons en France, ayant été réorganisé en 1816, M. Farrenc y entra comme élève de Guillou, pour la flûte, et de Vogt, pour le hautbois. Bientôt il se livra au professorat de l'art, et publia diverses compositions pour la flûte, parmi lesquelles on remarque un Concerto avec orchestre, œuvre 12, Paris, Frey; des thèmes variés avec violon, alto et violoncelle d'accompagnement; beaucoup d'airs variés pour deux flûtes; des sonates pour flûte et basse, op. 5, et des morceaux pour flûte seule. Vers le même temps, il fit aussi graver quelques œuvres de musique de divers auteurs qui, par degrés, formèrent un fond d'éditeur aussi remarquable par le choix des ouvrages, que par la beauté et la correction des éditions. Vers 1841, M. Farrenc se retira du commerce de musique. L'audition des concerts historiques donnés à Paris par l'auteur de cette notice, et la lecture de la *Revue musicale* et de la *Biographie universelle des musiciens*, firent naître en lui l'amour des études relatives à l'histoire et à la littérature de la musique; il s'y livra avec toute son ardeur méridionale, ainsi qu'à la littérature italienne; et par sa persévérance dans ses recherches il parvint, en quelques années, à recueillir un très-grand nombre d'observations et de notes qu'il se proposait de publier comme additions et rectifications à toutes les biographies parues jusqu'à ce jour (1860); mais ayant appris que l'auteur de la *Biographie universelle des musiciens*, après avoir employé vingt ans à compléter et améliorer son livre, allait en publier une deuxième édition, M. Farrenc, plein d'obligeance et de dévouement aux intérêts de la science historique, a bien voulu se charger de revoir les épreuves de ce grand ouvrage, et de mettre à sa disposition des notes intéressantes sur des faits ignorés ou mal connus. Passionné pour les œuvres classiques des grands maîtres en tout genre, M. Farrenc s'est attaché à recueillir les plus beaux monuments de l'art, particulièrement dans la musique de clavecin et de piano; il y a fait un choix des plus belles choses et en a formé un recueil du plus haut intérêt, dont la publication commencera en 1861, sous ce titre : *Le Trésor des pianistes; collection des œuvres choisies des maîtres de tous les pays et de toutes les époques, depuis le seizième siècle jusqu'à la moitié du dix-neuvième; accompagnées de notices biographiques, de renseignements bibliographiques et historiques, d'observations sur le caractère d'exécution qui convient à chaque auteur, des règles de l'appogiature, d'explications et d'exemples propres à faciliter l'intelligence des divers signes d'agrément, etc., etc.; recueillies et transcrites en notation moderne.* Tout artiste, tout amateur de bonne musique, doit comprendre l'intérêt qui s'attache à une publication semblable. Depuis 1854, M. Farrenc a figuré au nombre des collaborateurs du journal intitulé *la France musicale*; il y a donné un assez grand nombre d'articles de littérature, biographie et critique musicale. On lui doit aussi une série d'articles publiés dans la *Revue de musique ancienne et moderne*, Rennes, Vatar, 1858, sous le titre : *les Livres rares et leur destinée*.

FARRENC (Mme JEANNE-LOUISE), femme du précédent, pianiste et compositeur, professeur au Conservatoire impérial de musique à Paris, est née dans cette ville, le 31 mai 1804, de Jacques-Edme Dumont, statuaire, ancien pensionnaire de l'Académie de France à Rome. Elle descend, par les femmes, de la famille Coypel, et son frère, M. Auguste Dumont, membre de l'Institut et professeur à l'École des beaux-arts, est un des premiers statuaires de l'époque actuelle. A l'âge de six ans, Mlle Dumont commença l'étude du solfège et du piano sous la direction d'un bon maître; plus tard elle reçut des conseils de Moschelès et de Hummel. Le talent de ce dernier artiste lui était surtout sympathique, par la belle simplicité du style et par la délicatesse du toucher; il devint son modèle de prédilection. Après avoir reçu, à l'âge de quinze ans, des leçons d'harmonie de Reicha, elle épousa, en 1821, M. Aristide Farrenc et fit avec lui plusieurs voyages dans le nord et dans le midi de la France. De retour à Paris, Mme Farrenc doubla son cours d'harmonie avec son maître Antoine Reicha, et apprit de lui le contrepoint, la fugue et l'instrumentation. Sur la présentation de M. Halévy, elle eut l'honneur, en 1841, d'être agréée pour donner des leçons de piano à S. A. R. Mme la duchesse d'Orléans. Nommée professeur de cet instrument par arrêté ministériel du 10 septembre 1842, elle entra en fonctions au mois de novembre de la même année. Depuis cette époque, Mme Farrenc a formé un grand nombre de très-bonnes élèves, parmi lesquelles on remarque sa fille Victorine (voyez *la notice suivante*), Mlles Marie Mongin, Herm. et Car. Lévy, Colin, Sabatier-Blot, Mme Béguin Salomon et plusieurs autres. Naturellement modeste et peu portée à se mettre en évidence, Mme Farrenc aurait peut-être borné sa carrière à celle d'un bon professeur de piano, si son mari, ardent et convaincu du mérite de ses productions, n'eût employé toute son influence pour exciter sa verve productrice et pour vaincre sa répugnance à faire entendre ses ouvrages. Et vraiment il eût été grand dommage que son talent pour la composition fût demeuré inconnu; car il ne faut pas croire que ce talent soit resté dans les limites de celui de quelques femmes distinguées: chez Mme Farrenc, l'inspiration et l'art d'écrire ont des proportions masculines. Sa tête a la force de conception d'un maître consommé. Les meilleurs artistes qui ont exécuté ou entendu ses ouvrages lui ont tous rendu cette justice; malheureusement le genre de musique pour lequel l'organisation et l'étude l'ont destinée, c'est-à-dire celui de la grande musique instrumentale, exige des moyens d'exécution que le compositeur ne se procure qu'avec d'énormes difficultés; d'autre part, le public, en général peu connaisseur, n'a d'autre règle pour juger du mérite d'une composition sérieuse que le nom de l'auteur; pour l'inconnu il n'a que de l'indifférence; enfin, l'éditeur, particulièrement en France, se bouche les oreilles dès qu'on lui propose de publier une œuvre de valeur; il ne croit au succès que pour les babioles. Tels ont été les obstacles et les causes de découragement rencontrés par Mme Farrenc en sa route : telles sont les circonstances qui ont fait rester dans l'oubli des productions qui auraient pu faire autrefois la réputation de plusieurs artistes. Voici la liste des ouvrages de cette femme si remarquable : 1° Grandes variations pour le piano avec orchestre ou quatuor, sur l'air : *le Premier Pas*, op. 4, Paris, l'auteur; 2° Variations pour le piano sur une cavatine de *Cenerentola*, op. 5, *idem*, *ibid.*; 3° Variations *idem* sur l'air : *O ma tendre musette*, op. 6, *idem*, *ibid.*; 4° Air suisse varié pour le piano, op. 7, *idem*, *ibid.*; 5° Trois rondeaux originaux, op. 8, *idem*, *ibid.*; 6° Rondeau sur un chant de *Il Pirata*, op. 9, *idem*, *ibid.*; 7° Variations *idem* sur une ronde du *Colporteur*, d'Onslow, op. 10, *idem*, *ibid.*; 8° Rondeau *idem* sur des thèmes d'*Euryanthe*, de Weber, op. 11, *idem*, *ibid.*; 9° Variations *idem* sur une Galopade hongroise, op. 12, *idem*, *ibid.*; 10° Rondeau *idem* sur un thème de *Zelmira*, de Carafa, op. 13, *idem*, *ibid.*; 11° *Les Italiennes*, trois cavatines variées pour le piano, op. 14, *idem*, *ibid.*; 12° Variations sur une cavatine d'*Anna Bolena*, op. 15, *idem*, *ibid.*; 13° *Les Allemandes*, deux mélodies allemandes variées, op. 16, *idem*, *ibid.*; 14° Air russe varié pour le piano, op. 17, *idem*, *ibid.*; 15° *La Sylphide*, rondo-valse sur un motif de Masini, op. 18, *idem*, *ibid.*; 16° *Souvenir des Huguenots*, fantaisie sur le choral de cet opéra, op. 19, *idem*, *ibid.*; 17° Le même pour piano à quatre mains; 18° Variations pour piano et violon sur un air suisse, op. 20, *idem*, *ibid.*; 19° *Les Jours heureux*, quatre petits rondeaux *idem*, op. 21, *ibid.*; 20° *Six fugues idem* (inédites); 21° Première ouverture pour l'orchestre (en *mi* mineur), (inédite); 22° Deuxième ouverture pour l'orchestre (en *mi* bémol) exécutée plusieurs fois à Paris, notamment au concert du 3 avril 1840, par la Société des Concerts du Conservatoire; 23° Grande fantaisie et variations pour piano et orchestre ou quintette, sur un thème du comte Gallenberg, op. 25,

Paris, l'auteur; 24° Trente grandes études pour le piano, dans tous les tons, op. 26, *idem*, *ibid.*; 25° Hymne russe varié pour le piano, op. 27, *idem*, *ibid.*; 26° Variations sur un thème allemand, op. 28, *idem*, *ibid.*; 27° Air martial des *Capuleti*, varié pour piano à quatre mains, op. 29, *idem*, *ibid.*; Le même en duo pour deux pianos (inédit); Le même en trio pour trois pianos (inédit); 28° Premier quintette pour piano, violon, alto, violoncelle et contrebasse (en *la* mineur), op. 30, Paris, l'auteur; 29° Deuxième quintette *idem* (en *mi*), op. 31, *idem*, *ibid.*; 30° Première symphonie à grand orchestre (en *ut* mineur), op. 32 (non publiée). Cet ouvrage a été exécuté avec beaucoup de succès, à Bruxelles, dans un concert du Conservatoire, le dimanche 23 février 1845 (voyez *la Revue et Gazette musicale de Paris* du 16 mars 1845, n° 11). La même symphonie a été exécutée à Paris, le 17 avril 1845, dans un concert donné par Mme Farrenc, au bénéfice de l'Association des artistes musiciens, dans la salle du Conservatoire; 31° Premier trio pour piano, violon et violoncelle (en *mi* bémol), op. 33, Paris, l'auteur; 32° Deuxième trio *idem* (en *ré* mineur), op. 34, *idem*, *ibid.*; 33° Deuxième symphonie (en *ré*), (non publiée). Elle a été exécutée dans un concert donné par Mme Farrenc, dans la salle du Conservatoire, le dimanche 3 mai 1846; 34° Troisième symphonie (en *sol* mineur), op. 36 (non publiée). Elle a été exécutée par la Société des Concerts, à Paris, le dimanche 22 avril 1849; 35° Première sonate pour piano et violon (en *ut* mineur), op. 37, Paris, l'auteur; 36° *Nonetto* pour violon, alto, violoncelle, contrebasse, flûte, hautbois, clarinette, cor et basson (en *mi* bémol), op. 38, (non publié). Ce bel ouvrage, écrit par Mme Farrenc en 1849, fut exécuté, le 19 mars 1850, dans les salons Érard, devant un auditoire de plus de 400 personnes, par le célèbre violoniste Joachim, MM. Blanc, Lebouc, Gouffé, Dorus, Verroust aîné, Leroy, Rousselot et Verroust jeune. L'exécution fut parfaite et l'effet fut très-grand; 37° Deuxième sonate pour piano et violon (en *la*), op. 39, Paris, l'auteur; 38° Sextuor pour piano, flûte, hautbois, clarinette, cor et basson (en *ut* mineur), op. 40 (non publié); 39° Douze études brillantes pour le piano, op. 41, Paris, l'auteur; 40° Vingt études de moyenne difficulté pour le piano, op. 42, *idem*, *ibid.*; 41° Mélodie pour piano, op. 43, *idem*, *ibid.*; 42° Trio pour piano, clarinette et violoncelle (en *mi* bémol), op. 44 (inédit); 43° Trio pour piano, flûte et violoncelle (en *mi* mineur), op. 45 (inédit); bel ouvrage où le charme et le mérite de la facture sont réunis ; 44° Sonate pour piano et violoncelle (en *si* bémol), op. 46, Paris, l'auteur; 45° *Scherzo* pour le piano, op. 47, *idem, ibid.*; 46° Valse brillante, *idem*, op. 48, *idem, ibid.*; 47° Premier nocturne *idem*, op. 49, *idem, ibid.* — OEUVRES SANS NUMÉROS : 48° *La Grand'Mère*, premier rondoletto pour le piano, Paris, l'auteur; 49° *Naples*, deuxième rondoletto, *idem, ibid.*; 50° *Venez dans la prairie*, troisième rondoletto avec accompagnement de flûte et violon *ad lib.*, Paris, lieu ; 51° Trois rondinos : *Pastoral, Savoyard et Valse*, Paris, Gérard; 52° Trois airs variés sur des thèmes de Bruguière et de Panseron, *idem, ibid.*; 53° *Bagatelle*, rondino (en *ut*), Paris, l'auteur. Mme Farrenc a écrit quelques morceaux de musique vocale encore inédits. Ses quintettes, trios et sonates ont souvent été exécutés à Paris par l'auteur ou par ses meilleurs élèves avec le concours d'artistes célèbres tels que Joachim, Sivori, Alard, Franchomme, Dorus et Leroy, lesquels ont toujours donné à l'auteur des éloges et des témoignages d'intérêt.

FARRENC (VICTORINE-LOUISE), fille des précédents, naquit à Paris, le 23 février 1826. Elle commença l'étude de la musique à l'âge de cinq ans et demi, sous la direction de sa mère, et montra de bonne heure un heureux instinct musical. A quinze ans, elle exécutait déjà d'une manière remarquable les quarante-huit fugues et préludes de J.-S. Bach. Au commencement de 1843, elle entra comme élève au Conservatoire, dans la classe de sa mère, où, six mois après, elle obtint un accessit. Dans l'année suivante, le premier prix lui fut décerné. Après ce triomphe, elle se remit avec plus d'ardeur à l'étude des fugues de Bach et des œuvres de Beethoven, pour lesquelles elle avait un amour passionné. En 1845, Mlle Farrenc exécuta, à un concert du Conservatoire de Bruxelles, le cinquième concerto de Beethoven (en *mi* bémol) et produisit une vive impression sur les artistes de l'orchestre et sur le public. Elle n'eut pas moins de succès quelques mois après, lorsqu'elle joua le même ouvrage, à la salle du Conservatoire, dans un concert donné par sa mère. Recherchée pour son rare talent, elle joua dans plusieurs concerts, en 1846, et s'y fit remarquer par l'excellent sentiment qu'elle portait dans diverses compositions de grands maîtres, notamment dans le Concerto de Mozart en *ré* mineur. Élève de sa mère pour la composition, comme pour le piano, elle montrait, dans quelques essais, une heureuse organisation qui promettait de bons ouvrages pour l'avenir. Quelques études et mélodies pour le piano, environ dix romances et des chœurs sur des textes sacrés, furent ses premières productions ; on n'en a publié que six romances et six pièces de différents caractères. Tout semblait présager à cette jeune fille une riante carrière; mais une maladie dont elle fut atteinte vers l'âge de vingt ans, et dont on n'aperçut pas d'abord toute la gravité, la priva tout à coup du plaisir de faire ou d'entendre de la musique. Soumise à divers genres de traitements, cette affection persista et ne laissa à la malade que quelques rares instants d'amélioration ; enfin, Victorine Farrenc succomba le 3 janvier 1859, après douze années de souffrance.

FASCH (JEAN-FRÉDÉRIC), maître de chapelle du prince d'Anhalt-Zerbst, naquit à Buttelstadt, près de Weimar, le 15 avril 1688. Son père ayant été appelé à Suhla, en 1693, pour y remplir les fonctions de recteur, il le suivit en ce lieu, et y commença ses études littéraires et musicales. Devenu orphelin, il fut recueilli par son oncle maternel, chapelain à Teuchern. Scheele, ténor de la chapelle du duc de Weissenfels, l'ayant entendu chanter quelques airs, fut charmé de la beauté de sa voix, et le fit entrer comme enfant de chœur dans la même chapelle. Peu de temps après, il suivit à Leipsick le chantre Kuhnau, qui le fit entrer à l'école de Saint-Thomas ; là, il se livra à l'étude du clavecin et de l'orgue et apprit l'harmonie, prenant pour modèles les compositions de Telemann, dont il imita toujours le style. Ses premières productions furent la musique des cantates de Hunold, et quelques ouvertures. En 1707, il entra à l'université de Leipsick pour y étudier la théologie ; mais cette science ne lui fit pas négliger la musique; il profita même des relations que son entrée à l'université lui avait procurées pour fonder parmi les étudiants une société musicale pour l'exécution des meilleurs ouvrages de ce temps. Appelé à Naumbourg, en 1710, pour y écrire l'opéra de la foire de Saint-Pierre et Saint-Paul, il mérita des applaudissements par le talent dont il fit preuve dans cet ouvrage, et fut ensuite chargé de la composition d'un autre opéra pour l'anniversaire de la naissance de la duchesse. Ses succès dans ces travaux lui méritèrent la faveur de cette princesse qui lui accorda une pension, pour qu'il allât en Italie perfectionner son habileté. Ce ne fut cependant qu'au retour de ce voyage qu'il fit un cours régulier d'harmonie et de contrepoint à Darmstadt, sous la direction des maîtres de chapelle Graupner et Grünewald. Après six mois de séjour dans cette ville, Fasch entreprit un nouveau voyage dans l'Allemagne méridionale : ce fut dans cette tournée qu'il se lia d'amitié avec le maître de chapelle Bumler, à Anspach. En 1715 il fut placé comme secrétaire et greffier de la chambre à Gera, et en 1720 il réunit les places d'organiste et de greffier à Zeitz. L'année suivante, il entra comme compositeur au service du comte Mortzin en Bohême; mais il ne resta pas longtemps dans cette situation, ayant accepté, en 1722, la place de maître de chapelle à Zerbst, où il se fixa jusqu'à sa mort. C'est dans cette ville qu'il a écrit la plus grande partie de ses ouvrages qui consistent principalement en plusieurs *Passions*, en messes, motets, oratorios, plusieurs concertos pour divers instruments, particulièrement pour le hautbois et pour la flûte, l'opéra de *Berenice*, et quarante-deux ouvertures et symphonies pour l'orchestre. Après sa mort, qui arriva en 1759, ou en 1758, suivant Zelter, le vieux Breitkopf fit l'acquisition de la plupart de ses partitions en manuscrit, dont il n'a été rien publié. Une de ses meilleures productions est une messe, *Kyrie cum gloria*, *Credo*, *Agnus et Sanctus* à quatre voix, deux violons, alto, violoncelle, orgue, trois hautbois, flûte, deux cors et basson. La bibliothèque royale de Berlin possède les manuscrits originaux de deux cantates d'église de ce maître, à quatre voix et instruments.

FASCH (CHARLES-FRÉDÉRIC-CHRÉTIEN), fils du précédent, naquit à Zerbst, le 18 novembre 1736. Sa constitution faible et maladive obligea ses parents à lui épargner toute espèce de travail manuel ou intellectuel, et à le laisser jouir de la plus entière liberté ; mais disposé par la nature pour la musique et constamment excité par les travaux de son père, il composa d'instinct quelques petits morceaux qu'il exécutait au clavecin lorsqu'il était seul. Cette manifestation des heureuses facultés du jeune Fasch lui fit accorder les leçons de clavecin qu'il demandait ; le séjour de la campagne ayant d'ailleurs amélioré sa santé, il lui fut permis de prendre part à la musique qu'on faisait à la cour et à la chapelle du prince. La solennité de l'office divin avait fait une vive impression sur son cœur, elle le disposa particulièrement à écrire pour l'église, et cette disposition se développa quelques années après, lorsqu'il eut occasion d'entendre avec son père, à Dresde, un ouvrage de musique religieuse composé par Zelenka. L'impression que cet œuvre fit sur lui fut si vive, que son père, craignant qu'il ne se convertît à la foi catholique, lui interdit la fréquentation des églises. Les progrès du jeune Fasch sur le clavecin, sur l'orgue, et dans la composition furent rapides ; il avait déjà composé plusieurs ouvrages de musique religieuse et instrumentale, lorsque François Benda, charmé de son habileté comme accompagnateur, le fit appeler à Berlin, en 1756, en qualité de musicien de la chambre et de claveciniste du roi Frédéric II. Ses fonctions consistaient principalement à accompagner au clavecin, chaque jour, les solos et concertos de flûte exécutés par le roi, alternant de mois en mois avec Charles-Philippe-Emmanuel Bach. Ce début avantageux dans la carrière du jeune artiste semblait lui promettre un bel avenir ; mais l'âme de Fasch, plongée dans une disposition calme et dénuée d'activité, ne lui fit point faire les efforts nécessaires pour arriver à la réalisation de ce qu'il pouvait être. La guerre de Sept Ans, dont les vicissitudes mirent la Prusse à deux doigts de sa perte, obligèrent Frédéric à faire des diminutions dans les traitements de tous les employés de sa maison, et celui de Fasch, quoique peu considérable (il n'était que de 1,125 francs environ), fut réduit comme les autres. Obligé de chercher dans les leçons particulières des ressources pour son existence, sa frêle constitution fut un obstacle à ses succès dans l'enseignement ; d'autre part, il avait si peu de confiance en lui-même, qu'il anéantissait ses compositions presque à l'instant où elles étaient terminées. C'est ainsi que s'écoulèrent les plus belles années de sa jeunesse, et qu'il finit par tomber dans le découragement. Pendant un assez long période de sa vie, son esprit sembla même se détacher de l'amour de l'art pour se porter sur des objets puérils : c'est ainsi qu'on le vit passer plusieurs années à imaginer des stratagèmes qu'il croyait devoir être de grande ressource dans la guerre et dans la marine, et à construire artistement des maisons de cartes. Devenu superstitieux, il se proposait chaque matin de résoudre quelque problème d'arithmétique pour connaître la portée actuelle de ses facultés ; s'il réussissait au premier coup, il se croyait en verve pour composer ; mais si la preuve lui révélait quelque erreur de calcul, il demeurait convaincu de son incapacité à faire quelque chose dans le cours de la journée ; il était inquiet, et les heures s'écoulaient pour lui dans l'oisiveté et dans la mélancolie, ou bien il s'occupait à des énigmes musicales telles qu'en faisaient les maîtres des seizième et dix-septième siècles. On connaît de lui en ce genre un canon à cinq sujets et à vingt-cinq voix disposé d'une manière fort ingénieuse.

Une sorte de mécontentement de soi-même est inséparable de l'homme qui n'accomplit pas sa destinée d'artiste, et cette situation de l'âme conduit à la misanthropie ou au mysticisme. C'est à cette dernière situation que Fasch arriva dans la solitude où sa vie s'écoulait. Il fut cependant tiré de son inactive rêverie, lorsqu'en 1774 on le chargea de la direction de l'opéra au clavecin; pendant deux années il conserva cet emploi, et il ne cessa d'en remplir les fonctions qu'après le retour de Reichardt à Berlin. Personne moins que lui n'était propre à écrire pour le théâtre; cependant, à l'âge de cinquante-six ans il céda aux instances de quelques amis imprudents, et composa un *Vasco de Gama* (en 1792) qui n'était qu'une espèce de *pasticcio*, car tous les chanteurs y introduisirent les airs qu'ils voulurent : cette faible production n'eut pas de succès. Fasch aurait mieux réussi dans le style religieux, s'il eût voulu se livrer sérieusement à ce genre de composition; mais, ainsi qu'il a été dit précédemment, trop défiant de ses forces, il ne laissa subsister qu'un petit nombre de ses productions. Le plus considérable de ses ouvrages écrits pour l'église est une messe à seize voix, faite à l'imitation d'une autre, de Benevoli, que Reichardt avait rapportée d'Italie. Cet ouvrage fut entrepris en 1783, et fini en peu de temps. Le système de Fasch est différent de celui du maître qu'il imitait, car il avait voulu éviter les licences qu'on trouve dans les productions de celui-ci, et qui sont admissibles, parce que la multiplicité des mouvements de toutes les parties en absorbe l'effet. Fasch avait voulu d'ailleurs éviter la monotonie du style de Benevoli, au moyen de modulations appartenant à la tonalité moderne; mais ces modulations, incompatibles avec des combinaisons si compliquées, jetèrent de l'obscurité dans l'ouvrage, et lorsqu'on voulut l'exécuter, il ne produisit d'autre effet que celui de la confusion. En vain, les chanteurs firent-ils preuve de patience dans les répétitions, il fallut renoncer à un résultat satisfaisant.

Quoique la messe de Fasch n'ait pas atteint le but qu'il se proposait, elle le conduisit cependant à établir sa renommée sur des bases plus solides que tout ce qu'il avait fait auparavant, car voulant parvenir à la faire exécuter aussi bien qu'il était possible, il fonda une société de chant dont il prit la direction, et pour laquelle il écrivit des morceaux à quatre, cinq et six voix. Cette société, qui devint progressivement plus nombreuse, est aujourd'hui célèbre dans toute l'Europe, sous le nom d'*Académie de chant de Berlin*. Zelter, élève de Fasch, a complété l'ouvrage de son maître par des travaux constants pendant trente ans, et l'Académie de chant de Berlin est devenue, par ses soins, la société de ce genre la mieux organisée, et celle qui entre le mieux dans l'esprit des compositions qu'elle exécute. C'est à l'organisation de cette institution musicale que Fasch doit la réputation dont il jouit encore, et sa gloire la plus solide. Il mourut à Berlin, le 3 août 1800. L'année suivante, Zelter publia une notice sur sa vie et sur ses travaux, ornée de son portrait, sous ce titre : *Karl Friedrich Christian Fasch Leben*, Berlin, 1801, in-4°, de 62 pages. La bibliothèque royale de Berlin possède en manuscrit des cantates spirituelles de Fasch, à quatre voix et instruments pour les 5e, 6e, 9e, 10e et 11e dimanches après la Trinité, ainsi que des pièces de clavecin. Par reconnaissance pour la mémoire de son fondateur, l'Académie de chant de Berlin a publié ses œuvres complètes en partition. Ce qui a paru de la collection forme sept livraisons. Dans la première se trouvent douze chorals à quatre, cinq et six voix; sous le titre de *Mendelsohniana*; la deuxième livraison contient le psaume 30, traduit par Moses Mendelsohn pour chœur et voix solos, divisé en six morceaux; la troisième livraison contient le psaume *Inclina Domine*, pour soprano, deux contraltos, deux ténors et basse, un *Requiem* et une cantate funèbre; la quatrième livraison, sous le titre de : *Davidiana*, renferme deux psaumes en chœur sur les traductions de Luther; dans la cinquième, on trouve le psaume 110 (*Heil dem Manne*, etc.); la sixième renferme le psaume 51 (*Miserere*), à deux chœurs; la septième contient la messe à seize voix, suivie d'un canon à quinze. Cette collection est éditée à Berlin, chez Trautwein.

FASCIOTTI (Giovanni-Francesco), sopraniste, naquit à Bergame, vers le milieu du dix-huitième siècle. Il fut employé pendant quelques années à la chapelle de Pise, et se livra ensuite à la carrière théâtrale. Après avoir chanté sur les petits théâtres de la Romagne, il fut appelé à Naples, à Turin, à Gênes et à Milan. Il obtint partout du succès par l'expression, la flexibilité et la justesse de sa voix.

FASELT (Chrétien), magister à Wittenberg, né en 1637, a écrit en 1668 ses *Disputationes ex physicis*, dont la première traite *De auditu*. Faselt est mort le 26 avril 1694, à l'âge de cinquante-six ans.

FASOLO (le P. Jean-Baptiste), religieux de l'ordre de Saint-François, naquit à Asti, dans la première moitié du dix-septième siècle.

et prononça ses vœux au couvent de Palerme. Je ne connais de sa composition que les ouvrages dont voici les titres : 1° *Annuale organistico che contiene tutto quel che deve far un organista per rispondere al coro tutto l'anno*, op. 8; in Venezia, app. Giac. Vincenti, 1645, in-fol.; 2° *Arie spirituali a voce sola co'l basso continuo*, Palermo, app. Bisagni, 1659.

FASSMANN (François), constructeur d'orgues à Elnbogen, en Bohême, s'est fait avantageusement connaître par le bel instrument de cette espèce qu'il a établi dans le monastère de Strahow à Prague, en 1746. Cet orgue est composé de trente-trois jeux, trois claviers, pédale et six soufflets.

FASTOLPHE (Richard), Anglais, né à York dans le douzième siècle, fut moine de Cîteaux dans l'abbaye de Clairvaux, au temps de saint Bernard, dont il fut l'ami. Après avoir exercé pendant quelques années, dans cette abbaye, les fonctions de précenteur et de chantre, il fut envoyé dans le monastère de Fontaine, nouvellement érigé en Angleterre, dont il devint abbé, lorsque Henri Mordach fut élevé à l'archevêché d'York. Leland et Pitsæus lui attribuent un traité *De Musica vel Harmonia*. Voyez. *Car. de Visch, Biblioth. ord. cisterc.*, p. 287.

FATTORI (Massimiliano), compositeur sur qui l'on ne sait rien, si ce n'est qu'il était né à Urbino, et qu'il vécut dans la seconde moitié du dix-septième siècle, a fait imprimer de sa composition un recueil intitulé : *Motteti a due e tre voci*, Bologna, app. Giov. Monti, 1674, in-4°.

FATTORINI (Gabriel), compositeur, né à Faenza dans l'État romain, vivait au commencement du dix-septième siècle. On connaît de lui : *Sacri Concerti a 2 voci commodi da cantare col' organo*, Venise, Ricc. Amadino, 1600, in-4°. C'est vraisemblablement la même édition qui a reparu en 1602 avec un nouveau frontispice portant le même titre. Enfin, on trouve aussi, dans la bibliothèque du Lycée communal de musique à Bologne, un ouvrage de Gabriel Fattorini, intitulé : *I Sacri Concerti a 2 voci, co'l basso generale*, ibid., 1608, in-4°, qui paraît être encore la même édition avec un titre nouveau. L'ouvrage de Fattorini est un des premiers de ce genre qui aient été produits; il a, sous ce rapport, un intérêt historique, parce qu'il marque l'origine des nouvelles formes de la musique d'église. On trouve aussi, dans le catalogue de la bibliothèque du roi de Portugal l'indication de messes à quatre et cinq voix, livre 1er, de psaumes des vêpres à quatre voix et de complies à huit, dont Fattorini est l'auteur. Enfin, il a écrit d'excellents *Ricercari*, et l'on connaît de lui un canon très-ingénieux, à cinq voix, sur les paroles : *Ed ella cangia piedi e muta voglia*.

FATTSCHECK (Bernard), virtuose sur la harpe et artiste de la chapelle du roi de Suède, est né en Allemagne vers 1801. On ignore où il a fait ses études musicales, mais il y a lieu de croire qu'il ne doit qu'à ses propres efforts son talent remarquable d'exécution. Dans les années 1833 et 1834, cet artiste a fait un voyage en Allemagne et en Hollande, et y a obtenu des succès. On croit qu'il est retourné à Stockholm au commencement de 1835. Il ne paraît pas qu'il ait publié jusqu'à ce jour aucune composition pour la harpe; mais il a fait entendre en plusieurs lieux, notamment à Hambourg, des morceaux écrits par lui, où l'on a remarqué autant d'imagination que d'habileté dans l'art d'écrire.

FATUSI (le P. Michel), né à Rome, vers le milieu du dix-septième siècle, fut cordelier au couvent de cette ville, docteur en théologie et maître de chapelle de la basilique des Douze apôtres. On a imprimé de sa composition : *Responsoria Hebdomadæ sanctæ una cum Benedictus, Miserere ac Antiphonum 4 voc.*, opus 1, Roma, Mascardi, 1684.

FAUBEL (Joseph), clarinettiste du théâtre de la cour à Munich, est né le 12 juin 1801 à Aschaffenbourg, où son père était directeur de musique militaire. Celui-ci instruisit lui-même son fils, et lui fit faire de si rapides progrès, qu'il put jouer, à l'âge de dix ans, un solo dans un concert auquel assistait le grand duc, et qu'il fut admis dans la chapelle de la cour. Malheureusement il ne conserva pas longtemps les avantages attachés à cette position, car le grand-duché de Francfort ayant cessé d'exister en 1813, la musique de la cour fut supprimée, et tous les artistes qui la composaient furent incorporés dans les corps de musique militaire de plusieurs régiments. Tel fut aussi le sort de Faubel; il fit, comme clarinettiste, la campagne de France en 1814. De retour dans sa patrie, il y obtint son congé, et se livra à des études sérieuses pour perfectionner son talent. En 1816 il donna un premier concert à Francfort et y obtint de brillants succès. Peu de temps après, il se rendit à Munich, s'y fit entendre dans des concerts, et fut admis dans la musique du roi en 1818. C'est de cette époque que date la véritable éducation artistique de Faubel, car le beau modèle qu'il trouvait dans le talent de

Baermann lui fit comprendre tout ce qui lui restait à faire pour acquérir les qualités de ce célèbre artiste. Ses études furent suivies avec persévérance jusqu'en 1825, où il crut qu'il pouvait voyager pour se faire entendre. Après avoir parcouru le nord de l'Allemagne, il se rendit à Vienne en 1831, et s'y fit applaudir par la belle qualité du son qu'il tirait de son instrument, et par l'expression de son jeu. En 1833, il était en Suisse; depuis lors il est retourné à Munich, considéré comme un des virtuoses les plus remarquables de l'époque actuelle, sur la clarinette. Il a fait un voyage à Paris, en 1837, et un autre en Hollande, en 1841. On a publié de cet artiste : 1° Air varié pour clarinette et orchestre (en *mi* bémol), op. 1. Munich, Falter; 2° Six variations pour la clarinette sur un thème en *ut*, Offenbach, André; 3° Douze valses pour clarinette seule, *ibid*; 4° Six duos pour deux clarinettes, Leipsick, Breitkopf.

FAUCONNIER (Benoit-Constant), pianiste et compositeur, né à Fontaine-l'Évêque (Hainaut), le 26 avril 1816, reçut dès ses premières années des leçons de musique de son père, professeur estimé. Plus tard, sa famille se fixa à Thuin (dans la même province), et ce fut là que le jeune Fauconnier continua ses études. A l'âge de six ans et demi, il jouait déjà des duos de piano et violon avec son père. A huit ans, il possédait assez de connaissance de l'orgue pour faire le service d'organiste de l'église paroissiale. En 1833, il entra comme élève au Conservatoire de Bruxelles ; il était alors âgé de dix-sept ans. Il reçut dans cette institution des leçons de piano de Michelot, et l'auteur de cette notice lui enseigna l'harmonie et le contrepoint. Devenu très-bon musicien et habile dans l'accompagnement du chant, il fut employé comme accompagnateur des classes du Conservatoire et des concerts de la cour, jusqu'en 1839. Ayant épousé alors Mlle Sophie Guelton, cantatrice d'un talent agréable, il s'éloigna avec elle de Bruxelles, pour donner des concerts. En compagnie du célèbre harpiste Félix Godefroid (*voyez* ce nom), ils visitèrent Liége, Spa, Francfort, Mannheim, Darmstadt, Carlsruhe, et partout obtinrent de brillants succès. Fixé à Paris en 1840, M. Fauconnier s'y livra à l'enseignement, s'y fit connaître par son talent distingué d'accompagnateur, et y publia ses premières compositions. En 1843, il fut attaché à la maison du prince de Chimay en qualité de maître de chapelle et de professeur de musique des enfants de ce seigneur. En 1846, le prince ayant été nommé ambassadeur à Rome, M. Fauconnier le suivit dans cette ville, visita les villes principales de l'Italie et s'y livra à l'étude des œuvres des anciens maîtres italiens. Mme Fauconnier avait succombé depuis plusieurs années aux atteintes d'une maladie de poitrine ; devenu veuf, M. Fauconnier se remaria en 1848 et s'établit définitivement à Paris. Au nombre de ses ouvrages on remarque une grande quantité de romances et de mélodies, publiées à Bruxelles, chez Schott, Meynne, Katto; à Paris, chez Troupenas, Mme Lemoine, etc. On a de lui aussi beaucoup de morceaux pour le piano dont les principaux sont : 1° *Souvenirs de Schubert*, fantaisie de bravoure, Paris, Troupenas ; 2° *Trois Méditations*, etc., Meissonnier ; 3° *Vingt-quatre Heures*, recueil de quatre mélodies, Bruxelles, Schott ; 4° *Paillettes d'or*, n°s 1 et 2, et beaucoup de morceaux détachés ; Bruxelles, Meynne ; 5° Neuf duos pour piano et violon avec M. De Beriot, sur des thèmes d'opéras italiens et allemands, etc. Quelques ouvrages plus importants ont été publiés par M. Fauconnier, à savoir : 6° Quatuor pour piano, violon, clarinette et violoncelle ; Paris, chez l'auteur ; 7° Sextuor pour piano, deux violons, violoncelle, clarinette et contrebasse, *ibid.*; 8° *Le Guide de l'Organiste des petites villes et de la campagne*; *ibid*. Le 26 septembre 1850, M. Fauconnier a donné, au théâtre de l'Opéra-Comique, *la Pagode*, en deux actes, dont la musique a été remarquée, mais qui n'a pu se soutenir à la scène, à cause de la faiblesse du livret. Cet artiste a en manuscrit des messes à grand orchestre, des chants religieux, beaucoup de morceaux de piano et d'autres compositions de différents genres.

FAUGUES, FAUQUES, ou FAGUS, ou LA FAGE (Vincent), contrepointiste cité sous le premier de ces noms par Tinctoris, en deux endroits de son *Proportionale*, comme un des successeurs immédiats de Dufay, de Binchois et de Dunstaple, et comme un contemporain de Regis, de Caron, de Domart, de Obrecht, de Courbet, de Le Rouge et de Puylois. L'abbé Baini croit que les trois noms indiqués au commencement de cet article appartiennent au même personnage, et dit que des compositions de la même époque existent sous ces noms dans les archives de la chapelle pontificale. Quoi qu'il en soit, il paraît certain que Faugues écrivait un peu avant Ockeghem. Les manuscrits de la chapelle du Pape ont fait voir à l'abbé Baini que ses messes et ses motets étaient chantés dans cette chapelle au temps de Nicolas V, qui gouverna l'Église depuis 1447 jusqu'en 1455. Parmi ses compositions manuscrites qui sont dans les archives de la chapelle Sixtine, on trouve une messe de *l'homme armé*, à trois voix, dont Kiesewetter a publié le *Kyrie* dans son ouvrage intitulé : *Geschichte der europæisch-abendlændischen oder unsrerheutigen Musik*. Tinctoris cite aussi, dans son *Proportionale*, la messe *Unius* de Faugues, et en rapporte un passage à deux voix. Faugues est appelé *Guillaume*, et non Vincent, par Tinctoris, ce qui pourrait faire croire qu'il y a eu deux musiciens de ce nom à la même époque, ou peut-être que le nom de Vincent était *Faugues*, et celui de Guillaume, *Faugues*.

FAULKNER (T.), architecte anglais, a publié un ouvrage qui a pour titre : *Organ builder's assistant*, London, 1820, in-4°. Ce titre semble annoncer un traité de la construction de l'orgue ; cependant l'ouvrage ne renferme qu'une suite de planches gravées qui représentent des projets de buffets pour cet instrument.

FAURE (l'abbé DAVID), professeur de chant au séminaire de Limoges, est auteur d'un livre qui a pour titre : *Nouvelle méthode de plain-chant et de musique, à l'usage des séminaires, collèges, écoles normales et primaires de France*. Limoges, Barbou frères, 1844, 1 vol. in-12 de 407 pages. Grand amateur de la monstruosité qu'on désigne, dans certaines églises de France, par le nom de *plain-chant musical*, M. l'abbé Faure en a rempli son livre. Il est difficile d'imaginer quelque chose de plus ridicule que ce mélange de prétendu plain-chant et de détestable musique.

FAURIEL (CLAUDE-CHARLES), philologue, historien et critique, né à Saint-Étienne (Loire), le 21 octobre 1772, servit d'abord dans les armées françaises, en 1793, et fut secrétaire du général Dugommier, puis fut attaché à Fouché, ministre de la police, également comme secrétaire ; mais son penchant pour les lettres et les études historiques le décida à donner sa démission. Ses liaisons avec les membres de la société d'Auteuil, Cabanis, Mme de Staël, de Tracy, Manzoni, M. Guizot, contribuèrent à développer son goût pour la culture de l'intelligence. Il étudia l'antiquité, apprit le grec, l'arabe et le sanscrit, et amassa d'immenses matériaux sur l'histoire du moyen âge. Il fut membre de l'Académie des inscriptions et belles-lettres de l'Institut de France, professeur de la Faculté des lettres de Paris, et l'un des conservateurs des manuscrits de la Bibliothèque nationale. Fauriel est mort à Paris, le 15 juillet 1844. Au nombre des ouvrages de ce savant,

on remarque : *Chants populaires de la Grèce moderne, recueillis et publiés avec une traduction française, des éclaircissements et des notes*. Paris, Firmin Didot, 1824, 2 vol. in-8°. Le premier volume contient les chants historiques ; l'autre, les chants romanesques et domestiques. L'introduction de cette collection, en CXXXIV pages, est un morceau du plus grand intérêt, au point de vue de l'histoire de la poésie et de la musique, aussi bien que des mœurs.

FAUVEL (ANDRÉ-JOSEPH), surnommé L'AÎNÉ, parce qu'il y eut deux musiciens de ce nom, lesquels étaient frères, naquit, non à Paris, comme il a été dit dans la première édition de ce livre, mais à Bordeaux, en 1756, suivant une note manuscrite de Roquefort sur Fauvel, qui était son ami. Il reçut des leçons de musique et de violon de plusieurs maîtres, particulièrement de Gervais, dans un voyage que celui-ci fit à Bordeaux, avant de se rendre à Paris. En 1782, Fauvel eut pour élève un jeune garçon de huit ans, qui plus tard illustré le nom de *Rode*. Les progrès de cet enfant furent si rapides, qu'à peine âgé de douze ans, il fut en état de jouer des concertos en public et qu'il étonna tous les artistes et amateurs de Bordeaux. Le talent, déjà remarquable, de son élève décida Fauvel à se rendre avec lui à Paris, en 1787, pour le faire entendre au Concert spirituel. Bientôt après, Rode devint l'élève de Viotti ; mais nonobstant le chagrin qu'il en eut, Fauvel se décida à se fixer à Paris. En 1794, il entra à l'orchestre de l'Opéra comme alto, et y resta jusqu'à la fin de 1814. Il prit alors sa retraite après vingt ans de service, et obtint la pension. Il avait épousé Mlle Frey, pianiste et compositeur, qui eut quelque réputation et qui était sœur du violoniste et éditeur de musique de ce nom. Fauvel a publié de sa composition : 1° Trois quatuors pour deux violons, alto et basse, Paris, 1798 ; 2° Douze exercices de violon suivis de six leçons en duos, op. 5, *ibid*. 1801 ; 3° Six trios élémentaires de la plus grande facilité pour deux violons et basse, op. 4, *ibid*. 1802. En 1800 il fit entendre, aux concerts du Lycée des arts, une symphonie concertante pour huit instruments. Il a écrit aussi une grande quantité de quatuors et quelques symphonies, qui sont inédits.

FAVALLI (...), sopraniste, né en Italie, vint en France en 1674, et fut attaché à la chapelle du roi. La beauté de sa voix charma si bien Louis XIV, que ce prince lui accorda la permission de chasser dans toutes ses capitaineries, et même dans le parc de Versailles.

FAVART (Marie-Justine-Benoîte DU RONCERAY), femme de Favart, auteur de beaucoup d'opéras-comiques, naquit à Avignon, le 15 juin 1727, et fut élevée à Luneville, où ses parents étaient attachés à la musique du roi de Pologne, Stanislas. Son père, André René Du Ronceray, avait été musicien de la chapelle du roi, et sa mère, Perrette-Claudine Bied, était cantatrice de la chapelle du roi Stanislas. Douée d'une figure charmante, de beaucoup de talent et de grâces, elle obtint les plus grands succès lorsqu'elle débuta à Paris, en 1744, sur le théâtre de l'Opéra-Comique, sous le nom de Mlle Chantilly. La naïveté de son jeu, ce qu'on appelait alors *la beauté de son chant*, et les grâces piquantes de sa danse, procurèrent une telle vogue à l'Opéra-Comique, que les grands théâtres, jaloux de cette prospérité, demandèrent et obtinrent la suppression de ce genre de spectacle. Ce fut en 1745 que Mlle Chantilly devint l'épouse de Favart. Elle débuta aux Italiens le 5 août 1749, et fut reçue sociétaire en 1752. Les rôles de paysannes dans *Bastien et Bastienne*, dans *Annette et Lubin*, et dans quelques autres opéras-comiques de son mari, assurèrent sa réputation. Elle est morte le 20 avril 1772, âgée de quarante-cinq ans. Madame Favart a passé pour avoir travaillé à plusieurs opéras-comiques de son mari, avec l'abbé de Voisenon.

FAVERIUS ou **FAVORÆUS** (Jean). Draudius cite sous ce nom, dans sa Bibliothèque classique, quelques ouvrages d'un compositeur qui vivait à la fin du seizième siècle. Il est vraisemblable que le véritable nom de ce musicien était *Favier*, et qu'il était Français de naissance. Quoi qu'il en soit, voici les titres de ses compositions : *Canzonette napoletane a tre voci*, libro 1, 1595 ; 2° *Teutsche Lieder mit 4 Stimmen, auff Neapolitanische Art componirt*, Cologne, in-4° ; *Opus cantionum seu mutetarum 4 et 5 vocibus*, Cologne, 1606, in-4°.

FAVI (André), compositeur italien, né à Forli, s'est fait connaître par la musique qu'il a composée pour un opéra bouffe intitulé : *Il creduto Pazzo*, représenté à Florence en 1790. Un autre compositeur, *François Favi*, vraisemblablement de la même famille, a fait jouer à Forli, en 1832, l'opéra sérieux *Margherita d'Anjou*.

FAVILLA (D. Saverio), chanteur célèbre au service du roi de Naples, mourut subitement, au milieu d'un morceau qu'il chantait en présence de la famille royale, le 8 février 1783.

FAVRE (....), violoniste de l'Opéra en 1705, quitta sa place vers 1730, et se retira à Lyon, où il est mort en 1747. Il a composé la musique de quelques divertissements pour des comédies, ainsi qu'un œuvre de sonates pour le violon, qui a été gravé à Paris, sans date, mais antérieurement à 1729, car on le trouve indiqué dans le catalogue de Boivin de cette année. On a aussi de lui un livre de menuets pour deux violons et basse, gravé à Paris, sans date.

FAWCETT (John), organiste à Londres, ne m'est connu que par un recueil de chants à plusieurs voix pour les psaumes et hymnes, avec accompagnement d'orgue ou de piano, et avec des versets (*interludes*) pour la plupart de ces chants. Ce recueil a pour titre : *Miriam Timbrel* (le Tambour de basque de Miriam), *a new set of Psalm and Hymn tunes (most of which have interludes), composed and arranged for one, two, three, or four voices, with an accompaniment for the organ or pianoforte*. Londres, J. Alfred Novello (sans date), in 8° oblong. On voit au frontispice de cet ouvrage que M. Fawcett est aussi auteur de deux autres recueils, intitulés : *The Voice of harmony*, et *The Harp of Zion*.

FAY (Étienne), né à Tours en 1770, fut admis, à l'âge de huit ans, comme enfant de chœur à l'église métropolitaine. Après y avoir fait d'assez bonnes études de musique, il sortit de la maîtrise à dix-huit ans. Plein d'espoir d'obtenir une place de maître de musique d'une cathédrale, il visita pendant quelque temps les villes de province, puis vint à Paris et prit la résolution de se faire comédien, la révolution l'ayant fait renoncer à ses premiers desseins. Le théâtre de la rue de Louvois, où l'on jouait l'opéra-comique, ayant été ouvert en 1790, Fay y débuta comme ténor. L'année suivante il se fit connaître comme compositeur par un opéra en trois actes, intitulé *Flora* ; cet ouvrage obtint du succès. En 1792, il entra au théâtre Favart et y prit en double l'emploi des premiers ténors ; dans la même année il donna, au théâtre Louvois, *le Projet extravagant*, opéra-comique en un acte qui ne réussit point, et *le Bon Père*, autre ouvrage du même genre, qui ne fut pas plus heureux. Quoique bon musicien et chanteur assez agréable, Fay produisait peu d'effet au théâtre Favart, où Michu et quelques autres acteurs jouissaient de la faveur publique. Sa voix était sourde et son jeu manquait de chaleur et de légèreté ; mais il avait de la noblesse dans certains rôles, et rachetait ses défauts par de l'intelligence. *Les Rendez-*

vous *espagnols*, opéra en trois actes, qu'il fit représenter au même théâtre en 1793, furent bien accueillis; dans la même année, il donna, au théâtre Feydeau, *Emma ou le Soupçon*, en trois actes. *Clémentine ou la Belle-mère*, qu'on peut considérer comme le meilleur ouvrage de cet artiste, obtint un succès de vogue en 1795. Ce fut vers cette époque que Fay entra au théâtre Feydeau, où il partagea avec Gaveaux l'emploi de premier ténor. Il y resta jusqu'en 1801. Ce temps est le plus brillant de la carrière de Fay comme chanteur et comme acteur. A l'époque de la réunion des deux entreprises des théâtres Favart et Feydeau, il ne fut point admis dans la nouvelle société de l'Opéra-Comique, et il quitta Paris pour se rendre à Bruxelles. Quelques années auparavant, il avait épousé Mlle Rousselois, qui avait débuté au théâtre Feydeau comme première chanteuse, sous le nom de Mme *Bachelier*, et qui doubla ensuite Mlle Maillard à l'Opéra. En 1804, il revint à Paris et y fit représenter *Julie*, en un acte, qui fut ensuite refait avec Spontini, et joué en 1805 sous le titre du *Pot de fleurs*. En 1800, il avait donné, au théâtre Feydeau, *la Famille savoyarde*, en un acte, qui ne réussit pas. Après avoir longtemps voyagé et joué dans les provinces, Fay revint à Paris en 1819, et rentra à l'Opéra-Comique, où il se fit entendre dans *Montano et Stéphanie*, dans *Heléna*, et d'autres ouvrages de l'ancien répertoire. Sa voix avait changé de caractère et était devenue plus grave que dans sa jeunesse. Sans être un chanteur de bonne école, il ne manquait ni de goût, ni d'expression, et il était bon musicien : cependant il eut peu de succès, ne fut pas engagé, et partit pour la Hollande en 1820. De retour à Paris l'année suivante, il entra au théâtre du Gymnase, mais y resta peu de temps, et retourna en Belgique, où il demeura jusqu'en 1826. C'est alors qu'il s'est définitivement fixé à Paris; depuis lors il n'a plus été attaché à aucun théâtre et a vécu dans la retraite. Il est mort à Versailles, le 6 décembre 1845, à l'âge de soixante-quinze ans. On a peine à comprendre qu'après avoir obtenu des succès comme compositeur, Fay ait renoncé jeune encore à une carrière qui n'avait eu rien de pénible pour lui. Il manquait de savoir, mais non de mélodie, ni d'un certain sentiment dramatique.

FAYA (Aurelio della), maître de chapelle de la petite ville de Lanciano, dans le seizième siècle, a publié un ouvrage ayant pour titre : *Il primo libro de madrigali a cinque voci*, Venise, 1564, in-4° oblong.

FAYDIT (Gaucelm), troubadour, né à Uzerche, dans le Limousin, vers 1150, n'eut d'abord que la vie agitée et peu honorable des jongleurs : il se compromit en épousant en province une fille de mauvaise vie qui était belle, et qui chantait agréablement ses chansons. Cependant quelques-unes de ces chansons étant parvenues jusqu'à Richard, surnommé *Cœur-de-Lion*, qui monta sur le trône d'Angleterre en 1189, ce prince l'attira à sa cour et lui accorda sa protection. Dès lors Faydit fut tiré de la classe des jongleurs et passa au rang des troubadours. Devenu l'un des poètes-musiciens les plus renommés de ce temps, il obtint les bonnes grâces de quelques dames de haut parage, qui, pour voir leurs noms figurer dans ses poésies, se montrèrent faibles ou coquettes avec lui. Lorsque Richard se croisa, Faydit fut du nombre de ceux qui le suivirent à la terre sainte, et, après la mort de ce monarque, en 1199, il composa des stances touchantes sur la fin prématurée de son bienfaiteur. Ce troubadour vécut ensuite à la cour du marquis de Montferrat et à celle de Raymond d'Agoult, l'un des plus riches seigneurs de la Provence, et zélé protecteur des poètes et des musiciens. On croit qu'il mourut en 1220, près de ce dernier. Faydit a laissé en manuscrit environ cinquante chansons qui se trouvent dans quelques grandes bibliothèques, et parmi lesquelles il y en a onze qui sont notées avec la mélodie. Une de ces chansons notées est dans un manuscrit du treizième siècle, conservé à la Bibliothèque ambroisienne de Milan avec d'autres des troubadours Éméric de Pegulhan (Péguilain), Pierre Vidal, Richard de Berbezil, Folches de Marseille (Folquet), Peirol, Bernard de Ventadour et Raimond de Toulouse.

FAYOLLE (François-Joseph-Marie), né à Paris, le 15 août 1774, fit ses humanités au collège de Juilly, et étudia les mathématiques à l'École polytechnique, sous la direction de Prony, Lagrange et Monge. Il publia d'abord quelques éditions assez correctes de poètes français du second ordre, ainsi qu'un recueil intitulé *Les quatre Saisons du Parnasse*, dont il a paru seize volumes, depuis 1805 jusqu'en 1809; il y a inséré plusieurs articles relatifs à la musique, et des notices sur plusieurs musiciens. En 1809, il entreprit de traduire ou de faire traduire l'ancien Dictionnaire des Musiciens d'Ernest-Louis Gerber; malheureusement, celui qui fut chargé de ce travail connaissait peu la musique, en sorte qu'il fit une foule de contre-sens que Fayolle n'a pas corrigés. Pour les musiciens français, il copia avec trop de confiance les articles de La Borde. Fayolle s'est moqué des fautes de Gerber en plusieurs endroits de son ouvrage ; cependant le modeste musicien allemand employait vingt-deux ans à corriger ses inexactitudes et à préparer le supplément qu'il a donné de son livre, tandis que son critique faisait le sien à la hâte. Il avait proposé à Choron une association pour la confection de cet ouvrage ; mais quoique le nom de celui-ci figure au frontispice, il n'y a mis que peu d'articles, et s'est contenté de fournir l'introduction, extrait bien fait des histoires de Forkel et de Burney, qu'il avait mis précédemment dans ses *Principes de composition des écoles d'Italie*. Le premier volume de la compilation de Fayolle parut, en 1810, sous le titre de *Dictionnaire historique des musiciens, artistes et amateurs, morts ou vivants*, etc., Paris, in-8°. Le second volume fut publié en 1811. Il y a des exemplaires qui portent la date de 1817 ; mais c'est la même édition dont on a changé le frontispice. Fayolle avait eu pour maître de violoncelle Barny, et Perne lui avait enseigné l'harmonie. Il avait annoncé une *Histoire du violon* ; mais il n'en a publié que quelques morceaux, sous le titre de *Notices sur Corelli, Tartini, Gaviniés, Pugnani et Viotti*, extraites d'une histoire du violon. Paris, Dentu, 1810, in-8°. Vers 1815, Fayolle s'est rendu à Londres, où il est resté jusqu'en 1829, donnant des leçons de littérature française, et fournissant des articles à quelques journaux, entre autres au journal de musique intitulé *The Harmonicon*. De retour à Paris, il y a publié une brochure sous le titre de *Paganini et Bériot* (1830, in-8°), dans laquelle il compare le jeu de ces deux violonistes célèbres. Depuis lors il a fourni quelques notices de musiciens au supplément de la *Biographie universelle* de Michaud. Retiré pendant les dernières années de sa vie à la maison de Sainte-Périne, à Chaillot, sorte d'hospice où l'on ne paye qu'une pension modique, il y vécut philosophiquement, se consolant de la perte d'une brillante fortune, qu'il avait dissipée dans sa jeunesse. Il y est mort le 2 décembre 1852. On a de Fayolle plusieurs ouvrages de littérature, et il a été éditeur de plusieurs écrivains classiques de la France.

FAZZINI (JEAN-BAPTISTE), chapelain chantre de la chapelle pontificale, né à Rome, fut agrégé à cette chapelle en 1760. Il fut un compositeur distingué tant dans le style ancien que dans le moderne, et remplit successivement les fonctions de maître de chapelle à Sainte-Cécile, à Sainte-Marguerite et à Sainte-Apolline *in Transtevere*. M. l'abbé Santini, de Rome, possède en manuscrit des messes à quatre et à cinq, une messe de *Requiem* à huit, *Christus factus est* à trois, *Victimæ Paschali* à huit, *Veni Sancte Spiritus* à huit, *Dixit Dominus* à seize, avec instruments, de la composition de ce maître.

FEBURE (JEAN LE), maître de chapelle à Mayence, vers la fin du seizième siècle, a fait imprimer les ouvrages suivants de sa composition : 1° *Hymni* 4 voc., Costnitz (1), 1596, op. 1, gr. in-fol. ; 2° *Madrigali e motetti a 4, 5 e 6 voci*, Anvers, 1595 ; 3° *Madrigali et motetti a 4, 5 e 6 voci*, ibid., 1596 ; 4° *Il primo libro de madrigali a 5 voci*, Costnitz, 1600, in-8° ; 5° *Fasciculus sacrarum cantionum* 6-12 voc., Mayence et Francfort, 1607. Cette collection contient 40 motets. 6° *Cantiones sacræ*, 4, 5, 6, 8 voc., Francfort, 1607, in-4° ; 7° *Rosetum Marianum, oder unser lieben Frauen Rosengärtlein, von 33 Lobgesængen mit 3 Stimmen*, Mayence, 1609, in-4°.

FEBURE (LE). *Voyez* LEFEBURE.

FEBVRE (JACQUES FABER ou LE), surnommé STAPULENSIS, parce qu'il était d'Étaples, au diocèse d'Amiens, naquit en 1435, selon quelques biographes, ou, ce qui est plus vraisemblable, en 1455. Après avoir fait ses études à Paris, il parcourut une partie de l'Europe pour augmenter ses connaissances. De retour à Paris, il enseigna la philosophie au collége du cardinal Lemoine jusqu'en 1507. Briçonnet, alors évêque de Lodève, se l'attacha, et l'emmena avec lui lorsqu'il fut transféré au siége de Meaux, en 1518. François Ier le nomma précepteur du prince Charles, son troisième fils. En 1531, la reine de Navarre l'emmena à Nérac, où il passa les dernières années de sa vie. Fabricius place l'époque de sa mort en 1537, et Freher en 1547 ; mais cette dernière opinion est peu vraisemblable. Au nombre des ouvrages de Le Febvre, on trouve un traité intitulé : *Elementa musicalia ad clarissimum virum Nicholaum de Haqueville presidentem Parisiensem*, Parisiis, 1496, in-fol. Cette édition est rare ; il en existe un exemplaire à la bibliothèque Mazarine, à Paris ; le P. Martini en possédait un autre, et j'en ai acheté un troisième à Londres. Une deuxième édition du même ouvrage a paru sous ce titre : *Musica libris IV demonstrata* ; sur un second feuillet on lit le titre de la première édition : *Jacobi Fabri Elementa musicalia*, etc., *Parisiis ex*

(1) Petite ville du grand duché de Bade.

officina Henr. Stephani, 1510, in-folio. Le livre de Le Febvre fut ensuite réimprimé dans un volume composé de plusieurs ouvrages, et au frontispice duquel on lit ces mots : *In hoc opera contenta Arithmetica decem libris demonstrata; Musica libris demonstrata quatuor; Epitome in libros Arithmeticos divi Severini Boetii; Rithmimachia ludus qui et pugna numerorum appellatur.* Au dernier feuillet on lit : *Ad studiorum utilitatem Henrici Stephani labore et sumptu Parhysiis Anno salutis Domini*, 1514, in-folio. Une quatrième édition fut donnée du même traité de musique, avec le *Cursus quatuor mathematicarum artium liberalium* de Pierre Ciruelo, et des *Quæstiuncula prævia in Musicam speculativam divi S. Boetii*; à Paris, chez Simon de Colines, en 1528, in-folio. Enfin, on connait une cinquième et dernière édition du traité de Le Febvre seul, sous le titre de : *De Musica quatuor libris demonstrata, Parisiis*, Cavellat, 1552, in-4°. Quoique souvent cité par les écrivains du seizième siècle, ce livre est de peu d'utilité, la matière y étant traitée d'une manière spéculative, et non dans ses rapports avec la pratique.

FEBVRE (Jacques LE), musicien français du dix-septième siècle, fut attaché à la musique de Louis XIII, et même, à ce que l'on croit, fit partie de celle de Henri IV. On connaît de sa composition : *Meslange de musique à quatre parties*.

FEBVRE (LE). *Voyez* LEFEBVRE.

FEDE (D. Joseph), né à Pistoie, fut agrégé au collège des chapelains chantres de la chapelle pontificale, en 1662. Il possédait une voix admirable et chantait avec tant d'expression, que Berardi affirme, dans ses *Ragionamenti musicali*, qu'une fois entre autres, Fede chanta un passage avec tant de douceur et d'accent, que l'auditoire ne put s'empêcher de verser des larmes. Après avoir été maître de chapelle de l'église Saint-Marcel, qui était celle des PP. Servites, il fut bénéficier de Sainte-Marie Majeure. L'abbé Ruggiero Gaetano, dans ses mémoires de l'année sainte 1675, fait l'éloge de la musique de ce compositeur qui fut exécutée, cette même année, dans l'église de Saint-Marcel.

FEDE (François-Marie), frère puîné du précédent, naquit à Pistoie dans la première moitié du dix-septième siècle. Il fut agrégé à la chapelle pontificale comme sopraniste, le 6 juillet 1667, ensuite il devint maître de chapelle à Sainte-Marguerite *in Transtevere*. L'abbé Ruggiero Gaetano dit, dans les mémoires cités à l'article précédent, que la musique de Fede était plus mélodique que celle de tous ses contemporains.

FEDELE (Daniel-Théophile). *Voyez* Treu.

FEDELI (Joseph), chanoine du collège de Sainte-Agathe à Crémone, né dans cette ville vers 1720, est auteur d'un traité de plain-chant qui a pour titre : *Regole di canto fermo, ovvero gregoriano, presentate all' illustrissimo e reverendissimo monsignore Ignazio Maria Fraganeschi, vescovo di Cremona*, etc. Crémone, 1757, in-fol. avec planches. Cet ouvrage est un des meilleurs qu'on possède sur cette matière.

FEDELI (Roger), compositeur, né en Italie vers 1670, fut d'abord maître de chapelle du landgrave de Hesse-Cassel jusqu'en 1700 ; il passa ensuite au service du roi de Prusse, mais il retourna à Cassel quelques années après, et y mourut en 1722. Il a écrit quelques ouvrages pour le théâtre de cette ville, mais les titres en sont ignorés. En 1705, il fit exécuter à Berlin, à l'occasion de la mort de la reine, une grande musique funèbre de sa composition. On a aussi de lui le psaume 110; en manuscrit, et un *Magnificat* à grand orchestre.

FEDERICI (D. Francesco), prêtre et compositeur, né à Rome, vivait dans cette ville vers la seconde moitié du dix-septième siècle. On a deux oratorios de sa composition, qui sont : 1° *Santa Christina, oratorio con stromenti*, 1676; 2° *Santa Catarina di Sienna, oratorio a cinque voci con stromenti*, 1676. Burney a donné deux airs de ces oratorios dans son Histoire de la musique, t. IV, p. 117. On a aussi de Federici vingt-quatre airs pour voix seule, avec accompagnement de piano. — Il y a eu un autre *Federici* (Joseph), contemporain du précédent, et auteur de six duos pour deux flûtes.

FEDERICI (Vincent), compositeur dramatique, et professeur de composition au Conservatoire de Milan, lors de l'établissement du royaume d'Italie, est né à Pesaro, en 1764. Destiné par sa famille à suivre la carrière des lois, il fit de bonnes études, et soutint publiquement des thèses de philosophie à l'âge de treize ans. Ce fut alors qu'il apprit à jouer du piano et les règles de l'accompagnement des *partimenti*, sous Angelo Gadani, maître bolonais. La mort de son père le rendit maître de lui-même à l'âge de seize ans; il voulut alors parcourir le monde, et, sans réfléchir sur les suites de sa résolution, il partit pour Livourne; de là passa à Londres, où il fut bientôt forcé de donner des leçons de musique pour vivre. Obligé d'exercer un art qu'il n'avait jusque-là cultivé que comme amateur, il se livra avec ardeur à des études théoriques et pratiques, et chercha dans les compositions de Palestrina, de Durante, de Jomelli et de Hændel, le secret des combinaisons harmoniques. Les symphonies de Haydn, qu'il entendit alors pour la première fois, lui donnèrent l'idée des effets que peut produire un orchestre manié par un homme de génie. Nommé vers le même temps pianiste au théâtre italien, Federici put aussi former son style sur ceux de Sarti, de Paisiello et de Cimarosa, qui étaient alors les compositeurs en vogue. Il commença sa carrière par l'opéra de *l'Olimpiade*, qu'il écrivit en 1790. Cet ouvrage fut suivi de *Demofoonte*, de la *Zenobia*, de la *Nitteti*, de *Didone*, et de plusieurs autres, composés pour le théâtre de Londres. Il écrivit aussi beaucoup de morceaux détachés qui furent insérés dans divers ouvrages joués sur le même théâtre. Rappelé en Italie en 1803, par le vice-président de la république italienne, il écrivit à Milan *Castore e Polluce*, et *il Giudizio di Numa*. En 1804, il donna *l'Oreste in Tauride*. Appelé à Turin en 1805, il y composa *la Sofonisbe*. Il revint à Milan au printemps pour remettre à la scène *Castore e Polluce*, à l'occasion du couronnement de Bonaparte. En 1806, il écrivit *Idomeneo*, et *Zaira*; en 1808, à Turin, la *Conquista delle Indie*, et en 1809, à Milan, *Ifigenia in Aulide*. Après le succès de cet ouvrage, il obtint du prince Eugène Beauharnais la place de professeur de contrepoint au Conservatoire de musique de Milan. Puis, il alla à Rome écrire *Virginia*, qui ne réussit pas. En 1812, Federici fit un voyage à Paris et y donna *la Locandiera scaltra*, à laquelle une exécution parfaite procura un brillant succès. De retour à Milan, il y reprit ses fonctions de professeur de contrepoint du Conservatoire, et, en 1826, il succéda à Ambroise Minoja dans la place de censeur de cette école; mais il ne jouit pas longtemps des avantages de cette position, car il mourut le 26 septembre de la même année, à l'âge de 62 ans. On a aussi une cantate de sa composition intitulée *Teseo*. Federici n'a point une manière à lui; son style ressemble à celui de Farinelli et de Fioravanti, mais à un degré inférieur; il a eu cependant un moment de vogue en Italie.

FEDI (...), célèbre chanteur, fondateur de la plus ancienne école de chant qu'il y ait eu à Rome, et dont on a conservé le souvenir. Il vivait vers la fin du dix-septième siècle. Bontempi en parle avec éloge dans son Histoire de la musique, qu'il publia en 1695. Cet écrivain rapporte une singulière preuve de l'attention que Fedi donnait à l'éducation de ses élèves. Selon lui, ce professeur avait l'habitude de les conduire hors des murs de Rome, dans un lieu où se trouve un rocher fameux par un écho polyphone; et là, il exerçait ces jeunes gens en les faisant chanter en face du rocher, qui répétait exactement leurs traits, et qui, leur montrant leurs défauts, leur enseignait à s'en corriger. Il est difficile de croire que cet exercice en plein air ait été fort avantageux aux élèves de Fedi. Ce maître fut lié d'une étroite amitié avec Joseph Amadori, compositeur, que les auteurs du *Dictionnaire des musiciens* (Paris, 1810) ont confondu avec Jean Tedeschi, surnommé *Amadori*, en le faisant élève de Bernacchi, qui n'était pas né.

FEHR (François-Joseph), organiste de ville à Ravensbourg, naquit le 6 mai 1746, à Lauffenbourg, petite ville du canton d'Argovie, en Suisse. Son père, qui était meunier, et qui le destinait à l'état ecclésiastique, le fit entrer au monastère de Maria-Stein, près de Bâle. Après y avoir fait ses études, tant dans la musique que dans les autres sciences, sous la direction d'un bénédictin nommé le P. Félix Tschupp, et après y avoir achevé son noviciat, il refusa d'entrer dans l'ordre, alléguant le mauvais état de sa santé, et retourna dans la maison paternelle. Son heureuse étoile l'ayant conduit à Ravensbourg, il y obtint la place d'organiste, et, après avoir achevé l'étude du droit, il y réunit celle de procureur de la ville. Le revenu de ces deux places étant insuffisant pour l'entretien de sa famille, il établit une fabrique d'instruments de musique qui obtint bientôt de la célébrité, et qui lui procura d'assez grands bénéfices. Cet artiste, dont le talent sur l'orgue était distingué, est mort vers 1804. Parmi ses compositions, on cite particulièrement un *Te Deum*, des chœurs pour le drame de *Lanassa*, et quelques pièces pour le piano.

FEHR (Joseph-Antoine), né à Grænenbach, au cercle de l'Iller, en 1765, commença ses études littéraires et musicales chez les religieux de Ste-Croix à Memmingen, et les acheva à Dillingen. Doué d'une belle voix de basse et bon musicien, il remplit d'abord avec distinction l'emploi de vice-maître de chapelle au couvent supérieur de Kempten; puis, en 1800, il fut nommé pasteur à Durach, près de cette ville. Le chant de l'église était régligé dans cette paroisse; Fehr s'attacha à le perfectionner et à le rendre populaire. Il composa beaucoup de cantiques, et fit paraître vers le même temps plusieurs recueils de chants allemands avec accompagnement de piano. Lorsque Kempten fut réuni à la Bavière, Fehr fut nommé directeur de musique et inspecteur des écoles de ce canton, pour lesquelles il publia quelques livres élémentaires. Il mourut à Durach en 1807, au moment où on allait lui confier une paroisse plus considérable.

FEHRE (J.-A.), fils d'un bon claveciniste de Mittau, naquit dans cette ville vers 1760, et reçut de son père son éducation musicale. Sa brillante exécution le plaça en peu de temps parmi les pianistes habiles de l'Allemagne. Après avoir professé la musique pendant quelque temps dans sa ville natale, il se rendit à Riga, pour succéder à Muthel, qui venait de mourir. Quelque temps après il devint secrétaire du conseiller de Vietinghof; il occupait encore cette place en 1797. Cet artiste a publié : 1° *Différentes pièces pour le clavecin*, Riga, 1792. Artaria en a donné une seconde édition à Vienne ; 2° *XII Chansons avec accompagnement de clavecin*, Kempten, 1796, in-4°; 3° *Recueil de douze chansons avec accompagnement de clavecin*, Bregenz, 1797, in-4°.

FEHSER (JEAN-JACQUES), directeur de l'école de chant de l'église de Kowig, près de Zerbst, est né le 24 juin 1780 à Karith, près de Gommern. Il a publié un livre choral (*Choralbuch*), à l'usage du district de Zerbst.

FEIGE (JEAN-THÉOPHILE), né à Zeitz en 1748, se livra fort jeune à l'étude de la musique, et se fit d'abord remarquer par son talent sur le violon ; mais la beauté de sa voix l'ayant fait engager comme première basse-taille au théâtre ducal de Strélitz, il cessa de jouer de cet instrument. Ayant été nommé inspecteur, puis directeur du théâtre de la cour, il remplit ces emplois pendant plusieurs années. Plus tard, il renonça à la carrière dramatique, reprit son instrument, et entra comme violoniste à la chapelle de Breslau. Il écrivit alors la musique de deux opérettes de Kellner qui eurent beaucoup de succès : ces ouvrages sont : 1° *Der Frühling* (le Printemps), et *Die Kermess* (la Fête de village). Feige est mort au commencement de ce siècle.

FEIGE (THÉOPHILE), frère du précédent, né à Zeitz en 1751, reçut de son père des leçons de violon, et fit de rapides progrès sur cet instrument. Son goût pour la carrière militaire le fit entrer dans un régiment, en 1771. Quatre ans après, il se trouvait à Dantzick, comme sous-officier, et s'y faisait remarquer par son talent comme violoniste. Ayant obtenu son congé en 1786, il se livra à de nouvelles études pour perfectionner son talent, et fit un voyage en Allemagne et en Russie, donnant des concerts dans plusieurs grandes villes, et se faisant applaudir partout. Appelé à Riga, comme directeur de musique, en 1797, il resta en cette ville pendant trois ans, s'en éloigna en 1800 pour aller occuper la place de maître des concerts du duc de Courlande, à Mittau, et enfin alla s'établir à Breslau. La guerre ayant éclaté de nouveau en 1806, Feige, entraîné par son goût pour la carrière des armes, reprit du service, et entra comme trompette dans le régiment des cuirassiers de Heising. A la bataille d'Auerstædt, il sauva la vie au général Blücher, dont le cheval avait été tué, en lui donnant le sien. Après la paix de Tilsitt, il rentra dans la vie d'artiste, et fit un second voyage en Allemagne, dans lequel il prouva que son talent n'avait rien perdu de sa jeunesse ni de son brillant. Appelé à Breslau, en 1810, comme premier violon du théâtre national, il prit possession de cette place ; mais, en 1813, Blücher, qui n'avait point perdu le souvenir de ce qu'il devait au courage de l'artiste, l'appela près de lui pour remplir les fonctions de trompette en chef de l'état-major. Feige obéit et servit encore jusqu'en 1815, où il retourna passer le reste de ses jours à Breslau. Il mourut en cette ville, le 24 mai 1822. Cet artiste était considéré comme un des meilleurs violonistes de son temps en Prusse et dans la Silésie ; il n'a publié aucune de ses compositions.

FEILLÉE (FRANÇOIS DE LA), prêtre, était, suivant les notices manuscrites de Boisgelou, attaché au chœur de la cathédrale de Chartres, vers le milieu du dix-huitième siècle. Cet ecclésiastique est auteur d'un livre, souvent réimprimé, qui a pour titre : *Méthode pour apprendre les règles du plain-chant et de la psalmodie*, Paris, 1745, in-12. Le même ouvrage, 2me édition, Poitiers, J. Faulcon, 1748, in-12. Il paraît que l'auteur ne reconnaissait pas cette édition, car il en donna une à Paris, chez Hérissant, en 1754, comme une seconde édition, augmentée, revue et corrigée, sous ce titre : *Méthode nouvelle pour apprendre parfaitement les règles du plain-chant et la psalmodie*. Le même éditeur de Poitiers a donné une autre édition du même ouvrage en 1782, in-12. Après le rétablissement des églises, et lorsque le besoin de former des chantres se fit sentir en France, on donna de nouvelles éditions du livre de La Feillée. Les meilleurs sont celles dont les titres suivent : 1° *Méthode pour apprendre parfaite-*

ment les règles du plain chant, nouvelle édition, Avignon, Berenguier, 1810, in-12 ; 2° *Méthode pour apprendre*, etc., etc., avec des messes et autres ouvrages en plain-chant mesuré et musical, à voix seule et en parties, à l'usage des paroisses, nouvelle édition, Lyon, Am. Leroy, 1812, in-12 ; 3° *Méthode pour apprendre parfaitement les règles du plain chant et de la psalmodie*, nouvelle édition, Avignon, 1815, in 12 ; 4° *Méthode de plain-chant disposée à l'usage des principaux diocèses de France*, notée, quant aux chants figurés, d'une manière plus conforme aux principes de la musique, édition donnée par F.-D. Aynès, Paris, Rusand, 1820, in-12 ; nouvelle édition, augmentée, Lyon et Paris, Rusand, 1823, in-12 ; *idem.*, 1825, in-12 ; *idem.*, 1827, in-12 ; 5° Autre édition, augmentée par un ecclésiastique, élève de l'auteur, Avignon, Chambeau, 1825, 1827, 1835, in-12. Nouvelles éditions, publiées à Lyon, chez Pelagon, Lesné et Crozet, 1836, 1842 et 1846, in-12. Inférieur en mérite à quelques autres traités de plain-chant publiés en France, celui de La Feillée n'a dû son succès qu'à la facile méthode de l'auteur. On a aussi de cet ecclésiastique un abrégé de l'Antiphonaire romain, dont la première édition a paru à Paris, chez Hérissant, en 1751, in-12. Un musicien de la cathédrale de Poitiers, nommé *Dollé*, en a donné de nouvelles éditions intitulées : *Epitome Antiphonarii romani, seu vesperale pro dominicis et festis... Novissima editio, adaucta, et in parte quæ ad musicam spectat emendata à D. Dollé natu major*. Pictaviensis, Barbier, 1820, in-12 ; 1826, in-12 ; 1834, in-12. Enfin, le même de La Feillée a donné un abrégé du Graduel sous ce titre : *Epitome Gradualis romani, seu cantus Missarum dominicalium et festicarum totius anni*. Il y en a plusieurs éditions. Une des dernières a été publiée à Saint-Brieuc, Prudhomme, 1847, in-12. M. Bourquelot, continuateur de la *Littérature française contemporaine* de M. Quérard, a pris cet abrégé du chant des messes pour une édition nouvelle du volume précédent, qui contient le vespéral (tome IV, p. 520). La méprise est un peu forte, et l'on peut s'étonner de voir un ancien élève de l'école des Chartes confondre l'Antiphonaire avec le Graduel.

FEIGERL (E.-M.), organiste et professeur de piano, à Vienne, s'est fait connaître par les productions suivantes : 1° *Deux préludes et fugues pour l'orgue*, op. 1, Vienne, Diabelli ; 2° *Trois préludes idem*, op. 2, *ibid.* ; 3° Trois préludes et fugues *idem*, op. 3, *ibid.* ; 4° Trois préludes, op. 4, *ibid.* ; 5° Douze études pour le piano, *ibid.*

Un violoniste du même nom (Wenzel FEIGERL), né à Vienne, a fait ses études musicales au Conservatoire de cette ville. Après avoir voyagé en Hongrie dans sa jeunesse, il s'est fixé à Moscou. On a publié de sa composition vingt-quatre études ou caprices pour le violon, Vienne, Haslinger.

FEITHIUS (ÉVERARD), philologue du seizième siècle, naquit à Elbourg, dans la Gueldre, et fit ses études dans le Béarn et à la Rochelle. Il a fait imprimer *Antiquitatum homericarum, libri IV* ; Leyde, 1677, in-12 ; Amsterdam, 1725, in-12, et Strasbourg, 1743, in-8°. Gronovius a inséré cet ouvrage dans son *Thesaurus Antiquitatum græcarum*, tome VI. Au chapitre 4° du livre IV, Feithius traite de la musique des anciens, notamment de la lyre, du plectre et de l'accompagnement du chant par la cithare.

FEL (MARIE), fille d'un organiste de Bordeaux, naquit dans cette ville en 1716. Elle n'avait que dix-sept ans lorsqu'elle débuta à l'Opéra, en 1734, dans le ballet des *Éléments*. Sa voix était belle, étendue, également sonore dans toutes ses cordes, et ses connaissances en musique étaient plus solides que celles des acteurs de ce temps ; tous ces avantages lui procurèrent des succès éclatants, qui se soutinrent pendant plus de vingt-cinq ans. Mais sa mauvaise santé et la délicatesse de sa poitrine l'obligèrent à quitter le théâtre, en 1759. Cependant elle chanta au Concert-spirituel jusqu'en 1770 : elle y avait accompli un service de trente-sept ans. Elle prononçait également bien le français, l'italien et le latin.

FEL (....), frère de la précédente, né à Bordeaux vers 1715, mourut à Bicêtre, atteint d'aliénation mentale. Il a publié à Paris un recueil de douze Cantatilles françaises, et deux suites d'airs et de duos à chanter. Fel était renommé, de son temps, comme maître de chant dans le goût français. Il était entré à l'Opéra comme basse taille des chœurs, en 1737 ; il se retira en 1753, et obtint une pension de 500 francs.

FELDMAYR (JEAN), né en 1579 à Geisenfeld, en Bavière, apprit la musique à Berchtolsgahlen, et fut ensuite organiste dans le même lieu. Il a publié une collection de motets de sa composition, intitulée : *Scintillæ animæ amantis Deum*, Augsbourg, 1611, et une autre, sous le titre de *Jubilum D. Bernardi*, imprimée à Dillingen, 1607, in-4°.

FELDMAYR (Jean-Georges), naquit en 1757, à Pfaffenhoffen, petite ville sur l'Inn, où son père était sacristain. Dès son enfance, il apprit les principes du latin et de la musique au couvent d'Indersdorff; dans la suite il devint directeur de la musique du prince de Watterstein, et composa pour sa petite cour des messes, des symphonies, des concertos et de petits opéras. Il quitta ensuite cette position pour se rendre à Hambourg, où il se trouvait encore en 1811. On a gravé à Munich un concerto de flûte de sa composition.

FELICE (Augustin de), excellent chanteur, né à Piperno, dans l'État de l'Église, vers 1630, était au service de la cour de Bavière en 1662.

FELICI (Bartolomeo), compositeur, né à Florence vers 1730, a donné sur divers théâtres d'Italie quelques opéras, parmi lesquels on cite l'*Amante contrastate*, 1768, et *Amore soldato*, 1769. Il a composé aussi plusieurs morceaux détachés, des quatuors de violon, restés en manuscrit, et des psaumes à quatre voix avec accompagnement d'orchestre. Cet artiste ouvrit à Florence, en 1770, une école de contrepoint qui a eu quelque célébrité.

FELICIANI (André), maître de chapelle de la cathédrale de Sienne, vécut dans la seconde moitié du seizième siècle. Il s'est fait connaître avantageusement par un bon ouvrage, intitulé : *Missarum cum 4, 5 et 8 vocibus liber primus*, Venise, Jacques Vincenti et Richard Amadino, 1584, in-4°. On a aussi imprimé de sa composition : *Il primo libro de' madrigali a 5 voci*, Venezia, app. Ang. Gardane, 1579, in-4° obl.

FELIS (Étienne), compositeur, né à Bari, vers 1550, était, en 1583, chanoine et maître de chapelle à la cathédrale de cette ville. Il a publié des motets et cinq livres de madrigaux. Le premier livre, à six voix, a été imprimé par Ange Gardane, en 1579, in-4°, oblong. Le cinquième est daté de Venise, 1583, in-4°. On trouve aussi dans le catalogue de la bibliothèque du roi de Portugal l'indication du sixième livre sous ce titre : *Madrigali a cinque, con alcuni a sei, e un dialogo a sette*. Lorsque le duc Philippe Dominique de Croy se rendit à Prague, en qualité d'ambassadeur, Felis le suivit en cette ville, et y publia un recueil de messes sous ce titre : *Missæ sex vocum, liber primus*, 1588, in-4°. Cet ouvrage est dédié par l'auteur au duc de Croy, son protecteur. L'ouvrage renferme deux messes à six voix. La première est intitulée : *La, sol, fa, mi, re, ut*, et l'autre : *Missa sancti Nicholai*.

FELL (Jean), savant ecclésiastique anglais, né à Suningwell, dans le comté de Berg, en 1625, servit d'abord avec zèle, dans un corps de milice royale, la cause de Charles Ier, entra ensuite dans les ordres, devint, à la restauration, chapelain ordinaire du roi, chancelier de l'église du Christ, vice-chancelier de l'Université, puis évêque d'Oxford, où il mourut le 18 juillet 1086. Dans l'édition grecque d'Aratus, qui a été publié à Oxford en 1672, in-8°, il a ajouté, d'après des manuscrits grecs, des Hymnes aux muses, à Apollon et à Némésis, avec l'ancienne notation, et une petite dissertation intitulée : *Diatribe de musicâ antiquâ græca*, avec un fragment de Pindare, également noté, que le père Kircher, jésuite, avait découvert en Sicile. Ces divers morceaux ont, depuis lors, exercé la sagacité des amateurs de la musique grecque, et beaucoup de fausses interprétations en ont été faites.

FELLER (François), facteur d'orgues, né, en 1785, à Kœnigswald, village de la Bohême, et mort le 1er juin 1843, a construit, à Osseg, près de Tœplitz (Bohême), dans une abbaye de l'ordre de Citaux, un orgue remarquable qui n'a été terminé que dans l'année même de sa mort. Ce qui donne à cet instrument un caractère particulier, c'est que, bien que composé de trente-quatre jeux, répartis sur trois claviers, dont quatre de 16 pieds et un de 32 pieds, il n'a qu'un seul jeu d'anches, qui est un trombone de 8 pieds dans la pédale. Tous les autres jeux sont des montres (principal), des bourdons, des flûtes ouvertes de 8, de 4 et de 2 pieds, des salicionals et spitzflutes (flûtes à fuseaux ou coniques), des jeux de mutation et particulièrement de puissants pleins jeux. Rien ne surpasse, dit-on, la majesté douce et en même temps puissante de cet instrument, dont les combinaisons ont été dirigées par le père Athanase Bernard, directeur du chœur de l'abbaye d'Osseg. L'orgue a deux claviers à la main et un clavier de pédales ; il est disposé pour un troisième clavier manuel positif qui aura sept registres, dont un principal de 8 pieds. Le sommier de pédales est aussi préparé pour ajouter à l'orgue un trombone de 16 pieds (Bombarde). Au point de vue religieux, et particulièrement pour l'accompagnement d'un chœur nombreux de moines, ce système de construction d'un orgue est très-bon ; mais il lui manque la variété de timbres et les oppositions de sonorités que la facture moderne a introduites dans les instruments de ce genre. Pour la formation d'un instrument parfait, autant qu'on peut mettre de perfection dans les œuvres humaines, il faudrait y réunir les deux systèmes dans leurs plus belles qualités et éviter les excès de l'un et de l'autre. L'instrument d'Ossez, non compris le buffet, a coûté 8,180 florins de convention (environ 17,000 francs); pendant la durée de sa construction, le facteur, ses fils et les ouvriers ont été logés et nourris à l'abbaye. Feller a laissé deux fils qui continuent l'exploitation de sa fabrique.

FELLER (A.), organiste à Eisenborg, dans le duché de Saxe-Hildburghausen, a fait exécuter, à la fête musicale de chant d'ensemble, à Zeitz, le 21 mai 1834, un hymne de sa composition avec solos et chœurs, dont la dernière partie fuguée a été louée à cette époque. En 1838, on entendit un psaume du même artiste à la fête des sociétés chorales de la Saxe, dans l'église de la ville, à Schmœll; et, enfin, au mois de juin 1840, on exécuta, à la septième fête des mêmes sociétés, à Altenbourg, l'hymne de M. Feller, *Empor, Gesang, Empor!* (Haut, Chant, Haut !) pour chœur et orchestre, où l'on remarqua de belles choses.

FELSBERG (J.), cantor à l'église principale de Gotha, en 1830 et années suivantes, professeur de musique et de chant au collège de cette ville, et directeur de la Société de chœurs d'hommes, a publié un livre élémentaire sous ce titre : *Leitfaden beim ersten Unterriche im Singen für Lehrer und Lernende* (Guide pour les premières études du chant à l'usage des professeurs et des élèves), Gotha, 1835.

FELSZTYN ou **FELSTEIN** (Sébastien de), ou, enfin, **FELSTIN**, comme l'écrivent les auteurs allemands, en polonais *Feltsztynski*, est connu sous ce nom à cause de la petite ville de Felsztyn, en Galicie, où il avait vu le jour. Il ne naquit pas à la fin du seizième siècle, comme le dit M. Sowinski, dans son livre intitulé *les Musiciens polonais et slaves* (p. 185); car ses ouvrages furent imprimés au commencement de ce siècle; cette faute est sans doute une erreur de plume ou d'impression. Ce fut dans la seconde moitié du quinzième siècle que le savant dont il s'agit vint au monde. M. Sowinski dit que *cet illustre professeur est peu connu des historiens polonais*, et que les autres écrivains en font à peine mention : on ne comprend pas trop comment on peut être à la fois *illustre et peu connu;* car l'illustration est inséparable de la célébrité. Quoi qu'il en soit, Sébastien de Felsztyn fit ses études à l'Université de Cracovie et fut fait bachelier dans les arts libéraux, puis tribun de Samborz, dit M. Sowinski, d'après Janocki, son biographe. Devenu professeur de l'Université où il avait étudié, après être entré dans la prêtrise, il s'occupa particulièrement du chant choral et de la musique. M. Sowinski ajoute que Sébastien, ayant été nommé supérieur de Sanok, par l'influence de Nicolas Herburt, castellan de Przemysl, refusa cette place pour se consacrer aux sciences; cependant, lui-même cite un ouvrage de ce même savant (*Directiones Musicæ*), où nous voyons dans le titre : *per venerabilem D. Sebastianum Felstinensen, artium liberalium bacchalarium, ac Sanoc Ecclesiæ parochialis rectorem.* Après la date de 1544, indiquée sur le frontispice de ce volume, nous ne trouvons plus rien sur Sébastien de Felsztyn, et ses biographes gardent le silence sur l'époque de sa mort. Je suis obligé de relever encore ici une inexactitude échappée à M. Sowinski; il dit (p. 188) : « Il est à remarquer que les ouvrages « de Sébastien Felstin sont peu connus des historiens qui ont écrit sur la musique; ni Forkel, dans sa *Littérature générale*, ni Gerber, « dans son *Dictionnaire des Musiciens*, n'en « parlent, et cependant ces ouvrages, écrits en « latin, au nombre de cinq, existent depuis « trois cents ans..... Ce silence ne s'explique « pas chez les biographes allemands, etc. » L'observation est juste quant à la littérature de la musique de Forkel; mais le même reproche ne peut s'adresser à Gerber, dont le *Nouveau lexique des Musiciens* (1), publié en 1812, contient un article sur Sébastien de Felstein et sur ses ouvrages, emprunté aux septième et huitième numéros du *Magasin historique, littéraire et bibliographique de Meusel* (2), publié en 1794, et qui a été reproduit par Lichtenthal (3), par M. Ferdinand Becker (4) et par moi-même, dans la première édition de la *Biographie universelle des Musiciens* (5). De plus, Sulzer a fourni des renseignements très-exacts sur les ouvrages de Sébastien de Felstein dans la seconde édition de sa *Théorie générale des beaux-arts,* publiée, il y a soixante-douze ans (6); renseignements ignorés de M. Sowinski lui-même.

Les ouvrages connus de Sébastien de Felsztyn

---

(1) *Neues historisch-biographisches Lexikon der Tonkünstler*, t. II, col. 401.
(2) *Histor. litter. bibliogr. Magasyn*, 7ten und 8ten st., p. 300.
(3) *Dession. e bibliogr. della Musica*, t. III, p. 6, t. IV, p. 443.
(4) *System.-chronol. Darstellung der musikal. Liter.*, p. 4. 303, 307.
(5) Tome IV, art. *Felstein.*
(6) *Algem. Theorie der Schænen Künste*, t IV, p 371, et 775.

sont ceux-ci : 1° *Opusculum musice compilatum noviter per dominum Sebastianum presbyterum de Felstin; pro institutione adolescentium in cantu simplici seu gregoriano*, sans nom de lieu et sans date. M. Sowinski a donné la description de ce volume (loc. cit.) d'après un exemplaire appartenant au prince Wladislas Czartoryski; il en existe un à Cracovie, dans la bibliothèque de M. Swidzinski, et la bibliothèque royale de Munich en possède un troisième. Cette édition est vraisemblablement la première. Meusel a donné la description du même ouvrage dans son *Magazin historique, littéraire et biographique* (1794), n° 7, p. 511, mais d'après une édition publiée à Cracovie, en 1515; M. Sowinski n'a point eu connaissance de celle-là. Une troisième édition porte ce titre: *Opusculum musice, noviter congestum per honorandum Sebastianum Felstinensis artium baccalarium; pro institutione adolescentium in cantu simplici seu gregoriano*. Addita est MUSICA FIGURATIVA, *Martino Cromero Biezensi, auctore, impressum Cracoviæ per Hieronymum Victorum*, anno D. MDXXXIIII, in-4°. Ce traité de la musique figurée ou mesurée de Kromer semble indiquer que Sébastien de Felstein n'a point écrit sur cette matière, puisqu'on ajoute à son ouvrage sur le plain-chant celui d'un autre auteur sur la musique proprement dite; cependant, je trouve dans le catalogue manuscrit des livres sur la musique de la bibliothèque royale de Berlin celui-ci: *Felstin (Seb. de): Opusculum Musica mensuralis*, sine loc. et an. 4°. Voilà donc un traité de la musique mesurée de cet auteur imprimé sans nom de lieu et sans date, et nous trouvons dans Sulzer (t. IV, p. 578) cette autre édition: *Sebast. von Felstein Opusculum utriusque Music. tam choralis quam etiam mensuralis*, Cracoviæ, 1519, in-4°, et j'en ai vu une autre édition de Cracovie, 1597, in-4°, sous le même titre exact, à Naples, chez Selvaggi. (*Voyez* ce nom). Il y a donc un traité de la musique mesurée de Sébastien de Felstein différent de celui de Kromer ajouté au traité du plain-chant dans l'édition de 1534. Cet ouvrage est le deuxième dans l'ordre des dates; 3° *Aliquot hymni ecclesiastici, vario melodiarum genere editi, per Dominum Sebastianum Felstinensem, artium baccolarium*, Cracoviæ, apud Hieronymum Victorem, anno Domini MDXXII, in-8°. Cet ouvrage, dit M. Sowinski, fut écrit par l'auteur à la demande du roi de Pologne, Sigismond Ier. 4° *Divi Aurelii Augustini, episcopi Hipponensis de Musica Dialogi VI reverendi patris et Domini Erasmi abb..tis Mogilem auspicio editi, per venerabilem D. Sebastianum de Felstin, artium baccal. Sanocensis Ecclesiæ parochum*. Cracoviæ in officina Hieronymi Victoris, anno Salutis nostræ MDXXXVI, in-4°. Cette édition du traité de musique de saint Augustin n'est citée par aucun biographe; 5° *De Musicæ laudibus Oratio*, Cracoviæ, 1540, in-8°. M. Sowinski n'a pas eu connaissance de cet ouvrage (voyez LIBANUS). 6° *Directiones Musicæ, ad cathedralis Ecclesiæ Premisliensis usum. Magnifico Domino D. Nicholao Herborto a Felstin, Castellano Premisliensi, Domino ac Patrono suo benignissimo gratitudinis causa oblatæ: per Venerabilem D. Sebastianum Felstinensem, artium liberalium baccal., ac Sanoc. Ecclesiæ parochialis rectorem. Excudebat Hieron. Victor regis chalcogr.* Cracoviæ, anno MDXLIII, kal. octobris, in-8°.

FELTON (WILLIAM), chanoine de Hereford, en Angleterre, vers le milieu du dix-huitième siècle, a eu de la célébrité pour son exécution sur l'orgue. Il a publié trois suites de concertos pour cet instrument, où il a cherché à imiter le style de Hændel, et trois suites de leçons pour le clavecin. Ces ouvrages sont devenus très-rares.

FELTRE (ALPHONSE CLARKE, comte DE), troisième fils du maréchal duc de Feltre, naquit à Paris, le 27 juin 1806 (1). Il entra, en 1824, dans l'École militaire des pages du roi et en sortit à la fin de 1826, avec le brevet de sous-lieutenant dans le régiment des cuirassiers de Berry, où servaient déjà, comme officiers, ses deux frères, le duc et le comte Arthur de Feltre. En 1829, il donna sa démission pour vivre près de sa mère, et se livra sans obstacle à la culture des arts. Il mourut à Paris, le 3 décembre 1850, dans sa quarante-cinquième année. Dès son enfance, le comte de Feltre avait montré d'heureuses dispositions pour la musique, et rien n'avait été négligé pour leur développement. Après s'être livré d'une manière sérieuse à l'étude du piano et de l'harmonie, il prit, en 1825, des leçons de composition de Reicha, et Boieldieu, dont il fit la connaissance dans l'année suivante, lui donna des conseils relatifs à la pratique de l'art, avec la bienveillance qui lui était naturelle et ajoutait beaucoup de charme aux enseignements qu'il puisait dans son expérience. Après son retour à Paris, en 1829, M. de Feltre se livra avec plus d'ardeur à l'étude de la composition, et, bientôt

(1) Je suis redevable des matériaux qui ont servi à la composition de cette notice, à M. le marquis de Cubières, ami de feu M. le comte de Feltre.

après, il publia des premiers essais de musique vocale et instrumentale. Ce fut à cette époque qu'il écrivit la partition instrumentée d'*Une Aventure de Saint-Foix*, opéra comique en un acte, paroles d'Alexandre Duval, qui avait été représenté autrefois avec la musique de Tarchi. Cette production de M. de Feltre est restée inédite. En 1831, il écrivit, avec accompagnement de piano et d'instruments à cordes, *le Garde de Nuit*, opéra comique en trois actes, qui fut représenté avec succès chez la princesse de Vaudémont. Longtemps après (en 1844), le compositeur refit en partie son ouvrage, y ajouta plusieurs morceaux et l'instrumenta pour l'orchestre. En cet état, l'opéra, auquel on avait donné pour titre *le Capitaine Albert*, fut mis en répétition au théâtre de l'Opéra-Comique; mais des difficultés s'élevèrent pour la distribution des rôles, et M. de Feltre retira son ouvrage. La partition, réduite pour piano, a été gravée dans ses œuvres posthumes. En 1834, il avait fait représenter, au théâtre de l'Opéra-Comique, *le Fils du Prince*, ouvrage en deux actes, dont la musique obtint du succès, en dépit d'un livret fade et ennuyeux. L'*Incendio di Babilonia*, opéra italien en deux actes, destiné au théâtre de Paris, fut écrit en 1841, mais n'a pas été représenté; la partition pour piano a été publiée dans les œuvres posthumes de l'auteur. M. de Feltre écrivit aussi une partie de la partition de *Valérie*, opéra en deux actes de Scribe et Mélesville, mais l'ouvrage ne fut pas achevé.

Les œuvres de musique instrumentale de M. de Feltre qui ont été publiées sont : 1° *Rondoletto* (en *si* bémol) pour piano, op. 1; 2° Rondeau espagnol en septuor pour piano, deux violons, alto, violoncelle et deux cors, op. 2; 3° Deux rondeaux pour piano, op. 3; 4° *Souvenir d'Auvergne*, rondeau montagnard pour piano, op. 6; 5° Deux airs suisses pour piano, op. 5; 6° Air varié pour piano et violon, op. 7; 7° Douze valses pour piano, op. 4; 8° Huit valses militaires pour piano (sans numéro); 9° Trois valses avec introduction et finale pour piano (idem); 10° Grande sonate pour piano (gravée dans les œuvres posthumes); 11° Trois sonates pour piano et violon (idem); 12° Grande valse pour piano dédiée à Mlle de Flavigny (idem); 13° Idem, dédiée au duc de Fezensac (idem); 14° Trois valses pour piano (idem); 15° Trois valses à quatre mains pour piano (idem). MUSIQUE INSTRUMENTALE INÉDITE: 16° Plusieurs fragments de symphonies; 17° Plusieurs sérénades, quatuors et quintettes pour instruments à cordes ou à vent ; 18° Fragments d'un trio pour piano, violon et violoncelle, 19° Trois suites d'airs variés pour piano; 20° Rondeau pour piano; 21° Rondeau pour piano et violon; 22° Rondeau de concert pour piano, deux violons, alto et violoncelle; 23° Air varié pour piano et violon; 24° Quatre suites de valses pour piano; 25° Deux suites d'airs de ballets pour piano, violon et violoncelle concertant. MUSIQUE VOCALE PUBLIÉE: 26° *Le Fils du Prince*, opéra comique en deux actes, grande partition d'orchestre, Paris, Meissonnier; 27° *Le Capitaine Albert*, opéra comique en trois actes, partition de piano et chant (dans les œuvres posthumes); 28° L'*Incendio di Babilonia*, partition de piano et chant (idem); 29° Cinq duos bouffes pour soprano et basse avec accompagnement de piano; 30° *Les Chasseurs*, deux duos pour ténor et basse; 31° Environ soixante romances, mélodies et chansonnettes, parmi lesquelles on a remarqué : *l'Ame du Purgatoire*, *Printemps d'amour*, *la Peur de l'Orage*, *Piétro*, *Chantons nos belles*, etc.; 32° *Les Femmes*, recueil de six mélodies; 33° *Un Roman de jeune fille*, recueil de six mélodies; 34° *Un premier amour*, recueil de six mélodies; 35° Trois dernières pensées musicales (dans les œuvres posthumes). MUSIQUE VOCALE INÉDITE : 36° Soixante-trois romances, chansons et mélodies; 37° Vingt nocturnes, duos et trios ; 38° Trois duos italiens; 39° Cinq cantates ou scènes avec chœurs; 40° Cinq scènes et airs sur des *Méditations* de Lamartine; 41° Hymne à la Vierge, pour soprano et contralto; 42° *Ave Maria*, chant d'église.

La musique d'Alphonse de Feltre se recommande aux hommes de goût par un caractère dominant de douce mélancolie, par l'élégance et par la distinction. Si elle ne fit pas dans le monde artiste une vive sensation, si la presse s'en occupa peu, les penchants de l'auteur en furent la cause principale. Timide, craignant le bruit, étranger à toutes les manœuvres par lesquelles les hommes de notre époque occupent le public d'eux et de leurs œuvres, il se contentait du plaisir de produire, aimait l'art pour lui-même, et ne fit jamais rien pour se mettre en évidence. Lorsqu'il publia quelque chose, ce fut pour céder aux sollicitations de ses amis, et ce n'est qu'après son décès, qu'ils ont pu mettre au jour quelques-uns de ses ouvrages les plus importants. Mais qui s'occupe des morts?

FELTZ (LOUIS), professeur de musique du séminaire et organiste de la cathédrale de Langres, s'est fait connaître comme écrivain didactique et comme compositeur par diverses productions dont voici les titres : 1° *Pratique du plain-chant, ou Manuel du jeune Chantre, précédé des principes élémentaires du chant grégorien*, Langres, 1846, in-12 de 176 pages; 2° *Supplément à la pratique du plain-chant*, ibid., 1846, in-12. Ce volume contient une messe en plain-chant alternativement à voix seule et à trois voix, des faux-bourdons et des motets; 3° *Manuel musical des écoles primaires*, Paris, Hachette, in-8° de 60 pages; 4° Versets pour l'orgue, Paris, Canaux; 5° Morceaux d'orgue pour l'élévation, idem; 6° Offertoires pour l'orgue, idem; 7° Motets à trois voix, idem; 8° Motets à voix seule et avec chœurs à trois voix, idem; 9° Plusieurs romances, ibid.

FÉMY (François), connu sous le nom de FÉMY L'AÎNÉ, violoniste, né à Gand, le 4 octobre 1790, était fils d'un musicien de cette ville, nommé Ambroise Fémy. Il entra au conservatoire de musique de Paris, le 3 thermidor an XI, et le premier prix d'harmonie lui fut décerné en 1806. Élève de Kreutzer pour le violon, il obtint le premier prix de cet instrument au concours de 1807. Pendant quelques années, il fut attaché à l'orchestre du théâtre des Variétés, puis il voyagea en France et en Allemagne. En 1827, il était à Francfort-sur-le-Mein, et il y fit représenter, dans l'année suivante l'opéra allemand, *der Raugraf*, et y fit exécuter sa première symphonie. On le retrouve à Rotterdam en 1834, où sa troisième symphonie est publiée aux frais de la Société pour l'encouragement de la musique. Dans l'année suivante, il y donne sa quatrième symphonie. Il y était encore en 1839. On a de cet artiste : 1° Trois concertos pour violon et orchestre; le troisième, publié à Mayence, chez Schott, a pour titre: *le Quart d'heure;* 2° Trois quatuors pour deux violons, alto et basse, Paris, Aulagnier; 3° Quatuor concertant, Leipsick, Hofmeister; 4° Romance de l'opéra de *Joseph*, variée pour violon principal et orchestre, Mayence, Schott; 5° Couplets de *Cendrillon*, variés pour violon principal et quatuor d'accompagnement; 6° Romance de *Cendrillon*, idem, avec quatuor d'accompagnement, Paris, Troupenas; 7° *Que ne suis-je la fougère*, varié pour violon, avec quatuor, Paris, Schœnenberger; 8° Six duos faciles pour deux violons, op. 4; liv. I et II, Offenbach, André; 9° Trois duos faciles, idem, liv. III, Paris, Gambaro; 10° Trois grands duos, idem, Bruxelles, Plouvier; 11° Trois duos, idem, liv. V, Paris, Naderman; 12° Six duos faciles, Paris, Jouve; 13° Air varié en sextuor, Paris, Momigny; 14° Deux symphonies publiées en Hollande.

FÉMY (Henri), frère cadet du précédent, né à Gand au mois de février 1792, fut admis au conservatoire de Paris, au mois d'octobre 1805, comme élève de Baudiot pour le violoncelle. En 1808, il obtint, au concours, le premier prix de cet instrument. Deux ans après, il commença à se faire entendre dans les concerts de l'Odéon, et joua à l'un d'eux un concerto de son maître. Vers le même temps, il a publié : Trois trios pour deux violons et violoncelle, op. 1, Paris, Ozy, et trois autres trios pour les mêmes instruments, op. 2, Paris, Le Duc. En 1815, Fémy s'est rendu en Amérique.

FENAROLI (Fedele), né à Lanciano, dans les Abruzzes, en 1732 (M. le marquis de Villarosa dit que ce fut en 1740, mais il se trompe, car les journaux ont donné son âge de quatre-vingt-cinq ans lorsqu'il mourut), fut élevé au conservatoire de Loreto, à Naples, où il reçut des leçons de Durante, lorsque ce maître succéda à Porpora en 1742. Ayant fini ses études, il entra au conservatoire de la *Pietà de' Turchini* pour y remplir les fonctions de maître, qu'il continua jusqu'à sa mort, arrivé le 1er janvier 1818. Pendant le cours de son long professorat, Fenaroli a formé une multitude d'élèves très-instruits, au moyen de sa méthode simple et facile. Ce n'est pas qu'il ait possédé une théorie profonde et raisonnée : toute sa science était de tradition et de sentiment. Une harmonie simple, pure, et l'art de faire chanter toutes les parties d'une manière naturelle, en faisaient le fond. On raisonne peu sur la musique en Italie : tout y est de pratique, et, depuis plus d'un siècle, les méthodes des conservatoires de Naples n'ont point fait un pas. Toute la science y est bornée à un petit nombre de règles que Fenaroli a exposées avec clarté dans un livre élémentaire qui a pour titre : *Regole per i principianti di Cembalo;* mais ces préceptes peu nombreux sont suivis de beaucoup de basses chiffrées (*partimenti*) sur lesquelles le maître en faisait faire l'application; de sorte que ces règles devenaient bientôt familières aux élèves par l'usage constant qu'ils en faisaient. L'ouvrage de Fenaroli a été gravé à Paris par les soins d'Imbimbo, qui en a traduit le texte, et se trouve chez Launer, successeur de Carli. Déjà Choron avait introduit un choix des *partimenti* de Fenaroli dans ses *Principes de composition des écoles d'Italie*. Fenaroli a écrit quelques morceaux pour l'église; ses compositions se distinguent plus par la pureté de style que par l'invention. On connaît de lui : 1° Douze motets à quatre voix, dont deux dans le style pastoral ; 2° quatre messes solennelles avec orchestre ; 3° une messe de *Requiem* ; 4° trois *Dixit* à quatre voix ; 5° deux *Te Deum* avec orchestre ; 6° les Répons pour la fête de saint Antoine ; 7° *Laudate pueri* à quatre voix ; 8° *Credo* à deux voix et orchestre ; 9° *Improperii* pour la semaine sainte ; 10° *Ecce lignum crucis* à quatre voix ; 11° *Ave Maria* à quatre voix ; 12° Leçons des trois jours de la semaine sainte ; 13° Leçons des morts ; 14° *Veni Creator* pour soprano et contralto ; 15° *Veni Sponsa Christi* à quatre voix ; 16° deux *Miserere* à quatre voix ; 17° Hymne pour la fête de saint Michel ; 18° Cantates à deux voix ; 19° Études de contrepoint.

FENZI. Deux frères de ce nom se sont fait une réputation comme violoncellistes. Ils sont nés à Naples et ont fait leurs études musicales dans cette ville. Victor, l'aîné, vint à Paris en 1807, et s'y fit entendre dans plusieurs concerts avec beaucoup de succès. Il passait pour l'emporter sur son frère pour la beauté du son et le brillant de l'exécution. Vers la même époque, il partit pour la Russie, où il se fixa, après avoir parcouru une partie de l'Allemagne. Il est mort à Moscou, au mois d'avril 1827, laissant une veuve dans une situation peu fortunée. Après la mort de son mari, cette femme, nommée *Erminie Fenzi*, et qui avait été longtemps au service de la cour de Russie, retourna en Italie et chanta à Milan, à Rome et à Naples, depuis 1829 jusqu'en 1834. Fenzi a publié, tant à Paris qu'en Allemagne, quatre concertos pour le violoncelle, plusieurs potspourris, des trios, trois livres d'airs variés pour son instrument, et deux livres de trios. Son frère, Joseph, le meilleur violoncelliste de Naples, est attaché à la chapelle du roi, et au théâtre Saint-Charles. Il a écrit aussi quelques concertos et des airs variés pour violoncelle. Il a fait plusieurs voyages en Italie.

FEO (S.), contrapuntiste florentin, vivait vers le milieu du quatorzième siècle, et était contemporain de François Landino, surnommé *Francesco degli organi*, de maître *Giovanni di Firenza*, de maître *Jacopo da Bologna*, de *Nicholo del Proposto*, et de quelques autres musiciens italiens. Dans un manuscrit précieux conservé à la bibliothèque royale de Paris (n° 535, in-4°, du supplément), et qui contient deux cent vingt-neuf chansons italiennes et françaises, du quatorzième siècle, à trois voix, on trouve trois morceaux de S. Feo.

FEO (François DE), compositeur né à Naples, en 1699, fut élève de Dominique Gizzi pour le chant et la composition, puis se rendit à Rome, où il reçut des leçons de contrepoint de Pitoni. Après avoir terminé ses études dans cette ville, il y écrivit un opéra intitulé *Ipermestra*, qui eut beaucoup de succès. Cet ouvrage fut suivi de l'*Arianna*, en 1728, d'*Andromaque*, Rome, 1730, et d'*Arsace*, 1731. En 1740, Feo succéda à Gizzi dans la direction de la célèbre école de chant que celui-ci avait fondée, et qui fournit à tous les théâtres de l'Europe une multitude de grands chanteurs lesquels brillèrent dans le cours du dix-huitième siècle. La bibliothèque du conservatoire de musique de Paris possède plusieurs psaumes et messes, dont une à dix voix, de la composition de Feo. Gluck a emprunté d'un *Kyrie* de ce compositeur le motif d'un chœur de son opéra *Il Telemacco*, qu'il a reproduit depuis lors dans son ouverture d'*Iphigénie en Aulide*. En 1730, Feo écrivit l'Oratorio intitulé : *la Distruzione dell' esercito de Cananei con la morte di Sisara*. Cet ouvrage lui avait été demandé par les PP. de la Croix, de Prague ; il fut exécuté dans l'église de ces religieux, vers la fin de la même année. On connaît aussi des Litanies à quatre voix, et un *Requiem* avec orchestre sous le nom de Feo. Le style de ce maître a de l'élévation, et l'on y remarque un sentiment profond d'harmonie.

FERABOSCO (ALPHONSE) ou **FERRABOSCO**, compositeur né en Italie vers 1515, paraît s'être établi en Angleterre vers 1540. Longtemps après on le retrouve par un de ses ouvrages avec le titre de *gentilhomme au service du duc de Savoie*. Il y a beaucoup d'obscurité sur la réalité du séjour de ce musicien en Angleterre, parmi les écrivains anglais. Ils ne sont pas même d'accord sur l'orthographe de son nom, car les uns écrivent *Ferabosco*, conformément aux titres de ses ouvrages imprimés en Italie, et les autres *Ferrabosco*. Enfin, il n'est pas certain que ce musicien ait été le père d'Alphonse FERRABOSCO (*voyez ce nom*), qui naquit à Greenwich, dans la seconde moitié du dix-septième siècle. En 1544, quelques-uns des motets d'Alphonse Ferabosco furent publiés en un recueil avec des compositions du même genre de Cyprien Rore. Le catalogue de la bibliothèque de musique du roi de Portugal cite, sous le nom de ce musicien, deux livres de madrigaux à cinq voix ; le premier livre a pour titre : *Il primo libro de Madrigali a cinque voci composto dal sig. Alfonso Ferabosco. gentiluomo al servizio d'il signor duca di*

Sabaudia. In Venetia, app. Angelo Gardane, 1587, in-4°. Il est vraisemblable que cette édition n'est pas la première. On a aussi de ce compositeur : *Il primo libro de' Madrigali a quattro voci. In Venetia*, Antonio Gardane, 1542, petit in-4° obl. On trouve des pièces de cet auteur dans la seconde partie des *Promptuarii Musici* d'Abraham Schad, et dans le *Thesaurus Harmonicus* de Bésard. Enfin il y a des Madrigaux de Ferabosco dans le recueil de morceaux de différents auteurs publié par André Pevernage, sous ce titre : *Harmonia celeste di diversi eccellentissimi musici a 4, 5, 6 et 8 voci, nella quale si contengono i piu eccelenti madrigali che oggidi si cantino*, Anvers, Phalèse, 1593, in-4° obl.

FERABOSCO (ALPHONSE), voyez FERRABOSCO (Alphonse).

FÉRAL (L'ABBÉ), ancien curé de Launaguet (diocèse de Toulouse), et membre de la Commission toulousaine pour la révision du chant de ce diocèse, est auteur d'une brochure intitulée : *Le Chant du diocèse de Toulouse vengé de ses ennemis*. Toulouse, Ph. Montaubin, in-8° de 128 pages. *Voyez* KUNC (Aloys).

FERANDEIRO (DON FERNAND), guitariste espagnol qui brillait à Madrid vers 1800, a publié une instruction sur l'art de jouer son instrument, sous ce titre : *Arte de tocrar la Guitarra por musica*, Madrid, 1799, in-4°, avec sept planches gravées. C'est à tort que Gerber et Lichtenthal écrivent le nom de ce musicien *Ferandioro*.

FERANDINI (JEAN), compositeur dramatique, naquit à Venise, vers le commencement du dix-huitième siècle, et fut l'élève de Biffi, maître de chapelle de Saint-Marc. Étant fort jeune encore, il se rendit à la cour de Munich, où il fut employé comme hautboïste. Ses premiers ouvrages consistent en deux œuvres de sonates de flûte, qu'il fit imprimer à Amsterdam, en 1730. Le prince électoral Charles-Albert, qui fut ensuite empereur momentané et compétiteur de Marie-Thérèse, sous le nom de Charles VII, et qui aimait beaucoup son talent, le nomma échanson et directeur de la musique de la chambre, et plus tard conseiller et maître de chapelle. Ferandini a mis en musique les opéras suivants, pour le théâtre de la cour : *Berenice*, en 1730; *Adriano in Siria*, en 1737; *Demofoonte*, 1737; *Artaserse*, 1739; *Catone in Utica*, pour la fête patronymique de l'Electeur, le 12 octobre 1753; *Diana placata*, 1758; *Componimento Dramatico per l'incoronazione della sacra Cesarea e real Maesta di Carolo Settimo imperatore dei Romani sempre Augusto*, 1742. Ferandini, qui était excellent chanteur, a formé le plus grand virtuose en ce genre qu'ait produit l'Allemagne : le célèbre Raff. Ce compositeur est mort à Munich, en 1793.

FERDINAND III, empereur d'Autriche, né en 1608, monta sur le trône en 1637. Il eut à soutenir pendant onze ans, la guerre contre la France et la Suède. Partout repoussé et vaincu par le Grand Condé, il se vit contraint de signer, en 1648, le traité de paix de Westphalie qui donna la liberté de conscience à l'Allemagne, qui enrichit la Suède de la Poméranie, et la France de l'Alsace et des trois évêchés. Il mourut en 1657, après un règne de vingt ans, qui n'eut rien de glorieux. Ce prince, né pour les arts plutôt que pour le trône, aima passionnément la musique et la cultiva avec succès. Wolfgang Ebner, organiste de la cour, à Vienne, a publié, en 1646, un air avec trente variations de la composition de Ferdinand, et, sous le titre de *Musica Cæsarea*, Kircher a inséré dans sa Musurgie (t. I, p. 685), en partition, un morceau à quatre voix d'une modulation singulière, sorti de la même main. La *Gazette générale de Musique* de Leipsick (année 1833, col. 854) a annoncé que le maître de chapelle Eybler a acheté à Rome, avec d'autres curiosités, un drame musical de l'empereur Ferdinand III, imprimé en 1649, mais dont elle n'indique pas le titre. Ce fut cet empereur qui fournit à Froberger les moyens de se rendre en Italie pour y perfectionner son talent d'organiste près de Frescobaldi.

FERDINANDI (FRANÇOIS), très-bon professeur de piano, organiste et compositeur, né en 1752 à Dobrawicz, en Bohême. Élève de Joseph Haydn, il acquit, sous la direction de ce maître célèbre, beaucoup d'habileté dans l'art d'écrire. On a de lui beaucoup de messes avec orchestre, qui passent pour excellentes, des symphonies, des sonates et des concertos pour le piano. Tous ces ouvrages se trouvent en manuscrit dans la Bohême. Ferdinandi vivait à Prague en 1797. On n'a publié des œuvres de cet artiste qu'une marche pour le piano, à Vienne, chez Artaria.

FERLENDIS (JOSEPH), fils d'un professeur de musique, naquit à Bergame en 1755. Dès son enfance, il montra des dispositions rares pour le hautbois et en fit une étude suivie. A l'âge de vingt ans, il se rendit à Salzbourg, en qualité de premier hautboïste. Là, il trouva, parmi les instruments de la cour, l'ancien cor anglais, qu'on ne jouait pas, à cause de ses imperfections et des sons rauques et durs qu'il rendait ; Ferlendis s'attacha à le perfectionner et à le rendre plus facile à jouer : il y réussit et le mit à peu près dans l'état où nous le voyons aujourd'hui. Quelques compositeurs se sont servis de cet instrument avec succès. Ferlendis demeura deux ans à Salzbourg ; de là il alla à Brescia, puis à Venise. En 1793, il fut invité à se rendre à Londres avec Dragonetti. Il y passa quelques années et y fit entendre avec succès les quatuors, trios, duos et concertos qu'il avait composés pour le hautbois et pour le cor anglais. En 1802, il s'est établi à Lisbonne, où il est mort. Parmi les élèves qu'il a formés, on remarque ses deux fils.

FERLENDIS (Ange), fils aîné de Joseph, est né à Brescia, en 1781. Après avoir brillé dans quelques cours d'Allemagne, il s'est fixé à Pétersbourg, en 1801.

FERLENDIS (Alexandre), frère du précédent, est né à Venise, en 1783. Élève de son père, il le suivit à Lisbonne en 1802, et y épousa Mlle Barberi, cantatrice qui était attachée au théâtre de cette ville. Il alla ensuite à Madrid, puis en Italie, et enfin il vint à Paris en 1805, et s'y fit entendre plusieurs fois au théâtre italien avec quelque succès. Comme hautboïste, il était inférieur à MM. Vogt et Gilles ; mais le cor anglais était alors peu connu en France, et Ferlendis se faisait toujours applaudir lorsqu'il en jouait. Après un voyage qu'il fit en Hollande vers 1807, il revint à Paris ; mais il y resta peu de temps, et, en 1810, il retourna en Italie. On ignore ce qu'il est devenu depuis lors. On a publié de cet artiste : Deux concertos pour le hautbois, op. 13 et 14, Paris, Carli ; Études pour le même instrument, ibid ; Un concerto pour cor anglais, Londres ; Deux concertos pour flûte, op. 1 et 7, Paris, Carli.

FERLENDIS (Madame), femme du précédent et fille d'un architecte nommé Barberi, naquit à Rome, vers 1778. Elle possédait une voix de contralto très-sonore, mais dure et peu flexible. Après avoir pris des leçons d'un maître nommé Moscheri, elle débuta à Lisbonne, où elle reçut quelques conseils de Crescentini. En 1803, elle chanta à Madrid ; l'année suivante elle eut quelque succès à Milan, et, en 1805, elle débuta au théâtre de l'impératrice (Louvois) à Paris, dans la *Capricciosa Pentita* de Floravanti. Ce rôle lui convenait ; mais ce fut le seul où elle brilla. Elle a suivi son mari en Italie lorsqu'il y retourna en 1810. On ignore si elle a continué de paraître sur la scène depuis cette époque.

FERMOSO (Jean-François), maître de chapelle du roi de Portugal, Jean III, naquit à Lisbonne vers 1510. Parmi les ouvrages qu'il a composés pour l'église, on remarque : *Passionario da Semana Santa*, Lisbonne, Luis Alvarez, 1543, in-folio ; c'est le seul qui a été publié.

FERNANDÈS (Antoine), prêtre, naquit à Souzel, dans la province d'Alentejo, en Portugal, vers la fin du seizième siècle. Il passa presque toute sa vie dans les fonctions de maître de chœur de la paroisse de Sainte-Catherine, à Lisbonne. On a de lui un traité de musique, intitulé : *Arte de Musica, de Canto de Orgaô*, etc., Lisbonne, Craesbeek, 1625. Cet ouvrage est le même qui a été indiqué par Machado (*Bibl. Lusit.*, t. II, p. 279) comme existant en manuscrit dans la bibliothèque musicale de Francesco de Valhadolid (voyez ce nom), à Lisbonne. Avant le tremblement de terre qui renversa la ville de Lisbonne, en 1755, il existait en manuscrit dans la bibliothèque royale de cette ville un traité théorique des principes de la musique par Fernandès : cet ouvrage avait pour titre : *Explicaçaô dos segredos da musica, em a qual brevemente se expende das principaes causas que se contem na mesma Arte*. On a aussi de Fernandès en manuscrit un traité de clavecin ou clavicorde, intitulé : *Theorica do Manicordio, e sua explicaçaô*, et un tableau synoptique des principes de la musique, sous le titre de : *Mappa universal de qualque causa assim natural, como accidental, que se contem na Arte da Musica come os seus generos, e demonstraçoens Mathematicas*. Ces deux ouvrages existaient dans la bibliothèque de Francesco de Valladolid à la fin du dix-septième siècle.

FERNANDEZ (don Pedro), compositeur espagnol, naquit dans l'Andalousie, en 1500. En 1558, il était déjà maître de chapelle de l'église métropolitaine de Séville. On ignore le motif qui décida le chapitre de cette église à lui donner François Guerrero pour successeur, en 1558, sous la condition que la moitié du traitement resterait à Fernandez. Certes, ne pourrait être pour insuffisance de mérite de celui-ci, car Guerrero appelait Fernandez *le maître des maîtres espagnols* (maestro de los maestros españoles) : il est donc vraisemblable que le mauvais état de la santé de ce maître l'obligea à se retirer ; cependant il vécut encore vingt-cinq ans, car il ne mourut qu'en 1585. On n'a conservé de la composition de Fernandez qu'un petit nombre de motets épars dans les églises d'Espagne. M. Eslava en a publié un dans sa collection, intitulée : *Lira*

Sacra-Hispana, où l'on remarque une manière correcte de faire mouvoir les parties.

FERRABOSCO (DOMINIQUE), né à Rome dans la première moitié du seizième siècle, fut maître des enfants de chœur de la chapelle du Vatican, depuis le mois de mars 1547 jusqu'à la fin de janvier 1548, et ne quitta cette place que pour entrer comme maître de chapelle à l'église de Sainte-Pétronne de Bologne. De là, il fut appelé à Rome et agrégé au collège des chapelains chantres, le 27 novembre 1550 ; mais, étant marié, il fut expulsé de la chapelle pontificale le 30 juillet 1550, le pape ayant décidé qu'on ne pouvait y être admis qu'avec la qualité de prêtre. Le recueil de motets publié par Gardane, à Venise, en 1554, en contient plusieurs de la composition de Ferrabosco, et l'on trouve des madrigaux de ce maître dans le recueil publié par le même Gardane, en 1557. Vincent Galilée a donné dans son *Fronimo* (p. 27), la chanson célèbre de Ferrabosco, *Io mi son giovinetta*, en tablature de luth : ce madrigal se trouve en partition dans le premier volume de la collection Éler, à la bibliothèque du conservatoire de musique de Paris. Plusieurs compositions inédites de Ferrabosco sont aux archives de la chapelle pontificale, à Rome.

FERRABOSCO (CONSTANTIN), compositeur, né à Bologne vers le milieu du seizième siècle, a publié des *Canzonette a quattro voci*, Venise, 1591, in-4°. Ce musicien fut employé au service de l'empereur d'Allemagne pendant plusieurs années. Il se pourrait que le *Ferrabosco* (Matteo), cité par Walther, dans son Lexique de musique, lequel était aussi de Bologne, et avait composé des canzonettes qui furent publiées à Venise en 1591, fût le même que Constantin ; cela est même vraisemblable.

FERRABOSCO (ALPHONSE), compositeur, naquit à Greenwich (Angleterre), de parents italiens ; dans la seconde moitié du seizième siècle. Il est considéré par la plupart des écrivains anglais, qui ont parlé de lui, comme le fils d'*Alphonse Ferrabosco* (voyez ce nom) ; mais le fait ne paraît pas certain. Il fut intime ami de Ben Johnson, dont il mit en musique les *Masque*, sorte de divertissements dramatiques à grand spectacle, en usage à cette époque dans les cours, particulièrement à celle du roi d'Angleterre. Les titres de quelques-unes de ces pièces sont : 1° *The Queen Masque of beauty* (le Masque de la Reine de beauté) en 1608 ; 2° a *Masque with the nuptial song at lord viscount Haddington's Mariage* (Masque avec des chants nuptiaux pour le Mariage du vicomte lord Haddington), 1608 ; 3° *the Masque of Queen's*, celebrated at *Whitehall* (le Masque de la Reine, joué à Whitehall), 2 février 1609 ; 4° *Oberon, the Fairy prince* (Oberon, prince des Fées), sans date ; 5° *The Irish Masque at court* (le Masque irlandais à la cour), sans date ; 6° *Mercury vindicated from the Alchemist at court* (Mercure vengé de l'alchimiste à la cour), sans date ; 7° *The golden Age restored* (Le retour de l'Age d'or), 1615, et plusieurs autres dont on trouve les titres, avec des spécimens de la musique de ces masques, dans un recueil qui a pour titre : *Ayrs by Alfonso Ferrabosco*, Londres, 1609, petit in-4° (1). Dans la même année, Ferrabosco publia un autre œuvre de sa composition, intitulé : *Lessons for 1, 2 and 3 viols*, in-4°. Cet artiste vivait encore en 1641, ainsi que le prouve une ordonnance royale qui exempte les musiciens du roi du payement des subsides, et dans laquelle on trouve son nom parmi ceux des artistes qui étaient alors en exercice ; mais Christophe Simpson nous apprend qu'il était décédé avant 1665 (*Compendium of Praticall Music*). Dans une collection manuscrite de messes, motets et madrigaux qui est au Museum britannique (sous le n° 5,036), on trouve d'Alfonso Ferrabosco un madrigal à cinq voix sur les paroles : *Hor piu mia trista sorte*. Un autre volume manuscrit de la même bibliothèque (n° 5,337, add. man.) contient le madrigal anglais à quatre voix de Ferrabosco : *In flower of April*. Ce morceau est tiré du *Masque of flowers*, représenté à la cour de Whitehall, en 1613.

Un autre musicien, nommé *Ferrabosco* (Jean), et de la même famille, vécut en Angleterre dans le dix-septième siècle. On chante encore, à Canterbury, et dans quelques autres églises, un hymne de sa composition qui est d'un beau caractère.

FERRADINI (JEAN), flûtiste et compositeur pour son instrument, naquit en Italie et vivait en Hollande vers 1730. Il a publié à Amsterdam, en 1729, deux œuvres de solos pour la flûte, de sa composition.

(1) Il existe quelques autres recueils des morceaux de musique composés pour ces masques, entre autres : 1° *The description of a Maske presented before the kinges Majesties at White-Hall on Twelfth Night last, in honour of the Lord Hayes and his Bride*, 1607 ; 2° *Ayres made by severall Authors and sung in the Maske at the Marriage of the Right Hon Robert Earle of Sommerset and Right Noble the Lady Frances Howard*, 1614. 3° *The Maske of Flowers presented by the gentleman of Graies-Lane at the Court of White Hall*, 1613.

FERRANDINI (ANTOINE), né à Naples en 1718, fit ses études musicales dans cette ville, puis se rendit à Prague où il vécut près de trente ans. Il y composa un *Stabat*, qui fut exécuté pour la première fois en 1780, et qui fut considéré comme un chef-d'œuvre ; mais l'auteur n'eut pas la satisfaction de l'entendre, étant mort en 1779, dans une extrême indigence, à l'hôpital italien. Le *Stabat* de Ferrandini ou Ferradini a été publié en 1781, chez Jean-Charles Hraba, à Prague, sous ce titre : *Compatimento pietoso de' figli al duolo della madre ai piè della croce d'un Dio morente, ne sospiri della Chiesa sposa piangente Stabat Mater.*

FERRANTI (MARC-AURÈLE ZANI DE), virtuose sur la guitare et littérateur, est né à Bologne, en 1802, d'une famille vénitienne qu'on croit être la même que celle des *Ziani*. Ses études, qu'il fit à Lucques, furent brillantes, et chez lui le talent poétique, dans les langues latine et italienne, se manifesta dès l'enfance. Après qu'il eut entendu Paganini, le goût qu'il avait pour la musique devint une passion : on lui donna pour maître de violon un artiste nommé Gerli (fils), lorsqu'il eut atteint sa douzième année, et ses progrès furent si rapides, qu'à seize ans son talent promettait déjà un violoniste de premier ordre ; mais tout à coup il abandonna le violon pour la guitare, et c'est par son talent sur ce dernier instrument qu'il s'est fait connaître dans le monde musical. Arrivé à Paris en 1820, M. de Ferranti s'y fit entendre comme guitariste amateur ; mais à cette époque il avait plus d'idées sur les améliorations qu'on pouvait introduire dans l'art de jouer de la guitare, que d'habileté à réaliser ce qu'il voulait faire ; il fut donc peu remarqué. Dans le cours de la même année, il se rendit à Pétersbourg où, d'abord bibliothécaire de M. le sénateur de Miatleff, puis secrétaire de M. le prince C. de Narischkin, il put, pendant les longs loisirs que ces places lui laissaient, méditer sur les innovations qu'il projetait, et traduire en vers italiens douze des plus belles méditations poétiques de M. de Lamartine (1). Vers la fin de 1824, Zani de Ferranti s'éloigna de Pétersbourg et se rendit à Hambourg, où il se fit entendre avec succès l'année suivante, quoiqu'il n'eût point encore acquis le talent remarquable qui le distingue aujourd'hui. Depuis 1825 jusqu'à la fin de 1827, il visita Bruxelles, Paris, Londres, poursuivant son idée favorite de la régénération de son instrument, et

(1) Cet ouvrage est encore inédit.

cherchant, tantôt dans la musique, tantôt dans la littérature, des ressources pour son existence agitée. Pour la seconde fois il arriva à Bruxelles à la fin de 1827, dans des circonstances pénibles ; il prit la résolution de s'y fixer, s'y maria, et se mit à donner des leçons de langue italienne et de guitare pour vivre. Son courage ne l'abandonna pas dans l'infortune, et ce fut alors que, par des efforts constants, il parvint à découvrir le secret de l'art de chanter les mélodies en notes tenues sur la guitare, art nouveau qui, dans les mains de Ferranti, change en quelque sorte la nature de l'instrument. Après avoir employé plusieurs années à donner à sa découverte toute l'extension dont elle était susceptible, il en fit entendre les résultats dans deux concerts qu'il donna à Bruxelles en 1832. Depuis lors le talent du virtuose s'est augmenté chaque jour par des études persévérantes, et les voyages qu'il a faits en Hollande, en Angleterre et en France ont consolidé sa réputation de premier guitariste de l'époque actuelle. Les difficultés qu'il rend avec aisance sur son instrument seraient inexécutables pour d'autres, et nul n'a pu découvrir jusqu'à ce jour en quoi consiste son secret de prolonger les sons et de les lier comme il le fait. Les œuvres qu'il a publiées et qui consistent en fantaisies, airs variés, etc., sont au nombre de quinze environ ; ses œuvres complètes, qui renferment des concertos et des morceaux de tout genre ont été annoncées par un prospectus, pour paraître à Bruxelles ; mais l'entreprise n'a pas eu de suite. Après une troisième tournée en Hollande pour y donner des concerts, M. Zani de Ferranti a fait un voyage en Amérique avec le célèbre violoniste Sivori ; puis, de retour à Bruxelles en 1846, il a été nommé professeur de langue italienne au Conservatoire royal de musique de cette ville. En 1855, il est retourné en Italie. Comme poëte et littérateur, il a publié une inspiration poétique : *In morte della celebre Maria Malibran de Bériot*, Bruxelles, 1836, 1 feuille in-8°. Ce morceau, aussi remarquable par l'élégance et l'énergie de la versification que par la beauté des idées, a été suivi d'études sur le Dante. M. Z. de Ferranti prépare une édition de ses poésies.

FERRARESE (DON LUDOVICO-AGOSTINO). J'ai trouvé dans la bibliothèque Saint-Marc, de Venise, sous ce nom, qui indique vraisemblablement le lieu de naissance d'un chanoine régulier de Saint-Augustin (à qui l'épithète de *Don* se donnait en Italie) : 1° *Madrigali a quattro voci libro I*, in Venetia, app. à figli di Ant. Gardano, 1571, in-4° oblong. ; 2° *Madri*-

gali a quattro voci libro II, ibid. 1572, in-4° oblong.

FERRARI (François-Bernardin), savant italien, naquit en 1577 à Milan, et y fit ses études. Après un voyage qu'il fit en Espagne pour coopérer à la formation de la bibliothèque ambroisienne, il fut nommé, en 1609, l'un des professeurs du collège attaché à cette bibliothèque. Sa réputation le fit appeler à Padoue, comme recteur du collège des nobles qu'on venait d'y fonder, vers 1638; mais cet établissement ayant peu duré, Ferrari revint à Milan, et fut nommé, en 1642, directeur de la bibliothèque ambroisienne. Il mourut en 1669. Parmi les ouvrages de ce savant, on trouve celui qui a pour titre: *De veterum acclamationibus ac plausu Libri VII*, Milan, 1627, in-4°. Il y traite de la musique des anciens, liv. I, ch. 17 et 18; liv. II, ch. 14, et liv. VII, ch. 14 et 15.

FERRARI (Benoit), poète et musicien, né à Reggio, fut surnommé *della Tiorba*, à cause de son habileté sur le théorbe. Le seul renseignement par lequel on peut fixer l'année de la naissance de cet artiste est son portrait placé en tête de la première édition du livret de son premier opéra, l'*Andromeda*, publiée en 1637. Au bas de ce portrait on lit : *Benedictus Ferraris ætatis ann. XXXX*; d'où il résulte qu'il avait vu le jour en 1597. Un mémoire apologétique qu'il présenta au duc de Modène, comme on le verra plus loin, nous apprend qu'il fit ses études musicales à Rome, dans sa jeunesse (1). On voit aussi par une lettre écrite par lui au prince Alphonse, fils du duc César de Modène, le 8 août 1623, de Sestola, où il était chez son oncle, gouverneur de cette forteresse, que sa réputation avait déjà assez d'éclat, pour que ce prince eût témoigné le désir d'avoir quelques-unes de ses compositions, quoiqu'il ne fût âgé que de 26 ans. Cette lettre existe dans les archives ducales de Modène. Ferrari cultivait aussi la poésie; il a composé lui-même les drames qu'il a mis en musique. Tiraboschi dit qu'il y a lieu de croire que cette musique valait mieux que sa poésie, laquelle était dans le goût détestable de l'époque. Cependant la plupart de ces ouvrages furent joués dans les villes les plus considérables de l'Italie et ont été souvent réimprimés.

Ferrari écrivit des poèmes d'opéras et en composa la musique à Venise depuis 1637 jusqu'en 1644; puis il entra au service de l'empereur d'Autriche, à Vienne, et y écrivit un ballet en 1651. Deux ans après, il donna un autre ballet à Ratisbonne, et le 1er septembre 1653, il entra définitivement chez le duc de Modène, François Ier, en qualité de maître de chapelle de la cour. Déjà il avait été attaché à la musique de ce prince pendant quelques années (1645 à 1650). Il écrivit aussi à Parme, en 1664. Le duc de Modène avait fixé son traitement à 212 séquins (3,090 livres). Après la mort de François Ier, en 1658, Ferrari conserva sa position sous le duc Alphonse IV; ce prince étant aussi décédé en 1662, des réformes furent faites par la duchesse Laure, régente sous la minorité de François II, et Ferrari fut un des artistes congédiés. Après un intervalle de douze ans, ce jeune prince grand amateur de musique, prit, en 1674, le gouvernement de son duché, et rappela quelques-uns des musiciens qui avaient été démissionnés; mais Ferrari fut laissé à l'écart. Ce fut à cette occasion qu'il adressa au duc le mémoire dont il a été parlé précédemment. Il y dit en substance qu'elles ont été ses études et ses succès pendant quarante ans. On l'a représenté au prince, dit-il, comme un compositeur de musique d'église et de drames mélancoliques, n'ayant pas le style vif et gai qui était alors à la mode; mais celui qui peut écrire de bonne harmonie dans un genre sérieux et pathétique, peut traiter également bien le style bouffe et gai; genre qu'il considère comme plus facile. On a dit aussi qu'il était trop âgé pour entrer dans la pratique de l'art; mais Orlando Lasso, illustre musicien, dirigeait encore la musique du duc de Bavière lorsqu'il était nonagénaire, et François Cavalli, alors maître de chapelle de la sérénissime république de Venise, y faisait encore briller son talent dans toute sa splendeur, bien qu'il fût parvenu à la vieillesse. Quant à son propre talent sur le luth et dans l'accompagnement du chant sur l'épinette, il n'en parle pas, parce qu'il est connu de tout le monde. Enfin, il supplie le duc de ne pas oublier qu'il a brillé pendant sept années à la cour de divers princes, notamment à celle de l'empereur, et qu'il a servi la famille ducale pendant seize ans, en qualité de maître de chapelle. Il termine en disant que s'il n'a pas quitté Reggio pour venir en personne solliciter le prince à Modène, au lieu de lui écrire, c'est qu'il n'a pas voulu fournir à ses persécuteurs l'occasion de rire à ses dépens (1). Ce mémoire n'est pas daté; mais il paraît avoir été écrit au mois d'octobre 1674. Le 1er dé-

---

(1) *Sono 40 anni che l'Oratore (Ferrari) professa la Musica, et l'apprise nella scola di Roma.*

(1) Tiraboschi a rapporté cette pièce *in extenso* dans sa *Biblioteca Modenese*, t. II, pages 266-268.

cembre suivant, le duc François II rétablit Ferrari dans sa place de maître de chapelle et lui rendit son traitement. Le vieux musicien en conserva la possession jusqu'à sa mort, arrivée le 22 octobre 1081, à l'âge de 84 ans, comme on le voit par les livres de la musique de la chambre ducale. Il fut inhumé dans l'église appelée *del Paradiso*, qui fut, plus tard, celle des carmes déchaussés.

Bien qu'il ne reste aujourd'hui que peu de chose des compositions de Benoît Ferrari, il n'est pas moins digne d'occuper une place importante dans l'histoire de l'art, par la part qu'il a prise à la fondation des premiers théâtres d'opéras. Son *Andromeda* fut, en effet, le premier opéra représenté, non-seulement sur le théâtre de San-Cassiano à Venise, en 1637, mais qui fut joué devant la population de cette ville (1); car jusqu'alors ce genre de spectacle n'avait paru que dans les palais des princes et des nobles. L'*Adone* de Monteverde, le premier de ses ouvrages dramatiques qui fut représenté sur un théâtre public, ne le fut qu'en 1639 au théâtre de Saint-Jean et Saint-Paul de la même ville; enfin, l'*Orfeo* de ce grand homme, qui avait été représenté à la cour du duc de Mantoue, en 1607, et l'*Ariana* du même compositeur, écrite à la même époque, ne furent représentés au théâtre de San-Mosè, à Venise, qu'en 1640. Ferrari avait écrit le poème de l'*Andromeda* : ce fut François Manelli, de Tivoli, qui le mit en musique. Le poète et le musicien s'unirent avec huit autres artistes, chanteurs distingués, qui y prirent des rôles, ainsi que Manelli et Ferrari, et celui-ci fit les frais de la représentation (2). La pièce fut imprimée dans la même année, sous ce titre : *L'Andromeda, dramma per musica rappresentato nel teatro di San-Cassiano di Venezia, l'anno 1637. In Venezia, per Antonio Bariletto,* 1637, in-12. Cet opéra fut suivi de *la Maga fulminata*, poème de Ferrari et musique du même Manelli, représentée à Venise, en 1638, au théâtre de San-Cassiano et à Bologne, en 1641. Cet ouvrage a fourni le sujet de *la Magicienne*, grand opéra de MM. Saint-George

(1) C. Bonlini, *Le Glorie della Poesia e della Musica*, p. 35 et 36, et Allacci, d'après lui, *Dramaturgia*, p. 86, établissent ce fait d'une manière certaine.

(2) On lit dans la première édition de cette pièce : *L'Andromeda fu recitata nel 1637, nel Teatro di S. Cassiano, per opera di Benedetto Ferrari da Reggio di Modena celebre Suonatore della Tiorba, e peritissimo nella poesia e nella Musica, il quale unitosi ad una compagnia di più scelti cantanti d'Italia con essi loro la pose in scena a proprie spese con sonuoso apparato. Il Ferrari vi assisteva colla sua miracolosa Tiorba*

et Halévy, joué à Paris, en 1858. *L'Armida*, paroles et musique de Ferrari, fut jouée au théâtre de Saint-Jean et Saint-Paul, à Venise, en 1639, et, à Plaisance, en 1650; puis vinrent il *Pastor Reggio*, paroles et musique de Ferrari, qui fut joué au théâtre San-Mosè, à Venise, en 1640, et ensuite à Bologne, à Gênes, à Milan et à Plaisance; *la Ninfa avara, favola boscareccia*, paroles et musique de Ferrari, représentée au théâtre San-Mosè, à Venise, en 1641; *Proserpina rapita*, intermède musical du même, au même théâtre, dans la même année; *il Principe Giardiniero*, drame, paroles et musique du même, représenté au théâtre de Saint-Jean et Saint-Paul, en 1644; *Vittoria d'Himeneo*, ballet exécuté pour les noces de François d'Este, duc de Modène, avec la princesse Vittoria Farnèse, en 1648, paroles et musique de Ferrari; *l'Inganno d'Amore*, drame, paroles et musique du même, représenté à Ratisbonne, en 1653; *Licasta*, drame, paroles et musique du même, représenté à Parme, en 1664.

Les textes de ces ouvrages ont été imprimés séparément, et il en a été fait plusieurs éditions, tant à Venise que dans diverses autres villes de l'Italie. Les six premières pièces ont été réunies et publiées sous le titre de : *Poesie Drammatiche di Benedetto Ferrari*. In Milano, per Giampietro Ramellati, 1644, in-12. Une autre édition, publiée à Plaisance par Jean Bazacchi, en 1651, in-12, contient cette particularité, que l'éditeur annonce une prochaine mise au jour de douze autres opéras du même auteur; cependant, après *l'Inganno d'Amore* et *la Licasta*, aucun autre ouvrage de Ferrari n'a été publié. Parmi les manuscrits de la bibliothèque ducale de Modène, on trouve de ce poète musicien : *Dafne in alloro, Introduzione di un balletto, rappresentato in Vienna, in Corte di Sua Cesarea Maestà l'anno* 1651. Ferrari a publié un recueil de ses œuvres pour le chant, sous le titre de : *Musiche varie a voce sola*. Venise, 1638, in-folio.

FERRARI (LE P. MAXIME), moine de l'ordre des Cordeliers, né à Montecchio-Magiore, près de Vicence, vers 1620, s'est fait connaître comme compositeur par les ouvrages suivants : 1° *Salmi di compieta a 3 voci*, op. 1, Venise, Alexandre Vincenti, 1653, in-4°; 2° *Litanie della Beata Virgine Maria concertate a 4 voci*, op. 2, Venise, Fr. Magni, 1658, in-4°.

FERRARI (FRANÇOIS), maître de chapelle à Fano, dans la seconde moitié du dix-septième siècle, a publié de sa composition : *Mottetti a voce sola con organo.* Bologne, J. Monti, 1674, in-4°.

FERRARI (Charles), surnommé LE BOITEUX, naquit à Plaisance vers 1730. Il fut violoncelliste distingué pour son temps, et compositeur de musique instrumentale. En 1758, il se fit entendre au Concert-spirituel, à Paris, et y eut beaucoup de succès. Il y fit aussi graver son premier œuvre de solos pour le violoncelle. En 1765, il entra au service de la cour de Parme, et il exerça cet emploi jusqu'à sa mort, qui arriva en 1789. Cet artiste passait en Italie pour être le premier qui eût fait usage du pouce en sillet sur le violoncelle.

FERRARI (Dominique), frère du précédent, né, comme lui, à Plaisance, étudia le violon sous la direction de Tartini, dont il devint un des meilleurs élèves. Il se fixa à Crémone, vers 1748, et y travailla à se faire un style particulier. L'emploi fréquent des sons harmoniques et des traits en octave devinrent les caractères distinctifs de son jeu. En 1754, il vint à Paris, et s'y fit entendre au Concert-spirituel, où il excita la plus vive admiration. Quatre ans après, il entra au service du duc de Würtemberg, à Stuttgard, et y resta plusieurs années. Il revint ensuite à Paris, où il mourut en 1780. Le bruit courut alors qu'il avait été assassiné, au moment où il se disposait à passer en Angleterre. Ferrari a écrit six œuvres de sonates pour le violon avec accompagnement de basse, qui ont été gravés à Paris et à Londres.

FERRARI (Jacques-Godefroi), fils de François Ferrari, négociant et manufacturier à Roveredo, dans le Tyrol italien, naquit dans cette ville en 1759. Après avoir fait ses études à l'école publique de Roveredo, il fut envoyé à Vérone pour y terminer son éducation sous la direction de l'abbé Pandolfi. Ce fut là qu'il commença à solfier et à apprendre les règles de l'accompagnement sous l'abbé Cubri et sous Marcola, et, en même temps, il prit des leçons de clavecin de Borsaro. Ces maîtres étaient alors réputés les meilleurs de Vérone. Ferrari avait de grandes dispositions pour la musique, en sorte qu'au bout de deux ans, il chantait, accompagnait et jouait toute espèce de musique à première vue. Il retourna alors à Roveredo, où son père l'employa dans sa maison de commerce; mais il aimait si passionnément la musique, qu'il prit la résolution de tout sacrifier pour devenir compositeur. Il se livra aussi à l'étude de la flûte, du violon, du hautbois et de la contrebasse, et y devint assez habile pour faire sa partie dans un concert. Cependant son goût pour la musique contrariant les vues de sa famille, on l'envoya à Mariaberg, près de Chur, dans le Tyrol allemand, pour y apprendre la langue allemande. Mais ce lieu était précisément celui qui pouvait offrir à Ferrari le plus d'occasions de fortifier son penchant, car les trente-deux moines qui composaient le personnel du couvent de Mariaberg étaient habiles musiciens. On exécutait de la musique religieuse trois ou quatre fois par jour dans l'église de ce monastère; le père Marianus Stecher, savant harmoniste, y enseignait le contrepoint, et l'on pouvait profiter de ses leçons en se mettant en pension dans le couvent, moyennant la faible rétribution de quatre-vingt-dix florins (environ 200 francs). Ferrari profita de cette circonstance heureuse. La facilité d'entendre, d'exécuter et de copier constamment de bonne musique le rendit musicien instruit. Ce n'est qu'après avoir passé deux ans à Mariaberg qu'il retourna chez son père. Il s'y occupa pendant trois ans d'affaires de commerce, plutôt par obéissance que par inclination. Son père mourut dans cet intervalle; alors, devenu libre de suivre ses goûts, il résolut de se livrer à la composition. Le prince Wenceslas Lichtenstein, qui allait à Rome, le prit avec lui; de là, il se rendit à Naples avec l'intention de prendre des leçons de Paisiello; mais ce compositeur, n'ayant pas eu le temps de lui en donner, le recommanda à Latilla, habile contrapuntiste, sous lequel il étudia pendant deux ans et demi. Dans cet intervalle, Paisiello lui donnait aussi quelques conseils sur la composition dramatique. A cette époque, M. Campan, maître d'hôtel de la reine de France, lui offrit de parcourir avec lui l'Italie et de le conduire ensuite à Paris, ce qu'il accepta. Cette circonstance lui devint favorable, car Mme Campan, première femme de chambre de la reine, le présenta à cette princesse, qui aimait beaucoup la musique. Elle fut satisfaite du talent de Ferrari comme accompagnateur, et résolut même de le choisir pour son maître de chant; mais la révolution vint déranger ses projets. Quand le théâtre Feydeau fut bâti pour la troupe italienne, dite *de Monsieur*, Ferrari y fut nommé accompagnateur (en 1791). Il y composa quelques morceaux de musique qu'on introduisit dans les opéras bouffes, et qui furent très-applaudis. Lorsque cette troupe eut été dispersée, en 1793, il essaya de tirer parti de ses talents, en écrivant pour la scène française, et il remit en musique *les Événements imprévus* pour le théâtre Montansier; mais, quoique en général cette musique fut plus forte et plus riche d'harmonie que celle de Grétry, les critiques, guidés par leurs préjugés, immolèrent Ferrari à son devancier. Cet échec le décida à quitter la France. Il se rendit d'abord à Bruxelles, puis à Spa, pour y donner des concerts ; il y fit entendre des concertos et des sonates de sa composition ; et quoiqu'il ne fût pas grand pianiste, l'expression de son jeu lui assura partout des succès. En quittant les Pays-Bas, il se rendit à Londres, et s'y livra à l'enseignement du chant. Le premier morceau qu'il y écrivit fut une scène avec récitatif, *Se mi tormenti amor*, qui fut chantée par Simoni au concert de Salomon. Pendant un séjour de trente et un ans dans cette ville, il a composé un nombre très-considérable de morceaux pour les concerts publics, quatre opéras italiens, parmi lesquels on remarque *la Villanella rapita* (1797), *I due Svizzeri* (ouvrage charmant) et *l'Eroina di Raab* ; deux ballets, *Borea e Zeffiro* et *la Dama di spirito* ; beaucoup de musique de chambre, telle que des canzonettes italiennes et anglaises, des recueils de canons à plusieurs voix, des sonates de piano et beaucoup de divertissements pour harpe et piano. En 1804, il épousa miss Henry, célèbre pianiste, dont il eut un fils et une fille. Une maladie le rendit aveugle en 1809, et il resta dans cet état pendant trois ans ; mais, au bout de ce temps, il recouvra la vue. En 1814, il fit un voyage à Naples avec le célèbre facteur de pianos Broadwood, et y retrouva son vieux maître Paisiello, dans une position peu fortunée. Il resta dans cette ville jusqu'à la fin de janvier 1816, et visita Venise, ainsi que le lieu de sa naissance, à son retour.

Outre les compositions qui viennent d'être citées, Ferrari a publié un traité du chant (*A Treatise on Singing*), un premier volume de solféges, dédié à M. Broadwood, et un second volume dédié à Mlle Naldi. On a aussi de lui un ouvrage intitulé : *Studio di Musica pratica*. En 1827, il a fait un voyage à Paris, et y a fait imprimer une traduction française de son *Art du chant*. On ignore pourquoi Ferrari a quitté Londres pendant quelques années pour aller s'établir à Édimbourg ; mais il est ensuite retourné à Londres. Voici le catalogue des œuvres de Ferrari qui ont été publiés, tant en France qu'en Allemagne et en Angleterre : I. Pour le chant : 1° *La Villanella rapita*, opéra bouffe, partition pour le piano, Londres, 1797 ; 2° Six romances avec accompagnement de piano, Paris, Le Duc, 1795 ; 3° Six ariettes, Vienne, Artaria ; 4° Six petits duos italiens avec accompagnement de piano, Paris, 1796 ; 5° Douze ariettes italiennes de Métastase, avec accompagnement de piano, op. 9, Paris, 1796 ; 6° Six canzonettes italiennes, Londres, 1796 ; 7° Douze romances nouvelles, avec accompagnement de piano, liv. 1 et 2, Paris, 1798 ; 8° *Le Départ*, grande scène, avec accompagnement de piano ou harpe, idem ; 9° *Tre canzonette con piano forte o chitarra*, part. 1, 2, Leipsick ; 10° *Sei canoni a tre voci, con piano* n° 1, idem ; 11° *Papa, Canz. favor. con piano forte*, idem. II. Pour le piano et pour la harpe : 1° Trois sonates avec violon, op. 1, Paris, 1788 ; 2° Trois idem, op. 2, *ibid.* ; 3° Trois idem, avec violon et basse, op. 3, Paris et Offenbach ; 4° Douze petites pièces, op. 4, Vienne ; 5° Trois sonates avec violon et basse, op. 5, Vienne ; 6° Concerto en *ut*, op. 6, Paris ; 7° Trois sonates avec violon et basse, op. 7, Vienne ; 8° Caprice pour le clavecin, op. 8, Vienne ; 9° Trois sonatines, Offenbach ; 10° Trois sonates avec violon, op. 8, Vienne ; 11° Douze petites pièces, op. 10, Offenbach ; 12° Trois solos, op. 11, Paris, 1796 ; 13° Trois sonates, avec violon ad lib., Offenbach, 1797 ; 14° Trois sonates avec violon et violoncelle obl., op. 12 ; 15° Trois sonates avec flûte, Paris, 1798 ; 16° Trois sonates, dont la deuxième avec viol. obl. op. 13, Offenbach ; 17° Douze sonates, op. 14, Vienne ; 18° Trois sonates avec viol. ob. 15, *ibid.* ; 19° Quatre sonatines pour harpe et violon, op. 16, Londres ; 20° Trois sonates d'une exécution facile pour harpe et violon, 1797, op. 18, Paris ; 21° Trois grandes sonates pour harpe, violon et violoncelle, Paris, Pleyel, 1798, op. 19 ; 22° Trois solos, op. 20, Offenbach et Paris ; 23° Duo pour deux pianos ou harpe et piano, idem ; 24° *XXIV variazioni per il piano forte*, Naples, 1795 ; 25° Douze variations, *ibid.*, Paris ; 26° Ouverture des *Événements imprévus* pour le piano, Offenbach, 1797 ; 27° Sonates faciles pour la harpe, livre 4 ; 28° *A treatise on Singing*, Londres (*Méthode de chant*, Paris, 1827) ; 29° *Solfegi*, 1er et 2e livres, Londres ; 30° *Studio di musica pratica e teorica*, Londres. Ferrari est auteur des deux jolis airs français : *Qu'il faudrait de philosophie*, et *Quand l'Amour naquit à Cythère*. Le dernier ouvrage de ce musicien intéressant est un recueil d'anecdotes sur sa vie, intitulé : *Aneddoti piacevoli e interessanti occorsi nella vita di Giacomo Gotifredo Ferrari* (Anecdotes agréables et intéressantes relatives à la vie de Jacques-Godefroid Ferrari, écrites par lui-même). Londres, 1830, 2 vol. in-12. Cet ouvrage renferme des détails pleins d'intérêt sur Paisiello, Latilla et beaucoup d'autres artistes célèbres. Ferrari est mort à Londres, au mois de décembre 1842.

FERRARI (Françoise), harpiste distinguée, née à Christiania (Norwége), vers 1800, se fit connaître pour la première fois en Allemagne dans un concert donné à Stuttgard au printemps de 1823. Après cette première épreuve de son talent, elle retourna à Breslau, où elle avait fixé sa résidence. Au mois de décembre 1826, elle obtint un brillant succès à Leipsick dans une fantaisie de Spohr pour harpe et orchestre, et dans un concerto de Molina, qui avait été son maître. Elle ne produisit pas moins d'effet à Magdebourg dans l'année suivante; mais, bien jeune encore, elle mourut le 5 octobre 1828, à Gross-Salzbrunn, en Silésie (*V.* la *Gazette générale de Musik de Leipsick*, t. XXV, p. 374, t. XXVIII, p. 852, t. XXIX, p. 435 et t. XXX, p. 700). Gassner a fait sur cette artiste (*Lexik. d. Tonk.*) une série de suppositions toutes contredites par les faits : il en fait une fille de Jacques-Godefroid Ferrari, qui n'a point eu d'enfant avant son mariage, contracté en 1804; il la fait naître à Paris, en 1786, où Ferrari n'est arrivé qu'à la fin de l'année 1787, et en fait une des premières élèves du conservatoire de cette ville, où l'on n'a pas enseigné à jouer de la harpe avant 1822.

FERRARI (Jean-Baptiste), compositeur dramatique, né à Venise, est mort dans cette ville le 14 août 1843, dans la force de l'âge. Il s'est fait connaître par quelques opéras qui ont été joués avec succès. Le premier, sous le titre de : *Maria d'Inghilterra*, a été représenté au théâtre de la Scala, à Milan, en 1840. Dans l'année suivante, il donna *Safo*, à la Fenice de Venise. *Candiano IV*, son troisième ouvrage, fut également bien accueilli à Florence en 1842, à Milan, dans la même année, à Venise en 1843, et à Trieste en 1844. Son dernier opéra, *Gli ultimi giorni di Suli*, obtint un brillant succès à Venise en 1843.

FERRARI (Andrea), amateur de musique, né en 1805, à Rodigo, près de Mantoue, est auteur d'une critique sérieuse de la musique dramatique italienne dans les derniers temps. Cet ouvrage, divisé en quatre parties, a pour titre : *Progetto di riforma do' Teatri musicali italiani*, in Venezia, presso Bragadin, 1844, in-8°. Précédemment il avait publié un ouvrage du même genre sous ce titre : *Le Convenienze teatrali. Annalisi delle condizione presente del teatro musicale italiano*. Milano, Redalli, 1843, in-8° de 36 pages. Le nom de cet auteur est écrit à tort *Ferrary* dans la *Gazette générale de musique de Leipsick*, an. 43, p. 842.

FERRARI. Plusieurs ténors de ce nom ont chanté en Italie et dans les pays étrangers, vers le milieu de ce siècle. *Prosper* a commencé à se faire connaître en 1835 et a chanté dans les petites villes de la Lombardie, à Milan, à Parme, à Rome, à Lucques et à Vérone. *Gaetano* a commencé sa carrière à Turin, en 1841, et, après avoir paru sur un grand nombre de théâtres de l'Italie, a chanté à Lisbonne, à Constantinople et à Hambourg. En 1841 et 1842, on trouve, dans quelques petites villes, *César* et *Nicolas Ferrari*, tous deux ténors; et, enfin, *Vincent Ferrari-Stella*, autre ténor, d'un mérite plus solide, chanta à Milan en 1839, à Turin en 1841, à Trieste en 1842, à Berlin en 1843 et 1844, à Modène en 1845, à Venise et à Bologne en 1846. Celui-là était compositeur et fit exécuter à Orvieto, en 1845, une messe à quatre voix et orchestre, écrite par lui.

FERRARIENSIS (Paulus). *Voyez* Paul de Ferrare.

FERRARIO (Jules), docteur en médecine, né à Milan, est auteur d'une dissertation bien écrite sur l'influence physiologique et pathologique de la musique et de la déclamation sur l'homme, qui a été couronnée dans un concours médical, en 1825, et qui a pour titre : *Influenza fisiologica del suono, del canto, e della declamazione sull'uomo, dissertazione*, Milano, da Placido Marin Visaj, 1825, in-12 de 88 pages.

FERRARIS (François), né à Alexandrie (Piémont), en 1816, a fait ses premières études musicales à Casalmonferrato, sous la direction de Gambazana, et les a continuées à Milan avec Panizza, Angeleri et Trucci. Après la révolution de 1848 il voyagea en Italie pour donner des concerts, puis parcourut le midi de la France. Il s'est fixé à Bruxelles comme professeur de piano en 1855. M. Ferraris a publié quarante-trois études classiques pour le piano, six études de concert; Paris, Benacci; Fantaisies sur *le Trouvère*, sur *Lucia di Lammermoor*, Paris et Milan; *Moutferrine*, *les Roses* (morceau de genre); *Ballade*, *Barcarole*, Bruxelles, Schott, Katto, Meynne, et beaucoup d'autres compositions légères. M. Ferraris est le premier pianiste italien qui a fait connaître dans sa patrie la musique allemande de l'école moderne, particulièrement de Mendelssohn.

FERRARO (le P. Antoine), religieux de l'ordre de l'Observance, né à Polizzi, en Sicile, dans la seconde moitié du seizième siècle, fut organiste du couvent de son ordre, à Catane.

Ce musicien est au nombre de ceux qui, au commencement du dix-septième siècle, écrivirent de la musique d'église pour une voix, avec accompagnement d'orgue sur la basse continue, et dans le style orné de tous les agréments du chant. Les groupes, les trilles, les traits, les variations dont on fit usage jusqu'à l'excès dans ce nouveau genre de musique, firent appeler *passegiati* les motets et les psaumes ainsi ornés. Le premier ouvrage de ce genre que Ferraro publia a pour titre : *F. Antonii Ferraro carmelitæ Siculi Polisitunensis ejusdem ordinis in conventu clarissimæ civitatis Catinæ organica Sacra cantiones, quæ tum unica, tum duabus, tribus ac quatuor vocibus concinnatur cum basso per organo*, Romæ, 1617, in-4°. Ce recueil contient trente-deux motets. On a aussi de Ferraro un autre recueil de motets du même genre intitulé : *Ghirlanda di sacri fiori*, Palermo, 1623, in-4° obl.

FERREIN (ANTOINE), médecin et célèbre anatomiste, membre de l'Académie des sciences, professeur de chirurgie et successeur de Winslow au jardin du roi, naquit à Fresquepêche en Agenois, le 25 octobre 1693, et mourut à Paris, le 28 février 1769. Parmi les écrits de ce savant, on remarque un mémoire qui a été inséré parmi ceux de l'Académie royale des sciences (1741, p. 400-432), et qui a pour titre : *De la formation de la voix de l'homme*. Ce mémoire est un exposé d'expériences curieuses faites par l'auteur, sur le mécanisme si remarquable de la voix humaine; expériences qu'il semble qu'on a trop oubliées dans les travaux du même genre entrepris depuis lors. Ferrein termine son mémoire par ce passage singulier (p. 429 et 430) : « Avant que de « finir, je me crois obligé de faire une restric-« tion à laquelle on ne s'attend pas, c'est que « les cordes vocales ne sont pas l'organe de « toutes les espèces de voix; telles sont une « certaine voix du gosier, et un fausset de « même nature. Les gens que nous entendons « chanter dans les rues de Paris, et au lutrin « dans nos provinces, ne font souvent aucun « usage ni de la glotte, ni des cordes vocales « que nous avons décrites; ils se servent d'un « nouvel organe que j'ai découvert, et dont « j'ai eu grand soin de constater l'existence. « Je connais des animaux qui font agir en « même temps ces deux organes, et on dis-« tingue dans cet accord deux différentes voix « qui sont à plus d'une octave l'une de l'autre. « Ce sont des faits qui seront éclaircis dans un « autre mémoire, d'une manière à lever tous « les doutes. » Il s'agit ici d'un fait fort curieux que chacun a pu remarquer dans les enfants de chœur qui chantent, comme on dit, *en grosse voix*. L'organe de cette espèce de voix semble, en effet, très-différent de celui de la voix ordinaire; et, pour le remarquer en passant, c'est malheureusement de cet organe que le peuple se sert le plus souvent en France lorsqu'il chante, ce qui le distingue de tous les autres peuples de l'Europe. Il y a aussi quelque chose du même organe dans les effets de voix du chant des Tyroliens. Ce genre de voix résulte de sons de poitrine qui prennent un caractère guttural. Il est fâcheux que Ferrein n'ait pas tenu la promesse qu'il avait faite; du moins, n'ai-je rien trouvé dans le mémoire qu'il a fait succéder à celui-ci, qui eût rapport à cet objet intéressant. Le système de la voix publié par Ferrein, a donné lieu à une polémique pleine d'amertume entre un médecin nommé Jos.-Ex. Bertin, qui en avait fait la critique dans une *Lettre sur un nouveau système de la voix* (Amsterdam, 1745, in-12), et Montagnat, autre médecin, élève de Ferrein, qui fit paraître à ce sujet quelques brochures assez mal écrites, dont on trouvera les titres à l'article qui le concerne. (*Voyez* MONTAGNAT.)

FERREIRA (CÔME-BAENA), compositeur portugais, né à Evora, fut d'abord enfant de chœur, puis passa à Coïmbre comme compositeur, maître de chapelle et professeur de musique, et enfin devint prieur de Saint-Jean d'Almedina dans la même ville. Machado (*Bibl. lusit.*, t. I, p. 599) cite les ouvrages suivants de sa composition : 1° *Enchiridion Missarum et vesperarum*; 2° *Officium Hebdomadæ sanctæ*; 3° *Responsorios de officio de defuntos*.

FERREIRA DA COSTA (RODRIGUES), savant portugais, chevalier de l'ordre du Christ, bachelier en droit et en mathématiques, membre de l'Académie royale des sciences de Lisbonne, a publié un livre qui a pour titre : *Principios de musica, ou Exposiçao methodica das doctrinas da sua composiçao e execuçao* (Principes de musique, ou exposition méthodique des règles concernant sa composition et son exécution). Lisbonne, 1820-1824. 2 vol. in-4°. Un troisième volume de cet ouvrage était promis par l'auteur, mais il ne paraît pas qu'il ait été publié. M. Ferreira dit, dans le prologue de son livre, qu'il n'existe pas un seul traité de musique en langue portugaise, où les principes de l'art soient exposés avec méthode; le sien est le seul de quelque importance qui ait été publié depuis deux cents ans.

Dans un traité préliminaire, M. Ferreira Da Costa donne des notions générales et suffisantes de tout ce qui concerne la partie physique et mathématique des sons et des intervalles. Le reste de son ouvrage est divisé en trois parties. La première traite de la musique métrique ou rhythmique, c'est-à-dire de tout ce qui concerne la division du temps et de la mesure, de la mélodie, de la notation et de l'art du chant; tous ces objets sont contenus dans le premier volume. La seconde partie, qui est renfermée dans le deuxième volume, est relative à l'harmonie, au contrepoint, et à tout ce qui concerne l'art d'écrire en musique. La troisième partie, qui n'a point paru, devait traiter de la musique imitative et expressive.

FERREL (Jean-François), musicien à Paris, vers le milieu du dix-septième siècle, a publié un petit écrit qui a pour titre : *A savoir que les maistres de dance, qui sont de vrays maistres larrons à l'endroit des violons de France, n'ont pas royale commission d'incorporer ès leur compagnie les organistes et austres musiciens, comme aussy de leur faire païer redevance, démonstré par Jean-François Ferrel, praticien de musique à Paris, natif de l'Anjou.* Paris, Bandry, 1659, in-12. Ce pamphlet fut le signal d'une guerre qui dura plus de cent ans entre les musiciens français et le roi des ménétriers ou des violons qui, en vertu d'anciens privilèges, voulait les soumettre à sa juridiction. Des procès s'ensuivirent et donnèrent lieu à des arrêts du parlement de Paris et du grand conseil, ainsi qu'à des ordonnances royales. Un grand nombre de pièces, la plupart anonymes, ayant été publiées à ce sujet, et ces pièces étant fort rares, je crois devoir donner ici les titres de celles qui me sont connues. 1° *La cloche fêlée, ou le bruit faict par un musicien qui ne veult être maistre de dance parce qu'il ne sait sur quel pied se tenir* (sans date ni nom de lieu), in-8° de huit pages; 2° *Les dict et contredict des joueurs d'instrumens et du roy des menestriers.* Paris, en la boutique de Pierre le Petit, 1660, in-12; 3° *Lettres patentes du roy pour l'établissement de l'Académie royale de danse ès la ville de Paris, vérifiées en parlement le 30 mars 1662.* in-8°; 4° *Statuts que Sa Majesté veut et entend être observés en l'Académie royale de danse qu'elle désire estre établie en la ville et faubourgs de Paris, à l'instar de celle de peinture et de sculpture.* in-8° (sans date); 5° *Délibération de l'Académie royale de danse contenant la réception du sieur Bernard de Manthe en la place du feu sieur Le Vacher et le règlement des rangs et séances des académistes, du 16 avril 1662*, in-8°; 6° *Arrêt du parlement de Paris qui démet les maistres violons de l'opposition par eux formée à l'enregistrement des lettres d'établissement de l'Académie de danse*, une demi-feuille in-8°; 7° *Discours pour prouver que la danse dans sa plus noble partie n'a pas besoin des instrumens de musique, et qu'elle est en tout indépendante du violon.* Paris, Pierre le Petit, 1663, in-12; 8° *le Mariage de la musique avec la danse*, par Guill. Dumanoir (*voyez* DUMANOIR), Paris, 1664, in-12; 9° *Mémoire pour les organistes, compositeurs de musique, faisant profession d'enseigner à toucher le clavecin, appelans de la sentence rendue par le prévôt de Paris, le 16 juin 1693.* Paris, 1694, in-4°; 10° *Lettres patentes qui maintiennent les organistes et autres, faisant profession d'enseigner à jouer des instrumens, servant à l'accompagnement des voix, dans le libre exercice de leur profession, et défendant aux maîtres à danser de les y troubler.* Paris, juin 1707; 11° *Mémoire de M° Marchand, avocat, pour les organistes et autres, faisant profession d'enseigner à jouer des instrumens servant à l'accompagnement des voix, contre le sieur Guignon, roi et maître des ménestriers, et les jurés de la communauté des maîtres à danser, joueurs d'instrumens, tant haut que bas, et hautbois.* Paris, 1750, in-4°. Ce mémoire, presque tout historique, est rempli de faits intéressants; 12° *Précis pour les organistes du roi et autres compositeurs de musique, faisant profession d'enseigner à toucher le clavecin, les instrumens d'harmonie, et servant à l'accompagnement des voix, contre le sieur Guignon, etc. Addition au précis pour les organistes, etc. — Sommaire pour les organistes, etc.* Ces trois pièces, signées par Delaguette, procureur, ont paru dans le mois de mars 1750, in-4°; 13° *Arrêt définitif du parlement, prononcé à la grand chambre, le 30 mai 1750, en faveur des organistes et autres, etc.; contre le sieur Guignon.* Paris, juin 1750, trois feuilles in-4°; 14° *Recueil d'édits, arrêts du conseil du roi, lettres patentes, mémoires, et arrêts du parlement, etc.; en faveur des musiciens du royaume.* Paris, de l'imprimerie de P.-R.-C. Ballard, 1774, 1 vol. in-8° de 227 p. On trouve quelques exemplaires de ce recueil qui ont pour *faux titre* un frontispice portant ces mots : *Code des musiciens.*

FERRER (le chevalier de), né à Naples, fut d'abord militaire, puis devint un chanteur fort médiocre, quoiqu'il eût une assez bonne voix de basse. Il donna des concerts à Paris, en Belgique, et chanta en dernier lieu (1839) à Berlin, où l'on se moqua de lui. M. le chevalier de Ferrer était aussi écrivain : admirateur passionné, et à juste titre, de Rossini, il a publié une brochure qui a pour titre : *Rossini e Bellini. Risposta ad uno scritto pubblicato a Palermo. Dissertazione analitica e paragonata sulle opere de' due maestri. Cenno storico degli antichi compositori. Osservazioni sull' entità musicale de' maestri italiani de' nostri giorni. Dal cav. di Ferrer, instruttore pubblico della città di Napoli.* Faenza, presso Montanari e Marabini, 1843, in-12 de 51 pages.

FERRETTI (Jean), ou **FERETTI**, car le nom est écrit de deux manières aux titres de ses productions, compositeur né à Venise vers 1540, s'est fait connaître par des ouvrages assez remarquables par la facilité de leur facture. J'ai mis en partition quelques-unes de ses chansons à la napolitaine, et j'y ai trouvé un mérite d'originalité qui aurait dû assurer à Ferretti une réputation plus grande que celle dont il jouit. On a de lui : 1° *Il primo libro delle Canzoni alla napoletana a cinque voci.* Venezia, Scotto, 1567, in-4°. La seconde édition fut publiée par les héritiers de Scotto en 1579, et la troisième en 1582. 2° *Il secondo libro delle Canzoni a cinque voci.* Venezia, 1574, in-4°. La deuxième édition a paru dans la même ville, en 1581. 3° *Il terzo libro delle Canzoni a cinque voci,* ibid. 1575, in-4°. 4° *Il quarto libro delle Canzoni a cinque voci.* ibid. 1583. in-4°. 4° (bis). *Il quinto libro delle Canzoni alla napoletana a cinque voci.* ibid. 1591. 5° *Il primo libro delle Canzoni alla napoletana a sei voci,* in Venezia, 1576. in-4°; la deuxième édition a été publiée en 1581, in-4°. 6° *Il secondo libro delle Canzoni a sei voci.* ibid. 1579. in-4°. Il y en a une deuxième édition publiée à Venise, chez Scotto, en 1586. 7° *Madrigali a cinque voci.* ibid. 1588. in-4°. — Un autre musicien du nom de *Ferretti* vivait à Londres vers 1795, et y a fait graver deux symphonies de sa composition.

FERRI (Balthasar), célèbre chanteur italien du dix-septième siècle, naquit à Pérouse, le 9 décembre 1610. Une blessure que lui fit son frère, dans les jeux de son enfance, rendit nécessaire l'opération de la castration. Les résultats de ce malheur furent heureux pour l'art; car Ferri acquit une voix admirable dont l'étude développa dans la suite tous les avantages. A l'âge de onze ans, il entra dans la musique du cardinal Crescenzio, évêque d'Orvieto, pour y chanter le soprano, en qualité d'enfant de chœur. Il est vraisemblable qu'il reçut alors des leçons de l'art du chant du maître de chapelle de la cathédrale de cette ville. Dans le même temps, il suivit aussi probablement le cardinal à Rome, et l'on peut croire que son compatriote Vincent Ugolini, alors maître de chapelle de Saint-Pierre du Vatican, et aussi bon maître de chant que compositeur (1), lui fit faire de grands progrès dans cet art. M. le marquis Giancarlo Conestabile, auteur d'une intéressante notice biographique de Ferri (2), à laquelle j'emprunte les faits principaux de celle-ci, pense que le célèbre chanteur a pu former son talent sans maître et par ses propres études ; mais l'expérience a démontré que l'art difficile du chant ne peut s'acquérir que par les leçons d'un professeur habile. Ferri resta attaché au service du cardinal Crescenzio jusque vers la fin de l'année 1625. A cette époque le prince Wladislas de Pologne, fils de Sigismond III, ayant visité Rome, fut charmé par la beauté de la voix du jeune chanteur, et l'ayant attaché à sa personne, l'emmena à la cour de son père, dont il fit les délices par la puissance d'un talent auquel nul autre ne pouvait être comparé. Les avantages qui lui furent assurés par les rois Wladislas VII et Jean Casimir V le retinrent à cette cour. Cependant les progrès du roi de Suède, Charles-Gustave, en Pologne, ayant obligé Casimir à se retirer en Silésie avec sa famille, en 1655, Ferri passa au service de Ferdinand III, empereur d'Allemagne. Le successeur de ce prince, Léopold I, admirateur passionné du talent de l'artiste, le combla de biens et d'honneurs pour l'attacher à sa cour. Indépendamment du traitement considérable qu'il lui accordait, il lui avait assuré une forte pension viagère. Ce prince avait fait placer dans sa chambre à coucher le portrait de Ferri couronné de lauriers, avec cette inscription : *Baldassare Perugino Re dei Musici.* Enfin, lorsque Ferri, parvenu à l'âge de

---

(1) Liberati, dans sa lettre à Ovide Persapegi (p. 28) s'exprime en ces termes : *L'altro insigne scolaro e favorito di Bernardino Nanini, fu Vincenzo Ugolini, uomo di gran maestria nel insegnare altrui, tanto il canto, quanto la modulazione armonica, come l'hanno fatto vedere molti suoi scolari dell' uno e dell' altro talento.*

(2) Notizie biografiche di Baldassari Ferri, musico celebratissimo, compilate da etc. Perugia, typografia Bartelli, 1846, in 8°, de 16 pages.

soixante-cinq ans, désira se retirer dans sa patrie, le monarque accorda à l'artiste un passeport dont les termes indiquent clairement la faveur dont il l'honorait. Ferri arriva en Italie en 1675, et y vécut dans le repos et la considération de ses compatriotes. Il mourut à Pérouse, le 8 septembre 1680.

M. Conestabile, qui a suivi, dans sa notice biographique, les renseignements que lui a fournis un petit écrit du chanoine Guidarelli, neveu de Ferri, met en doute si ce chanteur célèbre a visité l'Italie pendant les cinquante années passées au service des cours de Varsovie et de Vienne, parce qu'il n'a rien trouvé qui en donne l'indication. Il semble, cependant, que le brevet de chevalier de Saint-Marc de Venise, qui fut accordé à Ferri dans cette ville, le 15 mars 1643, et qui est rapporté textuellement par M. Conestabile lui-même, est une indication suffisante d'un voyage que l'artiste aurait fait alors dans sa patrie. Peut-être même est-il possible de rattacher ce voyage au second mariage du roi de Pologne, Wladislas VII, avec Marie-Louise, fille du duc de Mantoue, qui fut célébré par ambassadeur dans cette même année 1643, et qui a pu conduire le célèbre chanteur en Italie, à la suite de l'ambassade. Je ne vois aucun motif sérieux pour révoquer en doute les anecdotes rapportées par Ginguené (*Encyclopédie méthodique, Musique*, tome 1, page 241). Écrivain exact, Ginguené était bien informé de ce qui concerne l'Italie et l'histoire de la musique; or, il dit : « On conserve encore des recueils entiers
« de vers dictés par l'enthousiasme qu'excitait
« ce chanteur divin. Cet enthousiasme était
« général et se manifestait souvent par les dé-
« monstrations les plus recherchées et les plus
« extraordinaires; quelquefois on faisait pleu-
« voir sur sa voiture un nuage de roses, lors-
« qu'il avait seulement chanté une cantate. A
« Florence, où il avait été appelé, une troupe
« nombreuse de personnes de distinction de
« l'un et de l'autre sexe alla le recevoir à trois
« milles de la ville et lui servit de cortége. »

Il paraît plus difficile d'établir la réalité d'un voyage que Ferri aurait fait à Londres, et d'une anecdote rapportée par Ginguené. Suivant cet écrivain, un jour que ce chanteur avait représenté dans cette ville le rôle de *Zéphire*, un masque inconnu lui offrit en sortant une émeraude de grand prix. Ce voyage de Londres aurait dû précéder le règne de Léopold, qui monta sur le trône en 1658 : or, l'opéra italien ne fut introduit à Londres qu'en 1692, c'est-à-dire douze ans après la mort de Ferri. Si l'on voulait admettre toutefois qu'il a pu chanter en anglais, il est vrai qu'une sorte d'opéra écrit en cette langue, dont le sujet était *Psyché*, et dont la musique, composée par Jean-Baptiste Draghi, avait été arrangée sur les paroles anglaises, fut représentée en 1671. Or, dans cet ouvrage, il y a, en effet, un rôle de *Zéphire*. Il est donc rigoureusement possible que l'empereur ait permis à son chanteur favori de faire un court voyage en Angleterre, et même que celui-ci ait chanté son rôle en italien dans un opéra anglais ; mais quel *Zéphire* qu'un vieux castrat de soixante et un ans !

Pendant que Balthasar Ferri était encore au service du roi de Pologne, Christine, reine de Suède, désira l'entendre et le fit demander à Jean-Casimir qui, bien qu'il fût en guerre avec la Suède, permit au chanteur un voyage de quinze jours. Arrivé à Stockholm, il y excita la plus vive admiration, et la reine, enthousiasmée par son talent, le combla de présents et déclara hautement que son chant était une merveille incomparable. M. Conestabile remarque avec raison que le voyage de Ferri à la cour de Suède a dû précéder l'année 1654, où Christine abdiqua en faveur de Charles-Gustave. Ginguené qui, sans doute, a écrit sa notice d'après des documents authentiques, dit qu'on a gravé le portrait de Ferri, avec ces mots pour légende : *Qui fecit mirabilia multa!* Il ajoute qu'on frappa pour lui une médaille, portant d'un côté sa tête couronnée de lauriers, et de l'autre un cygne mourant sur les bords du Méandre, avec une lyre descendant du ciel. Ferri était de haute stature, avait la tête belle, les manières distinguées, et s'exprimait avec grâce. Les richesses qu'il avait amassées étaient si considérables, qu'il légua par son testament une somme de *six cent mille écus* pour une fondation pieuse.

Bontempi, compatriote et contemporain de Balthasar Ferri, donne, dans son *Histoire de la musique* (1), des renseignements précieux sur le talent prodigieux de cet artiste. On ne peut, dit-il, se faire une idée de la limpidité de sa voix, de son agilité, de sa facilité merveilleuse dans l'exécution des passages les plus difficiles, de la parfaite justesse de ses intonations, du brillant de son trille, ni de son inépuisable respiration. On lui entendait souvent exécuter des passages rapides et difficiles avec toutes les nuances du *crescendo* et du *diminuendo*; puis, lorsqu'il semblait devoir être épuisé, il recom-

(1) *Historia mus.*, p. 118.

mençait un trille interminable, sans reprendre haleine, et montait ou descendait sur ce trille, par tous les degrés de l'échelle chromatique, l'espace de deux octaves, avec une justesse inaltérable. Tout cela n'était qu'un jeu pour lui, et les muscles de son visage n'indiquaient jamais la moindre contraction. D'ailleurs, doué de sentiment et d'imagination, il mettait dans son chant une expression touchante. Les castrats ont ordinairement une mise de voix naturelle et une respiration longue et facile; mais ces facultés, chez Ferri, tenaient du prodige. Enfin il paraît avoir été le chanteur le plus extraordinaire qui ait jamais existé.

FERRI (François-Marie), moine franciscain, naquit à Marciano, bourg des États de l'Église, vers 1680. A l'âge de quinze ans, il entra comme novice au couvent de Saint-François de Bologne, et il y eut pour maître de composition le P. Passerini, maître de chapelle de ce couvent; lui-même dirigea cette chapelle en 1713, et en remplit les fonctions jusqu'en 1720, où il mourut. On a de cet artiste : *Antifone della beata Virgine, a 2 voci*, Rome, 1719 in-4°; *Solfeggi a due voci per li principianti*. Ibid., 1719.

FERRI (Michel), musicien français, né à Cahors, au commencement du seizième siècle, a mis en musique les psaumes de Marot. Cet ouvrage a été imprimé chez Nicolas Duchemin, en 1551.

FERRIER (Paul-Jacques), maître de clavecin et organiste des Grands-Jacobins de la rue Saint-Honoré, à Paris, vers le milieu du dix-huitième siècle, a publié de sa composition un livre de pièces de clavecin, à Paris, en 1753. Il a laissé en manuscrit un opéra qui n'a pas été représenté, et des motets.

FERRINI (Antoine), chanteur habile, était au service du grand-duc de Toscane en 1600. En 1700, il chanta avec un grand succès dans *I Decemviri*, d'Alexandre Scarlatti.

FERRIS (Lambert), poète et musicien, était contemporain de saint Louis. On trouve deux chansons notées de sa composition dans le manuscrit de la bibliothèque impériale, coté 66 (fonds de Cangé).

FERRO (Jules), compositeur, né à Urbino, vers le milieu du seizième siècle, a fait imprimer de lui *Il primo libro de' Madrigali a cinque voci*. In Venetia, appresso *Ricciardo Amadino*, 1594, in-4°. L'épître dédicatoire est datée d'Urbino.

FERRO (Marc-Antoine), compositeur italien et chevalier de l'Éperon d'or, fut attaché au service de l'électeur Palatin, et ensuite de l'empereur Ferdinand III, vers le milieu du dix-septième siècle. Il séjourna à Prague pendant plusieurs années et y composa quelques morceaux de musique d'église. Il a fait imprimer de sa composition *Sonate a 2, 3 e 4 stromenti*, Venise, 1649.

FERRO (le chevalier de), littérateur, de famille noble, est né à Trapani, en Sicile, dans la seconde moitié du dix-huitième siècle. Il a fait imprimer un livre qui a pour titre : *Dissertazioni delle belle arti*, Palerme, 1808, 2 vol. petit in-4°. Dans le troisième discours de cette collection, il est traité : *Della Musica; sugli effetti della medesima; della musica di teatro, di chiesa e degli abusi introdotti per l'ignoranza de' maestri*.

FERRONATI (Louis), violoniste italien, vivait au commencement du dix-huitième siècle. Il a publié à Venise, en 1715, *Sonate per camera a violino e cembalo*.

FERRONI (Pierre), savant professeur de mathématiques, et membre de la société italienne des sciences de Modène, né en cette ville, dans la seconde moitié du dix-huitième siècle, a publié un mémoire intéressant sur l'usage de la logistique (science du calcul logarithmique) dans la construction des orgues et des clavecins, sous le titre : *Memoria sull' uso della logistica nella construzione degli organi e de' cembali*. Modena, presso la società tipografica, 1804, in-4°. Ce savant opuscule avait été précédemment inséré dans le neuvième volume des mémoires de la société italienne des sciences de Modène. L'objet de Ferroni est de démontrer : 1° que le calcul simple des longueurs de cordes ou de tuyaux est insuffisant pour déterminer avec précision l'intonation de chaque degré de l'échelle chromatique; et pour prouver son opinion, il donne par la méthode logarithmique une table de corrections des nombres correspondants aux longueurs approximatives dont les facteurs d'instruments font usage; 2° que la logistique seule peut fournir le moyen d'établir le tempérament égal entre tous les tuyaux d'un orgue, et de faire la répartition la plus satisfaisante des rapports des divers intervalles. Il émet aussi l'opinion que par la logistique seule on peut déterminer le rapport exact du diamètre des tuyaux avec leur longueur, pour leur donner la meilleure sonorité et la meilleure harmonie possible. Enfin, il nous apprend que, par la logistique, le comte François Rigi, de *San Sepolcro* en Toscane, a construit, en 1704, un instrument de précision pour régler les proportions des tuyaux d'orgue par une méthode graphique, et qu'il mit en tête de son appareil cette inscription : *Canon geometricus organi pythaulici ad quintam 2/7 commatis 81 ad 80 accomodatus*. Une réfutation de l'opinion de Ferroni a été publiée dans une brochure de 14 pages in-8°, intitulée : *Annotazioni d'un artefice d'organi sopra la logistica proposta dal matematico signor Pietro Ferroni per la construzione di stromenti*. Mantoue, 1806. Ferroni a répliqué à cette réfutation dans le troisième volume des Mémoires de physique et de mathématiques de la société italienne de Modène (P. I. 1807, p. 374-380).

FERTÉ (Messire Hugues de la), seigneur de la *Ferté-Bernard*, vivait sous les règnes de saint Louis et de Philippe-le-Hardi ; il était poète et musicien, et nous a laissé trois chansons notées, qu'on trouve dans le manuscrit n° 7222 de la bibliothèque impériale de Paris.

FERTÉ (Charles la), violoniste français, vivait à Bordeaux en 1743. Il publia dans cette année un œuvre de *Sonates à violon seul*, qui a été gravé à Paris.

FERTÉ (Papillon de la), intendant des Menus-plaisirs du roi, acheta cette charge en 1777, et, comme tel, eut d'abord l'administration de l'école royale de chant fondée par le baron de Breteuil, puis administra l'Opéra pour le compte du roi, quand le bureau de la ville de Paris eut cessé d'avoir l'entreprise de ce spectacle. Au commencement de la révolution, l'esprit d'indépendance, qui s'introduisait partout, fit demander des réformes dans la gestion de l'Opéra, par les principaux acteurs et les chefs du chant, de la danse et de l'orchestre. Ils furent blâmés de cette démarche, et publièrent un *Mémoire justificatif des sujets de l'Académie royale de musique*. Ce mémoire provoqua une réponse que Papillon de la Ferté fit paraître sous le titre de *Réplique à un écrit intitulé* : Mémoire justificatif des sujets de l'Académie royale de musique (sans date ni nom de lieu). Paris, 1790, in-4°. Papillon de la Ferté perdit sa position d'intendant des Menus-plaisirs après les événements du 10 août 1792. Son fils, baron Papillon de la Ferté, la recouvra après la restauration, et eut pendant plusieurs années l'administration supérieure de la chapelle du roi, des spectacles de la cour, du Conservatoire de musique, de l'Opéra français et de l'Opéra italien.

FESCA (Frédéric-Ernest), compositeur, naquit à Magdebourg, le 15 février 1789. Son père, premier secrétaire de l'administration de cette ville, était habile sur le piano et sur le violoncelle ; sa mère, ancienne cantatrice de la chambre de la duchesse de Courlande, était une élève distinguée de Hiller. Le jeune Fesca, élevé en quelque sorte dans une atmosphère de musique, sentit se développer en lui, dès ses premières années, d'heureuses dispositions pour cet art. Des indices de son talent ne tardèrent pas à se manifester ; à l'âge de quatre ans il jouait déjà de petites pièces sur le piano, et répétait les chants qu'il entendait exécuter par sa mère et qu'il retenait avec promptitude. Bien qu'il montrât de l'intelligence dans ses études littéraires, il était facile de comprendre que la nature l'avait organisé surtout pour la musique. Dans sa neuvième année il reçut les premières leçons de violon de Lohse, premier violoniste du théâtre de Magdebourg, musicien instruit et bon professeur. Fesca fit de rapides progrès sur cet instrument ; mais déjà son goût se formait et les œuvres des grands maîtres seuls pouvaient le satisfaire. A cette époque, les compositions de Pleyel étaient en vogue ; mais le jeune artiste ne montrait de penchant que pour les quatuors et quintettes de Haydn et de Mozart. Il était dans sa onzième année lorsque la sœur de sa mère étant venue à Magdebourg, et y ayant donné un concert, il y joua, sur l'invitation de plusieurs amateurs, pour la première fois en public, un concerto de violon. Le succès qu'il obtint l'aiguillonna à faire de nouveaux efforts, et les concerts d'abonnement de la loge des Francs-maçons lui fournirent l'occasion de développer ses facultés. Il se vouait avec non moins d'ardeur à l'étude de la partie didactique de l'art. Les premières leçons d'harmonie lui furent données par Zaccharia, alors directeur de musique de l'école de la partie de Magdebourg appelée Altstadt. Plus tard, il mit à profit l'offre que lui fit Pitterlin, homme d'esprit et de talent, directeur de musique au théâtre de Magdebourg, de l'instruire dans le contrepoint et dans le mécanisme de l'art d'écrire. Il dut à cet artiste recommandable tout ce qu'il sut par la suite, ainsi que les qualités qu'on remarque dans son harmonie. Malheureusement Pitterlin mourut en 1804, sincèrement regretté par son élève, à qui sa mémoire est toujours restée chère.

La perte d'un tel maître étant irréparable à Magdebourg, Fesca, alors âgé de treize ans, se rendit au mois de juin de l'année suivante à Leipsick, pour y continuer ses études sous la direction d'Auguste Eberhardt Müller, cantor et directeur de musique généralement estimé, qui mourut plus tard à Weimar dans la position de maître de chapelle. Le jeune artiste s'appliqua particulièrement, sous la direction de ce maître, à l'étude des anciennes compositions religieuses. Müller le guida aussi dans les premiers ouvrages qu'il écrivit, particulièrement dans un concerto de violon, en *mi* mineur, que Fesca exécuta en 1805, avec un brillant succès devant un nombreux auditoire. Matthæi, directeur de concerts à Leipsick, artiste distingué, lui avait donné des leçons qui lui avaient été fort utiles pour le fini de son jeu. Depuis ce temps, Fesca n'a plus écrit de concertos, genre de composition qui ne répondait pas aux qualités de son talent.

L'arrivée du duc d'Oldenbourg à Leipsick, au mois de janvier 1806, fut cause que Fesca quitta promptement cette ville. Le duc, qui l'avait entendu dans un concert, se le fit présenter, l'accueillit avec bienveillance, et lui offrit une place dans sa chapelle. Le jeune artiste accepta cette offre avec joie, car il cessait par là d'être à charge à ses parents, qui avaient d'autres enfants. Il lui semblait d'ailleurs que le loisir dont il devait jouir dans la petite cour d'Oldenbourg serait favorable à ses études; mais bientôt il aperçut les inconvénients d'une vie trop calme pour celui dont le talent n'a point encore pris de direction déterminée, et qui a besoin d'une incessante excitation pour se développer. Une visite qu'il fit à Magdebourg pour voir sa mère, alors souffrante, lui fournit l'occasion de prendre une meilleure position. La Chapelle et l'Opéra de Cassel, capitale du nouveau royaume de Westphalie, étaient devenus riches en talents de premier ordre, par l'influence de Reichardt. Les occasions fréquentes d'entendre de bonne musique et de perfectionner son talent, jointes aux avantages attachés à la position des artistes de la chapelle royale, déterminèrent Fesca à y accepter une place qui lui fut offerte, sur la recommandation du duc de Bellune. Ses fonctions y étaient celles de violon solo. C'est à Cassel, où il resta jusqu'à la fin de 1813, qu'il passa les années les plus heureuses de sa vie, quoique de fréquentes atteintes de maladie vinssent déjà le tourmenter, surtout dans les années 1810 et 1811. L'activité qu'il y trouva, et à laquelle il contribua lui-même, le rendait heureux; il y trouvait aussi des éléments de bonheur dans la société intime de plusieurs artistes distingués, et dans la considération qu'on avait pour sa personne et pour ses talents. Déjà il se faisait connaître par ses œuvres de musique instrumentale. Il écrivit à Cassel ses sept premiers quatuors (œuvres 1 et 2, et le quatuor en *ré* majeur de l'œuvre 5°), ainsi que ses deux premières symphonies (en *mi* bémol et en *ré*

majeur). Longtemps il avait fait un secret de ses travaux; ses amis même ignoraient l'existence de ses ouvrages, parce qu'il ne voulait point les faire paraître avant qu'il y eût mis la dernière main; leur publication excita autant d'intérêt que d'étonnement. On sait que la partie de premier violon est brillante et travaillée dans ces premiers quatuors; Fesca n'avait alors pour objet que de se fournir des occasions de briller par son talent d'exécution; mais le succès éclatant de ces productions lui fit attacher ensuite plus de prix à ses compositions, et le détermina à modifier le style qu'il avait d'abord adopté. Il donnait à ses ouvrages un charme particulier lorsqu'il les exécutait. Son âme tendre et passionnée s'y montrait tout entière, et tout le monde avouait qu'il en faisait mieux sentir l'originalité qu'aucun autre artiste.

Après la dissolution du royaume de Westphalie, il se rendit à Vienne, au mois de janvier 1814, pour y voir son frère; il y passa quelques mois et y publia les trois premières livraisons de ses quatuors. Sur la proposition du baron de Ende, intendant du théâtre de la cour, à Carlsruhe, Fesca fut nommé premier violon au service du grand duc de Bade, et en 1815, on lui donna le titre de maître des concerts. C'est dans cette position qu'il écrivit, dans l'espace de onze ans, neuf autres quatuors et quatre quintettes pour le violon, ainsi que quatre quatuors et un quintette pour la flûte. Il composa aussi pour l'orchestre et pour le théâtre plusieurs ouvertures et deux opéras, *Cantemir* et *Leila*. On lui doit aussi pour le chant beaucoup de compositions détachées, des chorals à quatre voix, des psaumes et d'autres compositions religieuses. Il écrivit ses psaumes en diverses circonstances importantes de sa vie, et pour épancher devant Dieu ses sentiments intimes; c'est ainsi que le fragment du psaume 15 (œuvre 25) fut composé dans une longue et douloureuse maladie qui ne lui laissait pas d'espoir de guérison, et le psaume 103 (œuvre 26) fut l'expression de reconnaissance que lui inspirait la manière presque miraculeuse dont il avait été sauvé des suites de fréquents accès d'hémorragie qui l'avaient conduit aux portes du tombeau, au printemps de 1821. Sa guérison ne fut pourtant pas aussi complète qu'il l'avait espéré; jamais il ne se remit de cette rude atteinte portée à sa constitution. D'ailleurs, il avait peu de confiance dans les secours de la médecine, et jamais on ne put le décider à se soumettre à un régime avec quelque persévérance. Bientôt la maladie de poitrine dont il était atteint devint incurable et le fit tomber dans une mélancolie habituelle dont rien ne pouvait le distraire. Il ne voulut plus voir qu'un petit nombre d'amis qui lui étaient particulièrement chers, et qui, seuls, réussissaient quelquefois à l'arracher à ses tristes pensées, et à ranimer en lui quelque espérance de vie. Dans son état d'abattement, son imagination resta libre et active; on a même cru remarquer que ses dernières productions sont celles où il y a le plus de verve. L'usage des eaux d'Ems, pendant l'été de 1825, parut lui faire du bien et ranima si bien ses forces qu'il écrivit encore une ouverture pour l'orchestre, et son dernier quatuor de flûte. Mais c'était la dernière lueur d'une flamme près de s'éteindre. L'oppression et la toux s'augmentèrent jusqu'à lui faire désirer la mort : ce souhait fut accompli le 24 mai 1826, à huit heures du soir. Sa femme et ses amis l'entourèrent des plus tendres soins jusqu'au dernier moment. *Je n'y vois plus!* furent ses dernières paroles; il se fit mettre sur son séant, rassembla ses forces, éleva ses mains jointes en priant, et rendit le dernier soupir, sans qu'on pût remarquer la moindre altération sur ses traits. Sa figure, qui était belle, prit en cet instant un éclat extraordinaire qui fit sur tous les assistants une profonde impression. L'autopsie fit voir un tel état de consomption, qu'on put comprendre à peine que Fesca eût vécu si longtemps. Ses amis voulurent lui donner un dernier témoignage d'affection, en chantant sur sa tombe son chant du *De profundis*, arrangé à quatre voix par le directeur de musique Strauss.

Un air sérieux, calme et réfléchi, un extérieur modeste, agréable et qui prévenait en sa faveur, beaucoup de sensibilité, de l'enthousiasme, et de l'attachement pour ses amis, étaient les qualités qui dominaient en Fesca. Lorsque des atteintes réitérées de maladie eurent attaqué sa constitution délicate, et que des peines domestiques eurent augmenté ses souffrances, il se manifesta en lui une disposition mélancolique, et une sensibilité nerveuse trop irritable; cependant il n'en fit presque jamais souffrir ceux qui l'entouraient; il renfermait ses maux en lui-même. Dans l'intimité, il montrait souvent la gaieté d'un enfant, pourvu que ses souffrances lui donnassent quelque repos. Comme homme et comme artiste, il était sensible au succès; mais il n'y fit jamais le sacrifice de ce qu'il considérait comme le beau et le bon. Il tendit toujours vers ce but, tel qu'il le concevait, avec une infatigable continuité d'efforts.

Il y a diversité d'opinion à l'égard du mérite de Fesca comme compositeur : quelques enthousiastes ont mis à trop haut prix ses ouvrages en les considérant comme les produits d'un génie original; mais d'autres les ont dépréciés au-dessous de leur valeur, en refusant absolument à leur auteur cette faculté de création. Il y a souvent une sensibilité expansive dans ses mélodies, et du piquant dans les effets qu'il combinait; mais le caractère de ses idées manque en général de profondeur, et ses plans ne sont point vastes. On ne trouve dans ses quatuors et dans ses quintettes ni l'admirable lucidité de pensée, ni la richesse des développements de Haydn, ni le caractère passionné de Mozart, ni la hardiesse de conception qui captive dans les œuvres de Beethoven; mais il a une manière à lui, une élégante recherche dans les détails, quelque chose de gracieux et de séduisant qui lui fait occuper une place honorable après ces grands artistes. Ses symphonies sont faibles et manquent de variété dans les effets d'instrumentation. Parmi ses productions de musique religieuse, il se trouve des ouvrages d'un mérite distingué. Fesca se rapproche dans sa manière de l'école de Spohr par l'abondance des modulations. On a de ce compositeur : 1° Trois quatuors pour 2 violons, alto et basse, op. 1, Vienne, Mechetti. 2° Trois quatuors *idem*, op. 2, *ibid*. 3° Trois *idem*, op. 3, *ibid*. 4° Un grand quatuor en *mi* bémol, op. 4, Vienne, Steiner. 5° Six chansons allemandes avec acc. de piano, op. 5, *ibid*. 6° Première symphonie, en *mi* majeur, op. 6, Vienne, Mechetti. 7° Pot-pourri pour violon (en *ut*), *ibid*. 8° Deux quatuors pour deux violons, alto et basse, op. 7, Leipsick, Peters. 9° Quintette pour 2 violons, 2 violes et basse, en *ré* majeur, op. 8, *ibid*. 10° Un *idem*, en *mi* majeur, op. 9, *ibid*. 11° Deuxième symphonie, en *ré* majeur, op. 10, *ibid*. 12° Pot-pourri pour le violon, *ib*. 13° Quatuor en *ré* mineur, op. 12, Leipsick, Breitkopf et Hœrtel. 14° Troisième symphonie en *ré* majeur, op. 13, Leipsick, Hofmeister. 15° Quatuor pour violon, en *si* bémol, op. 14, *ibid*. 16° Quintette pour violon, en *mi* majeur, op. 15, *ibid*. 17° Six chansons allemandes avec acc. de piano, op. 16, Vienne, Mechetti. 18° Chants à quatre voix, avec acc., op. 17, *ibid*. 19° *Cantemir*, opéra en deux actes, op. 18, partition de piano, Bonn, Simrock. 20° Quintetto pour violon, en *si* bémol, op. 20, Leipsick, Hofmeister. 21° Le psaume 9 avec orchestre, op. 21, *ibid*. 22° Quintette pour la flûte, en *ut* majeur, op. 22, Bonn, Simrock. 23° Pot-pourri pour le violon, en *la* majeur, op. 23, *ibid*. 24° Six chansons allemandes avec acc.

de piano, op. 24, *ibid.* 25° Le psaume 13, à quatre voix, avec acc. de piano, op. 25, *ibid.* 26° Le psaume 105, avec orchestre, op. 26, *ibid.* 27° Cinq chants allemands avec acc. de piano, op. 27, *ibid.* 28° *Omar et Leila*, opéra romantique en 3 actes, op. 28, *ibid.* 29° Pot-pourri pour le cor, op. 29, *ibid.* 30° Six chansons allemandes avec acc. de piano, op. 30, *ibid.* 31° Chansons de table à quatre voix (2 ténors et 2 basses), op. 31, *ibid.* 32° Cinq chansons allemandes avec acc. de piano, *ibid.* 33° Air italien, avec acc. d'orchestre, *ibid.* 34° Quatuor pour violon en *ut* majeur, op. 34, *ibid.* 35° Six chansons de table à quatre voix, op. 35, *ibid.* 36° Quatuor de violon en *ut* majeur, op. 36, *ibid.* 37° Quatuor pour flûte, en *re* majeur, op. 37, *ibid.* 38° Un *idem* en *sol* majeur, op. 38, *ibid.* 39° Andante et rondo pour le cor, op. 39, *ibid.* 40° Quatuor pour flûte, en *fa* majeur, op. 40, *ibid.* 41° Ouverture pour l'orchestre, en *ut* majeur, op. 41, *ibid.* 42° Quatuor pour flûte, op. 42, *ibid.* 43° Ouverture pour l'orchestre, op. 43. On a publié à Paris une collection complète des quatuors et des quintettes de Fesca.

FESCA (ALEXANDRE-ERNEST), fils du précédent, compositeur, naquit, à Carlsruhe, le 22 mai 1820. A l'âge de sept ans il commença l'étude du piano. Lorsqu'il eut atteint sa onzième année, il fit le premier essai de son talent dans un concert donné à Carlsruhe. A quatorze ans il se rendit à Berlin et s'y mit sous la direction de Rungenhagen, directeur de l'Académie de chant, et de Wilhelm Bach : il reçut aussi des leçons de Taubert pour le piano. Après quatre ans de séjour dans la capitale de la Prusse, il retourna à Carlsruhe en 1838, et bientôt après mit en scène son premier ouvrage dramatique, petit opéra-comique qui avait pour titre *Mariette*. Fesca n'était âgé que de dix-huit ans quand il fit représenter cette première production de son talent naissant. Dans l'hiver de 1839, il fit un premier voyage à Brunswick, à Brême et à Oldenbourg, pour y donner des concerts, et dans l'année suivante il parcourut la Bavière, l'Autriche et la Hongrie. De retour à Carlsruhe en 1841, il y fit jouer son opéra en 3 actes, *les Français en Espagne*, qui fut bien accueilli par le public, et dans la même année il reçut sa nomination de virtuose de la Chambre du prince de Fürstenberg. Fixé à Brunswick au commencement de 1842, il y passa le reste de ses jours et y fit jouer, en 1845, *le Troubadour*, en 3 actes, considéré comme sa meilleure composition dramatique. Il est mort dans cette ville, le 22 février 1849, à l'âge de 29 ans. Cet artiste, enlevé si jeune à l'art et à ses amis, avait commencé sa carrière par de bons ouvrages qui promettaient pour l'avenir un compositeur distingué : on remarque particulièrement parmi ses productions un sextuor pour piano, 2 violons, alto, violoncelle et contrebasse, œuvre 8; ses trios pour piano, violon et violoncelle, œuvres 23 et 46, et une grande sonate pour piano et violon, œuvre 40.

FESCH (GUILLAUME DE), né dans les Pays-Bas, vers la fin du dix-septième siècle, fut d'abord organiste de l'église Notre-Dame, à Anvers, et succéda à Alphonse d'Eve (*voyez* ce nom), en 1725, dans la place de maître de chapelle. Il était à la fois organiste distingué, habile violoncelliste et compositeur de mérite; mais, brutal à l'excès, il souleva contre lui l'indignation par les mauvais traitements qu'il infligeait aux enfants de chœur du chapitre, dont la direction lui était confiée, et sa démission lui fut donnée en 1731. Il se rendit alors en Angleterre, et s'établit à Londres, où il vivait encore en 1757, ainsi qu'on le voit par son portrait qui fut gravé dans cette même année par Lacave. En 1730, il avait écrit une messe solennelle à 4 voix, chœur, 2 violons, viole, violoncelle, basse continue, 2 hautbois et basson, dont le manuscrit est aux archives de l'église Notre-Dame d'Anvers. De Fesch a publié les ouvrages suivants de sa composition : 1° *Six sonates pour deux violons*, Amsterdam, Roger. 2° *Concerti a 4 violini, viola, violoncello e continuo*, ibid. 3° *Six concerts, dont quatre pour 4 violons, haute contre et basse continue, et deux pour 2 hautbois, 2 violons, basse de viole et basse continue*. 3° œuvre, ibid. 4° *Sonate a due violini o flauti et basso continuo*, op. 7, ibid. 5° *Six solos pour violon ou flûte avec basse continue*, op. 8, liv. 1, ibid. 6° *Six solos pour violoncelle*, op. 8, liv. 2, ibid. 7° *Canzonetti ed Arie a canto solo e continuo*, ibid. 8° *Judith*, oratorio exécuté à Londres, en 1750.

FESSER (JEAN), magister à Arnstein en Franconie, vivait dans la seconde moitié du seizième siècle. On a de lui : *Kindliche Anleitung oder Unterweisung der edlen Kunst musica* (Instruction enfantine, ou introduction à l'art de la musique), Augsbourg, 1572, in-8°. On trouve dans la bibliothèque de Munich un livre du même auteur, qui a pour titre : *Pædia musica*, Augsbourg, in-8°, sans date. Il paraît que ce n'est qu'une édition améliorée du premier ouvrage.

FESSY (ALEXANDRE-CHARLES), né à Paris, le 18 octobre 1804, a été admis comme élève au conservatoire de cette ville le 7 décembre

1813. Après avoir achevé ses études de piano et d'harmonie, il entra dans la classe d'orgue dirigée par M. Benoist et obtint le premier prix au concours de cet instrument, en 1824. Peu de temps après, il fut choisi pour remplir les fonctions d'organiste de l'église de l'Assomption. Il fut successivement chef d'orchestre des concerts de la Salle Vivienne, du Théâtre national qui, plus tard, devint le Théâtre lyrique, et en dernier lieu, du Théâtre du Cirque. Cet artiste distingué est mort à Paris, le 30 novembre 1856. Fessy était considéré à juste titre comme un des meilleurs accompagnateurs au piano. Il a publié beaucoup de morceaux pour cet instrument, tels que fantaisies, variations, rondos, etc. Son premier ouvrage en ce genre est un *Rondo brillant sur un thème favori du Crociato*, Paris, Aulagnier. On a aussi de cet artiste plusieurs morceaux pour piano et clarinette composés ou arrangés en collaboration avec Berr; les thèmes de ces légères productions sont presque tous choisis dans les opéras nouveaux. Il a écrit plusieurs ouvrages pour l'orgue, particulièrement le recueil intitulé *l'Organiste français, répertoire de musique religieuse pour l'orgue*, Paris, Richault; des marches, des pas redoublés et d'autres morceaux de musique militaire.

FESTA (CONSTANT), compositeur de l'école romaine, est né vers la fin du quinzième siècle. Il fut agrégé au collège des chapelains chantres de la chapelle pontificale en 1517, mourut le 10 avril 1545, et fut inhumé dans l'ancienne église de Sainte-Marie Transpontine, qui était située où sont aujourd'hui les fossés du château Saint-Ange (1). Aaron loue beaucoup le mérite de ce musicien dans son *Lucidario in musica*. La plus grande partie des œuvres de Festa est inédite, et se trouve parmi les manuscrits des archives de la chapelle pontificale; un volume manuscrit de Saint-Pierre du Vatican contient aussi quelques-unes de ses compositions. Ses œuvres imprimées sont : 1° *Madrigali a tre voci, libro primo*, Venise, Ant. Gardane, 1556, in-4°. C'est une deuxième édition faite après la mort de l'auteur. La troisième a paru dans la même ville, en 1559. 2° *Motetti a 3 voci*, Venise, 1543, in-4°. 3° *Litaniæ Deiparæ virginis Mariæ*, Munich, Adam Berg, 1583, in-4°. La collection des Motets dits *de la Couronne*, à 4 et 5 voix, qui fut publiée à Fossombrone par Petrucci, en 1519, contient un motet composé par Festa. On trouve aussi des morceaux de ce musicien dans la *Raccolta del fiore*, publiée en 1539, à Venise, dans la collection intitulée : *Motetta trium vocum à pluribus auctoribus composita, quorum nomina sunt Jachetus, Morales, Constantius Festa, et Adriano Willaert*, Venise, Jérome Scotto, en 1543, et dans le recueil publié par le même Scotto, en 1554. Enfin, sept madrigaux de Festa sont imprimés parmi ceux du troisième livre d'Arcadelt, Venise, 1541. M. l'abbé Santini, de Rome, possède 4 motets à quatre voix de cet auteur, un *Te Deum* à 4, et un *Credo* à 5, en manuscrit. Le *Te Deum* de Festa est célèbre et se chante encore par les chapelains-chantres de la chapelle pontificale à l'élection d'un nouveau pape, à la tradition du chapeau des nouveaux cardinaux, et à la fête du Saint-Sacrement, lorsque la procession entre dans la basilique du Vatican. Malgré les trois siècles écoulés depuis qu'il a été composé, ce *Te Deum*, dit M. l'abbé Baini (dans ses mémoires sur la vie et les ouvrages de Pierluigi de Palestrina), conserve encore de vraies beautés. Il est traité à petits versets sur la mélodie du plain-chant. Les premiers versets sont nobles, grandioses, clairs, simples, touchants, *incomparables*; mais vers le milieu, il se refroidit, et vers la fin il tombe tout à plat. Ce *Te Deum* a été imprimé à Rome, par Nicolas Muzio, en 1596, cinquante ans après la mort de l'auteur. On connaît aussi de cet artiste : 1° *Il secondo libro di Madrigali di Verdelotto insieme con alcuni altri bellissimi Madrigali di Adriano e di Constantio Festa*, sans nom de lieu, 1537; 2° *Il terzo libro de Madrigali novissimi d'Archadelt a quattro voci insieme con alcuni di Constantio Festa et altri dieci bellissimi a voci mutate*, Venetiis, apud Hieronymum Scottum, 1539; 3° *Novum et insigne opus musicum, sex, quinque et quatuor vocum*, etc. Noribergæ, Hier. Graphei, 1537. On y trouve des motets de Festa.

FESTA (JOSEPH-MARIE), né en 1771 à Trani, dans le royaume de Naples, reçut les premières leçons de musique de son père, violoniste assez habile qui, plus tard, fut appelé à Naples pour diriger l'orchestre du théâtre du Fondo. Le jeune Festa fit de rapides progrès sur le violon, pour lequel il reçut des leçons de Giardini et de Lolli. Ses maîtres de contrepoint furent Gargano et Fenaroli. Il était âgé de vingt-huit ans et déjà considéré comme un artiste distingué, lorsque lord Hamilton, grand amateur de musique, ayant quitté Naples pour se rendre à Constan-

(1) Dans le journal manuscrit de la chapelle pontificale, de l'année 1545, écrit par Jean-François Felice, on lit : *Die 10 aprilis : eodem die Constantius Festa musicus excellentissimus et cantor egregius vita functus est; et sepultus in ecclesia transpontina*, etc.

tinople, proposa à Festa de le suivre; ce qui fut accepté, parce que la ville de Naples était alors dans un état violent de révolution. Après un séjour de quelques mois dans la capitale de la Turquie, Festa retourna en Italie et s'arrêta quelque temps à Milan. En 1812, il visita Paris, y fit un séjour de huit mois, et fut recherché par les amateurs, à cause de son talent dans l'exécution des quatuors. De retour à Naples en 1816, il y obtint sa nomination de chef d'orchestre du théâtre Saint-Charles, et ajouta bientôt à cet emploi celui de directeur d'orchestre de la chapelle palatine et de la musique particulière du roi. Comme professeur de violon, il a formé de bons élèves, parmi lesquels on distingue particulièrement le virtuose Onorio de Vito. Le talent de Festa pour la direction d'un orchestre était très-remarquable. Sa sévérité pour l'exactitude de l'exécution était excessive. Les musiciens de son orchestre se plaignaient de sa rudesse; mais elle produisait de bons résultats. Il a laissé quelques ouvrages de sa composition, entre autres, trois œuvres de duos pour 2 violons, et deux œuvres de quatuors publiés chez Girard, à Naples. Un compositeur allemand l'a accusé de lui avoir dérobé un de ces derniers ouvrages; j'ignore si cette imputation est fondée. Festa est mort à Naples, le 7 avril 1839.

FESTA (FRANÇOISE), sœur du précédent, habile cantatrice, née à Naples, en 1778, fit ses premières études sous Aprile, et reçut ensuite des conseils de Pacchiarotti. Après avoir chanté avec succès sur les divers théâtres de l'Italie, elle vint à Paris, et débuta à l'Odéon en 1809. Sa manière était large et expressive, mais on ne lui trouva point le fini du talent de Mᵐᵉ Barilli, qui chantait alors au même théâtre. Chacune de ces cantatrices eut des partisans et des détracteurs : elles méritaient des applaudissements toutes deux, chacune par un talent différent de l'autre. Mᵐᵉ Festa est retournée en Italie vers la fin de 1811. En 1814, elle chantait à Milan et obtenait de si brillants succès, qu'elle fut engagée au théâtre de la Scala dans les années 1815, 1816 et 1817. Elle chanta aussi à Turin en 1816, et à Venise en 1818. En 1819, elle reparut à Milan. Deux ans après, elle chanta à Munich, puis à Venise et à Milan. En 1825, elle chantait à Pérouse, en 1826, à Brescia, puis à Bologne. Enfin on la retrouve à Bergame en 1828, sous le nom de Mᵐᵉ Festa-Maffei, jouant dans un nouvel opéra de Nicolini (*l'Ilda d'Avenel*), et s'y faisant applaudir, quoiqu'elle eût alors cinquante ans. Sa fille, Matilde Festa-Maffei, qui débutait dans le même ouvrage, y eut aussi du succès. Elle s'est fixée plus tard à Bologne comme professeur de chant. Mᵐᵉ Festa-Maffei, appelée à Saint-Pétersbourg, en 1829, s'y est fixée, et y est morte au mois de janvier 1836. On s'est trompé dans le supplément de la *Biographie universelle* de Michaud (t. 61, p. 122), en l'appelant *Festa-Mattei*.

FESTA (JEAN), neveu de *Joseph*, né à Naples, en 1800, a fait ses études musicales au Conservatoire de cette ville. En 1827, il essaya son talent par un opéra joué au théâtre du *Fondo*, qui ne réussit pas, et dont on a oublié le titre. En 1830, il fit jouer au même théâtre l'opéra bouffe *Tre studenti in due case*, et, dans la même année, à Saint-Charles, *il Vecchio della silva d'Ardenne*; mais ces ouvrages eurent peu de succès, et depuis lors l'existence de ce compositeur n'a plus été signalée par aucune production nouvelle.

FESTING (MICHEL-CHRÉTIEN), violoniste et compositeur de musique instrumentale, fut d'abord élève de Richard Jones, chef d'orchestre du théâtre de Drury-Lane, et termina ensuite son éducation musicale sous Geminiani. Il fut longtemps premier violon de la Société philharmonique, et dirigea les concerts qui se donnaient à la taverne de la Couronne (*the Crown Tavern*), et à la rotonde de *Ranelagh-house*, *Chelsea*. Les biographes anglais vantent beaucoup les solos de violon de sa composition; ces ouvrages, qui ont été gravés à Londres, vers 1780, consistent en douze solos pour violon, op. 1, Londres, Johnson; Douze sonates pour deux violons et basse, op. 2, *ibid.*; Douze concertos pour violon, à sept parties, op. 3, *ibid.*; Huit solos pour violon, op. 4, *ibid.*; Huit concertos à sept parties, op. 5, *ibid.*; Six sonates pour deux violons et basse, op. 6, *ibid.*; Six solos pour violon, op. 7, *ibid.*; Six solos pour violon, op. 8, *ibid.*; Six concertos à sept parties, op. 9, *ibid.*; Quatre symphonies concertantes pour deux flûtes et quatre symphonies concertantes pour deux violons; Ode sur le retour du duc de Cumberland de l'Écosse, avec orchestre; *Sylvia*, cantate, etc. Festing était fils de Michel-Chrétien Festing, qui jouait de la flûte à l'orchestre du Théâtre de Hændel, vers 1727.

FÉTIS (FRANÇOIS-JOSEPH) (1), né à Mons, en Belgique, le 25 mars 1784, est fils d'un or-

(1) Il y a toujours quelque ridicule à parler de soi; le ridicule est plus fâcheux encore quand on en parle longuement. L'ouvrage que j'écris m'oblige pourtant à faire l'une et l'autre de ces choses, au risque de ce qui pourra s'ensuivre. Ma vie artistique a été trop active, et j'ai montré trop de désir de fixer l'attention publique sur mes travaux, pour que je ne me croie pas dans la nécessité de dire ici quel en a été l'objet principal.

ganiste, professeur de musique et directeur de concerts en cette ville. Destiné à suivre la profession de son père, il apprit si jeune les principes de la musique, qu'à l'âge de six ans il lisait à livre ouvert les solféges écrits à toutes les clefs. Le premier instrument qu'on lui mit entre les mains fut le violon; à sept ans il écrivit des duos pour cet instrument, et il commença l'étude du piano. Avant d'avoir atteint sa neuvième année, il écrivit un concerto pour le violon avec orchestre, quoiqu'il n'eût d'autres notions d'harmonie que celles qu'il avait puisées dans la musique qu'il avait exécutée et entendue. Ce morceau fut joué par son père au concert des amateurs de la ville, et applaudi comme l'œuvre d'un enfant précoce. A neuf ans, Fétis était organiste du chapitre noble de Sainte-Waudru, accompagnait le chœur des chanoinesses et les anciennes messes de vieux compositeurs allemands et italiens. Vers ce même temps il commença l'étude des langues anciennes; mais bientôt la deuxième invasion de la Belgique par les armées françaises fit fermer les colléges, les églises, et lui enleva les moyens de s'instruire comme humaniste et comme musicien. Heureusement, un vieux prote d'imprimerie se chargea de lui faire continuer ses études latines, et la formation d'une société d'artistes et d'amateurs lui fournit l'occasion d'entendre et de jouer la musique instrumentale de Haydn et de Mozart. Les œuvres de ces grands maîtres, alors dans tout l'éclat de la nouveauté, l'initièrent dans les secrets d'une harmonie neuve et piquante dont il n'avait point l'idée auparavant; il en profita pour écrire à leur imitation deux concertos de piano, une symphonie concertante pour deux violons, alto et basse avec orchestre, des sonates de piano, des fantaisies à quatre mains, une messe solennelle (en ré), un Stabat (en sol mineur) pour deux chœurs et deux orchestres, et des quatuors de violon. Avant qu'il eût atteint sa quinzième année, tout cela formait une suite assez nombreuse de productions où des amis crurent apercevoir quelques traces de talent. Ces amis engagèrent le père du jeune Fétis à envoyer son fils au Conservatoire de Paris, et celui-ci y entra au mois d'octobre 1800. Admis dans la classe d'harmonie de Rey, alors chef d'orchestre de l'Opéra, il apprit de ce vieux maître la théorie suivant le système de Rameau; car Rey n'en connaissait point d'autre, et ne croyait même pas qu'il y en eût d'autre possible. C'est peut-être à cette circonstance que l'élève de cet homme respectable dut la direction que prit dès lors sa pensée; car,

peu de temps après, le système d'harmonie de Catel fut publié, et fit naître de vives discussions au dedans et au dehors du conservatoire. Pour la première fois, Rameau était attaqué de front, en France; ses partisans poussèrent des cris d'indignation contre son antagoniste. Trop jeune pour embrasser un parti dans une querelle de ce genre, Fétis se contenta de lire le *Traité d'harmonie* de Catel et d'en comparer la théorie avec celle de Rameau : cette étude marqua ses premiers pas dans la carrière qu'il a parcourue depuis lors. L'étude des langues italienne et allemande, qu'il entreprit peu de temps après, lui permit ensuite de comparer aux systèmes de Rameau et de Catel ceux de Kirnberger et de Sabbatini. Trois mois après son admission dans la classe de Rey, il en avait été nommé le répétiteur; l'année suivante il obtint le premier prix au concours. Il prenait aussi dans le même temps au Conservatoire des leçons de piano; Boieldieu était son maître pour cet instrument, et quand ce compositeur fut parti pour la Russie, Fétis continua ses études sous la direction de Pradher.

Au commencement de 1803, il quitta Paris pour voyager et ne revint en cette ville que vers le milieu de l'année suivante, après avoir étudié le contrepoint et la fugue d'après la théorie de l'école allemande, dans les écrits de Marpurg, de Kirnberger et d'Albrechtsberger. L'étude particulière qu'il avait faite des compositions de Jean-Sébastien Bach, de Hændel, de Haydn et de Mozart, avait fait naître en lui un goût passionné pour le style de cette école, et tout ce qu'il écrivait alors était empreint de l'harmonie modulée qui en est le caractère distinctif. C'est ainsi qu'il écrivit une symphonie à grand orchestre, une ouverture, des sonates et des caprices pour le piano, ainsi que des pièces d'harmonie pour huit instruments à vent qui ont été publiées à Paris chez Lemoine (père). Ses études littéraires et ses lectures sur la musique le conduisirent alors à commencer ses recherches sur la théorie et sur l'histoire de cet art. Ses premiers travaux eurent pour objet de constater la nature des inventions de Gui d'Arezzo, et d'éclaircir l'histoire de la notation de la musique. Il avait rassemblé déjà beaucoup de matériaux sur ces objets, et avait commencé à les classer d'après ses idées particulières, dans une série considérable de documents; mais tout cela s'est égaré lorsqu'il s'est éloigné de Paris, en 1811.

Lié d'amitié avec Roquefort et Delaunaye, il conçut, avec ces littérateurs-musiciens, le projet d'un journal de musique dont il parut quelques feuilles in-4°, à la fin de l'année 1804; mais la littérature et la critique musicale n'excitaient alors qu'un médiocre intérêt, et il fallut renoncer à cette entreprise. A cette époque, bien que le Théâtre Italien de Paris eût une troupe composée d'artistes distingués, tels que Nozzari, la Strinasacchi, Marianne Sessi, et un peu plus tard Tacchinardi et Barilli, ce spectacle n'était pas fréquenté, et les secours du gouvernement pouvaient seuls le maintenir en France. La plupart des musiciens français, enthousiastes admirateurs de la musique de l'école de Méhul, affectaient beaucoup de mépris pour les œuvres de Cimarosa, de Paisiello et de Guglielmi; mais Fétis, déjà entré dans cette voie d'éclectisme qu'il a parcourue plus tard dans ses travaux, ne se laissa point influencer par son penchant pour les formes de la musique allemande, et mit tant de persévérance à fréquenter les représentations de l'Opéra buffa, qu'il finit par classer dans sa mémoire les principaux ouvrages des maîtres cités précédemment. Cette étude lui fut plus tard d'un grand secours, quand il voulut se livrer à l'analyse des qualités distinctives des diverses écoles. Vers le même temps, quelques conversations qu'il eut avec Cherubini lui dévoilèrent le mérite immense des traditions de l'ancienne école italienne dans l'art d'écrire, et la nécessité d'étudier les principes du contrepoint vocal d'après ces traditions. Ce fut alors que les œuvres de Palestrina devinrent les objets de ses études constantes, et qu'il écrivit une multitude de morceaux d'église dans la manière de cet illustre maître, modèle désespérant d'une perfection idéale. Dès lors aussi, il lut avec attention tous les ouvrages des didacticiens italiens, particulièrement ceux de Zarlino, de Zacconi, de Cerreto et, parmi les modernes, du P. Martini et de Paolucci. Ses idées se formulèrent sur la nécessité d'exposer les principes de l'art d'écrire d'après les traditions de cette grande et belle école, considérant seulement le style instrumental de l'école allemande comme un cas particulier de la théorie générale : ce sont ces mêmes idées qu'il a développées plus tard dans son *Traité du contrepoint et de la fugue*.

En 1806, Fétis fut engagé dans un travail immense dont il n'avait pas mesuré l'étendue, qui fut plusieurs fois interrompu, qu'il reprit cependant toujours avec courage, et qu'il a enfin achevé après trente années de recherches et de patience. Il s'agit d'une révision de tout le chant de l'église romaine, d'après les manuscrits les plus authentiques et les plus anciens, conférés avec les meilleures éditions. La première révolution française avait anéanti une multitude de livres de chœur, et la rareté de ces livres s'était fait apercevoir quand Napoléon eut rétabli le culte catholique en France. Un descendant de la famille des Ballard conçut alors le projet de donner de nouvelles éditions des livres du chant romain et du parisien; mais ayant appris que ces chants avaient subi de notables altérations, il eut assez de confiance dans les connaissances de Fétis, malgré sa jeunesse, pour lui proposer de donner des soins aux nouvelles éditions qu'il projetait; celui-ci accepta pour le chant romain, mais refusa pour le parisien, qui n'avait point de valeur dans son opinion. Immédiatement après il se mit à l'ouvrage; mais dès les premiers pas, il trouva tant de versions différentes et capricieuses dans toutes les éditions qu'il consulta, qu'il demeura convaincu de la nécessité de remonter aux sources les plus anciennes et les plus authentiques, dans les manuscrits, afin de retrouver le chant primitif et de constater les causes de son alourdissement, de ses variantes capricieuses, et des défauts d'accentuation qu'on remarque dans un grand nombre d'éditions. Dès lors le travail devenait presque sans bornes, et il ne fallait pas moins qu'un courage de bénédictin pour oser l'entreprendre.

Ce n'est pas d'aujourd'hui que la nécessité de rappeler le chant de l'église romaine à ses formes primitives se fait sentir; plusieurs papes ont reconnu cette nécessité : Grégoire XIII avait chargé Pierluigi de Palestrina de faire ce travail, et ce grand maître, aidé par son élève Guidetti, y employa plusieurs années sans l'achever. Paul V ordonna à Roger Giovanelli, successeur de Palestrina, de corriger l'antiphonaire et le graduel; le graduel seul, résultat du travail de Giovanelli (si toutefois la tradition est exacte à cet égard), a été publié à Rome, en 1614, à l'imprimerie Medicis. Ce graduel, le *Directorium Chori* de Guidetti, le graduel et l'antiphonaire de Venise, 1580, et d'anciennes éditions du seizième siècle données par les Junte, les Plantin et autres, ont été conférées par Fétis avec 240 manuscrits des bibliothèques de Paris, de Cambrai, d'Arras, du Musée britannique à Londres, de la bibliothèque des ducs de Bourgogne, à Bruxelles, etc. Parmi les manuscrits, il y en a plusieurs du neuvième siècle, quelques-uns du dixième, et beaucoup du onzième et du commencement du douzième. Ceux qui sont postérieurs à cette époque ont dû être examinés avec beaucoup de soins, parce que la transcription en notation du plain-chant des ornements de l'ancien écrit en notation neumatique, a fait transformer en notes réelles les appogiatures, groupes et trilles, qu'il aurait fallu simplement supprimer pour le système de simplification qu'on voulait adopter. Ce grand travail, que j'avais entrepris à la légère, à une époque où je ne possédais pas les connaissances nécessaires; ce travail, dis-je, est terminé; le graduel et l'antiphonaire sont prêts à être livrés à l'impression; mais il est vraisemblable que le fruit d'un si grand labeur ne verra jamais le jour; car, après avoir été témoin des luttes violentes où les ecclésiastiques de France se sont laissé entraîner à propos d'opinions plus ou moins mal fondées, sur ce qu'ils ont appelé la restauration du chant grégorien, l'auteur de la première idée de cette restauration, et des premiers travaux entrepris pour l'opérer, se gardera d'appeler sur lui-même l'animadversion de tous les partis. En l'état actuel des choses, il s'exposerait, en publiant le fruit de ses veilles sur ce sujet, à voir troubler la tranquillité de ses derniers jours, sans aucune chance de succès.

Une réaction s'était fait sentir dans la musique dramatique, en opposition à l'école de Méhul et de Cherubini; cette réaction, commencée par les opérettes de Della-Maria, avait ramené sur la scène les ouvrages de Grétry. Elleviou, dont le talent se déployait avec avantage dans ces compositions, cherchait à remettre en vogue tout l'ancien répertoire; il demanda à Fétis une nouvelle musique pour *l'École de la jeunesse*, opéra écrit autrefois par Duni; mais cette musique parut trop forte d'harmonie à cet acteur; il crut devoir hasarder la reprise de l'ouvrage sous son ancienne forme; mais il se trompa; le public repoussa cette partition surannée. Toutefois, le travail de Fétis fut perdu, et jamais la nouvelle musique de *l'École de la jeunesse* n'a été entendue.

Fétis s'était marié en 1806; il était alors âgé de vingt-deux ans. Sa femme, petite-fille du savant chevalier de Kéralio, sous-gouverneur de l'école militaire, pour qui Napoléon avait conservé des souvenirs de reconnaissance, et nièce d'un ancien maréchal de camp, gouverneur du prince de Parme, était unique héritière d'une fortune considérable. Cette alliance avait changé la position de Fétis, et d'artiste il était devenu amateur, sans que l'activité de ses travaux se fût ralentie. La banqueroute inattendue d'un des premiers négociants de Paris, et de fausses spéculations des parents de sa femme, anéantirent tout à coup la fortune qui semblait devoir lui appartenir; lui-même, par une imprudente condescendance, fut entraîné à souscrire des engagements, qui, sans préserver de leur ruine ceux pour qui ils étaient pris, ont troublé sa vie pendant plus de vingt-cinq ans. Obligé de s'éloigner de Paris en 1811, pour se préparer une nouvelle existence, il se retira à la campagne dans le département des Ardennes, et y vécut pendant près de trois ans éloigné de toute ressource musicale. Il y écrivit cependant une messe à cinq voix, avec chœurs, orgue, violoncelle et contrebasse, qu'il considère comme un de ses meilleurs ouvrages, et qui a été exécutée à l'église Notre-Dame du Sablon, à Bruxelles, le 6 octobre 1856, pour son jubilé de cinquante ans de mariage. Mais son occupation principale dans sa retraite fut l'étude de la philosophie, qui lui paraissait indispensable pour l'exposition des principes de la théorie de la musique, et pour l'analyse des faits de l'histoire de cet art. Ce temps d'étude solitaire a toujours été considéré par lui comme le plus heureux de sa vie. C'est à cette époque que commencèrent à fructifier dans son esprit quelques mots échappés à l'illustre Lagrange, dans une conversation qu'ils avaient eue sur la musique : *Il y a quelque chose dans votre art que je ne comprends pas*, disait le célèbre géomètre; *nous croyons tout expliquer avec nos proportions numériques et le tempérament; cependant, les dénigrations de certains musiciens pourraient bien n'être pas si mal fondées qu'on le croit, et peut-être Rameau s'est-il fourvoyé. Il y a vraisemblablement quelque chose d'inconnu où se trouve la vérité; je me suis beaucoup occupé de cela, mais l'élément me manque. Il y aura de la gloire pour celui qui découvrira ce criterium, caché depuis tant de siècles, et qui s'est dérobé à tant d'efforts. Vous devriez y songer; cela vaut bien le dévouement d'une vie tout entière.* Préoccupé d'autres objets, Fétis n'avait point saisi d'abord le grand sens de ces paroles; elles lui revinrent à la mémoire lorsque ses études philosophiques lui eurent fait comprendre la nécessité de faire dériver toutes les lois particulières des diverses parties de l'art, d'une loi générale dont elles ne seraient que des applications à des cas particuliers. Ses recherches sur la théorie de l'harmonie le mirent sur la voie, en lui faisant voir que la tonalité est la seule base de cette combinaison des sons, et que les lois de cette tonalité, appliquées à l'harmonie, sont absolument identiques à celles qui régissent la mélodie, et conséquemment, que dans la tonalité moderne, ces deux branches principales de l'art sont inséparables. Considération neuve, dont la réalité est démontrée par l'histoire de la musique, et qu'il a rendue évidente depuis lors dans ses écrits.

Au mois de décembre 1813, Fétis accepta les fonctions d'organiste de la collégiale de Saint-Pierre à Douai, et de professeur de chant et d'harmonie d'une école municipale de musique, fondée en cette ville. Cette situation fut l'occasion de nouvelles études. Il avait eu autrefois de la réputation comme organiste, à la suite d'une lutte qui avait eu lieu entre Woelfl, Nicolo Isouard et lui, sur l'orgue de l'église Saint-Sulpice de Paris; mais depuis plusieurs années il avait cessé de jouer de cet instrument. Celui sur lequel il était appelé à se faire entendre à Douai, était un excellent orgue de Dallery, composé de cinquante-six jeux, quatre claviers à la main et un clavier de pédales. Cet instrument lui offrait d'immenses ressources qu'il se mit à étudier, se faisant souvent enfermer dans l'église pendant six ou huit heures, pour se rendre familières les œuvres des grands organistes, anciens et modernes, de l'Italie et de l'Allemagne, et pour chercher, dans l'emploi alternatif des différents styles, une variété qui lui semblait manquer dans les productions des plus célèbres artistes; car chacun d'eux affectionnait de certaines formes qu'il a reproduites dans tous ses ouvrages. On verra le résultat de ses travaux dans son ouvrage intitulé la *Science de l'organiste*, dont une partie est gravée depuis longtemps, mais qui n'est pas encore terminée.

Les fonctions de professeur de chant et d'harmonie que Fétis remplissait à l'école de musique de Douai appelèrent son attention sur le système d'enseignement alors en usage dans toutes les écoles de ce genre. Il vit que les dégoûts éprouvés par la plupart des commençants dans la lecture de la musique, lecture dont les éléments sont difficiles et compliqués, provenaient de ce que l'attention se fatiguait à se partager dès les premiers pas sur des objets qui n'ont point d'analogie. Ainsi, dans l'étude du solfége, les élèves les moins avancés étaient obligés de reconnaître à la fois les signes et leur valeur, de battre la mesure, en faisant le calcul de la division des temps, et de chanter en cherchant la justesse des intonations. Or, distinguer des signes, en connaître la signification; diviser des temps et développer le sentiment de la mesure; enfin, former l'oreille à la justesse des intonations, sont toutes choses indépendantes les unes des autres; il est donc raisonnable de les enseigner séparément. C'est d'après ces considérations que Fétis établit dans l'école de Douai la division des études qui a servi de base aux *Solfèges progressifs précédés de l'exposé des principes de musique* publiés par lui plus tard, et c'est cette même division que plusieurs maîtres ont adoptée dans leur système d'enseignement.

C'est aussi pendant son séjour à Douai que Fétis compléta le système rationnel de l'harmonie ébauché par Rameau dans l'application du renversement à la génération des accords et dans la division de ces accords en *fondamentaux* et *dérivés* (*voyez* RAMEAU); étendu par Kirnberger dans la découverte de l'origine des accords produits par le mécanisme de la prolongation (*voyez* KIRNBERGER), enfin, perfectionné par Catel (*voyez* ce nom) dans sa classification des accords en *naturels* et *artificiels* ou *composés*. Malheureusement Catel, préoccupé de sa fausse idée de tous les accords directs ou fondamentaux contenus dans la division d'une corde, division arbitraire, comme il a été dit à l'article de cet artiste, avait été conduit à classer parmi les accords naturels ou simples ceux de septième de sensible, de septième diminuée, de neuvième majeure et de neuvième mineure de la dominante, quoique son instinct lui eût fait voir que ces accords se substituent souvent à celui de la dominante et de ses dérivés. Cette anomalie provenait de ce que Catel n'avait point aperçu le mécanisme de la substitution; Fétis découvrit que ce mécanisme n'est autre que le sixième degré du mode majeur ou mineur qui prend la place de la dominante dans les seize formes dont ces combinaisons sont susceptibles, et démontra que l'effet de ce genre de modification de l'accord naturel de septième dominante et de ses dérivés n'en change pas la destination, que l'emploi est identique, et qu'il en résulte seulement une variété d'effet pour l'oreille. La découverte importante de ce mécanisme de la substitution fut féconde en résultats, car elle conduisit Fétis à celle de l'origine des accords produits par la substitution du sixième degré de la gamme avec la prolongation de la tonique, et par là on eut l'explication simple et naturelle de la formation de ces accords de septième mineure du deuxième degré, de quinte et sixte, de tierce et quarte, et de seconde et quarte, des modes majeur et mineur, qui avaient donné la torture à tous les harmonistes, depuis Rameau. Ce fut encore par la loi de *l'identité de destination* que l'auteur de cette découverte en démontra la réalité. Cette même loi lui fit trouver le mécanisme des altérations ascendantes et descendantes des intervalles des accords, et de leurs combinaisons avec les autres genres de modifications, telles que la prolongation et la substitution. En appliquant de la manière la plus générale ce principe nouveau de la combinaison des divers genres de modifications des accords naturels, Fétis fut conduit à la découverte d'une multitude d'accords nouveaux du genre appelé *enharmonique*, dont plusieurs ont été employés plus de quinze ans après par Rossini et par Meyerbeer, dans *Guillaume Tell* et dans *Robert le Diable*. En 1816, l'ouvrage où Fétis avait exposé cette théorie nouvelle et complète de l'harmonie fut achevé, et l'auteur l'envoya à l'Institut de France, pour qu'il en fût fait un rapport; une correspondance assez active eut lieu à ce sujet entre le ministre de l'intérieur, le secrétaire de l'Académie des beaux-arts et Fétis, et le résultat de toute cette négociation fut que l'Académie, effrayée par tant de nouveautés, et ne voulant pas se compromettre en les approuvant ou en les rejetant, décida qu'au public seul appartenait de prononcer avec le temps sur leur mérite. Fétis accepta cette décision, et, en 1819, il fit commencer l'impression de son livre par M. Eberhardt. Déjà cinq feuilles étaient imprimées; mais à cette même époque, Catel, dont l'amitié parfaite pour Fétis ne s'est jamais démentie, lui rendait les services les plus importants, et lui faisait obtenir des poëmes pour l'Opéra et pour l'Opéra-Comique; la reconnaissance imposait à Fétis l'obligation de ne point affliger ce digne artiste, par une discussion de principes relative à l'un de ses travaux auxquels il mettait le plus de prix; il arrêta donc l'impression de son livre, resté inédit jusqu'en 1844, et dont cinq feuilles seulement ont été tirées. Cependant, sollicité en 1823, par un éditeur de musique, pour qu'il donnât une *Méthode élémentaire d'harmonie et d'accompagnement*, demandée de toutes parts, il satisfit à cette demande, mais d'une manière succincte, sous la forme dogmatique, et sans aucune discussion de théorie. L'ouvrage a été publié au mois de mars 1824; la simplicité et l'évidence de ses principes ont fait son succès; des milliers d'exemplaires en ont été vendus, et c'est à peu près le seul ouvrage par lequel les maîtres enseignent maintenant l'harmonie en France et en Belgique. Il en fut fait une traduction italienne, publiée à Naples, et une anglaise, par Bishop, à Londres.

Pendant son séjour à Douai, Fétis avait repris ses travaux relatifs à la *Biographie des musiciens* dont il publie aujourd'hui la seconde édition, et qui étaient commencés en 1806,

ainsi que le prouve une note d'un discours prononcé le 8 octobre 1807 par Van Hulthem, dans une réunion d'artistes, et imprimé dans la même année chez Pierre Didot (1). Dans le même temps il écrivit aussi, sur la demande de l'autorité, un *Requiem* qui fut exécuté en expiation de la mort de Louis XVI, le 20 avril 1814, un sextuor pour piano à quatre mains, deux violons, alto et basse (œuvre 5e, Paris, Michel Ozy), dont la deuxième édition a été publiée chez Brandus, à Paris, en 1838, et beaucoup de morceaux de chant à trois et à quatre voix, pour l'école de Douai, outre une grande quantité de morceaux d'orgue. Tout cela fut fait dans l'espace de quatre ans et demi, nonobstant dix heures employées chaque jour aux fonctions d'organiste, à l'école de chant de la ville, et en leçons particulières; pour suffire à tant de travaux, Fétis avait pris, en arrivant à Douai, l'habitude d'y consacrer seize ou dix-huit heures chaque jour; depuis lors sa vie s'est écoulée dans la même activité, sans autre interruption que ses voyages.

Persuadé que le moment était venu pour lui de prendre une position à Paris, Fétis quitta Douai pour s'y rendre, dans l'été de 1818. Il y publia dans la même année des fantaisies, des préludes, des sonates de piano, et y reprit ses travaux sur la littérature, la théorie et l'histoire de la musique. Pendant les années suivantes il écrivit pour le théâtre plusieurs opéras sérieux et comiques dont quelques-uns ont obtenu du succès, mais qui n'ont pas satisfait leur auteur; les autres n'ont pas été représentés. En 1821 il fut nommé professeur de composition au Conservatoire de Paris, en remplacement d'Eler, décédé depuis peu. Huit mois après son entrée en fonctions, ses élèves ayant été examinés par le comité d'enseignement, où siégeaient Paer, Lesueur, Berton, Reicha et Boieldieu, Cherubini, président de ce comité, adressa ces paroles au professeur : « Monsieur, « c'est avec beaucoup d'intérêt que le comité a « passé l'examen de votre classe, et qu'il a « trouvé chez vos élèves l'art de faire chanter « les parties d'une manière élégante et natu- « relle; art difficile, si bien connu des anciens « maîtres, et qui se perd aujourd'hui; c'est « avec une vive satisfaction que nous voyons « que vous travaillez à le faire revivre. » Quelques années après, le grand maître qui avait

(1) *Discours prononcé dans une réunion d'artistes belges, habitants de Paris, par M. Ch. Van Hulthem, ancien membre du tribunat, membre de la Légion d'honneur, etc.* Paris, P. Didot l'aîné, 1807, in-8° de 40 pages (p. 51, n. 1).

prononcé ces paroles flatteuses s'est exprimé d'une manière plus explicite encore, dans le rapport qu'il a fait à l'Académie des beaux-arts sur le *Traité du contrepoint et de la fugue*, écrit par Fétis, pour l'usage du Conservatoire ; car il l'a déclaré le seul ouvrage de ce genre où les règles de ces compositions scientifiques, particulièrement celles de la fugue, sont exposées avec méthode et clarté. Ce livre, dont presque tous les exemples ont été écrits par Fétis, lui a coûté de longues méditations, parce qu'il avait reconnu la nécessité de prendre la tonalité pour base de la mélodie, origine réelle du contrepoint, comme il l'avait prise précédemment pour l'harmonie et la modulation. Or, l'analyse des faits de la succession mélodique des sons, en ce qui concerne la totalité et les combinaisons de plusieurs parties chantantes, est fort difficile. De là l'absence de toute critique pure dans tous les traités de composition qui ont été publiés depuis plus de deux cents ans, et la forme empirique adoptée par tous les auteurs de ces ouvrages. En s'imposant l'obligation de faire connaître la raison des règles, Fétis s'était entouré d'immenses difficultés.

Vers la fin de 1826, engagé dans de grands travaux de différents genres, il conçut un projet que plusieurs de ses amis condamnèrent comme téméraire, et dont ils considérèrent la réalisation comme impossible : ce projet était celui d'un journal uniquement consacré à la musique. Jamais publication de ce genre n'avait pu subsister en France, car personne (les musiciens pas plus que d'autres) ne lisait ce qui concerne la musique, et l'on ne croyait pas qu'il fût possible de former une classe de lecteurs pour un écrit spécialement consacré à cet art. Dans le premier projet de Fétis, Castil-Blaze devait s'associer à lui, et se charger de rendre compte des représentations d'opéras et des concerts. Mais des engagements antérieurs ne permirent pas à ce critique de prendre part à la nouvelle entreprise projetée, et Fétis prit dès lors la résolution de faire seul ce journal, convaincu qu'il y aurait, dans l'unité de doctrine et de vues d'un tel écrit, avantage pour le public et pour l'art. C'est contre ce projet gigantesque que s'élevèrent les amis de Fétis, persuadés que les forces d'un seul homme ne pourraient y suffire. Cependant, ils ne purent ébranler sa résolution, et la *Revue musicale* parut pour la première fois au commencement du mois de février 1827, et fut continuée sans interruption jusqu'à la fin de la huitième année, ou mois de novembre 1835. A l'exception de dix ou douze articles, Fétis rédigea seul les cinq premières années, dont l'ensemble forme environ la valeur de *huit mille pages*, in-8° ordinaire. Pendant les trois premières années, il donna chaque semaine vingt-quatre pages d'impression, d'un caractère petit et serré, et la quatrième année, trente-deux pages d'un plus grand format. Pendant ce temps, il lui fallut assister à toutes les représentations d'opéras nouveaux, aux reprises des anciens, aux débuts des chanteurs, aux concerts de tout genre, visiter les écoles de musique, s'enquérir des nouveaux systèmes d'enseignement, visiter les ateliers des facteurs d'instruments pour rendre compte des nouvelles inventions ou des perfectionnements, analyser ce qui paraissait de plus important dans la musique nouvelle, lire ce qui était publié, en France ou dans les pays étrangers, sur la théorie, la didactique ou l'histoire de la musique, prendre connaissance des journaux relatifs à cet art publiés en Allemagne, en Italie et en Angleterre, et même consulter un grand nombre de Revues scientifiques, pour les faits négligés par ces journaux ; enfin, entretenir une correspondance active, et tout cela sans négliger les devoirs de professeur de composition au Conservatoire, et sans interrompre d'autres travaux sérieux. Quelquefois même, des circonstances inattendues l'obligeaient à entreprendre des ouvrages auxquels il n'était pas préparé ; c'est ainsi qu'en 1828 il écrivit un mémoire de 50 pages in-4°, sur une question mise au concours par l'Institut des Pays-Bas, concernant le mérite et l'influence des musiciens belges pendant les quatorzième, quinzième et seizième siècles, et qu'en 1830 il céda aux instances d'un libraire, en composant *la Musique mise à la portée de tout le monde*, ouvrage destiné à donner des notions de toutes les parties de la musique aux personnes qui ne sont pas musiciennes. Il était peut-être impossible qu'au milieu de tant d'activité et dans une rédaction si rapide, il ne se glissât point des erreurs de faits, et sans doute on peut en signaler plusieurs ; mais il ne faut pas oublier que souvent les articles étaient improvisés dans l'imprimerie, lorsque *la copie* manquait pour remplir le journal, ou lorsque quelque circonstance obligeait à changer inopinément, et au moment de mettre sous presse, la disposition primitivement adoptée. Des négligences de style se font aussi remarquer dans la rédaction de la *Revue musicale*; les mêmes considérations peuvent peut-être leur servir d'excuse. Il est bon de remarquer d'ailleurs que, pendant plusieurs années, Fétis a rédigé le feuilleton musical du journal intitulé *le Temps*, conjointement avec la *Revue*, et qu'il a même plusieurs fois écrit trois articles dans le même jour sur un opéra nouveau ; de ces trois articles, qui formaient ensemble à peu près vingt-cinq pages in-8° d'impression, un était destiné à la *Revue musicale*, le second au *Temps*, le troisième au *National* ; dans chacun d'eux, l'ouvrage était considéré sous un aspect différent ; tous les trois paraissaient le même jour, c'est-à-dire le surlendemain de la représentation. Malgré ses imperfections, la *Revue musicale* a joui de beaucoup de faveur auprès des amateurs de musique ; aujourd'hui même qu'elle a cessé de paraître, parce que, éloigné de Paris, son ancien rédacteur n'y pouvait plus donner de soins, elle est considérée comme un livre de bibliothèque ; les exemplaires en sont recherchés et se vendent cher, parce que toutes les questions de quelque importance y ont été agitées et traitées avec développement, et parce qu'on y aperçoit partout les vues consciencieuses d'un artiste qui se dévoue à son art. Ce journal a, d'ailleurs, produit un grand bien en France ; il y a augmenté le nombre des amateurs de musique, a échauffé leur zèle, fait fonder en beaucoup de lieux des écoles et des concerts publics ; a formé des lecteurs à la littérature musicale et des critiques pour les journaux ; l'érudition en musique a même fait tant de progrès parmi les Français, depuis la publication de la *Revue*, que les livres qui y sont relatifs, et qui étaient autrefois dédaignés, se vendent maintenant à des prix très-élevés.

Dans plusieurs écrits, Fétis avait essayé de démontrer que l'histoire de l'art indique un développement progressif dans les formes, et d'avancement dans les moyens, mais qu'il n'y a eu que transformation dans l'objet, qui est d'émouvoir. Il lui semblait d'autant plus nécessaire d'insister sur ce point, que des préjugés contraires, répandus non-seulement parmi les gens du monde, mais aussi chez les artistes, font considérer la musique comme étant dans une progression incessante ; ce qui a pour résultats inévitables de faire rejeter comme suranné tout ce qui n'est pas de l'époque actuelle, d'ébranler la foi de l'artiste en la réalité de son art, de ne présenter les émotions de générations passées que comme de puériles illusions, enfin, de n'offrir l'histoire des monuments de la musique que comme celle de tristes débris d'un monde à jamais oublié. Si des acquisitions de moyens physiques sont faites, on perd, en mettant trop de prix à ces moyens, du côté de la naïveté de la pensée ; on se formule, et l'état d'excitation dans lequel on se tient incessamment émousse le principe de la sensibilité. Cette opinion toutefois faisait peu de conversions, parce qu'elle avait à combattre une actualité sans cesse agissante. En 1832, Fétis conçut le plan de ses concerts historiques, comme le meilleur moyen de triompher des résistances des plus incrédules. Cette heureuse idée, accueillie avec enthousiasme, a porté ses fruits, et les concerts de la musique des seizième et dix-septième siècles, ainsi que celui de l'origine et des développements de l'Opéra en Italie, en France et en Allemagne, ont prouvé, par le vif intérêt qu'ils ont excité, que les assertions de Fétis, à l'égard des qualités distinctives de l'art à toutes les époques, étaient dans le vrai. Et pourtant, malgré ses soins, il ne put parvenir qu'à une exécution fort imparfaite, à cause de la difficulté de faire les études convenables pour bien rendre la musique ancienne, à moins que ce ne soit dans une école dirigée par une intelligente et puissante volonté. D'après le succès éclatant obtenu par ces concerts en l'état d'imperfection où il a fallu les donner, on peut juger de l'effet prodigieux qu'ils auraient produit si les morceaux de musique y eussent été rendus avec le fini, l'ensemble désirable, et dans leur véritable sentiment. Cette belle œuvre d'art se réalisera peut-être quelque jour.

Peu de temps après que le premier concert historique eût été donné, et après avoir vu son succès, Fétis voulut essayer l'effet que produirait sur un certain nombre d'artistes et d'amateurs un cours de la philosophie et de l'histoire de la musique, établi sur un ensemble nouveau d'idées et de faits, résultat de vingt années de réflexions et de travaux ; il ouvrit ce cours gratuit au mois de juillet 1832. Dans les leçons qu'il y fit, il n'aborda que quelques-unes des questions qui sont l'objet de l'ouvrage qu'il publiera sous le titre de *Philosophie de la musique* ; mais ces questions excitèrent le plus vif intérêt. Il établit : 1° que l'oreille n'est qu'un organe de perception qui n'apprécie pas les rapports des sons, et que cette appréciation est l'acte d'une faculté spéciale ; 2° que cette faculté d'appréciation des rapports des sons n'établit pas d'une manière absolue les idées de convenance ou d'inconvenance de ces rapports, mais qu'elle formule ces idées en raison de l'ordre de faits au milieu desquels se trouve placé l'individu soumis à l'action des sons et des habitudes de perception qu'il a contractées dès sa naissance ; assertion qu'il démontrait par la diversité des échelles musicales en usage chez différents peuples, et par les sensations opposées qu'elles développent chez les individus qui y sont accoutumés et chez ceux qui y sont étrangers. Cette considération le conduisit à examiner les conformations des différentes échelles de sons qui ont été en usage jusqu'à ce jour; il démontra que chacune a été destinée à un objet particulier; enfin que chacune, suivant sa constitution, a eu des résultats nécessaires et conformes à cet objet. 3° Il classa ces échelles musicales en rationnelles et irrationnelles, inharmoniques et harmoniques, et fit voir que ce n'est pas seulement par la nature des intervalles des sons que chacune de ces gammes a un caractère particulier, mais aussi par l'ordre dans lequel ces intervalles sont rangés; car la gamme moderne du ton d'*ut* majeur, par exemple, étant commencée par *fa*, la tonalité change à l'instant, parce que l'ordre des intervalles est interverti; les mélodies deviennent étranges, et la plupart des combinaisons et des successions harmoniques cessent d'exister. Telle est la constitution d'une gamme majeure de la musique des Chinois. Cette considération conduisit le professeur à faire remarquer que la division mathématique d'une corde et les rapports de nombres par lesquels se déterminent les proportions des intervalles, sont impuissants à former une échelle musicale, parce que, dans ces opérations numériques, les intervalles se présentent comme des faits isolés, sans liaison nécessaire entre eux, et sans que rien détermine l'ordre dans lequel ils doivent être enchaînés; d'où il conclut que toute gamme ou échelle musicale est le produit d'une loi métaphysique, né de certains besoins ou de certaines circonstances relatives à l'homme. C'est ainsi qu'il fit voir que les dispositions lascives des peuples orientaux ont donné naissance aux petits intervalles de leur chant langoureux; que le découragement des peuples asservis a fait naître chez tous les gammes mineures; enfin, que le caractère de dévotion grave et de calme résignation, qu'on trouve dans la prière des chrétiens catholiques romains, a donné naissance à la tonalité du plain-chant, dépouillé de tout accent passionné. 4° Cette tonalité du plain-chant servit au professeur à démontrer invinciblement que toute échelle musicale engendre des faits analogues à sa nature; ainsi, la note sensible n'existant point avec un rapport au quatrième degré, dans cette tonalité, l'harmonie ne pouvait être que consonnante, et seulement mêlée de dissonances artificielles de prolongation. Or, dans un tel système de musique, il n'y avait point de modulation possible, car toute modulation se fait par l'harmonie dissonante naturelle de la dominante; s'il y avait quelquefois un changement de ton dans la musique de la tonalité du plain-chant, ce changement se faisait sans liaison, car l'élément de la transition n'existait pas, et les efforts de Vicentino, de Marenzio et d'autres, pour faire de la musique chromatique, échouèrent contre cette difficulté, ce que n'ont pas vu ceux qui ont parlé de ces choses. Il suit de là que la musique composée dans le système de la tonalité du plain-chant est *unitonique*, c'est-à-dire d'un seul ton. 5° Lorsqu'un compositeur osa faire entendre dans les dernières années du seizième siècle l'harmonie dissonante naturelle, il crut ne faire qu'une nouveauté hardie d'harmonie; mais il changea tout à coup la tonalité, en créant la véritable note sensible, par son rapport avec le quatrième degré. Dès lors l'accent passionné fut trouvé; la musique dramatique en fut le résultat immédiat, et la musique religieuse commença à s'altérer, en perdant son caractère calme et grave; l'élément de la transition existait, et la musique devint *transitonique*. Tout était lié dans ce nouveau système comme dans le précédent. 6° Plus tard, le désir de multiplier les accents passionnés a fait imaginer d'altérer les notes naturelles des accords, pour leur donner des attractions ascendantes ou descendantes; au moyen de ces attractions, appelées *enharmonies*, on est parvenu à multiplier les relations d'un ton avec d'autres tons; de telle sorte qu'une même note et une même harmonie peuvent se résoudre en plusieurs tons différents; d'où résulte un système de tonalité multiple désigné par Fétis sous le nom d'ordre *pluritonique*. Ce système est celui qui est maintenant communément employé. Ce professeur, l'imaginant *à priori* poussé jusqu'à ses dernières limites, l'a formulé de cette manière : *Un son étant donné, trouver des combinaisons harmoniques par lesquelles il puisse se résoudre dans tous les tons, et dans tous les modes*, et il a trouvé toutes ces combinaisons en généralisant le principe de l'altération. Ainsi s'est trouvé complété de la manière la plus absolue, le système général de la génération harmonique qu'il avait commencé à formuler en 1810. L'étonnement de son auditoire fut porté à l'excès quand on entendit quelques-unes de ces combinaisons, dont les résolutions étaient complètement inattendues. Fétis a donné le nom d'*omnitonique* à ce système de succession harmonique. S'arrêtant à ce point où il était arrivé, il a fait remarquer que tout ce qu'il venait d'avancer, sur ces diverses transformations de tonalité, était prouvé par les monuments de l'histoire de l'art. C'est aussi en cet endroit qu'il a démontré que dans l'ordre pluritonique, et, *à fortiori*, dans l'omnitonique, la justesse invariable, c'est-à-dire la proportion exacte des intervalles, n'existe pas plus que le tempérament, parce que les altérations momentanées des notes des accords font naître de perpétuelles appellations ascendantes ou descendantes, qui obligent les musiciens doués d'un instinct délicat à modifier incessamment les intonations. Depuis lors il a fait une suite d'expériences très-minutieuses par lesquelles il est parvenu à déterminer le nombre de vibrations dont les notes altérées diffèrent en raison de leurs combinaisons et de leurs résolutions. Le système d'harmonie, et celui de contrepoint ou de l'art d'écrire, exposés dans les livres publiés par Fétis, ou inédits, ainsi que son *Histoire générale de la musique*, ne sont que les développements de cette philosophie des tonalités, et des rapports de celles-ci avec l'organisation humaine. Un travail analogue a été fait par lui sur la mesure, le rhythme et la sonorité, matières neuves, qui, développées dans la *Philosophie de la musique*, feront connaître *à priori* la destination future de l'art, et qui pour la première fois présenteront cet art dans un système homogène et complet, d'accord avec ce qu'enseigne l'expérience de tous les temps et avec les faits historiques.

Vers la fin de 1832, des propositions furent faites à Fétis, de la part du roi Léopold I*er* et du gouvernement belge, pour qu'il acceptât les places de maître de chapelle du roi, et de directeur du Conservatoire de Bruxelles ; au mois de mars suivant, il signa des contrats relatifs à cette nouvelle position, et dans le mois de mai il quitta Paris pour vaquer à ses nouvelles fonctions. Le désir de ne rien négliger pour la prospérité de l'école qui lui était confiée, l'a engagé dans de nouveaux et considérables travaux. Outre l'administration de cette école, qui exige beaucoup de soins, il fait lui-même un cours de composition, dirige les études d'orchestre, les répétitions et les concerts ; enfin il a écrit, pour faciliter l'enseignement, un *Manuel des principes de la musique*, un *Traité du chant en chœur*, un *Manuel des jeunes compositeurs, directeurs de musique et chefs d'orchestre*, une *Méthode des méthodes de piano, ou analyse des meilleurs ouvrages publiés sur l'art de jouer de cet instrument*, et une *Méthode des méthodes de chant*, faite sur le même plan. Tous ces ouvrages, hors le dernier, sont publiés depuis longtemps, chez Brandus, à Paris. Vingt-huit années se sont écoulées au moment où cette notice est revue, depuis que la direction du Conservatoire de Bruxelles a été confiée à Fétis, et la réputation universelle dont jouit cette institution, le nombre considérable d'artistes distingués de tout genre qui y ont été formés, les heureux effets produits par l'influence de cette même école, sur le goût de l'art et les progrès de l'éducation musicale dans la population du pays, ont été dans cette période la récompense des efforts du directeur, secondé par les professeurs d'élite dont il s'est entouré, ou dont il a lui-même formé et développé le talent. Dans le but de lui offrir un témoignage durable de leur affection et de leur gratitude pour son dévouement, ces professeurs ont saisi l'occasion du cinquantième anniversaire de son mariage, arrivé le 6 octobre 1856, et ont fait placer son buste en bronze, ouvrage du célèbre sculpteur Guillaume Geefs, sur un socle, au milieu de la cour du Conservatoire ; l'inauguration en a été faite au milieu d'un concours immense de spectateurs, après qu'une messe à cinq voix et chœur, de Fétis, eut été exécutée le même jour, dans l'église Notre-Dame du Sablon, par les professeurs et les élèves du Conservatoire.

Les productions que Fétis a publiées jusqu'à ce jour, sont celles dont les titres suivent : I. Musique instrumentale. 1° Pièces d'harmonie à huit parties, Paris, Lemoine. 2° Fantaisie pour le piano sur l'air *O pescator dell' onda*, Paris, Ph. Petit. 3° Fantaisie pour le piano sur la ronde du *Petit Chaperon*, Paris, Boieldieu. 4° Trois suites de préludes progressifs pour le piano, Paris, A. Petit. 5° Sextuor pour piano à quatre mains, deux violons, alto et basse, op. 5. Paris, Michel Ozy ; 2*e* édition, Paris, Brandus. 6° Fantaisie chromatique pour le piano, op. 6. *Ibid.* 7° Trois sonates faciles pour piano à quatre mains, op. 7. Paris, A. Petit. 8° Grand duo pour piano et violon, op. 8. Paris, Launer. 9° Variations à quatre mains pour le piano sur l'air : *L'amour est un enfant trompeur*, Paris, Ph. Petit. 10° Marche variée pour le piano, *ibid.* 11° Ouverture de concert à grand orchestre, Brunswick, Mayer. 11° (*bis*) Premier et deuxième quintettes pour deux violons, deux altos et violoncelle, Paris, Brandus, et Mayence, Schott, en parties séparées et en partition. De plus, environ *cent cinquante* morceaux de tous genres, écrits pour la lecture à première vue, aux concours du Conservatoire de Bruxelles pendant vingt-huit ans, lesquels consistent en solfèges, pièces pour le piano, solos pour tous les instruments, avec accompagnement de quatuor, etc. II. Opéras. 11°(ter) *L'Amant et le Mari*, opéra comique en deux actes, représenté au théâtre Feydeau, en 1820. 12° *Les Sœurs jumelles*, en un acte, représenté au même théâtre, en 1823. 13° *Marie Stuart en Écosse*, 3 actes (1823). 14° *Le Bourgeois de Reims*, en un acte, ouvrage composé pour le sacre de Charles X, et représenté en 1824. 15° *La Vieille*, en un acte, représenté au théâtre Feydeau, en 1826. 16° *Le Mannequin de Bergame*, en un acte, au théâtre de la rue Ventadour, en 1832. 17° *Phidias*, en 2 actes, pour l'Opéra (non représenté). III. Musique de chant. 18° *Deux nocturnes italiens* et une *canzonnette*, Paris, Pleyel. 19° *Miserere*, pour trois voix d'homme, sans accompagnement, Paris, A. Petit. 20° *Messe de Requiem*, pour quatre voix et chœur, avec accompagnement de six cors, quatre trompettes, trois trombones, sax horn, bass-tuba, bombardon, orgue obligé, violoncelles, contrebasse et timbales, exécutée le 14 octobre 1850, pour le service funèbre de la reine des Belges. Paris, chez Meissonier, partition et parties séparées. 20° (*a*) Six messes faciles pour l'orgue, composées sur le plain-chant de l'église accompagné, avec des versets, des introductions et des conclusions. Paris, H. Lemoine, 1839, 1 vol. in-fol. 20° (*b*) Vêpres et saluts du dimanche pour l'orgue, avec le chant des hymnes et des antiennes de la Vierge, précédés d'une instruction sur l'accompagnement des psaumes, Paris, V° Canaux, 1843, un cahier in-fol. oblong. IV. Musique d'église (non publiée). 21° Messe à cinq voix et chœurs, avec orgue, violoncelle obligé et contrebasse. 22° Plusieurs messes, motets, litanies, hymnes et antiennes pour trois, quatre et cinq voix, avec orgue, composés dans un nouveau système pour la chapelle de la reine des Belges. 22° (*bis*). *Lamentations de Jérémie*, à six voix et orgue. V. Musique instrumentale (non publiée). 23° Une très-grande quantité de pièces d'orgue de tout genre. 24° Soixante fugues et préludes fugués pour le même instrument. Un choix de ces pièces fait partie de *la Science de l'organiste*, ouvrage non encore achevé. 25° Symphonies à grand orchestre (en *mi* bémol). 26° Fantaisie pour piano et orchestre. 27° Deux quintettes pour deux violons, deux violes et violoncelle. 28° Un sextuor pour deux violons, deux violes, violoncelle et contrebasse. 29° Un quatuor pour piano, violon, viole et basse. Toutes les premières productions de Fétis, telles que symphonies, symphonies concertantes, concertos de violon et de piano, quatuors, messes, offertoires, etc., ont été anéanties, à l'exception de trois quatuors, composés à l'âge de douze ans, conservés par curiosité. VI Ouvrages didactiques, historiques et critiques *publiés ou prêts à paraître*. 30° *Méthode élémentaire et abrégée d'harmonie et d'accompagnement, suivie de basses chiffrées*, Paris, 1824, in-4°. Ph. Petit. Une deuxième édition, revue avec soin, a été publiée à Paris, en 1836, chez M™° Lemoine (plus tard Aulagnier), in-4°. Il en a été fait une troisième, portative, grand in-8°, Paris, Aulagnier, 1841; on y a supprimé les exercices d'accompagnement de la basse chiffrée. Une traduction italienne de cet ouvrage a été publiée à Naples, chez Girard, en 1836, et une autre a paru à Turin, chez Pomba. M. Bishop, de Cheltenham, en a donné une traduction anglaise intitulée : *Elementary and abridged Method of Harmony and accompaniment, followed by progressive exercises in every key*, etc., Londres, Robert Cocks et C° (sans date), 1835, grand in-4°. 31° *Traité de la fugue et du contrepoint*, composé pour l'usage du Conservatoire. Paris, Troupenas, 1825, deux parties in-4°. Une deuxième édition, avec des additions concernant le style instrumental, à Paris, chez Brandus, en 1846. 32° *Traité de l'accompagnement de la partition*, Paris, 1829, Pleyel, in-4°. Ouvrage d'un genre neuf, le seul qui existe sur cette matière. 33° *Solfèges progressifs, avec accompagnement de piano, précédés de l'exposition raisonnée des principes de la musique*, Paris, 1827, M. Schlesinger, in-4°. Quatre éditions de cet ouvrage ont paru jusqu'en 1837. On en prépare une cinquième avec des additions considérables. 34° *Revue musicale*, huit années, 1827-1834, quinze volumes, dont dix in-8° et cinq in-4°. 35° Mémoire sur cette question mise au concours en 1828, par la quatrième classe de l'Institut des Pays-Bas : *Quels ont été les mérites des Néerlandais dans la musique, principalement aux quatorzième, quinzième et seizième siècles*, etc. Ce mémoire a été imprimé aux frais de l'Institut, conjointement avec celui de R. G. Kiesewetter, qui a obtenu le prix, sous ce titre hollandais : *Verhandelingen over de vraag*, etc. (Mémoires sur la question, etc.) Amsterdam, J. Muller et C°, 1829, un vol. in-4°. 36° *La Musique mise à la portée de tout le monde, exposé succinct de tout ce qui est nécessaire pour juger de cet art, et pour en parler sans l'avoir étudié*. Paris, Mesnier, 1830, un vol. in-8°. Dans la même année il fut fait une deuxième édition de ce livre à Liège, chez Collardin, en un vol. in-12, avec le consentement de l'éditeur de Paris. Une troisième édition, augmentée de plusieurs chapitres et d'un dictionnaire des termes de musique dont l'usage est habituel, a paru à Paris, chez Paulin, en 1834, un vol. in-12. Cette édition a été tirée à quatre mille exemplaires. Une quatrième édition a été publiée par Brandus et C°, avec des augmentations considérables. Paris, 1847, un vol. in-8°. Il a été fait une contrefaçon de ce même livre à Bruxelles, chez Haumann et C°, 1839, un vol. in-18, et une autre, à Bruxelles, chez Meline, Cans et C°, 1840, un vol. in-18. Blum a publié une traduction allemande de cet ouvrage sous ce titre : *Die Musik, Handbuch für Freunde und Liebhaber dieser Kunst*, Berlin, 1830, un vol. in-12. On a fait aussi une traduction anglaise du même livre, intitulée : *The Music made easy*, Londres, 1831, un vol. in-12. L'Académie de musique de Boston (Amérique) en a fait faire une autre traduction qui fut revue sur la seconde édition de Paris, et qui a été publiée sous ce titre : *Music explained to the World ; or How to understand Music and enjoy its performance. Translated for the Boston Academy of Music.* Boston, B. Perkins, 1842, petit in-8°. Cette traduction a été réimprimée à Londres, en 1844, chez Clarke et C°, un vol. petit in-8°, et donnée comme une traduction nouvelle. Le même ouvrage a été traduit en espagnol, sous ce titre : *La Musica puesta al alcance de Todos. O sea breve esposicion de todo lo que es necesario para juzgar de esta arte y hablar de ella sen haberla estudiado. Escrita en Frances por etc., traducida y anotada por A. F. S.* (Soriano-Fuertes). Barcelona, 1840, un vol. petit in-8°. Une traduction italienne a été annoncée dans la *Gazette musicale* de Milan, par M. Picchianti. Enfin, M. Belikoff, inspecteur de la chapelle impériale de Russie, en a fait imprimer une traduction en langue russe, Saint-Pétersbourg, 1833, un vol. in-8°. 56° *Curiosités historiques de la musique, complément nécessaire de la Musique mise à la portée de tout le monde.* Paris, Janet et Cotelle, 1830, un vol. in 8°. Ce volume ne contient qu'un choix d'articles historiques de la *Revue musicale*. 57° *Biographie universelle des musiciens et bibliographie générale de la musique, précédée d'un résumé philosophique de l'histoire de cet art.* Paris et Bruxelles, 1834 et années suivantes, huit volumes grand in-8°. Vingt années ont été employées en recherches de tout genre pour le perfectionnement de cet ouvrage, qui peut être constaté par la comparaison de cette seconde édition avec la pre-

mière. 58° *Manuel des principes de musique, à l'usage des professeurs et des élèves de toutes les écoles, particulièrement des écoles primaires.* Paris, 1837, Schlesinger (Brandus), un vol. in-8°. 39° *Traité du chant en chœur, à l'usage des directeurs d'écoles de chant, et des chefs de chœurs des théâtres.* Paris, 1837, Schlesinger (Brandus), in-4°. 40° *Manuel des jeunes compositeurs, des chefs de musique militaire et des directeurs d'orchestre.* Paris, 1837, Schlesinger (Brandus), un vol. gr. in-8°. 41° *Méthode des méthodes de piano, analyse des meilleurs ouvrages qui ont été publiés sur l'art de jouer de cet instrument ; livre composé pour l'usage du Conservatoire royal de musique de Bruxelles.* Paris, Schlesinger (Brandus), 1837, grand in-4°. Une traduction italienne de cet ouvrage a été publiée à Milan, chez Ricordi, en 1841, sous le titre de : *Metodo dei metodi di piano-forte, ossia trattato dell' arte di suonar quest' istrumento.* Cette traduction est l'ouvrage d'Antolini (voyez ce nom). Il en a paru une autre dans la même année, à Florence, chez Cipriani. 42° *Méthode des méthodes de chant, analyse des principes des meilleures écoles de l'art de chanter.* Paris, Brandus (sous presse). 43° *Esquisse de l'histoire de l'harmonie, considérée comme art et comme science systématique.* Paris, Bourgogne, 1840, un vol. in-8° de 178 pages, tiré à cinquante exemplaires seulement pour les amis de l'auteur ; n'a pas été mis dans le commerce. 44° *Méthode élémentaire du plain-chant.* Paris, V° Canaux, 1843, 1 vol. gr. in-8°. 45° *Traité complet de la théorie et de la pratique de l'harmonie.* Paris, Schlesinger, 1844, un vol. gr. in-8°, — 2° édition, Brandus, 1846. — 3° édition (*ibid.*), 1847. — 4° édition, augmentée d'une préface philosophique et de notes (*ibid.*), 1849. — 5° édition (*ibid.*), 1853. — 6° édition, G. Brandus et Dufour, 1857. La publication de ce livre a produit la plus vive sensation, non-seulement en France, mais à l'étranger. Fétis considère cet ouvrage et son *Traité du contrepoint et de la fugue*, comme ses productions les plus originales et les fondements les plus solides de sa réputation. Deux traductions italiennes de ce livre ont paru en même temps : toutes deux sous le titre de : *Trattato completo della teoria e della pratica dell' armonia.* La première, ouvrage de M. Mazucato, a été publiée à Milan, par Jean Ricordi, en 1842, un vol. grand in-8°, imprimé en caractères mobiles ; l'autre par M. Emmanuel Gambale, chez F. Lucca, dans la même ville, un vol. in-fol. gravé. M. Gil, professeur d'harmonie au Conservatoire de Madrid, en a donné une traduction espagnole intitulée : *Tratado completo de la teoria y practica de la armonia*. Madrid, Salazar (sans date), un vol. in-fol. Le même professeur a resserré la doctrine exposée dans cet ouvrage en un volume de peu d'étendue intitulé : *Tratado elementar teorico pratico de armonia*. Madrid, 1856, grand in-8°. Enfin, M. Vanderdoodt a exposé la même doctrine dans le livre en langue flamande qui a pour titre : *Harmonie-Leere ten gebruike der organisten*. Brussel, 1852, un vol. gr. in-8°. 46° *Notice biographique de Nicolo Paganini, suivie de l'analyse de ses ouvrages, et précédée d'une esquisse de l'histoire du violon*. Paris, Schonenberger, 1851, grand in-8° de 95 pages. 47° *Traité élémentaire de musique, contenant la théorie de toutes les parties de cet art* (dans l'*Encyclopédie populaire*). Bruxelles, Jamar, 1831-1832, deux parties in-12. Sept mille exemplaires de ce livre ont été vendus. 48° *Antoine Stradivari, luthier célèbre, connu sous le nom de* Stradivarius ; *précédé de recherches historiques et critiques sur l'origine et les transformations des instruments à archet, et suivi d'analyses théoriques sur l'archet et d'une notice sur François Tourte*, auteur de ses derniers perfectionnements. Paris, Vuillaume, luthier, 1856, un vol. in-8°, illustré de figures d'instruments. Cet ouvrage, tiré à mille exemplaires, a été donné en cadeau aux artistes et amateurs, et n'a point été mis dans le commerce. 49° *Exposition universelle de Paris, en 1855. Fabrication des instruments de musique. Rapport de M. Fétis, membre du jury, rapporteur de la 27e classe*. Paris, imprimerie impériale, 1856, dans les volumes des rapports généraux, et tiré à part, gr. in-4° de 54 pages à 2 colonnes. 50° *Mémoire sur cette question : Les Grecs et les Romains ont-ils connu l'harmonie simultanée des sons? En ont-ils fait usage dans leur musique?* dans les Mémoires de l'Académie royale de Belgique, tome XXXI. On trouve, du même, dans les Bulletins de la même Académie : 1° Note sur une trompette romaine trouvée récemment aux environs de Bavay. (Tome XIII, 1846). 2° Recherches sur les instruments dont il est parlé dans la Bible (*ibid.*). 3° Discours sur le progrès dans les arts (*ibid.*). 4° Rapport sur la rédaction d'une histoire des arts en Belgique (*ibid.*). 5° Rapport sur trois Mémoires présentés en réponse à la quatrième question de la classe des beaux-arts de l'Académie (1), t. XIV, 1847, 50 pages d'impression. 6° Discours prononcé à la séance publique du 24 septembre 1847 (*ibid.*). 7° Rapport sur une notice de M. le comte de Robiano, intitulée : *Mémoire sur la musique antique de la Grèce* (tome XV, 1848). 8° Rapport sur un Mémoire présenté au concours de 1848, en réponse à la quatrième question de la classe des beaux-arts (*ibid.*). 9° Note sur les véritables fonctions de l'oreille dans la musique (tome XVI, 1849). 10° Discours prononcé dans la séance publique du 25 septembre 1849 (*ibid.*). 11° Note sur les conditions acoustiques des salles de concert et de spectacle (*ibid.*). 12° Sur l'état actuel de la facture des orgues en Belgique, comparée à sa situation en Allemagne, en France et en Angleterre (tome XVII, 1850). 13° Sur les documents relatifs à l'histoire de l'art en Belgique (tome XVIII, 1851). 14° Sur la situation ancienne et moderne de la musique en Espagne, (tome XIX, 1852). 15° Sur un nouveau système de musique dramatique, (*ibid.*). 16° Discours prononcé à la séance publique de la classe des beaux-arts de l'Académie, le 25 septembre 1852 (*ibid.*). 17° Discours prononcé dans la séance publique de la classe des beaux-arts, le 25 septembre 1855 (tome XXII). 18° Sur les progrès de la facture des orgues en Belgique, dans les dernières années, (tome XXIII, 1856). 19° Rapport sur un Mémoire de MM. Frasello et Germain, relatif à l'emploi qui aurait été fait du quart de ton dans le chant grégorien au moyen âge (tome XXIV, 1857). 20° Note sur la découverte récente des plus anciens monuments de la typographie musicale, et, par occasion, sur les compositeurs belges du XVe siècle (tome XI, 2e série, 1861). Fétis a publié dans la *Gazette musicale de Paris*, et dans la *Revue de la musique religieuse*, une multitude d'articles de critique, de théorie, d'histoire et de philosophie de la musique, formant plus de 2,500 pages d'impression, 1830-1860. VI. Ouvrages non pu-

---

« des principes de chacun des systèmes de notation
« musicale qui peuvent être ramenés à trois types princi-
« paux, à savoir : les chiffres, les lettres de l'alphabet,
« et les combinaisons de signes arbitraires ou sténo-
« graphiques. — Examiner si ces systèmes sont conçus
« de manière à pouvoir représenter, par leurs signes,
« toute combinaison quelconque de la musique, sans
« laisser de doute par l'aspect de leur ensemble, ou s'ils
« ne sont applicables qu'à certains cas et dans certaines
« limites.

« Démontrer l'une ou l'autre hypothèse par des
« exemples.

« Déduire à priori les conséquences inévitables de la
« substitution d'un système quelconque de notation à
« celui qui est en usage, abstraction faite du mérite du
« système. »

---

(1) Cette question était ainsi conçue : « Faire l'exposé

bliés. 51° *La Science de l'organiste*, traité complet de cet instrument, de ses effets, des divers systèmes de l'accompagnement du plainchant, avec tout l'office catholique romain, un grand nombre de pièces de tout genre, et un choix de morceaux des plus célèbres organistes italiens, allemands et français, depuis le seizième siècle jusqu'à l'époque actuelle. Deux cent cinquante pages environ de cet ouvrage sont imprimées. 52° *Philosophie générale de la musique*, un vol. in-8°. Ce livre, quoique borné à un seul volume, est le travail le plus considérable de l'auteur, à cause des difficultés du sujet et du point de vue où Fétis s'est placé. Il a été abandonné et repris vingt fois en quarante ans. 46° *Graduale de tempore ac de sanctis juxta ritum sacrosanctæ romanæ ecclesiæ, cum cantu ex multis antiquissimis codicibus restituto, quibus dissertatio de Cantilenarum adulteratione præfixa est.* 47° *Antiphonarium divinorum officiorum juxta ritum sacro-sanctæ romanæ ecclesiæ, cum cantu ex multis vetustissimis codicibus restituto, curâ et studio*, etc. 53° *Histoire générale de la musique.* Ouvrage dont plusieurs parties, qui exigeaient les recherches les plus minutieuses, sont entièrement terminées. Il formera six volumes in-8° avec deux volumes de monuments historiques, in-4°. 54° *Souvenirs d'un vieux musicien* (Mémoires sur la vie de l'auteur et sur ses relations avec les hommes les plus célèbres dans l'art et dans la science, pendant soixante ans). 55° De la collection de traités de musique du moyen âge, annoncée dans la première édition de la Biographie, Fétis s'est borné à l'ouvrage de Francon de Cologne, texte et traduction française avec la restitution exacte des exemples notés, d'après de bons manuscrits inexplorés ; et à la collection des œuvres théoriques de *Tinctoris*, dont le texte, tiré des manuscrits qui appartiennent à Fétis, a été collationné sur les manuscrits de Gand et de Bologne, et dont la traduction est entièrement terminée. Des rapports de MM. Van Hasselt et Snel sur ce grand travail ont été faits à l'Académie royale de Belgique, et insérés dans le tome XII de ses bulletins, 2ᵉ série, 1861. 56° Traduction française du *Traité de musique* de Boèce.

FÉTIS (Mᵐᵉ Adélaïde-Louise-Catherine), femme du précédent, est née à Paris, le 23 septembre 1792. Son père, inspecteur général des eaux et forêts des départements des Ardennes et des Forêts, avait été précédemment membre des assemblées législatives ; sa mère, connue sous le nom de *mademoiselle de Keralio*, comme auteur de l'*Histoire d'Élisabeth, reine d'Angleterre* (Paris, 1785, 5 vol. in-8°), de divers ouvrages traduits de l'anglais, et de plusieurs romans, était fille du chevalier de Keralio, membre de beaucoup d'académies, et sous-gouverneur de l'école militaire de Paris. Mariée lorsqu'elle eut à peine atteint l'âge de quinze ans, Mᵐᵉ Fétis s'est livrée à l'étude des arts, sous la direction de son mari. On lui doit une traduction française du livre de M. William C. Stafford intitulé : *A history of Music*, publiée sous le titre de *Histoire de la musique, traduite de l'anglais, avec des notes, des corrections et des additions* (Paris, Paulin, 1832, un vol. in-12). C'est d'après cette traduction qu'a été faite la version allemande, publiée à Weimar en 1835, sous le titre inexact : *Fétis und Stafford's Geschichte der Musik aller Nationen*, etc.

FÉTIS (Édouard-Louis-François), fils aîné des précédents, conservateur du département des imprimés à la bibliothèque royale de Belgique, professeur d'esthétique de l'Académie des beaux-arts de Bruxelles, et membre de l'Académie royale des sciences, lettres et beaux-arts du royaume, est né à Bouvignes sur la Meuse, près de Dinant, le 16 mai 1812. Après avoir fait ses études au pensionnat de Saint-Victor et au collège Bourbon, à Paris, il débuta dans la carrière des lettres à l'âge de dix-sept ans, en 1829, en dirigeant la publication de la *Revue musicale*, pendant un voyage de cinq mois que son père fit alors en Angleterre. Lorsque celui-ci fut appelé à Bruxelles, en qualité de maître de chapelle du roi des Belges et de directeur du Conservatoire royal de musique, Édouard Fétis resta seul chargé de la rédaction et de la publication de cette même *Revue musicale*, pendant les années 1833, 1834 et 1835. Vers la fin de cette dernière année, il vint se fixer à Bruxelles et fut chargé de la rédaction du feuilleton musical dans le journal *l'Indépendant*, qui prit ensuite le titre de *l'Indépendance belge*, sous lequel il est devenu un des principaux journaux politiques de l'Europe. Plus tard, Édouard Fétis fut chargé dans ce journal de tout ce qui concerne les beaux-arts, dont il avait fait une étude spéciale. Ses articles, signés XX, jouissent depuis longtemps de l'estime des artistes et des littérateurs, à cause du mérite de la forme ainsi que de la justesse et de la sincérité des jugements. Entré en 1836 à la bibliothèque royale comme simple employé, il en devint ensuite second conservateur adjoint, et enfin il a été appelé à la conservation du département des imprimés. La

1847, la classe des beaux-arts de l'Académie royale de Belgique l'a admis au nombre de ses membres, dans la section de littérature appliquée aux arts. Il a publié, dans les Bulletins de cette société savante, des recherches intéressantes sur les artistes nationaux qui ont vécu et travaillé à l'étranger. Ses ouvrages publiés jusqu'à ce jour (1860) sont : 1° *Légende de saint Hubert, précédée d'une préface bibliographique et d'une introduction historique*. Bruxelles, Jamar, 1846, 1 vol. in-12. 2° *Description des richesses artistiques de Bruxelles*, 1 vol. grand in-8° illustré. Bruxelles, Meline, Cans et Cie, 1847. 3° *Les Musiciens belges*. Bruxelles, Jamar (sans date), 1848, 2 vol. in-12 ornés de vignettes. Cet ouvrage, fait avec soin, contient une histoire de la musique en Belgique, depuis les temps les plus anciens jusqu'au commencement du dix-neuvième siècle, à l'usage des gens du monde. 4° *Les Artistes belges à l'étranger*. Bruxelles, Decq, Paris, Aubry, 1857. 1er volume, in-8°; travail biographique et critique qui renferme des recherches curieuses : il formera quatre volumes. Édouard Fétis a fourni un grand nombre d'articles à la *Gazette musicale de Paris* depuis 1839. L'ouverture de son cours d'esthétique, au mois d'octobre 1860, a, par l'élévation des idées et la nouveauté des vues, produit une vive sensation sur un nombreux auditoire.

FÉTIS (Adolphe-Louis-Eugène), second fils de François-Joseph, est né à Paris, le 20 août 1820. Après avoir appris, au Conservatoire de Bruxelles, le solfège, le piano et l'harmonie, il alla continuer ses études à Paris, sous la direction de Henri Herz pour le piano, et de Halévy pour la composition. De retour à Bruxelles, il fut chargé de faire un cours d'harmonie pour les demoiselles, au conservatoire. En 1844, il prit part au grand concours de composition institué par le gouvernement, et obtint le second prix. Après s'être livré, pendant plusieurs années, à l'enseignement de l'harmonie et du piano à Bruxelles et à Anvers, il s'est fixé à Paris, en 1856, et a fait représenter au théâtre des Bouffes-Parisiens, au mois d'octobre 1859, l'opérette qui a pour titre : *Le Major Schlagmann*, en un acte, dont la musique a été remarquée. La partition de cet ouvrage, réduite pour le piano, a été publiée à Paris, chez Brandus. Il a composé plusieurs opéras comiques qui attendent leur tour de représentation. On a publié de cet artiste plusieurs romances détachées, les *Légendes des siècles* (morceaux de salon pour le piano, dédiés à Mme Pleyel), Bruxelles, Meynne; Romances sans paroles, *idem*, 1er recueil ; Deux caprices d'étude, *idem*; Grande *polka et redowa, idem* ; morceaux pour *harmonium* et violoncelle ; *Album* de 1861, mélodies pour une et deux voix, avec piano, Bruxelles, Meynne.

FETTER (Michel), magister et pasteur primaire à Görlitz, mourut dans ce lieu le 28 décembre 1694. Gerber le cite comme auteur d'un livre intitulé *Organo-praxis mystica*. Görlitz, 1689, in-4°. Il y a quelque apparence que cet ouvrage est relatif à la théologie plutôt qu'à la musique, et que Gerber s'est trompé lorsqu'il a cru qu'il s'agissait de l'orgue.

FEUERLEIN (Conrad), membre du Consistoire et prédicateur à Saint-Sébald de Nuremberg, vécut dans la seconde moitié du dix-septième siècle. Il a fait de notables additions au livre choral de Nuremberg, dont Jean Saubert, docteur en théologie, professeur primaire et prédicateur à Altdorf, avait donné une édition sous ce titre : *Nürnbergisches Gesangbuch* (Livre de chant de Nuremberg). Nuremberg, Christophe Gerhard et Sébastien Göbel, 1676. Cette édition, remarquable par le choix des mélodies, par la beauté des caractères de musique, et en général par l'exécution typographique, est améliorée par le nombre de cantiques et par de belles mélodies nouvelles dans l'édition que Feuerlein en donna, en 1690, chez Jean-Michel Spörlin, à Nuremberg, avec une bonne préface datée du 24 septembre de la même année. Le nombre des mélodies de ce livre choral s'élève à cent quatre-vingt-huit. Ce livre est divisé en sept parties : la première contient quatre cent deux chants, dont cent trente-deux pour la *Passion*; la seconde, cent soixante et un (n°s 403 à 563); la troisième, trois cent trente-six (n°s 564 à 900); la quatrième en contient cent neuf (n°s 901 à 1009); la cinquième, quatre-vingts (n°s 1010 à 1089); dans la sixième partie, on en trouve soixante-trois (n°s 1090 à 1152); enfin, la septième partie renferme dix chants (n°s 1153 à 1162), après quoi vient un supplément de soixante-huit chants, ce qui porte le total à mille deux cent trente. Parmi les nouvelles mélodies introduites dans cette édition, il en est une de Feuerlein, *Was Gott thut, das ist wohlgethan*, qui se chante encore aujourd'hui, et qui est conservée dans les nouvelles éditions.

FEUSSNER (Henri), professeur ordinaire au Gymnase de Hanau, est auteur d'une dissertation académique intitulée : *De Antiquorum metrorum et melorum discrimine. Dissertatio* *inauguralis, quam amplissimo philosophorum ordini Marburgensi ad summos in philosophia honores rite obtinendos offert,* etc. Hanau, 1836, in-4° de 30 pages. Cette dissertation renferme de très-bonnes choses concernant le mètre et le rhythme musical de la poésie des anciens. M. Feussner est un des philologues qui ont eu pour objet, dans leurs travaux, de réformer les notions anciennes concernant le mètre de la poésie grecque et latine, en faisant voir qu'il était soumis au rhythme du chant et qu'il y avait diverses sortes de longues et de brèves. On a aussi de cet érudit une traduction allemande des éléments rhythmiques d'Aristoxène intitulée : *Aristoxenus, Grundsatz der Rhythmus.* Hanau, 1840, in-8°.

FEVIN (ANTOINE), musicien célèbre de la fin du quinzième siècle et du commencement du seizième, naquit à Orléans. M. C. Brainne fixe l'année de sa naissance à 1481 (voyez *les Hommes illustres de l'Orléanais,* t. I, p. 72); il ajoute que « ce fut à Orléans que Fevin fut « initié aux secrets de la science musicale. Il « composa d'abord certains airs grivois qui « parurent dans le *Recueil des chansons françaises,* publié par l'éditeur Attaignan. Il ne « tarda pas à faire la connaissance du fameux « musicien flamand Jean Ockenheim, maître « de chapelle de la cour de Louis XI, dont il « fut l'élève. » Ces faits sont inconciliables; car s'il était vrai que Fevin eût eu pour maître Ockenheim, ou plutôt Okeghem, il aurait dû être âgé de quinze ans au moins lorsqu'il aurait reçu ses premières leçons, ce qui aurait correspondu à l'année 1496, puisqu'il était né en 1481; or, suivant mes nouvelles découvertes, Okeghem, qui ne fut pas maître de chapelle de Louis XI, mais premier chantre de la musique de Charles VI, était déjà membre du chœur de la cathédrale d'Anvers au mois de juin 1443 (voyez OKEGHEM). Il est au moins invraisemblable qu'il ait encore enseigné les principes de la science à de jeunes élèves cinquante-trois ans après. D'ailleurs, le nom de Fevin ne paraît pas, parmi ceux des élèves d'Okeghem, dans la *Déploration* de Jean Crespel sur la mort de ce maître. Agricola, Verbonnet, Prioris, Josquin Deprès, Gaspard, Brumel, Compère; voilà tous ceux qui y sont énumérés. Un artiste d'un mérite aussi distingué que Fevin n'aurait pas été oublié, s'il eût été au nombre des élèves du même maître. Les circonstances de la vie de ce musicien sont ignorées : Glaréan semble l'avoir connu pendant le séjour qu'il fit à Paris, depuis 1517 jusqu'en 1525, car il loue sa modestie, qu'il dit avoir égalé son talent (voyez DODECACH. p. 354). Cependant, parmi les documents connus jusqu'à ce jour, on ne trouve rien d'où l'on puisse conclure qu'il a occupé dans cette ville une place de chantre ou de maître de chapelle. Glaréan change le nom de *Fevin* en celui de *Feum;* Burney, et d'après lui Gerber (*Neues Lexikon der Tonkünstler,* tome II, p. 116), ont répété ce nom de *Feum* qu'on ne trouve ni dans aucun manuscrit ancien, ni dans aucun des recueils imprimés. Il ne paraît pas douteux que cette forme du nom de *Feuin* ou *Fevin* résulte d'une faute typographique, et que l'imprimeur a pris l'*i* pour un jambage de l'*m.* M. Gevaert (voyez ce nom), dans un rapport adressé au gouvernement belge et inséré dans les Bulletins de l'Académie royale de Belgique (tome XIX, n° 1), a pris *Fevin* pour un compositeur espagnol du seizième siècle, parce qu'il a trouvé (en 1850) ses compositions manuscrites dans les archives de la cathédrale de Tolède, avec celles d'Escobedo, de Torrentes et de Peñaloso, et parce que les musiciens érudits de l'Espagne le considèrent comme leur compatriote : peut-être doit-on en conclure que Fevin a vécu en Espagne dans la dernière partie de sa carrière. M. Eslava (voyez ce nom), qui a publié, dans le premier volume de *la Lira sacro-hispana* (seizième siècle) un *Sanctus* à quatre voix, un *Benedictus* à trois, un *Agnus* à quatre, un *Agnus* à cinq, et un motet à six, de Fevin, tous en partition, adopte l'opinion de M. Gevaert concernant cet ancien maître, et le considère comme Espagnol. Les bibliothèques de Lacroix-du-Maine et de Duverdier, qui seraient d'un grand poids dans cette question de nationalité, gardent malheureusement le silence sur Fevin. Burney est le premier historien de la musique qui ait dit qu'il était né à Orléans (*a General Hist. of Music,* t. II, p. 530), mais il n'indique pas à quelle source il a puisé ce renseignement. Gerber a suivi son autorité, en ajoutant que Fevin naquit en 1470. Il ne dit pas non plus quelle autorité contemporaine garantit cette date. Il l'a vraisemblablement fixée par induction d'après Burney, qui cite Glaréan, sans rapporter ses paroles, et dit que Fevin fut l'émule de Josquin Deprès. A l'égard de Kiesewetter, bien qu'il ne veuille pas qu'il y ait eu une école française de contrepoint au quinzième siècle, et qu'il traite d'hypothèse ce que dit Forkel de l'existence de cette école, il suit cependant Burney et Gerber concernant le lieu de la naissance de Fevin, et emprunte à ce dernier la date de 1470 (*die Verdienste der Niederländer um die Tonkunst.* p 55). Quant à la date de 1481, donnée par M. C. Brainne (*loc. cit.*), il ne l'appuie d'aucun document, et se contente de citer une notice, qui parut, dit-il, quelques années avant son ouvrage, dans *le Conteur Orléanais*, mais sans autre indication. Un livre de messes de Fevin a été imprimé par Petrucci de Fossombrone : ce livre est daté du 22 novembre 1515. On n'en connaît que deux exemplaires, dont un est à la bibliothèque de Vienne, et l'autre au Muséum britannique, à Londres. L'une de ces messes, intitulée *Sancta Trinitas*, est fort bien écrite à quatre voix et paraît digne de Josquin Deprès. Trois autres messes du même compositeur ont été insérées dans la collection excessivement rare qui a pour titre : *Liber quindecim Missarum electarum quæ per excellentissimos musicos compositæ fuerunt*, laquelle a été publiée par André Antiquis de Montona, Rome, 1516, in-fol. max. On en trouve un exemplaire à la bibliothèque mazarine de Paris. La première de ces messes est intitulée *Missa de Ave Maria* : elle est à quatre parties. Glaréan en a extrait un *Pleni sunt cœli*, qu'il a publié dans son *Dodecachordon* (p. 355). La deuxième, aussi à quatre parties, a pour titre : *Mente tota*; la troisième, *Missa de Feria*, à cinq voix, est un chef-d'œuvre de science et de facture. Les messes de Fevin *Salve sancta parens*, et *O quam gloria tua*, toutes deux à quatre voix, sont en manuscrit à la bibliothèque de Munich sous le n° VII, et sa messe *Sancta Trinitas* est sans nom d'auteur dans le livre manuscrit coté LVIII. Des copies de toutes les trois, d'après ces manuscrits, sont à la bibliothèque du Conservatoire de Paris. Le premier livre des motets, dits *de la corona*, imprimé à Fossombrone, par Octave Petrucci, en 1514, contient de Fevin les motets à quatre voix *Nobilis progenie, nobilior fide; Benedictus Dominus Deus; Sancta Trinitas unus Deus; Gaude regia Francorum Corona; Tempus meum est ut revertar; Egregie Christi Confessor*. Le onzième livre de motets à quatre voix, publié à Paris, par Pierre Attaignant, en 1534, en contient deux du même compositeur. Le Recueil de Lamentations de Jérémie, publié par Adrien Leroy et Robert Ballard, à Paris, en 1558, renferme la quatrième (*Migravit Iuda*), et la sixième (*Recordare est*), du même. Dans le cinquième livre à quatre voix de la collection d'Attaignant, lequel renferme douze *Magnificat* des trois premiers tons, il y en a un de Fevin. Il y a aussi des chansons françaises de ce musicien dans le recueil intitulé : *Selectissimæ nec non familiarissimæ*

Cantiones ultra centum vario idiomate vocum, etc., *à sex usque duas voces*. Augustæ Vindelicorum, M. Kriesstein, 1540, in-8° obl., ainsi que dans la *Bicinia gallica, latina et germanica*, publiée par Georges Rhav, à Vittenberg, en 1545, petit in-4° obl.

FEVIN (ROBERT), autre musicien français, contemporain du précédent, ne fut pas de la même famille ; car le troisième volume des *Monumenta patriæ*, publiés à Turin, aux frais du gouvernement sarde, renferme un obituaire dans lequel on voit qu'il était de Cambrai, et qu'il fut maître de chapelle du duc de Savoie. Malheureusement cette pièce n'indique pas la date du décès. Ce musicien n'est connu jusqu'à ce jour que par une messe à quatre voix sur la chanson française *le vilain Jaloux*, laquelle est imprimée dans le livre des *Missæ Antonii de Fevin*, à Fossombrone, par Petrucci, en 1515. Il est vraisemblable que cet artiste a peu produit, ou que ses ouvrages se trouvent parmi ceux que contiennent beaucoup de manuscrits, sans noms d'auteurs ; car la messe qui vient d'être citée est la seule composition de lui qu'on connaisse jusqu'à ce jour. C'est en vain que, pour en découvrir d'autres, j'ai consulté les catalogues de toutes les grandes bibliothèques de l'Europe ainsi qu'un nombre immense de recueils imprimés dans la première moitié du seizième siècle. Gerber dit qu'il existe de ses compositions au Muséum britannique, et cite Burney à ce sujet ; mais cet historien de la musique ne parle que de la collection imprimée à Fossombrone, en 1515.

FEVRE (DENIS LE), maître de musique à Roye, en Picardie, vers le milieu du dix-septième siècle, a fait imprimer à Paris, en 1660, des cantiques et des hymnes en musique.

FEVRE (LE). *Voyez* LEFEVRE.

FEVRET-DE-SAINT-MÉHIN (CHARLES), né à Dijon, en 1652, mourut dans cette ville en 1733, à l'âge de quatre-vingt-un ans. Il a écrit l'office de sainte Humbeline, sœur de saint Bernard, en plain-chant, et les litanies de saint Benoît, chantées par les religieuses de Notre-Dame-de-Tart, à Dijon. Ces litanies ont été imprimées par Defay, à Dijon, en 1700, in-8°.

FEVRIER (HENRI-LOUIS), organiste au collège des jésuites à Paris, vers 1750, a publié deux livres de pièces de clavecin, en 1755 ; elles sont d'un bon style.

FEYER (CHARLES), violoniste allemand, vivait à Berlin vers 1790. On a de lui : 1° Concerto pour le violon, op. 1 ; Paris, Imbault, et

Berlin, Hummel, 1791. 2° Concerto pour le violon, op. 2, Berlin et Offenbach, 1792.

FEYERTAG (MAURICE), professeur de musique à Duderstadt, dans le Hanovre, vers la fin du dix-septième siècle, était né dans la Franconie. Il a publié une méthode de chant en allemand, sous le titre de *Syntaxis minor zur Singekunst,* Duderstadt, 1696, in-4° de 32 pages.

FEYJOO Y MONTENEGRO (BENOIT-JÉROME), naquit à Compostelle, le 16 février 1701. Après avoir terminé ses études dans l'université d'Oviédo, il entra, en 1717, au couvent de Saint-Benoît de la même ville. Ayant été nommé docteur en toutes les facultés et professeur de théologie, il devint ensuite abbé du monastère de Saint-Vincent, à Oviédo, où il mourut le 16 mai 1764. Malgré les devoirs que lui imposaient les diverses charges dont il fut revêtu, Feyjoo fut l'un des écrivains les plus féconds de l'Espagne. Au nombre de ses écrits, on trouve *El Deleyte della Musica, accompanado de la virtud, hace la tierra el noviciado del Cielo.* Forkel, qui indique cet ouvrage (*Allgem. Litter. der Musik,* p. 10), ne fait point connaître sa date ni le lieu de l'impression ; il est vraisemblable qu'on le trouve dans la collection des œuvres de Feyjoo, donnée à Madrid, en 1780, 53 vol. in-8°. On en a publié un extrait en allemand dans les *Hamburgische Unterhaltungen* (Entretiens hambourgeois, t. Ier, p. 526-533). Feyoo a traité aussi de la musique d'église dans son *Teatro - Critico universal,* Madrid, 1738-1746, 16 vol. in-8°, ou 8 vol. in-4° ; c'est la huitième édition. Le quatorzième discours du tome Ier (p. 288-313) est dirigé contre la musique dans les temples et dans les églises, chez les peuples anciens et modernes. Le 12e discours du tome IV (p. 205-200) renferme une comparaison de la musique ancienne et de la moderne. Cet ouvrage a été traduit en français par d'Hermilly, Paris, 1742, 12 vol. in-8°.

FEYTOU (L'ABBÉ), né à Langres, en 1751, se livra à l'étude de la musique à l'âge de dix-huit ans, et devint enthousiaste du système de la basse fondamentale, qu'il prétendait cependant modifier par ses découvertes particulières. Il annonça dans le journal encyclopédique du mois de février 1788, p. 153, un cours de musique où il voulait développer son système. Il prétendait se servir, pour rendre l'étude de l'harmonie plus facile, d'une invention qui lui appartenait et qu'il appelait *pupitre harmonique.* Il avait été chargé de la rédaction des articles de théorie dans la partie musicale de l'*Encyclopédie méthodique,* et déjà il en avait terminé un certain nombre, lorsqu'il obtint un bénéfice qui l'obligeait à résidence, et qui le ramena dans sa ville natale, dont il fut aussi nommé bibliothécaire. Il fut donc obligé de renoncer à son cours de musique et à son travail de l'encyclopédie. M. de Momigny a terminé celui-ci en réfutant l'abbé Feytou dans toutes les occasions. Cet abbé était membre de l'Académie des sciences de Dijon. On ignore l'époque de sa mort.

FIALA (JOSEPH), hautboïste célèbre, naquit, en 1749, à Lobkowitz, en Bohême. Il était fils d'un instituteur et serf de la seigneurie de ce lieu. La comtesse de Lobkowitz, femme dure et hautaine, l'avait fait entrer comme domestique dans sa maison, et l'employait à de viles occupations, sans égard pour le talent remarquable qu'il avait acquis presque seul sur le hautbois. Il prit la résolution de se soustraire par la fuite à la tyrannie dont il était victime. Il partit, en effet, en secret avec un cuisinier qui éprouvait le même besoin de liberté. Déjà ils avaient fait une longue traite, lorsqu'ils furent rejoints par les cavaliers envoyés à leur poursuite et ramenés au château. Fiala fut jeté en prison, et la comtesse de Lobkowitz donna l'ordre qu'on lui arrachât les dents, afin qu'il ne pût plus jouer de son instrument ; mais touchée de compassion, la noblesse de Prague, qui avait souvent admiré le talent de Fiala, intercéda pour lui auprès de l'empereur, qui donna l'ordre à la comtesse de le mettre en liberté et de ne plus s'opposer à sa vocation pour la musique. Devenu libre, Fiala se rendit chez le prince de Vallerstein et entra dans sa musique. En 1777, il partit pour Munich, s'y fit entendre dans un concert donné à la cour, et charma si bien l'électeur Maximilien-Joseph, qu'il fut engagé immédiatement pour la chapelle électorale. Plus tard, il se rendit à Salzbourg et entra au service du prince évêque. En 1786, il fit un voyage à Vienne, où Mozart, qui l'avait connu à Salzbourg, lui fit le meilleur accueil. Fiala y donna un concert dans lequel il obtint un brillant succès. Charmé par son talent, le comte Besborodko, conseiller intime de l'empereur de Russie, lui fit la proposition de l'accompagner dans son pays, ce qui fut accepté. Après que son engagement avec ce seigneur fut expiré, Fiala entra au service du comte Alexis-Grégoire Orloff ; mais la mauvaise santé de sa femme, et le dégoût que lui inspiraient les mœurs de la population russe, le déterminèrent à donner sa démission à la fin de la première année. De retour en Allemagne, il obtint le titre de maître de chapelle du prince du Furstenberg, à Donauschingen, en 1792. Il mourut en 1816, après avoir passé les vingt-quatre dernières années de sa vie dans cette position, laissant un fils qui a été attaché à la chapelle du grand duc de Bade, et qui a fourni les renseignements de cette notice. On a gravé deux œuvres de quatuors pour violon, de la composition de Fiala, à Francfort et à Vienne, vers 1780 et 1786. On connaît aussi en manuscrit plusieurs de ses concertos pour hautbois, flûte et violoncelle, et des symphonies à grand orchestre; enfin, *Six duos pour violon et violoncelle*, op. 4, liv. 1 et 2, ont été publiés à Augsbourg, chez Gombart, en 1799, et des trios concertants pour flûte, hautbois et basson, liv. 1 et 2, à Ratisbonne, en 1806. Fiala possédait un talent distingué sur plusieurs instruments, particulièrement sur le violoncelle et la basse de viole.

FIAMENGO (MATHIAS), c'est-à-dire, *Mathias le Flamand*. *Voyez* MATHIAS.

FIBICH (ANTOINE), *voyez* FIEBICH.

FICHET (ALEXANDRE), jésuite, né en 1588, au Petit-Bernard, en Savoie, fut professeur de philosophie et de rhétorique à Lyon, puis y remplit pendant trente ans les fonctions de prédicateur. Il mourut à Chambéri, le 30 mars 1659. Il a traité de la musique dans son livre intitulé : *Ariana studiorum omnium, Methodus et Bibliotheca scientiarum*, Lyon, 1649, in-8°; mais d'une manière superficielle. Rossotti attribue à Fichet (*Syllab. Script. Pedemont.*) un livre qui a pour titre : *Amphion sacer seu musica sancta*. Il est douteux que cet ouvrage soit un traité de musique; je le crois plutôt un recueil de poésies pieuses.

FICHTHOLD (HANS), très-bon luthier allemand, vivait vers 1612. Baron fait l'éloge des luths construits par cet artiste, dans son traité historique sur cet instrument (p. 94).

FIDANZA (PIERRE), violoniste italien, vécut dans la seconde moitié du dix-huitième siècle. On a de lui en manuscrit six sonates pour deux violons.

FIDO (HENRI), né dans la Lithuanie, vers le milieu du dix-septième siècle, a fait imprimer un discours académique qui a pour titre : *De Studioso Musicæ, seu quæstio an studium in Musica arte, et quantum quidem ponere liceat optimarum artium studioso; ad orat. Fried. Hippol. Gerhardi de eodem argumenta, cum ejusdem orat.* Francfort-sur-l'Oder, 1695, in-fol.

FIEBICH (ANTOINE-FRÉDÉRIC), élève et gendre du célèbre organiste Segert ou Segr,

naquit en Bohême, et fut considéré comme un compositeur habile, et comme un virtuose de premier ordre sur la trompette. Il était aussi d'une adresse remarquable dans le jeu des timbales. Pendant plus de vingt ans, il fut employé à l'église métropolitaine de Prague et à l'orchestre du théâtre, comme trompette solo. Il est mort en cette ville, le 10 novembre 1800. Cet artiste a laissé en manuscrit plusieurs messes et un oratorio intitulé : *Ave Maria*. Pendant la dernière année de sa vie, il s'occupa du perfectionnement des timbales, et inventa une nouvelle manière de les accorder.

FIEBIG (JEAN-CHRISTOPHE), directeur du chœur et recteur du collége, à Aussig, sur l'Elbe, naquit en Bohême, et mourut dans un âge peu avancé, le 28 mai 1714. On connaît de lui en manuscrit quelques messes, des litanies et un *Salve Regina*.

FIEBIGER (IGNACE), compositeur, né en Bohême, vécut vers le milieu du dix-huitième siècle. Son oratorio *le Fils prodigue* fut exécuté en 1794, à Saint-Égide, église des Dominicains de Prague.

FIEDLER (C.-H.), musicien qui vivait à Hambourg au commencement du dix-neuvième siècle, a publié un ouvrage qui a pour titre : *Musikalisches Würfelspiel, oder der unerschæpfliche Ekossaisen-Komponist, für Klavier, zum gebrauch für Musiker in kleinen Stædten und auf dem Lande* (Jeu de dés musical, ou le compositeur inépuisable d'écossaises, pour le clavecin, etc.), Hambourg, 1801. On a aussi de cet artiste : *Kurze Anweisung die Guitare zu spielen mit 18 Handstücken* (Courte instruction pour apprendre à jouer de la guitare), Hambourg, Perthes (sans date), et *Praktischer Unterricht im Klavier spielen* (Enseignement pratique pour jouer du clavecin), Hambourg, Gundermann (sans date). Comme compositeur, Fiedler s'est fait connaître par une marche pour deux clarinettes, deux cors, une trompette et deux bassons, Hambourg, Boehme; des variations pour deux violons, *ibid.*; et quelques autres petites pièces.

FIEDLER (RESTITUTUS), moine de l'ordre des Frères-Mineurs, remplissait avec distinction les fonctions d'organiste, en 1760, au couvent de son ordre à Leitmeritz, en Bohême. Il avait reçu des leçons de contrepoint et d'orgue de son compatriote, Bohuslas Czernohorsky, organiste et compositeur de grand mérite. Fiedler a écrit de fort bons préludes pour l'orgue, lesquels sont restés en manuscrit.

FIELD (JEAN), pianiste célèbre, fils d'un violoniste attaché au théâtre de Dublin, naquit dans cette ville en 1782. Après avoir commencé l'étude de la musique sous la direction de son aïeul, organiste en ce lieu, qui le traitait rudement et lui faisait faire peu de progrès, il s'enfuit de la maison paternelle à l'âge de seize ans, autant pour se soustraire aux rigueurs dont il était l'objet, que par l'entraînement d'un amour précoce. Cependant les petites ressources qu'il s'était procurées furent bientôt épuisées, et la nécessité le ramena chez ses parents. Ce fut alors qu'il commença à se livrer sérieusement au travail et qu'il prépara les bases de son talent. Son père ayant obtenu une place à l'orchestre d'un des théâtres de Londres, il le suivit dans cette ville. Peu de temps après son arrivée dans la capitale de l'Angleterre, il fut présenté à Clementi, dont il devint l'élève favori. Dans un voyage qu'il fit à Paris avec son illustre professeur, en 1802, il étonna tous ceux qui l'entendirent, par le brillant et le fini de son jeu, et surtout par la manière admirable dont il exécutait les fugues de Bach et de Hændel. A cette époque il suivit Clementi en Allemagne. Arrivé à Vienne, il consentit à devenir l'élève d'Albrechtsberger pour le contrepoint; mais lorsqu'il vit Clementi prêt à le quitter pour se rendre en Russie, il le conjura de l'emmener avec lui et de ne le point abandonner encore. Ayant obtenu ce qu'il désirait, il se rendit à Pétersbourg, où il donna, en 1804, un concert brillant avec Mme Mara. Ce voyage fut une rude épreuve pour lui. Clementi, dont l'avarice était excessive, et qui donnait aux relâche des leçons à vingt-cinq roubles, laissait Field se morfondre dans sa chambre solitaire, faute d'une pelisse garnie de fourrure, vêtement indispensable en Russie pendant l'hiver, et que son professeur ne voulait pas lui acheter, bien qu'il eût reçu cent livres sterling des parents de son élève, au moment de leur départ de l'Angleterre. Lorsque Clementi quitta Pétersbourg, au printemps de 1805, pour retourner à Londres, Field prit la résolution de s'établir en Russie, et Clementi l'y retrouva l'année suivante, jouissant déjà d'une grande réputation. Cependant Field ne demeura pas toujours à Pétersbourg; il fit aussi un long séjour à Moscou, où il se rendit en 1812, et où il aurait pu parvenir à la plus brillante fortune, si une paresse invincible ne lui avait fait négliger ses élèves et passer au lit la plus grande partie du temps. Son premier concert en cette ville lui procura une recette de *six mille roubles argent* (24,000 francs). Malheureusement son incurie, le peu de prix qu'il attachait à l'argent, parce qu'il le gagnait avec facilité, son penchant immodéré pour le champagne, dont il buvait avec excès et qui le mettait souvent dans l'impossibilité de sortir pour donner ses leçons, enfin les prêts imprudents qu'il faisait à des amis peu scrupuleux, furent les causes qui rendirent son long séjour en Russie infructueux pour sa fortune. Après avoir fait quelques voyages en Courlande, en Lithuanie et à Pétersbourg, il retourna à Londres en 1831, et s'y fit entendre avec succès; puis il se rendit à Paris, où son jeu élégant et sa belle manière de chanter sur son instrument firent admirer son talent, quoique son exécution n'eût pas la puissance qu'on remarque chez les pianistes de l'école moderne. Après avoir donné plusieurs concerts en cette ville, il s'est mis à voyager dans le midi de la France, dans les Pays-Bas, se faisant entendre partout. Parti de Bruxelles au printemps de 1833, il se rendit en Italie par la Suisse, donna un concert à Milan dans lequel il produisit peu d'effet, et ne fut pas plus heureux à Venise. Tourmenté de douleurs cuisantes par une fistule, il aggravait son mal par son intempérance habituelle. Arrivé à Naples, il y donna un concert qui ne fut pas plus productif que ceux de Milan et de Venise. Bientôt sa situation devint si pénible, qu'il dut entrer à l'hôpital, pour y subir le traitement douloureux de sa maladie, devenue chaque jour plus grave. Il y passa neuf mois dans une situation déplorable, et n'en fut tiré que par l'intérêt qu'il inspira à la famille russe de Romanow, à laquelle il s'attacha, ayant consenti à retourner avec elle à Moscou, malgré l'aversion que lui inspirait la Russie dans ses dernières années. Arrivé à Vienne, Field y donna plusieurs concerts et y excita des transports d'admiration par l'exécution de ses nocturnes, bien que sa santé fût délabrée. Ce ne fut qu'avec peine qu'il put arriver jusqu'à Moscou. Dans les derniers jours de 1836, son mal fit de rapides progrès, et le 11 janvier 1837, il expira. Field avait épousé autrefois Mlle Charpentier, pianiste française dont il eut un fils, et dont il se sépara plusieurs années avant son retour en Angleterre. Son fils fut attaché au Théâtre-National de St-Pétersbourg, en qualité de ténor, sous le nom de *Léonoff*.

Si l'on pouvait reconnaître en Field un élève de Clementi, c'était par la perfection du mécanisme, et non par le style de sa musique. Jamais productions d'art ne furent plus différentes que les œuvres de ces deux musiciens. Celles du maître ont incontestablement plus d'originalité, car la manière de Clementi ne ressemble à celle d'aucun autre compositeur; mais cette originalité qui distingue la musique de ce maître n'est point exempte de sécheresse. Le mot de Buffon, *le style, c'est l'homme*, n'eut jamais une application plus vraie qu'à l'égard de celui de Clementi. Sa pensée, toujours lucide et fine, ne recevait jamais d'impulsion du cœur; car il n'y eut jamais d'esprit plus positif que celui de cet artiste célèbre. Dans la musique de Field, c'est précisément le contraire qui se manifeste. Moins original que son maître, plus modifié dans ses œuvres par les tendances de son temps, il a, par compensation, plus de tendresse, plus de poésie rêveuse, plus de charme pour le cœur. Il ne s'élève jamais à de hautes pensées; on ne lui voit pas non plus de ces élans dramatiques qui frappent le système nerveux de vives émotions; mais il touche, il intéresse, il fait rêver doucement. Sa musique est comme la conversation d'une femme plus séduisante que belle, plus tendre que spirituelle. En France, le règne de la musique de Field a été bien court, car elle n'y était connue que d'un petit nombre d'artistes lorsqu'on entendit pour la première fois dans un concert, en 1818, son premier concerto exécuté par M. Charles Mayer, élève alors bien jeune et fort remarquable de ce maître. Ce premier concerto eut alors la vogue parmi les pianistes, et dès ce moment la musique de Field fut recherchée; mais bientôt après, l'attention des artistes fut détournée et partagée par l'arrivée de Moschelès à Paris, puis par celle de Hummel. Tous deux eurent de grands succès qu'ils méritaient comme exécutants et comme compositeurs; tous deux eurent de zélés admirateurs, et la musique de Field, trouvée dès lors trop facile pour ceux qui se flattaient de briller dans les nouvelles combinaisons de mécanisme introduites dans l'art de jouer du piano par les deux artistes qui viennent d'être nommés, ne tarda pas à être abandonnée. Elle reprit quelque faveur lorsque, en 1832, Field vint lui-même à Paris la faire entendre et lui prêter le charme de son exécution élégante et suave. Quelques-uns de ses concertos furent alors recherchés de nouveau, et surtout ses nocturnes, qu'on ne connaissait pas auparavant, et dans lesquels il était inimitable. Mais ce retour à la faveur publique ne fut pas de longue durée; car ces douces élégies ne sont point faites pour notre époque fiévreuse. Une nouvelle et complète transformation de l'art de jouer du piano, qui s'accomplit bientôt après, vint porter le dernier coup aux productions de Field. Il en sera toutefois de cette musique comme de tout ce qui a une valeur réelle dans l'art, comme de tout ce qui est l'expression d'un sentiment vrai, et non d'une formule : elle peut être momentanément négligée ; mais elle n'est pas condamnée à un éternel oubli. Il y aura toujours quelques-unes de ces âmes d'élite qui conçoivent l'art dans son immensité, sous toutes ses formes, comme expression de tous les sentiments, et qui lui rendent hommage à quelque temps qu'en appartiennent les émanations ; puis viendront des temps de réaction, où l'on reconnaîtra qu'on a donné trop de valeur à des formes consacrées par la mode, et que ces formes n'ont qu'un mérite relatif, comme celles qui ont joui de la même faveur dans d'autres temps. Alors la musique de Field reprendra son rang parmi les bonnes choses; position pas trop élevée, parce que cette musique n'est que l'expression particulière du sentiment de l'artiste; mais pas trop abaissée non plus, parce que tout ce qui est senti appartient, par cela même, au domaine du beau.

Field a été l'inventeur de petites pièces auxquelles il a donné le nom de *Nocturnes*, et qui n'ont pas toujours été heureusement imitées. Il est douteux qu'il ait songé à faire des œuvres destinées à la publication lorsqu'il a imaginé ces charmantes bagatelles. Les premières n'ont été sans doute que de vagues rêveries où le sentiment intime de l'artiste se confiait au clavier par une sorte de mouvement instinctif des doigts ; plus tard, lorsqu'un succès d'enthousiasme eut accueilli ces élégies musicales, il comprit qu'il pouvait avec elles se créer de nouveaux titres à la renommée, et le nombre de celles qu'il produisit s'éleva jusqu'à dix-huit. Il est fâcheux qu'on ne puisse donner par des paroles une idée de l'irrésistible séduction qu'il y avait dans les nocturnes de Field lorsqu'il les exécutait. Dans ses derniers jours, alors que de longues souffrances physiques et morales eurent abattu ses forces, et qu'il ne semblait plus qu'une ombre, il n'y avait plus en lui assez d'énergie pour l'exécution d'un concerto; cependant le besoin l'obligeait à donner des concerts : il ne jouait plus que ses nocturnes ; mais c'était assez pour charmer un auditoire, lorsqu'il était composé d'êtres intelligents et sensibles. On a de cet artiste les compositions dont voici l'énumération : 1° Sept concertos pour piano et orchestre, gravés en Allemagne et à Paris. Le cinquième est intitulé : *l'Incendie par l'orage*. 2° Deux divertissements, avec accompagnement de deux violons, flûte, alto et basse. 3° Quintetto pour piano, deux violons, alto et basse. 4° Rondeau pour piano et quatuor. 5° Varia-

tions sur un air russe, à quatre mains. 6° Grande valse, *idem.* 7° Trois sonates pour piano seul, dédiées à Clementi, lettres A. B. C. 8° Sonate en *si.* 9° Exercice modulé dans tous les tons. 10. Deux airs en rondeaux. 11° Fantaisie sur l'air de Martini, *Ma Zétulbé.* 12° Dix-huit nocturnes en plusieurs cahiers. 13° Fantaisie sur le motif de la polonaise, *Ah! quel dommage!* 14° Trois Romances. 15° Rondeau écossais. 16. Polonaise en forme de rondeau. 17° Deux airs anglais, *Go to the devil,* et *Shake yourself.* 18° *Vive Henri IV,* varié, et plusieurs autres morceaux détachés.

FIELD (GEORGES), professeur de physique, à Londres, s'est fait connaître par un livre intitulé : *Outlines of analogical philosophy, being a primary view of the principles, relations, and purposes of nature, science, and art* (Aperçus de philosophie analogique, ou tableau élémentaire des principes, relations et conséquences des rapports de la nature, de la science et de l'art). Londres, 1839, 2 vol. in-8°. L'auteur y développe les conséquences de l'analogie remarquée par Newton (*voyez* ce nom), entre l'ordre successif des couleurs, par la décomposition de la lumière dans le prisme, et celui des sons de la gamme.

FIELITZ ou **FILITZ** (FRÉDÉRIC), né à Berlin vers 1820, a vécu d'abord dans cette ville, puis s'est fixé à Munich où il se trouvait en 1853. Les biographes allemands gardent le silence sur sa personne et sur ses travaux. Les études de cet artiste paraissent avoir eu pour objets principaux le chant choral et la musique religieuse. Ses premières productions ont été un livre choral pour l'église et pour l'intérieur des familles, harmonisé à quatre voix, intitulé : *Vierstimmige Choralbuch zu Kirchen- und Hausgebrauch,* Berlin, Besser; et un livre choral, également à quatre voix, pour le livre général de chant et de prière de Bunsen (*Vierstimmige Choralbuch zu Bunsen's allgemeine Gesang-und Gebetbuch*), idem. Il fut aussi le collaborateur de M. Erk, pour la formation du recueil intitulé : *Vierstimmige chorâle der vornehmsten Meister des 16 und 17 Jahrhunderts* (Chorals à quatre voix des maîtres les plus célèbres des seizième et dix-septième siècles). Essen, Baedecker, 1845, première partie, 1 vol. gr. in-4° de 106 pages. Plus tard, il semble avoir varié dans ses opinions, car, en 1853, il a publié un écrit qui a pour titre : *Ueber einige Interessen der älteren Kirchenmusik* (sur quelques avantages de l'ancienne musique d'église); Munich, Christian Kaiser, in-8° de 138 pages. Les idées émises dans cet écrit sont d'un ordre philosophique élevé, et ont des tendances plus favorables au catholicisme qu'au protestantisme. M. Fielitz fait ressortir la supériorité d'influence exercée par la religion romaine pour donner à la musique un caractère qui touche le cœur.

FIENNES (HENRI DU BOIS DE), pianiste et compositeur, issu d'une famille noble et ancienne, est né à Anderlecht, près de Bruxelles, le 15 décembre 1809. Son père, ancien magistrat, le destinait au commerce et lui fit apprendre la musique comme art d'agrément. Ainsi qu'il arrive souvent, l'art fit oublier les affaires. Après deux ans d'incertitude, M. De Fiennes abandonna la carrière où sa famille l'avait fait entrer et se voua à la musique. Landwyck, organiste de l'église de la Chapelle, fut son premier maître de piano; il alla ensuite à Paris où il reçut des conseils de Henri Herz pendant deux ans. De retour en Belgique, il y donna des concerts avec Bender, Hauman et Désargus. En 1834, il devint élève de l'auteur de cette notice pour la composition. Lorsque ses études d'harmonie furent terminées, M. De Fiennes suivit les conseils de son maître et retourna à Paris pour perfectionner son *mécanisme* du clavier, sous la direction de Kalkbrenner. Six mois de leçons de cet excellent professeur et un travail assidu lui firent acquérir des qualités d'égalité et de puissance sonore qui lui manquaient. Revenu à Bruxelles, il s'y livra à l'enseignement; puis il fit, en 1837, un voyage en Hollande et sur les bords du Rhin, dans lequel il obtint des succès à Amsterdam, à La Haye, à Aix-la-Chapelle et à Cologne. Cette époque était la plus brillante de la carrière de Thalberg : tous les pianistes le suivaient dans sa voie, soit pour le genre de la musique, soit pour le mécanisme du passage du pouce; De Fiennes se rendit à Londres pour entendre le virtuose et recevoir ses conseils. Comme beaucoup d'autres, il se fit imitateur de cette nouvelle école; mais au lieu de devenir artiste nomade comme ceux de nos jours, l'amour du pays et le besoin de la vie de famille le ramenèrent à Bruxelles. Dès lors, il cessa de se faire entendre en public et se borna à l'existence de professeur. On a publié de sa composition : 1° Thème varié pour piano, Paris, Launer; 2° Fantaisie sur *le Pré aux Clercs,* idem, Bruxelles et Mayence, Schott; 3° Morceau de concert, *idem,* Bruxelles, Lahou; 4° Fantaisie romantique, *idem, ibid.;* 5° Mélange sur *les Huguenots, ibid.;* 6° Fantaisie sur *Guido et*

Ginevra, Bruxelles et Mayence, Schott ; 7° Caprice sur *l'Étoile du Nord*, Paris, Brandus ; 8° Premier et deuxième concertos pour piano et orchestre. Ces derniers ouvrages sont restés en manuscrit.

FIENUS (JEAN), en flamand **FYENS**, plus connu sous le nom de **TURNHOUT**, qu'il avait pris du lieu de sa naissance, dans la province d'Anvers, fut médecin assez habile, et, si l'on en croit quelques auteurs, musicien recommandable. Il exerça la médecine à Anvers jusqu'en 1584, époque où cette ville fut assiégée par le duc d'Albe. Il se retira alors à Dordrecht, où il mourut le 2 août de l'année suivante. Swertius, et Foppens, d'après lui, assurent que Fyens n'est point l'auteur des compositions musicales qu'on lui attribue, et qu'elles appartiennent à un autre *Jean de Turnhout*, qui était son parent et son contemporain. Il est certain, en effet, que le médecin *Fienus* ou *Fyens* n'est pas le musicien connu sous le nom de *Jean de Turnhout*, car celui-ci était maître de chapelle du duc de Parme et de Plaisance et lui a dédié son premier livre de madrigaux à six voix, par une épître datée de Bruxelles, le 2 décembre 1588, époque où le médecin Fyens était mort depuis plus de quatre ans. (*Voyez* TURNHOUT, Jean.)

FIESCO (JULES), luthiste et compositeur, né à Ferrare en 1519, fut attaché à la chapelle des ducs Hercule II et Alphonse II d'Este, et mourut en 1586. Il a fait imprimer les ouvrages suivants de sa composition : 1° *Madrigali a quattro voci, libro 1°*, Venise, Ant. Gardane, 1554, in-4° oblong. 2° *Madrigali a 4, 5 et 6 voci*, ibid., 1563. 3° *Due Dialoghi a sette e due a otto voci*, ibid., 1564. 4° *Madrigali a cinque voci, libri 1° e 2°*, ibid., 1567, in-4° obl. Une deuxième édition du premier et du second livre a été publiée chez le même, en 1569. Cette édition est corrigée par Claude Merulo, et dédiée à Lucrèce et Léonore d'Este. 5° *Musica nova a cinque voci*, ibid., 1569.

FIGUEROA (BARTHOLOMÉ-CAIROSCO DE), poëte espagnol, chanoine et prieur de l'église cathédrale de Canarie, naquit à Logrono, vers 1510, et mourut en 1570. Dans la seconde partie de son livre intitulé : *Templo militante, Flos sanctorum y Triumphos de las virtudes*, il a mis en tête de la vie du pape S. Léon un éloge de la musique, en forme de chanson, dont quatre couplets ont été insérés dans le *Parnaso español*.

FIGULUS (WOLFGANG), dont le véritable nom était *Töpfer*, qui signifie *potier*, naquit à Naumbourg. En 1551, il succéda à Michel Voigt dans la place de chantre de l'école de Meissen ; il vivait encore en 1588. On a de ce musicien : 1° *Elementa musicæ*, Leipsick, 1550, in-8°, 3 feuilles. La deuxième édition de ce livre a pour titre : *Libri primi musicæ practicæ elementa brevissima, in usum puerorum conscripta*, Norbergæ, *in officina Ulrici Neuberi et hæredum Joannis Montani*, 1555, in-4° obl. de 31 feuillets. On a du même auteur un autre ouvrage qui, bien qu'en apparence destiné au même usage, est cependant différent ; ce livre est intitulé : *De Musica practica liber primus. — Guidonis Aretini Dialogus de Dimentione monochordi ex vetutiss. exempl. descriptus*, etc. Norbergæ, 1565, in-8°. Le dialogue attribué à Guido d'Arezzo est placé à la suite du livre de Figulus, et forme 8 pages d'impression. Il y a une première édition du livre de Figulus, sans le dialogue de Guido d'Arezzo, imprimée à Nuremberg, en 1545, in-12. 2° *Prima pars Amorum Filii Dei Domini nostri Jesu Christi quatuor vocum*. Wittenberg, 1574. Ce recueil de chants contient, outre les compositions de Figulus, des morceaux de Martin Agricola, de Paul Ebert, de Galliculus, de Clement non papa, d'André Schwarz, de Louis Senfl et d'autres. 3° *Cantiones sacræ 4, 5, 6 et 8 vocum*, 1575, in-4°. 4° *Vetera et nova carmina sacra et selecta de Natalie Christi, 4 vocum à diversis composita*, 1575. On y trouve plusieurs pièces de la composition de l'éditeur. 5° *Hymni sacri et scholastici cum melodiis et numeris musicis, aucti à M. Frid. Birck*. Leipsick, 1605, in-8°. Il est vraisemblable, d'après ce titre, que Figulus avait cessé de vivre lorsque cet ouvrage fut publié.

FILIBERI (HORACE), maître de chapelle de la cathédrale de Montagnana, dans l'état de Venise, vers le milieu du dix-septième siècle, est connu par un recueil de psaumes intitulé : *Salmi concertati a 3, 4, 5, 6, 8 voci con violini*, op. 1. Venise, Alexandre Vincenti, 1649, in-4°.

FILIPOWICZ (Mme ÉLISE), dont le nom de demoiselle est *Mayer*, est née à Rastadt, en 1794. Douée d'heureuses dispositions pour la musique, elle reçut, dans sa jeunesse, des leçons de violon de Spohr, et fit de rapides progrès sous la direction de ce maître. Devenue Mme Minelli, elle donna des concerts sous ce nom dans plusieurs villes d'Allemagne, ainsi qu'en Pologne. Après la mort de son mari, elle se fixa dans ce pays et vécut dans la famille du comte Starzenski qui l'adopta. Plus tard, elle épousa en secondes noces M. Filipowicz, gen-

gentilhomme lithuanien, dont elle eut une fille. La révolution polonaise de 1831 obligea M. Filipowicz à partager le sort de ses compatriotes. Forcée par les événements d'aller chercher une existence loin de sa patrie adoptive, Mme Filipowicz se rendit à Paris et y trouva un accueil sympathique. Elle y donna plusieurs concerts et s'y fit applaudir. Après deux ans de séjour dans cette ville, elle se rendit à Londres en 1833 et s'y fixa. Accueillie avec faveur par l'aristocratie anglaise, elle trouva dans son appui les moyens de se faire une honorable et douce existence par son talent; mais au moment où elle en faisait jouir sa famille, elle mourut en 1841, après une courte maladie, à l'âge de 47 ans. On n'a gravé de cet artiste qu'un seul ouvrage intitulé : *Fantasia on Polish airs for the violin, with an accompaniment for the piano, dedicated to Louis Spohr, by his pupil.* Londres, Robert Cocks. Mme Filipowicz a laissé en manuscrit : 1° *Warsovienne*, variée pour violon solo, avec accompagnement d'orchestre. 2° Introduction et rondo sur des thèmes polonais, pour violon avec accompagnement de piano. 3° *Divertimento scherzoso* pour violon et piano, sur des thèmes polonais. 4° *Rondo alla polacca* pour violon et piano. 5° *Variazioni capriciosi*, idem. 6° Trois valses pour violon, alto et piano.

FILIPPINI (ÉTIENNE), surnommé *l'Argentina*, moine augustin, fut maître de chapelle à Saint-Jean l'Évangéliste de Rimini, dans la seconde moitié du dix-septième siècle. Il a beaucoup écrit pour l'église. On a imprimé de sa composition. 1° *Concerti sacri a 2, 3, 4 e 5 voci*, lib. 1, op. 2. Ancona, Beltramo, 1552, in-4°. 2° *Salmi brevi a 5 voci*, op. 6. Bologne, J. Monti, 1670, in-4°. 3° *Concerti sacri a 2, 3, 4 e 5 voci, con violini e senza*, lib. 2, op. 7, ibid., 1671, in-4°. 4° *Messe di Capella a quattro voci*, op. 8, ibid., 1673, in-4°. 5° *Motetti a voce sola*, op. 9, ibid., 1675, in-4°. 6° *Messe e salmi brevi a 8 voci*, op. 10, ibid., 1685, in-4°. Son œuvre onzième est intitulé : *Salmi concertati a tre voci con due violini*. Bologne, 1685, in-4°.

FILIPPO (Le P. D.), surnommé **IL PICCOLO** (le petit), bénéficier de la cathédrale de Palerme, né vraisemblablement en Sicile, vécut vers le milieu du dix-huitième siècle. Il est auteur d'un traité du plain-chant intitulé : *Il Canto fermo esposto colla maggior brevità, e co'l modo piu facile*. In Palermo, 1730, in-4° de XVI et 104 pages. Il y a des exemplaires qui ont un autre frontispice avec ce titre : *Il Canto fermo, anima del coro, pregio del sacerdote, attrattivo dei fedeli, esposto dal R. S. D. Filippo lo Piccolo*. La date est la même, et le volume absolument semblable. L'ouvrage est dédié à Joseph Stella, archidiacre de la cathédrale de Palerme, vicaire et visiteur général de l'archevêché de cette ville. M. Ch. Ferd. Becker a confondu ce prélat avec Jean-Marie Stella (voyez ce nom), moine franciscain de Rome, ne remarquant pas qu'ils ont vécu à la distance de près d'un siècle l'un de l'autre, et que leurs positions étaient très-différentes.

FILIPUCI (AUGUSTIN). *Voyez* FILIPUZZI.

FILIPUZZI (AUGUSTIN), et non FILIPUCI, né à Bologne, vers 1635, fut d'abord organiste de l'église de *la Madona di Galiera*, puis fut nommé maître de chapelle de l'église des chanoines réguliers de Saint-Jean *in Monte*, en 1665. L'année suivante, époque de la fondation de l'Académie des philharmoniques, il en fut nommé membre, et le titre de prince de cette société lui fut conféré deux fois, en 1669 et 1675. Les ouvrages qui l'ont fait connaître comme compositeur sont : 1° *Messa e Salmi per un Vespro a cinque voci, con 2 violini e ripieni*, op 1. Bologne, 1666, in-4°. — 2° *Messe a quattro da Capella, e una Messa de' Morti nel fine*, op. 2. Bologne, J. Monti, 1667, in-4°. — 3° *Messe e Salmi a 4 voci*, lib. 2, op. 3, ibid., 1671, in-4°. Filipuzzi fut un bon maître de chant, d'orgue et de contrepoint ; il a formé beaucoup de bons élèves.

FILITZ (FRÉDÉRIC). *Voyez* FIELITZ.

FILS (...). On a publié à Vienne, avec ce nom, chez Kozeluch, en 1800, une méthode de violon sous le titre suivant, en mauvais français : *Très facile méthode pour jouer au violon les sons harmoniques dans tous les tons majeurs et mineurs*.

FILSL (...), violoncelliste, organiste et compositeur distingué, né en Bohême, vivait à Prague vers le milieu du dix-huitième siècle. On a de lui de grandes messes dans le style ancien, beaucoup de concertos pour le violoncelle, et des pièces d'orgue. Sa musique d'église est encore estimée en Bohême. La plupart de ses compositions sont conservées en manuscrit au couvent de Strahow.

FILTZ (ANTOINE), violoncelliste au service de l'électeur Palatin, à Manheim, se distingua comme compositeur de musique instrumentale. Il mourut en 1768, fort jeune encore. Les ouvrages de sa composition qui ont été publiés sont six symphonies à huit instruments, six trios pour clavecin, violon et basse, six trios pour violon, et six quatuors pour deux violons, alto et basse. Il a laissé en manuscrit des concertos pour violoncelle, pour flûte, pour hautbois et pour clarinette.

FINATTI (Jean-Pierre), compositeur italien, vivait vers le milieu du dix-septième siècle. Il a publié un recueil de messes, motets, litanies de la Vierge et des quatre antiennes solennelles à quatre voix avec instruments, œuvre 2e. J'ignore quel est l'œuvre premier de ce musicien.

FINAZZI (Philippe), compositeur et sopraniste, né à Bergame en 1710, chanta d'abord dans l'opéra italien à Breslau, en 1728. Il passa ensuite au service du duc de Modène, et revint en Allemagne vers 1737. Ayant amassé quelque fortune, il acheta, en 1748, une maison de campagne à Jersbeck, près de Hambourg, pour y passer le reste de sa vie. Sa probité et ses talents lui valurent l'estime et l'amitié des personnes les plus distinguées, et particulièrement celle du baron d'Ahlefeld, conseiller intime du roi de Danemark, et du poëte Hagedorn. En 1758, il se cassa les deux jambes; la veuve d'un maréchal entreprit sa guérison et lui prodigua ses soins. Pénétré de reconnaissance, Finazzi l'épousa et lui laissa tous ses biens à sa mort, qui eut lieu le 21 avril 1776. On a gravé de lui, à Hambourg, en 1754, *Six symphonies à quatre parties*. Il a laissé en manuscrit l'opéra de *Temistocle*, un intermède intitulé : *la Pace campestre*, quelques morceaux de chant pour le théâtre, et une cantate pour la fête de naissance de la reine Caroline.

FINCH (Édouard), baronnet, vécut en Angleterre, sa patrie, dans les premières années du dix-huitième siècle. On trouve un *Te Deum* en sol mineur, et l'antienne *Grant, we beseech thee, merciful Lord*, de sa composition, dans la grande collection des services et antiennes de l'église d'Angleterre, depuis la réformation jusqu'à la fin du règne de la reine Anne, recueillie par Thomas Tudway dans les années 1715 à 1720. Cette collection existe parmi les manuscrits du Muséum britannique, sous les nos 11,587 et 11,589 du supplément.

FINCK (Henri), compositeur distingué de l'école allemande, fut attaché au service du roi de Pologne, vers 1480, suivant ce que dit Hermann Finck (*voyez* ce nom), dans l'introduction du livre intitulé *Musica practica*. Voici le passage qui concerne Henri Finck : *Circa annum millesimum quadringentesimum et octuagesimum et aliquanto post alii extiterunt præcedentibus (musicis) longè præstantiores... Inter hos sunt Henricus Finck, qui non solum ingenio, sed præstanti etiam eruditione excelluit, durus verò in stylo*. Quel que fût son mérite, il ne paraît pas que son maître ait eu pour son talent l'estime qui lui était due, car Finck, lui ayant demandé une augmentation de traitement, en reçut cette réponse : *Un pinson, que je fais enfermer dans une cage, chante toute l'année et me fait autant de plaisir que vous, quoiqu'il ne me coûte qu'un ducat*. On ignore si le prince si peu sensible à l'harmonie était Casimir IV, mort en 1492, après un long règne, ou son fils Charles-Albert. On ne sait pas davantage si Finck passa le reste de sa vie dans une cour où il était si mal apprécié. Les ouvrages de ce compositeur, dont le style était dur suivant Hermann Finck, sont sans doute perdus ou enfouis dans quelque bibliothèque, car on ne connaît que celui qui a pour titre : *Schöne ausserlesene Lieder des hochberühmten Heinrici Finckens, samt andern neuen Liedern von den fürnehmsten dieser Kunst gesetzt, lustig zu singen und auff die Instrument dienstlich, vor nie in Druck ausgegangen*. (Chansons choisies du très-célèbre Henri Finck, avec d'autres chants d'hommes distingués en cet art, agréables à chanter et à jouer sur les instruments convenables, non imprimées précédemment.) On trouve un exemplaire de ce recueil dans la bibliothèque de Zwickau et un autre dans celle de Munich. Gerber dit (*Neues Lexikon der Tonkünstl.* II. 105) que l'ouvrage est sans date et présume qu'il a été imprimé vers 1550; il n'en avait sans doute pas vu d'exemplaire, car il y aurait lu : *Nürnberg, durch Hieronymum Förmschneider*, 1536, in-8o obl. On trouve dans cette collection cinquante-cinq chants, dont la plus grande partie est de Henri Finck; le reste est extrait des œuvres d'Étienne Mahu, d'Arnold de Bruck et de L. Senfl. Il y a aussi quelques pièces de Henri Finck dans les *Concentus octo, sex, quinque et quatuor vocum*, publiés par Sigismond Salblinger, à Augsbourg, chez Philippe Uhlhard, en 1545; dans le deuxième volume des *Novi operis musicis sex, quinque et quatuor vocum*, Noribergæ, arte Hieronymi Graphæi, 1538; et dans le *Sacrorum Hymnorum liber primus*, Vitebergæ apud Georgium Rhaw, 1542. Les autres compositeurs dont on trouve des morceaux dans ce dernier recueil sont principalement Stolzer et Arnold de Bruck.

FINCK (Hermann), compositeur et théoricien, vivait à Wittenberg, vers le milieu du seizième siècle. Il avait habité précédemment en Pologne et y avait été, comme il le dit dans une épître dédicatoire, le client et l'obligé de la famille des comtes de Gorka dans ce pays. Le lieu de la naissance de Finck a été ignoré jusqu'à ce moment. La dédicace d'un livre dont il sera parlé tout à l'heure, est signée *Hermannus Finck Birnensis*; mais aucun lieu auquel puisse se rapporter ce nom n'est connu dans la géographie. J'ai dit dans la première édition qu'il y a vraisemblablement une faute d'impression dans ce nom, et la longue habitation de Finck en Pologne m'a fait croire qu'il fallait lire *Bilnensis* (Wilna). M. Sowinski (*Les Musiciens polonais*, p. 102) pense que *Birnensis* signifie *de Berne*, ce qui est une erreur manifeste. Une récente découverte de mon savant ami M. Dehn est venue lever tous les doutes à ce sujet, a confirmé ma conjecture sur la faute d'impression, et a fait connaître enfin le lieu de la naissance d'Hermann Finck. Dehn a trouvé, dans la bibliothèque de Liegnitz, deux compositions de ce musicien, lesquelles ont été inconnues jusqu'à ce jour, et au frontispice desquelles on lit : *Composita ab Hermanno Finck Pyrnensi*. Ainsi Finck était né à Pirna, petite ville de la Saxe, près de Dresde. Les œuvres trouvées dans la bibliothèque de Liegnitz ont pour titre : 1° *Melodia epithalami illustrissimo Principi et Domino Johanni Friderico II duci Saxoniæ, Landgravio Turringæ*, etc. *Composita ab Hermanno Finck Pyrnensi* 5 *vocum*. Viteberg excusa typis hæredum Georgii Rhaw, 1555, in-4° obl. de cinq feuilles. 2° *Melodia epithalami clarissimo viro Henrico Paxmanus*, etc. *Composita ab Hermanno Finck Pyrnensi quatuor vocum*. Witebergæ excusa typis Georgii Rhaw. 1555, in-4° Le texte de cette composition est du célèbre Mélanchton. L'ouvrage qui a fait la réputation de Finck est intitulé : *Practica Musica, exempla variorum signorum, proportionum et canonum, judicium de tonis, ac quædam de arte suaviter et artificiose cantandi* (Musique pratique, contenant les exemples de différents signes, des proportions et des canons, la connaissance des tons, et des observations pour chanter avec goût), Witebergæ excusa typis hæredum Georgii Rhaw, anno 1556, 1 vol. in-4° de 46 feuilles, ou 348 pages non chiffrées. Les auteurs du Dictionnaire des Musiciens (Paris, 1810) ont dit à propos de ce livre : « Ce titre ne promettait « pas un ouvrage bien écrit ; il était néan- « moins fort intéressant, parce qu'il contenait « beaucoup de détails historiques sur les com- « positeurs de son temps ; mais il est devenu « si rare que *de nos jours il paraît impossible* « d'en rencontrer un seul exemplaire. » Il est singulier que ces auteurs, qui semblaient attacher tant de prix au livre de Finck, ne se soient pas donné la peine de le chercher ; ils en auraient trouvé un exemplaire à la bibliothèque Mazarine de Paris. Ils ajoutaient que par bonheur Walther, qui probablement en possédait un, a transcrit, « dans son Lexicon, un frag- « ment extrêmement important du premier « chapitre qui traitait des inventeurs de la « musique. » Il n'y a pas un mot de cela dans le Lexique de Walther ; c'est Gerber qui le premier a donné ce passage dans la première partie de son Dictionnaire des Musiciens. Finck promettait, dans ce passage, de donner dans un autre livre des détails sur un grand nombre de compositeurs dont il n'avait point parlé, et de fournir des renseignements sur leur vie et sur leurs ouvrages ; mais il n'a pas tenu sa promesse. Au surplus, on ne trouve rien dans la *Practica Musica* de Finck qui distingue ce livre de ceux du même genre qui ont été publiés à la même époque, sauf toutefois des exemples bien écrits des divers genres de proportions à quatre voix, et des canons bien faits, également à quatre voix. Je possède un exemplaire de ce livre rare.

FINÉ (ORONCE), naquit à Briançon, en 1494, et vint fort jeune à Paris, où il fit ses études au collége de Navarre. François Ier le nomma professeur de mathématiques au collége royal, en 1530, et Finé occupa cette place jusqu'à sa mort, arrivée le 6 octobre 1555. Il a traité de la musique dans ses deux ouvrages intitulés *Protomathesis, seu opera mathematica*, Paris, 1532, in-fol.; et *De Rebus mathematicis hactenus desideratis libri IV*, Paris, 1556, in-fol. Finé fut vraisemblablement habile joueur de luth, car il a publié une méthode ou instruction pour jouer de cet instrument ; ouvrage de la plus grande rareté, intitulé : Très-brève et familière introduction pour entendre et apprendre par soy mesme à jouer toutes chansons réduictes en la tabulature du luth, avec la manière d'accorder le dict luth, ensemble XXXIX chansons dont la plus part d'icelles sont en deux sortes, c'est assavoir à deux parties et la musique. Et à troys sans musique. Le tout achevé d'imprimer le VI jour d'octobre 1529, par Pierre Attaingnant demourant à Paris, en la rue de la Harpe, près l'église Saint-Cosme. L'auteur traduisit cet ouvrage en latin et le fit paraître dans cette langue, sous ce titre : *Epithoma musice instrumentalis ad omnimodam Hemispherii seu luthinæ et theorticam et practicam per Orontium Fineum Delphinatem studiose collectum*, 1530. *Venit*

Paris, in officina libraria Petri Attaingnant in vico Cythara.

FINETTI (Jacques), moine franciscain, né à Ancône, était, en 1611, maître de chapelle dans sa ville natale, et passa ensuite en la même qualité à l'église de Saint-Marc, à Venise. On a de lui les ouvrages suivants : 1° *Psalmi Vespertini 8 vocum*, Venise, 1611. 2° *Concerti a quattro voci*, ibid, 1615. 3° *Triplex sacrorum concentuum fascicul. Jacob Finetti, Petri Lappii et Jul. Bellii*, 2, 3, 4-6 *et pluribus vocibus*, Francfort, 1621, in-4°. 4° *Trium Italiæ lucidiss. Syderum Musicorum, utpote Jacobi Finetti, Petri Lappii et Julii Belti 55 Meditationes Musicæ* 1, 2, 3, 4-6 *voc. nunc primum in Germania divulgatæ*, Francfort, 1621, in-4°. 5° *Omnia in nocte Nativitatis Domini quæ ad matutinam spectant 5 vocibus. Venetiis ap. Angel. Gardanum*, 1609, in-4°. 6° *Corona Mariæ quatuor vocibus*, lib. 1, 2, 3, 4, 5. *Venetiis* 1610-1622, in-4°.

FINGER (Godefroid), instrumentiste et compositeur, né à Olmutz, en Moravie, vers 1660, passa en Angleterre en 1685, et y fut attaché au service de Jacques II, comme musicien. En 1688, il publia son premier ouvrage, sous ce titre : *Sonatæ XII, pro diversis instrumentis quarum tres priores pro violino et viola di gamba, proximæ tres pro II violinis et viola di basso, tres sequentes pro III violinis, reliquæ pro II violinis et viola, omnes ad basi continuam pro organo seu clavicymbalo formantur. Authore Godefrido Finger, Olmutio-Moravo, capellæ Serenissimi Regis Magnæ Britanniæ Musico. Opus primum.* Anno 1688. Cette édition du premier ouvrage de Finger, ornée d'un beau portrait de l'auteur, est très-rare ; mais Étienne Roger, d'Amsterdam, en a donné une autre édition qui se trouve plus facilement et qui a pour titre : *Douze sonates de Finger, les trois premières à un violon, une viole de gambe et une basse continue, les trois suivantes à deux violons, une basse de violon ou basse de viole et basse continue, les trois autres à deux violons, une haute-contre et basse continue, et les trois dernières à trois violons et une basse continue, opera prima.* En 1690, Finger fit imprimer *VI Sonatas or Solos; three for a violin, and three for a flute, with a thorough-bass for the harpsychord* (sans nom d'imprimeur ni d'éditeur). Étienne Roger a publié une autre édition de cet ouvrage sous le titre : *Finger opera secunda, consistant en trois sonates à un violon et basse continue* et *trois sonates à une flûte et basse continue*. Dans l'année suivante Finger fit paraître, avec Jean Banister, un recueil intitulé : *Ayres, Chacones, Divisions, and Sonatas, for violins and flutes*. Cet ouvrage est annoncé dans la *London Gazette*, du 5 novembre 1691. Plus tard il donna encore, en collaboration avec Godefroid Keller : *A Set of Sonatas in five parts for flutes and hautbois* (voyez le Catalogue général de Henri Playford, 1701). Roger en a donné une autre édition intitulée : *Sonates à cinq parties, deux flûtes, deux hautbois et basse continue, composees par MM. Finger et Keller*. Le même éditeur a publié de plus sous le nom de Finger : *Dix sonates à une flûte et basse continue, opera terza; XII Sonates à deux flûtes et basse, opera quarta et sexta; Godfrey Finger opera quinta, Sonate a tre, due violini e basso continuo.* En 1693, Finger composa la musique de l'Ode pour le jour de Ste-Cécile. On a ignoré longtemps qu'il eût écrit pour le théâtre, mais M. Edouard Rimbault, homme très-instruit dans l'histoire de la musique en Angleterre, a découvert les titres d'un certain nombre d'ouvrages dramatiques qui furent représentés à Londres et dont cet artiste avait composé la musique. (Voyez la note p. 119 des *Memoirs of Musick*, de Roger North.) Ces ouvrages sont : 1° *The Wives Excuse* (l'Excuse des femmes), écrit par Southern, et représenté à Drury Lane, en 1692. 2° *Love for Love* (Amour pour amour), écrit par Congrève, représenté au Théâtre de Lincoln's Inn Fields, en 1695. 3° *The Loves of Mars and Venus* (Les Amours de Mars et de Vénus), écrit par Motteaux, représenté au même théâtre, en 1696. 4° *The Anatomist, or sham Doctor* (L'Anatomiste, ou le Docteur supposé), écrit par Ravenscroft, au même théâtre, en 1697. 5° *The Humours of the Age* (Les Caprices de la vieillesse), écrit par Baker, représenté à Drury Lane, en 1701. 6° *Love at a loss* (L'Amour en défaut), au même théâtre, en 1701. 7° *Love makes a Men, or the Fops fortune* (L'Amour fait l'homme, ou la bonne fortune), écrit par Cibber, au même théâtre, en 1701. 8° *Sir Harry Wildhair*, écrit par Farquhar, au même théâtre, en 1701. La *London Gazette* du 11 mars 1699 ayant annoncé que des personnes de qualité avaient, pour l'encouragement de la musique; fait un fonds de 200 guinées qui seraient divisées en quatre prix, le premier de 100 guinées, le second de 50, le troisième de 30, et le dernier de 20, pour lesquels un concours était ouvert ; ils seraient adjugés aux meilleures compositions musicales dont le sujet était le *Jugement de Pâris*, de Congrève. Les candidats furent Weldon, Eccles, Daniel Purcell et Finger : Weldon obtint le premier prix ; le second fut décerné à Eccles, le troisième à Daniel Purcell, et le quatrième à Finger, qui était certainement le meilleur musicien des quatre concurrents. Les quatre ouvrages furent exécutés aux théâtres de Drury Lane et de Dorset Gardens, de 1701 à 1704, et l'ouvrage de Finger, exécuté le 11 mars 1701, fut si mal accueilli par le public, que l'artiste s'éloigna de l'Angleterre peu de temps après. Les ouvrages d'Eccles et de Purcell furent publiés en partition par Walsh, mais les deux autres sont restés en manuscrit. Gerber, qui place l'ouvrage de Finger sous la date de 1691 (*Neues Lex. der Tonk.*, t. II, p. 125) et cite Burney à ce sujet, s'est trompé, car cet historien de la musique donne les mêmes dates que M. Rimbault.

En 1702, Finger fut attaché à la musique de la chambre de Sophie-Charlotte, reine de Prusse. Pendant son séjour à la cour de Berlin, il y écrivit l'opéra allemand *Sieg der Schönheit über die Helden* (Le triomphe de la beauté sur les héros), qui fut représenté à la cour en 1706, et qui fut suivi de *Roxane*, également représenté en 1706. En 1717, Finger était maître de chapelle à la cour de Gotha. Aucun renseignement postérieur ne nous est parvenu sur cet artiste.

FINI (MIGUEL), compositeur dramatique, né à Naples, dans les premières années du dix-huitième siècle, a écrit, à Venise, en 1731 et 1732, les intermèdes suivants : 1° *Pericca et Varrone*. 2° *I Dei birbi*. Il a écrit aussi un grand opéra qui a pour titre : *Gli Sponsali d'Enea*.

FINK (GODEFROID-GUILLAUME), ancien rédacteur de la *Gazette musicale* de Leipsick, naquit à Sulza sur l'Ilm, le 7 mars 1783. Il reçut, dans sa jeunesse, des leçons de piano et d'orgue du *cantor* Gressler. Admis ensuite comme sopraniste au chœur du collége de Naumbourg, il continua ses études sous la direction du recteur de ce collége, Fürstenhaupt, et du magister Schocher. Suivant la notice relative à Fink, insérée dans l'*Universal Lexicon der Tonkunst*, dont il fut un des rédacteurs, il est dit que dès ce temps il se distingua par des essais de poésie latine, et des morceaux de musique religieuse, dont quelques-uns étaient écrits avec orchestre. En 1804, il commença ses études de théologie, qu'il ne termina qu'en 1809. Ce fut à cette époque qu'il publia quelques recueils de chansons allemandes avec accompagnement de piano, dont il avait fait les vers et la musique. En 1810, il fit aussi paraître chez Kuhnel, à Leipsick, des chansons populaires, et des chants religieux à plusieurs voix. Les deuxième et troisième cahiers de ces collections furent publiés l'année suivante. Déjà il s'était fait connaître comme écrivain sur la musique par une dissertation sur la mesure et le rhythme, publiée dans les n°s 13, 14 et 15 de la 11e année de la *Gazette musicale* de Leipsick (ann. 1808-1809). Ses conversations avec Auguste Apel avaient attiré son attention sur ce sujet ; mais son travail, bien qu'étendu, est superficiel. Fink n'avait pas aperçu la grande et belle loi de combinaison des temps binaires à divisions binaires, des temps binaires à divisions ternaires, des temps ternaires à divisions binaires, et des temps ternaires à divisions ternaires, sur quoi repose toute la théorie de la rhythmique musicale. Sans la connaissance de cette loi, on ne fera jamais rien sur ce sujet qui ait quelque valeur.

En 1812, Fink établit une maison d'éducation à Leipsick ; il la dirigea jusqu'en 1827. Pendant ces quinze années il publia un volume de poésies (chez Hartnock, en 1813), un livre intitulé : *les Dévotions* (chez Gœschen, en 1814), et un volume de sermons en 1815. Vers le même temps il fit paraître aussi des recherches sur quelques anciens chants de l'église tels que *Dies iræ*, le *Stabat mater*, le *Salve regina*, dans le *Magasin pour les prédicateurs chrétiens*, publié par Tzschirner, et dans la *Gazette musicale* de Leipsick. En 1827, il s'est chargé de la rédaction de cette feuille, qui n'a pas conservé entre ses mains l'intérêt que Rochlitz avait su lui donner. Cependant l'auteur de l'article biographique de Fink, du Lexique de Schilling, dit que ses fonctions comme rédacteur de cette feuille le placent à la tête de la critique musicale. Il suffit de lire quelques articles de Fink pour être convaincu que le savoir lui manque dans la partie didactique de l'art, et qu'il n'a que des connaissances superficielles concernant son histoire. Dans le livre qu'il a publié sous ce titre : *Erste Wanderung der ältesten Tonkunst, als Vorgeschichte oder erste Periode derselben* (Première excursion dans la musique la plus ancienne, comme histoire préliminaire, ou première période de l'histoire de cet art), Essen, Bædecker, 1831, in-8°, les matériaux fournis par le grand ouvrage de la *Description de l'Égypte*, le voyage de Denon, les Mémoires de Jones traduits par M. de Dalberg, et d'autres livres modernes ne lui ont présenté que des faits dont il n'a point aperçu la liaison ; ses vues manquent de portée, et rien ne s'élève au-dessus de la médiocrité dans ce petit volume. Après avoir rédigé la *Gazette générale de Musique* depuis 1827 jusqu'en 1841, il fut nommé professeur de musique à l'Université de Loipsick en 1842 ; mais il ne garda pas longtemps cette position, ayant désiré passer ses dernières années dans le repos. Le 10 août 1846, il fit avec sa femme et sa fille une excursion à Halle ; mais, à peine arrivé dans cette ville, il y tomba malade, et, le 27 du même mois, il y mourut. Son portrait a été placé en tête du quarante-huitième volume de la *Gazette générale de Musique* de Leipsick. Fink a fourni des articles de musique à l'*Encyclopédie* allemande de Ersch et Gruber, au *Dictionnaire de la conversation* publié par Brockhaus à Leipsick, et à l'*Universal Lexicon der Tonkunst*, publié par M. Schilling.

Les compositions musicales de Fink consistent en quelques morceaux pour piano et violon ; des chants à plusieurs voix ; des chansons à boire ; plusieurs suites de mélodies sur des poésies de Gœthe et d'autres ; un recueil de *mille lieder* et chansons allemandes, sous le titre : *Musikalischer Hausschatz der Deutschen*, Leipsick, Mayer et Wigand, 1843 ; cinq trios pour soprano, contralto et basse, Leipsick, Hofmeister, 1844 ; *Die deutsche Liedertafel* (La société allemande de chant), recueil de cent chants à quatre parties pour des voix d'hommes, Leipsick, G. Mayer, 1846. Parmi ses écrits relatifs à la musique, les plus considérables sont : 1° Celui qui a été cité précédemment sous le titre : *Erste Wanderung*, etc. 2° *Musikalische Grammatik oder theoretisch-praktischer Unterricht in der Tonkunst* (Grammaire musicale ou instruction théorique et pratique sur la musique). Leipsick, G. Wigand, 1836, in-16 de XVI et 282 pages, avec beaucoup d'exemples de musique. Il en a été fait une deuxième édition chez le même. 3° *Wesen und Geschichte der Oper. Ein Handbuch für alle Freunde der Tonkunst* (Essence et histoire de l'Opéra. Manuel pour tous les amateurs de musique), *ibid.*, 1838, 1 vol. in-8°. 4° *Der neumusikalische Lehrjammer, oder Beleuchtung der Schrift : Die alte Musiklehre im Streit mit unserer Zeit, von Marx* (La Nouvelle Méthode déplorable de musique, ou Examen de l'écrit de Marx, intitulé : *l'Ancien Enseignement de la musique en opposition avec notre temps*), *ibid.*, 1842, in-8°. 5° *System der musikal. Harmonielehre*, etc. (Système de la science de l'harmonie musicale, etc.). Leipsick, Mayer et Wigand, 1842, 1 vol. in-8°. 6° *Der Musikalische Hauslehrer* (l'Enseignement privé de la musique). Pesth, Heckenast, 1846. — Fink s'est occupé pendant plus de vingt ans de la préparation d'une histoire de la musique. Après sa mort, on a trouvé dans ses papiers un manuscrit qui paraît être le résultat de ce travail et qui a pour titre : *Handbuch der allgemeinen Geschichte der Tonkunst für Vorlesungen auf Academien, Gymnasien, Seminarien*, etc. (Manuel de l'histoire générale de la musique, pour des lectures dans les académies, gymnases, séminaires, etc.). Cet ouvrage n'a pas été publié jusqu'à ce jour (1860). Le seul écrit posthume de Fink qui a paru est une instruction élémentaire sur la composition, intitulée : *Musikalische Compositionlehre*, etc., Leipsick, Peters.

FINK (CHARLOTTE), fille du précédent, se fit connaître comme pianiste de talent dans les concerts de Leipsick, en 1835 et dans les années suivantes, puis à Dessau et à Dresde ; mais elle mourut à la fleur de l'âge, le 1ᵉʳ octobre 1843.

FINKE (JEAN-GEORGE), bon facteur d'orgues à Saalfeld, dans la première partie du dix-huitième siècle, a construit plusieurs beaux instruments, parmi lesquels on remarque celui de Gera, qui a trois claviers, pédale, et quarante-deux jeux. En 1713, il a construit un autre orgue à deux claviers et pédale, composé de dix-huit jeux et d'une très-bonne harmonie.

FINKES (DOMINIQUE), compositeur de musique d'église et organiste, à Vienne, né en 1821, est fils d'un directeur du chœur à Gumpendorff. Doué d'une heureuse organisation et ayant fait de bonnes études, il se livra fort jeune à la composition de musique d'église et produisit avant l'âge de vingt ans plusieurs messes, beaucoup de motets et trois cantates religieuses. En 1840, il fut nommé organiste d'une des églises de Vienne, et, dans l'année suivante, il fit exécuter dans cette ville une messe nouvelle (en *mi* bémol) pour un chœur d'hommes et orchestre, qui fut considérée par les connaisseurs comme une œuvre de la plus grande distinction. En 1843, M. Finkes a fait entendre un oratorio, intitulé *Maria*, qui a obtenu les éloges de tous les artistes. Depuis lors, je n'ai plus eu de renseignements sur lui.

FINNO (MAG. JACQUES), prédicateur à Abo, dans la Finlande, vécut dans la seconde moitié du seizième siècle. On lui doit deux recueils intéressants qui ont pour titre : 1° *Cantiones piæ Episcoporum veterum in regno Suecia, præsertim magno Ducatu Finlandiæ usurpatæ, cum notis musicalibus*, Greifswald, 1582, et Rostock, 1625. 2° *Hymni ecclesiastici Finnici idiomatis aucti*. Sans date ni nom de lieu.

FINOLD ou **FINNOLT** (ANDRÉ), né à Neuhausen, dans la Thuringe, fut maître d'école à Schloss-Helderungen au commencement du dix-septième siècle. Il est auteur des ouvrages suivants : 1° *Magnificat Genethliacum*, 8 vocum. Erfurt, 1618, in-4°. 2° *Prodromus musicus, oder 3 Magnificat 8 vocibus*. Erfurt, 1629, in-4°. 3° *Die Frœlich Aufferstehung Jesus-Christi, mit 1, 2, 3 und 4 Stimmen gesetzt* (la Joyeuse Résurrection de Jésus-Christ, pour 1, 2, 3 et 4 voix), Erfurt, 1621.

FINOT. *Voyez* PHINOT.

FINTH (...), luthier allemand, se fixa à Paris vers 1765, et se fit remarquer par la bonté des violons qu'il fabriqua jusqu'en 1780. Il avait pris Stradivari pour modèle, et le copia si bien, qu'on a souvent attribué ses instruments à ce luthier célèbre. Ses violons, tous vernis à l'huile, sont d'un beau fini.

FIOCCHI (VINCENT), né à Rome, en 1767, a fait ses études musicales à Naples, au Conservatoire *della Pietà de' Turchini*, sous la direction de Fenaroli. Après avoir composé en Italie seize opéras, qui sont maintenant oubliés, il vint à Paris, en 1802, et y débuta par *le Valet des deux Maîtres*, ouvrage qui avait été déjà traité par Devienne, et qu'il remit en musique. Cette pièce eut peu de succès. Fiocchi se livra alors à l'enseignement du chant et de la composition. En 1807, il publia, conjointement avec Choron, un livre intitulé : *Principes d'accompagnement des écoles d'Italie*, Paris, Imbault, in-4°. Il écrivit aussi des *Ricercari* à deux et trois voix, avec basse chiffrée, dont quelques-uns ont été insérés dans la collection de pièces italiennes publiée chez Pleyel en 1808 : ces productions sont d'un bon style. Fiocchi avait été chargé de composer un opéra de *Sophocle* pour la distribution des prix décennaux qui devait avoir lieu en 1810 ; mais cette distribution n'ayant point été faite, l'auteur de l'opéra eut beaucoup de peine à obtenir que son ouvrage fût représenté ; enfin, il le fut en 1811 et obtint un succès d'estime. Depuis lors, Fiocchi a écrit plusieurs opéras comiques qui n'ont point été représentés, ou qui n'ont point réussi. Il est mort à Paris, ignoré et dans une situation peu fortunée en 1843.

FIOCCO (PIERRE-ANTOINE), né à Venise vers le milieu du dix-septième siècle, fut maître de chapelle à l'église Notre-Dame-du-Sablon, à Bruxelles, et eut le titre de maître de chapelle du duc de Bavière. On a imprimé de sa composition : 1° *Sacri Concerti, a una e più voci, con instrumenti e senza*, op. 1, Anvers, 1691, in-4°. 2° *Missa e Motetti a 1, 2, 3, 4 et 5 voci, con 3, 4 e 5 stromenti*. Amsterdam, Roger. Beaucoup d'autre musique d'église de ce compositeur se trouve encore en manuscrit à Bruxelles, à Anvers et à Gand.

FIOCCO (JOSEPH-HECTOR), fils du précédent, naquit à Bruxelles, vers 1690. A la fin de 1731, il succéda à De Fesch (*voyez* ce nom) dans la place de maître de chapelle de l'église Notre-Dame d'Anvers. On ignore les motifs qui le firent se retirer en 1737. En 1732, il avait écrit une messe pour la fête de sainte Cécile, en *ré* majeur, à 5 voix, 2 violons, pardessus de viole, alto-viole, basse de viole, violoncelle solo et basse continue pour l'orgue. Le manuscrit de cette messe se trouve dans les archives de l'église Notre-Dame. On connaît aussi de Fiocco une messe de *Requiem* en *mi* bémol, à quatre voix, deux violons, basse continue et deux cors. Cette messe a été exécutée à la collégiale d'Anvers jusqu'au commencement du dix-neuvième siècle. On trouve dans les archives musicales de l'église Sainte-Walbruge, à Audenarde, un recueil manuscrit de motets composés par Fiocco. On connaît de sa composition : 1° *Adagio et Allegro* pour le clavecin, op. 1. Augsbourg, Lotter. 2° *Motetti a 4 voci, con 3 stromenti*. Amsterdam, Roger, 1730. Au nombre des motets qu'on exécutait annuellement au concert spirituel et qui obtenaient le plus de succès, était un *Confitebor tibi Domine* et un *Laudate pueri Dominum*, de Fiocco. Ce musicien vivait encore en 1752. — On trouve à la bibliothèque impériale, à Paris, une messe du cinquième ton et des psaumes, en manuscrit, sous le nom de *Dominique Fiocco*. Les circonstances de la vie de ce musicien sont inconnues.

FIOCCO (VINCENT), né à Bari, dans le royaume de Naples, en 1782, fut élève du Conservatoire *della Pietà de' Turchini*, et fut dirigé dans ses études par Sala et Paisiello. Il se fit d'abord connaître par son oratorio de *Giuseppe riconosciuto*, qu'il composa au Conservatoire, en 1804. Depuis lors, il a donné à Rome, en 1808, *il Disertore*, et à Parme en 1809, *il Trionfo di Quinto Fabio*. Il a beaucoup écrit pour l'église, et l'on cite de lui une messe de morts, composée pour l'église delle Anime del Purgatorio, à Naples. Depuis 1812, Fiodo s'est fixé à Pise, où il donnait encore des leçons de chant et de piano en 1828.

FIORAVANTI (VALENTIN), compositeur et maître de la chapelle de Saint-Pierre du Vatican, est né à Rome en 1770 (1). Après avoir appris les premiers principes de musique d'un vieil abbé romain, il alla à Naples, où il entra au Conservatoire *della Pietà de' Turchini*, sous la direction de Sala. Gerber parle d'un opéra, intitulé : *il Re de Mori*, par Pietro F., qui fut représenté à Rome en 1787 et qu'il croit être de Fioravanti. Je n'ai trouvé aucune indication de cet ouvrage dans les almanachs de spectacles italiens. Parmi les opéras connus de Fioravanti, le plus ancien a pour titre : *Con i matti il savio la perde, ovvero le Pazzie a vicenda* : il fut représenté à Florence, en 1791, au théâtre *della Pergola*. Cet ouvrage fut suivi de cinquante autres, qui ont été écrits pour les principaux théâtres de l'Italie; en voici les titres : *Amor aguzza l'ingegno*; *l'Amore immaginario*; *l'Astuta*; *la Cantatrice bizarra*; *la Cantatrice villane*; *il Furbo contra il Furbo* (Turin, 1795); *il Fabro parigino*; *gli Amanti comici* (Milan, 1796); *Lisetta e Gianino*; *i Puntigli per equivoco*; *l'Orgoglio avvilito*; *la Fortunata Combinazione*; *il Bello piace a tutti*; *l'Inganno cade sopra l'ingannatore*; *i Viaggiatori ridicoli*; *la Capricciosa pentita*, à Milan, 1801; *Amor e Dispetto*; *la Schiava di due padron*, à Milan, 1803; *le Avventure di Bertoldino*; *il Giudizio di Paride*; *l'Innocente Ambizione*; *l'Amor per interesse*; *l'Africano generoso*; *Adelson e Salvini*; *l'Ambiziane pentita*; *l'Avaro*; *la bella Carbonara*; *la Foresta d'Hermanstadt*; *Inganni ed Amore*; *il Matrimonio per Maggio*; *Nefte* (oratorio); *Paolina e Susella*; *Semplicità ed Astuzzia*; *il Villano in angustie*; *Ogni eccesso è vizioso*; *la Schiava fortunata*; *i Virtuosi ambulanti* (Paris, 1807); *la Sposa di due mariti*; *lo Sposo che più accomoda*; *Camilla* (1810); *Adelaide e Commingio*. La musique de Fioravanti a eu du succès, particulièrement dans le genre bouffe. On y remarque une verve comique très-piquante; malheureusement ses idées manquent d'originalité et sont souvent triviales. La vogue dont quelques-uns de ses ouvrages ont joui est due à la gaieté franche et naturelle, et à la bonne disposition périodique des phrases principales. La faveur publique qui accueillit les *Cantatrice*

(1) M. le marquis de Villarosa en fait un Napolitain (*Memorie dei compositori di musica del regno di Napoli*, p. 53); mais il a été mal renseigné.

villane à Paris, en 1806, fit appeler le compositeur en cette ville l'année suivante. Il y écrivit la musique des *Virtuosi ambulanti*, dont le livret avait été tiré de l'ancien opéra comique de Picard, intitulé *les Comediens ambulants*. Un air bouffe de cet opéra, un duo, et le trio des *Cantatrice villane* sont les meilleurs morceaux connus de Fioravanti. Ses derniers ouvrages sont : *i Raggiri ciarlataneschi*, à Naples; *Raoul de Crequi*, à Rome; *il Ciabottino*, au théâtre nuovo, de Naples. Kandler dit, dans sa Notice sur la situation de la musique à Rome, que ce compositeur a remplacé Zingarelli, comme maître de chapelle de Saint-Pierre du Vatican; mais M. l'abbé Baini fait voir dans son Catalogue des maîtres de cette chapelle (n°623), qu'il a succédé à Jannaconi le 23 juin 1816. Fioravanti était d'un caractère doux et obligeant; il vécut dans la retraite, à peu près oublié de tous les Italiens, et même des habitants de Rome, partageant son temps entre sa famille et les devoirs de sa place. Sa musique d'église est dans le style concerté. Il a écrit plusieurs messes et des motets pour un ou deux chœurs. On connaît de lui un *Salve Regina* à quatre voix, un *Stabat* à trois, avec orchestre, un *Miserere* en italien, pour trois soprani, violons, viole et orgue, un *Te Deum* à deux chœurs, et un *Dies iræ* à huit voix réelles et orchestre. Tous ces ouvrages se trouvent à Rome, en manuscrit. Fioravanti mourut à Capoue, dans un voyage qu'il faisait à Naples, le 16 juin 1837.

FIORAVANTI (VINCENT), fils du précédent, né vers 1810, s'est fait connaître comme compositeur par plusieurs opéras dont quelques-uns ont obtenu des succès momentanés. Son premier ouvrage fut représenté à Naples, en 1831, sous le titre : *la portentosa Scimia*. Il donna ensuite dans la même ville, en 1831, *il Cieco del volo*, puis *i Due Caporali*, un de ses meilleurs ouvrages, représenté en 1835; un *Matrimonio in prigioni*, ibid., en 1838; *Mille Talleri*, à Rome, en 1839; *il Ritorno di Pucinello*, à Naples, 1839; *le Dama ed il Zocolajo*, ibid., 1840; *il Notaro d'Ubeda*, ibid., 1843; *Non tutti i pazzi sono all'ospitale*, à Turin, en 1814; *i Zingari*, à Naples; *X, Y, Z*, à Turin, en 1847. En 1833, M. Fioravanti a été nommé maître de chapelle d'une église de Naples.

FIORE (ANGE-MARIE), instrumentiste et compositeur, vécut à Turin, au service du duc de Savoie. Si l'on en croit Hawkins, il fut un des plus habiles violoncellistes de son temps. Il a publié un œuvre de dix solos pour le violon et de quatre solos pour le violoncelle sous ce titre : *Trattenimenti da camera*, op. 1. Amsterdam, Roger, 1701.

FIORE (ÉTIENNE-ANDRÉ), fils du précédent, maître de chapelle du roi de Sardaigne et membre de la société philharmonique de Bologne, naquit à Milan, vers la fin du dix-septième siècle. Quantz le connut à Turin en 1726; il y jouissait d'une brillante réputation. On connaît de lui les ouvrages suivants : 1° XII *Sonate da chiesa a due violini, violoncello e basso continuo*, op. 1. 2° *Il pentimento generoso*, opéra, 1719. 3° *Cantata a voce sola; Tortorelle imprigionate*, etc., con cembalo, en manuscrit.

FIORILLO (CHARLES), compositeur italien qui vivait au commencement du dix-septième siècle, a fait imprimer à Venise, en 1616, des madrigaux à cinq voix.

FIORILLO (IGNACE), né à Naples, le 11 mai 1715, fit ses études musicales dans les conservatoires de Naples, sous la direction de Leo et de Durante. En 1736, il fit jouer à Venise *Mandane*, opéra sérieux; en 1738, *Artimene*, à Milan; en 1741, *il Vincitor di se stesso*, à Venise. Vers 1754, il devint maître de chapelle à Brunswick, et y composa la musique des ballets de Nicolini qui avaient alors beaucoup de vogue. En 1762, il fut appelé à Cassel comme maître de chapelle, avec des appointements de 1,000 écus d'Allemagne. Il occupa ce poste jusqu'en 1780, époque où il fut mis à la pension. Désirant goûter les charmes du repos pendant les dernières années de sa vie, il se retira alors à Fritzlar, et y vécut dans la tranquillité jusqu'à sa mort, qui eut lieu au mois de juin 1787. On trouve en manuscrit ses principaux ouvrages dans la bibliothèque de Cassel; les plus remarquables sont : 1° Trois *Te Deum*. 2° Un *Requiem*. 3° Deux *Miserere*. 4° Deux *Magnificat*. 5° L'oratorio d'*Isacco* de Métastase. 6° Plusieurs messes, psaumes et motets. 7° *Diana ed Endimione*, opéra représenté à Cassel en 1763. 8° *Artaserse*, opéra sérieux, ibid., 1765. 9° *Nitteti*, opéra, ibid., 1770. 10° *Andromeda*, opéra, ibid., 1771. Le style de Fiorillo est simple, naturel et rempli de mélodie; mais il manque d'originalité, et sa manière n'est qu'une imitation de celle de Hasse.

FIORILLO (FRÉDÉRIC), fils du précédent, est né à Brunswick en 1753. Dans sa jeunesse, il se livra d'abord à l'étude de la mandoline, sur laquelle il acquit une habileté peu commune; mais il renonça bientôt à cet instrument pour cultiver le violon, et quelques années de travail le mirent en état de se placer au

BIOGR. UNIV. DES MUSICIENS. T. III.

rang des violonistes les plus distingués de son époque. En 1780, il fit un voyage en Pologne; trois ans après, on lui offrit la place de directeur de musique au théâtre de Riga; il n'occupa ce poste que jusqu'en 1785. Alors, il se rendit à Paris, se fit entendre avec succès au concert spirituel, et publia quelques ouvrages qui furent accueillis favorablement. Vers 1788, Fiorillo s'éloigna de Paris et se rendit en Angleterre, où il passa le reste de sa vie. La dernière fois qu'il parut en public, ce fut dans un concerto d'alto qu'il exécuta aux concerts d'Hannover-Square, en 1794. Il paraît qu'il vivait dans une grande obscurité, car les auteurs du *Dictionary of Musicians*, publié à Londres en 1824, avouent qu'ils n'ont recueilli aucun renseignement sur lui. En 1823, il vint à Paris, pour se faire traiter, par le célèbre chirurgien Dubois, d'une maladie qui exigeait les soins d'un habile opérateur, et dont il guérit. Son ami Sieber, éditeur de musique, voulant fêter son arrivée, rassembla quelques artistes qui exécutèrent plusieurs morceaux de Fiorillo, choisis dans ses anciennes compositions les plus estimées. Touché de ce témoignage d'estime et d'intérêt, mais aussi modeste que distingué par son talent, il s'approcha des exécutants, les remerciant de leur indulgence, mais demandant qu'on laissât ces *vieilleries*, disait-il, pour entendre des choses meilleures. On croit que Fiorillo est mort peu de temps après son retour en Angleterre, mais on n'a pas à cet égard de renseignements précis (1). Presque tous les ouvrages de cet artiste sont maintenant oubliés; un seul lui a survécu, mais celui-là suffit pour perpétuer le souvenir de son talent : on comprend que je veux parler de ses *Études de violon*, ouvrage éminemment classique, et qui indique non moins d'imagination que de connaissance du mécanisme de l'instrument. Quelles que soient les variations de goût et les caprices de la mode, les études de Fiorillo seront toujours utiles à ceux qui voudront analyser l'art de jouer du violon, pour en faire une application pratique. On doit à cet artiste les ouvrages dont les titres suivent : 1° Six trios pour deux violons et basse, op. 1, Berlin. Cet ouvrage a été gravé à Paris comme l'œuvre deuxième; il obtint un brillant succès dans sa nouveauté. 2° Six duos pour deux violons, op. 2,

(1) Fayolle, qui a donné un petit article sur Fiorillo dans le volume soixante-quatrième de la *Biographie universelle* de Michaud, le fait mourir à Londres, le 5 mai 1819; il a été trompé par ses renseignements, car je tiens de Sieber lui-même les détails sur le voyage de l'artiste à Paris, en 1823.

17

Berlin. Ces duos ont été publiés à Paris comme l'œuvre cinquième de Fiorillo. 3° Six quatuors pour deux violons, alto et basse, op. 3, Berlin. L'édition de Paris porte l'indication d'œuvre premier. 4° Trente-six caprices ou études pour le violon, op. 3, Paris, Sieber. 5° Trois concertos pour le violon, œuvre quatrième, livres 1, 2 et 3, Berlin. Ces trois concertos, et un quatrième, ont été publiés à Paris, sans désignation d'œuvres. L'œuvre quatrième de cette ville est composé de six quatuors pour flûte, violon, alto et basse. 6° Six quatuors pour deux violons, alto et basse, œuvre sixième, livre 2°, Paris, Sieber. L'œuvre sixième de Berlin est composé de six duos pour deux violons. 7° Six sonates pour piano et violon, op. 17, Paris. 8° Six trios pour flûte, violon et alto, op. 8, *ibid.* 9° Trois sonates pour piano et violon, op. 9, Paris, 1787. 10° Six duos pour deux violons, 2° livre, œuvre dixième, *ibid.* 11° Six trios pour deux violons et basse, 2° livre, op. 11, *ibid.* 12° Trois quintettes pour deux violons, deux altos et basse, op. 12. 13° Six duos pour deux violons, 3° livre, op. 13, *ibid.* 14° Six duos *idem*, 4° livre, op. 15, *ibid.* 15° Six sonates pour violon et alto, faisant suite aux études, op. 15, Londres, 1796, Paris, Sieber, même année. 16° Trois quatuors pour deux violons, alto et basse, op. 16, 3° livre, Paris. 17° Valses pour piano et flûte, Londres, 1798. 18° Trois duos pour violon et violoncelle, op. 32, Paris. Tous les ouvrages de Fiorillo, depuis dix-huit jusqu'à trente et un inclusivement, sont restés en manuscrit ; il en est de même des œuvres trente-trois à soixante-huit inclusivement. 19° Trois duos pour deux violons, op. 69, Paris, Sieber. 20° Sonates à quatre mains pour piano, avec accompagnement de flûte, op. 71, Londres. On a du même artiste, sous désignation d'œuvres. 21° Cinq symphonies concertantes, n° 1 pour deux flûtes, n°s 2, 3 et 5, pour deux violons, n° 4 pour deux hautbois, Paris. 22° Un quintetto pour cor, flûte ou hautbois ou clarinette, violon, alto et basse, réuni à deux autres de Punto et de Rosetti, Paris, Sieber. 23° Air hanovrien, varié pour piano, Londres. 24° Six quatuors pour deux violons, alto et basse, tirés des œuvres de Pleyel pour le piano, Paris, Pleyel. 25° Six duos pour deux violons, tirés des œuvres de Pleyel, en collaboration avec Fodor.

FIORINI (HIPPOLYTE), compositeur, né à Ferrare, vers 1540, manifesta dès son enfance tant de dispositions pour la musique, et chantait avec tant de goût, qu'on l'appelait communément l'*Angioletto*. Il devint ensuite un compositeur habile et fut nommé maître de chapelle d'Alphonse II, duc de Ferrare. Il a publié plusieurs œuvres de musique d'église, tels que des psaumes, des motets, des messes et plusieurs recueils de sonnets et de madrigaux. Fiorini est mort à l'âge de soixante-douze ans. On trouve des madrigaux de cet artiste dans la collection qui a pour titre : *il Lauro verde, madrigali a sei voci, composti da diversi eccellentissimi musici*, Venise, 1586, et Anvers, Pierre Phalèse, 1591, in-4° obl.

FIORINO (GASPARD), né à Rossano, dans l'État vénitien, a été attaché à la chapelle de Saint-Marc, à Venise, en qualité de chanteur, dans la seconde moitié du seizième siècle. Il a publié trois livres de *Canzonette*, à trois et à quatre voix, à Venise, chez Jérôme Scotto, en 1574, in-4°. Le second livre a pour titre : *Canzonette a 3 e 4 voci, in lode e gloria d'alcune signore e gentildonne Genovesi*.

FIORONI (JEAN-ANDRÉ), né à Pavie, en 1704, fit ses études musicales à Naples, et passa près de quinze années sous la direction de Leo. Il fut d'abord nommé maître de chapelle à Côme, et passa ensuite en la même qualité à la cathédrale de Milan, où il est mort en 1779. Les messes et les vêpres à huit parties réelles de ce compositeur, ainsi que ses autres compositions pour l'église, que l'on conserve dans les archives de la cathédrale de Milan, prouvent son profond savoir. On compte parmi ses élèves Qualia, Zucchinetti, l'abbé Plantanida et Bonesi.

FIRNHABER (J.-C.), claveciniste, né à Hildesheim, vers 1750, a passé la plus grande partie de sa vie à Pétersbourg, où il se livrait à l'enseignement. Il a fait graver, à Berlin, en 1779, deux œuvres de trois divertissements pour le piano, avec accompagnement de violon et violoncelle, et à Francfort, en 1784, cinq sonates pour le clavecin, avec violon obligé, et une sonate à quatre mains, œuvre troisième. Ces ouvrages sont remplis d'incorrections d'harmonie.

FISCH (WILLIAM), né à Norwich, en 1775, eut pour premier maître de musique Michel Sharp, qui lui enseigna à jouer du hautbois. Il fut attaché comme hautboïste au théâtre de Norwich, dès sa jeunesse, et composa pour la scène quelques bagatelles qui furent applaudies, mais qui n'ont jamais été publiées. S'étant marié, il quitta le théâtre pour se livrer à l'étude du piano, sous la direction de Hugh Bond, organiste de la cathédrale d'Exeter. A la mort de Michel Sharp, il lui succéda en qualité de premier hautboïste aux concerts de Norwich, dans lesquels il fit entendre plusieurs concertos de hautbois qu'il avait composés. Il a publié beaucoup de chansons anglaises dont il a composé les paroles et la musique, deux grandes sonates pour le piano, un concerto pour le hautbois, plusieurs rondos pour le piano, divers morceaux pour la harpe, un grand duo pour piano et harpe, des fantaisies, des variations, etc. Fisch a vécu dans la retraite pendant ses dernières années, jouissant d'une existence aisée que ses talents lui avaient procurée.

FISCHER (Jean-George), né vers 1630, fut d'abord co-recteur à Clausthal, et passa à Gœttingue, en 1674, en qualité de cantor. Il mourut dans cette ville, au mois d'août 1684. On a de lui un traité de la musique vocale, sous ce titre : *Manuductio latino-germanica ad musicam vocalem*. Gœttingue, 1680, in-8°.

FISCHER (Jean), né en Souabe, vers 1650, vint fort jeune à Paris, et se fit copiste de musique chez Lulli. Vers 1681, il entra comme musicien à l'église des Récollets à Augsbourg. De là, il passa à Anspach, comme musicien de la cour, en 1685, puis en Courlande. En 1701, il fut nommé maître de chapelle au service du duc de Mecklembourg-Schwerin ; mais son humeur inconstante lui fit encore quitter cette situation honorable pour aller à Copenhague, à Stralsund et à Stockholm. Ce fut dans cette dernière ville qu'il se fixa, comme maître de chapelle de la cour de Suède : il y mourut en 1721, à l'âge de soixante-dix ans, avec la réputation d'un savant compositeur. Suivant Moller (*Cimbria Literata*, t. I, p. 170), Jean Fischer, qui fut maître de chapelle à Schwerin, ne serait pas celui qui était né en Souabe et avait été copiste de Lulli ; il aurait vu le jour à Lubeck, et ne serait pas sorti de l'Allemagne. Le titre de l'ouvrage (n° 6) de ce Fischer ne serait pas non plus celui qui a été donné par Gerber, dans son nouveau Lexique des musiciens, car il serait ainsi conçu : *Triumphirende Helden-Musik der beyden Helden, Eugenii, prinzen von Savoyen, und Johannis, hertzogen von Marlboroug, in der Hochstædtischen Schlacht* (Musique du triomphe de deux héros, Eugène, prince de Savoie, et Jean, duc de Marlborough, à la bataille de Hochstædt), Lubeck, 1706, in-fol. Quoi qu'il en soit, voici la liste des productions attribuées à l'un de ces artistes, qui, tous deux, avaient le prénom de Jean : 1° *Musicalischen Mayenlust, aus 30 frantzœsischen Liederyen von 2 Violinen und General-bass bestehend* (Divertissement musical, consistant en cinquante chansons françaises pour deux violons et basse), Augsbourg, 1681, in-4°. 2° *Himmlische Seelen Lust a voce sola con stromenti, aus 12 teutschen Arien, und 6 dergleichen Madrigalien bestehend* (Plaisir céleste de l'âme pour voix seule, avec accompagnement d'instruments, composé de douze airs allemands et de six madrigaux), Nuremberg, 1686. 3° *Musicalisches Divertissement*, à quatre voix, Augsbourg, in-fol., 1700. 4° *Tafel-Musik* (Musique de table), Hambourg, 1702, in-fol. Il y a une seconde édition de cet ouvrage qui a paru à Berlin, 1709. 5° *Musicalische Fürsten-Lust bestehend aus 6 Ouvertures, Chaconnen und lustigen Suites, samt einem Anhange pœlnischer Tänze a 2 violini, viola e basso* (Divertissement musical d'un prince, consistant en six ouvertures, chaconnes, etc., pour deux violons, alto et basse), Augsbourg, in-fol. 6° *Feld- und Helden Musik, über die 1704 bey Hochstædt geschehene Schlacht, worin die Violine der Marlborough und die Hoboe den Tallard verstellen* (Musique de camp et de héros sur la bataille qui fut donnée à Hochstædt en 1704, dans laquelle le violon est offert à Marlborough et le hautbois à Tallard). Suivant Gerber, Fischer avait étudié la composition sous Samuel Capricorne, avant de venir en France ; il jouait bien du violon et de la viole. C'était un homme singulier, bizarre ; mais il avait du savoir en musique et même du génie, dit-on.

FISCHER (Vitus), magister à Gaildorf en Franconie, vécut dans la seconde moitié du dix-septième siècle. Il est auteur d'un recueil de mélodies chorales qui a été publié à Nuremberg, en 1670, in-8°.

FISCHER (Jean-Gaspard-Ferdinand), maître de chapelle du margrave de Bade, naquit vers 1672. Il fut un des plus habiles clavecinistes de son temps, et ses ouvrages prouvent que son talent comme organiste n'était pas moins distingué. Parmi ses compositions, celles dont les titres suivent sont les plus connues : 1° *Le Journal du Printemps, consistant en airs et ballets à cinq parties, et les trompettes à plaisir* (sic). Op. 1. Augsbourg, chez Laurent Kronigen et les héritiers de Théophile Goebel, libraires, 1690, in-fol. 2° *Musicalische Blumen-Büschlein, bestehend in 8 Partien und einen variirten Arie*. Op. 2. 3° *Psalmi vespertini pro toto anno, quatuor voc. concert. 4 ripien. 2 V. et B. cont.* Op. 3. Augsbourg, 1701. 4° *VIII Litaniæ Lauretanæ et IV Antiphoniæ*. 5° *Ariadne Musica, Neo-Organœdum, per XX præludia, totidem fugas, atque V ricercatas, super totidem sacrarum anni temporum* *clesiasticas cantilenas et difficultatum labyrintho educens, opus præstantissimum ultimumque.* Augsbourg, 1710, in-fol. 6° *Der Musicalische Parnassus, oder ein Ganz neu unter dem Namen der 9 Musen, aus 9 Partien bestehendes und auss Clavier eingerichtetes Schaywerck.* Augsbourg, 1738, in-fol. 7° *Præludia et fugæ pro orguno per 8 tonos ecclesiasticos,* ibid.

FISCHER (J.-P.-A.), médecin hollandais, né vers la fin du dix-septième siècle, fut organiste de la cathédrale d'Utrecht, dans la première moitié du dix-huitième. On a de lui : *Korte en grondig onderwijs van de transpositie, benevens eenige korte aanmerkingen over de musiek der Ouden, de onnoodigheid van eenige modis, en het ut, re, mi. Als mede de subsemitona of gesneede klavieren. Waer nog bij gevoegd is eene korte en gemakkelijke methode om een klavier gelijk te stemmen* (Instruction courte et fondamentale sur la transposition, etc.), Utrecht, Willem Stouw, 1728, gr. in-4°. Fischer a aussi publié : *Korte en noodigste grond-regelen van de bassus continuus benevens verscheidene aanmerkingen over deszelfs behandeling, voorgesteld en met eenige exempels verklaard* (Règles abrégées de la basse continue, etc.), Utrecht, 1733, in-4°. 2° *Verhandeling van de Klokken en het Klokkenspel, waarin behalve de opkomst van het Klokspel, alles wat omtrent de klokken aanmerkelijk is als : de stoffe, gewigt, grootte en klank derzelven, mitsgaders de compositie regels voor den toon, en de noodige wetenschap van 't versterken wordt voorgesteld;* etc. (Dissertation sur les cloches et sur les carillons, etc.), Utrecht, 1738, in-4°. Une seconde édition de cet ouvrage a été publiée sans nom d'auteur à Utrecht, en 1779, petit in-4°.

FISCHER (CHRÉTIEN-FRÉDÉRIC), né à Lubeck le 23 octobre 1698, fit ses études dans cette ville, et apprit la musique et le contrepoint sous la direction d'un organiste habile nommé *Schieferdecker.* En 1725, il se rendit à Rostock, pour y faire un cours de jurisprudence ; il y fit exécuter une musique solennelle de sa composition. En 1727, il visita l'Université de Halle pour y continuer ses études. Nommé cantor à Ploen, il prit possession de cette place en 1729. Ce fut pour l'école de ce lieu qu'il écrivit un livre complet de chorals, ou musique simple, avec une préface et des recherches sur la composition ; mais ces ouvrages sont restés en manuscrit. En 1740, Fischer devint cantor à Kiel, et en 1748 il fut reçu membre de la Société musicale de Mizler. Le reste de sa vie est ignoré.

FISCHER (P.-CHRYSANDRE), moine franciscain au couvent de St.-François à Munich, naquit en Bavière en 1718, et fit ses vœux en 1735. Il fut un des bons organistes de la grande école, dans la manière de Bach ; l'électeur Maximilien III l'estimait beaucoup. Fischer a composé pour son couvent plusieurs messes qui sont restées en manuscrit, et parmi lesquelles on cite avec beaucoup d'éloges un *Requiem* à quatre voix. Le P. Fischer est mort à Munich, en 1759.

FISCHER (GEORGES-NICOLAS), organiste à Carlsruhe, vers le milieu du dix-huitième siècle, a publié, en 1762, un livre de chorals pour la principauté de Bade-Dourlach, sous le titre de *Bade-Durlachischer choralbuch*, Carlsruhe, in-4° obl.

FISCHER (FERDINAND), musicien de cour et de ville à Brunswick, né en 1723, fut un violoniste distingué. Après avoir voyagé quelque temps en Allemagne et en Hollande, il retourna à Brunswick en 1761, et y écrivit, pour l'usage du dernier prince, en 1763, six trios pour violon, et en 1765, six symphonies pour neuf instruments. Ayant composé, en 1800, une cantate pour l'anniversaire de la naissance de l'empereur de Russie, Paul Ier, il en reçut une riche tabatière d'or, avec une lettre de remercîment écrite de sa main. A l'âge de 80 ans, il dirigea encore, le 17 août 1803, un grand concert vocal et instrumental à Brunswick. On connaît six quatuors pour deux violons, alto et basse, de la composition de Fischer, lesquels sont restés en manuscrit.

FISCHER (l'abbé PAUL), né en Bohême vers 1730, fut chapelain du comte de Hartig, à Prague. C'était un bon claveciniste, qui s'est fait connaître par quelques compositions qui ont été insérées dans les *Mélanges* de Haffner, et par six sonates pour le clavecin, qui furent imprimées en 1768, chez Breitkopf, à Leipsick.

FISCHER (ZACHARIE), fabricant de violons à Wurtzbourg, naquit dans cette ville, le 5 novembre 1730 ; il y est décédé le 27 nov. 1812. Ses instruments sont estimés. Il a fait annoncer dans les journaux, en 1780, qu'il employait dans la confection de ses instruments une invention nouvelle, au moyen de laquelle ils égalaient en bonté ceux de Stradivari et de Steiner. Cette invention consistait à ôter au bois sa verdeur, au moyen de la dessiccation dans le four ; plusieurs luthiers ont fait usage de ce moyen, mais on y a renoncé, parce qu'on s'est aperçu qu'un dessèchement trop rapide et souvent mal gradué énerve le bois et ôte au son l'éclat des vibrations.

FISCHER (JEAN-GODEFROID), docteur en musique, et professeur au Gymnase de Freyberg, naquit à Naundorf, le 15 septembre 1751, et fit ses études au Gymnase de Freyberg, depuis 1764 jusqu'en 1774; puis il alla étudier la théologie et la musique à Leipsick jusqu'en 1777. Dans cette même année, son goût pour la musique le décida à accepter la place d'organiste de l'église de Saint-André à Eisleben. En 1788, il prit le grade de docteur en musique, et fut fait quatrième professeur du Gymnase d'Eisleben. Après vingt et un ans de séjour dans cette ville, il retourna à Freyberg en 1799, et y fut nommé professeur au Gymnase. Il est mort dans cette position, à l'âge de 70 ans, le 7 septembre 1821. Fischer a fait imprimer divers ouvrages de sa composition, dont les titres suivent : 1° *Jugendlied dem Tode Herzogs Leopold von Braunschweig, in Gymnasium zu Eisleben am 30 juni 1785 gesangen.* Klavierauszug (Chant sur la mort du duc Léopold de Brunswick, exécuté au Gymnase d'Eisleben le 30 juin 1785, arrangé pour le clavecin), Leipsick, 1785, 3 feuilles in-fol. 2° *Andante avec douze variations pour le clavecin*, Dresde, 1794. 3° *Friedenslied zum geselligen Vergnügen*, Berlin, Hummel. 4° *Caprice pour le clavecin*, Leipsick, 1795. 5° *Six fugues pour le clavecin et l'orgue*, 1796. Il a mis aussi en musique à plusieurs voix le *Pater* de Mahlmaun, deux oratorios pour le vendredi saint, plusieurs psaumes, et d'autres morceaux pour l'église.

FISCHER (JEAN-CHRÉTIEN), célèbre hautboïste, émule de Besozzi de Turin, naquit à Fribourg en Brisgaw, en 1733. En 1760, il fut engagé à l'orchestre de la chapelle de Dresde. Cinq ans après, il partit pour l'Italie, et y perfectionna son goût en étudiant la manière des grands chanteurs de cette époque brillante. Il ne quitta l'Italie que pour se rendre en Angleterre; mais le désir d'entendre Besozzi à Turin, l'ayant amené près de la France, il prit la résolution de passer par Paris, où il se fit entendre au concert spirituel. Son succès fut prodigieux. Arrivé à Londres, il y eut le titre de musicien de la chambre de la reine d'Angleterre. Pendant plus de trente ans, il y fut considéré comme le plus habile virtuose sur son instrument, malgré les progrès qui avaient été faits dans la musique instrumentale pendant ce temps. Burney, qui avait entendu souvent Besozzi, lui préférait Fischer en beaucoup de parties. Le 20 avril 1800, ayant été appelé au palais de Saint-James pour jouer sa partie dans un concert, au moment où il commençait un solo, il fut frappé d'apoplexie, et mourut une heure après. Le célèbre menuet de Fischer, qui eut une vogue extraordinaire vers 1780, avait été composé par cet artiste, homme d'esprit et d'un caractère indépendant, dont on cite quelques mots heureux. Park (*voyez* ce nom), rapporte sur lui, dans ses Mémoires, l'anecdote suivante : pressé par un grand seigneur anglais de souper avec lui après l'opéra, Fischer s'excusa, disant qu'il avait besoin de repos après la fatigue de la représentation ; mais le lord ayant insisté, Fischer finit par accepter. A son entrée dans le salon de ce seigneur, il fut accueilli par de grandes démonstrations de joie, et le maitre de la maison lui dit : *J'espère, mon cher M. Fischer, que vous avez apporté votre hautbois dans votre poche?* — *Non, milord, mon hautbois ne soupe jamais, et ce soir je l'imiterai*. Après avoir prononcé ces paroles, l'artiste sortit sans qu'on pût le retenir, et jamais depuis lors il n'accepta d'invitation. On a gravé de sa composition : 1° *Concerto pour le hautbois, la flûte ou le violon*. Berlin, Hummel. 2° *Six duos pour deux flûtes*. op. 2. Ibid. 3° *Dix solos pour hautbois ou flûte et basse*, ibid. 4° *Three concertis a oboe principale*, n° 8, 9 et 10. Londres, Preston. 5° *Three quartettis and two trios for german flutes, violin, viola, and violoncello. from eminent masters, revise l by J. C. Fischer*. Ce musicien distingué a laissé en manuscrit quelques concertos pour le hautbois.

FISCHER (LOUIS), chanteur allemand de l'Opéra de Berlin, naquit à Mayence en 1745. Doué d'une belle voix de basse, il développa les avantages de cet organe par l'étude des principes de la musique. L'électeur de Mayence, l'ayant admis dans sa chapelle, lui permit d'aller acheter son éducation vocale à Manheim, sous la direction de Raff, le plus grand chanteur que l'Allemagne a produit (*voy.* RAFF). L'électeur Palatin sut apprécier le mérite de Fischer, et l'engagea à son service. L'artiste demeura onze ans à Manheim, puis il suivit la cour à Munich. Ce fut en cette dernière ville qu'il reçut un engagement pour le Théâtre national et impérial de Vienne : il accepta les propositions qui lui étaient faites, et chanta quatre ans à ce théâtre. N'ayant pu s'entendre avec les entrepreneurs, au renouvellement de ses engagements, il quitta Vienne et se rendit à Paris où il chanta avec beaucoup de succès au concert spirituel, en 1783 ; puis il alla à Naples, chanta à Caserte, devant le roi, le rôle de *Bartolo*, dans le *Barbier de Séville*, fut appelé à Rome, pour y chanter au théâtre *Argentina* dans un opéra de Marescalchi, et enfin joua à Venise au théâtre San-Benedetto, dans l'*Adamira* de Lucchesi. De retour dans sa patrie, en 1784, il accepta un engagement à la cour du prince de la Tour et Taxis, y resta cinq ans, et fit, en 1788, un voyage à Berlin. Le roi, l'ayant entendu avec plaisir, le rappela en 1789, pour jouer le rôle principal dans le *Brenno* de Reichardt. Le succès qu'il y obtint fut si remarquable, que le roi lui fit proposer un engagement pour le reste de sa vie, avec des appointements de deux mille thalers (7,500 francs), somme considérable pour ce temps. Fischer accepta, et dans le reste de sa carrière, il ne s'éloigna plus de Berlin que pour faire des voyages de peu de durée. C'est ainsi qu'en 1794 il se rendit à Londres, sur l'invitation de Salomon, pour y chanter aux concerts de Hannover-Square, et que, dans l'automne de 1798, il fit un second voyage à Vienne. A son retour il se fit entendre avec succès à Dresde et à Leipsick. L'étendue de sa voix, pleine et sonore, était depuis *ré* grave jusqu'à *fa* aigu. Un des rôles qui lui faisaient le plus d'honneur était celui d'*Oroe*, dans la *Semiramide* de Himmel. Cet artiste célèbre est mort à Berlin, en 1825. Reynold a gravé un portrait de Fischer qui est d'une grande ressemblance.

FISCHER (JEAN-CHARLES-CHRÉTIEN), né en 1752, fut comédien dans sa jeunesse, et devint directeur du théâtre de Schwerin, en 1791. Quelques années après il se retira à Custrow, où il fut nommé organiste de l'église paroissiale. Il est mort dans cette ville, à l'âge de 55 ans, le 30 septembre 1807. Fischer était à la fois littérateur et compositeur. Il a écrit plusieurs concertos pour le piano. Le septième, en *fa*, a été gravé à Amsterdam, chez Hummel, et à Paris, chez Sieber.

FISCHER (MATHIEU), né le 26 novembre 1763 à Ried, dans le canton de Zusmarshausen (cercle du Haut-Danube), entra comme enfant de chœur, à l'âge de dix ans, au séminaire des chanoines réguliers de Ste-Croix à Augsbourg, y apprit la musique et y fit ses études littéraires. Ses progrès furent rapides ; il était encore élève en rhétorique, et déjà il avait composé pour l'église beaucoup de morceaux à plusieurs voix, où l'on remarquait du talent. Il était aussi pianiste et organiste distingué. Le 9 septembre 1785, il prononça ses vœux au monastère de Ste-Croix, et le 20 mars 1789, il fut ordonné prêtre. Devenu organiste de son couvent, il acquit non-seulement un rare talent d'exécution par un exercice de vingt années, mais il fut aussi un compositeur de premier ordre pour l'orgue. A la suppression des couvents en Bavière, il resta comme directeur de chant à l'église de Ste-Croix ; mais en 1810, époque de la nouvelle organisation des paroisses à Augsbourg, il fut placé en la même qualité à l'église de St-Georges. Ses compositions pour l'église se trouvent en manuscrit dans plusieurs villes de la Bavière, et ont reçu partout un accueil flatteur.

FISCHER (MICHEL-GOTHARD), maître de concerts, organiste de l'église des Prédicateurs, et professeur d'harmonie et d'orgue à l'École normale des instituteurs évangéliques à Erfurt, naquit à Alach, près de cette ville, vers 1704, suivant Gerber, et le 3 juin 1775 ; d'après le Lexique de musique publié par Schilling. Il y a vraisemblablement erreur, quant à l'année, dans cette dernière date, car Fischer ayant été nommé maître de concerts du prince électeur de Mayence, baron de Dalberg, en 1790, n'aurait eu, à cette époque, que dix-sept ans. Quoi qu'il en soit, il fit ses premières études de musique au chœur du séminaire d'Erfurt, et devint ensuite élève de Kittel pour l'orgue et le contrepoint. Ses études étant achevées, il alla passer quelque temps à Jéna ; mais il y resta peu, et bientôt il entra au service de l'électeur de Mayence ; peu de temps après, il fut engagé à Erfurt, en remplacement de Hæssler, et dans le même temps il eut la place d'organiste des Carmes déchaussés, de cette ville. Plus tard, il eut l'orgue de l'église des Prédicateurs, et il fut nommé professeur à l'École normale, en 1816. Fischer était homme de talent comme organiste, et sa méthode d'enseignement le rendait recommandable comme professeur ; malheureusement les quinze dernières années de sa vie furent si pénibles, à cause des vives douleurs que la goutte lui causait, qu'il fut souvent obligé de manquer à l'exercice de ses fonctions. Il mourut le 12 janvier 1820. Ses élèves chantèrent sur sa tombe deux motets qu'il avait composés pour ses funérailles. On a publié de cet artiste distingué les ouvrages dont les titres suivent : *Deux grands quatuors pour deux violons, alto et basse*, op. 1. Offenbach, 1799. 2° *Symphonie en ut pour quatorze instruments*, Hambourg. 3° *Grande sonate pour le clavecin*, op. 3. Erfurt. 4° *XII Orgelstücke, Hrn. Kittel gewidmet* (Douze pièces d'orgues dédiées à Kittel) op. 4. 1re partie. Erfurt, 1802. Cet ouvrage est excellent et prouve que Fischer fut un organiste de la bonne école. 5° *Quatre symphonies en ut, si, mi et ré, pour onze et quatorze instruments*, op. 5, 9, 13 et 19. 6° Concerto pour clarinette ou hautbois et basson, op. 11, Leipsick, Breitkopf et Hærtel. 7° Quintette pour deux violons, deux altos et basse, op. 7. *ibid.* 8° Concerto pour basson et orchestre, op. 8. *ibid.* 9° Quatuor pour piano, violon, alto et basse, op. 6. *ibid.* 10° Des caprices, rondos et exercices pour piano seul, *ibid.* 11° Quatre motets allemands et quatre airs pour un chœur de quatre voix, en partition. *ibid.* 12° Un livre de chorals arrangés à quatre parties pour l'orgue, avec des préludes. Gotha, Perthus. Une deuxième édition de cet ouvrage a été publiée en deux parties par M. A. G. Ritter, à Erfurt, chez Kœrner, en 1840. 13° Quelques cahiers de chansons allemandes avec accompagnement de piano. Une nouvelle édition complète des pièces d'orgue de Fischer, au nombre de *cent vingt*, a été publiée à Leipsick, en 1840.

FISCHER (VOLBERT), virtuose sur la harpe et sur le clavecin, est né à Tabor en Bohême, où son père lui enseigna les éléments de la musique. Plus tard il entra au séminaire des Jésuites à Neuhaus, et y fit ses humanités, qu'il acheva ensuite à Prague. Il ne quitta cette ville que pour se rendre en Pologne, où il passa sept années, étudiant avec ardeur la harpe, le clavecin et la composition. Après avoir fait un voyage en Italie, il se rendit à Paris et s'y fit entendre avec succès en 1787. On ignore ce qu'il est devenu depuis ce temps. Il y a lieu de croire qu'il est auteur de six symphonies pour deux violons, alto, basse, deux hautbois et deux cors, qui sont indiquées dans le catalogue de M. J. Traeg, marchand de musique à Vienne, en 1799.

FISCHER (GEORGES-GUILLAUME), amateur, était, en 1789, gouverneur du baron de Firks, et vivait à Vollstedt, près d'Eisleben. On a de lui : *Versuche in der Tonkunst und Dichtkunst* (Essais sur la musique et la poésie), Leipsick, 1784, in-4°. 2° *Musicalische Feierstunden für Liebhaber, leichter Klavierstücke* (Heures de récréation musicale pour les amateurs, pièces faciles pour le piano), Hambourg, 1790, in-fol. 3° *XII Leichte Tænze für Klavier* (Douze airs de danse faciles pour le clavecin), Leipsick, 1787, in-4°. 4° *Leichte Klavier und Singstücke; 2te Sammlung* (Pièces faciles pour le clavecin et le chant), Leipsick, 1788, in-4°. 5° *VI Walzer für Klavier* (Six valses pour le clavecin). Hambourg, 1799.

FISCHER (CH.), directeur de musique et compositeur au théâtre de Hanovre, en 1795, a écrit pour ce même théâtre : 1° Un prologue musical pour l'anniversaire de naissance de la reine. 2° *Das Fest der Grazien* (La fête des Grâces). En 1790 il y avait aussi un musicien nommé *Fischer*, attaché comme pianiste au théâtre de Moscou. On ignore si c'est le même que celui de Hanovre. Gerber a supposé qu'il était fils de Ferdinand.

FISCHER (ERNEST-GODEFROID), membre honoraire de l'Académie des sciences de Berlin, professeur de mathématiques et de physique, à l'Institut des mines de Prusse, et à l'École du commerce, et suivant Lichtenthal, lieutenant d'artillerie. Ce savant estimable est avantageusement connu comme auteur de bons ouvrages sur les sciences naturelles et mathématiques, particulièrement par son traité de *Physique mécanique*, traduit de l'allemand en français avec des notes de M. Biot, publié à Paris, en 1806, et réimprimé plusieurs fois. Les auteurs du Lexique de musique, publié par Schilling, disent que M. Fischer a été en dernier lieu professeur de chant au Gymnase latin de Berlin, appelé *Zum grauen Kloster*. Il est mort dans cette situation, le 14 janvier 1820. On a de ce savant plusieurs écrits relatifs à la musique ; le premier a paru dans la dix-neuvième année de la *Gazette musicale* de Leipsick, sous ce titre : *Ueber die Einrichtung des vierstimmigen Choralgesangs in dem evangelischen Gottesdienste* (Sur l'introduction du chant choral à quatre voix dans l'office divin du culte protestant). En 1824, il a écrit des *Essais sur les vibrations des cordes tendues, particulièrement pour déterminer un bon tempérament dans l'accord des instruments* (insérés dans les Mémoires de l'Académie royale des sciences de Berlin). Ce mémoire a été réimprimé séparément sous ce titre : *Versuche über die Schwingungen gespannter Saiten, besonders zur Bestimmung eines sichern Maassstabes für die Stimmung*. Berlin, 1825, in-4°. Chladni a rendu compte de ce travail dans la *Gazette musicale* de Leipsick (an. 1825, col. 501 et suiv. et 705 et suiv.), et lui a donné des éloges, en faisant voir que M. Fischer a rectifié ou complété l'analyse des faits exposés par ses devanciers. On trouve dans cette dissertation une histoire abrégée des travaux de quelques géomètres célèbres sur le problème de la corde vibrante, et l'auteur y reproduit la formule de Taylor dont il développe les résultats. Il y propose un nouveau monocorde vertical avec une échelle graduée, et un chevalet mobile d'une construction fort ingénieuse. Postérieurement Scheibler (*voyez* ce nom), a publié des expériences et une théorie de tempérament rgal qui rendent à peu près inutile tout ce qu'on avait fait auparavant sur le même sujet. Un écrit posthume de Fischer, intitulé : *Ueber das akustische Verhältniss der Accorde* (Sur la relation acoustique des accords), a été publié dans l'Annuaire du Gymnase de *Grauen Kloster* (*Jahresbericht des Berlinischen Gymnasiums zum grauen Kloster*). Berlin, 1835, in-4º de 66 pages. La dissertation de Fischer remplit les 44 premières pages de cet écrit, suivies de quelques tableaux.

FISCHER (JOSEPH), fils du célèbre chanteur Louis Fischer, est né à Vienne, en 1780. Son éducation fut particulièrement dirigée vers une connaissance approfondie de la musique. Son père ayant remarqué la belle voix de soprano qu'il avait reçue de la nature, conçut le projet de le préparer à lui succéder un jour sur la scène; il lui donna des leçons de chant et le confia aux soins des meilleurs maîtres pour les langues, la poésie et la composition. Joseph était âgé que de seize ans, quand sa voix se changea en une basse forte et bien timbrée; toutefois, son père ne lui permit pas de paraître sur la scène avant qu'il eût atteint sa vingt et unième année. En 1801, il fut engagé comme première basse au théâtre de Manheim; son début y fut heureux, et l'on conçut dès lors l'espérance qu'il marcherait sur les traces de son père. En 1804, il reçut un engagement pour la cour du duc de Wurtemberg, comme chanteur et comme régisseur de l'Opéra; mais il n'y resta que deux ans, et il quitta cette position pour entreprendre un long voyage. Après avoir visité la France, il parcourut l'Allemagne et chanta à Stuttgard, à Berlin et à Munich; puis il partit pour l'Italie, où il a passé la plus grande partie de sa vie. Dans les derniers temps, il a été entrepreneur de l'Opéra à Palerme. Plus tard, il se retira à Manheim, et y vécut dans l'aisance avec sa femme, comtesse d'Ottweiler, fille naturelle du prince palatin de Deux-Ponts, qui lui a donné des richesses considérables.

Des critiques allemands assurent que Joseph Fischer a surpassé son père comme chanteur; d'autres prétendent qu'il lui fut inférieur, quoiqu'il jouât avec beaucoup de succès dans quelques ouvrages importants, tels que *Don Juan* et les *Noces de Figaro*. Quoi qu'il en soit, il paraît que cet artiste ne jouit pas de beaucoup d'estime en Allemagne, ayant mis plusieurs fois peu de loyauté à faire rompre ses engagements, lorsqu'il espérait en obtenir d'autres plus avantageux dans d'autres villes : c'est ainsi qu'à Berlin on fut obligé de lui donner sa démission, parce que ses fréquentes insultes envers le public avaient irrité les habitants de cette ville; c'est encore ainsi que, par une conduite semblable, il mit le roi de Bavière, qui avait des bontés pour lui, dans la nécessité de le congédier. Ce chanteur s'est fait connaître comme compositeur par dix ou douze recueils de chansons allemandes et italiennes, la plupart pour voix de baryton avec accompagnement de piano. Il avait annoncé l'intention de publier une méthode de chant, mais il n'a pas réalisé sa promesse. La fille adoptive de Fischer, Anna, fille légitime de Miedki, autrefois acteur et régisseur du théâtre de Stuttgard, est connue comme cantatrice dramatique, sous le nom de Maraffa-Fischer. En 1827, elle a paru à l'Opéra de Paris dans *Moïse*, de Rossini, mais sans succès. Elle partit ensuite pour l'Italie, où elle fut mieux accueillie; elle chanta à Modène, à Rome et à Palerme, puis à Cadix. En 1837, elle était de retour en Allemagne et attachée au théâtre de Stuttgard.

FISCHER-ACHTEN (Mme CAROLINE), première chanteuse des théâtres d'Allemagne, est née à Vienne, vers 1806. Les premiers principes de musique et de chant lui furent enseignés dans l'école de Stockerau, près de Vienne, où son père était en garnison. Dans la suite (1825 à 1827), elle continua ses études dans la capitale de l'Autriche, et développa la puissance de son organe vocal en chantant les solos dans la musique des églises. Sa voix, fort belle, aurait eu besoin d'être exercée dans une véritable école de chant et de bonne vocalisation; malheureusement, cette partie importante de l'art est peu connue en Allemagne, et l'éducation vocale de Mme Fischer ne fut pas dirigée comme il aurait fallu qu'elle le fût. Comme la plupart des bons chanteurs allemands, elle produisait de l'effet par le caractère dramatique de son talent, et par l'accent pénétrant de sa voix; mais le mécanisme de la vocalisation et l'agilité lui manquaient absolument. Rœckel, Demner, Golldank et Ciccimara ont entrepris à plusieurs reprises de lui donner ces qualités, mais sans succès. Mme Fischer débuta à Vienne, sous le nom de Mlle Achten, le 19 décembre 1827, dans l'opéra intitulé : *das blinden Harfener* (le Harpiste aveugle), et fut favorablement accueillie par le public. L'auteur de l'article qui concerne cette cantatrice, dans le Lexique de musique de M. Schilling, dit qu'elle a épousé l'acteur Frédéric Fischer dans l'automne de 1831; mais c'est une erreur, car Mme Fischer portait déjà son nom quand elle chanta à Paris en 1829, sous la direction de Rœckel. Elle obtint d'abord du succès dans cette ville; mais après l'arrivée de Mme Schrœder-Devrient, elle perdit beaucoup à être mise en comparaison avec cette grande actrice, dont la voix était moins belle que celle de Mme Fischer, mais qui avait sur elle l'avantage d'un talent éminemment dramatique. De retour en Allemagne, Mme Fischer a chanté une année au théâtre de Stuttgard, puis à Carlsruhe, et enfin, elle a signé un engagement de plusieurs années pour remplir le premier emploi à Francfort. Postérieurement elle a été attachée aux théâtres de Carlsruhe, de Brunswick, de Hambourg et de Leipsick. En 1847, elle était retournée à Brunswick. Elle s'est retirée de la scène en 1850. Ses meilleurs rôles étaient ceux d'*Alice*, dans *Robert le Diable*, de *Zerline*, dans *Don Juan*, de *Myrrha*, dans le *Sacrifice interrompu*, et de *Pamina*, dans la *Flûte enchantée*.

FISCHER (JEAN-GOTTLOB), fut d'abord professeur de musique à l'école évangélique de Grabig, en Silésie; puis il occupa la même position à Grossglogau, où il vivait en 1840. Il est auteur d'une instruction sur l'enseignement de la musique et du chant, d'après la méthode de Pestalozzi, publiée sous ce titre : *Praktisches Leitfaden für Lehrer beim Gesangunterricht in Schulen*, Glogau, Fleming, 1836, in-8°, de XXII et 179 pages. En 1840, Fischer a publié une collection de chants pour quatre voix d'hommes.

FISCHER (ANTOINE), né à Augsbourg, vers 1782, a eu pour maître de musique son frère aîné, directeur du chœur à l'église catholique. Lorsque son éducation musicale fut achevée, il se rendit à Vienne, dans l'espoir de s'y faire connaître et d'y obtenir une position honorable ; mais les premiers temps de son séjour en cette ville furent pénibles, et sa seule ressource fut de s'engager comme choriste au théâtre de Josephstadt. En 1800, il quitta ce théâtre pour passer à celui de Schikaneder, où on le chargea de quelques rôles secondaires. Vers le même temps, il commença à faire quelques essais assez heureux de composition. Mozart, Chérubini, Méhul, Elsner, étaient alors les maîtres en vogue aux théâtres de Vienne ; Fischer les prit pour modèles ; mais par malheur, il imita souvent leur style avec tant d'exactitude, qu'il fut accusé de plagiat ; c'est au défaut d'originalité de sa musique qu'il faut attribuer le profond oubli où ses ouvrages sont tombés, quoiqu'ils aient obtenu du succès dans leur nouveauté. L'étude sérieuse qu'il avait faite des partitions des grands maîtres le rendait propre à bien diriger un orchestre ; c'est à cet avantage qu'il fut redevable de la place de second directeur de musique qu'on lui confia au théâtre. Devenu plus libre dans la direction qu'il pouvait donner à son existence d'artiste, il aurait vraisemblablement perfectionné son talent de compositeur, si la mort n'était venue l'enlever en 1808, à la fleur de l'âge. Les opéras de Fischer qui ont été représentés à Vienne sont : 1° *Lanara, Kœnigin des Palmenhains* (la Reine des palmiers). 2° *Die Arme Familie* (la Pauvre Famille). 3° *Die Entlarnten* (les Démasqués). 4° *Die Scheidwand* (le Mur mitoyen). 5° *Die Verwandlungen* (les Métamorphoses). 6° *Raoul der Blaubart* (Raoul Barbe-Bleue). 7° *Die beiden Geizegen* (les Deux Avares, d'après la partition de Grétry modernisée). 8° *Das Hausgesinde* (le Domestique). 9° *Switard's Zauberthal* (la Vallée enchantée de Switard). 10° *Das Singspiel auf dem Dache* (la Comédie sur le toit). 11° *Die Festung an der Elbe* (la Forteresse sur l'Elbe). 12° *Das Milchmædchen von Bercy* (la Laitière de Bercy). 13° *Thésée et Ariane*, pantomime. 14° *Der Wohlthatige Genius* (le Génie bienfaisant). 15° Une opérette pour les enfants. 16° Deux cantates de circonstance.

FISCHER (J.-M.), né en Bavière, vers 1808, fut d'abord professeur de musique à Hof, où il se trouvait en 1836, puis fut appelé à Deux-Ponts, pour y remplir des fonctions analogues. On a de lui un écrit qui a pour titre : *Die Grundbegriffe der Tonkunst in ihren natürlich Zusammenhange nebst einer geschichtlichen Entwickelung derselben* (les Principes naturels de la musique dans leur liaison normale, suivis de leurs développements historiques). Hof, G.-A. Grau, 1836, in-8°, de 90 pages. Ce petit ouvrage, destiné aux écoles et aux séminaires, est un bon abrégé des éléments de la musique.

FISCHER (LOUIS), cantor et organiste à Jéna, né dans la Thuringe, vers 1810, s'est fait connaître par une méthode pour enseigner les éléments de la musique aux enfants à l'aide d'un jeu de dés, en deux tableaux in-folio, publiée sous ce titre : *Musikalische Würfelspiel, oder die Kunst durch Würfel Kindern leicht und auf angenehme Weise die Noten, etc.*, Erfurt, Kœrner, 1838.

FISCHER (ADOLPHE), violoniste à Kœnigsberg, en 1829, fut nommé maître de chapelle dans la même ville, en 1835. Il y a fait représenter, en 1832, un petit opéra qui avait pour titre : *die Alpenhütte* (la Chaumière des Alpes). On a publié quelques compositions de cet artiste, pour le violon.

FISCHER (CHARLES-LOUIS) n'est connu que par les diverses positions qu'il a occupées. En 1840, il était directeur d'une société de chant à Aix-la-Chapelle; en 1843, il remplissait les mêmes fonctions à Metz. Deux ans plus tard, il était directeur du théâtre à Cologne, et enfin, en 1847, il dirigeait celui de Mayence. On connaît de lui des chansons à voix seule avec piano, publiées à Mayence, chez Schott; des chansons de soldats, Cologne, Schloss, et le chant pour un chœur d'hommes à quatre parties avec orchestre, intitulé *Meeresstille und glückliche Fahrt* (la Mer calme et le voyage heureux), qui fut exécuté dans des fêtes musicales à Wurzbourg, en 1845, à Cologne, en 1846, et à Dresde, en 1847.

FISCHER. Plusieurs musiciens de ce nom se sont aussi fait connaître par quelques compositions plus ou moins légères, plus ou moins importantes; mais les circonstances de leur vie sont à peu près inconnues, et l'on n'a guère, en ce qui les concerne, que les titres de leurs ouvrages. Voici ceux que j'ai pu distinguer par les initiales de leurs prénoms :

FISCHER (A.-J.). Gerber a cru que ce musicien était fils du chanteur Louis Fischer, mais il a été induit en erreur à cet égard. On a de lui : 1° Douze variations pour le clavecin sur l'air allemand : *Liebe wohnt auf allen Wagen*, op. 1, Offenbach, André, 1790. 2° *La Vie du pèlerin*, avec accompagnement de piano, Leipsick, chez Kuhnel. 3° *Rondeau varié pour le piano*, Amsterdam, Hummel. 4° Six variations faciles pour le piano, Hambourg.

FISCHER (F.-X.), guitariste à Prague, a publié quatre recueils de chansons allemandes avec accompagnements de guitare, un trio pour flûte, alto et guitare, œuvre 6°, et cinq valses pour guitare seule. Tous ces ouvrages ont paru à Prague, chez Berra.

FISCHER (Christian), compositeur, s'est fait connaître par quelques petits ouvrages pour le piano, particulièrement des polkas et des valses, qui ont paru à Dusseldorf et à Mayence, sous le nom de *Fischer* (C.).

FISCHER (J.-A.-H.), professeur de piano à Hambourg, a publié dans cette ville, depuis 1842 jusqu'en 1846, environ dix œuvres de petites pièces de différents genres pour le piano.

FISCHER (J.-N.), vicaire de la paroisse, et directeur de la société de chant à Hildbourghausen, a publié dans cette ville, en 1839, des *Lieder* pour voix de basse, avec accompagnement de piano.

FISCHER (Jean-Guillaume), né en Silésie, fit ses études musicales à Breslau et s'y fit connaître, vers 1820, par quelques ouvrages; puis il fut organiste à Fribourg, où il se trouvait encore en 1834; quelques années après, il retourna à Breslau et y publia plusieurs bonnes compositions pour l'orgue. On a aussi de lui un écrit intitulé : *Beschreibung der grossen Orgel zu Breslau* (Description du grand orgue de Breslau), Breslau, 1821, in-8°.

FISCHHOF (JOSEPH), professeur de piano au Conservatoire de musique de Vienne, né en 1804, à Butschowitz, en Moravie, est mort à Bade, près de Vienne, le 28 juin 1857, à l'âge de 53 ans. Sa constitution faible et maladive ne l'empêcha pas de se livrer à l'étude presque dès le berceau, car, à l'âge de trois ans, il savait lire, et à sept, il apprenait la musique. Son père, négociant estimable et instruit, le mit au collège de Brünn, en 1813, pour l'étude des langues anciennes, qu'il acheva en 1819. Dans le cours de ces six années, il reçut des leçons de piano du professeur Jahelka, et plus tard, du maître de chapelle Rieger. Déjà il faisait preuve d'habileté comme exécutant et comme improvisateur au piano, quand son père l'envoya à Vienne pour y étudier la philosophie et la médecine. Là il prit des leçons de piano d'Antoine Halm, et devint élève du chevalier de Seyfried pour la composition. Des revers de fortune éprouvés par son père, et la mort de celui-ci, en 1827, le décidèrent à renoncer à la profession de médecin, et à faire usage de ses talents en musique pour assurer son existence. Dès ce moment, il donna des leçons de piano, et, en peu de temps, il se fit une réputation honorable comme professeur et comme compositeur. Instruit dans l'histoire et la théorie de la musique, il a publié quelques bons articles de critique sur cet art. Il possédait une bibliothèque choisie et nombreuse de littérature musicale et d'œuvres des grands maîtres, dont l'acquisition a été faite, après sa mort, pour la bibliothèque royale de Berlin. En 1833, il a été nommé professeur de piano du Conservatoire de Vienne, et y a introduit la méthode de Kalkbrenner par le *guide-mains*. Plus tard, il y a rempli temporairement les fonctions de directeur. On a de Fischhof les compositions dont les titres suivent : 1° Air de Rossini varié pour flûte, avec quatuor ou piano, Vienne, Leidesdorf. 2° Variations brillantes pour piano, guitare et flûte sur un thème original, Vienne, Pennauer. 3° Trois polonaises avec trio pour le piano, op. 4, Vienne, Artaria. 4° Quatuor pour deux violons, alto et basse, op. 5. 5° Six valses pour le piano, op. 8, Breslau, Fœrster. 6° Grande marche à quatre mains, op. 9, Vienne, Diabelli. 7° Rondeaux brillants pour le piano, op. 10, 12 et 19, Vienne, Weigl et Leidesdorf. 8° *Les Adieux*, fantaisie caractéristique pour piano, op. 18, Vienne, Diabelli. 9° Variations avec orchestre, op. 15, *ibid.* 10° *Terpsichore*, collection de dix-huit valses brillantes pour le piano, Paris, Schlesinger. 11° *Vive la danse*, suite de valses brillantes, op. 17, Vienne, Leidesdorf. 12° Galops pour piano, op. 20, *ibid.* 13° Douze allemandes brillantes avec *coda*, Vienne, Mechetti. 14° Douze valses élégantes, Vienne, Diabelli. 17° Grande marche du régiment de Giulay, op. 11, *ibid.* 18° Deux grandes marches pour le piano, op. 16, Vienne, Weigl. 19° Chants à quatre voix d'hommes avec accompagnement de piano, op. 14, *idem.* 20° Marche de Paganini pour le piano, sur des motifs de ses concertos, Vienne, Leidesdorf. 21° Six valses autrichiennes pour le piano, op. 21, *ibid.* 22° Trois grandes marches pour le piano, op. 22, *ibid.* 23° Trois chants pour baryton avec piano, op. 37. 24° Trois chants pour voix de basse, *idem*, op. 39. Fischhof a laissé en manuscrit beaucoup de chansons allemandes qui passent pour des compositions fort distinguées en ce genre. En 1851, le gouvernement autrichien l'a chargé d'une mission à Londres, pour la section des instruments de musique, à l'exposition universelle. Il s'y occupa spécialement des pianos. De retour à Vienne, il mit en ordre les notes qu'il avait recueillies et en composa un ouvrage qui renferme beaucoup de choses utiles et intéressantes, lequel a été publié sous ce titre : *Versuch einer Geschichte des Clavierbaues, mit besonderem Hinblicke auf die Londonner grosse Industrie-Austellung im Jahre 1851* (Essai d'une histoire de la construction du piano, avec des considérations particulières sur l'exposition universelle de Londres dans l'année 1851), Vienne, J.-B. Wallishauser, 1853, in-8° de 142 pages. Ce qui concerne l'histoire de la fabrication des pianos dans ce livre est précédé de quelques recherches sur l'épinette, le clavicorde et le clavecin. Fischhof était membre de l'Académie de Sainte-Cécile de Rome, correspondant de la Société néerlandaise pour les progrès de la musique, et des Sociétés musicales de Presbourg, Cracovie, Pesth, Lemberg, Gratz, Carlsbad, ainsi que du *Museum archéologique* de Linz.

FISCHIETTI (Dominique), né à Naples, en 1720(1), apprit la musique et la composition au Conservatoire de San-Onofrio. En 1766, il se rendit à Dresde, où il fut placé comme compositeur de musique d'église. Le 2 juillet de la même année, on exécuta la première messe de sa composition. Sa réputation s'étant étendue, il fut appelé par l'archevêque de Salzbourg pour prendre la direction de sa chapelle. Il vivait encore en 1810. Les opéras de sa composition qui sont les plus connus sont : 1° *Solimano*, 1755. 2° *Lo Speziale*, 1755. 3° *Ritorno di Londra*, 1756. 4° *Il Signor dottore*, 1758. 5° *Il Siface*, 1761. 6° *Il Mercato di Malmantile*, 1766. 7° *La Molinara*, 1768. 8° *Ariana e Teseo*; 9° *la Nitteti*.

FISHER (Jean-Abraham), docteur en musique, naquit à Londres, en 1744. Il est auteur des ouvrages suivants : 1° *Monster of the wood* (le Monstre des forêts), opéra, publié chez Clementi avec accompagnement de piano. 2° *Sylph* (le Sylphe), opéra, *ibid.* 3° *Chansons anglaises*, Londres, Broderip. 4° *Neuf concertos pour piano*, publiés par Clementi et Broderip. 5° *Quatre concertos pour le hautbois*, Londres, Clementi. 6° *Divertissements pour deux flûtes*, ibid. 7° *Solos pour le violon*, ibid. 8° *Trios pour deux violons et basse*, Londres, Preston. On ignore l'époque de la mort de ce musicien.

FISIN (Jacques), né à Colchester, en 1755, commença l'étude de la musique sous Frédéric-Charles Reinhold. En 1777, il quitta Colchester et partit pour Londres, avec des lettres de recommandation pour Burney, dont l'amitié et les conseils lui furent très-utiles. En 1801, sa mauvaise santé l'obligea à fixer son séjour à Chester ; il s'y livra à l'enseignement. Depuis lors, il est retourné à Colchester, où il vivait encore en 1840. Il a publié plusieurs recueils de chansons anglaises, de ballades, de duos, de *Glees*, trois sonates pour le piano, trois sonatines pour le même instrument et un ouvrage qui a pour titre : *Sacred Songs on the most prominent incidents of Our Saviour's Life and Death* (Chants sacrés sur les événements les plus importants de la vie et de la mort de notre Sauveur), Londres (sans date).

FISMANN (François), violoniste distingué, compositeur et maître de chapelle de l'ordre des Frères de la charité, naquit à Altsedlitz en Bohême, en 1722. Après avoir fait ses études littéraires et musicales à Prague, il fit profession dans le couvent de son ordre, en 1742. Le supérieur de ce couvent, ayant remarqué les

(1) En 1725, suivant le marquis de Villarosa (*Mem. dei Compositori di musica del regno di Napoli*, p. 80).

talents naturels de Fismann pour la musique, le confia aux soins des maîtres de chapelle Seuche et Tuma, pour qu'ils lui enseignassent la composition. Fismann alla ensuite à Vienne, s'y fit entendre avec succès à la cour de l'empereur, et se lia avec beaucoup d'artistes dont les avis contribuèrent à perfectionner son talent. Chargé de la direction de la musique de l'église de son ordre, il écrivit beaucoup de morceaux de musique religieuse et les fit exécuter avec succès. Ayant été nommé supérieur du couvent de Vienne, il fut ensuite chargé des fonctions de provincial de la province allemande dans l'assemblée générale de l'ordre qui se tint à Rome. Le voyage d'Italie fut utile à ses connaissances en musique; il se fit applaudir à la cour du grand-duc de Toscane, Léopold, à Rome, chez le pape, et à Naples, chez le roi. Beaucoup d'ancienne et belle musique d'église de l'école italienne fut rassemblée par lui et rapportée à Vienne. C'est à son retour dans cette ville qu'il se lia avec Joseph et Michel Haydn d'une amitié qui ne s'est jamais démentie. Il mourut dans son couvent le 15 juillet 1774, laissant en manuscrit une très-grande quantité de musique de sa composition, que l'on conserve encore à Vienne dans la maison des Frères de la charité.

FISSMER (Wilhelm), professeur de piano et éditeur de musique à Minden, s'est fait connaître par quelques œuvres légères pour son instrument. On a aussi de lui une méthode de piano pour les enfants, intitulée : *Klavierschule für Kinder*. Minden, 1848, in-4° oblong, et des Exercices faciles pour le piano à quatre mains, op. 13 et 14, *ibid.*

FLACCOMIO (Jean-Pierre), prêtre, né à Milazzo en Sicile, fut d'abord maître de chapelle de Philippe III, roi d'Espagne, et devint ensuite aumônier du duc de Savoie. Il mourut à Turin, en 1617. Il a fait imprimer un recueil de musique sacrée de sa composition, sous ce titre : *Concentus in duos distincti choros, in quibus vesperæ, missæ, sacræque cantiones in Nativitate B. M. V. aliarumque virginum festivitatibus decantandæ continentur*. Mongitori, qui cite cet ouvrage dans sa Bibliothéque sicilienne (t. I, p. 395), n'en indique pas la date.

FLACCUS, fils de Claudius, a composé les tons des flûtes qui devaient régler la voix des acteurs, et les modes pour la déclamation de toutes les comédies de Térence. Tous les manuscrits indiquent, au commencement de chaque comédie, la nature de ce travail de Flaccus; ainsi on trouve en tête de l'*Andrienne* ces mots : *Modos fecit Flaccus Claudii filius tibiis paribus dextris et sinistris*. On manque de renseignements sur les circonstances de la vie de ce Flaccus; l'ancien grammairien Donatus, qui a fait un travail sur les comédies de Térence, et les commentateurs modernes tels que Saumaise, Mme Dacier, etc., ne nous apprennent rien à cet égard. Il n'est pas certain que le musicien dont il s'agit a été contemporain de Térence; quelques circonstances relatives aux flûtes qu'il a employées, mais qui ne peuvent être examinées ici, doivent faire croire qu'il n'a réglé les modes des comédies de cet auteur qu'à une époque postérieure au temps où elles ont été composées. On peut voir, dans le 6me volume de la *Revue Musicale*, le travail que j'ai fait sur la signification des mots *flûte droite* et *flûte gauche*, d'après les inscriptions des comédies de Térence.

FLADT (Antoine), célèbre hautboïste, né à Manheim en 1775, s'adonna fort jeune à l'étude de la musique et de son instrument, sous la direction de Ramm, artiste d'un rare mérite. Ses progrès furent rapides. Il n'était âgé que de quinze ans lorsqu'il fut placé, en 1790, à l'orchestre de Munich, après la mort de Lebrun. En 1793, il entreprit un premier voyage, joua avec succès à Ratisbonne et à Vienne, puis se dirigea vers l'Italie par Graetz, Laybach, Klagenfurt et Trieste. Il visita Venise, Vérone, Padoue, Vicence, fut partout applaudi avec enthousiasme, et retourna dans sa patrie par Roveredo et le Tyrol. Peu de temps après il fit un deuxième voyage sur le Rhin, dans la Saxe et la Prusse. De retour à Munich, il y passa quatre années, attaché à la cour et au théâtre comme hautboïste solo, excitant l'admiration générale chaque fois qu'il se faisait entendre. En 1798, il se rendit à Londres, et y joua dans les concerts et à la cour avec le plus brillant succès. Le prince de Galles (depuis lors roi d'Angleterre, sous le nom de Georges IV) voulut l'attacher à son service; mais Fladt refusa tous les avantages qu'on voulait lui faire, et retourna dans sa patrie. Plus tard, et jusqu'en 1810, il fit encore plusieurs voyages en Allemagne, en Bohême, en Hongrie et en France. Depuis cette dernière époque, il a vécu à Munich; il s'y trouvait encore en 1837, et était alors âgé de soixante-trois ans. Cet artiste distingué a publié de sa composition : 1° Concertino pour hautbois et orchestre, Mayence, Schott. 2° Deuxième concertino, en *ut*, Augsbourg, Gombart. 3° Huit allemandes et quatre valses pour deux flageolets, Mayence, Schott. 4° Vingt-quatre petites pièces pour deux flageolets, *ibid.* 5° Concertino avec des variations pour hautbois, en *ut*, œuvre quatrième, Munich, Sidler.

FLAMAND-GRÉTRY (Louis-Victor), né le 25 novembre 1764, à la Fère en Tardenois (Aisne), commença ses études à Mantes (Seine-et-Oise), puis entra chez les religieux de Sainte-Geneviève, qu'il quitta pour passer chez les frères de la doctrine chrétienne. Bientôt dégoûté de cette carrière, il l'abandonna pour le commerce, et finit par se faire marchand de meubles et tapissier. Il s'était marié en 1787; mais son caractère difficile et tracassier le conduisit à demander le divorce après sept années d'union conjugale, et quoiqu'il fût père de sept enfants. Il l'obtint en 1794, se remaria peu de temps après, divorça encore, reprit sa première femme, dont il se sépara de nouveau, puis sa seconde, qui eut le même sort, et enfin épousa la nièce du compositeur Grétry, dont il joignit le nom au sien. Fier de cette alliance, il finit par se croire lui-même artiste et poète. Après la mort de l'oncle de sa femme, il acheta l'*Ermitage*, petite propriété située près de Montmorency, et illustrée par le long séjour que J.-J. Rousseau et Grétry y avaient fait tour à tour. M. Flamand conçut le projet d'offrir le cœur de l'artiste renommé aux magistrats de la ville de Liége, sa patrie. Par une incurie qu'on a peine à comprendre, les autorités municipales de cette ville laissèrent plusieurs mois sa lettre sans réponse, et finirent par lui écrire que son offre était acceptée, et qu'on le priait d'envoyer la relique *par le prochain courrier*. Irrité de cette irrévérence, Flamand prit la résolution de faire élever à l'Ermitage un monument où ces précieux restes devaient être déposés, et fit de grandes dépenses pour la réalisation de ce projet; mais sept ans après, et lorsqu'il ne songeait plus à l'offre qu'il avait faite aux habitants de Liége, ceux-ci se réveillèrent et firent réclamer l'exécution de l'engagement qui leur semblait avoir été pris envers eux par Flamand. Celui-ci mit alors autant de chaleur dans ses refus qu'il avait mis d'empressement dans son offre. Des plaidoiries s'ensuivirent, un jugement du tribunal civil de Pontoise, plusieurs arrêts de la cour royale de Paris, un arrêté de conflit du préfet de police, une ordonnance du roi qui maintint le conflit, de nouveaux arrêts de la cour royale de Paris, des ordonnances de référé, une décision du ministre de l'intérieur en faveur de Flamand, et enfin un arrêt du conseil d'état qui lui fit perdre sa cause en dernier ressort, donnèrent lieu à des dépenses considérables qui lui enlevèrent la plus grande partie de ce qu'il possédait. Environ quinze ans après l'offre qui en avait été faite par lui, le cœur de Grétry fut enlevé de l'Ermitage pour être transporté à Liége. Flamand a fait imprimer un long récit de toutes les tribulations que lui a causées ce singulier procès, sous ce titre : *Cause célèbre relative à la consécration du cœur de Grétry, ou Précis historique des faits énoncés dans le procès intenté à son neveu Flamand-Grétry par la ville de Liége, auquel sont jointes toutes les pièces justificatives*. Paris, 1824, in-4° de 63 pages, avec 31 pages de pièces justificatives. On trouve dans ce volume le portrait de Grétry, le *fac-simile* de son testament et d'une de ses lettres, enfin des vues lithographiées de l'Ermitage et du monument qui s'y trouve. On a aussi de Flamand un poème en huit chants intitulé : *l'Ermitage de J.-J. Rousseau et de Grétry*, avec un prologue, des notes historiques sur le compositeur, etc. Paris, 1820, un vol. in-8°. Il est mort dans cette ville au mois de juillet 1843.

FLAMEL (Nicolas), né à Pontoise, alla s'établir à Paris vers le milieu du quatorzième siècle, et fut écrivain-libraire juré de l'université. Par son économie, il avait amassé d'assez grandes richesses; mais on supposa qu'elles étaient plus considérables encore, et l'on prétendit qu'il les devait à la découverte de la pierre philosophale. Il est mort le 22 mars 1418. On lui attribue un livre qui a pour titre : *la Musique chimique*; il est douteux qu'il en soit l'auteur, et même que l'ouvrage existe.

FLAMINI (Flaminio), chevalier de l'ordre de Saint-Étienne et amateur, vivait à Rome au commencement du dix-septième siècle. Il a fait imprimer un ouvrage de sa composition sous le titre de : *Villanelle a 1, 2 e 3 voci, con stromenti e chitarra spagnola*. Rome, 1610.

FLANNEL (Égide), surnommé l'ENFANT, est cité par l'abbé Baini, dans ses Mémoires sur la vie et les ouvrages de Pierluigi de Palestrina (t. I, n° 350), comme un des compositeurs les plus remarquables du quatorzième siècle. Je n'ai trouvé, chez aucun ancien écrivain, le nom de ce musicien.

FLASCHNER DE RUHBERG (Gotthilf-Benjamin), né à Ober-Ullersdorf près de Zittau, le 21 décembre 1761, fut candidat au ministère ecclésiastique à Zittau, et amateur de musique distingué. Il a fait imprimer de sa composition : 1° Vingt chansons allemandes pour le clavecin, Zittau et Leipsick, 1789, in-4°. 2° *Neue Sammlung von Liedern für Klav., Harmonika und Gesang, nebst 4 Marschen* (Nouveau recueil de chansons pour une voix, clavecin et harmonica, etc.), *ibid.*, 1703. 5° Deux chansons avec accompagnement de clavecin. Offenbach, 1796.

FLASKA (Joseph-Ignace), hautboïste distingué, naquit à Opoczna, en Bohême, le 20 juillet 1706. Après avoir achevé ses études au séminaire des Jésuites à Gitschin, où il était employé comme chantre, il fit un cours de philosophie à l'université de Prague, puis entra comme hautboïste dans la musique du régiment du comte Ogilo. Son talent d'exécution et ses connaissances étendues dans toutes les parties de la musique lui firent obtenir la place de chef de musique du même régiment; il en remplit les fonctions pendant plusieurs années, et composa beaucoup de musique d'harmonie et de marches qui sont encore estimées en Bohême. Il écrivit aussi des concertos pour son instrument; on les trouve en manuscrit dans plusieurs grandes bibliothèques en Allemagne. Plus tard, Flaska quitta le service militaire pour se retirer à Prague, où il fut placé comme bassoniste dans l'église métropolitaine. Il est mort dans cette ville, le 24 décembre 1772.

FLATH (Pierre), flûtiste, né à Southampton, en 1763, a composé six quatuors pour flûte, violon, alto et basse; op. 1. Paris, 1790, trois duos pour flûtes, op. 2. Heilbronn et Offenbach; et *trois duettini a due flauti*, ibid.

FLECHA ou FLECCIA (Mathieu), moine espagnol, naquit en 1481 à Prades, dans la Catalogne, étudia à Barcelone, et fut élève de Jean Castello, de cette ville, pour la musique. Il fut maître de musique des infants de Castille, et mourut, à l'âge de soixante-douze ans, au monastère de Poblet, en Catalogne. Ses œuvres musicales ont été recueillies par son neveu, dont la notice est l'objet de l'article suivant, et publiées sous ce titre : *las Enseladas de Flecha, musico de capilla que fue maestro de la serenissimas Infantas de Castilla, recopilladas por Fr. Matheo Flecha su sobrino con algunas suias y de otros autores por el mismo corregidas*. Prague, 1581.

FLECHA ou FLECCIA (Mathieu), neveu du précédent, naquit à Prades, vers 1520, et fit ses études musicales sous la direction de son oncle. Devenu religieux de l'ordre de St-François, il fut maître de chapelle de l'empereur Charles-Quint. Après l'abdication de ce prince, il vécut quelques années dans un couvent de la Bohême. En 1589, il rentra dans sa patrie et se retira dans une abbaye de Bénédictins à Solsona, petite ville de la Catalogne, où il mourut le 20 février 1604 (1). Ses ouvrages connus jusqu'à ce jour sont : 1° *Madrigali a quattro et cinque voci, con uno a sesta et un dialogo a otto, novamente composto*; libro primo. In Venezia appresso d'Ant. Gardano, 1568, in-4°. 2° *Libro de musica de punto* (Traité de l'usage du point dans la musique). Prague, 1581, in-4°. 3° *Divinarum completarum psalmi, lectio brevis, Salve Regina, cum aliquibus mottetis*. Prague, 1581, in-4°.

FLÉCHÉ (J.-A.), et non DE LA FLÈCHE, comme l'écrit Gerber, amateur de musique, est né à Marseille, le 23 avril 1779. Arrivé à Paris sous le consulat, il entra chez le frère du premier consul, Jérôme Bonaparte, en qualité de secrétaire; plus tard, lorsque ce prince devint roi de Westphalie, Fléché fut nommé son chambellan, et le suivit à Cassel. En 1811, il a écrit pour le théâtre de la cour la musique d'un opéra en deux actes intitulé : *le Troubadour*, et l'*Amour paternel*, cantate. On connaît aussi de cet amateur : 1° Rondo pour piano, violon et violoncelle, Paris, Pacini. 2° Airs variés pour piano seul, op. 4, 9, 11, Lille, Boehm. 3° Air russe, varié pour piano, op. 12, en *la*, Paris, Pleyel. 4° Deux airs bretons variés, op. 16, *ibid.* 5° Air prussien varié pour piano seul, Paris, Pacini. 6° Divertissement militaire pour le piano, op. 10, Lille, Boehm. 7° Fantaisie sur une nouvelle valse, *ibid.* 8° Air varié pour violon, avec accompagnement de quatuor ou de piano, op. 18, Paris, Pleyel. 9° Deux fantaisies pour piano et violon concertants, op. 3 et 19, Paris, Pleyel. 10° Beaucoup de romances avec accompagnement de piano.

FLECK (...); on a sous ce nom une méthode de clavecin qui a paru à Londres vers 1795, sous ce titre : *The Art of fingering the Harpsichord*.

FLEISCHER (Jean-Christophe), fabricant d'instruments à clavier, né vers 1690 à Hambourg, s'est fait connaître par quelques inventions dans son art, et particulièrement par un *théorbe-clavecin*, avec trois registres, deux de cordes à boyau, et le troisième de cordes d'acier. Il fut aussi l'auteur d'un *luth-clavecin*, monté d'un double rang de cordes à boyau.

(1) M. Mariano Soriano Fuertes s'est trompé (*Hist. de la Musica española*, t. II. p. 134-135) en disant que le compositeur flamand, Philippe-Marie Rogier, succéda à Flecha, au moment de sa mort, dans la place de maître de chapelle de la cour d'Espagne ; c'est au moment de la retraite de ce moine que le compositeur belge prit possession de cette place; car il ne dirigea la chapelle de Philippe II, qui mourut en 1598.

FLEISCHER (Frédéric-Gottlob), musicien au service du duc de Brunswick, et organiste à l'église de Saint-Martin et de Saint-Egide, naquit à Cœthen, le 14 janvier 1722. On le considérait, vers 1760, comme un des plus habiles clavecinistes de l'Allemagne, dans la manière de Bach. Il professa la musique à Brunswick, pendant près de soixante ans, et mourut le 4 avril 1800, dans la quatre-vingt-cinquième année de son âge. Il a été imprimé de sa composition : 1° *Odes pour voix seule avec accompagnement de clavecin*, 2 vol., Brunswick, 1756. La 3° édition a paru en 1776. 2° *Cantates amusantes*, ibid., 1760. 3° *Recueil de menuets et de polonaises pour le clavecin*, ibid. Cet ouvrage eut une seconde édition en 1768, et l'auteur l'augmenta de quatre sonates pour le clavecin. 4° *L'Oracle*, opéra de Gellert, arrangé pour le clavecin, *ibid.*, 1771. Reichardt parle avantageusement de cet ouvrage dans le 2° vol. de ses lettres, p. 51. — Fleischer a composé aussi la musique du drame intitulé : *Comala*. Ces deux derniers ouvrages sont arrangés pour le piano et publiés sous cette forme.

FLEISCHMANN (Sébastien), compositeur, né à Useldange, dans le comté de Luxembourg, en 1553, s'est fait connaître par une messe à six voix qui a été imprimée à Anvers, en 1597.

FLEISCHMANN (Jean-Georges), violoncelliste et compositeur pour son instrument, né en Russie vers le milieu du dix-huitième siècle, fut d'abord au service du duc de Courlande, et entra ensuite, en 1790, dans la musique de la chambre du roi de Prusse. Il a écrit quelques concertos pour le violoncelle, qui n'ont jamais été gravés.

FLEISCHMANN (Jean-Nicolas), organiste de l'église Saint-Nicolas de Gœttingue, a fait imprimer dans cette ville les ouvrages suivants : 1° *Arien, nebst einigen Akkompagnements, einem Trio und Chor aus dem Alexander Feste von Hændel für Clavier* (Airs, trio et chœur de la Fête d'Alexandre de Hændel, arrangés avec accompagnement de clavecin), 1785, in-4°. 2° *XII leichte Variationen für Klavier* (Douze variations faciles pour le clavecin), 1794, in-4°.

FLEISCHMANN (Frédéric), docteur en philosophie, secrétaire du duc de Saxe-Meiningen, et directeur de sa chapelle, naquit le 18 juillet 1766 à Wiedenfeld, près de Wurzbourg. En 1776, il entra au Gymnase de Manheim, dont il suivit les cours pendant cinq ans. Il y commença l'étude de la musique et du piano. Les occasions fréquentes qu'il eut d'entendre de bonnes compositions bien rendues, à l'église et au théâtre, développèrent en lui le goût de cet art, et, bien qu'il ne le cultivât qu'aux heures de récréation, il y fit de rapides progrès. En 1782, il se rendit à Würzbourg pour y étudier la philosophie ; l'année suivante il prit le grade de docteur en cette faculté, puis il commença un cours de droit. Ses études terminées, il entra comme secrétaire particulier chez M. de Welden, président des états du prince de La Tour et Taxis, à Ratisbonne, et comme précepteur des fils de ce magistrat. Plus tard, le comte de Lehrbach, ambassadeur d'Autriche à Munich, lui offrit un emploi dans sa maison ; il était déterminé à l'accepter, mais sa nomination de secrétaire du duc de Saxe-Meiningen le fit renoncer à ce projet, et il entra au service de ce prince pour le reste de ses jours. Il mourut des suites d'une fièvre nerveuse, et à la fleur de l'âge, le 30 novembre 1798, regretté de tous ceux qui l'avaient connu, à cause de la noblesse de son caractère et de son amabilité. On a de cet artiste : 1° Un morceau littéraire sur la musique inséré dans la 1re année de la *Gazette musicale* de Leipsick (pag. 209 à 225), sous ce titre : *Wie muss ein Tonstück beschaffen seyn um gut genannt werden zu können ? Was ist erforderlich zu einem vollkommenen Komponisten ?* (Quelles qualités doit avoir un morceau de musique pour qu'on puisse le dire bon ? Que faut-il pour être compositeur parfait ?) 2° Air avec des variations, Vienne, Kozeluch, 1787. 3° Concerto en *ut* majeur pour le clavecin, op. 1, Offenbach, 1797. 4° Sonate à quatre mains, pour le clavecin, op. 2, *ibid.*, 1796. 5° Concerto pour le clavecin (en *ré* mineur), op. 3, *ibid.*, 1796. 6° Concerto pour le même instrument, op. 4, *ibid.* 7° *Geistcrinsel* (l'Ile des Esprits) opéra, paroles de Gotter, 1796. 8° Symphonie pour l'orchestre, en *la* majeur, op. 5, Offenbach, André, 1799 (œuvre posth.). 9° Quelques chansons allemandes, paroles de la princesse de Neuwied, Leipsick, 1798. 10° Chanson de berceau (tirée de l'*Esther* de Gotter), avec accompagnement de piano, Offenbach, 1796. 11° Symphonie concertante pour piano et violon, en manuscrit, chez André, à Offenbach.

FLEISCHMANN (Joseph-Christian), cantor à Meissen, s'est fait connaître par des *Lieder* et des chants poétiques à voix seule avec piano, lesquels ont été publiés à Meissen et à Leipsick, de 1835 à 1840.

FLEMING (Alexandre), ecclésiastique

écossais, était ministre à Neilston au commencement du dix-neuvième siècle. On a de lui deux écrits relatifs à l'introduction d'un orgue dans l'église de Saint-André à Glasgow. Ces écrits, publiés sous le voile de l'anonyme, ont pour titre : 1° *Letters to the lord Provost of Glasgow on the introduction of an organ into the church of St.-Andrew's Glasgow, to which are added remarks on the Rev. Jam. Bogg's treatise on the use of organs* (Lettres au Lord Prévôt de Glasgow sur l'introduction d'un orgue dans l'église de Saint-André, auxquelles sont ajoutées des remarques sur le traité de l'usage des orgues par le rév. James Bogg). Glasgow, 1808, in-8°. J'ai fait de vaines recherches dans les ouvrages des bibliographes anglais, particulièrement dans la Bibliothèque britannique de M. Watt, pour trouver des renseignements sur le livre de M. Bogg concernant l'usage des orgues; peut-être cet ouvrage n'a-t-il pas été imprimé. 2° *Answer to a statement of the proceedings of the presbytery of Glasgow relative to the use of an organ in the public worship of God* (Réponse à un jugement rendu par le presbytère de Glasgow concernant l'usage de l'orgue dans le service divin), Glasgow, 1808, in-8°. L'essai de M. Fleming, pour le rétablissement de l'orgue dans les églises d'Écosse, est le premier qui a été fait depuis la réformation ; l'auteur discute savamment le sujet dans ses lettres, et dans son second écrit.

FLEMMING (GUILLAUME), né en Silésie, dans la seconde moitié du dix-neuvième siècle, a été, depuis 1806 jusqu'en 1820, professeur de musique à Breslau, puis à Glogau. Il est auteur d'un ouvrage qui a pour titre : *System des Elementarunterricht der praktischen Musik, ohne besondere Rücksicht auf ein Instrument* (Système d'enseignement élémentaire de la musique pratique, sans recourir à l'usage d'un instrument), Breslau, chez Holaufer, in-8°, 1817. On a du même musicien des chansons de table pour des voix d'hommes, Berlin, Trautwein, et trois suites de chansons allemandes avec accompagnement de piano et de guitare, Breslau, Gross.

FLEURY (AUGUSTIN), maître de chant de l'église de Bourges, dans la seconde moitié du dix-septième siècle, a fait imprimer une messe à cinq voix, sous ce titre : *Missa quinque vocum ad imitationem moduli:* Nemorare o Piissima Virgo Maria, Paris, Robert Ballard, 1672, in-fol.

FLEURY (FRANÇOIS-NICOLAS), né à Châteaudun, vers 1650, vint à Paris dans sa jeunesse, et s'y adonna à l'étude du théorbe, instrument difficile, sur lequel il acquit une assez grande habileté. En 1657, il entra au service du duc d'Orléans, comme musicien de sa chambre. Il occupait encore cette place en 1678. Il a publié : 1° *Airs spirituels*, Paris, Ballard, 1660. 2° *Méthode pour apprendre facilement le théorbe*, Paris, 1678, in-4° obl. 3° *Carte des principes de musique*, Paris, 1678. 4° *Carte des accords de musique*. Sa Méthode pour le théorbe est un assez bon ouvrage.

FLEURY (JEAN-BAPTISTE), chanoine de la collégiale de Sainte-Madeleine de Besançon, dans la seconde moitié du dix-huitième siècle, a composé tout le chant du nouveau graduel et du nouvel antiphonaire de ce diocèse, en 1771. Ce chant, d'une mélodie traînante et dénuée de variété, a tous les défauts des plain-chants modernes. Il est à peine croyable qu'on se soit décidé à substituer de pareilles choses au chant grégorien qui, en dépit des altérations qu'on lui a fait subir, conserve toujours un grand caractère.

FLEURY (CHARLES-ÉMILE), né à Paris (1), le 30 juillet 1810, fit ses premières études à Lyon, où ses parents s'étaient établis dans les premières années de son enfance, puis revint à Paris et fut admis comme élève au Conservatoire, le 20 avril 1820. Après y avoir reçu des leçons d'harmonie de Dourlen, il suivit le cours de composition de l'auteur de cette notice, et après le départ de ce maître pour la Belgique, il devint élève de Berton. En 1834, il concourut à l'Institut de France pour le grand prix de composition ; mais, n'ayant pas réussi, il se livra à l'étude du chant et débuta, au mois d'avril 1836, comme ténor à l'Opéra-Comique. Il y chanta pendant deux ans ; puis il fut attaché à plusieurs théâtres des départements, prit ensuite la direction du théâtre de Lyon, et enfin géra pendant quelques mois l'Opéra-National de Paris, après la ruine de l'entreprise formée par le compositeur Adolphe Adam. Depuis 1849, le nom de cet artiste a disparu du monde musical. On a publié de sa composition quelques petites pièces de chant, des romances et des nocturnes.

FLIES (BERNARD), docteur en médecine, né à Berlin, de parents israélites, vers 1770, et baptisé dans cette ville en 1798, s'est fait connaître comme amateur de musique distingué. Bon pianiste et compositeur, il a donné, au Théâtre-National de Berlin, une opérette sous le

(1) Les registres du Conservatoire indiquent Lyon comme le lieu de la naissance ; mais les renseignements que j'ai puisés dans les registres de l'Institut me paraissent plus exacts.

titre de *la Regata de Venise, ou l'Amour parmi les gondoliers*, 1798. On connaît aussi de lui : 1° *Demande sans réponse*, pour le chant, avec accompagnement de piano, Berlin, 1796. 2° Menuet de *Don Juan*, avec des variations pour le piano, Zerbst, 1796. 3° *Sei Canzonette ital. in musica per Cembalo*, op. 3, Zerbst, 1799.

FLIGHT (...), facteur d'orgues anglais, au commencement du dix-neuvième siècle, a construit à Londres, en société avec Robson, l'orgue immense qui a été connu sous le nom d'*Apollonion*. Cet instrument, un des plus considérables qui aient été faits jusqu'aujourd'hui, était aussi le meilleur qu'on eût entendu en Angleterre. Les facteurs y avaient introduit certains perfectionnements de mécanisme qui sont entrés depuis lors dans la facture des orgues. Je l'ai entendu, en 1829, joué par M. Samuel Wesley, et j'en ai trouvé les jeux de fonds admirables pour le timbre et le volume des sons. Malheureusement, la spéculation qui avait été l'objet de la construction de cet instrument ne réussit pas. Six organistes pouvaient jouer simultanément sur ce géant des orgues; on avait cru qu'il y aurait dans ce fait extraordinaire un attrait pour la curiosité du public; mais la population de Londres montra peu d'empressement pour cette chose trop sérieuse pour elle, et les dix mille livres sterling (deux cent cinquante mille francs), dépensés par les facteurs pour la construction de leur instrument, furent perdus. Après être resté longtemps dans l'abandon, il a été démonté, et les matériaux ont été employés dans la confection d'autres orgues.

FLITTNER (JEAN), compositeur distingué de chant choral, naquit le 1er novembre 1618, à Suhla, dans le Henneberg, où son père était propriétaire de mines et marchand de fer. Doué d'une heureuse organisation pour la musique, il se livra dès son enfance à l'étude de cet art. Ses parents l'avaient destiné à l'état ecclésiastique; pour s'y préparer, il alla étudier aux universités de Wittemberg, Jéna, Leipsick et Rostock. En 1644, il obtint la place de cantor à Grimma, près de Greifswald; plus tard, il fut diacre à Stralsund, où il mourut le 7 janvier 1678. Il est auteur d'un recueil de cantiques spirituels, divisé en six parties, qui a pour titre : *Himmlischen Lustgärtlein*, Greifswald, 1661, in-8°. La sixième partie de ce recueil est intitulée : *Suscitabulum musicum* (Réveil musical). Parmi plusieurs beaux cantiques de cette collection, on remarque la mélodie : *Ach was soll ich sunder machen!* (Hélas ! que dois-je faire, moi pécheur?) qui a été, à tort, attribuée à Hammerschmidt dans plusieurs éditions de livres choraux, et dont la musique ainsi que la poésie appartiennent à Flittner.

FLOQUET (ÉTIENNE-JOSEPH), compositeur français, naquit à Aix, en Provence, le 25 novembre 1750. A six ans, il devint enfant de la maîtrise de Saint-Sauveur, dans sa ville natale. A cette époque, les études musicales étaient généralement mauvaises en France, surtout en province ; il y a donc lieu de croire que Floquet ne devint pas un savant musicien sous la direction du maître de Saint-Sauveur ; mais il était né avec des dispositions heureuses et une certaine facilité à trouver des mélodies expressives. Il écrivit à l'âge de onze ans un motet à *grand chœur* (comme on disait alors), qui fut fort applaudi. Les encouragements qu'on lui donnait le déterminèrent à se rendre à Paris, en 1769. Les auteurs du *Dictionnaire des Musiciens* (Paris, 1810) disent, à l'article *Floquet*, qu'il fit d'abord, avec Lemonnier, Bathylle et Théodore, et ensuite l'*Union de l'amour et des arts*. Il y a dans ce peu de mots erreur et inexactitude. *L'Union de l'amour et des arts*, ballet qui fit la réputation de Floquet, est composé, comme presque tous ceux qu'on donnait alors, de trois sujets différents, dont chacun forme un acte, *Bathylle et Chloé, Théodore*, et *la Cour d'amour*. Il fut représenté le 7 septembre 1773; le succès en fut prodigieux, et quatre-vingts représentations suffirent à peine à l'empressement des spectateurs. Ce n'est pas que la musique de cet ouvrage soit l'œuvre d'un génie original ; mais les chants en sont gracieux et moins lourds que ceux de la musique française de cette époque. On y trouve une chaconne qui a joui longtemps de la faveur du public, et que les amateurs jouaient avec délices sur leur clavecin. L'opéra d'*Azolan*, que Floquet fit représenter l'année suivante, n'eut pas le même succès, et fut retiré après sept ou huit représentations.

Ce fut alors que ce musicien réfléchit sur les défauts de son éducation, et qu'il résolut d'aller en Italie, pour y étudier le contrepoint sous d'habiles maîtres. Il y avait du courage dans une semblable résolution ; malheureusement les études musicales qui ne sont pas faites dans la jeunesse, ou même dans l'enfance, sont rarement profitables. Quoi qu'il en soit, Floquet se rendit à Naples et se mit sous la direction de *Sala*. Il alla ensuite à Bologne, pour y prendre des leçons du P. Martini. Ce fut, dit Laborde, après avoir profité des conseils de ces deux maîtres, qu'il composa un *Te Deum* à deux chœurs et à deux orchestres, qui fut admiré des Italiens. Après avoir rempli les conditions du concours ordinaire, il fut nommé *Académicien philharmonique*, ce qui n'était pas alors un vain titre, comme aujourd'hui. De retour en France, Floquet donna, en 1778, *Hellé* en trois actes, à l'Opéra ; cet ouvrage n'eut aucun succès ; mais l'auteur se releva l'année suivante par *le Seigneur bienfaisant*, où il y a de la fraîcheur et du naturel, et qui fut applaudi, malgré la révolution que Gluck avait faite dans le goût de la musique. *La Nouvelle Omphale*, qu'on représenta au théâtre de la Comédie-Italienne, en 1781, fut la dernière production que Floquet livra au public.

Ses succès lui avaient tourné la tête au point qu'il imagina de remettre en musique, après Gluck, l'*Alceste* de Quinault, retouchée par Saint-Marc. Il eut assez de crédit pour faire mettre sa partition à l'étude ; mais la première répétition suffit pour faire voir que les prétentions de Floquet étaient ridicules, et son ouvrage fut rejeté sans appel. Le chagrin qu'il en ressentit altéra sa santé ; après quelques mois de langueur, il mourut le 10 mai 1785. Floquet était né avec quelque talent ; ses chants étaient plus gracieux, ses formes plus légères que celles des compositeurs français qui l'avaient précédé ; il ne lui manqua que d'arriver à propos ; car, quel que fût son mérite, il ne pouvait lutter contre Gluck ou contre Piccinni. Vingt ans plus tôt, il eut fait une sorte de révolution dans la musique dramatique française. M. de Boisgelou, qui l'avait connu, assure, dans ses mémoires manuscrits sur la musique, que ce fut, non le chagrin, mais la débauche qui le conduisit au tombeau ; dans les derniers temps, il ne vivait plus que chez des femmes perdues.

FLOR (Chrétien), organiste de l'église de Saint-Jean et Saint-Lambert à Lunebourg, vécut dans la seconde moitié du dix-septième siècle. Il a fait imprimer les ouvrages suivants de sa composition : 1° *Hochzeitlicher Freudensegen, genommen aus dem 9ten Hauptstücke des Buchs Tobiæ, mit 5 Sing- und 2 Geige-Stimmen zu dem Basso continuo gesetzt* (Les réjouissances d'une bénédiction nuptiale, d'après le verset IX du livre de Tobie, à cinq voix et deux violons avec basse continue), Hambourg, 1656, in-fol. 2° *Melodien zu Joh. Ristens musicalischen Seelen-Paradies* (Mélodies pour le paradis musical et sentimental de Jean Rist), 1re et 2e parties, Lunebourg, 1660 et 1662. 3° *Todes-Gedanken in dem Liede : Auf meinen lieben Gott, mit umgekehrtem Contrapuncte für Clavier* (Pensées sur la mort, contenues dans le cantique *Auf meinen lieben Gott*, en contrepoint double pour le clavecin), Hambourg, 1692. — Vers 1730, il y eut un autre organiste à l'église de Saint-Michel, à Lunebourg, nommé Godefroid-Philippe Flor peut-être était-il fils du précédent.

FLORENCIO (François-Augustin), licencié ès lettres, qui vivait à Madrid, vers la fin du dix-huitième siècle, est auteur d'un livre qui a pour titre : *Crotalogia, o ciencia de las Castañuelas, Instruccion cientifica del modo de tocar las castañuelas para baylar el Bolero*, etc. *Parte primera* (Crotalogie, ou art de jouer des castagnettes pour danser le boléro), Madrid, 1792, in-12. C'est, je crois, le seul ouvrage qu'on a sur ce sujet. La deuxième partie du livre n'a pas paru.

FLORENT (...), musicien qui vivait à Paris, en 1754, a publié une cantatille de sa composition, intitulée *Hercule et Omphale*.

FLORENTIUS, prêtre et musicien qui vécut vers la fin du quinzième siècle, ou au commencement du seizième, a écrit un traité de musique en trois livres, dont un beau manuscrit sur vélin, de quatre-vingt-quinze feuillets in-fol., se conserve dans la bibliothèque du marquis Jean-Jacques Trivulzio, à Milan. Lichtenthal a donné une description de ce manuscrit, dans sa *Bibliographie musicale* (t. IV, p. 407 et suivantes). On y voit que le volume commence par deux frontispices, dont un contient le titre suivant : *Florentii Musici Sacerdotisque ad illustrissimum ac amplissimum Dominum et D. Ascanium Mariam SF. (Sforziam) Vicecomitem ac Sancti Viti Diaconum Cardinalem Dignissimum Liber musices incipit*; au second, on lit : *Florentius Musicus et Sacerdos Illmo ac amplissimo Ascanio Cardinali Domino suo S.* L'ouvrage de Florentius, divisé en trois parties, est subdivisé en plusieurs chapitres où il est traité des propriétés, de l'utilité et des effets de la musique, de la voix et de ses espèces, de la main musicale, des nuances, des signes, de leur signification et de leur usage, des modes, de la connaissance des antiennes et des autres chants de l'église, des diverses espèces de figures de notes, des ligatures, des consonnances, du contrepoint, de la composition, des neumes et des cadences, du chant figuré, etc. Lichtenthal fait remarquer qu'Argelati, dans sa Bibliothèque des écrivains de Milan (t. II, part. I, p. 1575), a faussement attribué à un certain Flaminius le livre de Florentius.

FLOREZ (Henri), savant espagnol, né à

Valladolid en 1701, entra dans l'ordre de Saint-Augustin en 1715, et mourut à Madrid en 1773. Il a laissé quelques détails sur le chant de l'office divin selon le rit mozarabique en usage en Espagne, dans une dissertation intitulée : *De Antiquâ Missâ hispanico seu officio mozarabico*, qu'il a insérée dans sa grande collection qui a pour titre : *La Espana sagrada ò teatro geografico-historico de la iglesia de España*, Madrid, 1747-1770, 29 vol. in-4°. Cette dissertation se trouve au tome 3, page 300.

FLORIANI (CHRISTOPHE), né à Ancône dans les dernières années du seizième siècle, fut maître de chapelle de la cathédrale de Vienne. Il occupait déjà ce poste en 1620. Il a fait imprimer plusieurs ouvrages de sa composition pour l'église, et entre autres : 1° *Duo completoria quinque vocibus cum litaniis de B. V. M.* Venise, Barth. Magni, 1620, in-4°. 2° *Psalmi vespertini a cinque e sei, Lib. 2. op. 3*, ibid.

FLORIDO (FRANÇOIS), maître de chapelle à Saint-Jean de Latran, à Rome, vécut vers le milieu du dix-septième siècle. Il a fait imprimer à Venise, depuis 1647 jusqu'en 1664, divers recueils de motets à deux, trois, quatre voix, des motets à huit, des offertoires à quatre, cinq, six et huit, 1652, deux *Salve Regina* à trois et cinq, et des litanies à cinq, 1652. Son dernier œuvre de motets à quatre voix a été publié en 1664.

FLORILLO (CHARLES), compositeur de l'école romaine, vécut dans la première moitié du dix-septième siècle. Il n'est connu que par un ouvrage intitulé : *Madrigali a cinque voci, libro primo*. Rome, Robletti, 1616.

FLORIMO (Le P. JEAN-ANDRÉ), de l'ordre des Servites, fut maître de chapelle de la cathédrale de Bologne, et académicien philharmonique, dans la seconde moitié du dix-septième siècle. Il a publié plusieurs recueils de ses compositions, parmi lesquels on remarque : 1° *Concerti o Litanie a 4 e 5 voci, op. 3.* Bologne, Monti, 1673. 2° *Concerti, Inni, unica voce concinnata con istrumenti, op. 4*, ibid., 1675. 3° *Versi della turba a quattro voci per la domenica delle Palme e venerdi santo, con alcuni mottetti per il santo sepulcro*; ibid. 1682, in-4°.

FLORIMO (FRANÇOIS), conservateur de la bibliothèque du Collége royal de musique de *S. Pietro in Majella*, à Naples, compositeur et professeur de chant, est né en 1806, à San-Giorgio di Polistina, bourg du royaume de Naples, dans la Calabre ultérieure première. A l'âge de douze ans, il entra au Collége royal de musique, situé alors à S. Sébastien. Furno lui donna des leçons d'harmonie et d'accompagnement; il étudia le piano sous la direction d'Elia, et Zingarelli lui enseigna le contrepoint et la composition. Pendant deux ans il étudia aussi le contrepoint chez Tritta, dans le but de connaître l'école de Leo et de Sala, différente de celle de Durante. On ne peut douter que l'instruction qu'il reçut de ce maître ne fût plus solide que celle de Zingarelli, vieillard rempli de préjugés et d'un esprit borné. Son premier ouvrage fut une cantate de louange pour le duc de Noja, directeur suprême du Collége royal de S. Sebastien. Il écrivit aussi une autre cantate qui fut exécutée par des amateurs chez ce seigneur. Pendant le cours de ses études chez Zingarelli, M. Florimo avait écrit une messe, un *Dixit*, un *Credo* et un *Te Deum*, et lorsqu'il reçut des leçons de Tritta, il composa une autre messe et une ouverture. Un chœur et une ouverture fuguée de sa composition furent exécutés à l'occasion de l'inauguration du portrait de Zingarelli dans le local des archives du Collége royal de musique, et une symphonie funèbre, qu'il avait composée pour la mort de son ami Bellini, servit aux funérailles de Zingarelli. Elle a été publiée, arrangée pour le piano à quatre mains, à Milan, chez Ricordi. On a aussi de M. Florimo beaucoup de mélodies pour voix seule avec piano, qui ont obtenu du succès, particulièrement celles qui ont pour titre *Ore musicali*, et vingt-quatre romances publiées à Milan, chez Ricordi. Le même artiste est aussi auteur d'une méthode de chant divisée en trois parties, qui a été publiée par le même éditeur. Nommé bibliothécaire du Collége royal de musique, en 1826, M. Florimo a trouvé ces archives dans un grand désordre; mais les soins assidus qu'il y a donnés depuis cette époque en ont fait un des dépôts d'archives artistiques les plus intéressants et les mieux tenus.

FLORINO (GASPARD), né vers la fin du seizième siècle, à Rosarno, petite ville de la Calabre ultérieure, a publié, à Venise, *Canzonette a tre e quattro voci*, lib. 1 et 2.

FLORIO (GEORGES), maître de chapelle de la cathédrale de Trévise, dans la seconde moitié du seizième siècle, s'est fait connaître par l'ouvrage intitulé : *Il primo libro de' Madrigali a sei voci*. In Venetia, appresso Angelo Gardano, 1589, in-4°. Ce recueil contient vingt madrigaux à six voix.

FLORIO (JEAN), contrapuntiste italien du seizième siècle, dont on trouve des messes à cinq et à six parties dans deux manuscrits de la bibliothèque royale de Munich, paraît avoir été au service de la cour de Bavière. Gerber suppose, dans son nouveau Lexique des musiciens, que c'est par erreur que Florio a été nommé *Jean*, et que ces messes sont vraisemblablement de Jacques Florus ou Florius, dont une première partie de motets a été publiée à Louvain en 1573 (*voyez* FLORIUS), suivant le catalogue de Draudius ; mais Gerber se trompe à cet égard, car on trouve des madrigaux de Jean Florio dans le recueil qui a pour titre : *Il trionfo di Dori, descritto da diversi, et posto in Musica da altrettanti autori, a sei voci*, Venise, Gardane, 1596, in-4° obl., et Anvers, Pierre Phalèse, 1601 et 1614, in-4°.

FLORIO (PIETRO GRASSI), flûtiste italien, fut attaché à la chapelle de Dresde, en 1756, vint ensuite à Paris, et finit par se fixer à Londres. Il a fait graver dans cette ville quatre œuvres de solos, de duos et de trios pour flûte. Il est mort à Londres, en 1795, dans un état voisin de la misère.

FLORIO (G.), fils du précédent, né à Dresde, se livra comme son père à l'étude de la flûte, et se fit quelque réputation sur cet instrument, en jouant des solos dans les concerts de la célèbre cantatrice Mara, qui le protégeait. En 1803, elle voyagea avec lui en Allemagne, et essaya de le faire connaître comme compositeur, en chantant quelques-uns de ses airs ; mais cette musique n'eut point de succès, malgré le talent de celle qui l'exécutait. On ne sait ce que Florio est devenu depuis cette époque.

FLORIUS (JACQUES), musicien bavarois, vivait à Munich dans les dernières années du seizième siècle. Il est connu par un recueil de motets et de magnificat intitulé : *Cantiones sacræ quinque vocum quas vulgo motetas vocant, quibus adjunctæ sunt octo Magnificat secundum octo tonos. Nunc primum lucem aspicientes, tum vivæ vocis, tum omni vario instrumentorum concentus accomodatæ singulari confectæ authore etc. Monachii, in officina musica Adami Berg*, 1599, in-4° obl. Suivant le catalogue de Draudius, un premier livre des motets du même Jacques Florius a été publié à Louvain, en 1573.

FLORSCHUTZ (EUCHARIUS), organiste de Saint-Jacques à Rostock, né à Lauter, près de Cobourg, en 1757, a fait représenter au théâtre de Lubeck, en 1792, un petit opéra de sa composition, intitulé : *Der Richter und die Gærtnerin* (le Juge et la Jardinière). On connaît aussi de lui : 1° *Romance variée pour le piano*, 1798. 2° *Canzonette variée pour le clavecin*, 1802. 3° *Grandes sonates à quatre mains pour le piano*, n° 1, en *mi* majeur, n° 2, en *la*. Leipsick, Kühnel. 4° *Capriccio con fughetta* pour piano, op. 5. *ibid*. Florschütz avait écrit avant 1790 des trios pour piano et violon, qui sont restés en manuscrit. Florschütz remplissait encore ses fonctions d'organiste à Rostock, en 1819, et y fit exécuter, dans la même année, une de ses compositions pour l'église.

FLORSCHUTZ (GASPARD), libraire à Augsbourg au commencement du dix-septième siècle, se livra particulièrement au commerce de musique, et rassembla une grande quantité d'œuvres anciennes dont il a publié le catalogue avec plusieurs suppléments, sous ce titre : *Officina musica, selectissimorum tam veterum quam recentium auctorum, quæ extat in ædibus Caspari Florschütz, civis Augustani. In Augusta Vindelia*, 1628, in-4°.

FLOTTOW (FRÉDÉRIC, comte de), chambellan et directeur de la musique du grand-duc de Mecklembourg, est né, le 27 avril 1812, à Teutendorf, ancienne seigneurie de sa famille, dans le Mecklembourg. Son père, chef d'escadron au service de Prusse, le destinait à la diplomatie. Il fit avec lui un voyage à Paris, lorsque le jeune homme eut atteint l'âge de seize ans, et lui permit de se livrer à son goût pour la musique. M. de Flottow étudia la composition avec Reicha, dont il goûtait la méthode expéditive et peu sévère. A l'époque de la révolution de Juillet, il retourna dans sa famille et écrivit ses premiers ouvrages. Il était alors parvenu à sa dix-neuvième année. Lorsque l'ordre fut rétabli en France, il fit un second voyage à Paris et fut accueilli avec empressement par la société aristocratique. Son premier essai de musique dramatique avait été l'opéra de *Pierre et Catherine*, ouvrage qui avait été aussi le début d'Adolphe Adam à l'Opéra-Comique. Celui de M. de Flottow fut chanté par des amateurs sur le théâtre de l'hôtel de Castellane, et plus tard il fut représenté à Ludwigslust, devant la cour de Mecklembourg. Ses ouvrages suivants furent : *Theodor Körners Bergknappen* (les Mineurs de Théodore Kœrner), opéra allemand ; *Rob-Roy*, qui fut joué dans un château près de Paris, et *la Duchesse de Guise*, représenté au théâtre Ventadour devant une société aristocratique, en 1840, au bénéfice des Polonais, et dans lequel Mme Anna de Lagrange, devenue célèbre comme cantatrice quelques années plus tard, fit le premier essai de son talent. Enfin M. de Flottow aborda la scène devant le vrai public au théâtre de la Renaissance, dans le drame intitulé *le Naufrage de la Méduse*, ouvrage fait en collaboration avec Pilati (*voyez* ce nom) et représenté en 1839. Ce même drame fut joué en 1840, à Hambourg, sous le titre : *die Matrosen* (les Matelots), et comme l'œuvre de M. de Flottow seul. En 1840, il fit jouer, au théâtre de l'Opéra-Comique, *le Forestier*, livret de M. de Saint-Georges, qui fut traduit ensuite en allemand et représenté au théâtre de Vienne, en 1847. Dans l'hiver de 1843, M. de Flottow fit jouer sans succès à l'Opéra-Comique *l'Esclave du Camoëns*, en un acte, et dans la même année il écrivit un acte du ballet *Lady Henriette*, qui fut joué à l'Opéra : les deux autres actes avaient été composés par MM. Burgmüller et Deldevez. C'est le sujet de ce ballet que M. de Flottow reprit ensuite pour le faire arranger en opéra : il en fit la musique. Sous le titre de *Martha*, cet ouvrage eut le plus brillant succès que l'auteur ait obtenu à la scène, particulièrement en Allemagne. Le 30 décembre 1844, M. de Flottow fit représenter à Hambourg *Alessandro Stradella*, opéra en trois actes, qui avait été mis en musique par M. Niedermeyer, et qui avait été joué avec succès à l'Opéra de Paris, en 1837 ; car il semble qu'il est dans la destinée de M. de Flottow de refaire toujours les ouvrages des autres compositeurs. Quoi qu'il en soit, son *Stradella* fut bien accueilli en Allemagne, et fut joué à Berlin, à Dresde, à Vienne, à Prague, à Francfort, à Leipsick, et dans plusieurs autres villes. Ce fut, dit-on, à l'occasion de l'effet produit par cet ouvrage à Schwerin, devant la cour du duc de Mecklembourg, que ce prince accorda au compositeur le titre de son chambellan. En 1840, M. de Flottow fit jouer, à l'Opéra de Paris, *l'Ame en peine* qui eut un moment d'existence à la scène. Il est dit dans un article de la *Gazette générale de Musique de Leipsick* (1847, p. 69) que cet ouvrage n'est autre que le *Forestier*, du même auteur, refait et avec une musique en partie nouvelle. J'ignore si ce fait est exact, parce que la musique du *Forestier* n'a pas été publiée. C'est aussi le même ouvrage qui a été joué à Londres sous le titre de *Léoline*, en 1848. M. de Flottow partit de Paris, au commencement de 1847, pour aller écrire à Vienne son opéra de *Martha*, qui y fut représenté le 25 novembre de la même année ; le succès fut si brillant que le compositeur ne fut pas rappelé moins de six fois dans le cours de la soirée. Un peu plus de dix ans après, le même ouvrage a été traduit en italien et en français et publié à Paris dans les deux langues. Joué au Théâtre-Italien de cette ville, il n'y a pas trouvé le même enthousiasme qu'en Allemagne, mais il s'est soutenu honorablement pendant quelques re-

présentations. Il en a été de même à peu près à Bruxelles et dans quelques villes de province, sous la forme française. On cite quelques autres opéras écrits par M. de Flottow en Allemagne, mais qui ne sont pas connus en France. M. Bernsdorf, en particulier, parle dans son Dictionnaire universel de musique (*Universal Lexicon der Tonkunst*, t. II, p. 874) d'un *Rübezahl*, d'une *Grande Duchesse*, d'un *Albin*, ouvrages dont les deux premiers avaient déjà été traités par d'autres compositeurs, et que M. de Flottow paraît avoir refaits, suivant son habitude. Cet artiste amateur s'est livré à d'autres travaux qu'à ceux de la scène ; on connaît de lui des trios pour piano, violon et violoncelle, douze duos pour piano et violoncelle avec Offenbach, sous les titres de *Chants du Soir* et de *Rêveries*, à Hambourg et à Vienne, des lieder, des romances et des chants à quatre voix.

M. de Flottow a de la mélodie, mais il manque d'originalité, de variété et de profondeur. Les premiers morceaux de ses opéras plaisent en général ; mais la monotonie de manière, de style, de modulation, se fait bientôt sentir, et ses ouvrages soutiennent rarement le succès qu'ils ont obtenu d'abord, bien qu'il déploie une grande activité pour les faire valoir et pour les faire connaître partout. On a publié pour le piano quelques-uns de ses opéras ; lui-même les a arrangés de diverses manières ; mais tout cela sera bientôt oublié.

FLOTWELL (Célestin-Chrétien), né à Kœnigsberg, fit ses études à Jéna, devint recteur à l'école de la cathédrale de sa ville natale, et professeur à l'université. Il mourut en 1759. On a de lui deux petits ouvrages relatifs à la musique ; l'un sous le titre : *Ein Wohlgerührtes Orgelwerk, als eine Anweizung zur Frucht des Geistes, aus Gal. V. 16. bey Einweihung der vortrefflichen neuen Orgel in der Kniphœsischen Domkirche*, etc. (Un orgue bien joué élève l'esprit), Kœnigsberg, 1721, in-4° ; l'autre est une oraison funèbre du cantor Schwenkenbecher, intitulée : *Leichenrede auf den Tod des Cantor Schwenkenbecher*, Kœnigsberg, 1714, in-4°.

FLUDD (Robert), médecin et alchimiste, naquit, en 1574, à *Milgate*, paroisse de Bearsted, dans le comté de Kent. Après avoir fait ses études dans le collége de Saint-Jean, à Oxford, il voyagea pendant six ans en France, en Espagne, en Allemagne et en Italie. De retour en Angleterre, il fut fait docteur en médecine et membre du Collége des médecins. Il s'adonna principalement à l'étude de ce qu'on appelait alors *les sciences occultes*, et fit partie d'une société d'alchimistes connue sous le nom de *Roses-Croix-Philosophes*. Il mourut le 8 septembre 1637, et fut inhumé dans l'église de Bearsted. Parmi ses nombreux écrits, celui qui est intitulé *Utriusque Cosmi, majoris scilicet et minoris, metaphysica, physica atque technica historia*, Oppenheim, 1617, in-fol., contient deux parties, dont la seconde, divisée en six livres, traite de toutes les branches de la musique et des instruments. On y trouve la description d'un *cadran musical*, de *fenêtres musicales*, de *colonnades musicales*, et de beaucoup d'autres extravagances enfantées dans le cerveau de cet illuminé. Ce traité de musique est intitulé *Templum musices, in quo musica universalis tamquam in speculo conspicitur*.

La première partie du livre de Robert Fludd est divisée en deux traités, dont chacun est subdivisé en plusieurs livres. Le premier livre du premier traité expose les idées bizarres de l'auteur sur les éléments de l'univers; le second, la formation du monde par la combinaison de ces éléments; le troisième renferme une théorie de la musique mondaine, c'est-à-dire l'harmonie universelle prise dans les idées de Pythagore, mais arrangée avec toutes les folies de l'imagination de Fludd. Ce troisième livre est divisé en neuf chapitres, dans lesquels on ne pourrait trouver une idée raisonnable. Les quatre livres suivants traitent des créatures célestes, terrestres et des êtres inanimés. La seconde partie a pour titre : *De natura simia seu technica macrocosmi historia* : ce singe de la nature est l'art, considéré dans l'arithmétique, la géométrie, la musique, la peinture, l'art militaire, l'art de mesurer le temps, la cosmographie, l'astrologie et la géomancie. Le traité de la musique est divisé en sept livres. On y trouve d'abord une description du temple de cet art, dont la figure est en tête du volume. Le premier livre traite de l'objet de la musique; le second, du système musical; le troisième, des colonnes du temple, ou de la division du monocorde; le quatrième, de la division du temps représentée par les valeurs des notes de la musique, disposées sur un cadran, et par les proportions de ces valeurs; le cinquième, des consonnances et de leur harmonie; le sixième traite des instruments; enfin, le septième renferme la description d'un instrument gigantesque, imaginé par Fludd, pour exprimer l'harmonie universelle.

Keppler ayant pris la peine de combattre les folies de Fludd concernant l'harmonie universelle, dans l'appendice de ses *Harmonices mundi*, notre illuminé répondit à sa critique par un livre intitulé : *Monochordum mundi symphoniacum seu replicatio Rob. Fludd ad apologiam Jo. Keppleri*. Francfort, 1622, in-4°, qui fut réimprimé dans la même ville, en 1623, in-fol.

FLÜGEL (Gustave), compositeur et professeur de musique et de piano, né vraisemblablement à Dessau, vers 1819, fut élève de Frédéric Schneider, et continua ses études pendant neuf années, sous la direction de ce maître. Après s'être livré à l'enseignement, à Stettin, pendant plusieurs années, et y avoir vécu dans une situation peu fortunée, il s'est décidé à accepter une place obscure de professeur dans une école de la petite ville de Neuwied. Cependant, cet homme, si peu favorisé par le sort, a un talent réel, solide, une imagination pleine de poésie, et son mérite est incontestablement supérieur à celui de beaucoup d'autres artistes qui se sont faits de brillantes renommées avec des productions de moindre valeur. Je ne connais de Flügel que deux grandes sonates de piano, œuvres 4 et 7, la première en *si* majeur, l'autre en *si* mineur, et un ouvrage qui a pour titre *Phalænen*, lequel contient deux *scherzi*, une esquisse, une élégie et un *allegro appassionato*: tout cela est plein d'idées, de sentiment et d'élévation. On dit aussi que ses *Lieder*, dont il y a plusieurs recueils, sont d'une remarquable distinction. Il paraît que Flügel, étranger au savoir-faire, sans lequel il est difficile de se faire connaître aujourd'hui, cultive l'art pour lui-même et ne fait pas d'efforts pour sortir de son obscurité. Peut-être aussi la pauvreté lui est-elle un de ces obstacles qu'il est difficile de vaincre. Puisse les paroles d'un admirateur de tout talent vrai lui porter dans sa retraite des consolations et des encouragements !

FLUX (Charles), professeur de chant, né en Prusse, mais établi à Posen, s'est fait connaître par un ouvrage intitulé : *Funfzig zweistimmige Lieder zum Gebrauch in Schulen, nebst einer kurzen Theorie des Gesanges* (Cinquante chants à deux voix pour l'usage des écoles, avec une courte théorie du chant), Halle, Kummel, 1838, in-8°.

FOCKERODT (Jean-Arnold), écrivain sur la musique et compositeur, né à Muhlhausen, vers 1660, était, en 1700, cantor à Herford (Westphalie). Ses principaux ouvrages sont 1° *Der fünffte Tritt zu dem neu-geplantzen Westphælischen Lust-Garten, in vierstimmigen Arien mit 2 Violinen bestehend*, etc. (Le cinquième pas au jardin de plaisance Westphalien nouvellement planté, consistant en airs à quatre voix avec deux violons, etc.),

Muhlhausen, 1692, in-4°. 2° *Der Sechste Tritt*, etc. (Le sixième pas, etc.), *ibid.*, 1695, in-4°. Il est vraisemblable que quatre autres recueils d'airs du même genre avoient précédé ceux-ci. 3° *Musicalischer Unterricht, darinn die musicalischen Regeln aus mathematischen Principiis untersucht, vorgetræxgen worden.* 1ᵗᵉ *Theil*, Muhlhausen, 1698, in-4°. 2ᵉ *Theil*, *ibid.*, 1716, in-4°. 3ᵉ *Theil*, Bielefeld, 1718, in-4° (Instruction musicale, dans laquelle les règles de la musique sont analysées par des principes mathématiques). Les trois parties réunies de cet ouvrage forment dix-huit feuilles d'impression.

FODOR (Joseph) (1), fils d'un officier hongrois, né à Venloo, en 1752, apprit les premiers principes de la musique d'un organiste de cette ville. Lorsqu'il eut atteint l'âge de quatorze ans, il se rendit à Berlin, où il devint élève de François Benda pour le violon. Il puisa dans l'école de ce grand artiste les principes d'une manière expressive, qui devint dans la suite le caractère distinctif de son talent. En 1787, il vint à Paris, s'y fit entendre avec succès, et acquit bientôt une réputation honorable. Vers la fin de 1794, il partit pour la Russie où il se fixa définitivement. Il est mort à Pétersbourg, le 3 octobre 1828. Les compositions de ce violoniste ont été bien accueillies du public dans leur nouveauté, et ne sont pas dépourvues de mérite. En voici la liste : 1° Six duos pour le violon, op. 1, Berlin et Paris. 2° Six solos pour le violon, op. 2, Paris. 3° Six duos *idem*, op. 3, Berlin et Paris. 4° Six quatuors pour deux violons, alto et basse, op. 4. 5° Six *idem*, op. 5, Berlin. 6° Concerto pour le violon, op. 6, Paris. 7° *Idem*, op. 7 et 8, Paris. 8° Six quatuors pour deux violons, alto et basse, op. 9. 9° Quatrième concerto pour le violon, op. 10, Paris. 10° Six duos *idem*, op. 11, Berlin et Paris. 11° Six *idem*, op. 12, Paris. 12° Six quatuors, op. 13, Offenbach. 13° Trois duos, op. 14, Paris. 14° Six *idem*, op. 15, Vienne. 15° Airs variés pour le violon avec basse, nᵒˢ 1 à 34, Vienne, Berlin, Paris et Amsterdam. 16° Caprices pour violon seul, liv. I et II, Vienne. 17° Pots-pourris, nᵒˢ 1 à 4, Paris. 18° Concertos pour le violon, nᵒˢ 5 à 10, Vienne, Amsterdam et Paris. 19° Duos pour le violon, op. 16 à 25, Amsterdam. 20° Sonates pour le violon, op. 29, et beaucoup de recueils de petits airs en duos.

---

(1) Les auteurs du *Dictionnaire des Musiciens* (Paris, 1810-1811) se sont trompés en appelant ce musicien *Jean*, au lieu de *Joseph*. Je tiens mes renseignements sur les *Fodor*, de M. Messemackers, professeur de piano à Bruxelles, qui est de la même famille et de la même ville.

La célèbre cantatrice Mᵐᵉ Mainvielle est fille de Joseph Fodor.

FODOR (Charles), frère du précédent, né à Venloo, en 1754, vint s'établir à Paris en 1778, et s'y livra à l'enseignement du clavecin jusqu'en 1790, époque de sa mort. Il a arrangé pour le piano deux œuvres de quatuors de Pleyel, des symphonies de Haydn et un grand nombre d'ouvertures. Il a publié aussi sept pots-pourris pour le même instrument.

FODOR (Antoine), le plus jeune des trois frères de ce nom, est né à Venloo, en 1759. Il apprit à jouer du clavecin d'un maître habile de Manheim, et devint lui-même un pianiste distingué. Vers 1790, il s'est fixé à Amsterdam, où il est mort, le 23 février 1849. Il dirigea, avec talent, pendant plusieurs années, les concerts de la société *Felix Meritis*. Il a beaucoup écrit pour son instrument, et ses ouvrages ont été recherchés dans leur nouveauté. Les plus connus sont : 1° Huit concertos pour le piano, œuvres 1ᵉʳ, 2, 3, 4, 5, 8, 12 et 15, Amsterdam et Paris. 2° Concertino, avec accompagnement d'orchestre, op. 21, Amsterdam. 3° Quatuors pour piano, deux violons et violoncelle, op. 7 et 14, Amsterdam et Paris. 4° Sonates en trios pour piano, violon et violoncelle, op. 9 et 11, Offenbach et Amsterdam. 5° Trois œuvres de sonates pour piano et violon, Amsterdam et Paris. 6° Trois sonates à quatre mains, œuvres 9, 10 et 16, Amsterdam. 7° Cinq sonates pour piano seul, *ibid.* 8° Quelques fantaisies et des airs variés.

FODOR (Mᵐᵉ Joséphine Mainvielle-) célèbre cantatrice, fille de Joseph Fodor, est née à Paris en 1793, et non en Russie, comme on l'a prétendu dans quelques notices biographiques; mais elle n'était âgée que de quinze mois lorsque son père partit pour aller à Saint Pétersbourg et l'emmena avec lui. Élevée pour la musique, elle acquit de bonne heure du talent sur la harpe et le piano; à onze ans elle se faisait entendre sur ces deux instruments dans les concerts que son père donnait. Trois ans plus tard, elle commença à se faire connaître comme cantatrice; elle débuta en 1810 au théâtre impérial dans les *Cantatrici villane*, de Fioravanti, et y fut applaudie dans soixante représentations. En 1812, elle épousa Mainvielle, acteur du Théâtre-Français au service de la cour de Russie. L'empereur Alexandre ayant supprimé ses troupes de comédiens étrangers, Mᵐᵉ Mainvielle-Fodor chanta quelque temps à Stockholm et à Copenhague, puis elle se rendit à Paris, où elle débuta le 9 août 1814, à l'Opéra-Comique. Au peu de succès qu'elle obtint dans *la Fausse Magie*, *le Concert interrompu*, *le Calife de Bagdad*, *la belle Arsène*, *Zémire et Azor*, etc., il aurait été difficile de prévoir la brillante réputation qu'elle a acquise ensuite sur la scène italienne. La musique française allait mal au caractère de sa voix, parce que cette musique exige une prononciation nette et bien articulée, que Mme Mainvielle-Fodor n'a jamais eue. Confiante dans son avenir, mais comprenant que ses espérances ne se réaliseraient pas dans l'opéra français, elle saisit avec empressement l'occasion qui se présenta de remplacer au théâtre de l'Odéon Mme Barilli, enlevée par une mort prématurée à sa famille et à ses admirateurs. Engagée comme *prima donna*, Mme Mainvielle-Fodor ne craignit pas de se faire entendre dans les ouvrages qui avaient été les plus favorables au talent de Mme Barilli, et malgré les souvenirs que la célèbre cantatrice avait laissés dans la mémoire des habitués du Théâtre-Italien, elle sut s'y faire applaudir. Après avoir débuté, le 16 novembre 1814, dans *la Griselda*, de Paer, elle chanta avec succès dans les *Nozze di Figaro*, *il Re Teodoro*, *Peneloppe*, etc. En 1816, Mme Catalani, ayant obtenu le privilége de l'opéra italien, transporta ce spectacle au théâtre Favart. Mme Fodor y fut engagée avec Garcia, Crivelli, Porto, etc.; mais bientôt ces artistes, abreuvés de dégoûts par les prétentions de la directrice, qui voulait briller seule et ne voyait qu'avec peine des talents réels auprès d'elle, ces artistes, dis-je, résilièrent leurs engagements, et se rendirent à Londres. Mme Mainvielle-Fodor y chanta jusqu'au mois de juillet 1818, puis elle partit pour aller en Italie. A cette époque de sa carrière, sa voix, originairement dure et lourde dans la vocalisation, s'était assouplie par des études constantes, et avait acquis une douceur et un charme inexprimable. Engagée à Venise pour chanter au théâtre de *la Fenice*, elle s'y fit entendre pour la première fois dans l'*Elisabetta* de Carafa, et y obtint un de ces succès d'enthousiasme qu'on ne connaît qu'en Italie. Couronnée sur la scène après la première représentation, elle fut rappelée plusieurs fois chaque soir avec des trépignements et des cris d'admiration; des sonnets lui vinrent de toutes parts, et les principaux *dilettanti* se réunirent pour faire frapper à son effigie une grande médaille d'or; honneur qui n'avait été accordé qu'à Marchesi.

Le Théâtre-Italien de Paris, anéanti par la mauvaise administration de Mme Catalani, fut réorganisé au commencement de 1819, et Mme Fodor y fut engagée. Elle y reparut au mois de mai de cette année, et dès lors commença la plus belle partie de sa carrière; car son talent avait acquis tout son développement, et les opéras où elle se faisait entendre obtenaient seuls du succès. *L'Agnese*, de Paer, *il Matrimonio segreto*, *Don Juan*, *il Barbiere di Seviglia* et *la Gazza ladra* furent pour elle les occasions d'une suite de triomphes qui n'eurent point d'interruption pendant trois ans. Sa manière ne se faisait point remarquer par l'élévation du style, ni par un caractère passionné, mais par une justesse inaltérable des intonations, une grande pureté de son, beaucoup de perfection dans les détails, et un charme irrésistible dans l'accent de la voix. *Le Barbier de Séville*, de Rossini, n'avait eu aucun succès à la première représentation donnée au Théâtre-Italien de Paris; la métamorphose fut complète à la seconde, parce que Mme Fodor y avait pris la place de Mme Ronzi de Begnis, dans le rôle de *Rosine*, et dès lors seulement le bel ouvrage de Rossini fut compris par les Parisiens. Dans les derniers temps de son séjour à Paris, sa santé fut altérée par une affection du pylore qui n'avait point d'influence sur la pureté de son organe vocal, mais qui souvent la plongeait dans un état de faiblesse extrême. Les médecins conseillèrent un voyage en Italie; Mme Fodor se résolut à essayer en effet du changement de climat, et partit pour Naples au mois d'avril 1822. L'influence de ce climat fut si prompte et si salutaire, que la cantatrice put débuter au théâtre Saint-Charles, dans la Desdemona d'*Otello*, au mois d'août de la même année. L'enthousiasme des Napolitains fut égal à celui des habitants de Venise et de Paris; cet enthousiasme fut justifié par la manière dont Mme Fodor chanta les rôles de *Semiramide*, de *Zelmira*, et vingt autres qu'elle créa pendant son séjour à Naples, dans des opéras sérieux, bouffes et de demi-caractère. Ses succès ne furent pas moindres à Vienne, où elle chanta en 1823 pendant toute la saison. De retour à Naples, elle y resta engagée à l'Opéra jusqu'au mois d'août 1825. Ce fut alors qu'elle revint de nouveau à Paris, pour l'exécution d'un contrat qu'elle avait fait avec M. le vicomte de La Rochefoucauld, directeur général des beaux-arts. Le 9 décembre de la même année, elle reparut au Théâtre-Italien, dans la *Semiramide* de Rossini, qui n'était point encore connue des *dilettanti* parisiens. Elle y échoua si complétement, dès les premières scènes du premier acte, soit par l'effet de l'émotion, soit par l'altération de sa voix, qu'elle n'essaya même pas de lutter dans le reste de la représentation, et qu'elle ne se fit plus entendre depuis lors à Paris. Un enrouement, non permanent, mais qui se manifestait après un quart d'heure d'exercice, se déclara dès ce moment, et l'obligea à garder un silence absolu. Dans ces circonstances, elle offrit à l'administration de la liste civile de rompre l'engagement qu'on avait contracté avec elle; mais l'espoir de voir dissiper ce qu'on ne considérait que comme un accident passager, fit rejeter ses propositions. Ce ne fut qu'après qu'on eut acquis la certitude de la prolongation indéfinie de sa maladie, qu'on refusa de payer ses appointements; alors elle exigea qu'on exécutât les clauses du contrat; un procès s'ensuivit; et ce procès allait être gagné par la cantatrice, quand l'administration éleva le conflit et fit porter la cause au conseil d'État. Cette discussion dura plusieurs années et se termina par une transaction en 1828. Devenue libre de nouveau, Mme Fodor voulut essayer encore du climat de l'Italie pour le rétablissement de sa santé; le ciel de Naples dissipa en effet cet enrouement obstiné dont elle n'avait pu triompher en France. Elle crut un instant pouvoir retrouver et les succès et la source de fortune que son talent lui procurait autrefois, et reparut au théâtre de Saint-Charles en 1828; mais elle n'était plus que l'ombre d'elle-même. Jamais sa voix ne reprit le velouté ni la puissance qui étaient ses qualités distinctives quelques années auparavant; la conviction de cette triste vérité obligea Mme Fodor à se retirer de la scène. Une notice sur cette cantatrice distinguée, par M. Charles Unger, a paru sous ce titre : *Joséphine Mainvielle-Fodor, Précis historique sur sa vie*, etc. Vienne, 1823, in-8°, avec le portrait de l'artiste.

FOELSING (J.), professeur de musique à Darmstadt, y vivait vers 1840-1850. Il s'est fait connaître par des collections de chants dont la première a pour titre : *Sammlung von ein, zwei- und dreistimmige Schulgesang* (Collection de chants pour les écoles à une, deux et trois voix). 1er Recueil, Darmstadt, in-12. Une deuxième édition a été publiée dans la même ville en 1845. Le deuxième recueil est intitulé : *Der Gesangfreund. Eine Liedersammlung für Schulen und Volksleben* (l'Ami du chant. Collection de *Lieder* pour les écoles et la vie populaire). Darmstadt (sans date), in-12. On y trouve cinquante-deux chants à une et deux voix, trente-cinq à trois, et treize à quatre.

FOENISECA (Jean), savant, né à Augsbourg, dans la seconde moitié du quinzième siècle, est connu par un traité des sept arts libéraux, qui a été imprimé sous ce titre : *Opera Joannis Foenisecæ Augustani hæc in se habent. Quadratum sapientiæ continens in se septem artes liberales veterum. Circulus bibliæ IIII. In quibus metaphysica mosaica commentaria harum.* A la fin du livre on lit : *Impresse Augustæ Vindelicorum omnibus impensis Joannis Miller atque Joannis Foenisecæ. Anno a nativitate Domini MDXV, ad IIII cal. Maias*. Petit in-4° de 20 feuillets. Au quinzième feuillet commence le petit traité intitulé : *Musica*, lequel contient en 6 pages une introduction à la musique pratique.

FOERNER (Chrétien), excellent constructeur d'orgues, naquit en 1610 à Wettin sur la Saale, où son père était bourgmestre et charpentier. Son beau-frère, Jean-Guillaume Stegmann, bourgmestre, organiste et facteur d'orgues, lui enseigna les principes de son art, la géométrie pratique et les autres branches des mathématiques. Ces connaissances lui furent d'un grand usage dans l'exercice de sa profession. La facture de l'orgue lui est redevable de plusieurs améliorations dans le système de la soufflerie. On lui attribue aussi l'invention de la *balance pneumatique*. Ses principaux ouvrages sont : 1° L'orgue de l'église d'Ulrich à Halle. 2° Celui du château d'Auguste à Weissenfels, de trente-trois jeux, deux claviers et pédale, qu'il acheva en 1673. Fœrner vivait encore en 1677, et était âgé de 67 ans. Il est auteur d'un traité de la construction de l'orgue qui a été imprimé sous ce titre : *Vollkommener Bericht wie eine Orgel aus wahren Grunde der Natur in allen ihren Stücken nach Anweisung der mathematischen Wissenschaften solle gemacht, probirt und gebraucht werden, und wie man Glocken nach dem Monochordo mensuriren und giessen*. Forkel, qui a cité cet ouvrage sous la date de 1684, ignorait où il a été imprimé. Je n'en ai trouvé d'exemplaire dans aucune des bibliothèques publiques de l'Allemagne.

FOERSTEMANN (Charles-Édouard), docteur en théologie et philosophie, secrétaire dirigeant de la Société Thuringienne-Saxonne pour la recherche des antiquités nationales, membre de l'Académie royale des sciences de Stockholm, né à Halle, a publié l'arbre généalogique du célèbre compositeur George-Frédéric Hændel, suivi de notices tirées de sources originales et authentiques, sous ce titre : *Georg Friedrich Händel's Stammbaum, nach Original-Quellen und authentischen*

Nachrichten aufgestellt und erlautert. Leipsick, Breitkopf et Hærtel, 1844, grand in-fol. avec trois tableaux in-plano. Ce travail est fait avec beaucoup de soins et de discernement.

FOERSTER (Gaspard), *le vieux* ou *l'ancien*, fut chantre et libraire à Dantzick vers 1643, et mourut au couvent Olivia, en 1652, après avoir embrassé la religion catholique. Le compositeur théoricien Marc Scacchi lui a dédié son livre intitulé : *Cribrum musicum*. Il semble, d'après un passage d'une lettre de cet écrivain à Chrétien Werner, que Foerster avait composé des *Præcepta theoretica* de musique.

FOERSTER (Gaspard), *le jeune*, naquit en 1617 à Dantzick ; son père parait avoir été frère du précédent. Après avoir étudié dans sa jeunesse les sciences, les langues et la musique, il entra comme chanteur dans la chapelle du roi de Pologne, et reçut des leçons de composition de Marc Scacchi. Le goût passionné qu'il prit pour cet art le détermina à demander un congé pour aller à Rome étudier dans l'école des successeurs de Palestrina. Après avoir passé quelque temps dans cette ville, il alla à Venise, où la noblesse le combla de présents et d'honneurs. Enfin, le désir de revoir sa patrie le ramena à Dantzick ; en y arrivant, il y reçut du roi de Danemark, Frédéric III, sa nomination de maître de chapelle de ce prince, avec un traitement de 1,000 thalers. Foerster mit tous ses soins à rassembler, dans la chapelle qui lui était confiée, des artistes de talent ; entre autres, Ernest Hinsch, organiste de la cour à Dantzick, élève de Froberger. Ce fut dans ce temps qu'il écrivit quelques-unes de ses meilleures compositions, particulièrement des trios pour deux violons et basse de viole qui, au dire de Mattheson, eurent alors un succès d'enthousiasme à Hambourg. Il paraît que le caractère inquiet de Foerster lui fit voir avec jalousie l'arrivée de la cantatrice française Mlle La Barre, qui fut appelée à la cour de Danemark, avec un traitement égal à celui du maître de chapelle. Cet événement, et la guerre malheureuse où le Danemark était engagé contre la Suède, le déterminèrent à demander son congé en 1657, et à se rendre de nouveau à Venise. Il y passa plusieurs années, et dans cet intervalle, la guerre ayant éclaté entre la république et les Turcs, Foerster servit quelque temps comme capitaine dans une compagnie, et fut fait chevalier de Saint-Marc. La paix ayant été rétablie entre le Danemark et la Suède, le roi rappela son maître de chapelle qui consentit volontiers à reprendre ses fonctions, parce que Mlle La Barre n'était plus à la cour de Copenhague.

Toutefois, il n'y resta pas longtemps ; la vie de cour n'était point faite pour lui, accoutumé à la liberté dont il avait joui à Venise ; dès 1661 il donna sa démission, se retira à Hambourg, et prit sa demeure chez le célèbre violoniste de ce temps Samuel-Pierre de Sidon. La société de quelques artistes lui rendait le séjour de cette ville agréable ; il ne la quitta que pour faire un voyage à Dresde, dans le dessein d'y voir l'illustre compositeur Henri Schütz, alors âgé de soixante-dix-sept ans. A son retour, il passa par sa ville natale, où il n'était pas allé depuis vingt ans. Le désir de s'y fixer lui vint à l'improviste ; il acheta un logement au couvent Olivia, et ne le quitta plus jusqu'à la fin de ses jours, si ce n'est pour aller chaque semaine à la ville faire exécuter, sous sa direction, les ouvrages qu'il avait composés dans la solitude. Il mourut à l'âge de cinquante-six ans, et fut inhumé avec beaucoup de pompe au couvent Olivia, le 1er mars 1673.

Toutes les compositions de Foerster sont restées en manuscrit, et étaient déjà devenues si rares au temps de Mattheson, que ce critique ne put s'en procurer une seule à Dantzick, quarante ans après la mort de l'auteur. On ne connaît de lui qu'un canon à trois parties sur les paroles : *Ecce ancilla Domini*, qui a été inséré par Marc Scacchi, dans son *Cribrum musicum* (p. 213-215). Mattheson, à qui l'on doit ces détails sur la vie de Foerster, dit aussi qu'il a fait imprimer un livre qui a pour titre : *Musikalischer Kunstspiegel, worinn nicht allein die alten Zeichen auf den Linien gezeigt, sondern auch die Modi, und wie solche nach dem mi fa sollen unterschieden werden.* (Miroir de l'art musical, dans lequel on fait voir les anciens signes de la notation et les modes, et où l'on enseigne d'une manière claire les règles fondamentales de la composition). Mattheson dit (*Ehrenpforte*, etc., p. 76) que cet ouvrage a été tiré à un très-petit nombre d'exemplaires ; mais il n'a pu indiquer ni le lieu ni la date de l'impression.

FOERSTER (Jean-Chrétien), constructeur d'orgues et de carillons, et campaniste habile, naquit à Oppeln, petite ville de la Silésie, en 1671. Pierre le Grand l'appela à Pétersbourg, en 1710, et le chargea de la confection d'un carillon qui fut placé sur la tour de Saint-Jacques. Ce carillon complet a deux octaves de pédales. Les fonctions de carillonneur furent confiées à Foerster, qui les conserva jusqu'à sa mort.

FOERSTER (Jean-Jacques), fils du précédent, naquit à Pétersbourg au commencement du dix-huitième siècle, et succéda à son père dans les fonctions de carillonneur. En 1750, il était attaché comme violoniste à la chapelle et à la musique particulière de l'empereur de Russie. Il était renommé par son double talent de claveciniste et de constructeur d'orgues.

FOERSTER (Christophe), maître de chapelle du prince de Schwartzbourg-Rudolstadt, naquit à Babra, petite ville de la Thuringe, le 30 novembre 1693. Il était fort jeune lorsqu'il commença l'étude de la musique, de plusieurs instruments et de l'orgue, sous la direction de Pitzler. Il continua plus tard ces mêmes études en plusieurs endroits, particulièrement à Weissenfels, où il prit des leçons régulières d'harmonie et de composition chez Heinichen, qui fut depuis lors maître de chapelle à Dresde. Ce maître étant parti pour l'Italie, Foerster alla à Mersebourg étudier chez Kauffmann, qui acheva de l'instruire dans le contrepoint. En 1717, il fut attaché au service de la cour de Mersebourg en qualité de compositeur. Deux ans après, il fit à Dresde une visite à son ancien maître Heinichen, et en 1723, il alla à Prague pour assister aux fêtes données à l'occasion du couronnement de l'empereur. Il y fit la connaissance des maîtres de chapelle Fux et Caldara, du célèbre luthiste Conti, et de plusieurs autres artistes. Après avoir passé trente ans au service du duc de Mersebourg, Foerster entra, en 1748, en qualité de maître de chapelle chez le prince de Schwartzbourg-Rudolstadt ; mais il ne jouit pas longtemps des avantages de sa nouvelle position, car il mourut le 6 décembre de la même année. La fécondité de ce musicien fut remarquable : Gerber assure qu'il a composé plus de trois cents morceaux, dont la plupart étaient des cantates avec orchestre, et des symphonies. Le plus grand nombre de ces morceaux est resté en manuscrit ; parmi ceux qu'on connaît, on remarque : 1° Six sonates, et Six cantates pour le clavecin. 2° Douze concerts pour divers instruments. Ces trois œuvres, en manuscrit, sont dédiés à la duchesse de Mersebourg. 3° Une année entière de cantates pour l'église. Cette collection était en manuscrit chez C. P. E. Bach, à Hambourg. 4° Le psaume 116e (*Laudate Dominum*) à quatre voix, violon principal, deux violons, viole, orgue, deux trombes et timbales. 5° Cantate anniversaire de naissance, et deux cantates de noces, à quatre voix, avec accompagnement d'orchestre. 6° Un duo et trois cantates italiennes, avec orchestre. 7° Six ouvertures à six, sept et huit parties. 8° Six symphonies à quatre parties, premier recueil. 9° Cinq symphonies à six et dix parties, deuxième recueil. 10° Six symphonies pour deux violons, clavecin et plusieurs instruments de *ripieno*, Nuremberg, chez Hafner, gravé. 11° Six duos italiens avec deux violons et basse *ad libitum*, gravés par les soins de Telemann, après la mort de l'auteur.

FOERSTER (Emmanuel-Aloysius), pianiste et maître de chapelle à Vienne, naquit en Bohême en 1757, fit ses études à Prague, et se rendit à Vienne en 1779. Il est mort en cette ville, le 19 novembre 1823, à l'âge de 76 ans. Cet artiste s'est fait connaître dès 1790 par de nombreuses compositions tant pour le clavecin que pour d'autres instruments. En voici la liste : 1° 11 *Sonate a cembalo solo*, op. 1, Vienne, 1790. 2° *Idem*, op. 2, ibid., 1791. 3° 12 *Deutscher Lieder*, ibid. 4° *Cantate auf die Huldigungs-Feyer Franzens, für Klavier*, ibid., 1792. 5° 3 *Duetti a cembalo con flauto o violino*, op. n°° 1, 2, 3, ibid. 6° 3 *Sonatas for the piano-forte with german flute or violin*, op. 7, Londres, 1793. 7° *Deux quatuors pour clavecin, violon, alto et basse*, op. 8, liv. 1 et 2, Offenbach, 1795. 8° *Six quatuors pour deux violons, alto et basse*, op. 6, ibid. 9° *Sextuor pour piano, violon, alto, violoncelle, flûte et basson*, op. 9, ibid., 1796. 10° *Deux quatuors pour clavecin, violon, alto et basse*, op. 10, liv. 1 et 2, ibid. 1796. 11° *Deux idem*, op. 11, liv. 1 et 2, ibid., 1796. 12° *Deux solos*, op. 12, Vienne. 13° *Quartetto a cembalo, viol., alto e basso*, ibid. 14° *Due sonate per il cembalo*, op. 13, ibid., 1802. 15° *X Variazioni per il cembalo*, ibid., 1802. 16° *Six quatuors pour violon*, op. 16, ibid., 1799. 17° *Notturno concert., per 2 viol., 2 alt., flauto, oboe, fagotto, 2 corni, violoncello e contra-basso* n° 1, Augsbourg, 1799. 18° 11 *Sonate e due thema con dieci variaz. per il cembalo*, Vienne. 19° *Rondo e variaz. sull' duetto* : Pace, caro mio sposo, n° 14, Vienne et Offenbach. 20° *Huit variations sur un thème de Mozart*, Spire et Heilbronn, 1797. 21° *X variations en la bémol*, Heilbronn, 1797. 22° *Trois sonates pour le piano seul*, op. 17, Spire et Vienne. 23° *Trio pour clavecin, violon et basse*, op. 18, 1801. 24° *Cavatevi padroni*, varié pour le clavecin, Offenbach. 25° *Deux quintuors pour deux violons, deux altos et violoncelle*, op. 19 et 20, non gravés. 26° *Trois quatuors pour deux violons, alto et violoncelle*, op. 21. 27° *Trois sonates pour piano*, op. 22, n°° 1, 2, 3. 28° *Grande sonate pour piano, a quatre mains*, op. 24. 29° *Fantaisie suivie d'une grande sonate pour le piano*, op. 25. 30° *Sept variations* sur un *thème de Mozart*, pour le piano, 1803. 31° *Six sonates très-faciles pour le piano*, liv. 1 et 2. 32° *Quintuor pour deux violons, deux altos et basse*; Vienne, 1804. Foerster s'est aussi placé parmi les écrivains sur la musique par un traité d'harmonie et d'accompagnement qu'il a publié sous ce titre : *Anleitung zum Generalbass, mit Notenbeispielen in 146 Nummern;* Vienne et Leipsick, 1805, in-8°. Il y a de la méthode dans cet ouvrage.

FOERSTER (ÉDOUARD), compositeur et professeur de piano à Berlin, né à Dantzick, en 1805, est mort à Berlin, le 3 août 1857, à l'âge de cinquante-deux ans. On connaît de lui une symphonie et quelques ouvertures pour l'orchestre, des sonates de piano et plusieurs œuvres de musique vocale.

FOERTSCH (JEAN-PHILIPPE), poëte et compositeur dramatique, médecin et conseiller de l'évêque de Lubeck, naquit le 14 mai 1652, à Wertheim, dans le duché de Bade, où son père était bourgmestre. Jean-Philippe Krieger, maître de chapelle à Weissenfels, lui donna les premières leçons de composition; les cours de médecine qu'il suivit à Francfort, Jéna, Erfurt, Helmstadt et Altdorf, lui fournirent ensuite les occasions de compléter son instruction musicale sous la direction de plusieurs maîtres. Ses études terminées, il voyagea en Hollande, en France, se rendit à Hambourg, en 1671, et y entra comme ténor dans la chapelle du Conseil. Cette époque était celle de la création de l'Opéra allemand, et Hambourg était le lieu où ce genre nouveau était cultivé avec succès. Foertsch, séduit par l'intérêt que lui offrait la musique dramatique, consentit non-seulement à prendre un emploi dans la troupe chantante, mais se mit aussi à l'œuvre comme compositeur et comme poëte; car en peu de temps il écrivit les livrets et la musique des opéras dont voici les titres : *Crésus* (1684), *la Chose impossible* (1685), *Alexandre à Sidon* (1688), *Eugénie* (1688), *Xerxès* (1689), *Caïn et Abel* (1689), *Cimbria* (1689), *Talestris* (1690), *Don Quichotte* (1690). Dans tous ces ouvrages, il joua lui-même un rôle. Le succès de ses compositions lui procura des propositions du duc de Schleswig, Chrétien-Albert, pour qu'il acceptât la place de maître de chapelle à Gottorff, et la ville de Lubeck lui offrit le titre de cantor. Il choisit la place de maître de chapelle, comme plus honorable et plus lucrative; mais il ne la garda pas longtemps, car il la possédait à peine depuis un an, quand la guerre vint désoler le Holstein et le Schleswig; il se vit obligé de quitter son poste et de se réfugier à Kiel, où il se fit recevoir docteur en médecine. Il exerça quelque temps cet art à Schleswig et à Husum, fut nommé, en 1689, médecin du duc de Bade, et passa, en 1694, au service de l'évêque d'Eutin, en qualité de conseiller et de médecin ordinaire, et enfin avec les mêmes titres à Lubeck, en 1705. Il vivait encore en 1708. Foertsch est vraisemblablement l'exemple unique d'un savant médecin qui a été en même temps compositeur distingué. Il avait aussi un savoir classique dans l'art d'écrire la musique, car, indépendamment de ses œuvres dramatiques, il a laissé en manuscrit des pièces de clavecin d'un bon style; et Mattheson, à qui nous devons des renseignements contemporains sur cet artiste, nous apprend (dans son *Patriote musical*) que Foertsch s'amusait souvent à écrire des canons artificiels qu'il envoyait au maître de chapelle Thiele, et dans lesquels on remarquait une connaissance profonde du contrepoint.

FOERTSCH (WOLFGANG), organiste de l'église Saint-Laurent, à Nuremberg, né au commencement du dix-huitième siècle. Il a fait imprimer, en 1734, une fugue sur un thème allemand, sous le titre de *Musicalische Kirchenlust;* Nuremberg, in-fol., et une autre fugue sur le cantique : *Nun lobt meine Seele,* etc.

FOGAÇA (JEAN), moine portugais et compositeur au monastère d'Ossa, près de Lisbonne, naquit dans cette ville, en 1589. Il apprit la musique sous la direction d'un maître nommé *Lobo,* fit ses vœux en 1608, et mourut à Lisbonne en 1658, dans sa soixante-neuvième année. Il a laissé, en manuscrit, des messes qui se trouvent dans la bibliothèque royale à Lisbonne.

FOGGIA (RODESCA DI), maître de chapelle de la cathédrale de Turin, au commencement du dix-septième siècle, a fait imprimer un recueil de sa composition sous ce titre : *Messe e motetti a otto voci;* Venise, 1620.

FOGGIA (FRANÇOIS), compositeur de l'école romaine, naquit à Rome, en 1604. Son premier maître de musique fut Antoine Cifra : il passa ensuite dans l'école de Bernardin Nanini, puis dans celle de Paul Agostini. Plus tard, il épousa la fille de ce dernier maître. Ses études étant terminées, il fut appelé, quoique fort jeune, comme maître de chapelle au service de l'électeur de Cologne, Ferdinand-Maximilien. De là, il se rendit à la cour de Bavière, y demeura plusieurs années, et n'en sortit que pour aller diriger la musique de l'archiduc Léopold d'Autriche. De retour en Italie, il fut maître des cathédrales de Narni et de Montefiascone, puis il eut à Rome la chapelle de Sainte-Marie-in-Aquiro et celle de Sainte-Marie-in-Transtevere ; apres quoi il entra comme maître de chapelle à Saint-Jean de Latran, au mois de décembre 1636, et y resta jusqu'à la fin de juillet 1661. Il passa alors en la même qualité à Saint-Laurent *in Damaso*. En 1646, on lui avait offert la place de maître de chapelle de Sainte-Marie-Majeure, mais il hésita longtemps, et la place fut donnée à Horace Benevoli. Après qu'Abbatini se fut retiré, on offrit de nouveau les mêmes fonctions à Foggia, et il en prit possession le 13 juin 1677. Il resta au service de cette basilique jusqu'à sa mort, qui eut lieu le 8 janvier 1688. Il fut inhumé à Sainte-Praxède. Son successeur à Sainte-Marie-Majeure fut son fils (Antoine Foggia), qui cessa de vivre au mois de mai 1707. F. Foggia est considéré à juste titre comme un des maîtres les plus habiles de l'école romaine appartenant au dix-septième siècle. Il fut un des premiers musiciens qui, en Italie, ont traité la fugue dans le style tonal : la plupart de ses prédécesseurs n'avaient écrit que des fugues réelles. Cette différence coïncide avec la transformation de la tonalité, développée par l'introduction des accords dissonants naturels dans la musique, vers le temps de la naissance de Foggia. L'harmonie de ce maître est douce, pure et correcte. On a de lui les productions dont voici les titres : 1° *Deux livres de motets à deux, trois, quatre et cinq voix*, Rome, Grignani, 1640 et 1645. 2° *Due libri di messe e motetti a 2, 3 e 4 voci*, Rome, Mascardi, 1650. 3° *Due libri di letanie e motetti a 2, 3, 4, 5 voci*, Rome, Mascardi, 1652. Il y a une deuxième édition de ces litanies, Rome, 1672. 4° *Due libri di salmi a 4 voci*, Rome, De Lazzaris, 1660. 5° *Motetti sagri a 2, 3, 5 voci*, Rome, Fei, 1661. 6° *Due libri di motetti a 5 voci pari*, 1662. 7° *Due libri di messe a 4, 5, 8, 9 voci*, Rome, 1663. 7° (*bis*) *Sacræ cantiones 3 voc. æqual. una cum Motettis de omni tempore, litaniis et Salve Regina de B. V. M.*, op. 3, Rome, Fei, 1665. C'est une seconde édition. 8° *Due libri di salmi a 5 voci*, Rome, Belmonti, 1667. 9° *Messe a 2, 3, 4, 5 voci*, Rome, Nutii, 1672. 10° *Messe e offertorii a 2, 3, 4, 5 voci*, ouvrage dédié à l'auteur même par Jean-Baptiste Cuifabri, Rome, 1673. 11° *Offertorii a 4, 5, 6, 8 voci*, 1681. On trouve aussi des motets de Foggia dans la collection de Spiridione ; le P. Martini en a inséré deux dans le deuxième volume de son *Essai sur le contrepoint* (part. II, p. 47 et suivantes), et les a analysés. Indépendamment des ouvrages qui viennent d'être cités, il est peu d'églises à Rome où l'on ne conserve, dans les archives, des compositions manuscrites de Foggia, car ce maître fut aussi fécond que savant. Liberati, dans sa lettre à Octave Persapeggi, s'exprime ainsi (p. 28) sur ce maître : *Di Paolo Agostino, ingegno impareggiabile tra gli altri n'è stato degno scolaro e genero il Sig. Francesco Foggia, ancor vivente, benchè ottuagenario, et di buona salute per grazia speciale di Dio, e per benefizio publico, essendo il sostegno e il padre della musica e della vera armonica ecclesiastica, come nelle stampe ha saputo far vedere, e sentire tanta varietà di stile, ed in tutti far conoscere il grande, l'erudito, il nobile, il pulito, il facile, ed il dilettevole tanto al sapiente, quanto all'ignorante*, etc. Après l'époque de Foggia, la musique d'église dégénéra à Rome, comme dans tout le reste de l'Italie ; le style concerté devint à la mode, et l'on n'entendit plus de véritable musique religieuse qu'à la chapelle pontificale, d'où elle disparaît aujourd'hui.

FOGLIANI (Louis), né à Modène, à la fin du quinzième siècle, fit de bonnes études dans sa patrie, et se rendit savant dans les langues anciennes et dans la musique. On voit par une lettre que lui écrivait Pierre Arétin, en date du 30 octobre 1537, qu'il avait conçu le projet de traduire les œuvres d'Aristote ; mais il mourut avant d'avoir achevé ce travail, vers 1539, dans un âge peu avancé. C'est sans doute une partie de ce même travail qui se trouve dans l'ancien fonds des manuscrits de la Bibliothèque impériale de Paris, sous ce titre : *Ludovicus Folianus Mutinensis : Flosculi Philosophiæ Aristotelis et Averrois. Cod. sæc. XVI*, 6757. On a de ce savant : *Musica theorica, doctè simul ac dilucidè pertractata, in quâ quamplures de harmonicis intervallis non priùs tentatæ continentur speculationes*, Venise, 1529, in-fol. Cet ouvrage est divisé en trois parties ; dans la première, l'auteur traite des proportions musicales ; dans la seconde, des consonnances ; et dans la troisième, de la division du monocorde, sujet qui ne présente que les questions des première et seconde sections, considérées sous d'autres aspects. Les principes développés par Fogliani, dans son livre, sont conformes à ceux de Ptolémée. Jean-Baptiste Doni dit que Fogliani fut le premier qui découvrit que le demi-ton *mi-fa* n'est pas le *limma*, c'est-à-dire moins que la moitié du ton, comme on le croyait auparavant, mais un *demi-ton majeur*, et il le loue d'avoir dissipé les ténèbres de l'ignorance de son temps à cet égard comme en ce qui concerne les propotions des tierces majeures et mineure (1). Doni se trompe en donnant ces choses comme des découvertes de Fogliani, car, ainsi qu'on vient de le dire, cette doctrine n'est que celle du Diatonique-Synton de Ptolémée; mais il a raison de dire que ce théoricien est le premier qui substitua cette même doctrine à celle de Pythagore dans la musique moderne, et c'est de la publication de son livre que date le système erroné de la nature des intervalles de la gamme et des proportions de ceux-ci, que la plupart des géomètres et physiciens s'obstinent encore à maintenir en dépit des nécessités tonales et harmoniques de la musique actuelle. En faisant des deux demi-tons de la gamme des demi-tons majeurs, bien qu'ils soient évidemment mineurs puisqu'ils sont attractifs, Fogliani ne put éviter l'absurde distinction des tons en majeurs et mineurs; car il fallait regagner d'un côté ce qu'on perdait de l'autre. De là toutes les conséquences erronées qui en découlent et qui ont mis depuis plus de trois siècles la théorie numérique de la musique en opposition formelle avec la pratique de l'art, et avec le sentiment des artistes. Fogliani a laissé en manuscrit un livre intitulé *Refugio di dubitanti*. Tiraboschi, qui le cite, croit qu'il traitait aussi de la musique, et dit qu'on présenta une requête, en 1538, afin d'obtenir un privilége de dix ans pour le faire imprimer ; mais que des motifs, qu'on ne connaît pas, en empêchèrent la publication. Louis Fogliani s'est fait connaître aussi comme compositeur par des chants à plusieurs voix qui ont été insérés dans le précieux et rarissime recueil intitulé *Frottole*, publié par Petrucci de Fossombrone, à Venise, et divisé en neuf livres qui ont paru entre les années 1504 et 1508. Un exemplaire de cette collection est à la Bibliothèque royale de Munich. Parmi les morceaux de Fogliani qui s'y trouvent, le plus singulier est celui où les quatre voix, *cantus, altus, tenor* et *bassus*, chantent des paroles différentes.

FOGLIANI (JACQUES), organiste de la cathédrale de Modène, y naquit en 1473, et mourut dans la même ville, le 4 avril 1548, à l'âge de soixante-quinze ans, ainsi que le démontre l'inscription qui fut placée sur sa tombe dans la cathédrale :

Memoriæ Jacobi Foliani
musicorum præstantissimi
Qui stanneis præsertim fistulis quæ
Follibus inflantur ingentem sui
Sonum concertavit.
Vixit ann. LXXV. Ob. IV. Id. Apr.
MDXLVIII.

Lancillotto parle de cet artiste dans sa chronique, sous la date du 14 juin 1547, à l'occasion du nouvel orgue de l'église de Saint-François, ouvrage de Maître Jean Cipria, de *Finale*, dans le duché de Modène, et dit que cet instrument est joué par Jacques Fogliani, organiste excellent (*Lo sonò M. Jacomo Fojano* (sic) *organista del Duomo eccellente et buonissimo*). Quelques chants à quatre voix de cet artiste se trouvent dans les livres septième et huitième des *Frottole*, imprimées à Venise, par Petrucci de Fossombrone, en 1507 et 1508. On trouve aussi trois madrigaux à trois voix du même Jacques Fogliani, sur les paroles *Poich' io vidi, Madonna, io prend' ardire*, et *Io vorrei dio d'Amore*, en partition, dans le huitième volume des extraits faits par Burney, pour son Histoire de la musique, lequel est parmi les manuscrits du Muséum britannique, sous le n° 11,588 du supplément.

FOGLIETTI (l'abbé IGNACE-DOMINIQUE). Il a paru sous ce nom une traduction italienne de la méthode de plain-chant de la Feillée; ce livre a pour pour titre : *Il cantore ecclesiastico, ossia metodo facile per imparare il Canto fermo secondo le regole francesi*, tradotto in lingua italiana ed ampliato, etc., Pinarolo, 1785, in-4° (1).

FOIGNET (CHARLES-GABRIEL), né à Lyon, vers 1750, montra dès son enfance d'heureuses dispositions pour la musique, et y fit de rapides progrès. En 1779, il se rendit à Paris, où il donna des leçons de ce qu'on appelait alors la *musique vocale*, c'est-à-dire, de solfége, de clavecin et de harpe. En 1782 il publia quelques petits ouvrages de musique instrumentale, entre autres, un recueil d'airs d'opéras ou d'opéras comiques, arrangés pour piano ou clavecin, avec accompagnement de violon; ce recueil avait pour titre : *les Plaisirs de la société*. Plus tard, il a composé la musique de plusieurs

---

(1) Ludovico Fogliani Modenese... fu il primo a scoprire che il semi-tuono comune *mi-fa* non è altrimenti il limma, o meno della metà del tuono, come comunemente si credeva, ma un maggiore semi-tuono, e che non era vero, che si adoprasse in pratica il Diatonico di tonieo, ne che le nostre terze consonanti fossero il Ditono, e triemitonio Pitagorico, mi si bene gli intervalli di sesquiquarta, e sesquiquinta proporzione, e simili altre cose, ch'egli cavò dalle tenebre dell'ignoranza di quel tempo (Op., t. 1, p. 508).

(1) M. Gaspari, de Bologne, m'a indiqué un exemplaire qu'il possède de cet ouvrage, en un volume in-12, daté de Pinarolo, 1788. J'ignore si c'est une deuxième édition, ou si j'ai été induit en erreur par mes premiers renseignements.

petits opéras pour les théâtres secondaires, et pour celui des jeunes élèves de la rue de Thionville. Voici les titres de ceux qui sont les plus connus : 1° *L'Apothicaire*, au théâtre des Beaujolais, en 1791. 2° *Le Mont Alphéa*, 1791, au théâtre Montansier. 3° *Le Pèlerin*, opéra en 3 actes, 1792. 4° *Michel Cervantes*. 5° *Les petits Montagnards*, 1793. 6° *Les deux Charbonniers*, 1793. 7° *Les Divertissements de la Décade*, au théâtre de la Cité, 1794. 8° *Les Jugements précipités*, vaudeville. 9° *Robert le Bossu*, opéra, 1795. 10° *Les Brouilleries*, 1795. 11° *Les Sabotiers*, 1796. 12° *L'Antipathie*, 1797. 13° *L'heureuse Rencontre*, 1797. 14° *Les Prisonniers français en Angleterre*, 1798. 15° *L'Orage*, 1798. 16° *Le Cri de la vengeance*, 1799. Foignet est mort à Paris, en 1823.

FOIGNET (François), fils aîné du précédent, né à Paris, vers 1783, apprit la musique fort jeune, et débuta, lorsqu'il était encore enfant, au *Théâtre des Jeunes Élèves*. Il s'y fit remarquer par son intelligence et son aplomb dans les morceaux de musique. Plus tard, il entra au *Théâtre des Jeunes Artistes*, de la rue de Bondy, et y joua avec beaucoup de succès dans les opéras, pantomimes et mélodrames, où il introduisait des romances et des airs qu'il chantait avec goût. Il écrivit alors la musique de plusieurs pantomimes et mélodrames, qui eurent du succès, et deux opéras intitulés : *les Noces de Lucette*, représenté en 1800, et *les Gondoliers*, en 1801. En 1806, un décret impérial ayant réduit le nombre des théâtres de Paris, celui des *Jeunes Artistes* fut supprimé, et Foignet s'engagea dans les théâtres des départements pour y chanter les rôles de *ténors*; plus tard, sa voix ayant baissé, il prit l'emploi de baryton, appelé, dans le langage des théâtres de France, *Martin, Lays et Solié*, du nom des acteurs qui ont joué d'origine les rôles de cet emploi. En 1825, Foignet chantait à Nantes; en 1829, il était attaché au théâtre de Lille; on le retrouve ensuite dans plusieurs villes du midi de la France, particulièrement à Angoulême, où il était régisseur du théâtre. Il mourut de misère à l'hôpital de Strasbourg, le 22 juillet 1845.

FOIGNET (Gabriel), deuxième fils de *Charles-Gabriel*, est né à Paris en 1790. Son père lui enseigna les premiers principes de la musique et de la harpe; devenu ensuite élève de Cousineau et de Naderman pour cet instrument, il s'est fait entendre avec succès dans quelques concerts, et a eu de la réputation comme professeur, particulièrement depuis 1812 jusqu'en 1825. Après avoir été attaché comme harpiste à plusieurs théâtres, et en dernier lieu à l'Opéra-Comique, il a donné sa démission de cette place en 1821. Depuis 1828, il ne s'est plus fait entendre en public. Foignet a publié de sa composition une polonaise pour harpe et cor, Paris, Lemoine aîné.

FOLIOT (Edme), né à Château-Thierry, fut d'abord maître de musique de la cathédrale de Troyes, et ensuite de la maison professe des jésuites à Paris. On a de lui des motets en manuscrit. Il mourut à Paris, en 1777.

FOLQUET DE MARSEILLE, troubadour, qui vécut à la fin du douzième siècle et au commencement du treizième. Il ne naquit pas à Romans, dans le Dauphiné, comme il est dit dans la *Biographie universelle* des frères Michaud, mais à Marseille, ainsi que l'indique la désignation jointe à son nom. Dans sa jeunesse il composa des chansons passionnées pour la belle Azeline de Roquemartine, dont il était épris, et pour plusieurs autres dames dont il eut les faveurs. Plus tard il alla en Italie, vécut à la cour de Frédéric II, près du marquis de Montserrat; puis à Savone, dans la maison du seigneur de Carret. Ce fut alors qu'il entra dans les ordres, et, devenu prêtre fanatique, il obtint l'évêché de Toulouse et prêcha pour la persécution contre les Albigeois (1). Il mourut le 25 décembre 1231. Une de ses chansons se trouve, avec la mélodie notée, dans un manuscrit du treizième siècle, conservé à la bibliothèque ambroisienne de Milan, lequel contient un recueil de chansons de troubadours du même temps. Son nom est écrit en tête de cette chanson : *Folches de Marseia*.

FOLZ (Hans), barbier et maître chanteur à Nuremberg, naquit à Worms, en 1470. Wagenseil le cite (*Von der Meistersængerkunst*, p. 534) comme auteur de mélodies intitulées : *Der Theil-ton, die Feil-Weis, der Baum-ton und der Freye-ton*. Il composait les paroles et la musique de ses pièces. Folz fut un grand partisan de la réformation.

FOND (Jean-François DE LA), né en France, à la fin du dix-septième siècle, se fixa à Londres, où il donnait des leçons de langues française et latine, ainsi que de musique. Il publia un livre dans lequel il proposait une nouvelle manière d'écrire la musique et d'accompagner la basse continue, sous le titre de *New System of Music, both theoretical and practical, and yet not mathematical* (Nou-

(1) Millot, *Hist. des Troub.*, t. I, p. 390; et Francisque Mandel, *Histoire de la Langue romane* (le roman provençal). p. 359.

veau système de musique théorique et pratique et néanmoins non mathématique); Londres, 1725, in-8°. Mattheson, dans son *Parfait Maître de chapelle* (p. 58), a rendu compte de cet ouvrage, qui est maintenant complétement oublié. Le livre devait être divisé en plusieurs volumes, car on lit à la fin du premier, *The end of the first volume*: mais celui-là seul a paru. Le système proposé par De la Fond consiste à composer l'échelle musicale de douze notes au lieu de huit, et à considérer ces notes comme représentant, non des intonations déterminées, mais les degrés d'une gamme quelconque, majeure ou mineure; et conséquemment de supprimer les clefs, dont l'objet est précisément de déterminer les intonations dans les octaves diverses. Cette rêverie n'a pas eu plus de succès que les tentatives multipliées qu'on a faites postérieurement pour modifier ou changer entièrement la notation de la musique.

FONGHETTI (Paul), d'une noble famille de Vérone, fut amateur de musique distingué, et a publié des *Madrigali a due voci co'l liuto ossia ghitarone* (sic). *Verona, app. Franc. delle Donne et Scipione Vergne suo genero*, 1598, in-4°. On a aussi de cet amateur : *Madrigali a tre voci, cioè canto, alto e tenore, in Venetia app. Ricciardo Amadino*, in-4°.

FONSECA (Lucio-Pedro de), maître de chapelle à Villa Viciosa en 1640, naquit à Campo-Mayor en Portugal. On trouve plusieurs ouvrages de sa composition, en manuscrit, dans la bibliothèque royale de Lisbonne.

FONSECA (Christovan de), jésuite portugais, né à Evora en 1682, fut un des meilleurs compositeurs de musique d'église qu'ait produits le Portugal. Il était professeur au collége des Jésuites à Santarem, où il mourut, le 19 mai 1728. Parmi ses compositions, Machado cite (*Bibliot. Lusit.*, t. 1, p. 676) un *Te Deum à quatre chœurs*.

FONSECA (Nicolas de), maître de chapelle et chanoine de l'église cathédrale de Lisbonne, fut élève de Lobo, fameux compositeur portugais. Il vivait en 1615. On trouve dans la bibliothèque royale de Lisbonne une messe à seize voix de sa composition.

FONTAINE (Noel), aumônier des Carmélites d'Avignon, né à Cavaillon, vivait vers le milieu du dix-huitième siècle. On a de lui des motets à une et deux voix, avec orgue et instruments. Ces ouvrages sont restés en manuscrit.

FONTAINE (Jeanne), fille d'un maître de danse de Cologne, naquit à Munster, le 20 mai 1770. Dans sa jeunesse, elle apprit à jouer du piano et les principes de l'art du chant. Après avoir chanté avec succès à Munster et à la cour de Bonn, elle obtint un emploi comme cantatrice chez le comte Benthelm de Steinfort. Elle y fit la connaissance du musicien Henri-Antoine Krux, l'épousa en 1791, et le suivit à Munich lorsqu'il obtint une place de violon dans l'orchestre de l'électeur. Ce fut au théâtre de la cour de Bavière qu'elle parut pour la première fois sur la scène, dans le rôle de la *reine de la nuit*, de *la Flûte enchantée*. Sa beauté, l'élégance de sa taille, le volume et l'étendue de sa voix, excitèrent le plus vif enthousiasme. Charmé des avantages qu'il trouvait dans cette jeune cantatrice, le maître de chapelle Winter entreprit de former son talent par des études de vocalisation, et la célèbre actrice Françoise Amberger perfectionna son jeu scénique par ses leçons. Ses progrès furent si rapides, que l'étonnement égala l'admiration publique quand elle reparut dans les principaux rôles des opéras allemands. Aussi belle que remarquable par ses talents, elle eut beaucoup d'adorateurs; mais on dit qu'elle fut toujours fidèle à son mari. Elle le suivit à Mayence, et n'y eut pas moins de succès qu'à Munich; mais la mort imprévue de son époux lui rendit insupportable le séjour de cette ville, et bientôt elle s'en éloigna pour paraître sur différents théâtres; partout elle fut accueillie par la faveur publique. Au milieu de ses succès, elle rencontra M. Fontaine, officier français, qui lui offrit ses vœux; elle unit son sort au sien, se retira du théâtre, et vécut heureuse jusqu'en 1797, où une mort prématurée l'enleva à ses amis, à l'âge de vingt-sept ans. La musique et l'art dramatique firent en elle une perte considérable; peu de cantatrices allemandes ont réuni autant d'éléments de succès.

FONTAINE (Antoine-Nicolas-Marie), violoniste, est né à Paris, en 1785. Les premières leçons de musique et de violon lui furent données par son père, musicien de l'Opéra; il fut ensuite, et successivement, élève de Lafont, de Kreutzer et de Baillot. Entré au Conservatoire de Paris en 1806, il obtint le premier prix de violon au concours de 1809. Vers le même temps, il étudia l'harmonie sous la direction de Catel et plus tard chez M. Daussoigne; puis il reçut des leçons de composition de Reicha. A peine les études de cet artiste furent-elles terminées, qu'il partit de Paris pour se faire entendre dans les départements de la France, en Belgique, et dans l'Allemagne du Rhin, au lieu de s'attacher à l'orchestre d'un théâtre, comme les autres élèves du Conservatoire.

Pendant plus de dix ans, il ne cessa de voyager pour donner des concerts, ne faisant, dans cet intervalle, que de courtes apparitions à Paris, pour y publier ses ouvrages. Enfin, fatigué de cette existence agitée, où les succès sont presque toujours compensés par des tribulations, il s'est fixé dans le lieu qui l'a vu naître, vers 1825, et depuis lors il s'y est livré à l'enseignement. Le roi Charles X l'avait nommé *Violon solo* de sa musique particulière; la révolution de 1830 lui a enlevé le titre et les émoluments de cette place. M. Fontaine a publié beaucoup de concertos, solos et airs variés pour le violon, qui ont obtenu du succès, et que les violonistes ont souvent fait entendre dans les concerts. La liste de ses ouvrages publiés renferme : 1° Premier concerto de violon, en *ré* majeur, avec orchestre, Paris, Leduc. 2° Deuxième concerto, en *la* majeur, Paris, Janet. 3° Airs variés pour le violon, avec orchestre, ou quatuor, ou piano, n°s 1 à 15, Paris, Janet, Leduc, Erard; Milan, Ricordi, etc. 4° Trois grands rondos pour violon et orchestre, Paris, Hanry, Leduc, etc. 5° Cinq fantaisies pour violon et quatuor ou piano, *ibid*. 6° Duos concertants pour violon, Paris, Leduc, Janet et Cotelle. M. Fontaine a en manuscrit : 7° Troisième concerto, en *ut*; quatrième, *idem*, en *ré* mineur; cinquième, *idem*, en *mi* mineur. Ce dernier concerto a été exécuté par l'auteur, à la séance annuelle de la société des Enfants d'Apollon, en 1828. 8° Sérénade pour violon principal dialoguée avec l'orchestre (en *ut*). 9° Trio concertant pour piano, violon et violoncelle (en *mi* bémol); 10° Ouverture pour l'orchestre (en *mi* bémol); 11° *Benedictus* pour voix de soprano et chœur, avec orchestre. Son dernier ouvrage publié consiste en trois grands duos pour deux violons, op. 32, n°s 1, 2, 3. Paris, Launer; Mayence, Schott.

FONTAINE (Mortier de). *Voyez* Mortier de Fontaine.

FONTANA (Vincenzo), compositeur vénitien, vécut dans la première moitié du seizième siècle. On a imprimé de sa composition : *Canzone villanesche a tre voci alla napoletana. Libro primo. In Venetia, app. Ant. Gardano*, 1545, in-4° obl.

FONTANA (Bénigne), musicien italien, paraît avoir vécu en Allemagne vers le milieu du dix-septième siècle. Il a fait imprimer à Gosslar, en 1638, un recueil de motets à deux voix, sous ce titre : *Modulationes 2 vocum*.

FONTANA (Jean-Étienne), compositeur italien, vécut dans la première moitié du dix-septième siècle. Il a fait imprimer des messes, des motets, un *Miserere* et des litanies à huit voix, qui sont indiquées dans le catalogue de Pastorf, p. 7.

FONTANA (Jean-Baptiste), compositeur italien qui vivait en 1660, est auteur d'un recueil de *Sonate a 1, 2, 3, per violino, cornetto, fagotto, violoncello ed altri stromenti con basso continuo*. Cet ouvrage est indiqué dans le catalogue de Pastorf, p. 31.

FONTANA (Fabrice), organiste de Saint-Pierre du Vatican à Rome, dans la seconde moitié du dix-septième siècle, naquit à Turin, en 1650. Il s'est fait connaître par un recueil de pièces d'orgue qui a pour titre : *Ricercari per l'organo*, Rome, 1677, in-4°.

FONTANA (Michel-Ange), compositeur au dix-septième siècle, a fait imprimer *Motetti e Messe a 2, 3 e 4 voci, con basso continuo*, Venise, 1679.

FONTANA (Antoine), né à Carpi, vers 1730, fut prêtre et académicien philharmonique de Bologne. Il fit exécuter dans cette ville, en 1770, de sa composition, que le docteur Burney entendit et dont il fait l'éloge dans la relation de son voyage en Italie.

FONTANA (Uranio), compositeur dramatique, fut, dit-on, élève du Conservatoire de Milan. Le premier ouvrage qui le fit connaître était un opéra semi-sérieux, intitulé *Isabella di Lara*, représenté à Rome, en 1837. Dans un voyage qu'il fit à Paris, en 1840, il écrivit pour le Théâtre de la Renaissance *le Zingaro*, opéra en deux actes. Dans la même année, il se rendit en Grèce avec le titre de directeur de musique du Théâtre-Italien d'Athènes; mais il ne tarda pas à se dégoûter de cette position, car, vers la fin de 1841, il était de retour en Italie. Dans l'année suivante, il fit représenter à Padoue son opéra intitulé *Giulio d'Este*. Son meilleur ouvrage est incontestablement l'opéra sérieux *I Baccanti*, qu'il a écrit, en 1849, pour le théâtre de la *Scala*, à Milan. La musique de cet opéra a été arrangée pour le piano et publiée à Milan, chez Ricordi.

FONTANA. Trois chanteurs de ce nom se sont rendus célèbres. Le premier, *Pierre-Antoine*, né à Bologne, brillait vers 1690; le second, *Giacinto*, surnommé *Farfallino*, sopraniste, se fit admirer à Rome vers 1730, dans les rôles de femmes; le troisième, *Augustin*, Piémontais, était au service de la cour de Sardaigne, en 1750. Il y a eu aussi une bonne basse chantante, dont les noms étaient *Nicolo Fontana*. Fontana était de Bologne : il chanta avec succès dans cette ville, vers 1830; puis il fut engagé à Modène, à Milan, à Turin, à Venise, à Rome, à Trieste. Il mourut à Mantoue, vers la fin de 1842.

FONTE (Nicolas), musicien vénitien, vécut dans la première moitié du dix-septième siècle. Il fut un des premiers compositeurs d'opéras représentés dans sa ville natale. En 1642, il a donné, au théâtre *San-Mosè*, *Sidonio e Dorisbe*, drame en 3 actes. Fonte fut un des compétiteurs de Cavalli pour la place d'organiste du second orgue de l'église Saint-Marc, de Venise. Cavalli obtint la place le 25 janvier 1639; mais Fonte fut considéré, dans ce concours, comme un artiste de grand mérite.

FONTEGO (Silvestre GANASSI DEL). *Voyez* GANASSI.

FONTEI (Nicolas), né en 1597 à Orci Nuovi, ou Orciano, dans les états de l'Église, s'est fait connaître comme compositeur de musique religieuse par les ouvrages intitulés : 1° *Melodiæ sacræ*, 2, 3, 4 et 5 *vocum et basso generali*, Venise, 1634. 2° *Bizzarrie poetiche a* 1, 2 et 3 *voci*, libro 1°, op. 2. Les deuxième et troisième livres ont paru en 1636 et 1639, à Venise, chez Alexandre Vincenti. 3° *Compieta a cinque con antifone ed alcuni salmi a tre, con due violini, et due Confitebor a tre*, op. 5, ibid., 1640. 4° *Missa e salmi a* 4, 5, 6 e 8 *voci con violini*, op. 6, ibid., 1647. 5° *Salmi brevi a otto voci co'l primo coro concertato*, op. 7, Venise, Gardano, 1647.

FONTEJO (Jean), compositeur, né en Danemark, fut envoyé par Christian IV en Italie, pour y perfectionner ses talents, vers 1595. Il se rendit à Venise et y devint élève de Jean Gabrieli, célèbre organiste de la république. Après avoir publié quelques ouvrages en Italie, il retourna en Danemark, où il était au service de la cour en 1606. On connaît, sous le nom de cet artiste: *Il primo libro de Madrigali*, Venise, 1599, in-4°. 2° *Il secondo libro de Madrigali a* 5 e 6 *voci*, Venise, 1599, in-4°.

FONTEMAGGI (Antoine), maître de chapelle de l'église Sainte-Marie-Majeure, né à Rome, a obtenu cette place le 26 août 1795, d'abord comme coadjuteur de Lorenzani, puis en titre, depuis 1806 jusqu'au 4 mai 1817, époque de sa mort. Il a laissé en manuscrit plusieurs morceaux de musique d'église de sa composition. Dans la collection de l'abbé Santini, à Rome, on trouve de Fontemaggi une messe à trois voix, deux messes à quatre, et une messe de *Requiem* avec deux *Dies iræ*, et deux *Libera*.

Son fils aîné, Dominique Fontemaggi, fut d'abord organiste de Saint-Jean de Latran, puis fut nommé maître de la chapelle de Sainte-Marie-Majeure; il a obtenu cette place le 15 juin 1823. Il est, depuis 1807, membre de la société de Sainte-Cécile, de Rome, et a été nommé, en 1832, examinateur des élèves, pour l'admission dans cette société. On connaît, sous son nom, plusieurs œuvres de musique d'église, en manuscrit.

FONTEMAGGI (Jacques), second fils d'Antoine, né à Rome, est organiste de Saint-Pierre du Vatican. En 1828, il a été nommé membre de l'Académie de Sainte-Cécile, et depuis 1830 il est un des examinateurs des élèves. Cet artiste s'est fait connaître comme compositeur dramatique par l'opéra *La Testa di bronzo*, représenté à Rome, en 1835. Dans la même année, il a fait exécuter à Naples *Jefte*, oratorio en trois parties. On connaît aussi de lui de la musique d'église, en manuscrit.

FONTENAY (Hugues de), né à Paris vers la fin du seizième siècle, fut chanoine de Saint-Émilion au diocèse de Bordeaux. On a de cet auteur divers ouvrages de musique sacrée, dont voici l'indication : 1° *Missa quatuor vocum ad imitationem moduli* Jubilate Deo. Paris, Pierre Ballard, 1622, in-4°. 2° *Missa quatuor vocum ad imitationem cantilenæ* « Voyez du gay printemps. » Paris, Pierre Ballard, 1622, in-4°. 3° *Missa sex vocum* ad libitum, *ibid.*, 1622, in -4°. 4° *Preces ecclesiasticæ, liber primus*, Paris, *ibid.*, 1625.

FONTENAY (Louis-Abel DE BONNEFONS, abbé de), est né à Castelnau-de-Brassac, en 1737. A l'âge de seize ans, il entra chez les Jésuites, et pendant quelques années il enseigna les humanités à leur collège de Tournon. Après la suppression de l'ordre, il se rendit à Paris, et fut employé, en 1770, à la rédaction des *Petites Affiches*, et à celle du Journal général de France. Ses opinions prononcées contre les principes de la révolution l'obligèrent à s'expatrier après les événements du 10 août; mais après le 18 brumaire an VIII, il profita de la loi d'amnistie et rentra en France, où il reprit ses travaux littéraires. Il mourut à Paris, le 28 mars 1806, dans un état voisin de la misère. Ce littérateur a publié un *Dictionnaire des artistes* (Paris, 1777, 2 vol. in-8°), compilation dans laquelle on trouve des renseignements sur quelques musiciens français.

FONTENELLE (M. GRANGES DE), compositeur, né en 1769 à Villeneuve d'Agen, reçut les premières leçons de musique d'un maître de cette ville. Venu jeune à Paris, il apprit l'harmonie sous la direction de Rey, chef d'orchestre de l'Opéra, et reçut des conseils de Sacchini pour la composition. Ses premiers ouvrages furent des cantates, entre autres celle de *Circé*, par J.-B. Rousseau. En 1799, il fit représenter *Hécube*, grand opéra en 3 actes, qui n'eut pas le succès qu'il méritait ; on y remarquait quelques beaux airs, des chœurs énergiques, et *la colère d'Achille*, récitatif accompagné dont l'effet était prodigieux. Malheureusement, le style général de l'ouvrage rappelait alternativement la manière de Gluck, de Piccinni et de Sacchini. On reprochait aussi à M. de Fontenelle des emprunts faits à quelques autres maîtres, ce qui a fait dire que les paroles étaient de *Milcent*, et la musique de *Cent mille*. M. de Fontenelle a écrit un grand opéra sur le sujet de *Médée*, qui a été reçu, en 1802, à l'Académie royale de musique, mais qui n'a point été joué. En 1810, il a fait exécuter chez Davaux (*voyez* ce nom) des quatuors de violon de sa composition, qui ont été applaudis ; on connaît aussi de lui une cantate intitulée : *Priam aux pieds d'Achille*, paroles de Coupigny. Il est mort à Villeneuve d'Agen, en 1819, à l'âge de 50 ans.

FONTMICHEL (Hippolyte-Honoré-Joseph COURT DE), compositeur-amateur, est né à Grasse (dép. du Var) en 1799. Le goût de la musique se manifesta en lui, dès son enfance, comme une passion insurmontable, et lui fit négliger toute autre carrière pour l'étude de cet art. Il fut admis comme élève du Conservatoire, le 8 octobre 1819. Devenu ensuite élève de Chelard, il obtint en 1822 le deuxième prix au concours de l'Institut. Après avoir publié quelques romances, il a donné à Marseille, en 1835, un opéra intitulé : *Il Gitano*, et l'année suivante il a fait représenter à l'Opéra comique *Le chevalier de Canolle*, ouvrage en trois actes, accueilli avec froideur par le public. M. Court de Fontmichel, qui a de la fortune, a, depuis cet échec, abandonné la carrière de la composition dramatique.

FONTON (Charles), orientaliste français, vivait à Constantinople en 1751, comme l'indique la date de deux ouvrages manuscrits, qui se trouvent à la bibliothèque impériale, sous le n° V, 1793, D, in-4°. L'un est une espèce de roman composé en persan, et traduit du turc en français par Fonton ; l'autre, qui est de sa composition, a pour titre : *Essai sur la musique orientale, comparée à la musique européenne*. L'auteur paraît peu versé dans la matière qu'il traite ; son ouvrage est d'ailleurs devenu inutile, depuis la publication du beau travail de Villoteau, inséré dans la *Description de l'Égypte* (*voyez* Villoteau), et de celui de Kiesewetter (*voyez* ce nom).

FORBES (Jean), musicien écossais, vécut dans la seconde moitié du dix-septième siècle, et s'est fait connaître par un ouvrage qui a pour titre : *Songs and fancies, to several musical parts, with a brief introduction to Musick* (chansons et caprices mis en musique à plusieurs parties, avec une courte introduction à l'art de la musique). Aberdeen, 1681, in-8°.

FORCADEL (Pierre), né à Saint-Pons en Languedoc, et non à Béziers, comme on le dit dans la *Biographie universelle*, fit dans sa jeunesse un voyage en Italie, et séjourna à Rome et dans quelques autres villes. Lorsqu'il fut de retour en France, Ramus lui fit obtenir en 1560, une chaire de mathématiques au Collège royal de Paris. Il conserva cette place jusqu'à sa mort, arrivée en 1570. Il était peu versé dans la littérature classique. Gassendi (*Vie de Peiresc*) prétend même qu'il n'avait point étudié le latin ; cependant les nombreuses traductions qu'il a publiées d'ouvrages qui paraissaient pour la première fois en français, semblent prouver le contraire. On a de lui *Le livre de la musique d'Euclide*, Paris, 1572, in-8°. C'est une traduction inexacte de fragments peu intéressants, relatifs à la musique, qu'on attribue au célèbre géomètre grec (*voyez* Euclide). M. Louis Lucas (*voyez* ce nom) a reproduit la traduction de Forcadel, dans son livre intitulé : *Une révolution dans la musique* (p. 247-282).

FORCHT (François-Maurice), professeur de musique à Dresde, né le 2 octobre 1700, à Brandis, près de Leipsick, est mort le 14 décembre 1813, à Polenz, près de cette ville. Il a publié des airs nationaux de la Pologne, des gammes majeures et mineures pour le piano, et a rédigé quelques numéros d'un écrit périodique sur la musique intitulé : *Erato*.

FORD (Thomas), musicien de la suite du prince Henry, fils du roi Jacques Ier, est auteur de quelques canons et rondes, imprimés dans la collection d'Hilton, et d'un recueil d'airs de différents caractères, pour quatre voix, luth, orpharion ou basse de viole, publié sous ce titre : *Musike of sundrie kinds set forth in two Books, the first whereof are aires for four voices to the lute, orpharion, or bass-viol ; with a Dialogue for two voices and two bass-viols in parts, tunde the lute-way. The second are pavens, gagliards, almaines, toies, giggs, thumpes, and such like, for two bass-viols the lira-way so made as the greatest number may serve to play alone, very easy to be performed*, Londres, 1607, in-fol.

FORD (Miss), née en Angleterre, virtuose

sur l'harmonica, vers 1760, a publié une méthode sur l'art de jouer de cet instrument, sous le titre de : *Instruction for playing on the musical glasses*, Londres, 1760, in-8°.

FORD (DAVID-EVERARD), professeur de musique et organiste à Lymington, ville du comté de Southampton, a publié, depuis 1822 jusqu'en 1836, sept livres de chants à deux voix avec accompagnement d'orgue pour les psaumes et hymnes, sous le titre : *Original Psalm and Hymn tunes*. Londres, Simpkin et Marshall, petit in-8° obl. Ford est aussi auteur d'un traité élémentaire de musique, dont il a été fait plusieurs éditions à Londres, sous le titre de : *Rudiments of Music*, in-12.

FORDUN (JEAN DE), le plus ancien historien écossais qui nous ait transmis une Chronique générale sur sa patrie. On croit qu'il naquit à *Fordun*, village du comté de Mearns, et comme il n'a poussé son histoire que jusqu'en 1360, on présume qu'il vécut vers le milieu du quatorzième siècle. Son livre est intitulé *Scoti chronicon, libri VI usque ad annum* 1360. Le vingt-neuvième chapitre contient des renseignements précieux sur l'ancienne musique des Écossais, des Anglais et des Irlandais. Hawkins en a donné un extrait, dans le quatrième volume de son Histoire de la musique, p. 7 et suiv.

FORENDINI (....), musicien italien, qui vivait dans la première moitié du dix-huitième siècle, a fait imprimer deux livres de sonates pour la flûte, à Paris.

FORESTEIN (MATHURIN) ou FORESTYN (1), compositeur belge du quinzième siècle, dont on trouve des messes, particulièrement une sur la mélodie de la chanson de *l'homme armé*, parmi les volumes manuscrits de la chapelle pontificale, à Rome. L'incertitude qui résulte de l'irrégularité dans la manière d'écrire les noms propres jusqu'au commencement du seizième siècle, me fait croire qu'il y a identité entre le musicien, dont il s'agit dans cet article, et *Mathurin Forestier*, dont on trouve une chanson à quatre voix sur les paroles : *La hault Dalemagne*, p. 132 du recueil

(1) M. Stéphen Morelot remarque, dans son intéressante *Notice sur un manuscrit de la Bibliothèque de Dijon*, page 11, n° 1, que Jean Hothby, écrivain anglais sur la musique, qui paraît avoir vécu dans le quinzième siècle, défigure le nom de *Forestein* en celui de *Forest Stane*. L'orthographe des noms est le supplice de quiconque s'occupe de recherches historiques au moyen âge, et jusque dans le seizième siècle. On peut voir un des exemples les plus remarquables d'altérations de ce genre dans le nom de *Barbireau* (Maître Jacques), dans ce Dictionnaire.

intitulé : *Canti cento cinquanta*, publié par Octave *Petrucci de Fossombrone*, à Venise, en 1503 ; car ce même recueil renferme des morceaux de la plupart des compositeurs du quinzième siècle, particulièrement d'Obrecht, d'Ockeghem, de Busnois, de Regis, etc. Le seul exemplaire connu aujourd'hui de ce précieux recueil est complet à la bibliothèque impériale de Vienne.

FORESTIER (JOSEPH), né à Montpellier (Hérault), le 5 mars 1815, a fait ses premières études musicales dans cette ville. Il était déjà d'une certaine habileté sur le cor, lorsqu'il se rendit à Paris, en 1832, dans le but de perfectionner son talent. Admis au Conservatoire le 1er novembre de la même année, il devint élève de Dauprat (Voir ce nom). Le second prix de cor lui fut décerné en 1833, et il obtint le premier en 1834. A cette époque, le cornet à pistons était en France dans sa nouveauté et avait un succès populaire : M. Forestier se mit à l'étude de cet instrument et en joua bientôt avec un talent très-remarquable. Attaché dès lors à l'orchestre des concerts de Musard, il était applaudi chaque soir avec enthousiasme par le public nombreux et sans cesse renouvelé qui assistait à ces concerts. La réputation que se fit cet artiste par son talent lui fit obtenir la place de professeur de cornet au gymnase de musique militaire : il conserva cette position jusqu'à la suppression de l'école. M. Forestier a publié de sa composition : 1° *Grande méthode complète de cornet à pistons, suivie de vingt-cinq études*. Paris, L. Mayaud et Comp. 2° Beaucoup de fantaisies et thèmes variés pour cornet à pistons et piano, la plupart sur des motifs d'opéras. Paris, L. Mayaud, Brandus.

FORKEL (JEAN-NICOLAS), écrivain célèbre sur la musique et compositeur, né le 22 février 1749 à Meeder, près de Cobourg, était fils d'un cordonnier. Son premier maître de musique fut le cantor ou magister de son village. Une vieille épinette qu'il trouva dans le grenier de la maison de son père, et qu'il rajusta lui-même, lui fournit les moyens de s'exercer et d'acquérir une certaine habileté dans l'exécution de la musique des anciens organistes, sans autre guide que son instinct. Il apprit aussi la composition par une lecture attentive du *Parfait maître de chapelle*, de Mattheson. Ses heureuses dispositions le firent admettre à l'âge de treize ans dans le chœur de l'église principale de Lunebourg, où il continua ses études musicales. Vers la fin de 1766, il obtint la place de cantor à Schwerin, quoiqu'il n'eût pas encore accompli sa dix-septième année, et il alla s'établir dans cette ville. Le grand-duc, appréciateur éclairé des talents, lui donna des témoignages de son estime, et l'encouragea à continuer ses études.

Parvenu à l'âge de vingt ans, Forkel, qui avait déjà conçu le dessein de se livrer à des recherches sur l'histoire de la musique, comprit que, pour y réussir, il avait besoin d'acquérir des connaissances littéraires et scientifiques, que ses travaux de musicien lui avaient fait négliger jusqu'alors. Il se rendit à l'université de Gœttingue et y employa dix années à l'étude des langues anciennes, des mathématiques, de la philosophie et du droit. Toutefois il ne négligea pas la musique dont il donnait des leçons pour vivre. En 1778, il obtint le titre de directeur de musique de l'université de Gœttingue, et fut chargé, en cette qualité, de l'organisation des concerts publics de la ville. Le zèle qu'il déploya dans ces fonctions, et le mérite de quelques-uns de ses ouvrages, lui firent décerner spontanément le doctorat en philosophie et en musique, par l'université, en 1780. L'histoire de la musique, dont il s'occupait avec ardeur, lui avait fait rassembler une bibliothèque nombreuse où il puisait des matériaux; mais il ne se borna pas à ses propres richesses, car il visita les bibliothèques de Leipsick, Halle, Dessau, Berlin, Dresde, Prague, et y recueillit une multitude de documents intéressants.

Après la mort de Charles-Philippe-Emmanuel Bach, Forkel avait sollicité la place de directeur de musique à Hambourg; mais il eut le chagrin de se voir préférer Schwenke (*voyez* ce nom), qui, du reste, justifia sa nomination par son talent. Depuis ce temps, Forkel vécut paisiblement à Gœttingue, et y termina sa carrière, le 17 mars 1818. Sa bibliothèque fut vendue à l'encan après sa mort, et le catalogue fut imprimé sous ce titre : *Verzeichniss der von dem verstorbenen Doctor und Musikdirector Forkel in Göttingen nachgelassenen Bücher und Musikalien*. Gœttingue, 1819, petit in-8° de 200 pages. Forkel était un bon organiste dans la manière de J. S. Bach, mais seulement sous le rapport de l'exécution. Comme compositeur, il ne s'est point élevé au-dessus du médiocre. Les ouvrages qu'il a publiés en ce genre sont : 1° *Nouvelles chansons de Gleim, avec des mélodies pour le clavecin*, Gœttingue, 1773, in-4°. 2° *Six sonates pour le clavecin*, ibid., 1778. 3° *Six sonates*, deuxième recueil, ibid., 1779. 4° *Une sonate et un air avec dix-huit variations pour le clavecin*, 1781. 5° *Vingt-quatre variations pour le clavecin sur l'air anglais :* God save the King, Gœttingue, 1792, in-fol. 6° *Plainte d'une femme abandonnée auprès du berceau de son fils, being a favourite Scotch song, with 20 variat. for the piano-forte*, Londres, 1798. 7° *Trois sonates pour le piano-forte, avec accompagnement de violon et violoncelle*, op. 6, Londres, 1799. Il a laissé en manuscrit : 1° *Hiskias*, oratorio. 2° *Le pouvoir de l'harmonie*, cantate avec des chœurs doubles. 3° *Les bergers à la crèche de Bethléem*, cantate. 4° Plusieurs pièces de musique pour des occasions particulières, des morceaux de chant isolés, des chœurs, des symphonies, des sonates et des concertos pour clavecin. La plupart de ces ouvrages existent en manuscrits originaux dans la bibliothèque royale de Berlin. Mais c'est surtout comme musicien érudit que Forkel s'est fait une réputation solide et justement méritée. Toutes les parties de la littérature musicale ont été soumises à ses recherches; mais c'est principalement dans l'histoire et la bibliographie de l'art qu'il s'est distingué. Voici la liste de ses ouvrages : 1° *Ueber die theorie der Musik, insofern sie Liebhabern und Kennern derselben nothwendig und nützlich ist* (Sur la théorie de la musique, en tant qu'elle est utile ou nécessaire aux amateurs de musique), Gœttingue, 1774, in-4° de 38 pages. 2° *Musikalisch-kritisch Bibliothek* (Bibliothèque critique de musique), 3 vol. in-8°, Gotha, 1778, 1779. Cet ouvrage contient des extraits et des analyses critiques de quelques livres relatifs à la musique; Forkel aurait pu choisir les objets de ses observations avec plus de discernement qu'il ne l'a fait, la plupart des ouvrages qu'il analyse dans le sien étant d'un intérêt médiocre. 3° *Ueber die bessie Einrichtung œffentlicher Concerte, eine Einladungsschrift* (Sur la meilleure organisation des concerts publics), Gœttingue, 1779, in-4°, une feuille et demie d'impression. Il y a des vues utiles dans ce petit écrit, où l'on reconnaît un musicien instruit. 4° *Genauere Bestimmung einiger musikalischen Begriffe. Eine Einladungsschrift* (Définition de quelques idées de musique), Gœttingue, 1780, 20 pages in-4°. Les définitions qu'on trouve dans cet opuscule sont celles de la *Musique*, du *Musicien*, de la *Direction d'un orchestre*, et d'un *Concert*. 5° *Musikalischer Almanach für Deutschland auf das Jahr* 1782, Leipsick, in-8°, 14 feuilles. Musik. *Almanach auf das Jahr* 1783, ibid., in-8°, 14 feuilles. — *Idem, auf das Jahr* 1784, ibid., 1784, in-8°, 18 feuilles. — *Idem, auf das Jahr* 1789, ibid.

1789, in-8°, 11 feuilles (Almanach musical pour l'Allemagne, années 1782, 1783, 1784 et 1789). Forkel a fait voir dans ces recueils qu'un homme véritablement savant conserve sa supériorité jusque dans les moindres choses. Ces almanachs peuvent servir de modèles pour tous ceux du même genre qu'on entreprendra à l'avenir. 6° *Allgemeine Geschichte der Musik* (Histoire générale de la musique), 2 vol. in-4°. Le premier volume de cet ouvrage important a été publié en 1788, à Leipsick; le second n'a paru que treize ans après (en 1801). Les histoires de la musique de Burney et de Hawkins avaient été publiées avant que Forkel eût songé à mettre la sienne au jour; il a profité des nombreux matériaux qu'elles renferment, ainsi que des travaux de Marpurg et de quelques autres; mais on ne peut nier qu'il y ait dans son ouvrage un ordre plus méthodique, un ensemble plus satisfaisant que dans ceux de ses prédécesseurs. On y trouve une lecture immense, une érudition peu commune, une exactitude de faits et de dates qui laisse rarement à désirer; m "heureusement ces qualités ne sont point accompagnées de l'esprit philosophique, sans lequel il ne peut exister de bonne histoire des arts. La manière de Forkel est lourde, diffuse et dépourvue de tout autre intérêt que celui des faits. Sa marche est lente; il s'attache aux moindres détails, et les discute plutôt en philologue qu'en historien. Il y a de certaines époques dans l'histoire de la musique qui, par leur importance, doivent fixer l'attention de l'historien de préférence à d'autres; mais Forkel a tout traité avec un soin également minutieux, même lorsque le manque absolu de documents le laissait livré aux simples conjectures. Ainsi, il a consacré *cent douze pages* in-4° à la musique des Égyptiens et des Hébreux, n'ayant pour guides que quelques passages obscurs de la Bible, et les rêveries d'une foule de commentateurs. A l'époque où il écrivait, l'expédition de l'armée française en Égypte n'avait point eu lieu, et n'avait pas encore livré à l'attention de l'Europe ces trésors de monuments, de faits et d'observations qui ont été consignés dans la *Description de l'Égypte*, publiée aux frais du gouvernement français; les musées égyptiens de Turin et de Paris n'existaient pas; les hypogées de Thèbes, qui renferment tant d'éléments d'instruction sur l'Égypte, n'étaient point ouverts; MM. Burckhardt, Belzoni, Gau, Caillaut et Drovetti n'avaient point encore arraché à cette terre classique les monuments dont ils ont inondé l'Europe, ni enrichi l'histoire de leurs observations; Villoteau n'avait pas publié le résultat de ses recherches sur la musique de l'Égypte, travail entrepris sur les lieux; Champollion jeune n'avait pas encore découvert les éléments du système hiéroglyphique à l'aide duquel on est parvenu à fixer quelques points importants de la chronologie égyptienne; enfin le moment n'était pas venu de faire l'histoire de la musique des Égyptiens, ni conséquemment celle des Hébreux, qui leur devaient une partie de ce qu'ils savaient de cet art, et les instruments qu'ils possédaient. Le reste du premier volume de l'histoire de Forkel (c'est-à-dire 320 pages environ) est consacré à la musique des Grecs et des Romains. La même érudition, les mêmes recherches, les mêmes défauts s'y retrouvent. Le second volume, qui paraît avoir coûté beaucoup de travail à Forkel, puisqu'il a employé treize ans à en rassembler les matériaux et à les coordonner, renferme la période qui s'étend depuis les premiers temps de l'Église jusque vers le milieu du seizième siècle. Cette partie de son ouvrage me paraît être la plus remarquable, par la sagacité avec laquelle il a dissipé l'obscurité qui régnait auparavant dans l'histoire du moyen âge. S'il n'a pas fait tout ce qu'on pouvait faire, c'est que des matériaux qu'on a découverts depuis peu lui manquaient. Forkel préparait la suite de son histoire, lorsque la mort le surprit. Ce qui lui restait à faire était considérable, car en suivant le même plan qu'il avait adopté pour le commencement de son ouvrage, il n'aurait pu faire moins de cinq ou six volumes. A sa mort, les matériaux qu'il avait préparés ont passé dans les mains de Schwickert, libraire de Leipsick, éditeur des deux premiers volumes. J'ai été consulté sur l'emploi de ces matériaux; des offres m'ont même été faites ainsi qu'à Choron pour que nous entreprissions de terminer l'ouvrage de Forkel, en nous servant de ce qu'il avait préparé; mais la difficulté d'écrire convenablement dans une langue étrangère, jointe à ce que j'avais conçu le plan d'une histoire de la musique qui diffère essentiellement de celui du savant Allemand, ne nous a pas permis de nous charger de cette tâche. Les autres ouvrages de Forkel sont : 7° *Allgemeine Litteratur der Musik oder Anleitung zur Kenntniss musicalischer Bücher*, etc. (Littérature générale de la musique, ou instruction pour connaître les livres de musique qui ont été écrits depuis les temps les plus reculés jusqu'à nos jours), Leipsick, 1792, gr. in-8° de 540 pages. Les ressources que lui offrait la belle bibliothèque de l'université de Gœttingue, jointes à celle de la nombreuse collection de livres qu'il avait rassemblée lui-même, lui fournirent les moyens de rédiger cette bibliographie musicale, livre excellent, qui a servi de base aux travaux du même genre qu'ont publiés Lichtenthal et Ch. Ferd. Becker. 8° Une traduction allemande de l'histoire de l'Opéra Italien, d'Arteaga, avec des notes, Leipsick, 1789, 2 vol. in-8°. 9° *Ueber Johann Sebastian Bach's Leben, Kunst und Kunstwerke* (Sur la vie, le talent et les ouvrages de Jean-Sébastien Bach), Leipsick, 1803, in-4°; une deuxième édition de ce livre a été publiée. Cette biographie de Bach, entreprise à l'occasion de l'édition de ses œuvres de clavecin, publiée par Kuhnel, à Leipsick, a été traduite en anglais sous ce titre : *Life of John Sebastian Bach, with a critical view of his compositions*, Londres, 1820, in-8°. On trouve dans cet ouvrage l'exactitude ordinaire de Forkel ; mais, n'ayant pas connu les grandes compositions de Bach pour l'église, il ne l'a considéré que comme organiste, en sorte qu'il n'a donné qu'une idée incomplète des talents de ce grand homme. Au nombre des travaux les plus intéressants et les plus importants de Forkel figure un gros volume in-folio dont l'existence a été ignorée du monde musical jusqu'à ce jour. Ce volume est la mise en partition des messes écrites, au quinzième siècle ou dans les premières années du seizième, par les maîtres les plus célèbres, et qui sont contenues dans les recueils précieux et rarissimes intitulés : 1° *Missæ tredecim quatuor vocum a præstantissimis artificibus compositæ. Norimbergæ, arte Hieronymi Graphæi*, 1539, in-4°. 2° *Liber quindecim Missarum a præstantissimis musicis compositarum, quarum nomina una cum suis autoribus sequens commonstrat*, etc. *Norimbergæ, apud Joh. Petreium*, 1538, petit in-4° obl. Les messes extraites de ces recueils et mises en partition par Forkel sont : 1° *Ave Regina cœlorum* de J. Obrecht. 2° *Petrus Apostolus*, du même. 3° *Cujusvistoni*, d'Ockeghem. 4° *Salva nos*, d'Isaac. 5° *Frœhlich wesen*, du même. 6° *O Præclara*, du même. 7° *Fortuna*, de Josquin. 8° *L'Homme armé*, du même. 9° *Pange lingua*, du même. 10° *Da pacem*, du même. 11° *Sub tuum præsidium*, du même. 12° *Super voces musicales*, du même. 13° *La, sol, fa, re, mi*, du même. 14° *De Beata Virgine*, du même. 15° *Ave Maris Stella*, du même. 16° *Bon temps*, de Brumel. 17° *Sine nomine*, du même. 18° *A l'ombre d'un Buyssonet*, du même. 19° *Dominicale*, de Breittengasser. 20° *Cum jucunditate*, de Pierre de La Rue.

21° *O Gloriosa*, du même. 22° *De S. Antonio*, du même. 23° *Tous les regrets*, du même. 24° *Hercules dux Ferrariæ*, de Lupus. 25° *Adieu mes amours*, de Layolle. 26° *Missa duarum facierum*, de Pierre Moulu. Ce grand travail fut entrepris par Forkel à la demande de Joseph Sonnleithner, conseiller de régence à Vienne (voyez SONNLEITHNER), qui avait conçu le plan d'une histoire monumentale de la musique, et qui, possédant une fortune considérable, avait pris la résolution de faire les frais de cette grande entreprise, dont l'ensemble ne devait pas former moins de soixante volumes in-folio. Après que le manuscrit de Forkel fut terminé, on l'envoya à Leipsick pour qu'il fût gravé. Toutes les planches étaient achevées en 1806, et l'on en avait tiré les épreuves qui avaient été envoyées à Forkel pour la correction, lorsque après la bataille de Jéna l'armée française entra à Leipsick. Des soldats, logés dans l'imprimerie où se trouvaient les planches du recueil qu'on allait mettre sous presse, s'en emparèrent et les fondirent pour en faire des balles. Les épreuves seules qui avaient été envoyées à Forkel furent sauvées ; il les réunit en un volume, après les avoir corrigées, et les fit relier. Ce volume, acquis après sa mort par la bibliothèque royale de Berlin, est aujourd'hui dans ce riche dépôt de reliques musicales. Mon excellent ami, feu M. le professeur Dehn, me l'a communiqué en 1849, et j'ai pu me former une opinion de la valeur de ce précieux volume ; valeur d'autant plus grande, que les exemplaires des deux collections de Nuremberg sont d'une rareté excessive et rarement complets. Le tenor manque dans ceux de la bibliothèque impériale de Vienne. Le premier recueil complet s'est trouvé, en 1846, chez M. Butsch, libraire antiquaire, à Augsbourg. J'arrivai dans cette ville trois jours après qu'il avait été vendu à un étranger, avec le second recueil incomplet, pour la somme minime de 45 florins (98 francs 88 centimes). Un exemplaire complet du recueil des quinze messes publiées à Nuremberg, par Petreius, en 1538, est à la Bibliothèque royale de Munich.

FORMELLIS (GUILLAUME), compositeur belge du seizième siècle, fut attaché en qualité de tenor à la chapelle de l'empereur Maximilien II. Joanelli a inséré quelques motets de sa composition dans son *Thesaurus musicæ* (Venise, Ant. Gardane, 1568, in-4°).

FORMENTI (LAURENT), employé à l'administration du théâtre de la Scala à Milan, a publié un almanach des théâtres italiens, d'année en année, depuis 1785 jusqu'en 1800. Cet almanach, qui contient des notices sur les opéras, les compositeurs, les chanteurs et les musiciens d'orchestre, a pour titre : *Indice de' teatrali spettacoli di tutto l'anno della primavera* 1785 *a tutto il carnovale* 1784 (et ainsi des autres années) *con aggiunta dell' elenco de' virtuosi, cantanti, e ballerini; de' capi delle compagnie comiche italiane, de' pittori teatrali, e finalmente della nota delle Opere serie e buffe italiane scritte di nuovo in musica, dei respettivi maestri di cappella, ed in quali teatri*, Milano, presso Bianchi.

FORMSCHNEYDER (Jérôme). *Voyez* GRAPHÆUS.

FORNACCI (D. Giacomo), moine célestin, né à Chieti vers 1500, a publié un recueil de motets, sous le titre de *Melodiæ ecclesiasticæ*, Venise, 1622.

FORNARINI (Étienne), chanteur de la chapelle pontificale, a écrit en 1500 des motets à cinq voix. (*Voyez* le catalogue de la collection de l'abbé Santini.)

FORNAS (Philippe), curé de Lacenas, en Beaujolais, naquit près de Béziers, en 1627. On a de lui : *l'Art du plain-chant*, Lyon, 1673, in-4°. Quoique le titre de cet ouvrage n'indique pas que ce soit une seconde édition, il est vraisemblable qu'il en avait été publié une autre précédemment, car l'auteur dit, page 42 : « Je finirais volontiers ici cet ou-« vrage, si je ne me ressouvenais que la plu-« part de ceux qui ont lu le premier essai que « j'en fis, il y a déjà quelques années, dési-« raient que j'y ajoutasse quelque autre « chose. »

FORNASARI (D. Antoine), né à Reggio, en 1600, montra dès son enfance d'heureuses dispositions pour la musique, et fut envoyé fort jeune à Parme par le marquis Gaetan Canossa, son protecteur, pour étudier le violon sous la direction du chevalier Maurice Allai, virtuose renommé de cette époque. En peu de temps, Fornasari acquit beaucoup d'habileté sur cet instrument. De retour à Reggio, il fut chargé par le même marquis de la direction des concerts qui se donnaient dans son palais, et composa pour eux des symphonies et des concertos de toute espèce. Plus tard il reçut des leçons de Barbieri sur l'art d'écrire la musique vocale ; mais peu satisfait de la méthode d'enseignement de son professeur, il se livra à l'étude des œuvres des grands maîtres, ainsi que des meilleurs traités de contrepoint, et parvint à une grande habileté dans l'art d'écrire les imitations, canons et fugues. Parmi ses ouvrages de musique pratique, on remarque le *Giuseppe riconosciuto*,

qu'il composa sur le poëme de Métastase, beaucoup d'airs introduits dans divers opéras, et une grande quantité de musique d'église. Fornasari cultivait aussi les mathématiques et possédait l'art d'enseigner avec clarté. Il mourut à Reggio, le 24 juin 1775, à l'âge de soixante-quatorze ans. Il a laissé en manuscrit un livre intitulé : *Elementi di musica necessarij a sapersi per accompagnare la parte del basso nel cembalo*. Cet ouvrage était en 1786 entre les mains d'un M. Prosper Zitocchi de Reggio ; postérieurement il est devenu la propriété de M. Gaspari, de Bologne. Enfin, Fornasari a pris part à la traduction italienne du *Gradus ad Parnassum* de Fux, faite par l'abbé Alexandre Manfredi, et publiée à Carpi en 1761 ; il en a particulièrement corrigé les exemples de contrepoint. Un frère de cet artiste, Dominique Fornasari, a eu de la réputation comme professeur de musique.

FORNASARI (Lucien), chanteur italien (basse), parut sur la scène vers 1828 pour la première fois et se fit entendre d'abord sur quelques théâtres de second et de troisième ordre. En 1831, il chanta au théâtre de la Scala à Milan. Dans l'année suivante il était à New-York, où il demeura trois ans. En 1835, on le retrouve à la Havane, et en 1836 il chantait à Mexico. De retour en Europe au commencement de 1840, il fut engagé au théâtre de Lisbonne et y resta jusqu'en 1842. Il reparut ensuite en Italie et se fit entendre avec succès à Rome, à Modène, à Palerme, à Turin et à Trieste. Engagé pour le théâtre italien de Londres en 1843, il y a reparu pendant plusieurs années. Fornasari avait une bonne voix de basse et chantait avec méthode.

FORNASINI (....), compositeur napolitain, vraisemblablement ancien élève du Collège de musique de Naples, a fait représenter dans cette ville, en 1831, un opéra qui avait pour titre : *la Vedova scaltra*. Huit années après, il a donné, au théâtre d'uovo, un autre ouvrage intitulé : *Roberto di Costanza*. Je n'ai pas d'autre renseignement sur cet artiste.

FORNI (....), musicien italien, se fixa à Paris vers 1740. On a sous son nom un œuvre de sonates pour la basse, gravé à Paris, sans date.

FORNO (le baron Augustin), amateur de musique et violoniste, naquit à Palerme dans la première moitié du dix-septième siècle. Il y fit de bonnes études et perfectionna ses connaissances en voyageant pendant plusieurs années en Italie. De retour à Palerme, il fut nommé membre de l'Académie *del Buon*

Gusto. Il y mourut dans un âge avancé, le 19 novembre 1801. Se trouvant à Rome en 1768, il y écrivit un *Elogio di Tartini*, à l'occasion d'un *Miserere*, composé par ce grand artiste, à la demande du pape Clément XIV, et qui fut exécuté le mercredi saint de cette même année, à la chapelle pontificale. Forno fit imprimer cet éloge (ouvrage assez médiocre) à Rome, et le présenta au pape. On a aussi de cet amateur une dissertation intitulée : *Parere sopra la musica antica e moderna*, qui a été imprimée, avec l'éloge de Tartini et quelques autres opuscules du même, à Naples, en 1792, deux volumes in-12. Cette dissertation contient quelques bonnes choses concernant les progrès de la musique instrumentale, et des remarques sur les productions de Boccherini, de Haydn, de Mozart, de Wanhall, de Pleyel, de Viotti et de Jarnowick.

FORONI (Jacques), né dans un bourg des environs de Milan, le 25 juillet 1825, fit d'abord des études de mathématiques pour devenir ingénieur militaire ; mais dominé par son goût pour la musique, il finit par s'adonner exclusivement à cet art. Il se fit d'abord connaître par quelques légères productions pour le piano et le chant publiées à Milan, chez Ricordi. En 1847, il fit représenter dans cette ville un opéra intitulé *Margherita*. Trois ouvertures à grand orchestre, de sa composition, la première en *ré*, la seconde en *mi* mineur, et la dernière en *la* majeur, ont été publiées à Milan, chez le même éditeur. En 1849, Foroni fut engagé comme directeur de la chapelle royale de Suède. Il a occupé cette position pendant neuf années, et est mort à Stockholm, le 8 septembre 1858. Il a écrit pour le théâtre de cette ville l'opéra intitulé *les Gladiateurs*, et celui de *l'Avocat Pathelin*, qu'il ne put achever avant sa mort.

FORQUERAY (Antoine), célèbre joueur de basse de viole, de la musique de Louis XIV, naquit à Paris en 1671. Son père, qui était aussi habile violiste, lui enseigna la musique. A l'âge de cinq ans, il avait fait tant de progrès, qu'il excita l'étonnement de Louis XIV, qui l'appelait *son petit prodige*. Ayant obtenu une pension, Forqueray se retira à Mantes, où il mourut, le 28 juin 1745.

FORQUERAY (Jean-Baptiste-Antoine), fils du précédent, né à Paris, le 3 avril 1700, fut le plus habile joueur de basse de viole de son temps, comme l'avait été son père. Comme lui, il joua, à l'âge de cinq ans, devant Louis XIV, qu'il étonna par son exécution prodigieuse. Il était musicien ordinaire du roi, et se retira, avec la pension, dans un âge peu avancé.

FORQUERAY (Jean-Baptiste), fils de Jean-Baptiste-Antoine, né à Paris, vers 1728, joua aussi de la viole, et fit graver plusieurs livres de pièces pour cet instrument et pour le clavecin, dont quelques-unes sont de son père.

FORST (Jean-Bernard), né en 1000, à Mies en Bohême, fut le chanteur le plus habile qu'il y eut en Allemagne dans la seconde moitié du dix-septième siècle. Dans son enfance, il fut attaché à la cathédrale de Prague et s'y fit admirer pour la beauté de sa voix de contralto. Plus tard, il voyagea en Italie, recherchant tous les grands maîtres pour profiter de leurs leçons. Une superbe voix de basse-contre, un goût pur, une méthode parfaite, étaient les qualités qu'il possédait ; elles ne tardèrent pas à lui faire une réputation brillante. Les princes de l'Allemagne le recherchaient avec empressement. Maximilien-Emmanuel, électeur de Bavière, Jean-Georges, électeur de Saxe, et l'empereur Léopold Ier le comblèrent de faveurs et d'éloges. Lorsque Forst se fit entendre à Vienne pour la première fois, l'empereur dit qu'il doutait que l'Europe eût jamais eu un musicien plus habile, et pour lui prouver sa satisfaction, il lui fit présent d'une chaîne d'or, et le nomma musicien de sa chambre. Les éloges et les preuves réelles de bienveillance dont le monarque le combla par la suite, finirent par exciter la jalousie des musiciens italiens de la chapelle impériale ; Forst ayant été empoisonné, la voix publique les accusa de ce forfait. Les médecins ne négligèrent aucun moyen pour le sauver ; mais les remèdes qu'ils lui administrèrent occasionnèrent une hémorragie qui l'affaiblit au point de l'obliger à renoncer au chant, et à sa place de la chapelle impériale. De retour à Prague, il parvint à rétablir sa santé, et fut nommé maître de chapelle de l'église de Tous-les-Saints, ainsi que de celle de Saint-Wenceslas, et basse-contre de la cathédrale. Quoique sa maladie lui eût fait perdre la force étonnante de voix qui le distinguait auparavant, il n'en fut pas moins admiré à cause de la beauté de sa méthode. L'empereur Joseph Ier étant venu à Prague, et l'ayant entendu chanter, assura qu'il payerait volontiers cent mille florins, s'il pouvait acheter une voix semblable. Il le combla de présents, et voulut, avant son départ pour Vienne, lui donner des lettres de noblesse ; mais Forst l'ayant remercié, il lui accorda une pension annuelle de trois cents florins. Si ce prince voulut lui donner l'équivalent de ce que l'artiste refusait, il paraît qu'il n'évaluait pas à très-haut prix ses lettres de noblesse. Forst mourut en 1710, âgé de cinquante ans. Wenceslas Forst, son fils unique, né à Prague en 1687, n'avait que vingt-trois ans lorsqu'il obtint, à la mort de son père, la place de directeur de musique, à l'église de Saint-Wenceslas. Il était en même temps organiste excellent. Outre la musique, il avait étudié les langues anciennes de la Bohême, et y acquit tant d'habileté, qu'il fut nommé traducteur royal des manuscrits gothiques, allemands et latins. Il est mort vers 1709.

FORSTER (Georges), né à Annaberg en Saxe, vers 1512, fut, vers 1550, cantor à Zwickau, et ensuite, en 1564, à Annaberg. Quatre ans après, il fut appelé à la chapelle de Dresde, pour y remplir les mêmes fonctions. A la mort de Jean-Baptiste Pinello, il lui succéda comme directeur de la chapelle. Il mourut le 16 octobre 1587, à l'âge d'environ soixante-quinze ans. Ses productions sont répandues dans plusieurs recueils d'ouvrages de différents maîtres, qui ont paru depuis 1538 jusqu'en 1565. Le premier de ces recueils a pour titre : *Bicinia gallica, latina, et germanica, et quædam fugæ. Tomi duo.* Vitebergæ, apud Georg. Rhav, 1538, p. in-4° obl. Le premier volume, où se trouvent les morceaux de Forster, renferme quatre-vingt seize duos, par vingt-trois auteurs. Dans une collection de chansons à trois voix, intitulée : *Trium vocum cantiones centum*, etc., Norimbergæ, apud J. Petreium, 1541, plusieurs chants de Forster sont réunis à ceux des plus grands maîtres de ce temps. D'autres chansons ou motets à 4 et 5 voix du même musicien sont contenues dans les *Newe geistliche Gesænge CXXIII mit 4 und 5 Stimmen* (Nouveaux chants spirituels à 4 et 5 voix, etc.). Wittenberg, G. Rhau, 1544. Forster a été lui-même éditeur de deux recueils dont le premier a pour titre : *Auszug guter alter und neuer teutscher Liedlein, einer rechten teutschen Art, auf allerley Instrumenten, auserlesen*, etc. (Quintessence des meilleures chansonnettes allemandes, anciennes et modernes d'un bon style, choisies pour l'usage de toute espèce d'instruments). Deux parties in-4°, Nuremberg, chez Petreius, 1539-1540. Une deuxième édition, très-augmentée, de cette intéressante collection, a été publiée sous ce titre différent : *Ausbund schöner deutscher Liedlein zu singen, und auf allerley Instrumenten zu gebrauchen sonderlich auserlesen* (Fleurs des plus belles chansonnettes allemandes pour chanter, choisies spécialement pour l'usage de toute espèce d'instruments). Cinq parties in-4°, Nuremberg, Ulrich Neuber et Jean de Berg, 1556-1565. Les chansons à plusieurs voix de Forster, qui se trouvent dans les première, deuxième, troisième et cinquième parties, sont au nombre de trente-trois. Tout le recueil offre beaucoup d'intérêt, parce qu'on y trouve les compositions d'un grand nombre de musiciens allemands du seizième siècle dont les noms ne se voient point ailleurs : quelques autres sont célèbres depuis longtemps. Voici la liste de ces vieux artistes : Blankmüller, Gaspard de Bohême, G. Botsch, George Brack, Sébastien Von Brand, Arnold de Bruck, J. Chilian, Sixte Dietrich, Benoît Ducis, Mathieu Eckel, Henri Estelwein, Jean Prosch (*voyez* ce nom), Jean Fuschwild, Wolfgang Gresinger, Greiter, Léonard Heindenheimer, Wolfgang Heinz, Mathieu Herrmann, Paul Hofheimer, H. Isaac, Jean-Léonard de Langenau, Erasme Lapicida, Laurent Leinlein, Machinger, Étienne Mahu, G. Meiller, G. Othmayr, Léonard Panning, Nicolas Piltz, George Pitschner, Samson, J. Schechinger, George Schönfelder, Louis Senfl, Jean Stahl, Th. Stolzer, Hans Tonglein, Rupert Unterholzer, G. Vogelhuber, Jean Wenck, Mathieu Wolf et Étienne Zierlein. Un exemplaire de ce précieux recueil est à l'université de Jena; un autre, à la bibliothèque royale de Munich. L'autre collection publiée par Forster est intitulée : *Selectissimarum Motetarum partim quinque, partim quatuor vocum, tomus primus. D. Georgio Forstero selectore.* Imprimabat Joh. Petreius Norimbergæ, anno MDXL, petit in-4° obl. Cette collection est divisée en deux séries : la première contient les motets à cinq voix; l'autre, les motets à quatre parties.

FORSTER ou **FORTIUS** (Nicolas), grand contrapuntiste allemand du seizième siècle, vécut à la cour de Joachim Ier, électeur de Brandebourg. Parmi ses compositions, on remarque une messe à seize voix : c'est une des plus anciennes compositions de ce genre, et peut-être même la première qui ait été faite.

FORSTER (Jean), né dans la Thuringe, au commencement du dix-huitième siècle, se livra dans sa jeunesse à l'étude du violon. En 1745, il alla se fixer à Paris, et entra comme violoniste à l'Opéra-Comique de la foire Saint-Laurent. On a de lui un livre de sonates pour deux violons, gravé à Paris, sans date.

FORSTMEYER (A. E.), musicien de la cour, à Carlsruhe, a fait graver à Manheim, vers 1780, *Six trios pour le clavecin*, op. 1, et un ouvrage intitulé : *Opera drammatica per la voce*, avec clavecin et violon, op. 2.

FORTIA DE PILES (le comte ALPHONSE), né à Marseille le 18 août 1758, ancien officier au régiment du Roi, fut gouverneur de cette ville, avant la révolution. Il étudia la composition sous Ligori, Napolitain, élève de Durante, et se livra avec passion à la culture de la musique et aux travaux littéraires. Il composa la musique de *la Fée Urgèle*, de *Vénus et Adonis*, du *Pouvoir de l'amour*, de *l'Officier français à l'armée*, et fit représenter ces œuvres à Nancy, de 1784 à 1786. On connaît aussi de lui neuf œuvres de musique instrumentale qui ont été gravés à Paris, et qui se composent de sonates pour le piano, sonates pour le violoncelle, trios pour le violon, quatuors pour deux violons, alto et basse, ainsi que pour clarinette, hautbois et basson, quintettes pour flûte, hautbois, violon, alto et violoncelle, et une symphonie à grand orchestre. Le comte Fortia de Piles, parmi beaucoup d'écrits sur divers sujets, a publié une brochure qui a pour titre : *Quelques réflexions d'un homme du monde sur les spectacles, la musique, le jeu et le duel*, Paris, Porthmann, 1812, in-8°. L'auteur de cette brochure est mort à Sisteron, le 18 février 1826.

FORTIS (l'abbé JEAN-BAPTISTE) naquit à Padoue, au mois d'août 1741. Il était entré fort jeune dans l'ordre de Saint-Augustin, mais plus tard il obtint la permission d'en sortir. Il se mit à voyager et ne retourna en Italie qu'après la bataille de Marengo. Ayant été nommé préfet de la Bibliothèque de Bologne, en 1801, il mourut dans cette ville, le 21 octobre 1803. Dans son voyage en Dalmatie (*Viaggio in Dalmazia*, Venise, 1774, 2 vol. in-4°) il donne des renseignements sur la musique des Morlaques.

FORTLAGE (CHARLES), docteur en philosophie et professeur ordinaire à l'Université de Jéna, a publié un livre qui a pour titre : *Das musikalische System des Griechen in seiner Urgestalt* (le Système musical des Grecs dans sa forme primitive), Leipsick, Breitkopf et Hærtel, 1847, 1 vol., gr. in-4° de 140 pages, avec deux tableaux des modes grecs, d'après Alypius, dans les trois genres diatonique, chromatique et enharmonique. Il y a de bonnes choses dans cet ouvrage, concernant le système de tonalité de la musique grecque ; mais elles sont présentées sous une forme si prolixe, si remplie de détails fastidieux et inutiles, que le lecteur se sent pris d'un dégoût invincible. Comme philosophe, M. Fortlage s'est fait connaître avantageusement par les écrits dont voici les titres : 1° *Genetische Geschichte der Philosophie seit Kant* (Histoire génésique de la philosophie depuis Kant), Leipsick, Brockhaus, 1852, 1 vol. gr. in-8°. 2° *System der Psychologie als empirischer Wissenschaft*, etc. (Système de psychologie comme science empirique, etc.), *ibid*, 1855, deux parties, gr. in-8°. Dans ces ouvrages, le savant professeur combat avec force les doctrines matérialistes des derniers apôtres d'une philosophie en démence qui, dans ces derniers temps, a compromis la destinée de la science en Allemagne.

FORTSCH (JEAN-PHILIPPE). On trouve sous ce nom, en manuscrit, à la Bibliothèque royale de Berlin, trente-deux canons, depuis deux voix jusqu'à huit, sur le choral : *Christ der du bist der helle Tag*, et d'autres canons ouverts et fermés.

FORTUILA (JEAN), musicien qui vécut dans la seconde moitié du quinzième siècle, n'est connu que par une chanson française à quatre voix sur les paroles *Damer* (d'aimer) *te me veul entremêtre*, qui se trouve dans le recueil excessivement rare, publié par Petrucci de Fossombrone, à Venise, en 1503, sous le titre : *Canti cento cinquanta* ; par un *Asperges me*, également à quatre voix, et par un *Vidi aquam*, insérés dans les *Fragmenta Missarum*, mis au jour par le même, sans date.

FORTUNATI (FRANCESCO), compositeur, naquit à Parme, le 24 février 1746. Il était âgé de quatre ans, lorsque son père fut nommé gouverneur de la citadelle de Plaisance. A l'âge de sept ans, il commença l'étude de la musique sous la direction d'Omoboni Nicolini, père du compositeur dramatique de ce nom. Il fit ensuite ses humanités chez les Jésuites et sa philosophie chez les Bénédictins. Ses parents le destinaient à la profession d'avocat, mais ne se sentant point de dispositions pour cet état, il se livra entièrement à l'étude de la musique, obtint une pension de la cour, et fut envoyé à Bologne, dans l'école du père Martini, où il passa trois ans. Vers le milieu de 1769, il se rendit à Parme, lieu de sa naissance et y composa, la même année, son premier opéra, intitulé : *I Cacciatori e la Vendilatte*, qui eut du succès. Nommé maître de chapelle de la cour, et choisi pour donner des leçons de chant à l'archiduchesse Amalie, souveraine de Parme, il fut aussi chargé de la direction de l'Opéra. Il écrivit pour plusieurs villes d'Italie des opéras sérieux et bouffons, passa ensuite en Allemagne, recommandé par son souverain, et séjourna trois fois à Dresde, pour y composer quelques ouvrages. De là il alla à Berlin, où Frédéric-Guillaume II attirait les artistes qui avaient quelque célébrité. Fortunati écrivit pour le roi plusieurs morceaux de musique vocale et instrumentale, et en fut richement récompensé. De retour à Parme, il reprit son emploi, et en remplit les fonctions jusqu'à la mort de son souverain, Louis-Ferdinand, en 1802. A la formation de l'Institut des sciences et des arts d'Italie, en 1810, il fut nommé l'un des huit membres de la section de musique. Parmi ses ouvrages qui ont eu le plus de succès, on cite *l'Incontro inaspettato* et *la Contessa per equivoco*.

FOSCHI (CHARLES), maître de chapelle à Santa-Maria *in Trastevere*, à Rome, dans la seconde moitié du dix-huitième siècle, a fait imprimer, en 1690, des cantates *a voce sola*, des offertoires et des messes à quatre voix.

FOSSIS (PIETRO DE CA), le plus ancien maître connu de la chapelle de Saint-Marc, de Venise, fut élu le 31 août 1491. Il eut pour successeur, en 1527, Adrien Willaert, de Bruges (*voyez* ce nom). Jusqu'à ce jour (1860), aucune composition de ce maître n'a été découverte. J'ignore où le conseiller de Kiesewetter a trouvé que son nom s'écrivait aussi *De la Fossa*. Ce vieux maître est peut-être le même qui est nommé *Pietro de Lodi*, pour indiquer le lieu de sa naissance, dans le septième livre des *Frottole*, imprimé par Petrucci de Fossombrone, à Venise, en 1507. Si cette conjecture était fondée, on aurait de De Cà Fossis deux chants à quatre voix, sur les paroles : *El Basilischo ha lochio*, et *Haria voluto alhor che di lontano*.

FOSSIUS (ANTOINE), né au mois de mai 1646, en Danemark, dans un village sur le bord de la mer, dont son père était pasteur, fit ses premières études à l'école de ce lieu, et alla les continuer à l'université de Copenhague. De retour dans la maison paternelle, en 1673, il remplit pendant trois ans les fonctions de précepteur. En 1676, il obtint une place de *cantor* dans une commune rurale, dont il fut ensuite pasteur pendant vingt ans. Il mourut le 20 avril 1696. Fossius a publié une version des psaumes en vers danois, sur laquelle il a arrangé des mélodies de J. Krieger, Hammerschmidt, J. Theil, J. Pezelius et Rosenmuller. Fossius a laissé en manuscrit un traité *De Arte musica* (*voyez* MOLLER, *Cimbria literata*, t. I, p. 178).

FOSSONI (THOMAS), carme au couvent de Ravenne, au commencement du dix-septième siècle, fut maître de chapelle à la cathédrale de cette ville. Il a fait imprimer : *Motetti a 2, 3, 4 e 5 voci*, Venise, 1643.

FOUCHETTI, ou plutôt FOUQUET, professeur de mandoline à Paris, a publié, en 1770, un ouvrage élémentaire pour cet instrument, sous ce titre : *Méthode pour apprendre à jouer facilement de la mandoline à quatre ou à six cordes*. Fouquet vivait encore en 1788.

FOUCHIER (NOEL), musicien français, vécut dans la première moitié du seizième siècle. Il n'est connu que par deux motets, le premier à quatre voix, l'autre à cinq, lesquels sont insérés dans le troisième livre des *Mottetti del fiore*, publié à Lyon par Jacques Moderne, en 1539, et dans le quatrième livre du recueil qui a pour titre : *Liber quartus Mottetorum ad quinque et sex voces*. Ibid. 1539.

FOUGAS (....), né dans le midi de la France, vers 1783, entra au Conservatoire de musique de Paris, en 1799, et y devint élève d'Ozy. Admis à l'orchestre de l'Opéra italien, comme second basson, il a succédé à son maître, dans l'emploi de premier, au même théâtre, d'où il ne s'est retiré qu'après trente années de service. On a de cet artiste : Six duos pour deux bassons, liv. 1 et 2. Paris, Schonenberger.

FOUNDY (CLAUDE-GUILLAUME LA). *Voyez* NYON.

FOUQUÉ (FRÉDÉRIC, baron DE LA MOTTE-), major de l'armée prussienne, poëte, romancier et musicien, est né le 12 février 1777, à Neubrandebourg. Neveu du général prussien Henri Auguste de la Motte-Fouqué, il reçut une brillante éducation, puis il entra au service militaire, et fit, comme lieutenant dans les gardes du roi, les campagnes du Rhin. Vers 1800 il se retira et vécut dans la solitude, d'abord à Berlin, puis à Neuhausen, près de Rothenau, et ensuite à Halle, où il donna des leçons de poésie et de musique. Plus tard il vécut à la campagne, et n'en sortit que pour reprendre du service, en 1813, lorsque toute la Prusse se leva pour secouer le joug de la France, affaiblie par les désastres de la campagne de Russie. Un corps de volontaires fut levé et organisé par lui, puis il entra comme lieutenant dans le régiment des cuirassiers de Brandebourg, y fut promu au grade de capitaine, et contribua à exciter l'enthousiasme de l'armée prussienne par des chants patriotiques, dont il avait fait la poésie et la musique. Après cette campagne, qui se termina en Allemagne par les batailles de Leipsick et de Hanau, il demanda et obtint sa retraite, avec le grade de major et la croix de l'ordre de St-Jean. Depuis lors, M. de la Motte-Fouqué s'est de nouveau livré à la culture des arts qu'il affectionnait. Ses premiers ouvrages ont été publiés sous le pseudonyme de *Pellegrin;* mais le secret de ces publications a été bientôt connu. On ne cite ici ce littérateur musicien que comme auteur d'une dissertation intitulée : *Mélodie et Harmonie*, qui a été insérée dans la *Cæcilia* (t. VII, p. 225 et suiv.), d'une espèce de conte qui a pour titre : *le Musicien antimusical* (*Cæcilia*, t. II, p. 169 et suiv.), et pour les articles qu'il a insérés dans le Lexique universel de musique publié par M. Schilling. M. de la Motte-Fouqué est mort à Berlin, le 23 janvier 1843.

FOUQUET (...), organiste de l'église Saint-Honoré à Paris, vers 1750-1775, jouait aussi les orgues de Saint-Eustache et de Notre-Dame. On a de lui un livre de pièces de clavecin gravé à Paris, sans date.

FOUR (E. DU), organiste de Saint-Jean-en-Grève et de Saint-Laurent, à Paris, a publié, de sa composition, deux livres de petites pièces pour le clavecin, sous le titre de *Délassements de l'hiver*, Paris, sans date.

FOURNEAUX (Napoléon), né à Léard, dans le département des Ardennes, le 21 mai 1808, exerça d'abord la profession d'horloger. Arrivé à Paris en 1830, avec le dessein d'augmenter ses connaissances dans son état, il remarqua l'engouement du public pour le petit instrument appelé *accordéon*, qui, alors, était une nouveauté pour les Français. Son instinct pour la mécanique lui suggéra la pensée de perfectionner ce joujou et d'en faire un instrument régulier. En 1836, il acheta le fonds de Chameroy, facteur d'orgues à cylindres, et donna une grande extension à la fabrication des instruments à anches libres, dont il améliora le système par la manière de faire arriver le vent sur les anches. Ses efforts pour perfectionner la facture des orgues expressives furent récompensés à l'exposition de 1844, par la médaille d'argent qui lui fut décernée. Dans l'espace d'environ dix ans, ses affaires avaient pris une grande extension, et déjà il avait réalisé de grands bénéfices par ses travaux, lorsqu'il mourut à Aubanton, dans le département de l'Aisne, le 19 juillet 1846. On doit à Fourneaux la première idée des tables de répercussion pour augmenter la sonorité de l'*harmonium*, et pour la modifier.

FOURNEAUX (Napoléon), fils du précédent, né à Paris, en 1830, est facteur d'orgues à anches libres. Il est auteur d'un livre qui a pour titre : *Petit traité de l'orgue expressif, contenant l'historique de cet instrument, les noms et la définition de toutes les parties dont il est composé, la manière de les démonter, remonter et de les réparer par soi-même, etc.; suivi d'une notice explicative sur le nouveau système dit à laye mobile, développant les avantages que possèdent les orgues expressives construites d'après ce système.* Passy-lez-Paris, chez l'auteur, in-12 de 96 pages, avec deux planches.

FOURNIER (Pierre-Simon), graveur et fondeur de caractères, naquit à Paris, le 15 septembre 1712, et mourut dans la même ville, le 8 octobre 1768. Jusqu'à lui, les caractères dont on s'était servi en France pour l'impression de la musique, étaient faits sur le modèle des anciens poinçons gravés par P. Haultin, en 1525; les notes étaient dans la forme de losanges, les clefs ne ressemblaient point à celles de la musique écrite, et l'ensemble en était désagréable à l'œil, et difficile à lire. Fournier arrondit ses notes, et donna à l'ensemble de sa musique un aspect beaucoup plus satisfaisant. Il fit connaître son travail par un *Essai d'un nouveau caractère de fonte pour l'impression de la musique, inventé et exécuté dans toutes les parties typographiques*, Paris, 1756. Sur quelques observations qui lui furent faites, Fournier fit des corrections à son caractère, et en publia le résultat dans son *Traité historique et critique sur l'origine et les progrès des caractères de fonte pour l'impression de la musique, avec des épreuves de nouveaux caractères de musique, présenté aux imprimeurs de France*, Paris, 1765, in-4°, 50 pages. Dans la même année parut à Venise un essai de caractère assez semblable à celui de Fournier, gravé et fondu par Giacomo Falconi. Cet essai est intitulé : *Manifesto d'una nuova impresa di stampare la musica in caratteri gettati nel modo stesso come si scrive*, in-4°. Ces caractères servirent à imprimer l'*Arte pratica di contrapunto* du P. Paolucci, Venise, 1765, 2 vol. in-4°. Les caractères de Fournier sont maigres et petits; on a fait beaucoup mieux après lui. (*Voyez* Breitkopf, Gando, Godefroi et Duverger). Le *Traité historique et critique* de Fournier ne présente qu'une histoire incomplète de l'impression de la musique; mais, au milieu de quelques erreurs, on trouve de bons renseignements sur cette partie de l'art typographique en France.

FOURNIER (A.-G.), professeur de musique à Paris, dans la seconde moitié du dix-huitième siècle, a écrit la musique d'un opéra comique intitulé : *les Deux Aveugles de Bagdad*, représenté à la Comédie Italienne en 1782. On a de ce même artiste des variations pour harpe et violon sur l'air : *O ma tendre musette*, Paris, Imbault.

FOURNIER-GORRE (....), professeur de musique à Paris, est auteur d'un traité élémentaire de musique intitulé : *Nouvelle méthode élémentaire, avec de nouveaux procédés*, Paris, 1822, in-12, avec six planches.

Un autre musicien, du nom de *Fournier* (Joseph), a écrit la musique de *Francesca di Rimini*, représenté à Livourne, en 1832. Le même artiste a vécu quelque temps à Milan, et y a publié des variations pour le piano, sur un thème du *Pirate*, Milan, Ricordi.

FOURNIER DE PESCAY (François), ancien chirurgien-major des armées, né à Bordeaux le 7 septembre 1771, a été professeur de pathologie à l'école secondaire de médecine de Bruxelles, puis secrétaire du Conseil de santé des armées, ensuite directeur du Lycée de Haïti, et enfin inspecteur général du service de santé de cette république. Fournier est mort vers 1803, à Pau (Basses-Pyrénées). Au nombre des ouvrages de ce médecin, on remarque un *Essai sur la musique considérée sous le rapport de son influence sur l'homme en santé, et sur l'homme malade;* cette dissertation a été lue à l'Académie royale des sciences dans les séances des 8 et 15 mars 1819. Il en a été publié un extrait dans la *Bibliothèque universelle*, août 1819, p. 290 et suiv.

FOURNIVAL (Richard de), chancelier de l'église d'Amiens, était contemporain de saint Louis. Il était poète et musicien, et nous a laissé vingt chansons notées de sa composition. Le Mss. 7222 de la bibliothèque impériale à Paris en contient cinq.

FOWKE (François), savant anglais, membre de la Société asiatique de Calcutta, a publié dans les Mémoires de cette académie (*Asiatic Researches*, t. 1, p. 295-299) une dissertation sur l'instrument indien appelé *vina*, sous ce titre : *On the vina, the Indian lyre*. Cette description est accompagnée d'une planche représentant un musicien qui joue de l'instrument. La dissertation de Fowke a été traduite en français dans le premier volume des *Mémoires de la Société asiatique*, publiés par les soins de Langlès.

FOY (Jacques), fils d'un professeur de musique de Dorchester, est né en 1802. Son père lui enseigna les principes de son art, le piano et la harpe. En 1814, il joua devant la princesse Charlotte qu'il étonna par son exécution, quoiqu'il ne fût âgé que de douze ans. Il se rendit alors à Londres, où il continua ses études sous les meilleurs maîtres. Foy n'avait que dix-huit ans lorsqu'il perdit son père, ce qui l'obligea de retourner à Dorchester, pour y soutenir par son travail l'existence de sa mère, de trois frères et d'une sœur. Il s'y livra à l'enseignement, et composa beaucoup de musique instrumentale et vocale. Ses principaux ouvrages sont : *Deux Symphonies à grand orchestre*, qui ont été exécutées avec succès au concert de Dorchester; *Trois Concertos pour la harpe*, trois ouvertures à grand orchestre, un quatuor avec chœur, quatre fantaisies pour la harpe, une idem pour le piano, deux duos pour piano et harpe, un quatuor pour harpe, flûte, clarinette et basson, des glees, etc.

FOYTA (François), compositeur et violoniste, né en Bohême au commencement du dix-huitième siècle, a passé la plus grande partie de sa vie comme chef d'orchestre de théâtre, et comme premier violon à l'église des religieux de la Croix. Il est mort à Prague en 1770, laissant à sa famille une collection de symphonies et de musique d'église de sa composition.

FRANCIA (Grégoire), né à Rome dans la seconde moitié du seizième siècle, s'est fait connaître par deux livres de madrigaux à cinq voix, dont le premier a été publié à Venise, chez Gardane, en 1613, et le second en 1616, chez le même.

FRAENZL (Ignace), né à Manheim, le 3 juin 1736, entra comme violoniste à la chapelle du prince Palatin, le 28 novembre 1750; quelques années après, il devint maître de concerts, et enfin directeur de musique de la même cour. Fraenzl a fondé en Allemagne une école de violon qui brilla par l'élégance et le fini, plus que par l'élévation du style et le volume du son. Parmi ses élèves, son fils Ferdinand tient une des places les plus distinguées. Gervais, violoniste français, avait aussi reçu de ses leçons. Fraenzl a voyagé pendant plusieurs années en Allemagne, en France et en Angleterre; mais dès 1790, il était de retour à Manheim, et depuis lors il n'a plus quitté cette ville, où il vivait encore en 1812. Il a fait graver six concertos de violon à Paris, et le septième (œuvre 9) à Worms. On connaît aussi un œuvre de quatuors et un œuvre de trios de sa composition.

FRAENZL (Ferdinand), fils du précédent,

est né à Schweitzingen, résidence d'été de l'électeur Palatin, le 24 mai 1770. Dès l'âge de cinq ans, son père lui enseigna la musique et le violon. A sept ans, il exécuta un concerto de violon dans un concert de la cour à Manheim, et son habileté précoce excita l'étonnement du prince et de tout l'auditoire. En 1782, il fut nommé violoniste de la cour, quoiqu'il fût seulement dans sa douzième année. Trois ans après, il entreprit avec son père un premier voyage dans l'Allemagne méridionale. Après avoir joué à Munich avec succès, il arriva, en 1786, à Vienne, où il ne fut pas moins bien accueilli. A Strasbourg, Richter et Pleyel lui donnèrent des leçons d'harmonie et de contrepoint; mais bientôt il interrompit ses études pour se rendre à Paris par la Suisse, donnant partout des concerts, et se faisant applaudir. A Paris, il fit peu de sensation, parce que cette ville possédait alors plusieurs violonistes distingués, à la tête desquels Viotti s'était placé. En 1790, Fraenzl voyagea en Italie, s'arrêta quelque temps à Bologne pour prendre des leçons du P. Mattei, puis visita Rome, Naples, Palerme et plusieurs autres grandes villes où il se fit entendre. De retour en Allemagne, en 1792, il accepta au théâtre national de Munich la place avantageuse de premier violon solo, et l'occupa pendant plusieurs années, dirigeant dans le même temps la musique de la chapelle d'un riche négociant, composée de vingt musiciens. On ignore les motifs qui firent ensuite quitter cette position à Fraenzl, pour se rendre à Offenbach, où il resta près d'une année. Vers la fin de 1802, il retourna à Munich, s'y fit entendre à la cour, puis voyagea en Pologne, et se fixa pendant trois ans en Russie, demeurant alternativement à Saint-Pétersbourg et à Moscou.

Vers la fin de 1806, Fraenzl reçut à l'improviste, et sans l'avoir demandée, sa nomination de directeur de musique de la cour de Bavière, devenue vacante par la mort de Cannabich ; il alla immédiatement prendre possession de cette place, à laquelle il joignit quelque temps après celle de directeur de musique de l'Opéra allemand. Pendant les premières années de son séjour à Munich, il donna des concerts à Francfort, à Offenbach et à Manheim, et toujours avec le même succès. Vers la fin de 1810, il fit un voyage à Amsterdam et à Paris, et au mois d'octobre 1814, il se fit entendre à Vienne ; enfin le 19 février 1816, il donna un brillant concert à Leipsick. Sept années se passèrent ensuite sans qu'il s'éloignât de Munich; mais, en 1823, il fit un second voyage en Italie.

Les habitants de Milan l'écoutèrent avec bienveillance, quoique déjà son talent fût déchu. Au retour de ce voyage, il passa à Paris, essaya de s'y faire entendre, mais reconnut bientôt qu'il n'y avait en cette ville aucune chance de succès pour lui. De retour à Munich, il y donna, au mois d'avril 1824, sa démission de la place de directeur de musique de l'Opéra allemand, ne conservant que la direction de l'orchestre de la chapelle royale. Au mois de décembre, le roi de Bavière lui accorda le titre et les avantages de maître de sa chapelle. Deux ans après, il obtint sa retraite, et quitta Munich pour aller s'établir à Genève, dont le climat lui plaisait. Il resta dans cette ville jusqu'au mois d'avril 1831 ; puis un vif désir de revoir les lieux où s'était passée son enfance le ramena en Allemagne. Il se fixa à Manheim ; mais il n'y jouit pas longtemps de l'existence tranquille qu'il y était venu chercher, car il mourut au mois de novembre 1833, à l'âge de soixante-quatre ans.

La réputation de Fraenzl, comme violoniste, a été brillante dans son pays, surtout depuis 1790 jusqu'en 1815 : il avait du goût, chantait avec grâce sur son instrument, et se faisait particulièrement remarquer par beaucoup de justesse dans les intonations ; mais son style était petit ; il tirait peu de son, et manquait absolument de variété, de force et de souplesse dans le mécanisme de l'archet. Sa manière était une reproduction assez exacte de celle de Jarnowick, mais un peu rajeunie.

Parmi les compositions de cet artiste, on remarque : 1° Huit concertos pour le violon, œuvres 2, 3, 5, 6, 7, 8, 12, 14, Offenbach, André, et Bonn, Simrock. 2° Une symphonie concertante pour deux violons, op. 4, Offenbach, André. 3° Quatre concertinos, œuvres 13, 20, 24 et 32, dont un avec chant, chœur, harpe et orchestre. 4° Variations brillantes avec orchestre, quintette et quatuor, œuvres 11, 25 et 26. 5° Neuf quatuors pour deux violons, alto et basse, livres 1, 2 et 3, Offenbach, André. 6° Trois grands trios pour deux violons et basse, op. 17, Bonn, Simrock. 7° Trois duos concertants pour deux violons, op. 22, Mayence, Schott. 8° *Der Luftball* (Le ballon aérostatique), opérette, Strasbourg, 1788. 9° *Adolphe et Clara*, opérette, écrit pour Francfort en 1800, et gravé en partition pour le piano, à Offenbach, chez André. 10° *Carlo-Fioras*, opéra historique, à Munich, en 1810. L'ouverture de cet ouvrage a été gravée pour l'orchestre, et réduite pour divers instruments. 11° *Hariadan Barberousse*, opéra historique, à Munich, en 1815. L'ouverture de cet ouvrage a été gravée pour l'orchestre. 12° *Der Fassbinder* (le Tonnelier), opéra en un acte, 1824, pour Munich. 13° Plusieurs ouvertures pour l'orchestre. 14° Une symphonie, *idem*. 15° Trois recueils de romances françaises et de chansons allemandes et italiennes.

FRAGMENGO (Philippe), compositeur espagnol, vécut en Italie dans la seconde moitié du seizième siècle. Il a publié : *Madrigali a cinque voci*, Venise, 1584, in-4°.

FRAGUIER (l'abbé Claude-François), né à Paris, le 28 août 1666, fit ses études chez les Jésuites, et entra dans leur société en 1683. Après son noviciat, il fut envoyé à Caen pour y professer les belles-lettres. De retour à Paris, il lui fallut étudier la théologie ; mais le dégoût que lui inspira l'aridité de cette science le détermina à quitter les Jésuites, pour se livrer à la culture des lettres et à l'étude des philosophes de l'antiquité. Il remplaça Vaillant à l'Académie des Inscriptions en 1705, et fut reçu à l'Académie française, trois ans après. Il mourut d'apoplexie, le 31 mai 1728. L'abbé Fraguier avait cru trouver dans un passage de Platon la preuve que les anciens avaient remarqué le rapport harmonieux des sons, et pratiqué la musique à plusieurs parties : il écrivit sur cet objet un mémoire, qui fut inséré dans la collection de l'Académie des Inscriptions (t. III, p. 118, ann. 1723), et qui est intitulé : *Examen d'un passage de Platon sur la musique*. Burette réfuta victorieusement cette opinion dans son *Mémoire sur la symphonie des anciens* (Mémoires de l'Académie des inscriptions, tome IV, p. 116) ; mais, comme il arrive dans les discussions de tout genre, Fraguier ne fut pas convaincu. Marpurg a donné une traduction allemande de son mémoire, dans le deuxième volume de ses Essais (*Beyträg*.), p. 45.

FRAMERY (Nicolas-Étienne), né à Rouen, le 25 mars 1745, s'est fait connaître comme littérateur et comme musicien, mais ne s'est distingué dans aucun genre. Il était fort jeune lorsqu'il fut nommé surintendant de la musique du comte d'Artois. Framery fut un de ceux qui montrèrent le plus d'habileté à parodier des paroles françaises sur la musique de quelques opéras italiens. Les pièces qu'il arrangea sont : *La Colonie*, *l'Olympiade*, *l'Infante de Zamora* et *les deux Comtesses*. En 1783, il donna *la Sorcière par hasard*, opéra comique, dont il avait fait les paroles et la musique. Un concours avait été ouvert pour la composition des drames lyriques : Framery obtint le prix pour un opéra de *Médée*. Cet ouvrage fut confié à Sacchini ; mais ce compositeur mourut avant de l'avoir entrepris, et ce fut Framery lui-même qui en écrivit la musique : cet opéra n'a jamais été représenté. Les travaux de Framery relatifs à la littérature musicale sont : 1° *Lettre à l'auteur du Mercure* (dans le Mercure de septembre 1776, p. 181) : il y critique la musique de Gluck. 2° *Le Musicien pratique*, traduit de l'italien d'Azopardi, Paris, 1786, 2 vol. in-8°. Cet ouvrage est un traité de contrepoint fort médiocre ; Framery n'entendait rien à la matière : il ne savait pas même ce que c'est que le *stretto* de la fugue, dont il est parlé dans l'original ; et, ne trouvant point ce mot dans les dictionnaires, il crut qu'il s'agissait de quelque inutilité. Choron a donné, en 1824, une édition de ce livre mis dans un meilleur ordre, un vol. in-4°. 3° Le premier volume du dictionnaire de musique dans *l'Encyclopédie méthodique*, avec Ginguené et l'abbé Feytou ; ouvrage terminé depuis lors par M. de Momigny, Paris, 1791-1811, 2 vol. in-4°. Ce livre, où l'on a réuni les éléments les plus hétérogènes et les opinions les plus contradictoires, ne peut être d'aucune utilité. 4° *Mémoire sur le Conservatoire de musique*, Paris, 1795, in-8°. 5° *De l'organisation des spectacles de Paris*, Paris, 1791, in-8°. 6° *Avis aux poètes lyriques, ou De la nécessité du rhythme et de la césure, dans les hymnes ou odes destinés à la musique*, Paris, 1796, in-8°. 7° *Discours couronné par l'Institut sur cette question : Analyser les rapports qui existent entre la musique et la déclamation, et déterminer les moyens d'appliquer la déclamation à la musique, sans nuire à la mélodie*, Paris, 1802, in-8°. 8° *Notice sur Joseph Haydn*, Paris, 1810, in-8°. 9° *Notice sur le musicien Della-Maria, mort depuis peu, et membre de la Société philotechnique*, Paris, 1800, in-8°. Framery a rédigé pendant quelques années le *Journal de musique* qui avait été fondé en 1764 par Mathon-de-la-Cour, continué par lui jusqu'en 1768, puis repris par M. de Framicourt et plusieurs fois interrompu. Il paraissait à Paris un cahier de ce journal, en plusieurs feuilles in-8°. Cette publication a cessé en 1778. Framery a aussi donné le *Calendrier musical universel*, contenant l'indication des cérémonies d'église en musique, les découvertes et les anecdotes de l'année, la notice des pièces en musique *représentées à Paris, Versailles, Saint-Cloud, sur différents théâtres de l'Europe*, etc., Paris, 1788-1789. Il n'a été publié que deux années de ce recueil, qui est assez bien fait, et qu'on peut considérer comme une continuation améliorée de l'*Almanach musical* publié par

Mathon-de-la-Cour depuis 1775 jusqu'en 1778, et par Luneau de Boisgermain, depuis 1780 jusqu'en 1784. Après que la propriété des auteurs eut été reconnue par une loi, Framery établit une agence pour la perception de leurs droits dans toute la France, et il géra cet établissement jusqu'à sa mort, avec autant de zèle que de probité. Il est mort à Paris, le 26 novembre 1810, et a laissé en manuscrit des notices sur quelques musiciens, entre autres sur Gaviniès. Il était correspondant de l'Institut, et, en cette qualité, il travailla au *Dictionnaire des beaux-arts*, dont l'Académie a publié récemment des livraisons.

FRAMICOURT (ÉTIENNE-HONORÉ DE), ancien conseiller au présidial d'Angers, mort à Paris, en 1781, dans un âge peu avancé, était assez bon amateur de musique pour son temps, et jouait bien du violon. Dans sa jeunesse il avait fait un voyage à Berlin et y avait connu Marpurg, qui lui avait suggéré l'idée de faire paraître en France un recueil périodique sur la musique; Mathon-de-la-Cour en publiait un à des époques indéterminées depuis 1764 (Paris, un cahier in-8° formant chaque livraison). Il en abandonna la rédaction au mois d'août 1768, et M. de Framicourt fit reparaître ce journal en 1769. Il cessa d'y travailler après le numéro d'avril 1771. Framery s'en chargea alors et le continua jusqu'en 1778.

FRANCESCHI (FRANÇOIS). On a sous ce nom un livre intitulé : *Apologia delle opere drammatiche di Metastasio*, in Lucca, per Domenico Marescandoli, in-8° de 300 pages, sans date. Le premier chapitre de cet ouvrage a pour titre : *De' difetti attribuiti all' opera di musica sistemata da Metastasio*; l'auteur examine tous les reproches qu'on a faits aux opéras de Métastase, sous le rapport de la musique; il y traite : 1° De la musique imitative de l'Opéra; 2° Du choix des sujets des drames de Métastase considérés sous le rapport musical; 3° Du récitatif de Métastase sous le rapport de la musique; 4° De la coupe des airs de ce poëte.

FRANCESCHINI (PETRONIO), compositeur dramatique, né à Bologne, vécut dans la seconde moitié du dix-septième siècle. En 1676, il écrivit, à Bologne, l'*Oronte di Memfi*, drame musical; en 1677, il donna au théâtre *Formagliari* de la même ville son opéra intitulé *Arsinoe*, qui fut joué aussi dans la même année au théâtre *San Angiolo*, à Venise. En 1679, Franceschini écrivit la musique du drame intitulé : *Apollo in Tessaglia*, qui fut représenté dans la même année sur le théâtre de sa ville natale. Deux ans après, il donna à Venise *Dionisio, ovvero, la Virtù trionfante del vizio*, dont une partie de la musique avait été composée par Jean-Dominique Partenio, musicien né dans le Frioul. (*Voyez* PARTENIO.)

FRANCESCHINI (JEAN), né à Naples, vers 1760, a composé six duos de violon qui ont été gravés à Amsterdam. M. le marquis de Villarosa dit qu'il est aussi connu par plusieurs opéras de sa composition; mais il n'en indique pas les titres.

FRANCESCO CIECO. *Voyez* LANDINO (FRANCESCO).

FRANCESCO DA PESARO, ainsi nommé à cause du lieu de sa naissance, fut un des organistes célèbres du quatorzième siècle. On voit par les registres de Saint-Marc, de Venise, qu'il succéda à *maître Zucchetto* dans la place d'organiste de cette église, et qu'il en remplit les fonctions, depuis le 10 avril 1337 jusqu'en 1368; mais on ne connaît jusqu'à ce jour aucune de ses compositions, et l'on ne sait pas quel était son nom de famille.

FRANCESCO DA MILANO ou **FRANCESCO MILANESE**, organiste et luthiste célèbre dans la première partie du seizième siècle, était de la famille des *Navizziani* de Milan. Indépendamment de son rare talent dans la musique, il possédait celui de la poésie. On trouve des pièces de vers composées par lui dans les recueils qui ont pour titres : 1° *Il quarto libro delle Rime di diversi*. Bologne, 1551, in-8°. 2° *Tempio della divina signora donna Giovanna d'Aragona fabricato de tutti i più gentili spiriti*. In Venezia, 1554; réimprimé dans la même ville, en 1561 (1). Francesco de Milan fut attaché à la cathédrale de cette ville, en qualité d'organiste, vers 1530. Il est cité par F. Doni, dans sa *Prima libreria* (Part. 6, *della Musica stamp.*, p. 85) et par Piccinelli (*Aten. dei Letter. Milan.*, p. 107), comme auteur de divers recueils de pièces d'orgue et de luth, intitulés : 1° *Intabolatura di organo*, lib. 1. 2° *Intabolatura di liuto*, Milano, 1536. Ces recueils sont devenus de la plus grande rareté. On trouve aussi des pièces de luth de Francesco Milanese dans un recueil qui a pour titre : *Intabolatura de liuto de diversi Autori novamente stampata, et con diligentia revista*, etc. *Stampata ne la Città de Milano per Jo.-Antonio Castellione al primo de Maggio* 1536, petit in-4°, obl. Ce recueil, qui paraît être une deuxième édition, d'après le titre, contient quarante-deux

---

(1) *Voyez Dizionario di opere anonime et pseudonime di Scrittori italiani*, di G. M. t. 1, p. 428.

pièces de luth, tels que fantaisies, toccates, saltarelles, pavanes, etc., composées par des luthistes de Milan, qui sont : *Francischo* (sic) *da Milano, M. Alberto da Milano, M. Marcho da Laquila, M. Jo.-Jacobo Albutio da Milano, M. Petro-Paolo Borrono da Milano* et d'autres. C'est peut-être le même recueil qui a été réimprimé sous ce titre : *Intabolatura di liuto da diversi con la Battaglia et altri cose bellissime, di M. Francisco da Milano.* A la seconde page on trouve cet autre titre : *Intavolatura di lauto. Libro primo*, et à la fin du recueil on lit : *In Vinegia per Francisco Marcolini di Forli, in la contrada di Santo Apostolo, ne le case de Frati di Crosachieri, ne gitanna* (gli anni) *del signore* 1536 *del mese di Magio.* Enfin, une partie des pièces contenues dans le recueil de Francesco de Milan a été réimprimée dans une collection qui a pour titre : *Hortus Musarum. In quo tanquam flosculi, quidam selectissimarum carminum. collecti sunt ex optimis quibusque auctoribus. Et primo ordine continentur automata, quæ Fantasiæ dicuntur. Deinde cantica quatuor vocum. Post carmina graviora quæ motetta appellantur, eaque quatuor, quinque et sex vocum. Demum addita sunt carmina longe elegantissima duabus testudinibus canenda hactenus nunquam impressa. Collectore Petro Phalesio. Lovanii, apud Phalesium, bibliopolam juratum,* 1552. Les fantaisies pour le luth, au nombre de dix-neuf, sont de A. Rota, Francesco de Milan, Simon Sentler, Marc de Laquila, Jo. Jacq. Albutio, et P.-P. Borroni ; les pièces pour deux luths sont au nombre de vingt et une (1).

FRANCESCO DEGLI ORGANI. *Voy.* LANDINO (FRANCESCO).

FRANCHE (LOUIS-JOSEPH), premier violon de la Comédie française, en 1749, a fait graver à Paris un livre de sonates à violon seul, sans date.

FRANCHI (GIO.-PIETRO), né à Pistoie vers le milieu du dix-septième siècle, fut maître des concerts du duc Rospigliosi de Zagarolo. Il a publié : 1° *Sonate a tre*, Bologne, 1687, op. 1. 2° *Duetti da camera*, op. 2, Bologne, 1689, in-4°. 3° *Duetti de l'Amore, co'l basso numerato*, op. 3, ibid. 1689. 4° *Motetti a 2 e 3*, op. 4. Florence, 1690. 5° *Salmi pieni à 4 voci*. Bologne, Silvani, 1697.

FRANCHOMME (AUGUSTE), violoncelliste d'un talent fort distingué, est né à Lille

(1) Voyez l'ouvrage de M. De Coussemaker intitulé : *Notice sur les collections musicales de la Bibliothèque de Cambrai, etc.*; p. 106-113.

(Nord) en 1809. Après avoir appris à jouer du violoncelle pendant quatre ans, sous la direction d'un maître assez médiocre, nommé M. Mas, il s'est rendu à Paris en 1825, et a été admis comme élève du Conservatoire, au mois de mars de la même année, dans la classe de Levasseur, auquel succéda bientôt après Norblin. Ses dispositions étaient si remarquables, et ses progrès furent si rapides, qu'il obtint le premier prix de violoncelle, au concours de la même année. Depuis lors M. Franchomme s'est fait une brillante réputation par les succès qu'il a obtenus dans tous les concerts où il s'est fait entendre, particulièrement dans ceux du Conservatoire. Une qualité de son pleine de charme, beaucoup de grâce et d'expression dans sa manière de chanter, et une justesse rare dans les intonations, sont les qualités par lesquelles cet artiste se distingue. Il ajoute à ce mérite celui d'écrire de la musique de fort bon goût pour son instrument, et cette musique est devenue le répertoire de la plupart des violoncellistes français. Voici la liste de ses ouvrages publiés jusqu'à ce jour : 1° Thème varié pour le violoncelle avec orchestre, œuvre 1er, Paris, Launer. 2° Variations sur un thème des *Deux Nuits*, Paris, Janet. 3° Thème original, op. 3, ibid. 4° Thème original varié avec orchestre, op. 4, ibid. 5° Thème original, op. 5, Paris, Schlesinger (Brandus). 6° Fantaisie sur des thèmes russes et écossais, avec quatuor ou orchestre, op. 6, Paris, Bernard Latte. 7° Douze caprices, op. 7, Paris, Janet et Cotelle. 8° Trois récréations, op. 8, Paris, B. Latte. 9° Chant d'adieu, op. 9, ibid. 10° Romance pour violoncelle, op. 10, Paris, Schlesinger (Brandus). 11° Trois nocturnes, idem, Paris, Latte. 12° Sérénade, op. 12, Paris, Cotelle. 13° Deux adagios pour violoncelle, op. 21 et 20. 14° Thème russe varié, avec deux violons, alto, violoncelle et contrebasse, op. 32. 15° Premier concerto pour violoncelle et orchestre, op. 33. M. Franchomme a écrit aussi en société avec Chopin un duo pour piano et violoncelle, sur des thèmes de *Robert le Diable*, Paris, Schlesinger (Brandus) ; un autre duo avec variations, en collaboration avec M. Bertini, et un troisième avec M. Osborne, Paris, B. Latte. Cet artiste a été employé comme violoncelliste, en 1825 et 1826, au théâtre de *l'Ambigu-Comique*; en 1827, il est entré à l'orchestre de l'Opéra, mais il n'y est resté qu'un an ; ensuite il est passé au théâtre italien, où il est resté plusieurs années : enfin, il a fondé, avec Allard, des matinées annuelles de quatuors, qui obtiennent un grand succès, par la perfection de l'exécution.

FRANCISCELLO ou FRANCIS-CHELLO (...), célèbre violoncelliste, au commencement du dix-huitième siècle, n'est guère connu maintenant que par le peu que nous en ont appris Quantz et Geminiani, qui l'avaient entendu. On ignore en quel lieu de l'Italie il a pris naissance; si, comme le dit Gerber, il s'était retiré à Gênes dans les dernières années de sa vie, on pourrait croire qu'il était né dans cette ville; mais ce fait paraît n'avoir pour base qu'une anecdote peu vraisemblable, dont il sera parlé tout à l'heure. Quoi qu'il en soit, il paraît que ce fut à Rome que la réputation de Franciscello commença, peu de temps après la mort de Corelli. Il fit pour le violoncelle ce que ce grand artiste avait fait pour le violon, et peut-être est-il permis de le considérer comme celui qui a le plus contribué à faire substituer cet instrument à la basse de viole; il est du moins certain que celle-ci avait presque disparu des orchestres d'Italie avant 1750, tandis qu'on la trouvait presque partout en Allemagne, en France et en Angleterre. On ne peut douter que Franciscello n'ait eu un talent très-remarquable. Quantz, qui l'entendit à Naples, en 1725, en a parlé avec admiration, et Geminiani dit qu'un jour, ayant accompagné une cantate d'Alexandre Scarlatti avec violoncelle obligé, tandis que ce grand maître accompagnait au clavecin, celui-ci s'écria qu'il n'y avait qu'un ange, sous la forme humaine, qui pût jouer ainsi. Un peu plus tard, c'est-à-dire vers 1730, F. Benda l'entendit à Vienne; il a souvent déclaré depuis lors que le talent de Franciscello sur le violoncelle devint son modèle pour le violon. Après cette époque, on n'a plus de renseignements positifs sur cet artiste. Gerber dit que Duport l'entendit à Gênes : en supposant qu'il ait voulu parler de l'aîné des deux frères de ce nom, celui-ci n'aurait pu faire le voyage d'Italie avant 1704 ou 1705, époque où il n'était âgé que de vingt-deux ou vingt-trois ans, et où son talent commençait à se former. Or, l'anecdote rapportée par Geminiani, ayant eu lieu à Rome, ne peut se rapporter qu'à l'année 1715, où Scarlatti fit son dernier voyage dans cette ville, c'est-à-dire cinquante et un ou cinquante-deux ans avant le moment où Duport aurait pu entendre Franciscello. Il est difficile de croire que Franciscello, alors âgé de soixante-quinze ans environ, aurait eu un jeu inimitable, comme le dit Gerber. Les biographes qui ont copié Gerber, et en dernier lieu le Lexique universel de musique de Schilling, n'ont fait aucune réflexion sur cette singularité.

FRANCISCI (Érasme), littérateur, né à Lubeck, en 1627, était fils de François Fix, conseiller intime du duc de Brunswick; mais des revers de fortune ne lui permettant pas de porter le nom de sa famille avec honneur, il prit celui de *Francisci*, sous lequel il est connu. Il mourut à Nuremberg, le 12 décembre 1684. Dans le troisième discours d'un ouvrage intitulé : *Wunderreicher Uebersug unsrer Welt, oder Erdumgebender Luft-Kreys*, Nuremberg, 1680, in-4°, il traite de *l'écho et des porte-voix*.

FRANCISCO (Louis de S.), moine franciscain, Portugais du seizième siècle, fut professeur de droit canon dans son ordre. On a de lui un ouvrage intitulé : *Globus canonum et arcanorum linguæ sanctæ ac divinæ scripturæ*, Rome, 1586, in-fol. ; il y traite de la musique des Hébreux, au chapitre neuvième du dixième livre.

FRANCISQUE (Antoine), ancien joueur de luth français, qu'il ne faut pas confondre avec *Francisque Corbet*, lequel vécut plus tard et se distingua aussi par son talent sur le luth (voyez Corbet). Antoine s'est fait connaître par un ouvrage de sa composition qu'il a publié sous ce titre : *le Trésor d'Orphée*, livre de tablature de luth, contenant une *Susanne un jour*, plusieurs *fantaisies, préludes, passamaises, pavanes d'Angleterre, pavanes espagnoles*, suites *de branles*, tant à corde avalée (descendue) qu'autres, *voltes et courantes*. Paris, veuve Robert Ballard, 1600, in-fol. On trouve, à la fin de ce recueil, une *Instruction pour réduire toutes sortes de tablatures de luth en musique et réciproquement*. Cette instruction a été traduite par Besard, au commencement de son *Isagoge in artem testudinariam* (voyez Besard).

FRANCISQUE-LA-FORNARA, castrat, né dans le royaume de Naples, en 1706, fut engagé pour la musique du roi de France, en 1719, et jouit pendant longtemps de la réputation d'habile chanteur. Sa voix était un contralto de la plus belle qualité ; sa vocalisation était facile ; il possédait surtout un trille naturel et de poitrine dont les battements étaient d'une netteté, d'une précision admirable. Il joignait à ce don de la nature la plus belle prononciation et l'expression la plus pénétrante. En s'amusant de l'escrime, dans une salle d'armes, il reçut un coup de fleuret dans la gorge qui altéra la beauté de son organe, et l'obligea à cesser de chanter des solos. Il vivait encore à Paris en 1780, âgé de soixante-quatorze ans.

FRANCK (GUILLAUME), musicien du seizième siècle, a mis en musique *Cinquante psaumes de Marot*, Strasbourg, 1545, in-8°. Ce sont les mélodies qui sont restées en usage chez les protestants de France et de Hollande, et qui ont été mises à quatre parties par Bourgeois, par Goudimel et par Claudin Le Jeune.

FRANCK (JEAN), musicien allemand, vivait à la fin du seizième siècle. Il a fait imprimer de sa composition : *Cantiones sacræ 6, 7 et 8 vocum*, Augsbourg, 1600, in-4°. Gerber attribue cet ouvrage à un dominicain, contemporain de Luther, qui embrassa le parti de la réformation, fut recteur à Eisfeld, et ensuite prédicateur évangélique à Leipsick. Il ne s'est pas souvenu qu'un contemporain de Luther (né en 1484 et mort en 1546) ne pouvait composer en 1600, et qu'il était peu vraisemblable qu'un pasteur de la religion réformée écrivit des motets latins.

FRANCK (ELISBETH), compositeur allemand du seizième siècle, est connu par un ouvrage intitulé : *Newe teutsche und lateinische Lieder, mit 5 Stimmen* (Nouvelles chansons allemandes et latines à trois voix). Francfort-sur-l'Oder, 1590, in-8°.

FRANCK (MELCHIOR), compositeur remarquable par sa fécondité, naquit vers 1580, en Silésie, ou, selon l'Histoire des chansons, de Wetzel, à Zittau. En 1600, il vivait à Nuremberg; trois ans après, il devint maître de chapelle de la cour à Cobourg. Il mourut dans ce poste, le 1er juin 1639. Ce musicien a contribué à la création de formes nouvelles au commencement du dix-septième siècle. Son harmonie est bonne; les voix et les instruments chantent d'une manière naturelle; enfin, il fut un des premiers qui donnèrent de l'intérêt et du mouvement aux parties instrumentales. Ses compositions, devenues rares, et souvent incomplètes, sont recherchées, parce qu'elles sont caractéristiques d'une époque de l'art dans la musique de l'école allemande. Voici la liste de ses ouvrages : 1° *Musicalische Bergreyen*, Nuremberg, 1602. 2° *Contrapuncti composiii*, ibid., 1602, in-4°. 3° *Teutsche Psalmen und Kirchen Gesænge* (Psaumes et cantiques spirituels allemands), ibidem, 1602, in-4°. 4° *Neue Paduanen, Galliarden*, etc., *auff allerley Instrumenten zu bequemen* (Nouvelles pavanes, gaillardes, etc., disposées pour tous les instruments), ibidem, 1603, in-4°. 5° *Opusculum etlicher newer und alter Reuter Liedlein auff Allerley Art zu Musiciren mit 4 Stimmen gesetzt* (Quelques opuscules de nouvelles et d'anciennes chansons choisies à quatre voix, etc.), ibid., 1603, in-4°. Il y a une édition du même ouvrage publiée à Francfort, chez Stein. 6° *Neues Quodlibet mit 4 Stimmen componirt* (Nouveaux quodlibets à quatre voix), Magdebourg, 1604, in-4°. Il y a aussi des éditions de Nuremberg et de Francfort. 7° *Farrago, dass ist Vermischung, viele weltliche Lieder, die in allen Stimmen einander respondiren, mit 6 Stimmen* (Mélanges de beaucoup de chansons mondaines, arrangées à six voix, etc.) 8° *Teutsche weltliche Gesænge und Tæntze von 4, 5, 6 und 8 Stimmen* (Chants populaires allemands, et danses à quatre, cinq, six et huit parties), 1604. 9° *Melodiæ sacræ, 5, 6, 7, 8 et 12 voc.*, 1re partie, 1604, 2e idem, 1606, 3° idem, 1607. 10° *Teutsche Gesænge und Tæntze mit 4 Stimmen* (Chants allemands et danses à quatre parties), Cobourg, 1605, in-4°. 10° (bis) *Melodiarum sacrarum 5, 7, 8, 9, 10, 11 et 12 vocibus concinendarum*. Cobourg, 1607, in-4°. 11° *Geistliche Gesænge und Melodien, meistens aus dem Hohenlinde Salomons genommen* (Chants spirituels et mélodies, etc.), 1608. 12° *Neue musicalische Intraden, auff allerhand Instrumenten, sonderlich auf Violen zu gebrauchen, mit 6 Stimmen* (Nouvelles entrées musicales, pour tous les instruments, et particulièrement pour les violes, à six parties), Nuremberg, 1608, in-4°. 13° *Flores musicales, newe anmuthige musikalische Blumen, mit 4, 5, 6 und 7 Stimmen* (Fleurs musicales à quatre, cinq, six et sept voix), Nuremberg, 1610, in-4°. 14° *Musikalische frølichkeit, von etlichen newen lustigen teutschen Gesængen, Tæntzen, Galliarden und Concerten, sampt einem Dialogo mit 4, 5, 6 und 8 Stimmen componirt*, etc. (Divertissement musical, composé de quelques nouvelles chansons allemandes, danses, gaillardes et concerts, etc., à 4, 5, 6 et 8 parties), Leipsick, 1610, in-4°. 15° *Tricinia nova, lieblicher amorosischer Gesænge mit schœnen poetischen Texten geziert* (Nouvelle musique à trois voix, composée de chansons amoureuses choisies, etc.), Nuremberg, 1611, in-4°. 16° *Vincula Natalitia aus 9 Psalmen bestehend*, 1611. 17° *VI Teutsche Concerte von 8 Stimmen* (Six concerts allemands à huit parties), 1611. 18° *Suspiria musica, oder 12 musicalische Gebetlein ueber die Passion, von 4 Stimmen*, 1612. 19° *Opusculum etlicher geistlichen Gesænge von 4, 5, 6 und 8 Stimmen* (Quelques opuscules de cantiques spirituels à quatre, cinq, six et huit voix), 1612. 20° *Ferculum Quodlibeticum e variis patellis ac versibus Rhopalicis* *corrasum, ac 4 vocibus concertum*, 1613. 20° (bis) *Viridarium musicum continens amœnissimos et fragrantissimos ex sacra scriptura decerptos flosculos quos ad Dei ter optimi maximi laudem ecclesiæ usum quotidianum, depellemdamque animæ tristissimæ melancholiam internam* 6, 7, 8, 9, 10 *vocibus harmonia suavissima composuit*, etc. Norihergæ, Fuhrmann, 1613, in-4°. 21° *Recreationes musicæ. Lustige teytsche Gesænge mit schœnen Texten, neben ellichen Galliarden*, etc., *mit 4 und 5 Stimmen, voce vel instrumentis zu gebrauchen* (Récréations musicales, chansons allemandes choisies avec de belles paroles, gaillardes, etc., à quatre et cinq parties, tant pour les voix que pour les instruments), Nuremberg, 1614, in-4°. 22° *Zweene* (sic) *Grab-Gesænge von 4 Stimmen* (Deux cantiques funéraires à quatre voix), 1614. 22° (bis) *Zwey news Hochzeit-Gesang, zu hochseitlichen ihren und gefallen, dem Erasmo Bauman, furstl. Sachshof organisten zu Coborgk* (sic), etc. (Deux nouveaux chants de noces à six voix, etc.) Cobourg, 1614. 23° *Threnodiæ Davidicæ, oder 6 stimmige Buss-Psalmen* (Les psaumes de la pénitence à six voix), Cobourg, 1615, in-4°. 24° *Die trostreichen Worte aus dem 54en Capitel Esaiæ, v. 7 und 8, mit 15 Stimmen auf 3 Chœren* (Les paroles consolantes du LIVe chapitre d'Isaïe, v. 7 et 8, à quinze voix, en trois chœurs), Schleusingue, 1615, in-4°. 25° *Delitiæ Amoris, musicalische Wollust, allerhand amorische Sachen, beydes vom Componisten und Texten in sich begreiffend, mit 6 Stimmen* (Les délices de l'amour, volupté musicale, etc., à six voix), Nuremberg, 1615, in-4°. 25° *Fasciculus Quodlibeticus, von 4, 5, 6 Stimmen* (Recueil de quolibets, à quatre, cinq et six voix), *ibid.*, 1615, in-4°. Il y a des éditions de ce recueil de Cobourg, 1622, et de Jéna, 1624. 27° *Geistlicher musicalische Lust-Gærten, XXXV mit 4, 5, 6 bis 9 Stimmen gesetzte Gesænge enthaltend.* 1er *Theil* (Jardin de fleurs musicales spirituelles, depuis quatre jusqu'à neuf voix), Nuremberg, 1616. 28° *Lilia musicalia, schœne neue Liedlein mit lustigen Texten unterlegt, sammt etlichen Pavahen, Galliarden und Couranten,* Nuremberg, 1616, in-4°. 29° *Teutsches musicalisches frœhliches Convivium, in XII vierstimmigen, XV fünffstimmigen, V sechsstimmigen und II achtstimmigen Liedern* (Joyeux festin musical allemand, en douze chansons à quatre parties, quinze à cinq, cinq à six, et deux à huit), Cobourg, 1621. 30° *Oda paradisiaca auf D. Joan. Jac. Draco's Hochzeit für 5 Stimmen,* Cobourg, 1621. 31° *Laudes Dei vespertinæ, in etlichen teutschen 6 stimmigen Magnificat,* Cobourg, 1622 32° *Newer teutsche Magnificat I. II. III. IVter Theil mit 4, 5, 6 und 8 Stimmen* (Magnificat allemands à quatre, cinq, six et huit voix, 1re, 2e, 3e et 4e parties), Cobourg, 1622. 33° *Gemmulæ Evangeliorum Musicæ,* ou soixante-huit motets allemands à quatre voix, Cobourg, 1623. 34° *Newes liebliches musical. Lustgærtlein, in welchem schœne lustige anmuthige Sachen von allerley deutschen amorosischen Gesængen, neben etlichen newen Intraden bey ehrlichen Conviviis, voce und instrumentis zu gebrauchen anzutreffen, gantz von newen mit 5, 6 und 8 Stimmen componirt* (Jardin de nouvelles fleurs musicales agréables, etc., à cinq, six et huit voix), Cobourg, 1623, in-4°, et Jéna, 1624. 35° *Gemmulæ Evangeliorum musicæ, oder Geistlich musicalisches Wercklein, etc. mit 5 Stimmen componirt,* Jéna, 1624. 36° *XXXX Teutsche lustige musicalische Tæntze mit 4 Stimmen* (40 danses agréables à 4 parties), Jehna (sic), 1624. 37° *Newes musicalisches Opusculum, in welchem etliche newe lustige Intraden und Aufzüg mit 5 Stimmen* (Nouveaux opuscules musicaux, etc., à cinq parties), Jéna, 1624. 38° *Sacri convivii musica sacra,* collection de quatorze cantiques à quatre, cinq et six voix, Cobourg, 1628. 39° *Rosetulum musicum* consistant en trente-deux pièces à quatre, cinq et huit voix, *ibid.*, 1628. 40° *Citharu ecclesiastica et scholastica,* contenant trente-trois morceaux à quatre voix, Nuremberg, sans date, in-4°. 41° *Psalmodia sacra,* contenant des chants chorals en contrepoint simple à quatre et cinq voix, *ibid.*, 1631. 42° *Dulces mundani exilii deliciæ,* pour une, deux, trois, quatre et huit voix, *ibid.*, 1631. 43° *Der ein und funfzigste Psalm für 4 Stimmen* (le 51e psaume à quatre voix), Cobourg, 1634 44° *Paradisus musicus, in LXVI der vornehmsten Sprüchen auf aus dem Esaia, für 2, 3 und 4 Stimmen,* 1r und 2r *Theil,* 1636.

FRANCK (MICHEL), compositeur et poète lauréat, naquit à Schleusingen, le 16 mars 1609. Après avoir fait ses études à Cobourg, il apprit la profession de boulanger vers 1625. Trois ans après, il fut admis comme maître dans cette profession; mais après douze ans d'exercice, la guerre ayant éclaté, la ville de Schleusingen fut ravagée, et Franck perdit tout ce qu'il possédait. Dans cette position, il se rendit à Cobourg, pauvre et chargé d'une nombreuse famille, n'ayant en quelque sorte d'autre ressource que la charité publique. Enfin, en 1644, on le nomma professeur des classes de cinquième et de sixième au collège de Cobourg, et cette situation le mit à l'abri du besoin. Dès lors il travailla avec tant d'ardeur à se distinguer comme poëte et comme compositeur, qu'il acquit en peu de temps de la réputation par ses vers et par sa musique. Les poëtes les plus célèbres étaient en correspondance avec lui. En 1659, il reçut la couronne poétique de laurier, et le célèbre Jean Rist le décora de l'ordre du Cygne, sous le nom de *Aurophilus*. Il mourut à Cobourg, le 24 septembre 1667. Beaucoup de ses poésies sont répandues dans les recueils de son temps; comme compositeur, il a publié : *Geistliches Harfenspiel, aus 30 vierstimmigen Arien nebst Generalbass* (Le jeu de la harpe spirituel, composé de trente mélodies à quatre voix, avec basse continue), Cobourg, 1657, in-4°. On a placé au bas de son portrait ces vers singuliers :

Præceptor, fidicen, pictor, cantorque, poeta,
Dogma, chelyn, panes, cantilen sacra, modos;
Doctus, jucundus, promptus, devotus, acutus
Ingenio, digitis, mulcibere, ore, stylo;
Instillat, pulsat, pinxit, decantat et ornat,
En nostri, Michael Francus, amoris onyx.

Michel Franck eut deux fils, Pierre et Sébastien, qui, tous deux furent attachés à la chapelle du prince de Saxe-Cobourg. On a de Pierre Franck le chant funèbre à quatre voix *Christus, Christus, Christus ist*, publié sous le titre : *Christritterlicher Todeskampf mit 4 Stimmen*, etc. Cobourg, 1657, in-4°. — Sébastien, l'aîné des fils de Michel, né à Schleusingen, le 18 janvier 1636, et mort à Cobourg le 15 avril 1668, fut d'abord magister et diacre à Schweinfurt. Il est auteur d'un livre de chant choral intitulé : *Rosarium animæ das ist Neues Davidisches Rosen-Gærtlein einer andæchtigen Gott-liebenden Seel*, etc. Cobourg, 1663, in-8°.

FRANCK (JEAN), le jeune, bourgmestre à Guben, naquit dans ce lieu le 1er juin 1618, étudia à Guben, Stettin, Thorn et Kœnigsberg, le droit et la poésie, et mourut le 18 juin 1677. Il passe pour l'auteur du cantique allemand *Jesu meine Freunde*, etc., et a publié un recueil de psaumes et de chants spirituels sous ce titre : *Geistliches Zion, dass ist neue geistliche Lieder und Psalmen nebst beygefügten Theils bekannten, Theils lieblichen neuen Melodien, sammt Vaterunsers-Harfen*, etc. Guben, 1648, in-8°.

FRANCK (JEAN-WOLFGANG), médecin, né à Hambourg, en 1641, fut aussi compositeur dramatique. Vers 1688, il voyagea, se rendit en Espagne, et obtint la faveur du roi; mais cet avantage lui coûta la vie : il mourut empoisonné. Il a composé la musique des opéras suivants, qui ont tous été représentés à Hambourg : 1° *Michel et David*, 1679. 2° *Andromède et Persée*, 1679. 3° *La Mère des Macchabées*, 1679. 4° *Don Pedro*, 1679. 5° *Énée*, 1680, dont les airs ont été gravés. 6° *Jodelet*, 1680. 7° *Séméle*, 1681. 8° *Annibal*, 1681. 9° *Chariline*, 1681. 10° *Dioclétien*, 1682, dont on a imprimé les airs. 11° *Attila*, 1682. 12° *Vespasien*, 1683. 13° *Cara Mustapha*, 1re partie. 14° *Le même*, 2e partie. Ces deux derniers opéras ont été représentés en 1686, et les airs ont été imprimés. On a aussi de ce compositeur : *Sonate a 2 violini et basso continuo*, op. 1, Amsterdam, Roger.

FRANCK (CÉSAR-AUGUSTE), pianiste et compositeur, est né à Liége (Belgique), le 10 décembre 1822. Ses premières études de musique et de piano furent faites au Conservatoire de cette ville. Lorsqu'il eut atteint sa quinzième année, il se rendit à Paris et obtint son admission au Conservatoire, le 2 octobre 1837, comme élève de piano, sous la direction de Zimmerman; peu de temps après, il devint élève de M. Leborne pour le contrepoint. En 1838, le premier prix de piano lui fut décerné au concours, et dans la même année, il obtint l'accessit de contrepoint. Le deuxième prix de composition lui fut décerné en 1839, et le premier dans l'année suivante. M. Franck s'est fixé à Paris, comme professeur de piano. Les principaux ouvrages de cet artiste sont : 1° Trois trios pour piano, violon et violoncelle, op. 1, Paris, chez l'auteur. 2° Quatrième trio idem, op. 2, *ibid*. 3° Eglogue pour le piano, op. 3, *ibid*. 4° Premier duo pour piano à quatre mains, sur le *God save the King*, op. 4 *ibid*. 5° Sonate pour le piano, *ibid*. 6° *Souvenir d'Aix-la-Chapelle*, pour le piano, op. 7, *ibid*. En 1846, M. Franck a fait exécuter à Paris *Ruth*, oratorio de sa composition.

FRANCK (JOSEPH), frère du précédent, né à Liége, vers 1820, commença ses études musicales au Conservatoire de cette ville, puis les termina au Conservatoire de Paris, où il fréquenta les cours de piano, d'orgue et de composition. Il est aussi violoniste. Après avoir été maître de chapelle et organiste de l'église des Missions Étrangères, puis de la paroisse Saint-Thomas-d'Aquin, il s'est retiré de ces emplois pour se livrer à l'enseignement du piano, de l'orgue et de la composition. Il a publié : 1° Recueil de huit motets religieux, à une et plusieurs voix et à deux chœurs, avec orgue et quatuor, Paris, l'auteur. 2° Première messe solennelle à quatre voix, orgue et contrebasse, ibid. 2° Deuxième messe à trois voix et orchestre, ibid. 4° Recueil de douze motets à plusieurs voix et orgue, ibid. 5° Plusieurs motets détachés avec orgue, ibid. 6° *Arène des organistes*, six préludes et six fugues pour l'orgue, ibid. 7° Cantate à quatre personnages avec grand orchestre, à l'occasion du mariage de la princesse Charlotte de Belgique avec l'archiduc Maximillien d'Autriche, ibid. 8° *Ode à sainte Cécile*, à grand orchestre, ibid. 9° Premier concerto pour piano, avec deux violons, alto et violoncelle ou grand orchestre, ibid. 10° Vingt-cinq études mélodiques faciles et progressives pour piano, ibid. 11° Plusieurs morceaux détachés pour piano, ibid. 12° *Manuel de la transposition et de l'accompagnement du plain-chant*, etc., ibid.

FRANCK (ÉDOUARD), pianiste et compositeur, né à Berlin, vers 1818, était à Breslau en 1838, et était alors âgé d'environ vingt ans. En 1843, il fit un voyage en Italie et vécut à Rome jusqu'à la fin de 1847; puis il retourna à Berlin, où il publia plusieurs œuvres de sa composition. Postérieurement il s'est fixé à Cologne, comme professeur de piano. On connaît de cet artiste plusieurs recueils de chants et de *Lieder* avec piano, œuvres 4 et 8, Berlin, Guttentag; Sonate pour piano, œuvre 6, Berlin, Stern; Caprices et pièces caractéristiques, op. 2 et 3; Scherzo, œuvre 7, etc.

FRANCK-DE-FRANKENAU (GEORGES), professeur et docteur en médecine à Wittenberg, puis conseiller de justice et premier médecin à Copenhague, naquit le 3 mai 1643, à Naumbourg, en Misnie, et mourut à Copenhague, le 16 juin 1704. On a recueilli après sa mort ses divers opuscules, sous le titre de *Satyræ medicæ viginti, quibus accedunt dissertationes sex, varii simulque rarioris argumenti*, Leipsick, 1722, in-8°. On y trouve une thèse qu'il avait soutenue à Heidelberg, en 1672, sous le titre de *Dissertatio de musica medico necessaria*, p. 464-490.

FRANCOEUR (FRANÇOIS), surintendant de la musique du roi, né à Paris, le 28 septembre 1698, apprit dans sa jeunesse à jouer du violon, et entra, en 1710, à l'orchestre de l'Opéra, où il se lia avec Rebel d'une amitié qui ne s'est point démentie pendant le cours d'une longue vie. Vers le même temps, il fut admis dans la musique de la chambre du roi. Après vingt ans de service comme musicien ordinaire, il acheta une des charges des *vingt-quatre violons* du roi, et peu de temps après (en 1732), il traita aussi de la survivance de celle de compositeur de la chambre, dont il devint titulaire en 1733. En 1736, Rebel et Francœur, qui ne se séparèrent jamais, ni dans leurs entreprises, ni dans leurs travaux, furent nommés inspecteurs de l'Académie royale de musique (l'Opéra) ; la direction de ce spectacle leur fut confiée en 1751, et ils ne renoncèrent à cette entreprise qu'en 1767. En 1742, Francœur avait acheté la survivance de Colin de Blamont pour la charge de surintendant de la musique du roi; il lui succéda en 1760. Le cordon de Saint-Michel lui fut accordé au mois de juin 1764. Après sa retraite de l'Opéra, il résigna toutes ses places et passa le reste de sa vie dans le repos. Il était âgé de quatre-vingts ans lorsqu'il dut subir le traitement de la pierre, opération dangereuse, surtout à cette époque, et dont il guérit néanmoins, quoiqu'on eût été obligé de la recommencer trois fois. Il est mort à Paris, le 6 août 1787, à l'âge de quatre-vingt-neuf ans. Dans sa jeunesse, Francœur avait publié deux livres de sonates pour le violon ; ce sont les seules productions dans lesquelles il n'a pas eu Rebel pour collaborateur. Il a écrit pour l'Opéra, conjointement avec ce musicien, les ouvrages suivants : 1° *Pyrame et Thisbé*, 1726. 2° *Tarsis et Zélie*, 1728. 3° *Scanderberg*, 1735. 4° *Le Ballet de la paix*, 1738. 5° *Les Augustales*, prologue de Moncrif, 1744. 6° *Zélindor*, 1744. 7° *Ismène*, 1747. 8° *Les Génies tutélaires*, 1757. 9° *La Princesse de Noisy*, 1760. Rien de tout cela ne s'élève au-dessus de la musique française de cette époque.

FRANCOEUR (LOUIS-JOSEPH), fils d'un violoniste de l'Opéra, et neveu du précédent, naquit à Paris, le 8 octobre 1738. Il n'était âgé que de sept ans lorsqu'il perdit son père : son oncle, qui n'avait point d'enfants, se chargea de son éducation, et le traita toujours comme un fils. Il le fit entrer dans les pages de la musique du roi, en 1746, et Louis-Joseph n'en sortit, en 1752, que pour entrer comme violon à l'orchestre de l'Opéra ; il n'était alors âgé que de quatorze ans. En 1754, il eut la survivance de la charge de *luth de la chambre*, dont l'organiste Marchand était alors titulaire; mais cette charge fut supprimée avant que Francœur l'eût possédée. Nommé en 1764 second maître de musique à l'orchestre de l'Opéra, il succéda trois ans après à Berton qui en était le premier, et il conserva ce titre jusqu'en 1779, où il fut changé en celui de *directeur en chef de l'orchestre*. En 1776, il avait obtenu le titre de maître de musique de la chambre du roi; plus tard, il en fut le surintendant. Devenu entrepreneur de l'Opéra en 1792, en société avec Cellerier, il fit, avec son associé, *le Règlement pour l'Académie royale de musique*, qui fut imprimé à Paris, au mois d'avril de la même année (brochure in-4°), et qui a été en vigueur jusqu'au nouveau règlement de 1800. Arrêté dix-huit mois après *comme suspect*, par les révolutionnaires, il ne sortit de prison qu'après le 9 thermidor (août 1794). Peu de temps après, on le rappela à la tête de l'administration de l'Opéra conjointement avec Deneslé; mais il ne garda pas longtemps cette position; on lui donna pour successeurs Devismes et Bonnet de Treiches. Ceux-ci ayant attaqué Francœur et Deneslé dans un écrit intitulé : *Considérations sur les motifs qui ont servi de base à la réorganisation du théâtre de la République et des Arts*, Paris, sans date (1800), in-4°, ces derniers répondirent à ce pamphlet par une brochure qui avait pour titre : *Les citoyens Francœur et Deneslé aux citoyens Devismes et Bonnet, ou réponse à l'écrit intitulé : Considérations sur les motifs*, etc., Paris, sans date (1800), in-4°. Retiré des affaires et de toute occupation, Francœur passa les dernières années de sa vie près de son fils, géomètre distingué qui lui fit obtenir une pension, comme ancien directeur de l'Opéra, par le crédit de Jérôme Bonaparte, frère de l'empereur Napoléon. Il mourut à Paris, le 10 mars 1804. Delaunaye rapporte sur lui cette anecdote, dans la notice qu'il a fournie à la *Biographie universelle* des frères Michaud : déjà avancé en âge, Francœur rencontra un jour une femme peu jolie, dont la jupe s'accrocha en descendant de voiture. Frappé de la beauté de sa jambe, il en devint épris, et en moins de quinze jours il fut son époux. Comme compositeur, Francœur a donné, en 1766, à l'Opéra *Ismène et Lindor*, en un acte; en 1770, il refit une partie de l'opéra d'*Ajax*, pour une reprise de cet ouvrage. Il a laissé en manuscrit plusieurs opéras inédits et de la musique d'église; une grande partie de ces ouvrages a été acquise, vers 1821, par la Bibliothèque du Conservatoire de Paris. La meilleure production de cet artiste est un traité des instruments et de leur usage, publié sous ce titre : *Diapason général de tous les instruments à vent, avec des observations sur chacun d'eux*, Paris, 1772, in-fol. Choron (*voyez* ce nom) en a donné une nouvelle édition dont on a fondu les planches après un faible tirage, et qui n'est pas moins rare que la première. Au reste, après avoir été longtemps utile, ce livre est maintenant insuffisant, parce que tous les instruments à vent ont subi beaucoup de modifications, et parce qu'il en a été inventé plusieurs depuis que Francœur l'a publié.

FRANCŒUR (LOUIS-BENJAMIN), fils du précédent, est né à Paris, le 16 août 1773. Élevé au collège d'Harcourt, il y fit de faibles études; mais à peine en fut-il sorti, qu'il sentit la nécessité de s'instruire; il apprit le latin et se livra avec ardeur à l'étude des mathématiques. Employé comme sous-caissier à l'Opéra, sous l'administration de son père, il fut obligé de quitter cette place par la loi de la réquisition, qui l'envoya à l'armée du Nord; mais il n'y resta que quelques mois, et bientôt il revint à Paris pour veiller sur son père, dont les jours étaient menacés. Vers la fin de l'année 1794, il entra à l'École polytechnique, comme élève, et devint un des chefs de brigade des études, puis répétiteur de cette école célèbre. Lorsqu'il en sortit, il fut successivement, et d'une manière passagère, ingénieur-géographe, employé au trésor public, officier d'artillerie, ensuite instituteur de Jérôme Bonaparte, depuis lors roi de Westphalie. Nommé, en 1803, professeur de mathématiques à l'École centrale de la rue Saint-Antoine, il joignit à ces fonctions, l'année suivante, celles d'examinateur des candidats à l'École polytechnique, et, en 1805, il passa de la chaire des mathématiques élémentaires à celle du calcul différentiel et intégral. Depuis ce temps, les travaux de Francœur l'ont placé parmi les géomètres les plus distingués et les plus savants de la France. L'amitié qui l'unissait au général Carnot lui attira quelques persécutions en 1815 et 1816; d'abord on lui ôta sa place d'examinateur de l'École polytechnique, puis celle de professeur au Lycée Charlemagne; postérieurement on lui a rendu justice, et il a été fait chevalier de la Légion d'honneur. Francœur n'est point cité dans cette biographie pour ses ouvrages de mathématiques et d'astronomie, mais pour quelques opuscules relatifs à la musique, dont voici les titres : 1° *Rapports faits à la société pour l'instruction élémentaire, sur l'application de la méthode d'enseignement mutuel à la musique, par M. B. Wilhem*, Paris, 1820, trois feuilles, in-8°. 2° *Rapports faits à la société d'encouragement pour l'industrie nationale, sur divers instruments de musique*, etc., Paris (imprimés en feuilles détachées et à diverses époques), in-8°. Francœur a aussi donné quelques articles relatifs à la musique dans le *Dictionnaire de technologie*, entre autres, une description technique des procédés typographiques d'Olivier, pour la fonte des caractères et l'impression de la musique. Francœur est mort à Paris, le 15 décembre 1849.

FRANCO-MENDÈS (JOSEPH), violoniste et compositeur, naquit le 4 mai 1816, d'une famille distinguée d'Israélites portugais, fixée depuis longtemps à Amsterdam. Pendant qu'il faisait ses études au Collége, son penchant pour la musique se manifesta avec tant d'énergie, qu'il obtint de ses parents l'autorisation de se livrer exclusivement à l'étude de cet art. Praeger, professeur allemand de violon, fut chargé de lui donner les premières leçons de son instrument. Ses progrès furent rapides, non-seulement dans le mécanisme du violon, mais aussi dans la composition, dont il avait l'instinct et qu'il étudia sans maître. En 1831, il visita Londres et Paris, pour y faire la connaissance des artistes les plus renommés; puis il parcourut l'Allemagne, se faisant partout des amis, à cause de son caractère doux et bienveillant.

En 1836, Franco se fixa à Paris, où il reçut des conseils de Baillot qui exercèrent la plus heureuse influence sur son talent. C'est à ce maître célèbre qu'il fut surtout redevable de sa manière remarquable d'interpréter la musique classique, particulièrement les quatuors et quintettes de Mozart et de Beethoven. Les séances de ce genre de musique qu'il donna en 1841, en société avec son frère, fixèrent l'attention des artistes les plus distingués. Mais bientôt la santé de Franco-Mendès se dérangea; et dans l'été de cette même année, il éprouva le besoin de respirer l'air du pays natal. A peine arrivé à Amsterdam, il reçut l'invitation de se rendre à La Haye pour se faire entendre à la cour du roi des Pays-Bas. Le succès qu'il y obtint lui procura immédiatement des engagements dans plusieurs villes de la Hollande; malheureusement la maladie de nerfs, dont il avait ressenti les premières atteintes plusieurs mois auparavant, prit en quelques jours le caractère le plus grave, et il expira le 14 octobre 1841, à l'âge de vingt-cinq ans et demi. Deux quatuors de sa composition, pour deux violons, alto et basse, ont été couronnés en 1835 par la Société néerlandaise d'encouragement de la musique. Il a laissé en manuscrit une fantaisie pour le violon sur les motifs de *Norma*, et plusieurs autres solos pour le même instrument, ainsi que des duos pour violon et violoncelle faits en collaboration avec son frère, objet de la notice suivante.

FRANCO-MENDÈS (JACQUES), frère du précédent et violoncelliste distingué, est né à Amsterdam, en 1812. Les premières leçons de son instrument lui furent données par le violoncelliste Praeger, et Bertelman lui enseigna les éléments de l'harmonie. En 1829, son père l'envoya à Vienne, où il devint élève de Merk (*voyez* ce nom). Sous la direction de ce maître habile, ses progrès furent bientôt remarquables. Jusqu'en 1831, Franco-Mendès était resté incertain sur l'usage qu'il devait faire de son talent ; il ne savait résoudre cette question : s'il était appelé à cultiver l'art avec succès, ou s'il ne devait considérer la musique que comme le complément de son éducation ; mais dès ce moment, sa vocation fut décidée, et la carrière d'artiste fut celle qu'il embrassa. Dans la même année, il fit, avec son frère, un voyage à Londres, puis à Paris. Ce fut dans cette dernière ville qu'il jeta les premières bases de sa réputation, en se faisant applaudir dans un concert que donnait Hummel. De retour dans les Pays-Bas, à la fin de 1831, Jacques Franco-Mendès obtint du roi le titre de violoncelliste de la cour. En 1833, les deux frères parcoururent l'Allemagne et se firent entendre avec succès à Leipsick, Dresde et Francfort. A Weimar, ils retrouvèrent Hummel qui, plein de bienveillance pour de jeunes artistes d'avenir, les appuya de son patronage. A son retour à La Haye, en 1834, Jacques reçut du roi Guillaume Ier le diplôme de premier violoncelle solo de sa musique. Ce fut alors qu'il commença à s'occuper sérieusement de la composition et qu'il écrivit ses premiers quatuors pour des instruments à cordes, dont un fut couronné par la Société néerlandaise d'encouragement de la musique. Diverses circonstances firent prendre aux deux frères, en 1836, la résolution de se rendre à Paris, pour y perfectionner leur talent par la fréquentation et les conseils des artistes les plus célèbres. Jacques s'y livra à des études persévérantes qui bientôt le mirent au rang des plus habiles violoncellistes de cette époque. Pendant les années 1840 et 1841, il donna avec son frère des matinées de quatuors où il se fit remarquer par son talent pour ce genre de musique. Ce fut dans cette dernière année qu'il eut le malheur de perdre son frère, et ce triste événement le jeta dans un découragement qui le fit renoncer à sortir de la Hollande pendant plusieurs années. Il se borna à parcourir les diverses provinces pour y donner des concerts, et à se faire entendre dans ceux des sociétés musicales des villes les plus importantes. En 1845, il assista, à Bonn, aux fêtes données à l'occasion de l'inauguration de la statue de Beethoven, et eut l'imprudence de s'y faire entendre à la fin du troisième concert qui avait été d'une longueur excessive, et dans lequel le violoncelliste Ganz de Berlin avait déjà joué un solo; il y produisit une impression très-défavorable sur une assemblée dont l'attention avait été fatiguée jusqu'à l'excès. Il retourna de nouveau à Amsterdam. Postérieurement il s'est fixé à Paris. Au moment où cette notice est écrite (1860) il y est encore. On a publié de cet artiste plusieurs suites de fantaisies pour le violoncelle, sur des motifs d'opéras modernes; des caprices pour le même instrument; des fantaisies pour violon et violoncelle, en collaboration avec son frère; d'autres fantaisies pour violoncelle et piano; des variations avec orchestre; une élégie avec accompagnement de piano, œuvre 40; un grand duo pour deux violoncelles, etc. Il a en manuscrit plusieurs quatuors pour instruments à cordes, et deux quintettes pour deux violons, alto et deux violoncelles.

FRANÇOIS (FLORENT DES), maître de musique de la cathédrale de Noyon, vers le milieu du dix-septième siècle. On trouve plusieurs messes de sa composition dans le recueil publié par Ballard, en 1653, in-fol. La première, sous le titre de *Missa quatuor vocum ad imitationem moduli* Judica me Deus, est contenue au premier volume, n° 25; la seconde, à quatre voix, *ad imitationem moduli* Cantemus Domino, ibid., n° 24; la troisième, aussi à quatre voix, *ad libitum*, ibid., n° 25; la quatrième, à six voix, *ad imitationem moduli* Domina mundi, est au quatrième volume, n° 11.

FRANCON ou FRANKON, écrivain célèbre d'un traité de la musique mesurée (ainsi nommée par opposition au *plain-chant*), naquit à Cologne dans le onzième siècle. On l'a quelquefois confondu avec l'abbé d'Afflighem du même nom; mais il était écolâtre de Liége (1), comme le disent Sigebert de Gembloux (*De script. ecclesiast.* c. 164) et Trithème (*De script. ecclesiast.* ann. MLX, n° 340). A l'égard de sa patrie, les uns l'ont fixée à Cologne, d'autres à Liége et même à Paris; mais lui-même nous la fait connaître dans son *Compendium de discantu*, qui commence par ces mots: *Ego Franco de Colonia.* J.-B. Doni (*Discorso sopra le consonanze*, in Op., t. I, p. 257), et les auteurs de l'*Histoire littéraire de la France* (t. VIII, p. 124), ne s'y sont pas trompés; c'est le P. Martini qui a fait de Francon un Parisien (*Storia della Mus.*, t. I, p. 160, n. 7), d'après un manuscrit de la bibliothèque Ambrosienne de Milan, intitulé: *Ars cantus mensurabilis edita a magistro Francone Parisiensi;* titre ajouté sans doute par quelque copiste ignorant. Ce manuscrit est celui dont l'abbé Gerbert s'est servi pour l'édition du Traité de la musique mesurée qu'il a donnée.

Francon fit ses études dans l'école de l'église de Liége, sous la direction d'Adelman, savant religieux de l'abbaye de Stavelot, et il y enseigna après lui. Il était philosophe, mathématicien, astronome et musicien, autant qu'on pouvait l'être au temps où il vécut. On ignore en quelle année il est mort. Il écrivait déjà avant le mois de février 1055, car il a dédié un livre de mathématiques à Hériman, archevêque de Cologne, qui est mort dans le même mois, et il vivait encore en 1083. Or, Jean de Muris nous apprend, dans un passage de son *Speculum musicæ*, cité par M. Théodore Nisard (*Revue de musique ancienne et moderne*, février, 1850, p. 94), que Francon était très-savant mathématicien (2).

Les écrits de Francon forment une époque importante dans l'histoire de l'art. Avant lui, ce qu'on connaissait des écrits des successeurs immédiats de Gui dont les ouvrages nous restent, n'indiquait point qu'il existât d'autre musique d'église que le plain-chant, ni qu'on possédât au onzième siècle un système de signes pour représenter diverses valeurs de temps et de mesure; enfin la *diaphonie*, ou harmonie

---

(1) Les bénédictins, auteurs de l'*Histoire littéraire de la France*, disent à ce sujet (t. VIII, p. 124) : « Francon, « que plusieurs modernes confondent avec l'abbé d'Afflighem du même nom, en est fort différent, et par le « caractère de son état, et par le temps où il a fleuri. « En 1083, il était encore en vie ; en 1056, il était revêtu « de la dignité de scolastique de la cathédrale à Liége. » Et plus loin : « Francon a aussi écrit sur la musique et « le plain-chant. » Et enfin, après avoir cité un manuscrit de l'abbaye de Lira, en Normandie, intitulé : *Ars Magistri Franconis de Musica mensurabili*, ils ajoutent : « Il ne paraît pas qu'il puisse y avoir de doute que ce « Francon, qualifié maître, ne soit le même que le « scolastique de ce nom. »

(2) Il y a eu un autre Francon cité par Hartzeim, dans sa Bibliothèque des écrivains de Cologne : Il vivait en 1190; mais, suivant l'opinion émise par Steinen (*De Originibus Westphaliois*, fol. 5), cet auteur était né à Dortmund, en Westphalie. Il est certain qu'il fut recteur du prieuré de Saint-Benoît, dans cette ville. Au surplus, on ne connaît aucun titre d'ouvrage de ce moine, et l'on peut à peu près affirmer que ce n'est pas lui qui a écrit les traités de la Musique mesurée et du déchant.

barbare composée de suites de quintes, d'octaves et de quartes, paraissait être la seule dont on fit quelquefois usage dans ce temps ; on ne trouve en effet dans ce qui nous reste de Bernon, de Guillaume d'Hirsauge, de Théoger de Metz, d'Aribon, de Jean Cotton et d'Engelbert d'Aimont, que le plain-chant, c'est-à-dire une musique non mesurée, et dépouillée d'harmonie, tandis que le traité de Francon, intitulé : *Ars cantus mensurabilis*, et son *Compendium de discantu*, nous offrent l'art sous un aspect d'avancement, soit à l'égard des valeurs de temps, soit par rapport à l'harmonie ; ou, pour parler d'une manière plus exacte et écarter toute équivoque, ces ouvrages ont pour objet un art dont les auteurs qui viennent d'être nommés n'ont pas parlé, mais qui existait sans aucun doute de leur temps. Les objets dont s'occupent spécialement ces auteurs sont : le chant de l'église, la nature des intervalles, la solmisation, la constitution et la forme des tons du plain-chant, etc. Le défaut de rectitude dans les idées sur ce sujet a fait croire à Kiesewetter, à de Winterfeld et à Perne, que Francon, écolâtre de Liége, n'est pas le même que l'auteur des traités de musique mesurée et d'harmonie régulière qui portent son nom, et que celui-ci a dû vivre encore cent trente ou cent cinquante ans plus tard, c'est-à-dire vers la fin du douzième siècle, ou au commencement du treizième (on peut consulter à ce sujet une dissertation de Kiesewetter dans la *Gazette musicale de Leipsick*, ann. 1828, p. 795 et suivants, et le livre de Winterfeld sur Jean Gabrieli et son époque). Le motif sur lequel ces écrivains fondent leur opinion, est qu'il est impossible que dans le peu de temps qui s'est écoulé entre l'époque de Gui d'Arezzo et celle de Francon, tout le système de la musique mesurée ait été inventé, et que les principes de l'harmonie régulière aient été trouvés. M. de Coussemaker s'est fait l'avocat de cette opinion, et par les mêmes motifs, dans le livre auquel il a donné le titre d'*Histoire de l'harmonie au moyen âge* (p. 144 et suivants) ; il disserte sur ce sujet, afin de découvrir un *Francon de Cologne* qui aurait pu écrire à la fin du douzième siècle le traité de la musique mesurée et celui du déchant. S'emparant de ce que j'ai dit dans une note de la première édition de cette Biographie, concernant un recteur du prieuré de Saint-Benoît de Cologne, qui portait le même nom et vivait en 1190, cette coïncidence heureuse le frappe, et il termine son plaidoyer par ces mots : *Nous n'oserions affirmer que c'est là Francon le mensuraliste, mais cela paraît bien probable* (p. 147). Je suis plus hardi que M. de Coussemaker, car j'affirme que le recteur du prieuré de Saint-Benoît n'est pas l'auteur des ouvrages dont il s'agit, par la raison très-simple qu'il était de Dortmund, en Westphalie, et que l'auteur du *Compendium de discantu* dit en propres termes : *Moi, Francon de Cologne*. Or, la ville de Dortmund n'est point un faubourg de Cologne, car elle en est à dix-sept lieues. Au surplus, on peut voir une réfutation des erreurs de Kiesewetter, de M. de Coussemaker et d'autres sur ce sujet, dans un écrit de M. Th. Nisard sur Francon de Cologne, qui renferme de très-bonnes choses, et dont les premiers chapitres ont été publiés dans la *Revue de musique ancienne et moderne* (voyez particulièrement le numéro de février 1856).

Kiesewetter essaie de corroborer ses arguments par cette considération, que Francon ne se donne pas pour inventeur des choses qu'il expose dans ses deux ouvrages, ce qui ferait remonter plus haut ces inventions, et les rendrait plus invraisemblables encore, au commencement du onzième siècle. Il est vrai que Francon dit, dans le prologue de son traité de la musique mesurée : *Nous nous proposons donc de traiter en abrégé de cette même musique mesurable, ne nous refusant pas d'intercaler (dans notre ouvrage) ce que d'autres ont dit de bon, ni d'éviter et de corriger leurs erreurs ; et si quelque chose de nouveau a été inventé par nous, nous le soutiendrons et le prouverons par de bonnes raisons* (1). Ces paroles font voir que l'auteur de l'abrégé du traité de musique de Jean de Muris cité par Burney (*A general history of Music*, t. II, p. 175), d'après un manuscrit du Vatican (n° 1146 du fonds de la reine de Suède), s'est trompé lorsqu'il a dit : *Post hunc (Guidonem) magister Franco qui invenit in cantu mensuram figurarum*, etc. L'assertion de cet auteur ne serait vraie que s'il avait dit : *Invenit in cantu mensuram quarundam figurarum*. Au reste, il n'est pas le seul qui, malgré le sens positif des paroles de Francon, lui a attribué l'invention des figures de la musique mesurée ; mais c'est particulièrement dans le quatorzième siècle que cette opinion s'est établie. Le premier écrivain qui l'a émise, paraît être Robert de Handlo, qui a écrit, en 1326, un

---

(1) Proponimus ergo ipsam mensurabilem musicam sub compendio declarare ; bene dicta aliorum non recusabimus interponere, erroresque destruere et fugare ; et si quid novi a nobis inventum fuerit, bonis rationibus sustinere et probare.

commentaire sur le traité de la musique mesurable de ce même Francon, sous la forme de dialogue entre Francon et le même Robert de Handlo; ouvrage dont une copie se trouve au Musée britannique (n° 4909, 1, in-fol.) sous ce titre : *Regulæ cum maximis magistri Franconis, cum additionibus aliorum musicorum, compilatæ à Roberto de Handlo*. Un traité de musique intitulé : *Quatuor principalia totius artis musicæ*, lequel est attribué à Thomas de Tewkesbury par Antoine Wood, mais qui, suivant l'opinion très-plausible de Burney (*History of Music*, t. II, p. 393), a été écrit par Simon Tunstede, en 1351, cet ouvrage, dis-je, contient un chapitre qui a pour titre : *De figuris inventis à Francone*. Ces auteurs avaient eu sans doute des manuscrits inexacts du traité de la musique mesurable de Francon. A l'égard de Marchetto de Padoue, de qui nous avons un important ouvrage sur la musique mesurée, écrit à la fin du treizième siècle, et terminé en 1283, il cite Francon en plusieurs endroits de son *Pomerium musicæ mensuratæ*, mais il ne le présente pas comme inventeur des éléments de ce genre de musique. Il y a donc lieu d'être étonné que Burney s'appuie de l'autorité de ce même traité de Marchetto de Padoue pour attribuer à Francon l'invention des quatre espèces de notes simples de l'ancienne musique mesurée (*A general History of Music*, t. II, p. 178), et qu'il cite à l'appui de son assertion le P. Martini (*Storia della musica*, t. I, p. 189), et l'abbé Gerbert (*De cantu et musica sac.*, t. I, p. 124), qui n'en disent pas un mot (1).

Il est incontestable que les ouvrages de Francon marquent un temps de progrès, mais non de création absolue. En faut-il conclure toutefois, comme Kiesewetter, de Winterfeld, Perne et M. de Coussemaker, que ces ouvrages ne sont pas du scolastique de Liége, et qu'ils appartiennent à une époque postérieure? Faut-il, enfin, ce qui est plus important, croire que la musique mesurée n'a pris naissance qu'au douzième siècle, conséquence nécessaire de l'opinion des érudits dont je viens de parler? Non, certes. La musique se présente dans l'histoire des temps anciens et chez tous les peuples du monde avec la mesure et le rhythme. C'est même par là qu'elle commence d'être, comme on en a eu la preuve chez les populations sauvages, découvertes au dix-huitième siècle dans l'Océanie. Il y avait des signes pour la notation de la mesure et du rhythme dans l'Inde plus de deux mille ans avant l'ère chrétienne; il y en eut chez les Grecs, et les peuples du Nord en ont eu dès le moyen âge, comme je le ferai voir en son lieu. Dans le moyen âge, comme partout et dans tous les temps, les mélodies des peuples furent mesurées et rhythmées, et quand on voulut les écrire, comme on écrivait les chants de l'église, il fallut des signes spéciaux pour rendre sensibles les durées proportionnelles des sons. De pareilles conséquences sont aussi certaines que si l'on en possédait les preuves écrites, parce qu'elles ressortent de la nature des choses. Si des documents plus anciens que les écrits de Francon n'ont point été découverts jusqu'à ce jour, cela n'autorise pas à croire qu'il n'en a point existé et même qu'il n'en existe pas encore; car bien des monuments de la plus haute importance pour l'histoire de l'art ont été trouvés depuis un demi-siècle par Perne, moi, MM. Danjou, Morelot et d'autres, et, sans aucun doute, on en découvrira encore. Francon, d'ailleurs, ne parle-t-il pas des auteurs qui l'ont précédé dans la doctrine de la musique mesurée? Cela ne suffit-il pas pour démontrer que la chose n'était pas nouvelle de son temps? De plus, possédât-on les écrits des prédécesseurs de Francon, pourrait-on en conclure qu'on aurait ainsi le commencement de la musique mesurée? Nullement; car les choses existent longtemps avant qu'on songe à en faire la théorie et le système. La notation en neumes lombards devint avec le temps une notation mesurée; qui pourrait dire où il faut remonter pour trouver l'origine des transformations qui s'y opérèrent sous ce rapport? Un moine de Mont-Cassin, qui écrivait au onzième siècle un traité *De musica antiqua et nova*, découvert par MM. Danjou et Morelot, nous met sur la voie à ce sujet. Son livre méritera d'être étudié avec soin; mais ne nous flattons pas de l'espoir d'y trouver le commencement de la *musique mesurée*; ce n'est pas de cela qu'il s'agit ni dans l'ouvrage de Francon, ni dans ceux de ses prédécesseurs, ni chez ses successeurs; mais bien d'un système de relation de figures de durée de notes suivant de certaines conventions absurdes dont l'usage se perpétua en partie jusqu'au commencement du dix-septième siècle. Cette seule

---

(1) Il n'est pas moins singulier que Gerbert ait dit (*De Cantu et musica sacra*, t. I, p. 124), que Marchetto de Padoue a cité Francon dans l'épître dédicatoire de son *Pomerium musicæ mensuratæ*, à Robert, roi de Sicile, et qu'il ait répété cette erreur dans l'avertissement placé en tête de l'édition qu'il a donnée des ouvrages de ce même écrivain (*Script. eccles. de musica sac. potiss.*, t. III, p. 64), car dans cette épître, insérée au même recueil (t. III, p. 124-125) on ne trouve pas le nom de Francon.

observation suffit pour faire voir que tous les raisonnements de Kiesewetter tombent à faux. O archéologues musiciens! Vous avez le désir sincère de porter la lumière dans l'histoire de votre art; mais c'est vous qui l'environnez de ténèbres par vos disputes de mots, vos textes mal entendus, vos conjectures hasardées et vos doutes sur les choses les plus évidentes! Disons-le donc avec assurance, l'opinion de Kiesewetter, de Winterfeld, de Perne et de M. de Coussemaker, n'a pas de base solide, et les arguments négatifs de ces savants contre l'identité de Francon le scolastique et de l'auteur de l'*Ars cantus mensurabilis* tombent devant les considérations qui précèdent, devant les faits que j'ai analysés et devant les preuves de cet identité fournies par Sigebert, par l'anonyme de Gemblours et par Trithème.

Il y a d'ailleurs, indépendamment de la question de l'ancienneté de la musique mesurée, des preuves que Francon a écrit bien antérieurement à la fin du douzième siècle; en voici quelques-unes : Walter Odington, moine d'Evesham, au comté de Worcester, en Angleterre, auteur d'un grand traité de toutes les parties de la musique, composé au commencement du règne de Henri III, c'est-à-dire vers 1217 (1), s'exprime ainsi, au quatrième chapitre du sixième livre de cet ouvrage : *Diversæ sunt in modis doctrinæ; dicitur a Francone quinque modos esse*, etc. Or, puisqu'il existait déjà, dans les premières années du treizième siècle, diverses doctrines sur les modes, c'est-à-dire sur les combinaisons des temps de la mesure, il est évident que le système de la musique mesurée était déjà ancien, car on ne discute point sur les théories des choses nouvelles, surtout quand elles offrent la complication qu'on remarque dans le système de la notation noire de Francon, et dans un temps où les découvertes se propageaient avec beaucoup de lenteur.

Marchetto de Padoue dit aussi, dans le quatrième chapitre du *Traité de l'application du temps imparfait*, qu'il y avait une grande différence, entre les Italiens et les Français, dans la manière de proportionner et de chanter les notes dans le temps imparfait, les premiers voulant que la note finale fût parfaite, et les autres qu'elle fût imparfaite, et Marchetto juge le différend en faveur des Français. Le passage est assez intéressant pour être rapporté textuellement ; le voici : *Sciendum est autem, quod inter Italicos et Galliros est magna differentia in modo proportionandi notas, similiter in modo cantandi de tempore imperfecto. Nam Italici semper attribuunt perfectionem a parte principii : unde Italici dicunt, quod nota finis plus continet de perfectione, eo quod finis. Sed Gallici oppositum dicunt, scilicet quod hoc sit verum de tempore perfecto; de imperfecto autem dicunt ipsi, finalis semper est imperfectior, eo quod finis. Qui ergo rationabilius cantant? Et respondemus, quod Gallici : cujus ratio est, quia sicut in re perfecta ultimum complementum imperfectio ipsius dicitur esse a parte finis (perfectum enim est, cui nulla deest non solum a parte principii, sed etiam a parte finis); ita in re imperfecta imperfectio et defectus ipsius sumitur a parte finis; etc.* Ces différences dans la manière dont deux peuples concevaient les proportions des modes, n'ont pu s'établir qu'après un très-long exercice de la musique mesurée ; telle était l'incertitude sur la valeur réelle des notes dans beaucoup de cas, à l'égard de cette singulière notation, que les discussions n'avaient pas cessé à la fin du quinzième siècle, et que les ouvrages de Tinctoris en sont remplis. Qu'on juge d'après cela de l'ancienneté qu'avait déjà vers 1217 le système exposé par Francon, puisqu'il y avait diverses autres doctrines qui balançaient la sienne.

Enfin, une dernière preuve de l'antiquité de la notation de cet écrivain se trouve dans deux passages du traité de la musique pratique de Jean de Muris (*apud Gerberto*, t. III. p. 204, 205) : *De figura autem primi et quarti gradus antiqui pauca locuti sunt*, dit ce savant, *sed de figuris secundi et tertii rationabiliter tractaverunt*, etc. ; et plus loin : *Remanet inquirendum de nominibus figurarum, quæ notulæ dicuntur. In primo gradu sic possumus nominare : triplex longa, duplex longa, simplex longa. In secundo insequendo nomina antiquorum, longa perfecta, longa imperfecta, brevis*, etc. Il est évident que l'épithète de *antiqui* s'applique à Francon et à ses contemporains, car cet écrivain fait un usage habituel des noms de *longues parfaites, longues imparfaites et brèves*; or, les auteurs qui étaient considérés comme anciens en 1325 ne sont certainement pas ceux qui auraient vécu à la fin du douzième siècle.

Bottée de Toulmon est allé plus loin que ceux qui ont mis en doute l'époque où Francon a pu écrire ses traités de musique mesurée et de contrepoint, et qui l'ont rajeunie d'un siècle; car, prenant pour base d'une opinion

(1) Je possède une copie de cet ouvrage.

nouvelle un passage du 26e chapitre d'un traité général de musique, écrit au treizième siècle par le dominicain Jérôme de Moravie, passage qu'il n'entend pas et qu'il explique mal, il établit, dans un *Rapport au Comité historique* dont il était membre, que l'opinion qui attribue ces ouvrages à l'écolâtre de Liége est erronée, et qu'ils ont été écrits à l'époque même où vivait Jérôme; ce que celui-ci affirmerait, d'après les leçons orales d'un certain Jean de Bourgogne, qui fut son maître (1). Pour rendre évident le ridicule de cette thèse, il suffirait sans doute de rappeler l'accord de tous les manuscrits qui renferment l'*Ars cantus mensurabilis* et le *Compendium de Discantu*, sous le nom de Francon; de citer les paroles du moine Walter Odington, dans un livre écrit avant celui de Jérôme de Moravie; celles de Marchetto de Padoue en plusieurs endroits du *Pomerium musicæ mensuratæ*, composé dans le même siècle; le Dialogue de Robert de Handlo, daté de 1326; le livre de Simon *Tunstede*, terminé en 1351; un Traité manuscrit du Muséum britannique intitulé : *Musica Magistri Franconis, cum additionibus et opinionibus diversorum*, écrit vers 1470 par Jean Hamboys, docteur en musique; enfin, les autorités de Jean de Muris, de Gafori, de Morley, de Spataro et vingt autres écrivains renommés à juste titre et tous anciens, lesquels proclament la gloire de Francon et témoignent de l'importance de ses écrits. Cependant, il faut faire voir que le passage si singulièrement interprété n'a nullement le sens qu'on lui a prêté. En voici les termes : « *Hanc* (positionem Johannis de Garlandia) *declarans subsequitur positio tertia Johannis videlicet de Burgundia, ut ex ore ipsius audivimus, vel secundum vulgarem opinionem, Franconis de Colonia, quæ talis est*, etc. » Cette phrase est obscure et, sans aucun doute, mal construite; mais de quoi s'agit-il ? D'une opinion de Jean de Bourgogne, que Jérôme de Moravie a entendue de sa propre bouche, sur un point de théorie conforme à la doctrine universellement attribuée à Francon de Cologne. M. Nisard a très-bien saisi le sens du passage : Quant à M. de Coussemaker, bien qu'il rejette l'interprétation de Bottée de Toulmon, il n'énonce pas son opinion d'une manière précise, et il fait sur le passage en question ce singulier commentaire : « Ces mots, *ut ex ore ipsius audivimus*, signifient-ils que, sur le dire de Jean de Bourgogne, et malgré l'opinion contraire généralement reçue, Jérôme de Moravie lui aurait attribué ce traité ? Cela nous paraît difficile à admettre. Si Jérôme avait cru que Jean de Bourgogne était l'auteur de ce traité, il ne se serait pas contenté, pour combattre une opinion contraire aussi accréditée, de produire d'une manière timide et vague le simple témoignage de Jean de Bourgogne lui-même. En tout cas, l'affirmation de Jérôme ne nous paraîtrait pas assez concluante pour détruire le sentiment généralement adopté (2). » Il ne s'agit là d'affirmation d'aucune espèce; pas même que Jean de Bourgogne (voyez ce nom) se serait attribué ce qui appartient à Francon; car si Jérôme de Moravie avait voulu donner ce sens à ses paroles, il se serait exprimé d'autre manière, et à peu près en ces termes : *tribuens sibi Johannes scilicet de Burgundia ut ex ore ipsius audivimus, quod, secundum vulgarem opinionem, Franconis de Colonia doctrinam esse.* Enfin, n'oublions pas que Jérôme de Moravie lui-même a pris pour guide, en matière de musique mesurée, le traité de Francon de Cologne, et qu'il lui a emprunté la plus grande partie du 26e chapitre de sa compilation. Comment peut-on imaginer après cela qu'il ait voulu élever des doutes sur l'authenticité de son œuvre ?

Ce n'est pas assez de mettre au néant une bévue telle que celle de Bottée de Toulmon, il faut saisir cette occasion pour signaler le penchant des archéologues de nos jours à exhumer des noms obscurs et des faits sans autorité, pour les opposer à ce qu'il y a de plus patent dans l'histoire, et cela dans le seul but de se donner pour les Christophe Colomb d'un nouveau monde musical. Qu'importe qu'il y ait eu quelque part un auteur inconnu d'un livre associé à son sort, et dont on découvre par hasard une copie unique, puisque, par leur obscurité même, l'homme et le livre n'ont exercé aucune influence sur l'art et sur la science ? Les noms connus de tous et glorifiés dans tous les temps; les ouvrages dont les copies sont multipliées et se sont répandues partout, voilà ce qui seul a de la valeur et fait époque dans l'histoire de la musique.

On a vu précédemment que Francon est auteur de deux traités de musique dont un a pour titre : *Ars cantus mensurabilis* et l'autre, *Compendium de Discantu, tribus capitibus*.

---

(1) Voyez les réfutations faites par M. Nisard de l'argumentation de Bottée de Toulmon, dans *la Revue de musique ancienne et moderne* (n° de février 1856, pages 81 et 82, ainsi que dans la nouvelle édition de *la Science et la pratique du plain-chant*, de D. Jumilhac, p. 152, etc.

(2) *Histoire de l'harmonie au moyen âge*, p. 147 et 148.

Le premier de ces ouvrages existe en manuscrit dans la bibliothèque Ambrosienne de Milan, côté D. 5, in-folio; au Muséum Britannique, où j'en ai trouvé une assez bonne copie du quinzième siècle, in-4° sous le n° 8860, inconnue à Burney; le manuscrit qui a été consulté à Oxford par cet historien de la musique, et dont il a fait des extraits, contient les deux ouvrages; l'*Ars cantus mensurabilis* est divisé en six chapitres dans ce manuscrit. Les auteurs de l'Histoire littéraire de la France mentionnent aussi un manuscrit in-folio, qui se trouvait à l'abbaye de Lira, en Normandie, et qui avait pour titre : *Ars Magistri Franconis de Musica mensurabili*. Ce volume existe vraisemblablement aujourd'hui dans quelque bibliothèque publique de la Seine-Inférieure ou du Calvados. A la bibliothèque impériale de Paris, il y en a deux copies, l'une dans le fonds de Fontanieu (E. 30, in-8°), indiquée comme *anonyme*, si chargée d'abréviations et si fautive, qu'elle ne serait d'aucune utilité, s'il ne s'y trouvait quelques passages qui ne sont pas dans les autres manuscrits; l'autre, bon manuscrit qui m'a été utile, et dont il a été fait une copie fort exacte par un élève de l'école des Chartres, laquelle, je crois, a été acquise par Bottée de Toulmon. Dans un manuscrit du quinzième siècle, existant à la bibliothèque de Ferrare, on trouve le traité de la musique mesurée sous le titre : *Mag. Franconis de Modis*. Enfin, une rédaction assez bonne du texte de Francon se trouve dans le grand traité de musique de Jérôme de Moravie, dont le manuscrit unique est à la bibliothèque impériale de Paris (Supplém. latin, n° 1817, ancien fonds de Sorbonne). Elle forme en grande partie le 26° chapitre de l'ouvrage : il s'y trouve d'assez notables différences avec les autres manuscrits. Perne en a fait une copie que j'ai; mais elle est si remplie de non-sens, par les difficultés que Perne a trouvées dans la lecture du manuscrit, ainsi que par son insuffisante connaissance du latin, que cette copie ne peut être d'aucune utilité. Ainsi l'on y lit *nunc non et* pour *nec non*, *opera* pour *oportet*, *minimus quod* pour *minori quam*, *grossior* pour *crassior*, *sicut* pour *secundum*, *sine* pour *scilicet*, et cent autres choses semblables.

Les manuscrits connus de l'art du chant mesuré sont plus ou moins chargés de fautes dans le texte et dans les exemples; ceux-ci, dont les portées sont préparées, manquent même souvent. Burney déclare que les exemples du manuscrit d'Oxford sont si fautifs, que la plupart sont inintelligibles, et que beaucoup d'autres n'ont point été écrits, quoique les lignes aient été tracées (*Hist. of music*, t. 2, p. 154). La plus mauvaise copie est évidemment celle qui a été faite pour l'abbé Gerbert d'après le manuscrit de la bibliothèque Ambrosienne. Le texte et les exemples y sont également défigurés. Bottée de Toulmon a fait connaître dans un article de la *Gazette musicale* de Paris (3° année, n° 9) quelques-unes des fautes les plus grossières du texte donné dans l'édition de ce savant (*Script. ecclesiast. de Musica sac.* t. III, p. 1-16), entre autres, dans un paragraphe où le mot *Lyra*, qui ne forme aucun sens dans les phrases, est employé sept fois pour *Littera* (p. 12). Bien d'autres fautes encore sont répandues dans ce texte; il en est même qu'on est étonné de trouver dans un livre dont l'éditeur écrivait bien en latin; par exemple, ce passage (p. 9, col. 1.) : *Præterea istæ sex pausæ sex tractatibus* (tractibus) *designantur subtilibus, quæ* (qui) *etiam pausæ appellantur, quarum prima* (quorum primus), *quæ perfecta* (qui perfectus) *dicitur, quatuor tangens lineas, tria spatia comprehendit* (1), etc. Il semble en vérité que Gerbert n'ait rien compris à ce qu'il transcrivait. A l'égard des exemples notés, le mal est beaucoup plus grave, car beaucoup d'exemples ne correspondent point aux passages du texte où on les a placés, les notes sont souvent fausses, les clefs sont changées en plusieurs endroits, et les parties ont été interverties de telle sorte, que la voix supérieure est devenue l'inférieure et réciproquement; enfin, plusieurs passages, où il y a eu originairement des exemples, en sont dépourvus. Cependant le manuscrit de l'Ambrosienne de Milan, d'après lequel cette copie a été faite, est le plus beau, le plus correct et le plus complet connu jusqu'à ce jour. En 1841, me trouvant à Milan pour quelques jours, j'ai lu ce manuscrit et ai relevé sur un exemplaire de l'ouvrage publié par Gerbert toutes les fautes de son texte; j'ai pris le calque de tous les exemples notés et j'ai marqué la place de chacun; regrettant toutefois que le temps dont je pouvais disposer ne me permit pas de prendre la copie entière; mais cette copie a été faite avec beaucoup de soin en 1847, par MM. Danjou et Morelot (*voyez* ces noms), et depuis lors elle a été communiquée à M. de Coussemaker.

Le traité du chant mesuré n'est pas divisé de la même manière dans tous les manuscrits; dans celui qui a servi pour l'édition donnée

(1) Le pronom et le nom de nombre se rapportent aux traits déliés (*Tractibus subtilibus*), qui sont les signes des pauses.

par Gerbert, on trouve cette division : 1° La préface, qui commence par ces mots : *Cum de plana musica*, etc. 2° CAPUT I. *De divisione musicæ mensurabilis, et ejus speciebus.* 3° CAP. II. *De definitione discantus et divisione.* 4° CAP. III. *De modis cuilibet discantus.* 5° CAP. IV. *De figuris sive signis cantus mensurabilis.* 6° CAP. V. *De ordinatione figurarum ad invicem.* 7° CAP. VI. *De plicis in figuris simplicibus.* 8° CAP. VII. *De ligaturis, et earum proprietatibus.* 9° CAP. VIII. *De plicis in figuris ligatis.* 10° CAP. IX. *De pausis, et quomodo per ipsas modi ad invicem variantur.* 11° CAP. X. *Quot figuræ simul legabiles sint.* 12° CAP. XI. *De Discantu et ejus speciebus.* 13° CAP. XII. *De copula.* 14° CAP. XIII. *De Ochetis.* Dans le manuscrit du Musée britannique, les chapitres quatrième et cinquième n'en forment qu'un ; il en est de même du douzième et du treizième. Le manuscrit du fonds de Fontanieu, de la bibliothèque impériale, n'a aucune division. Le manuscrit d'Oxford (842, f. 49) est divisé en six chapitres seulement, ce qui a fait croire à Forkel et à Lichtenthal qu'il est incomplet ; ils n'ont point vu que ces six chapitres contiennent tout l'ouvrage. Ils ont pour titres : 1° *Capitulum primum continet prologum et definitiones terminorum ad istum tractatum pertinentium Cap. 2. De figuris vocis simplicis, sive de notis non ligatis. Cap. 3. De figuris, sive de figuris compositis. Cap. 4. Est de pausis et earum diversitate. Cap. 5. Est de diversarum vocum debita concordantia et Discantu. Cap. 6. Diffinit copulam et organum, et eorum species.* Le prologue et les définitions des termes du premier chapitre renferment le contenu des trois premiers chapitres du manuscrit de Milan. Le deuxième chapitre contient les quatrième, cinquième et sixième du même manuscrit ; le troisième renferme les chapitres septième et huitième ; le quatrième correspond aux neuvième et dixième ; le cinquième, au onzième, et le sixième aux douzième et treizième. Burney a donné une bonne description du livre de Francon, d'après ce manuscrit, dans le deuxième volume de son Histoire de la musique (p. 179 à 192).

Burney est aussi le premier écrivain qui a fait connaître le petit traité du déchant, d'après un manuscrit d'Oxford. Ce traité, où Francon nous apprend quel était le lieu de sa naissance, est divisé en trois chapitres. Burney en a indiqué le contenu (t. II, p. 152-154). Le manuscrit d'Oxford a été longtemps le seul qu'on connût de cet ouvrage ; j'en ai trouvé un autre à la bibliothèque impériale de Paris, donné comme anonyme en tête de l'ouvrage, et non porté au catalogue.

J'ai fait un long travail sur les ouvrages de Francon ; j'en ai corrigé le texte d'après une collation des manuscrits, avec l'édition donnée par l'abbé Gerbert, dans le troisième volume de sa Collection des écrivains ecclésiastiques sur la musique ; j'ai restitué avec beaucoup de soin et de peine les exemples altérés, omis ou tronqués dans la plupart des manuscrits ; j'ai fait une traduction française des deux traités ; j'y ai joint des extraits des commentaires de Robert de Handlo, de Simon Tunstede et de Jean Hamboys, d'un curieux traité de musique anonyme du douzième siècle, du *Pomerium musicæ mensuratæ* de Marchetto de Padoue, beaucoup de notes, et une dissertation sur le système des proportions de la notation noire en usage jusque dans la seconde partie du quatorzième siècle. J'attendrai que M. de Coussemaker ait donné l'édition qu'il prépare des écrivains du moyen âge sur la musique, afin de juger si la publication de mon travail pourrait être encore utile.

FRANK. (*Voyez* FRANKE.)

FRANKE (F.-C.), pianiste et virtuose sur la contrebasse, vécut d'abord à Berlin, puis s'établit à Dessau en 1833 ; en 1841, il était à Quedlinbourg. On a de lui des polonaises, des airs variés et des pièces brillantes pour le piano, ainsi que des chansons allemandes avec accompagnement. Toutes ces productions ont été gravées à Berlin. On lui doit aussi une méthode de contrebasse intitulée *Anleitung den Contrabass zu spielen*. Chemnitz, Hæcker.

Plusieurs autres artistes de ce nom se sont fait connaître depuis 1830. Léopold Franke est un hautboïste allemand qui a du talent et qui a publié des œuvres pour son instrument, entre autres un *Rondo brillant* pour hautbois, avec quatuor ou piano, op. 11, publié à Leipsick, chez Breitkopf et Hærtel.

Sylvain Franke, clarinettiste à Weimar, a publié en 1833 des variations et un rondeau sur un thème de *la Muette de Portici*, pour clarinette et orchestre ou piano, à Leipsick, chez Breitkopf et Hærtel.

FRANKENBERG (FRANÇOIS), chanteur qui a eu de la réputation en Allemagne, dans la seconde moitié du dix-huitième siècle, est né à Maltighoven (Bavière), en 1759. Ayant été envoyé à Vienne pour y faire des études dans les sciences, il cultiva aussi la musique. L'empereur Joseph II ayant eu occasion de l'entendre, fut frappé de la beauté de sa voix de basse, et l'engagea à la développer et à entrer au théâtre. Frankenberg débuta en 1779, au théâtre de Vienne, dans un opéra intitulé : *Der Jahrmarkt* (la foire). Il y obtint du succès, et après plusieurs années de séjour à Vienne, il se rendit à Berlin, où il parut pour la première fois en 1788, dans *le Docteur et l'Apothicaire*, opéra de Dittersdorf. La justesse de ses intonations, le beau timbre de sa voix et son expression dramatique le firent accueillir avec des applaudissements; ses qualités sociales lui méritèrent l'estime de tous ceux qui le connurent. Malheureusement il n'eut pas le temps de donner à son talent le développement dont il était susceptible : il mourut à l'âge de trente ans, le 10 septembre 1789. Gerber dit que cet artiste a écrit sa vie, et qu'elle a été publiée sous le titre de *Leben und Charakter Frankenberg's*; je n'ai pu découvrir cet écrit, ni connaître la date et le lieu de sa publication.

FRANKLIN (BENJAMIN), un des hommes les plus justement célèbres du dix-huitième siècle, naquit le 6 janvier 1706, à Boston, dans l'Amérique septentrionale, d'une famille d'artisans. Trop pauvre pour lui faire donner une éducation brillante, son père se borna à lui faire apprendre à lire, à écrire et à calculer. Plus tard, Franklin acquit des connaissances étendues, mais il ne les dut qu'à son amour pour l'étude et à ses efforts constants. Tour à tour ouvrier imprimeur, propriétaire d'imprimerie, directeur des postes de Philadelphie, économiste, écrivain, député à l'assemblée générale de la Pensylvanie, il vit s'étendre sa réputation d'homme de génie et de sage, qui l'a fait ranger parmi ceux qui ont rendu les plus grands services à l'instruction et à l'émancipation de l'Amérique. L'histoire de ce philosophe n'appartient pas à la nature de ce livre; c'est pourquoi il n'en est parlé ici que pour les expériences d'acoustique qui l'ont conduit à la construction de l'*harmonica* connu sous son nom. On peut voir des détails sur ces expériences dans l'édition complète de ses œuvres publiée à Londres, en 1806, 3 vol. in-8°. Les principales pièces de ce recueil, relatives à la musique sont : 1° La description de l'harmonica, dans une lettre adressée au P. Beccaria de Turin. 2° Des considérations sur l'utilité des chants populaires. 3° Des remarques sur la déclamation dans les airs. Ces opuscules ont paru pour la première fois dans un recueil de pièces publié à Londres en 1779, in-4°, sous ce titre : *Philosophical, political and miscellaneous pieces, with plates*. Une traduction allemande de cette collection, par Wenzel, a paru à Dresde, en 1780, 3 vol. in-8°. Franklin est mort à Philadelphie, le 17 avril 1790, à l'âge de quatre-vingt-quatre ans.

FRANTZ (KLAMER-GUILLAUME), organiste de l'église Saint-Ulrich, à Halle, fut, depuis 1802, collaborateur à l'école de l'église cathédrale de cette ville, puis il obtint la place de prédicateur à Oberbörnecke, près d'Egeln, en Saxe, et enfin il accepta celle d'organiste à Halle. Bien qu'il eût atteint l'âge de soixante-treize ans, il y cultivait encore l'art avec beaucoup d'activité en 1843. On a de ce savant : 1° *Anweisung zum melodiren für angehende Organisten und Dilettanten der Musik* (Instruction sur la modulation, à l'usage des organistes commençants et des amateurs de musique, etc.), Leipsick, Breitkopf et Hærtel, 1828, in-4°. 2° *Ueber der dem ættern Kirchenchorœle* (Sur les anciens chorals d'église, expliqués par des exemples), Quedlinbourg, chez Basse, 1818, in-8° de 77 pages. 3° *Ueber Verbesserung der musikalischen Liturgie* (Sur les améliorations à introduire dans la Liturgie musicale des églises évangéliques), Halberstadt, Vogler, 1819, in-8°. 4° *Vorschlæge zur Verbesserung der musikalisches Theils d. Kultus* (Propositions d'amélioration pour la partie musicale du culte), Quedlinbourg, 1817, in-8° de 32 pages. Frantz a fait aussi insérer quelques bons articles dans la *Gazette musicale de Leipsick*, entre autres : *Ueber Gemüthsstimmung in musikalischer Einsicht* (Sur la disposition de l'âme, sous le rapport musical, ann. 1802, n° 41), et *Die Singchœre, eine nützliche Anstalt* (Les chœurs de chants, institution utile, ann. 1802, n° 43). Il a fait aussi imprimer : *Choralbuch, enthaltend die bekanntesten Chorœle des protestantischen Kirche Deutschlands, mit reinen Melodien und reinen uberall ausgeschriebenen Harmonien* (Livre choral, contenant les chants les plus usités des églises protestantes de l'Allemagne, avec les mélodies pures, etc.), Halberstadt, 1811, Vogler, in-4° obl.; 96 *alte und unbekannte Choralmelodien, mit Anmerkungen*, etc. (Quatre-vingt-seize mélodies chorales anciennes et inédites, avec des remarques), Quedlinbourg, 1831, in-8°, et quelques chansons avec accompagnement de piano, à Dresde.

FRANZ (IGNACE), né à Protzau, le 12 octobre 1729, étudia à Glatz et à Breslau, pour être prêtre. En 1740, il entra au séminaire d'Olmütz, et deux ans après il y reçut les ordres. Nommé chapelain à Glogau en 1742, il resta dans cette situation jusqu'en 1753, où il fut envoyé comme pasteur à Schlawa. Peu de temps après, il fit un voyage à Rome. De retour dans sa patrie, il fut nommé, en 1766, inspecteur des presbytères de Schwiebut, Guhrau et Schlawa, puis recteur de l'Alumnat de Breslau, et enfin, en 1778, directeur du séminaire de cette ville, où il est mort en 1791. On a de cet ecclésiastique : 1° *Schlesisches Gesangbuch zum Gebrauch der Romisch-Katholischen, darin Gesænge auf alle hohe und viele andere Festtage und so wie befindlich sind nebst den dazu gehœrigen Melodien in Noten* (Livre de chant de la Silésie, etc.), Breslau, 1768. 2° *Choralbuch oder Melodien zum Gesangbuch* (Livre choral, ou mélodies pour le livre de chant), Breslau, 1778, in-4°.

FRANZ (CHARLES), né, en 1738, à Langenbielau, près de Reichenbach, entra à l'âge de neuf ans chez son oncle, qui était intendant et corniste chez le comte Zerotin, à Falkenberg, et y demeura jusqu'à sa dix-huitième année. Il apprit de lui à jouer du cor, et acquit sur cet instrument une habileté qui passait alors pour extraordinaire. Après avoir atteint sa vingtième année, il entra au service de l'évêque d'Olmütz, en qualité de premier cor, et se fit admirer dans sa chapelle, par sa facilité à parcourir sur son instrument une étendue extraordinaire. Après la mort de l'évêque, il passa au service du prince Esterhazy, à Vienne, et y resta quatorze ans, sous la direction de Haydn. Le goût du prince pour le baryton, sorte de basse de viole d'amour, et la musique que Haydn composait pour cet instrument, lui suggérèrent le désir de l'étudier; mais il dut se faire lui-même un plan d'études, car il n'existait ni maître ni méthode qu'il pût consulter. Le baryton, monté de sept cordes de boyau, et de quatorze cordes métalliques qui passent sous le manche et à travers le chevalet, est fort difficile à jouer; mais il produit de certains effets mélancoliques pleins de charme. Franz, devenu le plus habile barytoniste de l'Europe, ne quitta le service du prince Esterhazy que pour entrer chez le cardinal Bathiany, à Presbourg; il demeura huit ans dans cette situation et ne la quitta que lorsque le cardinal fut obligé de congédier sa musique, à l'avénement de l'empereur Joseph II. Il retourna alors à Vienne, et y resta deux ans sans emploi. C'est à cette époque, c'est-à-dire en 1784 et 1785, qu'il publia douze concertos pour le baryton. Depuis 1786 jusqu'en 1788, Franz voyagea en Allemagne, dans l'intention d'y trouver une place convenable; partout il se fit applaudir, mais le baryton n'étant pas un instrument de chapelle, il ne put obtenir de bonne position. Il paraît que, depuis ce temps, il s'est rendu en Russie. On ne sait rien de ses dernières années.

FRANZ (JOACHIM-FRÉDÉRIC), fils d'un organiste, facteur d'orgues, né à Havelberg, vers 1748, fut bon organiste et professeur de composition à Rathenau. Il possédait une belle voix de ténor, et chantait bien la musique d'église. Il a composé des cantates, parmi lesquelles on remarque particulièrement *die Tageszeiten* (les Parties du jour).

FRANZ (JOACHIM-LOUIS), frère puîné du précédent, né à Havelberg, en 1750, fut cantor et organiste à Kyritz, dans le Brandebourg. Il mourut dans cette petite ville en 1780, avec la réputation d'un des organistes les plus distingués de son temps. Marpurg le cite particulièrement pour son excellente exécution des fugues de Jean-Sébastien Bach. On entend encore, dans les églises du Brandebourg, de bonnes compositions de Franz, dont il n'a été rien publié.

FRANZ (JEAN-CHRÉTIEN), frère cadet des précédents, est né à Havelberg, le 10 juin 1762. Après avoir terminé ses études littéraires, il fit un cours de théologie jusqu'à l'âge de dix-huit ans; mais la beauté de sa voix de basse le détermina à renoncer à cette étude, pour se livrer à celle du chant, sous la direction d'un bon maître italien, nommé Conciliani. En 1782, il entra au service du comte de Schwerin, ministre et grand écuyer, à Potsdam, et fut employé dans la musique de la chambre du prince héréditaire de Prusse (plus tard Frédéric-Guillaume III). Les voyages qu'il fit ensuite avec son maître achevèrent de former son goût, et augmentèrent ses connaissances dans l'art du chant, par les occasions qu'il eut d'entendre quelques artistes distingués. Après avoir été quelque temps sous-bibliothécaire de la Bibliothèque royale, il eut un engagement comme première basse de l'Opéra italien. Avant lui, jamais un chanteur allemand n'avait paru sur ce théâtre. En 1791, il cessa de chanter l'opéra bouffe, pour prendre les premiers rôles dans l'opéra sérieux; son début en ce genre eut lieu dans *Axur*, de Salieri, le 19 novembre de cette année. Dès 1795, il s'était fait connaître comme compositeur par quelques chansons avec accompagnement de piano, qui furent insérées par Bœheim dans sa collection de chants à l'usage des loges maçonniques. En 1805, il donna à Berlin une opérette en un acte, intitulé : *Edelmuth und Liebe* (Magnanimité et amour), dont il avait composé la musique et les paroles; cet ouvrage fut joué avec succès. Franz est mort en cette ville, le 28 février 1814.

FRANZ (Étienne), né à Vienne, en 1785, n'était âgé que de cinq ans lorsque son père, bon professeur de musique, lui donna les premières leçons. Il lui enseigna d'abord le violon, mais ayant remarqué dans cet enfant une belle voix de soprano, il lui fit apprendre les principes du chant, et essaya de le faire entrer dans la chapelle de la cour; mais n'ayant pu y réussir, il le fit recevoir comme enfant de chœur au couvent des Piaristes de Josephstadt, à l'âge de neuf ans. Cette situation procura au jeune Franz l'occasion de faire un cours d'études classiques. Partageant son temps entre les humanités et le chant, il continuait aussi à jouer du violon, et recevait des leçons pour cet instrument du violoniste Dominique Ruprecht. Celui-ci, par ses instances auprès d'Albrechtsberger, obtint de ce savant homme qu'il donnât des leçons d'harmonie et de composition à son élève, et lui enseignât aussi à jouer du piano. Joseph Haydn avait connu Franz, le père, à la chapelle du prince Esterhazy; il permit à son fils d'aller le voir souvent; dans tous ses visites au grand homme, Franz apprenait toujours quelque chose d'utile. Déjà il possédait des connaissances assez étendues en musique, et il avait achevé la première année d'un cours de philosophie, lorsque son père, qui avait d'autres enfants, et qui craignait de ne pouvoir lui procurer les moyens d'achever ses études supérieures, le fit entrer dans une maison de commerce, pour y apprendre la tenue des livres et les arbitrages du change. Le jeune artiste ne se sentait pas de goût pour cette carrière; mais il s'était soumis aux volontés de son père : une circonstance heureuse vint le rendre à l'art pour lequel il sentait qu'il était né. Il avait souvent exécuté sa partie de violon dans des quatuors chez un gentilhomme riche, père de plusieurs enfants; ce seigneur lui proposa la place de professeur de musique de ses enfants et de premier violon de ses concerts; Franz accepta avec joie cette proposition, et prit possession de son nouvel emploi en 1803, à l'âge de dix-huit ans. En 1806, il se rendit à Saint-Pétersbourg, et y contracta un engagement pour diriger une éducation particulière; mais il le rompit bientôt, parce que ses fonctions ne lui laissaient pas assez de temps pour ses études. De retour en Allemagne, en 1807, il accepta une place de directeur de musique chez un grand seigneur dont les terres étaient situées dans le comté de Stuhlweissenbourg. Pendant les six années qu'il passa dans cette situation, il composa beaucoup de musique religieuse et instrumentale. Son engagement étant terminé, il retourna dans sa ville natale, où l'emploi de premier violon du théâtre *an der Wien* lui fut confié. L'intendant de la musique de la cour, comte de Kusstein, et le premier maître de chapelle Salieri, l'ayant entendu en différentes occasions, le recommandèrent à l'empereur, et le lui présentèrent. Ce prince, charmé de son talent, lui promit la première place vacante dans sa chapelle; il l'obtint, en effet, en 1816, au moment où l'on venait de lui offrir un engagement avantageux pour la Russie. Depuis ce moment jusqu'en 1820, il se fit entendre souvent dans les concerts, où il exécutait toujours des morceaux nouveaux composés par lui. En 1818, il avait quitté le théâtre pour se vouer plus particulièrement à l'enseignement; vers ce temps, l'institut créé pour les pensions des artistes, auquel il avait rendu des services signalés, le nomma son secrétaire, et lui confia la direction des deux grands concerts annuels qui étaient donnés au bénéfice de la caisse. La manière dont il s'acquitta des fonctions qu'on lui avait confiées lui procura la protection du comte de Dietrichstein, qui lui fit obtenir, en 1828, la direction supérieure des théâtres impériaux.

Franz a composé : 1° Trois quatuors pour flûte, violon, alto et basse, œuvres 1 (en *ut*), 4 (en *fa*), 8 (en *ré*), Vienne, Artaria. 2° Plusieurs quatuors pour violon, *ibid.* 3° Un septuor pour violon obligé, hautbois, flûte, etc. 4° Un quintette pour violon. 5° Un *idem* pour flûte. 6° Cinq airs variés pour violon et quatuor, Vienne, Artaria et Haslinger. 7° Une grande symphonie pour l'orchestre. 8° Deux œuvres de duos pour deux flûtes, Vienne, Artaria. 9° Quelques thèmes variés pour piano et violon, *ibid.* 10° Duo concertant pour hautbois et flûte, avec orchestre. 11° Un rondo pour harpe et orchestre. 12° Quinze ouvertures pour des drames. 13° Quatre-vingt-dix entr'actes pour des drames et comédies. 14° Plusieurs morceaux pour guitare. 15° Deux recueils de poésies de Théodore Kœrner, mis en musique pour une voix avec accompagnement de piano, Vienne, Artaria. 16° Une messe solennelle, avec graduel et offertoire.

FRANZ (Robert), un des meilleurs compositeurs allemands de chansons, est né à Halle, le 28 juin 1815. Il avait atteint l'âge de quatorze ans, lorsqu'il se livra à l'étude de la musique. Lorsqu'il eut acquis des connaissances pratiques suffisantes dans cet art, il se rendit à Dessau et y fit un cours de composition sous la direction de Frédéric Schneider. De retour dans sa ville natale, il y a obtenu successivement les places de directeur d'une Académie de chant, de chef d'orchestre des concerts de symphonie, d'organiste et de professeur de musique à l'Université. Les mélodies de sa composition ont eu beaucoup de succès, particulièrement dans la Saxe. Ses œuvres les plus connues en ce genre sont : 1° Douze chants a voix seule avec piano, op. 1, Leipsick, Breitkopff et Hærtel. 2° Six *idem*, op. 3, *ibid*. 3° Douze *idem* en deux suites, op. 4, Leipsick, Kistner. 4° Douze *idem* en deux suites, op. 5, Leipsick, Whistling. 5° Six *idem*, op. 6, *ibid*. 6° Six *idem*, op. 7, *ibid*. 7° Six *idem*, op. 8, Leipsick, Breitkopff et Hærtel. 8° Six *idem*, op. 9, Vienne, Haslinger. 9° Six *idem*, op. 11, Berlin, Stern.

FRANZ (Jean), docteur en philosophie, professeur à l'Université de Berlin, est auteur d'une dissertation littéraire et critique sur les musiciens grecs dont les écrits sont parvenus jusqu'à nous, et qu'il a publiée sous ce titre : *De Musicis Græcis commentatio*, Berlin, 1840, in-4° de 25 pages. On y trouve à la fin le texte du commentaire du moine Barlaam (*voyez* ce nom) sur trois chapitres du troisième livre des *Harmoniques de Ptolémée*, d'après un manuscrit de la Bibliothèque royale de Naples.

FRANZONI (Amand), né à Mantoue, vers 1575, fut maître de chapelle de l'église ducale de Sainte-Barbe, dans cette ville, et académicien *olimpico*. Il s'est fait connaître par des recueils de chants à trois voix, intitulés : 1° *Il primo libro delli floretti musicali a 3 voci*, Venezia, Ricc. Amadino, 1602, in-4°. 2° *Il secondo libro delli floretti*, etc., *ibid.*, 1607, in-4°. 3° *Il terzo libro*, etc., ibid., 1617, in-4°.

FRASCHINI (Gaetano), ténor dramatique né à Pavie, en 1815, se livra d'abord à l'étude de la médecine; mais doué d'une des voix de ténor les plus puissantes qu'on ait entendues au théâtre, il prit la résolution de la cultiver et prit des leçons d'un maître nommé *Moretti*, qui lui fit faire de rapides progrès. En 1837, Fraschini fit l'essai de son puissant organe vocal dans la cathédrale de Pavie ; l'effet qu'il produisit le fit engager immédiatement pour chanter à Pavie le second ténor dans le *Belisario* de Donizetti, puis, à la foire de Bergame, le rôle de *Rodrigo* dans l'*Otello* de Rossini. Étonné de trouver un pareil rival, l'*Otello* qui, je crois, était Poggi, ne dut pas lui dire avec trop d'assurance, dans la belle scène du second acte, *ti disprezzo* (je te méprise). En 1840, Fraschini chanta au théâtre de *la Scala*, de Milan, et y produisit une profonde impression. De là, il alla à Naples et fut attaché pendant plusieurs années au théâtre Saint-Charles. Je l'y trouvai en 1841 ; il remplissait cette vaste salle de sa voix formidable, et attaquait les notes les plus aiguës avec une énergie extraordinaire. Je le retrouvai à Bergame, en 1850, et fus frappé de retrouver sa solide voix qui n'avait rien perdu de sa fraîcheur, en dépit de la musique exagérée sur laquelle il avait dû s'exercer depuis neuf ans ; mais il avait appris à mieux chanter. Les villes où il s'est fait entendre sont Milan, Naples, Bologne, Venise, Turin, Padoue, Vicence, Londres, Bergame, Vienne, où il est retourné plusieurs fois, et où il se soutenait dans la faveur du public, en 1852.

FRASI (Félix), compositeur, né dans la Lombardie vers 1805, fut élève du Conservatoire de Milan et y fit toutes ses études musicales. Sorti de cette école, il se fit quelque réputation comme pianiste et comme organiste, et publia chez Ricordi, à Milan, des sonates de piano et des pastorales pour l'orgue. A l'âge de vingt et un ans, il obtint la place de maître de chapelle de la cathédrale de Verceil, dans le Piémont. En 1827, il donna au théâtre de *la Scala*, à Milan, *la Selva di Hermanstadt*, opéra *semi-seria*, auquel les amis de l'auteur procurèrent le succès d'un moment. Le meilleur morceau de cet ouvrage était l'ouverture, qui a été publiée chez Ricordi. Après le départ de Vaccaj, en 1845, Frasi fut désigné pour remplir les fonctions de censeur au Conservatoire de Milan ; mais n'ayant ni assez d'initiative, ni assez d'autorité personnelle, il laissa dépérir cet établissement. Il mourut jeune encore en 1849, et eut pour successeur Lauro Rossi dans la direction du Conservatoire.

FRAUENLOB (Henri), ou, selon l'orthographe du manuscrit de Jéna, de celui de Wurzbourg, et de la chronique d'Albert de Strasbourg, *Vrouwenlop*, maître chanteur (en allemand *Meistersænger*), vécut dans la dernière partie du treizième siècle et au commencement du quatorzième. On a supposé que le nom sous lequel il est connu n'est pas celui qui lui avait été transmis par ses parents, et qu'il lui a été donné à cause de la nature de ses productions, parce que ce nom signifie en allemand *louangeur des femmes*. On l'a aussi appelé *le Maître de Meissen*, à cause du lieu de sa naissance. Quoi qu'il en soit, Frauenlob occupe une place très-élevée parmi les trouvères de l'Allemagne. Meissen, où ce poëte musicien reçut son éducation, avait une école annexée à la cathédrale, où les jeunes gens pauvres recevaient gratuitement leur instruction; ce fut là que Frauenlob fit ses études littéraires et musicales. Plusieurs passages de ses poésies nous apprennent que sa jeunesse s'écoula dans une situation voisine de la misère. Résolu d'en sortir, il se mit à parcourir l'Allemagne, allant de château en château, de palais en palais, et, suivant l'usage de ce temps, y chantant ses cantiques religieux et ses chansons amoureuses. Ainsi, on le trouve à des époques diverses en Danemark, à la cour d'Eric VIII, dont il éprouve la générosité; chez le duc Henri de Mecklenbourg; chez le margrave de Brandebourg; à Brême, près de l'évêque Giselbrecht; chez le duc Henri de Breslau; à la cour de Wenceslas de Bohême; à celle de l'empereur Rodolphe; puis en Bavière, près du duc Othon et, enfin, chez le duc de Carinthie, Meinhard V. Il suivit Rodolphe de Hapsbourg dans son expédition contre Ottokar de Bohême, et assista à la bataille de Marchfeld, où ce prince périt en 1278. On le retrouve à Rostock, lorsque Waldemar de Brandebourg y donna des fêtes magnifiques, en 1311. Dans les intervalles de ses longues pérégrinations, Frauenlob retournait souvent à Mayence : il y passa ses dernières années, donnant des leçons de poésie et de musique à ceux qui aspiraient à la profession de maître chanteur. Il y mourut le 29 novembre 1318. Albert de Strasbourg (*Script. Germaniæ hist. illustr.*, t. II, p. 108) dit que les dames portèrent son corps depuis sa demeure jusqu'au lieu de la sépulture, pleurant et poussant des cris de douleur. Frauenlob avait joui d'une grande réputation pendant sa vie; elle s'accrut encore après sa mort. Son mérite principal consistait dans la science de la versification et la variété des rhythmes. On dit qu'il en avait inventé trente-cinq. La plus célèbre de ses compositions est son cantique ou *Leich* en l'honneur de la Vierge, divisé en trente strophes. Ses œuvres se composent de trois cantiques de ce genre, un grand nombre de pièces appelées *Spruche*, en 448 strophes, et treize *Lieder* formant ensemble 51 couplets. Dix-sept manuscrits, parmi lesquels on remarque ceux de la bibliothèque impériale de Paris, de Vienne, de Jéna et de Heidelberg, renferment les œuvres de ce maître chanteur. Ettmuller en a donné une bonne édition intitulée : *Heinrichs von Meissen des Frauenlobes Leich, Spruche, Streitgedichte und Lieder*; Quedlinbourg, 1843. Frédéric Henri de Hagen a publié trois chants de Frauenlob avec les mélodies, d'après le manuscrit de Jéna, dans sa grande collection des *Minnesinger* (chanteurs d'amour), tome IV, p. 828-831, n° XXVI.

FRECH (JEAN-GEORGES), fils d'un horloger et facteur d'orgues, né à Stuttgard vers 1786, fréquenta le collège de cette ville jusqu'à sa treizième année, et apprit avec les éléments de la langue latine et des diverses branches de connaissances nécessaires à un instituteur, ceux de la musique, quoiqu'il ne montrât d'abord aucune disposition pour cet art. Plus tard, le goût lui vint pour le chant et pour l'orgue, et ce goût devint bientôt une passion qui lui fit employer une partie des nuits à étudier les œuvres des bons auteurs de ce temps. En 1806, il eut une place de sous-maître dans l'école de Degerloch, village situé près de Stuttgard, qui lui procura l'occasion d'augmenter ses connaissances en musique en l'enseignant lui-même. Il prit des leçons d'harmonie de H. Knecht; Sutor lui enseigna la composition; Nauz, le violon; Krüger, la flûte, et Scherzer, le violoncelle. Un cours d'enseignement ayant été ouvert d'après la méthode de Pestalozzi, pour les instituteurs des environs de Stuttgard, Frech y fit ses premiers essais de composition; on le chargea aussi de donner, dans une division de ce cours, des leçons de chant, d'après la méthode de Nægeli. La commission administrative du séminaire des instituteurs évangéliques ayant pu apprécier son savoir, le plaça, en 1811, comme sous-maître dans une école modèle érigée à Esslingen pour les instituteurs protestants, mais il n'eut sa nomination définitive qu'en 1813. Dès ce moment, il se mit à étudier avec ardeur les ouvrages théoriques de musique, et tout ce qui a rapport à la pédagogie. En 1820, on le nomma organiste et directeur de musique de l'église principale de Stuttgard. Dans cet emploi, il eut à diriger les dimanches et jours de fête, la musique exécutée par les élèves du séminaire qu'il avait presque tous formés lui-même. Le gouvernement le chargea, en 1832, de l'inspection des orgues dans tout l'arrondissement du Necker, et, dans l'année suivante, il fut appelé à la direction de l'établissement d'Esslingen pour la musique, où il était encore en 1845. Les productions de cet instituteur laborieux et zélé se composent d'un livre de chorals à quatre voix, fait en société avec Kœcher et Silcher, une messe allemande pour quatre voix d'hommes, le *Vater unser* (Pater noster) de Muhlmann, des quatuors pour quatre voix d'hommes, des préludes pour l'orgue, etc. La plupart de ses ouvrages ont été publiés à Esslingen, chez Dannheimer. Plusieurs ont déjà eu trois ou quatre éditions. On connaît de lui en manuscrit des cantates religieuses avec orchestre pour toutes les fêtes de l'année, *le Printemps*, cantate avec orchestre, *Abraham sur la montagne*, oratorio, *Montezuma*, grand opéra en trois actes, beaucoup de morceaux de différents genres pour le piano, de bonnes pièces d'orgue, ouverture à grand orchestre pour servir d'introduction à la Cloche de Schiller, composée par Romberg, beaucoup de chants pour une ou plusieurs voix, avec ou sans accompagnement. Plusieurs de ces mélodies sont devenues populaires dans le Wurtemberg.

FREDDI (AMADEO), prêtre et compositeur, né dans l'État vénitien, vers la fin du seizième siècle, fut d'abord maître de chapelle à Trévise, et ensuite à l'église cathédrale de Padoue. On a imprimé les ouvrages suivants de sa composition : 1° *Madrigali, libro primo*, Venise, 1601, in-4°. 2° *Madrigali, libro secundo*, ibid., 1602, in-4°. 3° *Missa, Vespro e Compiete a 5 voci*. Venise, Ric. Amadino, 1616. 4° *Sacræ modulationes* (motets) *a 2, 3 e 4 vocibus*, Venise, 1617. 5° *Salmi integri a 4 voci*, op. 8, Venise, Barth. Magni, 1620. 6° *Divinæ laudes a 2, 3, 4 voc. cum basso*, lib. 4. 7° *Hinni concertati a 2, 3, 4 e 6 voci con due instrumenti acuti ed uno grave per le sinfonie*. 8° *Antifone a 4 voci*, 1642, in-4°.

FRÉDÉRIC II, dit *le Grand*, roi de Prusse, naquit à Berlin le 24 janvier 1712, et mourut à Potsdam, le 17 août 1786. L'histoire de ce prince et de son règne ne peut trouver place ici ; il n'y peut être considéré que comme amateur de musique, comme protecteur des artistes, et comme ayant cultivé cet art avec quelque succès. Il n'était âgé que de douze ans, lorsque la reine Sophie-Dorothée, sa mère, lui donna pour maître de clavecin l'organiste de la cathédrale de Berlin ; mais les difficultés de cet instrument le rebutèrent. La flûte, au contraire, devint pour le prince royal l'objet d'un goût passionné. En 1728, il prit des leçons de Quantz pour cet instrument, et c'est aux préceptes et à l'exemple de cet artiste distingué qu'il fut redevable d'une bonne embouchure. On sait quelle fut la sévérité du roi Frédéric-Guillaume pour son fils, et son aversion pour la musique. Il défendit au jeune prince de continuer à s'en occuper, et menaça de la corde quiconque serait assez hardi pour l'aider à lui désobéir sur ce point. Cependant Frédéric trouva le moyen d'éluder la défense en prenant pour valet de chambre le flûtiste Fredersdorf. Suivi de ce serviteur, il allait, sous prétexte de la chasse, chercher les endroits les plus écartés dans l'épaisseur des bois pour y jouer des duos de flûte. En 1734, lorsqu'il reçut en apanage le comté de Ruppin, à l'occasion de son mariage avec Elisabeth-Christine de Brunswick, il s'établit au château de Rheinsberg, et devenu complétement étranger à la politique, il s'y livra avec ardeur à la culture des lettres et de la musique. Au nombre des amis et des personnes qu'il réunit autour de lui, se trouvaient le compositeur Graun, les Benda, et le célèbre flûtiste Quantz. D'après les conseils de ce dernier, il forma, en 1739, la musique de sa chapelle. Dès ce moment commencèrent les concerts quotidiens dans lesquels le prince exécutait les concertos et les solos écrits pour lui seul par Quantz ; et cet usage continua pendant la plus grande partie de son règne. Appelé au trône en 1740, par la mort du roi Frédéric-Guillaume Ier, il organisa sa musique sur des bases plus larges, nomma Charles-Philippe-Emmanuel Bach premier claveciniste de sa chambre, avec la charge d'accompagner les solos de flûte du roi, à de certaines heures déterminées, ce qui n'était pas sans difficulté, à cause du défaut de mesure dans l'exécution du monarque, et tous les soirs il y eut concert privé avec orchestre dans les appartements royaux, lorsqu'il n'y avait pas opéra. Quantz écrivit pour ces concerts environ *trois cents concertos de flûte* avec orchestre, et *deux cents solos* avec accompagnement de clavecin. Frédéric lui-même composa une centaine de morceaux pour son instrument favori. Il n'écrivait que la partie principale de ces solos et chargeait Jean-Frédéric Agricola (*voyez* ce nom), d'abord organiste de la cour, puis maître de chapelle, après la mort de Graun, de mettre en ordre ses esquisses et d'en écrire l'instrumentation. On trouve aussi de la composition de ce prince, à la bibliothèque royale de Berlin, un ouvrage en partition qui a pour titre : *Serenata fatta per l'arrivò de la Regina madre a Charlottenbourg, rappresentata quella prima volta il 4 d'agosto 1747*. Frédéric n'est pas le seul auteur de cet ouvrage : on y trouve un air composé par Quantz pour la cantatrice *Astrua*, un autre de Nichelmann, et un duo suivi d'un chœur par Graun. La même bibliothèque renferme les manuscrits originaux de deux airs composés par le roi, pour le célèbre chanteur *Porporino*, et qui furent intercalés dans *la Cleofide*, opéra de Hasse.

Bien que fort économe, Frédéric faisait des dépenses considérables pour son théâtre d'opéra, car il y voulait entendre les meilleurs chanteurs italiens. Le goût de cette musique lui avait été inspiré par Quantz, qui avait voyagé en Italie et y avait entendu les artistes les plus célèbres. Dans son aversion pour l'allemand, le roi n'admettait pas qu'on pût chanter dans cette langue, et l'italien lui paraissait spécialement destiné pour la musique. Cependant il n'aimait pas les opéras des compositeurs italiens de son temps, et tandis qu'il ne voulait entendre d'autres chanteurs que ceux de l'Italie, sauf la *Mara*, dont le talent trouva grâce devant lui, il faisait composer ses opéras italiens par des Allemands. Hasse, Graun et Agricola furent ses compositeurs de prédilection; les ouvrages de Graun, particulièrement, eurent toujours beaucoup de charme pour lui. La plupart des ouvrages de ce maître furent écrits pour la cour de Prusse. On rapporte que Frédéric fit exécuter pour lui seul, en 1763, le *Te Deum* de Graun dans la chapelle de Charlottenbourg : lorsqu'il en sortit, il était silencieux ; mais ses traits laissaient voir une vive émotion. Il conserva jusqu'à la fin de sa vie ses préventions contre la musique des compositeurs italiens; car lorsque Reichardt lui fut présenté à Potsdam, en 1775, il lui adressa la parole en ces termes : « D'où êtes-vous? — De Kœnigsberg, en Prusse. — Où avez-vous appris la musique? — A Berlin et à Dresde. — Êtes-vous allé en Italie? — Non, Sire, mais... — C'est votre bonheur. Gardez-vous des Italiens modernes. » Ces Italiens modernes dont parlait le roi étaient Piccinni, Sacchini, et de plus Paisiello et Cimarosa qui débutaient par des œuvres pétillantes de verve.

J'emprunte à une suite d'articles publiés par Édouard Fétis, dans la *Gazette musicale de Paris*, sur Frédéric II, considéré comme virtuose, compositeur et amateur de musique (1), les détails suivants qui sont une peinture exacte des concerts quotidiens du grand roi :
« Les concerts de *Sans-Souci* avaient lieu en
« petit comité. Ils avaient pour auditeurs les
« gentilshommes de service au palais. Toute-
« fois, s'il se présentait quelque étranger,
« amateur de musique, qui eût le désir d'y
« assister, il obtenait la faveur d'y être admis.
« Voici l'étiquette suivie en pareil cas. A six
« heures, les personnes priées étaient intro-
« duites dans une pièce attenante à la salle de
« concert, où se tenaient les gentilshommes et
« les musiciens, en attendant que le roi donnât

(1) Ces détails sont tirés de l'édition complète de Frédéric II, publiée par l'ordre du gouvernement prussien, Berlin, 1846 et années suivantes.

« l'ordre de les introduire. De cette pièce on
« entendait habituellement Frédéric exécuter
« des préludes et des exercices pour se mettre
« en haleine, de même que les lutteurs du
« cirque essayaient leur force avant d'entrer
« en lice, de même encore que les chanteurs
« d'opéra filent des sons dans leur loge, et
« jusque dans les coulisses du théâtre. Quand
« le roi est satisfait de son embouchure et de
« ses doigts, il fait un signe, la porte s'ouvre,
« et les musiciens gagnent silencieusement
« leur place, suivis de l'auditoire, qui se tient
« respectueusement à distance. Benda prend
« la direction de l'orchestre, Quantz se tient
« à ses côtés ; le concert commence. Frédéric
« joue un premier concerto, puis un second,
« puis un troisième. C'est le nombre ordinaire,
« jamais moins, rarement plus. L'intervalle
« entre chaque morceau est de courte durée.
« Il est rempli par quelques réflexions du roi
« sur le goût musical et sur les innovations que
« repousse S. M. Prussienne, attachée aux
« formes qu'avait l'art dans sa jeunesse, et
« confirmée dans cet attachement par l'opi-
« nion de Quantz, qui, devenu vieux, ne voyait
« aucune bonne raison pour qu'on fît autre
« chose que ce qu'il avait fait jadis. Du reste,
« les auditeurs peuvent dire sans flatterie, que
« Frédéric tire un beau son de la flûte à deux
« clefs, façonnée des mains de Quantz, avec le
« meilleur bois et les plus grands soins ; qu'il
« dit l'*adagio* avec sentiment, et qu'il se joue
« habilement des complications du mécanisme.
« Placé près de Benda, comme nous l'avons
« dit, Quantz indiquait de la main le mouve-
« ment de chaque morceau. De temps en temps
« il criait *bravo* pour encourager son royal
« élève, et applaudissait quand le concerto
« était fini. C'était un privilège que n'avait
« aucun autre musicien. L'ignorance de cette
« règle de l'étiquette faillit être funeste à
« Charles Fasch, claveciniste accompagnateur
« et artiste d'un vrai mérite. Le jour de son en-
« trée en fonctions, Quantz ayant, suivant son
« habitude, crié *bravo* après un passage diffi-
« cile, heureusement réussi par le roi, Fasch
« crut devoir renchérir, par un *bravissimo* net-
« tement articulé, sur l'enthousiasme du vieux
« maître. Frédéric s'arrêta, et jetant sur l'au-
« dacieux musicien ce regard qui faisait trem-
« bler les plus résolus, il lui intima l'ordre de
« sortir sur-le-champ. On eut toutes les peines
« du monde à obtenir la grâce du pauvre Fasch,
« en expliquant que, nouveau venu, il ignorait
« les usages de la Cour. »

Vers 1775, Frédéric, ayant perdu plusieurs

dents, cessa de jouer de la flûte et bientôt après se dégoûta de toute espèce de musique. Ainsi parut être justifié le mot qu'avait dit autrefois un musicien de sa chapelle : *Si vous croyez que le roi aime la musique, vous vous trompez ; il n'aime que la flûte, et, encore, n'aime-t-il que la sienne.*

Frédéric le Grand avait composé deux marches militaires, la première, en 1745, pour le régiment des dragons du roi, la seconde pour le drame de Lessing : *Mina de Bernhelm*. Ces deux marches, dont les partitions appartiennent au roi de Prusse actuel, ont été exécutées à la cour de Berlin, le 31 mai 1840, anniversaire séculaire de l'avénement de Frédéric au trône. Le 13 septembre de la même année, on célébra l'anniversaire, également séculaire, de la fondation de la *loge-mère nationale*. Les membres de cette loge, au nombre de seize cents, défilèrent aux sons de la *Marche des dragons du roi*, instrumentée dans le système de musique militaire moderne par M. Schmidt.

FRÉDÉRIC. *Voyez* DUVERNOY.

FRÉDÉRIC. *Voyez* KAKUBÉ.

FREDERICI ou **FRIEDERICI**, ou enfin **FRIEDRICH** (CHRÉTIEN-ERNEST), inventeur d'un instrument à clavier auquel il avait donné le nom de *Vortbien*. Cet artiste, élève de Silbermann, et facteur d'orgues de la cour ducale de Gotha et d'Altenbourg, naquit à Merona, en 1712. Il employa une partie de sa vie au perfectionnement du clavecin, et inventa divers procédés pour les modifications du son. On a aussi de lui des orgues renommées pour la perfection du mécanisme et la bonne harmonie : de ce nombre sont les orgues de Chemnitz et de Zeitz. Frederici est mort en 1779. Il travaillait habituellement avec son frère. En 1753, ils construisirent ensemble l'orgue de Merona, en Saxe (leur ville natale), composé de trente jeux, deux claviers à la main et un clavier de pédales. Ils y introduisirent un jeu de leur invention qu'ils appelaient le *Don*. Chrétien-Ernest Frederici a publié, à l'occasion d'une machine qu'il avait inventée pour obtenir une double résonnance harmonique d'une seule corde, un petit écrit qui a pour titre : *Neue Erfindung einer Maschine beym Claviere, dass es klinge, wie ein monochordischer Doppelklang*, Gera, 1781.

FREDOLI (ANDRÉ), compositeur, né à Padoue, vers la fin du seizième siècle, a publié deux livres de madrigaux à cinq voix. Venise, chez Jacques Vincenti, 1600 et 1614, in-4°.

FREEKE ou **FREKE** (JEAN), écrit à tort FREAKE par Gerber, fut chirurgien à l'hôpital de Saint-Bartholomé, de Londres. On a de lui *A letter to the President of the Royal society, including a Paper of the late Rev. M. Creed, concerning a machine to write down ex tempore Voluntaries or other pieces of Music*; dans les *Transactions philosophiques* de la Société royale de Londres, t. XLIV, part. II, pag. 445, ann. 1747.

FREGE (LOUIS), littérateur prussien, n'est connu que par une histoire des chants nationaux composés en diverses circonstances pour les rois de Prusse, à l'imitation du chant anglais *God save the'King*. Ce petit ouvrage a pour titre : *Zur Geschichte des preussischen Volksliedes, mit einem Anhange von Liedern aus neuester Zeit*, Berlin, 1850, gr. in-8° de 52 pages.

FREGOSO (le chevalier ANTOINE-FILERENO), poëte, né à Gênes, vers la fin du quinzième siècle, brilla à la cour de Louis Sforce, duc de Milan, jusqu'en 1500, époque où ce duc fut envoyé prisonnier en France. Fregoso se retira alors dans une campagne nommée *Colterano*, près de Lodi, où il paraît avoir passé le reste de ses jours. C'est de là qu'il prit le nom de *Fileremo*, qui signifie *ami de la retraite*. Il vivait encore en 1515, car l'Arioste, qui publia pour la première fois son *Orlando furioso* dans cette même année, l'a mis au nombre des amis par qui il feint d'être attendu, au retour de son long voyage (stance 16°, chant 45°). Parmi ses ouvrages on trouve *Dialogi di Fortuna e Musica*, Venise, 1521, in-8°. Oldoini cite cet ouvrage dans son *Athenæum Ligusticum*, sous le titre latin : *Dialogi fortunæ et musices*; cependant il est certain qu'il est écrit en italien, et il y a peu de vraisemblance qu'il ait été traduit en latin. Au surplus, il faut se défier d'Oldoini, qui est fort inexact. Ces dialogues ont été réimprimés dans le volume qui a pour titre : *Opera nova del cavalier Fregoso Antonio Phileremo : Lamento d'amore mendicante; Dialogo di Musica; pergoletta de le laudi d'amore; discorsi cottidiani non vulgari; de l'instituto naturale; de la probità; de i tre peregrini. Stampato in Vinegia per Nicolo Zoppino di Aristotile di Ferrara ne l'anno di nostra salute*, 1525, in-4°. Il y en a une autre édition imprimée par le même Nicolas Zoppino, en 1528. Toutes deux sont assez rares. Le dialogue sur la musique est un petit poëme en quatre chants, et en *terza rima*.

FREGUGLIA (NICOLAS), vraisemblablement amateur de musique à Ferrare, dans la première moitié du dix-huitième siècle, est auteur d'un écrit anonyme intitulé : *Risposta ad un amico sopra il quessito : Come si debbono intendere nella musica la voce ed il tono.* Ferrare, Bernardino Pomatelli, 1721, in-4°. (Voyez *Dizion. di opere anonime e pseud. di scritt. italiani*, t. II, p. 453.)

FREIER (Auguste). *Voyez* FREYER.

FREIG (Jean-Thomas), philosophe, jurisconsulte et littérateur, naquit à Fribourg, en Brisgau, en 1543. Il étudia les belles-lettres sous Gléaran et Ramus, les enseigna ensuite à Bâle, et succéda enfin à Valentin Erythræus dans la place de recteur du collége d'Altorf, en 1575. Il mourut de la peste à Bâle, le 16 janvier 1583. Ce savant a fait imprimer *Pædagogus ostendens quâ ratione prima artium initia pueris quam facillime tradi possint*, Bâle, 1582, in-8°. On y trouve une instruction abrégée de musique, en forme de dialogue, depuis la page 157 jusqu'à 218. On a aussi de lui *Petr. Rami professio regia, hoc est septem artes liberales in tabulas perpetuas relatæ*, Bâle, 1570, in-fol. Cet ouvrage est une sorte de résumé des cours de Ramus (la Ramée) dans l'Université de Paris. Il est divisé en sept parties, dont une est relative à la musique.

FREILLON-PONCEIN (Jean-Pierre), prévost des hautbois de la grande écurie du roi Louis XIV, a publié une espèce de livre élémentaire, pour le jeu des instruments à vent; ce livre a pour titre : *la Véritable Manière d'apprendre à jouer du hautbois, de la flûte et du flageolet, avec les principes de la musique pour la voix et pour les instruments*, Paris, 1700, in-4° oblong.

FREISLICH (Maximilien-Théodore), maître de chapelle à Dantzick, né à Immelborn, près de Meinungen, le 7 février 1673, est compté parmi les bons compositeurs de son temps, particulièrement pour l'église. Ses ouvrages sont restés en manuscrit. On lui avait aussi confié la place de chef d'orchestre au théâtre de Dantzick. Il est mort en cette ville, le 10 avril 1731.

FREISLICH (Jean-Balthazar-Chrétien), neveu du précédent, né à Immelborn, vers la fin du dix-septième siècle, fit dans sa jeunesse des études pour l'orgue et la composition, et alla, en 1720, disputer la place de maître de chapelle de la cour à Sondershausen contre Stoelzel, homme d'un mérite bien supérieur au sien, mais sur lequel il l'emporta par l'influence de ses protecteurs. Il ne faut pas croire toutefois que Freislich fût sans talent comme compositeur; Adlung, son contemporain, dit que ses ouvrages se distinguaient par la nouveauté des idées, ce qui est certainement une qualité précieuse. Il a beaucoup écrit pour l'église et pour la chambre, mais la seule production qu'on cite particulièrement de lui est un trio pour clavecin qui se trouvait en manuscrit chez Breitkopf, à Leipsick, en 1760. Pendant qu'il était au service du prince de Sondershausen, il fut envoyé à Dresde chez Hebenstreit pour y apprendre à jouer du *pantalon*, instrument polycorde inventé par celui-ci, et dont la difficulté était si grande, qu'après avoir passé un an chez ce maître, Freislich n'avait appris à jouer qu'un seul morceau lorsqu'il revint chez le prince; cependant, ce morceau ayant suffi pour faire comprendre quel était l'effet de l'instrument, le prince n'eut point de regret à la dépense qu'il avait faite pour ce résultat.

En 1731, Freislich fut appelé à Dantzick pour succéder à son oncle; il mourut dans cette ville, vers 1768.

FREITAG ou **FREYTAG** (Frédéric-Gotthilf), savant bibliographe allemand, naquit, en 1723, à Pforta, dans la haute Saxe. Après avoir fait ses études sous la direction de son père, recteur du Gymnase de cette ville, il fut envoyé à Leipsick pour y suivre les cours de l'Université. Entraîné par son goût passionné pour les livres, il se livra exclusivement à l'étude de l'histoire littéraire, qu'il a enrichie d'ouvrages très-estimés, parmi lesquels on remarque surtout ses *Analectes* et son *Apparat littéraire*. Au nombre des livres qu'il a publiés, Adlung place une dissertation qui a pour titre : *Quid sit musice vivere?* Jéna, 1750, in-4°. Freitag est mort à Naumbourg, dont il était bourgmestre, le 12 février 1776.

FREMART (Henri), prêtre, chanoine de Saint-Anian, et vicaire de l'église Notre-Dame de Paris, vers le milieu du dix-septième siècle, fut attaché d'abord à la cathédrale de Rouen, en qualité de maître de musique, depuis 1611 jusqu'en 1625. Il a publié les ouvrages suivants de sa composition : 1° *Missa quatuor vocum* ad placitum, dans le recueil de messes publié par Ballard, en 1642, in-fol., tome Ier, n° xx. 2° *Missa quatuor vocum ad imitationem moduli* confundantur superbi, ibid., n° 21. 3° *Missa quinque vocum ad imitationem moduli* verba mea auribus percipe domine, ibid., t. III, 1643, n° 23. 4° *Missa quinque vocum ad imitationem moduli* exipe me domine, ibid., 1643, t. III, n° 16. 5° *Missa quinque vocum ad imitationem moduli* domine allegrum, ibid., n° 17. 6° *Missa sex vocum* *ad imitationem moduli* JUBILATE DEO, ibid., 1645, t. IV, n° 10. 7° *Missa sex vocum ad imitationem moduli* SALVUM ME FAC DEUS, ibid., n° 9.

FRÉMAUX (JEAN), poëte et musicien, naquit à Lille, au commencement du treizième siècle. Nous avons de lui trois chansons notées qu'on trouve dans le manuscrit de la Bibliothèque impériale, coté 7222 (ancien fonds).

FRENEUSE. *Voyez* LECERF DE LA VIEVILLE.

FRENZEL (JEAN-THÉOPHILE), professeur de philosophie et avocat à Budissin, né à Schœnau, dans la Lusace supérieure, le 19 février 1725, a publié un livre qui a pour titre : *Predigt catechismus, oder Anweisung, wie eine Predigt wohl und gut zu behalten; nebst einigen Gedanken von dem Schuldiger verhalten in Ansehung der Kirchenmusik*, Wittenberg et Zerbst, 1754, in-8°.

FRÈRE (ALEXANDRE), auteur d'un traité de musique publié en 1706. On voit au titre de ce livre que l'auteur était *cy-devant de l'Académie royale de musique* (l'Opéra). Des mémoires manuscrits, composés de pièces authentiques sur ce spectacle, et qui ont passé de la bibliothèque du bibliomane Boullard dans la mienne, font voir que Frère était encore pensionnaire de l'Opéra en 1738, pour une somme de deux cents livres. Or, s'il était déjà retiré en 1706 avec la pension, il avait dû entrer à l'Opéra au plus tard en 1690, car on ne pouvait y obtenir de pension qu'après quinze années de service; d'où l'on peut conclure qu'il avait dû naître vers 1665, en supposant qu'il eût environ vingt-cinq ans lorsqu'il entra à l'orchestre de l'Opéra. Il était donc âgé d'environ soixante-treize ans, en 1738. Il avait cessé de vivre en 1753, car son nom ne figure pas dans le tableau des pensions de cette époque, donné, par le président Durey de Noinville, dans son *Histoire de l'Opéra*.

Le livre de Frère a pour titre : *Transpositions de musique réduites au naturel par le secours de la modulation; avec une pratique des transpositions irrégulièrement écrites; et la manière d'en surmonter les difficultés*, Paris, Christophe Ballard, 1706, in-8°. Roger, d'Amsterdam, en donna une deuxième édition en 1710, sous le même titre. Ballard a réimprimé cet ouvrage avec quelques changements, en 1715; cette édition est intitulée: *les Transpositions de musique de toutes les manières, pour servir de supplément à toutes les autres méthodes*. Considéré sous le rapport historique, cet ouvrage n'est pas sans importance, car c'est le premier où la transposition, dans le système de la tonalité moderne, a été enseignée; auparavant, on ne connaissait que la transposition suivant le système des hexacordes, transposition fort simple et qui n'offre point les difficultés de l'autre. Le livre de Frère manque de méthode et de clarté, mais on y trouve beaucoup d'observations curieuses qui prouvent que l'auteur était un musicien expérimenté.

FRÉRON (ÉLIE-CATHERINE), critique du dix-huitième siècle, moins connu aujourd'hui par son *Année littéraire* que par ses querelles avec Voltaire, et les traits lancés contre lui par ce célèbre écrivain. Il naquit à Quimper, en 1719, entra chez les Jésuites dans sa jeunesse, et fut dirigé dans ses études par les P. Brumoy et Bougeant. Arrivé à Paris, il professa pendant quelque temps au Collége de Louis le Grand. Il est mort le 10 mars 1776. On a de lui une critique de l'*Essai sur l'Opéra*, de Rémond-de-Saint-Mard, dans le deuxième volume de ses *Lettres sur quelques écrits de ce temps* (Genève, 1749, 2 vol. in-8°). Hertel a inséré une traduction allemande de cette critique dans son recueil d'écrits sur la musique (*Samml. mus. Schriften*, p. 197-250). On a aussi de Fréron : *Deux lettres sur la musique française, en réponse à celle de J.-J. Rousseau*, Paris, 1753, in-8°. Ces écrits sont fort médiocres.

FRESCHI (JEAN-DOMINIQUE), prêtre, né à Vicence, dans la première moitié du dix-septième siècle, s'est fait connaître avantageusement comme compositeur de musique d'église et de théâtre. Fixé à Venise, il a presque toujours travaillé pour l'Opéra de cette ville. Plus tard, il est retourné à Vicence, en qualité de maître de chapelle de la cathédrale. Ses principaux ouvrages sont : 1° *Missa a cinque voci e salmi a 3, 4 e 5 voci, con tre stromenti*, Venise, 1660. 2° *Missa a 6 voci e salmi a 2, 5 e 6 voci, con 4 e 5 stromenti*, op. 2, Venise, 1673, in-4°. Parmi ses opéras, on remarque : 3° *Elena rapita da Paride*, Venise, 1677. 4° *Sardanapalo*, ibid., 1678. 5° *Tullia Superba*, ibid., 1678. 6° *Circe*, ibid., 1679. 7° *Berenice*, ibid., 1680 (1). 8° *Olimpia vendicata*, ibid., 1681. 9° *Pompeo Magno*, ibid. 1681. Cet ouvrage a été repris dans la même ville en 1684 et en 1687. 10° *Giulio Cesare trionfante*, Venise, 1682. 11° *Silla*, ibid.,

(1) Cet opéra n'est pas mentionné dans la *Dramaturgia* d'Allacci : mais j'en ai trouvé le livret, imprimé à Venise, *presso Nicolini*, 1680, in-12, à la bibliothèque San-Marco.

1683, repris en 1690. 12° *L'Incoronazione di Dario*, ibid., 1684. 13° *Teseo tra le rivali*, 1685. 14° *Dario*, ibid., 1685.

FRESCOBALDI (Jérôme), le plus habile, le plus savant et le plus célèbre organiste de la fin du seizième siècle et de la première moitié du dix-septième, est né à Ferrare, comme le fait voir positivement l'inscription suivante qui accompagne son portrait gravé : *Hieronymus Frescobaldus Ferrariensis, organista ecclesiæ D. Petri in Vaticano*, etc. Il y a moins de certitude à l'égard de l'époque où il a vu le jour. Le portrait dont il vient d'être parlé est placé en tête des premier et deuxième livres des *Toccate, Canzone*, etc., de cet artiste, publiés en 1637, et il est dit dans l'inscription que Frescobaldi était représenté à l'âge de trente-six ans. Hawkins avait tiré de là l'induction qu'il avait dû naître vers 1601 (*A general History of the science and practice of Music*, t. IV, p. 174), et il avait été copié par Gerber dans son premier *Dictionnaire des musiciens*, et par Choron et Fayolle. Depuis lors, Gerber ayant eu connaissance de l'édition publiée à Rome, en 1627, du deuxième livre des *Toccate*, etc., à laquelle est ajouté le même portrait, avec la même inscription, il en a conclu, dans son nouveau Lexique, que Frescobaldi était né en 1591. Cette date, bien que rapprochée de la véritable, n'est cependant pas assez reculée, car les premières productions de ce célèbre organiste, publiées en 1608, annoncent trop de talent et de connaissance de l'art d'écrire pour être l'ouvrage d'un jeune homme de dix-sept ans. D'ailleurs, le portrait avec la date dont il s'agit se trouve placé pour la première fois dans l'ouvrage qui a pour titre : *Capricci sopra diversi sogetti*, et dont la première édition a été publiée à Rome en 1624. La date réelle de la naissance de l'artiste doit donc être 1587 ou 1588, en sorte qu'il aurait eu environ vingt ou vingt et un ans à l'époque de la publication de son premier ouvrage. D'un autre côté, elle ne peut remonter davantage, car on voit par une brochure écrite de Rome, le 1er octobre 1639, par l'abbé Maugars, prieur d'Ernac, et publiée sous le titre de *Réponse à un curieux sur le sentiment de la musique d'Italie* (sans date ni nom de lieu, in-12), que Frescobaldi était alors dans toute la puissance de son talent, et qu'il excitait la plus vive admiration parmi les Romains. Della Valle dit aussi, dans le *Discours sur la musique de ce temps* (œuvres de J.-B. Doni, t. II, p. 250), daté du 16 janvier 1640, que Frescobaldi, qui alors vivait, était un *Hercule* placé dans Saint-Pierre, et qu'il frappait d'étonnement ceux qui l'entendaient. Or, il est vraisemblable que l'artiste dont le talent avait tant de puissance, devait être jeune encore, et ne pouvait avoir plus de cinquante-trois ou cinquante-quatre ans.

Augustin Superbi et Quadrio nous apprennent que Frescobaldi eut pour maître de musique Alexandro Milleville, né comme lui à Ferrare, et qui fut un des artistes les plus distingués de son temps, comme organiste et comme compositeur. Quadrio ajoute que Frescobaldi possédait une si belle voix dans sa jeunesse, et chantait avec tant de goût, que les amateurs de musique le suivaient de ville en ville pour avoir le plaisir de l'entendre. Superbi dit (*Apparato degli Uomini illustri della città di Ferrara*, p. 133) que cet artiste possédait déjà dans sa jeunesse une grande habileté sur l'orgue, qu'il se rendit dans les Pays-Bas, où il séjourna plusieurs années, qu'il alla ensuite à Milan, et enfin à Rome. Ces faits sont démontrés par une publication dont l'existence a été longtemps ignorée, et qui fournit à ce sujet un renseignement intéressant. Cet ouvrage, dont un exemplaire se trouve à Paris, dans la bibliothèque de M. Farrenc (voyez ce nom), a pour titre : *Di Girolamo Frescobaldi il primo libro de' madrigali a cinque voci, nuovamente composti e dati in luce*. In Anversa appresso Pietro Phalesio, 1608, in-4° obl. L'épître dédicatoire de Frescobaldi à l'archevêque de Rhodes, Guido Bentivoglio, est datée d'Anvers, le 10 juin 1608. On ne peut douter que ces madrigaux ne soient le premier ouvrage de l'organiste de Ferrare ; il devait être âgé d'environ vingt ou vingt et un ans à l'époque de leur publication. Dans la même année, il se rendit à Milan et y fit paraître un autre ouvrage qui porte aussi la date de 1608, et qui dut être imprimé entre les mois de juillet et de décembre.

On ne sait pas s'il demeura longtemps en cette ville, car les renseignements manquent absolument sur les événements de sa vie depuis 1608 jusqu'en 1614, où on le trouve à Rome. Il y a lieu de croire cependant qu'il y revit son maître Milleville, car on sait que ce fut avec lui qu'il se rendit à Rome. Ce fut aussi dans cet intervalle qu'il acquit, comme organiste, la grande réputation qui le fit choisir pour le service de l'orgue de Saint-Pierre du Vatican. Telle était sa renommée, qu'un auditoire de trente mille personnes se réunit dans cette église la première fois qu'il s'y fit entendre (*Voyez* Baini, *Memorie stor. crit. della vita e delle opere di G. P. da Palestrina*, t. I, n° 236). Cet événement dut se passer au plus tard en 1614, car l'épître dédicatoire du premier livre des *Toccate* de Frescobaldi, au cardinal duc de Mantoue et de Montferrat, est datée du 22 décembre de cette année, et l'on voit par le titre de la première édition de l'ouvrage, publié en 1615, que déjà l'auteur était organiste de Saint-Pierre. Il est donc évident que c'est à tort que Hawkins (*Hist. of music*, t. IV, p. 174) a dit que cet artiste obtint cette place vers l'âge de trente-trois ans, car il devait être alors dans sa vingt-cinquième ou dans sa vingt-sixième année. Les erreurs contenues dans l'article *Frescobaldi*, du Lexique universel de musique publié par M. Schilling, ne sont pas moins évidentes ; il y est dit que l'artiste retourna à Rome en 1627, et qu'il obtint la place d'organiste de Saint-Pierre vers 1630 ; or, il n'est point retourné dans cette ville, car il n'y avait jamais été avant de s'y rendre pour être organiste au Vatican ; il y était en 1614, et depuis lors on l'y retrouve toujours, si ce n'est peut-être en 1630, qu'il aurait quitté cette ville pour faire un voyage à Florence, où il a publié : *Il primo libro, Arte musicali*.

On lit aussi, dans le même article, que la date de la mort de Frescobaldi est inconnue, mais qu'il y a lieu de croire qu'il cessa de vivre dans les quarante premières années du dix-septième siècle ; autre erreur démontrée par ce que dit Della Valle, et surtout par le voyage de Froberger à Rome pour prendre de ses leçons ; ce dernier ne revint en Allemagne qu'en 1654, après avoir séjourné trois années près de son maître, aux frais de l'empereur Ferdinand III. Il est donc certain que Frescobaldi n'a pas dû cesser de vivre avant cette époque, ou que la date de sa mort a précédé de peu de temps le retour de Froberger dans sa patrie.

Voilà bien du pédantisme pour des dates en apparence assez indifférentes ; mais l'artiste dont il s'agit fut un si grand homme, que j'ai cru devoir faire quelques efforts pour donner à sa biographie des bases plus positives que celles dont on s'est servi jusqu'à ce jour.

Les compositions de Frescobaldi que nous possédons nous dispensent de recourir aux éloges de ses contemporains pour nous faire une juste idée de son mérite ; elles démontrent qu'il fut un de ces hommes rares dont l'influence sur l'art de leur époque est irrésistible. Hawkins a dit (t. IV, p. 174 et 175) qu'il fut le premier Italien qui joua des fugues sur l'orgue ; Gerber, Choron et Fayolle, le Lexique universel de musique, et d'autres encore, n'ont pas manqué de copier cette inexactitude, parce que rien n'est plus rare qu'une connaissance approfondie de l'histoire de la musique. Si ces écrivains avaient examiné les pièces d'orgue d'André et de Jean Gabrieli, qui ont précédé Frescobaldi, ils y auraient trouvé des fugues à trois et quatre parties aussi bien que dans celles de l'organiste de Saint-Pierre. La seule différence est que les fugues d'André Gabrieli sont *réelles*, c'est-à-dire sans mutation dans la *réponse* du *sujet*, parce que la tonalité du plain-chant prévalait encore de son temps, tandis que la plupart des fugues de Frescobaldi, basées sur la tonalité de la note sensible, sont *tonales*, c'est-à-dire régulièrement modulées, et plaisent davantage à notre oreille, accoutumée à ce système de tonalité moderne. C'est à cette cause aussi qu'il faut attribuer l'harmonie gracieuse et piquante qu'on remarque dans les *canzoni*, les caprices et les toccates de ce célèbre artiste ; et l'on ne peut mettre en doute que cet avantage, non moins que la féconde imagination empreinte dans les développements de ses sujets, n'ait contribué à sa célébrité. Samuel Scheidt, son contemporain, grand organiste aussi, et génie d'invention, n'est à peine connu, ce n'est de quelques érudits, parce que ses pièces, bien que remarquables par leur mérite, sont toutes écrites dans la tonalité ancienne. Cette tonalité, admirable dans la musique religieuse et vocale, par sa noblesse et son calme, est presque un contre-sens dans la musique instrumentale, dont les allures sont vives, et qui devient monotone quand on n'y remarque pas de modulations inattendues. Frescobaldi s'est conformé à la tonalité du plain-chant dans ses *Magnificat*, hymnes et antiennes, dont il a traité les sujets d'une manière grave et convenable au service divin ; dans ces pièces, son style est tout différent de ce qu'il est dans les *canzoni* et dans les toccates.

Les plus grands artistes paient quelquefois un tribut au goût de leur temps, ce goût fût-il des plus mauvais : Frescobaldi offre un exemple de ces sortes d'erreurs dans ses *Ricercari et canzoni francesi sopra diversi obblighi*, publiés à Rome en 1615. Ces caprices sont destinés à être exécutés sur l'orgue ou joués par divers instruments. Ils sont écrits à deux, trois et quatre parties. Le plus grand nombre est digne de l'auteur, mais on en trouve quelques-uns entachés des folies imaginées par quelques compositeurs de son temps. Le trente-quatrième, par exemple, est établi sur l'obligation qu'aucune des quatre parties ne marche par degrés conjoints; le trente-septième est un caprice chromatique avec des ligatures qui doivent toutes se résoudre en montant, ce qui produit de fort mauvaises successions d'harmonie; dans le trente-huitième, il faut que l'organiste, en exécutant les quatre parties écrites, trouve à placer une cinquième partie, composée de huit notes qui doivent toujours être répétées, et cette partie doit être chantée par lui. Ces tours de force et ces énigmes ne sont point l'objet réel de l'art.

Tous les renseignements qui ont été donnés jusqu'ici sur les œuvres de Frescobaldi sont incomplets ou inexacts : Voici ceux que j'ai pu me procurer. 1° *Di Girolamo Frescobaldi il primo libro di madrigali a cinque voci, nuovamente composti e dati in luce.* In Anversa, appresso Pietro Phalesio, 1608, in-4° obl. 2° *Il primo libro, Fantasie a due, tre e quattro.* Milano, 1608, in-4°. 3° *Ricercari et canzoni francesi, fatti sopra diversi obblighi in partitura.* Roma, Nicolo Borboni, 1615, in-fol. L'ancien catalogue de Breitkopf indiquait, sous le nom de Frescobaldi, 39 *Ricercari a più sogetti;* à la vente faite par la maison Breitkopf et Hærtel, à Leipsick, en 1830, j'ai acquis cet œuvre, et j'ai vu que ce n'est qu'une ancienne copie manuscrite de l'ouvrage précédent. 4° *Toccate e partite d'intavolatura di cembalo di Girolamo Frescobaldi, organista di San-Pietro in Roma.* Roma, Nicolo Borboni, 1615, in-fol.; gravé sur des planches de cuivre. La partie de la main droite est sur une portée de six lignes, et celle de la main gauche sur une portée de huit lignes; ce mode de notation ajoute beaucoup de difficultés, pour la lecture, à celles qui existent dans la musique de Frescobaldi. Le même système de notation pour la musique d'orgue et de clavecin a subsisté, après Frescobaldi, chez les organistes italiens. Je possède plusieurs œuvres de la fin du dix-septième siècle, en manuscrit, qui sont notées ainsi. Les principaux ouvrages de Frescobaldi sont gravés de la même manière; il est regrettable qu'on n'en ait pas publié d'édition plus commode, afin de perpétuer le souvenir du talent d'un si grand artiste. J'ai vu une deuxième édition de cet ouvrage datée de Rome, 1627; ou plutôt, cette édition n'est pas réelle, car je l'ai comparée à la première, et je les ai trouvées semblables dans certains accidents de la gravure qui démontrent l'identité : le frontispice seul a été changé. Mais on trouve dans les exemplaires de 1627 le portrait qui n'est pas dans ceux de 1615. Les planches de cette première édition ont encore été reproduites dans un troisième tirage, mais cette fois avec une addition de 25 pages. Cette édition a pour titre : *Toccate d'intavolatura di cembalo ed organo, partite di diversi arie, correnti, balletti, ciacone, passacagli.* Rome, 1637, in-fol., avec le même portrait. Le P. Martini indique une dernière édition sous la date de 1657; c'est sans doute une faute d'impression; il faut lire 1637. 5° *Il secondo libro di toccate, canzoni, verso d'inni, magnificat, gagliarde, correnti ed altre partite d'intavolatura di cembalo ed organo.* Rome, Nicolo Borboni, 1616, in-fol. Les planches de cette édition ont été reproduites comme deuxième et comme troisième éditions, en 1627 et 1637, avec de nouveaux frontispices et le portrait. Hawkins a donné, dans le quatrième volume de son *Histoire de la musique* (p. 176 et suiv.), un canzone varié tiré de ce livre, et traduit en notation moderne; j'ai aussi tiré de cet œuvre, pour mon livre intitulé *la Science de l'organiste,* un autre canzone varié, et l'*Ave maris stella,* morceau d'une perfection achevée, où le sujet est traité dans une suite de versets, et qui est terminé par une belle fugue. 6° *Capricci sopra diversi sogetti.* Rome, 1624, in-fol. C'est avec cet ouvrage que le portrait de Frescobaldi a paru pour la première fois; on a vu précédemment que l'artiste avait alors trente-six ans. La deuxième édition a été publiée à Venise, en 1626, et la troisième dans la même ville, en 1641. 7° *Il primo libro delle canzoni a 1, 2, 3, 4 voci, per sonare, o per cantare con ogni sorte di stromenti.* Rome, 1628, in-4°, parties séparées. Bartolomeo Grassi, élève de Frescobaldi et organiste à Sainte-Marie in Aquirio, à Rome, a publié, dans la même année en cette ville, le même ouvrage en partition, sans paroles; une autre édition de son travail a paru à Venise en 1634, in-4°. Le Lexique universel de musique de Schilling tombe dans une singulière inadvertance, en disant que ce fut à Londres que Grassi publia son édition. Gerber cite : *In partitura, il secondo libro delle canzoni a 1, 2, 3 e 4 voci. Per sonar con ogni sorte di stromenti.* Je n'ai vu nulle part l'indication de ce deuxième livre; je doute de son existence. 8° *Il primo libro, Arie musicali.* Firenze, 1630. C'est cet ouvrage, cité par le P. Martini, qui m'a fait dire que peut-être Frescobaldi a fait un voyage à Florence vers 1630. 9° *Fiori musicali di toccate, Kyrie, canzoni, capricci et ricercari in partitura a quattro per sonatori,* op. 12. Rome, 1635. Cette collection de pièces a été réimprimée à Venise, dans la même année, chez Alexandre Vincenti, in-fol. Walther indique des motets de Frescobaldi pour une, deux, trois et quatre voix ; je ne les connais pas. Clementi a publié quelques fugues de Frescobaldi, dans sa belle collection de pièces pour le clavecin et l'orgue, Londres (sans date), 4 vol. in-4° obl.

FRETEVAL (MATHIEU DE), connu sous le nom de *Vidame de Chartres*, était fils de Geoffroy de Freteval, auquel il succéda dans la dignité de vidame (tenancier) du pays Chartrain. Les Freteval étaient de la maison de Vendôme. Mathieu, dont il s'agit, est qualifié de *Panetier de France*, dans un état de la maison de Philippe le Bel, de l'an 1288 : il vivait encore en 1291. Ses liaisons avec Thibaut, comte de Champagne et roi de Navarre, lui donnèrent le goût de la poésie et de la musique, qu'il cultiva avec assez de succès. Il nous reste neuf chansons notées de sa composition : on en trouve sept dans les manuscrits de la Bibliothèque impériale de Paris, cotés 65 et 66 (fonds de Cangé), et 7222 (ancien fonds).

FREUBEL (J.-L.-P.-L.), violoniste et compositeur, né à Berlin, s'est fixé vers 1802 à Amsterdam, où il a été fait chef d'orchestre. En 1797, il a publié à Berlin un *Air des deux Savoyards*, varié pour le clavecin, puis des variations sur la romance : *l'Amour est un enfant trompeur*. Il a fait paraître à Amsterdam, en 1802, *Symphonie concertante pour deux violons principaux*, op. 3.

FREUDENBERG (Mlle DE), fille d'un colonel au service du prince de Hesse, est considérée, d'après l'autorité d'Adlung, comme auteur d'un petit traité anonyme d'harmonie et d'accompagnement, dont la première édition a été publiée sous ce titre : *Kurze Anführung zum Generalbass, darinnen die Regeln welche bei Erlernung des Generalbasses zu wissen næthig, kürzlich und mit wenig Worten enthalten sind. Allen Anfængern des Claviers zu nützlichem Gebrauch zusammengesetzt*, Leipsick, 1728, 6 feuilles in-8°. La deuxième édition a été publiée dans la même ville en 1733, in-8°; la troisième, en 1744, in-4°; et la quatrième, avec un titre abrégé, en 1752, in-8°.

FREUDENBERG (CHARLES-GOTTLIEB ou THÉOPHILE), premier organiste de l'église de Sainte-Marie-Madeleine, à Breslau, est né le 15 janvier 1797 à Sipta, petit village de la Silésie. Après avoir fait ses études littéraires au Gymnase de Hirschberg, puis chez le pasteur de Seltendorf, il servit, en 1815, comme volontaire dans un corps de chasseurs, pendant la guerre contre la France. De retour dans sa patrie, il se livra à l'étude de la théologie pour satisfaire au désir de son père ; mais son penchant pour la musique lui fit bientôt abandonner cette science pour aller chez l'organiste et *cantor* Klein, à Schmiedeberg, qui lui enseigna la théorie de l'art et les principes du jeu de l'orgue. Après deux années d'études sous la direction de ce maître, il se rendit à Breslau, où il reçut des leçons de Berner et de Joseph Schnabel ; puis, il alla à Berlin et passa une année dans cette ville pour y compléter son instruction musicale près de Zelter, de Klein, de Wilhelm Bach, et y étudier la méthode de Logier (*voyez* ce nom). En 1825, Freudenberg s'établit à Breslau, et y ouvrit un cours d'après le système de ce dernier, qui eut un moment de vogue dans l'Allemagne du nord. Quelques années plus tard, Freudenberg fit un voyage en Italie, et visita Rome et Naples. Lorsqu'il fut de retour à Breslau, il y prit possession, en 1830, de la place d'organiste qu'il occupe encore au moment où cette notice est écrite (1860). On a publié de la composition de cet artiste le psaume 75 pour voix seule, chœur et orchestre ; des Lieder avec accompagnement de piano ; une musique funèbre pour l'orgue ; des chœurs à quatre parties pour des voix d'hommes, et quelques petites pièces pour le piano.

FREUDENFELD (E.-A.), professeur de piano à Berlin, s'est fait connaître par les ouvrages dont les titres suivent : 1° *Capriccio per il piano-forte*, Berlin, Ochmigke. 2° *Six Variations pour le piano sur l'air allemand : Wir winden dir*, ibid. 3° *Leitfaden zum ersten Unterricht im Klavierspielen nebst einer Musikbeilage mit Erlauterungen* (Guide pour la première instruction dans l'art de jouer du piano, etc.), Berlin, Trautwein, sans date.

FREUDENTHAL (JULES), flûtiste de la chapelle du duc de Brunswick, né vers 1802, a fait peu d'études, et doit être considéré comme un musicien d'instinct plutôt que comme un professeur. On a de lui des divertissements pour la flûte avec accompagnement de piano, gravés à Brunswick chez Specht ; trois polonaises pour violon et piano ; pot-pourri pour les mêmes instruments sur des motifs de la *Muette de Portici*, Leipsick, Breitkopf et Hærtel ; et une scène pour voix de ténor avec accompagnement de piano. Il est auteur de Lieder, de ballades, et d'autres pièces de chant.

FREUDENTHALER (JEAN-GUILLAUME), né à Neckargartasch, près de Heilbronn, en 1761, entra dans sa jeunesse comme ouvrier chez Silbermann, de Strasbourg, et travailla ensuite chez Érard à Paris. Ayant fait un voyage à Londres, en 1788, il y étudia les règles de la construction des grands pianos, suivant les principes du mécanisme anglais, et de retour à Paris, il établit des ateliers pour la fabrication des instruments d'après ce système. Il eut bientôt de la réputation pour la solidité et la puissance de son de ses pianos, dont le seul défaut consistait dans la lourdeur du mécanisme, défaut qui était aussi celui des pianos anglais de cette époque. Les améliorations introduites plus tard dans la construction du piano à queue, tant sous le rapport de la légèreté du mécanisme que sous celui de la qualité moelleuse et chantante du son, ont fait oublier les anciens instruments de Freudenthaler; mais cet artiste n'en mérite pas moins d'être placé au nombre des bons facteurs de son temps. Il est mort à Paris, le 25 mars 1824, laissant à ses deux fils sa fabrique dans un état prospère; mais ceux-ci ont cessé la fabrication peu de temps après.

FREUND (PHILIPPE), pianiste et compositeur à Vienne, à la fin du siècle précédent et au commencement du dix-neuvième, a fait graver, depuis 1798 jusqu'en 1805 : 1° *VII Variazioni per il piano-forte*, Vienne, 1798. 2° VIII variations sur l'air allemand : *Seit ich so viele Weiber sah*, n° 2, op. 4, Vienne, Artaria, 1799. 3° Grand trio pour piano, violon et violoncelle, n° 1, op. 16. 4° Trois quatuors pour deux violons, alto et violoncelle, op. 17. 5° Grand trio pour violon, alto et violoncelle, op. 5, 1802. 6° VII variations pour le piano, op. 22, Vienne, 1805. On ignore l'époque de la mort de cet artiste, qui a disparu de l'activité de l'art en 1805.

FREUNDTHALER (CAJETAN), compositeur qui paraît avoir vécu à Vienne, et qui est connu par les titres de plusieurs ouvrages indiqués au catalogue de Traeg, imprimé en 1799 à Vienne. Voici ces titres : I. MUSIQUE D'ÉGLISE. 1° Dix messes à quatre voix, dont quelques-unes avec deux violons et orgue, et d'autres avec deux cors. 2° *Salve Regina*, à quatre voix, deux violons et orgue. 3° *Ave Regina*, pour ténor seul, deux violons et orgue. 4° *Regina cœli*, pour voix de basse, deux violons, flûte, deux cors et orgue. 5° *Veni Sancte Spiritus*, à quatre voix, deux violons, viole, deux flûtes, deux cors, timbale et orgue. 6° *Tantum ergo*, à quatre voix, deux clarinettes, deux cors et orgue. 7° Litanies à quatre voix, deux violons, flûte, deux cors et orgue. 8° Litanies à quatre voix, deux violons et orgue. 9° *Alma redemptoris*, pour soprano, deux violons, viole et basse. 10° Motet à quatre voix, deux violons et orgue. II. MUSIQUE INSTRUMENTALE. 11° Quatre symphonies à grand orchestre. 12° Nocturne pour plusieurs instruments. 13° Quintette pour quatre violes et violoncelle. 14° Six suites d'harmonies, dont plusieurs avec des cors de bassette. 15° Plusieurs recueils de danses.

FREY (HANS), beau-père d'Albert Durer, naquit à Nuremberg vers 1440, et fut musicien instruit, luthiste habile, mécanicien ingénieux et fabricant de luths. Baron s'est trompé sur le temps où vécut cet artiste, et sur le lieu où il habitait, lorsqu'il a dit, dans ses Recherches sur le luth (*Untersuchung der Laute*, p. 92), que Frey exerçait la profession de luthier à Bologne en 1415. Dans les actes de décès de Saint-Sébald, à Nuremberg, on voit que Jean Frey, luthiste (*citharœdus*), mourut en 1523. Albert Durer avait épousé sa fille, en 1494. Fuesli dit, dans le troisième volume du supplément de son Dictionnaire des peintres et des graveurs de la Suisse, que Jean Frey, mort à Nuremberg en 1523, après une maladie de six ans, construisait en bois des fontaines portatives fort ingénieuses : il dit aussi que cet artiste était musicien de profession.

FREY (J.), ancien élève du Conservatoire de musique de Paris, pour le violon, et éditeur de musique dans cette ville, depuis 1811, est entré à l'orchestre de l'Opéra en 1817, pour y jouer de la viole, et a fait partie de cet orchestre jusqu'en 1837. Il était membre de la Société des concerts du Conservatoire, et y jouait du même instrument. Frey a publié une *Méthode de tambour de basque*, Paris, chez l'auteur.

FREY (M.), maître de chapelle de la cour de Manheim, mort le 10 août 1832, est auteur d'un opéra qui a été représenté sous le titre de *Jery et Bätely*. L'ouverture de ce petit opéra a été gravée pour le piano, à Manheim, chez Heckel. Frey était violoniste habile ; il a publié quelques compositions pour son instrument.

FREYLINGHAUSEN (THÉOPHILE-ANASTASE), professeur de théologie et directeur de la maison des orphelins à Halle, né dans cette ville le 12 octobre 1718, et mort le 18 février 1785, a mis à la tête d'un livre de chant de la maison des orphelins de Halle, 1re partie, une préface sur le chant et l'usage de la musique dans l'église.

FREYSINGER (SÉBASTIEN), né à Weilheim, en Bavière, fit ses études au séminaire de Munich, et y puisa une bonne éducation musicale ; ensuite il se livra à l'étude du droit. Plusieurs de ses compositions ont été publiées à Augsbourg chez Lotter, entre autres, des cantiques pour le service divin, et une messe allemande à quatre voix. On a aussi de lui un offertoire, *Ecce lignum crucis*, qui est considéré comme un des bons ouvrages de ce genre. Freysinger est mort en 1805.

FREYSTÆDLER (FRANÇOIS-JACQUES), né, le 13 septembre 1768, à Salzbourg, où son père était chef du chœur de l'église Saint-Sébastien, entra avant l'âge de sept ans dans la chapelle du prince comme sopraniste. Plus tard, lorsqu'il eut perdu la voix, il reçut des leçons d'orgue de Georges Lipp, deuxième organiste de la cour, et beau-père de Michel Haydn. Ses progrès furent si rapides, qu'à l'âge de quatorze ans il put remplacer son maître à l'église. Quelque temps après, il obtint la place d'organiste de la cathédrale, dans un concours où il eut à lutter contre trente-trois concurrents. Après avoir occupé cette position pendant près de six années, il quitta tout à coup Salzbourg, parce que ses parents avaient résolu de lui faire embrasser l'état monastique, pour lequel il n'avait point de penchant, et il alla s'établir à Munich, où il vécut en donnant des leçons. Il resta peu de temps dans cette ville, et préféra le séjour de Vienne, où il trouva dans son compatriote Mozart un protecteur zélé. Arrivé dans la capitale de l'Autriche, le 13 mai 1788, il n'a plus quitté cette ville depuis lors ; il y vivait encore en 1836. Pendant près de cinquante ans, il s'y est livré à l'enseignement de la musique, et particulièrement du piano. Parmi les compositions de Freystædler qui ont été publiées, on remarque des pièces caractéristiques, telles que : 1° *Le Siége de Belgrade, la Matinée, le Midi et le Soir du printemps*, Vienne, 1791. 2° Sonate pour clavecin et violon, op. 1, Vienne, Artaria. 3° Trois sonates pour clavecin et violon, op. 2, *ibid.*, 1791. 4° Trio pour clavecin, violon et violoncelle, *ibid.* 5° Six sonatines pour piano, op. 7, 1798. 6° Six petites pièces pour le clavecin, op. 8, *ibid.* 7° Sonate pour piano, op. 9, *ibid.*, 1798. 8° Six chansons allemandes avec accompagnement de clavecin, Vienne. 9° Quatorze variations pour le clavecin sur l'*Andante si renommé de Haydn*, Vienne, Eder. 10° Douze variations pour le clavecin sur l'air : *Mamma mia, non mi gridate*, ibid., 1800. 11° Huit variations pour piano sur une mélodie d'Alcina, Leipsick, Kühnel. 12° Études ou quarante variations instructives pour le piano, *ibid*. Freystædler a laissé en manuscrit plus de soixante œuvres de différents genres.

FREYTAG (.....). *Voyez* BOLLIOUD DE MERMEY.

FREZZA (GIUSEPPE), surnommé *dalle Grotte*, parce qu'il était né au bourg de Grotte, en Sicile, fit ses études au collège d'Aquapendente, puis fut mineur conventuel, professeur de théologie et de son ordre au couvent de Padoue, vers la fin du dix-septième siècle. Il a donné un traité du plain-chant, sous le titre suivant : *Il Cantore Ecclesiastico per istruzione de' religiosi minori conventuali*, Padoue, 1608, in-4°. La deuxième édition de ce livre a pour titre : *Il Cantore Ecclesiastico per istruzione de' religiosi minori conventuali e benefizio commune di tutti gli ecclesiastici, del P. Giuseppe Frezza dalle Grotte, alunno del conventu di S. Maria d'Aquapendente, maestro in Sacra teologia. In Padova, nella stamperia dell' Seminario*. Appresso Giovanni Manfré, 1713, gr. in-4° de 146 pages. La troisième édition a paru dans la même ville, en 1733, in-4°. Ces deux dernières éditions sont des reproductions exactes de la première.

FREZZOLINI (HERMINIE), cantatrice remarquable de l'époque actuelle (1838 à 1858), est née à Orvieto, en 1818. Son père, Joseph Frezzolini, *buffo cantante*, qui chanta sur les théâtres principaux de l'Italie, depuis 1824 jusqu'en 1848, lui donna les premières leçons de musique ; puis elle apprit les éléments du chant chez Nuncini, de Florence. Envoyée ensuite à Milan, elle y devint élève de Ronconi (père), puis de Manuel Garcia ; elle acheva son éducation vocale à Florence, sous la direction de Tacchinardi. Son début se fit sur le théâtre de cette ville, en 1838, dans la *Beatrice di Tenda* de Bellini, et dans *Marco Visconti* de Vaccaj. Dans la même année, elle chanta à Sienne et à Ferrare, puis à Pise, à Reggio, à Perugia et à Bologne, en 1839. Sa réputation s'étendit bientôt dans toute l'Italie, et les théâtres de *primo cartello* commencèrent à lui offrir des engagements. Au carnaval de 1840, elle chanta, à *la Scala* de Milan, la *Lucrezia Borgia* de Donizetti, avec un brillant succès. Appelée ensuite à Vienne, elle y chanta pendant toute la saison du printemps, puis elle se rendit à Turin, où elle épousa le ténor Poggi ; mais elle conserva toujours à la scène son nom de *Frezzolini*. Au printemps de 1841, elle se rendit à Londres, où elle produisit une vive sensation. De retour en Italie, elle y trouva de beaux engagements et se fit applaudir à Trieste, à Rome, à Venise, à Naples et dans plusieurs autrès grandes villes. En 1848, la Frezzolini reçut un engagement pour Pétersbourg et s'y fit admirer. Elle y resta pendant deux ans; mais la fâcheuse influence du rude climat de la Russie l'obligea à retourner en Italie pour y rétablir sa santé. Dans les années 1850 à 1855, elle chanta alternativement à Londres et à Madrid; ce ne fut que le 30 novembre de cette dernière année, qu'on l'entendit à Paris pour la première fois, dans *I Puritani*. Sa beauté à la scène, la noblesse de son maintien et de son geste, enfin son style large, dramatique et original, lui firent bientôt de nombreux partisans; mais déjà la fraîcheur de sa voix avait disparu et la fatigue s'y faisait sentir. La pente sur ce déclin est toujours rapide; le mal empira d'année en année, et en 1855, la carrière de la cantatrice était finie pour les grands théâtres de l'Europe. Postérieurement elle s'est rendue en Amérique où elle a retrouvé ses anciens succès, et de plus les démonstrations d'enthousiasme excentrique que des populations, jeunes encore pour l'art, prodiguent volontiers. Parfois incorrect et hasardé, mais plein d'élan et d'entraînement, le chant de cette cantatrice impressionnait vivement l'auditoire, lorsque sa voix avait encore toute sa pureté.

FRIBERTH (CHARLES), fils d'un instituteur de Weilersdorf, dans la basse Autriche, naquit le 7 juin 1736. Jeune encore, mais possédant des connaissances assez étendues en musique, il se rendit à Vienne, où il reçut des conseils des compositeurs de la cour, Bono et Gessmann. En 1759, il entra comme ténor dans la chapelle du prince Esterhazy; à son retour à Vienne, il fut nommé maître de chapelle à l'église des Jésuites et à la chapelle italienne. Dans l'Annuaire musical de Vienne et de Prague, pour l'année 1796, il est donné beaucoup d'éloges à ses compositions religieuses. On connaît de lui aujourd'hui, en manuscrit, neuf messes, cinq motets, un *Stabat*, un *Requiem*, des graduels et des offertoires. Le style en est agréable, l'harmonie douce et pure, quoique le caractère ne soit pas celui de la véritable musique d'église. On reprochait à Friberth d'user de trop de ménagements avec ses élèves dans l'enseignement du chant, et de ne pas les accoutumer à émettre le son avec une puissance suffisante. La faible constitution de sa fille (Antoinette), dont il fit une cantatrice agréable, lui avait fait contracter l'habitude de ces ménagements. Cet artiste est mort octogénaire, à Vienne, le 6 août 1816.

FRIBERTH (JOSEPH) était à Vienne, en 1770, en qualité de chanteur de la chapelle impériale. Il ne quitta cette position que pour aller à Passaw comme maître de chapelle du prince. Il y composa les opéras dont les titres suivent : 1° *Das Loos der Gœtter* (la Destinée des dieux). 2° *Die Wirkung der Natur* (la Force de la nature). 3° *Adelstan et Roschen*. 4° *Die kleine Aehrenleserin* (la petite Glaneuse). Friberth est mort dans les premières années du dix-neuvième siècle.

FRICHOT (...), musicien français, fixé à Londres, vers 1790, est le premier inventeur du *cor-basse*, instrument auquel on a donné depuis lors le nom d'*ophicléide*. En 1800, il publia, à Londres, une description de cet instrument et une instruction sur la manière d'en jouer, dans un ouvrage intitulé : *A complete Scale and gammut of the bass-horn, a new instrument, invented by M. Frichot, and manufactured by J. Astor* (Échelle complète et gamme du cor-basse, instrument nouveau inventé par M. Frichot, et fabriqué par J. Astor). L'inventeur a changé tout le système de la musique d'instruments à vent, en lui donnant des basses qui lui manquaient, car le basson était trop faible pour remplir cet office, et le serpent trop imparfait. Il est cependant nécessaire de faire remarquer qu'il y a beaucoup d'analogie, pour la qualité des sons, entre l'ophicléide et le serpent perfectionné auquel on a donné le nom de *basson russe*; or, un musicien de l'église de Saint-Pierre, à Lille, nommé *Regibo*, avait déjà, en 1780, perfectionné le serpent par une nouvelle perce de l'instrument, et par l'addition de plusieurs clefs, en sorte que ce Regibo peut être considéré comme le premier inventeur du basson russe, qui nous est revenu du Nord près de trente ans après. Au reste, l'*ophicléide*, instrument très-imparfait, à cause de ses trous énormes, mal bouchés par les clefs, de son défaut de justesse et de sa sonorité inégale, a été remplacé avec avantage par le *bass-tuba* et par le *saxhorn-basse*, instruments à cylindres.

FRICK (CHRISTOPHE) ou FRICCIUS, magister, naquit à Burgdorff, près de Lunebourg, en 1577. À la mort de son père, qui était pasteur et surintendant, il obtint les deux places que celui-ci avait occupées, et quelque temps après fut nommé pasteur et surintendant de la cathédrale de Bardowick, où il mourut en 1640, âgé de soixante-trois ans. Ce savant a fait imprimer : 1° *Musica Christiana, oder Predigt über die Worte, Psalm 98, Lobet den Herrn mit harfen und Psalmen, darinnen von dem Ursprung, Brauch und Erhaltung christlicher Musick fürnehmlich gehandelt wird*, sur *Einweihung einer neuen Orgel* (La musique chrétienne, ou sermon sur ces paroles du psaume 98, *Louez le Seigneur avec la harpe et les cantiques*, dans lequel l'origine, l'usage et l'entretien de la musique d'église sont amplement traités, à l'occasion de la dédicace d'un nouvel orgue), Leipsick, 1615, in-4°. Ce sermon fut réimprimé avec un autre sur le même sujet, prononcé par l'auteur à Bardowick, en 1630, sous le titre : *Musik-Büchlein, oder nützlicher Bericht von dem Ursprung, Gebrauch und Erhaltung christlicher Musik herausgegeben* (Petit livre de musique, ou avis profitable sur l'origine, l'usage et l'entretien de la musique d'église), Lunebourg, 1631, in-8°. Une autre édition a paru dans le même lieu, en 1643, in-8°.

FRICK ou **FRIKE** (Philippe-Joseph), né à Wallanzheim, près de Wurzbourg, le 27 mai 1740, fut d'abord organiste à la cour du margrave de Baden-Bade, puis, ayant acquis une rare habileté sur l'harmonica, il voyagea pour donner des concerts avec cet instrument : ses premières excursions commencèrent en 1769. L'harmonica dont il se servait avait été construit par lui-même, d'après le système de Franklin. Il fit ensuite des recherches pour en augmenter les ressources par un clavier; mais il n'a pas publié le résultat de ses travaux pour cet objet. Le problème qu'il s'était proposé a été résolu plus tard par Röllig (voyez ce nom). Pendant plusieurs années, Fricke séjourna à Pétersbourg et y eut le titre de maître de piano de la grande-duchesse, sœur de l'empereur Pierre III. Arrivé à Londres vers 1780, il y eut de brillants succès comme pianiste et comme virtuose sur l'harmonica; mais l'effet nuisible que produisait cet instrument sur sa santé le décida à cesser d'en jouer, en 1786. Le reste de sa vie fut employé à donner des leçons de piano et d'harmonica ou d'accompagnement. Cet artiste mourut à Londres, le 15 juin 1798, à l'âge de cinquante-huit ans. On a de lui plusieurs ouvrages relatifs à l'harmonie pratique : le premier, qui a paru en allemand, est une table de successions d'accords pour la modulation; il a pour titre : *Ausweihungstabellen für Klavier- und Orgelspieler*, Vienne, 1772, sept feuilles in-4° obl. Le nom de l'auteur est écrit *Frick* au frontispice de cet ouvrage. L'artiste traduisit ensuite cet ouvrage en anglais et le publia sous ce titre : *The art of musical modulation, rendered easy and familiar, digested in twelve tables, shewing the shortest Method of modulating thro' all the Keys in three and four parts* (l'Art de la modulation musicale, résumé en douze tableaux présentant la plus courte méthode pour moduler dans tous les tons, à trois et quatre parties). Londres, Napier, 1780, in-4° obl. (1). Le nom de l'auteur est écrit *Frike* au frontispice. Une traduction française du même ouvrage a été publiée; elle est intitulée : *l'Art de moduler en musique, rédigé en douze tables, montrant la manière la plus courte et la plus aisée de moduler dans tous les tons*, etc., Paris, Imbault, sans date (1790), in-4° obl. Le *Dictionnaire d'harmonie* cité par Meusel, dans son *Lexique des artistes*, comme un ouvrage de Frick, n'est autre que celui-ci, lequel est en effet une sorte de dictionnaire des successions d'harmonie modulante. Le second ouvrage publié sous le nom de *Frike* est un traité d'accompagnement de la basse continue, intitulé : *A Treatise on Thorough-Bass, containing a plain and easy Method for the performance by the help of many examples and several new essential Rules*, etc. (Traité de la basse continue, contenant une méthode pour l'exécution, etc.), Londres, 1780, grand in-4° obl. Une deuxième édition a été publiée avec cet autre titre : *Treatise on Thorough-Bass, containing the pure Method of Figuring, and a Repertory of every Chord in Harmony*, Londres (sans date), in-4° obl. Enfin, on a de Frike un troisième ouvrage concernant l'harmonie, intitulé : *A Guide in Harmony; containing the various manners in which every Chord in four parts can be prepared, resolved, or otherwise freely used* (Guide dans l'harmonie, renfermant les diverses manières dont chaque accord à quatre parties peut être préparé, résolu, ou bien employé librement); Londres, 1793, 1 vol. in-4° obl. On connaît aussi du même artiste des pièces à quatre mains pour le piano, intitulées : *Duetts for two performers on a piano-forte, with additional keys*, Londres, Corri, 1796, et trois trios pour piano, violon et violoncelle, Londres, Preston, 1797.

FRIDERICI ou **FRIEDRICH** (Daniel), magister et *cantor primaire* à Rostock, naquit à Eisleben, vers la fin du seizième siècle. Il est connu comme écrivain sur la musique et comme compositeur, par les ouvrages suivants : 1° *Musica figuralis, oder neue, klærliche,*

---

(1) Je me suis trompé lorsque j'ai dit, dans la première édition de cette Biographie, que la deuxième édition de cet ouvrage de Frike a pour titre : *A Guide of Harmony*. Je n'avais alors ni l'un ni l'autre livre; je les ai maintenant sous les yeux. Celui que je croyais une seconde édition du premier est un ouvrage entièrement différent, ainsi que l'indique avec clarté le titre rapporté dans l'article ci-dessus.

richtige und verstændliche Unterweisung der Singkunst, mit gewissen Regeln, klaren und verstændlichen Exempeln, neben vollkommener Erklærung der modorum musicorum, etc. (La musique figurée, ou instruction nouvelle, claire et exacte de l'art du chant, etc.), Rostock, 1614. La seconde édition, publiée dans la même ville, est de 1618, in-8°; la troisième, qui est de 1638, se trouve dans ma bibliothèque; la quatrième, indiquée par Forkel (*Allgem. Litter. der Musik*), est de 1649, in-8°; la cinquième, dont il y a un exemplaire à la Bibliothèque impériale de Paris, est de 1660, in-8°; enfin, la sixième porte la date de 1677. Toutes ont paru à Rostock. 2° *Sertum musicale primum, oder erstes musikalisches Krænztlein, dass ist, der erste Theil dreystimmiger Concerten* (Premier bouquet musical, contenant la première partie de concerts à trois voix), Greifswald, 1623, in-4°, troisième édition. La première est probablement de 1614, car l'épître dédicatoire est datée du 1ᵉʳ janvier de cette année. 3° *Anderes Musikalisches Krænztlein, etc., mit 4 Stimmen* (Deuxième bouquet musical, etc., à quatre voix), Rostock, 1610; deuxième édition, 1625. 4° *Erster Theil newer lieblicher Concerten mit 3 Stimmen*, Rostock, 1617, in-4°. 5° *Erstes musikalisches Strausslein, von schœnen wohlriechenden Blümlein, so in Venus Garten gewachsen*, etc. (Premier bouquet musical, composé de fleurs odoriférantes écloses dans le jardin de Vénus), première partie, à trois et quatre voix, quatrième édition, Rostock, 1620. L'épître dédicatoire est datée de 1614, et signée DAN. FRIEDRICH stud. 6° *Anderes mus. Strausslein, etc., mit 4 und 5 Stimmen* (Deuxième bouquet musical, etc.). 1624. L'épître dédicatoire est datée d'Oldenbourg, 1617, et signée *Daniel Friedrich*, cantor dans cette ville. 7° *Amores musicales, lustige, weltliche Liedlein* (Cantiques mondains et agréables à trois et huit voix), Rostock, 1624. 8° *Amores musicales, 2ʳ Theil newer Liedlein nach Art der Villanellen mit 4 und 5 Stimmen*, Hambourg, 1618. 9° *Kurtzweiliges Quolibet von 5 Stimmen, nebst einem musikalischen Dialogo von 6 Stimmen* (Quolibet plaisant à cinq voix, suivi d'un dialogue musical à six voix), Rostock, 1622, in-4°. 10° *Ficinia sacra*, Rostock, 1623. 11° *Hores musicales, oder newe gantz lustige Ehrenliedlein mit 4, 5 und 6 Stimmen gesetzt* (Chansons sérieuses et agréables, etc.), Rostock, 1624. 12° *Amuletum musicum contra melancholiam*, etc., *das ist: lustige, frœlich, und anmuthige weltliche Lieder mit 5 Stimmen* (Amulette musical contre la mélancolie, etc., c'est-à-dire, chansons mondaines, agréables et joyeuses à cinq voix), Rostock, 1627, in-4°. 13° *Deliciæ juveniles, bestehend aus 4 stimmigen Liederen* (Les délices de la jeunesse, consistant en chansons à quatre voix), Rostock, 1634.

FRIDERICI (VALENTIN), théologien et philologue allemand, fils d'un coutelier de Smalkalde, naquit le 28 avril 1630. Après avoir fait ses études à Leipsick, il y fut d'abord assesseur de la faculté de philosophie, bachelier en théologie, et enfin professeur de langue hébraïque. A l'âge de soixante ans, il retourna dans sa ville natale et y mourut le 23 avril 1702. Par son testament, il fonda une caisse de secours pour les veuves des professeurs de philosophie. Au nombre de ses écrits on remarque une dissertation qui a pour titre: *Responsio Andreæ Goldbach de filid vocis*, Leipsick, 1670, in-4°. Je n'en parle ici que pour faire remarquer l'erreur de Gerber, qui, dans son nouveau Lexique des musiciens, a donné place à un article sur Friderici, parce qu'il a cru que son livre était un traité de la voix, tandis que c'est une défense des preuves de la révélation contre les attaques d'André Goldbach.

FRIDERICI (JOSEPH), facteur d'orgues à Hildesheim, a été signalé, en 1844, par le *Correspondant de Hambourg*, pour des perfectionnements de mécanisme qu'il a introduits dans la pédale de l'orgue de l'église de la Madeleine de Hildesheim, construit par lui.

FRIDZERI (ALEXANDRE-MARIE-ANTOINE FRIXER, dit), violoniste, compositeur et virtuose sur la mandoline, naquit à Vérone, le 16 janvier 1741. A peine âgé d'un an, il perdit la vue, qu'il n'a point recouvrée depuis lors. Dès ses premières années, il montra du goût pour la musique; à huit ans, il fabriquait de petits instruments qui lui servaient à montrer son aptitude pour la musique. Cinq maîtres différents lui enseignèrent à jouer du violon, mais toutes leurs leçons réunies ne lui composèrent pas un cours d'études de plus de huit ou neuf mois. A onze ans, il se fit sa première mandoline sur laquelle il acquit seul le rare talent qui le distingua par la suite. Il apprit seul aussi depuis lors à jouer de la flûte, de la viole d'amour, de l'orgue, du cor et de plusieurs autres instruments. Il ne reçut jamais de leçons d'harmonie ni de contrepoint, et les compositions qu'on a de lui ont été écrites d'instinct. En parlant de lui dans sa vieillesse, il disait qu'à vingt ans il était musicien, architecte et poète, mais que son goût pour la musique l'emporta sur celui des autres arts. Pendant trois ans, il fut organiste de la chapelle dite *la Madona del Monte Berico*, à Vicence, où il avait été élevé. A vingt-quatre ans, il quitta la maison paternelle pour voyager avec un de ses amis, malgré la situation pénible où le plaçait sa cécité. Les concertos de Tartini, et quelques morceaux de Ferrari et de Pugnani composaient tout son répertoire; il y avait ajouté quelques morceaux de sa composition. Partout il eut des succès, tant sur le violon que sur la mandoline. Arrivé à Paris, il se fit entendre au concert spirituel et y débuta par un concerto de Gaviniès. Après deux années de séjour dans cette ville, il parcourut le nord de la France, la Belgique et l'Allemagne du Rhin; donnant partout des concerts et se faisant applaudir. En remontant le Rhin, il était arrivé à Strasbourg; cette ville lui plut, et il y demeura dix-huit mois. Il y composa deux opéras en trois actes qui ne furent point représentés, puis il retourna à Paris, et y arriva en 1771. Ce fut alors qu'il fit graver ses premières compositions, qui consistaient en six quatuors pour deux violons, alto et basse, et six sonates pour la mandoline. L'année suivante, il donna à la Comédie italienne *les Deux Miliciens*, opéra comique en un acte, qui commença sa réputation de compositeur d'une manière brillante, parce qu'on y trouvait un sentiment juste de la scène, de l'élégance dans la mélodie, enfin, une harmonie naturelle. Après ce succès, il partit pour le midi de la France, où les amateurs des villes les plus importantes lui firent un accueil distingué. De retour à Paris, il imagina un bureau typographique pour écrire la musique, en construisit lui-même le modèle, et s'en servit pour la composition de son opéra intitulé : *les Souliers mordorés*, qui fut représenté en 1776, et qui a toujours été considéré en France comme le meilleur ouvrage de l'auteur. Au moment où il venait d'obtenir ce nouveau succès, le comte de Châteaugiron proposa à Fridzeri de l'accompagner dans une de ses terres, en Bretagne; l'artiste accepta et passa douze ans dans cette retraite. Cependant il fit quelques voyages à Paris dans cet intervalle, et dans l'un d'eux il donna l'opéra comique intitulé : *Lucette*, qui ne réussit pas, bien que le compositeur ait toujours considéré cet ouvrage comme supérieur aux *Souliers mordorés*, et aux *Deux Miliciens*. Pour se consoler de cet échec, il fit graver, avant de retourner en Bretagne, deux concertos de violon qui avaient été entendus avec plaisir au concert spirituel. La révolution survint et obligea le comte de Châteaugiron à sortir de France. Privé tout à coup, par cet événement, de ressources sur lesquelles il avait cru pouvoir compter jusqu'à la fin de ses jours, Fridzeri se vit contraint de recommencer ses voyages. D'abord il s'arrêta à Nantes, et y fonda une académie philharmonique; mais les terribles drames de la guerre de la Vendée obligèrent le malheureux artiste à se réfugier à Paris, en 1794. Le Lycée des arts, qui venait d'y être établi, le reçut au nombre de ses membres. Il y joua plusieurs fois des concertos de violon et des morceaux concertants sur la mandoline. Peu de temps après, il fonda une nouvelle académie philharmonique, l'établit d'abord au Palais-Royal, puis la transporta au magasin de l'Opéra, rue Saint-Nicaise. La mauvaise fortune, qui l'avait poursuivi pendant la plus grande partie de sa vie, lui fit encore en cette occasion choisir ce local; car il y était à peine établi depuis dix-huit mois, lorsque l'explosion de la machine infernale du 3 nivôse an IX (décembre 1801) eut lieu précisément dans la rue Saint-Nicaise, et anéantit le peu que Fridzeri possédait. Heureusement cet artiste était doué d'une de ces âmes courageuses que l'adversité ne saurait abattre, et quoique âgé de plus de soixante ans, il reprit le cours de ses voyages avec ses deux filles qui étaient bonnes musiciennes, qui chantaient bien, et dont l'aînée était d'une certaine habileté sur le violon. Aimable vieillard, Fridzeri sut intéresser en sa faveur les habitants de la Belgique au milieu desquels il se rendit; on l'accueillit à Anvers; il s'y fixa comme professeur, et y établit un commerce de musique et d'instruments. Il est mort dans cette ville, en 1819. Pendant son dernier séjour à Paris, Fridzeri avait écrit pour l'Opéra un ouvrage intitulé : *les Thermopyles*; cet opéra fut reçu pour être joué, mais il n'a jamais été représenté. L'auteur en a fait graver une scène avec accompagnement de piano. Il a aussi publié dans le même temps un œuvre de duos pour deux violons, une symphonie concertante pour deux violons, alto et orchestre, un deuxième livre de six quatuors pour deux violons, alto et basse, et un recueil de six romances avec accompagnement de piano.

FRIEDEL (Zacharie), facteur d'orgues, vivait à Zittau au commencement du dix-septième siècle. En 1611, il répara l'orgue de l'église Saint-Jean de cette ville, y ajouta de nouveaux jeux, fit une nouvelle soufflerie et un sommier pour le positif. En 1613, il construisit aussi pour le chœur de la même église un positif de sept jeux, à l'usage des vêpres.

FRIEDLOWSKY (Joseph), virtuose de premier ordre sur la clarinette, est né au bourg de Sainte-Marguerite, près de Prague, le 11 juillet 1777. Il eut pour premier maître de chant et de violon Wadizea, instituteur à Anchonitz, village à proximité de sa demeure. Lorsqu'il eut perdu la belle voix de soprano qu'il avait reçue de la nature, il se livra à l'étude de la clarinette et du cor de bassette, sous la direction de Nejebse, premier clarinette du théâtre de Prague. Ses progrès furent si rapides, qu'en peu de temps il fut en état d'occuper la première place dans l'harmonie de la garde de la ville. Sa renommée ne tarda point à s'étendre; en 1802, il fut appelé dans la capitale de l'Autriche pour être placé comme première clarinette dans l'orchestre du théâtre sur la Vienne. Le beau son, toujours pur, et tour à tour doux ou puissant, qu'il tirait de son instrument; son style élégant et plein d'expression; le brillant de son exécution dans les traits rapides et difficiles, sont les qualités qui lui assurèrent l'estime et l'admiration de tous les artistes. Lorsque le Conservatoire de Vienne fut institué, Friedlowsky y fut appelé comme professeur; cette école lui doit une multitude de bons élèves. En 1822, un décret impérial lui assura la survivance de la place de première clarinette de la chapelle de la cour; il est devenu titulaire de cette place en 1832. Père de quatre enfants, il a eu le bonheur de les voir placés parmi les bons artistes. L'aîné de ses fils (François), né à Prague le 27 mars 1802, élève de Bœhm pour le violon, et de Moschelès pour le piano, donne des leçons de ces deux instruments. Calligraphe distingué, il possède le génie des langues à un degré fort rare, car il lit, écrit et parle avec facilité l'allemand, le bohémien, le latin, le français, l'italien, l'anglais, le grec et le turc. Antoine, second fils de Friedlowsky, né à Vienne le 2 août 1804, marche sur les traces de son père comme virtuose sur la clarinette; il est placé comme clarinettiste solo à l'orchestre de Hofburgtheater. Les deux filles de Joseph, Éléonore et Marie, sont d'estimables cantatrices de concert et d'église.

FRIEDRICH DE FRIEDENBERG (Ignace), né à Prague en 1710, entra fort jeune dans l'ordre des Bénédictins, à Sainte-Marguerite. Lié d'amitié avec Stammitz, il prit de lui des leçons de violon; mais bientôt il renonça à cet instrument pour le violoncelle, sur lequel il acquit un talent remarquable. Il jouait sur cet instrument les concertos de violon les plus difficiles. Frédéric II, roi de Prusse, qui l'entendit à Wahlstadt, en Silésie, témoigna de l'admiration pour son habileté. Ce moine a écrit beaucoup de solos et de concertos pour le violoncelle, et l'on conserve à Wahlstadt deux offertoires qu'il y a composés. Il est mort à Prague, le 7 janvier 1788.

FRIEDRICH (Joseph), organiste à Breslau, est né à Neisse, le 14 octobre 1764. Après y avoir fait ses humanités, il alla achever ses études à l'université de Breslau, depuis 1781 jusqu'en 1784. Un penchant décidé pour la musique le porta à abandonner la carrière des lettres, pour s'occuper uniquement de cet art. En 1790, il fut nommé organiste en second de la cathédrale de Breslau, et lorsque en 1819 l'église de Sainte-Croix fut détachée de la cathédrale pour former une paroisse à part, il en fut nommé organiste. Avant l'apparition de Berner, Friedrich était considéré comme un des meilleurs organistes de Breslau. On remarquait en lui une vivacité extraordinaire dans les préludes, et beaucoup de goût dans le mélange des jeux de l'orgue.

FRIEDRICH (E.-F.), pianiste et professeur de son instrument à Magdebourg, a vécu quelque temps à Paris, et y a reçu des leçons de Chopin. Dans les années 1844, 1845 et 1846, il a fait des voyages à Hambourg, à Berlin et à Dresde : il s'y est fait entendre avec succès dans les concerts. On a de cet artiste des rondos, des études, des marches, des romances pour piano, et beaucoup de bagatelles de différents genres pour le même instrument.

FRIES (Jean), en latin *Frisius*, théologien et littérateur, naquit en 1505 à Greiffensée, dans le canton de Zurich. Après avoir fait un voyage en Italie, il revint à Zurich, et fut placé à la tête du collège de cette ville. Il cultivait la musique et composait pour ses élèves des chants à plusieurs parties, sur les plus beaux morceaux des poëtes grecs et latins. Il mourut à Zurich en 1565. On trouve au nombre de ses ouvrages : *Isagoges musicæ, cui accesserunt omnia Horatii carminum genera*, Bâle, 1554, in-4° obl. Il y a des exemplaires de cette même édition qui ont un autre frontispice, dont le titre offre cette différence : *Brevis musicæ isagoge, accesserunt priori editioni omnia Horatii carminum genera, quatuor vocibus*. Tiguri, Trasch, 1554, in-4° obl. L'édition prétendue de 1555, citée par M. Brunet (*Manuel du libraire*, t. II, pages 333 et 640), est aussi la même, avec un nouveau frontispice.

FRIESE (Henri), organiste à Nordhausen,

au commencement du dix-huitième siècle, a publié un livre choral pour le chant, avec la basse chiffrée pour l'accompagnement de l'orgue, sous ce titre : *Choral Gesang-Buch a canto et basso zusammen getragen von*, etc. Nordhausen, 1712, in-4° obl. Le frontispice, gravé en taille-douce, représente l'auteur au clavier de l'orgue.

FRIESE (Frédéric-François-Théodore), organiste et instituteur à Doberan, a publié en 1841 les chants chorals en usage dans le Mecklenbourg-Schwerin, à quatre parties pour l'orgue ou le piano, sous ce titre : *Die gebräuchlichsten Choræle der Mecklenburg-Schwerinschen Kirche; vierstimmig gesetzt, mit Zwischenspielen, Verschen*, etc. Leipsick, F. Whistling, 2 vol. in-4°. On connaît aussi de cet artiste *la Marche de parade de Schwerin*, pour le piano, Hambourg, Cranz, et quelques autres petites compositions.

FRIETZSCH (Mathieu-Fr.). Forkel et Lichtenthal citent dans leurs *Bibliographies musicales* un livre de cet auteur, intitulé : *Dubium physicum quoad sonum in campana vulgò creditum extricatum*, Lipsiæ, 1689, in-4°. Cette dissertation, relative au préjugé populaire qui faisait autrefois sonner les cloches pendant les orages, n'a point de rapport avec la musique.

FRIKER ou FRICKER (Marc-Jean-Louis), pasteur dans le Wurtemberg, vers le milieu du dix-huitième siècle, a inventé une théorie de la musique, basée sur des principes d'arithmétique différents de ceux de la théorie d'Euler, et qu'il opposa à celle-ci. Il n'a point publié cette théorie, mais il en a été répandu des copies manuscrites d'après lesquelles Oettinger a composé sa dissertation sur la philosophie d'Euler et de Friker, à l'égard de la musique (*Die Eulerische und Frikerische Philosophie ueber die Musik*, Neuwied, 1761, in-8°). Il paraît que Friker a pris ensuite sa théorie de la musique pour base d'un système de métaphysique dont le même Oettinger a donné l'analyse dans son livre intitulé : *Irdischen und himmlischen Philosophie*, t. II, p. 256 et suiv.

FRISCHLIN (Nicodème), célèbre philologue, naquit, le 22 septembre 1547, à Balingen, dans le duché de Wurtemberg. Ses études, qu'il fit dans l'université de Tubingen, furent si brillantes, qu'elles lui suscitèrent un grand nombre d'ennemis, et sa vie fut aussi agitée que son mérite était grand. Ayant déplu au duc de Wurtemberg, il fut arrêté et mis dans la forteresse d'Aurach. Il chercha à s'évader en attachant à sa fenêtre ses draps coupés en bandes; ces bandes se rompirent, et il tomba sur des rochers, ou il fut brisé, dans la nuit du 29 novembre 1590. Frankenau (*In Dissert. Med.*, p. 472) cite de Frischlin : *Encomio Musicæ, oratio;* mais sans indiquer le lieu ni la date de l'impression.

FRISCHMUTH (Marc-Hilaire), pseudonyme. Voyez FUHRMANN (Martin-Henri).

FRISCHMUTH (Léonard-Louis), professeur de clavecin à Amsterdam, vers le milieu du dix-huitième siècle, a eu de son temps la réputation de compositeur habile. Il a publié, en 1758, un livre élémentaire, en hollandais, sous ce titre : *Korte en zakelijke Onderwijzings Gedagten over de Beginselen en Onderwijzingen van 's Clavecimbel* (Instruction abrégée et essentielle sur l'étude et l'enseignement élémentaire du clavecin) ; Amsterdam, Olofsen, in-4°. On a aussi de cet artiste : 1° Deux recueils de petites pièces pour le clavecin, Amsterdam. 2° Six trios pour clavecin, flûte et basse de viole, *ibid.*, 1762. 3° Trois concertos de Tartini, arrangés pour le clavecin.

FRISCHMUTH (Jean-Chrétien), directeur de musique au théâtre national de Berlin, naquit à Schwabhausen, dans le duché de Gotha, en 1741. Il fut attaché pendant plusieurs années à des troupes de comédiens ambulants, comme musicien et comme acteur, demeura ensuite à Gotha, et se rendit à Berlin, en 1785, pour y être employé comme directeur de musique au théâtre de Doebblin. En 1787, il entra au théâtre national, pour y remplir les mêmes fonctions. Il est mort à Berlin, le 31 juillet 1790. Cet artiste s'est fait connaître comme compositeur par trois opérettes : 1° *Das Modereich* (l'Empire de la mode). 2° *Die kranke Frau* (la Malade). 3° *Clarice*. On a aussi gravé de sa composition à Amsterdam : 1° Trois sonates pour le piano. 2° Deux œuvres de duos de violon. Peu de temps avant sa mort, il publia à Berlin, chez Hummel, douze airs pour deux violons, op. 5.

FRISIUS (Jean). Voyez FRIES.

FRISONI (Laurent), prêtre de Milan, qui vivait au commencement du dix-septième siècle, est auteur d'un traité du plain-chant intitulé : *Trattato del canto fermo*, Milan, 1628.

FRITELLI (le P. FAUSTO), mineur conventuel et maître de chapelle de la cathédrale de Sienne, vers le milieu du dix-huitième siècle, ouvrit en cette ville une école publique de musique, vers 1740, dans laquelle il substituait à l'ancien système de solmisation par les nuances, encore en usage alors dans toute l'Italie, celui de la gamme complète attribué à Anselme de Flandre (*voyez* ce nom). Suivant les *Notices sur les écrivains de Bologne*, par Fantuzzi, t. V, p. 344, n° 5, le P. Fritelli publia, en 1743, un écrit pour la défense de la réforme qu'il entreprenait, laquelle était attaquée par les autres professeurs de musique de Sienne, particulièrement par François Provedi (*voyez* ce nom), qui avait publié une brochure à ce sujet. L'ouvrage du P. Fritelli est devenu si rare, que son titre même n'est pas connu jusqu'à ce jour. Au reste, la réforme entreprise par ce maître a fini par triompher des préjugés des musiciens italiens en faveur de l'ancienne solmisation, mais elle n'a été complète que dans le commencement du dix-neuvième siècle.

FRITSCH (THOMAS), fils d'un docteur en médecine et en philosophie de Gœrlitz, naquit dans cette ville, le 25 août 1563. Après la mort de Jean Heinsius, il lui succéda comme magister, puis il entra dans un couvent de la Bohême et y fit ses vœux. Plus tard, il fut envoyé au couvent de Saint-Mathieu à Breslau. Il y est mort dans les premières années du dix-septième siècle. Draudius, dans sa *Bibliothèque classique*, cite un recueil de motets de Fritsch, sous le titre de *Opus musicum, von* 5, 6, 8, 9 *und mehr Stimmen auf alle Festtage zu gebrauchen* (Œuvre musicale à cinq, six, huit, neuf et un plus grand nombre de voix, pour tous les jours de fête), Leipsick, in-4°.

FRITSCH (BALTHASAR), compositeur de musique instrumentale, né à Leipsick, vers 1580, a publié plusieurs recueils de pièces pour des violes et basse de viole : 1° *Neuwe kunstliche und lustige Paduanen und Gagliarden mit 4 Stimmen*, Francfort, 1606, in-4°. Je crois que c'est le même ouvrage qui est indiqué dans le second catalogue de Francfort de 1606, sous le titre de : *Primitiæ musicales Paduanas et Gagliardas quas vocant plures egregias complectentes*, Francfort, Stein, in-4°. Draudius a cité ce titre d'une manière inexacte dans sa *Bibliothèque classique*. 2° *Newe teutsche Gesæng, nach Art der welschen Madrigalien mit 5 Stimmen* (Nouveaux chants allemands, dans la manière des chansons flamandes, à cinq voix), Leipsick, 1608, in-4°.

FRITSCH (LOUIS), né à Eisleben, le 28 juillet 1800, n'a point eu d'autre guide que lui-même pour l'étude du piano, et a reçu des leçons de Frédéric Schneider, à Dessau, pour la composition. Il est considéré dans sa patrie comme un pianiste distingué. Établi à Dessau comme professeur de son instrument, il a formé de bons élèves. Le duc régnant lui a accordé le titre de pianiste de la cour. On connaît de lui quelques compositions pour le piano, parmi lesquelles on remarque deux pièces de salon intitulées : *Idylles*.

FRITSCHE (GODEFROID), facteur d'orgues de l'électeur de Saxe, à Dresde, fut, au commencement du dix-septième siècle, un des artistes les plus célèbres en son genre. Au nombre de ses ouvrages on remarque l'orgue de Schloss-Kirche, à Dresde, de trente-trois jeux, celui de la Trinité à Sondershausen, composé du même nombre de jeux (cet orgue fut détruit par un incendie, le 3 juin 1621, quatre ans après sa construction), et celui de l'église Sainte-Marie-Madeleine, à Hambourg, avec vingt-trois jeux. Prætorius considérait cet instrument comme un des meilleurs de toute l'Allemagne.

FRITZ (JOACHIM-FRÉDÉRIC), en latin *Fritzius*, maître de chapelle à Grœtz, en Styrie, vers la fin du seizième siècle, s'est fait connaître comme compositeur pour l'église par les ouvrages dont les titres suivent : 1° *Psalmus XCIV quinque vocibus*, Grœcii, per Georg. Wildmanstadium, 1588, in-4° obl. 2° *Brevis sed admodum pia commune facti ex sacris literis collecta, qua cuncti in extremum diem et gloriosissimum Jesu-Christi*, etc., *quinque vocibus*, ibid., 1588, in-4° obl.

FRITZ (BARTHOLD), célèbre facteur d'instruments et mécanicien de Brunswick, était fils d'un meunier, et naquit près de cette ville en 1697. Destiné à l'état de son père, on ne lui fit point faire d'études ; mais par la seule force de son génie, il parvint à deviner les principes de la construction de l'orgue, et fit seul plusieurs positifs, clavecins et clavicordes. Son premier instrument, petit clavicorde de quatre octaves, fut construit en 1721 : dans la suite, ses ateliers eurent une si grande activité, que près de cinq cents clavecins et clavicordes, grands et petits, ont été fournis par lui, tant en Allemagne qu'à l'étranger. Tous ces instruments se faisaient remarquer par la beauté des sons, particulièrement dans la basse. Outre son mérite comme facteur d'instruments, il avait le talent d'inventer des machines ingénieuses, telles que des horloges à carillons et des oiseaux chanteurs. Il fut aussi l'inventeur de métiers à tisser, et d'un moulin horizontal qu'on a imité après lui. Cet artiste distingué est mort à Brunswick, le 17 juillet 1766. En 1756 (non en 1757, comme l'ont dit Gerber, Choron et Fayolle, et le Lexique de Schilling), il publia une méthode pour accorder les instruments à clavier d'après une partition tempérée, par quintes et octaves, sans aucune reprise et sans vérification par les tierces, en commençant par *fa* de la clef de *fa* à la quatrième ligne, accordant ensuite la quinte *ut*, puis l'octave grave de cette dernière note, et continuant de la même manière jusqu'à la douzième quinte. Cette méthode eut un si grand succès, que Breitkopf en publia une deuxième édition six mois après, sous ce titre : *Anweisung, wie man Claviere, Clavecins, und Orgeln, nach einer mechanischen Art, in allen zwolf Tænen gleich rein Stimmen kœnne, dass aus solchen allen sowohl Dur als Moll wohlklingend zu spielen sey*, Leipsick, 1757, in-4°. La préface de la première édition est datée du 1er octobre 1756; celle de la seconde porte la date du 4 avril 1757. Une troisième édition a été publiée en 1780, à Leipsick, chez Breitkopf. Lichtenthal est tombé dans une erreur singulière, à propos de cette troisième édition; il en a fait un ouvrage différent des deux premières, et l'a attribué à un autre auteur dont il a écrit le nom *Fritze* (voyez *Bibliog. della mus.*, t. IV, p. 51). A la fin de la deuxième édition, on trouve un catalogue de tous les instruments fabriqués par Fritz jusqu'en 1757, et de leurs possesseurs. Une traduction hollandaise de l'*Instruction pour l'accord des instruments* a été publiée à Amsterdam, par Hummel, sous ce titre : *Onderwijs om Clavieren en Orgels te stemmen*.

Quel qu'ait été le succès obtenu par le livre de Barthold Fritz, sa méthode est vicieuse et absolument inapplicable aux instruments à clavier, nonobstant l'opinion favorable sur son principe que Momigny (voyez ce nom) a exprimée dans sa *Seule vraie théorie de la musique*; car une succession de douze quintes, parfaitement justes, engendre un treizième son, trop élevé d'un peu plus d'un huitième de ton. Cette succession de douze quintes, exprimée par la progression triple un, trois, neuf, vingt-sept, quatre-vingt-un, etc., est la base d'un système que l'abbé Roussier, et longtemps après, M. Barbereau (*voyez* ce nom), ont essayé vainement de mettre en vogue. Fritz, et les accordeurs qui ont fait usage de sa méthode, n'ont pu parvenir à un bon accord du piano, qu'en tempérant à leur insu les quintes qu'ils croyaient faire justes, ou en altérant les octaves, ce qui est le système le plus défectueux. En l'absence de la vérification des tierces, il n'y a pas de bon accord possible des instruments à clavier.

FRITZ (GASPARD), né à Genève en 1716, fut un violoniste distingué, et composa pour son instrument et pour le clavecin. Dans sa jeunesse il prit à Turin des leçons de violon de Somis. Burney le connut en 1770 à Genève, d'où il n'était plus sorti depuis trente ans. L'historien anglais de la musique accorde beaucoup d'éloges à l'énergie et à la puissance de son jeu. Fritz est mort à Genève en 1782, à l'âge de soixante-six ans. Sennebier (*Histoire littéraire de Genève*, t. III, p. 323 et suiv.), dit qu'il a publié : 1° Six quatuors pour le violon. 2° Six solos pour le même instrument, premier livre. 3° Six solos, *idem.*, deuxième livre. 4° Six trio, *idem*. 5° Six duos pour deux violons. 6° Six symphonies (Burney parle avantageusement de cet œuvre). 7° Un grand concerto pour le clavecin. 8° Variations pour le clavecin sur le vaudeville de *la Bataille d'Ivry*. Chladni, dans des observations sur l'ancien Lexique de Gerber, qu'il fit insérer au journal de musique publié par Henri Christophe Koch (*Journal del Tonkunst*, p. 191 et suiv.), est tombé dans une singulière inadvertance, en attribuant à Gaspard Fritz (p. 194) des *Observations sur les principes de l'Harmonie*, publiées en 1763, lesquelles sont l'ouvrage de Jean-Adam Serre. Ce pauvre Gerber, sans examiner le fait, a cru Chladni sur parole et n'a pas manqué d'ajouter cet ouvrage (Nouveau Lexique) à la liste qu'il avait donnée de ceux de Fritz, et Lichtenthal a copié aveuglément Gerber dans cette erreur, qui a été aussi reproduite dans le Dictionnaire universel de musique publié par Schilling.

FRIZZI (BENOIT), médecin et ingénieur à Trieste, au commencement du dix-neuvième siècle, est auteur d'un Essai de biographie sur les médecins et les mathématiciens qui ont écrit sur les rapports de la médecine et des mathématiques avec la musique. Son livre a pour titre : *Dissertazione di Biografia musicale*, Trieste, 1805, 106 pages, in-8°.

FROBERGER ou FROHBERGER (JEAN-JACQUES), célèbre claveciniste et organiste du dix-septième siècle, était fils d'un cantor de Halle, en Saxe, et naquit en 1635. Des dispositions peu ordinaires lui firent faire de rapides progrès. Il n'était âgé que de quinze ans, lorsque l'ambassadeur de Suède, charmé de la beauté de sa voix et de son habileté précoce sur le clavicorde, l'emmena à Vienne, et le présenta comme un prodige à l'empereur Ferdinand III. Ce prince le prit sous sa protection, et l'envoya à Rome pour y étudier sous la direction de Frescobaldi (voyez ce nom). Sous un tel maître, Froberger acquit, après trois années d'études, un talent de premier ordre. En 1655, il quitta l'Italie pour retourner en Allemagne, s'arrêta à Paris où il se fit entendre avec succès, et appliqua au clavecin certains ornements que Gauthier l'ancien avait mis alors en vogue sur le luth. En retournant à Vienne, il visita Dresde, et exécuta devant l'électeur Jean-Georges II six toccates, huit caprices, deux *ricercari*, et des petites pièces appelées *suites*, de sa composition, dont il offrit ensuite le manuscrit à l'électeur qui, pour le récompenser, lui fit présent d'une chaîne d'or, le traita avec distinction, et lui remit à son départ une lettre pour l'empereur. Froberger était alors le claveciniste le plus habile et l'organiste le plus savant que l'on connût en Europe; Ferdinand le nomma organiste de sa cour, et le combla de faveurs.

En 1662, l'artiste, devenu célèbre dans sa patrie, eut le désir d'étendre sa renommée dans les pays étrangers; il obtint un congé de l'empereur, et se dirigea vers l'Angleterre, en passant par la France. Malheureusement il fut rencontré par des brigands qui le dépouillèrent; un méchant habit de matelot dans lequel il avait caché quelques ducats, était tout ce qui lui restait; mais ce peu de ressources devait encore lui être enlevé, car un corsaire captura le bâtiment qui le transportait. Poussé par le désespoir, Froberger se jeta à la mer pour se soustraire à la captivité. Habile nageur, il essaya de gagner la côte, qui n'était pas éloignée; des pêcheurs, l'ayant aperçu, le secoururent, et lui firent enfin aborder cette Angleterre, qu'il avait voulu visiter et dont la vue lui coûtait si cher. Couvert de haillons, il chemina vers Londres, sans autres moyens d'existence que la commisération publique; c'est ainsi qu'il arriva dans la capitale de l'Angleterre, ne sachant où reposer sa tête. Tout à coup, les sons de l'orgue se font entendre : l'artiste infortuné était près de l'abbaye de Westminster; la vue de cette église majestueuse émut son cœur du besoin de remercier Dieu de lui avoir conservé la vie, après tant de dangers. Il entra dans le temple, s'agenouilla, et sa prière fut si fervente, qu'il ne s'aperçut pas que le service divin avait fini, que l'église était déserte, et que les portes allaient se fermer sur lui. — Mon ami, il est temps de sortir, dit derrière lui une voix dure et rauque de vieillard; Froberger se leva pour obéir immédiatement à l'ordre presque menaçant qu'il venait de recevoir. — Vous paraissez être malheureux, poursuit son compagnon, pendant qu'il fermait les portes. — Vous pouvez voir, dit Froberger que le bonheur ne m'a pas choisi pour son enseigne; les brigands et les corsaires m'ont mis dans l'état où vous me voyez; réellement, je ne sais comment apaiser la faim qui me tourmente, ni dans quel endroit reposer ma tête fatiguée. Telle est mon histoire. — La croira qui voudra, murmura à voix basse le vieillard. Écoutez, cependant, ajouta-t-il en élevant la voix, la proposition que je veux vous faire. Vous voyez en moi l'organiste de cette église et celui de la cour; si vous voulez être mon souffleur, il sera pourvu à tous vos besoins; vous aurez le logement, la table, et vous serez vêtu convenablement.

Il y a loin de la place d'organiste de la cour de Vienne à celle de souffleur de Westminster; il y a plus loin encore du plus grand talent de l'époque aux fonctions mécaniques d'une condition servile; mais le besoin fait taire l'orgueil : Froberger accepta avec joie l'humble condition qui lui était offerte, espérant sans doute quelque circonstance heureuse où il pourrait reprendre son rang comme artiste. Elle ne tarda point à se présenter. Vingt fois il lui était venu à la pensée de se révéler tout à coup par quelque brusque improvisation sur le clavier de l'orgue de Westminster; mais la crainte de n'être compris que par le maître qu'il servait, et de perdre l'emploi qui lui donnait du pain, sans rien faire pour trouver une condition meilleure, l'avait toujours détourné de ce projet; mais les fêtes qui eurent lieu au mariage de Charles II avec Catherine de Portugal lui fournirent à l'improviste les moyens de se faire connaître pour ce qu'il était. Il avait accompagné son maître à la cour, où celui-ci devait jouer de l'orgue pendant le festin royal. Ébloui par les magnificences qu'il avait sous les yeux, Froberger oublia de baisser les soufflets, et l'instrument cessa tout à coup de se faire entendre sous les doigts de l'organiste. Transporté de fureur, celui-ci s'élança vers le souffleur, l'accabla d'injures et le frappa au visage. L'indignation rappela sur-le-champ le grand artiste à lui-même, et peut-être aurait-il châtié le colérique vieillard, si celui-ci ne s'était retiré dans une chambre voisine avec les autres membres de la chapelle. L'idée d'une plus noble vengeance se présenta alors à l'esprit de Froberger. Après avoir enflé les soufflets, il se mit au clavier, et commença un thème qu'il accompagna de dissonances multipliées, faisant successivement de celles-ci des résolutions heureuses et inattendues. Lui seul était capable de traiter un sujet de cette manière. Tous les yeux s'étaient tournés vers l'orgue, et l'on se demandait quel pouvait être l'artiste qui possédait un si beau talent; une dame qui avait connu Froberger à Vienne, et qui l'avait souvent entendu, ne douta pas que ce fût lui; elle le fit appeler, et le présenta au roi, qui l'accueillit avec distinction. Charles II fit apporter un clavecin près de lui, et pendant près d'une heure, l'artiste charma toute la cour. Le roi le récompensa sur-le-champ en lui donnant une chaîne d'or que lui-même avait portée. Dès ce moment, Froberger fut l'homme à la mode, jouit de toutes sortes de faveurs auprès des grands, et fut pendant plusieurs années comblé d'honneurs et de richesses.

Cependant le souvenir de ses engagements à la cour de Vienne lui revint à la mémoire avec le désir de revoir sa patrie; il espérait y retrouver la protection que l'empereur avait autrefois accordée à ses talents, et y jouir en paix des biens qu'il avait amassés. Mais ses ennemis avaient mis à profit sa longue absence, et les bonnes grâces du monarque s'étaient refroidies pour lui. L'envie, la cabale triomphèrent du talent, et le favori d'autrefois n'osa plus même approcher du trône. Profondément blessé, Froberger demanda sa retraite, faveur qu'on ne refuse guère aux hommes tombés dans la disgrâce; son congé lui fut accordé en termes flatteurs, et pour la dernière fois il sortit des murs de Vienne, se dirigeant vers Mayence où il passa ses dernières années dans l'aisance, mais incessamment tourmenté par le regret de ne plus jouir de ces faveurs de cour qui étaient devenues pour lui un besoin impérieux. Mécontent des autres et de lui-même, il mourut célibataire à Mayence en 1695, à l'âge de soixante ans. Dans les dernières années de sa vie, il paraît avoir occupé ses loisirs en écrivant plusieurs cahiers de notes pour ses mémoires. Ces manuscrits étaient passés en la possession de Mattheson, qui s'en est servi pour la notice qu'il a consacrée à cet artiste, dans son livre intitulé : *Grundlage einer Ehrenpforte.*

Froberger n'a rien publié de ses ouvrages; ce n'est qu'après sa mort qu'on a recueilli ce qu'on en a retrouvé dans ses papiers, et qu'on les a mis au jour sous des titres qui font voir l'estime qu'on en faisait, longtemps même après que l'auteur eut cessé de vivre. Le premier recueil de ses compositions est intitulé : *Diverse curiose e rarissime partite di toccate, ricercate, caprici e fantasie,* etc.; *per gli amatori di cimbali, organi e istrumenti. Moguntiæ,* 1695, in-fol. Il paraît, par le catalogue de Traeg, qu'une seconde édition du même recueil a été publiée à Mayence, en 1699. Un deuxième recueil de pièces du même auteur a paru dans la même ville, sous ce titre : *Diverse ingegniosissime, rarissime e non mai piu viste curiose partite di toccate, canzone, ricercate, alemande, correnti, sarabande e gigue di cimbali, organi e istrumenti. Moguntiæ, per la prima volta con diligentissimo studio stampate,* 1714, in-fol., gravé. Le style de cet artiste est sévère; il appartient plus au goût d'harmonie de l'école allemande de Kerl et de quelques autres anciens organistes qu'à celui de son maître Frescobaldi, dont il n'a ni l'élégance, ni la clarté.

FROEHLICH (ABRAHAM-EMMANUEL), prédicateur et poète suisse, né à Brugg, dans l'Argovie, le 1er février 1796, est fils d'un instituteur de ce lieu. En 1835, il a été appelé à Aarau, en qualité de prédicateur et de professeur à l'école de cette ville. On a de lui des poèmes épiques, des fables et des élégies dont on vante l'originalité et la fraîcheur. Il n'est cité ici que pour un discours intitulé : *Ueber den Kirchengesang der Protestanten* (Sur le chant d'église des protestants), Zurich, 1846, in-8°.

FROEHLICH (FRÉDÉRIC-THÉODORE), frère du précédent, naquit à Brugg, le 25 février 1803. Élevé dans la maison paternelle jusqu'à l'âge de dix-sept ans, il y apprit les langues anciennes, ainsi que les éléments de la musique et du piano, pour lesquels il éprouvait un penchant irrésistible. Longtemps avant de se livrer à l'étude de l'harmonie et du contrepoint, il composait des danses, des marches et d'autres petites pièces pour le piano, où l'on remarquait de l'instinct et du goût. Vers 1820, il se rendit à Zurich, où il suivit les cours d'histoire, de philologie et de droit; mais ces études sérieuses ne le détournèrent pas de la culture de la musique. Il fréquentait assidûment les concerts, particulièrement ceux que donnait encore Nægeli à cette époque. Après deux ans de séjour à Zurich, il alla fréquenter les cours de l'Université de Bâle; il y écrivit beaucoup de chansons qui eurent du succès; mais bientôt il comprit la nécessité d'étudier l'art d'une manière plus sérieuse, et la Suisse ne lui offrant pas de ressources suffisantes pour son instruction, il partit pour Berlin, en 1823. Quelques lettres de recommandation qu'il avait apportées lui procurèrent l'avantage d'être admis dans l'Académie de chant, où il trouva un enseignement solide, ainsi que dans les meilleurs orchestres de cette capitale. Malheureusement une maladie sérieuse l'obligea à retourner près de sa famille dans l'été de 1824, pour y rétablir sa santé. Il y resta jusqu'au mois d'avril 1826. Ayant obtenu alors du gouvernement de son pays des ressources suffisantes pour retourner à Berlin, il partit pour cette ville, où il retrouva dans Zelter les mêmes dispositions bienveillantes qu'à l'époque de son premier séjour dans la capitale de la Prusse. Les leçons de ce professeur, celles de Bernard Klein, et sa liaison d'amitié avec Mendelssohn, lui donnèrent une vive émulation, et lui firent faire de rapides progrès dans son art. Dans le même temps, il suivit avec assiduité les leçons de Ritter, du savant Bœckh, de Schleiermacher et de l'illustre de Humboldt, apprenant aussi les langues française, italienne et anglaise. Son goût le portait vers la musique religieuse, ainsi qu'on le voit par ses premières compositions, qui consistent en motets, cantates d'église et messes. Le 137e psaume, qu'il écrivit pour chœur et grand orchestre, fut exécuté, à Berlin, sous la direction de Klein, et obtint les éloges de ce maître et ceux des artistes. Il écrivit aussi à Berlin plusieurs sonates pour piano et violon, quelques quatuors pour les instruments à archet, deux symphonies et un grand nombre de *Lieder*, qui se distinguent par le charme de la mélodie.

En 1830, Frœhlich fut appelé à Aarau, en qualité de directeur de musique. L'école de musique de la ville et du canton fut confiée à ses soins ; il eut aussi la direction d'une société de chant en chœur, ainsi que d'un petit orchestre d'amateurs. A ces occupations il ajouta un grand nombre de leçons particulières ; néanmoins, son activité était telle, que, dans l'espace de six années, il écrivit cinquante chants en chœur pour des voix d'hommes ; cinquante chansons pour les enfants ; vingt motets ; deux oratorios de Noël et de la Passion ; un *Miserere* à douze voix réelles, le premier psaume pour chœur et orchestre, terminé par une double fugue vocale et instrumentale ; plusieurs symphonies, dont une fut exécutée avec succès par l'orchestre de Zurich ; dix-neuf sonates de piano, et un nombre immense de mélodies à voix seule avec piano, dont il a été publié dix recueils. Tant de travaux usèrent avant le temps une constitution nerveuse. La mélancolie habituelle de Frœhlich avait son principe dans une affection de poitrine qui prit par degrés un caractère plus alarmant. Au mois d'avril 1836, il dirigeait encore une fête musicale à Brugg, sa ville natale, et y faisait exécuter ses dernières compositions, et moins de deux mois après, il était couché dans le cimetière de ce lieu, appelé *Rosengärten*. Il mourut le 10 octobre 1836.

FROELICH (Georges), né à Launitz vers 1500, fut pendant dix ans employé à la chancellerie de Nuremberg, puis à celle d'Augsbourg, et devint échevin de cette dernière ville. Il a écrit, pour le recueil de psaumes et de cantiques à quatre et huit voix, intitulé : *Etliche Psalmen und geistliche Lieder mit acht, sechs, fünff, und vier Stimmen* (Augsbourg, M. Kreisstein, 1540), une préface sous le titre de : *Vom Preiss, Lob und Nutzbarkeit der lieblichen Kunst Musica* (De la valeur, de la louange et de l'utilité de l'art aimé de la musique). Cette dissertation a été reproduite, en 1729, dans la troisième partie du premier volume de la collection qui a pour titre : *Sylloge variorum opusculorum*, in-8°, p. 500-581.

FROELICH (Joseph), écrivain didactique sur la musique et compositeur, né à Würzbourg, le 28 mai 1780, est fils d'un chef du chœur de l'église principale de cette ville, qui était aussi recteur du collège Pleichach. Il n'avait que quatre ans quand il perdit son père ; dans sa douzième année, il fut reçu comme élève à l'institution pour les étudiants pauvres de l'hôpital de Würzbourg. Il reçut dans cette maison sa première éducation musicale, y acheva ses humanités et y fit un cours de philosophie. En 1801, le prince-évêque de Würzbourg l'admit dans sa chapelle ; cette position lui fournit l'occasion d'augmenter ses connaissances en musique, sans négliger toutefois ses autres études littéraires et scientifiques, particulièrement celle du droit qui l'occupait alors spécialement. Ce fut à cette époque qu'il fit ses premiers essais de composition ; mais les nombreuses occupations de toute sa vie ne lui ont permis de cultiver cette branche de l'art que d'une manière secondaire. Il existait alors à Würzbourg une société de musique parmi les élèves de l'université ; elle fut transformée en Académie dans l'année 1804, et Frœlich en fut nommé directeur ; il reçut comme tel une rétribution du gouvernement. Cette institution prit surtout un grand développement en 1811, lorsque le directeur eut obtenu qu'on y attachât des professeurs pour tous les instruments ; c'est à cette occasion que Frœlich publia une méthode complète de musique qui renferme non-seulement les principes élémentaires de cet art, mais aussi des méthodes particulières pour tous les instruments. Cet ouvrage a obtenu un succès d'estime dans toute l'Allemagne. En 1820, l'école dirigée par ce savant laborieux devint d'une plus grande importance, lorsqu'on y eut ajouté l'enseignement pratique du chant, qui y avait manqué jusqu'alors. En 1811, il avait été nommé professeur de la faculté de philosophie à l'université; plus tard, il joignit à toutes ses autres fonctions celles de professeur d'esthétique et de pédagogie. Au milieu de toutes les occupations dont il est surchargé, Fræclich a trouvé le temps d'écrire de bons articles de critique dans la *Gazette musicale de Leipsick* et dans l'écrit périodique intitulé : *Cæcilia;* enfin, il a pris une part active à la rédaction de l'Encyclopédie de Ersch et de Gruber, à laquelle il a fourni un grand nombre de bons articles sur la musique. Les principaux ouvrages de cet artiste littérateur sont : 1° *Vollständige theoretisch-praktische Musiklehre für alle bei dem Orchester gebräuchliche Instrumente, zum Gebrauche für Musikdirectoren, Lehrer und Liebhaber, in 4 Abtheilungen* (Méthode complète de musique théorique et pratique pour tous les instruments employés dans l'orchestre, à l'usage des directeurs de musique, professeurs, etc., divisée en quatre parties), Bonn et Cologne, chez Simrock (sans date), mais publié en 1810 et 1811. La première partie de ce grand ouvrage contient l'introduction aux principes généraux de la musique et la méthode de chant ; la seconde renferme des observations générales sur les instruments à vent en bois, et les méthodes de clarinette, de hautbois, de basson et de flûte ; la troisième, des observations générales sur les instruments de cuivre, et les méthodes de cor, de trompette, de trombone et de serpent ; la quatrième, des observations générales sur les instruments à archet, et les méthodes de violon, d'alto, de violoncelle et de contrebasse. 2° Sérénade pour flûte, clarinette, alto et basson ou violoncelle, Mayence, Schott. 3° Six duos pour clarinette et violon, op. 5, Bonn, Simrock. 4° Concerto pour le piano à quatre mains (en *ré*), Bonn, Simrock. 5° Sonate pour piano et violon, Vienne, Haslinger. 6° Sonates pour piano à quatre mains, n° 1 (en *sol*), n° 2 (en *fa*), œuvre 3°, Bonn, Simrock. 7° Marche funèbre pour le piano, pour le professeur Siebold, Offenbach, André. 8° *Idem*, pour le professeur Thomann, *ibid.* 9° En manuscrit, des symphonies, des cantates, un opéra, etc. Au moment où cette notice est revue (1860), M. Fræclich vit encore à Würzbourg.

FROLICH (...), né en Allemagne dans les dernières années du dix-huitième siècle, était, en 1833, directeur du chœur de l'Opéra de Copenhague, et devint, peu de temps après, directeur de ce théâtre. En 1830, il a fait représenter une opérette intitulée : *la Nuit avant la noce,* et deux ans après, il a donné au concert des amateurs une symphonie de sa composition. On n'a plus de renseignements sur sa personne après cette époque.

FROMELT (A.), pianiste à Berlin, s'est fait connaître par quelques compositions légères pour son instrument. On y remarque : 1° Sonatine pour le piano à quatre mains, Berlin. 2° Trois sonatines faciles pour piano seul. Liv. I et II, Berlin, Lischke. 3° Plusieurs rondos et pots-pourris sur des thèmes de Rossini et de Spohr. 4° Beaucoup de thèmes variés sur des thèmes d'opéras français et italiens, Berlin. 5° Plus de vingt recueils de danses de différents caractères, *ibid.* 6° Plusieurs recueils de chansons allemandes avec accompagnement de piano, *ibid.*

FROMM (André), né dans la Marche de Brandebourg en 1620, fut d'abord professeur à l'école normale de Stettin, et se rendit en 1608 à Prague, où il embrassa le catholicisme. Quelque temps après, il eut un canonicat à Leitmeritz, puis fut chanoine régulier à Kamnitz, et enfin entra à l'abbaye de Prémontrés de Strahow. Par une singulière coïncidence, ses deux fils entrèrent le même jour que lui dans cette abbaye, et sa fille se fit religieuse du même ordre à Doxan. Fromm est mort à Strahow, le 16 octobre 1683. Il avait fait imprimer à Stettin, en 1749, une espèce d'Oratorio à quatorze voix en deux chœurs, sous le titre de : *De Divite et Lazaro,* puis des dialogues pour la Pentecôte, à dix voix.

FRONTORJ (Louis), musicien, né à Cento, dans les États Romains, en 1805, aujourd'hui maître de chapelle à Frosinone, est auteur d'un livre qui a pour titre : *Le trentatre giornate musicali, ossia la vera teoria della musica divisa in trentatre lezioni.* Bologne, 1831. C'est une œuvre de peu de valeur, que l'auteur écrivit à l'occasion d'une question posée par quelques musiciens de Bologne qui lui refusaient le diplôme de membre de l'Académie des philharmoniques, quoiqu'il eût déjà composé plusieurs ouvrages, entre autres une fugue à cinq voix. La publication de ce livre, où M. Frontorj traite rudement ses adversaires, fut le signal d'une guerre de plume dans laquelle les deux partis montrèrent une ignorance égale de la théorie de l'art sur lequel ils dissertaient.

FROSCH (Jean), en latin *Froschius,* auteur d'un traité de musique publié sous ce titre : *Rerum musicarum opusculum rarum ac in-*

signa, totius ejus negotii rationem mira industria et brevitate complectens, jam recens publicatum. Argentorati, apud Petrum Schœffer et Mathiam Apiarium, anno salutis 1535, petit in-fol. On ne sait rien de la vie de l'auteur de ce livre ; on présume seulement qu'il était peut-être le même qu'un Carme de Bamberg, qui fut docteur de théologie à Augsbourg, et qui mourut en 1533 à Nuremberg, comme pasteur de Saint-Sébald. Le P. de Villiers n'en parle pas dans sa *Bibliotheca carmelitana*, et Weith n'en dit rien dans la *Bibliotheca Augustana*. Il se pourrait que le moine dont il s'agit fût en effet l'auteur du livre, car l'épître dédicatoire est datée de Strasbourg, 1532, quoique l'ouvrage n'ait paru qu'en 1535 ; les éloges donnés au livre dans ces mots : *Opusculum rarum ac insigne*, peuvent faire croire qu'il n'a été publié qu'après la mort de Frosch. Quoi qu'il en soit, le livre n'est pas sans intérêt ; les treize ou quatorze premiers chapitres sont à la vérité purement spéculatifs, comme plusieurs traités de musique de ce temps, mais les derniers contiennent de bonnes choses relatives à la pratique de l'art. La Borde, ou plutôt ses ouvriers compilateurs ont cité avec leur étourderie ordinaire le livre de Frosch sous le nom de *Freschi*, et ont ajouté : *De Bure*, dans sa *Bibliographie instructive, dit que c'est un livre fort ingénieux*. Or, De Bure cite fort bien le livre de Frosch sous le véritable nom de l'auteur, dans la partie des *Sciences et arts* de sa Bibliographie, et n'y dit pas un mot de la sottise que La Borde lui prête. Mais le plus plaisant de tout cela est que Gerber, Choron et Fayolle, Lichtenthal et d'autres ont fait deux articles de *Frosch* et de *Freschi*, et ont cité deux fois le *Rerum musicarum opusculum* avec sa date, sans se souvenir qu'il s'agissait du même livre et du même auteur : tous se sont appuyés des autorités de La Borde et de De Bure.

Jean Frosch s'est fait connaître aussi comme compositeur, car on trouve une chanson à plusieurs voix, sous son nom, dans une collection publiée en 1540, par Sigismond Salblinger, sous ce titre : *Selectissimæ nec non familiarissimæ cantiones ultra centum* (voyez Kriesstein), et une autre dans le recueil de chansonnettes allemandes, anciennes et modernes, publiée par Georges Fœrster (voyez ce nom).

FROSCHAUER (Jean), imprimeur à Augsbourg, vers la fin du quinzième siècle et au commencement du seizième, a gravé des caractères de plain-chant et de musique en bois, qui ont servi pour l'impression de la deuxième édition du livre de Michel Reinsbeck, ou Reinspeck, ou Kienspeck, de Nuremberg, intitulé : *Lilium musicæ planæ*, Augsbourg, 1498. Les caractères de musique de Froschauer paraissent être ceux dont Conrad Peutinger s'est servi pour sa belle collection de motets publiée, en 1520, à Augsbourg, sous ce titre : *Liber selectarum cantionum quas vulgo motetas appellant, sex, quinque et quatuor vocum*. Cependant, Antoine Schmid croit que Froschauer imprimait la musique, non avec des caractères mobiles, mais avec des planches gravées en bois (voyez *Octaviano del Petrucci*, p. 158).

FROVO (Jean-Alvarès), chapelain et bibliothécaire du roi Jean IV de Portugal, naquit à Lisbonne en 1608, et mourut en 1671. Il était compositeur et a laissé en manuscrit des messes, hymnes, lamentations, psaumes, répons, etc. Comme écrivain sur la musique, il est connu par un livre intitulé : *Discursos sobre a perfeçaõ de diatessaron*. Lisbonne, 1622, in-4°. Frovo a reproduit dans cet ouvrage une partie des arguments d'André de Paep en faveur de la quarte, considérée comme une consonnance parfaite. Je possède une traduction latine du livre de Frovo, en manuscrit, dont l'auteur m'est inconnu. On trouvait autrefois dans la bibliothèque du roi de Portugal d'autres traités de musique de cet écrivain, dont voici les titres indiqués par Machado (Bibliot. Lusit., t. II, p. 580) : 1° *Speculum universale, in quo exponuntur omnium ibi contentorum auctorum loci, ubi de quolibet musices genere disserunt, vel agunt*, deux volumes in-fol., manuscrit de 589 pages, daté de l'année 1651. 2° *Theorica et practica de musica*, fol., Mss. 3° *Breve explicaõ da musica*, in-4°. Mss.

FRUH (Gottlieb), organiste de l'église de Saint-Blaise, à Mulhausen, né dans cette ville, vers le milieu du dix-huitième siècle, a publié, en 1783, trois sonates faciles pour le clavecin. Il a laissé en manuscrit des concertos et des sonates pour la harpe, ainsi que des préludes pour l'orgue.

FRUH (Armin), de la même famille, est né à Mulhausen, en 1820. Après avoir fait de bonnes études au collége de cette ville, et avoir suivi les cours de théologie à l'université de Jéna, il se rendit à Berlin, et se livra exclusivement à son goût pour la musique. Élève de Dehn pour la composition, il a fait sous sa direction toutes les études du contrepoint et de la fugue. Ses premières compositions ont paru en

1847; elles consistent en cahiers de chants à voix seule avec accompagnement de piano, et quelques morceaux pour cet instrument. Dans l'année suivante, il donna, au théâtre de Kœnigstadt, l'opéra die Bergknappen (les Chevaliers de la montagne). Depuis lors, il s'est livré à l'enseignement du chant et de la musique élémentaire. Ses observations sur la difficulté qu'éprouvent les élèves à fixer dans leur mémoire la relation des intonations des sons représentées par les signes de la notation, le conduisirent à la conception d'un tableau mécanique auquel il a donné le nom de *Semeio-Melodicon* qui, par le moyen de certains ressorts et de diverses combinaisons de changements de clefs, fait entendre par un timbre l'intonation de chaque note. Au commencement de 1858, Armin Früh s'est rendu à Paris pour y faire connaître son système d'enseignement à l'aide de cette machine ; mais il n'a pas obtenu le succès qu'il avait espéré.

FRUHOF (Henri-F.-Guillaume), amateur de musique et professeur au collège de Creuzbourg, est né à Rudolstadt, le 15 janvier 1800. En 1816, il entra au séminaire de Breslau, y resta deux ans, et pendant ce temps il reçut des leçons de Berner pour le piano et l'orgue. Vers la fin de 1818, il entra dans la maison du comte de Reichenbach-Kruschnitz, en qualité de précepteur ; il ne quitta cette position que pour prendre celle de professeur à Creuzbourg. On a de cet amateur : 1° Polonaise pour piano, Breslau, chez G. Fœrster. 2° Variations sur une valse de Vienne, Breslau, Grüson et C°.

FRUYTIERS (Jan ou Jean), poète et musicien flamand du seizième siècle, vivait à Anvers en 1565. Il avait embrassé le luthéranisme, et il traduisit en cantiques l'*Ecclésiastique* (un des livres de la Bible), avec le chant, pour l'usage de ses coreligionnaires. Cet ouvrage fut imprimé sous ce titre : *Ecclesiasticus oft de wise sproken Jesu des soons Syrach : na eerstmal deurdeelt ende ghestelt in Liedekens, op bequam en ghimeyne voisen, naer wewijsen der musijck-noten by gheuoche, deur Jan Fruytiers* (L'Ecclésiastique ou les proverbes de Jesus, fils de Syrach, divisé pour la première fois en chansons, adaptées à des airs convenables et populaires, ainsi qu'on le voit dans la musique notée ajoutée par Jean Fruytiers). *Ghedruct tot Antwerpen, etc., by Willem Silvius, drucker der Con. maj.* 1565, in-8°. La musique est imprimée avec les beaux caractères de Plantin. Ce livre, fort rare, est une curiosité historique, car il est imprimé avec un privilége accordé le 10 mai 1565, par la gouvernante des Pays-Bas, peu de mois avant la publication, par cette même princesse, des ordonnances de Philippe II contre les hérétiques, qui furent le signal du soulèvement de ces provinces et de la *guerre des Gueux*. Il est presque inutile de dire que l'œuvre de Fruytiers fut mise à l'index à Rome. La plupart des chants de ce recueil de cantiques sont des airs populaires flamands de cette époque : le cantique trente-cinquième, traduit du chapitre vingt-quatrième de l'Ecclésiastique (La Sagesse se louera elle-même, etc.) (1), a pour mélodie une danse française du quinzième siècle, appelée *l'homme armé*, laquelle est transformée en une chanson flamande dont les premiers mots sont : *Tot my so wilt ue keeren*. Cette danse n'a pas de rapport avec la célèbre chanson de *l'homme armé*, qui a servi de thème à beaucoup de compositeurs des quinzième et seizième siècles, pour des messes entières ; celle-ci est en mesure ternaire, tandis que la danse de *l'homme armé* est à deux temps et a le caractère d'une ronde.

FUCHS (Pierre), violoniste distingué, né en Bohême, vers le milieu du dix-huitième siècle, vivait à Prague en 1708. Plus tard, il s'établit en Hongrie, y demeura quelques années, et fut appelé à Vienne, en 1794, en qualité de premier violon de la chapelle de la cour. Il conserva cette position jusqu'à sa mort, qui eut lieu en 1804. Il a formé beaucoup de bons élèves, et a publié quelques compositions pour son instrument, parmi lesquelles on remarque deux œuvres de sonates, avec accompagnement de violoncelle, Vienne, 1791 et 1796 ; plusieurs thèmes variés, *ibid.* ; et un concerto (en *mi* bémol) gravé à Offenbach, chez André.

FUCHS (Georges-Frédéric), né à Mayence, le 3 décembre 1752, apprit dès son enfance à jouer de la clarinette, du cor et du basson. Il devint ensuite élève de Cannabich pour la composition. Après avoir été simple musicien dans quelques régiments allemands, il parvint au grade de chef de musique dans celui de Deux-Ponts, et se rendit à Paris, en 1784. A l'époque de l'organisation du Conservatoire de musique de Paris (1795), il y fut appelé comme un des douze professeurs de clarinette qu'on avait chargés du soin de former des musiciens pour les armées de la République. Compris dans la réforme de l'an x (1801), il fut en quelque sorte à la solde des marchands de musique jusqu'à la fin de sa vie, et arrangea pour eux des

(1) *Sapientia laudabit animam suam*, etc.

pièces de tout genre pour divers instruments, particulièrement des suites d'harmonie qui étaient alors considérées en France comme ce que l'on connaissait de meilleur en ce genre. Il est mort à Paris, le 9 octobre 1821, à l'âge de soixante-neuf ans. Cet artiste n'était pas dépourvu de mérite; son harmonie ne manquait ni d'effet ni de pureté : il fut un des compositeurs et arrangeurs de musique instrumentale les plus féconds de son temps. On a de lui : 1° Dix-sept suites d'harmonie militaire pour dix parties, Paris, Naderman et Imbault. 2° Une très-grande quantité de marches et de pas redoublés, Paris, Sieber, Naderman, Imbault, Pleyel, etc. 3° Plusieurs recueils de fanfares pour deux ou quatre trompettes, deux cors, trombone et timbales. 4° Des concertos pour clarinette, flûte, cor, et des symphonies concertantes pour les mêmes instruments, Paris, Naderman. 5° Un sextuor pour clarinette, cor, basson, violon, alto et contrebasse, op. 34, Paris, Imbault. 6° Des quatuors pour clarinette et divers autres instruments, op. 5, 6, 7, 13, 19, *ibid*. 7° Deux œuvres de trios pour clarinette, cor et basson, et un œuvre de trios pour deux violons et basse, op. 45, liv. I et II, dédiés à Haydn, Paris, Sieber. 8° Onze œuvres de duos pour divers instruments à vent, *ibid*. 9° Une multitude de morceaux d'opéras arrangés pour divers instruments.

FUCHS (C.-FERDINAND), ancien élève du Conservatoire de Vienne, est mort dans cette ville, le 8 janvier 1848, membre de l'orchestre du théâtre impérial de l'Opéra. Il avait vécu pendant quelques années à Prague et y avait été attaché au Théâtre-National comme violoniste. En 1842, il fit représenter à Vienne son opéra intitulé : *der Tag der Verlobung* (le Jour des fiançailles), qui fut suivi de *l'Étudiant de Salamanque*. Son meilleur ouvrage est *Guttenberg*, opéra romantique, qui eut du succès et qui indiquait un talent d'avenir. Cet ouvrage fut représenté à Vienne en 1846, et fut également bien accueilli à Grætz, à Hambourg, à Prague et à Dresde. Une ouverture de concert, composée par Fuchs, fut aussi exécutée à Prague avec succès en 1841, et d'autres ouvrages du même artiste reçurent un bon accueil dans les concerts de Vienne. Enfin, on connaît de lui des mélodies à voix seule avec piano, qui se font remarquer par la distinction des idées.

FUCHS (J.-L.), professeur de piano et d'harmonie, né en Saxe, vivait à Saint-Pétersbourg, vers 1836. Il y a publié un livre qui a pour titre : *Harmonielehre für Damen, enthaltend alle Verkenntnisse die eine gute Klavierspielerin oder Sängerin*, etc., Pétersbourg et Leipsick, Leede, in-8°. Une traduction française de cet ouvrage, par M. Eugène Malan, a été publiée dans les mêmes villes ; elle est intitulée : *Traité d'harmonie mis à la portée des dames*.

FUCHS (ALOYS), employé au ministère de la guerre de l'empire d'Autriche, naquit, le 26 juin 1799, à Raase, dans la Silésie autrichienne, où son père était maître d'école. Dès son enfance, il apprit les éléments de la musique et du piano. À l'âge de onze ans, il entra chez les Minorites de Troppau et y reçut des leçons d'orgue et de violoncelle. Il y fit aussi son cours d'humanités. En 1816, il se rendit à Vienne pour y étudier la philosophie et la jurisprudence. Il forma dans cette ville des liaisons d'amitié avec les artistes les plus célèbres, et ce fut alors qu'il commença la belle collection d'œuvres musicales et d'autographes dont Fischoff a publié le catalogue. En 1823, Fuchs entra dans l'administration de la guerre; mais ses occupations dans les affaires ne le détournèrent pas de son penchant pour la musique, car c'est à cette époque qu'il se livra à des études sérieuses sur l'histoire de l'art. Il est mort à Vienne au mois de mars 1853.

FUEHRER (ROBERT), organiste de la cathédrale de Prague et professeur à l'école d'orgue de cette ville, est né en Bohême, dans les premières années de ce siècle. Ses premières compositions commencèrent à paraître vers 1830 ; quoiqu'elles soient d'un genre sérieux et en grande partie destinées à l'orgue et à l'église, elles se sont succédé avec rapidité. Ses principaux ouvrages sont ceux-ci : 1° *Praktische Anweisung zum regelrechten Erlernen des Pedalgebrauches auf der Orgel, in 46 Uebungs-Beispielen bearbeitet* (Instruction pratique pour apprendre d'une manière régulière l'usage de la pédale de l'orgue, en quarante-six exercices), Prague, Berra. 2° *Cypressen-Laub*, six préludes faciles pour l'orgue, etc., *ibid*. 3° Prélude pour les fêtes solennelles, composé pour l'orgue à deux claviers, *ibid*. 4° Douze petites fugues dans toutes les formes du contrepoint libre, *ibid*. 5° Fugue élégiaque pour l'orgue, *ibid*. 6° Trois préludes sur d'anciens chants d'église de la Bohême. 7° Trente-deux préludes courts pour l'orgue, dans tous les tons majeurs et mineurs, *ibid*. 8° Six préludes faciles pour l'orgue, *ibid*. 9° Messe (en *ré*) à quatre voix, deux violons, alto, flûte, deux hautbois, deux bassons, deux cors, deux trompettes, trombone basse, timbales, violoncelle, contrebasse et orgue, *ibid.* 10° Première et deuxième messes (en *sol*) à quatre voix, orchestre et orgue, *ibid.* 11° Grande messe à quatre voix, orchestre et orgue, Vienne, Haslinger. 12° Petite messe (en *ut*) pour quatre voix, deux violons, basse et orgue, *ibid.* 13° Messe pour le jour de Pâques, à quatre voix, deux violons, alto, basse et orgue, avec les instruments à vent *ad libitum*, Prague, Berra. 14° Messe et psaumes des vêpres pour le Samedi saint, à quatre voix, deux violons, basse et orgue, avec deux trompettes et timbales *ad libitum*, *ibid.* 15° Messe couronnée pour quatre voix, orchestre et orgue, *ibid.* 16° Huit petites messes des dimanches, pour quatre voix, deux violons, alto, basse et orgue, avec deux hautbois et deux cors *ad libitum*, *ibid.* 17° Graduel et offertoire pastorals à quatre voix, deux violons, alto, basse et orgue obligé, avec les instruments à vent et timbales *ad libitum*, *ibid.* 18° Hymne pastoral pour la fête de l'Épiphanie, à quatre voix, orchestre et orgue, Prague, Hoffmann. 19° *Te Deum*, idem, Vienne, Haslinger. 20° *Praktische Anleitung zu Orgel-compositionen*, etc. (Introduction pratique à la composition pour l'orgue), Prague, Berra.

FUENLLANA (Michel DE), musicien espagnol qui vécut dans la première moitié du seizième siècle, était né à Nava-el-Carnero, près de Madrid. Il s'est fait connaître par un recueil de pièces pour la viole, intitulé : *Orfenica Lyra: libro de Musica para Vihuela*, Séville, 1554, in-fol.

FUENTES (D. Pascal), compositeur de musique d'église, naquit au commencement du dix-huitième siècle, à Alhaida, bourg d'Espagne, dans la province de Valence. Il fut nommé maître de chapelle de la cathédrale de Valence, le 8 juin 1757, après avoir dirigé pendant plusieurs années la chapelle de Saint-André, une des églises principales de cette ville. Fuentes mourut le 26 avril 1768. Il est considéré dans sa patrie comme un digne continuateur de l'excellente école valencienne de musique d'église. Il a composé un grand nombre de psaumes, messes et motets, depuis six jusqu'à douze voix réelles, et plusieurs autres messes, *Te Deum* et *Vilhancicos* (Cantiques de Noël) avec orchestre.

FUENTES (François de Sainte-Marie DE), moine espagnol de l'ordre des Franciscains de Jérusalem, au monastère de Madrid, vécut dans la seconde moitié du dix-huitième siècle. On a de lui un livre qui a pour titre : *Dialectos musicos, en donde se manifestan los mas principales elementos de la armonia, desde las reglas de Canto llano hasta la composicion* (Dialectes musicaux, où l'on expose les éléments de l'harmonie, depuis les règles du plain-chant jusqu'à la composition), Madrid, Fernandez, 1778, petit in-4°.

FUETSCH (Joachim-Joseph), violoncelliste de la chapelle de Salzbourg, naquit dans cette ville, le 12 avril 1766. Le directeur du chœur de la cathédrale, nommé Jacques Freistædler, lui enseigna les premiers principes de la musique. Admis dans cette église comme enfant de chœur en 1775, il y resta huit années. Pendant ce temps il reçut des leçons de violon de Joseph Hafeneder, puis il passa sous la direction de Léopold Mozart pour cet instrument. En 1784, il commença l'étude du violoncelle sans maître, et se dirigeant seulement par la connaissance qu'il avait du violon, ce qui ne l'empêcha pas de faire d'assez rapides progrès pour être en état d'accepter la place de violoncelliste de la cour, après la mort d'Antoine Ferrari. Heureusement, Louis Zardonati, violoncelliste italien, fut appelé vers ce temps de Vérone par l'archevêque de Salzbourg, et engagé pour un an ; Fuetsch profita de cette circonstance pour étudier avec soin le mécanisme du violoncelle. Vers le même temps, il prit aussi des leçons de l'abbé Louis Gatti pour le contrepoint, et plus tard il acheva le cours de ses études de composition sous la direction de Michel Haydn. Cet artiste a écrit des solos, des concertos et trois sonates pour son instrument. Tous ces ouvrages sont restés en manuscrit. Haslinger, de Vienne, a publié deux recueils de chants à trois voix d'hommes, et deux recueils à quatre, de la composition de Fuetsch.

FUGER (Théophile-Chrétien), fils d'un ecclésiastique protestant de Heilbronn, naquit dans cette ville, le 3 juillet 1749. Il étudia seul la musique, et parvint à une grande habileté sur le clavecin par des exercices constants sur les fugues et autres pièces de Jean-Sébastien Bach. Après avoir habité dans plusieurs villes de l'Allemagne, notamment à Dresde et à Leipsick, il se fixa à Tubinge vers 1782, et publia l'année suivante, à Zurich, des pièces caractéristiques pour le clavecin, sous ce titre : *Characteristich Klavier-Stücke*. L'auteur s'est proposé de peindre dans ces pièces, autant qu'on peut le faire en musique, les diverses situations de l'âme.

FUHRMANN (Martin-Henri), cantor au Gymnase de Frédéric Werder, à Berlin, au commencement du dix-huitième siècle. Pédant ridicule et grossier, il fut admirateur fanatique des écrits de Mattheson, et prit parti dans les discussions où ce critique se trouvait engagé, par des brochures furibondes dont les titres suffisent pour faire apprécier la nature de son esprit. Ces écrits sont illisibles. Ses deux premiers ouvrages sont deux méthodes de musique qui, sous des titres bizarres, ne sont pas dépourvues de tout mérite ; elles sont intitulées : *Musikalischer Trichter, dadurch ein geschickter Informator seinen Informandis die edle Singekunst nachheutiger Manier bald und leicht einbringen kan*, etc. (Entonnoir musical, au moyen de quoi un maître habile peut infiltrer d'une manière rapide et facile le noble art du chant à son élève, et dans lequel on a redressé les erreurs, expliqué les points obscurs, rétabli ce qui manquait, avec une préface sur la perfection, la puissance, l'utilité et la nécessité de la musique actuelle, par un membre de la société de musique et de chant), Francfort-sur-l'Oder, 1706, in-4°, oblong de 148 pages. La préface est une des meilleures choses écrites par Fuhrmann, quoique le style en soit fort mauvais. 2° *Musica vocalis in nuce, das ist : richtige und völligen Unterweisung zur Singekunst* (La musique vocale dans une noix, c'est-à-dire, Méthode exacte et complète de l'art du chant), Berlin, 1728, in-8°. Gerber croit que cette édition doit être la deuxième de l'ouvrage, parce que Fuhrmann dit, dans la préface d'un de ses opuscules, que celui-ci a été publié en 1715. Quelques critiques de cette méthode de chant ayant été faites, Fuhrmann se défendit à sa manière, dans un écrit dont voici le titre : 3° *M. H. F. G. T. C. Musikalische Striegel*, etc. (L'étrille musicale de M. H. Fuhrmann, servant premièrement à exclure ignominieusement de la société de chant et de musique les *virtuoses superlatifs* qui n'étendent pas les bornes du domaine musical comme artistes du chœur, mais qui, en qualité de racleurs, prennent la place d'Apollon et font entendre au peuple une barbarie vide de musique ; secondement, les charlatans *super-prudens*, qui se débattent *sine fronte et fonte*, dans l'entonnoir de l'auteur ; servant d'avertissement aux régulateurs, d'instruction aux apocryphes, et de punition à la jalousie ; etc.), Athènes sur la Pleisse (sans date), 30 pages en petits caractères. 4° *Gerechtigkeits Wag Schal*, etc. (Balance de Thémis, etc.). Le reste du titre, qui est fort long, est rimé en mauvais allemand ; il y est dit que Mattheson a vaincu ses adversaires Meyers et Guden, et qu'il les a fait voler en l'air comme des gens de peu de poids. Altona, 48 pages in-8°. Fuhrmann n'a pas mis son nom à ce pamphlet. Ce fut la première lance qu'il rompit en faveur de Mattheson. 5° *Das in unsern Opern-Theatris und Comœdien-Bühnen siechende Christenthum und siegende Heidenthum*, etc. (Le christianisme maladif et le paganisme vainqueur dans nos théâtres d'Opéra et de Comédie, etc.), imprimé à Canterbury (Berlin) en 1728, 32 pages in-8°. 6° *Die an der Kirchen Gottes gebauete Satans-Capelle*, etc. (La chapelle de Satan bâtie près des églises de Dieu, etc., représentée par Marc Hilaire Frischmuth), Cologne sur le Rhin, 90 pages in-8°. 7° *Die von den Pforten der Hœllen besturmte aber vom Himmel beschirmte Evangelische Kirche*, etc. (L'église évangélique attaquée par les portes de l'enfer, mais protégée par le ciel. Texte pour la musique religieuse, à l'occasion du jubilé évangélique célébré en 1730), trois feuilles in-8°, sans nom de lieu (Berlin).

FULBERT, évêque de Chartres, naquit dans la seconde moitié du dixième siècle, et mourut en 1029. Il composa les paroles et le chant de plusieurs hymnes autrefois en usage dans les églises de France, entre autres celle qui commence par ces mots : *In Deum triunum*.

FULLSACK (ZACHARIE), compositeur de musique instrumentale, né en Allemagne dans la seconde moitié du seizième siècle, a publié une collection de pièces à cinq parties, pour divers instruments, sous ce titre : *Ausserlesene Paduanen und Galliarden zu 5 Stimmen, auff allerley Instrumenten zu Gebrauchen*. Hambourg, 1607, in-4°.

FUMAGALLI (ADOLPHE), pianiste distingué, et compositeur pour son instrument, né le 19 octobre 1828, à Inzago, dans la province de Milan, est décédé à la fleur de l'âge à Florence, le 3 mai 1850 : il n'était parvenu qu'à sa vingt-huitième année. Une maladie aiguë l'a enlevé à sa famille, à ses amis et à l'art dans l'espace de trois jours. Il avait fait, au Conservatoire de Milan, ses études de piano, sous la direction d'Angeleri. En 1848, il donna ses premiers concerts dans cette ville et y produisit une vive sensation par son talent ; puis il se rendit à Turin et de là à Paris, où la vélocité de son jeu, et particulièrement l'habileté de sa main gauche, fixèrent sur lui l'attention publique. En 1854, il fit un voyage en Belgique et fut chaleureusement applaudi à Bruxelles, Gand, Liége et Anvers. Deux ans après, il retourna en Italie et donna à Milan, Venise, Bologne et Florence des concerts dans lesquels il excita l'enthousiasme de ses compatriotes. Ce fut au milieu de ses triomphes que la mort vint le saisir. Fumagalli avait épousé la fille de M. Bonoldi, éditeur de musique à Paris, et en avait eu deux fils, restés orphelins. Le premier ouvrage de cet artiste est une fantaisie sur *I Puritani*, publiée à Milan, chez Ricordi. Le même opéra lui a fourni les thèmes d'une autre grande fantaisie de concert, œuvre 28, *ibid*. On connait de lui d'autres morceaux du même genre sur *la Favorite*, de Donizetti, sur *Lucie de Lammermoor*, sur *Norma*, etc.; des morceaux de salon; des caprices, galops fantastiques, tarentelles, marches; beaucoup de petits morceaux dans la manière des pianistes de l'époque actuelle, et un concerto fantastique avec orchestre, intitulé : *les Clochettes*, op. 21, Milan, Ricordi.

FUNCK (Frédéric), en latin Funccius, cantor à l'école de Saint-Jean de Lunebourg, vécut vers 1660. On a de ce musicien un traité élémentaire intitulé : *Janua latino-germanica ad Artem musicam, clavibus facilioribus in usum scholæ senatoriæ Luneburgensi. Typis Georgii Berentini*. Sans nom de lieu (Lunebourg) et sans date (entre 1670 et 1680).

FUNCK (David) ou **FUNC**, né à Reichenbach, vers 1630, ou plutôt en Bohême, suivant ce que nous apprend Georges Falck, dans l'épître dédicatoire de son livre intitulé : *Idea boni cantoris* (1). Il fut, selon l'opinion de Mattheson et de Walther, un des musiciens de l'Allemagne les plus distingués de son temps. Également habile sur le violon, la basse de viole, le clavicorde et la guitare, ses compositions se faisaient remarquer par un excellent style, particulièrement dans la musique d'église. Ses connaissances dans la jurisprudence, les sciences et la poésie, étaient étendues. Malheureusement tous ses talents étaient ternis par son penchant à la débauche; loin de s'affaiblir dans sa vieillesse, ce vice ne fit que s'accroître et le conduisit à une fin misérable, après une vie pénible et agitée. Funck remplit d'abord les fonctions de cantor à l'école de Reichenbach, après quoi il passa au service de la princesse souveraine de la Frise orientale, en qualité de secrétaire. Il occupait déjà cette place en 1670, lorsqu'il publia un livre de pièces pour quatre basses de viole sous ce titre : *Stricturæ violæ di gambicæ ex sonatis, ariis, etc., quatuor violis da gamba concinendis*, in-fol. obl. Vers 1682, il suivit en Italie la princesse et y demeura sept ans avec elle; mais après la mort de celle-ci, il revint en Allemagne, en 1680, à l'âge de soixante ans. Il n'eut d'abord d'autres ressources que de donner des leçons de clavicorde et de guitare aux enfants de quelques négociants, mais ensuite il obtint les places d'organiste et de précepteur à l'école de jeunes filles de Wunsiedel. Il y vécut dans la tranquillité pendant près d'une année; mais son funeste penchant le priva encore de cette ressource. Sa conduite scandaleuse envers quelques-unes de ses élèves fut découverte, et la fuite seule put le mettre à l'abri de la vengeance des parents. Après avoir marché pendant toute la nuit sur la neige, il arriva dénué de tout et mal vêtu près des portes du château de Schleiz, dont l'entrée lui fut d'abord refusée, à cause du mauvais état de ses vêtements; mais il lui fut enfin accordé de se faire entendre devant le seigneur du lieu qui, charmé par son habileté, quoiqu'il n'eût pas un seul doigt qui ne fût attaqué par la goutte, le fit habiller de neuf et le garda près de lui pendant trois mois. Cependant les réclamations des autorités de Wunsiedel et la demande de l'extradition de Funck étant parvenues au château, le comte de Schleiz se vit obligé de le renvoyer, après lui avoir donné de l'argent pour la continuation de son voyage. Parti secrètement du château, Funck se dirigea vers la principauté de Schwarzbourg; mais quelques jours après il fut trouvé mort dans un champ près d'Arnstadt. La musique d'église de cet artiste a eu de la réputation; elle est restée en manuscrit. Parmi ces ouvrages, on remarque un drame pour la passion, dont la musique et la poésie étaient de Funck. On a aussi un traité élémentaire de musique sous son nom, sans date ni nom de lieu; cet ouvrage a pour titre : *Compendium Musices*, in-8°. C'est par erreur que Gerber a dit que ce livre a été imprimé à Leipsick en 1670.

FUNK (Godefroid-Benoit), né à Hartenstein, dans le comté de Schœnbourg, le 20 novembre 1734, fit ses études à Freiberg et à l'Université de Leipsick. En 1756, il se rendit à Copenhague, pour être précepteur des enfants du prédicateur de la cour, Cramer. Ayant été nommé professeur à l'école de la cathédrale de Magdebourg en 1769, il alla prendre possession de cette place, et, en 1772, il devint recteur de cette même école. L'estime dont il jouissait le fit nommer, contre son gré, conseiller du consistoire, en 1785. Il est mort à Magdebourg, le 18 juin 1814, à l'âge de quatre-vingts ans. Savant théologien, il fut aussi musicien distingué, bon pianiste et chanteur agréable. Pendant son

---

(1) On y lit : *David Funccius Bohemus beschreibet gar schœn und kunstlich edle Musik-Kunst, wie folget, etc.* Falck était contemporain de Funck.

séjour à Copenhague, il vécut dans l'intimité de quelques savants, artistes ou poètes, au nombre desquels était Klopstock, qui l'encourageait à composer des cantiques, genre de musique où il montrait du talent. Il a fait insérer dans le *Spectateur du Nord*, publié par Cramer (Copenhague, 1759-1770), trois articles sur la musique. Le premier a pour titre : *Von der Musik, als einem Theile einer guter Erziehung* (De la musique comme partie nécessaire d'une bonne éducation), ann. 1759, p. 80. Le deuxième est intitulé : *Von der Musik* (De la musique en général), 1760, p. 124 et 153. Le troisième traite de la musique d'église (*Ueber die Musik beym Gottesdienste*, idem, p. 179). Ces articles ont été réunis dans les œuvres complètes de Funk, publiées en deux volumes in-8°. On y trouve aussi sa biographie écrite par lui-même, morceau rempli d'intérêt.

FUNK (CHRISTOPHILE-BENOIT), frère du précédent, magister et professeur de physique à l'Université de Leipsick, naquit à Hartenstein, le 3 juillet 1736. Il est mort à Leipsick, le 10 avril 1786. On a de ce savant une dissertation intitulée : *De sono et tono* (Leipsick, 1779, 16 pages in-4°), qui a été traduite en allemand, sous le titre de : *Versuch ueber die Lehre vom Schall und Ton*, dans le Magasin de physique, de mathématiques et d'économie de Leipsick, années 1781 et 1782. Funk a publié une suite de son ouvrage intitulée : *De sono et tono continuatio*, Leipsick, 1782, in-4° de 8 pages.

FURCHHEIM (JEAN-GUILLAUME), compositeur allemand dans la seconde moitié du dix-septième siècle, fut d'abord organiste de l'électeur de Saxe, Jean-Georges II, et ensuite maître de chapelle de son successeur Georges III. On connaît de lui deux recueils de pièces instrumentales qui ont pour titres : 1° *Ausserlesenes Violinen-Exercitium, aus verschiedenen Sonaten, nebst ihren Arien, Balletten, Allemanden, Couranten, Sarabanden und Giguen, von 5 Partien bestehend* (Exercices choisis pour violon, extraits de différentes sonates, suivis d'airs, ballets, allemandes, courantes, sarabandes, gigues, consistant en cinq parties), Dresde, 1687, in-fol. 2° *Musikalische Tafel-Bedienung von 5 Instrumenten, als 2 Violinen, 2 Violen, 1 Violon, nebst den G. B.* (Musique de table pour cinq instruments, tels que deux violons, deux violes, une basse, avec basse continue), Dresde, 1674, in-fol.

FURIO (LE P. MICHEL-ANGE), religieux cordelier, né à Todi, a écrit un traité de musique intitulé : *Armonica Coltura*. Le manuscrit original de ce livre était dans la bibliothèque du P. Martini, à Bologne.

FURLANETTO (BONAVENTURE), surnommé *Musin*, maître de la chapelle de Saint-Marc, à Venise, naquit en cette ville le 27 mai 1738. On ignore d'où lui venait le surnom de *Musin*. Les premières leçons de musique lui furent données par son oncle Nicolas Formenti, vieil écuyer du Doge, qui jouait de l'orgue avec quelque habileté. Furlanetto passa ensuite sous la direction de Jacques Bolla, prêtre de la paroisse de Sainte-Marguerite, et apprit de lui les éléments de l'harmonie et de l'accompagnement; mais il n'eut point d'autre maître que lui-même pour le contrepoint et la fugue. Ce fut surtout par des exercices pratiques qu'il devint habile dans l'art d'écrire, et qu'il acquit une rare expérience dans cet art; ses meilleures études furent celles qu'il fit en écrivant beaucoup de messes, de motets et de vêpres pour les diverses églises de Venise. Après avoir terminé ses études littéraires et scientifiques au collège des jésuites, il entra dans les ordres; puis il se livra exclusivement à la culture de la musique, et sa réputation s'établit si bien en peu de temps, qu'il fut un des trois compositeurs choisis pour écrire toute la musique d'un des trois jours de la solennité du bienheureux Jérôme Emiliani, fondateur de la congrégation Somasque, dans l'église de Sainte-Marie *della Salute*. Cette solennité, où toutes les paroisses assistèrent, ainsi que les moines et les religieuses des principaux couvents de Venise, avait attiré dans cette ville une multitude d'étrangers. Une anecdote rapportée par le biographe de Furlanetto fait connaître l'estime dont ce musicien jouissait; la voici : Balthazar Galuppi, célèbre maître de son temps, et l'un des créateurs du véritable opéra bouffe, n'ayant pas le temps de terminer une messe qu'il avait ébauchée et qui lui était demandée, ne voulut point confier le soin de l'achever au vice-maître de chapelle de Saint-Marc, ni aux organistes de cette église; mais il fit venir le jeune Furlanetto, lui remit son manuscrit, et lui dit : *Tenez, achevez cela, et souvenez-vous en travaillant que cette messe doit porter mon nom.*

Furlanetto avait à peine atteint l'âge viril quand il fut nommé maître des jeunes filles de l'hôpital de *la Pietà*, emploi fort recherché, et qui procurait beaucoup de considération à l'artiste qui en était chargé. Le jeune maître écrivit pour ses élèves une quantité considérable de messes, d'oratorios, de cantates et de pièces de musique religieuse de tout genre ; cette musique, exécutée avec beaucoup d'ensemble sous sa direction, attirait les Vénitiens et les étrangers à cet hôpital, où toutes les parties vocales et instrumentales, même les flûtes, hautbois et cors, étaient exécutées par de jeunes filles. Encouragé par ses succès, il se présenta pour une place d'organiste de Saint-Marc, vacante par l'absence de Ferdinand Bertoni ; mais cette place fut donnée injustement à François Bianchi, qui n'avait pas les connaissances nécessaires pour remplir cet emploi. Furlanetto fut consolé de cet échec, quelque temps après, par sa nomination de vice-maître de la chapelle de Saint-Marc, d'abord provisoirement en 1794, puis définitivement en 1797. Il succéda ensuite à Bertoni comme maître de cette chapelle. C'est dans cette dernière position qu'il a donné les témoignages les plus éclatants de son habileté à traiter la musique d'église, dans le style fugué le plus riche de détails et d'artifices. Sa manière élégante et claire dans la distribution des parties et dans l'art de les faire chanter, l'expression qu'il savait donner aux paroles, et le naturel de ses mélodies, le placent à un rang distingué parmi les bons compositeurs de musique d'église, dans le style concerté. On cite particulièrement comme des chefs-d'œuvre d'expression pathétique ses oratorios *la Caduta delle mura di Gerico*, et *la Sposa de' Sacri Cantici*, ses deux *Miserere*, dont l'un fut écrit pour l'hôpital de *la Pietà*, et l'autre pour celui des *Mendicanti*; enfin, son grand *Te Deum*, composé pour la chapelle de Saint-Marc. Furlanetto a écrit aussi beaucoup de psaumes où l'on remarque du génie ; ce genre de musique était celui qu'il affectionnait. Parmi ses autres compositions, on cite particulièrement sa cantate théâtrale *Galatea*, ses deux oratorios *il Tobie* et *il Voto di Jefte*, un *Laudate pueri* à trois voix, avec une partie de contrebasse obligée, qui a été écrite pour le célèbre Dragonetti, et la cantate religieuse *il S. Giovanni Nepomuceno*, qui fut chantée par Pacchiarotti. Dans un inventaire de la musique existante autrefois dans la chapelle de Saint-Marc, lequel est cité par M. Caffi (*voyez* ce nom), on voit aussi, sous le nom de Furlanetto : Neuf Leçons pour la semaine sainte ; *Vexilla regis*, à quatre voix ; *Ave, sanguis*; Messe de Requiem, *a capella*; *Libera me Domine*; des Introïts avec orchestre; des Antiennes pour diverses cérémonies ; les psaumes *Exaudiat*, *Benedicam*, *Deus in adjutorium* et *Deus noster*; *Tantum ergo*, à quatre voix seules ; *Pange lingua*, pour les processions ; un Invitatoire pour les vigiles de Noël, et quelques motets.

En 1811, Furlanetto fut nommé maître de contrepoint de l'Institut philharmonique de Venise. Il écrivit à cette occasion un traité de fugue et de contrepoint dont il a été répandu des copies par ses élèves, mais qui est resté en manuscrit. Ce savant musicien a cessé de vivre le 6 avril 1817, à l'âge de 79 ans. M. François Caffi (*voyez* ce nom) a publié une notice sur sa vie et ses ouvrages sous ce titre : *Della Vita et del Comporre di Bonaventura Furlanetto detto Musin, Veneziano, maestro della cappella ducale di S. Marco, in Venezia*, Picotti, 1820, 40 pages in-8°, avec le portrait de Furlanetto, gravé par Dala, d'après Lorenzini.

FÜRSTENAU (GASPARD), fils d'un musicien de la chapelle de l'évêque de Münster, naquit en cette ville, le 26 février 1772, et fut élève de son père pour le hautbois. Devenu orphelin, il fut confié aux soins d'Antoine Romberg, père des artistes célèbres de ce nom. Ce bon Romberg jouait du basson et affectionnait beaucoup son instrument : il voulut déterminer son élève à le cultiver de préférence au hautbois ; mais celui-ci, fatigué d'être obligé d'apprendre des instruments qu'il n'aimait pas, obtint enfin qu'on lui laissât choisir celui qui lui plaisait ; il prit la flûte et s'y distingua en peu de temps par son habileté. A l'âge de quinze ans, il fut admis dans un corps de musique militaire, et l'année suivante, il entra comme flûtiste dans la chapelle de l'évêque. Il prit alors des leçons de composition chez Anton, organiste de la cathédrale, mais sans interrompre ses études de flûte. En 1793, il fit son premier voyage en Allemagne, et l'année suivante, il entra comme première flûte dans la chapelle d'Oldenbourg ; le duc le choisit en même temps pour son maître de musique et pour celui de toute la famille ducale. La chapelle de cette petite cour ayant été supprimée en 1811, Fürstenau fit avec son fils des voyages dans les principales villes de l'Europe et recueillit partout des applaudissements. Ce digne artiste est mort à Oldenbourg, le 11 mai 1819, d'une atteinte d'apoplexie. Les principaux ouvrages qu'il a publiés sont : 1° Premier concerto pour flûte et orchestre (en ré), Leipsick, Breitkopf et Härtel. 2° Deuxième id-m (en sol, op. 12), Leipsick, Peters. 3° Deux symphonies concertantes pour deux flûtes, arrangées de Pleyel et Fränzl. 4° Environ quinze œuvres de polonaises, rondos, pots-pourris et airs variés pour flûte principale et orchestre. 5° Dix œuvres de duos pour deux flûtes, op. 2, 5, 6, 11, 20, 21, 26, 30, 39, 40. Leipsick, Offenbach, Hambourg. 6° Quelques airs variés, pots-pourris et morceaux détachés pour flûte seule.

FÜRSTENAU (Antoine-Bernard), fils du précédent, est né à Münster, le 20 octobre 1792. A peine âgé de six ans, il reçut des leçons de flûte de son père, et ses progrès furent si rapides, qu'après avoir atteint sa septième année, il put se faire entendre dans un concert public. La flûte précieuse dont le duc lui fit ensuite présent fut un stimulant pour son zèle, et son talent précoce s'accrut dans une progression qui tenait du prodige. Chaque fois qu'il se faisait entendre à Oldenbourg et à Brême (où il faisait des excursions avec son père), il excitait autant d'étonnement que de plaisir. A l'âge de neuf ans, il commença à étudier les éléments de l'harmonie et de la composition; mais le défaut de méthode et de précision dans la manière d'enseigner de son maître, ami de son père, lui rendirent ces premières études pénibles et peu profitables; son instinct et sa propre expérience l'instruisirent mieux plus tard, et le mirent en état d'écrire avec une correction suffisante ses compositions instrumentales. En 1803, son père entreprit avec lui un premier grand voyage qui les conduisit à Hambourg et à Copenhague. Deux années après, ils firent un second voyage, traversèrent l'Allemagne, et visitèrent Saint-Pétersbourg. Plus tard, ils ne laissèrent presque jamais écouler un an sans faire quelque excursion, et lorsque la chapelle du duc d'Oldenbourg fut supprimée, en 1811, le père et le fils, devenus inséparables pour l'effet de leurs concerts, parcoururent une grande partie de l'Europe, et partout le jeune Fürstenau recueillit des témoignages d'admiration pour son beau talent. Fatigué de voyages, il accepta, en 1817, une place à l'orchestre de Francfort-sur-le-Mein, et se transporta dans cette ville avec toute sa famille. La liaison d'amitié qu'il y forma avec Volweiler exerça une heureuse influence sur ses connaissances dans l'art d'écrire, et cette époque de sa vie est peut-être celle où son talent prit le plus de développement, à cause des méditations auxquelles il put se livrer.

Cependant, rétabli d'une longue indisposition, Gaspard Fürstenau ne pouvait se plaire dans l'inaction; le désir de recommencer ses voyages lui était revenu; pour lui complaire, Antoine-Bernard consentit à le suivre, et tous deux se remirent en route, après que la famille eut repris sa résidence à Oldenbourg. Après avoir visité, pendant l'année 1818, l'Allemagne méridionale et la Hollande, les deux artistes arrivèrent à Aix-la-Chapelle pendant que le Congrès y était assemblé; le fini remarquable de leur exécution produisit une vive sensation dans cette ville. De retour à Oldenbourg au commencement de 1819, Antoine-Bernard eut la douleur de perdre son père, qui avait été pour lui l'ami le plus tendre et à qui il devait son talent. Le chagrin qu'il en conçut développa en lui le germe d'une fièvre scarlatine maligne qui mit ses jours en danger, et dont la convalescence fut lente. Rendu enfin à la santé, il accepta la place de première flûte à la chapelle royale de Dresde, déterminé particulièrement en cela par le désir de connaître Charles-Marie de Weber, alors directeur de cette chapelle. Il s'éloigna donc d'Oldenbourg avec sa mère et ses sœurs, et se rendit à son nouveau poste en 1820. Il y reçut l'accueil le plus flatteur et le plus cordial de la cour, des artistes et du public. La situation agréable qu'il avait trouvée à Dresde lui permit de s'occuper de la publication de beaucoup d'ouvrages qu'il avait en portefeuille, ou qu'il écrivit alors. On croit que Weber ne fut pas étranger à la facture de l'instrumentation de ses concertos et de ses autres grandes compositions pour son instrument. Ce fut aussi à cette époque de sa carrière qu'il forma plusieurs élèves qui sont aujourd'hui placés comme des artistes distingués dans les villes les plus importantes de l'Allemagne. Sa vie était devenue plus sédentaire, quoiqu'il n'eût pas absolument renoncé aux voyages. En 1823, il en fit un en Danemark; en 1824, un autre en Bavière; en 1826, il visita Paris et Londres. Ce fut entre ses bras que Charles-Marie de Weber s'éteignit dans cette dernière ville. En 1828, Fürstenau donna des concerts à Vienne et à Prague; dans l'année suivante, il visita Münster et Oldenbourg, villes où s'était passée son enfance, et qui avaient vu ses premiers succès. En 1830, il parcourut de nouveau le Danemark et la Suède; dans les années 1831 et 1832, il visita Hambourg, Berlin, et quelques autres grandes villes de l'Allemagne septentrionale. Depuis lors, les voyages ont eu pour lui un nouvel intérêt par les succès de son fils.

Fürstenau a été considéré à juste titre en Allemagne comme un des premiers, si ce n'est le plus habile des flûtistes de l'Europe. Son talent était aussi remarquable par la pureté, le volume et les nuances du son, la promptitude et la netteté des coups de langue, que par l'élégance du style, l'expression et le caractère élevé des pensées. La musique composé par cet artiste est d'ailleurs estimée comme ce qui a été fait de meilleur pour la flûte dans ces derniers temps. En 1840, j'ai connu Fürstenau à Dresde; il était encore plein de feu et d'enthousiasme pour son art. Il est mort en cette ville, le 18 novembre 1852. Au nombre de ses ouvrages, on remarque : 1° Douze concertos pour flûte et orchestre, œuvre 12 (en *mi* mineur), 33, 35 (en *ut* dièse mineur), 40, 41, 52, (en *la* bémol), 58, 63, imprimés à Leipsick et Brunswick, 77 (en *mi*), à Offenbach, 84 (en *ré*), Halle, Helmuth, 87 (deuxième symphonie concertante pour deux flûtes, en *mi*), *ibid.* 2° Deux polonaises pour flûte et orchestre, œuvres 3, Hambourg, Bœhme, et 31 (en *fa*), Leipsick, Probst. 3° Quatorze thêmes variés pour flûte et orchestre ou quatuor, œuvres 4, 26, 27, 30, 34, 43, 45, 53, 70, 72, 82, 86, 95. 4° Six nocturnes pour flûte et piano, œuvres 68, 73, 76, 78, 79, 81, Vienne, Copenhague, Dresde, Leipsick. 5° Duos pour deux flûtes, œuvres 13, 25, 32, 36, 37, 56, 59, 61, 75, 83, 85, 89, Leipsick, Copenhague, Londres, Dresde. 6° Exercices et grandes études pour flûte seule, œuvres 15 et 29; caprices, œuvre 80, Leipsick. 7° Plusieurs rondeaux, pots-pourris, etc. 8° Méthode de flûte, œuvre 42, Leipsick, Breitkopf et Hærtel; bon ouvrage devenu classique en Allemagne. 9° Quatuor pour quatre flûtes, morceau traité avec beaucoup d'adresse et d'intelligence. 10° Un article inséré dans la vingt-septième année de la *Gazette musicale de Leipsick* (p. 700), sous ce titre : *Etwas ueber die Flœte und das Flœtenspiel* (Idées sur la flûte et sur le jeu de cet instrument).

FÜRSTENAU (Maurice), fils d'Antoine-Bernard, est né à Dresde, en 1824. Élève de son père pour la flûte, il avait à peine atteint l'âge de six ans lorsqu'il commença l'étude de cet instrument, et au mois d'octobre 1832, il put se faire entendre dans un concert public et y exciter l'étonnement des habitants de Dresde. Dans sa neuvième année, il joua, au commencement de 1833, dans un concert de la cour, en présence du roi, qui, pour lui témoigner sa satisfaction, lui remit une précieuse montre en or. Depuis lors, le jeune Fürstenau a accompagné son père dans ses voyages en Allemagne, et partout son talent précoce a fait naître le plus vif intérêt. Dans les années 1845 et 1846, il a fait de nouveaux voyages comme virtuose et a obtenu partout des succès.

FUSS (Jean), né en 1777 à Tolna en Hongrie, reçut sa première éducation à Baja, où il était enfant de chœur. Dès ses premières années, on reconnut en lui d'heureuses dispositions pour la musique. Destiné à l'enseignement, il fit de rapides progrès dans cet art et dans les sciences. Placé ensuite comme précepteur dans une noble famille du comté de Stuhl-Weissenbourg, il y fit ses premiers essais de composition pour l'église, et pour de petits théâtres de société. Plus tard, il obtint une place de maître de musique à Presbourg, et fit représenter au théâtre de cette ville le duodrame intitulé : *Pyrame et Thisbé*, qui obtint beaucoup de succès. Peu de temps après, il se rendit à Vienne, pour y faire un cours complet de contrepoint, sous la direction d'Albrechtsberger. Ce fut dans cette ville qu'il écrivit un grand nombre de productions pour le piano qui le firent connaître avantageusement des artistes et des amateurs. Les conseils bienveillants de Joseph Haydn lui furent d'un grand secours pour la clarté du style et la bonne disposition des idées. Plus avancé en âge, Fuss accepta la place de directeur de la musique du théâtre de Presbourg, et ses efforts ne contribuèrent pas peu à l'amélioration de l'exécution de la musique dramatique dans cette ville. Le théâtre ayant été fermé pendant la saison d'été, il retourna à Vienne, y donna des leçons et se mit à travailler pour la scène. On dit qu'il était en même temps chargé de la correspondance de la *Gazette musicale de Leipsick*. Tant de travaux, peu d'accord avec sa faible constitution, lui causèrent une irritation nerveuse, et détruisirent sa santé. On lui conseilla l'usage des bains chauds d'Ofen, en Hongrie. Ce voyage, qui lui offrait l'occasion de revoir un frère et des amis de sa jeunesse, sembla le ranimer : on conçut l'espoir de le rendre à la santé; mais bientôt une fièvre maligne et nerveuse survint et le mit au tombeau après quatre jours de maladie, le 9 mars 1819. On connaît de cet artiste : 1° *Pyrame et Thisbé*, mélodrame avec des airs et des chœurs. 3° *Watwort*, idem. 3° *Isaac*, idem. 4° *Judith*, idem. 5° *Jacob et Rachel*, idem. 6° *Der Kafig* (La cage), opérette. 7° *La Boîte de Pandore*, idem. 8° Une messe solennelle et plusieurs morceaux de musique d'église. 9° Ouverture pour la tragédie de Schiller, *la Fiancée de Messine*. 10° Une pantomime, gravée à Leipsick, chez Breitkopf et Hærtel. 11° Un quatuor pour flûte, œuvre 3, Vienne, Haslinger. 12° Des trios pour clarinette, alto et basse, Vienne, Artaria. 13° Un quatuor pour le cor de bassette, op. 2, Vienne, Haslinger. 14° Des sonates pour piano et violon, op. 4, 34, 36 et 39, Vienne, Artaria et Haslinger. 15° Des sonates pour piano à quatre mains, œuvres 7 et 38, Vienne, Diabelli et Haslinger. 16° Sonates pour piano seul, op. 18, Vienne, Diabelli. 17° Des rondeaux *idem*, op. 20 et 37, *idem*. 18° Des variations *idem*, op. 11 et 12, *idem*. 19° Cinq recueils de danses, *idem*, *ibid*. 20° Des recueils de chansons allemandes, avec accompagnement de piano, œuvres 9, 10, 22, 23, 29 et 31, Vienne, Leipsick et Bonn.

FUX (MATHIEU), très-bon fabricant de luths, attaché à la cour de Vienne, dans le dix-septième siècle.

FUX (JEAN-JOSEPH), ou plutôt vraisemblablement FUCHS, compositeur et écrivain didactique sur la musique, naquit dans la Haute-Styrie en 1660, et fut maître de chapelle de la cour de Vienne pendant quarante ans, sous les règnes des empereurs Léopold, Joseph Ier et Charles VI, qui étaient fort instruits dans la musique. Dlabacz dit que son éducation musicale fut faite en Bohême, et qu'il augmenta ses connaissances en visitant les meilleures chapelles de l'Allemagne, de la France et de l'Italie. Ces renseignements sont à peu près tout ce qu'on possède sur ce maître. On ignore en quelle année il se fixa à Vienne, mais on sait qu'en 1695 il était déjà au service de la cour impériale. Les trois empereurs dont il fut le maître de chapelle lui témoignèrent toujours beaucoup d'estime. Les premiers ouvrages de Fux furent des compositions religieuses qui sont restées en manuscrit, particulièrement des messes à trois et à quatre voix, avec orgue ou orchestre. Son service à la cour impériale l'obligeait aussi à écrire des pièces de musique instrumentale; il en publia un recueil à Nuremberg, en 1701, sous ce titre : *Concentum musico-instrumentalem in 7 partitas divisum*, in-fol. Cet ouvrage est dédié à l'empereur Joseph Ier. Après cette publication, il écrivit la musique du drame *la Clemenza d'Augusto*, en 1702, par ordre de l'impératrice Éléonore-Madeleine Thérèse, pour la fête patronale de l'empereur Léopold Ier. Dans la même année il composa par ordre de Joseph Ier, roi des Romains, l'opéra *semi-seria* intitulé *Offendere per amore, ovvero la Telestilla*, qui fut représenté pour fêter le jour de naissance de la reine des Romains Amélie-Wilhelmine. Fux écrivit en 1710, par ordre de l'empereur Joseph Ier, *la Decima fatica di Ercole, ovvero la Sconfita di Gerione in Spagna*, drame historico-pastoral, qui fut représenté pour le jour anniversaire de naissance de Charles III,

roi d'Espagne (1); et, en 1714, il écrivit pour l'anniversaire de la naissance de l'archiduchesse, tante de l'empereur Charles VI l'opéra intitulé : *Elisa*. L'empereur fut si satisfait de cet ouvrage, que, pour donner à son maître de chapelle un témoignage éclatant de son estime, il voulut accompagner lui-même au clavecin pendant la troisième représentation. Ce fut à cette occasion que Fux, placé près de l'empereur et lui tournant les feuilles de la partition, s'écria, voyant l'habileté du monarque dans l'art d'accompagner : *Quel dommage que Votre Majesté ne soit pas un maître de chapelle!* — *Il n'y a pas de mal, monsieur le maître*, répondit en riant Charles VI; *je me trouve bien comme cela*. Après la représentation, il y eut une loterie de bijoux pour les exécutants de l'ouvrage; la valeur des lots était depuis 500 jusqu'à 2,000 florins, et tous les numéros étaient gagnants. La partition d'*Elisa* fut gravée à Amsterdam, en 1715, chez Le Cène, et les exemplaires, tirés à petit nombre sur un papier de choix, furent vendus 30 florins de Hollande. Le même ouvrage fut repris en 1719, et en 1729.

L'année 1723 fut une des plus glorieuses de la vie de Fux. A l'occasion du couronnement de Charles VI, comme roi de Bohême, qui devait se faire à Prague, le maître de chapelle fut chargé d'écrire le grand opéra *Costanza e Fortezza*. Tous les chanteurs et musiciens de la chapelle impériale furent envoyés dans la capitale de la Bohême et se joignirent aux principaux artistes de cette ville et à beaucoup d'autres qu'on avait fait venir d'Italie et d'Allemagne. Fux était atteint de la goutte; l'empereur le fit transporter à Prague en litière, pour qu'il pût assister à la représentation de son ouvrage, et fit placer son fauteuil près du sien. Le chœur était formé de cent chanteurs, et deux cents musiciens composaient l'orchestre. Le maître italien Caldara dirigeait l'exécution. Une multitude d'étrangers et d'artistes de distinction s'étaient rendus à Prague pour cette occasion solennelle; ils donnèrent des applaudissements à la composition de Fux, et rien ne manqua à la gloire du vieux maître. Burney, qui paraît avoir vu la partition de *Costanza e Fortezza*, dit que les chœurs de cet ouvrage sont dans le style français de l'époque où ils ont été écrits. Les airs de ballets de la pièce

---

(1) L'archiduc Charles, que l'empereur Joseph Ier fit reconnaître par le pape Clément XI, comme roi d'Espagne, sous le nom de *Charles III*, pendant la guerre de la succession de Charles II, et qui fut le compétiteur de Philippe V, ne régna jamais sur l'Espagne.

n'avaient pas été composés par Fux. Le livret imprimé à Vienne nous informe de cette circonstance; il a pour titre : *Costanza e Fortezza, festa teatrale per musica, da rappresentarsi nel reale castello di Praga, per il felicissimo giorno natalizio della sua Ces. et Cat. Reale Maestà di Elisabeta-Christina, Imperatrice regnante, per commando della S. C. et C. Reale Maestà di Carlo VI, imper. de Romani sempre augusto, l'anno 1723. La Poesia e del sig. Pietro Paccati, poeta di S. M. Ces.; la musica è del sig. Gio. Gioseffo Fux, maestro di cappella di S. M. Ces.; con le Arie per i balli del sig. Nicolo Matthei, direttore della musica istrumentale di S. M. Ces. e cat.* Vienna d'Austria, appresso Gio. Piet. Van Ghelen; in-8°.

Un nouveau témoignage d'estime fut donné par l'empereur à son maître de chapelle en 1725, lorsque le monarque voulut faire la dépense nécessaire pour l'impression du grand traité de composition auquel Fux avait consacré plusieurs années, et qu'il publia sous ce titre : *Gradus ad Parnassum, sive Manuductio ad compositionem musicæ regularem,* etc. Cet ouvrage, devenu classique, est aujourd'hui la seule production de Fux généralement connue dans le monde musical. Le dernier ouvrage du vieux maître fut l'opéra *Enea negli Elisi,* écrit à Vienne en 1731. Il était alors âgé de soixante-onze ans et accablé d'infirmités. Il est mort à Vienne, le 14 février 1741, à l'âge de 81 ans. La découverte de cette date certaine est due aux recherches du savant et exact Antoine Schmid (*voyez* ce nom) : il la fait connaître dans son livre intéressant sur la vie et les ouvrages de GLUCK (p. 25, dans la note). L'absence de renseignements plus complets sur la carrière de Fux ne doit être attribuée qu'à lui-même, car Mattheson insista deux fois près de lui afin d'obtenir les renseignements biographiques nécessaires pour l'article qu'il lui destinait dans son livre intitulé : *Grundlage einer Ehrenpforte.* Il est vrai que le critique de Hambourg avait blessé la susceptibilité de Fux en attaquant, dans le deuxième volume de son *Nouvel orchestre,* les principes de l'ancienne solmisation, qui étaient ceux que Fux enseignait encore, suivant la doctrine des écoles d'Italie. Ce qu'il y eut de plus singulier, c'est que Mattheson dédia ce volume au maître de chapelle, qui peut-être considéra cette dédicace comme une insulte. Fux remercia cependant Mattheson, mais on voit percer un certain orgueil dans sa réponse à la demande que celui-ci avait faite de documents pour sa biographie. « Je pourrais sans doute (lui dit-il) « écrire des choses avantageuses à ma per- « sonne, et dire comment je me suis élevé dans « mes diverses fonctions, s'il n'était contre la « modestie de faire soi-même son propre éloge. « Il doit me suffire d'avoir été trouvé digne « d'être premier maître de chapelle de Char- « les VI. »

Les productions de Fux sont de quatre espèces, savoir : 1° La musique d'église. 2° Les opéras. 3° La musique instrumentale. 4° Son traité du contrepoint et de la fugue. En voici la liste et l'analyse rangées dans ce même ordre.
I. MUSIQUE D'ÉGLISE. 1° *Missa, Kyrie cum Gloria, Credo, Sanctus et Agnus,* à quatre voix et orgue. 2° *Missa canonica, Kyrie cum Gloria, Credo, Sanctus et Agnus,* pour quatre voix et orgue. 3° *Missa beatissimæ Virginis immaculatæ conceptionis, Kyrie cum Gloria, Credo, Sanctus et Agnus,* à quatre voix, deux violons, alto, deux hautbois, cor, trois trombones et orgue. 4° *Missa pro solemn. fest. Kyrie cum Gloria, Credo, Sanctus et Agnus,* pour quatre voix, deux violons, deux hautbois, alto et orgue. 5° *Missa canonica, Kyrie cum Gloria, Credo, Sanctus et Agnus,* à quatre voix, deux violons, alto, deux hautbois et orgue. 6° *Missa brevis, Kyrie cum Gloria, Credo, Sanctus et Agnus,* à quatre voix, deux violons, alto, deux hautbois, deux trompettes, timbales et orgue. 6° (*bis*) *Missa pro defunctis,* à quatre voix et instruments, écrite en 1697. 6° (*ter*) *Requiem* à cinq voix et instruments, composé pour les obsèques de l'impératrice Léonore, femme de Léopold Iᵉʳ. La partition de cet ouvrage est à la bibliothèque royale de Berlin. 7° Motet, *Ad te, Domine, levavi animam meam,* à quatre voix et orgue. Ce morceau se trouve en partition dans le chapitre du *style à capella* du *Gradus ad Parnassum.* 8° Psaume III : *Confitebor tibi, Domine,* à quatre voix, deux violons, deux hautbois, deux violes, violoncelle et orgue. Tous ces ouvrages existaient dans l'ancien assortiment de musique manuscrite de Breitkopf à Leipsick ; le catalogue de la grande vente faite publiquement au mois de juin 1836 fait voir qu'il ne restait plus de tout cela qu'une messe en sol mineur. 9° *Missa in contrapunto nell' terzo tono.* 10° *Libera me, Domine.* 11° *Salve Regina.* Ces trois dernières compositions sont indiquées dans le catalogue du marchand de musique Traeg, publié à Vienne en 1804. 12° *Missa col titolo* d'Alternazione, *a quattro voci ed organo.* Cette messe est citée

par Fux dans son *Gradus ad Parnassum.* 13° *Missa* De vicissitudinis *quatuor vocum et organo.* Le *Kyrie* de cette messe se trouve en partition dans le même ouvrage. 14° *Missa* In fletu solatium *quatuor vocum et organo.* Le *Kyrie,* à quatre voix, et le *Christe,* à trois, de cette messe sont en partition dans le même livre. 15° *Missa* Credo in unum Deum, *quatuor vocum et organo.* L'*Amen* du *Credo* de cette messe est en partition dans le même livre. 15° (*bis*) *Missa Constantiæ,* à quatre voix, deux violons, violes, trois trombones et orgue. 16° *Ave Maria,* à quatre voix, sans orgue. Il est en partition dans le même livre. La bibliothèque royale de Berlin possède, du même maître : la messe de *Requiem* à quatre voix et instruments composée en 1697, en partition ; une messe solennelle à quatre voix et orchestre, *idem ;* une messe canonique à quatre voix, sans orgue, *idem ;* le *Requiem* à cinq voix avec instruments (en *ut* mineur) composé pour les funérailles de l'impératrice, *idem ;* un *Kyrie* à cinq voix et orchestre, *idem ; Dies iræ* (en *mi* mineur) à huit voix avec quatre violes et instruments à vent, *idem ;* un *Requiem* à quatre voix, *a capella,* sans accompagnement, *idem ;* le psaume *Laudate pueri,* à six voix, *a capella,* sans orgue, *idem ;* le psaume *Lætatus sum,* à huit voix avec instruments ; et enfin, la partition originale d'une messe pour le carême (*Missa quadragesimalis*), à quatre voix, sans orgue, écrite en 1716. 16° (*bis*) *La Deposizione della croce di Gesù Cristo,* oratorio écrit en 1728 et exécuté dans la même année, puis repris en 1738. Tous ces ouvrages font voir que Fux possédait les bonnes traditions des écoles italiennes dans l'art d'écrire. Son harmonie est pure ; sa modulation naturelle, quoiqu'elle ne soit pas dépourvue de cadences inattendues. Son style fugué est élégant et vif ; les voix sont bien placées, chantent d'une manière facile, et souvent leurs entrées sont d'un effet heureux et piquant. Avec tant de mérite comme compositeur, Fux ne méritait pas l'oubli où il est tombé de nos jours, ni la réputation de musicien pédant qu'il a eue longtemps. II. opéras. 1° *La Clemenza di Augusto,* représenté à Vienne en 1702, pour la fête patronale de l'empereur Léopold I*er*. 2° *Offendere per amare ovvero la Telesilla,* représenté à Vienne, dans la même année, pour l'anniversaire du jour de naissance de la reine des Romains, Amélie Wilhelmine. 3° *Decima fatica di Ercole, ovvero la Sconfita di Gerione in Spagna,* drame historico-pastoral, représenté à Vienne, en 1710. 4° *Eliso,* opéra, gravé en partition sous ce titre : *Elisa, festa teatrale per musica, rappresentata nel giardino del Imperiale Favorita per il felicissimo giorno natalizio della S. C. et catolica R. M. di Elisabetta Christina Imperatrice regnante, per comando della S. Ces. Cat. Real Maesta di Carlo VI. Poesia de P. Pariati, Musica di Gio. Giuseppe Fux;* Amsterdam, chez Le Cène, 1715. 5° *Angelica vincitrice d'Alcina,* opéra représenté à Vienne, en 1716, pour l'anniversaire du jour de naissance de l'archiduc Léopold. 6° *Psyche,* opéra en trois actes, 1719. La partition manuscrite de cet ouvrage existait chez Traeg, à Vienne, en 1804. 7° *La Corona d'Arianna,* opéra représenté à la cour impériale, en 1726. 8° *Costanza e Fortezza,* fête théâtrale, représentée à Prague en 1723. 9° *Enea negli Elisi,* à Vienne, en 1731. III. musique instrumentale. 1° *Concentus musico-instrumentalis in 7 partitas divisus.* Nuremberg, 1701, in-fol. 2° Six ouvertures pour deux violons, viole, basse, deux hautbois et un basson, Vienne (sans date), in-fol. 3° Trios pour deux violons et basse, en manuscrit. Matheson fait un pompeux éloge de cet ouvrage dans sa *Critica musica* (t. I, p. 151, n° 1), et dit même que Fux y est incomparable IV. didactique. *Gradus ad Parnassum, sive manuductio ad compositionem musicæ regularem, methodo novâ ac certâ, nondum ante tam exacto ordine in lucem edita : elaborata à Joanne Josepho Fux,* etc., Viennæ Austriæ, Typis Joannis Petri Van Ghelen, 1725, in-fol. Cet ouvrage est divisé en deux livres. Le premier, qui renferme vingt-trois chapitres, est entièrement relatif aux proportions des intervalles des sons, d'après les principes numériques des géomètres. Le dernier chapitre de ce livre est le seul qui se rapporte à l'objet que Fux s'était proposé : il renferme des notions sur les intervalles considérés sous le rapport musical, et sur leur mouvement dans l'harmonie. Le deuxième livre, composé de dialogues entre un maître et son élève, renferme des instructions sur les différents genres de contrepoints simples et doubles, sur l'imitation et la fugue à deux, trois et quatre parties, et sur l'application de ces choses dans les différents styles de la composition, avec beaucoup d'exemples. Le livre de Fux a été l'objet de beaucoup d'éloges exagérés et de critiques injustes. On ne peut nier que l'ordre établi, dans cet ouvrage, pour la progression des études ne soit excellent, rationnel et fondé sur un très-bon système d'analyse de l'art d'écrire. Cet ordre a été trouvé si bon, que tous les traités de contrepoint et de fugue publiés postérieurement ont été calqués sur le même plan, bien que les détails aient été perfectionnés. Sans doute, Fux a trouvé les éléments de sa classification dans les ouvrages de J. M. Bononcini, de Cerreto, de Tevo, de Penna, et même dans les Institutions harmoniques de Zarlino; mais la liaison des faits n'avait pas encore été aussi bien établie que dans son livre. Sous ce rapport, *le Parfait Maître de chapelle* de Mattheson, et le *Tractatus musicus compositorio-practicus* de Spiess, publiés plusieurs années après le *Gradus ad Parnassum*, sont fort inférieurs à ce livre, bien qu'ils renferment des choses estimables sur diverses parties du style moderne, trop négligées par Fux. Le plus important et le plus juste reproche qu'on peut faire à ce maître, est d'avoir manqué absolument de critique et de raisonnement dans l'analyse des règles qu'il a données; règles puisées dans un très-bon sentiment de pratique, mais dont il n'a presque jamais aperçu la véritable origine. Lorsqu'il veut résoudre des difficultés proposées par son élève, il ne trouve que de niaises réponses, où la question est éludée plutôt qu'éclaircie. A l'égard de quelques exemples de contrepoint simple de son livre, qui ont été l'objet d'amères critiques, il faut remarquer que l'ancienne tonalité, prise pour base de son travail, a des résultats qui choquent les habitudes de notre oreille, mais qui ne paraissaient pas aussi étranges à l'époque où Fux écrivait, parce qu'on était plus accoutumé à entendre de la musique composée dans cette tonalité. Le seul tort qu'on peut reprocher à l'écrivain, sous ce rapport, est d'avoir voulu introduire dans cette tonalité certaines circonstances harmoniques qui y sont absolument étrangères; par exemple la quinte dans le retard de la sixte par la septième qui jette dans l'harmonie beaucoup de dureté, parce qu'elle n'est pas analogue à la constitution de l'accord non retardé. Fux a manqué de discernement en plusieurs choses de ce genre, n'ayant point fait la distinction de l'harmonie qui appartient à la tonalité du plain-chant, et de celle qui est de l'essence de la tonalité moderne.

On s'est étonné que Fux ait écrit son livre en latin, ce qui en a rendu l'usage à peu près inutile aux musiciens, dont l'éducation littéraire est en général négligée; mais, né dans la Styrie, il connaissait peu le génie du bon allemand, et l'on voit, par les lettres qu'il a écrites à Mattheson, que son style en cette langue était fort mauvais. L'ouvrage de Fux a été traduit en allemand par Mizler, sous ce titre : *Gradus ad Parnassum oder Anführung zur Regelmæssigen musikalischen Composition*, Leipsick, Mizler, 1742, in-4°. Cette traduction, qui a le mérite d'être fidèle, est incommode parce que les exemples ont été séparés du texte et gravés à part. L'exécution typographique de la traduction italienne faite par l'abbé Alexandre Manfredi est préférable, parce que la disposition originale de l'ouvrage y a été conservée; elle est intitulée : *Salita al Parnasso o sia Guida alla regolare composizione della musica, con nuovo e certo metodo non per anche in ordine si esatto data alla luce, e composta da Giovanni Giuseppe Fux*, etc., In Carpi, 1761, in-fol. En 1773, une fort mauvaise traduction française, faite par un maître de musique de la maison de Saint-Cyr, nommé Pietro Denis, parut sous ce titre : *Traité de composition musicale fait par le célèbre Fux*. Il semble, d'après ce que dit ce Denis que Cafaro, appelé par lui *Caffro*, avait fait une autre traduction italienne du *Gradus ad Parnassum*, et qu'il en avait introduit l'usage dans le Conservatoire qu'il dirigeait; mais ce fait ne s'est pas vérifié depuis lors. A l'égard de la traduction française, on n'y trouve du premier livre que le dernier chapitre ; et toute la fin du deuxième, relative aux divers styles, y manque aussi. La traduction est en elle-même inexacte et mal écrite, et l'exécution typographique en est si mauvaise, que l'ouvrage est à peine lisible. Il y a aussi une traduction anglaise, ou plutôt un résumé du *Gradus* sous ce titre : *Faux's* (et non *Feaux's*, comme il est dit dans le catalogue de Preston, Londres, 1797) *practical rules for learning composition, translated from the latin*, Londres, 1791, in-4°. La forme du dialogue a été remplacée dans ce volume par un exposé succinct des règles : la plupart des exemples ont été conservés. Le P. Paolucci a inséré un exemple de style fugué extrait de l'ouvrage de Fux, au commencement du deuxième volume de son *Arte pratica di contrapunto*. On trouve deux lettres de Fux à Mattheson sur la solmisation et le nombre des modes, dans le deuxième volume de la *Critica musica* de ce dernier (p. 185 et 197).

FUX. *Voyez* Focus.

G

GABRIANI (Maximilien), moine de Montcassin, fut organiste de l'église paroissiale de Gassino, bourg du Piémont. On a imprimé sous son nom l'ouvrage qui a pour titre : *Vespri e versetti per comodo del coro a 4 voci, raccoltati da Alessandro Vincenti Stampatore*, in Venezia, 1650, in-4°.

GABELLONE (Gaspard), compositeur napolitain, né vers 1750, fit ses études dans un des conservatoires de cette ville, et devint un des meilleurs maîtres de chant de l'Italie. Contrapuntiste instruit, il a beaucoup écrit pour l'église, et sa musique était estimée. On cite particulièrement sa grande messe de *Requiem* comme un modèle en son genre. La Bibliothèque du collége royal de musique de *S. Pietro in Majella*, à Naples, renferme les ouvrages suivants de Gabellone : 1° Messe à quatre voix et instruments, manuscrit original. 2° Passion pour le Vendredi saint, écrite en 1774. 3° Fugues à deux voix, écrites en 1785. 4° *Christus* et *Miserere* à quatre voix. 5° Trois *Tantum ergo*. 6° Des airs détachés et des cantates.

GABLER (Mathias), docteur en théologie et en philosophie, né à Spalth, en Franconie, le 22 février 1736, entra d'abord chez les Jésuites, en 1769, à Ingolstadt, fut ensuite conseiller de l'électeur de Bavière, et enfin pasteur à Wembdingen, en 1788. On a de lui une dissertation intitulée : *Der Instrumentalton, eine physikische Abhandlung* (Dissertation physique sur le ton des instruments), Ingolstadt, 1776, in-4°. Ce savant est mort à Wembdingen, le 30 mars 1805.

GABLER (...), excellent facteur d'orgues, vivait vers le milieu du dix-huitième siècle à Ravensbourg, en Souabe, et mourut en cette ville, vers 1784. Parmi les bons ouvrages qu'il a construits, on remarque l'orgue de Wittenberg, celui de l'abbaye d'Ochsenhausen, et surtout celui de l'abbaye de Weingarten, un des plus beaux et des plus grands qu'il y eût en Allemagne. Cet instrument était composé de soixante-seize jeux effectifs, dont plusieurs de trente-deux pieds ouverts, quatre claviers à la main, et un clavier de pédale. Dom Bédos en a donné la description (dans *l'Art du facteur d'orgues*), avec une planche qui représente la façade de cet orgue.

GABLER (Christophe-Auguste), professeur de piano et compositeur pour cet instrument à Reval, sur la Baltique, est né à Mühltroff, dans le Voigtland, le 15 mars 1767. Fils d'un prédicateur, il était destiné à l'état ecclésiastique, et son père lui fit faire, en 1790, un cours de théologie à Leipsick. Quatre ans après, il eut la place de secrétaire chez le comte de Kospoth ; mais, ne trouvant pas dans cette position les avantages qu'il avait espérés, il la quitta bientôt, et retourna à Leipsick pour y étudier le droit. Il s'appliqua en même temps avec assiduité à l'étude de la musique, sous la direction de A.-E. Müller, qui fut à la fois son professeur et son ami. En 1800, il enseignait déjà cet art à Reval, et y donnait des concerts où il se faisait remarquer par son habileté sur le piano autant que par le bon goût de ses compositions. Depuis lors il n'a quitté cette ville que pour aller passer les trois dernières années près de ses enfants, à Pétersbourg, où il est mort, le 15 avril 1839. Parmi les compositions de cet artiste, on remarque : 1° *Der Pilger am Jordan* (le Pèlerin au Jourdain), oratorio, en partition, réduite pour le piano, Leipsick, 1798, Breitkopf et Hærtel. 2° Chant funèbre sur la tombe d'un ami, à quatre voix, avec accompagnement d'orchestre ou de piano, *ibid*. 3° Six sonates pour piano seul. 4° Quinze sonates pour piano seul ; polonaises, rondeaux, marches, variations pour piano à quatre mains, *ibid*. 5° Chansons allemandes, avec accompagnement de piano, quatre recueils, *ibid*. 6° Chants maçonniques, avec un hymne à l'empereur de Russie, à quatre voix avec accompagnement de piano, *ibid*. 7° *Der Abschied vom Dœrfschen* (l'Adieu au village), poëme, à huit voix avec accompagnement de piano, *ibid*. 7° (bis) Cantate funèbre pour la mort de la célèbre cantatrice Mᵐᵉ Mara. 8° Thèmes variés pour piano seul, dix œuvres, Leipsick, Breitkopf et Hærtel, Peters. 9° Sonates et fantaisies pour harpe et violon ou flûte, *ibid*. 10° Airs variés pour violon, avec accompagnement d'un second violon, viole et basse. 11° Variations pour deux cors et piano.

Jeannette Gabler, fille de cet artiste, né à Reval, s'est fait entendre avec succès sur le piano, dans les concerts de cette ville. Elle a publié à Leipsick un rondeau pour le piano, et six chansons allemandes.

GABRIELI (André) ou **GABRIELLI**, musicien distingué, né à Venise peu après 1510, dans le quartier appelé *Canareggio*, était issu d'une famille noble de cette ville. Après avoir fait de bonnes études musicales sous la direction d'Adrien Willaert, il entra en 1536, comme chantre, à la chapelle ducale de sa ville natale; puis il fut choisi pour succéder, non à Annibal ou Hannibal de Padoue, comme il a été dit dans la première édition de cette biographie, mais à Claude Merulo, dans la place d'organiste du second orgue de la cathédrale de Saint-Marc, le 30 septembre 1566. Pendant trente ans, il remplit les fonctions de cette place; il mourut à la fin de l'année 1586. André Gabrieli est souvent désigné par ses contemporains sous le nom d'*André Gabrieli da Canareio* (1), c'est ainsi qu'il est cité par Garzoni, dans le treizième discours de sa *Piazza universale*; mais cet auteur ne dit pas ce qui avait fait ajouter ce nom de *Canareio*, ou plutôt *Canareggio*, à celui de *Gabrieli*. Quelques écrivains ont cru qu'André Gabrieli fut le frère de Jean Gabrieli, célèbre organiste et compositeur vénitien qui vécut à la fin du seizième siècle et au commencement du dix-septième (2); mais c'est une erreur : il était l'oncle et il fut le maître de celui-ci, ainsi que nous l'apprend Jean Gabrieli dans l'épître dédicatoire de la collection intitulée : *Concerti di Andrea e di Gio. Gabrieli, organisti della serenissima Signoria di Venezia : continenti musica di chiesa, madrigali*, etc. (Venise, Gardane, 1587). Il y dit : « Si André « Gabrieli n'avait été mon oncle, j'oserais af- « firmer que, comme il y a en général peu de « peintres et de sculpteurs à la même hauteur, « de même il y a peu de musiciens et d'orga- « nistes qui l'aient égalé. Mais, n'étant guère « moins pour lui qu'un fils par les liens du sang, « je ne puis dire librement ce que m'inspire- « raient le sentiment et la vérité. Qui pour- « rait nier d'ailleurs qu'il a été admirable dans « chaque partie de l'harmonie, et en quelque « sorte divin? Je pourrais sans crainte faire « l'éloge de son habileté, de ses rares inven- « tions, de ses formes nouvelles et des grâces « de son style, etc. » La plupart des contempo-

(1) M. l'abbé Baini écrit *Andrea di Canareggio* (Mém. stor. crit., t. I, p. 147, n. 226); mais il n'a pas su que ce musicien est le même qu'André Gabrieli.

(2) L'abbé Baini a fait cette faute dans ses *Mémoires sur la vie et les ouvrages de Pierluigi de Palestrina* (t. II, p. 316, n. 650).

rains et des successeurs d'André Gabrieli confirment les éloges que son neveu accorde à ses talents, et Alborici dit de lui, dans son Catalogue des écrivains illustres de Venise (p. 8) : *Uomo di gran valore, e molto stimato e massimo nella musica*.

Les compatriotes de Gabrieli lui donnèrent un témoignage de leur estime pour son mérite lorsqu'ils le chargèrent, en 1574, de composer la musique pour les fêtes publiques qui furent données à Henri III, pendant le séjour qu'il fit à Venise, à son retour de Pologne, pour succéder à son frère Charles IX, comme roi de France. Des morceaux de tout genre furent écrits pour cette occasion par le célèbre artiste; il en a été inséré deux dans la collection publiée par Gardane, en 1587, sous le titre de *Gemme musicali*. L'un est écrit à douze voix en deux chœurs, l'autre à huit voix, également divisées en deux chœurs. Ces morceaux donnent une haute idée de l'habileté de Gabrieli dans l'art d'écrire. On connaît de ce musicien : 1° *Sacræ cantiones, vulgo Motetta appellatæ, quinque vocum, tum viva voci, tum omnis generis instrumentis cantata commodissimæ, liber primus.* Venetiis, apud Ant. Gardanum, 1565, in-4° obl. Il y en a une deuxième édition datée de Venise, 1584. 2° *Missarum sex vocum lib. 1*, Venetiis, 1570. 3° *Madrigali a cinque voci, lib. 1*, ibid. 1572. Cette édition n'est pas la première, car le frontispice de mon exemplaire porte : *Di Andrea Gabrieli organista della illust. S. di Venetia in S. Marco il primo libro di Madrigali a cinque voci, novamente con ogni dilligentia (sic) ristampati*. Il existe une autre édition, imprimée en 1587, chez Angelo Gardano, in-4° obl. L'ouvrage contient vingt-quatre madrigaux et six canzoni. 4° *Madrigali a cinque e sei voci con un dialogo ad otto, libro secondo*, ibid., 1572, Nuremberg, 1572, in-4°. Il existe une autre édition de ce second livre de madrigaux à cinq voix, imprimée chez Ange Gardano, en 1588, in-4° obl. L'ouvrage renferme vingt-deux madrigaux à cinq voix, deux à six, et un dialogue à huit. 5° *Il primo libro de' madrigali a tre voci*, Venise, 1575, Nuremberg, même année. 6° *Liber 1 cantionum ecclesiast. 4 vocum omnibus sanctor. solemnitat. deserv.*, Venise, 1576, in-4°. La deuxième édition de ce livre de motets à quatre voix a pour titre : *Ecclesiasticorum cantionum quatuor vocum omnibus sanctorum solemnitatibus deservientium liber primus*. Venetiis, apud Angelum Gardanum, 1589, in-4° obl. 7° *Cantio-*

num sacrarum pars 1, 6 —16 voc., Venise, 1578, in-4°. 8° Madrigali a 3 – 6 voci, lib. II, Ven., 1582. 9° *idem*, lib. III, Ven., 1583. 10° *Canzoni alla francese per l'organo*, Venezia, 1571. Deuxième édition, Venise, 1605. La deuxième partie de ce recueil a paru dans la même année et dans la même ville. 11° *Psalmi Davidici, qui pœnitentialis nuncupantur, tum omnis generis instrumentorum, tum ad vocis modulationum accomodati sex vocum.* Ibid., 1583, in-4°. 12° *Il primo libro de' Madrigali a 6 voci.* In Venetia per Angelo Gardane, 1578, in-4°. La deuxième édition a paru chez le même, en 1580. 13° *Il secondo libro de' Madrigali a 6 voci.* Ibid., 1580, in-4°. La deuxième édition a paru chez le même en 1580. 14° *Sonate a cinque per i stromenti*, Venezia, appresso Ang. Gardane, 1586, in-4°. 15° *Canti concerti di Andrea e di Gio. Gabrieli, organisti della serenissima Signoria di Venezia : contienenti musica di chiesa, madrigali ed altri per voci e stromenti musicali a 6, 7, 8, 10 e 16. Novamente con ogni diligenza dati in luce.* In Venezia, appresso Angelo Gardane, 1587. Ce recueil, publié par Jean Gabrieli, après la mort de son oncle, contient soixante-sept morceaux de celui-ci, et dix de l'éditeur. Les pièces d'orgue d'André Gabrieli ont été recueillies avec celles de son neveu, et publiées dans trois recueils intitulés : *Intonazioni d'organo, lib.* 1, Venise 1593. *Ricercari per l'organo, lib.* 2, ibid., 1595. *Ricercari per l'organo, lib.* 3, ibid., 1595. Ces trois collections sont citées par le P. Martini dans l'*Indice* des auteurs de son histoire de la musique (t. 1er et 2e). On trouve un sonnet à cinq voix d'André Gabrieli dans un recueil qui a pour titre : *Corona di dodici sonetti di Gio. Battista Zuccarini alla gran duchessa di Toscana, posta in musica da dodici eccellentissimi autori, a cinque voci.* In Venezia, appresso Angelo Gardane, 1586. Il y a des madrigaux composés par André Gabrieli dans les recueils qui ont pour titre : 1° *Musica divina di XIX autori illustri a* 4, 5, 6 *e* 7 *voci, nuovamente raccolta da Pietro Phalesio, e data in luce ; nella quale si contengono i più eccellenti madrigali che hoggidi si cantino.* In Anversa appresso Pietro Phalesio et Giovanni Bellero, 1595, in-4° obl. 2° *Harmonia celeste, di diversi eccellentissimi musici a* 4, 5, 6, 7, *e* 8 *voci, nuovamente raccolta per Andrea Pevernage, e data in luce.* In Anversa appresso Pietro Phalesio et Giovanni Bellero, 1593, in-4° obl. 3° *Symphonia angelica, di diversi eccellentissimi musici a* 4, 5 *et* 6 *voci, nuovamente raccolta per Huberto Waelrant e data in luce.* In Anversa, appresso Pietro Phalesio et Giov. Bellero, 1594, in-4° obl. Les élèves les plus distingués d'André Gabrieli sont Jean Gabrieli, Léon Hassler, qui reçut ses conseils pendant une année, et le célèbre organiste hollandais Swelling, qui prit de lui des leçons d'orgue, bien qu'il fût élève de Zarlino pour les autres parties de son art.

GABRIELI (Jean), neveu du précédent, né à Venise en 1557, suivant son épitaphe, eut, comme on l'a vu dans l'article précédent, André Gabrieli, son oncle, pour maître de chant, d'orgue et de composition. La vie de ce grand artiste est tout entière dans ses travaux, dans son influence sur l'art de son temps, et dans l'opinion que ses contemporains et ses successeurs ont eue de ses talents; car les circonstances de cette vie sont presque complétement ignorées. M. de Winterfeld, qui a fait de Jean Gabrieli le prétexte d'un gros livre, où l'on trouve de fort bonnes choses noyées dans une multitude de détails étrangers au sujet (1), M. de Winterfeld, dis-je, n'a pas fourni, en réalité, de renseignements positifs sur cet homme remarquable, et ce qu'il en dit pourrait être renfermé en vingt-cinq ou trente lignes, y compris les titres des ouvrages. Tout ce qu'on sait à l'égard de sa personne, c'est qu'il était déjà connu avantageusement comme compositeur en 1575; qu'il succéda à Claude Merulo, en 1584 (style vénitien), ou 1er janvier 1585, comme organiste du premier orgue de l'église Saint-Marc, et qu'il mourut selon toute vraisemblance en 1612, puisqu'il eut pour successeur, le 12 août de cette année, Jean-Paul Savii, dans la place d'organiste du premier orgue de Saint-Marc à Venise ; mais suivant son épitaphe, il serait mort seulement le 12 août 1613, à l'âge de 56 ans, plein de force encore et de génie d'invention. Cette épitaphe, placée sur sa tombe dans l'église des frères Augustins de Saint-Étienne, à Venise, est conçue en ces termes : *Hic situs est Johannes Gabriellius, vir ad laudem natus, ciendi motos arte clarissimus : cujus pectus insiderant virtus et gratiæ, quique tuum fuit, heu ! Melpomeno, decus. Lugete organa : mens vestra et vita periit mense Augusti, die XII, anno ætatis suæ LVI, anno humanæ salutis MDCXIII.* Il ne paraît pas s'être jamais

(1) *Joannes Gabrieli und sein Zeitalter* (Jean Gabrieli et son ancienne époque), Berlin, Schlesinger, 1831, 2 parties gr in-4° de texte, et une partie de musique gravée.

éloigné de Venise. La bienveillance dont l'honoraient le duc de Bavière, Albert V, et les princes ses fils; ses relations amicales avec la célèbre famille des Fugger, d'Augsbourg, avec l'illustre compositeur Jean-Léon Hassler, son condisciple, avec Gruber et d'autres personnes distinguées de l'Allemagne, le firent solliciter plusieurs fois de se rendre en ce pays; mais les fonctions qu'il remplissait à Saint-Marc et ses travaux semblent avoir été des obstacles invincibles à la réalisation de ce vœu. Georges Fugger, qui était particulièrement son ami, l'avait invité en 1597 à ses noces; Gabrieli, sensible à ce témoignage d'amitié, lui dédia, ainsi qu'à ses frères, la première partie de ses *Symphonies sacrées*. Le style de l'épître dédicatoire, assez peu clair en général, nous laisse dans l'incertitude sur le parti qu'il prit à l'égard du voyage qui lui était proposé : il y a pourtant lieu de croire qu'il ne le fit pas. Au surplus Marc Fugger ayant cessé de vivre presque à l'improviste, le 15 juin 1597, le mariage de ses fils fut retardé d'une année; ce qui ajoute à la vraisemblance que Jean Gabrieli n'alla point à Augsbourg.

La réputation dont cet artiste jouissait parmi ses contemporains était digne d'envie; mais elle n'était pas au-dessus de son mérite. Personne ne pouvait être meilleur juge de ce mérite que son élève Henri Schütz, homme de génie qui a lui-même exercé une puissante influence sur la musique de son temps en Allemagne. Voici comment il s'exprime : « J'allai « passer les premières années d'apprentissage « de mon art chez le grand Gabrieli. O dieux « immortels! quel homme que Gabrieli! Si « l'antiquité, si riche en expressions, l'avait « connu, elle l'aurait mis au-dessus des Am- « phions, et si les muses souhaitent le mariage, « Melpomène n'eût point voulu d'autre époux « que lui, tant il est grand dans l'art du « chant. » Michel Prætorius donne aussi beaucoup d'éloges à Jean Gabrieli, dans le troisième volume de son livre intitulé : *Syntagma musicum*. Mais il est inutile de recourir à l'opinion des contemporains de cet artiste, puisque nous possédons ses ouvrages. Ils nous instruisent mieux sur la nature de son talent que ne pourraient le faire par leurs discours les critiques les plus judicieux. L'examen de ces productions m'a fait reconnaître que le style de Jean Gabrieli est essentiellement différent de celui des grands maîtres de l'école romaine, particulièrement de J. Pierluigi de Palestrina, et que ce style peut être considéré comme un type de cette école vénitienne dont Monteverde et Jean Croce offrent dans leurs ouvrages de belles modifications. L'effet, abstraction faite de la forme et de toute convention, est évidemment la loi qui a guidé ces hardis inventeurs. Jean Gabrieli est souvent incorrect; le style fugué ne lui est pas inconnu; il en fait quelquefois usage avec une certaine élégance d'instinct; mais il ne le manie pas en maître, et sous ce rapport il est non-seulement fort inférieur à Palestrina, qui laisse loin derrière lui tous ceux qui ont essayé de l'imiter, mais même à beaucoup d'autres musiciens du seizième siècle. Le génie de Gabrieli ne le portait point vers ce genre dans la musique vocale ; ce n'est que dans les pièces d'orgue qu'il en tire bon parti, parce que, moins gêné pour le mouvement dans les parties instrumentales que dans les vocales, il se sent plus libre, plus hardi; il traite ses pièces plutôt en *ricercari* qu'en véritables fugues. Ce qui brille essentiellement dans les productions de cet artiste, c'est la nouveauté des formes, l'inusité (pour le temps où il écrivait); or, c'est cela qui constitue le génie de transition. C'est principalement dans ses Symphonies sacrées, publiées en 1597, que sa faculté d'invention est dans tout son éclat. Ses motets à deux, trois et quatre chœurs qu'on trouve dans ce recueil ; la manière admirable dont il fait quelquefois intervenir une voix seule dans de longues phrases, et sans aucun accompagnement; l'effet qu'il sait tirer du dialogue des instruments et des chœurs, sont des choses qui décèlent une puissante imagination. Une idée non moins remarquable est celle qu'il a essayée dans un morceau des *Concerti* réunis à ceux de son oncle, dans le recueil publié en 1587, et qu'il a reproduite depuis, à trois chœurs, dans ses *Sacræ symphoniæ*; idée qui consiste à établir différents chœurs qui dialoguent dans des systèmes de voix absolument différents, l'un, composé de toutes voix graves, le second de voix moyennes, le troisième de voix aiguës. L'opposition d'effet de ces trois systèmes de chœurs a quelque chose de magique.

Comme organiste, Jean Gabrieli ne mérite pas moins d'être compté parmi les plus grands artistes. Il fut intermédiaire entre Claude Merulo et Frescobaldi. S'il a moins de charme que ce dernier dans ses pièces d'orgue, il a plus que son prédécesseur l'art de relever l'intérêt des sujets qu'il choisit par des harmonies piquantes, inattendues, et qui ont une tendance marquée vers la tonalité moderne, comme les productions du génie de Monteverde, son contemporain.

On trouve les premières productions de

Gabrieli dans un recueil qui a été publié à Venise, en 1575, chez les héritiers de Jérôme Scotto, sous ce titre : *Il secondo libro de' madrigali a 5 voci de' floridi virtuosi del serenissimo Duca di Baviera, con una a dieci.* Ses autres ouvrages connus sont : 1° *Psalmi pœnitentiales sex vocibus concin.* Venetiis, 1583, in-4°; 2° *Madrigali a sei voci o istromenti, da cantare osia da suonare,* Venezia, 1585; 3° *Il primo libro di madrigali et ricercari a quattro voci*, Venezia, appresso A. Gardane, 1587, in-4°; 4° *Canti concerti di Andrea e di Gio. Gabrieli, organisti della serenissima Signoria di Venezia, continenti musica di chiesa, madrigali ed altri per voci e stromenti musicali* a 6, 7, 8, 10, 12 et 16, etc. In Venetia, appresso Angelo Gardane, 1587; 5° *Ecclesiasticæ cantiones quatuor, quinque et sex vocibus*, Venetiis apud Ang. Gardane, 1589, in-4°; 6° *Intonazioni d'organo, lib.* 1, Venise, 1593; 7° *Ricercari per l'organo, lib. 2*, ibid., 1595; 8° *Ricercari per l'organo, libro terzo*, ibid.; 9° *Sacræ symphoniæ Joh. Gabrielis seren. Reip. Venetiar. organistæ in ecclesia divi Marci : senis 7, 8, 10, 12, 14, 15 et 16 tam vocibus quam instrumentis.* Editio nova, Venetiæ, apud Angelum Gardanum, 1597. La date de la première édition de cet ouvrage ne m'est pas connue. Après la mort de Gabrieli, une deuxième édition du second livre de cette collection précieuse a été publiée à Venise, en 1615. Georges Gruber, ami de Gabrieli, était dépositaire de quelques morceaux de ce grand maître, entre autres d'un madrigal de noces à 16 voix; il réunit ces morceaux à des compositions de Jean-Léon Hassler, et en donna une bonne édition correcte, sous ce titre : *Reliquiæ sacrorum concentuum Giov. Gabrielis et Joh. Leonis Hassleri, utriusque præstantissimi musici, et aliquot aliorum præcellentium ætatis nostræ artificum motettæ* 6, 7, 8, 9, 10, 13, 14, 16, 18, 19 *vocum.* Typis et sumptibus Pauli Kaufmanni, Nuremberg, 1615. Cette collection renferme dix-neuf morceaux de Gabrieli. On trouve des productions de cet artiste dans toutes les collections de pièces choisies des meilleurs maîtres, publiées à Venise, à Nuremberg, à Augsbourg et à Anvers, depuis 1580 jusqu'en 1620, notamment dans : 1° *Il Lauro verde, madrigali a sei voci di diversi eccellentissimi musici, aggiuntevi di più doi madrigali a otto voci, l'uno d'Alessandro Striggio, l'altro di Gio. Gabrieli,* Venezia, Ang. Gardane, 1590, in-4°, et Anvers, Pierre Phalèse et Jean Bellere, 1591, in-4° obl.

Il y a plusieurs autres éditions de ce recueil publiées à Venise et à Anvers. 2° *Il trionfo di Dori descritto da diversi, e posto in musica da altrettanti autori, a sei voci*, Venise, Gardane, 1596, in-4°. Il y a des exemplaires de cette édition qui, par suite d'arrangements entre l'éditeur de Venise et Pierre Phalèse, portent l'indication d'Anvers, même année. Phalèse publia ensuite une autre édition (en 1601), dans laquelle il retrancha l'épître dédicatoire de Gardane à Léonard Sanudo; enfin le même Phalèse publia encore une autre édition de la même collection en 1614, in-4° obl. Il y a cinq morceaux de Gabrieli dans le Triomphe de Dori. 3° La collection de Bodenschatz intitulée : *Florilegium portense,* etc., Leipsick, 1606, 1818. M. De Winterfeld a publié plusieurs fragments de Gabrieli, en partition, dans son livre sur ce grand artiste. M. Ferd. Becker a fait imprimer à Leipsick trois chants à deux chœurs du même, et le motet *Benedixisti Domine,* pour deux soprani, deux ténors et trois basses, a paru en partition à Berlin, chez Bote et Bock.

GABRIELI (DOMENICO), compositeur dramatique et virtuose sur le violoncelle, surnommé *Menghino del violoncello*, né à Bologne vers 1640, fut d'abord attaché à l'église de Saint-Pétrone de cette ville, et passa ensuite au service du cardinal Panfili, grand prieur de Rome, comme on le voit par le titre d'un de ses ouvrages publié à Bologne, en 1691. C'est par erreur que Gabrieli est désigné comme VÉNITIEN, dans la *Dramaturgia* d'Allacci, édition de 1755 (p. 402). Les opéras qu'on connaît de lui sont : 1° *Cleobulo*, au théâtre *Formagliari* de Bologne, en 1683, et qui fut repris au théâtre *degli Accademici uniti*, dans la même ville, en 1694. 2° *Gige in Lidia*, à Bologne, 1683. 3° *Clearco in Negroponte*, à Venise, en 1685. 4° *Rodoaldo Re d'Italia*, 1685, à Venise. 5° *Theodora Augusta*, 1685. 6° *Le generose gare tra Cesare e Pompeo*, 1686. 7° *Maurizio*, au théâtre *S. Salvatore*, à Venise, en 1687; à Padoue, en 1691, et à Bologne, au théâtre *Malvezzi*, en 1697. 8° *Carlo il Grande*, 1688. 9° *Gordiano*, au théâtre *S. Salvatore*, à Venise, 1688. Ses autres ouvrages connus sont : 1° *Cantate a voce sola*, Bologne, 1601, in-4°. Il paraît par la dédicace, qui est de Marino Silvani, que Gabrieli était mort avant la date de cette édition. 2° *Vexillum pacis* (Collection de motets) *a alto solo con stromenti,* Bologne, 1695. 3° *Baletti, gighe, correnti e sarabande a due violini e violoncello con basso continuo.* Bologne, 1703, gravé, op. 1ᵉʳ.

C'est une réimpression. Gabrieli fut nommé membre de l'Académie des philharmoniques en 1676, et en fut prince en 1685.

GABRIELLI (Catherine), célèbre cantatrice, née à Rome, le 12 novembre 1730, eut pour père un cuisinier du prince Gabrielli. Douée par la nature d'une voix admirable, elle était arrivée à l'âge de quatorze ans sans avoir eu d'autre guide dans l'art du chant que son goût naturel, et la tradition des chanteurs qu'elle entendait quelquefois au théâtre *Argentina*. Un jour qu'elle chantait, pour se délasser de son travail, un air difficile de Galuppi, le prince Gabrielli, qui se promenait dans ses jardins, l'ayant écoutée, demanda comment une telle virtuose se trouvait chez lui; on lui répondit que ce n'était que la fille de son cuisinier : *S'il en est ainsi*, dit-il, *mon cuisinier sera bientôt un âne d'or*. Ayant fait venir Catherine en sa présence, il lui fit chanter quelques morceaux dont elle se tira à merveille. Elle était d'ailleurs fort jolie, quoiqu'elle louchât un peu. Charmé de ce qu'il voyait et de ce qu'il entendait, le prince se chargea de l'éducation de la jeune cantatrice, et la confia aux soins de Garcia, dit *Lo Spagnoletto*. Elle passa ensuite sous la direction de Porpora. Le prince donnait souvent des concerts chez lui pour faire entendre sa protégée, et bientôt, il ne fut plus parlé que de *la Cochetta di Gabrielli* (la petite cuisinière de Gabrielli). Ce dernier nom lui est resté. Lorsqu'elle eut atteint l'âge de dix-sept ans (en 1747), elle débuta au théâtre de Lucques comme *prima donna*, dans la *Sofonisba*, de Galuppi: l'enthousiasme qu'elle fit naître alla jusqu'à la frénésie. Son talent était le chant de bravoure ; sa vocalisation était facile, et l'étendue de sa voix tenait du prodige. Ce genre de mérite a toujours fait plus d'effet sur le public que l'expression et la correction du style. De là vient que Guadagni, qui possédait au plus haut degré ces qualités du chant, et qui était à Lucques avec la Gabrielli, eut beaucoup de peine à soutenir sa réputation près d'elle. Néanmoins ce célèbre sopraniste, au lieu d'en concevoir de la jalousie, donna des conseils à sa jeune rivale, et s'attacha à former son goût. Elle ne fut point ingrate, et l'on assure qu'elle devint éperdument amoureuse de son nouveau maître. Après avoir paru avec un succès égal sur plusieurs théâtres d'Italie, elle alla à Naples, en 1750, et débuta dans la *Didone*, de Jomelli. Il y a dans cet opéra un air (*Son regina e sono amante*) qui était l'écueil de plusieurs cantatrices : la *Gabrielli* le chanta avec un talent si rare, que les Napo-

litains furent dans l'ivresse, et que sa réputation fut à jamais établie dès ce moment. Métastase, qui dirigeait alors le théâtre de Vienne, s'empressa de la faire venir en cette ville, où elle eut le titre de première cantatrice de la cour. Charmé par le talent de cette femme extraordinaire, l'empereur François Ier n'allait au théâtre que lorsqu'elle chantait. Métastase lui donna des leçons, et perfectionna sa déclamation théâtrale. On dit qu'il ne fut pas insensible à ses charmes ; mais elle ne répondit pas à son amour. Partagée entre son goût pour les comédiens, et le désir d'acquérir des richesses qu'elle ne pouvait obtenir que de la prodigalité des grands seigneurs, elle trompait les uns et les autres. Son inconstance pensa lui causer à Vienne un accident très-fâcheux. L'ambassadeur de France et celui de Portugal en étaient tous deux amoureux, et tous deux se croyaient sans rivaux. Cependant le Français, soupçonnant enfin qu'il était trahi, trouva le moyen de se cacher dans la maison de sa maîtresse. Il ne tarda point à voir sortir un amant de la chambre de la Gabrielli. Furieux, il s'élance contre elle, et sans doute il l'aurait percée de son épée, si le busc de son corset n'eût opposé de la résistance; elle ne reçut qu'une blessure légère. L'ambassadeur, rentrant en lui-même, se jeta à ses genoux pour lui demander son pardon ; il l'obtint à la condition d'abandonner son épée à la cantatrice, qui voulait y faire graver ces mots : *Épée de M...... qui osa frapper la Gabrielli tel jour*, etc.; mais Métastase parvint à la faire renoncer à son projet, et à rendre l'épée. Elle quitta Vienne en 1765, comblée de richesses, et se rendit en Sicile, où elle excita le même enthousiasme : elle y donna aussi des preuves de ses caprices ordinaires. Le vice-roi l'avait invitée à dîner avec la plus haute noblesse de Palerme ; elle tardait à se rendre au palais à l'heure fixée, on envoya chez elle pour savoir la cause de ce retard. Le valet de chambre chargé de cette commission trouva la Gabrielli lisant dans son lit. Elle le pria de faire ses excuses, et de dire qu'elle avait oublié cet engagement. Le vice-roi lui pardonna cette impertinence; mais le soir, lorsque les conviés se rendirent au théâtre, la Gabrielli joua et chanta son rôle à demi-voix et avec la dernière négligence. Ne voulant point souffrir ce nouveau caprice, le vice-roi l'envoya en prison. Pendant douze jours qu'elle y resta, elle donna de somptueux repas, paya les dettes des détenus, et distribua beaucoup d'argent aux pauvres. Le soir, elle réunissait chez elle les prisonniers, et leur chantait de la meilleure grâce les airs où son talent se déployait avec le plus d'avantage. Le vice-roi fut enfin contraint de céder aux vœux du public; quand la cantatrice sortit de prison, elle était attendue par une foule de pauvres qui l'accompagnèrent chez elle en triomphe. En 1767, elle se rendit à Parme, où l'infant don Philippe devint éperdument épris de ses charmes et de son talent. Il lui passait tous ses caprices; mais il la tourmentait par sa jalousie, jusqu'à l'enfermer quelquefois chez lui dans une chambre dont il gardait la clef. Il en résultait des scènes violentes, dans lesquelles la Gabrielli s'oubliait au point d'appeler le prince *gobbo maledetto* (maudit bossu). Enfin, elle s'évada secrètement de Parme (en 1768), et alla en Russie, où Catherine II l'appelait depuis longtemps. Lorsqu'il fut question de régler ses honoraires, la cantatrice demanda cinq mille ducats. *Cinq mille ducats!* lui répondit l'impératrice : *je ne paie sur ce pied-là aucun de mes feld-maréchaux.* — *Votre Majesté n'a qu'à faire chanter ses feld-maréchaux* (1). Catherine II paya les cinq mille ducats. Après un séjour de plusieurs années à Pétersbourg, la Gabrielli retourna en Italie, ayant amassé le capital d'un revenu de quatre mille écus romains (environ vingt-quatre mille francs). Elle chanta à Venise (en 1777) avec Pacchiarotti, et quoiqu'elle eût alors près de quarante-sept ans, ce grand chanteur, malgré son talent admirable, se crut perdu la première fois qu'il se trouva en scène avec elle. Elle déploya ce jour-là tant de moyens, tant d'habileté dans un air de bravoure, que Pacchiarotti s'enfuit derrière les coulisses, en s'écriant : *Povero me! povero me! questo è un portento* (Malheureux que je suis! ceci est un prodige). Ce ne fut pas sans peine qu'on l'engagea à reparaître pour achever l'ouvrage. Il chanta avec tant d'expression un air qu'il adressait à la Gabrielli, qu'elle en fut émue autant que les spectateurs. A Milan (1780), ses succès furent balancés par ceux de Marchesi, qui chantait dans la même manière; et comme il arrivait souvent alors, les spectateurs se partagèrent en deux partis qui se battaient dans la salle du spectacle, et même dans les rues et dans les cafés, pour la cause de leurs protégés. Après cette saison, la Gabrielli se retira à Rome, avec sa sœur *Anna*, qui l'avait suivie partout comme *seconda donna*: elle y vécut de ses épargnes qui, bien que réduites à environ douze mille livres de rente

(1) On attribue une réponse à peu près semblable à Caffarelli.

BIOGR. UNIV. DES MUSICIENS. T. III.

par ses prodigalités, suffirent cependant pour assurer son indépendance jusqu'à la fin de sa vie. Elle est morte d'un rhume négligé, au mois d'avril 1796. Elle n'avait jamais voulu contracter d'engagement pour l'Angleterre. « Sur le théâtre de Londres (disait-elle), je ne « pourrais suivre toutes mes fantaisies; si je « me mettais dans la tête de ne pas vouloir « chanter, la populace m'insulterait, et peut-« être m'assommerait : j'aime mieux dormir « en paix ici, fût-ce même en prison. » Quoique capricieuse et légère, la Gabrielli était bonne; elle faisait beaucoup d'aumônes. Sa conversation était spirituelle, et souvent il lui échappait des traits remplis d'originalité. Dans les dernières années de sa vie, elle donnait des concerts où se rendait la noblesse, qui la traitait avec distinction; mais elle y chantait rarement.

GABRIELLI (Françoise), dite la *Ferrarese*, ou la *Gabriellina*, pour la distinguer de la précédente, naquit à Ferrare en 1755. Ayant remarqué qu'elle était douée d'une jolie voix de soprano aigu, son père la conduisit à Venise, où elle entra au Conservatoire de l'*Ospedaletto*, en 1770. Cette école était alors dirigée par Sacchini, qui donna des soins particuliers à la Gabriellina. Dans une des fêtes du Conservatoire, elle fut entendue par le directeur du théâtre de Saint-Samuel, qui la fit débuter en 1774, comme *seconda donna*. Le succès qu'elle obtint la fit bientôt passer aux rôles de *prima donna buffa*; et ce fut en cette qualité qu'elle parut sur plusieurs théâtres d'Italie. En 1778, elle se trouvait à Florence, et en 1782 à Naples. Elle fut appelée à Londres en 1786, et y chanta avec la célèbre Mara. Après avoir passé quelques années dans cette ville, elle retourna en Italie, et se fit entendre à Turin. Peu de temps après, se trouvant assez riche, elle se retira à Venise, où elle est morte en 1795. Cette cantatrice était excellente musicienne; son chant était brillant et pur, mais on lui reprochait de manquer d'expression. Elle était fort jolie, et, suivant l'usage, elle eut beaucoup d'amants et d'aventures galantes.

GABRIELLI (le comte Nicolas), compositeur amateur, né à Naples, vers 1810, a reçu quelques leçons d'harmonie et d'instrumentation de Donizetti, avec qui il était lié d'amitié. Précédemment il avait étudié l'art du chant avec M. Busti; mais, à vrai dire, le comte Gabrielli est un de ces musiciens de nature qu'on rencontre souvent en Italie, et qui devinent l'art avec plus de facilité qu'ils ne l'apprennent. Il a écrit la musique de plusieurs opéras qui ont été représentés au théâtre *Nuovo* de Naples, et dans lesquels on trouvait des mélodies faciles et un certain instinct de l'effet dramatique. Ces ouvrages ont été mis en scène depuis 1835 jusqu'en 1847; en voici la liste : 1° *I Dotti per fanatismo*, opéra bouffe, en septembre 1835. 2° *La Lettera perduta*, idem, 1836. 3° *La Parola di matrimonio*, en un acte, 1837. 4° *L'Americano in Fiera*, en deux actes, 1838. 5° *L'Affamato senza danaro*, en un acte, 1839. 6° *Il Padre della debutante*, en deux actes, 1839, joué avec succès et repris dans l'année suivante. 7° *La Marchesa e la Ballerina*, au printemps de 1840. 8° *Il Condannato di Saragossa*, opéra semi-seria, dans l'été de 1842. 9° *Sara, ovvero la Pazza della Scozia*, en deux actes, écrit pour le théâtre Carolino de Palerme, et représenté sans succès, le 30 mars 1843. 10° *Il Gemello*, opéra bouffe en deux actes, au théâtre du *Fondo*, au printemps de 1843. 11° *Una Passegiata sul palchetto a vapore*, au petit théâtre de *la Fenice*, pendant le carnaval de 1846. 12° *Giulia di Tolosa*, opéra semi-sérieux, au théâtre du *Fondo*, en 1847. Le comte Gabrielli a de plus écrit la musique de soixante ballets, pour les théâtres *San-Carlo* et du *Fondo*. Fixé à Paris depuis plusieurs années, il a donné d'abord, avec M. Théophile Gautier, *Gemma*, ballet en deux actes à l'Opéra, le 31 mai 1854, puis avec M. De Saint-Georges, *Les Elfes*, ballet en trois actes, joué au mois d'août 1856. Le 17 décembre 1859 il a fait jouer au théâtre de l'Opéra-Comique : *Don Gregorio*, en trois actes, ouvrage très-faible qui n'a pas eu de succès, et dans l'année suivante son opérette intitulé *le Petit Cousin* a été représenté au théâtre des *Bouffes-Parisiens*.

GABRIELSKI (JEAN-GUILLAUME), musicien de la chambre du roi de Prusse, et première flûte du théâtre royal de Berlin, est né en cette ville, le 27 mai 1791. Son père, Polonais de naissance, était sous-officier d'artillerie. Jusqu'à sa onzième année, Gabrielski fréquenta l'école du régiment où son père servait. Celui-ci jouait du violon; il donna des leçons de cet instrument à son fils dès l'âge de sept ans. Ses progrès furent si rapides, qu'après un an d'étude il fut en état de jouer des danses dans les guinguettes. Ce travail, devenu bientôt trop pénible pour ses forces, lui fit prendre la musique en aversion, et, sans doute, il se serait livré à une autre profession, si son père le lui eût permis. A l'âge de neuf ans, il abandonna le violon pour la flûte, qu'il apprit aussi d'abord sous la direction de son père, et dont un meilleur mécanisme lui fut ensuite enseigné par un capitaine d'artillerie nommé Vogel. Ce n'est que de ce moment que le jeune Gabrielski commença à se faire des idées justes de la musique comme art : une circonstance heureuse vint augmenter ses connaissances. Schrœck, artiste distingué et première flûte de la chapelle du roi, demeurait dans le voisinage de ses parents. Gabrielski allait souvent se placer sous ses fenêtres pour écouter le jeu brillant de cet homme de mérite, qui, ayant été informé de cette circonstance, lui permit de venir le voir souvent. En 1810, Gabrielski commença à se faire entendre dans les concerts; l'année suivante, il en donna un à son bénéfice, dans lequel il exécuta sa première composition qui consistait en un adagio suivi de variations avec orchestre. Lorsque la Prusse se leva en masse, en 1813, il voulut entrer dans un corps de cavalerie; mais, dans une leçon de manège, il tomba de cheval et se cassa le bras, ce qui l'obligea de renoncer à son projet. En 1814, il accepta un engagement comme flûtiste du théâtre de Stettin. Le loisir dont il jouissait dans cette ville lui permit de se livrer à la composition et d'écrire beaucoup de musique pour son instrument. En 1816, il quitta Stettin, pour entrer dans la chapelle du roi à Berlin. L'année suivante, il commença un cours régulier d'harmonie et de composition sous la direction du maître de chapelle Gürlich, et plus tard chez Seidel, également maître de chapelle. Il termina ses études chez Birnbach, directeur de musique à Berlin. Les congés trop limités qui lui étaient accordés ne lui permettaient pas d'entreprendre de grands voyages; il allait rarement plus loin que Stettin, Stralsund, Rostock, Lubeck, Hambourg ou Brême. Cependant, en 1822, il se rendit en Pologne, en passant par la Silésie, et donna des concerts à Varsovie.

Les compositions de Gabrielski pour la flûte sont en grand nombre; on y remarque : 1° Trois concertos pour flûte et orchestre, œuvres 48, 50 et 75, Leipsick, Breitkopf et Hærtel. 2° Cinq concertinos pour le même instrument. 3° Plusieurs adagios et rondeaux ou polonaises. 4° Trois grands quatuors pour quatre flûtes, œuvre 55, Leipsick, Breitkopf et Hærtel. 5° Quatuor pour flûte, violon, alto et basse, œuvre 60, Leipsick, Probst. 6° Trios pour trois flûtes, œuvres 6, 10, 31, 32, 33, 41, 58, Leipsick, Breitkopf et Hærtel; Berlin, Schlesinger. 7° Trios pour flûte, violon et basse, œuvre 45. 8° Environ quinze œuvres de duos pour deux flûtes, et un très-grand nombre d'airs variés, divertissements, polonaises, rondeaux, etc. Le nombre des productions de cet artiste s'élève à plus de cent vingt œuvres. En 1847, Gabrielski était directeur de musique au théâtre de Cœthen; il était alors âgé de cinquante-six ans.

GABRIELSKI (Jules), frère du précédent, et flûtiste comme lui, est né à Berlin, le 4 décembre 1806. Élève de son frère pour la flûte, il étudia aussi le hautbois et entra à l'âge de quinze ans dans la musique du deuxième régiment de la garde royale. En 1825, il reçut sa nomination de membre de la chapelle royale. On a de lui quelques compositions pour la flûte.

GABUSSI (Jules-César), en latin *Gabutius*, né à Bologne, dans la première moitié du seizième siècle, fut maître de chapelle de la cathédrale de Milan. On connaît de sa composition : 1° *Mottetti a cinque et sei voci, libro primo*, Venise, Ange Gardane, 1586, in-4°. 2° *Magnificat a cinque et sei voci et Mottetti con Te Deum a otto voci*, Milano, 1587, in-4°.

GABUSSI (Vincenzo), professeur de chant et compositeur, né à Bologne dans les premières années de ce siècle, a fait ses études sous la direction de plusieurs maîtres dans sa ville natale, et, en dernier lieu, a reçu des leçons de contrepoint de Stanislas Mattei. Son premier opéra, dont le titre est maintenant inconnu, fut représenté sans succès, à Modène, en 1825. Dans la même année, il se rendit à Londres, où il trouva une puissante protection dans la haute aristocratie, comme professeur de chant et comme accompagnateur. Il résida dans la capitale de l'Angleterre et y amassa des économies assez considérables pour pouvoir vivre à Bologne dans une situation aisée. De retour en Italie, vers 1840, il se rappela au souvenir de ses compatriotes par l'opéra intitulé : *Clemenza di Valois*, qui fut représenté au théâtre de *la Fenice*, à Venise, en 1841, et qui fut joué à Milan, quelques mois après. *Non piacche a Venezia; dispiacchè a Milano*, dit M. Regli, dans *la Strenna teatrale Europea* de 1843. La partition réduite pour le piano fut publiée par Ricordi dans la même année. La conception dramatique de cet ouvrage n'est pas forte; mais on y trouve des mélodies agréables, des duos et des morceaux d'ensemble bien écrits pour les voix et d'une exécution facile. On a de Gabussi douze ariettes italiennes pour voix de contralto et mezzo-soprano avec accompagnement de piano (Milan, Ricordi); six duos *idem*, *ibid.*, et des duos, trios et quatuors de chambre publiés en morceaux détachés. Ces compositions ont eu du succès dans les salons. Ce genre est celui qui convenait au talent du compositeur.

GACES BRULÉS ou BRULEZ, le plus fécond et le meilleur chansonnier du treizième siècle, vivait en 1255. Dans quelques manuscrits, on trouve son nom écrit *Gaste-Blé*, ce qui a fait croire qu'il était Champenois, parce qu'il y avait de son temps une famille noble de ce nom en Champagne. Il nous apprend, dans une de ses chansons, qu'il a voyagé en Bretagne, mais qu'il n'était point de cette province :

« Les oisillons de mon païs
« Ai oïs en Bretaingnant. »

C'est-à-dire : « *J'ai entendu en Bretagne les oiseaux de mon pays.* » Il y a, de ce trouvère, soixante-dix-neuf chansons. On en trouve soixante-trois dans les divers manuscrits de la Bibliothèque impériale de Paris, avec les airs de quelques-uns.

GADE (Théodore), compositeur de musique de danse, à Berlin, vers 1820, a publié un très-grand nombre de recueils de danses de différents caractères, dont il a puisé les motifs particulièrement dans la musique de Spontini, quoique le caractère des œuvres de ce compositeur soit en général peu favorable au rhythme de la danse. On a aussi de Gade un ballet qui a pour titre : *les Campagnards jaloux*, et beaucoup de chansons allemandes, avec accompagnement de piano. À l'égard de quelques pièces pour le piano qu'il a publiées, elles ont eu peu de succès.

GADE (Niels-Guillaume), compositeur, organiste et directeur de la société des concerts à Copenhague, est né dans cette ville, le 22 octobre 1817. Fils d'un fabricant d'instruments de musique, il montra dès son enfance de belles dispositions pour l'art qu'il a cultivé depuis lors avec succès. Des maîtres obscurs lui enseignèrent les éléments du piano, du violon et de la guitare; mais ses heureuses facultés suppléèrent à l'insuffisance de son éducation musicale. Bien jeune encore, il fut admis comme violoniste dans l'orchestre de la chapelle royale. Vers le même temps commencèrent ses travaux dans la composition : il reçut, dit-on, quelques leçons d'harmonie de Weyse; mais il est vraisemblable que ce fut par la lecture des partitions qu'il acquit son instruction la plus solide. En 1841, Gade prit part à un concours ouvert dans sa ville natale par une société d'amateurs pour la meilleure ouverture à grand orchestre. *Ossian* fut le sujet qu'il choisit pour sa composition romantique. Spohr et Frédéric Schneider avaient été choisis pour juges du concours : ils décernèrent le prix à l'ouvrage de Gade. Cette ouverture a été publiée aux frais de la société qui avait ouvert le concours, et souvent exécutée à Leipsick, à Dresde, à Cassel et à Prague, aux applaudissements du public. Encouragé par ce succès, Gade écrivit sa première symphonie (en *ut* mineur) et l'envoya à Leipsick ; Mendelssohn en dirigea l'exécution dans un concert du Gewandhaus. L'impression qu'elle produisit fut si favorable, et les journaux de musique en parlèrent avec tant d'éloges, que le roi de Danemark accorda un subside au jeune artiste pour faire un voyage en Italie. Il y prolongea son séjour jusque vers la fin de 1843. De retour à Copenhague au commencement de l'année suivante, Gade n'y resta pas longtemps, car il fut appelé à Leipsick peu de mois après pour diriger les concerts du Gewandhaus, en remplacement de Mendelsohn, à qui le roi de Prusse venait d'assurer une position honorable à Berlin (*voyez* MENDELSOHN-BARTHOLDY). Pendant son séjour à Leipsick, Gade fit preuve de beaucoup d'activité dans la production de ses ouvrages, car, dans l'espace de trois ans et quelques mois, il écrivit et fit exécuter sa seconde et sa troisième symphonies, deux ouvertures ; une grande cantate de fête ; un poëme dramatique intitulé : *Comala*, pour voix seules, chœur et orchestre ; une sonate pour piano et violon ; un quintette et un *ottetto* pour des instruments à cordes ; diverses pièces pour le piano, et des chants à voix seule avec piano et à plusieurs voix.

Cependant Mendelsohn n'avait pas tardé à éprouver à Berlin des dégoûts qui le décidèrent à donner sa démission de ses emplois : il revint à Leipsick et y reprit sa position de directeur des concerts. Dès ce moment, la situation du jeune compositeur danois devint fausse, n'y ayant plus de fonctions déterminées, quoiqu'on lui eût offert une place de professeur au Conservatoire de cette ville ; ces circonstances le décidèrent à retourner dans sa patrie, en 1848. Arrivé à Copenhague, il y accepta une place d'organiste de la cour et la direction de l'orchestre de la Société des concerts. Depuis cette époque, il a écrit deux symphonies nouvelles ; une ballade sur des traditions populaires du Danemark, pour des voix seules, chœur et orchestre ; une grande pièce pour quatre voix, orchestre et piano obligé ; quelques morceaux de piano de diverses formes, et des chants danois. De ses ouvrages, dont le nombre s'élève jusqu'à ce jour (1860) à quarante-cinq environ,

on a publié ceux-ci : 1° *Ossian*, ouverture couronnée, op. 1, à grand orchestre, Leipsick, Breitkopf et Hærtel. 2° OEuvre deuxième, inconnue. 3° *Sange af Agnete og Havemanden*, poëme dramatique en langue danoise, par Anderson, avec accompagnement de piano, op. 3, Copenhague, Lose. 4° *Nordiske Tonebilleder*, fantaisie pour piano à quatre mains, op. 4, *ibid*. 5° Première symphonie en *ut* mineur, à grand orchestre, op. 5, Leipsick, Kistner. 6° Sonate pour piano et violon (en *la*), op. 6, Leipsick Breitkopff et Hærtel. 7° *Im Hochlande* (dans les montagnes), ouverture écossaise à grand orchestre (en *ré*), op. 7, Leipsick, Kistner. 8° Quintette pour deux violons, deux altos et violoncelle, op. 8, Leipsick, Breitkopff et Hærtel. 9° Neuf Lieder dans le style populaire, pour deux soprani avec piano, op. 9, *ibid*. 10° Deuxième symphonie à grand orchestre (en *mi*), op. 10, *ibid*. 11° Chants pour des voix d'hommes à quatre parties, op. 11, *ibid*. 12° *Comala*, poëme dramatique pour voix seule, chœur et orchestre, op. 12, *ibid*. 13° Cinq chants pour soprano, contralto, ténor et basse, op. 13, Leipsick, Kistner. 14° Ouverture à grand orchestre (en *ut*), n° 3, œuvre 14, Leipsick, Breitkopff et Hærtel. 15° Troisième symphonie à grand orchestre (en *la* mineur), op. 15, *ibid*. Sans numéros d'œuvres ou inédits : 16° *Erlkönigs Tochter* (la Fille du roi), tiré d'une ballade populaire du Danemark, pour voix solo, chœur et orchestre. 17° *Danske Sange* (chants danois en deux suites), Copenhague, Lose et Olsen. 18° *Frühlingsblumen*, fantaisie pour piano, *ibid*. 19° *Scandinaviske Folkesange* (chants populaires scandinaves arrangés pour piano), *ibid*. 20° *Farvel Lille Grete*, romance avec accompagnement de piano, *ibid*. 21° Quelques petites pièces de formes diverses pour piano, *ibid*. 22° Deuxième acte d'un ballet intitulé : *Napoli*, arrangé pour piano, *ibid*. Le premier acte avait été écrit par Hellsted, et le troisième par Pauli. 23° Quatrième symphonie à grand orchestre (en *mi* bémol). 24° Cinquième symphonie à grand orchestre, avec piano obligé. 25° Grande cantate de fête, exécutée à Leipsick en 1845. Divers autres ouvrages produits depuis 1850, et qui me sont inconnus.

Les compositions de Gade n'indiquent pas en lui la faculté de création : la nature de ses idées, l'enchaînement des périodes, le style, enfin, dérivent évidemment de la manière de Mendelsohn. L'engouement de Leipsick, et en général de la Saxe pour les œuvres du jeune compositeur, s'est bientôt dissipé, quand la fatigue produite par la monotonie de ce style a commencé à se faire sentir, sans qu'on se rendît précisément compte des causes de cette fatigue.

GAEBLER (E. F.), directeur de musique et professeur de cet art à la Maison des orphelins et au Pædagogium de Züllichau, est né dans le courant de 1815. Il reçut sa première instruction musicale de C. Karow, professeur supérieur au séminaire de Bunzlau, de qui il apprit particulièrement les éléments du piano et de l'orgue. Ensuite il se rendit à Berlin, où il devint élève de W. Bach pour l'orgue et la musique d'église. Il y suivit aussi les leçons du professeur Marx, à l'université. Lorsque Kœhler (*voyez* ce nom) mourut à Züllichau, Gaebler fut appelé dans cette ville pour le remplacer dans les divers emplois mentionnés ci-dessus. Il s'est fait connaître par des compositions de musique d'église parmi lesquelles on remarque : 1° Le trente-quatrième psaume pour quatre voix d'hommes en chœur, op. 1, Berlin, Guttentag. 2° Le trente-sixième psaume, *idem.*, op. 2, *ibid.* 3° Douze petites pièces d'orgue, op. 4, *ibid.* 4° Huit préludes d'orgue pour des chorals, op. 5, *ibid.* 5° *Choral Buch* (livre choral pour deux ténors et basse), op 6, *ibid.* 6° Hymne de fête pour un chœur d'homme, op. 9, *ibid.* 7° Introduction et fugue pour l'orgue à quatre mains, op. 10, *ibid.* 8° Deux motets allemands pour un chœur d'hommes à quatre parties, op. 11, *ibid.*

GÆHLER (J. de), conseiller de conférence et premier bourgmestre à Altona, naquit dans cette ville en 1748 et y mourut en 1825. Élève de Ch. Ph. Emm. Bach, il fut un claveciniste distingué. On a de lui quelques bons articles publiés dans les premières années de la *Gazette générale de musique* de Leipsick.

GÆHRICH (Wenceslas), musicien de la chapelle du roi de Prusse, né en Bohême vers 1798, fut d'abord attaché à l'orchestre de Leipsick. Artiste organisé de la manière la plus heureuse pour la composition, et doué d'une imagination originale, mais dominé par la paresse, et donnant peu de soins à ses productions, il n'a pas réalisé tout ce qu'on pouvait attendre de lui. Ses premières œuvres, publiées en 1818, et dans les années suivantes, à Leipsick, consistèrent en cinq recueils de danses de différents caractères, pour l'orchestre et pour le piano. Une multitude d'idées neuves se faisaient remarquer dans ces légères compositions. Un concertino pour alto et orchestre fut ensuite publié par M. Gæhrich, et augmenta l'espoir que ses amis avaient en lui pour l'avenir. Malheureusement ses ouvrages se succédaient avec beaucoup de lenteur ; ce ne fut qu'en 1832 qu'il fit paraître à Leipsick, chez Breitkopf et Hærtel, deux symphonies à grand orchestre (en *mi* bémol et en *ré*), compositions de haute portée, suivant quelques journaux, qui réalisent les prévisions de ceux qui connaissaient déjà une partie des facultés de l'artiste. Postérieurement il a écrit la musique de plusieurs ballets pour le théâtre royal de Berlin, l'opéra intitulé *die Kreolin* (la Créole), des ouvertures, un quatuor pour piano, violon, alto et basse, op. 4, six Lieder pour des voix d'hommes et quelques autres compositions. Ses derniers ouvrages ont été publiés en 1850.

GÆNSBACHER (Jean-Baptiste), maître de chapelle de l'église métropolitaine de Saint-Étienne, à Vienne, est né le 8 mai 1778 à Sterzing, dans le Tyrol (1). Son père, instituteur et directeur de chœur, l'instruisit dans le chant, et lui donna des leçons d'orgue et de plusieurs autres instruments. Les progrès du jeune Gænsbacher furent rapides. Il n'avait que huit ans lorsqu'il fut employé comme enfant de chœur à Inspruck, puis à Halle, et déjà il lisait avec facilité toute espèce de musique. En 1789, il alla à Botzen où un religieux, nommé le P. Reiner, lui donna des leçons d'orgue ; Neubauer lui apprit à jouer du violon, et le P. Fende lui enseigna le violoncelle. Le collège de cette ville lui offrit en même temps l'occasion de faire un cours d'humanités. A sa sortie du collège, il obtint une place de précepteur ; mais en 1795 il abandonna cette position, pour aller à Inspruck faire un cours de philosophie, n'ayant d'autres moyens d'existence que de donner quelques leçons, et de chanter en qualité de choriste dans les églises ; ce fut à cette époque qu'il s'essaya dans la composition, en écrivant des morceaux de piano, des canons, des sérénades, des motets et une messe avec accompagnement d'instruments à vent. Les armées françaises menacèrent l'année suivante l'existence de l'Autriche, et Gænsbacher quitta ses études favorites pour voler à la défense de sa patrie. Après avoir servi dans une compagnie de tirailleurs tyroliens, il fut mis à la tête d'un corps de trois cents hommes de la Landsturm, se distingua, et fut récompensé par la petite médaille d'or comme quelques officiers de troupes.

(1) Suivant la *Gazette générale de musique* de Leipsick, le 7 du même mois ; mais la date donnée dans le *Lexique* de Schilling et par M. Ant. Schmidt, dans ses Biographies de quelques musiciens de Vienne, paraît être exacte, car ce dernier a travaillé sur de bons Mémoires.

régulières. Retiré du service militaire après la paix, il se rendit à Vienne, en 1802, pour y étudier l'harmonie sous la direction de l'abbé Vogler, qui l'initia à son système. De bienveillants amis venaient alors à son secours pour l'aider à faire ses études; peu de temps après, il fut admis dans la maison du comte Firmian, conseiller de l'empire, et dès lors il put se livrer entièrement à des études de musique théorique et pratique. Il passa les années suivantes tantôt dans le lieu de sa naissance, tantôt à Waradin, chez son élève le comte Erdœdy; puis il retourna à Vienne, pour y prendre des leçons de contrepoint d'Albrechtsberger. Appelé au château de Trummersdorf par le comte Firmian, son protecteur, il interrompit de nouveau ses études didactiques pour s'y rendre. Après une saison d'été passée dans cette terre, Gænsbacher retourna à Inspruck, où il fit un séjour de plusieurs années, interrompu seulement par quelques visites à sa mère, veuve alors, et qui demeurait toujours à Sterzing. En 1810, il visita son ancien maître Vogler à Darmstadt, et s'y lia d'amitié avec Charles-Marie de Weber, Meyerbeer et Godefroid Weber. Cette amitié ne s'est jamais démentie. On sait en quels termes touchants l'auteur du *Freyschütz* s'est exprimé sur ces liens qui unissaient d'éminents artistes, dans ses lettres à Godefroid Weber, publiées dans la *Cæcilia*, et traduites dans le sixième volume de la *Revue musicale*. Gænsbacher passa la deuxième moitié de l'année 1810 chez son Mécène, en Bohême, et y écrivit un grand *Requiem* (imprimé depuis lors) pour les obsèques de la comtesse Althœ, qui lui avait laissé un legs considérable par son testament.

Les événements de l'année 1813 réveillèrent tout à coup l'ardeur belliqueuse de Gænsbacher; il rentra au service militaire avec le grade de capitaine, se distingua à la tête d'un corps franc organisé à Klagenfurt, fit ensuite la campagne de Naples contre Murat, et reçut, en 1817, la grande médaille d'or décernée aux officiers qui avaient fait preuve de mérite. Rentré dans la vie civile, il reprit ses travaux d'art, mais il fut longtemps encore avant d'obtenir une position convenable pour son talent; enfin, en 1823, la place de maître de chapelle de Saint-Étienne devint vacante par la mort de Preindl, et elle lui fut donnée. Il était alors âgé de quarante-cinq ans.

Les compositions de ce maître se divisent en trois classes : 1° La musique d'église. 2° La musique instrumentale. 3° La musique de chant avec ou sans accompagnement. I. MUSIQUE D'ÉGLISE. 1° *Requiem*, à quatre voix, orchestre et orgue, œuvre 15, Vienne, Haslinger. 2° Messe (en *si* bémol), à quatre voix, orchestre et orgue, œuvre 32, Vienne, Diabelli. 3° *Requiem*, à quatre voix, orchestre et orgue, op. 38, *ibid*. 4° Messe à quatre voix, orchestre et orgue, op. 41, Vienne, Haslinger. 5° Treize autres messes solennelles, en manuscrit. 6° Offertoire (*Domine Deus salutis meæ*), pour voix de basse, chœur, orchestre et orgue, *ibid*. 7° *Ecce sacerdos magnus*, hymne à quatre voix et orchestre, op. 39, Vienne, Diabelli. 8° Graduel (*Si ambulavero*), pour quatre voix et orchestre, op. 42, Vienne, Haslinger. 9° Offertoire (*Inclina, Domine*), pour quatre voix, orchestre et orgue, op. 43, *ibid*. 10° Vingt-six graduels pour différentes voix, chœur, orchestre et orgue, en manuscrit, ainsi que plusieurs offertoires, motets, motets funèbres, hymnes, psaumes; deux *Requiem*; chant pour l'avent; séquences pour les processions; neuf *tantum ergo*; cinq litanies, dont une pour l'office de la vierge Notre-Dame de Lorette, et une autre sur des paroles allemandes; un *Asperges*; deux *Salve Regina*; trois *Ave Maria*; plusieurs vêpres; un *Ecce sacerdos*; quatre psaumes de vêpres; deux *Regina cœli*; deux *Te Deum*, etc. II. MUSIQUE INSTRUMENTALE. 1° Sérénade pour guitare, flûte, violon et alto, op. 12, Vienne, Haslinger. 2° Sérénade pour clarinette, alto, violoncelle et guitare, op. 28, Augsbourg, Gombart. 3° Deux sonates pour guitare et violon, op. 10, Leipsick, Breitkopf et Hærtel. 4° Trio (en *fa*) pour piano, violon et violoncelle, op. 16, Augsbourg, Gombart. 5° Sonate (en *sol*), pour piano, violon et violoncelle, Vienne, Haslinger. 6° Sonates pour piano et violon (en *mi*), op. 5, Vienne, Haslinger, (en *ut*), op. 11, Augsbourg, Gombart. 7° Nocturne pour piano et violon, Vienne, Mollo. 8° Airs variés, divertissements, rondeaux et sonates pour piano à quatre mains, œuvres 9, 20, 28, 29, 30, 31, Vienne, Leipsick et Berlin. 9° Plusieurs airs variés pour piano et violon, Vienne, Haslinger. 10° Airs variés pour piano seul, *ibid*. 11° Deux marches et deux suites pour musique militaire. 12° Douze marches pour plusieurs trompettes. 13° Concertino pour clarinette et orchestre. 14° Trois recueils de danses allemandes pour l'orchestre. 15° *Amusement des tirailleurs tyroliens*, thème varié pour orchestre complet. 16° Ouverture et musique pour les *Croisés* de Kotzebue. 17° Symphonie à grand orchestre. III. MUSIQUE DE CHANT. 1° *Trois terzetti a 2 soprani e tenore con* piano forte, op. 1, Berlin, Schlesinger. 2° Six recueils de chansons allemandes pour voix seule avec accompagnement de piano, œuvres 4, 9, etc., Leipsick, Offenbach, Berlin. 3° L'*Attente*, de Schiller, pour voix seule avec accompagnement de piano, Bonn, Simrock. 4° Six chansons allemandes avec accompagnement de guitare, op. 5, Leipsick, Peters. 5° Trois chansons italiennes avec guitare, op. 17, Augsbourg, Gombart. 6° Trois quatuors pour quatre voix ; quatorze canons ; six cantates de circonstance ; le *Coucou* de Gellert, etc., etc. Gænsbacher est mort à Vienne, le 13 juillet 1844.

GÆRTNER (ANTOINE), facteur d'orgues à Tachau, en Bohême, né vers 1730, a construit, en 1763, le grand orgue de l'église métropolitaine de Prague, et n'a reçu pour cet ouvrage que la minime somme de six mille florins. L'instrument est composé d'un grand nombre de jeux, de trois claviers à la main et d'un clavier de pédales. Gærtner a fait aussi le bel orgue du couvent de Tepel, considéré comme un ouvrage parfait en son genre. (*Voyez* l'article sur les orgues d'église de la Bohême, dans la *Statistique* de Riegger, septième cahier, p. 106 ; la description de l'orgue de Strahow, par J.-L. Oelschbægeld, et la description de la ville de Prague, par Schaller, t. I*er*, p. 185.)

GÆRTNER (JEAN), première flûte de l'ancienne chapelle de la cour à Fulde, né au Mont-Saint-Pierre, près de cette ville, en 1740. L'évêque primat de Fulde, grand ami des arts, l'envoya à Manheim chez Wendling qui, par ses soins, en fit un artiste distingué. Gærtner perfectionna ensuite son talent par ses voyages en Allemagne. De retour à Fulde vers 1778, il y est mort en 1789. Ce musicien s'est fait connaître par quelques compositions pour la flûte, des cantates et des opérettes qui sont restées en manuscrit.

Un autre musicien nommé GÆRTNER (J.-A.) a publié des danses allemandes pour la guitare à Posen et à Leipsick ; des airs variés pour piano, Leipsick, Breitkopf et Hærtel ; et des chansons allemandes à voix seule, avec accompagnement de piano. Cet artiste a vécu en Pologne pendant quelques années.

GAETANO (...), compositeur italien, vécut en Pologne dans la seconde moitié du dix-huitième siècle, et fut maître de chapelle du roi Stanislas-Auguste Poniatowski. Il écrivit un opéra polonais intitulé : *Zolniertz Czarnoxieznik* (le Soldat sorcier). On n'a pas d'autres renseignements sur cet artiste.

GAFFAREL (JACQUES), hébraïsant et orientaliste, né, en 1601, à Maunes, en Provence, fut quelque temps bibliothécaire du cardinal de Richelieu. Il mourut à Sagonce, en 1681, à l'âge de quatre-vingt-neuf ans. Fabricius cite (Biblioth. græc. et antiq.) un traité intitulé : *De musica Hebræorum stupenda*, par Gaffarel, qui, selon ce bibliographe, serait resté en manuscrit. Cependant on voit dans les *Observation. Miscellan.* (t. II, p. 121) que cet ouvrage a été imprimé en 1625.

GAFFI (BERNARD), compositeur de l'école romaine, vécut dans les premières années du dix-huitième siècle. On a publié de sa composition : *Cantate de l'Amore a voce sola*. Roma, Mascardi, 1700. On trouve aussi de ce maître, dans la bibliothèque du Lycée communal de musique, à Bologne : *Cantate a voce sola con violini et due bassi*, en manuscrit.

GAFFORINI (ÉLISABETH), célèbre cantatrice, brilla sur les théâtres de l'Italie, de l'Espagne et du Portugal, depuis 1790 jusqu'en 1812 ; elle chanta encore le 15 mai 1815 au théâtre de la *Scala*, dans une cantate composée par Federici pour l'arrivée de l'archiduc d'Autriche dans cette ville. J'ai cherché en vain des renseignements sur cette virtuose du chant dans les biographes, dans les almanachs de spectacle d'Italie, et même dans les notices publiées par Gervasoni sur les musiciens italiens du dix-huitième siècle. Tout ce qu'on sait d'elle, c'est qu'après avoir débuté au théâtre de Vienne en 1789, elle chanta avec succès à Venise, à Bologne, à Naples, jusqu'en 1795 où elle fut engagée au théâtre de Madrid. Puis elle alla à Lisbonne, où elle chanta pendant deux ans avec Crescentini. De retour en Italie vers la fin de l'année 1800, elle chanta à Milan au printemps de 1801, puis à Turin, et revint à Milan pour le carême de 1802. En 1803, elle était à Florence, l'année suivante à Milan, où elle retourna encore en 1808, 1810 et 1811. La réputation de cette cantatrice fut brillante. Au bas de son portrait, gravé à Milan, on a placé ces deux vers qui font voir qu'elle était belle et que son chant était admiré :

La vedi o l'odi, eguale è il suo periglio :
Ti vince il canto o ti rapisce il ciglio.

GAFORI ou GAFORIO (FRANCHINO), en latin GAFURIUS, écrivain didactique sur la musique, naquit à Lodi le 14 janvier 1451. Son père, simple soldat, s'appelait *Bettino Gafori*, et sa mère, *Catherine Fixaraga*. Destiné à l'état ecclésiastique par ses parents, il étudia la théologie, le plain-chant et la composition de la musique. Son maître dans cet art fut un moine nommé *Godendach*, qu'il appelle *Bonadies* dans ses écrits. Ayant été ordonné prêtre, il alla pendant deux ans à Mantoue près de son père qui était au service de Louis de Gonzague. Gafori y passa deux années uniquement livré à l'étude de la théorie de la musique; puis il alla à Vérone, où il continua pendant deux autres années les mêmes études. Il ne quitta Vérone que pour suivre à Gênes Prosper Adorno, sixième doge de cette famille qui, après avoir été chassé de Gênes par Fregoso, y rentra en 1477; mais, après la victoire qu'il remporta le 7 août 1478 sur les troupes de Jean Galéas, il fut obligé de nouveau de s'enfuir, et de gagner à la nage un vaisseau qui le conduisit à Naples, n'ayant d'autre compagnon de sa fuite que Gafori. Celui-ci trouva dans cette ville Jean Tinctor ou Tinctoris, Guillaume Garnier ou Garnerius et Bernard Hycart, savants musiciens belges, dont la fréquentation fut utile à Gafori. Le premier avait achevé depuis peu de temps les traités de musique que nous avons de lui. Fink dit, dans l'article du *Lexique musical* de Schilling, sur Gafori, que ce musicien soutint à Naples des discussions sur la théorie musicale avec ces savants; mais il se trompe; ce fut avec Philippe Bononio, surnommé *Philippe de Caserte* à cause du lieu de sa naissance, qu'il eut ces discussions publiques qui étaient dans l'esprit de ce temps. Deux ans après son arrivée à Naples, il y publia son premier traité de musique qui le fit connaître avantageusement. Cependant sa situation était précaire dans cette ville, car son protecteur Adorno, dépouillé lui-même de ses biens par les Génois, ne pouvait plus rien pour sa fortune. Deux fléaux (la peste et la guerre), apportés par les Turcs dans le royaume de Naples, obligèrent Gafori à s'en éloigner et à chercher un asile à Lodi, sa ville natale. Il y resta peu de temps, parce que le chanoine Barni lui donna le conseil de se rendre à Monticello, dans le Crémonais, où il fut engagé comme maître du chœur par l'évêque Charles Pallavicini. Il y donna pendant trois ans des leçons de musique, et alla ensuite à Bergame pour y remplir les fonctions de chantre et de professeur, mais bientôt, à la recommandation de Barni, chanoine de Lodi et vicaire de l'archevêque de Milan, il fut nommé, en 1484, non pas maître de chapelle de la cathédrale, comme le disent Gerber, Choron et Fayolle, et Fink, mais chantre du chœur de cette église, maître des enfants, et premier chantre de la chapelle du duc L. Sforce. Il remplit avec distinction ces fonctions, particulièrement celles de professeur de musique de l'école fondée pour lui. Il mourut à Milan le 24 juin 1522, à l'âge de 71 ans, et plein de force intellectuelle; car deux ans auparavant il soutenait une vive dispute avec J. Spataro, et, dans un écrit qu'il publia à cette occasion, fit preuve de beaucoup de vivacité d'esprit.

Gafori a exercé une puissante influence sur les études musicales de son temps. La plupart des écrivains sur la musique, qui lui succédèrent immédiatement, citent ses opinions comme des autorités. Vainqueur dans les discussions qu'il eut à soutenir contre ses contemporains, il eut l'avantage par son érudition musicale; mais il gâta ses succès par le défaut de politesse et par l'orgueil qui règnent dans ses écrits. Considéré dans sa doctrine, il est inférieur à Tinctoris, son contemporain, sous le rapport de la méthode et des connaissances pratiques de l'art; celui-ci a traité de la solmisation, de la tonalité, de la notation et de l'art d'écrire avec un talent très-remarquable pour le temps où il a vécu; il paraît avoir attaché peu d'importance aux considérations arithmétiques de la constitution des intervalles; Gafori, au contraire, a fait de cette partie de la science l'objet de travaux considérables. Sa *Musique pratique* est un ouvrage du plus haut intérêt; mais il est évident que l'auteur s'est servi avec avantage, pour les deuxième et troisième livres, des traités de Tinctoris, particulièrement du *Tractatus de contrapuncto*, qui était terminé vingt ans avant que son livre parût; mais ses exemples sont moins bien écrits. Le quatrième livre de cet ouvrage est ce qu'on possède de plus complet et de meilleur sur les proportions des valeurs de notes dans la notation difficile et compliquée des quinzième et seizième siècles. Cet ouvrage donne un avantage incontestable à Gafori sur tous les auteurs didactiques de musique qui ont écrit vers la fin du quinzième siècle et au commencement du seizième. La plupart de ces auteurs, préoccupés de la tonalité de la musique grecque, et du système des proportions numériques des intervalles, se sont consumés en efforts vains pour ressusciter un art qui n'avait plus d'analogie avec les besoins de leur époque, et pour donner, par le calcul, à l'art pratique, des bases que celui-ci ne pouvait trouver qu'en lui-même. De là vient que les traités de musique de ces auteurs ont eu peu d'influence sur les développements de cet art, et n'ont plus aujourd'hui d'intérêt que par quelques faits historiques qui se rattachent à l'époque où ils ont paru. Gafori a payé le tribut à son temps, et s'est aussi beaucoup occupé et des modes de la musique grecque, et du calcul des intervalles par les divisions du monocorde. Son premier ouvrage, qu'il fit paraître à Naples en 1480, et le quatrième, qu'il publia à Milan en 1508, sont remplis de ces choses; mais le nom de l'auteur de ces livres n'aurait pas eu tant de célébrité s'il n'eût été attaché qu'à ceux-là : cette célébrité est due principalement au traité de musique pratique. C'est donc à tort que Fink dit, dans l'article *Gafor* du *Lexique de Schilling*, que l'ouvrage le plus important de cet écrivain est celui qui a pour titre : *De harmonia musicorum instrumentorum opus*. Les trois premiers livres de cet ouvrage ne renferment que des commentaires sur la doctrine des intervalles des modes grecs exposés par Boèce, d'après les anciens théoriciens; les neuf premiers chapitres du quatrième livre ont pour objet les propriétés et l'usage des modes; les chapitres X, XII, XIII, XIV et derniers renferment un exposé du système de Pythagore sur l'analogie de la musique avec l'harmonie universelle. Ces derniers chapitres ne sont pas sans intérêt; mais, en somme, l'utilité de l'ouvrage a été très-inférieure à celle du traité de la musique pratique, et son intérêt historique n'est pas comparable à celui de l'autre ouvrage.

Les écrits publiés par Gafori ont eu de nombreuses éditions qui attestent le succès qu'ils ont obtenu dans la nouveauté. En voici l'indication : 1° *Clarissimi et præstantissimi musici Franchini Gafori Laudensis theoricum opus musicæ disciplinæ*. Impressum Neapoli, per Franciscum di Dino Florentinum, anno Domini MCCCCLXXX, die octavo octobris, in-4° de 114 feuillets. Si Gafori a été l'éditeur de son ouvrage, ce titre annonce peu de modestie. Cette édition est la première de ce livre; elle est fort rare. Gerber a fait un double emploi en citant deux ouvrages de Gafori imprimés à Naples en 1480, l'un sous ce titre : *De effectibus et commendatione musicæ* ; l'autre, sous celui-ci : *Theoricum opus harmonicæ disciplinæ*. Le premier n'est que l'intitulé du premier chapitre du même ouvrage, le second est inexact. Fink n'a rien su de tout cela, et a copié Gerber. Burney a très-bien remarqué que ce traité de musique, divisé en cinq livres, renferme une sorte d'abrégé du traité de Boèce dans les quatre premiers; le dernier est un exposé de la tonalité de la musique grecque, suivi de celui du système de solmisation attribué à Gui d'Arezzo. La deuxième édition a pour titre : *Theorica musica Franchini Gafuri Laudensis*. Impressum Mediolani per magistrum Philippum Mantegatium dictum Cassanum, opera et impensa magistri Joannis Petri de Lomacio, anno salutis MCCCCLXXXXII, die quindecimo decembris, in-4°. Cette édition n'est point identique avec la première; de nombreux changements y ont été faits par l'auteur, tant dans la forme du livre que dans le style : il y a peu de chapitres où quelqu'un de ces changements ne se fasse apercevoir. Le catalogue des livres de M. Reina, de Milan, dont la vente a été faite à Paris en 1834, indique (n° 712) une édition de ce livre sous la date de 1482 : c'est une erreur du rédacteur de ce catalogue; c'est 1492 qu'il faut lire. Il y a un exemplaire sur vélin de celle-ci à la bibliothèque impériale, à Paris. Au catalogue de la bibliothèque de Soubise, on trouve la citation d'une édition du même ouvrage, sous la date de 1486 ; c'est une faute d'impression : cette édition n'existe pas. 2° *Practica musicæ (sive musicæ actiones in IV libris)*. Mediolani, per Guil. Signerra, 1496, in-fol. Les nombreux exemples dont cet ouvrage est rempli sont imprimés par des planches gravées en bois. Le premier livre traite des principes et de la constitution de tons du plain-chant. Il contient quelques intonations conformes au rit ambrosien. Le deuxième livre est relatif à toutes les parties de la notation, le troisième au contrepoint, et le dernier aux proportions des notes, des temps, des prolations et des modes. Une deuxième édition de ce bon ouvrage a été publiée l'année suivante à Brescia, sous ce titre : *Musice utriusque cantus practica excellentis Franchini Gafori Laudensis libri quatuor modulatissima*. Impressa Brixiæ, opera et impensa Angeli Britannici : anno salutis millesimo quadringentesimo septimo : nono Kalend. octobris (1497), in-fol. La troisième édition, publiée aussi à Brescia, est intitulée : *Practica musicæ utriusque cantus Franchini Gafori*. Impressa per Bern. Misintani de Papia, 1502, in-fol. La quatrième a pour titre : *Franchini Gaffori* (sic) *practica musicæ utriusque cantus*, Venitiis, 1512, in-fol. Les plus rares de ces éditions sont celles de Milan, 1496, et Venise, 1512. Il y en avait des exemplaires dans la collection de feu M. Reina. Van Praet cite un exemplaire sur vélin de celle de 1496. 3° *Angelicum ac divinum opus musice Franchini Gafurii Laudensis regii musici, ecclesiæque Mediolanensis phonasci : materna lingua scriptum*. Impressum Mediolani per Gotardum de Ponte, anno salutis millesimo quingentesimo octavo, die decima septembris (1508), in-fol. M. Brunet cite une édition de ce livre sous la date de 1500, dans son *Manuel du libraire*; je crois que c'est une erreur, car je n'ai trouvé nulle part de traces de cette édition. Forkel et Lichtenthal disent que cet ouvrage est en général semblable au *Theoricum opus musicæ disciplinæ*; Fink dit qu'il ressemble beaucoup au *Traité de musique pratique*; le fait est qu'il est absolument différent de ces deux ouvrages, quant à la forme. C'est un abrégé de musique divisé en cinq petits traités, en langue italienne.

Le second et le troisième chapitres du troisième livre du *Theoricum opus musicæ disciplinæ* sont traduits dans cet ouvrage, et forment les premiers chapitres du premier traité : c'est par cela seulement que ces deux livres ont quelque rapport. Le reste du premier traité concernant les proportions des intervalles a fourni par la suite la matière du quatrième ouvrage de Gafori, et a reçu dans celui-ci de grands développements. Les quatre traités suivants sont purement relatifs à la pratique de l'art. Le dernier est un abrégé du quatrième livre du *Traité de la musique pratique*, mais sans les exemples. Gafori dit, au commencement de son ouvrage qu'il l'a écrit en langue vulgaire parce que la plupart des musiciens sont illettrés, et n'entendent ni ses autres livres, ni ceux des bons auteurs latins (1). Il excuse les imperfections de son style par le peu d'habitude qu'il avait d'écrire en italien. Il est certain que sa diction est fort incorrecte, et que son orthographe est plus vicieuse qu'elle ne l'était en général de son temps; on voit que l'habitude d'écrire en latin le rend inhabile à manier la langue italienne. On a cependant reproché à sa latinité beaucoup d'imperfections; il me semble que c'est à tort, et que son style n'est pas inférieur à celui des bons écrivains didactiques du quinzième siècle. On peut même dire qu'il se servait de la langue latine avec une certaine élégance, quand il n'était pas contraint par l'aridité du sujet, comme le prouve cette jolie épigramme où il rappelle que son adversaire Spataro (voyez ce nom) avait fait autrefois des fourreaux d'épées.

(1) *Perchè molti illetterati fanno professione de musica, et con grande difficultade pervengono a la vera cognitione de li præcepti harmonici per non intendere le opere nostre et de altri degni auctori latini quale son scripti con qualche ornato et alquanto obscuro stillo; havemo consyderato subvenire non solamente a lor voti e desiderii; ma anchora a la devotione di molte donne religiose intente ad laudare lo eterno Dio con tutta la corte celeste*, etc.

Qui gladium quondam corio vestibat et enses
Polleret ut illi sordidus arte fumem :
Musicolas audet rabido nunc carpere morsu,
Proh pudor ! et nostro detrahit ingenio.
Phœbe, diû tantumne scelus patieris inultum ?
Nec sævus tanti criminis ultor eris ?

Apollon répond :

Non impune feret, sed qualis Marsya victus,
Pelle tegat gladios perfidus arte suâ.

4° *Franchini Gafurii Laudensis regii musici publice perfitentis : Delubrique Mediolanensis Phonasci : De harmonica musicorum instrumentorum opus.* Impressum Mediolani: per Gotardum Pontanum Calcographum die XXVII novembris 1518. Authoris præfecturæ anno trigesimo quinto. Leone decimo pontifice maximo : ac christianissimo Francorum rege Francesco duce Mediolani, felici auspicio regnantibus, in-fol. A la fin de cet ouvrage se trouve une notice succincte sur la vie de Gafori par Pantaléon Melegoli, de Lodi. On y voit que ce maître avait écrit beaucoup de traités de musique pour ses élèves, et qu'il n'en a fait imprimer que ceux qu'il considérait comme les plus importants. Melegoli dit aussi que Gafori avait fait traduire à ses dépens, du grec en latin, les livres d'Aristide Quintilien, de Manuel Brienne, de Bacchius et de Ptolémée; circonstance qui rend assez vraisemblable l'opinion répandue qu'il ne savait pas le grec. M. Brunet indique une édition de ce quatrième ouvrage de Gafori qui aurait paru à Milan en 1508, et il en cite un exemplaire qui aurait appartenu à Boisgelou, et qui aurait été vendu vingt-huit francs : c'est une erreur; j'ai vu l'exemplaire de Boisgelou; il était de l'édition de 1518. Je ne crois pas à l'existence de celle de 1508, dont aucun auteur n'a parlé.
5° *Apologia Franchini Gafurii adversus Joannem Spatarium et complices musicos Bononienses*, 1520. J'ai dit, dans la première édition de mon livre, que cet opuscule ne porte pas de date d'impression : c'était une erreur. J'en ai vu un exemplaire à la Bibliothèque de Saint-Marc à Venise, en 1841, et j'y ai trouvé à la fin : *Impressum Taurini per magistrum Augustinum de Vimercato. Anno Domini M. D. XX. die xx aprilis*, in-fol. L'ouvrage est composé de dix feuillets non chiffrés. M. Brunet, qui cite cette pièce, ajoute à la description qu'il en donne, cette note : « Spa-
« tarius ou Spadarius, vulgairement Spataro,
« et un certain Joannes Vaginarius avaient
« écrit contre Gafori. Leur critique fit naître,
« outre la réponse ci-dessus, une autre apologie, imprimée également à Turin en 1521. »

M. Brunet se trompe à l'égard du certain *Joannes Vaginarius*, qui n'est autre que Jean Spataro à qui Gafori donna cette épithète par mépris, parce qu'il avait été dans sa jeunesse faiseur de fourreaux d'épées. Quant à l'autre apologie, on la trouve dans un recueil qui a pour titre : *Quae in hoc opera continetur. Maphei Vegii laudens. Pompeana. Epigrammata in rusticos conuiuium deorum. Barth. Ponterolì iurisconsulti Laudens. Albula. Barth. Philippinei Gaphuriani nominis assertoriis in Jo. Vaginarium Bononien. Apologia ad Ant. de Fantis theologum Taruisium.* Impressum Mediolani per Joan. de Castiliono impensis Andreae Calvi, M. D. XXI, die xi octobris, in-4°. « La suscription ci-dessus, dit « M. Brunet, se trouve à la fin de l'*Albula*, « de Ponterol, c'est-à-dire, au verso du troi- « sième feuillet de la signature H. C'est là que « finissaient plusieurs exemplaires de ce re- « cueil que nous avons vus, et où manquait « conséquemment l'apologie de Gaphori. Cette « dernière pièce, qui doit être réunie aux « autres, puisque le titre du recueil l'indique, « a été imprimée séparément à Turin, comme « on le voit dans la souscription finale : *Tau-« rini, per Franc. da Sylva*, impensis Andreae « Calvi, tertio kl. septembris, 1521. »

Hawkins, qui possédait un exemplaire de l'Apologie de Gafori, en a donné un extrait dans le deuxième volume de son *Histoire de la musique* (p. 557-541). Spataro, professeur de musique et maître de chapelle de Saint-Pétrone, à Bologne, ayant cru remarquer quelques erreurs de calcul, relatives aux proportions des intervalles, dans le dernier ouvrage de Gafori publié au mois de novembre 1518, adressa au mois de février suivant à l'auteur une lettre dans laquelle il relevait ces fautes. Gafori répondit avec amertume. Une seconde lettre, datée du mois de mars, fut écrite par Spataro, et dans celle-ci Gafori était accusé de vanité et d'ignorance. Le vieux maître de Milan, plus irrité encore, ne garda dans sa réponse aucun ménagement avec son adversaire. Alors Spataro fit de cette discussion une affaire d'école, prit le témoignage des principaux musiciens de Bologne et celui d'Aaron (*voyez* ce nom), qui prononcèrent en sa faveur; de nouvelles lettres furent écrites à Gafori; la dernière était datée du 16 octobre 1519. Le maître de Milan avait dédaigné de répondre à ces dernières, et son silence avait été pris pour une défaite, dont l'école de Bologne tira vanité. Mais tout à coup parut l'apologie citée précédemment. Gafori ne montra point dans cette réponse la sagesse qui convenait à son âge (il avait alors près de soixante-dix ans); les injures les plus grossières y sont accumulées. Il y appelle son adversaire insolent, ignorant, illettré, qui n'a aucune connaissance du latin, et qui, sans s'être élevé au-dessus des classes les plus vulgaires, a cependant l'impudence d'enseigner non-seulement la musique, mais la philosophie et les mathématiques. *Vous semblez* (dit-il) *vouloir imiter votre maître Ramis* (*aussi vil que vous*) *en pétulance et en ingratitude,* etc.; le reste est dans ce goût. Spataro répondit à l'écrit de Gafori par une brochure intitulé : *Errori di Franchino Gaforio di Lodi in sua defensione*, Bologne, 1521, in-4°. Dans ce pamphlet, toute l'école de Milan était attaquée avec violence; dès lors, l'affaire devint générale. Les amis et les principaux élèves de Gafori écrivirent, les uns en prose, les autres en vers, contre son antagoniste. Parmi ces musiciens, on remarque particulièrement Bartolomé Filippino, Denis Bripio, Jacques-Antoine Ricci, de Milan, Gaudence Merula, et d'autres savants de Plaisance et de Parme; enfin Gafori lui-même qui écrivit à ce sujet deux lettres, et fit l'épigramme qui a été rapportée plus haut. Le nom de *Spataro*, qu'on changeait en celui de *Spadario*, devint un sujet de plaisanteries, et l'on écrivit : *Non enim majores sui spatas fabricari solebant, cum vaginas tantum consuerent, atque componerent.* Le nom de *Giovanni Vaginario* en resta à Spataro. Le recueil de tous ces opuscules satiriques fut publié à Turin, par François de Sylva, en 1521, et mit fin à cette querelle, qui hâta peut-être la mort de Gafori. Au fond, ce célèbre théoricien était fondé dans la plupart de ses assertions, particulièrement lorsqu'il soutenait que la différence numérique du demi-ton *majeur* et du demi-ton *mineur* est comme 80 : 81. A l'égard de la division du ton en *neuf commas*, qui était rejetée par Gafori et admise par son adversaire, il y avait malentendu; car le comma n'est pas une fraction invariable de l'intervalle, puisqu'il y en a de différentes dimensions, comme $\frac{16}{15}, \frac{25}{24}, \frac{81}{80}, \frac{128}{125}$, etc. Au surplus, rien de tout cela ne méritait le bruit qu'on en fit alors. Dans les *Opera varia* de Maffei Vegius (Milan, 1497, in-fol.), on trouve au commencement du volume une lettre de Gafori, intitulée : *Franchinus Gafurius... Jacobo Antiquario... salutem.*

Draudius indique dans sa *Bibliothèque classique* (p. 2641), sous le nom de *Gaffurius : De musica practica, theorica et instrumentali*, in-fol., 1518; Walther, et d'après lui

Gerber, ont cru qu'il s'agissait d'une réimpression en un seul volume du *Theoricum opus*, de la *Practica musicæ* et de l'*Opus de harmonia musicorum instrumentorum*; mais ils se sont trompés; Draudius n'a fait qu'une désignation inexacte de ce dernier ouvrage.

GAGGI (Jean), né à Sienne, vers la fin du dix-huitième siècle, eut pour maître de musique Lapini, et apprit les mathématiques sous le genevois Salari. En 1802, il fut nommé maître du collège Tolomei, à Sienne, et organiste du consistoire suprême. Gervasoni cite des compositions sacrées de Gaggi, écrites dans le style sévère, et dont il fait l'éloge.

GAGLIANO (Marco di Zanobi de), chanoine de la basilique ambroisienne de Saint-Laurent, à Florence, et protonotaire apostolique, naquit d'une famille noble, à Florence, dans la seconde moitié du seizième siècle. En 1602, il devait être déjà âgé d'au moins vingt-cinq ans, car on voit, par une délibération du chapitre de Saint-Laurent, qu'il fut appelé dans cette année à remplir l'emploi de maître de chapelle de cette même église. Louis Bati, chanoine de la basilique de Saint-Laurent, élève de Corteccia (*voyez* ce nom), et maître de chapelle de la cour des Médicis, dirigea les études de Marc de Gagliano, dans toutes les parties de la musique. Celui-ci jouissait dans sa patrie d'une grande réputation d'habileté : ses compositions y étaient accueillies avec beaucoup de faveur. Lorenzo Parisi, médecin florentin contemporain de Marco de Gagliano et grand amateur de musique, cite de lui, dans un de ses dialogues, deux mélodies qui furent célèbres à cette époque; la première commençait par ces paroles : *Bel pastor del cui bel guardo*; l'autre, par celles-ci : *Ecco solinga delle selve amica*. Suivant l'opinion de Louis Picchianti, à qui j'emprunte ces détails, dans une très-bonne notice sur quelques anciens musiciens de Florence (1), le meilleur ouvrage de Marco de Gagliano est son *Recueil de répons pour la Semaine sainte*, qui fut imprimé chez Bartolomeo Magni, à Venise, en 1630. Ces compositions jouissaient de tant d'estime à Florence, qu'on les exécutait encore à la basilique de Saint-Laurent au commencement du dix-neuvième siècle. Marco de Gagliano mourut à Florence, le 24 février 1642, et ses obsèques furent célébrées le 26 du même mois, suivant le livre mortuaire du chapitre (*voir* l'article *Effrem*). Gagliano était membre de l'Académie des *Elevati* de Florence, sous le nom de l'*Affannato*.

(1) *Gazetta musicale di Milano*, 1844, n° 1.

La production la plus importante de ce compositeur est l'opéra intitulé : *la Dafne*, qu'il écrivit à la fin de l'année 1607, pour les noces du prince, fils aîné du duc de Mantoue, avec la fille du duc de Savoie, et qui a été publié sous ce titre : *la Dafne di Marco da Gagliano nell' Academia de' Gli Elevati l'Affannato, rappresentata in Mantoua*. In Firenze appresso Cristoforo Marescotti, MDCVIII, in-fol. Cet ouvrage est de la plus grande rareté : on en trouve un exemplaire à la Bibliothèque royale de Berlin. Dans l'avis au lecteur, concernant l'usage qu'il a fait en plusieurs endroits des ornements du chant, tels que les groupes, trilles et passages rapides de vocalisation, il dit qu'en général il faut s'en abstenir, et qu'on doit avoir égard à la place et aux circonstances où il convient de les employer. Il nous apprend aussi que la cantatrice pour qui il a écrit ces passages, particulièrement dans un air sur ces paroles : *Chi da lacci d'amore vive disciolto*, s'appelait *Catherine Martinelli*, et qu'elle les exécuta avec une remarquable légèreté. Parmi les morceaux les plus beaux de l'ouvrage de Gagliano, j'ai été frappé surtout de la mélodie naïve et pleine d'expression de l'air dont il vient d'être parlé, et de la canzonette : *Non curi la mia pianta*.

Les autres ouvrages connus de ce musicien sont ceux-ci : 1° *Misse a cinque voci, libro 1°*; in Venezia, app. Ang. Gardano, 1579, in-4°. 2° *Responsori della Settimana santa a 4 voci*, ibid., 1580, in-4°. 3° *Il primo libro de' madrigali a 5 voci*, ibid., 1602, in-4° obl. Une deuxième édition du même livre de madrigaux a été publiée chez le même, en 1606, in-4° obl. 4° *Il secondo et il terzo libro de' madrigali a 5 voci*, ibid., 1604, in-4°. Cette date indique évidemment qu'il y a eu une édition du premier livre antérieure à celle de 1602. Il y a aussi une édition du second et du troisième livre publiée en 1606. J'ignore la date du quatrième livre. 5° *Libro quinto de' madrigali a 5 voci*, ibid., 1606, in-4° obl. Walther cite (*Musical. Lexicon*, p. 270) une édition de ce cinquième livre, imprimée, selon lui, chez Ange Gardano, en 1658 : un exemplaire de cette édition se trouvait chez l'historien de la musique Burney (n° 3500 de son catalogue). Ce sont les héritiers de l'imprimeur, et non lui-même, qui ont publié cet ouvrage, car Ange Gardano avait cessé de vivre près d'un demi-siècle avant 1658. 6° *Musiche a una, due e tre voci*; in Venetia, appresso Ricciardo Amadino, 1615, in-fol. Ces duos et trios sont accompagnés par la basse continue. Leur style n'est pas, comme celui de Vitali (voyez ce nom), dans la manière développée plus tard par Clari et Steffani ; car on n'y voit presque pas d'imitations fuguées ou canoniques. La mélodie y est en général monotone, et l'harmonie manque de pureté. 7° *Libro sesto de' madrigali a 5 voci*. In Venezia, app. Bart. Magni, 1617, in-4°. Une discussion survenue, à l'occasion de ce livre de madrigaux, entre Gagliano et Mutio Effrem (voyez ce nom), fut cause que celui-ci fit réimprimer en partition tous les madrigaux qui y sont contenus, et les accompagna de notes sévères dans lesquelles il analysa toutes les fautes de tonalité, de rhythme et d'harmonie qui s'y trouvent.

GAGLIANO (JEAN-BAPTISTE ZANOBI DE), frère du précédent, né à Florence vers 1580, fut attaché au service de la maison de Médicis et succéda, en 1613, à Alphonse Benevenuti, chapelain de la basilique de Saint-Laurent, dans l'emploi de maître des clercs de cette collégiale. Il s'est fait connaître par des motets et des madrigaux qui ont été publiés sous les titres suivants : 1° *Motetti, letanie et Salve Regina a 4 voci*, Venise, 1605, in-4°. 2° *Madrigali a cinque voci*, Venise, 1606. 3° *Motetti a 6 e 8 voci*, ibid., 1623.

GAGLIANO (ALEXANDRE), fondateur de l'école de lutherie de Naples, et chef de la famille de ce nom, commença à travailler vers 1665, et vivait encore en 1725 ; car un violon de cette date avec son nom a été possédé par mon père. Alexandre Gagliano a donc dû parvenir à un âge très-avancé : sa carrière dans la lutherie a été d'environ soixante ans.

GAGLIANO (NICOLAS), luthier distingué, né à Naples, vers 1675, a commencé à travailler vers 1700, et produisait encore en 1740. Les instruments sortis de ses mains sont en très-grand nombre. Ses violons ont du brillant ; mais ils n'ont ni le moelleux de ceux de Stradivari, ni la puissance de ceux de Guarneri.

GAGLIANO (JANVIER), frère du précédent, né à Naples, vers 1680, était aussi luthier, et travailla depuis 1710 environ jusque vers 1750. Ses instruments sont moins répandus dans le commerce que ceux de Nicolas. La qualité du son des violons de ces artistes a beaucoup d'analogie.

GAGLIANO (FERDINAND), fils aîné de Nicolas, a commencé à travailler seul vers 1736, et l'on connaît des violons et basses sortis de ses ateliers jusqu'en 1781. Ses formes, un peu aplaties, sont les mêmes que celles de son père. Je connais de lui un très-bon alto daté de 1753.

GAGLIANO (JOSEPH), second fils de Nicolas, naquit à Naples en 1726 ; il y travaillait encore en 1793. On connaît de lui des violons estimés. Un de ces instruments, daté de Naples 1789, était en vente chez MM. Cocks, éditeurs de musique à Londres, en 1852, pour la somme de vingt livres sterling.

GAGLIARDI (DIONISIO-POLIANI), élève du Collége royal de musique à Naples, a débuté comme compositeur au théâtre *del Fondo* de cette ville, en 1829, par un opéra bouffe, intitulé : *l'Antiquario e la Modista*, représenté le 20 novembre avec un succès d'enthousiasme, et tombé le lendemain. En 1839, il donna *i due Gemelle* (les deux Jumelles), qui réussit et fut repris en 1840, 1843 et 1844. Dans la même année, il avait déjà fait jouer au théâtre *Nuovo* : la *Strega di Dernegleuch* (la Sorcière), qui avait été bien accueilli. Au mois de mars 1832, il donna au même théâtre : *il Langravio di Turingia*, qui, suivant l'expression italienne, *fit fureur*. *Casa da vendere* (Maison à vendre) fut moins heureuse sur la même scène, en 1834. Le compositeur ne réussit pas mieux avec *Pulcinella condannato* (Polichinel condamné), représenté dans l'année suivante. Peu de temps après avoir donné cet ouvrage, Gagliardi mourut à la fleur de l'âge, dans sa ville natale. Près de dix ans après sa mort, son opéra *il Langravio di Turingia* fut repris au théâtre Nuovo, sous le titre : *Candida e Luigi*.

GAGNI (ANGELO), compositeur dramatique, né à Florence, vers le milieu du dix-huitième siècle, a fait représenter à Milan, en 1783, *i Pazzi gloriosi*, opéra bouffe. Gerber cite aussi, comme un deuxième ouvrage, *i Matti gloriosi*, joué en 1780 ; mais c'est évidemment la même pièce que la première.

GAIL (JEAN-BAPTISTE), né à Paris, le 4 juillet 1755, se livra dans sa jeunesse à l'étude de la langue grecque, et se fit connaître en 1784 et 1786 par des traductions de morceaux de Lucien et de Xénophon, qui furent suivies de la traduction de *Thucydide* (Paris, 1795, dix volumes in 8°), de celle des œuvres complètes de *Xénophon* (Paris 1795—1815, dix volumes in-4°), et d'éditions grecques, latines et françaises de *Bion*, de *Moschus*, d'*Anacréon*, etc. Nommé professeur de littérature grecque au Collége de France, le 5 avril 1791, il obtint en 1809 d'entrer à l'Académie des Inscriptions et belles-lettres de l'Institut, et remplaça ensuite La Porte-Du-Theil, comme conservateur des manuscrits grecs et latins de la Bibliothèque impériale de Paris. Il est mort en cette ville, le 5 février 1820. Dans l'édition d'*Anacréon* qu'il a publiée en 1799, in-4°, il a inséré une *Dissertation sur la musique grecque*, morceau faible, tiré en grande partie du *Voyage d'Anacharsis*, de l'abbé Barthélemy.

GAIL (Mme Edme-Sophie GARRE), née à Melun, en 1776, est du petit nombre des femmes qui se sont distinguées dans la musique par le talent de la composition. Fille d'un chirurgien habile qui avait obtenu par son mérite le cordon de Saint-Michel, et qui était lié d'amitié avec beaucoup d'artistes et de gens de lettres, Mlle Garre prit de bonne heure le goût des arts, et ses heureuses dispositions pour la musique se développèrent dès l'enfance par les encouragements qu'elle reçut. A douze ans, elle possédait déjà un talent remarquable sur le piano, elle chantait, sinon avec méthode, au moins avec goût, et dès 1790, elle faisait insérer dans les journaux de chant de La Chevardière et de Bailleux des romances et des chansonnettes qui étaient le prélude des choses gracieuses et élégantes auxquelles elle a dû plus tard sa brillante réputation. Lorsqu'elle eut atteint sa dix-huitième année, sa famille lui fit épouser l'helléniste Gail. Cette union ne fut point heureuse. Une incompatibilité d'humeur et de goûts amena, au bout de quelques années, une séparation devenue nécessaire. Rendue à la liberté, Mme Gail se livra avec ardeur à son penchant pour la musique, et fit des études de chant sous la direction de Mengozzi. La révolution avait ruiné la fortune de son père; elle n'était pas riche, et elle sentait la nécessité d'utiliser ses talents. Ce fut ce qui la décida à voyager pour donner des concerts. Après avoir visité les provinces méridionales de la France, elle parcourut l'Espagne, et partout elle recueillit des applaudissements. De retour à Paris, elle s'y livra à la composition de romances charmantes qui furent accueillies avec transport. Dès 1797, elle avait donné un échantillon de son instinct dramatique en écrivant deux airs pour le drame de *Montoni*, que Duval fit représenter au théâtre de la Cité. Ce premier essai fut suivi d'un opéra en un acte, composé pour un théâtre de société, et auquel Méhul donna des éloges. Le besoin d'études plus sérieuses qu'elle n'en avait fait jusque-là dans l'art d'écrire, se faisait sentir à son esprit : elle résolut de compléter son instruction, se confia aux soins de l'auteur de ce dictionnaire, et fit un cours d'harmonie et de contrepoint, qu'elle acheva ensuite sous la direction de Perne et de Neukomm, après que son premier maître eut quitté Paris.

Les succès qu'obtenaient dans le monde ses compositions fugitives lui faisaient désirer depuis longtemps d'essayer ses forces sur la scène; sa première tentative fut heureuse, car elle produisit *les Deux Jaloux*, joli opéra comique qui fut représenté, en 1813, au théâtre Feydeau. Mme Gail était alors dans sa trente-huitième année. Le mérite principal de cet ouvrage consistait dans le naturel des mélodies de quelques airs; on y trouvait aussi un trio en canon d'un effet agréable; enfin le succès fut complet et d'autant plus remarquable, que c'était le premier de ce genre qu'une femme eût obtenu. Dans la même année, Mme Gail donna au même théâtre *Mademoiselle de Launay à la Bastille*, opéra-comique en un acte qui ne réussit point, quoiqu'il y eût de jolies choses dans la musique. En 1814, deux opéras de Mme Gail furent donnés au théâtre Feydeau. Le premier, intitulé *Angela, ou l'atelier de Jean Cousin*, avait été composé en société avec Boieldieu; quelques morceaux de la musique furent applaudis, mais la pièce fut reçue avec froideur. Le second ouvrage avait pour titre *la Méprise*; il fut plus malheureux encore qu'*Angela*.

En 1816, Mme Gail partit pour Londres, où elle se fit entendre avec succès comme cantatrice dans le genre de la romance. De retour à Paris, elle se livra pendant quelque temps à la composition de ces pièces légères, et fit paraître trois recueils de nocturnes français et italiens, ainsi qu'un grand nombre de romances, parmi lesquelles on a remarqué surtout *la jeune et charmante Isabelle*; *N'est-ce pas elle*; *Heure du soir*; *le Souvenir du diable*; *Viens écouter ce doux serment*, et la tyrolienne, *Celui qui sut toucher mon cœur*. Une manière originale distingue ces productions; les formes en étaient nouvelles quand elles parurent; elles ont été imitées depuis lors, mais avec moins de bonheur. Après un repos de plusieurs années, Mme Gail rentra dans la carrière dramatique par l'opéra de *la Sérénade* (en 1818), arrangé d'après la comédie de Regnard par Mme Gay. Le succès de cet ouvrage fut complet : la musique s'y faisait surtout remarquer par un bon sentiment de l'expression scénique. Ce fut la dernière production de l'auteur.

Peu de temps après la première représentation de *la Sérénade*, Mme Gail partit pour l'Allemagne avec Mme Catalani; elle y donna quelques concerts avec cette cantatrice célèbre dans les villes principales, particulièrement à Vienne; mais elle ne tarda point à revenir à Paris. La composition de plusieurs opéras, qu'elle destinait au théâtre Feydeau, l'occupait tout entière, et elle s'y livrait avec ardeur, lorsqu'elle succomba aux atteintes d'une maladie de poitrine, le 24 juillet 1819, à l'âge de quarante-trois ans. Après sa mort, on a publié deux recueils de nocturnes et un cahier de romances qu'elle avait laissés en manuscrit.

La réunion de talents qu'on trouvait en Mme Gail la rendait fort remarquable. Profondément musicienne, elle accompagnait la partition avec aplomb et intelligence, chantait avec goût et avec beaucoup d'expression, formait de très-bons élèves, et composait avec facilité de jolies choses qui ont obtenu une vogue décidée. Douée d'ailleurs de beaucoup d'esprit et d'un caractère aimable, elle semblait n'attacher aucun prix à ces avantages, et savait se faire pardonner sa supériorité sur les autres femmes par celles mêmes qu'elle éclipsait. Elle avait beaucoup d'amis, et elle eut le rare bonheur de les conserver.

GAIL (Jean-François), fils des précédents, né à Paris, le 28 octobre 1795, fit ses études au Collège Louis-le-Grand, et en sortit à l'âge de dix-huit ans pour entrer à l'École normale. En 1818, il fut nommé professeur d'histoire à l'École militaire de Saint-Cyr. En 1820, il quitta cette place pour celle de suppléant de son père au Collège de France. On a de Gail des mémoires sur différents sujets de littérature ou d'histoire ancienne, et une édition des petits géographes grecs (Paris, 1827 et ann. suiv.); mais il n'est cité ici que pour un petit écrit intitulé : *Réflexions sur le goût musical en France*, Paris. 1832, in-8°. Une analyse de cette brochure se trouve dans le douzième volume de la *Revue musicale*. Gail a écrit dans les journaux quelques articles concernant la musique, qui ne sont pas signés. Il est mort à Paris, le 22 avril 1845.

GAILLARD (Jean-Ernest). *Voyez* Galliard).

GALAVOTTI (Jérôme), maître de chapelle de Sainte-Marie *in Trastevere*, à Rome, vivait vers la fin du dix-septième siècle. On a de lui des messes à quatre, cinq, six et huit voix, imprimées à Rome en 1690.

GALEAZZI (François), né à Turin, en 1758, se fixa à Rome comme professeur de violon et comme compositeur de musique instrumentale. Il fut pendant quinze ans premier violon du théâtre *Valle*. Plus tard, il s'établit à Ascoli et s'y maria. Il mourut à Rome en 1819, dans un voyage qu'il y avait fait, pour surveiller la gravure des planches de la deuxième édition de ses *Éléments de musique*. On a de cet artiste un très-bon livre qui n'a pas eu le succès qu'il méritait ; cet ouvrage a pour titre : *Elementi teorico-pratici di musica con un saggio sopra l'arte di suonare il violino analizzata, ed a dimostrabili principi ridotta, opera utilissima a chiunque vuol applicare con profitto alla musica e specialmente a' principianti, dilettanti, e professori di violino*, tom. 1°, Roma, 1791, Stamperia Pilucchi Cracas, in-8°; tom. 2°, Roma, 1796, nella stamperia di Michele Puccinelli a Tor Sanguigna, in-8°. Le premier volume renferme les éléments de la musique et un traité de l'art de jouer du violon, avec des tables d'exemples imprimées en beaux caractères mobiles ; le deuxième contient une bonne préface en XXVI pages, un abrégé bien fait de l'histoire de la musique, un bon traité d'harmonie et de contrepoint, et un traité de la mélodie terminé par des règles pour l'arrangement de la partition, et par des instructions sur la nature et l'usage des divers instruments. Les tables d'exemples de ce volume sont gravées sur bois et sur cuivre. Lichtenthal a cru que la date de l'impression de ce deuxième volume était celle d'une deuxième édition : c'est une erreur. En 1817, le premier volume d'une deuxième édition de cet ouvrage parut à Ascoli ; le reste n'a pas été publié.

GALENO (Giovan-Battista), musicien italien qui vécut dans la seconde moitié du seizième siècle, nous apprend, dans l'épître dédicatoire de son premier livre de madrigaux à sept voix, adressée à l'empereur Rodolphe II, qu'il était au service de ce prince, et qu'il avait été attaché à celui de la maison souveraine d'Autriche dès les premières années de sa jeunesse. On a de cet artiste les ouvrages dont voici les titres : 1° *Madrigali a cinque voci*, libro 1°, Venise, Angelo Gardano, 1587, in-4°. Une deuxième édition de ce livre a été imprimée à Anvers, chez Phalèse, en 1594, in-4° obl. 2° *Il primo libro de' Madrigali a sette voci*. In Venetia, app. Amadino, 1598, in-4°.

GALEOTTI (Étienne), violoncelliste, né à Velletri dans la première moitié du dix-huitième siècle, a vécu quelque temps en Hollande ; mais le climat de ce pays ayant altéré sa santé, il retourna dans sa patrie, après avoir fait un court séjour à Paris. On ignore ce qu'il est devenu depuis ce temps. On connaît de cet artiste : 1° Six trios pour deux violons et violoncelle, œuvre 2°, Amsterdam, 1760. 2° Six trios, *idem*, op. 3, *ibid*. 3° Six solos pour violoncelle, op. 4, Paris, 1785.

GALET (François). *Voyez* Gallet.

GALETTI (JEAN-ANDRÉ), bon chanteur italien, né à Cortone, dans la Toscane, vers 1710, fut appelé, en 1750, au service du duc de Saxe-Gotha. Sa voix était un baryton de la plus belle qualité, et la partie la plus brillante de son talent était l'art de déclamer le récitatif d'une manière dramatique. Il possédait des connaissances assez étendues dans les langues et dans la poésie, avantage qui le mettait au-dessus des autres chanteurs de son temps. C'est lui qui a écrit le libretto de l'opéra *Ciro riconosciuto* que Georges Benda mit en musique. Galetti est mort à Gotha, le 25 octobre 1784.

GALETTI (ÉLISABETH), femme du précédent, eut un talent distingué comme cantatrice. Née à Bourlach vers 1730, elle était fort jeune lorsqu'elle fut engagée au service du duc de Saxe-Gotha. Galetti en devint amoureux et l'épousa en 1754. On dit qu'elle a eu quelque part dans les poésies connues sous le nom de son mari.

GALIBERT (PIERRE-CHRISTOPHE-CHARLES), compositeur, né à Perpignan (Pyrénées-Orientales), le 8 août 1825, commença dans sa ville natale ses études de musique. En 1845, il se rendit à Paris et fut admis comme élève au Conservatoire, le 15 mars de la même année. MM. Bazin et Elwart lui donnèrent des leçons d'harmonie, et M. Halévy fut son maître de contrepoint. En 1851, il prit part au concours de composition de l'Institut et obtint le second grand prix pour la cantate intitulée : *le Prisonnier*. Le premier grand prix lui fut décerné en 1853 pour la cantate dont le sujet était *les Rochers d'Appenzell*. Au mois de décembre de la même année, il partit pour l'Italie et passa deux années à l'Académie de France à Rome. Pendant ce séjour il écrivit quelques compositions vocales et instrumentales. Il visita ensuite plusieurs autres villes de l'Italie et de l'Allemagne. De retour à Paris, en 1857, il composa pour le théâtre des Bouffes-Parisiens le petit opéra intitulé : *Après l'orage*, dont la représentation fut bien accueillie du public. Malheureusement ce jeune artiste, qui annonçait du talent, fut enlevé après une courte maladie, dans les premiers jours du mois d'août 1858, à l'âge de trente-deux ans.

GALILÉE ou **GALILEI** (VINCENT), gentilhomme florentin, né vers 1533, épousa, en 1562, Julie, fille de Cosmo Venturi, d'une illustre famille de Pistoie. C'est à cette union que l'immortel Galileo-Galilei dut le jour. Ce fut Vincent Galilée qui se chargea de l'éducation de son fils, et qui lui inspira le goût des mathématiques, qu'il cultivait lui-même avec succès : il est mort vers la fin du seizième siècle. Vincent Galilée était surtout remarquable par ses connaissances en musique; il jouait très-bien du luth et de la viole, et a composé des pièces pour ces deux instruments. Lié d'amitié avec Jean Bardi, de la famille des comtes de Vernio, qui tenait à Florence une sorte d'académie de beaux-arts, il fit les premiers essais pour la création de la musique dramatique. Doni (*Trattato della musica scenica, in Op.*, t. II, p. 23) dit que Galilée mit en musique l'épisode du comte Ugolin, pour voix seule, avec accompagnement de plusieurs violes, et qu'il le chanta avec beaucoup de succès dans la société de Bardi. Cet essai fut suivi des *Lamentations de Jérémie*, traitées dans la manière dramatique, et qu'il fit entendre dans plusieurs endroits. Les ouvrages de Galilée, relatifs à la théorie musicale, sont : *Discorso della musica antica e della moderna*, Florence, 1581, in-fol. Cet ouvrage, comme les *Dimostrazioni armoniche* de Zarlin, est rempli de pédantesques et infructueuses discussions sur l'échelle et les modes de la musique grecque, le diatonique synton de Didyme et celui de Ptolémée. L'auteur s'y prononce en faveur de la musique des anciens contre celle des modernes, et condamne, *comme ridicules*, les compositions savantes du seizième siècle. Il y a une seconde édition de ce dialogue, datée de Florence, 1602, in-fol.; elle a pour titre : *Dialogo della musica antica e moderna, di Vincentio Galilei, in sua difesa contra Joseffo Zarlino*, Florenza, Filippo Giunti, 1602, in-fol. Cette édition diffère de la première en ce qu'on y a ajouté son pamphlet contre Zarlino. 2° *Il Fronimo, dialogo sopra l'arte del bene intavolare e rettamente suonare la musica*, Venise, 1583, in-fol. : ouvrage fort intéressant pour l'histoire de la musique. Dans son dialogue sur la musique ancienne et moderne, Galilée avait attaqué Zarlino sur quelques passages des *Dimostrazioni armoniche*. Zarlino répondit par des arguments solides dans ses *Soppliménti musicali*, imprimés en 1588. Galilée publia contre ce nouvel ouvrage et contre la personne de Zarlino l'opuscule suivant : *Discorso intorno alle opere di messer Gioseffo Zarlino di Chioggia*, Florence, 1589, in-8°. On n'y trouve que des injures et des divagations. Tout l'avantage de cette discussion resta à Zarlino.

GALILEO-GALILEI, fils du précédent, illustre philosophe qui peut être considéré comme le créateur de la physique expérimentale, naquit à Pise, le 18 février 1564. Après avoir fait à Florence ses études littéraires, il apprit les mathématiques sous la direction de son père; mais, c'est surtout à lui-même qu'il dut les vastes connaissances qui l'ont ensuite conduit à une immortelle célébrité. La vie, les découvertes et les principaux ouvrages de cet homme remarquable n'appartiennent pas à l'objet de ce dictionnaire biographique; il n'y est cité que pour ses recherches sur les vibrations des cordes, la concordance harmonieuse des sons et les proportions des intervalles, consignées dans ses *Discorsi e dimostrazioni matematiche*, dont la première édition fut publiée à Florence en 1638. On reconnaît dans ces recherches les vues élevées de leur auteur: elles se trouvent dans l'édition complète des œuvres de Galilée publiée à Bologne, en 1655, tome 2e, pages 74 et suivantes. Galilée est mort à Arestri, près de Florence, le 8 janvier 1642.

GALIN (Pierre), né à Samatan (Gers), en 1786, de parents pauvres, commença ses études fort jeune, et s'appliqua particulièrement aux mathématiques, où il fit de rapides progrès: son éducation fut terminée au Lycée de sa ville natale. Sorti du collège, il se livra à l'étude du commerce et fut employé par les banquiers qui estimaient son habileté dans le calcul des changes étrangers. Ses vues s'étaient tournées vers de nouvelles considérations sur le perfectionnement des relations commerciales; dans le dessein d'y donner de la suite, il voulait se rendre en Amérique; mais ses protecteurs l'engagèrent à renoncer à ce projet et à se livrer à l'enseignement. Il reprit alors ses premières études, fut bientôt nommé professeur de mathématiques au Lycée de Bordeaux, et plus tard remplit les mêmes fonctions à l'École des sourds et muets de cette ville. Outre les mathématiques pures, il cultivait aussi avec succès les applications de cette science à la physique et à l'astronomie. La lecture des ouvrages des plus célèbres métaphysiciens lui fit considérer l'idéologie comme la clef des méthodes d'enseignement, et son esprit, où brillaient les qualités d'un penseur distingué, s'attacha dès lors au perfectionnement de la didactique de plusieurs sciences, particulièrement de la musique. Galin avait voulu d'abord étudier cet art comme un délassement; mais, ainsi qu'il arrive à tous ceux qui ne l'apprennent point dans l'enfance, il y trouva de grandes difficultés, et se persuada que celles-ci ne prenaient leur origine que dans l'imperfection des méthodes ordinaires. Quelques idées, qu'il crut nouvelles, lui persuadèrent qu'il était destiné à opérer une réforme radicale dans l'enseignement de l'art;

il s'y attacha, et le résultat de ses travaux fut la *méthode du Méloplaste*, dont il essaya l'application dans un cours qu'il ouvrit à Bordeaux en 1817. Le succès qu'il obtint, et sur lequel il se fit peut-être illusion, lui fit rédiger et publier son *Exposition d'une nouvelle méthode pour l'enseignement de la musique*, Bordeaux et Paris, Rey et Gravier, 1818, un vol. in-8°. Il règne dans cet ouvrage un esprit philosophique très-remarquable, et la netteté des idées, l'ordre de leur enchaînement, le style, doivent le faire considérer comme une production distinguée, quelle que soit d'ailleurs l'opinion qu'on ait de l'utilité de la méthode en elle-même.

Débarrasser l'enseignement de la musique de la nécessité de lire des notes diversifiées par les signes de leur durée, de discerner les diverses acceptions de ces notes en raison des clefs; éviter la multiplicité des signes de toute espèce: tel était le but que Galin s'était proposé, et qu'il crut avoir trouvé au moyen d'une portée vide figurée sur un tableau, et d'une baguette que le professeur promène sur les lignes ou dans les intervalles de cette portée, en chantant des airs connus, dans lesquelles il substitue aux paroles le nom des notes, au moment où la baguette se place sur la ligne ou dans l'espace qui appartient à chacune. La portée vide est ce que l'inventeur appelle *méloplaste*. A l'égard de la division du temps, Galin en donnait la démonstration au moyen d'un chronomètre comparatif qu'il appelait *chronomériste*. L'idée de méloplaste, c'est-à-dire d'un lieu pour la position indéterminée, des notes, était loin d'être nouvelle, car elle n'est qu'une variété de la *main musicale* attribuée à Gui d'Arezzo. En effet, les cinq doigts de la main étant ouverts, représentent les lignes et les intervalles sur lesquels l'index de l'autre main se promenait pour indiquer aux élèves la note qu'ils devaient entonner. Cette méthode de la main a été la seule en usage pour l'enseignement de la musique jusque dans la seconde moitié du seizième siècle. Rameau en a reproduit l'idée en 1760, dans son *Code de musique*; Sébald Heyden (*voyez ce nom*) et, près de trois siècles plus tard, Jacob (*voyez ce nom*), musicien de l'Opéra, dans sa *Méthode de musique*, imprimée à Paris, en 1769, ont proposé l'usage d'une portée sans clef, qui est le fondement du méloplaste. Le défaut radical de cette méthode, comme de toutes celles du même genre, est qu'il faut finir par montrer aux élèves de la musique écrite et chargée de tous les signes dont l'usage ne leur est pas habituel, et dont l'aspect compliqué n'a point de rapport avec les idées simples auxquelles ils sont accoutumés. Alors se révèle une vérité incontestable : c'est qu'on a appris quelque chose qui peut servir d'introduction à l'étude de la musique, mais qui n'est pas la musique elle-même.

Galin paraît avoir prévu les difficultés qu'on pouvait lui opposer à cet égard, car il dit, en parlant de ses succès, dans l'ouvrage cité précédemment (p. 6) : « De jeunes enfants de sept
« à neuf ans ont pu chanter au bout de huit
« mois, à livre ouvert, une classe étendue de
« morceaux de musique dans tous les tons,
« tous les modes, et à toutes les clefs ; un autre
« élève de l'âge de douze ans, dont par conséquent l'intelligence est plus affermie, a pu
« faire les mêmes choses au cinquième mois ;
« et si une pièce de musique renferme de
« vraies difficultés, trois ou quatre lectures
« consécutives les mettent en état de les vaincre
« d'eux-mêmes, et de la chanter couramment.
« Si je leur délivre, la veille, des parties qui
« leur soient inconnues d'un morceau d'en-
« semble, ils peuvent le lendemain exécuter
« cet ensemble avec pureté et précision, etc. »
Galin était de bonne foi dans ses assertions, car il était honnête homme ; mais, médiocre musicien, il s'abandonnait aux illusions d'apparents succès d'école dont j'ai vu depuis lors beaucoup d'exemples. En réalité, depuis près de quarante ans, on ne cite pas un musicien de quelque valeur qui ait été formé par la méthode du méloplaste, quoique les écoles où l'on enseigne cette méthode se soient multipliées. La question complexe du changement de la notation de la musique et des méthodes d'enseignement basées sur la substitution des chiffres aux notes, est traitée à fond dans la troisième édition de mon livre intitulé : *la Musique mise à la portée de tout le monde* (pages 60-94). Il faut lire cette partie de l'ouvrage, si l'on veut avoir des notions précises de ces choses.

Le favorable accueil qui fut fait au *Méloplaste*, dans sa nouveauté, détermina Galin à se rendre à Paris pour y enseigner d'après cette méthode : il y arriva en 1819, et se mit à l'œuvre. Son élocution facile, la lucidité philosophique de ses idées, et sa foi dans l'œuvre qu'il voulait accomplir, lui procurèrent bientôt beaucoup de vogue. Malheureusement ses forces physiques ne répondaient pas à l'activité de son esprit ; ses efforts altérèrent sa santé, et une maladie de poitrine l'enleva le 31 août 1821. Il avait préparé une édition plus développée de sa méthode que la première exposition ; cette édition a été publiée à Paris, en 1824, sous ce titre : *Méthode du Méloplaste pour l'enseignement de la musique*, un vol., in-8°. M. Lemoine, élève de Galin, en a fait paraître une troisième à Paris, en 1831, un vol. in-8° (*voyez* GESLIN, PARIS (*Aimé*) et CHEVÉ).

GALL (J.), fabricant d'instruments à Vienne, dans les premières années du dix-neuvième siècle, est auteur d'un guide ou instruction sur la manière d'accorder, de régler et de réparer les instruments à clavier tels que les clavecins et pianos, intitulé : *Clavier-Stimbuch oder deutliche Anweisung, wie jeder Musikfreund sein Clavier, Flügel, und Fortepiano selbst stimmen, repariren, und bestmöglichst gut erhalten könne.* Vienne, K. Kupfer, 1805, in-8°.

GALLAND (ANTOINE), professeur d'arabe au Collége de France, et membre de l'Académie des inscriptions, naquit en Picardie, au village de Rollot, en 1646. Après avoir fait un voyage dans le Levant pour se fortifier dans la connaissance des langues orientales, il revint à Paris, où il fut admis à l'Académie des inscriptions, et, en 1709, il obtint la place de professeur au Collége royal. Il est mort à Paris, le 17 février 1715. Forkel, Gerber, Choron, et tous les bibliographes et biographes qui les ont copiés, ont dit qu'on trouve au premier volume (p. 104) des Mémoires de l'Académie des inscriptions et belles-lettres une *Dissertation sur la trompette chez les anciens*, écrite par Galland ; il y a dans cette assertion une erreur singulière. Ce qu'on appelle le *Mémoire* de Galland n'est qu'une analyse en cinq pages d'un traité fort ample qu'il avait fait sur cette matière, et dont il avait fait des lectures à l'Académie en 1706, 1707 et 1708. L'ouvrage était divisé en trois parties ; dans la première, l'auteur établissait philologiquement l'origine de la trompette et de ses différentes espèces ; dans la seconde, il traitait de l'usage de la trompette droite, σαλπιγξ des Grecs et *tuba* des Latins ; la troisième avait pour objet la trompette courbe, *lituus* et *buccina*. Il paraît que le manuscrit de cet intéressant ouvrage s'est perdu ; l'analyse seule, par le secrétaire perpétuel de l'Académie, a été publiée ; c'est cette analyse que les auteurs cités précédemment ont prise pour le travail de Galland.

GALLAND (P.-J.), maître de pensionnat à Paris, a publié un livre élémentaire intitulé : *Cours pratique d'éducation*, Paris, 1817, 3 vol. in-12, avec 20 planches. On y trouve un petit traité de musique. La deuxième édition a paru sous ce titre : *Cours complet d'instruction, à l'usage des jeunes demoiselles, et convenable aux jeunes gens qui n'ont pas été à portée de suivre les études de collége*, etc., Paris, 1826, 6 vol. in-12, avec 32 planches. Un abrégé de cet ouvrage a pour titre : *Principes élémentaires de lecture, d'écriture, de musique et de dessin, extraits du Cours pratique d'éducation*, Paris, 1817, in-12.

GALLAS (ABRAHAM), né à Amsterdam, vers 1740, d'une famille israélite, étudia la médecine à l'Université d'Utrecht, et soutint, le 5 avril 1759, pour obtenir le doctorat, une thèse qui a été publiée sous ce titre : *Dissertatio physico-medica inauguralis de voce, loquela et cantu*. Trajecti ad Rhenum, 1759, in-4° de 58 pages, avec une planche de musique.

GALLAY (JACQUES-FRANÇOIS), virtuose sur le cor, et professeur de son instrument au Conservatoire de Paris, est né à Perpignan (Pyrénées-Orientales), le 8 décembre 1795. A l'âge de dix ans, il commença l'étude du solfége sous la direction d'un musicien nommé Artus ; deux ans après, son père, assez bon amateur corniste, lui donna les premières leçons de cor ; mais ce fut surtout par ses propres efforts qu'il parvint à développer ses heureuses dispositions pour cet instrument. Une maladie du premier cor du théâtre de Perpignan lui fournit l'occasion de se faire entendre en public. Dans une représentation des *Visitandines*, de Devienne, il joua le solo qui s'y trouve, et y obtint, à l'âge de quatorze ans, un succès qui fit prévoir ceux qui lui étaient réservés pour la suite de sa carrière. Malheureusement, livré à lui-même, et privé de bons modèles, il était dans l'incertitude sur la direction qu'il devait donner à ses études. Les artistes distingués qui visitaient Perpignan lui conseillaient de se rendre à Paris pour y suivre les cours du Conservatoire, mais l'attachement du père de Gallay pour son fils lui faisait écarter toutes les propositions de ce genre. En 1818, une société musicale fut organisée à Perpignan, et Gallay en fut nommé le directeur. Vers la même époque, Ozi, fils de l'ancien professeur de basson, s'établit dans cette ville ; c'était un musicien instruit comme pianiste et comme harmoniste ; le jeune Gallay suivit ses cours, et six mois après, il exécuta à la société de musique un concerto de cor de sa composition, qui fut applaudi avec enthousiasme. Enfin, au mois de juin 1820, il lui fut permis d'aller à Paris. A peine arrivé dans cette ville, il se rendit auprès de Dauprat qui l'accueillit avec bienveillance et le recommanda à Perne, alors inspecteur du Conservatoire. Celui-ci fit quelques difficultés pour l'admettre dans une classe d'instrument, à cause de son âge ; mais enfin, il céda aux instances de M. Gallay et le fit passer sous la direction de Dauprat. Après une année d'études, le premier prix lui fut décerné, et depuis lors ses succès l'ont placé au rang des instrumentistes les plus habiles et les plus célèbres. Une belle qualité de son, même dans les notes bouchées, beaucoup de sûreté dans l'attaque et de netteté dans l'exécution des traits, telles sont les qualités par lesquelles M. Gallay se recommande. Le seul reproche qui paraît pouvoir lui être adressé, c'est d'avoir borné l'étendue qu'il parcourt sur le cor, en sorte qu'il semble vouloir, comme Frédéric Duvernoy, se renfermer dans les bornes du cor mixte, d'où naît une certaine monotonie, que ne peut faire oublier toute la perfection possible dans les détails. En 1825, M. Gallay entra à l'orchestre du Théâtre Italien, après avoir été quelque temps à celui de l'Odéon ; vers le même temps il fut admis à la chapelle du roi. Les événements du mois de juillet 1830 ayant fait supprimer cette chapelle, M. Gallay perdit sa place comme tous les autres artistes ; mais, en 1832, il est entré dans la musique particulière du roi Louis-Philippe. Il a succédé à son maître Dauprat, comme professeur au Conservatoire de Paris. Parmi les compositions de cet artiste, on remarque : 1° Premier concerto (en *fa*), œuvre 18, Paris et Leipsick. 2° Rondeau pastoral pour cor et orchestre, op. 6, Paris, Zetter. 3° Plusieurs fantaisies pour cor et orchestre ou piano. 4° Plusieurs solos, *idem*. 5° Trente études pour cor solo, précédées d'une gamme enharmonique avec des signes indiquant les mouvements de la main du pavillon, op. 13. 6° Douze duos concertants pour deux cors, op. 2, Paris, Pacini. 7° Douze nocturnes brillants et faciles pour deux cors, op. 3, *ibid*. 8° Plusieurs duos pour cor et piano, ou cor et harpe. 9° Vingt-quatre duos pour deux cors, op. 16. 10° Deuxième concerto pour cor et orchestre, op. 28. 11° Trois récréations pour le cor, op. 22.

GALLEAZZI ou GALEAZZI (ANTOINE), compositeur dramatique, naquit à Brescia dans les premières années du dix-huitième siècle. On cite de lui deux opéras représentés à Venise, le premier sous ce titre : *Zelmira in Creta*, 1729 ; le second, *Il Trionfo della costanza in Statira*, 1731. En 1730, Galeazzi a refait une partie de la musique de l'opéra de Pescetti *i Tre difensori della Patria*, et l'ouvrage ainsi arrangé fut représenté au théâtre Obizzi de

Padoue dans la même année. Il est vraisemblable que Galleazzi a cessé de vivre peu de temps après 1751, car on ne trouve plus d'indication d'ouvrage de sa composition après cette année.

GALLENBERG (Wenceslas - Robert, comte DE), baron de Thurn, Rossek et Gallenstein, seigneur d'Einœd, avoyer héréditaire de Menkendorf, etc., est né à Vienne, le 28 décembre 1783. Toutes les sciences et tous les arts entrèrent dans le plan de son éducation, mais la musique devint bientôt l'objet particulier de ses études. Fort jeune encore, il écrivit des ouvertures, des morceaux de chant et des opérettes; plus tard, il alla en Italie, y fit la connaissance de Barbaja, et composa pour cet entrepreneur de théâtres une multitude de ballets, dont plusieurs obtinrent du succès. Barbaja ayant accepté l'entreprise du théâtre italien de Vienne, le comte de Gallenberg fut son associé, et écrivit plusieurs nouveaux ballets. En 1829, il prit seul la direction du théâtre de la Porte-de-Carinthie, et y perdit des sommes considérables. Le théâtre dut être fermé, et le comte se vit obligé, par le dérangement de ses affaires, de s'éloigner de Vienne et de se réfugier en Italie, où il a vécu depuis ce temps. Les principaux ballets composés par lui sont : 1° *Alfred le Grand*, en trois actes. 2° *Jeanne d'Arc*, idem. 3° *Arsena*. 4° *Il ritorno d'Ulisse*. 5° *Margherite, regina di Catana*. 6° *Le Tombeau d'Ismaan*. Le nombre des compositions de ce genre produites par M. de Gallenberg est d'environ cinquante. *Alfred le Grand* a été joué à l'Opéra de Paris, avec des changements de Gustave Dugazon. On a aussi de M. de Gallenberg quelques morceaux pour le piano, entre autres des *marches caractéristiques* pour le piano à quatre mains, œuvre 11, Vienne, Mechetti; une grande sonate pour piano seul, œuvre 15, Vienne, Weigl; des fantaisies, rondeaux, polonaises, etc., œuvres 4, 5, 14, 34 et 35, Leipsick et Vienne. Le comte de Gallenberg est mort à Rome, le 13 mars 1839.

GALLERANO (Léandre), moine franciscain et compositeur de musique d'église, naquit à Brescia, vers la fin du seizième siècle. Après avoir rempli quelque temps les fonctions d'organiste à l'église Saint-François de cette ville, il obtint la place de maître de chapelle à Saint-Antoine de Padoue. Il était membre de l'Académie des Occulti, sous le nom de *l'Involato*. On connaît de ce maître : 1° *Il primo libro delle Messe a 4 e 5 voci*, op. 1er, Venise, Alex. Vincenti, 1610, in-4°. 2° *Il secondo libro*, idem, op. 3, ibid., 1620, in-4°. 3° *Salmi intieri a 4 voci*, op. 5, Venise, Bart. Magni, 1624, in-4°. 4° *Missarum et Psalmorum 5 vocibus liber primus*, op. 14, Venise, Alex. Vincenti, 1628, in-4°. 5° *Missa e salmi concertati a 3, 5 e 8 voci, con ripieni*, ibid., 1629. 6° *Missa e salmi concertati a otto voci, aggiuntovi il terzo coro ad libitum*, op. 16, ibid., 1630. Une deuxième édition de cet ouvrage a été publiée à Venise, en 1641. 7° *Il primo libro de' Motetti a 1, 2, 3, 4 e 5 voci con organo*, ibid. 8° *Motetti a voce sola con organo*, ibid. 9° *Compiete e Letanie a otto voci con istromenti*, ibid.

GALLET (François), en latin *Galletius*(1), né à Mons, en Hainaut, vers le milieu du seizième siècle, fut musicien attaché au Collège de Saint-Amat, à Douai. On connaît sous son nom un œuvre de motets qui a pour titre : *Sacræ cantiones quinque, sex et plurimum vocum, tum instrumentorum cuivis generi, tum vivæ voci aptissimæ. Auctore Francisco Galletio Montensi quondam insignis collegii Divi Amati, apud Duacenses, phonasco*. Duaci, ex officina Johannis Bogardi, 1586, in-4°. Ce recueil contient vingt motets à cinq voix; sept à six voix; et deux à huit voix. On a aussi de Gallet les hymnes du commun des saints suivis de faux-bourdons, sous ce titre : *Hymni communes Sanctorum, juxta usum romanum, quatuor, quinque et sex vocum, tam instrumentorum cuivis generi, quam vivæ voci aptissimi. His accessere quidam moduli, qui vulgo falsibordonis nuncupantur. Auctore*, etc., ibid., 1596, in-4° obl. M. C.-F. Becker cite aussi de Gallet un recueil de motets à trois et un plus grand nombre de voix (*Die Tonwerke des 16r und 17r Jahrhunderts* col. 103), intitulé : *Cantiones sacræ tres et plurium vocum*. Duaci, apud Bellerum, 1600, in-4°. Cependant le catalogue de Bellère, imprimé à Douai, avec les suppléments, 1603-1605, ne mentionne pas cet ouvrage. Le titre est vraisemblablement rapporté avec inexactitude par M. Becker; au lieu de *tres et plurium vocum*, il faut lire : *quinque et plurimum*, suivant l'indication du catalogue de Bellère. Quant à la date de 1600, s'il n'y a pas d'er-

(1) M. De Coussemaker, d'après le catalogue de Bellère, écrit *Galeti* (*Mathieu*); il y a eu erreur dans la rédaction de ce catalogue, car les titres que je rapporte sont pris sur les ouvrages mêmes. Quant à la date de 1569 donnée aux *Hymni communes Sanctorum* par M. De Coussemaker, c'est sans doute celle d'une édition antérieure, ou, ce qui est plus vraisemblable, ce n'est qu'une transposition de chiffres. Remarquons que dans la citation de M. Becker, le prénom est aussi *François*.

reur, elle indique ou une nouvelle édition du premier ouvrage dont j'ai rapporté le titre exact, ou un changement de frontispice.

GALLI (VINCENT), en latin *Gallus*, religieux franciscain, né en Sicile, vers le milieu du seizième siècle, fut maître de chapelle de la cathédrale de Palerme. Du produit de ses compositions, il fit agrandir le couvent de l'Annonciation de cette ville, et fit graver sur une colonne ces mots : *Musica Galli*. On connaît de ce maître : 1° *Il primo libro di madrigali a cinque voci*, Palerme, J.-Fran. Carrava, 1589, in-4°. 2° *Due Messe a 8 et 12 voci*, Rome, 1500. La première de ces messes (à huit voix) est à deux chœurs ; la deuxième (à douze voix) est divisée en trois chœurs. 3° *Salmi del Re David a otto voci, libro primo*, Palerme, J.-B. Maringo, 1607.

GALLI (FRANÇOIS SCOTTO), né à Césène, dans la seconde moitié du seizième siècle, fut moine franciscain et maître de chapelle de la cathédrale de Fano, dans les États romains. On a imprimé de sa composition : *Motetti a otto voci e due a quattro, libro primo*, Venise, Ricc. Amadino, 1600, in-4°.

GALLI (PHILIPPE), célèbre chanteur, est né à Rome, en 1783. Son père, chef de la *Floreria* pontificale, c'est-à-dire, gardien des ornements sacerdotaux et de la tiare du pape, jouissait d'un revenu assez considérable, et destinait le jeune Galli à l'état ecclésiastique. Il lui fit donner une éducation soignée ; mais le goût du théâtre, qui se manifesta bientôt chez son fils, dérangea ses projets, et l'obligea à céder au penchant qui l'entraînait vers la carrière dramatique. Dès l'âge de dix ans, Galli était déjà musicien fort habile, et faisait admirer son double talent de claveciniste et d'accompagnateur. Il cultivait dans le même temps ses heureuses dispositions pour le chant ; ses études dans cette partie de la musique devinrent sérieuses, après que sa voix eut acquis les qualités d'un beau ténor. A dix-huit ans, il se maria. Jusque-là, la musique n'avait été considérée par lui que comme un agréable délassement ; mais sa nouvelle situation lui fit sentir le besoin d'un état, et il se décida à débuter en public. Il avait vingt et un ans quand il se fit entendre pour la première fois sur un théâtre ; ce fut à Bologne, au carnaval de 1804, qu'il débuta dans la *Caccia di Enrico IV*, de Generali. Le succès qu'il y obtint semblait décider de son avenir et le ranger dans la classe des meilleurs ténors de l'Italie ; mais six ans après, une maladie très-grave changea la nature de son organe, et le fit passer à l'état de basse-taille. Il craignit d'abord que cet accident ne l'arrêtât au milieu de sa carrière ; mais Paisiello lui conseilla de cultiver le nouveau genre de voix qu'il devait à un jeu peu ordinaire de la nature ; il suivit ce conseil et s'en trouva bien, car l'exercice développa en lui un organe doué d'une intensité de son peu commune. En peu de temps il devint l'émule des basses chantantes les plus renommées de l'Italie. Son début dans son nouvel emploi eut lieu dans le carnaval de 1812, au théâtre *S. Mosè* de Venise ; il y chanta le rôle de *Taruboto* de *l'Inganno felice* de Rossini. L'année suivante, il se fit admirer à Milan dans le *Cicisbeo burlato*, et surtout dans le rôle de *Sigillaro* de *la Pietra del paragone*, qu'il créa de la manière la plus originale. Les rôles de bey, dans *l'Italiana in Algieri*, et de Turc, dans *il Turco in Italia* (1814), mirent le sceau à sa réputation, après qu'il se fut fait admirer à Barcelone, dans le *Sargine* de Paer, dans *l'Agnese* du même compositeur, et dans *Don Juan*. Jusque-là, il ne s'était essayé que dans le genre bouffe et dans le drame de demi-caractère, et il n'avait pas fait voir jusqu'où pouvaient s'élever ses facultés dans l'expression dramatique : Rossini lui fournit l'occasion de montrer son talent en ce genre dans le rôle de *Fernando de la Gazza ladra*, qu'il écrivit pour lui à Milan, en 1817, et ce fut encore ce maître qui le fit connaître comme acteur tragique dans *Maometto*, à Naples, en 1820. Le 18 septembre de l'année suivante, Galli débuta à Paris dans son beau rôle de Fernando, et y fit admirer son exécution énergique, particulièrement au deuxième acte ; mais pour la première fois, soit par l'influence du climat, soit que cet artiste se sentit gêné sur la petite scène du théâtre Louvois, un phénomène se fit remarquer dans sa voix ; ce fut l'impossibilité de chanter avec justesse toute la partie de son rôle au premier acte ; rien ne put empêcher qu'il restât sensiblement au-dessous du ton. Quelque temps après, Galli quitta la France ; mais ce fut pour y revenir au mois d'août 1825. Comme acteur, comme chanteur habile, et comme musicien, il se fit admirer dans plusieurs rôles tragiques ; cependant on eut lieu de s'apercevoir que le temps commençait déjà à donner de la lourdeur à sa vocalisation, et que certains traits qu'il exécutait autrefois avec facilité étaient devenus pénibles pour lui. En 1828, Galli s'éloigna de Paris pour se rendre en Espagne ; puis il retourna en Italie, et chanta à Rome et à Milan, en 1830. Dans l'année suivante, il se rendit à Mexico et y resta attaché au Théâtre-Italien, pendant les années 1832, 1833, 1834, 1835 et 1836. De retour en Europe, il fut engagé, en 1839, pour le théâtre de Barcelone, chanta sans succès à Milan dans l'année suivante, et fut enfin obligé d'accepter une place de chef des chœurs aux théâtres de Madrid et de Lisbonne.

Galli, homme aimable, instruit et poli, n'avait d'autre défaut que celui d'une invincible prodigalité qui le mit toujours à la gêne, quoique, dans sa longue carrière, il ait gagné des sommes considérables. Parvenu à la vieillesse, il arriva dans le dénûment à Paris, aux derniers mois de 1842. Pour lui donner du pain, le gouvernement français le fit professeur de chant au Conservatoire. Son revenu le plus clair consistait dans le produit d'un concert que donnaient pour lui chaque année les chanteurs du Théâtre-Italien. Mais la révolution de 1848 lui enleva cette ressource. Alors il tomba dans la misère, languit quelques années, et mourut à l'âge de soixante et dix ans, le 3 juin 1853.

GALLIARD (Jean-Ernest), fils d'un perruquier français, naquit à Zell, en 1687. Il eut pour premier maître de musique Marschall, puis il étudia sous Farinelli, directeur des concerts à Hanovre, et enfin il reçut des leçons de Steffani, qui demeurait alors dans la même ville. Ayant été admis dans la musique du prince Georges de Danemark, il y resta jusqu'au mariage de ce prince. Il se rendit alors en Angleterre, et à la mort de Baptiste Draghi, il obtint la place de maître de chapelle de la reine douairière Catherine, veuve du roi Charles II, à *Somerset-house*. Cette place devint alors une sinécure. Il composa vers le même temps un *Te Deum*, un *Jubilate* et trois antiennes, qui furent exécutées à Saint-Paul et à la chapelle royale, en actions de grâces pour les victoires remportées par Marlborough pendant la guerre de la succession.

En 1712, Galliard mit en musique *Calypso et Télémaque*, qui fut représenté à Haymarket, et quelques années après à *Lincoln's-Inn-Fields*. Cet opéra fut suivi de *Pan et Syrinx*, de *Jupiter et Europe*, du *Nécromancien*, de *Harlequin Faustus*, de *Pluton et Proserpine*, et d'*Apollon et Daphné*. Un de ses derniers intermèdes est intitulé *The Royal Chace, or Merlin's cave*; on y trouve un air commençant par ces mots : *With early horn*, qui eut tant de succès, que le public le fit répéter à plus de cent représentations. Galliard a aussi publié à diverses époques les ouvrages suivants : 1° *Six cantates*. 2° *Trois cantates*.

3° *Six solos pour flûtes, avec basse continue*. 4° *Six solos pour violoncelle ou basson*. 5° *Hymns du matin, d'Adam et Ève, tiré du cinquième livre du Paradis perdu*, Londres, 1728. 6° Enfin une traduction de l'ouvrage intitulé *Opinioni de' cantori antichi e moderni*, de Tosi, sous ce titre : *Observations on the florid song, or sentiments of the ancient and modern singers*, Londres, 1742. Galliard est un des musiciens qui établirent, vers 1710, l'Académie de la musique ancienne, où l'on n'exécutait que les œuvres des compositeurs des seizième et dix-septième siècles. Cette institution cessa d'exister au bout de dix-huit ans; mais, en 1776, on la rétablit sur le plan de Bates, et elle s'est maintenue depuis lors. En 1745, Galliard eut un concert à son bénéfice dans *Lincoln's-Inn-Fields*, auquel on exécuta les deux tragédies du duc de Buckingham, intitulées : *Brutus* et *Jules César*, dont il avait fait la musique, et une pièce instrumentale singulière, de sa composition, pour vingt-quatre bassons et quatre contre-basses. Galliard est mort au commencement de 1749, laissant quelques ouvrages inédits ou incomplets, tels qu'*Oreste et Pilade, ou la Force de l'amitié*.

GALLICULUS (Michel DE MURIS), moine de l'ordre de Cîteaux, vivait dans le quinzième siècle ou au commencement du seizième. Il a écrit un traité *De vero modo psallendi*, dont le manuscrit se trouve à Oxford dans le fonds d'Ashmol. Ornithoparcus a cité cet auteur (lib. 1, c. 12).

GALLICULUS (Jean), compositeur et écrivain didactique, né dans la seconde moitié du quinzième siècle, vivait à Leipsick, en 1520, ainsi que le prouve l'épître dédicatoire de son *Traité de la composition du chant* à Georges Rhau, datée de cette ville. Il y a lieu de croire que le véritable nom de cet artiste a été latinisé. On a de ce Galliculus un petit ouvrage dont la première édition parut sous ce titre : *Isagoge de compositione cantus*, Lipsiæ, 1520, petit in-8°, de trois feuilles. Ce titre ne répond pas à la nature de l'ouvrage, car celui-ci est plutôt un traité du contrepoint qu'un livre sur l'art de composer des mélodies. On y pourrait désirer plus de méthode dans la distribution des objets; mais il ne manque pas de clarté; sa forme abrégée a contribué à son succès qui a dû être considérable, si l'on en juge par le nombre des éditions qui en ont été faites. La deuxième est inconnue à tous les bibliographes; elle se trouve dans ma bibliothèque et a pour titre : *Libellus de compositione cantus*, Vitebergæ, apud Georgium Rhau, anno 1538, in-8°, de trois feuilles (1). Le troisième, publiée sous le même titre, par le même imprimeur, a paru en 1546, in-8°. La quatrième, intitulée : *Isagoge de compositione cantus*, porte la date de 1548. La cinquième (*Libellus*, etc.), est de 1551. La sixième est de 1555. On trouve dans ce petit livre des fragments de compositions à trois et quatre voix, gravés en bois. Galliculus s'est fait connaître aussi par diverses compositions de motets et de psaumes qui ont été insérés dans les recueils dont les titres sont : 1° *Novum et insigne opus musicum, sex, quinque et quatuor vocum*, etc., Norimbergæ, ap. Hieron. Graphæium, 1537, in-4°. 2° *Psalmorum selectorum Tomus primus a præstantissimis Musicis Harm., quatuor aut quinque vocum*, Norimbergæ, apud Joh. Petreium, 1538, in-4°. 3° *Vesperarum precum officia, Psalmi feriarum et dominicalium dierum totius anni, Hymni et Responsoriis*, etc., Vitebergæ. apud G. Rhav, 1540, in-4° obl. 4° *Harmoniæ selectæ quatuor vocum de Passione Domini*, ibid., 1538, in-4° obl.

GALLIMARD (JEAN-EDME), mathématicien médiocre, né à Paris, en 1685, mourut dans la même ville, le 12 juin 1771, à l'âge de quatre-vingt-six ans. Il a publié un petit écrit sous ce titre : *La théorie des sons applicable à la musique, où l'on démontre, dans une exacte précision, les rapports de tous les intervalles diatoniques et chromatiques de la gamme*, Paris, Ballard, 1754, in-8°, de seize pages. Le même ouvrage remanié a reparu dans la même année sous ce titre, bien long pour si peu de chose : *Arithmétique des musiciens, ou Essai qui a pour objet diverses espèces de calcul des intervalles; le développement de plusieurs systèmes de sons de la musique; des expériences pour aider à discerner quel est le véritable, c'est-à-dire celui de la voix; la description de celui qu'on suppose l'être sur quelques instruments; ses rencontres avec celui du clavecin, et leur disparité dans tous les modes imaginables; des soupçons sur le nombre que l'oreille aperçoit dans tous ou presque tous les accords de deux sons, notamment dans ceux qui forment des intervalles superflus ou diminués; une hypothèse relative aux sons harmoniques, et les moyens de faire rendre par une même corde en même temps deux sons dont l'intervalle ne soit pas une consonnance. On y a ajouté une explication des propriétés les plus connues*

(1) Il y en a aussi un exemplaire à la bibliothèque impériale à Paris (n° 2670, vol. in-4°).

des logarithmes par celle qu'ils ont de mesurer les intervalles. On voit par ce titre que Gallimard n'avait pas l'art d'exprimer ses idées avec simplicité, quoiqu'il eût mis pour épigraphe à sa brochure : *cum veritate simplicitas et ordo*; toutefois, son petit ouvrage est un manuel qui n'est pas sans utilité.

GALLIMBERTI (FERDINAND), violoniste distingué et compositeur, né à Milan dans la première moitié du dix-huitième siècle, s'est fait connaître par quelques symphonies restées en manuscrit, qui ne manquent pas de mérite. On en trouvait deux dans l'ancien assortiment de Breitkopf à Leipsick, la première pour deux violons, alto et basse (en *la*), la seconde (en *ré*) pour deux violons, alto, basse et deux cors.

GALLINO (GRÉGOIRE), maître de chapelle de la petite ville de Gemona, dans le Frioul, vers le milieu du dix-septième siècle, a fait imprimer à Venise des messes et des psaumes de sa composition.

GALLITZ (GEORGES), en latin *Gallitzius*, naquit, le 22 février 1652, à Berzevitz, dans la Hongrie supérieure, fit ses études à Breslau, et obtint à Wittenberg le diplôme de *magister*. Il fut d'abord sous-recteur, puis recteur du Gymnase (collège) de Brême, et mourut dans cette ville, le 15 avril 1694. C'était un savant musicien dont les compositions étaient estimées. Elles sont restées en manuscrit.

GALLO (DOMINIQUE), compositeur et violoniste distingué, né à Venise, vers 1730, a beaucoup écrit pour l'église, et s'est fait connaître par des sonates de violon et des symphonies qui ont eu du succès. Tous ses ouvrages sont restés en manuscrit. On trouvait dans l'ancien assortiment de Breitkopf, à Leipsick, trois symphonies de sa composition, pour deux violons, alto et basse (*voyez* le supplément du catalogue thématique de Breitkopf, ann. 1767).

GALLO (IGNACE), musicien napolitain, né dans la seconde moitié du dix-septième siècle, fut élève d'Alexandre Scarlatti; il devint un des maîtres du conservatoire de *la Pietà de' Turchini*, en 1731. Gallo a écrit de la musique pour quelques couvents dont il était maître de chapelle : toutes ces compositions sont restées en manuscrit.

GALLOIS (JEAN LE), abbé, un des fondateurs du *Journal des Savants*, naquit à Paris, le 11 juin 1632. Ses études furent excellentes et il acquit de grandes connaissances dans les langues grecque et hébraïque. Ce fut Colbert qui chargea l'abbé Le Gallois de la rédaction du *Journal des Savants*, en 1666.

Admis en 1668 à l'Académie des sciences, il le fut en 1675 à l'Académie française. A la mort de Colbert, il obtint la place de garde de la Bibliothèque du roi; mais, l'ayant perdue quelques années après, pour l'en dédommager, on le nomma professeur de grec au Collége royal. Il mourut à Paris, le 19 avril 1707. On a de lui : *Extrait d'une lettre de dom Quesnel, touchant les effets extraordinaires d'un écho* (Mémoires de l'Académie des sciences, ann. 1692).

GALLOIS (... LE). On a sous ce nom un petit écrit qui a pour titre : *Lettre de M. le Gallois à mademoiselle Regnault de Solier touchant la musique*, Paris, E. Michalest et G. Quinet, 1680, in-12. Ce petit ouvrage fournit d'utiles renseignements sur les musiciens français et la musique, sous les règnes de Louis XIII et de Louis XIV.

GALLOIS (LE). *Voyez* GRIMAREST.

GALLOIS-GOURDIN fut premier chapelain (maître de chapelle) du roi de France Louis XI, suivant une ordonnance des gens de chapelle de ce prince, datée du mois de janvier 1462. Il succéda en cette qualité au célèbre maître Jean Okeghem, qui, d'après un autre compte des officiers de la maison *qui ont eu des robes et chaperons faits de drap noir pour les obsèques du corps du feu roy* (Charles VII), occupait encore ce poste au mois de juillet 1461. Enfin, une troisième ordonnance, du mois de septembre 1466, fait voir que Gallois-Gourdin avait cessé de vivre, ou qu'il s'était retiré, car il n'y figure plus, et le premier chapelain était alors Johan Lardois (*voyez* pour ces comptes le Mss. de la Bibl. Impériale, à Paris, in-fol., F. 2,540 du supplément).

GALLUCCIO (GERARDO), maître de chapelle à Pavie, dans les dernières années du seizième siècle, a fait imprimer de sa composition : *Messa, Salmi, Compiète, Letanie della Madonna, con aggiunta di Falsi Bordoni, a quattro voci*. In Venezia; app. Angelo Gardano, 1597, in-4°.

GALLUS (JACQUES), compositeur de grand mérite, né à Kraïn dans la Carniole, vers 1550. Son nom véritable était *Hænel* ou *Hæhn* ou *Hændl*, suivant la prononciation ancienne et populaire (mot qui signifie *Coq*): d'après l'usage de son temps, il l'avait latinisé. Après avoir été quelque temps maître de chapelle de Stanislas Pawlowski, évêque d'Olmütz, il fut appelé à remplir les mêmes fonctions dans la maison de l'empereur. Il mourut à l'âge de quarante et un ans, à Prague, le 4 juillet 1591. Plusieurs poëtes, entre autres Jean Kerner Pilsenius et Jean Mylius Vodnianus, déplorèrent sa mort dans des pièces de vers, dont le nombre fut si considérable, que Wenceslas Dobrzinsky en a formé un recueil conservé encore aujourd'hui dans la bibliothèque du couvent de Strahow, près de Prague. Diabacz a rapporté dans sa statistique de la Bohême dix-huit vers latins à la louange de Gallus, composés par le fils de cet artiste (Martin Gallus), et Gerber nous fait connaître un même nombre de vers allemands qui se trouvent au bas du portrait du compositeur, gravé sur bois en 1595, avec cette inscription : *Image du très-célèbre musicien Jacques Gallus, autrement appelé Handl*. Un autre portrait, également gravé sur bois, en 1590, porte cette inscription latine : *Jacobus Händl GALLUS dictus, Carniolus, ætatis suæ* XL. Anno M.D.XC.

L'empereur avait accordé un privilége de dix ans à Gallus, pour la publication de ses ouvrages; il les a fait paraître sous ces titres : 1° *Missæ selectiores quædam, pro ecclesia Dei non inutiles, quinque, sex et octo vocum*. Prague, 1580, in-4°. Un exemplaire de cet ouvrage rarissime, divisé en quatre livres, est à la Bibliothèque royale de Berlin; malheureusement il y manque la partie d'*alto*. La Bibliothèque impériale de Vienne en possède un exemplaire complet. 2° *Musicum opus quinque, sex et octo vocum*, première partie, Prague, 1586; deuxième et troisième parties, *ibid.*, 1587; quatrième partie, *ibid.*, 1590. Il a été donné de nouvelles éditions de cet ouvrage à Francfort et à Nuremberg, 1588 à 1591. Le dernier motet de la de.... partie est à vingt-quatre voix divisées en quatre chœurs de six parties chacun. 3° *Moralia quinque, sex et octo vocibus concinnata, atque tam seriis quam festivis cantibus voluptati humanæ accommodata*, Norimbergæ, 1586, in-4°. Ce recueil contient quarante-sept morceaux de différents genres. L'édition de 1596, publiée dans la même ville et citée par Gerber, me paraît douteuse. 4° *Harmoniæ variæ quatuor vocum*, Prague, 1591. 5° Lib. III *Harmoniarum moralium* 4 vocum, ibid., 1591, in-4°. 6° *Sacræ cantiones de præcipuis festis per totum annum* 4, 5, 6, 8 *et plur. voc.*, Nuremberg, 1597, in-4°. 7° *Motettæ quæ præstant omnes*, Francfort, 1610. Trente-trois morceaux choisis dans les œuvres de Gallus ont été recueillis par Bodenschatz, dans sa grande collection de motets intitulée : *Florilegium portense* (*voyez* BODENSCHATZ). On a publié un motet de ce musicien (*Ecce quomodo moritur justus*) dans le volume de la douzième année de la *Gazette musicale* de Leipsick.

Gallus partage avec Leon Hassler et Adam Gumpelzhaimer la gloire d'avoir représenté dignement l'école de composition de l'Allemagne pendant la dernière partie du seizième siècle. Ainsi que le dernier de ces auteurs, il a souvent hasardé de nouvelles harmonies d'un bon effet, qui préparaient l'art à la transformation de la tonalité; mais sa manière d'écrire était moins élégante que celle d'Adam Gumpelzhaimer. Il faisait un usage fréquent de changements de tons qui n'étaient pas toujours doux à l'oreille; il ne pouvait guère en être autrement, car l'élément harmonique de la transition naturelle n'existait pas encore. L'auteur de l'article *Gallus* du Lexique universel de musique publié par Schilling assure que les œuvres de cet artiste peuvent être comparées avec avantage aux productions des meilleurs maîtres italiens de son temps, et même avec les ouvrages de Palestrina. Il s'agit ici de choses si différentes, et dans les conceptions générales, et dans les détails, qu'il n'y a réellement pas de comparaison possible; en ce qui concerne Palestrina, on ne peut voir qu'une chose dans l'assertion de l'écrivain, à savoir une ignorance complète de la valeur des compositions de l'illustre maître de l'école romaine. Il faut avoir vu beaucoup de ces compositions, et les avoir étudiées longtemps pour comprendre l'immense supériorité de leur auteur sur Gallus dans l'art d'écrire, malgré le mérite incontestable de celui-ci.

GALLUS (JEAN). *Voyez* MADARITSCH (Jean).

GALTUS (GERMER), facteur d'orgues à Amsterdam, vécut vers le milieu du dix-septième siècle. On a de lui l'orgue de Monnikendam, qui a deux claviers à la main et un clavier de pédales; il a été construit en 1640. En 1650, il a commencé l'orgue de l'église neuve d'Amsterdam; mais, la mort l'ayant empêché de terminer son travail, ce fut un autre facteur, nommé Hagelbeer, qui mit la dernière main à cet instrument, et qui l'acheva en 1651.

GALUPPI (BALTHASAR), dit *Buranello*, parce qu'il était né, le 18 octobre 1706, dans l'île de Burano, à huit lieues de Venise, fut l'un des compositeurs les plus originaux de l'Italie, dans le genre comique. Les premiers principes de la musique lui furent enseignés par son père, barbier de profession, lequel jouait du violon dans les entr'actes au théâtre de Comédie. A peine âgé de seize ans, Galuppi se rendit à Venise et y vécut avec le salaire qu'il recevait comme organiste de plusieurs églises. Bien que fort ignorant des principes de l'art, il osa mettre en musique un opéra bouffe qui avait pour titre : *la Fede nell' incostanza, ossia Gli Amici rivali*, qui fut outrageusement sifflé. Désespéré de cette mésaventure, Galuppi était presque résolu d'abandonner la musique et d'embrasser la profession de son père, lorsqu'il eut le bonheur d'inspirer de l'intérêt à l'illustre Marcello (*voyez* ce nom), qui, ayant reconnu les heureuses dispositions du jeune Balthasar, le fit entrer dans l'école de *Lotti*, où il se livra à l'étude du contrepoint avec ardeur pendant trois années. Lotti eut bientôt distingué Galuppi entre ses autres élèves, et lui témoigna une affection qui excita la jalousie de *Pollarolo*, élève alors de la même école. *En voici un*, dit-il un jour en désignant le Buranello, *qui sera bon pour faire la barbe*. — Oui, répondit Galuppi, *je la ferai à moi et à vous*. Lorsqu'il se crut assez habile pour aborder la scène, il eut encore recours à la bonté de Marcello, qui écrivit pour lui le livret de *la Dorinda*, dont il composa la musique : cet ouvrage fut représenté au théâtre de Sant' Agnelo, pendant la foire de l'Ascension, en 1729, et fut bien accueilli du public. Dans cet ouvrage, comme dans ses autres opéras, Galuppi ne brille point par la force de l'harmonie; mais une gaieté soutenue, une verve inépuisable, et les formes gracieuses de son chant lui ont acquis une célébrité qui a résisté longtemps aux caprices de la mode. Ses opéras, il est vrai, ont disparu de la scène, et la révolution opérée dans les formes dramatiques les en a vraisemblablement éloignés pour jamais; mais les compositeurs y trouveront toujours un modèle des qualités les plus essentielles du genre comique. Galuppi se livra aussi à l'étude du clavecin, et devint un des artistes les plus habiles sur cet instrument. Depuis 1729, les succès de ce compositeur sur tous les théâtres d'Italie furent presque sans interruption jusqu'à sa mort. Devenu maître de chapelle de Saint-Marc, le 6 avril 1762, organiste de plusieurs églises, et maître du Conservatoire *degli Incurabili*, il occupa ces places jusqu'à l'âge de soixante-trois ans, où il fut appelé en Russie par l'impératrice Catherine II. Outre un traitement de quatre mille roubles, on lui assurait un logement, et une voiture de la cour était mise à sa disposition. L'orchestre qu'il y trouva pour exécuter ses opéras était détestable, et n'avait pas même l'idée des nuances du *piano* et du *forte*; par ses soins, il parvint à le rendre plus supportable. Le premier opéra que Galuppi donna à Pétersbourg fut *Didone abbando-*

nata; l'impératrice en fut si satisfaite qu'elle envoya à Galuppi, le lendemain de la première représentation, une tabatière d'or enrichie de diamants, avec mille ducats, *que la reine de Carthage lui avait*, disait-elle, *légués par son testament*. Galuppi revint à Venise en 1768, et y reprit ses travaux et ses emplois. Il continua d'écrire pour le théâtre jusqu'en 1777, et pour l'église jusqu'à sa mort, arrivée au mois de janvier 1785. Burney le vit à Venise en 1770, entouré d'une famille nombreuse, et comblé d'honneurs et de biens. Il avait conservé toute la vivacité, tout le feu, toute la gaieté de sa jeunesse, et ces qualités se manifestèrent jusque dans ses derniers ouvrages. Voici la liste de ses opéras : 1722, *Gli Amici rivali; la Fede nell' incostanza;* 1729, *Dorinda;* 1730, *Odio placato;* 1733, *Argenide;* 1735, *l'Ambizione depressa;* 1736, *Elisa regina di Tiro; la Ninfa Apollo; Tamiri; Ergilda;* 1737, *Alvilda;* 1740, *Gustavo I, re di Swezia; Aronte, re de' Sciti;* 1741, *Berenice;* 1744, *Madame Ciana; l'Ambizione delusa; la Libertà nociva;* 1745, *Forze d'amore;* 1746, *Scipione nelle Spagne;* 1747, *Arminio;* 1749, *Arcadia in Brento;* 1750, *il Page della Cucagna; Arcifanfano, re de Matti; Alcimena, principessa dell' isole Fortunate; il Mondo della luna;* 1751, *la Mascherata;* 1752, *Ermelinda; il Mondo alla rovescia; il Conte Caramela; le Virtuose ridicole; Calamità de' Cuori;* 1753, *i Bagni d'Abono;* 1754, *il Filosofo di campagna; Antigona; il Povero superbo;* 1755, *Alessandro nell' Indie; la Diavolessa;* 1756, *Nozze di Paride; le Nozze;* 1757, *Sesostri; la Partenza ed il ritorno de' Marinari;* 1760, *Adriano in Siria;* 1761, *l'Amante di tutte, Artaserse; i Tre amanti ridicoli; Ipermestra;* 1762, *Antigono; il Marchese villano; Viriate; l'Uomo femina;* 1763, *il Puntiglio amoroso; il Re alla caccia;* 1764, *Cajo Mario; la Donna di governo;* 1764. En 1782, Galuppi composa la musique de la cantate à cinq voix : *il Ritorno di Tobia*, qui fut chantée au Conservatoire *degli Incurabili*, à l'occasion de l'arrivée du pape Pie VI à Venise. La musique d'église de Galuppi est restée en manuscrit, comme ses opéras : il est faible d'invention et de facture dans cette partie de ses ouvrages. On trouve, à la Bibliothèque Impériale, à Paris, un *Salve Regina* de sa composition. M. l'abbé Santini, de Rome, possède trois messes à quatre voix; le psaume *In te Domine* à cinq voix; *Victimæ paschali* à quatre voix, et des motets à quatre voix, de cet auteur. Parmi les oratorios de Galuppi, on distingue particulièrement *la Fornace di Babilonia, Debbora profetessa*, et *Moyses de Sinaï reversus*.

GAMA (MM.). Deux frères de ce nom, facteurs de pianos à Nantes, ont imaginé et exécuté, en 1827, après beaucoup d'essais, un instrument à clavier et à archet, auquel ils ont donné le nom de *Plectro-euphone*. Cet instrument, du même genre que le *Polyplectron* que M. Dietz fils fit entendre dans le même temps, et que plusieurs autres instruments à archet et à clavier, a été entendu à Nantes et à Paris. Comme tous ces instruments, il avait de beaux sons graves, mais le haut avait plus d'analogie avec la vielle qu'avec le violon. Le *Plectro-euphone* est maintenant oublié.

GAMBALE (Emmanuel), professeur de musique à Milan, né au commencement du dix-neuvième siècle, a fixé sur lui l'attention publique par un nouveau système de notation musicale combiné d'une manière ingénieuse, et dont il publia l'exposé sous ce titre : *la Riforma musicale, riguardante un nuovo stabilimento di segni e di regole per apprendere la musica*, Milano, coi tipi di Paulo Andrea Molina, 1840, trente-huit pages gr. in-8°, avec dix-huit pages de musique. La base du système consiste à représenter chacun des sons de l'échelle chromatique par un signe spécial, et conséquemment à supprimer les dièses, bémols et bécarres, au moyen d'une portée de six lignes divisée en deux groupes de trois lignes, que sépare un intervalle plus grand entre la troisième et la quatrième lignes. Chaque degré et chaque espace de la portée représentent deux sons; le premier, nommé vulgairement *naturel*, est exprimé par une note blanche, et le son supérieur ou *dièse*, par une note noire sur la même position. De plus, l'espace double de la troisième ligne à la quatrième fournit deux positions, à savoir, une au-dessus de la troisième ligne, et une au-dessous de la quatrième, d'où il résulte que quatre des douze sons chromatiques de l'octave sont renfermés dans ce seul espace. Par cela même que plusieurs sons occupent la même position dans la portée, les clefs de la notation ordinaire perdent leur signification et sont supprimées. Les douze sons chromatiques d'une octave trouvent leur place sur trois lignes et dans les espaces, et la portée de six lignes représente deux octaves complètes. Il suffit à M. Gambale de distinguer les autres octaves par les chiffres 1, 2, 3, 4, etc. Mais les notes blanches et noires ayant pour objet d'être les signes des intonations, il faut, de toute nécessité, que M. Gambale imagine un système nouveau de signes de durée : ce qu'il fait, en effet, tant pour les sons que pour les silences ; et par cela même que le contenu des temps de la mesure n'est plus représenté par les formes des notes, l'usage des barres de mesure disparaît également. Tel est, en abrégé, le système de M. Gambale. Il a fait disparaître les dièses, bémols, bécarres, les clefs, ainsi que l'expression de deux sons par un même nom de notes ; il a supprimé un grand nombre de lignes accidentelles pour les sons suraigus ou pour les sons graves, et enfin, il a réduit de beaucoup l'espace de la notation, et quant à la nouveauté de ses signes, il peut dire aux musiciens qui les improuvent à cause de leur étrangeté : *Apprenez-les par l'usage, comme vous avez appris ceux de votre notation.* Mais, comme tous les critiques de la notation en usage et inventeurs de systèmes nouveaux, il n'a pas compris que ce qu'il considère comme les défauts de la notation vulgaire constitue précisément son avantage immense, lequel consiste à peindre aux yeux les groupes les plus compliqués de sons et de durées au premier aspect, sans qu'il soit nécessaire de faire aucune opération mentale, ni de porter l'attention sur les détails inséparables des systèmes qui ont pour objet la simplification. C'est précisément parce qu'elle est composée d'un grand nombre de signes, ayant tous une destination spéciale qui ne se confond point avec d'autres, que cette notation est celle qui atteint mieux le but. Toute entreprise qui aura pour objet de lui en substituer une autre sera toujours infructueuse. M. Gambale a eu la preuve de cette vérité par sa propre expérience. En 1846, il ouvrit une école pour la propagation de son système, qu'il réduisit en tableaux publiés sous ce titre : *la Prima parte della Riforma musicale concernente la sonira e grafica espressione dei suoni, delle loro distanze e delle loro durate, esposta in sei prospetti*, Milano, 1846, in-fol. de douze planches. De plus, il traduisit dans son système de notation et pour l'usage de ses élèves les cinquante leçons progressives de la méthode d'Adam pour le piano, des œuvres de Corticelli, Hunten, Kalkbrenner, Thalberg, Wilmers, Liszt, Chopin, le *Gradus ad Parnassum* de Clementi, le recueil de *partimenti* ou basses chiffrées de Fenaroli, et des morceaux de chant. Tout cela fut publié, et beaucoup d'argent fut dépensé ; mais le résultat fut celui de toutes les entreprises désespérées qui ont eu pour objet de changer la seule langue qui soit véritablement universelle ; c'est-à-dire, beaucoup d'efforts en pure perte, l'existence d'un homme intelligent perdue dans des illusions irréalisables, et de grandes dépenses infructueuses. M. F.-A. Hœser a fait une traduction allemande de l'écrit de M. Gambale sur la réforme musicale, sous ce titre : *Die musikalische Reform. Ein neues System von Zeichen und Regeln, die Musik zu erlernen*, Leipsick, Breitkopf et Hærtel, 1845, in-8°. M. Gambale a traduit mon *Grand Traité d'harmonie* en italien, sous ce titre : *Trattato completo della teoria e della pratica dell' Armonia di F.-J. Fétis*, etc. *Prima traduzione dall' originale francese*, Milano, presso F. Lucca, un volume gr. in-4°. Une autre traduction italienne, par M. Mazzucato, a paru à Milan, chez Ricordi.

GAMBARA (Charles-Antoine), chevalier de l'ordre de la Couronne de fer, est né à Venise, en 1774, de parents nobles, a fait ses études au Collège des nobles, à Parme, où il passa huit années. Le goût de la musique s'est manifesté en lui dès son enfance ; il s'est livré de bonne heure à l'étude du violon sous la direction de Melegari, du violoncelle, sous Ghiretti, musicien de la chambre du duc de Parme, et du contrepoint, sous le maître de chapelle J. Colla. Après sa sortie du collège, il s'est rendu à Brescia, où il a achevé ses études musicales sous la direction de Capnetti, maître de chapelle de la cathédrale. On connaît de sa composition : 1° Quatre symphonies à grand orchestre. 2° Une concertante pour plusieurs instruments. 3° Un quintetto pour harpe, violon, mandoline, viole et violoncelle. 4° Deux œuvres de trios pour deux violons et basse. 5° Deux œuvres de quatuors. 6° Plusieurs morceaux de musique vocale. Aucun de ces ouvrages n'a été gravé. M. Gambara est auteur d'un petit poëme à la louange de Haydn, qui a pour titre : *Haydn coronato in Elicone*, Brescia, per Nicolo Bertoni, 1819, in-8°.

GAMBARO (Jean-Baptiste), virtuose sur la clarinette, né à Gênes, en 1785, se fixa à Paris, en 1814, après avoir été chef de musique d'un régiment italien au service de France. Il y établit un commerce de musique, particulièrement pour les instruments à vent et les corps de musique militaire. En 1816, il entra comme première clarinette à l'orchestre du Théâtre-Italien, dont madame Catalani venait de prendre la direction. Un beau son, une manière noble et expressive de chanter sur son instrument, étaient les qualités distinctives de son talent. Ce fut lui qui exerça une influence très-salutaire sur le jeu de Berr (*voyez* ce nom), devenu seconde clarinette près de lui dans le même orchestre. En 1823, Gambaro ressentit les premières atteintes d'une maladie de poitrine ; il mourut, jeune encore, dans l'été de 1828. On a de lui : Trois quatuors concertants pour flûte, clarinette, cor et basson, op. 4. Paris, chez l'auteur et Leipsick, Breitkopf et Hærtel ; premier et deuxième concertos pour la clarinette, *ibid.* ; Trois duos pour deux clarinettes, op. 3 ; Trois, *idem.*, op 6 ; Douze caprices pour la clarinette, œuvre 18 ; plusieurs fantaisies pour clarinette et orchestre ou quatuor ; plusieurs recueils pour harmonie militaire, extraits des opéras italiens.

GAMBERINI (MICHEL-ANGE), né à Cagli, vécut vers le milieu du dix-septième siècle, et fut maître de chapelle de l'église Saint-Venance à Fabriano. On connaît de lui un œuvre de motets qui a été imprimé à Venise, en 1655.

GAMBINI (C. A.), pianiste et compositeur, né à Gênes, vers 1818, a commencé à se faire connaître par des productions pour son instrument, vers 1838. D'abord imitateur de Thalberg et de Dœhler, comme la plupart des pianistes de la même époque, il a comme eux substitué les arpéges aux gammes dans les traits brillants et a cherché des effets dans la puissance de la sonorité. Plus tard, il est quelquefois rentré dans des voies plus classiques, notamment dans ses douze études, œuvre 30, et surtout dans son premier trio (en *mi*) pour piano, violon et violoncelle concertants, op. 54. Plus tard encore, ayant pris, dans sa ville natale une position qui le fait en quelque sorte le chef de la musique dans cette partie de l'Italie, il a donné plus de portée à sa pensée, et a écrit diverses cantates, drames mêlés d'orchestre et de chant ; et, enfin, a abordé la scène en 1853, par l'opéra sérieux *Eufemio di Messina*, représenté avec succès sur le théâtre Carcano, à Milan. On connaît aussi de lui un *Colombo*, dont il a été exécuté des fragments à Gênes, en 1846.

GAMBLE (JEAN), violoniste et compositeur anglais, eut pour maître Ambroise Beyland, bon artiste de son temps. Gamble fut d'abord attaché à l'orchestre d'un théâtre particulier, puis il entra au service du roi d'Angleterre Charles II, comme musicien de la chambre. Il a composé les airs de ballets et les divertissements de plusieurs pièces de théâtre, et l'on a de lui des airs avec accompagnement de théorbe et de basse de viole. Il en a paru deux recueils sous le titre de *Ayres and dialogues to be sung to the theorbo-lute or bass-viol*. London, Humphry-Mosley, 1657, petit in-fol.

L'autre recueil a pour titre : *Ayres and dialogues for one, two and three voyces, to be sung either to the theorbo-lute or bass-viol*. The second Book. London, Nathaniel Ekin, 1659, petit in-fol. On trouve en tête du premier recueil le portrait de Gamble, gravé par J. Cross.

GAMMERSFELDER (JEAN), musicien du seizième siècle, l'un des premiers compositeurs de chants simples pour tous les psaumes, lesquels ont été publiés en un recueil intitulé : *Der Ganze Psalter in Gesangsweyss*. Nuremberg, 1542, in-8°. (Voyez *Neues Repertorium von seltenen Büchern*, Nuremberg, 1796, deuxième partie, p. 16.)

GANASSI (SYLVESTRE), surnommé **DEL FONTEGO** à cause du lieu de sa naissance, bourg de l'État vénitien, a été attaché comme instrumentiste à la musique de la Seigneurie de Venise, dans la première moitié du seizième siècle. On a de cet artiste deux ouvrages aussi intéressants par leur objet que par leur excessive rareté ; le premier a pour titre : *La Fontegara, la quale insegna di suonar il flauto con tutto l'arte opportuna ad essa istria (industria) massime il diminuire, il quale sara utile ad ogni instrumento di fiato e chorde et anchora a chi si diletta di canto. Composto per Sylvestro di Ganassi del Fontego sonator della Ill*^{ma} *S*^a *di V*^a. A la fin du volume on lit : *Impressum Venetiis per Sylvestro di Ganassi del Fontego, sonator della Ill*^{ma} *Signoria di Venetia hautor pprio* (proprio). MDXXXV, in-4° obl. de 163 feuillets non chiffrés. Les feuilles ont des signatures. Le frontispice est gravé et représente des personnages chantants accompagnés par trois flûtes. L'instrument dont il s'agit ici est la flûte à bec et à sept trous : elle se divisait en quatre espèces, c'est-à-dire, le soprano, le contralto, le ténor et la basse. Les pages 6 à 15 représentent les flûtes avec les trous ouverts ou bouchés pour former toutes les notes. Ce livre est le plus ancien où l'on trouve des règles pour employer divers ornements de la mélodie, dont on a fait ensuite usage non-seulement dans la musique instrumentale, mais aussi dans l'art du chant. Le second ouvrage de Ganassi est un traité de l'art de jouer de la viole, intitulé : *Regola Rubertina, regola che insegna a sonar de viola d'archo tastata, de Silvestro Ganassi del Fontego*. Frontispice gravé qui représente un concert. L'ouvrage est divisé en deux parties. La première est composée de 50 pages petit in-4° obl. Les feuillets sont chiffrés au recto. A la fin de la dernière page on lit : *In Venetia ad istantia de l'autore*

M.D.XLII. La deuxième partie a pour titre : *Lettione seconda pur çolla prattica di sonare il violone d'arco da tasti, composta per Silvestro Ganassi del Fontego desideroso nella pictura, la quale tratta dell' effetto della corda falsa, giosta et media, et il ponere li tasti con ogni razon e prattica, et ancora lo accordare ditto violone con la diligentia conveniente in diverse maniere, et accomode ancora per quelli che sonano la viola senza tasti. Con una nuova tabolatura di lauto,* etc. Cette partie contient 24 feuillets doubles non chiffrés. A la fin du dernier feuillet on lit : *Stampato per l'autore proprio nel* M.D.XXXXIII. Le P. Martini a donné d'une manière incorrecte le titre de ce dernier ouvrage, et il a été copié par les biographes et bibliographes. Draudius semble indiquer, dans sa Bibliothèque classique (p. 1650), qu'il a été fait une traduction latine de ce livre sous le titre : *Institutio ad testitudinem et chelyn;* mais cette traduction n'existe pas. Ce livre, dont la rareté est excessive, est intitulé : *Regola Rubertina*, parce qu'il a été publié sous les auspices de Robert Strozzi, de l'illustre famille florentine de ce nom. On voit, dans la première partie, que la viole (à cases sur la touche) se divisait en trois espèces principales qui étaient le soprano, le ténor et la basse (1). Ganassi cite (2me partie, chap. XVI) Julien Tiburtino et Louis Lasagnino, de Florence, comme les plus habiles joueurs de viole de son temps.

GANCALDI (Charles), avocat à Bologne, né dans cette ville, en 1788, est auteur de l'écrit intitulé : *Elogio a Felice Radicati, maestro di musica.* Bologne, Nobili, 1820, in-4°.

GANDINI (le chevalier Antoine), maître de chapelle du duc de Modène, né à Bologne, vers 1780, est élève du P. Mattei pour la composition. Il a écrit, pour le théâtre royal de Turin, l'opéra de *Ruggero*, et, pour celui de Modène, *Erminia* et *Antigono*. On connaît aussi plusieurs cantates de sa composition. En 1827, il a fait jouer avec succès *Zaira*, au théâtre ducal de Modène. Cet ouvrage a été repris en 1830. Dans l'année suivante, il a fait jouer, au même théâtre, *Isabella de Lara.* En 1834, il y a donné *Maria di Brabante*, et enfin, après un silence gardé pendant huit années, il a fait représenter, au même théâtre, *Adelaide di Borgogna*, en 1842. Gandini avait atteint alors l'âge de soixante-deux ans ; ce fut son dernier ouvrage dramatique. Quelques morceaux de ses opéras ont été publiés séparément à Milan, chez Ricordi. Cet artiste a été fondateur de l'Institut philharmonique de Modène.

GANDINI (Salvator), ecclésiastique dont la vie est ignorée, florissait vers le milieu du dix-septième siècle. On a imprimé de sa composition un ouvrage qui a pour titre : *Messa e salmi della B. V. a quattro e cinque voci con duo violini ad libitum*, Venise, Franç. Magni, 1658, in-4°.

GANDO (Nicolas), fondeur en caractères, né à Genève au commencement du dix-huitième siècle, alla d'abord à Berne, et se rendit ensuite à Paris, où il établit une fonderie qui eut une sorte de célébrité. Il s'était attaché particulièrement à perfectionner les caractères propres à imprimer la musique. Ce typographe est mort à Paris vers 1767. Son fils, Pierre-François, né à Genève, en 1733, mort à Paris en 1800, était devenu son associé. Tous deux ont publié plusieurs essais de caractères, et des observations qui ne manquent pas d'intérêt sur divers objets de leur art, parmi lesquels on remarque : 1° *Observations sur le traité historique et critique de M. Fournier le jeune, sur l'origine et les progrès des caractères de fonte pour l'impression de la musique*, Paris, 1766, in-4° de 27 pages. On trouve dans cet écrit six morceaux d'ancienne musique, provenant du fonds de Ballard, et un motet imprimé selon le procédé de Gando, avec une presse dont il se dit l'inventeur, où les notes et les lignes s'imprimaient à part. (*Voyez* le *Journal des Savants*, octobre, 1766.) 2° *Psaume CL*, petit motet par M. l'abbé Roussier, imprimé avec les caractères de Gando père et fils, Paris, 1766, in 4°, de 8 pages. Fournier répliqua aux attaques de Gando, et sa réponse (réimprimée dans son *Manuel typographique*, pag. 289—300) contient une accusation de plagiat contre les Gando, et critique vivement leurs caractères. Ceux-ci sont d'un aspect plus agréable que les siens ; toutefois les uns et les autres étaient fort inférieurs à ceux que Breitkopf avait fait connaître précédemment, et tous ont été effacés depuis par ceux de MM. Olivier et Godefroi, et surtout par ceux de M. E. Duverger.

GANNASSI (le P. Jacques), né à Trévise, dans les premières années du dix-septième siècle, y fut moine franciscain, et maître de chapelle à l'église Sainte-Marie. On connaît sous son nom un œuvre qui a pour titre : *Jespertina Psalmodia totius anni solemnit.*

---

(1) Voyez, sur ce sujet, mon livre intitulé : *Antoine Stradivari, luthier célèbre, connu sous le nom de Stradivarius ; précédé de recherches historiques et critiques sur l'origine et les transformations des instruments à archet.* Paris, Vuillaume, 1856, pp. 58 *(?)*.

Item cantica duo B. M. V. quatuor vocibus, Venise, Alex. Vincenti, 1637, in-4°.

GANSBACHER (Jean). *Voyez* Gensbacher.

GANSPECKH (Guillaume), fils de Gaspard-Joseph, musicien de l'électeur de Bavière, naquit à Munich, en 1691. Son père lui enseigna la musique et pendant ce temps il fit à Munich ses études littéraires et philosophiques. Quand elles furent achevées, il entra chez les Prémontrés de Raushoven et y prit l'habit de chanoine régulier. On ignore l'époque de sa mort. Ganspeckh a publié à Munich, en 1724 : *Octiduum sacrum*, contenant huit messes brèves à quatre voix, deux violons *ad libitum* et orgue, op. 1. Le baron d'Arétin a possédé en manuscrit un autre œuvre de ce musicien, contenant douze offertoires pour le commun des saints et des temps, à quatre voix, avec accompagnement de deux violons obligés et orgue.

GANSWIND (...), virtuose sur la viole d'amour, est né en Bohême, vers 1775. Il vivait à Prague, en 1807, comme officier de la maison du comte de Buquoi, et se faisait alors entendre avec un brillant succès dans les concerts. Plusieurs concertos, des sonates, trios et duos ont été écrits par lui pour son instrument. Il a formé de bons élèves, parmi lesquels on remarque MM. Powliezck, secrétaire du prince de Furstenberg, Eberle ; secrétaire de l'archevêque Przichowsky, et surtout François Richter, le plus habile de tous.

GANTEZ (Annibal), prieur de la Madeleine, en Provence, chanoine semi-prébendé, maître des enfants de chœur et de la musique à l'église de Saint-Étienne d'Auxerre, naquit à Marseille au commencement du dix-septième siècle. Il avait été d'abord maître de musique des cathédrales d'Aix, d'Arles et d'Avignon, puis il avait rempli les mêmes fonctions à Paris, dans les églises Saint-Paul et des Innocents. Ce musicien a fait imprimer *l'Entretien des musiciens*, Auxerre, 1643, petit in-12 de deux cent quatre-vingt-quinze pages. Cet ouvrage est composé de cinquante-neuf lettres sur des objets relatifs à la musique d'église en France. On y voit (p. 278) que l'auteur avait fait imprimer précédemment un recueil d'airs, dédié au maréchal de Schomberg, une messe à plusieurs voix, intitulée : *Lætamini*, dédiée à l'abbé de Roches, et une autre dédiée à Mlle de Saint-Géran. *L'Entretien des musiciens* fournit des renseignements pleins d'intérêt sur l'état de la musique en France, et sur quelques musiciens qui vivaient sous le règne de Louis XIII et au temps de la minorité de Louis XIV. Castil-Blaze en a publié un curieux fragment dans son *Histoire de la chapelle de musique des rois de France*. On trouve dans le *Mercure* du mois de décembre 1738 (p. 2548) une lettre très-détaillée de l'abbé Lebeuf sur Gantez, et sur son livre.

GANTZLAND (Chrétien), était étudiant en droit à l'Université de Jéna lorsqu'il publia la thèse intitulée : *Dissertatio inauguralis juridica de Buccinatoribus eorumque jure*, Jéna, 1711, in-4° de cinquante-deux pages, avec un poëme de deux pages sur la trompette. Cette dissertation est attribuée à Wildvogel (Chrétien), dans la première édition de cette *Biographie universelle des musiciens*; mais ce savant a seulement présidé comme professeur à la discussion de la thèse.

GANZ. Trois frères de ce nom se sont fait connaître comme musiciens distingués en Allemagne. L'aîné, Adolphe Ganz, est né à Mayence, le 14 octobre 1796. Il reçut de son père, bon musicien de cette ville, les premières instructions de musique et de violon ; plus tard, il apprit à jouer de plusieurs autres instruments. Sébastien Holbusch lui fit faire ensuite un cours d'études d'harmonie. En 1819, il obtint la place de directeur de musique de la ville de Mayence. Il l'occupa pendant quatre ans ; puis, en 1825, le grand-duc de Hesse-Darmstadt (Louis II) lui accorda le titre et la position de maître de chapelle de la cour, sans qu'il quittât néanmoins Mayence. Dans cette situation, Ganz a écrit un mélodrame avec chœur ; plusieurs ouvertures et marches pour des drames et tragédies ; des *Lieder* et des chants pour des chœurs d'hommes.

GANZ (Maurice), premier violoncelliste de la musique du roi de Prusse, à Berlin, est né à Mayence, en 1804. Les premières leçons de musique lui furent données par son père, qui jouait bien du violoncelle. A l'âge de onze ans, le jeune Ganz faisait déjà admirer son habileté sur cet instrument. Il acheva ses études musicales sous la direction de Stiastny, bon maître de Francfort-sur-le-Mein, puis il entra comme premier violoncelle au Théâtre-National de Mayence, où son frère aîné, Adolphe Ganz, était chef d'orchestre. En 1826, Maurice a été appelé à Berlin, pour remplir dans la chapelle royale la place de premier violoncelle, précédemment occupée par les célèbres artistes Duport et Romberg. En 1833, il a fait un voyage à Paris et à Londres, pour y donner des concerts, et, en 1837, il est retourné dans cette dernière ville, où il s'est fait entendre dans un des concerts de la Société philharmonique. Il était aux fêtes de Bonn, dans le mois d'août 1845, pour l'inauguration de la statue de Beethoven, et il s'y fit entendre dans un concert. Les qualités qui distinguent le talent de Ganz sont un son plein de rondeur et de moelleux, et une exécution brillante dans les traits. On a publié de cet artiste des concertos et des variations pour violoncelle; des duos pour violon et violoncelle et pour piano et violoncelle, etc., à Berlin et à Mayence. Ses principaux ouvrages sont : Premier concerto pour violoncelle et orchestre, op. 9, Berlin, Schlesinger; deuxième concerto *idem*, op. 21, Mayence, Schott; premier concertino pour violoncelle et orchestre, op. 12, Leipsick, Hofmeister; deuxième *idem*, op. 19, *ibid.*; trio pour violon, alto et violoncelle, op. 8, Mayence, Schott; trois *Lieder* pour voix seule, avec accompagnement de violoncelle obligé et piano, *ibid.*

GANZ (LÉOPOLD), frère des précédents, directeur des concerts et violon solo du roi de Prusse, est né à Mayence, en 1806. Encore enfant, il entra comme violoniste au théâtre de Mayence, reçut des leçons d'un bon élève de Spohr, et s'exerça avec son frère à des effets d'ensemble pour le violon et le violoncelle, à l'imitation des frères Bohrer. En 1826, ils succédèrent à ces deux artistes dans la musique du roi, à Berlin. Léopold a publié, avec son frère, des duos brillants pour violon et violoncelle, Mayence, Schott. C'est dans ces duos que les frères Ganz ont été souvent applaudis, à cause du brillant et du fini de leur exécution. Léopold Ganz a voyagé en Hollande, en 1825, et a joué avec de brillants succès à La Haye, à Rotterdam et à Amsterdam. En 1835, il a visité l'Angleterre avec son frère Maurice.

GARAT (PIERRE-JEAN), né à Ustaritz, petite ville du département des Basses-Pyrénées, le 25 avril 1764, fut le chanteur le plus étonnant qu'ait eu la France. Fils d'un avocat distingué, il n'était pas destiné à la profession d'artiste; mais, guidé par un instinct irrésistible, il fut musicien presque en naissant. Sa mère, qui possédait une belle voix, et qui chantait fort bien dans l'ancien style, lui donna les premières leçons. Il apprit ensuite les principes de la vocalisation d'un maître italien nommé Lamberti, qui habitait à Bayonne. Mais ce fut après que la famille de Garat se fut établie à Bordeaux qu'il eut occasion de développer le talent extraordinaire dont la nature l'avait doué. François Beck, compositeur excellent et directeur de l'orchestre du grand théâtre, ayant entendu le jeune Garat, reconnut bientôt tout ce qu'on pouvait attendre d'une organisation telle que la sienne; il se plut à cultiver de si heureuses dispositions, et s'attacha surtout à perfectionner le goût et le sentiment du beau qui étaient naturels à son élève. C'est à ce maître habile que Garat reconnaissait devoir ce qu'il savait en musique, et la direction donnée à son talent.

Garat trouvait dans la volonté de son père de grands obstacles à satisfaire son penchant pour la musique. Destiné à la profession d'avocat, il était obligé de suivre des cours pour s'y préparer, et ne pouvait se livrer à son goût favori qu'en cachette, et au moyen des petites ruses de sa mère. Lorsqu'il eut atteint sa seizième année, on l'envoya à Paris pour y faire son droit; mais on pense bien que dès qu'il se vit libre, ce ne fut pas à étudier le Digeste et ses commentateurs qu'il employa son temps. Bientôt lié avec les principaux artistes et amateurs, notamment avec le fameux chevalier de Saint-Georges, il n'eut plus d'autre occupation que celle d'étudier l'art pour lequel il était si heureusement organisé. Cette époque était la plus favorable au développement de ses facultés extraordinaires. La querelle des Gluckistes et des Piccinnistes avait fait de la musique l'objet à la mode. Sous quelque bannière qu'on fût engagé, on n'en parlait qu'avec un enthousiasme qui se trouvait d'accord avec l'ardente imagination du jeune Garat.

L'arrivée de MM^{mes} Todi et Mara à Paris, leur rivalité, et l'éclat de leur talent dans des genres différents, occupèrent le public comme l'avaient fait précédemment Gluck et Piccinni, et firent une profonde impression sur Garat. Pour la première fois il eut l'idée d'un chant pur, élégant et correct, d'une vocalisation parfaite, et d'une expression naturelle sans exagération et sans cris. C'est de ce moment que date son talent.

Cependant l'étude du droit était absolument négligée par le jeune musicien. Son père, homme sévère et peu sensible à la musique, s'aperçut enfin que sa volonté était méconnue: de vifs reproches furent adressés par lui à son fils, et bientôt celui-ci cessa de recevoir la pension qui l'avait alimenté jusqu'alors. Garat était habitué à la liberté et à l'aisance de la société choisie qu'il fréquentait; la privation de moyens de fournir à ses dépenses lui fut donc très-pénible. Mais la fortune veillait sur lui, et bientôt sa nomination à la place de secrétaire particulier du comte d'Artois le mit dans une situation plus brillante qu'auparavant. Ce n'est pas tout. Le prince, charmé des talents de son secrétaire, en parla à la reine, qui voulut l'entendre et qui en fut si satisfaite, qu'elle l'admit à l'honneur de faire de la musique avec elle. On conçoit l'effet de pareilles séductions sur l'esprit d'un jeune homme ardent : dans son ivresse, il osa écrire à son père qu'il devait voir qu'on peut se faire une existence honorable par la culture des arts aussi bien que par la jurisprudence. Il n'en reçut que cette réponse : *Je n'ignorais pas que, dans Rome dégénérée, des baladins et des histrions ont été les favoris des empereurs.* La faveur dont il jouissait à la cour avait donné à Garat la prétention de trancher du grand seigneur, et le jetaient dans des dépenses considérables. De 1787 à 1789, la reine fit payer deux fois ses dettes.

Toute relation avait cessé entre Garat et son père, lorsque le comte d'Artois fit un voyage à Bordeaux : son secrétaire l'accompagna. Arrivé dans cette ville, il employa le crédit des amis de sa famille pour y rentrer en grâce ; mais ce fut inutilement : on ne voulut point le recevoir. Beck, son ancien maître, n'était point alors dans une situation fortunée. Quelques personnes conçurent le dessein de donner un concert à son bénéfice où Garat devait chanter ; mais on n'espérait pas obtenir le consentement de son père : on se trompait. *Le talent de mon fils,* dit-il, *lui a coûté un établissement honorable et l'amitié de son père : qu'il lui serve du moins à faire une bonne action.* Malgré son aversion pour tout ce qui pouvait lui rappeler la cause de ses chagrins, il se laissa conduire à ce concert ; Garat s'y surpassa, et finit par attendrir celui qui n'avait pas voulu lui pardonner jusqu'alors. Le père embrassa son fils et ne se sépara de lui que réconcilié.

De retour à Paris, Garat ne tarda point à y trouver un nouvel aliment à son désir de perfectionner son goût. Les fameux bouffons, connus sous le nom de *Troupe de Monsieur,* y débutèrent en 1789. Dans cette troupe, la plus parfaite qui ait jamais été rassemblée peut-être, brillaient Mandini, Viganoni, MM^{mes} Morichelli et Banti, chanteurs admirables d'une école dont les traditions sont perdues. Garat était mieux qu'un autre en état de juger du mérite de ces virtuoses ; aussi avaient-ils fait une si forte impression sur lui, que, dans les derniers temps de sa vie même, il n'en parlait qu'avec admiration. Il savait encore non-seulement les morceaux qu'ils chantaient, mais les inflexions et les fioritures de chaque phrase ; car sa mémoire, pour ce qui est relatif à la musique, tenait du prodige. C'est cette mémoire qui l'a toujours si bien servi, qu'indépendamment de son génie inépuisable pour les embellissements du chant, il s'emparait à l'instant et pour toujours de tout ce qui était bon.

Jusqu'à la révolution, Garat n'avait usé de son talent qu'en amateur ; après qu'elle eut renversé l'édifice de sa fortune, il dut songer à en tirer parti pour assurer son existence. Cependant les circonstances n'étaient point favorables à la culture des arts dans les années 1793 et 1794, époque du régime affreux connu sous le nom de *règne de la terreur.* Le célèbre violoniste Rode conçut le projet de passer en Angleterre, et détermina Garat à l'accompagner. Ils s'embarquèrent en effet, mais des vents contraires jetèrent vers les côtes d'Allemagne le bâtiment qui les portait, et ils furent contraints de se rendre à Hambourg.

Cette ville riche et commerçante avait recueilli beaucoup d'émigrés français. Les plaisirs de toute espèce s'y trouvaient réunis. Un bon spectacle et d'excellents concerts y offraient des ressources aux amateurs de musique. Les deux virtuoses y obtinrent des succès d'enthousiasme ; néanmoins la crainte qu'un séjour trop prolongé en pays étranger ne les fît considérer comme émigrés les ramena en France, avant la fin de 1794. L'année suivante, les fameux concerts de Feydeau commencèrent : Garat se fit entendre publiquement à Paris pour la première fois. Il n'est pas possible de donner une idée de l'impression qu'il y produisit ! D'autant plus étonnant qu'il chantait avec une égale supériorité les belles scènes des opéras de Gluck, les airs sérieux italiens, les airs bouffes de la même école, et jusqu'à la romance, il recueillit des applaudissements unanimes, et fixa pour toujours sa réputation. Le nom de Garat rappela dès lors l'idée de la perfection dans le chant.

Vers le même temps, le Conservatoire de musique fut institué, et Garat, qui y fut appelé comme professeur de chant, commença à former une série d'élèves qui, depuis lors, a fourni tant d'artistes distingués aux divers théâtres de la France, et même à ceux des pays étrangers. Doué d'une chaleur entraînante, et de la faculté si rare de communiquer aux autres ses propres sensations, il a su mieux qu'un autre exciter l'émulation des élèves, faire naître en eux le sentiment du beau, et leur inspirer la confiance du talent. Ces qualités sont plus rares que la connaissance la plus parfaite du mécanisme du chant : c'est sous ce rapport que nous ne craignons pas d'affirmer qu'aucun professeur ne les a possédées comme Garat.

Mme Barbier Walbonne, Mlle Chevalier (plus tard Mme Branchu), Roland, Nourrit, Despéramons, Ponchard, Levasseur, Mmes Duret, Boulanger, Rigaut et une foule d'autres, ont été formés par ses soins, et lui ont dû la plus grande partie de leurs succès. Un professeur comme Garat est une espèce de miracle, un effort de la nature; aussi n'est-il point remplacé : il ne le sera peut-être jamais. Il est difficile de prévoir les résultats qu'il aurait obtenus, si la partie technique de son art eût été dès l'enfance la base de son éducation vocale; malheureusement son savoir n'égalait pas son instinct. Sa dernière élève fut Mlle Duchamp, qui avait un talent plein d'élévation, mais dont la voix subit de bonne heure une altération grave qui borna sa carrière d'artiste. Garat en devint éperdument amoureux à l'âge de près de cinquante-cinq ans, et l'épousa.

Les concerts de la rue de Cléry, qui succédèrent à ceux du théâtre Feydeau, en 1800, furent les derniers où Garat se fit entendre en public. Les dignités auxquelles son oncle, le comte Garat, fut élevé sous le consulat et sous l'empire, l'obligèrent à une espèce de retraite, dont il fut, dit-on, indemnisé par une pension. Quelques salons privilégiés devinrent donc le théâtre rétréci de ses succès. Son auditoire, réduit à quelques artistes et à des amateurs distingués, était peu nombreux; mais les applaudissements, donnés à propos et avec conviction, sont plus flatteurs que ceux qu'on arrache au caprice de la multitude ignorante.

Jusqu'à l'âge de près de cinquante ans, Garat excita l'étonnement et l'admiration; les artistes étrangers les plus célèbres avouaient que la réunion de tant de qualités supérieures était ce qu'ils avaient entendu de plus prodigieux. Telle était l'opinion de Marchesi et de Crescentini; Piccinni et Sacchini la partageaient. Réunissant tous les registres de voix dans sa voix singulière; ayant une égale flexibilité dans toute son étendue; doué d'une inépuisable fécondité pour les fioritures qu'il faisait toujours de bon goût et appropriées au caractère du morceau; ayant la plus belle prononciation qu'on ait jamais eue; enfin possédant une verve et une sensibilité extraordinaires, il maniait tous les styles avec une égale perfection. Nul n'a possédé la tradition de Gluck aussi bien que lui; nul n'a été plus entraînant dans le pathétique, plus élégant dans le demi-caractère, plus comique dans le bouffe. Qui ne l'a pas entendu dans son brillant, ne se doute pas de la perfection qu'on peut mettre, même dans le chant d'une romance. Il en avait composé de charmantes qui ont eu beaucoup de vogue, telles sont celles de *Belisaire*, *Je t'aime tant*, *le Ménestrel*, etc. On a dit souvent qu'il n'était pas musicien : il est vrai qu'il ne lisait pas avec facilité à première vue. Il avait besoin de déchiffrer seul et lentement à son piano, ou d'entendre une fois le morceau dont il voulait prendre une idée; mais telle était sa facilité, qu'il en saisissait à l'instant le caractère et les proportions, et qu'il le chantait avec un fini qu'on aurait cru ne pouvoir être le résultat que de longues études. D'ailleurs, les qualités principales du musicien, la justesse d'oreille et le sentiment de la mesure, étaient chez lui dans une perfection qui tenait du prodige. *Quel dommage*, disait un jour Legros, *que Garat chante sans musique!* — *Sans musique!* s'écria Sacchini; *Garat est la musique même*.

Dans les dernières années de sa vie, il perdit la voix : cette perte l'affligea sensiblement. Il ne pouvait s'accoutumer à l'idée de décroître. Le souvenir de sa renommée, loin de charmer sa vieillesse, était un tourment pour lui, parce qu'il était encore avide de succès qu'il ne pouvait plus obtenir. Il cherchait à se faire illusion, et chantait encore; mais il n'était plus que l'ombre de lui-même. L'aspect d'un beau talent dans la décrépitude n'inspirait plus que de la pitié à ses amis. Il s'en aperçut enfin; la conviction que tout était fini pour lui altéra sa santé et finit par lui donner la mort, le 1er mars 1823, à l'âge de cinquante-neuf ans.

Ainsi finit un des chanteurs les mieux organisés qu'il y ait eu, et le plus étonnant peut-être; car une éducation forte, comme celle qu'on recevait autrefois dans les écoles d'Italie, n'avait point dirigé ses premiers pas; il ne dut ce qu'il fut qu'à son génie, à ses propres observations, et à la sensibilité musicale la plus exquise. Par une singularité inexplicable, Garat, bien que convaincu de l'éminence de son talent, ne parut pas comprendre que ce talent suffisait pour fixer sur lui l'attention publique. Il voulut occuper de sa personne, non-seulement le monde des salons, mais le peuple, par des excentricités de vêtements, d'allures et de langage qui approchaient souvent du ridicule. Faire de l'effet, être l'homme à la mode, était sa préoccupation de tous les instants. Il était heureux si, dans les promenades publiques, il entendait dire de toutes part : *Voilà Garat*. Passer inaperçu dans la rue était pour lui un chagrin véritable. Lorsque la génération qu'il avait charmée eut disparu, il eut souvent ce désappointement; mais, ne pouvant s'y accoutumer, il essaya de ramener sur lui l'attention des passants en se montrant dans la rue avec des bottes rouges. Exaspéré par l'indifférence avec laquelle on le voyait dans cet accoutrement : *Les misérables!* s'écria-t-il ; *autrefois ils m'auraient suivi jusqu'au bois de Boulogne!*

GARAT (JOSEPH-DOMINIQUE-FABRY), frère consanguin du précédent, naquit à Bordeaux, en 1774. La nature lui avait donné une voix de ténor fort belle ; malheureusement, il ne songea point à la cultiver dans l'âge où la souplesse de l'organe pouvait faciliter ses études, et surtout il négligea son éducation musicale qui, depuis lors, est toujours restée incomplète. Ce ne fut qu'à l'âge de vingt-cinq ans qu'il put se livrer au travail sur l'art du chant, après avoir suivi quelque temps le parti des armes. De retour dans sa ville natale, il reçut des leçons de Mengozzi et de Ferrari. Séparé de ces deux artistes habiles, il vint à Paris, et prit pour maître Gérard ; mais ce fut surtout aux conseils de son frère qu'il fut redevable des progrès qu'il fit dans le chant français, pour lequel il avait des dispositions particulières. Possédant, comme la plupart des chanteurs méridionaux, l'avantage d'une prononciation nette et bien articulée, c'était surtout par l'expression des paroles qu'il brillait, et ce fut ce qui le détermina à cultiver particulièrement le genre de la romance, auquel il a dû sa réputation. Il en composait par instinct de fort jolies qui ont eu beaucoup de succès ; on peut citer entre autres : *le Printemps et l'amour ; Elisca ou le Russe ; l'Étoile du soir ; Vais vous revoir ; la Valse ; la Mort d'Erbal ; le Guerrier écossais*, etc. Fabry Garat occupait, vers 1808, un emploi de finance dans les départements de la Belgique ; lorsque le pays cessa de faire partie de la France, il se vit privé de sa place. Forcé de chercher des ressources dans son talent, il donna des leçons de chant, et voyagea pour donner des concerts. Plus tard, il entra au ministère des finances, comme sous-chef de bureau.

GARAUDÉ (ALEXIS DE), professeur au Conservatoire de musique de Paris, est né à Nancy, le 21 mars 1779. Son père, conseiller au parlement de cette ville, lui fit donner une éducation brillante, dans laquelle la musique n'entra que comme un délassement à des études sérieuses ; plus tard, lorsque la révolution eut renversé la fortune de sa famille, cet art devint sa ressource, et il en fit une étude plus suivie. Arrivé à Paris, il y prit des leçons de Cambini pour l'harmonie et la composition ; quelques années après, il fit un nouveau cours de ces sciences sous la direction de Reicha. Crescentini et Garat lui donnèrent des conseils pour l'art du chant, et lui-même transmit ensuite leurs principes à ses élèves. En 1808, il fut admis parmi les chanteurs de la chapelle impériale. Il conserva cette position dans la chapelle du roi, à la restauration. La révolution de juillet 1830 l'a privé de cette place. Nommé professeur de chant au Conservatoire en 1816, il en remplit les fonctions jusqu'en 1841. Cet artiste s'est particulièrement occupé de la didactique de plusieurs parties de l'enseignement de la musique, notamment du solfége, du chant et de l'harmonie. Il a publié sur ces objets des ouvrages estimés qui ont obtenu les honneurs de plusieurs éditions. Parmi les élèves qu'il a formés, on remarque Clotilde Colombello, qui, sous le nom de *Coreldi*, s'est fait entendre avec succès sur les grands théâtres de Naples et de Milan. Les principaux ouvrages de Garaudé sont : 1° *Méthode de chant*, œuvre 25, Paris, 1809. Cette méthode a été entièrement refondue et considérablement augmentée dans la *Méthode complète de chant*, œuvre 40, du même auteur. 2° *Solfége ou méthode de musique*, op. 27. 3° *Soixante solféges progressifs, ou nouveau cours de lecture musicale*, op. 41. Il y a une troisième édition des solféges de Garaudé, divisée en deux parties : 4° *Vingt-quatre vocalises, ou études caractéristiques de l'art du chant*, composées pour les examens et les concours du Conservatoire, op. 42. 5° *La Lyre enchantée*, opéra non représenté, réduit pour le piano. 6° *Messe solennelle à trois voix*, op. 43. 7° *Méthode complète de piano*. 8° Sept œuvres de sonates et de variations pour le piano. 9° Trois quintetti pour deux violons, alto et deux violoncelles. 10° Huit œuvres de duos, airs variés, etc., pour le violon. 11° Treize œuvres de quatuors, trios, duos, solos, etc., pour la flûte. 12° Trois œuvres, *idem*, pour clarinette. 13° Deux œuvres pour le violoncelle. 14° Trois œuvres pour la harpe. 15° Environ deux cents morceaux de chant italien et français, tels que airs, duos, cantates, nocturnes, romances, etc. 16° *L'Harmonie rendue facile, ou théorie pratique de cette science*, Paris, 1835, gr. in-4°. Tous ces ouvrages ont été publiés à Paris. Dans sa vieillesse, Garaudé fit un voyage en Espagne dont il a rendu compte dans un livre intitulé : *l'Espagne en 1851, ou impressions de voyage d'un touriste dans les diverses provinces de ce royaume* ; Paris, 1852, 1 vol. in-8°. Garaudé est mort à Paris, le 23 mars 1852.

GARAUDÉ (ALEXIS-ALBERT-GAUTHIER),

fils naturel du précédent et de Clotilde Colombelle, dite *Corsldi*, cantatrice, est né à Choisy-le-Roi (Seine), le 27 octobre 1821. Entré au Conservatoire de Paris dans sa huitième année, le 18 avril 1830, il y fit toutes ses études musicales, qui ne furent terminées qu'en 1842. Tous les prix de solfège, d'orgue et de composition lui furent successivement décernés. Élève d'Halévy pour le contrepoint, il prit part au concours de l'Institut de France, en 1841, et obtint le second grand prix. Doué d'une organisation d'élite et bon musicien, Garaudé possédait un des plus beaux talents qu'on ait connus pour l'accompagnement. Il fut pendant plusieurs années accompagnateur au théâtre de l'Opéra-Comique. On lui doit les réductions de plusieurs grandes partitions de Meyerbeer, d'Halévy et d'autres compositeurs. Il a publié aussi quelques légères productions pour le piano. Une mort prématurée l'a enlevé à l'art et à ses amis, le 6 août 1854, à l'âge de trente-trois ans.

GARCIA (FRANÇOIS), compositeur portugais, né dans la seconde moitié du seizième siècle, est connu comme auteur d'un recueil de messes intitulé : *Missas de varios tonos*, Lisbonne, Pierre Craesbeck, 1609, in-fol.

GARCIA (D. FRANÇOIS-XAVIER), prêtre et compositeur espagnol, naquit en 1731 à Nalda, évêché de Calahorra, dans la province de Logroño. Après avoir reçu sa première éducation musicale en Espagne, il alla passer quelques années en Italie où il acheva ses études sous la direction de plusieurs bons maîtres. Il s'y fit connaître avantageusement comme compositeur et y fut désigné sous la dénomination de *lo Spagnoletto*, qu'il conserva après son retour dans sa patrie. En 1756, il obtint la place de maître de chapelle de la Seu de Saragosse, et entreprit la réforme de la musique d'église, de laquelle il bannissait le style fugué, s'attachant surtout à l'expression des paroles. Ses compositions, très-recherchées dans toute l'Espagne, sont nombreuses : il les écrivait presque toujours à huit voix réelles en deux chœurs. On y remarque des messes, des motets pour toutes les fêtes de l'année, et particulièrement ses Répons de Noël et de la fête des Rois, ainsi qu'un *Dixit Dominus*, ouvrages d'une beauté achevée. Garcia était aussi recommandable par sa bonté que par son talent. Il mourut en prodiguant ses soins aux pestiférés de Saragosse, le 20 février 1809, à l'âge de soixante-dix-huit ans.

GARCIA (MANUEL-DEL-POPOLO-VICENTE), compositeur et célèbre chanteur dramatique, naquit à Séville, le 22 janvier 1775. Admis comme enfant de chœur de la cathédrale, à l'âge de six ans, il y fit ses premières études musicales, et y eut pour maîtres don Antonio Ripa et Juan Almarcha. Il n'y avait point alors de théâtre à Séville, et la musique d'église était la seule qu'on y entendait. Ce genre fut aussi celui vers lequel les idées du jeune Garcia se dirigèrent d'abord. A l'âge de dix-sept ans, il était déjà connu avantageusement comme chanteur, compositeur et chef d'orchestre. Sa réputation s'étendit bientôt, et le directeur du théâtre de Cadix l'attira près de lui, et le fit débuter dans une *Tonadilla* ou Garcia fit entrer plusieurs morceaux de sa composition. Sa voix avait du timbre, de l'agilité et de l'étendue, mais il avait, disait-il lui-même plus tard, tant de gaucherie sur la scène, qu'il aurait été impossible aux plus clairvoyants de découvrir en lui le germe du talent dramatique qui, depuis lors, a fait sa réputation. De Cadix il se rendit à Madrid où il débuta comme chanteur dans un *oratorio*. Il y fut applaudi, et le succès de plusieurs *tonadillas* qu'il y composa ne lui fut pas moins favorable. Dans une excursion qu'il fit à Malaga, il écrivit son premier opéra intitulé *el Preso*; le sujet de cet ouvrage était imité de l'opéra comique français, *le Prisonnier ou la Ressemblance*. Garcia était encore en cette ville, lorsque la fièvre jaune s'y déclara et y fit d'affreux ravages; échappé à ce danger, il retourna à Madrid, où il mit à la mode les petits opéras comiques en un ou deux actes, semblables à ceux qu'on jouait alors en France, et dont les livrets étaient presque tous traduits du français. Parmi ces ouvrages, on remarque *el Poeta calculista*, monodrame en un acte, écrit en 1805, et qui fut entendu à Paris quatre ans plus tard. C'est dans cet ouvrage que fut intercalé le fameux chant devenu depuis lors populaire dans toute l'Espagne : *Yo che son contrabandista*. La propriété de cette originale mélodie a été contestée à Garcia, mais à tort, car il en est réellement l'auteur. Les opéras de Garcia furent représentés sur la plupart des théâtres de l'Espagne, et y obtinrent du succès; mais déjà ce pays était trop petit pour son ambition d'artiste; le besoin de se produire au grand jour du monde musical l'aiguillonnait : il se décida à se rendre à Paris, et quoiqu'il n'eût jamais chanté en italien, quoiqu'il n'eût même jamais fait de véritable étude du chant, il osa débuter à l'Opéra-Bouffe, le 11 février 1808, dans la *Griselda* de Paër, et fit pardonner sa témérité par ses succès. Son âme ardente lui fournissait les moyens de triompher de toutes les difficultés. Il n'y avait pas un mois qu'il était au Théâtre-Italien, et déjà il était devenu le chef de la troupe chantante, composée d'artistes distingués qui possédaient un talent pur, mais un peu froid ; Garcia les échauffait de sa verve indomptable. Garat, bon juge des qualités et des défauts des chanteurs, disait alors de lui : *J'aime la fureur andalouse de cet homme; elle anime tout.* Ce fut alors que je connus Garcia, et que nous nous liâmes d'amitié par l'analogie de nos goûts en musique. Le 13 mars 1809, il chanta, dans une représentation à son bénéfice, son monodrame *el Poeta calculista*. L'enthousiasme du public pour cette musique espagnole, la première qu'on eût entendue à Paris, se manifesta en faisant répéter quatre morceaux par le chanteur ; Garcia fut obligé d'interrompre les représentations de l'ouvrage, parce que ces témoignages répétés de l'estime publique lui causaient beaucoup de fatigue.

Au commencement de 1811, il partit pour l'Italie : à Turin, à Naples, à Rome, il fut accueilli comme un artiste distingué. Murat le nomma, en 1812, premier ténor de sa musique particulière et de sa chapelle. Cette époque de la vie de Garcia fut celle où il acquit une connaissance théorique de l'art du chant. A Naples, il s'était lié d'amitié avec Anzani, un des meilleurs ténors de l'ancienne école italienne ; les conseils de cet artiste lui dévoilèrent les secrets de cet art, et devinrent la base de la méthode que Garcia employa ensuite avec ses élèves. En 1813, il fit jouer au Théâtre-Saint-Charles, à Naples, son opéra *il Califo di Bagdad*, qui fut vivement applaudi. En 1815, Rossini écrivit pour lui dans la même ville un des rôles de l'*Elisabetta;* l'année suivante, il lui confia à Rome le rôle d'Almaviva dans *le Barbier de Séville*. De retour à Paris vers la fin de l'année 1816, il y débuta, le 17 octobre, comme premier ténor du Théâtre-Italien, placé alors sous la direction de madame Catalani. Les amateurs habitués de ce théâtre remarquèrent les progrès que l'artiste avait faits en Italie, et le rôle de Paolino dans *il Matrimonio segreto* fut pour lui un véritable triomphe; ses succès se consolidèrent dans la *Griselda, Cosi fan tutte, l'Italiana in Algeri, il Califo di Bagdad* et *le Nozze di Figaro*. Bientôt cependant, dégoûté des tracasseries que lui faisait subir l'administration du théâtre, et de la position subalterne où les prétentions de la directrice voulaient le placer, il rompit son engagement, et partit pour l'Angleterre, vers la fin de 1817. Dans le cours de cette année, il avait écrit pour l'Opéra-Comique *le Prince d'occasion*, en 3 actes, qui fut représenté au mois de mars cet ouvrage eut peu de succès. A Londres, il chanta avec madame Foder *le Barbier de Séville* et une multitude d'autres ouvrages anciens et modernes. De retour à Paris au mois de novembre 1819, il y fit sa rentrée au théâtre par *le Barbier de Séville* qu'on y entendait pour la première fois, et qui fit enfin connaître Rossini aux Français. Depuis ce moment jusqu'en 1824, Garcia ne quitta plus le Théâtre-Italien de cette ville ; on peut considérer cette époque comme la plus brillante de sa carrière, soit comme chanteur, soit comme compositeur. *Otello, Don Juan* et *le Barbier* lui fournirent les moyens de mettre en évidence la flexibilité de son talent, et les ressources de son jeu énergique. Il avait écrit pour l'Opéra *le Grand Lama* et *l'Origine des Grâces*, mais ces ouvrages ne furent pas représentés. *La Mort du Tasse* et *Florestan*, autres opéras en trois actes, eurent un sort plus heureux, et furent joués en 1821 et 1822. Garcia donna aussi, au Théâtre-Italien, *il Fazzoletto*, en un acte, et, au Gymnase dramatique, *la Meunière*. C'est aussi à cette époque de sa vie que Garcia commença à fonder une école de chant qui, par ses résultats, l'a classé parmi les professeurs les plus distingués de cet art difficile.

Au printemps de 1824, il retourna à Londres comme premier ténor du théâtre du Roi. Malgré les travaux dont il était accablé pour le service de la scène, il y reprit ses cours de chant, et telle fut la vogue dont il jouit, qu'il eut quelquefois quatre-vingts élèves à ses leçons. L'éducation vocale de sa fille, l'illustre Marie Malibran de Bériot, fut aussi terminée alors, et ce fut à Londres qu'elle parut au théâtre pour la première fois (en 1825), dans le rôle de Rosine du *Barbier*. Déjà Garcia avait formé le projet de se charger de l'entreprise du théâtre de New-York ; il le réalisa dans cette même année, et s'embarqua à Liverpool. La troupe qu'il conduisit dans l'Amérique septentrionale se composait de lui-même, de Crivelli fils, ténor, de son fils Manuel et d'Angrisani, bouffes chantants, de Rosich, *buffo caricato*, de madame Barbieri, de madame Garcia et de sa fille. Un tel ensemble de talents était une chose inconnue chez les Américains ; l'enthousiasme des habitants de New-York n'eut point de bornes. Garcia livra tour à tour à leur admiration *Otello, Romeo, il Turco in Italia, Don Juan, Tancredi, la Cenerentola,* enfin *l'Amante astuto* et *la Figlia dell' aria*, ouvrages écrits par lui-même, pour sa fille et pour Angrisani. Les succès de son entreprise étaient tels, que jamais il n'eût songé à l'abandonner, si la rigueur du climat n'eût porté atteinte à l'organe des chanteurs. Garcia s'éloigna en 1827 de New-York pour se rendre à Mexico, dont le ciel est plus favorable à la santé des artistes. Les premiers opéras qu'il y fit jouer étaient en italien; mais les Mexicains, qui goûtaient fort la musique, n'entendaient rien aux paroles. Il fallut les traduire, et ce fut encore Garcia qui fit cet immense travail. Après dix-huit mois de séjour dans la capitale du Mexique, il sentit le besoin du repos et voulut revenir en Europe; il rassembla ce qu'il avait de plus précieux, et se mit en route pour la Vera-Crux, où il devait s'embarquer; mais malgré la protection de son escorte, son convoi fut arrêté et pillé par des brigands masqués qui lui enlevèrent tout ce qu'il possédait, entre autres choses de prix, une cassette qui contenait mille onces d'or. L'énergie de Garcia ne l'abandonna pas dans ce désastre; il revint à Paris, et y ouvrit des cours de chant qui furent fréquentés par beaucoup de jeunes artistes et d'amateurs distingués. Il reparut aussi au Théâtre-Italien dans *Don Juan* et dans *le Barbier*; mais l'âge, les fatigues et ses malheurs avaient altéré sa voix; il comprit qu'il n'était plus lui-même, et se retira pour toujours. Entièrement livré aux soins de l'éducation vocale de ses élèves et à ses travaux comme compositeur, il passa doucement ses dernières années. Il est mort, à Paris, le 2 juin 1832, dans sa cinquante-huitième année.

Comme chanteur et comme acteur, Garcia avait une verve irrésistible; sous ce rapport, il n'a jamais été égalé. Il avait en général un très-bon sentiment de musique, même dans les choses gracieuses; mais quelquefois il portait l'usage des fioritures jusqu'à l'excès. Son imagination lui fournissait des formes nouvelles pour ces fioritures, ce qui donnait à son chant quelque chose d'original et d'inusité.

Comme compositeur, il mérite moins d'éloges. Sa facilité à écrire était grande, mais il en abusait et ne choisissait pas assez ses idées. Il a eu rarement des succès décidés pour ses ouvrages, mais il se consolait facilement de leurs échecs, parce qu'ils lui avaient coûté peu de peine à écrire. Au milieu des agitations de sa vie dramatique et aventureuse, on est étonné qu'il ait trouvé le temps d'écrire l'énorme quantité d'opéras qu'on connaît sous son nom. Il en a laissé un grand nombre inédits et dont les titres ne sont même pas tous connus. On peut diviser ses ouvrages en trois classes : I. OPÉRAS ESPAGNOLS. 1° *El Preso*, en un acte, à Malaga. 2° *El Posadero*, en un acte, à Madrid. 3° *El Preso por amor*, monodrame en un acte. 4° *Quien porfia mucho alcanza*, opéra en un acte. 5° *El Relax de Madera*. 6° *El Criado fingido*, en un acte. 7° *El Cantiverio aparente*, en deux actes. 8° *Los Riptos del maestro Adan*, en un acte. 9° *El Hablador*. 10° *Florinda*, monodrame. 11° *El Poeta calculista*, 1805, en un acte. Tous ces ouvrages furent représentés à Madrid. 12° *Abufar*, en trois actes, en 1828, à Mexico. 13° *Semiramis*, en trois actes, en 1828, à Mexico. 14° *Acendi*, opéra en deux actes. 15° *El Jitano por amor*, en deux actes. 16° *Los Maridos solteros*, en deux actes, à Mexico. 17° *Xaira*, en deux actes, à Mexico. II. OPÉRAS ITALIENS. 18° *Il Califo di Bagdad*, à Naples, en 1812. 19° *La Selva nera*, ballet en trois actes, à Milan. 20° *Il Fazzoletto*, en un acte, 1823, à Paris. 21° *Astuzie e prudenza*, à Londres, en 1825, un acte. 22° *L'Amante astuto*, en un acte, 1827, à New-York. 23° *La Figlia dell'Aria*, en un acte, 1827, à New-York. 24° *Il Lupo d'Ostende*, en deux actes. 25° *I Banditi*, en deux actes. 26° *La Buona famiglia*, en un acte, paroles et musique de Garcia. 27° *Don Chisciotte*, en deux actes. 28° *La Gioventù d'Enrico V*, en deux actes. 29° *Le tre Sultane*, en deux actes. 30° *Un Ora di matrimonio*, paroles italiennes et espagnoles, joué à Mexico. 31° *Zemira e Azor*, en deux actes. 32° Cinq petits opéras de salon avec accompagnement de piano, intitulés : *L'Isola disabitata*, *li Cinesi*, *un avertimenti ai Gelosi*, *i tre Gobbi*, *il finto Sordo*. III. OPÉRAS FRANÇAIS. 33° *Le Prince d'occasion*, en trois actes, à l'Opéra-Comique, 1817. 34° *Le Grand Lama*, en trois actes, paroles de M. de Jouy, non représenté. 35° *L'Origine des Grâces*, en un acte, non représenté. 36° *La Mort du Tasse*, en trois actes, joué à l'Opéra en 1821. 37° *Florestan*, en trois actes, à l'Opéra, en 1822. 38° *Sophonisbe*, en trois actes, paroles de M. de Jouy, non représenté. 39° *La Meunière*, en un acte, au Gymnase dramatique, 1823. 40° *Les Deux contrats*, en deux actes, 6 mars 1824, à l'Opéra-Comique.

Les principaux élèves chanteurs formés par Garcia sont : madame Malibran de Bériot, sa fille; mesdames Rimbault, Ruiz-Garcia, Méric-Lalande, Favelli, comtesse Merlin, MM. Adolphe Nourrit, Géraldy, et son fils Manuel Garcia, bon professeur.

GARCIA (MANUEL), fils du précédent, né

à Madrid, le 17 mars 1805, fit ses premières études musicales sous différents maîtres peu connus, pendant le séjour de son père à Naples, depuis 1811 jusqu'au commencement de 1816, puis à Paris, où il fut de retour avec sa famille à la fin de cette dernière année. Parvenu à l'âge d'environ quinze ans, il reçut de l'auteur de cette notice quelques leçons d'harmonie. Dans le même temps, Garcia fit aussi commencer l'étude du chant à son fils ; mais l'éducation vocale de celui-ci était encore peu avancée quand, à la fin de 1825, toute la famille Garcia fut engagée pour l'opéra italien que le directeur de théâtre, *Price*, établissait alors à New-York. Le jeune Garcia devait y chanter les secondes basses. Après le retour de sa sœur, Mme Malibran, à Paris, il partit de New-York avec son père, sa mère, et sa jeune sœur Pauline, pour l'Amérique du Sud et fut quelque temps attaché au théâtre de Mexico. De retour à Paris, en 1829, Manuel Garcia, dont la voix fut toujours mauvaise, abandonna la scène et se borna à seconder son père pour l'enseignement du chant, dans le cours que celui-ci avait ouvert à Paris, et dans lequel d'excellents élèves, au nombre desquels est Géraldy, furent formés. Il acquit dans cette pratique de l'enseignement, sous l'impulsion de son père, beaucoup d'expérience. Plus tard, il se livra à de sérieuses études sur la conformation de l'organe vocal, sur les limites de ses registres, et sur son mécanisme dans le chant. En 1840, il présenta à l'Académie des sciences de l'Institut de France un *Mémoire sur la voix humaine* sur lequel Magendie, Savart et Dutrochet firent un rapport qui fut lu à la séance du 12 avril 1841. Manuel Garcia avait établi dans ce mémoire : 1° Que la voix de fausset ne commence pas *nécessairement* là où finit la voix de poitrine, et que le chanteur peut descendre en sons de fausset plusieurs notes au-dessous de celle où s'arrête la voix de poitrine. Dès 1827, le docteur Rush avait signalé ce fait dans sa *Philosophie de la voix humaine* (1), et les bons maîtres de chant accoutument leurs élèves à l'exercice qui consiste à donner alternativement en voix de poitrine et en fausset certaines notes plus graves que la limite *aiguë* de la voix de poitrine : Mengozzi a placé des exercices de ce genre dans la *Méthode de chant du Conservatoire de Paris*, publiée en 1803 (2). 2° Que la voix de poitrine et la voix de tête ou de fausset sont produites chacune

(1) *The Philosophy of the human voice*, etc. Philadelphie, 1827, p. 98-99.
(2) P. 15 et 16.

par une modification particulière et importante de l'organe vocal ; ce qui depuis longtemps est hors de doute pour les physiologistes et pour les bons maîtres de chant ; mais ici une observation très-juste appartient à Garcia, à savoir que l'épuisement de l'air contenu dans la poitrine est plus rapide dans la production d'une note en voix de fausset que celle de la même note en voix de poitrine. L'expérience démontre en effet que s'il faut de vingt-quatre à vingt-six vibrations du pendule d'un métronome, à un degré déterminé de mouvement, pour épuiser l'air dans l'émission d'une note en voix de poitrine, le même épuisement a lieu entre seize et dix-huit vibrations du même mouvement, dans la production de la même note en voix de tête. 3° Que la voix est susceptible de produire les mêmes sons en deux timbres différents, dont l'un s'appelle *timbre clair* (ou *voix blanche*), et l'autre, *timbre sombre* (ou *voix sombrée*). 4° Que dans la production diatonique des sons du grave à l'aigu, le larynx s'élève progressivement, et que le voile du palais est alors constamment abaissé, tandis que dans la même production ascendante, le larynx reste constamment fixé dans sa position la plus basse, et le voile du palais est relevé. Quelques mois avant que le Mémoire de M. Manuel Garcia eût été présenté à l'Académie des sciences, une observation semblable avait été soumise à la même société savante par MM. Diday et Petrequin, dans un Mémoire qui avait pour objet l'étude physiologique de la voix sombrée. 5° Qu'il existe chez quelques chanteurs un registre inférieur aux notes les plus graves qui peuvent être données en voix de poitrine par les basses-tailles. Ce registre, appelé *Contrebasse* par M. Garcia, et qu'on appelait autrefois *Basse-contre* en France, s'entend dans tout son développement chez quelques chantres de la chapelle impériale de Russie. Ce registre est produit vraisemblablement par la même modification de l'organe vocal signalée par Ferrein (*voyez* ce nom), laquelle engendre les *sons* qu'on remarque chez quelques enfants de chœur qui chantent *en grosse voix*, suivant l'expression populaire. M. Garcia a reçu les félicitations de l'Académie des sciences sur la valeur de ses observations.

Ayant été nommé professeur de chant au Conservatoire de Paris, M. Garcia publia pour ses élèves, et surtout pour les professeurs, un *Traité complet de l'art du chant, en deux parties*, Paris, 1847, 1, vol. gr. in-4° ; bon ouvrage, soit au point de vue de la théorie, soit à celui de la pratique, et dans lequel on remarqua une multitude d'observations aussi neuves que justes. Il en a été fait une deuxième édition avec quelques changements dans la première partie, en 1847. M. C. Wirth en a fait une traduction allemande qui a été publiée avec le texte original à Mayence chez Schott. Dans son enseignement à Paris, M. Garcia a formé de bons élèves parmi lesquels on remarque sa femme (Mme Eugénie Garcia), Jenny Lind, devenue si célèbre, Henriette Nissen (plus tard Mme Salomon), etc. Vers 1850, il a donné sa démission de professeur au Conservatoire et s'est fixé à Londres, où il continue de se livrer avec succès à l'enseignement du chant.

GARCIA (Mme Eugénie), femme du précédent et son élève pour le chant, née à Paris, vers 1818, brilla pendant plusieurs années sur les théâtres principaux de l'Italie. En 1836, elle chanta à Milan et à Novare, puis à Vienne; dans l'année suivante, à Turin et à Rome; à Parme, Florence, Bergame et Padoue, en 1838; de nouveau à Rome, en 1839; à l'Opéra-Comique de Paris, en 1840 et 1841; à Londres, en 1842 et 1843; et enfin, à Milan, en 1846. Retirée du théâtre et séparée de son mari, elle s'est fixée à Paris et s'y livre à l'enseignement du chant.

GARCINS (Laurent), littérateur, naquit à Neuchâtel, vers 1734, et mourut à Paris, en 1788. Après avoir publié quelques pièces de poésie, il fit paraître un livre qui a pour titre: *Traité du mélodrame, ou réflexions sur la musique dramatique*, Paris, de l'imprimerie de Vallat-Lachapelle, 1772, in-8°. Cet ouvrage, où l'auteur n'a pas mis son nom, ne répond pas à son titre, en ce qu'il n'est point conçu d'après un plan didactique des divers genres d'opéras; mais il s'y trouve de bonnes observations, et Garcins s'y est montré supérieur à tous les littérateurs français de son temps qui ont écrit sur la musique.

GARDANE (Antoine), en italien *Gardano*, musicien français, naquit au commencement du seizième siècle ou dans les dernières années du quinzième. Du Verdier, qui le cite dans sa *Bibliothèque française*, ne dit point en quelle province il vit le jour. Outre la profession de musicien, il exerçait celle d'imprimeur; il s'établit à Venise en cette qualité, mais on ignore en quelle année. Ce fut certainement au plus tard en 1537, car il réimprima en cette ville le septième livre des motets pour l'Avent, Noël, etc., publié précédemment par Pierre Attaignant à Paris (1533, in-4°) sous ce titre: *Musicales motettos quatuor, quinque et sex vocum modulos Dominici adventus, nati-vitatisque ejus ac sanctorum eo tempore occurrentium habet*. Les compositeurs dont on trouve des motets dans ce recueil étaient la plupart Français, ce sont: Claudin (Claude de Sermisy), L'Héritier, Mouton, Rousée, Lebrun, etc. Gardane n'était pas seulement imprimeur de musique; on sait que ses presses servaient aussi pour les sciences et la littérature, car il publia les *Pistole de Nicolo Franco*, avec cette date: *Venetiis, apud Antonium Gardane*, 1538, in-8°. En 1538, il fit paraître vingt-cinq chansons françaises à quatre voix, choisies dans les recueils publiés précédemment par Pierre Attaignant à Paris; on y trouve des morceaux de Clément Janequin, Certon, Hesdin, Le Heurteur, Passereau, et d'autres, la plupart Français. Dans un recueil de motets intitulé: *Motetti del Frutto*, que Gardane publia en 1539, on trouve quelques morceaux de sa composition. On a aussi de lui un recueil de chansons françaises à deux voix avec quelques autres de différents auteurs. Cet ouvrage a pour titre: *Canzoni francese a due voci da Antonio Gardane, insieme alcuni d'alteri* (sic) *autori*, Venise, Antoine Gardane, 1564, in-4° obl. Du Verdier dit qu'il a fait aussi imprimer plusieurs chansons françaises à quatre parties dans divers recueils. Chaque année, Gardane publiait de nouveaux recueils de messes, de motets, de chansons ou de madrigaux; en 1561, il fit paraître: *Primo secondo et terzo libro de' capricci di Jachetto Berchem*. En 1571, il eut pour successeurs ses fils Ange et Alexandre.

GARDANE (Ange et Alexandre), fils du précédent, lui succédèrent en 1571, et imprimèrent en société jusqu'en 1575. Il paraît qu'Alexandre se sépara alors de son frère, et qu'il imprima de la musique pour son compte particulier. On le trouve encore à Venise en 1580, mais plus tard il transporta ses presses à Rome, car on a de la musique imprimée chez lui, et datée de cette ville, 1584. Les presses d'Ange Gardane eurent une prodigieuse activité jusque vers 1610. Il paraît certain qu'il cessa de vivre vers cette époque, et que les œuvres de musique imprimées postérieurement et qui portent son nom ont été publiées par ses héritiers (*voyez* Magni). On en trouve encore à la date de 1650.

GARDE (N. DE LA). *Voyez* Lagarde (de).

GARDETON (César), amateur de musique, est né à Marseille en 1786. Après avoir fait ses études, il s'est rendu, vers la fin de 1814, à Paris, où il s'est occupé de compilations et de traductions littéraires et musicales. Le premier ouvrage qu'il fit paraître est un almanach intitulé : *Annales de la musique, ou almanach musical pour l'an 1819*, Paris, 1819, un vol. petit in-12. Le volume de la deuxième année a pour titre : *Annales de la musique, ou almanach musical de Paris, des départements et de l'étranger, pour l'an 1820, suivi d'une esquisse de l'état actuel de la musique, de notices sur la musique et sur les artistes*, etc., etc., Paris, 1820, un vol. in-12. Gardeton a publié, sous le voile de l'anonyme : *Bibliographie musicale de la France et de l'étranger, ou répertoire général systématique de tous les traités et œuvres de musique vocale, instrumentale, imprimés ou gravés en Europe jusqu'à ce jour*, etc., Paris, Niogret, 1822, un vol. in-8° de six cent huit pages : titre mensonger d'une détestable rapsodie dénuée d'ordre, de plan, et qui fourmille d'erreurs et de bévues. L'auteur est mort à Saint-Germain, près de Paris, en 1831.

GARDI (FRANÇOIS), compositeur dramatique italien, né vers le milieu du dix-huitième siècle, est connu par les opéras suivants : 1° *L'Incantesimo senza magia*, 1784. 2° *La Muta per amore*, 1785. 3° *La Donna ve la fa*, 1785. 4° *La Bella Lauretta*, 1786. 5° *Enea nel Lazio*, à Modène, 1786. 6° *Un Buco nella porta*, 1787. 7° *Il Convito di pietra, ossia il D. Giovanni*, à Venise, 1787. 8° *L'Americana*, 1788. 9° *La Fata capricciosa*, 1789, à Venise. 10° *Teodolinda*, 1790, idem. 11° *La Bottega di Caffe*, 1790. 12° *Il Nuovo convitato di Pietra*, 1791, à Bologne. Son oratorio *Abrahami sacrificium* a eu une belle réputation en Italie dans les dernières années du dix-huitième siècle : il passe pour son plus bel ouvrage.

GARDINER (WILLIAM), littérateur anglais, est né à Leicester, le 15 mars 1770. Il apprit la musique dans son enfance, joua du violon, et composa des chansons anglaises et des duos de chant qui furent publiés chez Longman et Broderip, avec les initiales W. G. Leicester. Il est auteur d'un livre assez curieux qui a pour titre : *Music of Nature, or an Attempt to prove that what is passionate and pleasing in the Art of singing, Speaking and Performing on musical instruments, is derived from the sounds of the animated World* (la Musique de la nature, ou essai tendant à prouver que ce qu'il y a de passionné et d'agréable dans l'art du chant, de la parole et de l'exécution sur les instruments de musique, est dérivé des sons de la nature animée).

Londres, 1830, in-8°. Cette thèse a été reprise jusqu'à un certain point et développée par M. Kastner (*voyez* ce nom) dans son livre intitulé : *la Harpe d'Éole et la musique cosmique*. On a aussi de Gardiner un livre intitulé : *Music and Friends; or pleasant recollections of a Dilettante* (Musique et amis, ou réminiscences agréables d'un amateur). Londres, Longman, Orme, etc., 1838, 2 vol. in-8°. Il y donne des renseignements sur sa vie et sur quelques musiciens anglais avec lesquels il a eu des relations.

GARGANO (THÉOPHILE), né à Gallèse, dans la seconde moitié du seizième siècle, fut agrégé au Collège des chapelains chantres de la chapelle pontificale, en 1601. Ce musicien a composé deux versets du *Miserere*, l'un à quatre voix, l'autre à cinq, qui ne manquent pas de mérite, et qui ont été exécutés à la chapelle sixtine postérieurement à celui de Palestrina. Il était contraltiste de cette chapelle. A sa mort, qui arriva en 1648, il fit par son testament une fondation pour quatre jeunes gens de Gallèse qui devaient étudier la musique à Rome.

GARGANO (JOSEPH), né à Naples, vers le milieu du dix-huitième siècle, fut élève de Fenaroli au Conservatoire de Loreto. Il enseigna ensuite dans la même école. Ses meilleurs ouvrages sont écrits pour l'église. On cite de lui plusieurs messes, des *Dixit* et des motets à grand orchestre. Gargano est mort à l'âge de cinquante-trois ans.

GARKE (HENRI), musicien à Halberstadt, dans les premières années du dix-neuvième siècle, est auteur d'un petit ouvrage publié sous le voile de l'anonyme, avec ce titre : *Musikalischer Catechismus nebst einem Anhange für kleiner Singinstitute eingerichtete* (Catéchisme musical suivi d'un supplément disposé pour les petits instituts de chant). Halberstadt, 1820, in-8°. Cette édition est la deuxième ; j'ignore la date de la première.

GARLANDE (JEAN DE), écrivain sur la musique, supposé être le même ecclésiastique que Garland, Gerland et enfin Jarland, chanoine régulier et scolastique de S.-Paul de Besançon, qui vécut dans la première moitié du douzième siècle. Le P. Pez (1) a essayé de prouver que celui-ci était originaire de la Lorraine. Cependant Gerland se dit lui-même Besançonais, dans le prologue, publié par D. Martenne (2), de son livre intitulé : *Candela*

---

(1) *Thesaurus anecd. novis.*, t. II. *Dissert. Isag.*, p 16
(2) *Thesaurus anecd.*, t. I, p. 372.

evangelica, et le nom qu'il se donne est celui de Jarland (*Jarlandus Chrysopolitanus, S.-Pauli scholarum Præceptor et Canonicus*). *Chrysopolis* est le nom latin de Besançon. Suivant le P. Pez et les auteurs de l'*Histoire littéraire de la France* (1), Gerland étant venu à Besançon, y fut pourvu d'un canonicat et de l'emploi de scolastique dans l'église collégiale de S.-Paul. Ce fut, disent-ils, peu de temps avant l'an 1131, époque d'une révolution arrivée dans le chapitre de cette église, dont une partie embrassa la vie régulière sous la conduite d'un prieur, et l'autre persévéra dans son ancien état. Gerland se rangea du côté des premiers et fonda à Lanthenans, village près de Baume-les-Dames, une abbaye de chanoines réguliers, où l'on croit qu'il mourut. Le dernier renseignement qu'on possède sur la vie de ce scolastique est qu'il vivait encore en 1148; car un auteur contemporain parle d'un voyage qu'il fit alors sur le Rhin, en compagnie d'Adalbéron, archevêque de Trèves (2). Après cette époque, l'histoire se tait sur lui. On ne parlera point ici de ses traités de théologie, de dialectique et de chronologie ecclésiastique, qui n'appartiennent pas à l'objet de ce dictionnaire : c'est comme auteur d'un livre sur le plain-chant et sur la musique mesurée que Jean de Garlande y est mentionné. Mais d'abord une question se présente, à savoir, s'il y a identité entre ce Jean de Garlande et Gerland ou Jarland? Rien n'en établit la preuve. Tout ce qu'on sait d'une manière positive, c'est que Gerland était savant dans le *trivium* et dans le *quadrivium*, qui, au moyen âge, renfermaient toute la science de ce qu'on appelait alors les sept arts libéraux, au nombre desquels était la musique. Ce fait résulte d'une lettre que lui écrivait Hugues Metel, son ami et compatriote, pour le détourner d'une hérésie à laquelle il se laissait entraîner, et qui lui est adressée en ces mots : *Gerlando scientia Trivii Quadriviique onerato et honorato Hugo Metellus*, etc. Mais de ce que Gerland était savant dans la musique ne découle pas la démonstration qu'il est le même personnage que Jean de Garlande, auteur d'un traité de cet art. Aucun des contemporains ni des historiens ecclésiastiques ne l'appelle Johannes de Garlandia. L'écrivain le plus ancien chez qui l'on trouve ce dernier nom, et qui fait connaître l'ouvrage de Jean de Garlande, est le dominicain Jérôme de Moravie, auteur d'une compilation de divers traités de musique, qui écrivait en 1260, c'est-à-dire cent douze ans après le dernier renseignement historique qu'on possède sur Gerland. Or, Jérôme ne dit pas un mot d'où l'on puisse conclure que les deux noms désignent la même personne.

Quoi qu'il en soit, Jean de Garlande, dont il s'agit ici, est incontestablement l'auteur du traité de musique rapporté en tout ou en partie par Jérôme de Moravie dans sa compilation. Ce traité a été longtemps inconnu. M. E. De Coussemaker dit (3) que *Jérôme de Moravie l'a inséré dans son ouvrage* : c'est parler, ce me semble, d'une manière trop absolue; car Jérôme de Moravie (*voyez* ce nom) était compilateur et non copiste. Il a dû retrancher du traité de Jean de Garlande, et quelquefois y ajouter. Lui-même, d'ailleurs, nous en avertit, car il blâme parfois son auteur, par exemple, dans le vingt-sixième chapitre (4), où, parlant du *hoquet*, il appelle défectueuse la position de l'exemple donné par Jean de Garlande. Immédiatement après, il nous informe qu'à ce que Jean a dit concernant la musique plaine, il a ajouté ce qui regarde la longueur et la brièveté du son, *ce qui*, dit-il, *est appelé mode du son parmi nous* (5). Au surplus, un manuscrit de l'ouvrage de Garlande existe à la Bibliothèque du Vatican, sans nom d'auteur; MM. Danjou et Stéphen Morelot (*voyez* ces noms) en ont fait une copie pendant leur séjour à Rome, en 1847 ; ils l'ont communiquée à M. De Coussemaker, qui y a trouvé grand nombre de variantes. Une découverte récente fournira enfin le moyen de publier l'ouvrage de Jean de Garlande dans son intégrité. Elle est due à M. Grosjean, organiste intelligent de la cathédrale de Saint-Dié (Vosges), qui a trouvé dans la Bibliothèque publique de cette ville un manuscrit du quinzième siècle, lequel renferme le *Lucidarium in arte musica* de Marchetto de Padoue, l'*Ars cantus mensurabilis*, de Francon, tous deux complets, cinq autres petits traités ou extraits de divers ouvrages, et enfin, au n° 6, *Introductio musicæ planæ et etiam musicæ mensuratæ secundum magistrum Johannem de Galandia* (sic) *musicæ sapientissimum*. Ce traité, le plus considérable du recueil, a 50 feuillets. L'écriture du manuscrit est bonne, mais chargée d'abréviations. La collation de ce manuscrit précieux avec la copie de MM. Danjou et Morelot

---

(1) Tom. XII, p. 275.
(2) Gest. Archiep. Trevir. apud D. Mart. Amplis. collect., t. IV, p. 266.
(3) *Histoire de l'harmonie au moyen âge*, p. 47.

(4) P. 151 du manuscrit de la Bibliothèque impériale de Paris.
(5) Loci. loc., f° 152.

et le manuscrit de Jérôme de Moravie produira sans nul doute un bon texte.

L'abbé Gerbert a publié dans sa collection des écrivains ecclésiastiques sur la musique (1), d'après un manuscrit de la Bibliothèque impériale de Vienne, des fragments de Gerland sur les mesures des jeux de flûte de l'orgue, sur les cloches, et sur certains remèdes propres à améliorer la sonorité de la voix.

GARNERIO (Guillaume), ou plutôt **GARNIER**, en latin *Garnerius* ou *Guarnerius*, musicien qui a eu de la célébrité dans la seconde moitié du quinzième siècle. Il est vraisemblable qu'il était né en Belgique, et que son nom était Garnier ou Guarnier, car, dans un manuscrit du commencement du seizième siècle, qui contient des chansons françaises et flamandes à trois et à quatre parties, lequel a appartenu à l'abbé de Tersan, et qui est devenu la propriété de lord Spencer, on en trouve une qui commence par ces mots *Consolés moi*, et qui porte en tête : *Guilh. Guarnier Belg*. On trouve aussi un motet de Guarnier dans le recueil publié par Attaignant, à Paris, en 1529, et une chanson française à quatre voix, dans le XI⁰ livre publié par le même éditeur, en 1542. Quoi qu'il en soit, Garnerio ou Garnier fut un célèbre professeur de musique, qui d'abord ouvrit des cours à Milan, et qui fut ensuite appelé à Naples pour enseigner dans l'École de musique fondée par le roi Ferdinand de Sicile. Il vivait dans cette ville en 1480, ainsi que le prouve un passage de la vie de Gafori par Pantaléon Melegoli.

GARNIER (Honoré), musicien français, accompagnateur de la musique de Stanislas, roi de Pologne, vivait à Paris dans la première moitié du dix-huitième siècle, et mourut à Nancy en 1769. Il s'est fait connaître par un ouvrage qui a pour titre : *Méthode pour l'accompagnement du clavecin, et bonne pour les personnes qui pincent de la harpe*, Paris, 1760, in-4°. Cette méthode est établie sur les principes de la basse fondamentale.

GARNIER (Adrien), né à Lyon, vers 1740, apprit fort jeune le violon, et acquit une certaine habileté sur cet instrument. En 1770, il fit graver dans sa ville natale six solos pour le violon, op. 1. Cinq ans après, il se rendit à Paris, entra à l'Opéra en 1777, et mourut au mois de novembre 1787.

GARNIER (François-Joseph), connu sous le nom de *Garnier l'aîné*, naquit, en 1759, au village de Lauris, dans le département de Vaucluse (2). Neveu d'un basson de l'Opéra, il se rendit à Paris, près de ce parent qui le confia au vieux hautboïste Sallentin. En 1778, il entra à l'orchestre de l'Opéra, en qualité de second hautbois; mais bientôt il eut surpassé son maître en habileté. Admis dans la musique du roi, en 1784, deux ans plus tard il devint premier hautbois de l'Académie royale de musique. Plusieurs fois Garnier s'était fait entendre avec succès au Concert spirituel, et sa réputation comme hautboïste était brillante, quand la révolution survint et lui fit perdre une partie des avantages dont il jouissait à la cour et dans le monde. Il chercha alors à entrer dans l'administration de la guerre, et fut nommé commissaire ordonnateur. A Francfort, où il se trouvait avec le général Moreau, il fit admirer son talent dans un concert que Kreutzer y donna. Attaché ensuite à l'armée de Championnet en Italie, il visita Rome et Naples. Rentré en France, après avoir acquis assez de bien pour vivre dans l'indépendance, et retiré de tous ses emplois, Garnier voulut réaliser le projet qu'il avait formé depuis longtemps de finir ses jours dans le lieu qui l'avait vu naître, et dont il avait conservé un souvenir plein de charme : il se mit donc en route pour le midi de la France. Arrivé à Lauris, il y retrouva des parents et des amis d'enfance qui lui firent fête ; mais après les premiers moments d'effusion, après avoir parcouru les bords de la Durance, qui n'eurent plus pour lui les séductions de la jeunesse, il s'aperçut que le bonheur champêtre qu'il y était allé chercher n'était plus à son usage. L'art lui manquait : faire et entendre de la musique étaient devenus un besoin impérieux qu'il ne pouvait satisfaire. En vain cherchait-il sur son hautbois des distractions à son ennui ; il n'y avait point à Lauris d'oreilles ni de cœurs qui s'émussent à ses accents. Quelques jeunes paysans, à la vérité, avaient consenti à devenir ses élèves, et par ses soins faisaient des progrès dans leurs études ; plus tard même, il parvint à former un corps de musique d'harmonie par les mêmes ressources ; mais accoutumé à la perfection des artistes célèbres avec lesquels il avait vécu, il faisait incessamment des comparaisons qui le jetaient dans le découragement. L'ennui, cette cruelle maladie de l'âme, devint plus fort que ses résolutions, et le desséchera par degrés. Il mourut ignoré dans sa retraite vers 1825, à

(1) T. II, p. 271, 278.

(2) J'ai dit, dans la première édition de cette Biographie, que Garnier était né à Paris : c'était une erreur puisée dans une notice que Roquefort m'avait envoyée.

l'âge d'environ soixante-six ans (1). On connaît de lui : 1° Premier, deuxième et troisième concertos pour hautbois, Paris, chez l'auteur. 2° Première et deuxième symphonie concertante pour deux hautbois, Paris, Erard. 3° Symphonie concertante pour flûte, hautbois et basson, op. 4, Paris, Naderman. 5° Six duos pour hautbois et violon, op. 7, *ibid.* 6° *Méthode pour le hautbois, contenant les principes nécessaires pour bien jouer de cet instrument*, etc., Paris, Pleyel.

GARNIER (Joseph), frère du précédent, connu sous le nom de *Garnier jeune*, joua du hautbois comme l'aîné, et entra à l'orchestre de l'Opéra comme second, en 1789; mais l'instrument qu'il cultiva de préférence fut la flûte, et ce fut celui qu'il joua ensuite dans le même orchestre. Il se retira en 1814, avec la pension, après vingt-cinq ans de service. Cet artiste a publié : 1° Premier concerto pour la flûte, Paris, Naderman. 2° Trios pour flûte, cor et basson ou violoncelle, Paris, Janet. 3° Quatre livres de six duos chaque, pour deux flûtes, Paris, Naderman et Schlesinger. 4° Études pour la flûte, Paris, Janet. 5° *Méthode de flûte*, Paris, Janet.

GARTNER (Joseph), facteur d'orgues et de pianos de la cour impériale d'Autriche, né en Bohême, s'est fixé à Prague. Il est auteur d'un petit ouvrage intitulé : *Kurze Belehrung über die innere Einrichtung der Orgeln*, etc. (Instruction abrégée sur la disposition intérieure de l'orgue, etc.), Prague, 1832, in-8° de VIII et 54 pages, avec cinq planches lithographiées. Cet opuscule a été publié aux frais de la Société des amis de la musique d'église en Bohême, pour l'usage des jeunes organistes, et pour leur apprendre à tenir en bon état l'instrument qui leur est confié. Une deuxième édition a paru à Prague, chez Hofmann, en 1841, in-8°.

GARULLI (Bernardino), musicien italien, vécut dans la seconde moitié du seizième siècle. On connaît sous son nom un recueil de motets intitulé : *Modulationum quinque vocum liber primus*, Venetiis, apud Hieronymum Scotum, 1562, in-4° obl.

GARZONI (Thomas), auteur italien du seizième siècle, naquit à Bagnacavallo, dans la Romagne, au mois de mars 1549. Après avoir fait ses études à Ferrare et à Sienne, il alla en 1566 prendre à Ravenne l'habit de chanoine régulier de Latran. Il mourut dans sa patrie,

(1) Voyez l'écrit de M. J. F. Porte intitulé : *Des moyens de propager le goût de la musique en France;* Caen, 1853, in-8°.

le 8 juin 1589. On a de lui plusieurs ouvrages bizarres, parmi lesquels se trouve celui qui est intitulé : *Piazza universale di tutte le professioni del mondo*, Venise, 1585, in-4°. Il y en a des éditions de 1580 et de 1651. Cet ouvrage est divisé en cent cinquante-cinq discours, sur toutes les professions des hommes : le second et le quarante-deuxième traitent de *Musici, cosi cantori, come suonatori, ed in particolare de' Pifferi*. On connaît une traduction française de cet ouvrage, une autre latine par Mich.-Gasp. Landorp, et une allemande, sous le titre de *Schauplatz von allerley Künsten*, 1626, 1646, 1659, et Francfort 1719.

GASCHIN (Madame la comtesse Fanny Gaschin-de-Rosenberg), fille du comte Jean Suminsky, et femme du comte polonais Amand de Gaschin, est née à Thorn, le 9 mars 1818. Dès ses premières années, elle fit remarquer son heureuse organisation pour la musique, et son talent sur le piano se développa rapidement. Les virtuoses Liszt, Thalberg et Henselt devinrent ses modèles, et avant l'âge de vingt ans, son habileté égalait celle des artistes les plus renommés. Ses compositions ont de l'analogie avec le style de Chopin. Parmi ses productions, qui sont au nombre d'environ vingt œuvres, on remarque : 1° *Rêverie*, romance sans paroles pour le piano, op. 8. Berlin, Bothe et Bock. 2° *Mazourka*, pour le piano, œuvre 10, *ibid.* 3° *Charme brisé* : (Qu'est-ce que l'illusion? C'est le bonheur; qu'est-ce que le bonheur? Une illusion), poëme harmonique pour le piano, op. 9, *ibid.*

GASCOGNE (Mathieu), GASCONGNE ou GASCOINE, musicien français, vivait au commencement du seizième siècle. Il fut vraisemblablement attaché à la chapelle de quelque prince, mais non à celle du roi de France, car je n'ai point trouvé son nom dans les ordonnances ni dans les comptes de cette chapelle. Dans le recueil intitulé : *Liber undecimus XXVI musicales habet modulos, quatuor et quinque vocibus editos, Parrhisiis in vico Cithareo prope sanctorum Cosmi et Damiani templum in ædibus Petri Attaignant musicæ calcographi*, in-4°, gothique, on trouve cinq motets de Gascogne à quatre parties. Quelques morceaux du même contrepointiste sont aussi dans le *Concentus harmonicus octo, sex, quinque et quatuor vocum, omnium jucundissimi, nuspiam antea sic editi*, de Salblinger (Augsbourg, Phil. Uhlard, 1545). Deux motets de Gascogne sont aussi dans le *Liber secundus : quatuor et viginti musicales quatuor vocum motetos habet*, publié par Pierre Attaignant, 1534 ; un *Magnificat* du même est dans le sixième livre du même éditeur qui a pour titre : *XIII Quinque ultimorum tonorum Magnificat continent, Parhisiis*, etc. *Mense septemb.* 1534; et enfin, deux psaumes à quatre voix du même sont dans le neuvième livre du même éditeur, intitulé : *XVIII Daviticos* (sic) *musicales psalmos habet*, 1534. L'abbé Baini indique des messes sur des chansons françaises, écrites par Gascogne, lesquelles se trouvent dans les archives de la chapelle pontificale, à Rome. Sous le nom de *Gascong*, il y a aussi des messes manuscrites à quatre voix (cod. 7) dans la Bibliothèque de Munich. Enfin, un recueil manuscrit de messes du seizième siècle qui existe à la Bibliothèque publique de Cambrai, sous le n° 5, contient trois messes de Gascongne à quatre voix ; la première est intitulée : *Pourquoi non ;* elle est la quatrième du recueil ; la seconde a pour titre : *Sateuzin ;* c'est la septième du volume ; la troisième, intitulée : *Vos qui in turribus*, est la treizième du volume.

GASPAR ou **GASPARD**, savant musicien belge, dont le nom de famille était VAN WEERBEKE, naquit à Audenaerde, en Flandre, vers 1440, ou un peu auparavant. Il fut élève d'Ockeghem, comme le prouvent ces vers de la déploration de Guillaume Crespel, sur la mort de ce maître :

Agricola, Verbonnet, Prioris,
Josquin Des Prez, Gaspard, Brumel, Compère,
Ne parlez plus de joyeux chants ne ris,
Mais composez un *Ne recorderis*
Pour lamenter nostre maistre et bon père.

On voit dans un registre de comptes de la ville d'Audenaerde, que le 14 novembre 1490, *Gaspar Van Weerbeke, maître de chant du duc de Milan, revint dans sa ville natale, et que le magistrat lui présenta quatre lots de vin.* La patrie de ce musicien distingué était inconnue, ainsi que son nom de famille, et la position qu'il avait occupée était ignorée, avant que M. Vanderstraet, auteur de plusieurs opuscules relatifs à l'histoire de la musique, eût fait la découverte de ce document dans les archives de la ville d'Audenaerde, où il est né (voyez VANDERSTRAET). Il a eu l'obligeance de me le communiquer immédiatement. Si nous cherchons quel fut le duc de Milan qui eut Gaspard Van Weerbeke à son service, nous trouverons que ce dut être Jean-Galéas-Marie Sforce, qui succéda à son père, en 1476, et mourut empoisonné par son oncle Ludovic Sforce, en 1494, au château de Pavie, où il était retenu prisonnier. L'usurpateur Ludovic, qui avait gouverné jusqu'alors au nom de son neveu, avait éloigné, dans les dernières années, les anciens serviteurs de la maison ducale et les avait remplacés par ses créatures. Ce fut alors, sans doute, que Gaspar dut s'éloigner de Milan et retourner dans sa patrie. Il eut pour successeur Gafori (voyez ce nom), déjà premier chantre de la cathédrale de Milan depuis 1484, et qui, ayant suivi la fortune du duc Ludovic dans les mauvais jours, dut jouir de sa faveur après que ce prince fut rentré à Milan par trahison, et se fut emparé du pouvoir. Les manuscrits de la chapelle pontificale, notamment le volume coté 14, renferment des messes qui portent le nom de *Gaspar*. Sous le titre de *Misser* (sic) *Gaspar*, le célèbre imprimeur Ottaviano Petrucci a publié, en 1509, à Venise, un recueil de cinq messes de cet artiste, à quatre voix, lesquelles ont pour titres : *Ave regina cœlorum ; O Venus bauth* (beauté) *; E trop penser; Octavi toni ; So mieulx ne vient*, petit in-4° obl. Les *Fragmenta missarum*, publiés par le même imprimeur, dans la même année, renferment aussi un *Salve Sancta parens* et deux *Credo* à quatre voix de Gaspar, dont le premier est tiré de sa messe intitulée : *Cardinale ;* et dans le recueil intitulé : *Missarum diversorum auctorum liber primus*, imprimé par le même, à Venise, en 1508, on trouve la messe *Vas tu pas* (Ne veux-tu pas?) du même maître. Dans le quatrième livre de motets publiés par le même imprimeur, en 1505, il y a du même artiste trois motets à quatre voix. Les *Motetti XXXIII*, Venise, Petrucci, 1502, petit in-4°, en contiennent neuf à quatre voix, par Gaspar, et l'on en trouve un à cinq voix sur les paroles *Dulcis amica Dei digna*, dans les *Motetti a cinque libro primo*, Venise, Petrucci, 1505, in-4° obl. Enfin, le *Liber secundus Lamentationum*, Venise, Petrucci, 1506, contient quatre lamentations à quatre voix de ce compositeur.

GASPAR (MICHEL). On attribue à un médecin de ce nom un opuscule sur l'usage de la musique dans la médecine, dont la première édition a paru à Utrecht, et dont la deuxième a été publiée sous ce titre : *De arte medendi apud priscos musices ope atque carminum. Epistola ad Antonium Relhan M. D. Coll. Med. Lond. Soc. et Cens.* Editio altera et auctior, Londres, 1783, in-8°. On a rendu compte de cet écrit dans la *Critical Review* de l'année 1783, t. 55, p. 340, et dans le *Journal encyclopédique* du mois de mai 1784, p. 171.

GASPARD DE SALO, ainsi nommé parce qu'il était né dans la petite ville de Salo, sur le lac de Garde, en Lombardie, fut un des meilleurs luthiers italiens du seizième siècle. Il vécut et travailla à Brescia, depuis 1565 environ jusque vers 1615, c'est-à-dire, pendant près de cinquante ans; car on trouve des instruments sortis de ses mains, à ces époques éloignées. Gaspard était renommé particulièrement pour ses violes, basses et contrebasses de viole. Le célèbre contrebassiste Dragonetti (*voyez* ce nom) a possédé un instrument de ce luthier qui était admirable sous les rapports de la distinction du son et de l'égalité. C'était un ancien *violone*, ou contrebasse de viole, qu'il avait fait monter en contrebasse moderne. Par son testament, Dragonetti a laissé cet instrument à la ville de Venise, sa patrie. On connaît peu de violons de Gaspard de Salo; cependant il s'en est trouvé un très-bon, portant la date de 1570, dans une collection d'instruments précieux qui fut vendue à Milan, en 1807. Le baron de Bagge en possédait un dont Rodolphe Kreutzer parlait souvent avec admiration. Je connais aussi entre les mains de M. T. Forster, amateur anglais, un violon qui porte intérieurement l'inscription *Gasparo di Salo in Brescia*, 1613. Sa qualité de son est claire, mais courte. C'est un produit dégénéré de la vieillesse de l'auteur. Le patron des violons de cet artiste est plus allongé, et les voûtes sont plus élevées que dans les instruments de Crémone.

GASPARD (...), clarinettiste allemand, attaché à la musique du prince de Conti, à Paris, a fait graver en cette ville et a publié en 1775 six quatuors pour clarinette, violon, viole ou violoncelle et basson.

GASPARI (GAETANO), né à Bologne, le 14 mars 1807, n'apprit la musique dans sa jeunesse que pour en faire un délassement pendant ses études de collège : cependant il montrait beaucoup de goût pour cet art, particulièrement pour le chant. A peine âgé de douze ans, il jouait passablement du piano. En 1820, il entra au Lycée communal de musique, sous la discipline de Benedetto Donelli, qui, plus tard, lui enseigna aussi l'accompagnement de la basse chiffrée et le contrepoint. Ayant terminé ses études de langue latine, il suivit un cours de philosophie; mais alors il reconnut l'impossibilité de faire concurremment avec succès des études sérieuses de genres très-différents. D'après les conseils de son maître, Donelli, il prit la résolution de se livrer exclusivement à la culture de la musique. En 1824, il obtint au Lycée le second prix de piano, et le premier lui fut décerné en 1825. Dans l'année suivante, M. Gaspari commença l'étude du contrepoint, sous la direction de ce même Donelli, à qui cette partie de l'enseignement avait été confiée provisoirement, après la mort de Stanislas Mattei, arrivée le 12 mai 1825. Bien que le maître fût assez mal habile contrepointiste, l'élève fit néanmoins assez de progrès pour que le second prix lui fût décerné : il obtint le premier en 1827. Appelé peu de temps après à Cento, en qualité de maître de chapelle de la ville et de la collégiale, il accepta cette position, le 31 mars 1828. Le mois suivant, il obtint le diplôme de maître honoraire de l'Académie philharmonique de Bologne. M. Gaspari demeura à Cento jusqu'en 1836, autant estimé qu'aimé des habitants de cette petite ville. Vers la fin de cette année, il passa à Imola comme maître de chapelle de la cathédrale ; mais il n'y resta que quelques mois, parce que son ancien maître, Donelli, ayant été nommé maître de *S.-Petronio*, à Bologne, et professeur titulaire de contrepoint au Lycée communal de musique, désira l'avoir près de lui pour l'aider et le remplacer lorsque la santé de ce maître, déjà fort mauvaise, l'empêcherait de remplir ses fonctions. Touché de tant d'affection, et désireux de se retrouver au milieu de sa famille, M. Gaspari renonça à sa place de maître de chapelle et retourna à Bologne au commencement de 1839. La mort de Donelli, qui suivit de près son retour dans sa ville natale, fit évanouir toutes ses espérances : il dut accepter l'emploi de maître des chœurs au théâtre, et se soumettre à un concours, pour obtenir sa nomination de professeur de solfége au Lycée, le 12 août 1840, aux minimes appointements de dix écus romains (cinquante-quatre francs) par mois ! Cette époque de la vie de l'estimable artiste ne fut point heureuse : de 1842 à 1846, il eut à supporter des tracasseries qui troublèrent sa tranquillité, particulièrement de la part des membres de l'Académie des philharmoniques; ce qui, pour le rédacteur de cette notice, n'a rien d'étonnant ; car il a connu la plupart de ces académiciens en 1841, et il a pu observer leur jalousie, leur caractère envieux à l'égard des hommes d'un mérite réel, leur morgue, leur pédantisme, et, au résumé, leur médiocrité, pour ne rien dire de pire. Toutefois, l'espèce de persécution qu'eut à subir M. Gaspari pendant une certaine période eut des résultats avantageux pour lui et pour l'art, car il se renferma en lui-même, chercha des consolations dans l'étude, recueillit des livres didactiques qu'il lut avec fruit, prenant sa part de ce qu'il y trouvait de bon, s'en formant une instruction solide, et donnant une preuve évidente de son mérite dans un *Miserere* à cinq voix qu'il publia à Milan, au mois d'avril 1846, et qui réduisit ses ennemis au silence. Depuis cette époque jusqu'en 1857, l'attention de M. Gaspari se tourna tout entière vers la littérature de la musique et vers son histoire : il se forma une bibliothèque spéciale de cette littérature, qui est aujourd'hui une des plus riches par le choix et la rareté des ouvrages, et rassembla d'immenses matériaux pour la compilation d'une bibliographie de l'ancienne musique italienne; travail dont on a déjà pu apprécier la grande valeur par les excellents articles qu'il a fait insérer dans la *Gazette musicale de Milan*, en 1854 et 1855 (années XII et XIII). La place de maître de chapelle de *S.-Petronio* ayant été mise au concours, M. Gaspari l'obtint le 29 mai 1857; alors se réveillèrent les haines et les ardentes polémiques assoupies depuis onze ans; mais la presse en fit justice. L'éminent professeur s'est depuis lors livré à la composition des ouvrages destinés au service de la chapelle qu'il dirige, ainsi qu'aux soins réclamés par la Bibliothèque du Lycée musical, dont la conservation lui a été confiée depuis le 20 décembre 1856. La catalogue illustré de cette célèbre Bibliothèque, qui fut formée autrefois par le P. Martini, a été entrepris par M. Gaspari, et l'on ne peut douter qu'il n'accomplisse cette tâche de manière à mériter les applaudissements des hommes livrés à l'étude sérieuse de l'histoire de l'art. Son exactitude scrupuleuse, sa dextérité à saisir le côté intéressant des ouvrages, et ses connaissances positives dans l'histoire de la littérature musicale, ne laissent point de doute sur le mérite de ce travail, dont la publication est ardemment désirée. Si M. Gaspari n'a pas cultivé le genre de la musique dramatique, ce n'est pas par répugnance, mais par défaut d'opportunité. La musique religieuse est la seule dont il s'est occupé : on n'a publié qu'un petit nombre de ses ouvrages en ce genre. Son style est noble, sévère, mais n'a pas de sécheresse scolastique; lorsqu'il y traite le style d'imitation et de fugue, c'est avec liberté et d'une manière naturelle; les parties sont bien placées, et l'instrumentation, dégagée de complications qui se perdent sous les voûtes d'une église, est dans les conditions nécessaires pour produire de l'effet.

Parmi les morceaux remplis d'intérêt que M. Gaspari a fait insérer dans la *Gazette musicale de Milan*, on remarque celui qui a pour titre : *la Musica in Bologna*, dont il a été fait un tiré à part, *Milan, Tito di Gio. Ricordi*, gr. in-8° de trente-deux pages. Ce digne artiste, modeste autant que savant, est académicien philharmonique de Bologne, correspondant de l'Académie impériale des beaux-arts de l'Institut de France, et associé correspondant de l'Académie royale des beaux-arts de Florence.

GASPARINI (FRANCESCO), né à Lucques, vers 1665, se rendit à Rome pour y achever ses études de musique, et y eut pour maîtres Corelli et le célèbre organiste Bernard Pasquini. Il fut académicien philharmonique, et maître de musique au Conservatoire de la Pietà à Venise. En 1735, le chapitre de Saint-Jean de Latran, à Rome, le nomma maître de chapelle de cette église; le mauvais état de sa santé l'empêchant d'en remplir les fonctions, on nomma Jérôme Chiti vice-maître de chapelle, pour le remplacer; mais Gasparini étant mort au mois d'avril 1737, Chiti lui succéda, comme maître de chapelle en titre. On considère encore Gasparini en Italie comme un des plus habiles compositeurs de son temps, soit pour l'église, soit pour le théâtre. Il a été le maître du célèbre compositeur B. Marcello.

Les principaux opéras de Gasparini sont : 1° *Tiberio*, à Rome, 1702. 2° *Amor della patria*, 1703. 3° *Imenei stabiliti dal caso*, ibid. 4° *Il Miglior d'ogni amore*, ibid. 5° *Il Principe tra i vassali*, ibid. 6° *Fede tradita vendicata*, 1704. 7° *La Maschera levata al viso*, ibid. 8° *Amleto*, 1705. 9° *Antioco*, ibid. 10° *Fredegonda*, ibid. 11° *Il Principato custodito dalla frode*, 1706. 12° *Statira*, 1707. 13° *Taican, rè della China*, ibid. 14° *Amor generoso*, ibid. 15° *Anfitrione*, ibid. 16° *Flavio Anicio Olibrio*, 1708. 17° *L'Alcide o violenza d'amore*, 1709. 18° *Engelberta*, ibid. 19° *La Principessa fedele*, ibid. 20° *Sesostri rè d'Egitto*, 1710. 21° *Tamerlano*, ibid. 22° *Costantino*, poésie d'Apostolo Zeno, représenté au théâtre S.-Cassiano, à Venise, 1711. 23° *Merope*, ibid. 24° *La Pazzia amorosa*, ibid. 25° Le second acte d'*Eraclio* de Bernardoni, 1712. 26° *Mosè liberato dal Nilo*, oratorio. ibid. 27° *La Verità nell'inganno*, 1713. 28° *Bajazette*, 1719. 29° La même pièce, autre musique, 1723. 30° *Equivoci d'amore o d'innocenza*, ibid. 31° *Fede in cimento*, 1730. 32° *La Ninfa Apollo*, ibid.

Outre ces ouvrages dramatiques, et une grande quantité de musique d'église, on connaît aussi de Gasparini : 1° *Douze cantate da camera a voce sola*, Lucques, 1697. c'est la deuxième édition; la première avait paru à Rome, en 1695. 2° *Trois cantate a soprano*,

Mss, chez Breitkopf. 3° *Trois cantate a voce sola*, Mss. 4° *Polastrello e Parpagnano, intermezzo*, 1709.

L'ouvrage par lequel Gasparini est aujourd'hui le plus connu est un traité d'accompagnement intitulé : *l'Armonico prattico al cembalo, ovvero regole, osservazioni ed avertimenti per ben suonare il basso e accompagnare sopra il cembalo, spinetta ed organo*, Venise, 1683, in-4°. Il y en a aussi des éditions de 1708, 1715, 1745, 1754 et 1764. La septième a paru à Venise, en 1802, in-4°. L'auteur n'a eu pour but, comme le titre du livre l'indique, que de former des accompagnateurs : il a développé dans un petit nombre de pages la tradition des écoles d'Italie sur cette matière, et, sous ce rapport, son ouvrage a été longtemps le meilleur de son espèce ; il jouit même encore de beaucoup de considération parmi les Italiens, quoique celui de Fenaroli soit préférable, sous les rapports de l'ordre et de la clarté.

GASPARINI (MICHEL-ANGE), contraltiste célèbre, vers la fin du dix-septième siècle, et compositeur de mérite, naquit à Lucques, et paraît avoir été de la même famille que le précédent. Il fut élève de Lotti, et fonda à Venise une école de chant où beaucoup de chanteurs distingués, entre autres la célèbre Faustine Bordoni, se sont formés. Gasparini a fait représenter sur le théâtre de Venise plusieurs opéras ; ceux qu'on connaît aujourd'hui sont : *Il principe Selvaggio* (1695) ; *il Rodomonte* (1714) ; *Arsace* ; *Lamano* (1719) ; *il Più fedel tra gli amici* (1721). Gasparini est mort à Venise, vers 1732.

GASPARINI (QUIRINO), maître de chapelle du roi de Sardaigne, à Turin, obtint cette place en 1749, et l'occupait encore en 1770. Il fut aussi un violoncelliste distingué. Gasparini a beaucoup écrit pour l'église. On connaît de lui en manuscrit un *Stabat Mater a due soprani, con violini et basso*, Turin, 1758, in-4°. Le catalogue de Traeg, de Vienne, indique de sa composition : 1° *Motetto de morte*. 2° *Adoramus te*. 3° *Christe redemptor*. 4° *Tantum ergo*. On a gravé à Londres six trios pour deux violons et violoncelle, sous le nom de Gasparini.

GASSE (FERDINAND), né à Naples, au mois de mars 1788, alla avec sa famille s'établir en France, dans sa jeunesse, et entra comme élève au Conservatoire de musique, au mois de floréal de l'an VI. Après avoir étudié le violon sous la direction de Rodolphe Kreutzer, et l'harmonie dans l'école de Catel, il obtint le premier prix au concours de 1801. Dans la même année, il entra dans la classe de composition de Gossec, obtint le second prix au concours de 1804, et l'Institut lui décerna le premier grand prix en 1805, avec le titre de pensionnaire du gouvernement à Rome. Arrivé dans cette ville, il continua ses études de musique classique, et envoya à la classe des beaux-arts de l'Institut de France plusieurs morceaux de musique d'église, fruits de ses travaux. Méhul fit en 1808 un rapport favorable sur un *Te Deum* à deux chœurs et sur un *Christe eleison*, en fugue à six voix sans accompagnement, que Gasse avait fait parvenir à l'Institut. Au mois de janvier 1812, il fit représenter à Naples un opéra bouffe en deux actes intitulé : *la finta Zingara*. De retour en France dans le cours de la même année, il rentra comme violoniste à l'orchestre de l'Opéra, où il était déjà avant son départ pour l'Italie. Il s'est retiré avec la pension en 1835. Gasse s'est fait connaître en France comme compositeur, par plusieurs opéras dont voici les titres : 1° *Le Voyage incognito*, en un acte, à l'Opéra-Comique, en 1819. 2° *L'Idiote*, en trois actes, au même théâtre, en 1820. 3° *Une Nuit de Gustave Wasa*, en deux actes, au même théâtre, en 1825. Il a aussi publié : 1° Trois duos pour deux violons, op. 1, Paris, S. Gaveaux. 2° Duos faciles pour deux violons, livres deuxième et troisième, Paris, Frey. 3° Trois grands duos concertants, *idem*, livre quatrième, *ibid*. 4° Trois duos faciles et progressifs, *idem*, livre cinquième, Paris, Troupenas. 5° Trois sonates faciles pour violon et basse, *ibid*.

GASSENDI (PIERRE **GASSEND**, plus connu sous le nom de), professeur royal de mathématiques et de philosophie à Paris, naquit au village de Chantersier, près de Digne en Provence, le 22 janvier 1592, et mourut à Paris, le 14 octobre 1655. On a de lui un traité sur la musique intitulé : *Manuductio ad theoriam musices*, Paris, 1654. Cet ouvrage, divisé en quatre chapitres, a été réimprimé dans les éditions complètes de ses œuvres publiées à Lyon, en 1658, 6 vol. in-fol., et à Florence, en 1728. On le trouve dans le cinquième volume de chacune de ces collections. C'est un opuscule de peu de valeur, et peu digne d'un philosophe si distingué.

GASSMANN (FLORIAN-LÉOPOLD), maître de la chapelle impériale, naquit le 4 mai 1729, à Brux, en Bohême. Ses parents l'envoyèrent jeune au séminaire de Kommotau, pour y faire ses études et apprendre la musique. Ses dispositions heureuses pour cet art le firent remarquer par Woberzil, directeur du chœur de l'église de Brüx, et ce maître se chargea du soin de lui enseigner tout ce qu'il savait lui-même. A l'âge de douze ans, Gassmann jouait de plusieurs instruments, particulièrement de la harpe, et chantait avec une voix agréable. Cependant son père ne le destinait point à être musicien de profession, et voulait lui faire apprendre les éléments du commerce; de son côté, Gassmann éprouvait un invincible dégoût pour l'état qu'on voulait lui donner, et voulait être artiste. Les discussions du père et du fils à ce sujet se terminèrent par la fuite de celui-ci; il s'éloigna du lieu de sa naissance avec un seul florin dans sa poche, et sa harpe sur le dos. Carlsbad fut la première ville vers laquelle il se dirigea; une nombreuse noblesse y était rassemblée en ce moment; quinze jours suffirent au petit virtuose pour s'y faire remarquer par son jeu et par son chant, et pour y gagner une somme d'environ 1,000 écus. Tant de richesses lui parurent inépuisables; il se mit à vivre splendidement, et voulut visiter l'Italie, dont il avait entendu parler comme de la patrie de la musique; mais bientôt l'argent qu'il avait gagné si facilement se trouva dissipé, et lorsqu'il arriva à Venise, il s'aperçut qu'il ne lui restait plus rien, et qu'il se trouvait loin de sa patrie, dans un pays qui ne lui offrait aucune ressource, et dont il ignorait la langue. Cette situation pénible lui arracha des larmes. Un prêtre vint à passer et s'informa des causes de sa tristesse; heureusement Gassmann savait un peu de latin qui lui servit à expliquer tant bien que mal le sujet de ses pleurs; heureusement aussi le prêtre qui l'interrogeait était par sa charité digne de son ministère. Il emmena le jeune homme à sa demeure, le traita comme un fils, et lui donna des maîtres qui l'instruisirent et développèrent ses heureuses facultés. Quoique le jeune Gassmann fît de rapides progrès dans les sciences et dans la littérature, la musique était l'objet de ses plus constantes études; cette vocation prononcée détermina le protecteur de l'artiste à l'envoyer à Bologne, pour étudier sous la direction du savant P. Martini. Deux années passées dans cette école le mirent en état d'occuper à Venise une place d'organiste dans un couvent de religieuses. Son talent produisit une vive sensation dans le monastère, et l'une des nonnes en parla avec admiration au comte Léonard Veneri. Amateur de musique passionné, le comte désira connaître le jeune artiste, et l'intérêt que celui-ci lui inspira le détermina à le retirer chez lui. Ce généreux seigneur mit à la disposition de Gassmann une partie de son palais, ses domestiques, sa table avec l'autorisation d'inviter chaque jour dix à douze personnes, enfin sa bourse sans restriction. Gassmann ne se laissa point éblouir par les avantages de cette existence opulente; son art suffisait à ses besoins; il continua de vivre avec simplicité, et l'estime de son Mécène pour lui s'en augmenta. Ce temps fut celui où Gassmann commença à se faire connaître comme compositeur dramatique; plusieurs églises lui demandèrent aussi des messes et des motets de sa composition.

En 1763, Gassmann fut appelé à Vienne par l'empereur François Ier; ses compositions y eurent tant de succès, que la direction du théâtre fit avec lui un traité qui l'obligeait à fournir un certain nombre d'opéras, moyennant une pension annuelle de 400 ducats. Joseph II, qui aimait la musique de Gassmann, récompensa son mérite en le nommant compositeur de la cour, et, en 1771, il lui donna le titre de maître de chapelle, après la mort de Reuter, avec des appointements qui furent portés progressivement jusqu'à 800 ducats. Jouissant d'une brillante réputation, et comblé des faveurs de la fortune, Gassmann, parvenu à l'âge de quarante ans, désirait se marier, et recherchait la main de la fille du baron de Damm, dont la mère était une comtesse d'Erlach. De grands revers avaient accablé cette noble famille pendant la guerre de sept ans, et telle avait été sa décadence, que le baron avait été obligé de se livrer au commerce pour faire vivre sa femme et ses enfants. L'empereur n'aimait pas que les personnes attachées à sa maison se mariassent; mais une circonstance indifférente en apparence aplanit les difficultés que Gassmann redoutait. Un jour il parut à la cour, sortant de chez sa maîtresse, et n'ayant pas remarqué quelques fils de soie qui s'étaient attachés à ses habits; on lui fit des plaisanteries à ce sujet; l'empereur les entendit et lui demanda en riant quand il comptait se marier. — Je n'attends, répondit le maître de chapelle, que l'autorisation de Votre Majesté. — Eh bien donc, je la donne! dit Joseph II. Les noces se firent quelques jours après (en 1769). Cette union fut pour Gassmann la source d'un bonheur doux et tranquille; mais il en jouit peu de temps, car un accident funeste détruisit sa santé, et le conduisit au tombeau, avant qu'il eût atteint l'âge de quarante-cinq ans. Un tendre souvenir de reconnaissance l'attachait à l'Italie qui avait été pour sa jeunesse hospitalière et bienveillante. Rarement il laissait passer plus d'une année sans y retourner pour visiter ses amis, particulièrement le comte Veneri. Dans un de ses voyages, il eut le malheur de tomber en sautant de voiture; ses habits s'accrochèrent, et il fut traîné à une certaine distance; deux côtes furent fracturées, et l'estomac fut comprimé sur le cœur. Quelque temps après on s'aperçut que des polypes s'étaient formés à ce viscère; le mal fit des progrès rapides, et la mort l'enleva à l'art, à sa famille et à ses amis, le 22 janvier 1774, à l'âge de quarante-cinq ans moins quelques mois. Sa deuxième fille ne vit le jour que trois mois après sa mort. L'impératrice Marie-Thérèse offrit d'être marraine de cet enfant, et fit à la mère une pension pour ses filles. Outre ses fonctions de maître de chapelle de l'empereur, Gassmann avait aussi celles de bibliothécaire de la Bibliothèque impériale de musique, la plus considérable qui existât alors en Europe : il en rédigea le catalogue.

En 1772, Gassmann avait fondé une caisse pour les veuves des musiciens indigents. Le fonds devait s'accroître chaque année par de grands concerts, qui produisaient quelquefois des recettes de 10,000 francs. Cette institution subsiste encore. Le meilleur élève de cet artiste distingué a été Salieri. Les principales compositions de Gassmann pour l'église sont : 1° Plusieurs messes avec chœur et orchestre, entre autres un *Dies iræ* retouché plusieurs fois. 2° Plusieurs psaumes, hymnes et offertoires. 3° *Betulia liberata*, oratorio qui a obtenu un brillant succès, et qui se fait remarquer par un rare mérite de facture. Parmi ses opéras, les plus connus sont : 1° *Merope*. 2° *Issiphile*. 3° *Catone in Utica*. 4° *Ezio*, avec deux musiques différentes. Tous ces ouvrages et plusieurs ballets furent écrits en Italie avant que Gassmann eût été appelé à Vienne. 5° *L'Olimpiade*, à Vienne, 1764. 6° *Il Mondo nella luna*, à Venise, 1765. 7° *Il Trionfo d'amore*, à Venise, 1767. 8° *L'Uccellatore*. Cet ouvrage a été écrit deux fois, la première à Vienne, la seconde à Venise. 9° *Il Filosofo innamorato*, 1768. 10° *Un Pazzo ne fà cento*, à Venise, 1769. 11° *I Viaggiatori ridicoli*, à Vienne, 1769. 12° *L'Amor artigiano*. Cet opéra a été écrit deux fois; la dernière à Milan, en 1770. 13° *Il Filosofo innamorato*, avec une nouvelle musique, Vienne, 1771. 14° *La Pescatrice*. 15° *I Rovinati*, 1772. 16° *La Casa di campagna*. 17° *Amore e Venere*. Il y a deux opéras allemands du même compositeur intitulés : 18° *Die Junge Græfin* (la Jeune Comtesse). 19° *Die Liebe unter den Handwerksleuten* (l'Amour parmi les ouvriers). La musique instrumentale de Gassmann qui est connue se compose de : 1° Quinze symphonies pour l'orchestre, dont une partie se trouvait dans l'ancien assortiment de Breitkopf, en manuscrit. 2° Six quatuors pour violon, flûte, alto et basse, Paris. 3° Six quintettes pour deux violons, deux violes et basse, *ibid*. 4° Six quatuors pour deux violons, alto et violoncelle concertants, Amsterdam. 5° Six quatuors pour deux violons, alto et basse, chacun avec deux fugues, Vienne, 1805 (œuvre posthume).

GASSNER (Ferdinand-Simon), directeur de musique de la cour du grand-duc de Bade, à Carlsruhe, et littérateur-musicien, naquit à Vienne, le 6 janvier 1798. Ses heureuses dispositions pour la musique se firent apercevoir dès son enfance. Témoin des leçons de violon qu'on donnait à son frère aîné, il retenait dans sa mémoire et chantait toutes les pièces qu'il lui entendait jouer; puis, lorsque la leçon était finie, il prenait l'instrument et parvenait à exécuter tout ce qu'il avait entendu. Son père ayant été appelé à Carlsruhe, comme peintre du théâtre, le jeune Gassner fut conduit en cette ville et suivit les cours du collège, pour se préparer aux études universitaires ; mais son penchant pour la culture de la musique prenant chaque jour plus de force, il finit par se livrer exclusivement à cet art. Ayant été admis parmi les membres de la chapelle du prince, il donna le premier indice de son talent par la composition d'un petit opéra intitulé : *le Naufrage*. Après avoir jeté les yeux sur la partition de cet essai, les artistes célèbres Danzi et Fesca prirent la résolution d'aider le jeune auteur par leurs conseils. En 1816, le nouveau Théâtre-National de Mayence ayant été ouvert, Gassner y obtint une place de violon dans l'orchestre, quoiqu'il ne fût âgé que de dix-huit ans. Il y fut remarqué par Gottfried Weber, qui avait alors l'intendance de ce théâtre, et qui fit de Gassner son élève pour la composition. La place de directeur de musique de l'Université de Giessen étant devenue vacante, Gassner l'obtint, à la recommandation de Weber. Cette situation lui fournit l'occasion d'achever ses études en philosophie, et au mois d'octobre 1819, il obtint le diplôme de docteur en cette faculté. Reçu comme professeur agrégé de cette Académie, il fit pendant six années des cours de philosophie, sans cesser de donner ses leçons de musique et de chant. C'est à cette même époque qu'il commença la publication d'un calendrier dont chaque jour répondait au nom d'un musicien plus ou moins connu, avec des canons au commencement de chaque mois, des notices et des anecdotes. Ce calendrier, intitulé : *Musikalischer Haus-Freund* (l'Ami musical de la maison), parut, sans nom d'auteur, depuis 1832 jusqu'en 1835, chez Schott, à Mayence, en un cahier in-4° d'environ quarante pages. En 1826, Gassner retourna à Carlsruhe et entra dans la musique du grand-duc de Bade comme violoniste. Trois ans après, on lui confia l'enseignement des choristes du théâtre de la cour, et la place de directeur de musique lui fut donnée en 1830. Ce fut vers cette époque qu'il s'occupa avec activité de la didactique de la musique et de la littérature de cet art. Son premier ouvrage est intitulé : *Partiturkenntniss, ein Leitfaden zum Selbstunterricht für angehende Tonsetzer, oder solche, welche Arrangiren, Partiturlesen lernen, oder sich zu Dirigenten von Orchestern oder Militärmusiken bilden wollen*, etc., Carlsruhe, Chr.-Th. Groos, 1838, deux volumes in-8°. Cet ouvrage a été traduit en français sous ce titre : *Traité de la partition, ou guide servant, sans maître, à l'instruction des jeunes compositeurs*, etc. Traduit de l'allemand par Frédéric Hofer; Paris, Richault, 1851, deux volumes gr. in-8°, dont un de planches de musique. Bien que ce manuel ne soit pas dépourvu de mérite, il est aujourd'hui incomplet, à cause des transformations que certaines familles d'instruments ont subies. En 1841, Gassner commença la publication d'un écrit périodique pour les sociétés musicales de l'Allemagne et les amateurs, qui parut sous ce titre : *Zeitschrift für Deutschlands Musik Vereine und Dilettanten*, et fut publié à Carlsruhe, chez Müller, en format in-8°. Cette revue fut continuée jusqu'à la fin de 1845. Ce littérateur-musicien ajouta aussi, en 1842, une suite au volume de supplément du *Lexique universel de musique*, publié par le docteur Gustave Schilling, spécialement pour la partie biographique. Ce travail est devenu la base d'un dictionnaire portatif de musique que Gassner publia ensuite en lui donnant aussi le titre de : *Universal-Lexikon der Tonkunst* (Stuttgart, Franz Köhler, 1840, 1 vol. gr. in-8° de 918 pages. Les dictionnaires de Walther, de Gerber et de Schilling ont fourni la matière de ce volume. Ces sortes d'ouvrages, trop abrégés et faits trop à la hâte pour avoir une valeur réelle comme œuvres de littérature musicale, ne sont bons que pour les amateurs qui cherchent des renseignements en quelques mots sur les objets de leur curiosité. Gassner est mort à Carlsruhe, le 25 février 1851, à l'âge de cinquante-trois ans. Il était membre de la Société de Ste-Cécile de Rome et de plusieurs associations musicales de l'Allemagne. Il a écrit quelques petits opéras, dont les partitions sont restées en manuscrit, et a publié quelques morceaux pour le chant avec piano. En 1846, il a donné aussi une suite de son *Traité de la partition*, sous le titre : *Dirigent und Ripienist, für angehende Musikdirigenten, Musiker und Musikfreunde* (Manuel du directeur d'orchestre, du musicien, etc., à l'usage des chefs d'orchestre commençants, des exécutants et des amateurs de musique); Carlsruhe, Groos, in-8°.

GASSOT, de Soissons, fut ménestrel de la chambre du roi de France Charles V, suivant une ordonnance concernant la maison de ce prince, en date du mois de mai 1364 (Mss. de la bibl. impériale, à Paris, F. 540 du supplém.). Ce musicien jouait du cornet, et recevait quatre sous par jour.

GASTINEL (Léon-Gustave-Cyprien), violoniste et compositeur, est né à Villers-les-Pots, près d'Auxonne (Côte-d'Or), le 13 août 1823, suivant les registres du Conservatoire de Paris, ou le 15 du même mois, d'après la notice de M. Poisot, dans sa brochure intitulée : *les Musiciens bourguignons*. Il apprit d'abord à jouer de la flûte; mais après que ses parents se furent établis à Lyon, il abandonna cet instrument pour le violon et pour le piano, qui lui furent enseignés par Mercier et par Senart. Admis au Conservatoire de Paris, le 29 décembre 1840, il y continua ses études de violon pendant trois ans, et suivit un cours d'harmonie. Devenu élève d'Halévy, en 1843, il fit, sous sa direction, des études de contrepoint. En 1846, il prit part au concours de l'Institut de France, et le premier grand prix de composition lui fut décerné pour la cantate dont le sujet était *Vélasquez*. Devenu, à ce titre, pensionnaire du gouvernement, il se rendit en Italie. Pendant son séjour à Rome, il fit exécuter, en 1848, une messe à quatre voix, chœur et orchestre, à l'église Saint-Louis-des-Français. A Naples, il écrivit un opéra italien; mais les troubles politiques de cette époque en empêchèrent la représentation. De retour à Paris, à la fin de 1849, il composa deux ouvertures à grand orchestre qui furent exécutées aux séances publiques de l'Académie des beaux-arts de l'Institut, aux mois d'octobre de la même année et de 1850. Un opéra comique en un acte, composé par M. Gastinel, et qui avait pour titre : *le Miroir*, fut représenté à Paris, le 10 janvier 1855, mais ne réussit pas. Le jeune artiste fut plus heureux dans un concert de l'Association des musiciens, où il fit entendre le motet *Ave Regina cœlorum*, dont le caractère et la facture obtinrent les éloges des connaisseurs. Ses quatuors pour des instruments à cordes, qui ont été exécutés au mois de mai 1854, par MM. Alard, Blanc, Casimir, Ney et Franchome, dans leurs séances annuelles, ont été écoutés avec plaisir. En 1853 et 1854, M. Gastinel a fait chanter douze motets aux saluts de la Vierge et du Saint-Sacrement, dans l'église de Saint-Vincent-de-Paule. Le 12 mai 1860, il a fait représenter, au théâtre des Bouffes-Parisiens, *Titus et Bérénice*, opérette bouffe en un acte, dont la musique, bien faite, était un peu trop sérieuse pour le sujet de la pièce et pour le public vulgaire qui fréquente ce théâtre. Deux suites de morceaux pour piano, violon et violoncelle, de sa composition, ont été publiées à Paris, chez Richault, sous le titre de : *Souvenirs d'Italie, Rome et Naples*. D'autres ouvrages ont paru chez le même éditeur, à savoir : 1° Air varié pour violon avec piano, op. 1. 2° Première symphonie concertante pour deux violons, avec orchestre, op. 2. 3° Fantaisie pour violon avec piano, op. 4. Le même artiste a en portefeuille l'oratorio intitulé : *le Dernier Jour*.

GASTOLDI (JEAN-JACQUES), bon compositeur et poète, naquit à Caravaggio vers le milieu du seizième siècle. Après avoir été pendant quelques années maître de chapelle de l'église ducale de Santa-Barbara, à Mantoue, il passa en la même qualité à Milan, vers l'année 1592. Ces renseignements sont les seuls qu'on possède sur ce maître, dont le mérite est fort distingué. Gastoldi a fait preuve de fécondité par le nombre de ses ouvrages, et d'esprit dans la manière dont il a traité les sujets de plusieurs compositions. On connaît de lui : 1° *Canzoni a cinque voci*, lib. 1, Venise, 1581. 2° *Canzonette a quattro*, ibid., 1581. 3° *Canzonette a quattro*, lib. 2, Mantoue, 1582, in-4°. 4° *Il Primo libro di madrigali a sei voci*, Venise, 1584. 5° *Il Terzo libro di canzonette a quattro voci*, Mantoue, 1588. 6° *Il Primo libro de' madrigali a cinque voci*, Venise, 1588, in-4°. 7° *Psalmi ad vesperas quatuor vocibus, cum cantico B. M. V.* Venise, Ricc. Amadino, 1588, in-4°. 8° *Il Secondo libro de' madrigali a 5 voci*, Venise, 1589. 9° *Completorium ad usum Roman. eccles. perfect.*, ibid., 1589, in-4°. 10° *Salmi per tutto l' anno a quattro voci*, Venise, 1590. Il y a de cet œuvre une deuxième édition, dont j'ignore la date. 11° *Balletti a cinque con i versi per cantare, sonare o ballare, con una mascherata di cacciatori a sei voci, ed un concerto di pastori ad otto*. Venise, 1591, in-4°. La deuxième édition a été publiée dans la même ville, en 1595; la troisième, à Anvers, par Pierre Phalèse, en 1596; la quatrième, par le même imprimeur, en 1603; la cinquième, à Venise, en 1607. Enfin, il y en a eu une dernière édition publiée à Anvers, en 1637; celle-ci se trouvait dans la bibliothèque de Burney (*voyez* son catalogue n° 337). Ce recueil renferme des morceaux traités d'une manière fort originale. 12° *Canzonette a tre con un balletto nel fine*, Venise, 1592, petit in-4°. Il y a une deuxième édition de ce recueil publiée à Anvers, en 1606, in-4°. 13° *Balletti a tre da cantare, suonare e ballare*, Venise, 1594, Anvers, 1606, in-4° oblong. 14° *Canzonette a 3*, lib. 2, Milano, 1592. 15° *Canzonette a 3*, lib. 3, Milan, 1595, Venise, 1597. 16° *Canzonette a tre*, lib. 4, Milan, 1596, Venise, 1597. 17° *Concerti musicali a otto voci commodi per concertare con ogni sorte di stromenti*. Ces concerts sont à huit voix divisées en deux chœurs, Milan, 1598, Anvers, Pierre Phalèse, 1610, in 4° obl. 18° *Messe a 5, 6 et 8 voci*, Venise, 1600. 19° *Integra solemnitatum vespertinum psalmodia cum cantico B. Virginis quinque voc.*, Venise, 1600. 20° *Tricinia*, etc., Nuremberg, Vales. Haussmann, 1600, in-4°. Il paraît que cette collection n'est qu'une traduction allemande d'un choix des *Canzonette a tre* citées précédemment. 21° *Madrigali a cinque e sei voci*, lib. 3, Milan, 1599. 22° *Tutti li Salmi che nelle solennità dell' anno si cantano al Vespro a 4 voci*, Venise, Amadino, 1601, in-4°. 23° *Vespert. omn. solemnit. Psalmodia quinque vocibus*, lib. 2, ibid., 1602. 24° *Balletti a tre, con intavolatura del liuto*, Venise, 1604. Je crois que cet ouvrage n'est qu'une tablature de luth du n° 13. 25° *Messe a otto voci*, Venise, 1607. 26° *Madrigali a 5, 6, 8 et 9 voci*, Venise, 1609. 27° *Salmi intieri che nelle solennità dell' anno si cantano al Vespro a sei voci*, ibid., 1607, in-4°. 28° *Missarum 4 vocum liber primus*, ibid., 1611. Gastoldi fut un des compositeurs distingués qui, suivant le P. Martini (*Saggio fondam. prat. di contrapp.*, t. II, p. 74) se sont réunis pour témoigner leur estime envers Palestrina, en lui dédiant un recueil de psaumes à cinq voix, en 1592. Martini ne dit pas où a été publié ce recueil. On trouve des madrigaux de Gastoldi dans le recueil publié à Anvers, par André Pevernage, chez Pierre Phalèse, en 1593, sous le titre de : *Harmonie celeste di diversi eccellentissimi musici*, etc., dans la *Melodia olympica*, etc., donnée par Pierre Phillips, compositeur anglais, à Anvers, chez Phalèse, en 1594, dans *Il Trionfo di Dori*, Venise, 1596, Anvers, etc., dans les *Madrigali a otto voci di diversi eccellenti e famosi autori, con alcuni dialoghi et echo, per cantare e sonare a due chori*, publié à Anvers, par Pierre Phalèse, en 1596, in-4° oblong, et dans d'autres recueils.

GASTRITZ (Mathias), organiste à Amberg (Bavière), vécut dans la seconde moitié du seizième siècle. Il a fait imprimer de sa composition les ouvrages dont voici les titres : 1° *Novæ Harmonica cantiones et pix ita etiam suaves et jucundæ, quinque vocibus concinnatæ, et nunc primum in lucem editæ*; Norimbergæ in officina Ulrici Neuberi, 1569, in-4° obl. 2° *Carmina latina quatuor vocum*, ibid., 1569, in-4° obl. 3° *Teutsche und latein Lieder mit 4 Stimmen* (chants allemands et latins à quatre voix), *ibid.*, 1569, in-8° obl. 4° *Kurze und sonderliche neue Symbolum etlicher Fursten und Herrn, neben andern mehr schönen Liedlein mit fünf und vier Stimmen, auf alle Instrumenten zu gebrauchen*; Nuremberg, Dietrich Gerlache, 1571, in-4° obl.

GATAYES (Guillaume-Pierre-Antoine), né à Paris, le 20 décembre 1774, était fils naturel du prince de Conti et de la marquise de Silly. Destiné dès son enfance à l'état ecclésiastique (parce que son frère, marquis de Montréal et enfant naturel comme lui, était destiné à recueillir la fortune de la marquise), on lui fit commencer les études nécessaires, et on le mit au séminaire, sous le nom de *l'abbé Vénicourt*. Dominé par un penchant irrésistible pour la musique, il y avait introduit en secret une guitare sur laquelle il étudiait, à l'aide d'une méthode, les positions et les accords. Le *pianissimo* qu'il employait dans ses exercices n'empêcha pas que la guitare ne fût découverte et qu'on ne la lui enlevât. Désespéré de ce contretemps, il résolut de s'affranchir de toute gêne, et s'enfuit du séminaire, en 1788. Dès lors, sa mère ne voulut plus s'occuper de lui. Les troubles de la révolution survinrent, le prince et la marquise sortirent de France, et leur fils, âgé seulement de seize ans, se trouva livré à ses propres ressources. Une blessure grave au genou le retenant au lit :

il en profita pour continuer ses études de guitare. Ce fut alors qu'il quitta le nom de *Vénicourt* pour celui de *Gatayes*, dans le but de faire oublier son origine aux hommes qui se partageaient le pouvoir révolutionnaire. Le hasard le mit précisément dans le même temps sous la protection d'un conventionnel dont le nom remplissait la France d'épouvante : cet homme était Marat. Il se trouva que Gatayes habitait la même maison que lui et sur le même palier. Il chantait souvent des romances charmantes de sa composition et s'accompagnait de la guitare. Cette musique toucha le monstre : un matin il entra chez le voisin qui lui charmait l'oreille, l'obligea de continuer et après l'avoir écouté pendant une demi-heure, il sortit en l'invitant à venir quelquefois causer avec lui. Ce fut peu de mois après que Marat fut frappé mortellement dans son bain par Charlotte Corday. Attiré par le bruit et les cris, Gatayes courut à l'appartement de son voisin, naguère si redoutable : il vit cette belle fille, au regard noble et pudique, calme au milieu du peuple en fureur qui se précipitait sur elle, et résignée au sort qui l'attendait.

Le nom de Gatayes commençait à être connu par ses romances, qui eurent un succès de vogue, et dont une, *Mon délire*, fut chantée par toute la France. En 1790, il avait fait paraître sa méthode de guitare, écrite à l'âge de dix-sept ans, et qui fut longtemps la seule en usage en France. En 1793, Gatayes prit quelques leçons de harpe, et deux ans après il publia une méthode pour cet instrument. Il a beaucoup écrit pour la guitare et pour la harpe. Ses principaux ouvrages sont : 1° Trios pour guitare, flûte et violon, œuvres 55, 56, 57, 69, 77, 84 et 85; Paris, Janet, Frère, Langlois. 2° Duos pour deux guitares ou pour guitare et piano, œuvres 14, 25, 27, 31, 52, 44, 47, 49, 57, 58 et 59; Paris, Meissonnier, Aulagnier, etc. 3° Duos pour guitare et violon, ou guitare et flûte, œuvres 35, 39, 41, 42, 43, 48, 49, 65, 68, 70, etc.; Paris, Janet, Meissonnier, Sieber. 4° Préludes, divertissements, etc., pour guitare seule. 5° *Méthode de guitare*; Paris, Frère, Janet. 6° *Nouvelle méthode de guitare*; Paris, Leduc. Une traduction allemande de celle-ci a été publiée à Offenbach, chez André. 7° *Petite méthode de guitare*; Paris, Janet. 8° Duo pour harpe et cor, op. 22; Paris, J. Meissonnier. 9° Duo pour harpe et guitare, op. 25, *ibid.* 10° Sonates pour harpe, œuvres 11, 13; Paris, Leduc, Janet. 11° *Méthode de harpe*; Paris, Janet.

GATAYES (Joseph-Léon), fils du précédent, harpiste distingué, compositeur pour son instrument et critique spirituel, est né à Paris, le 25 décembre 1805. Il reçut de son père sa première éducation musicale et se livra fort jeune à l'étude de la harpe, sous la direction de Cousineau. Élève du collège Louis-le-Grand, il en suivait les cours comme externe et avait chez son père un répétiteur, afin de continuer ses études de musique dans les intervalles des classes. Un vieux musicien allemand, nommé Stumpz, lui donna quelques leçons d'harmonie; mais ce fut surtout par la lecture de divers traités de composition et par l'analyse des partitions de bons maîtres que M. Gatayes apprit l'art d'écrire ses idées musicales. La nature l'avait organisé pour la musique, et ses débuts furent ceux d'un artiste d'avenir; l'un des premiers parmi les harpistes, il avait compris les avantages de la harpe à double mouvement d'Érard, en avait fait une étude sérieuse, et avait acquis sur cet instrument un degré d'habileté fort remarquable; la musique qu'il avait composée pour son usage personnel est même restée inédite, à cause des grandes difficultés de combinaisons harmoniques qu'il y avait mises, et qui auraient été inabordables pour les amateurs. Malheureusement ses goûts étaient divers; sa passion pour l'équitation, ses relations avec quelques hommes d'esprit un peu trop enclins à ce qu'en dépit du dictionnaire de l'Académie française on appelle *la flânerie*; enfin, la maladie du journalisme, qui absorbe sans profit tant d'intelligences de notre temps; tout cela réuni fit que, par degrés, l'artiste sentit son ardeur s'attiédir, et que le critique finit par prendre sa place. Une intime amitié l'unit au littérateur Alphonse Karr : cette liaison ne fut pas une des moindres causes du changement qui s'opéra dans la carrière de Léon Gatayes. Dans sa jeunesse il a publié beaucoup de petites choses pour la harpe, parmi lesquelles je trouve des *Études récréatives doigtées*, œuvre 107; Paris, Richault; au nombre de ses ouvrages plus sérieux se trouvent plusieurs fantaisies pour harpe seule, et quelques duos pour harpe et piano faits en collaboration avec le pianiste Schuncke, entre autres de grandes variations en duo sur la marche de *Moïse* (de Rossini); enfin des *Études caractéristiques* pour la harpe.

M. Gatayes a fait, comme critique musicien, un feuilleton hebdomadaire aux journaux *le Corsaire*, *le Journal de Paris*, *la Chronique de France* et *la Gazette de Paris* (depuis la création de ce dernier journal). Depuis longtemps il est un des collaborateurs du *Menestrel*. Son expérience de l'équitation et sa connaissance du cheval lui ont fait confier, dans *le Siècle*, toutes les questions hippiques; et le *Journal des Haras* l'a compté pendant plusieurs années au nombre de ses rédacteurs.

GATAYES (Félix), deuxième fils de Guillaume-Pierre-Antoine, est né à Paris, en 1809. Dès ses premières années, il apprit la musique en se jouant, et plus tard il devint pianiste remarquable sans avoir eu de maître. Frappé de sa belle organisation, pour l'avoir entendu par hasard, Liszt lui donna quelques leçons, qui suffirent à la transformation de son talent. Mais la composition seule semblait le préoccuper : élève de M. Henri Cohen (*voyez* ce nom) pour l'harmonie, il porta dans cette science plus d'attention qu'il n'en avait mis dans les autres études. En 1837, il parcourut le midi de la France et produisit une vive impression dans ses concerts. Il improvisait avec une rare facilité et trouvait des traits inattendus où l'on apercevait le cachet du génie. Un caractère bizarre, un esprit sans suite et sans règle gâtèrent tout cela : en dépit des dons que la nature lui avait prodigués, l'artiste n'accomplit pas sa destinée. Des symphonies et des ouvertures, qu'il avait fait entendre dans les concerts populaires de cette époque, avaient donné à quelques connaisseurs l'opinion la plus favorable de son avenir. On lui confia la composition de la musique d'un ballet destiné à mettre en relief le talent de Mlle Dumilâtre, danseuse alors fort aimée du public (1842). Un soir, après un spectacle court, l'orchestre de l'Opéra essaya quelques morceaux de cet ouvrage et les applaudit chaleureusement. Le chorégraphe Mazilier, auteur du plan du ballet, le pressa d'achever sa partition; Gatayes promit de s'en occuper sans relâche, et... le lendemain il partit pour l'Irlande ! A Londres, où il s'était fait entendre avec succès, il prit la résolution de donner un concert qui fut annoncé au public par d'énormes affiches. Le jour venu, les artistes, les amateurs se rendent à la salle de concert, mais Gatayes s'était embarqué pour l'Amérique deux jours auparavant. C'est ainsi que, constamment errant, il parcourt depuis vingt ans l'Europe, l'Amérique et l'Australie, laissant échapper çà et là de belles inspirations, et n'en recueillant le fruit ni pour sa renommée ni pour sa fortune. Dans ces derniers temps, la difficulté de disposer d'un grand orchestre pour faire exécuter ses ouvrages, a tourné ses vues vers la musique militaire, pour laquelle il instrumente à merveille. Ce ne sont point des marches ni des pas redoublés qu'il compose, mais des symphonies qui souvent ont un sujet pittoresque, par exemple : *les Moissonneurs; Dans la Vallée; Marche héroïque; Chasse; Scène*, etc., etc. La plupart de ces compositions ont fait sensation dans quelques villes de l'Allemagne rhénane, dans plusieurs autres de France, et, dans la saison de 1800, à Brighton.

GATHY (Auguste), littérateur-musicien, né à Liége, le 14 mai 1800, fut d'abord attaché à une librairie à Hambourg, sans toutefois négliger la musique, qu'il avait apprise dans son enfance. Plus tard, il a eu pour maître de composition Frédéric Schneider, de Dessau, et a fait sous sa direction un cours complet, depuis 1828 jusqu'à la fin de 1830. De retour à Hambourg, il a rédigé une gazette musicale qui avait pour titre : *Musikalische Conversations-Blatt, Musikfreunde und Künstlern geweiht* (Feuille de Conversation musicale, etc.), gr. in-8° (Hambourg, Schuberth et Niemeyer). Précédemment Gathy avait donné dans les journaux littéraires et dans les gazettes musicales de l'Allemagne beaucoup d'articles relatifs à la musique, et dans l'*Europe littéraire*, journal publié à Paris, en 1833, un grand article intitulé : *De la musique en Allemagne*. En 1841, Gathy est venu se fixer à Paris, et s'y est livré à l'enseignement, sans cesser ses travaux de littérature musicale. Malheureusement, cet homme excellent, modèle d'une âme pure et bienveillante, avait une santé déplorable, résultat de sa conformation contrefaite. Par la variété de ses connaissances et la pureté de son goût dans l'art, il aurait pu produire des ouvrages de haute valeur ; mais son état habituel de souffrance le mettait souvent dans l'impossibilité de se livrer au travail. Il est auteur d'un dictionnaire abrégé de musique et de biographie musicale, dont la première édition a paru sous ce titre : *Musikalisches Conversations-Lexikon, Encyklopædie der gesammten Musik-Wissenschaft für Künstler, Kunstfreunde und Gebildete, unter Mitwirkung von Ortlepp, J. Schmitt, Meyer, Zœllner, redigirt von A. Gathy*, Leipsick, Hambourg et Itzehoe, Schuberth et Niemeyer, 1835, gr. in-8°. La deuxième édition a été publiée à Hambourg, en 1840, un volume gr. in-8°. Dans ses dernières années, Gathy en préparait une troisième, pour laquelle il avait fait de patientes recherches et avait entrepris un voyage en Allemagne, dans lequel l'énergie de sa volonté avait soutenu une lutte constante contre la débilité de ses forces. Il est mort à Paris, le 8 avril 1858, au moment où il mettait en ordre les notes qu'il avait recueillies. Il était membre de la Société musicale de Presbourg, et de la Société hollandaise de Rotterdam, pour l'encouragement de la musique. Comme compositeur, Gathy a publié à Paris *les Polonais*, chant patriotique. Il avait en manuscrit des romances françaises et allemandes, ainsi que des compositions de différents genres.

GATTA (Marco della), prêtre napolitain et semainier de la cathédrale de Naples, dans la seconde moitié du dix-huitième siècle, est auteur d'un traité de plain-chant intitulé : *Breve ragguaglio delle principali regole del conto fermo gregoriano, parte prima divisa in nove dialoghi con breve appendice del canto fratto, dal sacerdote D. Marco della Gatta, Eddomadario del duomo di Napoli, per uso e studio de' convittori del seminario diocesano*, etc., Naples, 1793, in-4°. La seconde partie de cet ouvrage est intitulée : *Esempii e cantilene di canto fermo gregoriano, con appendice di Messe ed officiatura de' morte, parte seconda. Opera nuova*, etc., Naples, 1794, in-4°.

GATTEY (François), directeur de l'Administration des poids et mesures, né à Dijon, en 1753, fut mathématicien distingué. Il est mort à Paris, le 7 décembre 1819. Aussi exercé dans les arts que dans les sciences, il s'était particulièrement occupé de musique et de peinture dans sa jeunesse. Il a publié beaucoup d'ouvrages sur les applications des mathématiques aux mesures agraires et de capacité, ainsi que sur certains instruments de calcul. Il n'est cité ici que pour avoir fait insérer dans le *Journal de Paris*, de 1783, n° 22, une lettre sur une machine propre à écrire les improvisations d'un compositeur exécutées sur un instrument à clavier. *Voyez* à ce sujet les articles Engramelle, Frecke (Jean) et Unger.

GATTI (Simon), musicien, né à Venise, vers le milieu du seizième siècle, fut directeur de la musique de l'archiduc Charles d'Autriche, puis attaché à la chapelle de l'électeur de Bavière Albert V. En 1579, il a publié à Venise, chez Ange Gardane, un recueil de messes à cinq et à six voix, sous ce titre : *Simonis Gatti missæ tres, quinque et sex vocibus decantandæ*, lib. 1, in-4° obl. Il a écrit la musique de plusieurs drames sacrés ou mystères pour le duc de Bavière ; ce prince lui fit présent de vingt florins d'or après l'avoir entendu chanter dans un de ces ouvrages.

GATTI (Théobalde), né à Florence, vers 1650, fut compositeur dramatique et se distingua par son talent sur la basse de viole. Quelques ouvertures des premiers opéras de Lulli étant parvenues en Italie, Gatti fut, dit-on, frappé de leur mérite et voulut connaître leur auteur. Il se rendit à Paris et courut immédiatement chez son compatriote, à qui il dit le sujet de son voyage. Flatté de ce témoignage d'estime, où se cachait peut-être un intérêt personnel, Lulli donna à Théobalde une place dans l'orchestre de l'Opéra; celui-ci la garda près de cinquante ans. Il mourut à Paris, en 1727, et fut inhumé à l'église Saint-Eustache, sa paroisse. Dans ses compositions, Gatti imita le style de Lulli. Le 23 mars 1691, il donna à l'Opéra *Coronis*, pastorale en trois actes avec un prologue, et le 16 septembre 1701, il fit représenter *Sylla*, tragédie lyrique en cinq actes, où il fit quelques changements dans la même année, et qui fut reprise en 1720 et en 1752. Cet artiste a aussi publié à Paris, chez Ballard, douze airs italiens, dont deux à deux voix, 1696, in-4°.

GATTI (LOUIS), né à Mantoue, vers 1750, fut reçu dans les ordres et prit le titre d'abbé, ce qui ne l'empêcha pas de se livrer à son goût pour la composition des opéras. En 1784, il donna, à Plaisance, *l'Olimpiade*, son premier ouvrage. Deux ans plus tard, il écrivit pour le théâtre de Lucques *la Nitteti*, opéra sérieux en trois actes, et il fit représenter en 1787, à la foire de Mantoue, son opéra de *Demofoonte*, qui fut suivi, en 1788, de *la Mort d'Abel*, oratorio. Appelé à Salzbourg, en 1790, il y remplaça Perez, en qualité de maître de chapelle. Il a écrit dans cette ville beaucoup de musique d'église qui est restée en manuscrit.

Un compositeur du nom de *Gatti*, né à Naples, et vraisemblablement élève du Collège de musique de cette ville, a fait représenter à Messine (Sicile), en 1841, un opéra intitulé : *Erberto di Vallellina*.

GATTONI (L'abbé JULES-CÉSAR), chanoine de la cathédrale de Como, dans la seconde moitié du dix-huitième siècle, a fait insérer dans les *Opuscoli scelti di Milano* (t. VIII, 1785, p. 298) une lettre de onze pages sur une sorte de harpe éolienne gigantesque qu'il avait imaginée; cette lettre a pour titre : *Lettera al Ch. Sig. Di Pietro Moscati sopra una nuova maniera di scoprire i piu piccoli cambiamenti nell' almosfera con un' apparato infinitamente piu sensibile degli altri fino ad ora conosciuti*. L'abbé Gattoni avait attaché quinze cordes métalliques et de boyau au haut d'une tour élevée de cinquante-deux brasses, et distante de cent cinquante pas de sa maison, placée en face de ladite tour, et à laquelle il fixa les autres extrémités des cordes, lesquelles formaient une espèce de harpe en plan incliné, appelée par l'abbé Gattoni *Harmonica meteorologica*. L'opération réussit bien, d'abord, et donna des résultats d'une harmonie agréable; mais bientôt l'accord fut rompu par les influences atmosphériques, et l'auteur de cette invention imagina alors d'en faire un instrument d'observations météorologiques, au moyen des variétés d'intonation des cordes résultant des divers états de l'atmosphère.

GATZMANN (WOLFGANG), luthiste qui vécut à Francfort-sur-le-Mein, au commencement du dix-septième siècle, s'est fait connaître par un ouvrage qui a pour titre : *Phantasiarum seu cantionum liber primus*, Francfort, 1610, in-4°.

GAUBERT (DENIS), maître de chant à Paris, au commencement du dix-neuvième siècle, a été professeur de solfège au Conservatoire de cette ville dans l'origine, puis réformé en 1802. On connaît de lui un recueil de six romances avec accompagnement de piano, Paris, 1802; et un autre qui a pour titre : *Cinquième églogue de Virgile, et quatre romances avec accompagnement de piano*, Paris, 1803. Dans la même année, il a fait insérer au *Mercure de France* (p. 220) un article intitulé *Quelques idées sur un recueil de musique*. Il y critique avec raison le *Dictionnaire lyrique* de Dubreuil.

GAUCQUIER (ALARD DUNOYER, dit DU), en latin *Nucaus*, né à Lille (Flandre), dans la première moitié du seizième siècle, fut d'abord chantre de la chapelle de l'empereur Ferdinand Ier, puis de Maximilien II, suivant un état de la musique de ces princes que j'ai consulté à la Bibliothèque impériale de Vienne; ensuite, il fut maître de chapelle de l'archiduc Matthias, alors vice-roi de Hongrie, à Presbourg, et plus tard roi de Hongrie, de Bohême, et enfin empereur. Du Gaucquier était un musicien de grand mérite : j'en ai acquis la preuve par une messe (*sine nomine*) à huit voix, que je possède en partition. On a de lui un ouvrage qui a pour titre : *Quatuor Missæ, quinque, sex et octo vocum; auctore Alardo Nuceo vulgò Du Gaucquier, Insulano, Sereniss. Principis Matthiæ Austrij*, etc., *musicorum præfecto; jam primum in lucem editæ*, Antverpiæ, ex officina Christophori Plantini, typographi regii, 1581, in-fol. max. de quatre-vingt-quinze feuillets. Le volume commence par un motet : *In aspersione aquæ benedictæ*; la première messe (*Mœror cuncta tenet*) est à cinq voix; la deuxième (*sine no-*

mius), et la troisième (*Beati omnes*), sont à six voix, et la dernière (*sine nomine*) est à huit voix. Toutes les parties sont imprimées en regard.

GAUDENCE, surnommé *le philosophe*, écrivain grec sur la musique, dont il nous reste un petit ouvrage intitulé : *Introduction harmonique* (Ἁρμονικὴ εἰσαγωγή). On ignore quelle fut sa patrie, et l'on manque de renseignements sur les circonstances de sa vie. Fabricius (*Bibl. græc.*, t. II, p. 204) présume qu'il vécut avant Ptolémée. Sa doctrine est basée sur celle d'Aristoxène. On trouve dans presque toutes les grandes bibliothèques de l'Europe des manuscrits du traité de Gaudence. Il a été traduit trois fois du grec en latin. Le premier traducteur fut un nommé Mutianus, scolastique qui vivait au cinquième siècle de l'ère chrétienne, qui a aussi traduit les homélies de saint Jean Chrysostome, et qui fut l'ami de Cassiodore, par qui il est cité avec éloge (*Divin. lect.*, c. 8). Cette traduction paraît être perdue. La seconde, qui se trouvait manuscrite dans la bibliothèque du P. Martini, a été faite par Herman Crusserius, écrivain du seizième siècle ; et la troisième, par Marc Meibomius, a été publiée avec le texte grec et des notes, dans ses *Antiquæ musicæ auctores VII*, Amsterdam, Elzevier, 1652, in-4°. M. le docteur Franz, professeur de philosophie à l'Université de Berlin, a signalé une lacune de texte de Gaudence, dans l'édition de Meibomius, qu'il a restituée d'après un manuscrit du Vatican (1).

GAUDIO (ANTOINE DEL), compositeur romain, dans la seconde moitié du dix-septième siècle, est connu par deux opéras. Le premier (*Almerico in Cipro*), a été représenté en 1675 ; le second (*Ulisse in Feacia*), en 1681.

GAUDIO DEL MEL. *Voyez* GOUDIMEL.

GAULTIER (PIERRE), musicien, né à la Ciotat, en 1664, obtint de Lulli la permission d'établir un Opéra dans les villes de Marseille et de Montpellier, moyennant une somme qu'il paya à ce compositeur. Il fit l'ouverture de son théâtre de Marseille le 28 janvier 1682, et y fit représenter un opéra intitulé : *le Triomphe de la Paix*, dont il avait composé la musique. Brossard assure qu'il y avait de fort belles choses dans cet ouvrage, et que Gaultier était un très-habile musicien. Après la mort de Lulli, il obtint d'étendre son arrondissement théâtral jusqu'à Toulouse, et il s'embarqua à Cette, en 1697, pour se rendre avec sa troupe dans le Languedoc ; mais une tempête engloutit son vaisseau, et il périt avec toute sa suite. La Borde dit, dans son *Essai sur la musique* (t. III, p. 422), que ce fut en retournant du port de Cette à Marseille que Gaultier fut victime de cette tempête, mais il se trompe ; Titon du Tillet était mieux instruit de cette circonstance. Le même La Borde a aussi commis une erreur dans l'orthographe du nom de ce musicien, qu'il écrit *Gautier*. Les auteurs du *Dictionnaire historique des musiciens* (Paris, 1810 à 1811) ont aussi défiguré son nom en l'écrivant *Gauthier*. Les mêmes auteurs se sont trompés en quelques circonstances de sa vie : ils disent que sa troupe d'Opéra desservait alternativement les théâtres de Lyon, de Marseille et de Montpellier ; mais jamais Gaultier n'eut l'entreprise du spectacle de la première de ces villes. Ils disent enfin que le bruit a couru que Jean-Jacques Rousseau avait trouvé la musique du *Devin de village* dans les papiers de ce Gaultier, et qu'il l'avait arrangée sur ses paroles : c'est une erreur manifeste ; on ne pourrait attribuer la musique légère du *Devin de village* à un musicien qui a écrit dans le style et à l'imitation de Lulli. Ils ont confondu Gaultier avec Denis Gautier, dit *le Vieux* (*voyez* ce nom), qui était de Lyon, et dont la musique plus légère se prêtait davantage à cette historiette. Les mêmes auteurs ajoutent que l'anecdote n'a pas fait fortune ; mais ils citent Rey et Devisme, qui attribuaient la musique du *Devin du village* à un musicien de Lyon nommé *Garnier*, qu'ils confondent encore avec *Granet* (*voyez* ce nom). Le Gallois, dans sa *Lettre à mademoiselle Regnault de Solier touchant la musique* (Paris, 1680), cite (p. 72) Gaultier comme un des meilleurs clavecinistes de son temps, dans la manière de Chambonnières, et dit qu'il s'était lié d'une étroite amitié avec Hardelle, le plus habile élève de cet artiste renommé ; il dit aussi que celui-ci lui avait laissé par testament toutes ses pièces de clavecin ; enfin, on voit par la lettre même de Le Gallois que Gaultier avait succédé à Hardelle dans la charge de claveciniste de la chambre du roi.

GAULTIER (L'abbé ALOYSIUS-ÉDOUARD-CAMILLE), né en Italie, de parents français, vers 1755, vint en France fort jeune, y fit une partie de ses études, retourna ensuite en Italie, et reçut les ordres à Rome. En 1780, il alla se fixer à Paris et s'y occupa sans relâche de ses idées sur l'amélioration de l'éducation de la jeunesse par de nouvelles méthodes. Il publia

---

(1) Cf. *De Musicis græcis commentatio, scripsit Joannes Franzius* (Berlin, 1840, in-4°), p. 9.

dès lors une série d'ouvrages sur ce sujet qui ont obtenu le plus brillant succès, et dont il a été fait de nombreuses éditions. La révolution l'obligea de sortir de France : il se retira d'abord en Hollande, puis à Londres, où il continua ses travaux. De retour enfin dans sa patrie primitive en 1801, il y ouvrit de nouveaux cours, et forma des professeurs pour l'enseignement de ses méthodes. Cet homme vertueux et utile est mort à Paris, le 19 septembre 1818. Au nombre de ses ouvrages, il en est un qui a été inconnu à ses biographes, et que M. Quérard n'a point cité dans sa *France littéraire*; il a pour titre : *Éléments de musique propres à faciliter aux enfants la connaissance des notes, des mesures et des tons, au moyen de la méthode des jeux instructifs*, Paris, 1789, chez l'auteur. Lichtenthal, dans sa *Bibliographie de la musique*, confond l'auteur de ce livre avec l'abbé Gauthier ou Gautier (Joseph), chanoine régulier de la congrégation de Notre-Sauveur, mort à Nancy, vers 1770, et lui attribue un ouvrage de ce dernier, intitulé : *Observations sur la lettre de M. Rousseau de Genève à M. Grimm*, 1752 (sans nom de lieu), in-12. Gerber, et d'après lui Lichtenthal, ont cru qu'il s'agissait d'une réfutation de la lettre de J.-J. Rousseau sur la musique française, tandis qu'il n'est question dans cette brochure que du discours de l'écrivain célèbre sur les lettres et les sciences, couronné par l'Académie de Dijon.

GAUTHEROT (NICOLAS), né à Is-sur-Tille (Côte-d'Or), en 1753, mort à Paris, le 29 novembre 1803, est auteur d'un mémoire intitulé : *Sur la Théorie des sons*, Paris, 1800, in-8°.

GAUTHEY (ÉMILIAN-MARIE), inspecteur général des ponts et chaussées, membre de l'Académie des sciences de Dijon, né à Châlon-sur-Saône, le 3 décembre 1732, mort le 14 juillet 1806, a publié plusieurs ouvrages sur des sujets de mécanique et de mathématiques appliquées, au nombre desquels on remarque : *Expériences sur la propagation des sons et de la voix dans les tuyaux prolongés à une grande distance*, Paris, 1785, in-8°.

GAUTHIER DE SOIGNIES, trouvère du treizième siècle, était ainsi appelé parce qu'il était né dans la petite ville de Soignies, en Hainaut. Il vivait en 1250. Les manuscrits de la Bibliothèque impériale à Paris contiennent sept chansons notées de sa composition.

GAUTHIER (PIERRE), directeur du théâtre de Rouen, dans les premières années du dix-huitième siècle, est auteur de plusieurs livres d'*Airs à chanter* qui ont été publiés chez les Ballard, et qu'on a faussement attribués à Denis Gautier le luthiste. Gauthier était né à Rouen et mourut d'apoplexie dans cette ville, vers 1711. Dom Caffiaux a confondu ce musicien avec Gautier (J.-A.), auteur de quelques ouvrages pour la flûte (*Catalogue des musiciens*, etc., à la suite de l'Histoire manuscrite de la musique, p. 1140).

GAUTHIER (L. E.), professeur de littérature à Caen, est auteur d'un éloge d'Alexandre Choron, ouvrage couronné par l'Académie de cette ville, et qui a été publié à Paris, en 1845, in-8° de 118 pages.

GAUTHIER (C.), avocat à Paris, mort en 1837, a publié en collaboration avec M. Vulpian, autre avocat de la Cour royale de Paris, un livre intitulé : *Code des théâtres, ou manuel à l'usage des directeurs, entrepreneurs et actionnaires de spectacles, des auteurs et artistes dramatiques*, etc. Paris, Warée aîné, 1829, 1 vol. in-18.

GAUTHIER (GABRIEL), professeur à l'Institution impériale des jeunes aveugles de Paris, et aveugle lui-même, est né, en 1808, d'une famille de cultivateurs, dans la partie montagneuse du département de Saône-et-Loire. La petite vérole le priva de la vue à l'âge de onze mois. Huit ans après sa naissance, il perdit son père. Déjà d'heureuses dispositions pour la musique se faisaient remarquer en lui ; son oncle, curé d'une commune de ce pays, résolut de les mettre à profit pour assurer son existence. Au mois d'avril 1818, il le fit entrer à l'Institution des jeunes aveugles, où il reçut son éducation littéraire et musicale. L'étude à laquelle il se livra de préférence fut celle de l'harmonie et de la composition. Il se faisait lire les meilleurs ouvrages sur ces parties de l'art, et les méditait avec soin. Devenu harmoniste habile, il fut chargé d'enseigner, en 1827, à ses camarades la science dont il avait acquis la connaissance. Après avoir formé beaucoup d'élèves pour l'orgue et la composition, il sortit de l'Institution, en 1840. Quelques années après, il fut nommé organiste de la paroisse de St-Étienne-du-Mont, à Paris. Cet artiste a publié les ouvrages suivants : 1° *Répertoire des maîtres de chapelle, ou recueil complet de musique*, Paris, Périsse frères, 1842-1845, 5 vol. in-4°. Cette collection, qui devait former environ 12 volumes, n'a pas été continuée. 2° *Considérations sur la question de la réforme du plain-chant, et sur l'emploi de la musique ordinaire dans les églises*, Saint-Denis, Imprimerie de Prévot, 1843, in-8° de 32 pages. 3° *Le Mécanisme de la composition instrumentale, ou explication analytique de* *toutes les productions de musique instrumentale*, Paris, Imprimerie de Vinchon, 1843, in-12 de 240 pages.

GAUTIER (DENIS), sieur de Neue, célèbre joueur de luth. Vers la fin de sa vie, on ne l'appelait que Gautier *le Vieux* ou *l'Ancien*, pour le distinguer d'un autre Gautier, aussi joueur de luth, dont il sera parlé dans l'article suivant. Gautier le Vieux était né à Lyon vers 1620. Ses talents l'appelèrent à Paris, où il fut attaché à la cour. En 1664, il publia en cette ville un ouvrage pour son instrument, sous le titre de : *Livre de tablature de pièces de luth sur différents modes*. Il vivait encore dans la même ville, en 1678, ainsi qu'on le voit dans un article du *Mercure galant* de cette année (mois de mars, p. 169). Les auteurs du *Dictionnaire historique des musiciens* (Paris, 1810-1811) disent qu'il a aussi publié un ouvrage sous ce titre : *l'Homicide, le Canon et le Tombeau de l'Enclos*. Il y a dans ce passage autant d'erreurs que de mots. Les pièces dont il est ici question sont des morceaux pour le luth qui font partie du recueil pour cet instrument cité précédemment, et n'en forment point le titre. La troisième pièce n'appartient point à ce recueil, mais à un autre qui paraît avoir été publié longtemps après; son titre véritable est : *le Tombeau de mademoiselle de Lenclos*. D'ailleurs, tout se réunit pour démontrer que le vieux Gautier n'a pu être l'auteur de ce morceau, car étant né en 1620, il n'est guère vraisemblable qu'il ait pu exprimer le regret que lui aurait inspiré la perte de Ninon de Lenclos, puisque cette femme célèbre ne mourut que le 17 octobre 1706 : or, Gautier aurait été alors âgé de quatre-vingt-six ans. Mais il est une preuve certaine que Gautier ne vivait plus alors, car Le Gallois, dans sa *Lettre à mademoiselle Regnault de Solier touchant la musique*, dit expressément (p. 62) : « On a vu pour « le luth les deux Gautier, Hemon, Blan- « rocher, Du But le père, Portion; et on y « voit maintenant M. Du But le fils, M. Mouton, « M. de Solera, M. Galot, etc. » Ceci fut écrit en 1680 et démontre qu'à cette époque Gautier ne vivait plus, ou du moins qu'il n'écrivait plus pour son instrument. Il a dû donc cesser de vivre entre 1678 et 1680.

GAUTIER (EUNÉMOND), surnommé *le Jeune*, parce qu'il se fit connaître plus tard que le précédent, était aussi un luthiste fort habile. Il naquit aux environs de Vienne, dans le Dauphiné, vers 1635(1). M. de Boisgelou, dans

(1) Voyez le *Catalogue des Dauphinois dignes de*

son catalogue manuscrit des auteurs dont les œuvres se trouvent à la Bibliothèque impériale de Paris, prétend qu'il était né à Paris ; Titon du Tillet assure que les deux Gautier étaient de Lyon. On voit par *l'État de la France* de 1671 que celui-ci était luthiste de la chambre du roi dès 1669. D'après le passage de Le Gallois qui a été cité dans l'article précédent, Gautier le Jeune avait cessé de vivre en 1680 : il est donc aussi vraisemblable qu'il ne fut pas l'auteur de la pièce de luth connue sous le titre de : *Tombeau de mademoiselle de Lenclos*, et qu'il y eut un troisième luthiste du nom de Gautier qui vécut plus tard, et qui exprima, comme le dit La Borde, les regrets que la mort de cette fille célèbre avait causés à son auteur. Il y a deux livres de pièces de luth en tablature, de Gautier le Jeune, gravés à Paris, sans date.

GAUTIER (J.-A.), professeur de flûte qui a eu quelques succès à Paris vers 1754, vivait encore en 1791. On a de lui un livre de duos pour la flûte et un œuvre de trios pour le même instrument, gravés à Paris, sans date.

GAUTIER (JEAN-FRANÇOIS-EUGÈNE), violoniste et compositeur, est né à Vaugirard, près de Paris, le 27 février 1822. Admis comme élève au Conservatoire, le 10 décembre 1831, il y reçut des leçons d'Habeneck pour le violon, et d'Halévy pour la composition. Le premier prix de violon lui fut décerné au concours en 1838. Il obtint le second grand prix de composition au concours de l'Institut, en 1842. On a de M. Gautier quelques ouvrages pour le violon, publiées à Paris. Il a donné à Versailles, en 1845, l'opéra comique intitulé : *l'Anneau de Marie*; en 1848, à Paris, *les Barricades*, en collaboration avec M. Pilati, et, en 1851, *Murdock le Bandit*, en un acte, au Théâtre Lyrique ; *Flore et Zéphire*, opéra comique, en un acte, au même théâtre, en 1852; *Choisy le Roi*, idem, au même théâtre, 1852; *le Mariage extravagant*, joli ouvrage, en un acte, au théâtre de l'Opéra-Comique, en 1857; *le Docteur Mirobolan*, en un acte, à l'Opéra-Comique, le 22 août 1860. En 1848, on a exécuté, aux concerts du Conservatoire de musique, un *Ave Maria* de M. Gautier, morceau distingué de musique d'église : il était alors second chef d'orchestre du Théâtre-National, devenu plus tard le Théâtre-Lyrique.

GAUZARGUES (CHARLES), abbé, né à Tarascon, en Provence, se livra fort jeune à l'étude de la musique, et après avoir été enfant de chœur dans sa ville natale, fut sous-

mémoire, par M. Colomb de Batines; Grenoble, 1840, première partie, p. 81.

chantre à Nîmes et à Montpellier. Il se rendit à Paris, en 1750, dans l'intention d'y augmenter ses connaissances par les conseils de Rameau, qui l'accueillit et lui fit faire quelques études d'harmonie. L'année suivante, l'abbé Gauzargues fit entendre, à Versailles, quelques motets de sa composition ; ils furent goûtés particulièrement par le Dauphin, qui le recommanda à l'évêque de Rennes, directeur de la chapelle du roi. Cette haute protection lui valut sa nomination de maître de la chapelle royale, et il entra en exercice de cette place au mois d'avril 1758. Pendant les dix-huit années qu'il l'occupa, il écrivit environ quarante motets avec orchestre. Retiré en 1775, il vécut ensuite à Saint-Germain chez un grand seigneur, ami et protecteur des arts. Arrêté pendant les troubles révolutionnaires, il fut sauvé, comme beaucoup d'autres, par la réaction du 9 thermidor. Il est mort à Paris, en 1799. Partisan exclusif de la théorie de Rameau sur la basse fondamentale, l'abbé Gauzargues en a exposé les principes dans un livre intitulé : *Traité de l'harmonie à la portée de tout le monde*, Paris, Desenne, 1708, in-8°.

GAVAUDAN (JEAN-BAPTISTE-SAUVEUR), acteur de l'Opéra-Comique, est né le 8 août 1772, à Salon, en Provence. Fils d'un maître de musique de cette province, il passa ses premières années à Nîmes, où son père était attaché à une maison religieuse. Dès l'âge de cinq ans, il avait commencé l'étude des principes de la musique : ses sœurs, plus âgées que lui, semblaient annoncer du talent ; elles furent appelées à Paris pour débuter à l'Opéra, et Gavaudan les suivit dans cette ville avec toute sa famille. A sept ans, il perdit son père, se trouva sans ressources, et n'eut d'autre moyen d'existence que de s'engager comme mousse dans la marine royale. Il servit en cette qualité sur l'escadre du comte de Grasse, et ne revint à Paris qu'après la paix, en 1783. Il y reprit ses études musicales, et après avoir achevé son éducation, fut admis dans les bureaux de l'Opéra. Cependant ce n'était pas au simple emploi de commis que la nature le destinait ; il le sentit, et dans le dessein de céder à son goût pour le théâtre, il se confia aux soins de Persuis, qui lui donna des leçons de chant. En 1791, il débuta au théâtre Montansier : le succès qu'il y obtint fut tel, qu'il n'y joua que deux fois, et qu'il fut immédiatement engagé pour le théâtre de Monsieur, où se jouait alternativement l'opéra italien par une troupe excellente dirigée par Viotti, et l'opéra comique français, dans lequel Martin brillait en première ligne.

Gavaudan y jeta les premiers fondements de sa réputation dans les rôles de Félix de *l'Amour filial*, et de Belfort dans *les Visitandines*. Au milieu de ses succès, la loi de recrutement du 23 août 1793 vint le frapper ; mais il ne resta pas longtemps à l'armée ; les amis qu'il avait dans le Comité de salut public le firent mettre en réquisition comme artiste, et il ne tarda point à reparaître à Paris. En 1794, il quitta le théâtre Feydeau pour entrer à l'Opéra-Comique de la Salle Favart. D'abord, il n'y fut que le double de Michu et d'Ellevion, mais, en 1797, il sortit de cet emploi secondaire par la manière dont il joua le rôle de Padilla dans *Ponce de Léon*. La gaieté qu'il mit dans ce rôle fit croire que la nature ne l'avait destiné qu'à jouer des caricatures ; mais il ne tarda point à se faire une brillante réputation dans un emploi très-différent : celui des premiers ténors du genre dramatique. Les opéras dans lesquels il fit remarquer ce talent sont ceux de *Montano et Stéphanie*, *Ariodant*, *Beniowski*, *Zoraïme et Zulnar*, et le *Délire*. Assez médiocre chanteur, il y remplaçait par des cris les sons qui manquaient à sa voix ; mais il possédait une qualité qui a toujours eu beaucoup de puissance sur des spectateurs français, une chaleur entraînante, quoiqu'elle sortît des bornes prescrites par le goût, et que souvent son débit manquât de justesse. En 1801, lors de la réunion des deux troupes des théâtres Favart et Feydeau, Gavaudan fut compris au nombre des sociétaires, et il conserva cette position jusqu'en 1816, où des difficultés qu'on lui fit sur ses opinions politiques l'obligèrent à demander sa retraite. Il se rendit alors à Bruxelles, et y fut, pendant quelque temps, directeur du Théâtre-Royal. Plus tard, il voyagea en France et donna des représentations dans les villes principales. Rappelé à l'Opéra-Comique, en 1824, par le directeur de ce théâtre, il y reparut dans les rôles qui avaient fait autrefois sa gloire ; mais il n'était plus que l'ombre de lui-même. Sa voix usée, chevrotante, prêtait une sorte de ridicule à l'emploi dans lequel il se faisait entendre ; néanmoins, l'éducation musicale des habitués du théâtre Feydeau était alors si peu avancée, et leur confiance dans les anciennes renommées était telle, qu'ils applaudirent avec chaleur les restes d'un talent qui ne méritait plus que de la pitié. L'engouement ne tarda point à se dissiper, et Gavaudan, convaincu enfin qu'il était au bout de sa carrière dramatique, s'est retiré définitivement au commencement de l'année 1828. Il est mort à Paris, le 10 mai 1840.

GAVAUDAN. Deux sœurs de l'acteur dont il est parlé dans l'article précédent ont été admises comme cantatrices de l'Opéra. L'aînée débuta, le 31 août 1787, par le rôle de l'*Aurore* dans *Cephale et Procris*; elle était jolie, mais c'était à peu près son seul mérite : jamais elle ne put s'élever au-dessus des rôles de coryphée. Elle épousa Lainez, acteur de l'Opéra, et se retira presque aussitôt après son mariage. Elle est morte à Paris, le 15 juin 1810. La plus jeune, qui était connue des habitués de l'Opéra sous le nom de *Spinette*, à cause de la réputation d'habileté qu'elle avait acquise dans le rôle de *Spinette*, de *Tarare*, était d'abord entrée dans les chœurs de l'Opéra, à l'époque même où sa sœur débuta, et y était restée jusqu'en 1785, sans être remarquée, lorsqu'elle sortit tout à coup de l'obscurité par le rôle de *Julie*, dans *les Pretendus*, où elle fit admirer la fraîcheur de sa voix et la finesse de son jeu. Au commencement de la révolution, elle quitta Paris pour se rendre en Allemagne. Elle est morte à Hambourg, en 1805. Une troisième sœur des demoiselles Gavaudan, nommée Émilie, fut choriste au théâtre Feydeau, puis débuta sans être remarquée, dans quelques rôles de peu d'importance, et finit par devenir la femme de Gaveaux. Elle vivait encore à Paris en 1836.

GAVAUDAN. Deux actrices de ce nom, nièces des précédents, ont joué pendant quelques années au théâtre Feydeau. Rosette, l'aînée, débuta, en 1796, avec quelque succès, dans les seconds rôles de femmes qu'on appelait alors du nom ridicule de *Corsets*, tandis que sa sœur, Aglaé, chantait dans les chœurs. En 1800, celle-ci fut aussi chargée de quelques rôles de peu d'importance; toutes deux furent comprises dans la réforme, après la réunion des deux théâtres d'Opéra-Comique. Rosette Gavaudan a épousé Frédéric Kreubé, ancien chef d'orchestre du théâtre Feydeau et compositeur dramatique.

GAVAUDAN (Alexandrine-Marie-Agathe DUCAMEL (1)), femme de l'ancien acteur de l'Opéra-Comique, est née à Paris, le 15 septembre 1781. Une voix agréable, de la facilité et un jeu spirituel lui procurèrent des succès brillants à l'Opéra-Comique du théâtre Favart,

(1) J'ai donné, dans la première édition de la *Biographie universelle des musiciens*, le nom de famille Maigrot à madame Gavaudan, d'après le registre des réceptions d'acteurs du Théâtre-Italien (*Archives de l'Opéra-Comique*) : M. Ed. De Manne, qui a fait l'article concernant cette actrice, dans la *Biographie générale* de MM. Didot, d'après des documents inédits, dit qu'elle se nommait *Ducamel*.

où elle débuta, en 1798, dans l'emploi qu'on appelait alors *les jeunes Dugazon*. Elle y fit d'abord peu de sensation, parce que les occasions lui manquaient pour le développement de ses facultés. A cette époque, le public attachait plus d'importance au jeu des acteurs qu'à leur chant; Mme Gavaudan s'occupa donc plus du soin de devenir actrice remarquable que cantatrice habile. Carline Nivelon, admirable par la naïveté de son jeu, et Mme Saint-Aubin, qui réunissait l'esprit à la simplicité, devinrent ses modèles. Sans les égaler, elle sut s'approprier quelques-unes de leurs qualités, et à force de travail et de persévérance, elle se plaça au rang des meilleurs acteurs de l'Opéra-Comique de ce temps. Après avoir joué avec succès pendant vingt-cinq ans aux théâtres Favart et Feydeau, dans une multitude d'opéras de tout genre, et notamment dans *le Diable à quatre*, *Françoise de Foix*, *Jean de Paris*, *le Petit Chaperon rouge*, etc., elle s'est retirée de la scène, le 19 décembre 1822, avec la pension de sociétaire de l'Opéra-Comique. Mme Gavaudan est morte à Passy, le 24 juin 1850.

GAVEAUX (Pierre), acteur de l'Opéra-Comique et compositeur dramatique, naquit à Béziers (Hérault), au mois d'août 1761, et non en 1764, comme il est dit dans le *Dictionnaire des musiciens* de Choron et de Fayolle. A l'âge de sept ans, il entra comme enfant de chœur à la cathédrale de sa ville natale. Sa voix était jolie; cet avantage lui fit confier pendant près de dix ans l'exécution des solos dans tous les motets. Destiné à l'état ecclésiastique, il apprit le latin et fit sa philosophie. Parvenu à l'âge de dix-sept ans, il désirait aller à Naples pour y acquérir des connaissances plus étendues dans la musique; mais l'évêque de Béziers le retint par la promesse d'un bénéfice. La mort de ce prélat dérangea les projets de Gaveaux, et lui fit accepter une place de premier ténor à la collégiale de Saint-Séverin de Bordeaux. Arrivé dans cette ville, il se mit sous la direction de François Beck pour apprendre la composition. Combès, organiste de la cathédrale de Béziers, lui avait autrefois donné quelques leçons de cet art; mais Gaveaux n'était âgé que de douze ans lorsqu'il perdit ce maître, et depuis lors il avait été abandonné à lui-même. Il fit exécuter à Bordeaux quelques motets qu'il avait composés sous les yeux de Beck, et le succès qu'ils obtinrent décida de sa vocation pour la musique. Tout à coup il quitta le petit collet, et s'engagea comme ténor au théâtre de Bordeaux. Il y débuta avec succès, puis se rendit, en 1788, à Montpellier, où il ne fut pas

GAVEAUX

moins heureux. Après avoir voyagé dans le midi de la France, il fut appelé à Paris, en 1789, pour chanter le premier ténor au Théâtre de Monsieur, qui était alors aux Tuileries. Quelque temps après, la troupe de ce théâtre alla jouer avec les bouffons italiens à la foire Saint-Germain ; pendant ce temps on construisait la salle Feydeau, qui ouvrit le 6 janvier 1791, et dans laquelle les deux troupes d'Opéra italien et français furent réunies. Depuis lors, Gaveaux n'a plus joué ni chanté que dans cette salle. A la réunion des deux troupes d'Opéra-Comique des théâtres Favart et Feydeau, en 1801, Gaveaux devint sociétaire de cette nouvelle compagnie, mais il n'y occupa plus qu'une position inférieure à celle qu'il avait eue jusqu'alors, comme chanteur et comme compositeur, car le genre de musique qui avait été en vogue depuis dix ans subit alors de notables modifications, et le chant de Gaveaux n'avait pas le charme de celui d'Elleviou et de Martin. Une atteinte d'aliénation mentale l'obligea à quitter la scène, en 1812. Rendu à la raison après un traitement de quelques mois, il parut guéri pendant plusieurs années ; mais une nouvelle atteinte survint en 1819, et cet artiste, retiré dans une maison de santé près de Paris, mourut le 5 février 1825, dans un état de démence complète.

Pendant sa carrière dramatique, Gaveaux écrivit pour le Théâtre Feydeau beaucoup d'opéras où l'on remarque une certaine facilité de style et un bon sentiment de la scène, mais qui laissent désirer plus d'originalité dans les idées. La liste de ses opéras renferme les ouvrages dont les titres suivent : 1° *Le Paria, ou la Chaumière indienne*, en deux actes, au Théâtre Feydeau, 1792. 2° *Les Deux Suisses*, en un acte, au même théâtre ; le titre de cet ouvrage fut changé après les événements du 10 août en celui de : *l'Amour filial, ou la Jambe de bois*. 3° *Les Deux Ermites*, en un acte, 1793. 4° *La Famille indigente*, en un acte, 1793. 5° *La Partie carrée*, en un acte, 1793. 6° *Sophronime*, en deux actes, 1794. 7° *Le Petit Matelot*, en un acte, 1795. 8° *Lise et Colin*, en deux actes, 1795. 9° *Le Diable couleur de rose, ou le bonhomme Misère*, au Théâtre Montansier, en 1804. 10° *Le Réveil du peuple*, hymne chanté à l'Opéra, après le règne de la terreur, 1795. 11° *Tout par hasard*, en un acte, au Théâtre Feydeau, 1796. 12° *Céliane*, en un acte, 1796. 13° *Delmon et Nadine*, en deux actes, 1796. 14° *La Gasconnade*, en un acte, 1796. 15° *Le Traité nul*, en un acte, 1797. 16° *Sophie et Moncars, ou l'Intrigue portugaise*, en deux actes, 1797. 17° *Léonore, ou l'Amour conjugal*, en trois actes, 1798. Cet ouvrage, le meilleur que Gaveaux a écrit, a fourni le sujet du célèbre opéra de Beethoven connu sous le nom de *Fidelio*. 18° *Les Noms supposés*, en un acte, 1798. 19° *Les Deux Jockeys*, en un acte, 1799. 20° *Owinska*, en trois actes, 1800. 21° *Le Locataire*, en un acte, au Théâtre Favart, 1800. 22° *Le Trompeur trompé*, en un acte, au Théâtre Feydeau, 1800. 23° *Avis aux femmes*, en un acte, 1804. 24° *Le Bouffe et le tailleur*, en un acte, au Théâtre Montansier, 1804. 25° *Trop tôt*, en un acte, au même théâtre, 1804. 26° *Le Mariage inattendu*, en un acte, au même théâtre, 1804. 27° *Un Quart d'heure de silence*, en un acte, au Théâtre Feydeau, 1804. 28° *L'Amour à Cythère*, ballet en deux actes, à l'Opéra, 1805. 29° *Monsieur Deschalumeaux*, en trois actes, au Théâtre Feydeau, 1805. 30° *Le Diable en vacance, suite du Diable couleur de rose*, en un acte, au Théâtre Montansier, 1805. 31° *L'Échelle de soie*, en un acte, au Théâtre Feydeau, 1808. 32° *La Rose blanche et la Rose rouge*, en trois actes, 1809. 33° *L'Enfant prodigue*, en trois actes, 1811. 34° *Une Nuit au bois, ou le Muet de circonstance*, en un acte, 1818. C'est le dernier ouvrage de Gaveaux, et le seul qu'il a écrit après sa première atteinte d'aliénation mentale. 35° *Pygmalion*, scène lyrique de Jean-Jacques Rousseau, inédite. Gaveaux a publié un recueil de Canzonettes italiennes dédiées à Garat, Paris, 1800, et un recueil de romances françaises.

Comme chanteur, Gaveaux s'est distingué dans les premiers temps de sa carrière dramatique par une voix agréable, légère et facile, par la chaleur et l'expression dramatique. Excellent musicien, il guidait les autres acteurs dans les morceaux d'ensemble, et communiquait beaucoup de verve à l'exécution. Dans les dix dernières années de sa vie théâtrale, sa voix avait perdu son timbre, était devenue sourde et nasale, ce qui fut cause qu'on ne lui confia plus que des rôles de peu d'importance. Ceux qui le firent connaître avantageusement, à l'époque de ses débuts, furent Floresky, dans *Lodoïska* de Cherubini, Roméo de Steibelt, Belfort, dans *les Visitandines*. En 1804, Gaveaux fut nommé chanteur de la chapelle de l'empereur Napoléon.

GAVEAUX (Simon), frère aîné du précédent, né à Béziers en 1759, fut attaché au Théâtre Feydeau comme répétiteur et souffleur de musique. En 1793, il établit à Paris une maison de commerce de musique en société avec son frère. Il est auteur d'une *Méthode de flageolet*.

GAVINIÉS (Pierre), violoniste célèbre, naquit à Bordeaux (1), le 11 mai 1728, suivant l'*Essai sur la musique* de La Borde, ou, selon une notice de M.me de Salm, le 26 mai 1726. La dernière date est plus vraisemblable, car il aurait eu treize ans au lieu de onze lorsqu'il fit admirer son talent à Paris. On ignore le nom du maître qui dirigea ses études; il y a lieu de croire qu'il ne dut qu'à lui-même, et aux occasions qu'il eut d'entendre quelques bons violonistes italiens, la rare habileté qui le distingua, et qui fit de lui le chef de l'école française du violon. En 1741, il parut au concert spirituel et y excita le plus vif étonnement par les qualités précoces d'un talent qui alla toujours grandissant. Lorsque Gaviniés eut atteint la force de l'âge, les caractères de ce talent consistèrent en un mécanisme d'archet qui lui permettait de se jouer des plus grandes difficultés, en une justesse parfaite, en un style imposant, enfin en une expression pleine de charme et de sensibilité, particulièrement dans l'adagio. Ce sont ces grandes et rares qualités qui frappèrent Viotti lorsqu'il eut entendu Gaviniés, et qui le lui firent appeler *le Tartini* français. Le talent de cet artiste se fit particulièrement apprécier à sa juste valeur dans diverses occasions où il se fit entendre au concert spirituel, après des violonistes d'un mérite incontestable. C'est ainsi que la palme lui fut donnée après des luttes avec Pugnani, Dominique Ferrari et Jean Stamitz.

La jeunesse de Gaviniés fut orageuse. Sa passion pour les femmes ne connaissait pas de frein, et la licence des mœurs de son temps ne secondait que trop son penchant. Une intrigue d'amour avec une dame de la cour l'obligea de s'éloigner furtivement de Paris, pour se soustraire à la vengeance d'un époux outragé; mais il fut arrêté à quatre lieues de Paris, et les ennuis d'une prison lui donnèrent, pendant une année, le temps de réfléchir sur les inconvénients d'une vie agitée. Il paraît que ce temps ne fut point en effet perdu pour lui, et que sa raison s'était mûrie lorsqu'il sortit de sa retraite forcée. Dans l'âge mûr, il eut toutes les qualités de l'homme estimable, et de ses premiers écarts il ne lui resta que cette rectitude de jugement, cette connaissance des hommes et des choses, enfin, cette exquise politesse qui s'acquièrent par la fréquentation du grand monde. Ce fut dans sa prison qu'il composa la romance pour violon qui a eu longtemps de la célébrité, sous le nom de *Romance de Gaviniés*. Lorsqu'il jouait ce morceau, sur lequel il improvisait des variations, il mettait tant d'expression dans son jeu, qu'il faisait verser des larmes à son auditoire. A soixante-treize ans, il l'exécuta dans un concert, et causa la plus vive émotion à ceux qui l'entendirent. Rentré dans le monde, Gaviniés ne s'occupa plus que de son art. Il forma, conjointement avec Gossec, l'entreprise du Concert spirituel, et jamais cet établissement ne fut aussi bien administré que par ces deux artistes.

Comme professeur, Gaviniés ne se distingua pas moins que comme virtuose. Il a formé beaucoup d'élèves qui possédèrent un très-bon mécanisme du violon, et à qui il ne manqua, pour être de grands artistes, que de joindre le génie au savoir. On cite, parmi ceux qui se sont fait particulièrement remarquer, Capron, Lemierre, Paisible, Le Duc aîné, l'abbé Robinot, Guénin, Imbault et Baudron. En 1794, il fut nommé professeur au Conservatoire, qui venait d'être établi par un décret de la Convention; mais il n'entra en fonctions qu'en 1796. Son meilleur élève dans cette école fut Verdiguiés, qui se fit entendre avec succès dans les concerts du Conservatoire, et qui fut un des premiers violons de l'Opéra. Gaviniés mourut le 9 septembre 1800, considéré comme le chef et le fondateur de l'école française du violon. Le Conservatoire de musique de Paris assista en corps à ses obsèques, et Gossec prononça sur sa tombe son oraison funèbre. M.me Constance Pipelet, qui devint princesse de Salm, a prononcé l'éloge de Gaviniés en 1801, au Lycée des arts; cet éloge, où l'on trouve des anecdotes intéressantes sur la vie de l'artiste, a été publié à Paris l'année suivante sous ce titre : *Éloge historique de Pierre Gaviniés* (in-8°). Fayolle (voyez ce nom) a publié aussi : *Notices sur Corelli, Tartini, Gaviniés et Viotti*, Paris, 1810, in-8°. *Le Mercure de France* du mois de mai 1752 contient (p. 181) un éloge pompeux de Gaviniés, qui venait de se faire entendre au concert spirituel.

Cet artiste avait des connaissances assez étendues en littérature. Il avait été lié d'amitié

(1) J'ai quelques doutes sur le lieu de naissance de cet artiste indiqué par La Borde et par madame de Salm. Il y avait à Paris, en 1752, et dans les années suivantes, un maître luthier nommé *Gaviniés*, qui demeurait rue Saint-Thomas du Louvre. Je connais un violon de ce luthier, qui porte la date de 1734. Ce Gaviniés ne serait-il pas le père du violoniste? Demeurait-il à Bordeaux avant de se fixer à Paris? Ce qui est certain, c'est que Gaviniés n'étant âgé que de treize ans lorsqu'il se fit entendre pour la première fois au concert spirituel, et qu'il est peu vraisemblable qu'il soit venu seul à Paris, à cet âge.

avec J.-J. Rousseau. Ce sont vraisemblablement ses rapports avec ce grand écrivain qui lui ont fait attribuer par l'abbé Roussier (suivant le témoignage de De l'Aulnaye) la rédaction de l'écrit polémique intitulé : *Errata de l'Essai sur la musique ancienne et moderne* (de La Borde), *par Mme****, Paris, 1781, in-8°, et réimprimé plusieurs fois dans les dernières éditions des œuvres du philosophe de Genève. Mme de Salm a aussi adopté l'opinion que Gaviniés est le véritable auteur de cette brochure. On sait que La Borde a attaqué sans ménagement l'auteur du *Dictionnaire de musique* et de la *Lettre sur la musique française* en plusieurs endroits de son livre : l'*Errata* a pour objet de venger la mémoire de l'illustre écrivain. L'auteur de cette brochure remplit sa mission avec une logique serrée, et démontre avec succès l'ignorance ou la mauvaise foi du détracteur ; mais il garde peu de ménagements dans son style. Or, il ne paraît pas vraisemblable que Gaviniés ait écrit avec dureté contre La Borde, qui lui avait consacré un article bienveillant dans le troisième volume de son livre. Quoi qu'il en soit, La Borde se répandit en invectives contre son critique, dans le supplément de son *Essai*, et la dame anonyme, ou Gaviniés, termina la discussion par un petit écrit intitulé : *Mon dernier mot*, Paris, 1781, in-8°.

Gaviniés est connu comme compositeur par un opéra comique en trois actes qui a été représenté avec succès en 1760, à la Comédie-Italienne, sous le titre : *le Prétendu*. Il a publié pour le violon : 1° Premier concerto (en *la*), Paris, Sieber. 2° Deuxième *idem* (en *fa*), *ibid.* 3° Troisième *idem* (en *ré*), *ibid.* 4° Quatrième *idem* (en *mi*), *ibid.* 5° Cinquième *idem* (en *la*), *ibid.* 6° Sixième *idem* (en *ré*), *ibid.* 7° Six sonates pour violon solo, avec accompagnement de basse, œuvre 1, Paris, Sieber. 8° Six sonates, idem, œuvre 3me, *ibid.* 9° *Les Vingt-Quatre Matinées*, études pour le violon, dans tous les tons, Paris, Imbault (Janet), 1794 : ouvrage excellent rempli de grandes difficultés propres à donner un brillant mécanisme de l'instrument. Gaviniés les jouait avec une rare habileté. 10° Trois sonates pour violon seul, dont une en *fa* mineur, intitulée : *le Tombeau de Gaviniés*, Paris, Naderman, 1801 (œuvre posthume).

GAWLER (...), organiste à Londres, a publié pour son instrument : 1° *Harmonia sacra, a collection of Psalm-Tunes, with interludes, and with a thorough-bass, forming a most complete work of sacred Music*, Londres, Clementi. 2° *Dr Watt's divine Music*, ibid. 3° *Lessons for the harpsichord*, ibid. 4° *Single voluntaries for the organ*, ibid. 5° 24 *Interludes or short voluntaries for the organ*, ibid.

GAWTHORN (NATHANIEL). Sous ce nom d'un musicien anglais, sur lequel je n'ai pas de renseignements, on a une collection très-rare de psaumes à quatre parties qui a pour titre : *Harmonia perfecta : a compleat collection of Psalm-Tunes in four parts, fitted to all the various measures now in use*, etc., Londres, 1730, in-8°.

GAY (MARIE-FRANÇOISE-SOPHIE), née à Paris, le 1er juillet 1776, était fille d'un agent de change, nommé Nichault de Lavalette, qui lui fit donner une brillante éducation. Elle cultiva particulièrement la musique dans sa jeunesse; Steibelt fut son maître de piano, et Candeille lui donna des leçons de composition. Mariée à l'âge de dix-sept ans à M. Liottier, agent de change comme son père, elle parut dans le monde, à l'époque du directoire, comme une des plus belles femmes de Paris, et ne se fit pas moins remarquer par ses talents et par son esprit que par sa beauté. Son union ne fut point heureuse; un divorce la rompit. Devenue libre, madame Sophie de Lavalette épousa, en 1799, M. Gay, qui, sous le consulat, obtint la place de receveur général du département de la Roër. Dès lors, madame Gay fixa son séjour à Aix-la-Chapelle. Sa maison devint le rendez-vous de toutes les personnes de distinction qui visitaient cette ville et Spa. La destitution de son mari la ramena à Paris vers 1810, et depuis lors elle n'a plus quitté cette ville, si ce n'est pour faire un voyage en Suisse et en Italie avec sa fille (mademoiselle Delphine Gay, qui fut ensuite madame de Girardin). Madame Gay s'est fait un nom dans la littérature par des romans où l'on trouve de l'intérêt, et un style élégant et facile. Elle a aussi donné quelques comédies; mais moins heureuse au théâtre que chez son libraire, elle n'a pu y faire vivre aucune de ses productions, à l'exception de *la Sérénade*, arrangée en opéra comique d'après Regnard (musique de madame Gail), et du *Maître de chapelle*, arrangé d'après le *Chanoine de Milan*, comédie de Duval, et qui s'est soutenu par la musique de Paer et le chant de Martin. Comme musicienne, madame Gay aurait pu acquérir de la renommée, si le monde et la littérature ne l'eussent distraite de la culture de cet art. Il existe à la Bibliothèque du Conservatoire de Paris une cantate avec orchestre de sa composition, qui indique du talent; elle a publié plusieurs romances avec accompagnement de piano, entre autres *Mœris*, qui ont obtenu du succès. Dans sa jeunesse, elle a été comptée au nombre des pianistes distingués : Steibelt avait été son maître de piano. Madame Gay est morte à Paris, le 5 mars 1852.

GAYE (Jean), né dans un village près de Toulouse, vers 1640, était doué d'une belle voix de ténor élevé, qu'on désignait autrefois en France sous le nom de *haute-contre*. Après avoir été enfant de chœur à Toulouse, il fut employé à la cathédrale de Béziers. Sa voix ayant acquis tout son développement, Gaye se rendit à Paris. Sur la recommandation de Lulli, il fut admis comme ténor de la chambre et de la chapelle du roi, en 1666. Lorsque Lulli eut obtenu le privilége de l'Opéra, il engagea Gaye comme premier ténor de son théâtre, et lui fit chanter les premiers rôles, avant que Dumeni eût débuté. Gaye chanta pour la première fois, en 1673, dans *Cadmus*. Après la mort de Lulli, il se retira du théâtre, et ne chanta plus qu'à la cour. Il obtint ensuite la charge de valet de chambre de la Dauphine, et mourut en 1701. On rapporte sur ce chanteur l'anecdote suivante. Dans une partie de débauche, il s'était servi de paroles offensantes sur l'archevêque de Reims, grand maître de la chapelle du roi. Revenu à lui, et redoutant les suites de son imprudence, il alla se jeter aux pieds de Louis XIV, lui avoua sa faute, et le pria de la lui pardonner. Quelques jours après, il chantait à la chapelle, et l'archevêque, instruit des propos du chanteur, dit assez haut pour être entendu : « C'est dommage, le pauvre Gaye perd sa voix ! — Vous vous trompez, dit le roi, il chante bien, mais il parle mal. »

Gaye a eu un fils (Jacques) qui entra comme ténor à la chapelle du roi, en 1692, et qui fut valet de chambre de la duchesse de Bourgogne.

GAYER (Jean-Joseph-Georges), maître de concerts du Landgrave de Hesse-Hombourg, né à Engelhaus, en Bohême, le 17 avril 1748, fut un violoniste habile et un compositeur agréable. Ses premières études embrassèrent non-seulement la musique vocale, mais le clavecin, le violon, la trompette et le cor. Plus tard il étudia de préférence le violon et l'harmonie. Après avoir été pendant deux ans organiste dans une ville qu'on ne désigne pas, il se rendit à Prague pour y perfectionner son talent sur le violon, sous la direction de Pichl, et pour prendre des leçons de composition chez Loos. Il fit ensuite en Allemagne un grand voyage d'artiste, dans lequel il obtint des succès. La conversation instructive d'Enderle l'arrêta plusieurs mois à Darmstadt ; de là il se rendit à Hambourg en 1774, et depuis lors il n'a plus quitté cette ville. Il y est mort, en 1811, à l'âge de soixante-trois ans. Il y a des compositions de Gayer pour tous les instruments. Au nombre de ses ouvrages, on remarque un oratorio de la Passion intitulé : *l'Ange, l'homme et l'ennemi*, plusieurs messes et motets à quatre voix et orchestre, quarante concertos pour le violon, trente grandes symphonies, quinze concertos pour le cor, trois concertos pour le basson, six symphonies concertantes pour deux clarinettes, un concerto pour le hautbois, un concerto pour la flûte, quatre sonates pour le piano, et une multitude de petits morceaux pour divers instruments. Toute cette musique est restée en manuscrit.

GAZZANIGA (Joseph), maître de chapelle de la cathédrale de Crême, est né à Vérone, au mois d'octobre 1743. A peine avait-il commencé ses humanités, que son père lui fit prendre l'habit ecclésiastique ; cependant, se sentant peu de goût pour cet état, il cultivait en secret la musique, et négligeait les études qu'on voulait lui imposer. A l'âge de dix-sept ans, il perdit son père ; alors il se rendit à Venise avec des lettres de recommandation pour Porpora. Ce compositeur habile venait de recevoir sa nomination de maître au Conservatoire de Sant' Onofrio, à Naples. Il emmena avec lui le jeune Gazzaniga, en qui il avait reconnu d'heureuses dispositions, et le fit admettre gratuitement pour sept années dans la même école. Après avoir achevé son engagement, Gazzaniga passa en 1707 sous la direction de Piccinni, et employa trois ans à terminer ses études auprès de ce grand maître. Vers 1770, il se rendit à Venise, se lia d'amitié avec Sacchini, et reçut de lui des conseils qui complétèrent son éducation musicale. Sacchini, qui prenait à lui le plus vif intérêt, lui procura l'occasion d'écrire son premier opéra à Vienne, sous le titre de : *Il Finto Cieco*. De retour en Italie, il composa pour divers théâtres : 1° *La Locanda*, 1771. 2° *Il Calandrino*, 1771. 3° *L'Isola d'Alcina*, 1772. 4° *Ezio*, 1772. 5° *La Tromba del Merlino*, 1772. 6° *La Donna soldato*, 1774. 7° *Il Ciarlatano in fiera*, 1774. 8° *Marino Carbonaro*, 1775. 9° *La Fedeltà d'amore alla prova*, 1776. 10° *Armida*, 1777. En 1779, Gazzaniga fut demandé à Naples où il passa trois années, occupé à écrire pour les différents théâtres de cette ville. De là il alla à Palerme et y composa : 11° *Il Ritorno d'Ulisse*, 1781. 12° *Penelope*, 1781, et une messe solennelle pour la fête de Sainte-Cécile. De retour sur le continent, il écrivit : 13° *Le Vendemie*, à Venise, en 1785. 14° *La creduta Infedele*, à Naples, 1785. 15° *Il Seraglio d'Osmanno*, à Florence, 1785, joué dans la même année à Milan. 16° *Circe*, à Venise, 1786. 17° *Le Donne fanatiche*, dans la même ville, 1786. 18° *La Dama incognita*, 1787. 19° *La Cameriere di spirito*, à Venise, 1787. 20° *La Didone*, dans la même ville, 1787. 21° *La Contessa di nuova luna*, à Dresde, en 1778. 22° *La Donna capricciosa*, 1780. 23° *Il Convitato di Pietra*, à Bergame, 1788, joué l'année suivante à Milan. 24° *L'Italiana in Londra*, à Plaisance, en 1789. 25° *L'Impresario in angustie*, à Ferrare, 1789. 26° *La Moglie capricciosa*, 1789. 27° *Idomeneo*, à Padoue, 1790. 28° *La Disfatta de' Mori*, à Turin, 1791. Gazzaniga était occupé à écrire cet ouvrage, quand on lui offrit la place de maître de chapelle à la cathédrale de Crema ; il l'accepta, et depuis lors il écrivit peu pour le théâtre. On ne cite plus de lui, depuis cette époque, que *Don Giovanni Tenorio*, joué à Lucques, en 1792, et *Il Marito migliore*, à Milan, en 1801. On connaît aussi quelques cantates de Gazzaniga, un *Stabat mater*, et un *Te Deum* à quatre voix et orchestre. En 1813, Gazzaniga vivait encore à Crema ; il était alors âgé de soixante et dix ans. Il était mort avant 1819, mais j'ignore la date précise de son décès.

GEBAUER (Michel-Joseph), fils aîné d'un musicien de régiment, naquit à La Fère (Aisne), en 1763. Il n'était âgé que de quatorze ans lorsqu'il perdit son père, et dès lors il devint le chef de sa famille et le guide de ses frères. Ce fut à cet âge qu'il eut une place de hautboïste dans la musique de la garde suisse du roi. A vingt ans, il fut placé comme alto dans la chapelle de Versailles. Il jouait aussi bien du violon que de plusieurs instruments à vent, et l'on croit qu'il serait devenu un violoniste de premier ordre, s'il n'eut perdu par accident une phalange du petit doigt de la main gauche. Pour jouer du hautbois, il ajusta à son doigt une phalange mécanique. En 1791, il entra dans le corps de musique de la garde nationale de Paris, qui devint ensuite le noyau du Conservatoire. Appelé dans cette école, en 1794, comme professeur, il y resta sept ans, et n'en sortit qu'en 1802, lorsque le nombre des artistes qui enseignaient dans cet établissement fut réduit de plus de moitié. C'est alors qu'il devint chef de musique de la garde des Consuls, puis de la garde impériale, et cette époque est celle où il écrivit une immense quantité de marches et de pas redoublés qui furent considérés comme ce qu'on possédait de meilleur en France pour la musique militaire. Obligé par sa place à suivre l'armée dans les campagnes de 1805, 1806, 1809 et 1812, il eut occasion d'étudier en Allemagne l'état perfectionné de quelques instruments à vent, et le système de musique militaire qui y était alors en usage ; cette étude ne fut perdue ni pour lui, ni pour la musique de la garde, car il fit à celle-ci plusieurs améliorations importantes. Cet artiste recommandable succomba aux fatigues de la retraite de Moscou, dans le mois de décembre 1812. Il était hautboïste de la chapelle de l'empereur Napoléon. On a publié beaucoup d'ouvrages de sa composition, parmi lesquels on remarque : 1° Six duos pour violon et alto, œuvre 1, Paris, Sieber. 2° Six *idem*, op. 5, Paris, Janet. 3° Six duos pour deux violons, op. 10, Mayence, Schott. 4° Trois *idem*, op. 38, Paris, Jouve. 5° Six *idem*, œuvre posthume, Paris, Schonenberger. 6° Deux quatuors pour flûte, clarinette, cor et basson, œuvre posthume, *ibid*. 7° Duos pour deux flûtes, œuvres 9, 11 et posthume, Paris, Sieber et Schonenberger. 8° Duos pour flûte et violon, op. 16, 19, Paris, Sieber. 9° Duos pour flûte et basson, œuvre 17, *ibid*. 10° Duos pour flûte et cor, liv. Ier et II, Paris, Jouve. 11° Duos pour deux clarinettes, op. 12, 18 et 27, Paris, Sieber, Schonenberger. 12° Duos pour clarinette et basson, op. 22, Paris, Schonenberger. 13° Douze marches pour le piano, Vienne, Weigl. 14° Plus de deux cents marches ou pas redoublés pour musique militaire et morceaux d'opéras arrangés en harmonie, répandus dans les journaux d'harmonie publiés par Le Duc et par Gaveaux, ou inédits. 15° Une multitude de pots pourris, airs variés, et morceaux d'opéras, arrangés pour divers instruments.

GEBAUER (François-René), frère du précédent, professeur de basson au Conservatoire de Paris, est né à Versailles (Seine-et-Oise), en 1773. Après avoir fait ses études musicales sous la direction de son frère, il reçut des leçons de Devienne pour le basson. A l'âge de quinze ans, il entra comme bassoniste dans la garde suisse, à Versailles, puis il suivit son frère aîné dans la musique de la garde nationale de Paris. Admis comme professeur de basson au Conservatoire de cette ville, à l'âge de vingt-trois ans, il fut compris dans la réforme de 1802, parce qu'il était plus jeune que Ozy et Delcambre ; mais à la retraite de ce dernier, en 1825, Gebauer lui a succédé. Au mois de janvier 1801, il était entré à l'orchestre de l'Opéra ; il s'est retiré au commencement de

1826, après vingt-cinq ans de service. Gebauer a été aussi attaché à la chapelle de l'empereur Napoléon, et a conservé son emploi après la restauration jusqu'à la suppression définitive de cette chapelle, par suite de la révolution de juillet 1830. Il était chevalier de la Légion d'honneur depuis 1814. Cet artiste s'est fait remarquer par la beauté du son qu'il tirait du basson, par son habileté à corriger le défaut de justesse de cet instrument, et par la netteté de son exécution dans les traits les plus difficiles ; malheureusement, il n'a pas joint à ces qualités celles d'un style élégant : le sien était vulgaire, et sa manière de chanter était dépourvue d'expression. Comme compositeur, il a montré moins de génie que de fécondité : ses ouvrages sont en grand nombre. On y compte : 1° Huit symphonies concertantes pour flûte, clarinette, cor et basson, Paris, Hentz-Jouve, Sieber. 2° Six œuvres de quintettes pour divers instruments à vent, *ibid.* 3° Treize concertos pour le basson avec orchestre, *ibid.* 4° Trente-six marches militaires et morceaux de différents genres pour harmonie, Paris, Sieber, Le Duc, Gaveaux, etc. 5° Quatuors pour divers instruments, notamment pour flûte, clarinette, cor et basson, op. 20, 27, 41, lettre A et lettre F, Paris, Pleyel, Sieber, Hentz, Lemoine. 6° Trios pour divers instruments à vent, œuvres 29, 32, 39, 42, 46, et lettre D, *ibid.* 7° Vingt-six œuvres de duos pour flûtes, clarinettes, bassons, etc., renfermant cent dix-huit duos, *ibid.* 8° Plus de quarante œuvres de sonates, solos, exercices, études, etc., pour divers instruments à vent, particulièrement pour basson, *ibid.* 9° Une multitude d'airs variés, pots-pourris, fantaisies, etc., pour flûte, basson, *ibid.* 10° Deux ouvertures pour l'orchestre. 11° *Méthode pour le basson.* Il est mort à Paris, au mois de juillet 1845. Sa fille, Herminie, était cantatrice ; après avoir brillé longtemps dans les concerts, à Paris, elle s'est rendue en Italie, et a chanté sur les théâtres de Bergame, de Florence, de Livourne, de Parme, de Reggio et de Turin, depuis 1832 jusqu'en 1840. Depuis cette dernière année, on n'a plus de renseignements sur elle.

GEBAUER (ÉTIENNE-FRANÇOIS), frère des précédents, né à Versailles (Seine-et-Oise), en 1777, a eu pour maître de musique son frère aîné (Michel-Joseph), et a reçu ensuite des leçons de Hugot pour la flûte. Entré à l'orchestre de l'Opéra-Comique, en 1801, comme deuxième flûte, il a pris la place de première en 1815, et s'est retiré à la fin de 1822, dans un état de santé déplorable, qui l'a conduit au tombeau peu de mois après. Cet artiste a publié beaucoup de compositions, parmi lesquelles on remarque : 1° Dix-neuf œuvres de duos pour deux flûtes, Paris, Le Duc, Gaveaux, Erard, Hentz, Petit, Schonenberger. 2° Plusieurs œuvres de duos pour deux violons, *ibid.* 3° Sonates pour flûte avec accompagnement de basse, œuvres 8, 14, Paris, Erard, Frère. 4° Plus de cent solos détachés pour flûte seule, airs variés, etc., Paris, Petit, Schonenberger, etc. 5° Gamme pour la flûte suivie de dix-huit airs, Paris, Erard. 6° Airs variés pour clarinette, Paris, Petit, Troupenas.

GEBAUER (PIERRE-PAUL), quatrième frère de la même famille, est né à Versailles, en 1775. Il eut moins de réputation que ses frères, parce qu'il mourut jeune, mais il ne manquait pas de talent, et lorsqu'il exécutait avec eux des quatuors ou des symphonies concertantes pour flûte, hautbois, cor et basson, il se faisait remarquer par la précision de son exécution. Il fut quelque temps employé comme second cor au théâtre du Vaudeville. On connaît de lui vingt duos pour deux cors, Paris, Sieber.

GEBAUER (FRANÇOIS-XAVIER), né en 1784 à Eckersdorf, dans le comté de Glatz, est fils d'un instituteur, qui se chargea lui-même du soin de son éducation. Ayant été nommé organiste à Frankenstein, il occupa cette place pendant deux ou trois ans, puis il se rendit à Vienne, en 1810, et y eut tant de succès par son exécution sur le *physharmonica*, qu'il prit la résolution de se fixer dans cette ville et de renoncer à sa place d'organiste. Il jouait bien du piano et du violoncelle, et donna des leçons de ces instruments. Vers la fin de la même année, il fut nommé directeur du chœur de l'église des Augustins, et y opéra des améliorations considérables dans l'exécution de la musique. En 1819, il organisa des concerts spirituels qui sont encore aujourd'hui florissants. Au retour d'un voyage qu'il fit, en 1822, dans la Suisse, sa santé s'altéra, et le 13 décembre de la même année, il cessa de vivre, regretté de toutes les personnes qui l'avaient connu. On a de cet artiste un *Tantum ergo*, des chœurs, et des chansons allemandes avec accompagnement de piano.

GEBAUER (AUGUSTE), littérateur allemand, vivait à Leipsick, en 1830. Il a publié un grand nombre d'ouvrages sur divers sujets, parmi lesquels on remarque : *Dr Martin Luther und sein Zeitgenossen als Kirchen-Lieder, Dichter ; nebst Luther's Gedanken über die Musik und einigen poetischen Rei-*

quien (Le docteur Martin Luther et ses contemporains, comme compositeur de cantiques et poète; suivi des idées de Luther sur la musique et de quelques fragments poétiques), Leipsick, 1818, 1 vol. in-8°.

GEBEL (Georges), né à Breslau, en 1685, était fils d'un tailleur, qui voulait lui faire embrasser son état; mais entraîné par un goût passionné pour la musique, il jeta l'aiguille à l'âge de dix-huit ans, et alla chez Winkler, organiste de la cathédrale de Breslau, pour en recevoir des leçons. Krause, successeur de Winkler, perfectionna ensuite son talent par ses conseils. En 1709, il fut appelé à Brieg pour y remplir les fonctions d'organiste, et vers le même temps il se lia d'amitié avec Stœlzel, maître de chapelle de Gotha, qui lui prêta des livres dans lesquels il étudia le contrepoint et la composition. En 1713, il obtint la place d'organiste de l'église Saint-Christophe, à Breslau; il en remplit les fonctions jusqu'à sa mort. Dans les dernières années de sa vie, il construisit un clavicorde dont le clavier était divisé par quarts de ton, et un grand clavecin avec un clavier de pédales. Ce musicien a laissé en manuscrit : 1° Différentes pièces pour le clavicorde. 2° Quelques canons, dont un à trente voix. 3° Un psaume pour deux chœurs. 4° Une messe pour deux chœurs avec accompagnement d'instruments. Tous ces morceaux furent écrits à Brieg depuis 1709 jusqu'en 1713. Les autres compositions de Gebel sont datées de Breslau. 5° Quarante-huit chorals pour l'orgue entremêlés d'airs connus. 6° Quarante-huit pièces de concert, dont quelques-unes avec des instruments à vent. 7° Soixante cantates spirituelles avec des solos, des duos et des trios. 8° Vingt-quatre psaumes accompagnés d'instruments. 9° Un oratorio pour la Passion, en sept parties, avec accompagnement d'instruments. 10° Vingt-quatre grands concertos pour clavecin. 11° Vingt-quatre préludes pour l'orgue, à deux claviers et pédales. 12° Vingt-quatre chorals variés pour l'orgue avec pédale. Gebel mourut à Breslau, en 1749.

GEBEL (Georges), fils aîné du précédent, naquit à Breslau, le 15 octobre 1709. Sa faible constitution laissait peu d'espoir qu'il pût vivre, et ses premières années se passèrent dans un état de souffrance qui n'éprouvait de soulagement que lorsqu'il promenait ses petites mains sur le clavier d'un clavecin. Ses dispositions pour la musique se manifestaient avec tant de force, que son père commença à lui enseigner les principes de cet art à l'âge de trois ans. Les progrès du jeune Gebel furent rapides; à six ans, il commença à se faire entendre sur le clavecin dans des concerts particuliers. Un an après, il apprit à jouer du violon et commença l'étude de l'harmonie; enfin, à l'âge de huit ans, il put accompagner des chorals et faire des préludes sur l'orgue. Le bruit des prodiges de cet enfant se répandit bientôt au dehors, et le petit Gebel fut demandé dans plusieurs cours. Dans sa onzième année, il se fit entendre à Œls, et y excita une admiration générale par son talent. Depuis ce temps, son père le chargea presque toujours de remplir ses fonctions d'organiste : il s'acquitta fort bien de cette tâche. Déjà il était renommé pour son talent de musicien avant qu'on eût songé aux autres parties de son éducation; le père du jeune artiste comprit enfin la nécessité de lui donner quelque instruction littéraire, et l'envoya au Gymnase de Breslau. Pendant ce temps, il apprit aussi les principes de la composition. Son habileté précoce lui avait fait des amis parmi quelques artistes distingués, tels que Krause, organiste de la cathédrale, Hofmann, second organiste de l'église Sainte-Élisabeth, et le célèbre luthiste Kropfgans; leurs conseils achevèrent de développer son talent. A l'âge de vingt ans, il fut nommé deuxième organiste de l'église Sainte-Marie-Madeleine. Quelque temps après, le duc d'Œls lui donna le titre de son maître de chapelle, mais Gebel n'accepta sa nomination qu'à la condition qu'il garderait sa place d'organiste à Breslau, et qu'il ne dirigerait la musique à Œls qu'aux fêtes solennelles : ces propositions furent acceptées.

En 1739, Gebel fut appelé à Varsovie, pour entrer dans la chapelle du comte de Brühl; il se rendit dans cette ville, puis il suivit la cour à Dresde. Il y trouva une demoiselle qui portait son nom, et qui était distinguée comme peintre de portraits; Gebel devint l'époux de cette jeune personne, et se prit de passion pour la peinture où il se distingua bientôt comme dans la musique. Ce fut aussi vers le même temps qu'il apprit à jouer du *pantalon*, sous la direction de son inventeur le vieux Hebenstreit; malgré les difficultés excessives de cet instrument, il fut, après une année d'étude, en état d'y jouer des sonates, des fugues, et d'autres pièces d'harmonie. Il y avait douze ans qu'il était au service du comte de Brühl, lorsque le prince de Schwarzbourg-Rudolstadt lui offrit la direction de ses concerts : il l'accepta et prit immédiatement possession de sa nouvelle place. Le maître de chapelle du prince était vieux; Gebel dut remplir ses fonctions, et dans l'espace de six ans, il écrivit deux années complètes de musique d'église pour toutes les fêtes et pour les dimanches, plusieurs opéras, parmi lesquels on remarque : *Œdipe*, 1751; *Médée*, 1752; *Tarquin le Superbe*, 1752; *Sophonisbe*, 1753; *Marc-Antoine*, 1753; plus de cent symphonies; des concertos pour le piano et d'autres instruments, etc. A Dresde, il avait écrit un petit opéra, intitulé: *Serpillo et Melisse;* un oratorio pour le carême; un psaume rempli de fugues; différents morceaux d'église; des symphonies; des concertos pour le clavecin et pour le pantalon. Tant de travaux faits en peu d'années altérèrent sa santé; il fut atteint d'hypocondrie, et le mal fit de si rapides progrès, que rien ne put le sauver, et qu'il mourut le 24 septembre 1753.

Les dernières productions de cet artiste se ressentent de la précipitation qu'il a mise à les écrire, et de la préférence qu'il accordait à la peinture, vers la fin de sa vie. Tel était son goût pour cet art, que sa maison était remplie de tableaux peints par lui; ouvrages médiocres qui n'ont rien fait pour sa gloire, et qui l'ont empêché de réaliser dans la musique les espérances que sa jeunesse avait données.

GEBEL (A.-François), compositeur allemand, a vécu longtemps à Vienne, et s'est fixé à Moscou, en 1834. Il y avait organisé des séances musicales, dans lesquelles il faisait entendre des quatuors, quintettes et sextuors pour les instruments à cordes, de sa composition. Il a publié beaucoup d'ouvrages parmi lesquels on remarque : 1° Une ouverture pour l'orchestre (en ré mineur), Vienne, Haslinger. 2° Deux suites d'harmonie à six parties, op. 11, *ibid.* 3° Un quatuor pour deux violons, alto et basse. (en *ré*), Leipsick, Peters. 4° Huit variations pour la flûte sur un air allemand, op. 14, Vienne, Haslinger. 5° Des pièces pour la guitare. 6° Grande sonate pour piano et violoncelle (en *mi*), Vienne, Artaria. 7° Des variations pour le piano, Leipsick, Hofmeister. 8° Des cantates pour piano seul, Vienne, Artaria et Haslinger. 9° Des fantaisies pour cet instrument. 10° Des préludes pour l'orgue, op. 15, Leipsick, Hofmeister. 11° Des chansons allemandes, Breslau, Fœrster.

GEBHARD (Charles-Martin-François), docteur et professeur ordinaire de théologie à l'Université d'Erfurt, pasteur à Saint-André, assesseur du ministère évangélique et membre de l'Académie des sciences utiles de Mayence, mort le 10 décembre 1813, a lu le 4 août 1796, dans une assemblée de cette Académie, un mémoire *Sur les bornes de la musique à l'égard de la toute-puissance qu'on lui attribue sur le cœur humain.* L'objet de l'auteur était de démontrer que cette puissance est limitée, et qu'elle varie en raison de l'organisation des individus; discussion oiseuse d'un fait qui a toute l'évidence d'un lieu commun. L'auteur n'a point publié son travail. Il y a une bonne préface de vingt pages écrite par Gebhard en tête du livre de chant simple (*Choralgesang*) laissé inachevé par le cantor Weimar, et publié, en 1803, avec des basses, par l'organiste Kittel. Dans cette préface, Gebhard traite de l'origine des livres de chant; il y donne une biographie abrégée de Weimar, et quelques notices littéraires sur les compositeurs de mélodies chorales.

GEBHARD (Jean-Godefroid), directeur de musique au séminaire de Barby, petite ville de la Saxe, de 1784 à 1790. Il a publié de sa composition : 1° Sonate pour clavecin, Leipsick, 1784. 2° Recueil de petites pièces faciles pour le clavecin et pour l'orgue, première partie, Barby, 1786, 18 pages in-4°; deuxième partie, *ibid.*, 1788, 18 pages in-4°.

GEBHARD (Martin-Antoine), né en Bavière, en 1770, fut d'abord moine bénédictin à l'abbaye de Benedictbeuern, puis, à l'époque de la suppression de cet ordre, il fut nommé curé de la paroisse de Steindorf, près d'Augsbourg, où il vivait encore en 1831. Après cette époque, on ne trouve plus aucun renseignement sur sa personne. Gebhard est auteur d'un livre qui a pour titre : *Harmonie. Erklærung dieser idee in drei Buchern und Anwendung derselben auf den Menschen in allen Beziehungen* (Harmonie. Explication de cette idée en trois livres, et son application dans toutes les institutions humaines), Munich, Falter, 1817, in-4°. Le premier livre de cet ouvrage traite de l'harmonie dans la musique; le second, de l'harmonie dans le temps et dans l'histoire du temps; le troisième, de l'harmonie dans la philosophie. L'auteur de cet ouvrage, dont la conception est très-originale, nous apprend dans sa préface que, dès 1790, son attention s'était fixée sur ces deux questions qu'il s'était posées : 1° *Pourquoi les anciens philosophes rangeaient-ils la musique au nombre des sciences?* 2° *Et pourquoi les modernes l'en excluent-ils?* Ses méditations sur ce sujet ne le conduisirent à aucun principe déterminé pendant plusieurs années; mais après la suppression de son couvent, en 1803, il eut plus de loisir pour s'en occuper. Malheureusement, il n'avait plus à sa disposition la riche bibliothèque de ce monastère: il fut donc réduit à chercher en lui-même les bases premières de son système. Ce qu'il voulait, c'était de faire de l'harmonie musicale un des objets essentiels de la philosophie ainsi que des mathématiques. Bien qu'il n'eût pas lu le *Traité des harmonies du monde*, de Kepler, il voulait surtout rattacher la musique à l'astronomie. De ses réflexions sur ce sujet sortit enfin le principe que le fondement de l'art et de la science n'est autre chose que le mouvement dans le temps. En conséquence, de cette idée, il imagina une science première de la musique à laquelle il donna le nom de *chronométrie*, et il publia un premier essai de cette science sous le titre de : *Versuch zu Begründung einer Wissenschaft, Chronometrie genannt* (Essai pour la création d'une science appelée *Chronométrie*). Nuremberg, Stein, 1808, in-8°, avec une planche. Il fut rendu compte de cet écrit dans la *Gazette littéraire universelle* de Halle (avril, 1810, n° 188); mais le critique, se bornant à l'analyse de quelques paragraphes, ne se hasarda pas à porter un jugement sur la valeur de la science nouvelle à laquelle Gebhard voulait donner l'existence. Celui-ci comprit qu'il devait donner plus de développement à son système, et se remit à l'œuvre pour mettre au jour l'ouvrage cité précédemment. En voici le résumé en quelques mots.

Le temps appelé *intensif* ou *proportionnel* par Gebhard, est l'objet de la chronométrie. Considéré à ce point de vue, le temps n'est autre chose que *la durée :* sa notion se combine avec celle du *mouvement* ou de *la vitesse*. La vitesse n'est qu'une déduction proportionnelle du temps : de la vitesse dans la durée déterminée s'engendre toute la musique, toute l'harmonie; car le son grave ou aigu est le produit proportionnel de la vitesse dans le temps; d'où il suit que les accords sont des proportions. Or, la vitesse dans le temps est aussi le principe de la durée, de sa mesure et du rhythme; d'où il suit que le temps proportionnel est la loi suprême de la musique. Il peut donc, dit Gebhard, y avoir une chronométrie comme il y a une géométrie pour l'étendue, qui est proportionnelle à l'égard de l'espace, comme le temps proportionnel par rapport au temps absolu. Mais cette science est plus générale que la géométrie, car elle comprend la partie théorique et démonstrative, qui s'appellera *chronomathesis*, et la science de ses rapports avec l'intelligence, le sentiment, l'art et le beau, à laquelle on donnera le nom de *Chronosophie*. Jusque-là tout est bien; mais lorsque Gebhard arrive à l'application de ces données générales pour la formation de la science de l'art proprement dit, de l'art pratique, qui seul a une existence sensible, il s'égare. Son *Globe musical*, avec son équateur, son méridien, ses lignes écliptiques et ses pôles; ses rapports de la tonalité avec la mesure de la circonférence du cercle, du carré, du cône, de l'ellipse et de la pyramide; mille autres aperçus de même genre, ne sont que des jeux d'une imagination hardie entraînée jusqu'à l'absurde par l'abus du système. On y reconnaît, sans aucun doute, un penseur d'un ordre peu commun, et l'ouvrage offre l'intérêt de toute conception vraiment originale; mais on regrette que de pareils efforts de l'esprit n'aboutissent qu'au néant.

GEBHARD (Fr.-Albert); une esquisse biographique sur le célèbre pianiste Field, signée de ce nom, a paru dans l'écrit périodique intitulé : *Wiener Zeitschrift für Kunst, Literatur, Theater und Mode* (Journal de Vienne pour l'art, la littérature, le théâtre et la mode), ann. 1837, pages 305—308, 313—316 et 321—324.

GEBHARDI (Louis-Ernest), organiste de l'église évangélique d'Erfurt et directeur de musique dans cette ville, où il est né vers la fin du dix-huitième siècle, est considéré comme un musicien instruit. Il a publié de sa composition : 1° 30 *Orgelvorspiele für Anfænger nebst einigen Fughetten* (Trente préludes d'orgue pour les commençants, suivis de quelques petites fugues), op. 5, Leipsick, Hofmeister. 2° 24 *Orgelstücke, als Fortsetzung der Orgelvorspiele* (Vingt - quatre pièces d'orgue, comme suite des préludes, etc.), op. 6, *ibid.* 3° Quinze pièces d'orgue, op. 8, *ibid.* 4° *Evangel. Choralbuch, nebst Intonationen und Responsionen, Vater unser und Einsetzungs-Worten, auf zwei verschiedene Melodie, Epistel und Evangelium* (Livre choral évangélique, suivi d'intonations, de répons, du *Pater noster*, etc.), op. 9, Erfurt et Leipsick, 1825, in-4°. 5° Quarante-six chants à deux, trois et quatre voix, à l'usage des gymnases, écoles, etc., première partie, Erfurt, 1823, in-4°. 6° Cinquante-deux chants, etc., deuxième partie, *ibid*. Une deuxième édition de ce recueil a été publiée à Leipsick, chez Hartknoch, en 1820. 7° *Generalbass-schule, oder vollstændige Unterricht in der Harmonie im Tonsetzlehre* (École de la basse continue, ou instruction complète pour l'harmonie et la science musicale), premier volume,

Erfurt et Leipsick, 1828, in-4°; deuxième volume, *ibid.*, 1831, In-4°. Une deuxième édition a été publiée à Leipsick, en 1838, deux volumes in-4°. Je crois que ce n'est que la première reproduite avec un nouveau frontispice. Les compatriotes de M. Gebhardi lui reprochent le style incorrect de cet ouvrage, et considèrent ce défaut comme la cause du peu de succès qu'il a eu. 8° *Cours pratique du jeu d'orgue, ou exercices gradués avec les instructions nécessaires*, op. 12 (en allemand et en français), Erfurt et Leipsick, Hartknoch, 1837, in-fol. obl. de XII et 87 pages.

GEBHART (ANTOINE), organiste de l'église du consistoire et professeur au Collége de Dillingen, au moment où cette notice est écrite (1860), a publié un choix d'articles des journaux allemands de musique, avec des notes, sous le titre de *Repertorium der musikalischen Journalistik*, Dillingen, 1850-1851, in-8°. Cette publication n'a pas eu de succès et a été abandonnée : quatre livraisons seulement, formant trois cent vingt pages, ont paru. Quelques bons articles de Gebhart, sur l'histoire de la musique en Bavière, s'y trouvent dans les troisième et quatrième livraisons.

GEHIRNE (FRANÇOIS), directeur du chœur de l'ancien couvent de Saint-Mathias, à Breslau, naquit en 1752. Hoffmann, à qui nous devons quelques renseignements sur les compositions de ce moine, n'a pu rien découvrir concernant les événements de sa vie, pour son *Dictionnaire des musiciens de la Silésie*. Il nous apprend qu'il existe encore en manuscrit beaucoup de compositions de Gehirne pour l'église, et qu'elles donnent une idée avantageuse de son mérite. Son maître de composition avait été J.-G. Hoffmann, organiste à Breslau. Le 13 mars 1811, Gehirne fut trouvé mort dans sa chambre.

GEHOT (JEAN), violoniste et compositeur, né en Belgique vers 1756, vivait à Londres en 1784, et a voyagé en France et en Allemagne depuis 1780. Il a publié à Paris et à Berlin : 1° *Six quatuors pour deux violons, alto et basse*, op. 1. 2° *Six trios pour deux violons et violoncelle*, op. 2. 3° *Six trios pour violon, alto et basse*, op. 3. 4° *Six duos pour violon et violoncelle*, op. 4. En 1784, il fit paraître à Londres un traité des éléments de la musique, sous ce titre : *A treatise on the theory and practice of Music together with scales of every musical instruments*, etc., in-8°. Cet ouvrage fut suivi d'une méthode de violon intitulée : *Art of bowing the violin*, Londres, Rolffs, in-4°. En 1790, Gehot a publié un traité général des instruments; cet ouvrage a pour titre : *The complete instructor for every instrument*.

GEHRA (JEAN-HENRI), musicien de la chambre du comte de Reuss et organiste de l'église métropolitaine de Géra, naquit à Langenweise, près d'Ilmenau, vers 1715, et mourut le 20 septembre 1785. Cet artiste jouit de la réputation d'un des organistes les plus habiles de son temps. Ses compositions, qui consistent en cantates religieuses, sont restées en manuscrit.

GEHRA (JEAN-THÉOPHILE), fils du précédent, eut un talent remarquable sur le piano et la harpe. Il naquit à Géra, vers 1745, et reçut sa première éducation musicale de son père. En 1770, il fit un voyage en Allemagne et en France. Il arriva à Lyon, en 1772, y établit un commerce de musique, et employa tout le temps que ses affaires lui laissaient à composer et à donner des leçons. Il mourut en 1778, laissant en manuscrit quelques compositions pour le piano et la harpe, et plusieurs concertos pour la flûte. Il ne paraît pas qu'il ait été rien publié de ses ouvrages.

GEHRING (JEAN-MICHEL), corniste distingué, naquit à Durrfeld, dans l'évêché de Wurzbourg, le 14 août 1755. En 1703, il fut envoyé par son père au couvent d'Ebrach pour s'y préparer à l'état ecclésiastique; mais il préférait le chant et le violon à l'étude des langues anciennes; celles-ci furent négligées. Plus tard, lorsqu'il étudia à Wurzbourg, il y connut l'abbé Wogler, qui lui enseigna la théorie de la musique, et qui décida sa vocation pour cet art. De retour chez son père, qui était inspecteur des chasses, et qui commençait à vieillir, Gehring prit la résolution de l'aider dans ses fonctions, et de devenir comme lui un habile chasseur. Il crut que pour atteindre ce but, il était nécessaire qu'il sût jouer du cor; ses progrès furent si rapides, que deux ans lui suffirent pour exécuter sur la trompe de chasse tout ce que les artistes les plus habiles pouvaient faire sur le cor d'harmonie. Après la mort de son père, il entra comme chasseur au service du baron de Bender, qui lui fit donner quelques leçons par Hummel, artiste distingué de l'orchestre de Dresde. Pendant la guerre pour la succession de la Bavière, le baron de Bender se rendit à Vienne, et y emmena Gehring. Le talent de celui-ci y produisit une vive sensation. Après lui avoir entendu jouer plusieurs concertos à première vue, l'archiduc Maximilien le prit sous sa protection, le fit admettre dans les concerts de la cour, et lui fit donner la place de premier cor à l'orchestre du Théâtre-Italien. Vers 1781, il entra dans la chapelle du prince de Græschalkowitsch. En 1785, il obtint un congé et fit un voyage en Allemagne et en Suisse, en société avec Tyrcy. Partout il eut des succès. Le célèbre corniste Lebrun n'en parlait qu'avec admiration, et disait qu'il avait entendu Gehring monter et descendre trois fois de suite, sans reprendre haleine, une gamme de deux octaves et demie, dans un mouvement excessivement rapide et avec une précision parfaite. De retour à Vienne, cet artiste joignit à sa place de premier cor celle de ténor de la chapelle du prince Graschalkowitsch, à cause de sa belle voix. Gehring est mort à Vienne, dans les premières années du dix-neuvième siècle. On ne connaît aucun morceau de sa composition.

GEHRING (Louis), né à Rudolstadt, vers 1762, était fils de Jean-Guillaume, maître de chapelle, et non du corniste Jean-Michel Gehring, comme il est dit dans le *Lexique général de la musique*, publié par Schilling (1). Élevé sous les yeux de son père, artiste de mérite, Gehring devint un des premiers flûtistes de son temps, en Allemagne. En 1780, il se rendit à Vienne et se fit entendre devant l'empereur Joseph II qui, charmé de son jeu, l'admit dans sa chapelle comme flûtiste solo. Plus tard, il ne lui accorda pas seulement un congé pour voyager en Allemagne, en France et en Italie, mais il lui fit une pension sur sa cassette, pour subvenir aux frais du voyage. Lorsque Gehring mourut vers 1810, il était encore porté sur l'état des pensions. Cet artiste n'a publié aucune composition.

Un fils de Louis Gehring, nommé Guillaume-Henri, était, en 1840, attaché à la chapelle royale, à La Haye, comme trompettiste.

GEIB (Georges), professeur de piano et d'harmonie à New-York, est né dans cette ville, en 1780. Il s'est fait connaître par un ouvrage intitulé : *Patent analytical and grammatical system of teaching the science of the composition of Music in all its branches, and the practice of the piano-forte* (Système analytique et grammatical (breveté d'invention) pour l'enseignement de la composition de la musique dans toutes ses branches, et de la pratique du piano), New-York, 1818, 1 vol. gr. in-4° de soixante pages de texte, avec quatre tableaux et dix-huit pages d'exemples de musique. Le système d'harmonie exposé dans cet ouvrage n'a rien que de vulgaire; mais la méthode du mécanisme du piano est originale, par la représentation de l'articulation, au moyen de ressorts qui figurent les doigts, la main et le poignet.

GEIBEL (Frédéric), né à Wetzlar, le 5 mars 1803, est compté parmi les meilleurs facteurs d'orgues modernes de l'Allemagne. Il avait établi ses ateliers à Dessau. L'orgue de l'église principale de cette ville est un de ses ouvrages les plus remarquables. Cet artiste est mort avant d'avoir accompli sa trente-huitième année, à Dessau, le 5 décembre 1840.

GEIBEL (Ernest); on a sous ce nom un petit écrit intitulé : *Auf Felix Mendelsohn-Bartholdy's Tod* (Sur la mort de Mendelsohn Bartholdy), Hambourg, Perthes-Besser, 1848, gr. in-8°.

GEIER (Martin), né à Leipsick, le 24 avril 1614, mort à Freiberg, le 12 décembre 1680, fut prédicateur de la cour et conseiller d'église à Dresde. Le 17 novembre 1672, il prononça l'oraison funèbre du célèbre maître de chapelle Henri Schutz. Cet éloge renferme des renseignements intéressants sur la vie de ce grand artiste. Il a été inséré dans le recueil posthume des sermons de l'auteur intitulé : *Miscellan-predigten*, Leipsick, 1687, in-4° (p. 137).

GEIGER (Joseph), pianiste et compositeur à Vienne, né dans la basse Autriche, vers 1809, s'est fait connaître par des compositions pour son instrument, pour l'église et pour le théâtre. Ses œuvres pour le piano sont de peu d'importance; elles consistent en marches (op. 8), caprices (op. 5), divertissements (op. 9), rondeaux (op. 10), etc., publiés à Vienne, chez Diabelli et Haslinger. Parmi ses œuvres plus sérieuses, on remarque le graduel *O Deus, ergo*, à quatre voix et orgue, op. 6, Vienne, Diabelli, et la messe solennelle à quatre voix et orchestre, op. 7, gravée en partition chez le même éditeur. M. Geiger a fait aussi l'essai de son talent au théâtre par un opéra tragique en quatre actes, intitulé *Wlasta*, qui fut représenté à Vienne, au mois de décembre 1840. Cet ouvrage ne réussit pas et fut jugé avec beaucoup de sévérité par la critique des journaux de musique de l'Allemagne.

GEIGER (Constance), fille du précédent, née à Vienne, en 1830, est une de ces merveilles de précocité si abondantes dans ce siècle, et qui aboutissent rarement à des résultats sa-

---

(1) Il est assez curieux de voir qu'après avoir fixé la date de la naissance du père prétendu au 14 août 1755, l'auteur de cet article fasse naître le fils en 1762, c'est-à-dire sept ans après. C'est avec cette négligence et ce peu de critique que sont faits beaucoup de recueils biographiques.

ludes dans un âge plus avancé. A six ans, Mlle Geiger étonnait déjà par son habileté sur le piano; à neuf ans, elle avait dix œuvres de sa composition publiées à Vienne, chez Diabelli. On y trouvait de petites pièces pour le piano; des *Lieder* à voix seule avec accompagnement de cet instrument; un *Ave Maria* pour soprano, chœur et orgue; un petit duo pour ténor et basse, etc. Au moment où cette notice est écrite, Mlle Geiger est âgée de vingt-deux ans; elle ne paraît pas avoir réalisé ce que faisait espérer son enfance.

GEIJER (Erik-Gustave), célèbre historien et poëte suédois, naquit à Ransaetter, dans le Wermeland, le 12 janvier 1783. Dans sa jeunesse, il montra peu de goût pour les études sérieuses et s'attacha à la culture des arts, particulièrement de la musique, dans laquelle il acquit beaucoup d'habileté; mais plus tard, son esprit se tourna vers les études historiques, et, doué des plus rares facultés, il y fit de rapides progrès. Ses profondes recherches et ses découvertes dans les sources scandinaves de l'histoire de sa patrie fixèrent bientôt sur lui l'attention de l'Europe septentrionale, et lui procurèrent les positions les plus honorables. Nommé professeur d'histoire à l'Université d'Upsal, en 1817, il exerça par ses leçons une grande influence sur la jeunesse suédoise qu'il a, en quelque sorte, régénérée. Il conserva cette place jusqu'en 1846, où le mauvais état de sa santé l'obligea de donner sa démission. Plusieurs fois réélu recteur de l'Université d'Upsal, il avait été membre des Diètes de 1828 et de 1840; enfin, la dignité d'évêque lui avait été offerte par plusieurs diocèses, et il avait décliné cet honneur pour se livrer en liberté à ses travaux. Il est mort à Upsal, le 23 avril 1847. Ce n'est ni comme historien, ni comme poëte, que Geijer est mentionné ici, mais comme auteur de mélodies d'un goût très-original qui ont paru à diverses époques en feuilles détachées, et pour le recueil qu'il a publié à Upsal, en 1824, avec Lindblad, sous un titre suédois qui signifie : *Musique pour le chant et pour le piano-forte*, in-4° obl. Geijer a rendu aussi un service signalé à l'histoire de la musique en recueillant, dans les sources les plus pures, les anciens chants populaires de la Suède, qu'il a publiés en collaboration avec Afzélius (*voyez* ce nom), sous le titre : *Svenska Folkvisor* (Chants populaires suédois), Stockholm, 1814-1816, trois volumes in-8°, dont il a paru une deuxième édition en 1846. Geijer a donné particulièrement des soins à toute la partie musicale de ce recueil.

GEISLER (Jean-Gottlob), membre des sociétés d'histoire naturelle de Halle et de Jéna, vivait à Zittau vers 1795. Il y est mort le 13 février 1827. Au nombre des écrits qu'il a publiés, on en trouve un qui a pour titre : *Beschreibung und Geschichte der neuesten und vorzügl. Instrumente und Kunstwerke für Liebhaber und Künstler* (Description et histoire des instruments et ouvrages d'art les plus nouveaux et les plus importants, pour les amateurs et les artistes), douze parties gr. in-8°, en quatre volumes, avec cinquante-quatre planches, Zittau, 1792—1800. Dans le quatrième volume, on trouve (p. 161) quelques idées concernant la construction des pianos à archet (*Bogen-Klavier*). Une deuxième édition de cet ouvrage a été publiée en 1811.

GEISSLER (Carles), cantor et directeur de musique à Zschopau, en Saxe, dans l'Erzgebirge, est né à Mulda, près de Frauenstein, le 28 avril 1802. Dès l'âge de vingt ans, il obtint les places d'organiste et de troisième professeur au collège de Zschopau; puis il y fut second collègue, et enfin il prit, en 1833, possession des places de cantor et de directeur de musique dans la même ville. Il a publié des pièces d'orgue où l'on remarque du mérite. Ses principaux ouvrages en ce genre sont : 1° Vingt préludes pour des chorals dans des mouvements lents, à l'usage des organistes commençants, Leipsick, Hofmeister. 2° Vingt-quatre préludes à trois et à quatre parties, à l'usage des organistes commençants, deuxième suite, op. 4, *ibid*. 3° Trois fantaisies avec fugues à l'usage de l'office divin, Leipsick, Breitkopf et Hærtel. Le nombre des productions de cet artiste s'élève aujourd'hui à près de cent. On y remarque beaucoup de recueils de chants à voix seule ou à plusieurs voix; un livre choral à quatre parties contenant cent quatre-vingts mélodies pour un chœur d'hommes (Meissen, Gœdsche), neuf mélodies pour le *Vater unser*, (*Pater noster*), à quatre voix avec accompagnement d'orgue, plusieurs recueils de préludes et de fugues pour cet instrument, des pots-pourris pour le piano sur des airs nationaux du Tyrol et de la Bohême, et des recueils de danses pour cet instrument. Ses œuvres pour l'orgue s'élèvent au nombre de trente recueils publiés à Leipsick, chez Breitkopf et Hærtel, Hofmeister, Kistner et Klemm.

Un autre musicien du nom de Geissler (Henri), fixé d'abord à Hanovre, a publié dans cette ville des sonates, des variations pour le piano, et quatre recueils de chants pour quatre voix d'hommes. Plus tard, M. Geissler, qui avait fait de bonnes études universitaires, a été nommé recteur du Gymnase (collége), à Eilenbourg, dans la province de Brandebourg, où il a fait exécuter, en 1843, le psaume 100ᵉ à deux chœurs, de sa composition.

Un autre pianiste, nommé aussi Henri Geissler, donnait des concerts à Vienne, en 1840. Imitateur de Liszt, cet artiste jouait ses propres compositions intitulées : *Hexameron*, *Stances humoristiques*, *Mélodies hongroises*, *poëmes improvisés*, etc. *Parturiunt montes!* s'écriait le critique qui rendait compte de ces nouveautés. Depuis dix-huit ans, on n'a plus entendu parler de l'artiste dont il s'agit.

Un compositeur, du nom de Geissler (Joseph), a fait exécuter à Kœnigsberg, en 1829, une messe solennelle avec orchestre et un chant pour un chœur d'hommes, dont la *Gazette générale de musique* de Leipsick a fait l'éloge (ann. 32, p. 715).

Je ne trouve pas d'autres renseignements sur ces artistes, qui ne sont pas même mentionnés dans les derniers Lexiques biographiques de l'Allemagne.

Enfin, il est encore un musicien du nom de Geissler (Charles-Frédéric-Auguste), né près de Zittau, en 1804, et qui, après la mort de Wagner, lui a succédé, en 1832, comme organiste de l'église de l'Université, à Leipsick. Il y fonda la société de chant appelée : *Pauliner-Verein*, pour l'exécution de la musique d'église classique, et quelques années après, il fut nommé directeur de la Société de chant *Orpheus*, composée de vingt-quatre membres des deux sexes. Comme organiste et comme chef d'orchestre, cet artiste jouit de beaucoup de considération à Leipsick.

GELBKE (Ferdinand-Adolphe), né en Danemark, vers 1820, si je suis bien informé, a fait ses études à l'Université de Leipsick, puis a vécu quelque temps à Hambourg. En 1842, il publia un recueil de douze *Lieder* pour voix seule, avec accompagnement de piano, op. 1, chez Breitkopf et Hærtel. Assez incorrectement écrit, cet ouvrage est néanmoins digne d'attention par l'originalité des idées. Aucune autre production musicale n'a paru, du moins à ma connaissance, sous le même nom : peut-être M. Gelbke les a-t-il publiées en Danemark. Mais il est un ouvrage d'un genre très-différent par lequel cet auteur s'est signalé; c'est une satire qui a pour titre : *Octavianus Magnus, ein satyrisches Gedicht in 4 Gesängen* (Octavien le Grand, poëme satirique en quatre chants); Hambourg, Hoffmann et Campe, 1844, in-8°. Je ne connais cet ouvrage que par son titre : suivant les renseignements qui me sont parvenus, ce poëme aurait pour objet la musique et serait dirigé contre Mendelssohn, dont l'auteur aurait eu à se plaindre, et qui serait désigné sous le nom d'*Octavianus Magnus*. On ajoute que, par l'influence de Gade (*voyez* ce nom), l'ouvrage a été supprimé par Gelbke, et les exemplaires retirés.

GELEITSMANN (Antoine), luthiste et poëte, était, en 1740, attaché à la musique particulière de l'évêque de Wurzbourg. On a de sa composition trois suites de pièces pour le luth, en manuscrit.

GELINEK (Hermann-Antoine), surnommé *Cervetti*, virtuose sur le violon, naquit le 8 août 1709 à Horzeniowecz, en Bohême, et entra à l'abbaye de Prémontrés de Seelau, le 1ᵉʳ novembre 1728. Après qu'il eut été ordonné prêtre, il fut envoyé à Vienne pour y étudier le droit. De retour dans son cloître, il y fut nommé professeur d'histoire générale, de droit canon, et directeur de musique de l'église. L'orgue et le violon étaient les instruments qu'il aimait ; il en avait fait une étude approfondie, et son habileté le plaça, au bout de quelques années, au rang des meilleurs artistes de Bohême. Les succès qu'il obtenait lui inspiraient depuis longtemps le désir de voyager à l'étranger; les obstacles qu'il rencontra pour la réalisation de ce projet le déterminèrent à partir secrètement de son couvent. Il se dirigea vers la France, en 1760, arriva à Paris, et se fit entendre en présence du roi qui, en témoignage de sa satisfaction, lui fit remettre une tabatière d'or enrichie de brillants. De là, il se rendit à Naples, où il demeura plusieurs années. Ce fut en Italie qu'il prit le nom de *Cervetti*, afin de cacher sa retraite à ses supérieurs. De retour en Bohême, il passa plusieurs années dans son couvent ; mais le désir d'entendre souvent de la musique lui fit solliciter la permission de passer quelque temps à Prague ; il l'obtint de son abbé, et se rendit chez le grand prieur de l'ordre de Malte. La liberté dont il y jouissait lui aurait vraisemblablement fait oublier de retourner dans le cloître, si son abbé ne l'y eût rappelé. Il n'était déjà plus jeune ; cependant son goût passionné pour la musique lui rendait si pénible la gêne de la vie monastique, qu'il prit la résolution de s'y soustraire encore une fois. Il partit en secret, et entreprit un second voyage en Italie. Le maître de chapelle Pichl l'y rencontra, et ce fut lui qui annonça aux chanoines réguliers de Seelau la mort de leur frère. Il l'avait trouvé sans mouvement sur son lit, le violon et l'archet à la main, le 5 décembre 1770. Plusieurs concertos et sonates de Gélinek ont été gravés en Allemagne. Il a laissé en manuscrit des pièces d'orgue et de la musique d'église.

GÉLINEK (L'abbé JOSEPH), né en 1757, à Selcz, en Bohême, fit ses études chez les Jésuites, au Mont-Sacré, et les acheva à l'Université de Prague. La musique avait occupé sa première enfance; Segert, organiste d'un rare mérite (*voyez* ce nom), lui donna plus tard des leçons d'orgue et de composition. En 1783, Gélinek entra au Séminaire de Prague pour y suivre un cours de théologie; il fut ordonné prêtre en 1786. A cette époque, Mozart se rendit à Prague pour y écrire son opéra de *Don Juan*; il y entendit Gélinek improviser sur un thème de sa composition, et dès lors il prit de l'estime pour son talent. Sur la recommandation de ce grand homme, le comte Philippe Kinsky de Wohyniez prit Gélinek pour chapelain et maître de piano de sa maison, et peu de temps après il le conduisit à Vienne. Gélinek resta pendant deux ans dans la maison de ce seigneur, puis il entra dans la famille du prince Joseph Kinsky, en qualité de précepteur, et y demeura treize années. Pendant ce temps, l'amitié qui l'unissait à Mozart devint chaque jour plus intime; il écrivit sous sa direction des variations sur des thèmes de l'illustre compositeur, et publia à Vienne ces premiers essais. Cependant il comprenait que son éducation musicale avait besoin d'être complétée par des études plus fortes; sa conviction à cet égard le conduisit chez Albrechtsberger, pour y prendre des leçons de contrepoint. Sa réputation comme pianiste et comme compositeur de choses légères s'augmenta chaque jour, et bientôt sa musique obtint une vogue extraordinaire. Cette vogue a duré environ douze ou quinze ans, terme considérable pour des productions de ce genre. L'époque la plus brillante de la carrière de Gélinek fut de 1800 à 1810.

La liste des compositions de cet artiste est considérable; on y remarque : 1° Des trios pour piano, violon et violoncelle, œuvres 10 et 21, Vienne, Artaria, Cappi. 2° Des sonates pour piano, violon et violoncelle, ou pour piano et violon, œuvres 11, 15 et 35, Vienne, Offenbach et Paris. 3° Quelques œuvres de sonates pour piano seul, Vienne, Offenbach, Berlin, Mayence et Hambourg. 4° Beaucoup de fantaisies, caprices, rondeaux, pots-pourris, la plupart sur des thèmes connus. On a attribué à Gélinek beaucoup de choses de ce genre dont il n'est point l'auteur. Les marchands de musique de Paris avaient à leur solde des ouvriers musiciens qui fabriquaient pour eux de la musique de Gélinek, la seule que le monde frivole voulût alors jouer sur le piano. 5° Environ cent vingt-cinq thèmes variés pour piano seul, publiés dans les principales villes de l'Europe, et dont tous les marchands de musique ont donné des éditions. André, d'Offenbach, a fait paraître un catalogue thématique de ces morceaux jusqu'au numéro cent. Une certaine manière élégante et facile distingue ces petites compositions de Gélinek; c'est à cette qualité qu'il a dû ses éclatants succès. Cet artiste est mort à Vienne, le 13 avril 1825, à l'âge de soixante-huit ans.

GÉLINEK (GUILLAUME), né à Paris, en 1767, reçut son éducation musicale dans l'église Saint-Eustache, où il était enfant de chœur. Élève de Cousineau, père, pour la harpe, il donna des leçons de cet instrument, et entra à l'orchestre de l'Opéra, comme contrebasse, en 1793. Il y resta jusqu'à la fin de 1832, en sorte que son service dans cet orchestre dura quarante ans. Admis à la chapelle de l'empereur Napoléon, il a été conservé dans l'organisation de celle du roi en 1814, et y est resté jusqu'à la dissolution de cette chapelle en 1830. En 1798, il a publié un recueil de valses, anglaises, allemandes, etc., pour la harpe, et depuis lors il a fait paraître quelques romances avec accompagnement de cet instrument. Vers 1810, il a construit une harpe portative avec un nouveau mécanisme pour les demi-tons; cet instrument n'a pas eu de succès. En 1820, Gélinek a publié un ouvrage qui a pour titre : *Exercice de modulation sur une progression ascendante*, etc. Cet exercice est précédé d'une instruction sur l'usage de nouveaux signes inventés par l'auteur pour indiquer d'une manière précise l'emploi des pédales de la harpe, sans avoir égard à l'aspect de la musique et des signes d'intonation qui y apparaissent. Il a été rendu compte de cette invention dans le cinquième volume de la *Revue musicale* (p. 127 et suiv.). On a aussi du même artiste deux notes, l'une sur la contrebasse, l'autre sur l'archet de cet instrument, dans la *Revue musicale* (t. V, p. 169 et suiv.).

GELZMAN (WOLFGANG), organiste et compositeur à Francfort, au commencement du dix-septième siècle, est auteur d'un recueil de pièces instrumentales intitulé : *Phantasiæ, sive Cantiones mutæ ad 12 modos figurales*, Francfort, 1613.

GEMAL-EL-DYN, écrivain arabe sur la musique, est auteur d'un traité de cet art, d'après le système des Persans, dont l'échelle des sons est divisée par quarts de ton. Un manuscrit de cet ouvrage fut rapporté de l'Égypte par Villoteau (voyez ce nom) : le célèbre orientaliste Sylvestre de Sacy le traduisit à sa demande, et corrigea dans la traduction les négligences, contresens et transpositions du copiste arabe. On ignore ce que sont devenus l'ouvrage original et la traduction de M. de Sacy, après la mort de Villoteau.

GEMINIANI (François), violoniste, compositeur et écrivain didactique qui a joui d'une grande célébrité en Angleterre, est né à Lucques, vers 1680. Ses premières études musicales furent dirigées par A. Scarlatti. Il devint ensuite élève de Carlo-Ambrosio Lunati, surnommé *il Gobbo*, habile violoniste, et enfin passa dans l'école de Corelli. En 1714, il alla en Angleterre, où sa brillante exécution lui procura bientôt de la réputation. Deux ans après son arrivée à Londres, il publia douze sonates pour violon et basse ou clavecin, qu'il dédia au baron de Kielmansegge, chambellan du roi Georges Ier : cet ouvrage eut un brillant succès. Le baron, qui était le principal protecteur de Geminiani, en parla au roi, et obtint la permission de faire exécuter en sa présence, par Geminiani, quelques-unes de ses productions : ce fut Handel qui tint le clavecin, et Geminiani joua de manière à justifier la protection de ses amis.

Malheureusement, il était enthousiaste de la peinture au point de se jeter dans de grands embarras pour satisfaire ses fantaisies en ce genre, et se procurer des tableaux de prix. Ses imprudences allèrent si loin, qu'elles finirent par compromettre la sûreté de sa personne, et qu'il fut obligé de se mettre sous la protection d'une loi qui assurait la liberté des gens attachés à la haute noblesse anglaise. Le comte d'Essex le plaça sur la liste de ses domestiques.

La place de maître de musique et de compositeur des États d'Irlande étant devenue vacante en 1727, le comte d'Essex la demanda à Robert Walpole pour Geminiani ; mais celui-ci la refusa, disant qu'un catholique ne pouvait l'exercer : la place fut donnée à Mathieu Dubourg, qui avait été élève de celui à qui on la refusait.

Cependant les ouvrages que Geminiani publiait chaque année augmentaient sa réputation. Outre ses œuvres de *concerti*, il avait arrangé en concertos les solos de Corelli et six sonates du même auteur ; mais la publication de ces divers ouvrages avait peu amélioré sa situation. Le manuscrit de son deuxième œuvre ayant été surpris par Walsh, celui-ci donna à l'auteur l'alternative d'en surveiller l'impression, ou de le voir paraître rempli de fautes. Geminiani, indigné de cette proposition audacieuse, lui intenta un procès : Walsh fut obligé de donner une indemnité, et l'ouvrage parut sous la surveillance de l'auteur. Outre ses compositions instrumentales, Geminiani avait fait paraître quelques ouvrages didactiques, tels que son *Art de jouer du violon* (The art of playing the violin), et son *Guide harmonique* (Guida armonica o Dizionario armonico). Celui-ci trouva de nombreux détracteurs à l'époque de sa publication. Dans un voyage que fit l'auteur à Paris, il se lia avec le P. Castel, qui fit imprimer dans le *Journal des Savants* une analyse apologétique du *Guide harmonique*. De retour en Angleterre, Geminiani la traduisit en anglais et la publia pour imposer silence aux critiques. Après quelques autres voyages et un séjour à Paris, pendant lequel il donna des éditions améliorées de plusieurs de ses ouvrages, Geminiani retourna en Angleterre, en 1755, y fit paraître de nouveaux ouvrages, et publia une sorte de journal de musique, sous le titre de *the Harmonical Miscellany* (Mélanges harmoniques) ; mais le peu de succès obtenu par cette publication le fit renoncer à l'entreprise après deux numéros. En 1761, Geminiani alla en Irlande, où Dubourg, qui était alors chef de l'orchestre du roi, l'accueillit avec la reconnaissance qu'il devait à son ancien maître. Celui-ci avait employé plusieurs années à rassembler et à mettre en ordre les matériaux d'un livre considérable sur la musique ; mais bientôt après son arrivée à Dublin, une femme qui était à son service, et qui, sans doute, y était entrée dans le dessein de le voler, lui déroba son manuscrit, qu'on n'a pu retrouver depuis lors. Cette perte fit une impression profonde sur l'esprit de Geminiani, et avança probablement la fin de sa vie. Il mourut à Dublin, le 17 septembre 1762, à l'âge de quatre-vingt-trois ans.

Comme exécutant, Geminiani paraît avoir eu un talent de premier ordre, car on ne voit pas que son mérite ait jamais été contesté. L'opinion n'est pas aussi unanime à l'égard de ses compositions. Les uns, tels que Avison, les citent comme des modèles d'une excellente musique instrumentale ; d'autres, comme le docteur Burney, disent, au contraire, que sa musique, bonne quant à l'harmonie, est défectueuse dans le rhythme et dans la mélodie. Quoi qu'il en soit, on voit qu'il s'était proposé de s'écarter du style de Corelli; mais si les formes de ses compositions sont plus modernes, plus jeunes que celles de ce grand maître, il s'en faut qu'on y trouve autant de verve, d'invention, et que le style en soit aussi pur. Comme écrivain didactique, Geminiani mérite des éloges pour son *Art de jouer du violon*, qui est un bon livre élémentaire; mais le reste de ses ouvrages, et surtout son *Guide harmonique*, sont au-dessous de la critique. Ce dernier ne contient qu'une collection de résolutions harmoniques, écrites d'un style incorrect.

Voici la liste de ouvrages pratiques et théoriques de cet auteur : 1° 12 *Solos for a violin* (Douze solos pour violon), op. 1, Londres, 1716. 2° 6 *Concertos in 7 parts*, op. 2, Londres, 1732, et Paris, 1755, en partition. 3° 6 *Concertos in 7 parts*, op. 3, Londres, deuxième édition, Paris, 1755, en partition. 4° Douze solos pour violon, op. 4, Londres, 1739. 5° Six solos pour violoncelle, op. 5. Ils sont extraits des solos de violon. 6° Six concertos, Londres, 1741. 7° 6 *Concertos in 8 parts*, op. 7. 8° Douze sonates pour violon, op. 11, Londres, 1738. 9° Douze trios, en deux recueils. 10° Six trios tirés de l'œuvre 1. 11° *Lessons for the harpsichord* (Leçons de clavecin), Londres; Burney assure qu'elles sont inexécutables. 12° *The Harmonical Miscellany, containing sundry modulations on a Bass, calculated for the improvement of students in music*, etc. (Mélanges harmoniques, etc.), deux suites, Londres, 1755. On y trouve une pièce intitulée : la Forêt enchantée. 13° *Rules for playing in taste* (Règles pour exécuter avec goût) et *Treatise on good taste* (Traité sur le goût), Londres, 1739 et 1747. E.-L. Gerber (*Neues hist. Lex. der Tonk.*, t. Ier, p. 285) dit que ces deux ouvrages ont été traduits en français; je crois que c'est une erreur. 14° *The Art on playing the violin, containing all the rules necessary to attain perfection on that instrument*, etc. (L'art de jouer du violon, contenant toutes les règles nécessaires pour arriver à la perfection sur cet instrument), Londres, 1740. La deuxième édition a pour titre : *The entire new and compleat Tutor for the violin, containing*, etc., Londres, Preston (sans date), in-4°. La traduction française a paru peu de temps après; une seconde édition de cette traduction a été publiée depuis lors par Sieber fils, à Paris. Il y a aussi une traduction allemande, datée de Vienne, 1785. 15° *Guida armonica, o Dizionario armonico, being a sure guide to harmony and modulation* (Guide harmonique, etc.), Londres, 1742. On trouve une analyse de cet ouvrage dans le second volume des notices (*Nachrichten*) de Hiller, p. 82. Une traduction française a paru en 1756, et une hollandaise, sous le titre de *Dictionarium harmonicum of zekere Wegwijzer tot de ware Modulatie*, a été publiée dans la même année. Il y a une suite de cet ouvrage intitulée : *Supplement to the Guida armonica, with examples shewing it 's use in composition*, Londres, Johnson (sans date), in-4°, avec dix pages de musique. 16° *The Art of accompaniment, containing a new and well-digested Method to learn to perform Thorough Bass on the Harpsichord, Organ*, etc. (L'art de l'accompagnement, etc.), Londres, Preston, vers 1755.

GEMMINGEN (Eberhard-Frédéric, baron de), conseiller privé du duc de Wurtemberg, président de la régence de Stuttgart et du tribunal de la banque, naquit à Heilbronn, le 5 novembre 1726. Après avoir terminé d'une manière brillante ses études à Tubinge et à l'Université de Gœttingue, il fit quelques voyages pour compléter son instruction dans les sciences et dans les arts. La musique avait particulièrement occupé sa jeunesse; il la cultiva toujours comme un délassement à ses travaux, et fut un des amateurs les plus distingués de l'Allemagne. Il n'était âgé que de vingt-deux ans, lorsqu'il fut nommé, en 1748, conseiller du gouvernement à Stuttgard; dans la suite, d'autres dignités et d'autres honneurs lui furent accordés. Il mourut à Stuttgard, le 19 janvier 1791. On trouve des détails étendus sur sa vie dans le *Nécrologe* de Schlichtegroll, ann. 1791, t. II, avec des additions dans le deuxième volume de 1792. Le baron de Gemmingen possédait un talent remarquable sur le piano; il a beaucoup écrit pour cet instrument, mais la plupart de ses ouvrages sont restés en manuscrit; on n'en a publié que trois sonates à quatre mains, op. 1, Offenbach, 1786.

GENAST (François-Édouard), chanteur et acteur au théâtre du grand-duc de Saxe-Weimar, est né à Weimar, en 1789. Il a reçu, dit-on, des leçons de chant des meilleurs maîtres de l'Allemagne. Sa voix était un baryton d'un timbre agréable; mais elle avait peu de puissance. Le rôle de *don Juan* est celui qui lui a fait le plus d'honneur; il l'a joué partout avec le plus heureux succès, et c'est principalement à ce rôle qu'il a dû la faveur dont il a joui à Hambourg, à Leipsick, à Berlin, et dans quelques autres villes où il a donné des représentations. A Berlin, on le préférait à Blum, quoiqu'il lui fût réellement inférieur comme chanteur. En 1829, il fut engagé au théâtre de Weimar, et il y chanta jusqu'en 1844. Alors il prit sa retraite, avec une pension qui lui fut accordée par le grand-duc. Genast s'est fait connaître avantageusement comme compositeur de chansons à trois voix d'hommes, dont il a été publié un recueil à Leipsick, chez Peters, et à voix seule, avec accompagnement de piano. On connaît de lui douze œuvres de ce genre. Une de ses meilleures compositions est la musique d'un poëme de Saphir, intitulé : *Des Hauses letzte Stunde* (la Dernière Heure à la maison), avec accompagnement d'orchestre ou de piano. Il a souvent chanté ce morceau dans ses voyages, et toujours avec succès. En 1833, Genast a fait représenter au théâtre de Weimar un opéra intitulé : *Der Verræther in den Alpen* (le Traître dans les Alpes).

GENDRAT (Thomas), né au Mans, en 1543, fut maître de musique des enfants de chœur de l'église Saint-Julien, de cette ville. Du Verdier dit, dans sa *Bibliothèque française*, qu'il vivait en 1584, et qu'il avait écrit quatre livres de chansons à quatre, cinq, six, sept et huit parties, lesquelles n'étaient point imprimées. On ignore si elles l'ont été depuis le temps où vivait cet écrivain.

GENDRE (Jean LE), né à Paris, au commencement du seizième siècle, fut chantre de la chapelle des rois de France François Ier et Henri II. Il a publié : *Briefue introduction en la musique, tant au plain-chant que choses faictes* (1), Paris, Pierre Attaingnant, 1545, in-8°. Du Verdier a confondu ce Le Gendre avec Jean Le Gendre d'Orléans, mathématicien, qui a publié une *Histoire du temps*, imprimée à Paris, en 1530. On trouve deux chansons françaises de Le Gendre dans le *XVIe Recueil contenant XXIX chansons nouvelles à quatre parties*, Paris, Attaingnant, 1545, in-4° obl.

GENÉE (Jean-Frédéric), acteur dans les rôles de basse, est né à Kœnigsberg, en 1795. Après avoir été attaché pendant plusieurs années au théâtre de Kœnigstadt à Berlin, il a été engagé pour l'opéra allemand de Paris, en 1829. Meilleur acteur que chanteur, le rôle où il eut le succès le plus décidé dans cette ville,

(1) *Chose faite* (res facta) signifiait autrefois le contrepoint écrit, pour le distinguer du contrepoint improvisé sur le plain-chant, que faisaient les chantres du chœur, et qu'on désignait par les noms de contrapunctum ou de *chant sur le livre*. Les expressions *res facta* et *chose faite*, en usage depuis le treizième siècle, ont été abandonnées au commencement du dix-septième.

fut celui du geôlier dans *Fidelio*. Postérieurement, Genée a reparu au théâtre de Berlin, puis à Dresde. En 1841, il s'est chargé de la direction du théâtre de Kœnigsberg; il la conservait encore en 1843.

GENERALI (Pierre), compositeur, n'est pas né à Rome, comme le croient les Italiens eux-mêmes, mais à Masserano, près de Vercell, dans le Piémont, le 4 octobre 1783. Le nom véritable de son père était *Mercandetti* (voyez Gazzoni, *Della Letteratura Vercellese*). Des affaires de commerce qui n'avaient pas réussi obligèrent cet homme à se retirer à Rome, avec son fils qui n'était âgé que de deux ans, et à changer son nom en celui de *Generali*. Jean Massi, ancien élève de Durante et bon musicien, fut l'instituteur du fils pour la musique et la composition. Les premiers ouvrages du jeune artiste consistèrent en messes, psaumes et autres morceaux pour l'église; mais bientôt il sentit se développer en lui le goût de la musique dramatique, et son premier opéra (gli *Amanti ridicoli*) fut représenté à Rome, en 1800, lorsqu'il n'était âgé que de dix-sept ans. Après qu'il eût donné cet ouvrage, il parcourut une partie de l'Italie méridionale, et ne retourna à Rome, en 1801, que pour écrire la cantate *Roma liberata*; l'opéra bouffe, *il Duca Nottolone*, et la farce, *la Villana al cimento*. Doué des qualités du talent, Generali faisait voir, dès ces premiers essais, qu'il était appelé à prendre un rang distingué dans son art; mais entraîné dans une vie désordonnée par des passions fougueuses, il s'abandonna dans sa jeunesse à des excès condamnables, et finit par altérer ses facultés artistiques. Plus tard, lorsqu'il eut mis un terme à ses désordres, il ne retrouva plus pour ses travaux les dons heureux dont la nature paraissait l'avoir doté à l'aurore de sa carrière. En 1802, il se rendit à Bologne et y écrivit une farce intitulée : *le Gelosie di Giorgio*, puis il donna à Venise *la Pamela nubile*, jolie production d'un style léger et de bon goût; cet ouvrage fut suivi dans la même ville de *la Calzolaja*. En 1805, il y fit représenter aussi *Misantropia e pentimento*, et *gli Effetti della somiglianza*. Appelé à Milan dans la même année, il y écrivit son *Don Chisciotto*, où se trouvent des morceaux bouffes pleins de verve et de mélodies agréables. De retour à Venise, il y fit représenter un opéra *semi-seria*, intitulé : *Orgoglio ed Umiliazione*; cet ouvrage ne réussit pas. En 1807, Generali se rendit à Naples, et y écrivit, pour le théâtre Saint-Charles, *l'Idolo cinese*, qui fut accueilli avec froideur;

et dans la même année, il alla à Florence pour y faire représenter *lo Sposo in Bersaglio*. En 1808, il donna, à Venise, *le Lagrime d'una Vedova*, et *il Ritratto del Duca*, puis, à Vienne, *lo Sposo in contrasto*. L'année suivante il retourna à Venise pour y écrire *la Moglie di tre mariti*, puis il alla à Rome et y composa l'opéra bouffe : *Amore vince lo sdegno*, qui a été joué plus tard à Milan, sous le titre : *Amor prodotto dall' odio*.

De toutes les villes d'Italie, Venise était celle qui accueillait les productions de Generali avec une faveur constante. Il y fut rappelé en 1810, et y donna, dans la même année, la cantate *Ero e Leandro*, et les deux farces en un acte *l'Adelina* et *la Cecchina*. L'*Adelina* a joui longtemps de la faveur publique et a été joué sur tous les théâtres de l'Italie. En 1811, il écrivit au printemps, pour le théâtre de la Scala, l'opéra bouffe *Chi non risica non rosica*, puis il alla à Rome et y fit représenter *la Vedova delirante*, qui fut suivie dans la même année, à Venise, de *la Sciocca per gli altri e l'astuta per sè*. En 1812, l'auteur de tant d'ouvrages, écrits la plupart avec trop de précipitation, alla à Naples pour composer *Gaulo ed Ojtono*, qui ne réussit point ; puis il alla à Milan, où il fut plus heureux dans la *Vedova stravagante*, qui fut suivi, à Bologne, de *l'Orbo che ci vede*. Appelé de nouveau à Venise, en 1813, Generali y écrivit une farce intitulée : *Isabella*, puis il alla à Naples et y fit représenter *Eginardo e Lisbetta*. Son opéra *Amore vince lo sdegno* fut ensuite retouché et fut joué avec quelques morceaux nouveaux à Milan. Generali passa toute l'année 1814 à Turin et y écrivit *Bajazetto*, *la Contessa di colle erboso* et *il Servo padrone*. En 1815, il donna, à Milan, *l'Impostore ossia il Marcotondo*, et dans la même année il écrivit, à Venise, *i Baccanali di Roma*, son meilleur ouvrage, et celui qui a obtenu le succès le plus général. L'année suivante, il alla à Trieste et y composa une cantate intitulée : *la Beneficenza*, puis *la Vestale*, opéra sérieux. Il partit ensuite pour Bologne, et y donna *il Trionfo d'Alessandro*. Au printemps de 1817, il écrivit dans la même ville *Elato*; puis, au carême de la même année, il donna à Milan *Rodrigo di Valenza*. Dans les derniers jours de cette année, 1817, Generali fut appelé à Barcelone pour y prendre la direction de la musique du théâtre. Il y demeura trois ans et y fit représenter les opéras de sa composition qui avaient eu du succès en Italie. C'est de cette époque que date la réforme que Generali fit dans son existence d'artiste, et qu'il prit des habitudes plus sérieuses.

De retour en Italie, vers la fin de 1821, il écrivit pour divers théâtres : *il Gabba mondo*, *Elena ed Alfredo*, *Adelaide di Borgogna*, *Chiara di Rosemberg*, et *la Testa miravigliosa*, ouvrages écrits dans une manière modifiée qui se rapprochait du style de Rossini, mais qui n'excitèrent qu'un médiocre intérêt, parce que le public n'accordait alors d'attention qu'aux productions du maître de Pesaro. Les dégoûts que causèrent à Generali l'indifférence du public et le mauvais succès de quelques-uns de ses derniers ouvrages lui firent saisir avec empressement une occasion favorable de cesser d'écrire pour la scène ; la place de maître de chapelle de la cathédrale de Novare était vacante : elle lui fut offerte, et il l'accepta. Pendant quelques années, il ne parut plus occupé que de la composition de morceaux de musique d'église ; cependant il rentra dans la carrière du théâtre en 1827, par l'oratorio dramatique *il Voto di Jefte*, qu'il fit exécuter au théâtre de *la Pergola*, à Florence, le 11 mars. L'ouvrage n'eut point de succès le premier jour ; mais il fut mieux goûté dans la suite. En 1820, Generali donna à Trieste un opéra bouffe intitulé : *il Divorzio persiano*, o *il grand Bazzaro di Bassora*; mais l'exécution fut si défectueuse, que l'ouvrage n'eut pas de succès. L'ancien théâtre de sa gloire, Venise, fut témoin de sa dernière infortune dramatique, car *Francesca da Rimini*, écrite par lui pour l'ouverture du théâtre de *la Fenice*, fut mal accueillie le 26 décembre 1829, et les spectateurs s'écrièrent plusieurs fois pendant le cours de la représentation, pour indiquer les réminiscences qu'ils remarquaient dans l'ouvrage : *Semiramide! Mosè!* Cet échec fut le dernier que Generali éprouva au théâtre. Depuis lors, il n'écrivit plus, et il mourut à Novare, le 3 novembre 1832, à l'âge de quarante-neuf ans. Cet artiste a inventé plusieurs formes d'harmonie et de modulation dans ses premiers opéras ; Rossini s'est approprié ces choses par l'adroit usage qu'il en a su faire. Parmi ses meilleurs ouvrages on cite : *l'Adelina*, *i Baccanali di Roma* et *la Moglie di tre mariti*. M. Piccoli (Constantin) a publié après sa mort : *Elogio del maestro di Cappella Pietro Generali*, Novare, 1833, in-8°.

GENET (ELIAZAR ou ELZIAR), musicien français, fut surnommé *Carpentras* ou *il Carpentrasso*, parce qu'il naquit dans la ville de Carpentras (Vaucluse), dans la seconde moitié du quinzième siècle. Ainsi que la plupart des compositeurs de musique d'église qui étaient chantres de chapelle, Genet était prêtre. Il entra comme tel, et comme musicien fort instruit, dans la chapelle du pape, sous le pontificat de Léon X, en qualité de chapelain-chantre. Il écrivit alors pour le service de cette chapelle des *Magnificat* qui sont en manuscrit dans les archives de la chapelle, sous le numéro 70, et *les Lamentations de Jérémie* pour la semaine sainte. Ce dernier ouvrage parut si beau à Léon X, qu'il prit l'auteur sous sa protection, et qu'il le fit évêque *in partibus*, le 1er novembre 1518. Il était déjà premier chapelain-chantre apostolique depuis 1515, et il fut ensuite maître de la chapelle. Quelque temps après, le pape envoya Genet en mission à Avignon, pour régler des affaires qui concernaient le saint-siège. Après la mort de ce pape et celle d'Adrien VI, Genet retourna à Rome, sous le pontificat de Clément VII. Ses anciens collègues de la chapelle crurent devoir lui faire honneur, en exécutant, le jeudi et le vendredi saint, ses *Lamentations de Jérémie*; mais Genet, frappé de quelques imperfections de cet ouvrage, qu'il n'avait point entendu depuis longtemps, et peut-être aussi des altérations qui s'y étaient introduites dans l'exécution, le corrigea, y fit des changements et des additions, puis le fit copier avec luxe sur vélin et avec des miniatures; il y mit cette inscription en lettres d'or; *Ad sanctissimum maximumque Pontificum Clementem septimum Elziarii Geneti nomine, vulgo nuncupati Carpentras capellæ pontificæ olim magistri* :

EPIGRAMMA.

Quæ fuerant olim decimi pergrata Leonis
Lamenta atque tuis auribus alma parens,
Corrupta hæc vester vix agnoscebat alumnus
Carpentras, qui operis musicus author erat.
Quocirca illa suis non solum cantibus idem
Restituit, multo sed meliora dedit.
An meliora autem dederit subitura veretur
Judicium docti pagina pontificis,
Qualecumque tamen donum, pater alme, serena
Fronte cape, et famuli sis memor usque tui (1).

Ces vers prouvent que non-seulement Genet crut devoir faire des améliorations à son ou-

(1) « Bon père, votre élève Carpentras, qui était compositeur de musique, reconnaissait à peine *les Lamentations* qui furent jadis agréables aux oreilles de Léon X et aux tiennes; c'est pourquoi il ne les rend pas comme elles étaient, mais il les donne beaucoup meilleures. Quant à savoir s'il les a améliorées, il craint le jugement d'un savant pontife. Quoi qu'il en soit, accepte cependant le don avec un front serein, et souviens-toi, bon père, de ton serviteur. » (*Traduction de M. Laurens.*)

vrage, mais qu'il le reconnaissait à peine, à cause des altérations faites par les copistes et les chantres. Le manuscrit dédié par le musicien-évêque à Clément VII, se trouve dans les archives de la chapelle pontificale, sous le numéro 125. J'ai dit, dans la première édition de cette *Biographie*, que les chapelains chantres de la chapelle pontificale conservèrent l'usage de chanter *les Lamentations* écrites par Genet longtemps après que des compositions d'un meilleur goût eurent paru, et que, nonobstant l'opinion avantageuse que tous les musiciens de Rome avaient du génie de Palestrina, il fallut un ordre exprès du pape Sixte-Quint pour faire substituer, en 1587, les admirables *Lamentations* de l'illustre compositeur au lourd contrepoint de Genet, dans la chapelle pontificale. Ce mot de *lourd contrepoint* a choqué M. Laurens, secrétaire de la Faculté de Montpellier, archéologue et amateur distingué de musique et des arts en général, qui a relevé cette expression, croyant qu'elle n'est que la traduction de l'opinion de Baini (2). M. Laurens, d'ailleurs fort bienveillant pour moi, croit que je n'aurais pas émis un pareil jugement si j'avais connu *les Lamentations* du maître de Carpentras, et pour m'éclairer à cet égard, il a publié, à la suite de sa notice, la première *Lamentation* en partition pour quatre voix graves sur le plain-chant. Je l'en remercie; mais je lui fais observer que s'il avait voulu démontrer la justesse de mon appréciation, il n'aurait pu mieux faire. Qu'est-ce, en effet, que ce morceau? Le plain-chant du sixième ton accompagné d'une harmonie écrite avec pureté, mais sans élégance, sans recherche, sauf quelques rares imitations à l'unisson et à l'octave, et empreintes de monotonie, à cause de ces voix pareilles et graves. Non-seulement, il n'y a aucune comparaison à faire entre cet ouvrage et l'œuvre admirable de Palestrina, mais Genet est évidemment très-inférieur, dans sa manière d'écrire, à Josquin Des Prés, son prédécesseur.

Genet dut être envoyé à Avignon avant la fin de 1521, car le pape Léon X mourut le 1er décembre de cette année, et ne dut revenir à Rome qu'en 1524, ou plus tard, puisque Clément VII ne fut couronné que le 25 novembre 1523. On voit, par l'épître dédicatoire d'un livre de messes dont il sera parlé tout à l'heure, laquelle est adressée au même Clément VII, que Genet ne resta pas longtemps à

(2) *Revue de la musique religieuse*, de M. Danjou, t. III p. 40-52.

Rome, à l'époque de ce voyage, car il y parle d'une grande maladie de la tête qui lui survint à Avignon en 1527, et qui ne lui laissait point de repos, lui causant de grandes douleurs, et lui faisant l'effet de vents contraires qui se seraient heurtés dans son cerveau. Il avait eu recours à la médecine ; mais, pour son malheur, aucun médecin n'avait pu découvrir la cause de son mal, ni conséquemment y porter remède. Dans les intervalles où ses souffrances étaient moins aiguës, il cherchait dans la musique des consolations pour son âme attristée ; c'est ainsi qu'il a écrit quatre volumes pour le service de l'église. Il s'est décidé à les faire imprimer avec de grandes dépenses. Il a soin de rappeler à Clément les bienfaits qu'il a reçus de Léon X, afin que le nouveau pape soit pas moins généreux. Cette dédicace est datée d'Avignon, aux ides de mai 1532 (1).

Les quatre volumes dont parle Genet dans son épître dédicatoire sont : 1° Un livre de messes. 2° Un livre de *Lamentations de Jérémie*. 3° Un livre d'hymnes. 4° Un livre de *Magnificat*. Ils ont tous été imprimés à Avignon par Jean de Channay, avec des caractères de musique de formes nouvelles, gravés et fondus par Étienne Briard, de Bar-le-Duc. La rareté de ces volumes est si grande, qu'aucun bibliographe n'en avait eu connaissance, et qu'aucun catalogue n'en avait indiqué l'existence, avant que M. Antoine Schmid, conservateur de la musique à la Bibliothèque impériale de Vienne, en eût donné la description (2), d'après l'exemplaire, unique jusqu'à ce jour, qui se trouve dans ce riche dépôt d'œuvres musicales.

Le livre de messes a pour titre : *Liber primus missarum Carpentras*, en lettres onciales. Au-dessous se trouvent les titres de toutes les messes, au nombre de cinq. Ces titres sont : 1° *Se misulæ ne vient*. 2° *A lombre d'ung buissonet*. 3° *Le Cueur fut mien*. 4° *Fors seulement*. 5° *Encore iray ie iouer*. A la fin du volume on lit : *Impressum Auenioni industria et impensis præfati Reue. Do. Elziary Geneti alias Carpentras, Sacre capelle S. D. U. Pape Magistri, et Ue. Ma. Stephani Relioni Vicentini ordinis predicatorum per Magistrum Johannem de Channay. Anno Domini millesimo quingentesimo trigesimo secundo, die XV mensis maij*, in-fol. max. gothique. Dans la même année

(1) Le savant bibliothécaire de la Bibliothèque impériale de Vienne, Antoine Schmid, en a publié le texte dans l'écrit périodique intitulé *Cæcilia*, t. 22, p. 69-70.
(2) *Cæcilia*, t. 23, p. 62-78 et 199-208.

1532, parurent les *Lamentations de Jérémie*, du même artiste, sous ce titre : *Liber Lamentationum Hieremie prophete Carpentras per eumdem nuper auctarum : et accuratius recognitarum, que cum jam pridem venissent in manus multorum : et earum pars forsan esset impressa citra authoris voluntatem : manuque ultima nondum addita : idem erat : quo is ad unguem castigatis et elucidatis omnes immorentur. A la fin du volume, on lit : Impressum Avenioni industria et impensis præfati Uene. Do. Elziarii Geneti alias Carpentras sucre capelle S. D. U. Pape Magistri, per Magistrum Johannem de Channay. Anno Domini millesimo quingentesimo trigesimo secundo, die XIIIJ mensis Augusti*, in-fol. m.

Le livre des hymnes, qui forme le troisième volume, a pour titre : *Liber Hymnorum usus Ro. Eccie (romanæ ecclesiæ) authore Carpetras*. Il est dédié au cardinal Hippolyte de Médicis. Le volume est composé de cent vingt feuillets chiffrés. Les caractères de musique et du texte sont semblables à ceux des autres volumes, mais on n'y voit ni nom d'imprimeur ni date, et l'épître dédicatoire, en tête de laquelle on lit : *Ampliss. patri. et dño illustriss. D. Hipp. card. de Medicis Elziarius genitus Carpen. S. P. D.*, n'est également pas datée. Il est hors de doute cependant que ce livre d'hymnes n'a pas été imprimé avant 1533, puisque c'est dans cette année qu'Hippolyte de Médicis fut élevé au cardinalat, et qu'il a dû paraître au plus tard en 1534, puisque le cardinal mourut au mois de février 1535. Ce volume contient les hymnes des fêtes principales de l'année, au nombre de quarante-deux, toutes à quatre parties.

Le quatrième volume est intitulé : *Liber cantici Magnificat, omniú tonorum, authore Carpentras*, in-fol. max. de cent vingt-quatre feuillets chiffrés, sans nom de lieu, d'imprimeur et sans date, mais imprimé avec les mêmes caractères que les volumes précédents. On n'y trouve ni dédicace, ni préface : peut-être doit-on en conclure que Genet avait cessé de vivre au moment de la publication. Bien que le titre du volume ne mentionne que les *Magnificat* des huit tons, on y trouve les antiennes de la Vierge : *Alma redemptoris mater, Ave Regina cœlorum, Salve Regina* et *Regina cœli lætare*, à quatre voix, ainsi que quelques motets, dont un (*Dignare me laudare te*) à quatre voix, de Claudin (Claude de Sermisy). Deux *Magnificat*, du premier ton et du huitième, extraits de ce livre, ont été publiés dans le recueil de ceux de Morales, intitulé : *Magnificat omnitonum cum quatuor vocibus. Christophori Moralis Hispani aliorumque excellentium virorum in amplissima hac forma charactereque perspicuo pro divini cultus decore atque commodo. Summa nuper diligentia impressum in lucem prodit*, Venetiis, apud Antonium Gardanum, 1562, in-fol. mag.

Les cinq messes du premier volume de la rarissime collection d'Avignon sont en partition manuscrite dans la Bibliothèque impériale de Vienne, ainsi que l'antienne de l'avent *Gabriel Angelus locutus est*, à quatre voix, tiré du volume des *Magnificat*. Deux leçons des *Lamentations de Jérémie* (*Incipit Lamentatio Jeremiæ Prophetæ*, et *Joth. Manus mulierum*) ont été reproduites dans le recueil intitulé : *Lamentationes Jeremiæ prophetæ a variis auctoribus compositæ*, Lutetiæ, apud Adr. Le Roy et Robert. Ballard, 1557, in-fol. M. J.-B. Laurens (*voyez* ce nom) a publié la première en partition (à quatre voix) dans la *Revue de la musique religieuse* de M. Danjou (t. III, p. 63-72). Dans le premier livre des *Motetti della Corona*, imprimé par Octave Petrucci, à Fossombrone, en 1514, on trouve le motet *Bonitatem fecisti cum servo tuo*, à quatre voix, composé par Genet. Le troisième livre de la même collection, imprimé en 1519, contient un *Cantate Domino Canticum*, et le quatrième (1519), un *Miserere mei, Deus*, du même auteur. Les deux psaumes *Legem pone mihi* et *Bonitatem fecisti cum servo tuo*, ont été réimprimés dans le recueil intitulé : *Psalmorum select. a præstantissimis musicis in harmonias 4, 5 et plur. vocum redactorum Tomus II*, Norimbergæ, apud Job. Petrejum, 1539, in-4°. Enfin, on trouve quatre motets du Carpentras dans les *Motetti a due voci de diversi autori lib. I*, publiés à Venise, par Ant. Gardano, 1543, in-4°.

GENGENBACH (NICOLAS), cantor à Zeitz au commencement du dix-septième siècle, né à Colditz, en Saxe, est cité par Walther comme auteur d'un traité de musique intitulé : *Musica nova, newe Singkunst, sowohl nach der alten Solmisation, als auch newen Bobisation und Bebisation* (Musique nouvelle, ou nouvel art du chant, tant d'après l'ancienne solmisation, que par les nouvelles Bobisation et Bébisation), Leipsick, Elie Rehefeld et Jean Grosse, 1626, in-8°. L'ancienne solmisation est celle de la méthode des muances, et les nouvelles *Bobisation* et *Bebisation* sont les méthodes pour solfier par sept noms de notes.

GÉNIN (F.), littérateur et amateur de musique, né à Paris, en 1803, fit ses études dans les collèges de cette ville et suivit les cours de l'École normale ; puis il fut nommé professeur de littérature française à la faculté des lettres de Strasbourg. Lorsque M. Cousin fut appelé au ministère de l'instruction publique (1845), Génin y obtint la place de chef de division ; mais il donna sa démission après la chute du cabinet dont ses amis faisaient partie. Il avait été pendant plusieurs années l'un des rédacteurs du *National*. On a de ce littérateur plusieurs ouvrages estimés dont la notice se trouve dans *la Littérature française contemporaine* de M. Bourquelot (t. IV, p. 56-57). Il a rédigé le feuilleton musical dans *la Revue indépendante*, et a composé une musique nouvelle pour l'ancien opéra-comique de Sédaine, *On ne s'avise jamais de tout*, qui fut représenté au théâtre de l'Opéra-Comique, le 28 avril 1843. M. Génin est mort, à Paris, le 19 mai 1856, à l'âge de cinquante-trois ans.

GENISCHTA (J.), pianiste, violoncelliste et compositeur russe, né vers 1810, est directeur d'une société de chant à Moscou. Il occupait déjà cette position en 1837. Parmi ses compositions, on remarque : 1° Grande sonate pour piano et violoncelle, op. 6, Leipsick, Kistner. 2° Grande sonate pour piano et violoncelle ou violon, op. 7, *ibid.* 3° Trois nocturnes pour violoncelle avec violon, op. 10, *ibid.* 4° Grande sonate pour piano et violoncelle, op. 9, *ibid.* 5° Grande sonate (en *ut*) pour piano seul, op. 12, Hambourg, Schuberth. 6° Sonate (en *ré*) pour piano et violoncelle, op. 13, Leipsick, Hofmeister. 7° Fantaisie pour piano seul, op. 14, *ibid.* Le style de ce compositeur s'est formé sous l'influence de la musique de Beethoven.

GENLIS (STÉPHANIE-FÉLICITÉ DUCREST DE SAINT-AUBIN, comtesse DE), femme célèbre dans l'histoire de la littérature française, naquit le 25 janvier 1746, près d'Autun, en Bourgogne. Lorsqu'elle parut dans le monde, elle portait le nom de mademoiselle de Saint-Aubin, qui était celui d'un fief de son père. Ce fut moins aux avantages d'une noblesse de troisième ordre, dont elle était vaine, qu'aux talents et aux qualités de l'esprit qui la distinguaient, que mademoiselle Ducrest dut ses succès. Elle était fort instruite dans la musique, et jouait bien de la harpe. Sa famille ayant été ruinée par des malheurs, elle était venue à Paris avec sa mère et y vivait dans une situation médiocre, lorsqu'elle épousa, à l'âge de dix-huit ans, le marquis de Sillery, comte de

Genlis. Devenue nièce de madame de Montesson, maîtresse du duc d'Orléans, elle dut à cette alliance l'avantage d'être nommée dame d'honneur de la duchesse de Chartres, et d'être chargée de l'éducation de ses enfants, au nombre desquels étaient Louis-Philippe, qui devint roi des Français, et madame Adélaïde. Madame de Genlis écrivit pour l'instruction de ses élèves son *Théâtre d'éducation*, *Adèle et Théodore*, *les Veillées du château*, et *les Annales de la vertu*. Ces ouvrages commencèrent d'une manière brillante sa réputation littéraire, augmentée ensuite par une multitude presque fabuleuse d'autres livres de toute espèce. Il n'est pas dans la nature de ce dictionnaire biographique d'entrer dans un examen du mérite de madame de Genlis comme écrivain; je n'en parle que comme auteur de quelques romances dont elle avait fait les paroles et la musique, et surtout d'une *Méthode de harpe*, dont la première édition parut en 1802. Les principes fondamentaux de cette méthode avaient été posés précédemment dans le roman moral intitulé : *Adèle et Théodore*. Ils consistaient particulièrement dans l'emploi du petit doigt pour les traits de toute espèce, ce qui était contraire à la méthode de tous les professeurs de harpe de l'ancienne école. La seconde édition de la Méthode de madame de Genlis a été publiée sous ce titre : *Nouvelle Méthode pour apprendre à jouer de la harpe en moins de six mois de leçons, et contenant un enseignement et des détails entièrement nouveaux sur les sons harmoniques et sur plusieurs autres effets également neufs que peut produire cet instrument*, Paris, madame Duhan, 1805, in-fol. de 71 pages. Les sept premiers chapitres de cet ouvrage renferment des recherches intéressantes sur la harpe, sur son origine et ses progrès, et des remarques remplies de justesse sur le goût, l'expression, le choix d'un instrument, la manière de le monter, enfin, sur les diverses écoles des professeurs de harpe. Le reste contient des exercices. L'ouvrage se fait remarquer d'ailleurs par un mérite de style fort rare.

Après les événements de la révolution, madame de Genlis sortit de France et se rendit en Angleterre, puis en Allemagne. Sous le consulat, son nom fut rayé de la liste des émigrés, et elle revint à Paris, amenant avec elle un jeune orphelin (M. Casimir Bæcker) qu'elle avait adopté à Berlin, qui devint son élève, et qui s'est fait un nom comme virtuose sur la harpe. Madame de Genlis est morte à Paris, le 31 décembre 1830.

GENOVES (THOMAS), compositeur espagnol, né dans les premières années du dix-neuvième siècle, a donné au Théâtre-Italien de Madrid, en 1831, l'opéra sérieux intitulé : *la Rosa bianca e la Rosa rossa*. En 1834, il se rendit en Italie et résida d'abord à Bologne, puis à Rome, et enfin à Naples, où je l'ai connu en 1841. Il a écrit, dans la première de ces villes, l'opéra de demi-caractère *Zelma*, qui fut représenté en 1835. Dans l'année suivante, il fit représenter à Rome *la Battaglia di Lepanto*, et à Venise, en 1838, *Bianca di Belmonte*. En 1840, il composa à Naples *Iginia d'Asti*, qui fut représenté au Théâtre du Fondo. En 1845, il a écrit à Milan *Luisa della Vallière*, qui n'a obtenu qu'un médiocre succès. M. Genoves a publié à Milan, chez Ricordi, un recueil de huit romances et quatre duos, intitulé : *Le Sere d'autunno al Monte Pincio*. Les morceaux détachés d'*Iginia d'Asti* ont été publiés chez le même éditeur.

GENST (AUGUSTE DE), pianiste et compositeur, né à Bruxelles, le 24 juin 1801, fut élève de Cazot (voyez ce nom) pour le piano. Il a publié beaucoup de fantaisies et d'airs variés pour piano seul, ou avec accompagnement de violon ou de flûte. Environ quarante morceaux de cet artiste ont paru à Bruxelles, en Hollande et en Allemagne. Les plus connus sont des variations sur un air hongrois, une fantaisie sur la tyrolienne de *la Fiancée*, des variations sur la ballade de *la Dame Blanche*, une fantaisie sur la tyrolienne de *Guillaume Tell*, et des variations sur la ronde du *Solitaire*.

GENTILI (GEORGES), compositeur et premier violon de la chapelle ducale de Venise, naquit dans cette ville vers 1668. On a imprimé les ouvrages suivants de sa composition : 1° *Sonate a tre, due violini e violoncello col basso per l'organo*, op. 1, Venise, 1701, in-4°. 2° *12 Sonate a violino solo e continuo*, op. 3. 3° Sonate en trio, opera 4. 4° *Concerti a 4 e 5 stromenti*, op. 5, Venise, 1708.

GENTILLI (SERAFINO), ténor distingué, naquit dans une des îles des lagunes de Venise, en 1786. Il commença ses études musicales dans cette ville et les acheva à Milan. Sa brillante carrière commença vers 1807. Il se fit entendre sur les principaux théâtres de l'Italie, particulièrement à Milan, Turin, Ferrare, Rome et Naples. Il se retira de la scène, en 1828 et mourut à Milan, au mois de mai 1835.

GEORG (J.-G.), violoniste et directeur de musique au théâtre de Nuremberg, vers 1835, est né en Autriche. Il a publié : 1° Des variations pour le violon sur des thèmes originaux, avec deux violons, alto et basse, op. 1 et 5, Hanovre, Bachmann, et Vienne, Artaria. 2° Un pot-pourri pour la clarinette sur des thèmes du *Freischütz*, de Weber, Hanovre, Bachmann. 3° *Superbi ab initio*, air d'église, pour soprano avec orchestre, Vienne, Artaria. 4° Chants pour quatre voix d'homme, op. 4 et 7, Vienne, Artaria. 5° Trois canzonettes italiennes pour voix seule avec accompagnement de piano, Vienne, Artaria. M. Georg a en manuscrit une messe à quatre voix et orchestre. Cet ouvrage a été exécuté à Nuremberg, en 1826.

GEORGE (Sébastien), pianiste distingué, né à Mayence dans la seconde moitié du dix-huitième siècle, paraît avoir vécu d'abord à Gotha, puis s'est établi à Moscou où il est mort. On a de cet artiste : 1° Six sonates faciles pour le piano, op. 1. Gotha, Gerstenberg, 1796. 2° Six autres sonates, op. 2, *ibid*. 3° Six suites d'airs russes variés pour le piano, *ibid*.

GEORGE (J.-P.), fils du précédent, professeur de piano à Moscou, né vraisemblablement à Gotha, a publié en cette ville : 1° Deux sonates pour le piano, op. 1, Gotha, Gerstenberg, 1797, et Offenbach, André. 2° Six sonates pour piano et violon, op. 2, *ibid*. En 1821, il a paru à Leipsick chez Breitkopf et Hærtel : *Étude pour le piano-forte en vingt-quatre exemples d'une difficulté progressive*, composée par cet artiste. On connaît aussi de lui des variations pour son instrument sur des thèmes connus.

GEORGES V (Frédéric-Alexandre-Charles-Ernest-Auguste), roi de Hanovre, né à Londres, le 27 mai 1819, a succédé à son père, le 18 mars 1851. Amateur de musique, dès ses premières années, ce prince a cultivé l'art avec succès et a publié, à Hanovre, chez Bachmann et chez Nagel, plusieurs recueils de *Lieder* avec accompagnement de piano, dont plusieurs se font remarquer par la distinction de la mélodie. L'un de ces chants, à voix seule avec piano et violoncelle, intitulée : *Mein Herz* (Mon cœur), a eu beaucoup de vogue. Le roi Georges V est aussi auteur de plusieurs compositions légères pour le piano, particulièrement d'une grande valse à quatre mains dont il a été fait deux éditions, ainsi que d'un écrit qui a pour titre : *Ideen zu Betrachtungen über die Eigenschaften der Musik* (Idées à méditer sur les caractères de la musique). Hanovre, Helwing, in-8°.

GEORGES (Le chevalier de SAINT-). *Voyez* SAINT-GEORGES.

GÉRARD (Henri-Philippe), né à Liége, en 1763, a fait à l'église cathédrale de cette ville ses premières études de musique comme enfant de chœur. Envoyé plus tard à Rome, au Collège liégeois, il y séjourna cinq ans, et reçut pendant ce temps des leçons de Grégoire Ballabene, savant musicien de l'école romaine (*voyez* ce nom). Arrivé à Paris, vers 1788, Gérard y enseigna le chant d'après les principes des anciennes écoles d'Italie, et s'y fit une réputation honorable comme professeur de cet art. A l'époque de la formation du conservatoire de musique, il y fut appelé, et pendant plus de trente ans il y enseigna. Quelques romances ou autres petits morceaux de chant avec accompagnement de piano furent longtemps les seules productions connues de cet artiste, quoiqu'il eût composé des cantates et des scènes avec orchestre : tout cela était resté en manuscrit. Ce n'est que dans sa vieillesse que Gérard s'est fait connaître comme un musicien instruit et penseur, par trois ouvrages dont le premier est une *Méthode de chant, divisée en deux parties*, Paris, in-fol., sans date. Le deuxième a pour titre : *Considérations sur la musique en général, et particulièrement sur tout ce qui a rapport à la vocale, avec des observations sur les différents genres de musique, et sur la possibilité d'une prosodie partielle dans la langue française, entremêlées et suivies de quelques réflexions ou observations morales*, Paris, Kieffer et Desoer, 1819, in-8° de 125 pages. Nonobstant les éloges pompeux qui ont été récemment donnés à cet opuscule dans un article du *Lexique universel de musique* publié en Allemagne, par Schilling, je dois dire que les premiers chapitres ne renferment guère que des idées communes ou superficielles, et de peu d'utilité pour l'art. Mais de bonnes observations sur le chant, et des aperçus, qui ne manquent pas de justesse, sur la possibilité d'un mètre symétrique et régulier dans la poésie lyrique française (mètre que l'auteur désigne improprement par le nom de *prosodie partielle*), recommandent ce petit ouvrage à l'attention des musiciens et des poètes dramatiques. Les réflexions morales répandues dans le livre, particulièrement dans les derniers chapitres, indiqueraient que l'auteur fut un honnête homme, si la vie honorable et pure de Gérard n'en avait donné la preuve. Le troisième ouvrage de ce professeur a pour titre : *Traité méthodique d'harmonie où l'instruction est simplifiée et mise à la portée des commençants*, Paris, Launer, 1833, in-fol. Ce livre, qui est un retour à la théorie de Rameau pour la génération des accords par supposition ou superposition d'intervalles, n'a point eu de succès, et ne pouvait en avoir à l'époque actuelle, où la théorie de l'harmonie est établie sur des bases plus rationnelles; toutefois, on y remarque dans la manière d'écrire de Gérard une connaissance pratique fort estimable de l'art. J'ai donné une analyse étendue de l'ouvrage dans le quatorzième volume de la *Revue musicale*. On a aussi de Gérard une fugue imitative intitulée : *les Moulins de Fervaques*; ce morceau est en quelque sorte le complément de la brochure qu'il a publiée sous le titre de : *Lettre descriptive à M. le comte Adolphe de Custine, renfermant une description partielle des jardins et de la situation du château de Fervaques*, etc., Paris, Kleffer, 1821, in-8° de 00 pages. Gérard est mort à Versailles, en 1848, à l'âge de quatre-vingt-cinq ans.

GERARDINI (Archange), en latin *Gerardinius*, moine servite, né à Sienne vers le milieu du seizième siècle, vécut à Milan, dans le couvent de son ordre. Il a publié de sa composition : *Motetti a otto voci*, Milan, 1587, in-4°. Il y a dix-sept motets à huit voix dans ce recueil.

GERARDUS A SALICE. *Voyez* Dussaulx (Gérard).

GERBER (Chrétien), pasteur et magister à Lockwitz, près de Dresde, né à Gœrnitz, le 27 mars 1660, mourut le 24 mars 1731. Il est auteur d'un livre, plusieurs fois réimprimé, qui a pour titre : *Unbekannte Sünden der Welt, nach Gottes heiligen Wort, und Anleitung vornehmer Lehrer unsrer Kirche, der sichern Welt zu ihren Bekehren vor Augen gestellt* (Péchés inconnus du monde suivant la parole sacrée de Dieu, etc.), Dresde, 1705, trois volumes in-8°. Dans le chapitre quatre-vingt-unième de la première partie, il traite de l'abus de la musique dans les églises, et dans le chapitre quarantième de la troisième partie (imprimée à Francfort, en 1706), il examine comment les chansons se corrompent. Le savant Motz d'Augsbourg, cantor et directeur de musique à l'école de Tilse, réfuta les opinions de Gerber dans un écrit de deux cent soixante-quatre pages in-8°, intitulé : *Die vertheidigte Kirchen-Musik, oder klar und deutlicher Beweis, welcher Gestalten Hr. M. Christian Gerber, Pastor in Lockwitz bey Dresden, welches er Unbekannte Sünden der Welt*, etc. (Apologie de la musique dont on se sert dans les églises, ou réfutation du quatre-vingt-unième chapitre du livre que M. Chrétien Gerber, ministre à Lockwitz, auprès de Dresde, a publié sous ce titre : *Péchés inconnus du monde*, dans lequel en traitant de la musique des églises, il prétend qu'il la faut abolir, etc.), 1705, (sans nom de lieu), in-8°. Gerber fit une réponse à la savante critique de Motz, et la publia sous ce titre : *Sendschreiben an Tit. Herrn Georgium Motzen*, etc., Arnstadt, 1704, trente-deux pages in-8°. Quelques années après, Motz fit paraître une réplique intitulée : *Abgenœthigte Fortsetzung der vertheidigten Kirchen-Musik*, etc. (Suite nécessaire de l'Apologie de la musique d'église, etc.), 1708, (sans nom de lieu), in-8° de deux cent huit pages. Gerber ne se tint point encore pour battu, et publia une nouvelle réponse, dont le titre, non moins bizarre que les précédents, était : *Unbekannte Wohlthaten Gottes* (Bienfaits méconnus de Dieu), Dresde, 1711, in-8°. Aucune utilité ne peut être tirée de ces pédantesques écrits pour les progrès de la musique d'église.

GERBER (Henri-Nicolas), organiste de la cour du prince de Schwarzbourg, à Sondershausen, naquit à Wenigen-Ehric, le 6 septembre 1702. Fils d'un laboureur, il ne fut pas destiné à la profession de son père. Jeune encore, on l'envoya au collège de Mulhauer pour y faire ses études; n'y trouvant pas de ressources pour son instruction musicale, il demanda et obtint la permission de se rendre à Sondershausen, en 1721, puis il alla à Leipsick et y fut admis à l'Université en 1724. Là, il eut le bonheur de connaître J.-S. Bach, qui le prit en affection et lui donna des leçons sur la manière d'exécuter son recueil de préludes et de fugues connu sous le nom de *Clavecin bien tempéré*. En 1727, Gerber retourna chez son père, et l'année suivante il fut nommé organiste de la petite ville de Heringen, qui bientôt après devint la proie des flammes. Demeuré sans emploi par suite de cet événement, il dut vivre très-retiré, pour échapper aux recruteurs qui le cherchaient, à cause de sa taille gigantesque. Suivant les usages de ce temps, si l'on s'était emparé de sa personne, il aurait été engagé par violence dans un régiment, et aurait été soldat toute sa vie. La crainte qu'il éprouvait à ce sujet était cause qu'il ne fit qu'en tremblant un seul voyage à Leipsick pour y revoir son maître. En 1731, le prince de Schwarzbourg le nomma organiste de sa cour; il remplit les fonctions de cette place pendant quarante-quatre ans, et la céda à son fils en 1775. Le 6 août de la même année, il mourut d'une attaque d'apoplexie. Cet artiste eut la réputation d'un organiste habile. Il a laissé en manuscrit : 1° Six concertos pour clavecin seul, datés de Sondershausen, 1722. 2° Concertos pour deux clavecins, *ibid.*, 1723. 3° Six concertos pour clavecin, Leipsick, 1726. 4° *Exercitium trikarmonicum*, ou six trios pour l'orgue à deux claviers et pédale, Heringen, 1729. 5° Six nouveaux trios pour le clavecin, *ibid.*, 1729. 7° Six suites pour clavecin, Sondershausen, 1733. 8° Six trios concertants pour l'orgue à deux claviers et pédale, *ibid.*, 1734. 9° Six concertos pour le clavecin, *ibid.*, 1735. 10° Six sonates pour l'orgue à deux claviers et pédale, *ibid.*, 1736. 11° Six Murky (airs de danse) pour le clavecin, *ibid.*, 1739. 12° Six menuets de concerts pour le clavecin, *ibid.*, 1738. 13° Six inventions pour l'orgue à deux claviers et pédale, *ibid.*, 1737. 14° Six inventions pour le clavecin, *ibid.*, 1738. 15° Six concertos pour orgue complet (grand jeu), *ibid.*, 1739. 16° Livre choral complet avec basse chiffrée, *ibid.*, 1739. 17° Cent dix chorals variés pour l'orgue, comme préludes, *ibid.*, depuis 1739 jusqu'en 1748. 18° Trois concertos d'orgue (pour le grand jeu), *ibid.*, 1750. 19° Prélude et fugue d'orgue pour plein jeu, *ibid.*, 1751. 20° Trois préludes concertants d'orgue pour les claviers à la main, *ibid.*, 1752. 21° Deux préludes et fugues en *ut* majeur et *ut* mineur, *ibid.*, 1751. Outre son talent comme organiste et comme compositeur, Gerber possédait aussi celui de construire des instruments. Il avait fait un clavecin dont le clavier faisait frapper des tringles de bois sonore, et l'orgue lui doit plusieurs améliorations. Le maître de chapelle Scheibe lui fournit l'occasion de faire une machine qui faisait mouvoir les soufflets de l'orgue : cette invention n'était pas nouvelle, et elle a été rajeunie depuis lors.

GERBER (Ernest-Louis), fils du précédent, naquit à Sondershausen, le 29 septembre 1746. Quoique son père fût un musicien distingué qui affectionnait son art, Gerber ne fut pas originairement destiné à la même profession. On aurait voulu lui faire embrasser l'état ecclésiastique ; mais il montrait peu de goût pour la théologie, et son père se décida à lui faire étudier la jurisprudence. Toutefois, il continua de s'occupa avec soin de la musique, et il profita de son séjour à Leipsick, où il avait été envoyé à l'Université, en 1765, pour augmenter ses connaissances dans la théorie et dans la pratique de l'art. Il avait appris à jouer de l'orgue et du violoncelle ; ce dernier instrument lui fut utile à Leipsick, car il fut employé comme violoncelliste dans l'orchestre de cette ville, soit au théâtre, soit dans les concerts. Son goût se perfectionna par les occasions qu'il eut d'entendre des artistes distingués, notamment mademoiselle Schmehling, depuis lors madame Mara. Koch, excellent chef d'orchestre, dirigeait alors celui de Leipsick. La connaissance que Gerber fit de Hiller lui fut aussi fort utile. Après trois années d'études du droit, il put soutenir ses examens, et il ne lui restait plus qu'à aller apprendre la pratique de la jurisprudence chez un avocat, pour être en état d'entrer au barreau ; mais cette jurisprudence, si différente du droit, et qui souvent étouffe celui-ci, lui inspira tant de dégoût, qu'il prit brusquement la résolution de retourner chez lui, et de se vouer exclusivement à la culture de la musique. Bientôt il fut employé pour donner des leçons aux fils du prince de Schwarzbourg, et ce début l'encouragea. Malheureusement, il y avait peu de ressources dans l'éducation musicale des habitants de Sondershausen. Ses essais de composition étaient accueillis avec froideur, et rarement il pouvait les faire exécuter convenablement ; le défaut d'encouragement dans les travaux de ce genre le décida à se renfermer dans des recherches historiques sur l'art qu'il cultivait, et, dès lors, il forma le projet de son *Dictionnaire des musiciens*. Ses ressources pour l'exécution d'un tel dessein étaient bornées ; car il ne possédait qu'un petit nombre de volumes relatifs à la théorie et à l'histoire de la musique, et les bibliothèques qu'on trouvait dans la ville de Sondershausen étaient dépourvues d'ouvrages de ce genre. Sa nomination d'organiste, comme successeur de son père, en 1775, en lui donnant une position tranquille et assurée, lui fournit les moyens d'augmenter sa collection de livres et de musique.

Dans le plan primitif de Gerber, il n'était question que de faire des additions à la partie biographique du *Lexique* de Walther ; mais les notices qui lui furent fournies par Hiller, par Forkel et par Ebeling, lui permirent d'étendre son travail. Toutefois, il ne songeait point à faire un livre qui dût être imprimé, et ses recherches n'avaient guère d'autre but que d'occuper ses loisirs. Dans l'espace d'environ quinze ans, il avait fait plusieurs copies de ses cahiers, les corrigeant à mesure que des faits nouveaux se révélaient à lui. Sa dernière copie ayant été envoyée à Hiller, celui-ci la fit voir à son ami Breitkopf ; et tous deux, après un mûr examen du manuscrit, jugèrent qu'il pourrait devenir un livre utile après avoir subi des corrections. Ils engagèrent donc Gerber à revoir son ouvrage et à le perfectionner pour le faire imprimer, lui donnant d'ailleurs le conseil de supprimer tout ce que le livre de Walther contenait d'inutile. Ce fut sans doute un fâcheux avis pour le pauvre Gerber, qui n'ayant que des connaissances insuffisantes en théorie et en histoire de la musique, et ne possédant aucun esprit de critique, retrancha de bonnes choses qui auraient servi de compensation à ses nombreuses erreurs. Quoi qu'il en soit, ce digne homme, recommandable par sa bonne foi et sa modestie, se remit avec ardeur au travail, et le mena à sa fin. Breitkopf le lui avait rendu plus facile en lui fournissant un assez grand nombre de traités de musique et d'anciennes compositions, seule indemnité qu'il pouvait lui offrir pour prix de son ouvrage. C'est cette même collection de livres et de musique qui est devenue la base de la nombreuse bibliothèque que Gerber compléta plus tard. Le résultat de ses travaux fut le livre qui parut sous ce titre : *Historisch-Biographisches Lexikon der Tonkünstler, welches Nachrichten von dem Leben und Werken musikalischer Schriftsteller berühmter Componisten, Sænger, Meister auf Instrumenten, Dilettanten, Orgel-und Instrumenten-Macher* (Lexique historique et biographique des musiciens, contenant des détails sur la vie et les ouvrages d'auteurs d'écrits sur la musique, de compositeurs célèbres, de chanteurs, d'instrumentistes, d'amateurs et de facteurs d'orgues et d'instruments), Leipsick, Breitkopf, 1790-1792, deux volumes in-8°.

Des erreurs de noms et de dates en nombre immense, des omissions plus considérables encore, des bévues de tout genre, des noms d'ouvrages ou de lieux pris pour des noms d'hommes, des articles doubles pour les mêmes artistes, toutes les fautes enfin qui peuvent déparer un livre biographique, sont accumulées dans celui-ci : toutefois, telle est l'utilité des ouvrages de ce genre, que celui de Gerber obtint du succès en Allemagne, soit que la plupart de ceux qui en firent usage n'eussent point assez de connaissances pour en apercevoir toutes les imperfections, soit que le besoin qu'on avait d'un tel livre ait fait excuser ses défauts. Il faut avouer que si un travail tel que celui d'un dictionnaire historique est toujours ingrat et difficile, il devait l'être bien plus pour un homme placé dans une petite ville où l'on ne trouvait aucunes ressources littéraires ou scientifiques, loin des grandes bibliothèques, et séparé des artistes ou des savants qui au-

raient pu l'aider de leurs conseils, renouveler ses idées, et lui fournir des faits ou des aperçus. Les fautes de Gerber sont donc excusables à certains égards, et le courage qu'il eut de travailler pendant plus de vingt ans à perfectionner son ouvrage, doit être proposé pour modèle.

Dans le temps même où paraissait la deuxième partie du *Lexique* de Gerber, Forkel publiait sa *Littérature générale de la musique*, ouvrage dans lequel brillaient toutes les qualités que Gerber avait laissé désirer dans le sien. L'apparition de ce livre fut une leçon pour l'auteur du *Dictionnaire historique des musiciens* : il en comprit la portée, et se remit au travail avec l'intention de ne rien négliger pour rendre son ouvrage aussi bon qu'il pouvait. Le livre de Forkel fut en quelque sorte refondu dans le sien; les histoires de la musique de Burney, du P. Martini et de Forkel lui fournirent une immense quantité de matériaux; les omissions volontaires qu'il avait faites du *Lexique* de Walther furent réparées; enfin, la grande quantité de livres de tout genre, relatifs à la musique, qu'il acquit dans l'espace de quinze ans, lui fournit les moyens de donner des notices plus exactes des choses dont il n'avait traité précédemment que sur la foi d'autrui. Il était impossible qu'il n'acquît pas avec ces ressources, et dans un si long travail, les connaissances qui lui avaient manqué lorsqu'il avait exécuté son premier *Lexique*. Enfin, il parvint au terme de ses recherches, et son ouvrage fut achevé. Mais alors se présentèrent des difficultés qu'il n'avait point prévues. L'Allemagne du nord gémissait sous la domination de la France ; le goût des sciences, des arts et de la littérature était affaibli; le commerce, et surtout celui de la librairie, languissait; Gerber fut longtemps avant de trouver un éditeur qui voulût se charger de l'impression de son énorme manuscrit. Enfin, un de ses amis décida Kuhnel, de Leipsick, à se charger de l'entreprise, et le premier volume de l'ouvrage parut en 1810, sous ce titre : *Neues Historisch - Biographisches Lexikon der Tonkünstler, welches Nachrichten von dem Leben und der Werken musikalischer Schriftsteller, berühmten Componisten*, etc. (Nouveau Lexique historique et biographique des musiciens, contenant des détails sur la vie et les ouvrages d'écrivains sur la musique, de compositeurs célèbres, etc.), Leipsick, Kuhnel, premier volume gr. in-8°, 1810; deuxième volume, 1812; troisième volume, 1813; quatrième volume, 1814. Ce nouveau dictionnaire historique n'est pas, comme on pourrait le croire, une nouvelle édition du premier, mais une suite qui ne dispense pas d'avoir l'autre, ou plutôt qui rend celui-ci nécessaire, car il y renvoie souvent. Sans doute, beaucoup d'articles de l'ancien *Lexique* sont refaits en entier dans le nouveau; mais lorsque d'autres articles du premier ont paru suffisants à Gerber, il n'a point parlé, dans son second ouvrage, des articles ou des écrivains que ces articles concernent. Souvent aussi il s'est borné à ajouter des renseignements nouveaux à ceux qu'il avait donnés précédemment, et s'est contenté de renvoyer à l'ancien *Lexique* pour ceux-ci.

Le nouveau dictionnaire de Gerber est incontestablement supérieur à l'ancien, sous le rapport de l'exactitude, quoiqu'il s'y trouve encore bien des fautes qui doivent être moins attribuées au défaut d'attention qu'à celui d'intelligence. Il n'y faut point chercher d'esprit de critique : la nature n'avait point doué Gerber des qualités de cet esprit. Sa vue était courte, et ne saisissait que le matériel des choses. Mais si l'on ne peut louer, dans le nouveau dictionnaire historique, la finesse des aperçus, ni la sagacité d'un savoir profond, on y reconnaît au moins le travail d'un homme de patience et de conscience. Tel qu'il est, cet ouvrage a été utile depuis vingt-cinq ans; il le sera même encore en Allemagne, car les ouvrages du même genre qu'on a publiés depuis lors en ce pays, ces ouvrages devenus nécessaires, à cause du grand nombre d'artistes de tout genre et d'écrivains qui se sont produits dans le premier quart de ce siècle, ces ouvrages, dis-je, sont restés au-dessous de celui de Gerber. On doit aussi tenir compte à l'auteur modeste et respectable de ce livre de la difficulté de faire un pareil ouvrage dans l'isolement où il se trouvait. Il avait, à la vérité, rassemblé beaucoup de livres spécialement relatifs à son travail; dans deux voyages qu'il avait faits à Berlin, et qui furent les grands événements de sa vie, il avait acquis beaucoup de notes et même de manuscrits de Marpurg, qui lui furent utiles; mais il y a loin de tout cela aux ressources d'une grande ville, et à l'activité intellectuelle qui s'y développe incessamment. Un des plus grands avantages de la longue et laborieuse existence de Gerber est d'avoir pu lier des relations avec une multitude d'artistes allemands pendant près d'un demi-siècle, et d'avoir obtenu d'eux des notices sur leur vie et sur leurs travaux. La partie de son livre qui concerne ces artistes est évidemment la meilleure, et c'est là que tous les écrivains de l'époque actuelle sont obligés de puiser pour la plus grande partie des artistes de l'Allemagne qui ont vécu depuis le milieu du dix-huitième siècle jusqu'à la dixième année du dix-neuvième. Rochlitz a porté un jugement bienveillant mais assez juste sur les diverses catégories d'articles du Lexique de Gerber, dans ses Mélanges pour les amis de la musique (*Für Freunde der Tonkunst*, t. II, p. 56 et suiv.); il dit : « Les observations générales qu'on peut faire sur cet ouvrage sont qu'en ce qui concerne la partie historique, les articles sur les Allemands sont les meilleurs. Ceux qui ont pour objet les Italiens, les Anglais et les Néerlandais (ces derniers ont eu anciennement beaucoup d'importance) ne leur sont pas beaucoup inférieurs. Quant à ceux des autres nations, particulièrement des Français, ils sont les plus incomplets et les plus défectueux, et les anciens sont faibles ou absolument manqués. Tout cela s'explique : il (Gerber) considérait la musique des anciens comme d'une trop faible influence sur notre musique, pour qu'on s'en occupât sérieusement. Pour l'Allemagne, les renseignements lui vinrent en foule; pour les Anglais, les Italiens et les Néerlandais, il eut de bons livres qui l'aidèrent; mais, chez les Français, il n'existait pas d'écrits semblables, et les articles contradictoires des journaux devaient plutôt l'embarrasser que l'instruire. Pour les autres nations, les ressources étaient à peu près nulles. A l'égard de ses jugements, on ne peut méconnaître qu'il connaissait bien son époque, et suffisamment les deux siècles précédents. Cette époque va proprement jusqu'au temps où les excellentes compositions de Joseph Haydn se répandirent partout : d'après sa manière de sentir, ce grand homme fut le dernier de ses héros. Ce qui vint plus tard ne lui resta pas étranger ; il l'étudiait même, mais rarement il put entendre l'exécution de la musique nouvelle, et conséquemment il manqua des impressions qui déterminent le jugement. Son goût le porta d'autant moins vers ces choses, que la fantaisie des nouveaux artistes devint plus audacieuse, etc. »

Homme pieux, sincère et confiant, Gerber jouissait de l'estime de tous ceux dont il était connu. Ami de l'ordre, il avait réglé sa vie, ses passions et ses travaux de telle sorte, que tout se faisait chez lui aux mêmes heures et de la même manière chaque jour. Exact aux devoirs de ses emplois, il n'eut que de très-rares occasions d'en rompre la monotonie. Il n'admettait pas la vérité de cet axiome de philosophie, que les passions sont les instruments du bonheur des hommes, et se refusait surtout à l'assertion de Krause, que l'existence où ces passions n'entreraient pour rien serait beaucoup plus pénible que celle qui est troublée par leur désordre. « Qu'on me laisse la santé avec mes livres, ma musique et mes instruments (écrivait-il en 1812), et j'ai la conviction que je passerai tous les instants dont je pourrai disposer dans une situation sinon joyeuse, au moins tranquille et satisfaite; ce qui, ce me semble, n'est pas une vie pénible. » Une inquiétude l'agita pourtant longtemps à l'égard de la collection de livres, de musique, et de portraits de musiciens qu'il avait réunie pendant un demi-siècle, à force de recherches et de dépenses qui lui avaient imposé beaucoup de privations : il craignait que tout cela ne fût dispersé après sa mort. En 1815, la grande société des Amis de la musique, fondée à Vienne, fit cesser sa préoccupation à cet égard, en lui achetant toute sa collection, dont elle lui laissa la jouissance jusqu'à sa mort. Le 30 juillet 1819, il s'était occupé galement pendant la matinée, et avait fait comme de coutume son modeste dîner ; il s'endormit ensuite comme il en avait l'habitude, et ne se réveilla plus. Ainsi finit cet homme de bien, à l'âge de soixante-treize ans.

Dans sa jeunesse, Gerber a publié quelques morceaux de musique instrumentale ; mais le peu de succès de ces compositions le décida à se livrer de préférence aux travaux de littérature musicale. Ses dictionnaires historiques des musiciens ne sont pas ses seules productions en ce genre ; on a aussi de lui divers articles insérés dans la *Gazette musicale de Leipsick*. Les plus importants sont : 1° *Etwas über den sogenannten musikalischen Styl* (Sur les styles en musique), dans le premier volume de la *Gazette musicale de Leipsick*, col. 292 et 305. 2° *Versuch einer nähern Beleuchtung des Serpent* (Essai d'un examen du serpent, etc.), *ibid.*, sixième année p. 17. 3° *Alphabetisches Verzeichniss der merkwürdigsten Componisten allgemein gebrauchlicher Choralmelodien* (Catalogue général et alphabétique des compositeurs de mélodies chorales les plus remarquables), *ibid.*, neuvième année, p. 161-177. 4° *Geschichte der Musik in Deutschland im Jahr 1794* (Histoire de la musique en Allemagne pendant l'année 1794), dans les *Annales de l'Allemagne*, Schemnitz, 1794. 5° *Ueber den Einfluss des Buchhandels auf die musikalische Litteratur* (Sur l'influence de la librairie à l'égard de la littérature musicale), dans le *Litter. Anzeiger*, 1797, n° 17, p. 177. 6° *Ueber die Entstehung der Oper* (Sur l'origine de l'Opéra), *Gazette musicale de Leipsick*, deuxième année, p. 481. 7° *Etwas über die Oper* (sur l'opéra), *ibid.*, quinzième année, p. 293.

GERBERT (Martin), baron de Hornau, prince abbé de Saint-Blaise, et l'un des plus savants hommes de l'Allemagne, naquit à Horb, sur le Necker, dans l'Autriche antérieure, le 13 août 1720. Après avoir fait ses premières études à l'école d'Ehingen, en Souabe, au collége des Jésuites à Fribourg en Brisgau, et à l'école de Klingnau, il se rendit à l'abbaye de Saint-Blaise, dans la forêt Noire, pour y étudier la théologie et la philosophie. Le prince abbé, qui apercevait dans le jeune Gerbert de grandes dispositions et le germe du talent, le dirigea dans ses études, avec le dessein de le préparer à devenir son successeur. Il entra dans les ordres le 28 octobre 1736 ; huit ans après il fut fait prêtre, et chargé d'enseigner la philosophie dans la même abbaye. Après qu'il eut formé plusieurs élèves en état de le remplacer, on lui confia le soin de la bibliothèque du couvent. Ses nouvelles fonctions firent naître en lui le goût des recherches sur l'histoire ecclésiastique du moyen âge, et sur l'histoire de la musique et de la liturgie. Son penchant pour la musique s'était développé dès sa jeunesse par les occasions fréquentes qu'il avait eues d'entendre l'excellente exécution de la chapelle du duc de Wurtemberg, à Louisbourg. Son goût pour cet art était devenu si vif, qu'il avouait avoir eu beaucoup de peine à le contenir dans de justes bornes. « C'est pour cette raison, ajoutait-il, que j'ai préféré de m'occuper de la musique d'église. » Dans le dessein de rendre ses connaissances plus profondes et plus utiles, il entreprit, en 1760, un voyage en France, en Allemagne et en Italie. Les bibliothèques des monastères et des abbayes les plus célèbres furent visitées par lui ; il y puisa aux sources authentiques des matériaux pour l'histoire de la musique d'église qu'il projetait. A Bologne, il se lia d'amitié avec le père Martini, qui s'occupait alors de son histoire générale de la musique. Ces deux savants hommes se communiquèrent réciproquement les richesses scientifiques qu'ils avaient amassées, et convinrent d'entretenir une correspondance pour s'éclairer mutuellement sur leurs travaux. Gerbert fut d'abord étonné du nombre immense de livres relatifs à la musique que Martini avait rassemblés ; mais il assure qu'il en découvrit depuis lors beaucoup d'autres dans les bibliothèques d'Allemagne, et qu'il les a fait connaître, à son tour, au savant italien. Il a rendu compte de son voyage et de ses découvertes dans un ouvrage intitulé : *Iter Alemanicum, accedit italicum et gallicum*, Saint-Blaise, 1765, in-8°. Une seconde édition de ce livre a paru, en 1773, in-4°. On en connaît aussi une traduction allemande par Kœhler, Ulm, 1767, in-8°.

En 1762, Gerbert annonça, par un prospectus imprimé, son dessein d'écrire l'*Histoire de la musique d'église*. Ce prospectus a été inséré dans le premier volume des *Lettres critiques de Marpurg* (*Kritische Briefe über die Tonkunst*). De retour dans son monastère, il se livra à ce travail, qui fut terminé, et qui sortit des presses de l'abbaye, en 1774, malgré les soins de tout genre exigés par l'administration de l'abbaye de Saint-Blaise, dont il avait été nommé prince abbé, en 1764, et quoiqu'un grand incendie eût dévoré, en 1768, les bâtiments de l'abbaye, l'église, la bibliothèque, et même une partie des matériaux qu'il avait rassemblés ; ce qui entraîna un retard de plus de trois ans. L'ouvrage dont il est ici question est intitulé : *De Cantu et Musicâ sacrâ, a primâ ecclesiæ ætate usque ad præsens tempus* ; typis San-Blasianis, 1774, 2 vol. in-4°. Il est divisé en quatre livres. Le premier a pour objet la musique des premiers siècles de l'église ; le second traite de l'art au moyen âge ; le troisième, de la musique polyphone où à plusieurs parties, soit vocale, soit instrumentale ; le quatrième, enfin, décrit les progrès de la musique religieuse depuis le quinzième siècle jusqu'à nos jours. On trouve dans cet ouvrage des détails curieux sur la notation dans le moyen âge, sur l'origine de la musique mesurée, sur les instruments et particulièrement sur l'orgue. Toutefois on doit regretter que le savoir spécial de l'abbé Gerbert en musique n'ait pas été plus étendu. En beaucoup d'endroits de son livre, on remarque qu'il raisonne plus en érudit qu'en musicien.

Les recherches de l'abbé Gerbert, pour la rédaction de son *Histoire de la musique sacrée*, lui avaient procuré la connaissance d'un grand nombre d'écrivains sur cet art, qui avaient vécu depuis le troisième siècle de l'ère vulgaire jusqu'au quinzième, et dont les ouvrages avaient été enfouis dans les bibliothèques jusqu'à l'époque où ce savant homme les tira de l'oubli. Il en fit faire des copies qu'il corrigea aussi bien qu'il put, et les publia au nombre de plus de quarante, sous ce titre : *Scriptores ecclesiastici de musicâ sacrâ potissimum,*

ex variis Italiæ, Galliæ et Germaniæ codicibus manuscriptis collecti et nunc primum publicâ luce donati; typis San-Blasianis, 1784, in-4°, 3 vol. On peut considérer la publication de cette collection comme un des plus grands services qui aient été rendus à l'art musical. Combien d'erreurs et de préjugés accrédités ont été détruits par l'ordre chronologique de ces monuments authentiques ! Combien est devenue facile la vérification des faits importants et des découvertes, soit dans le chant, soit dans la notation, soit dans la composition à plusieurs voix, depuis que chacun peut avoir sous les yeux des monuments qui, auparavant, étaient épars dans les diverses contrées de l'Europe ; et dans des lieux où il était difficile de les chercher ! Malheureusement, l'imperfection qui semble inséparable de toute production de l'homme, s'est attachée à cette utile collection. Elle renferme les traités de musique d'Alcuin, d'Aurélien de Réomé, de Remi d'Auxerre, de Notker, surnommé *Labeo* à cause de ses grosses lèvres, de Hucbald ou Hucbaud de Saint-Amand, de Reginon de Prum, d'Odon, abbé de Cluni, d'Adelbold, de Gui d'Arezzo, de Bernon, d'Hermann Contract, de Guillaume d'Hirschau, de Theoger de Metz, du scolastique Aribon, de Jean Cotton, de Saint-Bernard, d'Eberhardt de Frisingue, d'Engelbert d'Aimont, de Jean Acgidius, moine espagnol, de Francon de Cologne, d'Élie de Salomon, de Marchetto de Padoue, de Jean de Muris, de Jean Heck, d'Adam de Fulde, et de quelques anonymes. Dans le choix de ces auteurs, l'abbé Gerbert n'a pas montré le discernement nécessaire pour la direction de son entreprise, car les traités de musique d'Alcuin, de Remi d'Auxerre, d'Adelbold, de Theoger de Metz et autres, qui sont dans la collection, n'offrent rien d'intéressant, tandis qu'on n'y trouve pas des ouvrages importants qui n'ont jamais été publiés, et qui auraient comblé des lacunes de l'histoire de la musique. Tels sont ceux de Jérôme de Moravie, de Hothbi, de Robert de Handlo, de Walter Odington, de Philippe de Vitry, de Jean le Chartreux, d'Anselme de Parme, de Tinctoris, et deux anonymes importants de la Bibliothèque impériale à Paris. L'abbé Gerbert a, d'ailleurs, été mal servi par ses correspondants ; car on lui a envoyé des copies incorrectes de manuscrits qui n'étaient pas les meilleurs qu'on eût pu choisir, et ce ne furent pas toujours les ouvrages les plus remarquables d'un auteur qu'on lui fit parvenir. Ainsi, au lieu du grand traité de Jean de Muris intitulé : *Speculum musicæ*, dont il y a un beau manuscrit à la Bibliothèque impériale de Paris (n° 7207, in-fol.), et de l'intéressant traité du contrepoint du même auteur, on lui a fait parvenir un ouvrage incomplet et rempli de fautes, sous le titre de : *Summa musicæ*. J'ai fait remarquer à l'article *Francon*, qu'une fort mauvaise copie du traité de la musique mesurée de cet écrivain a été fournie à l'abbé Gerbert, qui ne s'en est pas aperçu, ou qui n'a pas su faire les corrections. Le traité du contrepoint du même auteur n'a point été connu du savant abbé. Malgré ces défauts, qui sont sans doute considérables, on ne peut nier les services que la collection dont il s'agit a rendus à l'histoire de l'art : c'est de sa publication que date la bonne direction qui a été prise pour l'étude de la musique du moyen âge. L'abbé Gerbert est mort à Saint-Blaise, le 13 mai 1793, à l'âge de soixante-treize ans.

GERDY (P.-N.), docteur en médecine de la Faculté de Paris, chirurgien de l'hôpital Saint-Louis et de la Charité, professeur de pathologie chirurgicale à l'École de Paris, et membre de l'Académie royale de médecine, né à Loches (Aube), le 1er mai 1797, est auteur de plusieurs ouvrages estimés relatifs à sa profession. Il a publié dans le *Bulletin universel des Sciences* (janvier 1830), de M. de Férussac, une *Note sur les mouvements de la langue et du pharynx dans la production de certains sons de la voix*. Au mois de mai de la même année, il adressa, à propos de cette note, une réclamation à l'Académie des sciences de l'Institut de France, contre le rapport de Cuvier sur le Mémoire de Bennati, concernant le mécanisme de la voix pendant le chant. Cette réclamation n'a point eu de suite. M. Gerdy a depuis lors développé ses idées dans l'article : *Voix*, qu'il a écrit pour *l'Encyclopédie méthodique*. Au nombre des ouvrages de ce savant opérateur on remarque : *Mémoire sur la voix et la prononciation*, Paris, Cousin, 1842, in-8° de quatre-vingts pages.

GERHARD (JUSTIN-EHRENFRIED), habile facteur d'orgues, né dans le duché de Weimar, vivait vers le milieu du dix-huitième siècle. Il commença, en 1751, la construction d'un grand orgue avec un carillon, qui devait remplacer l'ancien instrument construit par Weisse; mais le 3 novembre 1752, un incendie réduisit en cendres l'église avec la ville.

GERHARD (GUILLAUME), conseiller de légation et négociant à Leipsick, est né à Weimar, le 29 novembre 1780. Il a publié douze chansons allemandes à voix seule, avec accompagnement de piano, Leipsick, Hofmeister.

GERKE (AUGUSTE), violoniste et compositeur, né en Pologne, vers 1790, fut maître de chapelle chez le comte Hanski. Père de quatre enfants dont il avait fait des virtuoses précoces, il voyagea avec eux pour donner des concerts. En 1822, il était à Brême avec sa famille, et en 1823, à Kiew. En 1824, il entra au service du duc de Hesse, à Dessau, puis il retourna en Russie. En 1835, il était directeur de musique à Cassel; plus tard, il quitta cette position pour en prendre une semblable à Detmold, où il se trouvait en 1848. Il s'est fait connaître par beaucoup de compositions qui ne manquent ni d'originalité ni d'agrément. Ses principaux ouvrages sont : 1° Ouverture pour l'orchestre (en *ut*), op. 4, Leipsick, Breitkopf et Hærtel. 2° Ouverture avec violon principal, op. 10, *ibid*. 3° Ouverture militaire à grand orchestre, avec trois coups de pistolet (en *la*), op. 13, *ibid*. 4° Polonaises à grand orchestre, liv. Ier et II, op. 11, *ibid*. 5° Pièces pour harmonie et musique militaire, œuvres 9 et 12, *ibid*. 6° Sicilienne variée et pot-pourri pour violon et orchestre, op. 5 et 6, *ibid*. 7° Polonaise pour violon avec accompagnement de quatuor, op. 3 et 20, *ibid*. 8° Trios pour deux violons et violoncelle, op. 2 et 8, *ibid*. 9° Duos pour deux violons, op. 1, 7 et 16, *ibid*. 10° Amusement pour le piano, à quatre mains, op. 21, Leipsick, Peters. 11° Pièces pour piano seul, op. 14, 19, 22 et 23, Leipsick, Breitkopf, Peters. 12° Valses pour le piano.

GERKE (OTTO), violoniste, né à Gotha, en 1807, est élève de Spohr pour le violon et pour la composition. Il a vécu pendant plusieurs années dans sa ville natale en qualité de maître de concerts de la cour; puis il s'est fixé à Paderborn, comme directeur de musique ; il s'y trouvait déjà en 1836, et on l'y retrouve en 1847. M. Bernsdorf s'est trompé en faisant naître Otto Gerke à Detmold. Il a publié : 1° Quatuor brillant pour le violon, op. 1, Leipsick, Hofmeister. 2° Divertissement pour le piano, op. 2, liv. Ier et II, *ibid*. 3° Solo pour violon et quatuor. 4° Pot-pourri pour clarinette et orchestre, tiré de l'opéra *Jessonda*, op. 4. 5° Premier concerto pour violon et orchestre, op. 28. 6° Six chants à voix seule avec accompagnement de piano.

GERKE (ANTOINE), fils d'Auguste, né en Pologne, en 1814, fut un des enfants prodiges de ce siècle qui n'ont pas réalisé ce qu'on espérait d'eux. A l'âge de huit ans, il jouait du piano dans les concerts que donnait son père à Brême, et, en 1823, il étonnait les Russes à Kiew par son habileté précoce. Devenu ensuite élève de Field, à Moscou, il s'est fixé à Pétersbourg, vers 1830, et a obtenu le titre de pianiste de l'empereur de Russie. En 1837, il a voyagé en Allemagne et a joué dans des concerts à Berlin et à Leipsick. On le retrouve à Pétersbourg dans l'année suivante. On a publié quelques morceaux de sa composition à Pétersbourg et à Moscou.

GERL ou GOERL (FRANÇOIS), acteur et compositeur de petits opéras, était attaché au théâtre Schikaneder, à Vienne, avant 1794, puis il passa au Théâtre-National de Brünn, où il paraît avoir continué d'écrire pour la scène. Parmi ses ouvrages dramatiques on cite ceux-ci : 1° *Das Schlaroffenland* (le Pays des utopies), à Vienne. 2° *Die Wiene-Zeitung* (la Gazette de Vienne), *ibid*. Ces deux opéras ont eu peu de succès. 3° Chant funèbre sur la mort de Rolla, à Brünn, en 1796. 4° *Graf Balbarone, oder die Maskerade* (le Comte Balbarone, ou la mascarade), opérette, *ibid.*, 1796. Ces deux pièces ont réussi. 5° *Der Stein der Weisen* (la Pierre philosophale), 1797. 6° *Der dumme Gærtner* (le stupide Jardinier), première partie.

GERLACH (DIETRICH ou THIERRY), célèbre imprimeur de musique à Nuremberg, dans le seizième siècle, succéda à Jean de Berg, ou Montanus, vers 1566, et s'accocia avec Ulrich Neuber (*voyez* NEUBER). Resté seul dans son imprimerie, après la mort de celui-ci, en 1571, il continua d'imprimer un grand nombre de recueils de compositions des maîtres célèbres de son temps jusqu'en 1575, époque de son décès. Sa veuve suivit son exemple jusqu'en 1592. Gerlach a imprimé beaucoup d'œuvres importantes pour l'histoire de la musique. On a publié le catalogue de tous les ouvrages sortis de ses presses, sous ce titre : *Omnes libri musici, qui hactenus Norimbergæ in officina typographica Gerlachiana impressi sunt, modo venales prostant*, Francofurti, apud Nicolaum Steinium, 1600, in-4°.

GERLACH (...), facteur de pianos et de clavecins, était établi à Hambourg, en 1700 ; ses instruments étaient estimés. Son fils, pianiste et compositeur, a vécu à Copenhague pendant plus de vingt ans. Il a publié quelques petites pièces pour le piano, des danses et des polonaises pour le violon.

GERLACH (CHARLES) aîné, de Hildburghausen, organiste et professeur de musique à Malchin, petite ville du duché de Mecklembourg-Schwerin, s'est fait connaître par une méthode élémentaire de piano par les exercices de cinq notes des deux mains, intitulée : *Neue praktische Piano forte-Schule auf fünf Tönen oder in den verschiedenen Quintenlagen beiden Hände begründet*, etc., Leipsick, 1840, Rob. Crayen. On connaît aussi sous ce nom un pamphlet dirigé contre M. Fr. Wilke (*voyez* ce nom), lequel a pour titre : *der Musik director Orgel Revisor Fr. Wilke, oder : Sic transeat gloria mundi*, etc. (le Directeur de musique et inspecteur d'orgue Fr. Wilke, ou, ainsi change la gloire de ce monde, etc.), Malchin, Piper, 1843, brochure in-8°.

GERLACHE (ÉTIENNE-CONSTANTIN, baron DE), né à Biourge (Luxembourg), le 26 décembre 1785, a fait ses études de droit à Paris, et y fut avocat à la cour de cassation et au conseil des prises. En 1818, il alla s'établir à Liége et y publia divers ouvrages qui fixèrent sur lui l'attention publique. Élu député de la province de Liége aux États généraux, en 1824, il y prit place dans l'opposition catholique. Membre du Congrès national, après la révolution de 1830, il en devint président lorsque Surlet de Chokier fut nommé régent ; puis il présida la Chambre des représentants en 1831 et prit part à toutes les affaires importantes de cette époque. Depuis 1832, M. de Gerlache est premier président de la cour de cassation. Membre de l'Académie royale de Belgique, il en a été président à plusieurs reprises et a fait imprimer dans ses Mémoires d'importants travaux historiques. Ce respectable magistrat n'est mentionné ici que pour son *Essai sur Grétry*, lu à la séance publique de la Société d'émulation de Liége, le 25 avril 1821, Liége, 1821, brochure in-8°. Une deuxième édition a été publiée à Bruxelles, chez Hayez, en 1843, gr. in-8° de quarante-quatre pages. M. de Gerlache a aussi reproduit cet écrit à la fin de son *Histoire de Liége depuis César jusqu'à Maximilien de Bavière*, Bruxelles, Hayez, 1843, un volume in-8°.

GERLAND (JEAN). *Voyez* GARLANDE (Jean de).

GERLE (CONRAD) est le plus ancien luthier allemand dont le nom soit connu jusqu'à ce jour. Il vivait à Nuremberg, en 1461. Il mourut en 1521 et fut inhumé dans l'église électorale de Saint-Roch (1). Les luths fabriqués

---

(1) Cette date est constatée par l'épitaphe de l'artiste rapportée par M. J. K. S. Kiefhaber dans la *Gazette générale de musique de Leipsick* (Année XVIII, p. 311, note ****). Elle est conçue en ces termes : *Anno 1521, an St. Barbara Abend starb der erbar Conrad Gerl, Lauten-*

par cet artiste étaient renommés et connus dans le quinzième siècle, sous le nom de *lutz d'Alemaigne* (luths d'Allemagne). On voit, par une pièce des comptes de l'hôtel de Charles le Téméraire, que ce prince fit acheter, en 1469, trois de ces instruments pour le service de sa maison (1).

GERLE (Hans). Deux artistes de ce nom et de ce prénom, qui vécurent à Nuremberg, dans le seizième siècle, sont connus. On les distingue par les noms de Hans Gerle l'ancien ou l'aîné et Hans Gerle le jeune. Étaient-ils frères? ou bien Hans Gerle l'aîné était-il père de Hans Gerle le jeune? Tous deux, enfin, étaient-ils fils de Conrad Gerle, objet de l'article précédent? Il y a doute à cet égard, et M. Kiefhaber, assesseur de la commission royale des archives de l'État, à Munich, n'a pu dissiper ce doute dans les recherches historiques et biographiques qu'il a publiées sur cette famille dans la dix-huitième année de la *Gazette générale de musique de Leipsick* (p. 309-315 et 325-329). Il est plus que vraisemblable toutefois que les deux artistes dont il s'agit descendaient directement de Conrad Gerle, et l'on sait qu'ils vécurent dans le même temps. Doppelmayer (2) et Conrad de Murr (3) n'ont connu qu'un seul Hans Gerle, qu'ils appellent *le jeune* et dont ils font un fils de Conrad. Ils disent qu'il était fabricant de luths excellents et de violes, habile luthiste, et qu'il mourut en 1570. Baron (4) ne nomme non plus qu'un Hans Gerle, vivant en 1523, et déjà *très-célèbre* (sehr berühmt) par ses luths, Walther est le premier qui a distingué les deux Hans Gerle : l'aîné, luthiste, écrivain et compositeur ; le plus jeune, luthier de grand mérite (1), et M. Kiefhaber a constaté l'exactitude de cette distinction. Ce dernier met en doute si la date de 1570, donnée par Doppelmayer pour le décès de Hans Gerle concerne l'aîné ou le jeune. Le portrait de Hans Gerle, le luthiste, a été gravé avec cette inscription : *Hanns Gerle, lutenist in Nürnberg, anno 1532* (2).

Cet artiste est l'objet principal de notre notice; ses ouvrages occupent une place importante dans l'histoire de l'art. Le premier a pour titre : *Lauten-Parthien in der Tabulatur* (Pièces de luth en tablature), Nuremberg, 1530, petit in-4° obl. Il fut suivi d'un autre, intitulé : *Musica Teusch* (sic) *auf die Instrument der grossen unnd* (sic) *kleynen Geygen auch Lautten, welcher massen die mit Grundt und Art jrer Composition auss dem Gesang in die Tabulatur zu ordnen und zu setzen ist, sampt verborgener application und Kunst, Darynen ein Liebhaber und anfanger berürter Instrument so darzu lust und neygung tregt, on ein sonderlichen Meyster mensürlich durch tegliche Ubung leichtlich begreiffen und lernen mag, vormals ein Truck nye und ytzo durch Hans Gerle, Lutenist zu Nurenberg aussgangen,* 1532. A la fin, on lit : *Gedruckt zu Nurenbergk durch Jeronimum Formschneyder* (Musique allemande pour l'instrument des grandes et petites violes ainsi que pour les luths, d'après laquelle on peut arranger chaque composition et mettre le chant dans la tablature avec raison et avec art; par l'application de laquelle un amateur et un commençant peut s'instruire avec facilité et graduellement sans maître, par un exercice journalier; non imprimée auparavant, mais maintenant éditée par Hans Gerle, luthiste à Nuremberg, 1532). Ce livre, d'une rareté excessive, et dont je ne connais qu'un seul exemplaire, est un petit in-4° oblong de soixante-trois feuillets chiffrés d'un seul côté. Le frontispice a un encadrement, aux deux côtés duquel on voit la date 1530 ; cet encadrement est celui qui avait servi pour l'ouvrage précédent. Cet ouvrage offre beaucoup d'intérêt sous plusieurs rapports. L'auteur dit dans sa préface que ce qui avait été publié depuis un certain nombre d'années pour les luths et les violes ne renferme aucune méthode pour enseigner à l'élève commençant l'art de jouer de ces instruments, et que c'est par ce

---

macher. Dem Gott gnadig sey. Amen. (Dans l'année 1521, le soir de Sainte Barbe, est mort l'honorable Conrad Gerl, fabricant de luths. Dieu lui soit propice. Ainsi soit-il).

(1) Cette pièce est ainsi conçue : « A Holhans, marchant d'Alemaigne, la somme de lij livres x sols à xj gros, que Monseigneur luy a ordonné estre délivré comptant, tant pour trois luts faiz à sa devise qu'il a faiz prendre et achetter de luy et leculx donnez à Fleury et Lenart Boelers frères, et à maistre Wouter de Berchem, ses joueurs de Leut, pour ses peinne et sallaire d'avoir apporté lesdits lutz desdits pays d'Alemaigne devers luy en sa ville de Hesdin et pour soy retourner au dict pays. » Registre n° 1025, iij c, lxxxviij. Voir aux archives du royaume de Belgique.

(2) J.-H.-Gab. Doppelmayer. *Historisch-Nachricht von den Nürnbergischen Mathematicis und Künstlern.* Nuremberg, 1730, p. 291.

(3) C. Von Murr. *Journal zur Kunstgeschichte und zur allgemeinen Literatur,* 5e partie, Nuremberg, 1777, p. 114.

(4) E. G. Baron. *Historisch-theoretisch und praktische Untersuchung des Instruments der Lauten,* Nuremberg, 1727, p. 61.

(1) J. G. Walther. *Musical. Lexicon,* p. 277.
(2) *Verzeichnis von nürnbergischen Portraiten aus allen Standen, gefertigt von* G. W. Panzer, Nuremberg, 1790, p. 15.

motif que lui (Gerle) a rédigé les principes qu'il donne au public. Son ouvrage a précédé, en effet, de dix ans la *Regola Rubertina* de Ganassi del Fontego, et sa méthode est beaucoup plus riche d'enseignements que celle de l'auteur italien; il est à la vérité postérieur aux livres de Sébastien Virdung et de Martin Agricola (*voyez* ces noms); mais ceux-ci sont des ouvrages généraux sur les divers genres d'instruments et non de véritables méthodes. Le livre est divisé en cinq parties : les deux premières concernent les grandes violes; la troisième, les violes *da braccio*; les quatrième et cinquième parties renferment tout ce qui est relatif aux luths. Ce que Gerle dit de la manière de monter ces instruments, de les accorder, de leur doigter et de leur tablature, est décrit avec beaucoup de clarté.

L'ouvrage de Gerle offre aussi beaucoup d'intérêt historique par les pièces d'exercices à quatre parties pour les violes qu'il contient. La viole ténor, qui a la mélodie originale de ces morceaux, contient des chants qui se sont conservés en Allemagne, depuis les quatorzième et quinzième siècles, soit dans le culte protestant, soit dans la bouche du peuple sur des paroles mondaines. Le savant Dehn, dans son bon travail sur les mélodies des chansons populaires de l'Allemagne au seizième siècle, inséré dans l'écrit périodique intitulé : *Cæcilia* (vol. 25, cah. 99), a donné la traduction ou notation moderne d'une composition à quatre parties, extraite du livre de Gerle, dont le ténor contient la mélodie d'une chanson déjà connue dans le quinzième siècle, et qui avait alors pour texte : *Entlaubet ist der Walde*, etc. Chose singulière, Thomas Stölzer, musicien de grand mérite, a donné cette même chanson à quatre parties de Gerle, comme son ouvrage dans le recueil de chansons allemandes à quatre voix, qui a pour titre : *Ein ausszug guter alter und newer Teutscher Liedlein*, etc., Nuremberg, J. Petreius, 1539, in-4°. Cette même mélodie a été traitée de deux manières par Senfl, à quatre parties. On trouve ces deux morceaux dans une collection de cent-quinze chansons en diverses langues, à quatre, cinq et six voix, intitulée : *Hundert und fünfzehn guter newer Liedlein, mit vier, fünff, sechs Stimmen, vor nie im truck aussgangen, Deutsch, Frantzœsisch, Welsch und Lateinisch*, etc., Nuremberg, 1544, in-4°. Enfin, la même mélodie, mise en canon à deux voix, a été publiée par Georges Rhaw dans sa *Bicinia gallica, latina, germanica, ex præstantissimis musicorum monumentis collecta*, etc., Wittebergæ, 1545, petit in-4° obl. Dehn a donné en partition tous ces morceaux dans le vingt-cinquième volume de l'écrit périodique *Cæcilia*. Pour finir ce qui concerne cet ancien air, je dirai que Kohlross y appliqua, dans le seizième siècle, le texte religieux : *Ich danck der lieber Herr* (Je remercie le Seigneur bien-aimé), qui est resté en usage avec la même mélodie dans le culte protestant, et qui fut publié pour la première fois à Leipsick, en 1547, dans le recueil de psaumes et de cantiques intitulé : *Psalmen und geistliche Lieder, welche von frommen Christen gemacht und zusammen gelesen sind*, in-8°. Tous les morceaux de l'ouvrage de Hans Gerle, mis en notation moderne et en partition par Dehn, se trouvent en manuscrit à la Bibliothèque royale de Berlin. Gerber cite une deuxième édition du livre de Gerle, qui aurait paru en 1537 : je doute de sa réalité et je pense que si des exemplaires portent cette date, c'est par un simple changement de frontispice. La deuxième édition véritable, conforme à la première par le texte, mais plus enrichie d'exemples, a pour titre : *Musica und Tabulatur, aüff die Instrument der kleinen und grossen Geygen, auch Lautten, welcher massen die mit Grundt und Art jrer Composition aus dem Gesang in die Tabulatur*, etc. *Von newen corrigirt und durch aussgebessert durch Hansen Gerle Lautenmacher zu Nürnberg. Von 1546 jar* (sic). *Gemert mit 9 teutscher und 38 welscher auch Frantzösischer Liedern unnd 2 mudeten, wie das Register anzeygt* (Musique et tablature pour l'instrument des petites et grandes violes, ainsi que pour les luths, d'après laquelle on peut arranger chaque composition régulièrement et avec art et placer le chant dans la tablature, etc. Revue de nouveau, corrigée et augmentée par Hans Gerle, fabricant de luths à Nuremberg, en 1546. Augmenté de neuf airs allemands, de trente-six chansons flamandes et françaises ainsi que de deux motets). A la fin, on lit : Imprimé à Nuremberg, chez Jean Formschneyder, in-4° obl., de cent quatre feuillets chiffrés d'un seul côté. On voit par ce titre que Gerle n'était pas seulement luthiste, mais luthier.

Les ouvrages qui viennent d'être cités sont de véritables méthodes de violes et de luths; mais on en connaît un autre du même artiste qui est un simple recueil de compositions de divers musiciens célèbres de cette époque, arrangées en tablature pour le luth. Cet ouvrage a pour titre : *Ein newes sehr kunstliches Lautenbuch darinen etliche Preambul, und* welsche Tentz, mit vier Stimmen, von den beruhmsten Lutenisten, Francesco Milanese, Anthoni Rotta, Joan. Maria Rosseto, Simon Gentzler, und andern mehr gemacht, und zusamen getragen, etc. (Nouveau livre de luth d'un art très-distingué, dans lequel on trouve plusieurs préludes et danses flamandes, à quatre parties, composés par les plus célèbres joueurs de luth, François de Milan, Antoine Rotta, Jean-Marie Rosseto, Simon Gantzler et plusieurs autres; recueillis et mis en tablature allemande par Hans Gerle l'aîné, bourgeois de Nuremberg, et non imprimés auparavant). A la fin, on lit : Imprimé à Nuremberg, chez Jérôme Formschneyder, 1552, in-4° obl. de quatre-vingt-quatre feuillets. Les deux éditions de la méthode de Gerle, datées de 1532 et 1546, ainsi que le livre de pièces de luth imprimé en 1552, se trouvent à la Bibliothèque royale de Berlin.

GERLI (Joseph), chanteur italien, en voix de basse, compositeur et directeur d'orchestre, a commencé à se faire connaître à la scène, en 1832, mais il n'a chanté en Italie que sur des théâtres de second ordre. En 1834, il donna à Milan un opéra-bouffe intitulé : *Il Piocco*, qui fut suivi d'un autre ayant pour titre : *I falsi Galantuomini*. En 1839, il imagina d'établir à Alger un opéra italien; mais cette entreprise ne réussit pas, et Gerli passa en Espagne. En 1841, il chanta à Pampelune et à Bilbao. Dans l'année suivante il était à Cadix, puis à Santander. En 1845, il chantait à Saragosse, et dans la même année il fit représenter à Barcelone son opéra : *Il Pelagio*, qui fut joué dans plusieurs autres villes de l'Espagne. *Il Sogno punitore*, qu'il avait fait jouer à Alger, en 1839, fut représenté à Milan cinq ans après. En 1846, Gerli était directeur d'orchestre au Théâtre-Italien de Berlin; j'ignore ce qu'il est devenu depuis lors.

GERMAIN (Mademoiselle Sophie), née à Paris, le 1er avril 1776, appartenait à une famille honorable qui ne négligea rien pour lui donner non-seulement une bonne éducation, mais même une instruction plus étendue et plus forte qu'on ne la donne habituellement aux femmes. La géométrie, l'histoire, la géographie, les sciences naturelles, la philosophie occupèrent tour à tour son esprit, doué d'une intelligence remarquable. Ayant lu, par hasard, dans l'*Histoire des mathématiques* de Montucla, le récit de la mort d'Archimède, que la prise de Syracuse n'avait pu distraire de ses méditations géométriques, elle prit un goût passionné pour une science qui, par ses hautes combinaisons, pouvait conduire à une telle indifférence des choses humaines, et dès lors cette science devint son unique occupation, malgré les obstacles que sa famille opposait à un goût si peu ordinaire chez les personnes de son sexe et de son âge. Parvenue à l'âge de trente-deux ans, mademoiselle Germain avait cultivé en silence les mathématiques, laissant à peine soupçonner, dans sa société la plus intime, qu'elle s'occupait de telles sciences, tant il y avait de simplicité et d'absence de pédantisme dans sa conversation, lorsqu'un événement inattendu vint la tirer de l'obscurité où elle s'était cachée jusqu'alors. En 1808, Chladni vint à Paris et y fit connaître ses découvertes relatives aux phénomènes des vibrations des plaques élastiques, dont l'ensemble a créé une nouvelle branche de la science de l'acoustique. Étonnée par la nouveauté des résultats obtenus dans les expériences du savant allemand, l'Académie des sciences de l'Institut de France s'empressa, un peu légèrement peut-être, de mettre au concours pour l'année 1812 cette question : *Donner la théorie mathématique des vibrations des surfaces élastiques, et la comparer à l'expérience*. La question était prématurée en ce que les observations sur le nouvel ordre de faits n'étaient pas complètes, et en ce que la science de l'analyse n'était pas arrivée au point où toutes les difficultés du problème auraient pu être résolues. Cependant, émue d'intérêt à la publication de ce sujet de concours, dont elle n'appréciait pas alors toute la portée, mademoiselle Germain résolut d'entrer en lice, et se mit au travail. Je crois ne pouvoir mieux faire que d'emprunter à la *Biographie universelle et portative des contemporains*, de Rabbe, le compte-rendu de ce concours intéressant, qui fut renouvelé trois fois. Ce compte-rendu n'est lui-même que l'abrégé de l'avertissement placé par mademoiselle Germain en tête du livre dont il sera parlé tout à l'heure.

« En octobre 1811, mademoiselle Germain adressa à l'Institut un mémoire dans lequel elle proposait l'hypothèse qui donne, au lieu de la raison inverse du rayon de courbure d'une courbe, cas résolu par Euler, la somme des raisons inverses des rayons de deux courbures principales d'une surface. Lagrange remarqua cette hypothèse, et en déduisit l'équation qu'elle aurait dû donner elle-même en se conformant aux règles du calcul. La classe des sciences de l'Institut remit la question au concours, avec un délai de deux années. Avant le 1er octobre 1813, mademoiselle Germain envoya un mémoire qu'elle terminait par la comparaison entre les résultats de la théorie et ceux de l'expérience. L'équation du problème se trouvait justifiée, sans être encore démontrée : ce qui exigea un troisième concours, dont le délai devait expirer le 1er octobre 1815. La difficulté semblait alors réduite à démontrer, soit l'hypothèse de mademoiselle Germain, soit toute autre hypothèse qui menât également à l'équation connue. Dans ces deux premiers mémoires, mademoiselle Germain s'était bornée à la théorie des plaques élastiques. Dans le troisième, qu'elle envoya avant le 1er octobre 1815, elle appliqua particulièrement son hypothèse à la recherche de l'équation des surfaces cylindriques vibrantes. La classe accorda le prix à son mémoire, mais en annonçant que sa solution n'était pas entièrement satisfaisante. C'est depuis cette époque que mademoiselle Germain ne cessa de multiplier les expériences, les calculs et les réflexions. Elle eut alors l'idée de communiquer sa démonstration à Fourier, secrétaire perpétuel de la classe des sciences de l'Institut. Cette illustre géomètre lui dit qu'il préférerait une démonstration purement géométrique : il lui proposa pour modèle celle que Jacques Bernouilli avait donnée pour le cas de la lame droite. Mademoiselle Germain, après avoir bien saisi son explication, en appliqua les principes aux diverses surfaces, et obtint la démonstration géométrique de son hypothèse. »

En 1821, mademoiselle Germain publia enfin le résultat de ses travaux sous ce titre : *Recherches sur la théorie des surfaces élastiques*, Paris, Courcier, in-4°. Elle y présente son hypothèse où, désignant par R, R', les rayons de principales courbures *naturelles* d'une surface, et par r, r', les rayons de principales courbures *élastiques* de la même surface, elle propose de regarder l'action des forces d'élasticité comme proportionnelle à la quantité

$$\frac{1}{r} + \frac{1}{r'} - \left(\frac{1}{R} + \frac{1}{R'}\right).$$

Faisant le coefficient N^2, fonction de la résistance ou élasticité naturelle de la surface et d'une certaine puissance de son épaisseur, Lagrange avait déduit de cette hypothèse l'équation :

$$N^2 \left(\frac{d^4z}{dx^4} + 2\frac{d^4z}{dx^2 dy^2} + \frac{d^4z}{dy^4}\right) + \frac{d^2z}{dt^2} = 0$$

C'est cette équation que mademoiselle Germain a eu à démontrer, et c'est ce qu'elle a fait dans l'ouvrage précité ; ouvrage non-seulement du ressort de la géométrie, mais où se trouve une multitude de faits qui intéressent la musique, particulièrement la construction des instruments. Toutefois, malgré les travaux de cette dame, dont le nom rappellera toujours un phénomène d'intelligence et de forte conception féminine, et nonobstant les recherches de Fourier, de M. Cauchy et d'autres géomètres, la loi générale et transcendante des vibrations de surfaces élastiques quelconques est encore à trouver : on n'a donné jusqu'à ce jour que des résolutions partielles du problème. Mlle Germain a publié, en 1828, un supplément de son premier ouvrage, intitulé : *Remarques sur la nature, les bornes et l'étendue de la question des surfaces élastiques, et équations de ces surfaces*, Paris, Bachelier, in-4°. Déjà elle avait adressé à l'Académie des sciences de l'Institut, le 18 mars 1824, un mémoire manuscrit *Sur l'emploi de l'épaisseur dans la théorie des surfaces élastiques*. Le rapport des commissaires se fit longtemps attendre ; on a appris depuis lors que le manuscrit s'était égaré. Mademoiselle Germain a aussi fait insérer dans les *Annales de physique et de chimie*, de 1828, un *Examen des principes qui peuvent conduire à la connaissance des lois de l'équilibre du mouvement des solides élastiques*. Cette femme intéressante est morte, le 26 juin 1831, des suites d'un cancer.

GERN (G.), aîné de deux frères de ce nom, brilla comme basse chantante au théâtre de Berlin, au commencement de ce siècle. Il était né à Rottendorf, près de Würtzbourg. En 1780, il se rendit à Munich, en qualité de chanteur de la cour électorale ; de là il alla à Berlin en 1801, avec un traitement de 1,200 thalers. La voix de ce chanteur avait beaucoup de puissance et d'étendue, particulièrement dans les sons graves. Le portrait de Gern a été gravé par Karcher, en 1795.

Le frère de ce chanteur, qui possédait aussi une voix de basse, était au théâtre de Berlin en 1795, et s'y faisait applaudir.

GERNLEIN (Rodolphe), compositeur de chants à voix seule, avec accompagnement de piano, et littérateur fixé à Berlin. Ses recueils de chants, de *Lieder* et de romances sont au nombre d'environ soixante-quinze œuvres. Il a aussi publié de petites nouvelles musicales sous le titre de : *Musikanten Bilder*, Leipsick, 1836, in-8° de 180 pages.

GERO (Jean DE), compositeur italien, vécut dans les premières années du seizième siècle, et fut maître de chapelle de la cathédrale d'Orvieto, puis il entra au service du duc de Ferrare en la même qualité. Il naquit certainement dans la seconde moitié du quinzième siècle, car le deuxième livre des *Motetti della Corona*, imprimé en 1519, par Petrucci de Fossombrone, contient le motet *Benignissime Domine Jesu*, de sa composition. Il fut connu généralement en Italie, en France et en Allemagne, sous le nom de *maistre Jan* ou *Jhan*. Ses ouvrages principaux sont ceux-ci : 1° *Symphonia quatuor modulata vocibus, quæ alias et motecta nominantur*, Venetiis apud Hieronymum Scotum, 1543, in-4° obl. Cet œuvre est publié sous le nom de *Maistre Jean*. 2° *Madrigali a tre voci*, libro primo, Venise, Ant. Gardane, 1541, in-4° obl. Deuxième édition, *ibid.*, 1550, in-4° obl. 3° *Madrigali a tre voci*, libro secondo, *ibid.*, 1555, in-4° obl. Deuxième édition, *ibid.*, 1559, in-4° obl. 4° *Madrigali italiani e canzoni alla francese, a due voci*, libro primo, Orvieto, 1544, in-4°. La deuxième édition a été publiée à Venise, chez Antoine Gardane, en 1552, in-4° obl. La troisième a paru dans la même ville chez Alex. Vincenti, en 1572. 5° *Madrigali italiani e canzoni alla francese a due voci*, libro secondo, in Venezia, app. Antonio Gardane, 1552, in-4°; autre édition, Alex. Vincenti, 1572. Les deux livres ont été réunis et réimprimés chez Fr. Magni, à Venise, en 1582. On trouve des pièces de maître Jean Gero dans les *Motetti della Simia*, publiés à Ferrare par Jean de Buigat et ses associés, en 1559; dans les *Selectissimæ nec non familiarissimæ cantiones ultra centum*, publiées à Augsbourg, par Kriesstein, en 1540; dans les *Cantiones septem, sex et quinque vocum*, que Salblinger fit paraître chez le même imprimeur, en 1545; dans les *Concenti octo, sex, quinque et quatuor vocum omnium jucundissimi*, qui parurent chez Philippe Ublard, dans la même ville et dans la même année; enfin, dans le quatrième livre de motets imprimés par Jacques Moderne, à Lyon, en 1539, in-4°.

GERONO (HYACINTHE-CHRISTOPHE), né à Paris, le 4 décembre 1797, fut admis comme élève de la classe de flûte au Conservatoire de Paris, dans le mois de décembre 1813, et fit ensuite un cours d'harmonie dans la même école. Cet artiste a publié divers morceaux de sa composition, entre autres : 1° Thème avec neuf variations pour flûte et piano, Paris, Carli. 2° Thème varié pour piano et violoncelle, Paris, madame Joli.

GERSBACH (JOSEPH), né le 22 décembre 1787, à Sæckingen, près de Fribourg, dans le grand-duché de Bade, où son père était meunier, fut envoyé dans sa treizième année au Gymnase de Villingen, dans la forêt Noire, pour y faire ses études. Destiné par la nature à être poète et musicien, il se distingua bientôt comme chanteur et comme organiste, et peu de temps lui suffit pour apprendre à jouer de presque tous les instruments. Son talent précoce le fit nommer directeur du chant religieux dans le couvent de Villingen, quoiqu'il ne fût pas encore parvenu à l'âge où l'on remplit ordinairement de telles fonctions. Après avoir quitté Villingen, il alla à Fribourg pour y étudier le droit et y compléter ses connaissances littéraires; il ne s'y servit de la musique que comme d'un moyen de pourvoir à sa subsistance. Ses études étant achevées, il accepta une place de professeur à Gottstadt, sur le lac de Bienne; de là, il se rendit à Yverdun où il fit la connaissance de Pestalozzi. Dès ce moment, l'éducation musicale du peuple, et particulièrement de la jeunesse, devint l'objet de ses travaux. Appelé à Zurich pour y remplir les fonctions de directeur de musique, il y passa les dix années les plus heureuses de sa vie, uniquement occupé de la réalisation de ses projets. Ses liaisons avec Nægeli le confirmèrent dans ses vues relativement à l'enseignement de la musique et du chant; il s'attacha à perfectionner les méthodes, à les rendre plus faciles, et le grand nombre d'élèves qu'il forma dans son école lui prouvèrent qu'il ne s'était pas trompé dans le choix de ses moyens, surtout en ce qui concernait le rhythme et la mesure. Ce fut par cette partie qu'il fixa sur lui l'attention des instituteurs de musique de l'Allemagne. Des avantages qu'on lui offrit à Nuremberg le décidèrent à quitter Zurich; mais il ne resta pas longtemps dans sa nouvelle résidence, car il accepta, en 1815, une place de professeur dans une institution qui venait d'être fondée à Würzbourg. Après un an de séjour dans cette ville, il retourna en Suisse, donna des leçons dans quelques institutions pendant l'année 1817, et enfin accepta une nouvelle nomination de professeur à Nuremberg, où il publia son premier recueil de chants à quatre voix de *soprano* et *contralto*, sous le titre : *Wandervöglein* (Petits Oiseaux voyageurs); ces chants ont eu beaucoup de succès. En 1822, Gersbach fut appelé au Séminaire des instituteurs, à Carlsruhe. Il y donna une vive impulsion aux perfectionnements de la musique religieuse à quatre voix, et à l'usage de l'orgue dans les églises. L'introduction de petites orgues dans les écoles évangéliques, pour l'accompagnement du chant, est due à ses soins. Ce fut aussi sous ses auspices que se forma une société pour l'amélioration du chant d'église. Il publia, à cette occasion, une collection de chants chorals à quatre voix. Dans le même temps, il écrivit aussi beaucoup de chansons pour ses élèves, mais il n'en publia qu'un recueil intitulé : *Singvöglein* (les Petits Oiseaux chanteurs). Sa santé s'était dérangée par suite de travaux trop assidus, il obtint un congé pour la rétablir et fit un voyage en Suisse dans le dessein d'y publier un traité d'harmonie qu'il avait écrit d'après les principes de l'abbé Vogler; cependant cet ouvrage n'a pas paru. Gersbach ne donna, dans ce voyage à Zurich, que de grands tableaux pour l'enseignement dans les écoles, et deux cahiers de canons et de petites fugues. De retour à Carlsruhe, il reprit ses travaux comme second professeur au Séminaire. Il est mort en cette ville, le 3 décembre 1830, des suites d'une fièvre nerveuse. Après sa mort, son frère (Antoine) a publié, comme œuvre posthume, l'ouvrage intitulé : *Reichenlehre, oder Begründung der musikalischen Rhythmus, aus der allgemeinen Zahlenlehre* (Doctrine de la symétrie, ou fondement du rhythme musical, tiré de la science générale du calcul), Carlsruhe, Braun, 1832, in-4°. Le titre de l'ouvrage principal de Joseph Gersbach est celui-ci : *Wandervöglein oder Sammlung von Reiseliedern, nebst einem Anhang von Morgen und Abendliedern, in vierstimmigen Tonweissen* (Petits Oiseaux voyageurs, ou recueil de chants de voyage, suivis d'un supplément de chants du matin et du soir, en mélodies à quatre voix). La deuxième édition de ce recueil a été publiée à Francfort-sur-le-Mein, en 1833.

GERSBACH (ANTOINE), frère du précédent, né à Sæckingen, en 1803, reçut de son frère aîné les premières instructions sur la musique. Le pasteur du lieu de sa naissance, bon organiste, lui donna ensuite des leçons de piano, et le cantor Binder lui enseigna le chant. A l'âge de dix ans, il se rendit à Zurich, près de son frère. Il y vécut pendant sept années et y fit ses études au Collége, pendant qu'il continuait de s'instruire dans la musique, particulièrement dans l'art de jouer du piano. En 1821, il suivit son frère à Nuremberg, et y vécut pendant deux ans en donnant des leçons de musique. Pendant les années 1822 et 1823, il suivit les cours de l'Université de Halle; puis il retourna en Suisse et vécut à Zurich comme professeur de piano. En 1831, il entra au Séminaire de Carlsruhe et y remplit la place de professeur d'orgue. On a de lui quelques recueils de chants pour un chœur d'hommes à quatre parties; un *Andante* avec variations pour le piano, op. 7; des exercices pour cet instrument, et quelques autres petites pièces. Il est mort à Carlsruhe, le 17 août 1848, à l'âge de quarante-cinq ans.

GERSON (JEAN CHARLIER DE), chancelier de l'Université de Paris, fut surnommé le docteur très-chrétien, et fut considéré comme l'homme le plus savant de France dans les matières théologiques, aux quatorzième et quinzième siècles. Son nom véritable était *Charlier*; celui de *Gerson* lui fut donné du village où il vit le jour, près de Rethel, le 14 décembre 1363. Il mourut à Lyon, à l'âge de soixante-quatre ans, le 12 juillet 1429. Dans l'édition complète de ses œuvres, publiée en 1706, à Amsterdam, par Dupin (cinq volumes in-fol.), on trouve un petit poëme latin intitulé : *De Laude Musices*. On trouve aussi, au troisième volume de la même collection, un petit traité intitulé : *De Canticorum originali ratione*, et enfin la description de quelques instruments dont il est parlé dans l'Écriture sainte.

GERSON (NYKLAS ou NICOLAS), compositeur danois et virtuose sur le piano, était maître de chapelle de la cour, à Copenhague, en 1820. Il a fait exécuter dans cette même année une ouverture en *mi* majeur par l'orchestre de la Société des amateurs. En 1821, il a donné à la même Société une cantate avec orchestre, à l'occasion du jour de la naissance du roi. On connaît aussi de lui un *Pater noster* pour quatre voix seules, avec un chœur d'hommes sans accompagnement.

GERSTACKER (FRÉDÉRIC), considéré en Allemagne comme un des plus habiles maîtres de l'art du chant, naquit à Schmiedeberg, dans la Saxe, en 1787. Son père était chirurgien, et le destinait à l'étude de la médecine; mais un goût prononcé pour la musique le décida à se livrer à la culture de cet art. Il en avait commencé l'étude dans le lieu de sa naissance; son arrivée au Collége de Sainte-Croix, à Dresde, lui fournit les moyens de perfectionner son talent pour le chant. Comme élève de cette école, il devait chanter dans les chœurs du Théâtre-Italien; il fut redevable à cette circonstance de fréquentes occasions d'entendre les bons chanteurs de ce théâtre. Doué par la nature d'une belle voix de ténor, étendue et flexible, et d'un bel extérieur, il comprit que l'art dramatique était sa vocation, et il s'y livra sans réserve. Son début eut lieu comme premier ténor au théâtre de Chemnitz; puis il se fit entendre à Freiberg. Après avoir acquis une certaine habitude de la scène, il retourna à Dresde, et ne tarda pas à y acquérir la réputation d'un habile chanteur; mais ce fut surtout à Leipsick qu'il obtint de brillants succès. Tous les journaux de son temps ont retenti de son éloge; ce fut un véritable enthousiasme. A Cassel, à Hambourg, en Danemark, en Hollande, partout enfin, il fut accueilli comme un artiste de premier ordre en son genre, et sa renommée s'accrut chaque jour dans tout le nord de l'Europe. Cet artiste distingué est mort à Cassel, dans l'été de 1825, à l'âge de trente-sept ans, et dans toute la puissance de son talent.

GERSTENBERG (HENRI-GUILLAUME), consul danois à Lubeck, poète et philosophe, né en 1737, à Tondern, dans le Schleswig, fit ses études à Altona, puis à l'Université de Jéna. Après les avoir terminées, il entra au service du Danemark et fit la guerre contre les Russes. Plus tard, il entra dans les emplois civils, dont le dernier fut celui de chef de bureau du contentieux de la loterie à Altona. Il mourut dans cette ville, le 1er novembre 1823, à l'âge de quatre-vingt-six ans. Il a écrit une dissertation sur la poésie lyrique italienne (*Schlechte Einrichtung des Italienischen Singgedichts*), que Cramer a insérée dans son *Magasin de Musique* (deuxième année, p. 620-650). On a aussi de cet amateur de musique une autre dissertation sur une nouvelle manière de chiffrer les accords dans la basse continue (*Ueber eine neue Erfindung den General-bass zu beziffern*), qui a été publiée dans le *Magasin des sciences et de la littérature de Gœttingue* (1780, n° 4, p. 1-27). Enfin, Gerstenberg est aussi l'auteur de *Minona, ou les Anglo-Saxons*, mélodrame tragique, mis en musique par le maître de chapelle Schulz, mais jusqu'à ce jour inconnu, Hambourg, 1786. Le troisième volume de ses œuvres (*Vermischte Schriften*), publiées à Altona (1808-1810), contient quelques écrits relatifs à la musique, particulièrement sur le récitatif et les airs dans les opéras italiens.

GERSTENBERG (J.-D.), pianiste et compositeur, né à Gotha suivant le titre de son second œuvre de sonates, s'est rendu en Russie, vers 1791, et s'y est fait libraire et marchand de musique. En 1796, il établit à Gotha un atelier pour la gravure de la musique. On connaît de cet artiste : 1° Douze chansons allemandes à voix seule avec accompagnement de piano, Dresde, 1787, in-4°. 2° Six sonates pour le clavecin, op. 1, Leipsick, 1787. 3° Six sonates idem, op. 2, Leipsick, 1789.

GERVAIS (CLAUDE), violiste de la chambre de François Ier, roi de France, a publié un livre de pièces de viole à cinq parties, chez les héritiers de Pierre Attaignant, en 1556. Il y a dans ces pièces un mérite remarquable de facture.

GERVAIS (CHARLES-HUBERT), né à Paris, le 19 février 1671, musicien médiocre qui, par des protections de cour, devint maître de la musique de la chambre du duc d'Orléans, régent du royaume, puis maître de la chapelle du roi. Il mourut à Paris, le 15 janvier 1744, à l'âge de près de soixante-treize ans. Gervais a donné à l'Opéra : *Médée*, en 1697, opéra en cinq actes, qui eut peu de succès; *Hypermnestre*, en 1716; une partie de la musique de cet ouvrage avait été écrite par le régent; *les Amours de Protée*, en 1720. On a dit aussi que le régent avait fait avec Gervais la musique d'un opéra intitulé : *Panthée*, qui fut représenté dans les appartements du Palais-Royal. On trouve à la Bibliothèque impériale à Paris quarante-cinq motets de Gervais en manuscrit, sous le n° V. 500, in-fol. Toute cette musique est fort mal écrite.

GERVAIS (LAURENT), né à Rouen, dans les dernières années du dix-septième siècle, fut d'abord professeur de musique à Lille, maître de clavecin et membre de l'Académie de cette ville, puis se rendit à Paris et s'y fit marchand de musique. Il est auteur d'une *Méthode pour l'accompagnement du clavecin, qui peut servir d'introduction à la composition et apprendre à bien chiffrer les basses*, Paris, 1734, in-4°. Gervais a aussi publié deux livres de cantates, *Ragotin, ou la Sérénade burlesque*, un livre de cantates à voix seule avec symphonie, et deux livres d'airs sérieux et à boire.

GERVAIS (PIERRE-NOËL), fils d'un musicien français au service de l'électeur palatin, naquit à Mannheim, vers 1746, et reçut des leçons de violon d'Ignace Fraenzl. Arrivé à Paris, vers 1784, il se fit entendre l'année suivante au Concert spirituel, et se fit applaudir par la justesse et la pureté de son jeu. En 1791, il se rendit à Bordeaux comme premier violon du Grand-Théâtre de cette ville. Gerber dit que cet artiste mourut à Lisbonne, vers 1795, des suites d'un duel; c'est une erreur, car j'ai entendu, en 1801, Gervais dans un concours qui avait été ouvert au Conservatoire de musique de Paris, pour une place de professeur de violon, vacante par la mort de Gaviniès. Il tirait peu de son du violon, et son style était froid; mais il y avait beaucoup de justesse et de netteté dans son jeu. La place ne lui fut pas accordée, il *retourna* à Bordeaux et y mourut vers 1805. On a de cet artiste trois concertos pour le violon, le premier en *ut*, le second en *ré*, le troisième en *mi* bémol. Ils ont été gravés à Paris, chez Imbault.

GERVASI (Louis), compositeur napolitain, élève du Conservatoire de Naples, a fait son début comme compositeur dramatique par un opéra intitulé : *i promessi Sposi*, qui fut représenté au théâtre *Valle*, à Rome, le 19 janvier 1834, et tomba à plat. Sept ans plus tard (1841), on retrouve M. Gervasi à Odessa, dans la position de directeur de musique à l'Opéra-Italien, et faisant jouer, pour la représentation à son bénéfice, son nouvel opéra *il Casino di campagna*. Je n'ai pas recueilli d'autre renseignement sur cet artiste.

GERVASIUS, savant allemand qui vécut au treizième siècle, est cité par Leibnitz (*Script. rerum Brunsvic*, t. Ier, fol. 889), comme auteur d'un traité : *De Inventione musicæ et multorum artificiorum*.

GERVASONI (Charles), écrivain sur la musique, naquit à Milan, le 4 novembre 1762. Ses parents le destinaient à l'état ecclésiastique et lui firent faire des études littéraires et musicales. Le goût de la musique devint bientôt si vif en lui, qu'il ne fit que peu de progrès dans les sciences physiques et mathématiques pour lesquelles il avait été envoyé à l'École de Brera. Après avoir renoncé à entrer dans un monastère, il s'était décidé à embrasser la profession d'ingénieur; mais celle-ci fut à son tour oubliée pour la musique. Après la mort de son père, Gervasoni fit un voyage à Naples, dans le but d'augmenter ses connaissances dans les différentes parties de la musique. Il jouait du violon, de l'archiluth, du clavecin; cependant, au lieu de se livrer uniquement à la culture de l'art, il se fit négociant. Après deux années passées en spéculations infructueuses, il se retira des affaires, et ne s'occupa plus que de la musique. La lecture des traités de théorie et d'histoire concernant cet art devint son occupation habituelle, et bientôt il fut assez habile pour donner des leçons de clavecin et de musique vocale. En 1789, il fut appelé à Borgo Taro, en qualité de maître de chapelle de l'église principale, et la plus grande partie de sa vie s'écoula dans l'exercice des fonctions de cette place.

La Société italienne des sciences, belles-lettres et arts, ayant été fondée en 1807, Gervasoni fut nommé un des membres de la section de musique qui fut composée de lui, de Paisiello, de Zingarelli, de Fr. Canetti, d'Ambroise Minoja, du P. Mattei, de J. Buccioni et de M. Santucci. Gervasoni est mort à Milan, le 4 juin 1819, à l'âge de cinquante-sept ans. Ce musicien s'est fait connaître par la publication des ouvrages dont les titres suivent : 1° *La Scuola della Musica in tre parti divisa*, Piacenza, 1800, un volume de texte de cinq cent cinquante-deux pages, et un volume d'exemples gravés. La première partie, précédée d'un discours préliminaire où il est traité du système musical des Grecs et de l'ancienne solmisation, est une introduction générale à la pratique de la musique. La deuxième est relative aux éléments de cet art, et renferme un aperçu du mécanisme des divers instruments. La troisième partie traite de la composition. Cet ouvrage manque de la netteté et de la précision nécessaires aux livres élémentaires, et Gervasoni est souvent verbeux où il aurait fallu être concis. Beaucoup de renseignements sur les instruments donnés dans ce livre sont surannés ou incomplets. Les deux premières parties de l'ouvrage de Gervasoni ont servi de base au premier volume du *Manuel complet de musique vocale et instrumentale, ou Encyclopédie musicale*, par A.-E. Choron et M. Adrien de Lafage (Paris, 1836, in-18). Il y a lieu d'être étonné que Choron ait choisi pour introduction de sa compilation un livre si peu d'accord avec ses idées philosophiques. Il aurait pu prendre pour toute la partie élémentaire, l'harmonie et la composition, celui de Galeazzi (*voyez* ce nom), bien supérieur à l'autre. 2° *Carteggio musicale di Carlo Gervasoni con diversi suoi amici professori, e maestri di cappella, in cui si dimostra l'utilità della Scuola della musica, si propongono e si sciolgono alcuni dubbi alla medesima Scuola relativi*, etc., Parme, 1804, presso Luigi Mussi, cent cinquante-six pages in-8°. Une deuxième édition de cette correspondance a été publiée à Milan, dans la même année (presso Agnelli, 1804), en cent quarante-neuf pages in-8°. Ainsi que le titre l'indique, ce recueil de lettres a été publié dans le but de favoriser le succès de *la Scuola della musica*. Dans la dernière lettre, Gervasoni donne une notice prolixe de sa vie. 3° *Nuova Teoria di Musica ricavata dall' odierna pratica, ossia metodo sicuro e facile in pratica per ben apprendere la musica, a cui si fanno precedere varie notizie storico-musicali*, Parma, dalla stamperia Blanchon, 1812, in-8° de quatre cent cinquante-cinq pages. Ce volume est l'ouvrage le plus intéressant de l'auteur; il contient (p. 13-

75) des notions sur la situation de la musique en Italie à l'époque où il fut publié; des notices biographiques sur les musiciens italiens du dix-huitième siècle, où sont des renseignements qui n'existent point ailleurs (p. 77-302); enfin, des considérations générales sur les diverses parties de la théorie et de la pratique de la musique.

GESE (BARTHOLOMÉ), en latin GESIUS, musicien de ville et cantor à Francfort sur l'Oder, vers 1600, est né à Munchberg, dans la moyenne Marche, vers le milieu du seizième siècle. En 1588, on le trouve déjà à Wittenberg, où il publiait un de ses ouvrages. Il y était encore en 1595; mais moins de trois ans après il avait pris possession de sa place de cantor à Francfort sur l'Oder, car, en 1598, il y faisait imprimer ses mélodies à cinq voix. Ses chants de noces, en allemand et en latin, qui parurent dans la même ville, en 1624, sont la dernière production qui ait vu le jour, et marquent vraisemblablement la fin de sa carrière active. Gerber place l'époque de sa mort vers 1613 (*Neues Lexik*, t. II, p. 312); j'ai suivi son exemple dans la première édition de cette biographie; mais c'est évidemment une erreur, puisqu'il publiait encore en 1624. Au reste on sait aujourd'hui la date précise du décès de Gesius; car M. De Winterfeld, ayant fait faire des recherches dans les registres de mort de l'église principale de Francfort sur l'Oder, a trouvé que le décès de Gesius est le 1er janvier de l'année 1657 (1). Il résulte de là qu'en supposant qu'il ne fût âgé que de vingt ou vingt et un ans à l'époque de sa première publication, il était né en 1507 ou 1508, et qu'il était âgé d'environ quatre-vingt-dix ans lorsqu'il mourut.

Gesius fut un des plus laborieux compositeurs de musique sacrée de son temps, comme on peut le voir par la liste assez nombreuse de ses ouvrages imprimés. Ses compositions connues sont : 1° *Historia der Passion, wie sie uns der Evangelist Johannes beschreiben, mit 2, 3, 4 und 5 Stimmen* (Histoire de la Passion telle qu'elle est décrite par l'évangéliste saint Jean, à deux, trois, quatre et cinq voix), Wittemberg, 1588, in-fol. 2° *Teutsche geistliche Lieder mit 4 Stimmen* (Cantiques spirituels allemands à quatre voix), 1594. 3° *Hymni quinque vocum de præcipuis festis anniversariis*, Wittemberg, 1595, in-4°. 4° *Melodiæ quinque vocum*, Francfort sur l'Oder, 1598, in-4°. 5° *Psalmodia Choralis;*

(1) *Der evangelische Kirchengesang*, 2e Th. p. X.

avec une préface de Christophe Pelargus, 1600, in-8°. C'est probablement le même ouvrage qui est indiqué, dans les catalogues de Francfort et autres, sous le titre allemand : *Teutsche Lieder D. Lutheri und anderer frommer Christen, mit 4 und Stimmen*, Francfort sur l'Oder, 1601, in-4°, et réimprimé en 1607, 1608 et 1610, in-12. 6° *Synopsis Musicæ practicæ, variis exemplis illustrata et exercitiis ad 12 modos in utroque cantu, regulari scilicet ac transposito amplificata*, Francfort, 1609, in-8°. Une deuxième édition corrigée et augmentée de cet ouvrage, à l'usage des élèves de Francfort, a été publiée en 1615, à Francfort sur l'Oder, chez Eichorn, in-8° de 15 feuilles avec des signatures, mais dont les feuillets ne sont pas chiffrés. Le catalogue manuscrit de la section de la musique de la Bibliothèque royale de Berlin indique, sous le n° 274, une autre édition du même ouvrage avec cette date : *Francofurti Marchionum*, 1518, in-8°. C'est évidemment une erreur de chiffres : il faut lire 1618. Cette édition a été inconnue à tous les bibliographes. 7° *Christliche musica, auff alle Tag Morgens und Abends, auch vor und nach dem Essen, etc.* (Musique chrétienne pour tous les jours, matin et soir, etc., à quatre voix), Wittemberg, 1605, in-8°. 8° *Christliche choral und figural Gesænge teutsch und lateinisch bey den leichenbegængnissen und begræbnissen zu gebrauchen* (Chants chrétiens chorals et figurés allemands et latins à l'usage des funérailles), Francfort sur l'Oder, 1611, in-8°. 9° *Opus primum Cantionum ecclesiasticarum*, 1613, in-4°. Cet ouvrage contient des messes à cinq, six, sept, huit et un plus grand nombre de voix. 10° *Opus secundum Cantionum ecclesiasticarum*, 1613, in-4°. Celui-ci renferme des Introït, des Kyrie, etc., à quatre, cinq et six voix. 11° *Cantiones nuptiales 5, 6, 7 et plurimum vocum*, 1614. 12° *Motettæ latino-germanicæ*, 1615. Tous ces ouvrages sont imprimés à Francfort, chez Hartmann. 13° *Fasciculus etlicher teutscher und lateinischer Motetten auff Hochzeiten und Ehrentægen, componirt mit 4 bis 8 Stimmen* (Recueil de quelques motets allemands et latins pour des jours de noces et de cérémonies, depuis quatre jusqu'à huit voix), Francfort, 1616, in-4°. 14° *Missæ 5, 6 et plurimum vocum*, Francfort, 1621, in-4°. 15° *Vierstimmiges Handbuchlein*, Francfort, 1621, in-8°. 16° *Teutsche und lateinische Hochzeit Gesæng, mit 5, 6, 8 und mehr Stimmen* (Cantiques latins et allemands pour des jours de noces, depuis cinq jusqu'à huit et un plus grand nombre de voix), Francfort, 1624, in-4°. 17° *Hymni Patrum cum Cantu.* Francfort, 1605, in-4°. Walther a écrit que la deuxième édition de l'abrégé de musique de Gesius, publiée à Francfort sur l'Oder, en 1615, in-8°, est augmentée d'un traité *de Ratione componendi Cantus;* Forkel, Gerber, Lichtenthal et plusieurs autres ont copié Walther sur ce point; cependant il n'y a rien de semblable à cela dans cette édition, qui est divisée de cette manière : Cap. I. *De Clavibus et Vocibus musicalibus;* Cap. II. *De Cantu;* Cap. III. *De Mutatione;* Cap. IV. *De Notulis ac Notularum punctis et pausis;* Cap. V. *De Tactu et Signis;* Cap. VI. *De Intervallis et Modis musices.* Ce dernier chapitre est suivi d'une collection d'hymnes à quatre voix, pour le matin et le soir. Parmi les exemples pour les muances, suivant la méthode des hexacordes, il y en a un à deux voix fort ingénieux, sur ce distique latin :

Ut rerum miseram faciem solamina fallam,
Sola facit mire vox, hilarisque caput.

La composition est arrangée de telle sorte, que les mutations de noms de notes sont toutes indiquées par les syllabes *ut*, *re*, *mi*, etc., qui entrent dans la construction des vers. Tous les exemples à plusieurs voix, répandus dans ce livre, sont bien écrits.

GESLIN (Philippe-Marc-Antoine), né à Riom (Puy-de-Dôme), en 1788, a été élève de Galin, d'après la méthode du méloplaste, et a ouvert des cours à Paris, d'après cette méthode, après la mort de son professeur. Il a publié : 1° *Exposition de la gamme, échelle élémentaire de la musique; pour servir d'introduction au cours analytique de musique, par la méthode du méloplaste,* Paris, 1823, in-8°, de 24 pages. 2° *Cours analytique de musique, ou méthode développée du méloplaste,* Paris, Janet et Cotelle, 1825, 1 vol. in-8°, avec 84 planches. Ouvrage d'une excessive faiblesse, où les qualités qui constituent la véritable méthode d'analyse manquent absolument, et qui prouve que l'auteur était un médiocre musicien. 3° *Exposition des bases de l'harmonie, pour servir de suite au Cours analytique de musique par la méthode du méloplaste,* Paris, 1825, 40 pages in-8°, avec une planche. 4° *Cours complet d'harmonie par la méthode du méloplaste,* Paris, 1826, 1 vol. in-8°, avec planches. Mauvais ouvrage, rempli des fautes les plus grossières dans l'emploi et dans la succession des accords. M. Geslin a été nommé membre correspondant de la Société des sciences et arts de Lille, en 1827.

Depuis 1830, il a renoncé à l'enseignement de la musique, et s'est livré au commerce.

GESNER (Vitus-Albert), prêtre de l'ordre de Saint-Pancrace, vécut en Autriche dans la première moitié du dix-septième siècle. Il a fait imprimer à Vienne, en 1632, des motets ou airs spirituels de sa composition.

GESNER (Jean-Mathieu), né à Anspach, le 9 avril 1691, mort le 3 août 1761, fut un des hommes les plus érudits de l'Allemagne. Après avoir fait ses études au Gymnase de sa ville natale, et à l'Université de Jéna, il fut d'abord professeur et bibliothécaire à Weimar, puis il alla enseigner à l'école Saint-Thomas de Leipsick. Il a traité de la musique et de la manière d'en user dans les écoles, au deuxième chapitre (sect. XI, p. 150), de ses *Institutions scolastiques.*

GESSINGER (Georges-Martin), facteur d'orgues de la cour du prince d'Anspach, à Rothenbourg, sur la Teuber, fut considéré comme un artiste habile vers le milieu du dix-huitième siècle. Le célèbre facteur Schnell a été son élève. Gessinger a construit : 1° L'orgue de Langenbourg, dans la principauté de Hohenlohe, en 1764. Cet instrument, à un seul clavier à la main et clavier de pédales, a huit jeux. 2° L'orgue de Burgbernheim, en 1768, avec un clavier à la main, clavier de pédales, vingt jeux et trois soufflets.

GESTEWITZ (Frédéric-Christophe), directeur de musique au Théâtre-Italien de Dresde, naquit à Prieschka, en Misnie, le 8 novembre 1753. En 1770, il se rendit à Leipsick, et y reçut des leçons de composition du maître de chapelle Hiller. En 1780, il fut choisi comme directeur du théâtre allemand de Bondini, et il écrivit pour ce même théâtre le petit opéra : *Die Liebe ist sinnreich* (l'Amour est ingénieux), en un acte, 1781. Appelé à Dresde, en 1790, il y donna dans la même année l'opéra bouffe italien : *L'Orfanella Americana*. On connaît aussi de cet artiste une messe solennelle et un hymne, une symphonie pour l'orchestre publiée à Dresde, chez Hilscher, une cavatine avec accompagnement du piano, chez le même, et une sonate pour le piano, *ibid.* Gestewitz est mort à Dresde, en 1805.

GESUALDO (Charles), prince de Venouse (dans le royaume de Naples), était neveu du cardinal Alphonse Gesualdo, archevêque de Naples, et naquit vers le milieu du seizième siècle. Amateur passionné de musique, il eut pour maître dans cet art le compositeur Pomponio Nenna. Cerreto, son contemporain, et Napolitain comme lui, dit que le prince Gesualdo était d'une rare habileté sur plusieurs instruments, et qu'il n'avait pas de rival sur le luth. Il entretenait à sa petite cour plusieurs compositeurs, chanteurs et instrumentistes de talent. Doué d'un génie original, il écrivit un grand nombre de madrigaux à cinq voix, genre de musique à la mode de son temps, mais dans lequel il mit un style qui ne ressemblait à celui d'aucun de ses prédécesseurs ou contemporains. Sa manière est en général mélancolique et plaintive; c'est ce qui a fait dire que le prince de Venouse a imité dans ses madrigaux les anciennes mélodies écossaises. Cette assertion ne paraît nullement fondée, et bien que le système de modulation des compositions dont il s'agit ait quelquefois un air d'étrangeté, néanmoins on ne peut l'attribuer qu'à la spécialité du sentiment de leur auteur. Burney a donc dit avec raison qu'ayant fait un profond examen des madrigaux de Gesualdo, il n'a pu y découvrir la moindre ressemblance avec les airs calédoniens ; mais il a tort lorsqu'il s'élève contre la réputation que ces compositions ont eue depuis plus de deux siècles. Il n'y trouvait ni mélodie, ni dessin régulier, ni rhythme, ni mérite phraséologique, et il a été choqué du faux système de modulation, du perpétuel embarras et de l'inexpérience dans l'arrangement des parties. Ce jugement, aussi sévère qu'injuste, prouve seulement que Burney n'a pas compris la pensée originale qui domine dans les madrigaux du prince de Venouse. Tous ces morceaux sont des scènes mélancoliques et douces, où le musicien s'est proposé, avant toute chose, d'exprimer le sens poétique des paroles, suivant sa manière individuelle de sentir. Qu'on examine le madrigal du premier livre : *Freno, Tirsi, il desio*, celui du deuxième livre : *O come è grand martire*, et celui du quatrième : *Io tacerò, ma nel silenzio mio*, etc., ou plutôt qu'on les entende, et qu'ils soient rendus suivant la pensée de leur auteur, on comprendra qu'il y a un rare mérite d'originalité dans cette musique, si maltraitée par l'historien anglais de la musique. Le système de succession de tons employé par Gesualdo n'est pas la modulation véritable, car l'élément harmonique de l'enchaînement des tonalités n'existait pas encore lorsqu'il écrivait; mais ces successions mêmes sont une partie de sa pensée, et Burney avait tort de les juger d'après les règles ordinaires. Ce n'est point par l'art d'écrire que brille le talent du prince de Venouse ; il est, sous ce rapport, inférieur à la plupart des compositeurs de son temps; ainsi que plusieurs hommes de génie, il allie dans ses ouvrages beaucoup de défauts à de grandes qualités. C'est par le pathétique qu'il se distingue, et l'on ne peut nier qu'il soit en ce genre supérieur à ses contemporains. S'il eût connu l'accent passionné qui ne réside que dans l'harmonie dissonante constitutive de la tonalité moderne, il y a lieu de croire qu'il aurait produit des modèles d'expression dramatique. Les cinq premiers livres des madrigaux de Charles Gesualdo furent publiés en parties séparées, à Gênes, en 1585. Simon Molinara, maître de chapelle de la cathédrale de cette ville, a donné ensuite une édition complète de ces madrigaux en partition, sous ce titre : *Partitura delli sei libri de' madrigali a cinque voci dell' Illustrissimo et Eccellentissimo Principe di Venosa, D. Carlo Gesualdo*, in Genova, appresso Giuseppe Pavoni, 1613, in-fol. de deux cent quarante-six feuillets.

GEUCK (VALENTIN), né à Cassel, fut compositeur au service du landgrave Maurice de Hesse-Cassel, et mourut vers 1605, époque où plusieurs de ses ouvrages ont été publiés. Les plus connus sont les suivants : 1° *Novum et insigne Opus, continens textus metricos Sacros Festorum Dominicarum et Feriarum*, etc., octo, sex et quinque vocibus. Liber primus. *Motettarum festivalium* 8 vocum, Cassel, 1603, in-4°. 2° *Liber secundus continens Motettas dominicales*, 6 vocum, etc., Cassel, 1603, in-4°. 3° *Liber tertius continens Motettas dierum Feriarum* 5 vocum, etc., Cassel, 1603, in-4°. 4° *Newe teutsche Tricinia* (Nouvelles chansons allemandes à trois voix), Cassel, 1603, in-4°. 5° *Tricinia drey Stimmige weltliche Lieder bey des zu Singen und auff Instrumenten zu spielen*, Cassel, 1603, in-4°.

GEVAERT (FRANÇOIS-AUGUSTE), compositeur belge, est né le 31 juillet 1828, à Huysse, village de la Flandre orientale, à une lieue d'Audenarde, où son père exerçait la profession de boulanger. Bien que destiné à cet état, Gevaert, poussé par son instinct pour la musique, obtint la permission de chanter comme enfant de chœur à l'église et reçut des leçons de plain-chant du sacristain du village. Un volume manuscrit en langue flamande, qu'il trouva dans le grenier de la maison de son père, l'initia aux premiers principes de l'harmonie, et bientôt il écrivit une multitude de messes, de motets et de morceaux de piano qui semblaient autant de merveilles à ses parents et aux amis de sa famille. En dépit des défauts de tout genre qui abondaient dans cette musique, le musicien-né s'y révélait et faisait entrevoir un artiste futur. Cédant aux sollicitations du médecin de la commune, qui suivait avec intérêt les progrès du jeune Gevaert, les parents de celui-ci consentirent à l'envoyer au Conservatoire de Gand, en 1841. Admis dans la classe de piano, dont le professeur se nommait Sommère, il y obtint le premier prix après deux années d'études et suivit le cours d'harmonie sous la direction de Mengal. Vers le même temps, la place d'organiste de l'église des Jésuites lui fut donnée, et ses études sérieuses dans l'art d'écrire commencèrent par la lecture des ouvrages didactiques de Cherubini, de Fétis, de Marpurg et de Reicha : la fréquentation habituelle du théâtre de Gand et la lecture de quelques partitions de Gluck et de Mozart complétèrent son instruction pratique. Le premier succès du jeune compositeur fut une cantate religieuse qu'on exécuta dans une des églises de Gand, le jour de Noël de l'année 1846. Au commencement de l'année suivante, il obtint le premier prix au concours ouvert par la Société des beaux-arts de Gand pour la composition d'une cantate flamande intitulée : *Belgie*. Encouragé par cette heureuse circonstance, Gevaert se présenta au concours national pour le grand prix de composition ouvert à Bruxelles, au mois de mai de cette même année 1847, et le prix lui fut décerné à l'unanimité. Cette année 1847 fut une heureuse époque dans la carrière du jeune artiste, car au festival du *Zangverbond* (association de chanteurs germano-flamands), qui eut lieu au mois de juin, on exécuta le psaume *Super flumina Babylonis* qu'il avait composé pour cette fête, et ce morceau, rendu avec beaucoup d'ensemble et de fini, produisit une vive impression. Spohr, qui assistait au concert, adressa à l'auteur des félicitations remplies de bienveillance.

Gevaert était parvenu à l'âge de dix-neuf ans. Pensionnaire du gouvernement par le grand prix qu'il avait obtenu, il devait, aux termes du règlement, voyager dans les pays étrangers pour compléter son instruction ; mais craignant de le voir abandonné à lui-même, loin de sa patrie, dans un âge si tendre, ses parents présentèrent une requête pour obtenir un délai de deux ans, qui fut accordé. Gevaert mit à profit ce temps de repos en écrivant un grand opéra intitulé : *Hugues de Somerghem*, qui fut représenté au théâtre de Gand, le 23 mars 1848. Dépourvu d'expérience et la tête remplie de formes symphoniques, il avait donné à son ouvrage des développements d'une longueur excessive. La représentation fut froide, et l'opéra ne fut considéré que comme une étude du jeune compositeur. L'ouverture seule fut applaudie, et depuis lors elle a été exécutée à Gand dans plusieurs concerts. Plus tard, Gevaert a retouché cet opéra, en a retranché une grande partie, et c'est en cet état que la partition arrangée pour le piano a été publiée.

Éclairé par l'essai qu'il venait de faire sur les conditions de la musique destinée à la scène, Gevaert lut avec attention quelques bonnes partitions françaises, particulièrement de Grétry, et mieux inspiré, il écrivit la musique du petit opéra, en un acte, *la Comédie à la ville*, qui obtint du succès à Gand, en 1848, et fut également bien accueilli au Grand-Théâtre de Bruxelles, en 1852.

Le délai que Gevaert avait obtenu du ministre de l'intérieur pour ses voyages étant expiré en 1849, il partit pour Paris, où il s'arrêta jusqu'au mois de février 1850 ; puis il s'achemina vers l'Espagne. Homme d'intelligence et doué de l'esprit d'observation, il écrivit, après plusieurs séjours dans cette contrée, un rapport rempli d'intérêt sur la situation de la musique en Espagne, et l'adressa au ministre de l'intérieur, à Bruxelles, qui le communiqua à l'Académie royale de Belgique. Cet écrit a été publié dans les bulletins de cette Académie, en 1851.

Pendant son séjour en Espagne, Gevaert n'avait écrit que quelques morceaux de musique instrumentale, entre lesquels on remarque une sorte d'ouverture fantaisie sur plusieurs airs nationaux espagnols. Cette pièce est devenue populaire dans la Péninsule et a valu à son auteur la décoration de l'ordre d'Isabelle la Catholique. La partition a été gravée à Gand. Après l'Espagne, le jeune compositeur visita l'Italie (1851), encore émue des événements de la révolution ; puis il se rendit en Allemagne, et enfin, il revint à Gand au printemps de 1852.

Lorsqu'il partit de Paris, en 1850, pour se rendre en Espagne, Gevaert avait emporté le *libretto* d'un opéra comique en un acte, écrit par M. Gustave Vaëz, et dont il composa la musique pendant ses voyages. De retour à Paris, le désir de faire représenter cet ouvrage l'occupa exclusivement : le Théâtre-Lyrique venait d'être fondé et semblait offrir au jeune compositeur une occasion favorable ; mais un autre petit opéra, qui avait beaucoup d'analogie avec le sien avait été reçu au même théâtre : après plusieurs mois d'attente, Gevaert dût renoncer à voir mettre le sien en scène. Heureusement, il obtint de son compatriote, M. Vaez, le livret de *Georgette*, autre petit opéra en un acte, qui fut joué au Théâtre-Lyrique, le 27 novembre 1853. A cet ouvrage succéda *le Billet de Marguerite*, opéra comique en trois actes, paroles de MM. de Leuven et Brunswick, qui fut représenté au même théâtre avec un brillant succès, le 7 octobre 1854. Cet ouvrage signala M. Gevaert à l'attention publique et réussit sur la plupart des théâtres de la France. Le troisième opéra comique de cet artiste, intitulé : *les Lavandières de Santarem*, en trois actes, fut représenté au même théâtre, le 28 octobre 1855. Il fut également bien accueilli. M. Gevaert écrivit ensuite une cantate flamande (*de Nationale verjaerdag*) pour la fête du vingt-cinquième anniversaire du règne de Léopold Ier, roi des Belges, laquelle fut exécuté au mois de juillet 1857. Cette composition, l'une des plus remarquables de son auteur, fut récompensée par la décoration de l'ordre de Léopold. Le 25 mars 1858, *Quentin Durward*, drame lyrique en trois actes, du même compositeur, a été représenté au théâtre de l'Opéra-Comique. Au mois d'avril 1860, il a fait représenter *Le Château-Trompette*, opéra comique en trois actes, au même théâtre : il a en portefeuille un ouvrage en trois actes pour le théâtre de l'Opéra, ainsi qu'un opéra comique commencé sur un livret de M. Léon Battu, et resté inachevé à cause de la mort du poëte.

Les ouvrages publiés de M. Gevaert sont ceux dont les titres suivent : 1° *Hugues de Somerghem*, grand opéra en trois actes, partition de chant et piano, avec la traduction allemande, Gand, Gevaert (frère de l'auteur). 2° *La Comédie à la ville*, opéra comique en un acte, partition de chant et piano, *ibid.* 3° *Georgette*, opéra comique en un acte, partition de chant et piano avec les parties d'orchestre, Paris, Harand. 4° *Le Billet de Marguerite*, opéra comique en trois actes, partition d'orchestre et partition de chant et de piano, Paris, Lemoine et Harand. 5° *Les Lavandières de Santarem*, opéra comique en trois actes, partition de chant et de piano, Paris, Alexandre Grus. 6° *Quentin Durward*, drame lyrique en trois actes, partition d'orchestre et partition de chant et de piano, *ibid.* 7° *Super flumina Babylonis*, motet pour voix d'hommes avec orchestre, partition d'orchestre et réduction au piano, Gand, Gevaert. 8° *Adieux à la mer*, méditation de M. de Lamartine, chœur avec accompagnement d'instruments à cordes, réduit pour le piano, *ibid.* 9° *Fantasia sobre motivos españoles*, partition d'orchestre et arrangement pour le piano, à quatre et à deux mains, *ibid.* 10° *Missa pro defunctis quatuor vocibus* (deux ténors et deux basses) *cum instrumentorum concentu cantanda*, partition d'orchestre, parties séparées et réduction pour l'orgue, *ibid.* 11° *De Nationale verjaerdag* (l'Anniversaire national), cantate pour voix d'hommes et orchestre, *ibid.* 12° De plus, un grand nombre de chœurs pour voix d'hommes, avec paroles flamandes et françaises, des cantates, des motets, des morceaux de musique militaire et quelques romances, tous gravés à Gand, chez Gevaert. 13° *Leerboek van den Gregoriaenschen zang*, etc. (Méthode pour l'enseignement du plain-chant et la manière de l'exécuter sur l'orgue), Gand, 1856, Gevaert. La traduction française a été également publiée chez le même éditeur. 14° *Rapport sur la situation de la musique en Espagne* (publié dans les bulletins de l'Académie royale de Belgique).

GEYER (JEAN-ÉGIDE), avocat à Leipsick, né dans la Franconie, est mort en 1808, dans la force de l'âge. Amateur de musique et pianiste distingué, il a publié pour le piano et pour le chant : 1° Deux sonates pour piano à quatre mains. Leipsick, 1797. 2° Six danses pour le piano, *ibid.*, 1798. 3° Chansons allemandes à voix seule, avec accompagnement de piano, *ibid.* 4° Morceaux faciles pour piano, *ibid.*, 1799. 5° Six valses à quatre mains, *ibid.*, 1799. 6° Six chants à voix seule, avec accompagnement de piano, Brunswick, 1800. 7° Six petites pièces pour des élèves, *ibid.*, 1800.

GEYER (FLODOARD), compositeur et directeur de l'Académie de chant d'hommes, à Berlin, vers 1840, était aussi à cette époque professeur de piano. En 1837, il fit représenter dans cette ville et à Potsdam, un monodrame pour contralto et chœur intitulé : *Marie Stuart*. En 1844, une ouverture de sa composition fut exécutée à Berlin et dans plusieurs autres villes de l'Allemagne. On a aussi du même artiste quelques pièces pour le piano. M. Geyer a publié un petit ouvrage sous ce titre : *Ueber den Unterricht auf tonlosen Tastaturen* (Sur l'enseignement du piano par le clavier muet), Berlin, 1847. C'est une idée bizarre suggérée vraisemblablement à l'auteur par Kalkbrenner, qui avait fait fabriquer un clavier sans cordes pour entretenir l'exercice de ses doigts dans sa voiture, lorsqu'il voyageait.

GEZELIUS (JEAN), docteur en théologie et évêque d'Abo, capitale de la Finlande, naquit le 3 février 1615, dans la paroisse de Gezela, d'où il prit son nom. Après avoir enseigné la théologie et la langue grecque à Dorpat, en Livonie, il fut appelé à l'évêché d'Abo, en 1664. Il mourut dans cette ville, en 1690, à l'âge de soixante-quinze ans. On a de ce savant ecclésiastique un abrégé encyclopédique des sciences intitulé : *Encyclopædia synoptica ex optimis et accuratissimis Philosophis collecta*, Abo, 1672, in-8°. Il y traite de la musique.

GEZORI (ABOULAS-ISMAEL), auteur d'un traité écrit en langue turque et intitulé : *Traité des machines ingénieusement inventées*. Cet ouvrage, divisé en six parties, est relatif aux montres et horloges, aux instruments de musique, aux machines hydrauliques, etc. Il s'en trouve un exemplaire manuscrit dans la Bibliothèque impériale, à Paris.

GHEERKIN. *Voyez* HONDT (Gheerkin De).

GHERARDESCA ou GHERARDESCHI (PHILIPPE), organiste et compositeur, naquit à Pistole, non en 1730, comme on le dit dans la *Biographie universelle*, mais en 1738. Après avoir fait ses premières études de musique sous la direction de Bosamelli, maître de chapelle de sa ville natale, il fut envoyé à Bologne, dans l'école du P. Martini, à l'âge de seize ans. En 1763, il écrivit pour le théâtre de Lucques un opéra bouffe intitulé : *Amor artigiano*. Cet ouvrage fut suivi de : *Il Curioso indiscreto*, *I Visionari*, *la Contessina*, *l'Astusia felice*, *I due Gobbi*, en différentes villes. Ce dernier fut joué à Pise, en 1769, à l'occasion du séjour qu'y fit le grand-duc de Toscane, Léopold. C'est au succès de cet ouvrage qu'il dut sa nomination de maître de chapelle de l'église conventuelle des chevaliers, de Pise. Il joignit bientôt à ses fonctions de maître de chapelle celles de directeur de musique de la cour, et le grand-duc le chargea de la conduite des concerts qu'il donnait dans ses appartements, et où lui-même ne dédaignait pas de chanter. Gherardesca fut aussi chargé d'enseigner la musique, particulièrement le piano, aux princes et princesses de la famille grand-ducale. Il possédait sur cet instrument un talent qui passait alors pour remarquable en Italie, et les sonates avec accompagnement qu'il publia à Florence, en 1782, furent estimées. Après que Léopold eut été appelé à succéder à son frère Joseph II sur le trône impérial, Gherardesca resta au service de Ferdinand III ; plus tard, il fut nommé maître de chapelle de Louis Ier de Bourbon, roi d'Étrurie, et composa, pour les obsèques de ce prince, une *Messe de requiem* qui passe pour un de ses meilleurs ouvrages, et qui fut exécutée en 1805. Retiré à Pise, il y passa ses dernières années dans le repos, et y mourut en 1808, à l'âge de soixante et dix ans.

GHERARDESCHI (JOSEPH), neveu du précédent, était fils d'un maître de chapelle de la cathédrale de Pistoie, et naquit dans cette ville, le 4 novembre 1759. Il reçut les premières leçons de son père, puis il fut envoyé à Naples, pour y achever ses études sous la direction de Sala. De retour dans sa ville natale, il succéda à son père dans l'emploi de maître de chapelle de la cathédrale, et écrivit pour cette église beaucoup de musique religieuse qui est restée en manuscrit. Sa musique pour divers instruments à vent a été estimée de son temps. Gherardeschi possédait, dit-on, un profond savoir dans la composition, et jouait bien du clavecin et de l'orgue. On ne connaît de lui qu'un opéra, *l'Apparenza inganna*, représenté à Mantoue, en 1782, et à Florence, en 1784. Gherardeschi vivait encore à Pistoie en 1812.

GHERARDI (BLAISE), compositeur italien, fut maître de chapelle de la cathédrale de Vérone, vers le milieu du dix-septième siècle. On a imprimé de sa composition, à Venise, chez Antoine Gardane, en 1650 : 1° *Motetti concertati a cinque voci*. 2° *Motetti concertati a otto voci*. 3° *Compieta concertata a 3, 4, 5 e 6 voci*. Walther cite aussi de ce musicien quelques psaumes avec instruments.

GHERARDO (PIERRE-PAUL), né à Pise, en 1756, a été considéré comme un des meilleurs organistes italiens de la fin du dix-huitième siècle. Après avoir fait ses études sous la direction de Joseph Lidarti, maître de chapelle de l'église Saint-Étienne, de Pise, il fut nommé, à l'âge de vingt ans, organiste de la chapelle ducale à Florence. Plus tard, il fut un des six maîtres de chapelle qui composèrent le Collége impérial de Sainte-Cécile, érigé à Saint-Gaetano, de Florence. Successivement organiste de la cour de Ferdinand III, de Louis Ier, roi d'Étrurie, et de la grande-duchesse de Lucques et de Piombino, Élisa, sœur de l'empereur Napoléon, il se faisait encore entendre en 1814. Cet artiste a écrit beaucoup de musique d'église qui a été estimée, et des pièces d'orgue dans le style fugué.

GHERSEM (GAUDERIC DE), chanoine prébendé de Tournay, fut d'abord enfant de chœur, puis chantre de la cathédrale de cette ville, vers 1590. Élève de Georges de La Hèle, maître de chapelle de cette cathédrale, il le suivit en Espagne, pour entrer dans la chapelle du roi Philippe II. Son mérite comme compositeur de musique d'église lui fit obtenir une des places de maître de cette chapelle; mais les avantages dont il jouissait en Espagne ne purent lui faire oublier son pays; il demanda et obtint la permission d'entrer au service de l'archiduc Albert et de l'infante Isabelle, et, pendant plusieurs années, il remplit les fonctions de maître de chapelle à la cour de Bruxelles. En récompense de ses services, ces princes lui accordèrent un canonicat à la cathédrale de Tournay. Il y a de ce maître, cité avec éloge par Cerone, des messes, des motets et des villancicos pour les fêtes de Noël et des Rois, imprimés en Espagne.

GHEZZI (HIPPOLYTE), moine augustin et bachelier de théologie, vécut à la fin du dix-septième siècle et au commencement du dix-huitième. Il fut maître de chapelle de la cathédrale de Monte-Pulciano. Comme théoricien, il est auteur d'un petit ouvrage dans lequel il proposait la réforme de la solmisation par l'adoption de sept syllabes, sous ce titre : *Il Setticlave canoro*, Bologne, 1709, in-4° de vingt-huit pages. Ghezzi s'est aussi fait connaître comme compositeur, par les ouvrages suivants : 1° *Sacri dialoghi ovvero Motetti a 2 voci*, op. 1, Florence, Jacques Guiducci, 1699, in-4°. 2° *Oratori sacri a tre voci, cavati dalla scrittura sacra*, Bologne 1700, in-fol., en partition. Le premier de ces oratorios est *l'Abele*, pour deux sopranis et basse; le second, *l'Adamo*, pour soprano, alto et basse; le dernier, *il Davide trionfante*, pour les mêmes voix. 3° *Lamentazioni per la settimana santa a voce sola*, op. 4, Bologne, Silvani, 1707. 4° *Dialoghi sacri ossia Motetti a 2 voci con violini*, Bologne, Silvani, 1708.

GHINASSI (ÉTIENNE), compositeur et professeur de chant, naquit à Brescia, en 1751, et eut pour maître André Labella, savant musicien de l'ordre de saint François. Après avoir terminé ses études de musique, Ghinassi fut employé, pendant quelques années, comme accompagnateur au clavecin du théâtre Saint-Samuel de Venise, puis il alla à Dresde, vers 1784, comme directeur de musique du Théâtre-Italien, et y écrivit : *Il Governatore dell' isole Canarie*, en 1785; puis, *il Seraglio d'Osmanno*, en 1787; et enfin, *lo stravagante Inglese*, en 1790. On ignore pourquoi Ghinassi quitta sa position de Dresde, mais peu de temps après qu'il y eut donné son dernier opéra, on le trouve à Varsovie employé au théâtre comme accompagnateur.

GHIOTTO (ANGELO-CLEMENTE), religieux augustin du couvent de Livourne, naquit dans cette ville, vers le milieu du seizième siècle : il y vivait encore en 1618. Morano le cite dans son *Catalogo degli scrittori di Casali*, comme auteur de messes, de motets et de vêpres, qui ont été publiés, mais dont il n'indique pas les dates. Le P. Ghiotto fit construire un orgue dans l'église des Augustins de Livourne.

GHIRETTI (GASPARD), violoniste et compositeur, né à Naples, en 1747, fut élevé au Conservatoire de la Pietà de cette ville, avec son frère, qui fut un bon maître de chant. A l'âge de vingt-sept ans, il fut admis à la cour du duc Ferdinand de Parme, en qualité de musicien de la chambre. Il mourut à Parme, en 1797, à l'âge de cinquante ans. On a de cet artiste plusieurs livres de sonates et de caprices pour le violon, deux messes solennelles, des litanies et un *Stabat* à trois voix. Toute cette musique est restée en manuscrit.

GHIZEGHEM (HAYNE ou HEYNE VAN), connu seulement sous le nom de HAYNE, chantre et valet de chambre de Charles le Téméraire, duc de Bourgogne, figure dans les comptes de l'hôtel de ce prince, en 1468; on le trouve aussi en d'autres endroits sous le nom de Henri Van Ghizeghem, parce que l'ancienne forme flamande de Henri, au moyen âge, est souvent Heyne. Il était, à la chapelle du duc, le compagnon de Robert Morton, clerc de cette chapelle et contrepointiste comme lui. Heyne fit avec Morton un voyage à Cambrai et vraisemblablement aussi dans plusieurs autres villes des États des ducs de Bourgogne, comme on le verra tout à l'heure. Il est fait mention de ce voyage dans une chanson qui se trouve dans un précieux manuscrit, lequel provient des ducs de Bourgogne et se trouve dans la Bibliothèque de Dijon. M. Stéphen Morelot, dans un savant mémoire sur ce manuscrit, a rapporté les paroles de cette chanson qui commence par ces mots:

La plus grant chière de jamais
Ont fait à Cambray la cité,
Morton et Hayne. En vérité,
On ne le pourrait dire hay mais (1).

Il est probable que ce voyage fut fait par ordre du duc, et qu'il avait pour but un service quelconque à Mons, en Hainaut; car on trouve dans les comptes de l'hôtel de Charles le Téméraire : « A Heyne Van Ghizeghem, chantre et « valet de chambre de Monseigneur, la somme « de vilj livres de gros, pour don à luy fait

(1) *Notice sur un manuscrit de la Bibliothèque de Dijon*, p. 19.

« par Monseigneur en considération d'aucuns
« services qu'il luy a faiz, et pour soy def-
« frayer de sa ville de Mons, en Haynaud, où
« il fu (1). »

Le manuscrit de Dijon contient une chanson française à trois voix, de Hayne, sur des paroles dont les premiers mots sont : *De tous biens plaine est ma maistresse*. M. Morelot l'a mise en partition (2). Aaron, qui le premier a parlé de Hayne (Ayne), cite cette même chanson (3) comme appartenant au second ton du plain-chant ; ce qui est en effet. Ce morceau est bien écrit, dans le style du temps ; les voix y restent dans leurs limites et offrent peu de croisements, mérite rare à cette époque. D'autres morceaux de Hayne se trouvent dans les livres A et B du rarissime recueil imprimé par Petrucci de Fossombrone à Venise, de 1500 à 1503, sous le titre : *Harmonices musices Odhecaton* (voyez PETRUCCI et CATELANI). Au livre A sont contenues la chanson à quatre voix, *Amour, Amours*, et la chanson à trois voix, *A les Regres* (aux Regrets), de cet artiste. Le livre B renferme la chanson à trois voix, *la Regrettée*. Aaron cite aussi de Hayne (ou Ayne, comme il écrit, *loc. cit.*) la chanson *Dung aultre amor* (d'un autre amour).

GHISELIN (JEAN), ou **GHISELAIN**, compositeur belge, vécut à la fin du quinzième siècle et au commencement du seizième. On ignore ce qui concerne la vie de cet artiste. Il y a lieu de croire toutefois qu'il vit le jour dans le Hainaut : il existe encore dans cette province plusieurs familles du même nom. Petrucci de Fossombrone a publié, à Venise, en 1503, dans sa collection intitulée : *Missæ diversorum auctorum quatuor vocibus*, cinq messes de Jean Ghiselin sur les thèmes de chansons françaises dont les premiers mots sont : 1° *La Belle se siet*. 2° *De les Armes*. 3° *Gratieusa*. 4° *Narayge* (n'aurai-je). 5° *Je nay dueul*. Dans le quatrième livre des motets de la couronne, publié par le même éditeur, en 1505, il y a aussi de ce compositeur : 1° *In patientiâ miserere*. 2° *Inviolata*. 3° *Maria virgo*. 4° *O gloriosa Domina*. 5° *Regina cæli :* tous ces motets sont à quatre voix. Glarean a donné dans son *Dodecachordon* un morceau de Jean Ghiselin (p. 218) à

(1) Registre 1923, fol. LVIJ v° de la Chambre des Comptes, aux archives du royaume de Belgique, à Bruxelles.
(2) *Notice sur un manuscrit*, etc. Appendice (musique), n° V.
(3) *Trattato della natura et cognitione di tutti gli tuoni*, etc., cap. 4.

quatre voix, comme exemple de l'emploi simultané des quatre proportions triple, hémiolie de sesquialtère ou diminude, hémiolie de prolation, et hémiolie de temps. C'est un exemple chargé de difficultés de l'ancienne notation : je l'ai mis en partition, et j'ai vu que Ghiselin écrivait l'harmonie avec beaucoup de pureté, et, ce qui était rare de son temps, avec plénitude. Glarean donne à ce musicien le nom de *Symphoneta*, ce qui semble indiquer qu'il était simple exécutant dans une chapelle.

GHISELIN, ou **GHISLAIN DANKERS**. *Voyez* DANKERS.

GHISVAGLIO (JÉRÔME), compositeur, né à Rimini (États de l'Église), dans la seconde moitié du seizième siècle, est connu par les ouvrages suivants : 1° *Libro primo di madrigali a 5 voci*, Venise, Alexandre Raveri, 1605, in-4°. *Libro secundo di madrigali a 5 voci, ibid.*, 1608, in-4°.

GHIZZOLO (JEAN), né à Brescia, dans la deuxième moitié du seizième siècle, entra fort jeune dans l'ordre des Cordeliers, et fut maître de chapelle du cardinal Aldobrandini à la cathédrale de Ravenne, puis du prince de Correggio. On connaît de ce maître : 1° *Integra omnia solemn. Psalmodia vespertina octo vocibus*. Milan, Phil. Lomacio, 1609, in-4°. 2° *Libro primo di Madrigali a 5 voci; in Venezia app. Aless. Raveri*, 1608, in-4°. 3° *Canzonette a tre, lib. 1, 2 e 3*, Venise, AlexandreVincenti. 4° *Motetti a quattro voci, lib. 1, 2, 3 e 4*, ibid. 5° *Vespri con una missa a quattro; ibid*. 5° (bis) *Concerti ovvero Motetti all' uso moderno a 4 voci. Lib. 2, op. 7*. Milano, app. Fil. Lomacio, 1611. 6° *Salmi intieri a cinque con il basso per l'organo*, Venise, Jacques Vincenti, 1618. 7° *Missa, salmi, litania della B. V., falsi bordoni, e Gloria Patri concertati a cinque o nove voci, servendosi del secondo choro a beneplacito, con il basso per l'organo*, op. 15, Venise, Vincenti, 1619. 8° *Libro secondo de Madrigali a 5 voci*, op. 11, Venise, Ricc. Amadino, 1619. C'est une réimpression. 9° *Misse a cinque, parte a cappella, parte da concerto, Compieta ed Antifone*, Venise, Bartholomé Magni, 1619. 10° *Salmi, missa e falsi bordoni a 4 voci*, op. 17. Venise, Vincenti, 1624, in-4°. 11° *Compiete, Antifone e Litanie della B. V. a 5 voci*, op. 20. Venise, Bart. Magni.

GHRO (JEAN), organiste et professeur de musique à Meissen, naquit à Dresde dans la seconde moitié du seizième siècle, et vivait encore en 1612. Il a publié un recueil de chants à quatre voix sous ce titre barbare et ridicule :

Mantel, von mancherley guten Fluklein zusummen gestickt und geflickt, etc. (Manteau composé de divers bons petits morceaux brodés et cousus ensemble, etc.) Nuremberg, Paul Kauffmann, 1606, in-4°. On a aussi de ce même musicien : *XXX news auserlesene Padovane und Galliarden zu 5 Stimmen* (30 Pavanes et Gaillardes choisies à 5 parties, non publiées auparavant). Nuremberg, 1612, in-4°.

GHYS (Joseph), violoniste distingué, né à Gand, en 1801, s'est livré fort jeune à l'étude de la musique, puis a reçu des leçons de violon de Lafont. Ayant à peine atteint sa vingtième année, il voyagea pour donner des concerts, s'arrêta quelque temps à Amiens et s'y établit comme professeur, puis quitta cette ville et se rendit à Nantes, où il habita pendant plusieurs années. En 1832, il reprit le cours de ses voyages, se fit entendre avec succès à Paris, à Lyon et dans plusieurs autres villes. En 1835, il voyagea en Belgique, sa patrie, y donna des concerts, puis s'associa avec l'habile violoncelliste Servais, et fit avec lui un voyage en Angleterre, où le talent de ces deux artistes fut admiré. Depuis lors Ghys a joué de nouveau à Paris et y a été applaudi dans plusieurs concerts. En 1837, il voyagea en Allemagne et donna des concerts à Berlin, Dresde, Leipsick, Prague et Munich. En 1848, il arriva à Pétersbourg, après avoir visité tout le nord de l'Europe. Il y tomba malade et mourut le 22 août de la même année. Cet artiste a publié de sa composition plusieurs airs variés avec accompagnement de quatuor ou de piano, entre autres l'air du *Clair de lune*, des rondos brillants, et des fantaisies avec orchestre. Ses ouvrages les plus importants sont : 1° *L'Orage*, grande étude pour violon seul, op. 5. Berlin, Schlesinger. 2° Sixième air varié (en *mi*), avec piano ou orchestre, *ibid*. 3° Dixième air varié (en *la*) *id.*, *ibid*. 4° *Le Mouvement perpétuel*, caprice de concert pour violon et quatuor, op. 36. 5° *Triste pensée*, mélodie, et *Pensée fixe*, grand *agitato* pour violon et piano, op. 37. Berlin, Schlesinger ; Concerto (en *ré*) pour violon et orchestre, op. 40, Mayence, Schott. Ghys a publié aussi quelques romances avec accompagnement de piano.

GIACCIO (Jérôme), compositeur napolitain, né dans les dernières années du seizième siècle, n'est connu jusqu'à ce jour que par un ouvrage qui a pour titre : *Armoniose voci, canzonette in aria spagnola ed italiana a 3 voci, lib.* 1° *Napoli*, Giov. Gargano Macci, 1620, in-4°.

GIACOBBI (Jérôme), maître de chapelle de la basilique de Saint-Pétrone, à Bologne, naquit dans cette ville vers 1575. Après avoir terminé ses études musicales, il fut admis en 1604 comme sous-maître, puis comme maître de chapelle à Saint-Pétrone, et il occupa cette place jusqu'à sa mort, qui eut lieu le 30 novembre 1630. En 1622, il fonda l'académie des *Filomusi*, et l'établit dans sa maison, en lui donnant pour protectrice sainte Catherine de Bologne. Cette académie, qui avait pour devise : *Vocis dulcedine captant*, fut dissoute par la mort de son fondateur et par la peste qui désola Bologne à cette époque. Giacobbi peut être considéré comme un des chefs de l'école de Bologne, qui a produit beaucoup de savants musiciens et de compositeurs distingués. En 1610, il écrivit l'opéra *Andromeda*, un des premiers qui aient été représentés à Bologne, et peut-être le premier de tous. Il y avait dans cet ouvrage un air (*Io ti sfido, o mostro infame*) chanté par Persée, lorsqu'il défiait le monstre ; cet air a eu longtemps de la célébrité en Italie : c'était un morceau remarquable par l'énergie rhythmique de la mélodie. Giacobbi a écrit beaucoup de messes et de motets dont les manuscrits ont été la propriété du P. Martini, et qui sont aujourd'hui dans la bibliothèque du couvent de Saint-François à Bologne. Fantuzzi a donné la liste des compositions de ce maître, dans son *Histoire des écrivains de Bologne* (t. IV, p. 148) : je suis obligé d'y renvoyer le lecteur, n'ayant pas ce livre sous la main.

GIACOMELLI (Geminiano), compositeur dramatique, né à Parme, en 1686, fut élève du maître de chapelle Cappelli, et apprit de lui l'art du chant, le contrepoint et le clavecin. Il n'était âgé que de dix-huit ans lorsqu'il fit son premier opéra, intitulé : *Ipermestra*, qui fut représenté au théâtre Farnèse et qui fut repris à Venise, en 1724. Cet ouvrage donna de son avenir une opinion favorable. Le duc de Parme, qui lui avait confié la direction de sa musique, l'envoya à Naples pour y achever ses études sous la direction de Scarlatti. Après avoir composé pour les principaux théâtres d'Italie, et partout avec succès, il alla à Vienne et y demeura plusieurs années au service de l'empereur Charles VI. Ce fut pour la cour impériale qu'il écrivit ses opéras de *Catone in Utica* et de *l'Arrenione*. De retour à Naples, il y donna, en 1731, *Epaminondas*, au théâtre Saint-Charles ; de là, il alla à Vérone, où il écrivit *Lucio Papirio*, puis à Venise où sa *Mérope* fut jouée, en 1734. L'année d'après, il composa à Turin *Cesare in Egitto*, qui est considéré comme un de ses meilleurs opéras, et qui fut joué aussi à Venise, dans la même année. Giacomelli était alors âgé de cinquante ans. Son dernier ouvrage est l'*Arsace*, qui fut représenté à Turin, en 1736. On connaît aussi de ce maître douze airs pour voix de soprano, avec la basse chiffrée pour l'accompagnement du clavecin. On a publié du même maître, à Berlin, chez Guttentag, le 8me psaume (*Domine noster*), pour deux ténors et basse, en partition. Giacomelli est mort le 19 janvier 1743.

GIACOMELLI (Joseph), maître de chant, né à Novare, en 1750, s'établit à Paris, vers 1790, et se livra à l'enseignement. On a de lui deux cahiers de six romances, Paris, Leduc. Il est mort à Paris, en 1822.

GIACOMELLI (Madame Geneviève-Sophie BILLÉ), femme du précédent, reçut des leçons de chant de son mari, et cultiva d'abord la musique et la peinture comme amateur. En 1808, elle se fit entendre dans des concerts à Paris, et y fut fort bien accueillie. Ses succès engagèrent son mari à la faire débuter au théâtre de la cour de l'empereur Napoléon; elle y parut, en 1809, dans *la Vergine del Sole*; mais sa voix, qui était agréable dans les salles de peu d'étendue, se trouva insuffisante au théâtre. Après un petit nombre de représentations, elle cessa de se faire entendre. Le 16 octobre 1813, elle chanta, au Théâtre-Italien, le rôle de *Nina* dans *la Pazza per amore*, et n'y eut qu'un succès médiocre. En 1815, elle entra à l'Opéra-Comique, et y débuta par le rôle d'*Aline*. Le dérangement de sa santé l'obligea bientôt à se retirer, et elle mourut à Paris, le 11 novembre 1819, dans un âge peu avancé. On a publié un recueil de six nocturnes italiens à deux voix avec accompagnement de piano, composés par madame Giacomelli. Cette dame cultivait avec succès les arts du dessin : elle a dessiné et gravé une suite de sujets qu'elle avait composés d'après les tragédies de Sophocle.

GIACOMINI (Bernardino), né à Casale, dans le Frioul, dans la première moitié du seizième siècle, fut maître de chapelle à Rovigo. On a imprimé de sa composition : *Madrigali a cinque voci, novamente composti*. Libro primo, Venezia, appresso d'Antonio Gardano, 1568, in-4° obl.

GIALDINI (Louis), virtuose sur le hautbois, le cor anglais, la flûte et le basson, naquit à Pescia, en 1702. Jean-Michel Suzzi, de Florence, fut son maître pour ces divers instruments. Arrivé à Livourne pour y donner des concerts, il fut engagé comme premier hautbois du théâtre. Ayant appris l'harmonie et le contrepoint, il a écrit des duos pour deux flûtes, pour flûte et violon et pour flûte et basson, un concerto pour flûte et orchestre, et plusieurs œuvres de trios pour divers instruments. Il est mort à Livourne, en 1817.

GIAMBERTI (Joseph), maître de chapelle de Sainte-Marie-Majeure, à Rome, était né dans cette ville, dans la seconde moitié du seizième siècle. Après avoir commencé ses études dans l'école de Bernardin Nanini, et les avoir achevées sous la direction de Paul Agostini, il fut maître de chapelle de la cathédrale d'Orvieto. De retour à Rome, il obtint la place de second maître de chapelle à Sainte-Marie-Majeure, sous Tarditi et Grégoire Allegri. Après plusieurs années de service, il fut nommé premier maître, en 1629, mais il jouit peu de temps de sa nouvelle position, car il mourut l'année suivante. Ce maître s'est distingué par les corrections qu'il a faites à l'antiphonaire romain pour une édition qui parut en 1650, c'est-à-dire vingt ans après, chez Robletti, à Rome. On a de sa composition : 1° *Due libri di poesie varie in musica*, Rome, Soldi, 1613. 2° *Sacræ modulationes 2, 3, 4, 5 voc. cum litaniis B. Mariæ*, ibid., 1627. 3° *Laudi spirituali posti in musica in diversi stili, a una, due, tre, quattro, cinque e sei voci. Opera terza*, in Orvieto, per Rinaldo Runli, 1628, in-4°. Giamberti dit, dans l'épître dédicatoire au cardinal Crescentio, évêque d'Orvieto, que ces cantiques ont été écrits pour être exécutés le samedi soir, en l'honneur de la Vierge, dans la cathédrale de cette ville. 4° *Antiphonæ, et motetta festis omnibus propria, et communia juxta formam breviarii romani, una cum plurimis, quæ dominicis per annum aptari possunt 2, 3, 4, 5 voc. concinenda*, Romæ, apud Roblettum, 1650. 5° *Duetti per solfeggiare*, Roma, Belmonte, 1657. Dans le recueil de D. Florido (Rome, Belmonte, 1662), il y a un *Laudate* à trois voix de Giamberti.

GIANELLA (Louis), flûtiste italien, vint à Paris, en 1800, et entra comme première flûte à l'Opéra-Bouffe qui fut établi à cette époque au théâtre de la rue de la Victoire. En 1805, il donna au théâtre de la Porte-Saint-Martin, avec Dumonchau, un petit opéra intitulé : *l'Officier cosaque*, qui eut du succès. On a aussi de cet artiste : 1° Le ballet d'*Acis et Galatée*, représenté à l'Opéra, en 1806. Les airs de ce ballet ont été gravés en harmonie dans la douzième livraison du journal de Leduc. 2° Premier concerto pour flûte et orchestre (en *ré mineur*), Paris, Pleyel. 5° Deuxième *idem* (en *fa*), œuvre 8, Paris, Sieber. 4° Troisième *idem* (en *sol*), Paris, Frey. 5° Trois quintettes pour flûte, 2 violons, alto et basse, Paris, Leduc. 6° Trios pour flûte, violon et basse, œuvres 1 et 2, Paris, Sieber. 7° Nocturnes pour deux flûtes et basson, op. 12, Paris, Carli. 8° Nocturne pour flûte et violoncelle, op. 28, *ibid*. 9° Quatre œuvres de duos pour deux flûtes, Paris, Pleyel et Carli. 10° Quatre œuvres de duos pour harpe et flûte, Paris, Pleyel et Naderman. 11° Romances, avec accompagnement de piano, Paris, Pleyel. Gianella est mort à Paris, en 1817.

GIANELLI (l'abbé Pierre), né dans le Frioul, vers 1770, fit ses études à Padoue, et passa la plus grande partie de sa vie à Venise. On a de lui le premier dictionnaire de musique publié en Italie. C'est un ouvrage fort médiocre, où l'on trouve quelques petits articles de biographie mêlés à ceux de l'histoire et de la théorie. La première édition a paru sous ce titre : *Dizionario della musica sacra e profana che contiene la spiegazione delle voci, e quanto di teoria, di erudizione, ec., è spettante alla musica, con alcune notizie degli stromenti antichi e moderni, e delle persone che si distinsero in Italia e ne' paesi stranieri in quest' arte*, Venise, André Santini, 1801, trois petits volumes in-8°. Une deuxième édition, très-augmentée et perfectionnée, a été imprimée chez le même, en 1820, en huit petits volumes in-12, en 1820. L'abbé Gianelli est aussi auteur d'une grammaire de musique intitulée : *Grammatica ragionata della musica, o sia nuovo metodo facile di apprendere a ben suonare e cantare, a comporre qualunque genere di contrappunto secondo le regole*, etc., Venezia, presso Andrea Santini, 1801, cent quarante-huit pages in-8°. Deuxième édition, *ibid.*, 1820. Cet ouvrage est divisé en quatre parties; la première traite des dispositions nécessaires pour jouer d'un instrument et du choix d'un maître ; la deuxième, de la manière d'accompagner sur le clavecin et sur l'orgue ; la troisième, du chant théâtral ; la dernière, de la théorie de l'harmonie. Un troisième ouvrage de l'abbé Gianelli a été proposé en souscription sous ce titre : *Biografia degli uomini illustri della musica, ornata de' loro respettivi ritratti*. La première livraison de cet ouvrage a paru à Venise, chez Santini, 1822, in-8°, avec le portrait de Jean-Auguste Perotti ; mais le reste n'a pas été publié.

GIANETTINI (Antoine), ou ZANETTINI, compositeur, naquit à Venise, en 1649. Il y fit représenter, en 1678, l'opéra sérieux *Medea in Atene*, qui fut repris avec succès, en 1678. Dans cette dernière année, il donna aussi, à Venise, l'*Aurora*. En 1681, il fit représenter, dans la même ville, *Irene e Costantino*. La réputation qu'il avait acquise par ses ouvrages le fit engager comme maître de chapelle de la cour de Modène, le 1er mai 1686 : il occupa cette position jusqu'à sa mort, arrivée à la fin du mois d'août 1721. Dans cet intervalle, il obtint un congé pour aller écrire quelques opéras à Hambourg. Il donna, dans cette ville, *la Schiava fortunata*, en 1693 ; *Medea*, en 1695, et *Ermione*, dans la même année. De retour à Modène, à la fin de cette année, il y reprit son service à la chapelle ducale. En 1700, il fit représenter, dans cette ville, l'opéra intitulé : *i Presaggi de Melissa*. On conserve de ce compositeur, en manuscrit, à la Bibliothèque ducale de Modène : 1° *L'Ingresso alla gioventu di Nerone*, opéra en trois actes. 2° Trois oratorios, à savoir, *la Creazione de' Magistrati di Mosè, Amore alla catena*, et *l'Uomo in Bivio*, ainsi que quelques cantates. On a publié de Gianettini un ouvrage qui a pour titre : *Salmi a 4 voci a cappella con stromenti*, Venise, Ant. Bartoli, 1717, in-4°. L'ancien catalogue de Breitkopf, de Leipsick, indique sous le nom de Gianettini un *Kyrie* à cinq voix avec instruments.

GIANGIACOMI (Pedrino), surnommé *del cornetto*, à cause de son habileté sur le cornet, naquit vers le milieu du seizième siècle, à Modène, et mourut à Milan, le 7 mai 1607. Spaccini en parle, sous cette date, dans sa chronique, et dit de lui, en style aussi vieux qu'incorrect :

« Est mort à Milan *M. Pedrino dei Gian-
« giacomi*, dit vulgairement *del cornetto*,
« de Modène, qui, dans sa profession de
« joueur de cornet, était le premier de son
« temps, et qui fut très-aimé pour son talent.
« Il était si recherché dans ses habits, qu'il
« semblait être un prince. Il avait composé
« en musique de très-beaux madrigaux, dont
« on aurait pu former un volume ; mais main-
« tenant ils sont tous perdus (volés). Il de-
« meurait dans un couvent de moines blancs,
« où il avait ses dépenses pour lui et pour un
« serviteur, deux chambres meublées comme
« pour un gentilhomme, et de plus un salaire...
« Il ne voulait enseigner à personne, et lors-
« qu'il devait jouer, il voulait être bien payé,
« exigeant quinze écus, et davantage s'il avait

« à jouer plusieurs morceaux ; enfin, il devait
» prendre part aux banquets, sinon il refusait
» les invitations (1).

GIANNETTI (Antoine), compositeur et maître de chapelle du duc de Modène, vers le milieu du seizième siècle. On a imprimé de lui : 1° *Motetti, parte a cinque voci, parte a otto voci, libro 1°*, in Venetia, Angelo Gardano, 1598, in-4°. Cet ouvrage paraît être une réimpression de celui qui avait paru longtemps auparavant sous ce titre : *Sacrarum modulationum seu Motectorum quinque et octo vocum, liber primus*, Roma, Franc. Coattino, 1543. 2° *Madrigali a quattro, cinque et sei voci, libro 1°*, in Venetia, app. Hier. Scotto, 1557, in-4° obl.

GIANOTTI (Pierre), né à Lucques, vint à Paris fort jeune et entra à l'Opéra, en 1730, comme contrebassiste. Il se retira en 1758, et obtint la pension à laquelle il avait droit ; mais il n'en jouit pas longtemps, étant mort le 19 juin 1765. Gianotti avait étudié l'harmonie d'après les principes de la basse fondamentale, sous la direction de Rameau ; il exposa cette doctrine avec assez de clarté dans un livre qu'il publia sous ce titre : *le Guide du compositeur, contenant des règles sûres pour trouver d'abord par les consonnances, ensuite par les dissonances, la basse fondamentale de tous les chants possibles*, Paris, 1759, deux volumes in-8°, l'un de texte et l'autre d'exemples. Ce livre est devenu rare. Gianotti passait pour être un bon maître de composition : son meilleur élève fut Monsigny. On a aussi de ce musicien dix-sept œuvres de musique qui consistent en trois livres de sonates à violon seul ; deux livres de sonates pour deux violons ; cinq livres de trios pour deux violons et basse ; un livre de sonates pour le violoncelle, qui est son œuvre 12° ; deux livres de duos pour les musettes ou vielles, qui sont les œuvres 8° et 11° ; et des cantatilles, parmi lesquelles on a remarqué dans la nouveauté celle qui a pour titre : *l'École des

(1) È morto in Milano M. Pedrino dei Giangiacomi detto volgarmente *Pedrino del cornetto*, Modenese, che nella professione del cornetto era il primo, che colà fosse, sendo (essendo) molto amato per la sua virtù. Era tanto polito (pulito), che in vestire pareva un principe. Haveva composti in musica Madrigali bellissimi, che ne poteva formare un libro. Ma ora vi sono stati rubati (rubati). Abitava in un convento di monachi bianchi, dove haveva le spese per lui e un servitore, e due stanze fornite da gentiluomo, e la paga ancora... Non voleva insegnare a nessuno, e suonando voleva esser ben pagato, e voleva scudi quindici, et ancor più ne haveva a suonare diversi pezzi, et bisognava pateggiare (pasteggiare), altrimenti non vi voleva andare.

filles*. Toutes ces compositions annoncent peu de génie.

GIANSETTI ou GIANZETTI (Jean-Baptiste), compositeur de l'école romaine, fut nommé maître de chapelle de Saint-Jean de Latran, au mois d'avril 1667, et conserva cette place jusqu'à la fin de septembre 1675. Ce maître a publié cinquante-six motets à deux, trois, quatre, cinq et six voix, op. 1, Rome, 1670 ; des motets à trois voix de soprano, en 1671 ; et des messes à huit et dix voix ; mais il doit surtout sa réputation à une messe pour quarante-huit voix ou douze chœurs, qui fut exécutée à Santa-Maria-sopra-Minerva, le 4 août 1675. On ne connaît que trois compositions de cette espèce ; la première, par Benevoli ; la deuxième, par Giansetti ; et la dernière, par Grégoire Ballabene (*voyez* ces noms).

GIARDINI (Félix), violoniste et compositeur, né à Turin, au mois d'avril 1716, fut envoyé à Milan dans son enfance pour y étudier la musique, comme enfant de chœur de la cathédrale. Paladini lui donna des leçons de chant, de clavecin et d'harmonie. Ayant montré quelques dispositions pour le violon, il fut rappelé par son père à Turin, et confié aux soins de Somis (*voyez* ce nom) qui lui fit étudier les œuvres de Corelli pendant plusieurs années, mais qui ne put néanmoins jamais lui inspirer le goût du style simple et des grandes choses. Giardini était fort jeune encore lorsqu'il se rendit à Rome dans l'espoir de s'y placer avantageusement ; n'ayant pu y réussir, il alla à Naples et y entra à l'orchestre du théâtre. Il aimait beaucoup à charger de broderies et de fioritures la musique qu'il exécutait, même dans les parties d'accompagnement ; le public goûtait cette nouveauté, et l'applaudissait chaque soir. Cette manie lui valut une rude leçon, qui dut le corriger. On jouait un opéra de Jomelli ; ce maître vint s'asseoir dans l'orchestre et se plaça près de Giardini. Celui-ci, comptant sur les éloges du compositeur, redoubla d'efforts pour imaginer des traits nouveaux dont il ornait à profusion sa partie ; mais tout à coup il fut interrompu au milieu de cet agréable exercice par un soufflet qu'il reçut de la main de Jomelli. En 1744, il se rendit à Londres, et son arrivée en cette ville produisit une vive sensation parmi les amateurs. On n'y connaissait que la manière un peu surannée de Festing et de Brown, et le style grave de Geminiani ; le jeu agréable et plus moderne de Giardini fit oublier ces vieux artistes. Après avoir publié plusieurs œuvres pour le violon, il donna à l'Opéra italien *Enea e Lavinia*, opéra sérieux, en 1746, et l'année suivante *l'Amour au village*, à l'Opéra anglais. En 1748, Giardini vint à Paris et se fit entendre avec succès au concert spirituel. Bien accueilli à la cour, il fut recherché par les femmes et comme artiste et comme homme agréable. Après dix-huit mois de séjour en France, il retourna à Londres, où ses succès eurent plus d'éclat encore qu'à son premier voyage. Il eut bientôt pour élèves les personnes les plus distinguées de la société, et la foule se pressa aux concerts du matin qu'il donnait dans sa maison. Ses leçons et ses concerts lui avaient procuré des sommes considérables en peu d'années, et tout lui promettait une vieillesse heureuse et tranquille, lorsqu'il eut la fâcheuse fantaisie de se charger de l'entreprise de l'Opéra italien, en 1756. L'année suivante, ses pertes étaient déjà si considérables, qu'il fut obligé de renoncer à son entreprise. Il s'en chargea de nouveau en 1763, et sa fortune en souffrit davantage, car tout ce qu'il avait gagné jusque-là se trouva dissipé à la fin de l'année. Pour réparer ses pertes, il publia quelques compositions et reprit ses leçons et ses concerts. Mais déjà il touchait à l'âge de cinquante ans; son goût d'exécution n'avait plus l'attrait de la nouveauté, et l'engouement était passé. Il ne retrouva plus les mêmes avantages dans l'exercice de son talent. L'arrivée du violoniste Cramer en Angleterre vint encore diminuer les chances de succès qu'il avait eues jusqu'alors; lorsqu'il s'éloigna de Londres en 1784, il n'était guère plus riche que lorsqu'il y était arrivé, et il avait près de soixante et dix ans. La protection de l'ambassadeur d'Angleterre, sir William Hamilton, le fixa à Naples pendant quelques années, puis il se rendit en Russie. Il est mort à Moscou, au mois de septembre 1796, à l'âge de quatre-vingts ans, des suites d'un érésipèle à la jambe. Son portrait, gravé par Bartolozzi, en 1765, a été mis à la tête de ses douze solos de violon dédiés au duc de Brunswick.

Giardini avait du charme dans l'exécution, et jouait l'*adagio* avec goût et expression; cependant son talent ne se distinguait que par une justesse d'intonation d'une rare perfection. On dit aussi qu'il avait de la variété d'archet; mais il tirait peu de son de l'instrument, et son style manquait d'élévation et de force. Ses opéras ont eu peu de succès; on n'en connaît plus aujourd'hui que les titres. Ce sont : 1° *Enea e Lavinia*, en 1746, à Londres, repris en 1764. 2° *L'Amour au village*, opéra anglais en un acte, 1747. 3° *Rosmira*, opéra sérieux, Londres, 1757. 4° *Cléonice*, pasticcio où il eut la plus grande part, 1764. 5° *Siroe*, en 1764. Il a aussi publié pour le chant : 1° *A collection of duetts and catches*. 2° Six chansons italiennes avec accompagnement de clavecin. 3° Duos dédiés à Lady Rockingham, Londres, 1762. 4° Chansons dédiées à la duchesse de Marlborough, Londres. Son oratorio de *Ruth* a été exécuté à Londres en 1772 et en 1787. Dans la musique instrumentale de Giardini on remarque : 1° Six solos pour le violon, op. 1, Londres. 2° Six duos pour deux violons, op. 2, *ibid*. Hummel d'Amsterdam a publié, comme œuvre deuxième, six trios pour deux violons et violoncelle. 3° Six sonates pour clavecin et violon, op. 3, Paris. 4° Trois concertos pour le violon, op. 4, Londres. 5° Trois *idem*, op. 5, *ibid*. 6° Six trios pour deux violons et viole, op. 6, Amsterdam, Hummel. 7° Six solos pour le violon, op. 7, Londres. 8° Six *idem*, op. 8, *ibid*. 9° Six quintettes pour clavecin, deux violons, viole et basse, op. 11, *ibid*. 10° Douze solos en deux livres, dédiés au duc de Brunswick, Londres, 1765, avec le portrait de l'auteur. 11° Trois trios pour violon, alto et violoncelle, op. 12. 12° Six duos pour violon et violoncelle, op. 14. 13° Six concertos pour violon principal, op. 15, Londres. 14° Six solos pour le violon, op. 16, *ibid*. 15° Six *idem*, op. 19, *ibid*. 16° Six trios pour deux violons et violoncelle, op. 20. 17° Six quatuors pour deux violons, alto et basse, op. 20, *ibid*. 18° Six *idem*, op. 29, *ibid*. Giardini était possesseur du violon de Corelli; avant de partir pour la Russie, il le vendit à un amateur de Como pommé *Ciceri*.

FIN DU TOME TROISIÈME.

www.ingramcontent.com/pod-product-compliance
Lightning Source LLC
Chambersburg PA
CBHW071625230426
43669CB00012B/2073